| 제2판 |

저작권법 개론

| 제2판 |

저작권법 개론

Introduction to Copyright Law   2nd Edition

최경수 지음

한울
아카데미

일러두기

1. 다른 사람의 저술에 의존하거나 참고하는 때에는 직접 인용과 간접 인용 방법을 모두 활용한다. 직접 인용할 때에는 그 저술에 있는 그대로 넣되, 분명한 오류로 보이는 것에 대해서는 별도로 밝히고([sic]으로 표시한다), 문맥상 필요에 의해 인용 대상 저술에서와는 다른 단어나 표현을 사용하는 경우 대괄호([ ]) 안에 적절한 표현을 넣는다.

2. 국제 조약은 필자가 작성한 번역본을 사용한다. 공식 번역문마다 다른 용어, 표현을 사용하기도 하고 번역에 오류가 있기도 해서, 개론서에서는 읽기 쉬운 용어와 표현을 사용하는 것이 적절하다고 보았기 때문이다. 공식 번역문은 다른 곳에서 확인할 수 있다(최경수, 1986년 저작권법 전부개정 법제사 연구, 한국저작권위원회, 2021 참조).

3. 종이책 형태의 문헌에만 의존할 수 없는 정보나 자료가 크게 늘고 있다. 인터넷 자료는 영속적인 IP 주소를 가지고 있지 않고, 그 출처 인용(citation)에 관해서는 아직 원칙이 없기 때문에, 이 개론서에서는 IP 주소 정보는 가급적 사용하지 않는다. 이들 인터넷 자료는 대부분 키워드 방식의 인터넷 검색(구글 검색)으로 확보할 수 있다는 점을 상기하기 바란다.

4. 출처 인용 표시는 원칙적으로 "사법정책연구원, 법률문헌의 인용방법 표준안(증보판), 2017"에 따른다. 다만, 외국 단행본과 국내외 정기간행물의 경우 법학 분야 관행과 해당 간행물에서 표시하는 방법도 존중한다.
   * 사법정책연구원 방식: 저작자명, "논문 제목", 간행물명 제#호(권), (출판 연도. 출판 월), 인용 면#.
   * 이 개론서 방식: 저작자 이름, "논문 제목", 간행물(논집) 제호, 제#호(권), 출판 연도, 인용 면#.
   * 예시 1: 최경수, "저작권법상 소급보호의 이론적 접근", 계간 저작권, 1991년 여름호, 35.
   * 예시 2: 최경수, "WIPO 저작권조약과 우리의 대응", 지적소유권법연구, 제4집, 2000, 9.
   * 각주의 출처 표기: 초출 이후 외국 문헌은 ibid., op. cit., 한국 문헌은 위의 책(글), 앞의 책(글).

5. 저작권법에 대한 기초적인 이해를 위해서는 본문을 읽는 것으로 충분하지만, 깊이 있는 연구를 하고자 하는 독자들은 각주를 읽기를 권한다. 각주에는 입법 연혁, 판례, 조약 규정, 외국 입법례 등을 담는다.

6. 이 개론서에서는 저술의 취지에 맞게 대법원 판례를 인용하는 것을 원칙으로 한다. 예외적으로 중요하거나 쟁점이 있다고 볼 수 있는 경우 하급심 판례도 참고한다. 대법원 판례는 우리 대법원에서 서비스하고 있는 '종합법률정보'에서 구했다.

7. 판례 목록은 별도로 뒤에 넣지 않았다. 개론서에서 독자가 판례 번호를 목록에서 찾아 해당 판례나 관련 자료를 추적할 것으로 보이지 않기 때문이다.

제2판에서는 초판의 집필 원칙과 방향은 대체로 유지하되, 다음 몇 가지 변화를 주었다.

첫째, 개론서의 성격에 맞게 초판의 내용을 조정했다. 같은 맥락에서, 조약과 외국법 분석과 관련한 경우를 제외하고는, 외국 문헌에 대한 의존도를 낮췄다. 우리 자료(특히 입법 자료, 정부 자료, 판례)가 풍부하고 국내 문헌도 충분히 나와서, 이들 자료나 문헌만으로도 개론서를 집필하는 데 어려움이 없기 때문이다.

둘째, 독자에게 생각할 기회를 가질 수 있도록 각 장절 말미에 새롭게 '자율 학습'이라는 항목을 추가했다. 교과서는 일방적으로 지식을 전달해서는 안 된다고 생각한다. 필자의 주관적인 사고와 때로는 편견이나 오해가 묻은 교과서는 독자를 오도할 수도 있다. 독자 스스로 '저작권 제도'를 판단하고 고민하는 시간을 가졌으면 하는 필자의 바람에서 비롯된 것이다. 학문은 이제 상아탑에만 있는 것이 아니다. 저작권법과 같이 끊임없이 변화에 직면하고 있는 학문에서는 현실에 대한 깊이 있는 고민과 통찰, 사색이 각별한 의미를 가진다. 자율적인 사고와 해결 능력이 어느 때보다 중요해지고 있다.

셋째, 국제 조약과 주요 국가 국내법을 우리 저작권법에 비춰보는 작업을 했다. 우리 저작권법은 국제 조약의 원칙을 구조적으로 반영하고 있는가 하면, 상당수의 개별 조항은 조약 규정에 뿌리를 두고 있다. 우리 법을 제대로 이해하기 위해서는 관련 조약 규정을 살펴보고 주요 국가 국내법 규정을 검토해야 한다. 이를 통해 우리 규정의 배경과 취지를 간접적으로 바라볼 수도 있고, 더 나아가 그 내용에 깊이 있게 접근할 수 있다. 때로는 우리 저작권법 또는 개별 규정의 미래를 내다볼 수 있는 안목을 길러줄 수도 있을 것이다.

　　제2판은 초판 이후 계속된 법개정을 반영하고 있다. 저작권법이 기술 발전에 대응하는 법률이라는 점에서 잦은 법개정은 불가피하다고 할 수 있다. 개론서가 이런 변화에 일일이 대응해야 하는 것은 아니지만 필자는 큰 줄기를 짚어 전달해야 하는 부담을 안고 있었다. 이제 이를 떨쳐낼 수 있게 되었다. 제2판에는 여러분의 용기와 정성이 담겼다. 김종수 사장님, 윤순현 경영기획실 부장님, 그리고 김우영 편집자님께 감사의 뜻을 전한다. 이분들의 노고로 이렇게 예쁜 책이 나올 수 있었다. 그릇되거나 잘못된 부분은 오로지 필자의 몫으로 남는다.

2023년 11월
최경수

저작권법은 국제적으로나 국내적으로 새로운 학문이다. 저작권법은 19세기 후반부터 본격적인 학문 연구 대상이 되었다. 과학 기술이 사람들의 일상생활에 이 자리하기 시작한 이후 학문적인 관심을 끌 수 있게 된 것이다. 다른 법학 분야에 비한다면 이론 축적이 부족한 편이다. 게다가 21세기에 들어 본격적으로 등장한 디지털 기술은 저작권법 연구자들에게 또 다른 숙제를 안겨주고 있다. 디지털 기술은 저작권법이 추구하는 목적, 즉 권리 보호와 창작물 이용 사이의 이익 균형을 쉽게 해칠 수 있는바, 연구자들은 이러한 균형이 다시 자리 잡을 수 있도록 이론적 기반을 제공해야 한다. 연구자들은 기존 이론을 단단히 하면서 새로운 이론을 찾아내야 하는 이중의 과제를 안고 있다고 할 수 있다.

필자는 오래전부터 그간의 실무 경험을 자산으로 하여, 이론과 실무를 아우르는 교과서를 내야겠다고 생각했다. 이 교과서는 그 결과물이라 할 수 있다. 저작권법을 공부하는 학생이나 연구자에게는 이론서로서 구실을 할 것이고, 저작권 산업에 종사하는 사람들에게는 실무 교재로 활용될 수 있다고 본다. 아울러, 필자는 가급적 우리 시각에서, 저작권법을 바라보고 그에 따라 집필하려 했다. 이러한 집필 의도는 희망에 지나지 않을 수도 있다. 왜냐하면 이론과 현실은 서로를 자극하기는 하지만 언제나 일정한 거리를 두고 있게 마련이고 또한 국제 저작권 규범이 조화와 통일을 지향하고 있는 지금 우리 시각과 환경에 적합한 이론이 자리 잡을 수 있는 여지가 많지 않기 때문이다. 그렇지만 현실 적용력이 높은 이론은 법제도 발전에 긍정적인 역할을 할 것이므로 필자의 집필 의도는 희망 그 이상의 것이라고 말하고 싶다.

우리나라는 우리에게 필요하고 우리에게 맞는 저작권법과 제도를 만들려고 노력해왔다. 입법부와 행정부 모두 강력한 의지를 표명해왔고, 그에 비례해 우리 법제도도 발전을 거듭했다. 1986년 저작권법이 전문 개정된 이후 2, 3년 간격으로 개정을 반복하고 있는 점이 이를 반영한다. 이러한 환경은 우리 연구자들에게 부가적인 과제를 던져주고 있는 셈이다. 필자도 이 점에서 자유롭지 못하다. 그렇지만 이 교과서가 당초 의도한 결실을 거두지 못하고 있다면 그것은 오로지 필자의 부족한 역량 탓일 수밖에 없다. 다만, 이 교과서가 우리 저작권법학의 이론적 토대를 넓히고 단단하게 하면서 후학들에게 학문적 기틀을 마련해줄 수 있다면 그것으로 충분한 역할을 다했다고 본다. 끝으로, 어려운 시장 환경에도 불구하고 출판의 용단을 내려주신 도서출판 한울 김종수 사장님과 복잡한 원고 내용을 깔끔하게 다듬어주신 편집부 조인순 씨께 감사의 뜻을 전하고 싶다.

2010년 10월

최경수

차례

제2판 머리말 __ 5
머리말 __ 7

제1장 저작권 제도 ──────────────── 23

제1절 저작권법의 의의 ·· 25
　1. 지적재산권의 범주 • 25
　2. 저작권 제도의 근거 • 26
　　가. 자연적 정의론 26 / 나. 창작 유인론 28 / 다. 관찰 29
　3. 저작권법의 목적 • 30
　　가. 저작권법 제1조 30 / 나. 권리 보호 31 / 다. 공정한 이용 32 / 라. 문화 및 관련 산업의 향상발전
　　33 / 마. 목적 규정의 의의 34
　자율 학습 • 35
제2절 저작권법의 연혁 ·· 37
　1. 저작권의 역사 • 37
　　가. 저작권 제도의 탄생 37 / 나. 베른협약의 체결과 저작권의 국제화 40 / 다. 기술의 발전과 저작권의
　　수용 42 / 라. 정보사회의 전개 47 / 마. 저작권 역사의 특징 50
　2. 저작인접권의 역사 • 51
　3. 각국의 저작권 체계 • 54
　자율 학습 • 56
제3절 한국 저작권법의 역사 ·· 58
　1. 초기 저작권법 제도 • 58
　2. 1957년 저작권법 • 59
　3. 1986년 이후 저작권법 개정 • 60
　4. 한국의 국제조약 가입 • 64
　자율 학습 • 66
제4절 저작권법의 효력 ·· 67
　1. 시간적 효력 • 67
　2. 장소적 효력 • 68
　3. 대인적 효력 • 68

제5절 저작권법과 다른 법률과의 관계 ··· 69

　1. 저작권법의 연원 • 69

　2. 헌법과의 관계 • 70

　3. 민법, 형법 등과의 관계 • 72

　4. 조약과의 관계 • 72

　5. 산업재산권법과의 관계 • 74

　　가. 산업재산권의 개념 74 / 나. 저작권과 산업재산권의 차이 74 / 다. 중복 보호 76 / 라. 산업재산권과의
　　저촉 관계 78

　자율 학습 • 80

제2장 저작권 ──────────────────────────── 81

제1절 저작물 ··· 83

　1. 저작물의 성립 요건 • 83

　　가. 독창성 84 / 나. 아이디어의 표현 95

　2. 저작물의 종류 • 104

　　가. 분류의 방법 104 / 나. 어문저작물 105 / 다. 음악저작물 106 / 라. 연극저작물 110 / 마. 미술저작물
　　112 / 바. 건축저작물 124 / 사. 사진저작물 131 / 아. 영상저작물 136 / 자. 도형저작물 139 / 차. 컴퓨터
　　프로그램저작물 140 / 카. 2차적저작물 145 / 타. 편집저작물 150 / 파. 공동저작물 154

　3. 비보호저작물 • 160

　　가. 법령·규칙 등 161 / 나. 조약 162 / 다. 편집물·번역물 163 / 라. 시사보도 163

　자율 학습 • 164

제2절 저작자 ··· 167

　1. 저작자의 개념 • 167

　　가. 정의 167 / 나. 저작권의 추정 168 / 다. 저작재산권자와의 관계 170

　2. 외국인의 저작물 보호: 연결점 • 170

　　가. 국적에 의한 연결 171 / 나. 상시 거주 및 공표에 의한 연결 173 / 다. 상호주의 174

　3. 업무상 저작물의 저작자 • 177

　　가. 의의 177 / 나. 외국의 입법례 179 / 다. 창작자 원칙 예외의 요건 180

　자율 학습 • 184

제3절 저작권의 의미와 특징 ··· 185

　1. 저작권의 의미 • 185

　2. 저작권의 발생 • 185

　　가. 사실행위로서 창작행위 186 / 나. 무방식주의 186

　3. 저작권의 성격 • 188

가. 저작권의 본질에 대한 논의 188 / 나. 저작권의 성격 191

제4절 저작인격권 ── 193

　　1. 저작인격권 사상 • 193

　　　　가. 저작인격권의 역사 193 / 나. 저작인격권 논쟁 194 / 다. 우리 저작권법상 저작인격권 197

　　2. 저작인격권의 종류 및 내용 • 200

　　　　가. 공표권 201 / 나. 성명표시권 206 / 다. 동일성유지권 209

　　3. 저작인격권의 성격 및 행사 • 219

　　　　가. 저작인격권의 성격 219 / 나. 저작인격권의 행사 220 / 다. 저작인격권의 포기 221 / 라. 저작자
　　　　사후 인격적 이익의 보호 224

　　자율 학습 • 225

제5절 저작재산권 ── 227

　　제1관 저작재산권의 성격 • 227

　　1. 물권적 성격 • 227

　　　　가. 절대성 228 / 나. 배타성 228 / 다. 이전성 229

　　2. 개별 이용행위에 대한 권리 • 230

　　　　가. 전형적인 이용행위 230 / 나. 권리의 다발 231 / 다. 공중의 개입 231

　　제2관 저작재산권의 내용 • 233

　　1. 저작재산권의 종류 • 233

　　2. 복제권 • 234

　　　　가. 복제의 의의 234 / 나. 일시적 복제 237 / 다. 권리의 내용 240

　　3. 배포권 • 241

　　　　가. 배포의 개념 241 / 나. 권리의 내용 243

　　4. 대여권 • 245

　　　　가. 대여의 개념 245 / 나. 권리의 내용 245

　　5. 공연권 • 248

　　　　가. 공연의 개념 248 / 나. 권리의 내용 252

　　6. 방송권 • 252

　　　　가. 방송의 개념 252 / 나. 권리의 내용 257

　　7. 전송권 • 257

　　　　가. 전송의 개념 257 / 나. 권리의 내용 259

　　8. 공중송신권 • 260

　　　　가. 공중송신의 개념 260 / 나. 권리의 내용 264

　　9. 전시권 • 266

　　　　가. 전시의 개념 266 / 나. 권리의 내용 266

　　10. 2차적저작물 작성권 • 267

　　　　가. 2차적저작물의 개념 267 / 나. 권리의 내용 268

11. 특수한 이용형태에 대한 권리 • 268

　　가. 추급권 268 / 나. 링크에 대한 권리 269

제3관 저작재산권의 보호기간 • 273

1. 보호기간의 의의 • 273

2. 보호기간의 원칙 • 274

3. 무명 또는 이명 저작물의 특례 • 275

4. 업무상 저작물 및 영상저작물의 특례 • 276

5. 보호기간 기준의 특례 • 278

　　가. 공동저작물 278 / 나. 계속적 간행물 278 / 다. 기산점 279

자율 학습 • 279

제3장 저작인접권 ——————————————————————————— 283

제1절 저작인접권의 의의 ··· 285

1. 저작인접권의 개념과 성격 • 285

2. 보호대상의 종류 및 내용 • 287

　　가. 실연 287 / 나. 음반 288 / 다. 방송 290

3. 저작인접권자 • 290

　　가. 실연자 291 / 나. 음반제작자 293 / 다. 방송사업자 294 / 라. 저작인접권자 추정 295 / 마. 외국인의
　　실연, 음반 및 방송의 보호 296

자율 학습 • 302

제2절 저작인접권의 종류와 내용 ··· 303

1. 저작인접권의 종류 • 303

2. 저작인접권의 특징 • 304

　　가. 저작인접권의 발생 304 / 나. 저작인접권의 성격 304

3. 저작인접권의 내용 • 305

4. 저작인접권과 저작권과의 관계 • 305

자율 학습 • 308

제3절 실연자의 권리 ··· 309

1. 실연자의 인격권 • 309

　　가. 실연자 인격권의 의의 309 / 나. 성명표시권 310 / 다. 동일성유지권 312 / 라. 실연자 인격권의
　　성격 및 행사 315

2. 실연자의 재산적 권리 • 316

　　가. 복제권 317 / 나. 배포권 317 / 다. 대여권 318 / 라. 공연권 319 / 마. 방송권 320 / 바. 전송권
　　325

3. 실연자의 보상청구권 • 325

　　가. 상업용 음반의 방송 사용 보상청구권 325 / 나. 디지털음성송신권 330 / 다. 상업용 음반의 공연 사용 보상청구권 333

　자율 학습 • 336

제4절 음반제작자의 권리 ──────────────────────────── 338

　자율 학습 • 338

제5절 방송사업자의 권리 ──────────────────────────── 340

　자율 학습 • 341

제6절 저작인접권의 보호기간 ─────────────────────────── 342

　1. 보호기간의 의의 • 342

　2. 보호기간의 원칙 • 343

　　가. 원칙 343 / 나. 기산점 343

제4장 데이터베이스제작자의 권리 ────────────────────── 345

제1절 권리의 성격 ───────────────────────────────── 347

　1. 제도 도입 배경 • 347

　2. 권리의 성격 • 350

　3. 외국의 입법례 • 351

제2절 권리의 내용 ───────────────────────────────── 354

　1. 데이터베이스의 정의 • 354

　2. 보호대상 • 355

　3. 데이터베이스제작자의 권리 • 357

　　가. 데이터베이스제작자 357 / 나. 권리의 내용 359 / 다. 보호기간 362 / 라. 권리 이전 등 363 / 마. 소급보호 364

제5장 재산적 권리의 제한 ────────────────────────── 365

제1절 권리 제한의 의의 ───────────────────────────── 367

　1. 권리 제한의 헌법상의 근거 • 367

　2. 저작권법상 권리 제한의 의의 • 369

　3. 권리 제한의 유형 • 372

　4. 권리 제한의 일반적 요건: 3단계 기준 • 374

　자율 학습 • 377

제2절 저작재산권 제한 ·· 378

　1. 재판 등에서의 복제 • 378

　　가. 이용 목적 및 주체 378 / 나. 요건 및 이용형태 379 / 다. 프로그램에 관한 특례 380

　2. 정치적 연설 등의 이용 • 382

　3. 공공저작물의 자유이용 • 383

　　가. 공공저작물의 의의 383 / 나. 요건 384 / 다. 자유이용 385 / 라. 검토 386

　4. 학교교육 목적 등에의 이용 • 388

　　가. 교육 목적 이용의 의의 388 / 나. 교과용 도서에의 게재 389 / 다. 수업 목적 복제, 공연 및 공중송신
　　393 / 라. 원격교육 397 / 마. 보상금 398

　5. 시사보도를 위한 이용 • 400

　　가. 의의 400 / 나. 요건 및 이용형태 400

　6. 시사적인 기사 및 논설의 복제 등 • 402

　7. 공표된 저작물의 인용 • 404

　　가. 의의 404 / 나. 요건 및 이용형태 405

　8. 비영리 공연 · 방송 • 408

　　가. 의의 408 / 나. 좁은 의미의 비영리 공연·방송 409 / 다. 상업용 음반 또는 영상저작물의 공연 411
　　/ 라. 제29조 제1항과 제2항과의 관계 414 / 마. 검토 415

　9. 사적 이용을 위한 복제 • 416

　　가. 권리 제한의 근거 416 / 나. 요건 및 이용형태 417 / 다. 프로그램에 관한 특례 420 / 라. 복제보상금
　　제도 421

　10. 도서관 등에서의 복제 등 • 421

　　가. 의의 421 / 나. 도서관의 범위 422 / 다. 조사·연구 목적 등의 복제 및 제공 423 / 라. 전송 목적
　　복제 또는 전송 425 / 마. '보관된 도서 등'의 개념 427 / 바. 보상금 427 / 사. 도서관 등의 의무 430
　　/ 아. 온라인 자료의 수집 431

　11. 시험문제를 위한 복제 • 431

　　가. 의의 431 / 나. 요건 및 이용형태 432 / 다. 프로그램에 관한 특례 433

　12. 시각장애인 등을 위한 복제 등 • 433

　　가. 의의 433 / 나. 시각장애인 등의 범위 434 / 다. 점자 복제 435 / 라. 장애인을 위한 시설에서의
　　복제 등 436 / 마. 시각장애인과 보호자를 위한 복제 437 / 바. 검토 437

　13. 청각장애인 등을 위한 복제 등 • 438

　　가. 의의 438 / 나. 청각장애인 등의 범위 439 / 다. 청각장애인을 위한 복제 439 / 라. 청각장애인을
　　위한 시설에서의 복제 등 440 / 마. 청각장애인과 그 보호자를 위한 복제 441

　14. 방송사업자의 일시적 녹음 · 녹화 • 441

　　가. 의의 441 / 나. 요건 및 이용형태 442

　15. 미술저작물 등의 전시 또는 복제 • 444

　　가. 전시권에 대한 제한 444 / 나. 복제권에 대한 제한 446 / 다. 위탁 초상화·초상사진 449

16. 저작물 이용과정에서의 일시적 복제 • 449

　가. 의의 449 / 나. 요건 451

17. 부수적 복제 • 452

18. 문화시설에 의한 복제 등 • 454

　가. 의의 454 / 나. 문화시설 456 / 다. 대상 저작물 및 이용형태 457 / 라. 상당한 조사 457 / 마. 문화시설의 의무 458

19. 저작물의 공정한 이용 • 460

　가. 의의 460 / 나. 요건 461 / 다. 검토 463

20. 번역 등에 의한 이용 • 465

21. 프로그램 역분석 등 • 467

　가. 감정을 위한 복제 467 / 나. 조사·연구·시험 목적의 복제 468 / 다. 컴퓨터 유지·보수를 위한 일시적 복제 469 / 라. 프로그램의 역분석 470 / 마. 보존을 위한 복제 471

22. 출처 명시 의무 • 472

자율 학습 • 475

제3절 저작인접권 및 데이터베이스제작자의 권리 제한 ·· 477

1. 저작인접권의 제한 • 477

　가. 제한의 의의 477 / 나. 제한의 내용 478 / 다. 의무재송신 479

2. 데이터베이스제작자의 권리 제한 • 481

자율 학습 • 484

제4절 법정허락 ·· 485

1. 의의와 종류 • 485

2. 저작재산권자 불명 • 487

　가. 저작물의 창작과 이용 간의 불합치 487 / 나. 불명 저작물의 의의 488 / 다. 준용 규정 492

3. 공표된 저작물의 방송 • 492

　가. 방송을 위한 법정허락 492 / 나. 준용 규정 493 / 다. 조약과의 관계 493

4. 상업용 음반 제작 • 494

　가. 상업용 음반 제작을 위한 법정허락 494 / 나. 준용 규정 495 / 다. 조약과의 관계 495

5. 법정허락 승인 신청 및 승인 절차 • 496

제5절 보상금 제도 ·· 498

1. 제도의 의의 • 498

2. 보상청구권의 귀속과 행사 • 499

　가. 보상청구권의 귀속 499 / 나. 보상청구권의 행사 500 / 다. 지정단체 501

3. 미분배 보상금 • 503

제6장 재산적 권리의 변동·행사 및 등록 ──────── 505

제1절 재산적 권리의 변동 ··· 507
1. 저작물의 사용 · 수익 · 처분 • 507
2. 권리의 변동 • 508
3. 권리의 양도 • 509
    가. 권리의 처분 509 / 나. 양도의 방법 509 / 다. 양도의 종류 511 / 라. 양도의 대항력 514 / 마. 공동저작물에 관한 특칙 515
4. 권리의 신탁 • 515
5. 권리의 상속 • 517
6. 권리질권 설정 • 518
    가. 질권의 의의 518 / 나. 권리질권 518 / 다. 공동질권 및 근질권 522
7. 배타적발행권 설정 • 522
제2절 재산적 권리의 행사: 저작권 이용허락 ··· 523
1. 이용허락의 의의 • 523
2. 이용허락의 종류 및 성질 • 524
    가. 이용허락의 방법 524 / 나. 이용허락의 종류 524 / 다. 이용허락의 성질 524 / 라. 피이용허락자의 구제 수단 525
3. 양도 계약과 이용허락 계약의 구별 • 528
4. 이용허락의 효과 • 528
5. 공동저작물에 대한 저작재산권의 행사 • 529
제3절 재산적 권리의 소멸 ·· 531
1. 보호기간의 만료 • 531
2. 상속인의 부존재 및 법인의 해산 • 532
3. 권리의 포기 및 기증 • 533
    가. 권리의 포기 533 / 나. 권리의 기증 534
4. 재산적 권리의 부분적 소멸 • 535
5. 소멸시효 및 취득시효 • 535
자율 학습 • 537
제4절 저작권 등록 ·· 538
1. 의의 • 538
    가. 무방식주의 원칙 538 / 나. 공시의 원칙과 저작권 등록 540 / 다. 저작권 등록의 효용 540 / 라. 법규정 541
2. 등록의 종류 및 대상 • 542
    가. 권리 등록(본등록) 542 / 나. 권리 변동 등록 543 / 다. 변경 등록 543

3. 등록의 절차 • 544

가. 등록 신청 544 / 나. 심사 545 / 다. 등록부 기록 547

4. 법적 효력 • 548

가. 추정력 548 / 나. 대항력 549 / 다. 보호기간 연장의 효과 549 / 라. 과실 추정 550 / 마. 법정손해배상 요건 550

5. 부실 등록 • 550

6. 저작권 등록과 저작권 정보 • 551

자율 학습 • 552

제7장 저작권법상 특별 규정 — 553

제1절 배타적발행권 — 555

1. 준물권의 창설 • 555

가. 준물권의 필요성 555 / 나. 준물권으로서 배타적발행권 557 / 다. 2011년 저작권법 개정 558

2. 배타적발행권 설정 • 559

가. 의의 559 / 나. 설정행위 559

3. 배타적발행권에 대한 권리와 의무 • 560

가. 배타적발행권자의 권리와 의무 560 / 나. 저작재산권자의 권리와 의무 564 / 다. 저작자의 권리 566

4. 배타적발행권의 제한 • 568

5. 배타적발행권의 변동 • 569

가. 배타적발행권의 변경 570 / 나. 배타적발행권의 소멸 570

6. 배타적발행권의 등록 • 571

7. 출판권 • 572

제2절 영상저작물 특례 규정 — 573

1. 특례 규정의 의의 • 573

가. 특례 규정의 필요성 573 / 나. 외국의 입법례 574

2. 특례 규정의 해석 • 576

가. 영상저작물의 저작자와 실연자 576 / 나. 영상저작물 제작·이용을 위한 권리 처리 577 / 다. 영상제작자의 권리 585 / 라. 영상저작물 수록물의 이용 586

자율 학습 • 587

제3절 컴퓨터프로그램에 관한 특례 — 588

제4절 온라인서비스제공자의 책임 제한 — 589

1. 책임 제한 규정의 의의 • 589

2. 온라인서비스제공자의 종류 및 개념 • 591

　　3. 온라인서비스제공자의 책임 제한 요건 • 593

　　　가. 공통 요건 593 / 나. 단순 도관 594 / 다. 캐싱 595 / 라. 호스팅 및 정보경로도구 597 / 마. 모니터링 의무 등 600

　　4. 복제 · 전송의 중단 • 601

　　　가. 의의 601 / 나. 복제·전송의 중단 절차 601 / 다. 법적 효과 604 / 라. 복제·전송자에 관한 정보 제공의 청구 604

　　5. 책임의 성격 • 605

　　6. 특수한 유형의 온라인서비스제공자 • 607

　　　가. 의의 607 / 나. 정의 608 / 다. 부과 의무 609

　자율 학습 • 610

제5절 기술적 보호조치 및 권리관리정보 ··· 612

　1. 디지털권리관리 • 612

　2. 기술적 보호조치의 보호 • 615

　　　가. 기술조치의 필요성과 의의 615 / 나. 기술조치의 개념 616 / 다. 기술조치의 보호 618 / 라. 기술조치 위반에 대한 구제 및 제재 625

　3. 권리관리정보의 보호 • 625

　　　가. 권리관리정보의 필요성과 의의 625 / 나. 권리관리정보의 개념 626 / 다. 권리관리정보의 보호 628 / 라. 권리관리정보 위반에 대한 구제 및 제재 629

　4. 암호화된 방송 신호의 무력화 등의 금지 • 629

　　　가. 의의 629 / 나. 암호화된 방송 신호의 보호 630 / 다. 민사 구제 및 형사 처벌 631 / 라. 방송 전 신호의 송신 금지 632

제6절 기타 특별 규정 ··· 633

　1. 라벨 위조 등의 금지 • 633

　2. 영상저작물 녹화 등의 금지 • 634

제8장 저작권위탁관리업 ──────────────────────── 637

제1절 저작권위탁관리업의 의의 ·· 639

　1. 저작권의 성격 및 위탁관리업의 필요성 • 639

　2. 위탁관리업의 탄생 • 640

제2절 저작권위탁관리업의 종류와 이에 대한 감독 ·· 642

　1. 종류 • 642

　2. 신탁관리업 • 642

　　　가. 의의 642 / 나. 법적 지위 643 / 다. 법적 규제 645

　3. 대리 · 중개업 • 650

　　　　가. 의의 650 / 나. 법적 규제 650

　　자율 학습 • 651

제3절 우리나라 신탁관리업 현황 ────────────────── 653

　　1. 현황 • 653

　　2. 과제 • 654

　　자율 학습 • 656

제9장 한국저작권위원회 및 한국저작권보호원 ────────── 657

제1절 한국저작권위원회 ─────────────────────── 659

　　1. 위원회 설치 근거 • 659

　　　　가. 위원회 연혁 659 / 나. 위원회 설치 근거 660

　　2. 위원회의 업무와 기능 • 661

　　　　가. 조정 661 / 나. 심의 668 / 다. 저작권정보센터 668 / 라. 수탁 업무 669 / 마. 기타 업무 669

제2절 한국저작권보호원 ─────────────────────── 675

　　1. 보호원 설치 근거 및 업무와 기능 • 675

　　2. 불법 복제물의 수거·폐기 • 676

　　3. 불법 복제물의 삭제 또는 중단 • 678

　　4. 기타 업무 • 682

제10장 침해에 대한 구제 및 제재 ─────────────── 683

제1절 침해의 형태 ─────────────────────────── 685

　　1. 직접 침해 • 685

　　2. 침해 간주 행위 • 686

　　　　가. 배포 목적 수입 686 / 나. 배포 목적 소지 686 / 다. 프로그램의 업무상 이용 687 / 라. 저작인격권
　　　　침해 간주 행위 687

제2절 불법행위와 범죄의 성립 요건 ─────────────────── 688

　　1. 민법상 불법행위 • 688

　　　　가. 일반 불법행위 688 / 나. 공동불법행위 691 / 다. 저작권법상 불법행위 693

　　2. 형법상의 범죄 • 701

　　　　가. 범죄의 성립 요건 701 / 나. 교사범·종범 703 / 다. 저작권법상의 범죄 704

제3절 저작권 침해의 성립 요건 ─────────────────── 706

　　1. 인격적 권리의 침해 • 706

가. 저작인격권 등 침해 706 / 나. 실연자의 인격권에 대한 침해 709 / 다. 평가 709

　　2. 재산적 권리의 침해 • 711

가. 이용행위 711 / 나. 무단 이용 712

　　자율 학습 • 729

제4절 민사 구제 ··· 730

　　1. 침해정지청구권 및 침해예방청구권 • 730

가. 당사자 731 / 나. 요건 732 / 다. 내용 732 / 라. 온라인서비스제공자에 대한 법원 명령의 범위 734

　　2. 손해배상청구권 • 735

가. 손해배상의 의의 735 / 나. 내용 736 / 다. 손해액의 산정 736

　　3. 명예회복청구권 • 748

　　4. 정보의 제공 • 749

　　5. 비밀유지명령 • 750

제5절 형사 제재 ·· 752

　　1. 제136조 제1항 • 753

가. 저작재산권 등 침해 753 / 나. 비밀유지명령 위반 754

　　2. 제136조 제2항 • 754

가. 인격적 권리의 침해 755 / 나. 허위 등록 755 / 다. 데이터베이스제작자의 권리 침해 756 / 라. 복제·전송자에 관한 정보 목적 외 사용 756 / 마. 기술적 보호조치 무력화 금지 위반 756 / 바. 권리관리정보 보호 위반 757 / 사. 암호화된 방송 신호의 무력화 등의 금지 위반 757 / 아. 라벨 위조 등의 금지 위반 757 / 자. 방송 전 신호의 송신 금지 위반 757 / 차. 침해 간주 행위 758

　　3. 제137조 • 758

가. 저작자 성명 사칭·공표 759 / 나. 실연자 성명 사칭·공표 760 / 다. 저작자 사후 인격적 이익 침해 760 / 라. 암호화된 방송 신호의 수신 등 위반 761 / 마. 영상저작물 녹화 등의 금지 위반 761 / 바. 무허가 신탁관리 761 / 사. 저작인격권 침해 간주 행위 762 / 아. 업무방해 762 / 자. 비밀유지의무 위반 762

　　4. 제138조 • 763

가. 초상화 등의 이용 763 / 나. 출처명시 위반 764 / 다. 저작재산권자 표지 불이행 764 / 라. 재판 통지 불이행 764 / 마. 미신고 대리·중개 등 764

　　5. 몰수 • 765

　　6. 친고죄 • 765

가. 의의 765 / 나. 저작권법상 친고죄 원칙 766

　　7. 양벌 규정 • 773

　　자율 학습 • 774

제6절 행정적 규제 및 제재 ··· 776

　　1. 행정적 규제 • 776

2. 행정적 제재 • 777

제11장 경과규정 ——————————————————————————— 779

1. 의의 • 781
2. 시행일 • 782
3. 기존 질서 또는 기득권 보호 • 782
4. 보호기간에 관한 경과조치 • 784
   가. 일반 원칙 784 / 나. 소급보호 785 / 다. 1986년 개정법에 의한 보호기간의 조정 792 / 라. 보호기간 연장에 따른 보호기간 조정 796

주요 법률 명칭 __ 801
주요 외국 저작권법 __ 802
저작권 관련 주요 조약 __ 804
주요 인용 저술 목록 __ 805
용어 찾아보기 __ 807

표 그림 차례

⟨표 1⟩ 개정 연혁 및 주요 내용 __ 62
⟨표 2⟩ 저작권 관련 국제조약 및 우리나라 가입 현황(2022. 7. 기준) __ 65
⟨표 3⟩ 저작물의 종류 및 예시 __ 154
⟨표 4⟩ 저작물의 이용형태 __ 234
⟨표 5⟩ 방송, 전송 및 디지털음성송신의 구별 __ 265
⟨표 6⟩ 이용형태별 권리 내용 __ 265
⟨표 7⟩ 조약별 보호기간 __ 274
⟨표 8⟩ 실연자의 공연권 __ 320
⟨표 9⟩ 실연자의 방송권 __ 324
⟨표 10⟩ 조약별 보호기간 __ 343
⟨표 11⟩ 데이터베이스와 디지털콘텐츠 보호 __ 362
⟨표 12⟩ 도서관 복제 면책의 유형 및 보상금 지급 의무 대상 __ 429
⟨표 13⟩ 전시권 제한 __ 445
⟨표 14⟩ 복제권 등 제한 __ 447
⟨표 15⟩ 법정허락 방식과 권리 제한 방식 간의 차이 __ 456
⟨표 16⟩ 양자 간의 장단점 __ 456
⟨표 17⟩ 출처 명시 의무 __ 474

〈표 18〉 신탁관리업 현황(2022. 말 기준) __ 654

〈표 19〉 친고죄 해당 범죄 __ 767

〈표 20〉 2006년 개정법에 의한 비친고죄 해당 범죄 __ 769

〈표 21〉 현행 비친고죄 해당 범죄 __ 771

〈표 22〉 소급보호와 관련한 경과조치 __ 791

〈표 23〉 1957년 법과 1986년 법상의 보호기간 __ 793

〈표 24〉 1957년 법과 1986년 법상의 보호기간 __ 795

〈표 25〉 실연과 음반의 보호기간 __ 796

〈표 26〉 실연·음반 및 방송에 대한 보호기간 종료 __ 800

〈그림 1〉 컴퓨터프로그램 코딩과 역분석 __ 468

〈그림 2〉 DRM 구성요소 __ 614

제1장
저작권 제도

제1절 저작권법의 의의

제2절 저작권법의 연혁

제3절 한국 저작권법의 역사

제4절 저작권법의 효력

제5절 저작권법과 다른 법률과의 관계

제1절 저작권법의 의의

1. 지적재산권의 범주

지적재산권(intellectual property rights)[1]은 여러 부류의 권리를 총칭하는 말이다. 일반적으로 지적재산권은 지적 창작물(intellectual creation) 보호를 위해 법률이 부여하는 권리로 파악한다. 이러한 지적재산권은 크게 산업재산권(industrial property)과 저작권(copyright)으로 나뉜다. 산업재산권에는 특허(patent)와 실용신안(utility model), 상표(trademark)와 상호(trade name), 지리적 표시(geographical indication), 그리고 산업디자인(industrial design), 영업비밀(trade secret) 등이 있고,[2] 저작권에는 좁은 의미의 저작권과 저작인접권(neighboring rights)이 있다.

산업이 발전하면서 초기에는 특허와 저작권에서 출발했던 지적재산권 제도가 산업디자인, 상표, 지리적 표시, 부정경쟁(unfair competition), 영업비밀, 집적회로 배치설계(lay-out design of integrated circuits) 등으로 범위를 넓히고 있다. 아직도 계속 새로운 지적재산권 제도가 생겨나고 있다는 점도 주목할 만하다.

지적재산권은 대체로 지적 창작물의 보호를 위해서 일정 기간 인격적·재산적 권리를 부여함으로써 창작자에게 그간의 창작적 노력 또는 투자에 대한 보상을 해주고 그 결과 창작

---

1) 민법 교과서에서는 얼마 전까지만 해도 좁은 의미의 물권과 구별되는 의미로 무체재산권(incorporeal property rights)이라는 말을 사용한 적이 있다. 지적재산권이라는 용어도 1990년대 종전 지적소유권을 대체한 것이다. 2011년 '지식재산기본법' 제정 이후부터는 지적재산권을 대신해, 지식재산권이라고 통칭하기 시작했다. 이 개론서에서는 지적재산권이라는 종전 용어를 사용하기로 한다.

2) 산업재산권도 종전에는 공업소유권이라고 불리기도 했으나, 1980년대 이후 널리 쓰이기 시작했다. 공업뿐만 아니라 농업, 서비스업도 산업이라는 넓은 범주에 포함되기 때문에 적절한 용어 선택이라 할 수 있다.

활동을 지속할 수 있도록 함과 동시에, 일정 기간 경과 후 이를 공공의 영역으로 돌림으로써 이용자들이 널리 이용·활용할 수 있고, 2차적 창작의 토대로 삼을 수도 있도록 하여, 장기적으로 문화와 예술, 기술과 산업의 발전을 꾀하는 데 목적이 있다고 할 수 있다.

각국은 지적재산권을 보호하기 위해 개별 법률을 제정·시행하고 있다. 개별 법률은 해당 제도의 본질과 특성에 맞게 권리의 내용을 특정하고 있는바, 지적재산권은 다른 재산권에 비해 발전의 역사가 짧기 때문에 아직도 그 본질에 관한 한 진화를 거듭하고 있다고 말할 수 있다. 이러한 점에서 지적재산권의 범주를 특정하는 것은 쉽지 않은 작업이다.

2. 저작권 제도의 근거

시대에 따라서 그리고 국가에 따라서 저작권 제도를 바라보는 시각이 고정되었다고 말할 수는 없으나 저작권 제도는 일반적으로 크게 자연적 정의론(natural justice argument)이나 창작 유인론(creative incentive argument)[3]에 근거하여 설명하는 경향이다.

가. 자연적 정의론

자연적 정의론에 의하면, 저작권은 창작물이라는 과실에 대한 권리로서, 창작물은 창작자의 개성 내지 인격이 담긴 것이므로 그 인격적 이익을 보호해야 하고 또한 창작물은 창작 활동의 결과 이뤄낸 것이므로 그 결과물에 대해 사회적 보상이 필요하다는 것으로 집약할 수 있다.[4] 자연적 정의론은 재산권의 측면에서 로크의 철학을, 그리고 인격권의 측면에서 칸트와 헤겔의 철학에서 발견할 수 있다.

로크는 누구든지 노동에 의한 과실을 취득할 권리가 있으며 그 과실은 자신의 재산이 된다고 했다.[5] 로크의 이론은 유럽 대륙에서 발전을 거듭했다. 로크 추종자들은 다음과 같이 말한다. 저작자는 자신의 창작물을 통해 사회를 풍요롭게 한 대가로 자신의 기여에 대해

---

3) Sterling, pp. 55 and 57.

4) Leaffer, p. 18.

5) 로크의 이론에 대해서는, 제2장 제3절 3. '가. 저작권의 본질에 대한 논의' 참조.

보상을 받을 권리가 있다. 저작권법은 이 점을 확인해주고 있다. 즉, 저작권법이 저작자에게 배타적인 권리를 부여한 것은 저작자가 자신의 저작물을 지배·통제할 수 있는 자연권 내지 내재적 권한을 가지기 때문이라는 것이다.[6]

저작권의 인격권 측면은 먼저 칸트가 전개하고 나중에 헤겔이 발전시켰다. 헤겔 철학의 중심은 인간 의지와 개성(인격), 그리고 자유라는 개념에 있다. 개인의 의지는 인간 생존의 핵심 조건으로, 그 의지는 끊임없이 자아를 실현하고자 한다. 개성은 자아를 실현하고자 하는 인간 의지의 끊임없는 투쟁 내지 결단으로 파악된다. 헤겔은 자유란 개인이 상위의 객관적 질서와 결합된 것으로 보고 있다. 외부적인 억압으로부터 해방을 뜻하는 전통적인 자유주의자들이 생각하는 자유의 개념과는 사뭇 다르다. 헤겔은 재산을 자유의 한 요소로 본다. 재산은 자아실현, 개성의 표현, 인간의 존엄을 위한 수단이라고 본다.[7]

이러한 헤겔 철학을 저작권 제도에 투영한 것이 이른바 개성(인격) 이론이다. 이는 2단계로 설명할 수 있다. 첫째 단계는 물건에 대한 권원(재산)을 어떻게 보는가 하는 것이다. 헤겔에 의하면 인간이 물건을 점유했다고 해서 재산을 취득하는 것은 아니다. 그의 의지가 뒷받침이 되어야 한다. 지적 재산은 이러한 재산과 유사한 점이 있다. 노동은 하나의 수단이며 의지가 작용해야 물건을 차지할 수 있는 것이다.[8] 둘째 단계는 지적 재산과 물건에 대한 재산과의 차이점 비교이다. 지적 재산도 첫째 단계에서 보듯 재산의 하나로 볼 수 있지만, 그것이 전부는 아니다. 예술적 재능이나 발명도 물건처럼 팔고 살 수 있으나 그렇다고 이들을 물건과 같은 것으로 볼 수는 없다. 무언가 내재적이고 정신적인 속성이 존재한다. 지적 재산은 이러한 인간의 개성을 형상화한 것으로, 일반 재산과는 구별된다. 조각가나 화가는 자신의 의지를 매체에 담아 예술 작품을 생산한다.[9]

칸트와 헤겔의 저작권 사상을 요약하는 것이 쉬운 일은 아니지만, 다음과 같이 말할 수는 있다. 즉, 아이디어는 창작자가 가지는 것으로 그 아이디어의 표현은 창작자의 개성(인격)의

---

6) Leaffer, pp. 18~20. 노동 이론은 나중에 부정이용(misappropriation) 이론으로 발전한다. 영국 판례에 의하면, "누구든지 다른 사람의 노동의 결과를 부정이용해서는 안 된다". LB (Plastics) Ltd. v. Swish Products Ltd. (1979). F.S.R. 145, 149. Sterling, p. 57 and note 72에서 재인용.

7) Justin Huges, "The Philosophy of Intellectual Property," 77 Georgetown Law Journal 287 (1988), pp. 330~332.

8) Ibid., p. 334.

9) Ibid., pp. 336, 339.

발현이라는 것이다.[10]

자연적 정의론은 여러 가지 점에서 그 한계를 드러내고 있다. 무엇보다도 재산권과 인격권 측면을 모두 담고 있는 저작권의 본질을 충분히 설명하지 못한다는 점이다. 재산권 측면을 강조한 노동 이론은 저작권이 다른 재산권과 어떻게 구별되는지(권리의 배타성, 보호기간 등) 충분히 설명하지 못하고 있고, 인격권 측면에 주목하고 있는 개성(인격) 이론은 인격적 속성이 없거나 미약한 저작물의 보호에 대해서 충분한 설명이 되지 못한다.[11]

나. 창작 유인론

창작 유인론에 의하면, 저작물은 저작자의 시간과 노력, 창의력, 재능, 투자 등의 결과인데 이러한 결과물이 아무런 법적 보호를 받지 못한다면 저작자가 새로운 저작물을 만들고자 하는 창작 유인(creative incentive)이 생기지 않는다고 한다.[12] 창작 유인론을 경제적인 측면에서 본다면 다음과 같이 설명할 수 있다. 즉, 저작권 보호는 저작자에게 저작물을 생산하는 동기를 제공함으로써 창작활동을 지속할 수 있도록 하고 이를 이용자들이 활발하게 이용하게 되면 그 분야 산업의 부가가치가 커지게 된다. 부가가치의 증가는 결국 산업의 발전으로 이어지고 그 분야 고용을 창출하는 등, 경제가 선순환하는 구조로 이어진다.

창작 유인론을 연장하면 음반과 방송, 데이터베이스 보호로 연결된다. 저작물이나 실연이 자연인 저작자나 실연자의 창작물이라면 다른 저작인접물(음반이나 방송)이나 데이터베이스는 대개의 경우 법인의 투자 결과물이라 할 수 있다. 이러한 결과물의 축적과 이용은 경제 발전으로 이어지는데 이는 저작권 보호에 기반을 두고 있는 것이다. 투자 위험은 회사

---

10) Ibid., p. 330; Leaffer, pp. 20~21.

11) 이에 관해서는, Leaffer, pp. 18~21; Hughes, ibid., pp. 339~350 참조. 인권의 측면에서 저작권 제도를 바라보는 시각도 있다. 1948년 세계인권선언은 저작권을 인권의 하나로 받아들이고 있다. 이에 의하면 저작자는 "학술적·문학적·예술적 산물에서 나오는 인격적·물질적 이익을 보호받을 권리를 가진다"(제27조). 인격권(사생활의 비밀 보장 등)과 재산권(사유재산의 보장)을 저작권 제도에 대입하면 그것이 곧 저작인격권과 저작재산권이 된다고 할 수 있는데, 세계인권선언은 바로 이 점에 주목했다고 할 수 있다.

12) Sterling, p. 57. 저작권법은 저작물의 최적량을 생산하기 위한 것으로 공공복지를 증진하는 데 목적이 있다고도 한다. Leaffer, pp. 21~25.

가 부담하지만 그러한 투자에 편승한 부정경쟁 내지 무임승차는 투자를 위축시키고 경제성장을 가로막기 때문에 이를 통제하기 위해서는 저작권 제도가 필요한 것이다.

영미법계에서는 창작 유인론이 지배적인 이론으로 자리 잡고 있다. 1834년 Wheaton v. Peters 사건에서 미국 연방대법원이 자연적 권리로서 저작권을 배척하고 저작권은 의회가 제정한 법률에 의해 창설된다는 판결을 내린 이후[13] 미국 저작권 제도는 창작 유인론에 입각한 실용주의 노선을 견지해왔다.

다. 관찰

자연적 정의론은 유럽 대륙법계 국가들을 중심으로, 창작 유인론은 영미법계 국가들을 중심으로 세력을 얻고 있다. 대륙법계 국가들이 하나같이 저작인격권 제도를 두고 있는 반면, 영미법계 국가들이 저작권의 인격적 측면에 소극적인 태도를 보이는 것은 우연이 아니다. 또한 자연적 정의론은 그 표현에서 보듯 자연법사상에서 영향을 받았다고 할 수 있고, 창작 유인론은 법실증주의적 색채가 묻어난다.

저작권 보호대상인 저작물은 한 번 공개되면 그에 담긴 사상은 배타적으로 지배할 수 없다. 무형의 저작물에 대한 권리인 저작권과 유형의 물건에 대한 소유권을 같은 반열에 놓고 후자의 일반 이론을 전자에 그대로 접목하는 것은 무리가 따른다. 소유권은 유체물의 점유에서 비롯되고 그것에 대한 침탈이 형법상 절도, 강도 등 재물에 대한 범죄로 이어진다. 그러나 저작물은 물리적으로 점유하거나 소유할 수가 없다. 또한 저작물에 대한 침탈(저작권 침해)은 그것을 이용한 데 따라 발생하기 때문에 일반 재산권 이론을 그대로 저작권에 적용하는 데 무리가 따를 수밖에 없다. 이런 이유로 저작권 제도가 도입된 이래 이론적 기반에 대한 논의가 끊이지 않고 있으나 명쾌한 해답은 아직 나오지 않았다. 자연적 정의론과 창작 유인론은 일반 재산권을 저작권에 어떻게 투영하는가에 따라 이론을 달리했다 할 수 있다. 그러나 양자는 접근방법에 근본적인 차이가 있기 때문에 양자를 대립적인 이론으

---

13) Wheaton v. Peters, 33 U.S. 591, 661 (1834). 이 판결은 연방대법원 최초의 저작권 판결로서, 1774년 영국의 Donaldson v. Beckett 사건 판결에서 영향을 받았다. 영국 대법원은 후자 사건에서 영구적인 보통법상의 저작권을 부정하면서, 저작권은 법률에 의해 창설되며 보호기간이 한정적이라고 판시한 바 있다. 이를 풀어보면, 저작권은 실용적인 목적, 즉 창작에 대한 유인을 목적으로 하여, 법률에 의해 주어진 것이라고 할 수 있다.

로 파악하는 것은 곤란하다. 자연적 정의론은 저작자와 저작물 간의 관계를 중심으로 살펴보는 것인 반면, 창작 유인론은 저작물의 사회적 효용에 초점을 맞추고 있는 것이다. 서로 바라보는 논점, 시각이 다른 것이다.

베른협약에 인격권 사상이 투영된 20세기 초반만 해도 자연적 정의론이 지배적 이론으로 자리 잡은 듯했지만, 20세기 후반 들어 미국이 주도적으로 국제 제도에 참여하면서 영미법계 이론이 주목을 받고, 저작물의 산업적 측면이 강조되면서 창작 유인론이 힘을 얻고 있다. 정보사회에 접어들면서 실용주의 노선은 더욱 공고해지고 있다. 저작권 보호수준을 강화하려는 미국을 위시한 선진국들의 의지도 이러한 경향에서만 이해할 수 있다.

3. 저작권법의 목적

가. 저작권법 제1조

저작권법은 "저작자의 권리와 이에 인접하는 권리를 보호하고 저작물의 공정한 이용을 도모함으로써 문화 및 관련 산업의 향상발전에 이바지함을 목적으로"(제1조) 하고 있다.[14] 즉, 저작권과 저작인접권, 기타 저작권법에서 인정하고 있는 제반 권리를 보호하는 것을 첫 번째 목적으로, 저작물 등의 공정한 이용을 꾀하는 것을 두 번째 목적으로, 그리고 문화 및 관련 산업의 향상발전에 이바지하는 것을 세 번째 목적으로 하고 있다. 세 번째 목적은 저작권법이 주어진 역할을 하게 되면 이뤄진다는 입법자의 희망을 담은, 선언적인 성격을 띠고 있으므로 첫 번째와 두 번째 목적이 저작권법의 기본 목적이라 할 수 있다.

---

14) 제1조에서는 "저작자의 권리와 이에 인접하는 권리"라고 하고 있으나 다른 곳에서는 "저작권, 그 밖에 이 법에 따라 보호되는 권리", "저작권 그 밖에 이 법에 의하여 보호되는 권리" 등으로 표현하고 있다. ① 저작권법은 좁은 의미의 저작권, 저작인접권, 데이터베이스제작자의 권리, 배타적발행권 등을 보호하는 것이므로 굳이 두 가지 권리 보호만을 목적으로 할 것은 아니고, ② 첫 번째 목적에서는 좁은 의미의 저작권과 저작인접권을 상정하면서, 두 번째 목적에서는 저작권만을 염두에 둔 '저작물'을 언급함으로써 표현상 균형도 맞지 않는다. "저작권을 보호하고 저작물을 공정하게 이용하는 것"을 목적으로 한다고 간결하게 표현할 수도 있다.

나. 권리 보호

창작자를 위해서는 두 가지 제도적인 뒷받침이 필요하다. 하나는 자유로운 창작활동이 가능하도록 보장하는 것이고 다른 하나는 창작활동에 전념할 수 있도록 보장하는 것이다. 우리 헌법은 이들 두 가지를 위해 학문과 예술의 자유, 언론과 출판의 자유를 천명하고, 저작자와 발명가, 예술가의 권리를 보장하고 있다. 저작권법은 헌법이 보장하고 있는 저작자와 예술가의 권리를 구체화하고 있는 것으로, 저작자와 실연자에게는 인격적 권리와 재산적 권리를 부여하고, 음반제작자와 방송사업자, 그리고 데이터베이스제작자에게는 재산적 권리를 부여함으로써, 인격적 이익과 재산적 이익을 향유하도록 하고 있다.

저작물은 인간의 정신 활동의 산물이며 인류의 문화와 산업 발전에 기여한다. 문화는 인간의 정신을 살찌우며 산업은 인간 생존의 기초를 제공한다. 인류는 문화와 산업의 발전을 위해 여러 제도를 실험해왔다. 특히, 문화의 진흥을 위해 후원(patronage) 제도가 널리 활용되었다.[15] 산업혁명 이후 후원 제도와 같은 직접적인 문화진흥 방책보다는 지적재산권 제도가 효과적인 수단이라는 인식이 커졌다. 저작권 제도는 창작활동에 종사하는 사람들에게 창작활동의 결과에 대해 인격적·재산적 권리를 부여하는 것을 주된 내용으로 하고 있는바, 창작자들은 이러한 제도적인 장치에 의탁해 더욱 창작활동에 전념하게 되고 이를 통해 궁극적으로 문화와 산업의 발전을 의도하는 제도라 하겠다.[16]

근대 이후 인권 보호와 사유재산 보장은 시민사회의 기본 원리로 등장했다. 저작권은 시민사회의 성숙과 더불어 자연스럽게 기본적 인권의 하나로 수용되었다. 이런 시대적 흐름

---

15) 르네상스는 후원의 중요성을 일깨워준 좋은 사례가 된다. 오늘날에도 후원 제도는 자생력이 부족한 분야에서 여전히 효과가 있다. 문화예술인을 위해서 창작 기금을 마련한다거나 유치산업 분야에 기반 시설이나 기술을 제공함으로써 연구개발비용을 절감하도록 하는 것도 넓게 보면 후원 제도에 속한다 할 수 있다.

16) 저작물이 시장에서 유통되는 방법은 네 가지가 있다: ① 창작자가 저작물의 최초 판매에서 모든 비용과 정당한 이윤을 충당하고 추후 이용에 대해 관심을 가지지 않는 경우, ② 창작자가 다수의 복제물을 제작하여 비용을 분산하면서 제3자가 허락 없이 이용할 수 없도록 일정한 보호 방법을 강구하는 경우, ③ 창작자가 창작 비용을 정부나 재단이 제공한 상금이나 장려금으로 충당하는 경우, 그리고 ④ 창작자가 창작 비용에 관심을 두지 않고 오히려 공중이 자유로이 이용하도록 하는 경우. The Final Report of the National Commission on New Technological Uses of Copyrighted Works (CONTU), Library of Congress, 1979, p. 11. 저작권 보호는 기본적으로 두 번째 방법을 채택했다고 할 수 있다.

에 맞춰 1886년 체결된 베른협약은 "문학 및 예술 저작물에 대한 저작자의 권리를 가능한 한 효과적이고 통일적으로 보호"(전문)하기 위한 목적을 가지고 있음을 분명히 했다.

다. 공정한 이용

저작권법의 또 다른 목적으로 공정한 이용을 들고 있다.[17] 헌법에서 보장하고 있는 저작자와 예술가의 권리, 이를 저작권법에서 구체화한 배타적이고 독점적인 권리는 무제한 인정되는 것은 아니다. 권리의 향유와 행사에 아무런 제약이 없다면 다른 사람이 저작물에 접근할 수 있는 길이 차단되고 이것은 결국 저작권법이 궁극적으로 추구하는 학문과 예술의 발달, 문화와 산업의 발전을 해칠 수도 있을 것이다. 이는 저작권법이 추구하는 균형[18]이 아니다. 저작권법은 이 점을 염려하여 공정한 이용을 저작권법이 추구해야 할 두 번째 목적으로 두고 있다.

공정한 이용이라는 목적은 법적으로 다음과 같이 구현된다. 저작권법은 먼저 저작물임에도 불구하고 보호하지 않는, 이른바 비보호저작물을 정해놓고 누구나 자유로이 이용할 수 있도록 한다. 국민의 알권리 보장 측면에서 법령 등에 대해서는 보호하지 않는 것이다. 둘째로는 저작재산권 등에 대해서 일정한 보호기간을 설정하고 그 기간이 지나면 일반 공중이 자유로이 이용할 수 있도록 한다.[19] 셋째로는 행정 목적이나 교육 목적 등 여러 공공의 이익을 위해 저작재산권 등의 배타적·독점적 성격을 부인하거나 완화한다(권리 제한).[20] '공

---

17) '공정한 이용'은 우리 법에서는 다소 낯선 개념이다. 우리 법 제1조 목적 이외에 '공정한 이용'이라는 표현은 나오지 않다가, 2006년 개정법 이후 개별 규정에도 등장했다. 미국에서는 권리 제한의 일반 규정으로 공정이용(fair use)이라는 개념이 존재한다. 우리 법은 한·미 FTA 체결을 계기로 2011년 12월 개정법에서 독립 규정으로 '저작물의 공정한 이용'(제35조의5)이 신설되었다. 목적 규정에서 말하는 '공정한 이용'은 여러 복합적인 요소를 모두 고려한 것으로, 이 신설 규정에서보다는 넓은 개념이다.

18) 균형(balance)은 저작권 보호라는 사적인 이익과 공공 이익 간의 균형을 의미하는 것으로, 그 균형을 달성하는 것이 저작권 제도의 궁극적인 목적으로 국제적으로도 널리 인식되고 있다. 이 용어는 1996년 WCT와 WPPT 체결 이후 다른 조약에서도 반복적으로 등장하고 있다.

19) 비보호저작물과 보호기간이 지난 저작물을 통칭해 '공유영역 저작물(works in the public domain, public domain works)'이라고 한다.

20) 권리 제한은 저작자의 허락을 받지도 않고 저작물을 무상으로 이용하는 모습으로 나타날 수도 있고, 저작자의 허락은 받아야 하지만 일정한 보상을 조건으로 저작물을 이용하는 모습으로 나타날 수도 있

정한 이용'은 주로 권리 제한 측면에서 논의하기도 하지만 그리 좁게 볼 것은 아니다. 공정한 이용 목적은 저작권과 공공의 이익이 충돌할 경우 저작권의 한계가 존재한다는 점을 일러주고 있는 것이다.

공정한 이용이라 하여 모두 저작권법에서 수용할 수는 없다. 권리 보호라는 첫 번째 목적과 충돌하기 때문이다. 헌법은 공정한 이용을 위한 권리 제한을 허용하면서도 그 한계에 대해서 분명히 밝히고 있다. 즉, 헌법 제37조 제2항에서는 "국민의 모든 자유와 권리는 국가안전보장·질서유지 또는 공공복리를 위하여 필요한 경우에 한하여 법률로써 제한할 수 있으며, 제한하는 경우에도 자유와 권리의 본질적인 내용을 침해할 수 없다"고 하고 있다. 또한 헌법은 재산권 보장에 대해서 별도로, "모든 국민의 재산권은 보장된다"고 천명하고 "그 내용과 한계는 법률로 정한다"(제23조 제1항)고 하면서, 공공필요에 의한 재산권의 수용·사용 또는 제한 및 그에 대한 보상은 법률로써 하되 정당한 보상을 지급하도록 하고 있다(제23조 제3항). 저작권은 헌법상의 권리로서 보호를 받되, 이에는 분명한 제한 내지 한계가 있다는 것이며 이 경우 그 제한은 법률로 할 것을 요구하고 있는 것이다.[21]

라. 문화 및 관련 산업의 향상발전

저작권법은 "문화 및 관련 산업의 향상발전에 이바지함을" 세 번째 목적으로 하고 있다. 창작물이 지속적으로 생산되고 이를 통해서 창작자들이 자신의 인격적·재산적 이익을 확보할 수 있다면 문화는 순환과정을 거쳐 발전하게 된다. 다시 말해서, 저작자는 자신의 저작물의 가치를 사회적으로 인정받고 창작의 대가를 받으면서 창작활동에 전념할 수 있을 것이고, 이용자는 양질의 문화를 합리적인 가격에 접하게 될 것이고, 이러한 과정이 순환하면 문화와 관련 산업은 자연 발전하게 되는 것이다.

저작권 역사를 살펴보면 초기 법제도는 출판과 공연을 중심으로 한 것이었다. 문화와 예술 분야에 국한해 저작권을 논의하더라도 전연 무리가 없었다.[22] 20세기를 전후하여 기술

다. 그 어느 것이나 저작자의 독점적·배타적 권리를 제약한다는 점에서는 같다.

21) 이에 관해서는, 제5장 제1절 '1. 권리 제한의 헌법상의 근거' 참조.

22) 1886년 베른협약의 명칭('문학 및 예술 저작물 보호를 위한 국제협약')에서 보더라도 저작권은 문화와 예술 분야의 법제도였다.

이 발전하면서 녹음, 영화, 방송 분야도 산업으로 자리 잡고, 이들 산업이 저작권 제도 속에 편입되기 시작했다. 이런 변화가 기존의 저작권 제도의 목적에 변화를 줄 정도는 아니었다. 종전의 문화와 예술의 영역이 넓어진 것으로 이해할 수 있기 때문이다. 그러다가 20세기 후반에 컴퓨터프로그램이나 데이터베이스와 같은 디지털 산출물이 등장하고 이들에 대해서도 저작권 보호가 확장되면서 저작권 제도를 문화와 예술 분야에 국한해 접근하기 어려워졌다. 새로운 세기와 더불어 정보사회로 진입하면서 저작권 제도는 더 이상 문화와 예술을 염두에 둔 것으로 보기 어렵게 됐다. 2009년 법개정에서 제1조에 '관련 산업'을 추가한 것도 그런 경향을 반영한 것이다.

문화와 관련 산업의 발전은 그것이 저작권법의 직접적인 목적은 아니다. 권리 보호와 공정한 이용이 활발해지면 문화와 관련 산업은 발전한다는 의미에서 간접적인 목적 내지 장기적인 목표인 것이다. 또한 그것이 법의 목적으로서 다른 규정의 해석에 영향을 미치는 것으로 보기도 어렵다. 이 점에서 위의 두 가지 목적과는 사뭇 구별된다.

마. 목적 규정의 의의

목적 규정은 개별 법률 규정의 해석에 일정한 영향을 미친다. 어떤 규정은 문언대로 해석할 때 다른 규정과 충돌할 수도 있고, 어떤 규정은 그 자체로 해석이 불가능하거나 곤란할 수도 있다. 이때 합목적적 해석으로 부당한 결과를 바로잡을 수도 있을 것이다. 목적 규정을 단지 선언적이거나 보조적인 것으로 치부할 수는 없는 것이다. 그런 점에서 목적 규정에 대한 진지한 논의가 필요하다.

저작권법은 권리 보호와 공정한 이용이라는 언뜻 보기에 서로 어울리지 않는 두 가지 목적을 가지고 있다. 이 두 가지 목적은 상호보완적이면서도 상호모순적이기도 하다. 권리 침해가 심한 환경에서는 전자의 목적이 더 중요한 가치를 지닐 수도 있다. 그런가 하면 과도한 권리 보호는 다른 헌법상의 권리를 심대하게 침탈할 수도 있어서 후자의 목적이 더 중요해질 수도 있다. 입법기관은 이해당사자들(권리자와 이용자) 간의 충돌하는 이익을 조정해야 하고 모순을 극복해야 하는 과제를 떠안고 있는 셈이다.

저작권 제도가 탄생한 이래 두 가지 목적은 균형을 찾는 과정이었다 해도 과언이 아니다. 그러나 디지털 환경이 우리 생활 깊숙이 자리하면서 이러한 균형은 미묘한 균열의 조짐을 보이고 있다. 손쉬운 복제와 유통은 저작자에게 심각한 위협이 되고 있기 때문이다.

　우리 입법기관은 1986년 개정법 이후 국제 조약에 가입하기 위해, 그리고 디지털 환경에 대응하기 위해 권리 보호에 치중하는 정책을 꾸준히 지속하다가, 2010년대 들어 저작권 제도의 균형을 추구하는 데 관심을 기울이면서 이런 방향으로 몇 차례 법개정이 이뤄졌다. 입법 정책의 전환기를 맞고 있는 것이다.

자율 학습

　1. 특허, 상표, 저작권 등을 통칭하는 용어로서, 지적재산권과 지식재산권이 있다. 용어는 학계에서 먼저 사용하기도 하고, 정부가 주도적으로 제시하기도 한다. ① 어떤 용어가 권리의 본질에 적합한가? ② 지식재산과 지식재산권은 어떻게 다른가?

　2. 저작권 제도는 그 근거로 자연적 정의론과 창작 유인론을 내세운다. ① 이들은 서로 충돌하는 이론인가, 아니면 보완하는 이론인가? 태생이 다르다고 하여 대립적인 시각으로 바라보는 것이 적절한가? ② 우리 법상 자연적 정의론과 창작 유인론에 근거를 둔 규정들로 무엇을 들 수 있는가? ③ 우리 헌법에는 저작자 보호를 위한 규정이 있다. 그것이 자연적 정의론이나 창작유인론과 어떤 관련이 있는가?

　3. 저작권은 무임승차(free riding)를 막기 위한 제도라고도 한다. 이런 주장은 저작권 제도를 경제적인 측면에서 접근하는 것으로, 그것은 저작물의 공공재적 성격에 주목한 것이다. 저작물은 무형물로서, 어느 한 사람이 이용한다 해서 다른 사람이 이용하는 데 아무런 장애가 없고, 누구든지 그 저작물에 접근하는 데 그다지 어려움을 느끼지 않는다. 특히, 디지털 환경에서는 저작물의 공공재적 성격이 더욱 강해지고 있다. 따라서 일반 공중은 무임승차에 쉽게 기대게 된다. 경제학에서 공공재는 시장의 실패, 즉 자원의 비효율적 배분을 가져온다고 한다. 실패한 시장에는 민간 부문이 충분히 참여하지 않고 상품이 제대로 공급되지 않는다. 이를 극복하기 위해 정부는 해당 분야에 직접투자하거나 민간에 재정적 지원을 하기도 한다. 이제 이런 경제학 이론을 창작물(저작물) 시장에 대입해볼 수 있다. ① 정부가 창작물을 직접 생산하기보다는 창작자 지원 정책을 쓸 수 있다(이른바 후원 제도). 이런 정책에는 어떠한 것이 있는가? ② 후원 제도가 아니더라도 그와 비슷한 경제적 효과를 가져

오는 것으로 저작권법에서 마련한 제도가 있다. 즉, 법으로 저작자에게 배타적, 독점적 권리를 부여하는 것이다. ③ 후원 제도와 저작권 제도는 양립할 수 있는가? ④ 저작자에게 배타적, 독점적 권리 부여에 따른 부작용에는 어떤 것이 있는가? 이를 막기 위한 법제도에는 무엇이 있는가?

제2절 저작권법의 연혁

1. 저작권의 역사[1]

가. 저작권 제도의 탄생

(1) 인쇄술의 발명

저작권의 시작은 미약한 것이었다. 서양의 근대 역사가 시작되면서 시민사회가 발돋움을 할 때 국가(당시는 군주)는 국가정책 결정과정에 다양한 세력 간의 이해관계 조절에 익숙하지 않았다. 오히려 국가는 자신의 정책에 비판적인 언론이나 출판을 통제하려 했다. 15세기 중반 구텐베르크의 인쇄술 발명 이후 인쇄업이 성장산업으로 등장하면서 통제의 필요성은 더욱 커졌다. 누구나 출판물을 접할 수 있는 가능성이 열렸기 때문이다. 한편, 인쇄업자는 근대 이후에도 중세 시대의 길드를 통한 독점적 특권을 누리고 싶은 욕망을 여전히 숨기지 않았다. 국가와 인쇄업자 간의 절묘한 이해관계가 저작권이 싹트는 계기를 마련한 것이다. 이러한 이해관계는 근대 사상이 성숙하면서 새로운 방향으로 발전했다.

최초의 인쇄업 특권은 베네치아에서 나왔다. 1467년 베네치아는 특정 인쇄업자에게 인쇄업에 대한 배타적인 권리를, 1486년에는 저작자에게 그의 저작물을 인쇄할 수 있는 배타적인 권리를 부여했다. 다른 이탈리아 공화국과 유럽 국가들도 그 뒤를 따랐다. 각국의 정치체제에 따라 군주나 입법기관이 이러한 특권을 부여했다.[2]

17세기까지 유럽 각국에서는 저작자가 저작물의 복제와 공연을 제어할 수 있는 방법에

---

1) 장인숙, 15~22에서는 ① 무보호시대, ② 특허시대, ③ 입법시대, ④ 국제법시대로 시대 구분을 하고 있다.
2) Sterling, p. 8.

관해 다양한 논의가 전개되긴 했으나, 체계적이고 구체적인 최초의 법률은 1710년 앤여왕법(Statute of Anne)이었다. 이 법은 근대적인 의미의 성문 저작권법으로 일컬어지고 있다. 영국은 당시 유럽 민주주의를 이끌던 나라로, 군주의 권력이 시민에게 넘어가는 급격한 사회적 변혁을 겪고 있었다. 1695년 면허법(Licensing Act)의 만료로, 인쇄업에 대한 군주의 통제가 무너지면서 인쇄업자들은 불법 복제와 수입품의 범람으로 난관에 봉착했다. 이에 인쇄업자들은 오랫동안 누려왔던 독점적 특권을 유지하기 위해 로비를 하고 그렇게 탄생한 것이 앤여왕법이었다.

이 법은 다음 몇 가지 특징과 원칙을 가지고 있었다. ① 서적과 기타 저술(books and other writings)을 보호대상으로 한다. 정식 법률 명칭3)에서 알 수 있듯이, 인쇄물을 중심에 두고 제정한 것이다. ② 발행 저작물은 21년간(1931년까지) 보호된다. 인쇄업자들이 기대했던, 보통법(common law)상 인정되던 영구 독점권을 부정한 것이다. ③ 미발행 저작물의 저작자는 발행일로부터 14년간 인쇄에 대해 독점적인 권리(sole right and liberty)를 가지며, 저작자가 이 권리를 비록 다른 사람에게 양도했다 하더라도 14년 후에는 그 권리를 반환받고 그 당시 본인이 생존하고 있는 한 그 기간이 추가로 14년 연장되도록 했다.4) ④ 인쇄업자가 해당 원고를 취득할 경우 인쇄 독점권을 가지도록 했다. 인쇄업자의 특권은 저작자로부터 양도를 받아 유지할 수 있었다. ⑤ 침해자는 몰수 또는 벌금의 제재를 받는다. ⑥ 서적 제목을 등록하지 않으면 소송을 제기할 수 없도록 했다.

이 법은 1차적으로 출판업자와 인쇄업자의 보호를 목적으로 한 것이었지만, 저작자의 권리를 공식적으로 인정했다는 점에서 근대적 의미의 저작권법이라고 할 수 있다. 저작권법이 저작자가 창작한 저작물을 보호하는 데 기본 목적이 있다는 사상적 뿌리를 제공했다고 할 수 있다.

---

3) "이에 명시한 기간 동안 복제물의 저작자 또는 구입자에게 인쇄 서적의 복제물에 대한 권리를 귀속시킴으로써 학문을 장려하기 위한 법률(An Act for the Encouragement of Learning, by Vesting the Copies of Printed Books in the Authors or Purchasers of Copies, during the Times therein mentioned)".

4) 앤여왕법에도 불구하고 판례상 보통법에 의한 저작권은 존재했고, 그 보호는 영구적인 것이었다. 반세기 지나 영국 대법원의 1774년 Donaldson v. Beckett 사건 판결 이후 이런 영구적 보호는 사라졌다.

(2) 프랑스혁명

18세기 후반 프랑스혁명은 근대적인 의미의 저작권 사상을 국제적으로 보급하는 데 결정적인 역할을 했다. 앙시앵 레짐(ancien régime)을 타파하기 위해 시작한 프랑스혁명은 인쇄업자의 특혜도 폐지하면서 새로운 저작권 제도를 탄생시켰다. 혁명 의회는 1791년과 1793년 두 차례에 걸쳐 저작권에 관한 법률을 통과시켰다. 1791년 법률에서는 저작자 생존기간과 사후 5년간 저작자에게 공연권을 부여했고, 1793년 법률에서는 보호기간을 사후 10년으로 늘리고 복제권을 추가적으로 부여했다. 프랑스 혁명 입법은 등록과 같은 방식을 요구하지도 않았고, 보호기간도 저작자의 사망을 기준으로 제시하면서 근대 저작권 제도를 본격적으로 펼치는 계기를 마련했다.[5] 프랑스 저작권법에는 저작권이 군주가 특혜를 베푸는 것이 아니라 저작자의 창작행위로 발생한다는 자연권 사상이 투영된 것이다.[6]

독일의 철학자들이 저작권 사상 보급에 기여한 점도 빼놓을 수는 없다. 특히 칸트는 저작권을 재산권의 측면에서만 바라볼 것이 아니고, 저작물은 저작자의 인격을 반영한 것이고 이는 자연적 정의에 합당한 것이라는 점을 강조했다. 이러한 철학적 배경은 유럽 대륙의 저작인격권 사상 보급에 큰 영향을 미쳤다.[7] 19세기에 들어 프랑스에서는 저작인격권이 판례를 통해 자리 잡기 시작했다.

이러한 저작권 사상의 보급은 유럽 각국 간의 교통이 빈번해지고 문화 교류가 활발해지면서 촉발되었다고 할 수 있다. 이 과정에서 유럽의 문학가, 철학자 등이 자신의 창작에 대한 대가를 받을 수 있는 이론적인 토대를 마련하고자 했고 더 나아가 이들은 유럽 각국의 제도를 국제화하기 위해 노력했다. 그들의 노력은 베른협약 체결로 이어진다. 이 협약은 여러 개정회의를 거치면서 업그레이드되고 업데이트되면서 아직까지 생생히 살아 있다.

---

5) WIPO, Background Reading Material on Intellectual Property, WIPO, 1994, p. 27.

6) 프랑스 문헌들은 당시 법률 제정을 청원한 르샤플리에(Le Chapelier)의 보고서를 인용하면서 자연권 사상을 설명한다: "저작물을 모든 재산 중에서 가장 신성하고, 가장 합법적이며, 가장 불가침하고 …… 가장 인격적인 것으로서 작가의 사상의 과실이다." Vivant et Bruguière, p. 23.

7) WIPO, op. cit., p. 28.

나. 베른협약의 체결과 저작권의 국제화

19세기에 들어와서 저작물의 국제적 유통이 좀 더 활발해지고, 서적의 밀무역이 성행하면서 유럽 각국은 저작권의 국제적 보호의 필요성을 자각하기 시작했다. 각국은 상호주의에 따라 자국민의 저작물이 외국에서 보호되는 만큼 상대방 국민의 저작물을 보호하기 위해 양자협정을 체결했다. 비록 엄격한 상호주의에 의해 보호수준이 제한적이긴 했으나 내국민대우의 원칙을 협정에 반영했다. 1886년 베른협약이 체결될 때까지 유럽에는 이러한 양자협정이 100건 이상 존재했다.[8]

그러나 양자협정에 의한 저작권 보호는 몇 가지 문제점을 드러냈다. 협정마다 각국의 사정을 반영하게 되면 보호수준이 서로 다르게 되고 보호수준이 높은 국가의 국민은 보호수준이 낮은 국가에서 상대적으로 차별을 받게 되었다. 또한 권리 행사도 용이하지 않았다. 당시 양자협정은 본국법(lex loci originis) 원칙을 채택했다. 본국법 원칙이란 외국인의 저작물 보호에 관한 준거법을 그 저작물의 본국법에 의하도록 하는 것이다. 이에 따라 분쟁이 생기면 각국 법원은 해당 저작물의 본국을 일일이 확인하고 그에 따른 보호를 해줘야 했다. 법원이 친숙한 자국법을 두고 외국 법률을 적용하게 되면 아무래도 권리 행사에 만전을 기하기 어렵다.[9]

이러한 배경 속에서 1886년 베른협약이 탄생했다. 이 협약은 '문학 및 예술 저작물의 보호를 베른협약(Berne Convention for the Protection of Literary and Artistic Works)'을 약칭한 것으로, 내국민대우의 원칙(principle of national treatment)과 최소한의 보호 원칙(principle of minimum protection)에 입각하여 협약 동맹국이 내국민과 외국인 간의 차별을 철폐하고 일정 수준의 저작권 보호를 보장하도록 함으로써 저작권 질서의 국제화를 이끌었다.[10]

베른협약은 20세기 중반까지는 주로 유럽 국가들을 위한 다자조약이었다.[11] 이렇게 된

---

8) György Boytha, "Some Private International Law Aspects of the Protection of Authors' Rights," Copyright, October 1988, p. 401.

9) 본국법 원칙은 보호지법(lex loci protectionis) 원칙과 대비된다. 후자는 베른협약 이후 다자조약에서 채택한 원칙으로, 저작물의 이용행위 또는 침해행위가 이루어진 장소의 법을 준거법으로 하는 것이다.

10) 1878년 설립된 국제문학예술협회(Association Littéraire et Artistique Internationale: ALAI)는 위고(Victor Hugo) 의장의 지도 아래 베른협약 체결의 분위기를 주도적으로 이끌고 갔다.

11) 1952년 세계저작권협약이 체결될 무렵 베른협약에 참여하고 있는 비유럽 국가는 12개국에 지나지 않

데에는 아시아·아프리카 국가들이 당시까지 대부분 독립하지 못했고, 또한 방식주의를 채택하고 있었던 미주 국가들이 베른협약상의 무방식주의의 원칙을 받아들일 수 없었기 때문이다. 과중한 저작권 보호에 대한 부담도 많은 국가들의 참여를 어렵게 했다. 저작권이 국제사회에서 좀 더 효과적으로 보호되기 위해서는 베른협약 가입에 따른 부담을 줄일 필요가 있었다. 세계저작권협약(Universal Copyright Convention: UCC)은 이러한 배경하에서 1952년 체결되었다.[12] 이 협약은 미주 국가들의 방식주의와 베른협약상의 무방식주의를 절충하고,[13] 보호수준(권리의 내용, 보호기간 등)을 낮춤으로써 저작권의 국제적 보호를 공간적으로나마 확대시켜보려고 했다.

베른협약은 체결 이후에도 이른바 여러 차례 개정회의를 거치면서 저작권의 '조화(harmonization)'라는 기치 아래 지속적으로 보호수준을 높이고자 했다.[14] 선진국들은 1970-1980년대 WIPO를 무대로 한 노력이 결실을 맺지 못하자 1980년대 후반부터 그 무대를 GATT 라운드로 옮겼다. 그들은 1994년 WTO 체제하의 TRIPS협정[15]으로 자신들의 목표를 달성했다. 베른협약보다 높은 수준의 저작권 보호 기준을 마련하는 한편, WTO 체제를 업고 이를 강제할 수 있는 집행 수단을 가지게 된 것이다. TRIPS협정이 WTO 체제 안에 있다는 것은 지적재산권 제도, 저작권 제도가 WTO라는 국제기구를 통해 전 세계적으로 넓어진다는 의미도 있다.

2000년을 전후하여 FTA가 본격적으로 체결되면서, 특히 당사국 중 하나가 선진국인 경우에는 대부분, FTA에서 저작권 보호를 위한 규범을 두기 시작했다. FTA가 증가하면서, FTA 내에 저작권 등 지적재산권 챕터가 기본으로 자리 잡는 데 그치지 않고, 이를 통해

왔다.

12) UCC는 1971년 파리에서 개정되었다.

13) 이것이 곧 저작권 표시로서 © 표시이다. 이 표시를 저작물의 복제물 등에 부착하면 방식주의를 만족하는 것으로 하여, 무방식주의 국가 국민이 방식주의 국가에서 보호를 받을 수 있도록 하는 것이다. 이에 관해서는, 제2장 제3절 2. '나. 무방식주의' 참조.

14) 1971년 마지막 개정회의가 열렸던 파리에서, 개발도상국을 위해 복제권과 번역권을 제한하는 특례 규정을 두기는 했으나 엄격한 요건과 까다로운 절차로 인해 국제적으로 거의 활용되지 못했다.

15) TRIPS협정은 '무역관련 지적재산권에 관한 협정(Agreement on Trade-Related Aspects of Intellectual Property Rights)'을 일컫는다. 이 협정은 WTO 체제를 구성하는 여러 WTO협정들(WTO Agreements) 중 하나이다. TRIPS협정은 제목에서 알 수 있듯이 무역 규범의 성격도 가진다. 이 협정을 계기로, 이후에 체결되는 자유무역협정(Free Trade Agreement: FTA) 내에 지적재산권 챕터가 등장한다.

보호수준이 더욱 높아지고 있다. 저작권 규범은 이제 국제 제도 속에서 이해해야만 하는 시대가 도래한 것이다.

다. 기술의 발전과 저작권의 수용

저작권의 역사는 기술 발전의 물줄기를 따라 발전을 거듭했다. 새로운 기술이 새로운 기기와 매체를 만들어내면 이러한 매체에 담을 새로운 저작물이 등장하기도 하고 새로운 이용행태가 생기기도 한다. 즉, 저작권 제도는 기술 발달에 따라 보호대상이 늘어나고, 이용 형태가 다양해지고 그에 따라 추가적인 권리가 생기는 순환구조 속에서 발전을 거듭해온 것이다.16)

19세기 초반 화학과 광학이 발달하면서 사진 기술이 탄생했다. 사진의 원리는 이미 15세기에 소개되었으나 1820년대 프랑스 과학자인 니에프스(Joseph Nicéphore Niépce)의 일련의 실험과 발명에 이은 1835년 다게르(Louis Jacques Mandé Daguerre)의 은판사진 발명으로 기술적으로 완성되었다. 1850년대 초상사진이 유행하면서 대중적인 인기를 끌었다. 사진의 원리는 입체적인 공간을 평면에 정확하게 그릴 수 있는 수단을 찾기 위한 목적에서 나왔다. 르네상스 시대에 활약했던 레오나르도 다 빈치나 미켈란젤로도 같은 목적으로 어둠상자(camera obscura)를 이용하기도 했다. 초기 사진 발명가들은 그림(회화나 조소)을 석판(후에 동판) 인쇄의 방법으로 복제하는 데 관심을 기울였다. 미술가들이 주로 사진 기술 발전에 역할을 했음을 알 수 있다. 사진은 초기 역사에서 보듯이 사물을 정확히 그리는 것, 다시 말해서 복제하는 수단으로 인식되었다. 시간이 지나면서 사진을 예술로 받아들이게 되고 문화·예술 분야의 창작물로서 사진의 저작권 보호에 관심을 기울이게 된다. 국제조약에서 사진을 저작물로 처음 받아들인 것은 1908년 베른협약 베를린 개정회의에서였다.

사진의 복제 기능은 복사기가 등장하면서 그 역할이 일부 축소된다. 복사기는 처음부터 각광을 받은 발명품은 아니었다. 그 쓰임새에 대해 관심을 기울이지 않았던 것이다. 복사기의 기원으로 삼는 다게르의 은판사진이 나온 뒤 1세기가 지나서야 복사만을 염두에 둔 복사기가 등장했다. 1938년 미국 특허변호사였던 칼슨(Chester Carlson)이 복사기를 발명했다. 이 발명은 1948년 제록스라는 이름으로 상용화되었으나 1950년대까지는 그렇다 할 상업적

---

16) 이하 기술 발전에 관해서는 Microsoft Encarta Premium 2009 등 다수 자료를 참조했다.

인 성공을 거두지 못했다. 1960년대에 들어 복사기가 본격적으로 보급되기 시작했고 이제는 디지털 방식의 복사(스캐닝), 축소와 확대 등 다재다능한 복사기가 나오고 있다.

사진복사(photocopy)는 다음과 같은 점에서 인쇄와는 다르다. 인쇄는 하나의 저작물을 대량 복제한다면 사진복사는 소량 복제한다. 또한 인쇄는 이를 전문적으로 다루는 사업자가 있는 반면 사진복사는 소비자가 직접 복제행위를 할 수 있기 때문에 전문적인 복사업자가 반드시 필요하지는 않다. 사진복사물은 주로 도서관이나 학교, 기업에 설치된 복사기에서 나온다. 특히 도서관이나 학교에서 저작물 복제가 광범위하게 이뤄지는 반면, 이들 기관은 사진복사의 직접 주체는 아니다. 복사기는 열람자나 학생의 수요를 충족하기 위해 설치되었기 때문이다. 사진복사의 특징과 복사 주체를 함께 고려해보면 저작권이 직접 개입하기에 어려운 문제가 많다. 각국은 이 점을 고려하여 사진복사에 관한 여러 입법 정책을 내놓고 있다. 독일은 1985년 개정 저작권법에서 복사기에 대한 복제보상금 제도를 도입하여, 비록 저작자의 배타적 권리가 사적 복제에는 미치지 않는다 하더라도 그에 대한 보상을 하도록 했다.[17]

1877년 에디슨(Thomas Edison)은 축음기(phonograph)를 발명했다. 축음기는 이후 녹음기(테이프, 디스크), DAT(digital audio tape) 재생기, MD(mini disk) 재생기, MP3(MPEG-1 Audio Layer 3) 재생기로 진화를 거듭하고 있다. 녹음기와 녹음 재생기, 그리고 녹음 매체(음반)는 상호보완적으로 시장을 형성해왔다. 얼마 전까지만 해도 전문가와 기업(음반제작자)만이 전문 녹음기를 구입해 녹음을 할 수 있었다. 일반인은 녹음 재생기와 매체를 구매하여 음악을 즐기는 데 만족했다. 디지털 기기와 매체의 등장은 이러한 역할 분담을 무의미하게 하고 있다. 그러나 기술이 발전해도 작사자와 작곡자, 가수와 연주자, 그리고 음반의 기획과 제작을 맡은 음반제작자는 여전히 음악 생산에 결정적인 역할을 한다.

음반이 단지 소리를 담는 것이 아니라, 음악저작물을 수록하는 매체로 자리 잡으면서 녹음 관련 저작권법 제도에 적지 않은 변화가 일어났다. 첫째, 녹음은 종전까지 인쇄에 한정했던 복제 개념을 확장시켰다. 베른협약은 1908년(베를린 개정회의) 음악저작물의 기계적 복제(mechanical reproduction)에 대한 권리를 인정하기에 이르렀다.[18] 둘째, 음반은 그 기획에

---

17) 2016년 자료에 의하면, 30개국이 이 제도를 도입했고, 이 중 18개국에서 실제 운용하고 있다. IFRRO and WIPO, International Survey on Text and Image Copyright Levies, 2015 Edition, 2016.

18) 당시만 해도 저작자에게 '복제권'을 명시적으로 규정하지 않았다. 복제권은 1967년 스톡홀름 개정회

서부터 유통에 이르기까지 음반제작자의 투자와 노력이 이뤄낸 결과물이다. 저작권법은 이러한 음반제작자에게 법적인 보호를 마련해주었다. 어떤 국가에서는 저작권으로, 다른 국가에서는 저작인접권으로 음반제작자를 보호한다. 셋째, 개인이 손쉽게 녹음할 수 있는 기기와 매체가 생겨나면서 기존 음반을 새로운 매체에 담게 되면 음반 제작에 참여한 여러 권리자(저작자, 실연자 및 음반제작자)의 이익을 해칠 가능성이 높다. 개인이 음반을 구매하기보다는 자신이 녹음한 음악을 들을 수 있기 때문이다. 이 점에 주목하여 적지 않은 국가들이 이른바 복제보상금 제도를 도입하여, 배타적 권리가 미치지 않는 사적 복제에 대해 적어도 금전적 보상은 받을 수 있도록 열어놓고 있다.[19]

영화는 1895년 뤼미에르(Lumière) 형제가 필름을 스크린에 상영하는 영상기술을 시연하면서 역사가 시작되었는데, 그 후 음성을 영화에 동조시키는(synchronization) 기술이 개발되면서 오늘날의 영화로 발전했다. 저작권법은 영화를 보호대상 저작물로 추가하는 한편, 영화의 상영 및 2차 이용이 복잡한 계약 관계로 인해 난관에 봉착하지 않도록 배려하고 있다. 베른협약에서 영화를 보호대상으로 추가한 것은 1908년 베를린 개정회의에서였다. 이를 계기로 영화나 영상저작물도 국제적으로 보호를 받기 시작했다.

한편, 영화는 감독을 비롯하여 수많은 기여자들이 제작에 참여한다. 이들은 자신들의 역할로 인해 저작권법상의 각기 다른 지위를 가지고 있다. 제작 참여자들의 협상력도 같지 않다. 영상물 제작자나 제작 참여자 모두 계약 체결에 부담을 느낀다. 무엇보다도 영상제작자는 저작권 보호로 인해 영상물의 상영, 복제·배포 기타 이용이 어려워지는 상황을 가장 염려한다. 이 점을 고려하여 많은 국가들이 비록 저마다 접근법을 다소 다르게 하면서도 영화나 영상저작물에 관한 특별 규정을 두고 있다. 이것은 영화나 영상저작물의 이용 편의를 위한 제도인 것이다.

라디오 방송은 두 지점 간의 무선통신을 위해 전자기파를 이용하려는 노력에서 시작되었다. 1873년 맥스웰(James Clerk Maxwell)이 전자기파 이론을 제기하고, 헤르츠(Heinrich Rudolf

---

의에서 성문화되었다. 1908년 당시 기계적 복제권 도입을 둘러싸고 산업계의 반대도 적지 않았다. 스톡홀름 개정 베른협약은 그에 대한 타협으로 음악저작물의 강제허락 가능성을 열어놓은 바 있다.

19) 2016년 WIPO 자료에 의하면, 31개국이 녹음이나 녹화 또는 녹음·녹화에 대해 보상금 제도를 마련하고 있고 이 중 일부 국가(3개국)를 제외하고는 보상 제도가 실제로 작동하고 있다. Hester Wijminga, Wouter Klomp, Marije van der Jagt and Joost Poort, International Survey on Private Copying: Law & Practice 2016, Stichting de Thuiskopie and WIPO.

Hertz)는 그 이론을 확장하면서 실제로 전자기파를 생성했다. 이들의 성과는 마르코니 (Guglielmo Marconi)에 의해 무선통신으로 연결되었다. 마르코니는 1896년 1.6km에 이르는 거리까지 신호를 송신했고, 1901년에는 대서양 간 통신에 성공했다. 이후 여러 사람들이 이 분야에 뛰어들어 신호 외에 소리(음성과 음악)를 전달하는 방법, 장거리 통신 방법 등을 개량하고, 증폭기의 발명과 수신기의 개량 과정을 통해 라디오의 영역을 넓혀갔다. 라디오 가 대량 전달 매체(mass communication media)로 각광을 받게 된 것은 제1차 세계대전 이후 였다. 텔레비전의 등장은 그보다 늦었다. 소리 외에 이미지를 전자기파에 싣는 기술이 개발 되어야 했기 때문이다. 다수의 발명을 거쳐 1936년 BBC가 세계 최초로 텔레비전 방송을 시작했다.

한편, 1950년대 미국에서는 난시청 지역을 중심으로 케이블 텔레비전이 등장했으며 그 후 동축 케이블, 광케이블이 등장하면서 전파의 한계를 뛰어넘는 다채널 시대를 열었다. 채널을 차별화하고 PPV(pay-per-view) 방식의 서비스를 제공하여 시청자의 기호를 충족하 려고 했다. 1957년 당시 소련 스푸트니크(Sputnik) 위성 발사 이후 1963년 미국 통신 위성 릴레이(Relay) 1호가 미국과 일본 지구국 사이의 텔레비전 중계에 성공함으로써 위성방송 시대가 개막되었다. 케이블방송과 위성방송은 기존 공중파 채널의 한계를 극복하고 다양한 서비스로 고객의 취향에 맞추게 되었다. 그런가 하면 1990년대 후반 디지털 텔레비전이 탄 생했다. 디지털 방송은 그 송출과 수신을 디지털 방식으로 한다. 디지털 방송은 디지털 기 술 덕분에 화질과 음향이 뛰어나고 케이블방송이나 위성방송보다도 다양한 서비스를 할 수 있다. 쌍방향 통신을 할 수 있기 때문에 더욱 개별화된 서비스가 가능한 것이다.

저작권법은 방송을 두 가지 관점에서 순차적으로 접근한다. 하나는 대량 전달 수단으로 서 방송이라는 이용형태에 주목하고, 다른 하나는 프로그램을 기획하고, 편성, 제작하는 방 송사업자의 역할에 주목한다. 먼저 저작권법은 방송이 소리 또는 소리와 영상을 대량으로 전달하는 수단으로 그 안에 온갖 저작물이 담겨 공중에게 전달되므로 이에 대해 저작권이 미치도록 하고 있다. 방송권은 국제적으로 1928년 로마 개정회의에서 베른협약에 반영되었 다. 다음으로, 방송사업자가 방송을 기획하고 제작하는 데에는 많은 인력과 비용이 수반되 므로 저작권법은 이러한 사업자를 법의 테두리에서 보호해주고 있다. 저작인접권 체계를 가지고 있는 국가들은 모두 방송사업자에게 저작인접권자라는 법적 지위를 부여한다. 이 경우 방송사업자는 이중의 법적 지위를 가지게 된다. 즉, 방송사업자는 저작물 이용자도 되고 저작권법상 권리자도 되는 것이다.

기술 발전의 총아는 무어니 해도 컴퓨터이다. 컴퓨터의 등장과 그에 따른 통신 기술의 발달은 우리 생활을 근본적으로 바꿔놓고 있다. 컴퓨터는 수치 계산, 기기 제어, 정보 처리 등 다양한 분야에서 활용되고 있는데, 17세기 중반 파스칼(Blaise Pascal)의 발명을 여러 과학자들이 개량·응용하면서 19세기 후반 아날로그 컴퓨터가 탄생한다. 제2차 세계대전 중 영국의 과학자들이 진공관 튜브를 이용한 전자 컴퓨터를 만들어 독일의 라디오 암호를 해독하는 데 널리 사용했다. 1950년대 트랜지스터, 1960년대 후반 집적회로의 출현으로 컴퓨터는 급속한 기술 개량을 거쳐 오늘에 이르고 있다.

컴퓨터는 운영체제와 응용 프로그램으로 작동하는 것으로 프로그램은 프로그램 언어로 제작한다. 컴퓨터프로그램은 인간이 읽을 수 있는 원시코드(source code)와 컴퓨터가 읽을 수 있는(machine readable) 목적코드(object code)로 표현된다. 컴퓨터프로그램은 디지털 방식으로 제작된 것이므로 그만큼 복제하기 쉽고 2차 이용될 여지도 높기 때문에 그에 상응하는 보호방법을 강구해야 했다. 프로그램은 저작권으로도, 특허나 영업비밀로도 보호할 수 있다. 미국은 '저작물의 새로운 기술적 이용에 관한 국립위원회(Commission on New Technological Uses of Copyrighted Works: CONTU)'를 설치하여 이 문제를 본격적으로 다뤘다. 이 위원회는 1978년 보고서에서, 컴퓨터프로그램에 대해 저작권법에 의한 보호를 권고했고 이에 따라 미국은 1980년 저작권법을 개정하여 프로그램을 저작물의 일종으로 받아들였다. 우리나라도 1986년 프로그램보호법을 제정하여 프로그램을 본격적으로 보호해왔다.[20]

컴퓨터뿐만 아니라 그 주변 장치도 저작권 제도에 영향을 미치고 있다. 주변 장치 중 하나인 저장 매체는 기하급수적으로 용량을 키우면서 기존 아날로그 기록 매체를 보완하기도 하고 대체하기도 한다. 디지털 매체에 의한 저장 용량의 한계 극복은 기존 아날로그 복제에 기반을 두고 유지되어왔던 권리자와 이용자 간의 미묘한 균형을 교란하고 있다. 더욱이 이와 함께, 다음 항목에서 보는 정보사회 전개에 따른 네트워크 가속화는 기존 저작권 체제에 커다란 도전이 되고 있다. 새로운 권리와 제도를 마련하지 않는다면 기존 체제가 위협을 받을 수 있을 정도가 된 것이다.

20) 이 법률은 2009년 개정 저작권법에 흡수되었다.

라. 정보사회의 전개

컴퓨터가 보편화되고 이들 컴퓨터를 서로 연결해주는 인터넷은 오늘날 세계를 변화의 소용돌이에 몰아넣고 있다. 인터넷은 월드와이드웹, FTP(File Transfer Protocol), 이메일, P2P(Peer to Peer), 웹캐스팅 서비스 등으로 영역을 넓히고 있다. 1991년 월드와이드웹 창안은 우리에게 '정보사회'가 더 이상 가상의 세계가 아니라는 사실을 일깨워주고 있다. 인터넷을 활용한 기술이나 서비스는 지금도 개발되고 있다. 우리나라에서도 1980년대 이후 컴퓨터가 직장이나 가정에서 널리 사용되기 시작했다. 2000년을 전후해 초고속인터넷 서비스가 본격화되면서 전 세계의 지식과 정보를 누구나 쉽게 접할 수 있게 되었다.

정보사회는 다음과 같은 기술 발전으로 성큼 우리 곁에 다가왔다. ① 복제기술의 발전이다. 누구든지 컴퓨터와 주변 기기 몇 가지만 갖추면 아주 짧은 시간에, 적은 비용으로 간단하게 원본과 질적으로 동일한 복제물을 만들 수 있다. 게다가 아날로그(유형) 복제물은 한번 이전되면 같은 물건이 반복 생산되지 않으나 디지털(무형) 복제물은 원본이 남아 있는 상태에서 이전된다. 무수히 많은 복제물이 생산될 수 있는 것이다. ② 압축 기술의 발전이다.[21] 오디오나 비디오 콘텐츠는 디지털 방식으로 저장할 때에는 많은 용량을 필요로 한다. 전송 시간도 그에 비례해 늘게 된다. 압축 기술이 발전하면서 원본의 손실이 없이도 원본의 5~25%로 줄이는 것이 가능해졌다.[22] 더구나 사람이 인식할 수 없는 정도라면 2% 크기로도 압축할 수 있다. 이렇게 되면 네트워크를 통해 오디오나 비디오의 송신이 훨씬 용이해진다. ③ 통신 대역폭(bandwidth)이 증가함으로써 대규모 정보 전달이 가능해졌다. 우리나라의 경우 1980년대 전화 모뎀에서 1990년대 이후 케이블 모뎀과 고속 DSL(Digital Subscriber Line) 등 광대역 전송방법이 보급되면서 전화 모뎀에 비해 수백 배의 전송 속도로 업로드와 다운로드가 가능해졌다. ④ 인터넷, 특히 월드와이드웹의 등장으로 모든 사람이 인터넷으로 연결됨으로써 종전처럼 정보를 '주어진' 것만 전달하는 것이 아니라, 정보를 '주고받을' 수 있게 되었다. 디지털 환경에서는 누구든지 콘텐츠를 종전처럼 다수의 공중에게 동시에 전달할

---

21) 이에 관해서는 Dean S. Marks and Bruce H. Turnbull, "Technical Protection Measures: The Intersection of Technology, Law and Commercial Licenses," WIPO Doc. WCT-WPPT/IMP/3, December 3, 1999, p. 2 참조.

22) 잘 알려진 압축 포맷으로는 비디오의 경우 MPEG 계열의 포맷이 있고, 오디오의 경우 MP3가 있다.

수도 있을 뿐만 아니라, 누구든지(공중의 구성원) 필요한 시간에 자신이 원하는 장소에서 개별적으로 받을 수도 있다. 정보제공자가 따로 존재하고 소비자가 따로 존재하지 않는다는 말이다. ⑤ 새로운 세기를 전후해 소셜 네트워크 서비스(SNS), 사용자제작콘텐츠(UserGenerated Content) 등 새로운 온라인플랫폼이 하나둘씩 등장하는 한편, 모바일 기기가 대중화되면서 지식과 정보 전달은 시공을 초월해 기하급수적으로 늘기 시작했다. 정보 전달의 수준과 양상에 근본적인 변화가 일어나고 있는 것이다.

이러한 디지털 기술의 발전은 저작권 보호 주장에 설득력을 더해준다. 저작권 보호는 인쇄술의 발명 이후에 본격 생성된 개념인데, 활판 인쇄만 하더라도 활판기와 활판 제작에 드는 비용을 고려한다면 불법 출판의 유혹이 그다지 크지 않았다. 음악이나 영화 분야도 사정은 다르지 않았다. 시간이 지나면서 불법 복제 비용이 저렴해지기는 했으나 저작권 제도 자체를 위협할 정도는 아니었다.

디지털 기술은 불법 복제물을 쉽게, 비용 부담 없이 제작할 수 있는 환경을 제공한다. 합법 복제물 제작을 통한 저작물 시장 생태계를 흔든다. 특히, 불법 복제물이 합법 복제물과 불공정한 경쟁을 함으로써 합법 시장을 염두에 둔 출판사나 음반사의 존립을 어렵게 하고 그 피해는 궁극적으로 저작자에게까지 미친다. 정보나 콘텐츠가 창작되어 전달되는 과정에 저작권법이 개입할 필요성이 커지게 된 것이다. 저작권법은 먼저 인터넷 이용 관련 행위에 대해 새로운 권리를 신설하는 것으로 일차적인 대응을 하면서 아울러 인터넷 이용을 위해 중간 역할을 수행하는 온라인서비스제공자에게 저작권법상 법적 책임이 존재한다는 점을 확인하고 일정한 경우 침해로부터 자유로울 수 있는 영역(서비스제공자에 대한 책임 제한)도 존재한다는 점을 분명히 하는 것으로 대응하고 있다. 특히 관련 권리 신설은 획기적인 것이다.

인터넷은 무엇보다도 이용제공(making available) 또는 전송을 통한 이용이 근간을 이룬다. 개별 인터넷 이용자는 다운로드나 스트리밍 방식을 통해 해당 콘텐츠를 이용하게 된다. 1996년 '저작권 및 저작인접권 일부 문제에 관한 외교회의(Diplomatic Conference on Certain Copyright and Neighboring Rights Questions)'에서는 각종 주문형 서비스가 저작권법상 전형적인 이용행위라는 점을 인식하고, 이용제공을 포함하는 공중전달에 대한 배타적인 권리를 세계지적재산권기구 저작권조약(WIPO Copyright Treaty: WCT)에 반영했다. 우리 저작권법도 2000년 개정으로, 이 조약상의 이용제공권과 같은 내용을 담은 전송권을 신설했다.

또한 일시적 저장(temporary storage)은 심각한 현실적인 문제로 대두되고 있다. 일시적 저장은 다양한 모습을 띠고 있다. 컴퓨터 작동과 응용 프로그램 구동 과정에서 일시적 저장이 발생하기도 하고, 인터넷 이용 과정에서 일시적 저장(개인의 브라우저 작동으로 인한 클라이언트 컴퓨터에서 발생하는 일시적 저장)이 생기기도 한다. 또한 검색엔진이 다른 인터넷 사이트에 접근하여 정보를 수집하고 서비스하는 과정에서 서버 컴퓨터가 해당 정보를 일시적으로 저장하기도 한다. 이러한 일시적 저장은 기존 복제 개념 안에 포섭하더라도 무리가 없다. 기술적 특성이 기존 복제 개념에 그대로 들어맞기 때문이다. 다만, 종전의 복제 개념이 영속적 복제를 염두에 둔 것이고, 일시적 저장을 복제 개념 내에 포함시키면 자칫 저작권법의 목적 중 하나인 '공정한 이용'을 크게 훼손할 수 있기 때문에 법적 개념으로 받아들이기에는 다소 어려움이 있다. 세계 주요 국가들은 2000년을 전후해서, 이런 점들을 두루 감안해 일시적 저장을 복제권에 포함시키면서도 그 권리에 대한 제한을 일정한 조건하에서 허용하는 규정들을 도입해왔다. 우리 저작권법에서는 2011년 12월 개정으로, 일시적 저장도 복제 개념에 넣고 이에 대해 원칙적으로 배타적인 권리를 부여했다.

정보통신기술의 발전은 정보전달 매체의 독자적인 영역을 무색하게 한다. 전통적으로 텔레비전은 방송신호를 받아 프로그램을 재생하고 컴퓨터는 인터넷 정보만을 제공한다는 관념은 더 이상 설자리를 잃고 있다. 시청자들은 텔레비전에서 인터넷 정보에 접근하는가 하면 컴퓨터 이용자들은 컴퓨터에서 방송 프로그램을 시청하거나 청취한다. 이른바 정보통신 융합 현상은 방송과 통신 분야에서 현저하게 나타나고 있다. 기기 간이나 매체 간 독자적인 영역은 갈수록 줄어들고 있는 것이다.

반면, 저작권법은 방송과 전송을 각각 고유의 개념에 따라 구획하면서 권리관계를 설정하고 있다. 아직도 융합 현상에 주목하여 이를 저작권법에 적극 반영하려고 하는 입법 사례는 거의 없다. 방송이나 전송은 모두 저작물을 대량 전달한다는 점에서 같다. 그럼에도 저작권법은 각각의 이용행위를 달리 취급하고 있는 것이다. 전자에 대해서는 저작권의 배타성을 다소 제한하는 반면, 후자에 대해서는 저작권의 배타성을 강화하고 있다. 이것은 무엇보다도 방송을 공공성 측면, 즉 언론 기능과 교육 기능을 가지고 있지만, 전송은 그런 측면이 미약하기 때문이다. 연혁적으로도 방송의 공공성은 강조되어왔다. 방송의 그런 기능이 저작권 보호로 인해 제대로 작동하지 않는다면 이것은 결국 사회 전체의 손실을 가져온다고 보았던 것이다. 그러나 융합 현상이 가속화되면서 두 영역 간의 구분이 모호해지면서 방송의 공공성을 강조하는 것(또는 전송의 공공성을 부정하는 것)이 타당한지 여부는 계속 논란이 될 것이다.

마. 저작권 역사의 특징

저작권의 역사를 개괄해보면 보호대상이 확장되고, 새로운 권리가 생기는 것을 쉽게 알수 있다. 첫째, 저작권법에서 처음 염두에 둔 것은 인쇄의 방법으로 발행할 수 있는 저작물이었다. 이어 저작자가 공연에 대해서도 권리를 부여받으면서 음악이나 연극이 보호대상으로 추가되고, 사진이나 영상 기술이 발전하면서 사진과 영화가 보호대상으로 들어왔다. 베른협약 개정사에서 추가되는 과정을 볼 수 있다. 1886년 협약에서는 서적이나 기타 저술, 연극이나 악극 저작물, 음악 작곡, 회화나 조각 등, 석판화나 지도 등, 설계도나 지리나 건축 분야 등의 도면 저작물을 예시하던 것에서,23) 1908년 베를린 개정회의에서 무용저작물, 사진저작물, 영상물24)이, 1928년 로마 개정회의에서는 강연이나 연설 등을 새롭게 추가 예시했다.

미국 저작권법은 보호대상이 어떻게 확대되고 있는지 잘 보여주고 있다. 1790년 최초 저작권법에서는 '지도, 도표, 인쇄된 서적'을 보호대상으로 하다가 1802년 디자인, 판화 및 에칭, 1831년 작곡, 1856년 연극적 구성, 1865년 사진 및 네거티브, 1870년 조소 및 모형 등으로 확대했고, 1908년 저작권법에서는 '저작자의 모든 저술(writings)'을 보호대상으로 하면서, 1912년에는 영화, 1972년에는 녹음물을 추가했다. 1976년 법에서는 보호대상을 새롭게 다시, '어문저작물, 음악저작물, ······ 연극저작물, ······ 무언극 및 무용저작물, 회화·도면 및 조각저작물, 영화 및 녹음물[을 포함하는] 독창적 저작물'로 정의했다. 1980년 법개정으로 컴퓨터프로그램이 보호대상으로 명시되었다.

둘째, 이용형태가 다양화하고 그에 따라 새로운 권리가 등장했다. 베른협약 개정 역사를 보면 기술 발전이 새로운 이용형태를 낳고 그에 따라 새로운 권리가 추가되었음을 알 수 있다. 일련의 베른협약 개정회의를 보면 이런 사실을 확인할 수 있다. 1908년 개정회의에서는 음악저작물의 기계적 복제와 영상 기술에 의한 복제와 공연에 대해 배타적인 권리를 인정했다. 1928년 개정회의에서는 기존의 번역권, 복제권 및 공연권에 이어 네 번째 권리로

---

23) 이때만 해도 '저작물'이라는 표현도 나오고, '서적'과 같은 매체를 언급하기도 하고, '회화'와 같이 저작물의 원본(original)을 들기도 한다. 일관되게 '무슨 무슨 저작물'이라고 하지 않았다.

24) 영상물(production cinématographique, cinematographic production)이라는 표현은 1948년 브뤼셀 개정회의에서 '영상저작물'로 변경되면서 저작물의 예시 규정(제2조)에 편입되었다.

방송권을 도입했다. '라디오와 텔레비전에 의한 저작물의 전달'에 대한 배타적인 권리를 인정한 것이다. 1948년 브뤼셀 개정회의에서는 통신 수단에 따라, 방송과 유선에 의한 공중전달, 확성기에 의한 공중전달 등으로 세분했다. 이런 기준은 아직도 그대로 남아 있다. 디지털 환경이 도래하면서 베른협약은 다시 위기를 맞았으나 베른협약 특별협정으로 1996년 제네바 외교회의에서 WCT가 체결되어, 복제권의 영역을 확장하고 이용제공권을 포함하는 공중전달권을 신설함으로써 위기에 대응했다.

2. 저작인접권의 역사

저작인접권의 보호 필요성과 배경, 그리고 그 본질은 저작권과 같지는 않다. 저작인접권은 저작권에 비해 그 발달의 역사도 일천하다. 실연을 예로 들면, 실연은 사람들 앞에서 한 번 하면 사라지는 것이었다. 관객의 뇌리에 남는 것 외에는 반복 재생을 위한 방법이 존재하지 않았다. 따라서 실연자의 보호는 공연에 대한 대가를 지급하는 것으로 충분했고, 이것은 저작권법에서 다룰 문제가 아니었다. 그러던 것이 기술 발전으로 급변했다.

19세기 말 이후 녹음 기술이 발명되고 라디오와 영화 및 텔레비전이 등장하면서 저작물을 공중에게 직접 전달하는 사람(실연자)에게 일정한 법적 지위를 부여하고, 또한 녹음물(음반) 제작을 기획하고 투자하는 사람(음반제작자)에게도 법적으로 권리를 부여하여 제3자에 의한 불법 음반의 제작(bootlegging)을 막아야 할 필요성이 생겼다. 일반 공중은 새로운 매체가 등장하기 전에는 인쇄물과 실연자의 공연에 의해서만 저작물을 접할 수밖에 없었다. 그러나 라디오 등 새로운 매체가 등장하면서 저작물의 새로운 이용형태가 추가적으로 생겼다. 사람들은 음악이나 연극을 실연자를 대면하지 않고서도 볼 수 있는 시대를 맞이한 것이다.

1902년 독일은 녹음물을 처음으로 보호대상으로 삼았다. 이어 1911년에는 영국 법에서도 녹음물에 대한 저작권 보호를 명시적으로 인정했다. 영국에서 법인에게 저작권을 부여하는 것은 아무런 문제가 되지 않았으나, 독일에서는 음반제작자에게 저작권법상의 권리를 인정할 것인지 이론적인 문제에 봉착했다. 음반제작자는 지적 창작물을 만들 수 있는 저작자가 될 수도 없고, 게다가 법인에게 저작자의 지위를 부여할 수도 없는 노릇이었다.

1936년 오스트리아 저작권법은 접근법을 달리했다. 저작권 외에 실연자와 음반제작자, 그리고 방송사업자 보호를 위해 '관련 권리(verwandte Schutzrechte)'를 창안한 것이다.[25] 이탈리아는 1941년 오스트리아의 예를 따랐다. 독일은 1965년 저작권법에서 '관련 권리'를 인정했다. 프랑스에서는 인접권(droits voisins)이라는 이름을 오래전부터 사용했으나 저작인접권 제도를 정식으로 받아들인 것은 1985년 저작권법에서였다.

저작인접권 보호를 위한 노력은 오히려 국제무대에서 활발했다. 1903년 독일 바이마르에서 열린 '국제문학예술협회(Association Littéraire et Artistique Internationale: ALAI)' 총회에서는 실연자의 곤궁한 처지에 대한 논의가 있었다.[26] 19세기와 20세기를 넘나드는 시기에 과학이 실용 분야에 접목되면서 녹음 기술과 무선통신(특히 방송) 기술이 빠르게 발전했다. 이러한 기술 발전은 실연자의 생실연(live performance)의 기회를 박탈하는 결과를 가져 왔고 이러한 경향은 제1차 세계대전 이후 가속화되었다. 이러한 사태에 직면한 국제노동기구(International Labour Organization: ILO)는 1926년부터 실연자 보호에 대한 국제적인 관심을 촉구하기 시작했다. 1940년에는 방송과 녹음에 대한 실연자의 권리문제를 의제로 채택하기도 했으나, 제2차 세계대전으로 말미암아 결실을 보지 못했다.[27]

베른협약 동맹국들도 저작인접권 보호에 관심을 가졌다. 1908년 베른협약 개정을 위해 각국 정부대표가 베를린에서 회합했는데 당시 영국 정부는 음반제작자를 국제적으로 보호하자는 제안을 했다. 1928년 로마 개정회의에서는 이탈리아 정부가 실연자 보호 문제를 정식으로 거론하여 '실연자의 권리를 보호하기 위한 조치의 가능성'을 각국에 건의하는 결의가 채택되기도 했다.[28] 1939년에는 파리동맹 및 베른동맹 통합국제사무국(Bureaux Internationaux Réunis pour la Protection de la Propriété Intellectuelle: BIRPI)[29]과 사법 통일 국제학회(International Institute for the Unification of Private Law)가 공동으로 스위스 사마덴에서 실연자와 음반제작자에 관한 조약안과 방송사업자에 관한 조약안을 작성하여 방송사업자 보호 문제도 국제적인 관심의 대상으로 등장했다.[30]

---

25) Sterling, pp. 18~19.

26) WIPO(Rome), p. 7.

27) Ibid., pp. 7~8.

28) "VOEU V relatif à protection des droits des artistes éxécutants," Actes de la Conférence réuni à Rome du 7 mai - 2 juin 1928, p. 350.

29) BIRPI는 1971년 설립된 세계지적재산권기구(World Intellectual Property Organization: WIPO)의 전신이라 할 수 있다.

30) WIPO(Rome), p. 8.

제2차 세계대전이 끝난 뒤인 1948년 브뤼셀에서 베른협약 개정 회의가 개최되면서 실연자뿐만 아니라 음반제작자와 방송사업자도 함께 보호할 수 있는 방법을 각 동맹국이 강구하도록 결의했다.[31] 이 결의에서는 특히 실연자의 권리를 '저작권에 인접하는 권리(les droits voisins du droit d'auteur)'라고 특정함으로써 저작인접권(droits voisins; neighbouring rights)이라는 용어가 일반화되는 계기를 마련했다.

1950년대 이후 기술 발달은 그간의 노력을 현실화할 필요성을 더욱 크게 했다. 그 결과 1961년 로마협약이 체결되었다. 로마협약의 정식 명칭은 '실연자, 음반제작자 및 방송사업자의 보호를 위한 국제협약(International Convention for the Protection of Performers, Producers of Phonograms and Broadcasting Organisations)'이다. 이름에서도 알 수 있듯이, 실연자와 음반제작자 그리고 방송사업자를 보호하기 위한 조약이다. 이 협약은 ILO와 BIRPI를 중심으로 한 국제기구, 각국 정부 등이 반세기 동안 노력한 결과였다. 이렇게 오랜 기간을 끈 것은 녹음이나 녹화 기술, 라디오와 텔레비전의 등장이 실연자와 음반제작자, 그리고 방송사업자에게 어떤 영향을 미칠 것인지 파악되지 않았고, 또 새로이 등장하는 권리(저작인접권)와 기존의 저작권과의 관계가 실제로 어떻게 설정, 전개될지 알기 어려웠기 때문이었다.

베른협약은 각국이 국내법을 대부분 정비한 상태에서 체결되었기 때문에 공통적인 요소를 추출하여 이를 최소한의 기준으로 삼을 수 있었다. 반면, 로마협약은 체결 당시 대부분의 국가들이 저작인접권 보호를 위한 국내법을 가지고 있지 않았다. 로마협약은 그 후 오히려 국내법을 선도하는 역할을 담당했다. 이 협약이 체결된 이후 많은 국가들이 로마협약 실체 규정을 따라 국내법을 정비한 것이다.

1980년대 중반 이후 우루과이라운드 협상이 진행되면서 저작인접권 보호에 관한 몇 가지 이슈가 새로 등장했다. 첫째는 음반 이용이 다양해졌다는 것이다. 소비자가 판매용 음반을 구입하여 듣는 데 그치지 않고 대여용 음반을 듣기도 했다. 이러한 음반 대여 관행은 음반 대여권을 인정할 필요성을 촉발했다. TRIPS협정은 이러한 대여 관행에 착안하여 실연자와

---

31) "VOEU VI relative à la protection des fabricants de phonogrammes"; "VOEU VII relative à la protection des radioémissions", "VOEU VIII relative aux droits voisins du droit d'auteur et notamment à la protection des artistes exécutants", Documents de la Conférence réuni à Bruxelles du 5 au 26 juin 1948, Union internationale pour la protection des oeuvres littéraires et artistiques, 1951, p. 587.

음반제작자에게 대여권을 부여하기에 이르렀다. 둘째, 일부 국가들, 특히 영미법계 국가들은 저작인접권 제도를 가지고 있지 않았다. 이들 국가는 실연자와 음반제작자, 그리고 방송사업자 보호를 위한 독자적인 제도를 가지고 있었다. 저작인접권 제도를 가지고 있는 국가들과 그렇지 않은 국가들 간에 실연자와 음반제작자, 그리고 방송사업자를 보호할 당위성을 공유하면서 이에 관한 통일적인 제도를 마련할 필요가 생겼다. TRIPS협정은 이른바 '관련 권리(related rights)'라는 표현을 사용하면서 이들을 보호하는 규정을 두게 되었다.

2000년을 전후하여 저작권 환경의 변화는 그대로 저작인접권 환경에도 그대로 적용되고 영향을 미쳤다. 디지털 기술 발전은 저작권법이 보호하는 저작인접물 이용에 획기적인 변화를 가져왔다. 저작자뿐만 아니라 저작인접권자도 새로운 기술에 적절히 대응하지 않는다면 자신의 창작적 노력에 대한 과실을 보장받을 수 없게 되었다. 당시 국제 규범이라 할 수 있는 로마협약은 이러한 상황에 적용될 수 있는 규정을 아예 가지고 있지 않았다. 디지털 기술은 기존의 복제나 송신 수단의 한계를 극복했다. 복제의 양과 질, 전달 수단에 존재하는 장애가 거의 무너졌다고 할 수 있다. 1996년 세계지적재산권기구 실연·음반조약(WIPO Performances and Phonograms Treaty: WPPT)[32]은 이른바 디지털 의제(digital agenda)를 적극 발굴하여 디지털 환경에 적합한 제도를 마련했다. 그중 하나로 실연자와 음반제작자에게 이용제공권(right of making available)을 새로이 부여했다. 우리 저작권법도 2004년 WPPT의 이용제공권에 상당하는 권리(전송권)를 실연자와 음반제작자에게 부여했고, 나아가 2006년에는 이들에게 디지털음성송신에 대한 보상청구권을 추가적으로 부여했다.

3. 각국의 저작권 체계

19세기 후반 베른협약이 체결될 당시 저작권 제도는 크게 두 가지 흐름이 있었다. 영국을 중심으로 한 영미법계와 프랑스와 독일, 이탈리아를 중심으로 한 대륙법계가 각기 독자적인 제도를 발전시켰다.

영미법계 국가들은 영국의 1710년 앤여왕법에서 보듯이 저작권을 재산권으로 파악했다. 영국은 출판과 공연, 방송 등 늘어나는 이용형태에 대해 저작자에게 권리를 확장 부여하면

---

32) 이 조약은 WCT와 더불어 '인터넷조약(Internet Treaties)'이라고 한다.

서도 여전히 저작권은 재산적인 권리라는 점을 분명히 했다. 영국의 저작권 제도를 모방한 미국은 1790년 최초로 저작권법을 제정한 이래 이러한 태도를 견지했다.

반면, 대륙법계 저작권법은 1791년과 1793년 프랑스 법률에 뿌리를 두고 있는데, 프랑스는 19세기에 들어 판례로 저작인격권을 받아들이면서 저작권에는 재산적인 성격과 인격적인 성격이 모두 존재한다고 보았다. 19세기 들어 독일과 프랑스에서는 저작권의 본질에 관해 치열한 논쟁을 거듭했다. 저작권은 인격적 성격과 재산적 성격을 모두 가지는 하나의 권리라고 하는 일원론과 저작권은 두 가지 성격이 다른 별개의 권리가 병존한다는 이원론의 대립했던 것이다. 저작권을 바라보는 시각의 차이가 존재하긴 하지만 이들 이론은 공통적으로 저작권의 인격적 성격을 인정했다. 영국과 미국에서는 저작권을 'copyright'라고 한다. 이는 저작권 제도가 재산적 권리로서 복제권에서 출발했음을 말해준다. 프랑스와 독일에서는 각각 'droit d'auteur'와 'Urheberrecht'라고 한다. '저작자의 권리'인 것이다.

영미법계와 대륙법계의 제도적 차이는 다음과 같은 점에서도 발견된다. 첫째, 대륙법계에서는 창작자 원칙(Schöpferprinzip)이 저작권법의 기본 원리로 작용한다. 따라서 법인 등 단체는 원칙적으로 저작자가 될 수 없다. 영상저작물 관련 규정을 보더라도, 영상저작물 저작자는 감독 등 개별 저작자에 속한다. 반면, 영미법계에서는 법인이 얼마든지 저작자가 될 수 있다.

둘째, 독창성의 개념을 어떻게 파악하느냐 하는 점에서도 차이가 있다. 영미법계에서는 '재능과 노동(skill and labour)' 기준에 따라 독창성 요건을 느슨한 개념으로 판단하고 있는 반면, 대륙법계에서는 다소 엄격한 독창성 기준에 따라 저작물 보호 여부를 판단하고 있다.[33] 후자에 의하면, '저작자 개성'이 존재해야 하는 것이다.

셋째, 양 법계 간에는 저작권 보호대상에 대해 다른 접근방법을 취한다. 영미법계 국가들은 저작권과 저작인접권을 구별하지 않는다. 영미법계에서도 국가마다 보호대상, 보호의 방법도 다르다. 영국은 음반이나 방송을 저작물의 하나로 보고 실연은 별도로 보호하는가 하면, 미국은 음반을 저작물의 하나로 볼 뿐 실연이나 방송에 대해서는 아예 저작권법에서 언급하지 않고 있다.[34] 방송은 보호대상에서 배제되고 있다.[35]

---

33) 이에 관해서는, 제2장 제1절 1. '가. 독창성' 참조.

34) 영국과 미국에서는 모두 음반이라는 표현을 사용하지 않고, 녹음물(sound recording)이라 한다.

35) 국제적으로 저작인접물을 어떻게 보는가에 대해 논쟁이 벌어진 적이 있다. 1990년 7월에 열린 '저작권

이러한 구별은 점차 퇴색하는 듯하다. 첫째, 인격적 권리는 영미법계도 인정한다. 영국은 보통법상으로 인격적 권리를 보호하다가 1988년 저작권법을 전면 개정하면서 저작자에게 인격권을 부여했다.[36] 미국도 1990년 부분적으로 시각미술 저작자를 위해 인격적 권리를 신설했다. 둘째, '재능과 노동' 기준의 미국 판이라 할 수 있는 '이마의 땀(sweat of the brow)' 이론은 1991년 Feist 사건에서 연방대법원이 저작권 보호의 요건으로 '최소한의 창작성(minimal degree of creativity)'을 요구하면서 크게 수정되었다. 이후 미국 법원은 다소 엄격한 독창성 요건을 요구해오고 있다. 그렇지만 양 법계 간에는 여전히 저작권법 전통에 따른 흔적이 각 제도 곳곳에 남아 있기 때문에 다분히 연혁적인 것으로 치부하기는 어렵다. 셋째, 영미법계에서 주로 논의되던 창작 유인론이 대륙법계 저작권법에 자리를 넓히고 있다. 인접권 보호의 이유로 등장하는 투자 보호는 그 뿌리에 유인론이 있다. 유럽연합 지침이나 우리 법에 있는 데이터베이스제작자 보호도 유인론에 근거를 둔 것이라고 할 수 있다.

자율 학습

1. 전통적으로 영미법계는 저작권을 재산적인 성격의 권리로, 대륙법계는 인격적 성격과 재산적 성격을 모두 가지는 것으로 파악했다. 이러한 차이는 저작권법의 구조와 조문 규정 형식에서도 볼 수 있다. 영국 저작권법 제1조(저작권 및 저작권이 있는 저작물) 및 제2조(저작권이 있는 저작물에 존속하는 권리)와 우리 저작권법 제2장 차례(제1절 저작물, 제2절 저작자, 제3절 저작인격권) 및 관련 규정을 비교해보자. 기본적으로 권리 부여 체계가 다르다. 영국 저작권법 제1조에서 "저작권은 [예시하는 저작물들]에 존속하는 재산권이다"라고 정의하면서, 이어 제2조에서 그 저작권의 귀속 주체로서 "저작권자(owner of the copyright)는 [특정 행위들에 대하여] 배타적인 권리를 가진다"고 한다. 반면, 우리 저작권법은 먼저 보호대상을 특정하고, 그 창작자

법 모델 규정에 관한 전문가위원회' 제3차 회기에서 당시 서독, 이탈리아 대표 등은 음반을 저작물 예시에서 제외할 것을 주장한 반면에 미국, 영국, 호주 등 영미법계 국가 대표들은 음반이 저작물이고 더 나아가 베른협약상의 저작물이어서 내국민대우 원칙의 적용을 받아야 한다는 주장을 한 바도 있다. Committee of Experts on Model Provisions for Legislation in the Field of Copyright, Third Session, Geneva, July 2 to 13, 1990, Report, WIPO Doc. CE/MPC/III/3 참조.
36) 실연자의 인격적 권리도 2006년 신설했다.

로서 저작자를 정의하고, 그 저작자가 가지는 권리를 차례대로 명시하고 있다. 조문도 이런 형식과 순서를 따르고 있다. 각국 저작권법 차례를 비교하면서 발견할 수 있는 특이점은 무엇인가?

2. 우리 저작권법은 보호대상으로서 로마협약에 있는 '음반(phonogram)'이라는 표현을 그대로 사용하고 있다(제3장). ① 여기서 말하는 음반은 유체물인가 무체물인가? 아니면 유체물이면서 무체물인가? ② 우리 저작권법에 음반을 유체물로서 "규정하고 있는 듯한 조항"은 무엇인가? ③ 저작권법 제29조와 제75조 등에서 말하는 '음반'('상업용 음반')은 제3장에서 말하는 것과 같은 것인가?

제3절 한국 저작권법의 역사

1. 초기 저작권법 제도

한국 저작권 제도는 서양에 비해 역사가 짧다. 법제도는 1908년으로 거슬러 올라가지만 우리의 힘으로 저작권 제도를 생각하고 만든 독자적인 법률은 1957년에 처음 등장했다. 일제시대라는 긴 공백기를 거쳐 10여 년이 지나서야 법률이 제정된 것이다. 일제시대가 길기도 했고, 남북 분단과 6·25전쟁을 겪으면서 지체되기도 했기 때문이다.

1905년 을사조약으로 일본은 한국의 외교권을 박탈했다. 일본이 "한국이 외국에 대하는 관계 및 사무를 감리하고 지휘"하게 된 것이다. 을사조약 이후 일본은 1907년에 정유7조약을 강제하면서 한국의 시정개선에 관한 지도를 통감부가 하도록 했다. 한편, 일본은 1908년 5월 19일 미국과 '한국에 있는 발명·의장·상표 및 저작권의 보호에 관한 일미조약'[1]을 체결했다. 이런 일련의 조약 체결이 한국 내 입법권 행사에 대해 분명히 설명해주지는 않는다. 추정컨대, 일본은 미국을 설득해 일미조약을 체결하고, 이 조약에서 "일본국 정부는 …… 저작권에 관하여 현재 일본국에서 시행하는 것과 동일한 법령이 본 조약의 실시와 동시에 한국에서 시행되게" 한다고 약속한 대로 일본은 한국저작권령(일본 칙령 제200호)을 제정하는 한편, 대한제국은 내각고시 제3호와 제4호를 공포함으로써 입법 형식은 갖췄다고 할 수 있다.[2] 생소한 방식인 것은 물론이다.

한국저작권령은 "한국에서 저작권에 관하여는 저작권법에 의함"이라고 하고 있다. 일본 저작권법을 이른바 '의용'한 것이다. 이 영에서 말하는 저작권법이란 1899년 제정된 일본

---

1) 융희 2년(1908) 내각고시 제3호에서는 '韓國에 在흔 發明·意匠·商標及 著作權의 保護에 關흔 日美條約'이라고 하고 있다.

2) 최경수, 한국 저작권 법제사 100년, 혜안, 2018, 26~37.

저작권법으로 1970년 전면 개정 저작권법 시행에 이르기까지 유지된 법률이었다. 대한제국은 위 조약 발효 직전에 내각고시 제3호와 내각고시 제4호를 공포했다. 제3호는 위 일미조약을 '공포'하면서 그 번역문을 싣고 있고, 제4호는 일본 저작권 관련 법령 등을 번역해 수록한 것뿐이다. 고시에는 실제 내용이 없는바, 일본 법이 실질적으로 대한제국 내에 효력을 가지도록 구색을 갖추는 데 고시 방식이 이용된 것이라고 볼 수 있다. 한국저작권령은 1908년 8월 12일 제정되고, 내각고시 2건은 1908년 8월 13일 공포되었다. 한국저작권령은 조약 발효일과 같은 날(1908년 8월 16일) 시행되었다.[3]

일본은 1910년 합방 시행일(1910년 8월 29일)에 칙령 제335호와 칙령 제338호를 공포했다. 일본 저작권법이 한국에서 직접 효력을 가지게 된 것이다. 전자는 "저작권법을 조선에 시행함에 관한 건을 재가하여 이를 공포"한다면서 본문에서는 "한국저작권령은 이를 폐지한다"고 하고 있고, 후자는 "좌에 게시하는 법률을 조선에 시행한다"고 하면서 특허법, 저작권법 등 5개 법률을 게시하고 있다.[4][5]

2. 1957년 저작권법

광복 직후 남한에 진주한 미군은 군정청을 설치했다. 군정청은 1945년 11월 2일 법령 제21호를 공포하여 "모든 법률 또한 ······〔폐지된 것을 제외하고〕 효력"을 가진다고 했고, 1948년 대한민국 정부 수립 후에도 제헌헌법 제100조에 따라 "현행 법령은 이 헌법에 저촉되지 아니하는 한 효력을 가진다"고 하여 일본 저작권법은 계속 효력을 유지했다.

광복 후 10여 년이 지난 1957년 우리의 힘으로 성문 저작권법을 제정했다. 1952년부터 국회에서 법안을 만들고 공청회도 하면서 다듬은 뒤에 성안된 저작권법안은 1957년 1월 19일 국회 본회의를 통과하고 1957년 1월 28일 공포(법률 제432호)되어 그날 시행되었다. 5개의 장과 본문 75개 조로 구성된 이 법은 "한국인의 저작권 보호에 관한 법률이 불비하여

---

3) 위의 책, 26~37.

4) 위의 책, 41~51.

5) 우리나라 최초 저술로 추정되는 저작권법 개론서가 있다. 1957년 법 제정 전에 발행된 것이지만, 우리 저작권법 연구 자료로서도 중요한 의미를 가진다. 김두홍, 저작권법개요, 보문출판사, 1950.

저작권을 침해당하는 일이 많으므로 그들을 보호하기 위하여" 제정된 것이다.[6] 이 법의 특징과 내용으로는 ① 체계는 베른협약을 따랐고, 프랑스 저작권법의 예에 따라 저작권을 저작인격권과 저작재산권으로 나눴다. ② 저작물의 종류로, 기술(記述)저작물(문서, 연술), 조형적 저작물(미술 저작물, 건축, 지형, 도형, 모형, 사진), 음악적 저작물(악곡, 악보, 연주, 가창), 무용저작물(무보), 연극저작물(각본, 연출), 영화저작물 등으로 나누었다. 연주나 가창을 음악적 저작물의 일종으로, 음반(레코드)과 '녹음필름'(토키)을 별도의 저작물로 예시한 것이다. ③ 저작권의 주체로서 저작자를 제1차적 저작자와 제2차적 저작자로 구분하고 후자에는 번역, 개작 또는 편집 등을 한 자가 포함되도록 했고, ④ 저작인격권에는 귀속권(현행법상 성명표시권), 공표권, 원상유지권(현행법상 동일성유지권) 및 변경권 등 네 가지 권리를, 저작재산권에는 저작물의 원상이용권(발행권, 출판권, 공연권, 연술권, 방송권, 실시권, 전람권)과 개작이용권(번역권, 개작권, 편집권)을 인정했고, ⑤ 보호기간은 원칙적으로 사후 30년으로 하되 번역권은 5년, 사진저작권은 10년으로 했으며, ⑥ 설정 출판권과 설정 공연권에 관한 규정을 두어 출판이나 공연을 한 자가 물권적인 권리를 행사할 수 있는 길을 열어놓았다.[7]

이 법은 1899년 일본 구저작권법을 모방했다는 비판이 계속 제기되었으나, 필자는 당시의 상황에 비춰보면 체계적 독창성, 새로운 사조의 도입 등 여러 측면에서 오히려 후세 입법자들의 귀감이 될 만한 내용을 적지 않게 담았다고 긍정적으로 평가하고자 한다.[8]

3. 1986년 이후 저작권법 개정

1957년 우리 구법은 30년간 시행되었다. 정부(당시 문화공보부)는 1970년대 중반부터 구법을 개정하기 위해 성안하기 시작했다. 구법은 우리 저작권 환경에 대처하기에는 너무 낡았고, 저작권법의 목적으로 천명하고 있는 '저작자 보호'에도 충실하지 못했다고 보았기 때문이다. 이해관계자, 특히 권리자들의 개정 요구가 무척 컸다. 1980년대 초반들어 출판계를

---

6) 제23회 국회임시회의속기록, 제5호 단기 4290년 1월 17일, 10~11.

7) 같은 자료. 구법에 관한 대표적인 저술로는 다음이 있다: 장인숙, 저작권법개론, 교학도서주식회사, 1965; 허희성, (신고) 저작권법개설, 범우사, 1982.

8) 최경수, 앞의 책, 91~99.

중심으로 개정시안을 만들고 이를 정부에 건의하면서 점차 고조되어갔다. 1984년 이후 외국의 압력, 특히 미국과의 통상 협상도 법개정 작업에 영향을 줬다. 특히 프로그램보호법은 협상의 산물이라고 보아도 무방하다.

이렇게 10년간의 입법 노력이 결실을 맺어 1986년 전부개정 저작권법이 탄생했다. 개정법은 체계와 구성, 내용상 구법과 실질적으로 다른, 새로운 법률이라고 할 수 있다. 제안이유에서 밝히고 있듯이 "국제적으로 인정되고 있는 제도를 도입하여 저작자의 권익을 보호·신장"하고자 한 것이다. 다음 특징에서 이를 확인할 수 있다. ① 개정법은 넓은 의미의 저작권을 저작자의 권리(좁은 의미의 저작권)와 저작인접권으로 나누어 규정했다. 저작인접권 제도를 신설한 것이다. ② 열거주의에 입각해 권리 제한을 하면서 법규정으로 정하지 않은 예외나 제한을 금지함으로써 실질적인 권리 보호가 가능하도록 했다. ③ 저작권 보호기간을 사후 50년으로, 저작인접권 보호기간을 실연·고정 또는 방송한 때로부터 20년으로 했다. ④ 저작권위탁관리업 제도를 도입했다. 위탁관리업의 하나인 신탁관리업은 아직도 그 골격을 그대로 유지하고 있다. ⑤ 저작권심의조정위원회를 신설했다. 이 기구는 1957년 법상 저작권심의회 기능을 확대한 것이다. 종전의 자문 기능 외에 분쟁 해결 기능 등을 추가하여 다양한 공공적 성격의 역할을 수행하도록 했다. ⑥ 종전에 비해 훨씬 강화된 구제제도를 마련하여 권리 보호가 실제로 가능하도록 했다. ⑦ 외국인의 저작물을 본격적으로 보호할 수 있는 길을 열었다. 개정법은 우리나라가 가입 또는 체결한 조약에 따라 외국인의 저작물을 보호하도록 했고, 법 시행 3개월 후(1987년 10월 1일) 1971년 파리에서 개정된 UCC에 가입했다.[9]

한편, 전부개정 저작권법과 함께 프로그램보호법도 제정되었다.[10] 프로그램보호법은 1986년 3월에 최초 법안이 나왔을 정도로. 저작권법에 비하면 급박하게 제정된 것이다. 최초 법안에서 정부가 "소프트웨어의 특성에 알맞은 보호"라고 내세운 입법 이유는 거의 사라진 채, 그 체계나 내용은 저작권법을 거의 그대로 모방한 것에 지나지 않았다.[11] 저작권법의 특별법이라는 명분만이 남았을 뿐이다. 2009년 저작권법 개정으로 프로그램보호법은 역사 속으로 사라졌다.

---

9) 저작권법개정법률안(정부 제출), 의안번호 290, 1986. 10. 20.

10) 법률 제3920호, 1986. 12. 31.

11) 최경수(2021), 71~77.

　　전부개정 저작권법 시행 이후 우리의 저작권 제도는 명실 공히 다른 나라 저작권 제도에 비견할 만큼 개선되었다. 개정법은 이후 2006년 전부개정을 포함해 30여 차례 개정을 거치면서도 당시의 입법 정신과 체계, 원칙을 유지한 채 현재까지 이어지고 있다.

　　1990년대부터 2000년대 초반까지 저작권법 개정은 주로 국제조약에 가입하거나 국제조약상의 의무를 이행하기 위한 목적으로 한 것이었다고 한다면, 2000년대 이후 저작권법 개정은 2011년 두 차례 개정을 제외한다면 거의 대부분 국내 개정 소요를 반영하기 위한 것이었다. 2000년 이후 우리 법이 자체의 동력으로 돌아가고 있다는 것은 우리 저작권 제도가 시행착오를 겪으면서도 발전하고 있다는 의미로 읽힐 수도 있다. 개정 연혁과 주요 개정 내용은 다음 〈표 1〉에서 보는 바와 같다.

〈표 1〉 개정 연혁 및 주요 내용

구분	법률 번호	주요 내용	공포일(비고)
제정	법률 432호	- 신규 제정	1957. 1. 28.
제1차	법률 제3916호	- 국제적으로 인정되고 있는 제도 도입	1986. 12. 31. (전부개정)
제2차	법률 제4183호	- 정부조직법 개정에 따른 관련 조문 정비	1989. 12. 30.
제3차	법률 제4268호	- 정부조직법 개정에 따른 관련 조문 정비	1990. 12. 27.
제4차	법률 제4352호	- 도서관진흥법 제정에 따른 관련 법명 정비	1991. 3. 8.
제5차	법률 제4541호	- 정부조직법 개정에 따른 관련 조문 정비	1993. 3. 6.
제6차	법률 제4717호	- 저작인접권 보호기간 연장 - 대여권 신설 - 교과용 도서 보상금 제도 도입 - 벌칙 상향 조정	1994. 1. 7. (TRIPS협정 이행 등)
제7차	법률 제4746호	- 도서관및독서진흥법 개정에 따른 관련 법명 정비	1994. 3. 24.
제8차	법률 제5015호	- 베른협약상 소급보호 원칙 도입 - 개발도상국을 위한 강제허락 제도 폐지 - 외국인의 실연, 음반, 방송에 대한 보호	1995. 12. 6. (TRIPS협정 이행 등)
제9차	법률 제5453호	- 저작권위탁관리업 허가 취소 등의 경우 청문제도 도입	1997. 12. 13.
제10차	법률 제6134호	- 저작자에게 전송권 부여 - 도서관 면책 범위 확대 - 등록 제도 개선 - 벌칙 상향 조정	2000. 1. 12. (WCT 이행 준비 등)

구분	법률 번호	주요 내용	공포일(비고)
제11차	법률 제6881호	- 도서관 면책 규정 재정비 - 창작성 없는 데이터베이스제작자 보호 - 영상저작물 특례 규정 정비 - 온라인서비스제공자의 책임 제한 규정 신설 - 기술적 보호조치, 권리관리정보 보호 규정 신설 - 부수 추정 규정 삭제	2003. 5. 27. (WCT 이행 준비 등)
제12차	법률 제7233호	- 실연자 및 음반제작자에게 전송권 부여	2004. 10. 16. (WPPT 이행 준비)
제13차	법률 제8029호	- 도서관법 개정에 따른 관련 법명 정비	2006. 10. 4.
제14차	법률 제8101호	- 공중송신 및 디지털음성송신 개념 도입 및 해당 권리 신설 - 권리 제한 규정 정비 - 실연의 인격적 권리 부여 - 특수한 유형의 온라인서비스제공자의 의무 신설 - 저작권위원회로 명칭 변경 및 위원회 역할 강화 - 불법 복제물의 수거·폐기 및 삭제·중단 명령 제도 도입	2006. 12. 28. (전부개정)
제15차	법률 제8852호	- 정부조직법 개정에 따른 관련 조문 정비	2008. 2. 29.
제16차	법률 제9529호	- 국립중앙도서관의 온라인 자료 수집을 위한 복제권 제한 - 실연자 및 음반제작자에게 공연보상청구권 부여	2009. 3. 25.
제17차	법률 제9625호	- 교육지원기관을 위한 면책 규정 신설 - 저작권법과 컴퓨터프로그램보호법 통합 - 한국저작권위원회 설립 및 위원회 역할 강화 - 온라인상 불법복제 방지대책 강화	2009. 4. 22.
제18차	법률 제9785호	- 신문 등의 진흥에 관한 법률 개정에 따른 관련 조문 정비	2009. 7. 31.
제19차	법률 제10807호	- 권리 추정 규정 도입 - 저작재산권 보호기간 사후 70년으로 연장 - 온라인서비스제공자의 책임 제한 규정 정비 - 기술적 보호조치, 권리관리정보 규정 정비	2011. 6. 30. (한·EU FTA 이행)
제20차	법률 제11110호	- 복제 개념 내에 일시적 복제 포함 - 공정이용 규정 신설 - 배타적발행권 도입 - 실연, 음반 보호기간 70년으로 연장 - 정보제공 청구 제도 도입 - 법정손해배상 제도 도입 - 비밀유지명령 제도 도입	2011. 12. 2. (한·미 FTA 이행)
제21차	법률 제11903호	- 청각장애인 등을 위한 면책 규정 도입	2013. 7. 16.
제22차	법률 제12137호	- 공공저작물의 자유이용 근거 마련 - 학교교육 목적을 위한 저작물 이용범위 확대	2013. 12. 30.
제23차	법률 제13978호	- 한국수화언어법 개정에 따른 관련 조문 정비	2016. 2. 3.
제24차	법률 제14083호	- '음반'의 범위 확대 및 '상업용 음반' 개념 정비 - 공정이용 규정 정비 - 저작권신탁관리업 규제 정비 - 한국저작권보호원 설립 근거 및 업무 범위 규정 마련	2016. 3. 22.

구분	법률 번호	주요 내용	공포일(비고)
제25차	법률 제14432호	- 저작권보호심의위원회 구성의 공정성 강화	2016. 12. 20.
제26차	법률 제14634호	- 민법 개정에 따른 관련 조문 정비	2017. 3. 21.
제27차	법률 제15823호	- 미분배 수업목적보상금 사용 시기 조정 및 사용 범위 명확화	2018. 10. 16.
제28차	법률 제16600호	- 저작물의 부수적 복제 등을 위한 - 문화시설의 고아저작물 이용을 위한 권리 제한 - 법정허락 제도 개선 - 저작권위탁관리업 관리 감독 강화	2019. 11. 26.
제29차	법률 제16933호	- 교과용 도서의 이용범위 확대 - 등록 제도 개선 - 직권조정제도 도입	2020. 2. 4.
제30차	법률 제17592호	- 피후견인 결격조항 정비를 위한 경륜·경정법 등 7개 법률의 일부개정에 관한 법률에 따른 관련 조문 정비	2020. 12. 8.
제31차	법률 제17588호	- 한국저작권보호원 기능 조정	2020. 12. 8.
제32차	법률 제18162호	- 법률 용어 정비	2021. 5. 18.
제33차	법률 제18547호	- 도서관법 개정에 따른 관련 조문 정비	2021. 12. 7.
제34차	법률 제19410호	- 행정 법제 혁신을 위한 조문 정비	2023. 5. 16.
제35차	법률 제19592호	- 법률 용어 정비	2023. 8. 8.
제36차	법률 제19597호	- 시각장애인 등과 청각장애인 등을 위한 면책 규정 정비	2023. 8. 8.

자료: 문화체육관광부(2012), 문화체육관광부(2020), 법제처 등.

4. 한국의 국제조약 가입

　우리나라가 저작권에 관한 국제조약 체제에 참여한 것은 그리 오래되지 않는다. 광복 후 우리 정부가 국제조약 가입을 위해 몇 차례 검토한 적은 있으나 실천하지는 않았다. 최초의 국제조약은 1986년 8월 28일 미국과 체결한 '지적소유권에 관한 양해록'이었다.[12] 이어서 이 각서에서 약속한 대로, 1987년에는 UCC와 음반협약에 가입했다. 이 시기를 전후하여 저작권법도 전면 개정되었다. 당시는 우루과이라운드 협상이 진행되던 시기와도 맞물렸다. 저작권 보호라는 큰 흐름에 동참하면서 양자간, 그리고 다자간 국제 협상에 본격적으로 참여하기 시작한 것이다. 우리의 협상 노력은 TRIPS협정 이후 다수의 조약에서 결실을 보기도 했다.

　1994년 TRIPS협정 체결과 1996년 베른협약 가입, 같은 해 WCT 및 WPPT 체결은 우리

---

12) Record of Understanding on Intellectual Property Rights, UNTS. Vol. 2231, United Nations, 2004.

〈표 2〉 저작권 관련 국제조약 및 우리나라 가입 현황(2022. 7. 기준)

조약	체결일	발효일	당사국	한국 가입
베른협약	1986. 9. 9.	1887. 12. 5.	181	1996. 8. 21.
로마협약	1961. 10. 26.	1964. 5. 18.	96	2009. 3. 18.
UCC	1971. 7. 24.	1974. 7. 10.	63 (2000. 1. 1. 기준)	1987. 10. 1.
음반협약	1971. 10. 29.	1973. 4. 18.	80	1987. 10. 10.
위성협약	1974. 5. 21.	1979. 8. 25.	38	2012. 3. 19.
TRIPS협정	1994. 4. 15.	1995. 1. 1.	164 (2016. 7. 29. 기준)	2000. 1. 1. (적용일)
WCT	1996. 12. 20.	2002. 3. 5.	112	2004. 6. 24.
WPPT	1996. 12. 20.	2002. 5. 20.	111	2009. 3. 18.
베이징조약	2012. 6. 24.	2020. 4. 28.	46	2020. 7. 22.
마라케시조약	2013. 6. 27.	2016. 9. 30.	88	2016. 9. 30.

자료: WIPO, UNESCO, WTO.

저작권 제도에도 큰 영향을 미쳤다. 앞에서 본 바와 같이 이들 조약에 맞춰 여러 차례 저작권법을 개정하기도 했다. 현행 저작권법은 이러한 개정 결과가 고스란히 반영되어 있다.

한편, 우리나라는 2004년(발효 기준) 칠레와 FTA를 체결한 이래 세계 58개국(2022년 2월 기준)과 FTA를 맺었다. 이들 FTA는 전 세계 GDP의 85%를 차지하는 교역 시장을 포괄하고 있는 것으로,[13] 기본적으로 TRIPS 플러스를 염두에 두고 체결되었다. 다자간에 해결할 수 없는 보호수준 상향을 양자간 협정으로 해결할 수 있다는 점에서 FTA는 각별한 의미를 가진다.

우리 저작권법 체계는 베른협약과 로마협약을 따른 것이고, 규정들 중 상당수는 베른협약 등 국제조약과 FTA(특히 한·EU FTA와 한·미 FTA) 규정들을 이행하기 위해 해당 규정을 거의 그대로 가져오거나 해당 규정과 합치하도록 작성되었다. 이들 조약과 개별 규정에 대한 이해가 선행되어야만 우리 개별 규정의 배경을 파악하고 내용에 대해 깊이 있게 접근할 수 있다.

한·미 FTA는 2006년 6월부터 1년간 공식 협상을 거쳐 2007년 6월 양국 대표가 합의문에 서명한 뒤, 2010년 추가 협상 끝에 2011년 2월 추가 협상 합의문에 서명함으로써 마무리되

---

13) 산업통상자원부, 2019-2020 통산산업백서: 통상편, 2021.

었다. 이후 각기 국내 절차를 마치고 2012년 3월 15일 발효되었다. 저작권 분야는 2007년 합의 이후 변경되지 않았다. 한·EU FTA는 한·미 FTA와 더불어 '동시다발적 자유무역협정'[14]의 하나로 추진되었다. 한·EU 협상은 한·미 협상이 실질적으로 타결되던 시점인 2007년 5월에 시작해 2009년 7월 협상이 타결되었고, 그 후 양측 간에 내부 절차를 진행한 뒤 2011년 7월 1일 잠정 발효되고 2015년 12월 13일 전체가 발효되었다. 우리 저작권법은 각기 2011년 6월 30일과 2011년 12월 2일 한·EU FTA와 한·미 FTA 이행을 위해 개정되었다. 2011년 6월 개정에서는 한·EU FTA와 한·미 FTA에 공통적으로 존재하는 규정들을 반영하고, 2011년 12월 개정에서는 한·미 FTA에 독자적으로 존재하는 규정들을 수용했는바, 두 번의 개정을 거치면서 우리 저작권법은 내용상 상당한 변경이 이뤄졌다.

자율 학습

1. 1895년 간행된 유길준의 서유견문 중 저작권 사상을 인용한다: "대개 새로운 서적의 저술과 새로운 문물의 발명으로 사람 세상에 도움과 이익을 준다면 그 사람에게 국법으로 연한을 정하여 전매권을 허가하여 보호한다. 이것은 다른 사람이 침범하는 폐단을 억지할 수 있는 특수한 권리를 부여함으로써 그 막대한 근로를 보상하고 그로 인하여 사람들의 슬기나 재주를 고무하고 장려하고자 한 것이다"(俞吉濬, 西遊見聞, 交詢社, 開國504年 참조). 이 글에서 어떠한 사상과 역사적 전통을 읽을 수 있는가?

2. 일제시대 '식민지 조선'에 적용되었던 일본 저작권법은 저작권 보호를 위해 작동한 것으로 보이지는 않았다. "한국에는 저작권법이 없는 것과 다름이 없다. …… 일정 시대의 조선총독부 경무국에 도서과가 있었는데 이는 저작자를 보호하고저 하는 관서가 아니요 저작권법과는 전연 다른 출판법에 의하여 저작자를 단속하기 위하여 존재하였던 것이다"(이항녕, "저작권법안에 대하여" ①, 동아일보, 1956. 2. 25.). ① 1986년 저작권법 전부개정 이후 우리 저작권 제도가 정착되었는가? ② 창작자를 위해 충분히 작동하고 있는가? 그 근거는 어디에서 찾을 수 있는가? 그렇지 않다면 그 이유는 무엇인가?

---

14) 외교통상부, 2006년 외교백서, 2006, 151; 외교통상부, 2007년 외교백서, 2007, 156~158.

제4절 저작권법의 효력

저작권법에는 그 효력에 관한 독자적인 규정이 존재하지 않는다. 따라서 각 법률의 일반 원칙이 그대로 저작권법에 적용된다고 보아야 한다.

1. 시간적 효력

법률은 효력이 생기는 시점이 있다. 이 시점을 시행일 또는 효력 발생일이라 하는데, 이 시점을 전후하여 법률관계가 달리 정해진다. 법률은 법률 불소급의 원칙에 의거해 시행일 이후에 한해 그 효력이 미친다. 법률의 시행은 곧바로 국민의 사회생활과 법률관계에 영향을 주기 때문에, 즉 법적 안정성의 필요 때문에 소급입법은 제한적으로 허용된다. 소급입법은 당사자에게 유리하거나 기득권을 해치지 않는 한, 비록 법적 안정성을 다소 훼손한다 하더라도 허용되는 것이다. 특히, 형법상 법률 불소급 원칙은 매우 엄격히 작용한다. 다만 예외적으로, "범죄 후 법률의 변경에 의하여 그 행위가 범죄를 구성하지 아니하거나 형이 구법보다 경한 때에는 신법에 의한다"(형법 제1조 제2항). 저작권법은 민법과 형법의 특별법 이므로 이러한 일반 원칙과 예외가 그대로 적용된다.

국민은 법률 시행일에 맞춰 자신의 사회생활과 법률관계를 재정립해야 한다. 개인이나 기업은 종전의 생활이나 사업이 새로운 법률에 합치하는지 새로운 부담은 생기지 않는지 면밀하게 따져보아야 한다. 이를 위해서는 일정한 준비기간이 필요하다. 법률은 입법예고, 공청회, 국회 절차, 대통령의 거부권 행사, 공포, 유예기간 후 시행 등 여러 단계를 거치면 서 국민이 준비할 수 있는 시간을 마련하고 있다. 저작권법은 이러한 원칙과 관례에 따라 개정 후 대체로 일정기간(3개월 또는 6개월)이 지난 뒤 시행하고 있다.

2. 장소적 효력

저작권법은 대한민국 영역 내의 모든 장소에 걸쳐 효력을 가진다. 영역은 영토와 영해 및 영공을 포함한다. 영토란 "한반도와 그 부속도서"(헌법 제3조)를 말하고, 영해는 영토를 둘러싼 12해리 이내의 해역을 말하며, 영토와 영해의 상공이 영공이다. 따라서 영해나 영공에 있는 선박이나 항공기는 한국 저작권법의 지배를 받는다.

북한도 헌법상의 영토 규정에 의해 한국 저작권법이 적용된다. 우리 판례는 이를 확인해 주고 있다. "이[저작권법 규정]의 효력은 대한민국 헌법 제3조에 의하여 여전히 대한민국의 주권 범위 내에 있는 북한지역에도 미치는 것이다."[1]

대한민국의 주권 또는 관할권(입법권, 행정권 및 사법권)은 국내에 있는 외국인, 외교관, 외국 공관이나 우리 영해에 있는 외국 선박 또는 우리 영공에 있는 외국 항공기 모두에 미친다. 따라서 대한민국의 저작권법 또한 이들에게 그대로 효력이 미친다. 다만, 외교관이나 외국 공관은 해당 외국을 대표하는 외교사절이고 외교 공관이므로 이들은 국제법상 이른바 외교특권(diplomatic immunity)을 가지므로, 이들에게는 민사상으로나 형사상으로 재판 관할권이 미치지 않는다.

3. 대인적 효력

저작권법은 다른 법률과 마찬가지로 대한민국 국적을 가지는 자연인과 법인 모두에게 효력을 미친다. 국적은 국제법상 인정되는 범위 내에서, 국내법에 의해 정해지는데 대한민국 국적법이 해당 국내법이 된다. 국적에 관해서는 각국마다 다른 원칙을 가지고 있다. 부모의 국적에 따라 정해지는 속인주의(혈통주의)를 채택하는 국가가 있는가 하면, 출생지를 가지고 국적을 정하는 속지주의를 택하는 국가도 있고, 속인주의와 속지주의를 함께 고려해 국적을 정하는 국가도 있다. 각국마다 다른 원칙에 의해 국적이 정해지므로 이중국적의 문제가 생기기도 한다.

---

1) 대법원 1990. 9. 28. 89누6396 판결(두만강 사건).

제5절 저작권법과 다른 법률과의 관계

1. 저작권법의 연원

저작권법은 헌법 규정에 바탕을 두고 있다. 우리 헌법은 저작자의 권리 보호에 관한 규정 (제22조 제2항)과 재산권 보장 규정(제23조 제1항)을 두어 헌법이 저작권 보호를 위한 근본 규범임을 밝히고 있다. 이러한 헌법 규범은 저작권법에 의해 실현된다.

넓은 의미의 저작권법은 창작자와 매개자 보호를 위한 법이라 할 수 있는데 이러한 범주 의 법에는 우선 보호에 관한 실체법으로서 좁은 의미의 저작권법이 있고, 저작권과 유사한 권리 보호를 목적으로 하는 다른 법률, 예를 들어 디자인보호법이 있다.

저작권법은 민법이나 상법, 형법 등의 특별법이다. 이들 법률은 저작권법의 일반법으로 서, 저작권법에 해당 규정이 없는 경우 이를 보충하기도 한다. 관습법이나 조리도 보조적인 저작권법의 연원으로 인정된다.[1] 저작권법과 헌법, 저작권법과 다른 법률 간의 관계는 뒤 에서 별도로 살펴본다.

---

1) 조리를 법의 연원으로 긍정한 판례가 있다. 저작권법에 온라인서비스제공자에 관한 규정이 없었던 당 시에, 법원은 조리상 작위의무를 긍정한 것이다. 서울지방법원 2005. 1. 12. 2003노4296 판결(소리바 다 사건): "통상 온라인서비스제공자로서는 저작권자 등으로부터 저작권을 침해했다는 음악파일 등의 목록을 구체적으로 통지받기 전까지는 통신망에서 유통되는 음악파일 등이 실제로 타인의 저작권을 침해하였는지 여부를 알 수 없다는 점에 비추어 볼 때, 원칙적으로 온라인서비스제공자는 자신이 운영 하고 있는 시스템에서 벌어지고 있는 구체적인 저작권 침해행위를 일일이 점검(search)해서 통제해야 할 작위의무까지 있는 것은 아니고, 적어도 저작권자로부터 구체적인 침해행위의 내용이 특정된 통지 를 받아 실제로 이를 알게 되었을 경우에만 비로소 저작권 침해행위를 방지할 조리상의 작위의무가 발 생한다 할 것이다."

2. 헌법과의 관계

헌법은 국민의 기본권 가운데 하나로 저작자 등의 권리를 인정하고 있다. 제22조 제2항에 의하면, "저작자·발명가·과학기술자와 예술가의 권리는 법률로써 보호한다"고 규정하고 있고, 제23조 제1항에서는 "모든 국민의 재산권은 보장된다"고 하여, 헌법이 저작권, 더 나아가 지적재산권 보호의 근본 규범임을 천명하고 있다.

헌법의 위임을 받은 저작권법은 권리의 내용을 구체화하고 있다. 먼저 보호대상을 정한다. 저작물과 실연·음반·방송 및 데이터베이스가 저작권법에서 정한 대상이다. 다음으로는 이들 보호대상에 대해 어떠한 권리를 부여할 것인지 정한다. 저작물에 대해서는 저작권을, 실연·음반·방송에 대해서는 저작인접권을, 데이터베이스에 대해서는 저작권과 유사한 독자적인 권리로서 데이터베이스제작자의 권리를 부여한다.

헌법 규정만을 보면 입법권이 충분히 설명되지 않는다. 헌법은 "저작자…의 권리"에 대해서만 국회에 입법권을 부여하고 있는 반면, 다른 권리, 즉 저작인접권이나 데이터베이스제작자의 권리에 대해서는 침묵하고 있기 때문이다. 이것은 다음과 같이 설명할 수 있다. "입법권은 국회에 속한다"는 헌법 규정(제40조)에 따라 국회는 입법 형성의 자유, 즉 입법재량권을 가진다. 저작자 권리 보호에 관한 헌법 규정은 국회의 입법 의무를 부과한 것으로, 이 규정으로 인해 입법재량권의 본질은 달라지지 않는 것이다. 이런 입법권은 입법재량권의 남용금지 등 한계 속에서 작용해야 하는 것은 물론이다.

우리나라와 같이, 지적재산권 조항을 별도로 두는 예는 많지 않다. 미국은 1787년 헌법 제1조 제8항 제8호에서 "저작자 및 발명가에게 그 저술과 발견에 대하여 일정 기간 배타적인 권리를 부여하여 과학과 유용한 기술의 진보를 촉진하기 위하여" 의회에 권한을 부여했다. 독일은 1919년 바이마르 헌법에서 과학과 예술을 보호하는 규정을 둔 적이 있으나 서독 기본법을 제정하면서 별도로 지적재산권 보호 규정을 두지 않고 재산권 규정만을 두었다. 독일의 학설과 판례에서는 재산권 규정이 지적재산권도 포섭하는 것으로 해석한다.[2]

우리 헌법 제22조 제2항은 제헌헌법 당시부터 같은 내용으로 오늘날까지 이어지고 있는데, 헌법 기초에 깊게 참여했던 유진오는 "저작자, 발명가, 예술가의 권리를 특별히 보호한다는 규정을 헌법에 설치한 것은 각국에 그 예가 많지 아니하나(와이말 헌법 제142조[3] 미국

---

2) 육종수, "헌법상 무체재산권의 보장", 공법연구, 제15집, 1987, 138~141.

헌법 제1조 제8절 참조) 우리나라 헌법은 그의 중요성을 특히 인식하고 과학, 예술, 기술의 발전을 조장하기 위하여 특히 본조를 신설한 것이다"라고 강조한 바 있다.[4] 일부에서는 특별 규정을 둔 이유로, 첫째, 지적재산권은 고도의 보호가 요청되며 이렇게 함으로써 학문과 예술의 자유가 실질적으로 보장되고, 둘째, 지적재산권은 기존의 지식과 경험에 의해 생성되고 지적 창작물은 다른 사람들이 이용함으로써 의의가 있기에 강한 사회적 의무성도 존재하기 때문이라고 한다.[5]

헌법학계에서는 저작권을 헌법상 재산권의 일종으로 보고 있고,[6] 헌법재판소도 이에 동의하고 있다.[7] 필자는 헌법에 비춰볼 때 저작권법상의 권리를 다음과 같이 해석한다. 첫째, 저작권과 저작인접권 및 데이터베이스제작자의 권리를 포괄하는 넓은 의미의 저작권에는 인격적 요소와 재산적 요소가 있다. 인격적 요소는 그 인격적 성격으로 인해 자연인에게만 부여된다. 인격적 요소이든 재산적 요소이든 그 내용은 법률로써 정해진다. 둘째, 재산적 권리에 관해서 본다면, 이용형태별로 복제권, 공연권 등이 있고, 이들 권리에는 일정한 제한이 존재한다. 재산적 권리는 일정 기간 보호된다. 이들 '보호수준'은 국회의 입법재량권의 영역에 속한다.[8] 입법재량권은 권리 보호와 공정한 이용 간의 균형을 염두에 두고, 우리나라의 조약상의 의무를 고려해 행사될 것이다. 셋째, 재산권은 물건을 배타적으로 지배하여 사용, 수익 또는 처분할 수 있는 권리이다. 저작권법상 이러한 권능은 저작물의 이용, 저작물의 이용허락, 저작재산권의 양도 등의 방법을 띤다.

---

3) 바이마르 헌법 제142조에서는 "예술, 과학 및 그 교육은 자유이다. 국가는 그를 보호하고 그 증진에 참여한다"고 하고 있다. 우리 규정은 이 헌법 제2문과 맥락이 같다.

4) 유진오, 헌법해의, 명세당, 단기4282(1949).

5) 육종수, 앞의 글, 143.

6) 성낙인, 헌법학, 제22판, 법문사, 2022, 1499; 육종수, 앞의 글, 142.

7) 2019. 11. 28. 2016헌마1115, 2019헌가18(병합): "저작재산권자의 공연권 및 저작인접권자의 보상청구권은 헌법 제23조에 의하여 보장되는 재산적 가치가 있는 권리에 해당하는바 ……".

8) 헌법재판소 2002. 4. 25. 2001헌마200 결정: "헌법 제22조 제2항은 "저작자·발명가·과학기술자와 예술가의 권리는 법률로써 보호한다"고 규정하는데, 여기서 "법률로써"의 의의는 사회 전체의 이익과의 조화를 고려하여 지식재산권의 보호범위를 개별입법으로 정하도록 되어 있어 개별 법령이 정하는 한도 내에서 지식재산권을 보호하는 것이다."

3. 민법, 형법 등과의 관계

　실체법으로서 민법과 형법, 절차법으로서 민사소송법과 형사소송법은 저작권법의 일반법이다. 저작권법은 권리자에게 인격적 권리와 재산적 권리를 부여한다는 점에서 민법의 특별법이 되고, 권리 침해에 대해 형벌을 부과한다는 점에서 형법의 특별법이 된다. 또한 저작권법은 민사 구제나 형사 제재 관련 소송절차에 관해서는 민사소송법이나 형사소송법의 특별법이 된다. 일반법과 특별법 간에는 특별법 우선의 원칙(lex specialis derogant lege generali)이 작용한다. 양자 간에 충돌이 있는 경우 특별법이 우선 적용되는 것이다. 또한 특별법에 별단의 규정이 없는 경우에는 일반법이 보충적으로 적용된다.

4. 조약과의 관계

　우리나라는 저작권 관련 여러 조약상의 의무를 부담한다. 우리나라가 조약을 비준하거나 조약에 가입했기 때문에 그 조약에서 정한 규정을 준수해야 한다. 특히 이른바 실체규정(substantive provisions)은 우리 국민의 법률관계에 직접적으로나 간접적으로 영향을 주기 때문에 대부분 저작권법에 해당 규정 내용이 반영되어 있다. 그렇다고 하더라도 모든 조약 규범이 저작권법에 반영되는 것은 아니다. 우리 법에 해당 원리가 충분히 들어 있지 않다고 여길 수도 있고, 입법에 흠이 있다고 볼 수도 있다. 그러한 예는 적지 않다. 일부 예를 보면, 첫째 TRIPS협정 제9조 제2항을 들 수 있다. 이에 의하면, "저작권 보호는 표현에는 적용되나 사상, 절차, 운용 방법 또는 수학적 개념 그 자체에는 미치지 아니한다"고 하고 있다. 이와 직접 관련된 우리 저작권법 규정은 존재하지 않는다. 둘째, 우리 저작권법에는 내국민대우의 원칙에 관한 규정이 없다. 단지, 저작권법 제3조에서 외국인의 저작물 보호는 "조약에 따라 보호된다"고 할 뿐이다. 저작권 관련 조약의 기본 원칙 중 하나인 내국민대우의 원칙을 원용하지 않고서는 제3조 규정을 해석할 방법이 없다. 그렇지 않고서는 제3조는 선언적 규정에 그칠 수 있다.9) 이들 규정을 어떻게 해석할까?

---

9) 내국민대우 원칙을 국내법에 반영하는 사례로 영국 저작권법을 들 수 있다. 이에 의하면, 보호 적격(qualification for protection)에 관한 규정(제206조 내지 제210조)을 두면서 적격 국가, 적격자 등에 관

우리 헌법은 "헌법에 의하여 체결·공포된 조약과 일반적으로 승인된 국제 법규는 국내법과 동일한 효력을 가진다"고 하고 있다. 대법원이나 헌법재판소의 판례를 보면, 이 규정의 의미는 조약이 우리나라에서 직접 적용되고, 법률과 같은 효력을 가진다는 것이다. 물론 조약의 성격이나 내용이 직접 적용에 무리가 있는 경우, 예를 들어 조약이 개인에게 권리를 부여하는 것이 아니고, 국가 간의 권리·의무 관계를 설정하는 데 지나지 않는다면 적용되지 않는다.[10]

위 예시 첫 번째의 경우를 보면, TRIPS협정 제2조 제2항에서는 표현은 보호하되, 아이디어는 보호하지 않는다는 원칙(아이디어와 표현의 이분법)을 명시한 것으로, 그 의미는 비록 우리 법상 해당 규정이 없더라도 우리 법에 이 원칙이 존재한다는 데 있다. 이 원칙이 다른 규정과 충돌할 경우 문제가 된다. 저작권법 제101조의2는 프로그램 언어, 규약 및 해법을 보호하지 않는다고 규정하고 있다. 이 규정 중 예를 들어 해법 중 '아이디어의 표현'이 존재한다면 이 규정은 TRIPS협정 제2조 제2항과 충돌하는 것이다. 그 해답은 법의 일반 원칙, 즉 특별법 우선 원칙과 후법 우선 원칙에 의해 얻을 수밖에 없다. 그것은 국내적인 상황에 대한 해답에 지나지 않는다. 국제적으로 조약 위반의 문제는 여전히 남는다.

위 예시의 두 번째의 경우를 보면, 우리나라가 가입한 조약 중 하나인 베른협약에서는 이 협약에 비준·가입한 국가[11]는 저작자에게 그 국가 법률이 현재 또는 장래에 내국민에게 부여하는 권리 및 이 협약이 특별히 부여하는 권리를 부여해야 한다. 이 원칙에 따라, 외국인은 예외적인 경우를 제외하고는 우리 저작권법상 모든 권리를 향유한다. 그 예외도 이 협약에서 정한 한계와 조건의 범위 내에서 허용될 뿐이다.

해 정의하고 있다. 적격 국가란 영국, 추밀원령(Order in Council)에 의한 상호 보호 지정 국가를 말하고, 적격자란 영국이나 적격 국가의 자연인이나 법인을 의미한다.

10) 최경수(2017), 95~103 참조.

11) 이 표현('이 협약에 비준·가입한 국가')은 설명의 편의를 위해 쓴 것으로, 협약상의 표현('본국 이외의 동맹국')과 정확하게 일치하는 것은 아니다. 국제조약에서는 체약당사자(Contracting Party)에 대해서 다양한 표현을 쓴다. 베른협약에서는 동맹국이라고 하고, 로마협약에서는 체약국(Contracting State)이라고 하고, TRIPS협정에서는 회원국(Member)이라고 한다.

5. 산업재산권법과의 관계

가. 산업재산권의 개념

산업재산권은 특허권과 상표권, 디자인권 등을 포괄하는 광범위한 권리를 총칭한다. 특허권은 발명, 상표권은 상표, 그리고 디자인권은 디자인을 보호대상으로 한다. 발명은 기술적 사상의 창작물이고 상표는 식별 표장이고 디자인은 미감을 일으키는 창작물로서 이들은 저작물과 더불어 모두 창작물이라고 할 수 있다. 인간의 지적 소산으로서 창작물은 특허권이나 상표권, 디자인권이나 저작권에 의해 각 권리의 속성에 따라 보호 여부와 보호의 내용이 정해진다.

산업재산권과 저작권을 아울러 지적재산권이라고 한다. 지적재산권은 모두 창작물에 대한 보호라는 데에서 출발하고 이 점에서 산업재산권과 저작권을 관통하는 공통적인 원리가 있다. 즉, 산업재산권과 저작권(이 중 재산적 권리)은 무형의 재산에 대한 권리이고 이러한 권리는 권리자만이 법상 부여된 권리를 독점적·배타적으로 행사할 수 있다. 따라서 권리자만이 창작물을 이용할 수 있고, 다른 사람이 이용하는 것을 허락하거나 금지할 수 있다. 그러나 산업재산권과 저작권은 보호대상, 권리 발생 등 여러 가지 점에서 적지 않은 차이가 있다.

나. 저작권과 산업재산권의 차이

산업재산권과 저작권의 차이는 여러 가지 점에서 발견된다. 첫째, 보호대상이 다르다. 각각의 개념과 보호요건에 따라 보호대상이 나뉘게 된다. 발명은 자연법칙을 이용한 기술적 사상의 창작으로서 고도한 것을 말한다. 즉, 신규성, 진보성 및 산업상 이용가능성 등 세 가지 요건을 갖추면 특허발명이 될 수 있다. 상표는 기호나 문자 또는 도형이나 형상 등으로 된 표장으로 상품이나 서비스의 식별표지를 말한다. 식별력이 없는 상표는 상표등록을 받을 수 없다. 디자인이란 물품의 모양이나 형상 등으로 된 것으로 시각을 통해 미감을 일으키게 하는 것을 말한다. 보호요건으로 신규성이 있다. 신규성이 있는 디자인이라면 모두 디자인보호법상 보호대상이 된다.

그러나 산업재산권법상의 발명, 상표 및 디자인의 각 개념이 언제나 분명히 나뉘는 것은 아니며 그에 따라 보호대상이 중복되기도 한다. 그러다 보니 중복 보호의 문제가 생긴다. 산업재산권 각 권리 간에도 그러하거니와 저작권과도 그러하다. 특히, 디자인은 디자인보호법과 저작권법에 의한 중복 보호 가능성이 매우 높다. 디자인보호법상 보호대상인 디자인은 물품의 모양이나 형상으로 이것은 저작권법에서 말하는 디자인과 크게 다르지 않다. 저작권법상 디자인은 응용미술저작물의 하나로 특별히 예시되고 있어서[12] 아예 중복 보호를 법적으로 확인해준 셈이다.

둘째, 산업재산권은 등록이 권리발생 요건인 반면, 저작권은 등록 여부와 관계없이 창작과 더불어 권리가 발생한다. 저작권법에서는 자동보호의 원칙 내지 무방식주의가 지배하기 때문이다.

셋째, 권리의 성격에 다소 차이가 있다. 양자는 모두 독점적·배타적인 권리라는 점에서는 같지만 산업재산권은 동일한 보호대상 위에 하나만이 존재한다. 그러나 저작권은 동일한 복수의 저작물에 대해 존재할 수 있다. 특허권을 예로 들면, 특허를 받을 수 있는 발명은 신규의 것이어야 한다. 선행기술과 동일한 발명은 신규성을 상실하기 때문에 특허를 받을 수 없다. 종전의 발명과 동일한 발명에 대해 특허권이 발생할 수가 없는 것이다. 실제적으로 특허권 등은 심사 절차를 거쳐 등록되므로 그 과정에서 동일 발명은 거절된다. 비록 등록되었다 하더라도 무효화할 수 있는 길이 열려 있다. 반면, 저작물은 독창성(다른 저작물에 의존하지 않고 독자적으로 창작되었다는 것) 요건만 갖추면 곧바로 이에 대해 저작권이 발생하므로, 적어도 이론적으로는 복수의 저작권이 존재할 수 있다.

넷째, 산업재산권은 재산적인 권리인 반면, 저작권은 재산적인 권리와 인격적인 권리를 포괄하는 권리이다. 저작권법상 저작물의 공표 여부는 저작자만이 결정할 수 있고 제3자가 해당 저작물을 이용할 때에는 저작자의 성명을 표시하고 저작물의 동일성을 유지해야 한다.

그 외에서 각 보호대상이 가지는 속성, 개별 권리의 본질에 따라 여러 차이점이 발견된다. 예를 들어, 보호기간이 각 보호대상마다 무척 다르다. 심지어 상표는 갱신등록으로 무기한 보호될 수 있다.

---

12) 제2조 제15호: "응용미술저작물"은 물품에 동일한 형상으로 복제될 수 있는 미술저작물로서 그 이용된 물품과 구분되어 독자성을 인정할 수 있는 것을 말하며, 디자인 등을 포함한다.

다. 중복 보호

산업재산권법이나 저작권법은 거의 대부분 창작물 보호를 목적으로 하고 있다. 이 때문에 동일한 대상을 두고 이들 법률이 모두 적용될 수 있다. 이에 대한 입법 정책은 여러 방법이 있다. 동일한 대상에 대해 해당 법률 모두를 적용하여 보호할 수도 있고(중복 보호), 특정 법률을 선택적으로 적용하여 보호할 수도 있고(선택적 보호), 특정 법률을 우선적으로 적용하여 보호할 수도 있다(우선적 보호). 우리 산업재산권법이나 저작권법은 어떠한 규정도 두지 않아, 해석론에 따라 중복 보호 여부 등을 판별할 수밖에 없다. 오히려 관련 법률 규정의 부존재는 ─ 의심스러운 때에는 창작자의 이익으로 돌린다는 원칙(in dubio pro autore)에 충실한다면 ─ 중복 보호(cumulative protection)를 긍정하는 요소로 작용할 여지가 높다.

(1) 특허권

특허발명에는 물건의 발명과 방법의 발명이 있다. 물건으로서 발명품은 저작물로서 중복 보호 가능성이 거의 없다. 그러나 방법의 발명은 컴퓨터프로그램에 의해 구현될 수 있으므로 특허권과 저작권이 동시에 존재할 수 있다. 이른바 영업모델(business model)은 방법의 발명으로 특허등록이 되고 있다.

(2) 상표권

상표란 "자기의 상품…과 타인의 상품을 식별하기 위하여 사용하는 표장을 말한다"(상표법 제2조 제1호). 표장은 "기호, 문자, 도형, 소리, 냄새, 입체적 형상, 홀로그램·동작 또는 색채 등으로서 그 구성이나 표현방식에 상관없이 상품의 출처를 나타내기 위하여 사용하는 모든 표시를 말한다"(상표법 제2조 제2호).

이러한 상표에는 문자나 숫자의 표현물, 회화나 사진과 같은 도면적 표현물, 조각이나 기타 입체적 형상, 저작물의 제호나 슬로건, 그리고 일련의 영상이나 이미지가 있고 이들이 상표법상의 등록요건을 갖춘다면 등록 상표로서 보호를 받을 수도 있고, 저작권법상의 보호요건을 충족한다면 저작물로서 보호를 받을 수도 있다.[13]

상표가 저작권법에 의해 보호를 받는다면 그 상표는 저작권법상 어문저작물이나 미술저작물, 사진저작물이나 응용미술저작물 중 어느 하나에 해당할 것이다. 예를 들어, 캐릭터는 상표로 등록하여 상표법상 보호를 받을 수도 있고, 응용미술저작물로 저작권 보호를 받을 수도 있다.[14]

(3) 디자인권

디자인은 저작권법상으로나 디자인보호법상으로 보호가 된다. 저작권법상 디자인이란 독창적인 표현으로서 디자인이고, 디자인보호법상 디자인이란 "물품…의 형상·모양·색채 또는 이들을 결합한 것으로서 시각을 통하여 미감을 일으키게 하는 것을 말한다"(디자인보호법 제2조 제1호). 양 법률에 의한 보호대상으로서 디자인은 모두 창작물이다. 저작권법은 보호요건으로서 독창성을 요구하는 반면, 디자인보호법상 보호요건으로는 신규성을 필요로 한다는 점에 다소 차이를 보이고 있으나 신규의 독창적인 디자인은 어느 법에서도 보호를 받는다.

이러한 중복 보호의 가능성이 현저한 디자인으로는 직물디자인과 같은 평면 디자인이나 캐릭터 등을 들 수 있다. 여러 차례에 걸친 디자인보호법의 개정은 그 가능성을 더욱 높였다. 1998년 3월 1일 개정법은 유행성이 강한 디자인에 대해 무심사등록 제도를 도입했다. 이 제도로 인해 창작자는 어떠한 법에 의해 보호를 받을는지 선택할 수 있게 되었다. 그 후 일련의 법개정을 통해 저작권과 디자인권의 경계를 이루는 물품성 요건이 완화되면서[15] 중복 보호 여지가 훨씬 커졌다. 물품성 요건이란 법상 보호대상은 무형의 디자인이 아니라 물품에 화체된 디자인으로, 물품을 전제하지 않은 디자인은 보호요건을 갖추지 못한다는 것이다.[16]

---

13) 저작물의 제호나 슬로건은 저작권법상 보호되지 않는다는 것이 다수설이면서 판례의 태도이다. 이에 관해서는, 제2장 제1절 1. 가. '(2) 독창성 판단 기준' 참조.

14) 캐릭터 관련, 상표권과 저작권의 중복 보호에 관해서는, 제2장 제1절 2. 마. '(3) 특수한 응용미술저작물' 참조.

15) 2001년 2월 3일 개정법은 물품의 일부를 등록할 수 있는 부분디자인 제도를 도입했고, 2004년 12월 31일 개정법에서는 "한 벌의 인쇄용 글자꼴"을 물품의 정의 내에 두어 무체물도 디자인보호법에 의해 보호받게 되었다.

16) 디자인보호법상 물품성 요건은 여전히 원칙적으로 유효하다. 특허청 디자인심사기준에 의하면, " '물

　　저작권법상 디자인을 포함한 응용미술저작물은 2000년 법개정 전까지 충분한 보호를 받았다고 하기 어렵다. 법원은 '응용미술작품'의 저작권 보호에 대해 소극적인 태도를 견지했다.17) 법원의 판단은 중복 보호를 가급적 배제하기 위한 판단에서 비롯되었다고 할 수 있으나 이것은 디자인업계의 이해와는 다소 거리가 있는 것으로 보였다. 이에 2000년 개정 저작권법은 '응용미술작품'이라는 용어를 '응용미술저작물'로 변경하고, 그 정의를 "물품에 동일한 형상으로 복제될 수 있는 미술저작물로서 그 이용된 물품과 구분되어 독자성을 인정할 수 있는 것을 말하며, 디자인 등을 포함한다"(현행법 제2조 제15호)고 하여 물리적으로나 개념적으로 물품과 구분될 수 있는 디자인에 대해 저작권 보호를 분명히 하여 중복 보호 가능성을 넓혔다.18)

라. 산업재산권과의 저촉 관계

　　디자인보호법 제95조 제3항에 의하면, "디자인권자·전용실시권자 또는 통상실시권자는 등록디자인 또는 이와 유사한 디자인이 그 디자인등록출원일 전에 발생한 타인의 저작물을 이용하거나 그 저작권에 저촉되는 경우에는 저작권자의 허락을 받지 아니하고는 자기의 등록디자인 또는 이와 유사한 디자인을 업으로서 실시할 수 없다". 이러한 저촉 규정은 상표법에도 존재한다. 즉, 상표권자 등 권리자는 그 상표등록 출원일 전에 발생한 타인의 저작권과 저촉되는 경우에는 그 저작권자의 동의를 얻지 아니하고는 그 등록상표를 사용할 수 없다(제92조 제1항). 이들 조항은 디자인이나 상표 등록 그 자체를 막는 것은 아니지만, 다른 사람의 저작물을 디자인이나 상표에 넣어 해당 디자인이나 상표를 사용해서는 안 된다는 취지인 것이다.

　　디자인이나 상표가 저작권을 침해하는 경우는 여러 가지가 있다. 기존 저작물을 무단으로 베끼는 등 저작재산권을 침해하는 방법으로 할 수도 있고, 기존 저작물의 이용을 허락받았더라도 저작인격권을 침해하는 방법으로 할 수도 있다. 후자의 방법은 미공표 저작물을

품'이란 독립성이 있는 구체적인 물품으로서 유체동산을 원칙으로 한다"고 하고 있다. 특허청, 디자인 심사기준, 2020. 3. 1., 102.

17) 이에 관해서는, 제2장 제1절 2. 마. '(2) 응용미술저작물' 참조.

18) 캐릭터 관련, 디자인권과 저작권의 중복 보호에 관해서는, 제2장 제1절 2. 마. '(3) 특수한 응용미술저작물' 참조.

공표한다면 공표권 침해를, 저작자의 성명을 해당 상표에 표시하지 않는다면 성명표시권 침해를, 그리고 해당 저작물의 동일성을 해치는 방법으로 상표에 사용한다면 동일성유지권을 침해하는 것이다.[19]

하나의 보호대상에 대해 복수의 지적재산권이 중복 존재할 경우 저촉 관계를 피할 수 없다. 타인의 저작물을 이용하여 특허권이나 상표권을 취득할 수도 있고 그 반대의 경우도 생각할 수 있다. 해당 권리자의 허락이 없다면 타인의 권리를 침해하여 권리를 취득하는 것이다. 다른 사람의 창작물을 무단으로 이용하면서 법률상 인정된 독점적·배타적인 권리를 향유한다는 것은 법정책적으로 바람직하지 않다. 디자인보호법에서는 디자인권과 저작권의 저촉 관계를, 상표법에서는 상표권과 저작권의 저촉 관계를 명시적으로 규정하고 있는 것은 그러한 취지를 담은 것이다.

디자인보호법과 상표법에 저촉 관계 규정이 존재하는 것은 디자인과 상표가 저작권에 저촉될 가능성이 그만큼 높기 때문이라 할 수 있다. 반면, 특허법에는 해당 규정이 존재하지 않는다. 입법자가 특허발명과 저작물 간에는 중복 보호대상이 거의 없다고 보았기 기 때문인 듯하다.[20] 한편, 저작권법에도 저촉 관계 규정이 없다. 이것은 동일한 창작물에 두 개의 저작권이 존재할 수 있다는 점을 고려했다고 본다. 즉, 먼저 누군가가 상표권과 디자인권을 획득했다 하더라도 제3자가 이들 상표와 디자인에 의존하지 않고 새로운 저작물을 만들었다면 이는 기존 상표나 디자인에 대한 저작권을 침해한 것이 아닌 것이다. 침해 판단이 내려진다면 그에 따른 저작권 침해 책임을 지게 될 것이다.

---

19) 저작권과 다른 산업재산권 관련 이슈는 다른 측면에서도 얼마든지 발생할 수 있다. 예를 들어, 촉탁 계약에 의해 창작된 상표나 디자인은 저작권법상 업무상 저작물이 아니므로, 상표권과 디자인권은 촉탁자가 취득하고 저작권은 여전히 수탁자가 가지는 상황이 생길 수 있다. WIPO Secretariat, "Trademarks and Their Relation with Literary and Artistic Works," SCT, 16th Sess., Nov. 13~17, 2006, SCT/16/5, paras. 73~78, pp. 16~18.

20) 그러나 앞에서 든 바와 같이, 영업모델은 특허권과 저작권에 의한 중복될 수 있기 때문에 저촉 관계가 불필요하다고 단정할 수는 없다. 특허법에 저촉 관계에 관한 규정이 없다고 해서 문제 해결 방법이 없는 것은 아니다. 예를 들어, 다른 사람이 창작하여 '공표'한 프로그램저작물의 기술적 사상을 특허출원하여 특허권을 획득했다 하더라도 공표된 프로그램은 신규성을 상실하게 되므로 특허권은 무효화될 수도 있는 것이다. 김관식, "컴퓨터프로그램의 특허법적 보호", 정보화정책, 제13권, 2006, 122.

자율 학습

1. 저작권법과 산업재산권법은 동시에 적용되는 경우가 적지 않다. 입법적으로는 중복 보호를 긍정할 수도 있고, 부정할 수도 있다. ① 긍정론과 부정론의 장점과 단점에는 각기 무엇이 있다고 보는가? ② 권리자의 입장과 이용자의 입장은 항상 대립하는가?

2. 저작권과 산업재산권 분야 법률과 문헌에서는 같은 영어 표현을 두고도 달리 사용하는 예가 있다. 다음 영어 표현을 저작권법과 산업재산권법 분야에서는 각기 어떻게 번역 또는 사용하고 있는가: 'exclusive right', 'exclusive license', 'non-exclusive license'?

제2장
저작권

제1절 저작물

제2절 저작자

제3절 저작권의 의미와 특징

제4절 저작인격권

제5절 저작재산권

제1절 저작물

1. 저작물의 성립 요건[1]

저작물이란 "인간의 사상 또는 감정을 표현한 창작물"을 말한다(제2조 제1호).[2] 이러한 정의는 저작권법상 보호대상의 하나인 저작물의 성립 요건을 찾는 데 큰 도움이 되지 않는다. 부분적인 요건만을 확인할 수 있기 때문이다. 통설은 다음과 같이 설명한다. 첫째, 저작물은 독창성(originality)이 있어야 한다. 독창성이란 다른 것과 구별될 수 있을 만큼의 독창성을 말한다. 둘째, 사상 또는 감정(이를 통칭하여 아이디어라 한다)을 표현한 것(expression of ideas)이어야 한다. 표현되지 않은 것은 사람의 머릿속에 있는 것이므로 다른 사람이 지각할 수 없고 따라서 저작물이 되지 않으며 법적 보호를 받지 못한다. 일부 국가에서는 고정(fixation)을 요건으로 하기도 하지만 이러한 입법례는 예외적인 것이다.[3]

저작물에는 여러 종류가 있다. 각 저작물마다 특성이 있고 그 특성에 따라 일관된 요건을 찾는 것은 쉬운 일이 아니다. 그럼에도 모든 장르의 저작물에 공통적으로 담겨야 할 요건으

---

[1] 법적 보호를 향유하는 '저작물'이 되려면 일정한 요건을 갖춰야 하는데 이를 저작물의 성립 요건이라 한다. 통상 저작물성이라고도 하는데, 이는 독일어 'Werkeigenschaft'의 번역이 아닌가 싶다. 영어 'copy-rightability'도 같은 의미라 할 수 있다.

[2] 종전 저작권법에서는 저작물을 정의하여, "문학·학술 또는 예술의 범위에 속하는 창작물"을 말한다고 했으나 2006년 개정법에서 현행과 같이 변경했다. 일부 판례와 학설에서는 종전의 정의 규정 중 "문학·학술 또는 예술의 범위"에 주목하여 이러한 요건을 충족하지 못하면 저작물이 아닌 것으로 그릇되게 해석했기 때문에 이를 입법적으로 바로잡은 것이다.

[3] 미국 저작권법 제102조 (a)에 의하면, "저작권 보호는 …… 유형의 표현 매체에 고정된 독창적 저작물에 존속한다"고 하여 고정을 요건으로 하고 있다. 예외적으로 제1101조 (a)는 비고정 음악 실연(live musical performance)도 보호한다. 베른협약은 동맹국의 재량으로 고정을 보호 요건으로 둘 수 있도록 하고 있다(제2조 제2항).

로 독창성과 외부적인 표현이 있는 것이다. 어떤 저작물은 각각의 요건을 검토하는 과정이 없이 법적 보호대상으로 사실상 추정되는가 하면, 다른 어떤 저작물은 독창성의 요건을 엄격히 검토하는 과정을 거쳐 저작물성을 확보하기도 한다. 전자에는 영상저작물이 있겠고 후자에는 사진이나 응용미술저작물이 있겠다.

가. 독창성

(1) 창작성과 독창성

(가) 사전적 의미와 지적재산권법상의 의미

사전상의 의미로, 창작이란 "방안이나 물건 따위를 처음으로 만들어 냄" 또는 "예술 작품을 독창적으로 지어냄"이다. 한편, 독창이란 "다른 것을 모방함이 없이 새로운 것을 처음으로 만들어 내거나 생각해 냄"을 말한다.[4] 창작성과 독창성은 언뜻 구별하기 어렵다. 그러나 뉘앙스는 다소 다른 듯하다. 전자는 무엇인가를 처음으로 만드는 것에, 후자는 독자적인 것을 만드는 것에 각기 초점을 맞추는 듯하다.

실제 문학·예술 분야에서 창작성은 독창성과 구별 없이 사용된다. 반면, 과학 분야에서 창작물이라 할 때 그것은 단지 독창적인 것으로 충분하지 않고 과학 논리 체계를 갖춰야 한다. 다른 사람의 것, 기존의 것과 구별될 뿐만 아니라 과학적으로 증명할 수 있어야만 창작물이 될 수 있는 것이다. 한편, 지적재산권 분야는 예술과 과학 분야를 모두 포괄하고 있고, 따라서 창작물도 넓은 의미로 쓰인다. 지적재산권의 대상인 지적 창작물(intellectual creations)에는 독창성이 있는 저작물(original works; original works of authorship)과 신규성이 있는 발명(new inventions)이 있다. 사전상의 정의를 보거나, 학문 분야에서 사용하는 의미에 비춰보거나 창작물이란 표현은 관용어로서 굳어진 것이지, 이들로부터 어떤 의미(저작물의 성립 요건)를 추출해내기는 어렵다고 본다.

---

4) 표준국어대사전. 영어 사전에 따르면, 동사 '창작(create)'을 정의하기를 "없는 것에서 생성하는 것", "처음으로 만들거나 생성하는 것"이라고 하고, 형용사나 명사로서 '독창적(original)'이란 "처음에 존재하는 것", "무엇인가의 원천, 출처", "정신이나 상상을 독자적으로 발휘하는 것", "복제하거나 모방하지 아니한 문학, 예술 저작물"이라고 정의하고 있다. SOED. 우리 사전 정의와 흡사하다.

(나) 저작권법상 창작성과 독창성

저작권법 측면에서 보면, 창작성과 독창성은 구별 없이 사용하는 경향이다. 우리 학계에서는 독창성이라는 표현을 사용하기도 하고,[5] 창작성이라는 용어를 사용하기도 한다.[6] 판례에서는 창작성이라는 용어를 선호한다.[7]

외국의 입법례와 그 해석을 보더라도 통일된 모습을 보이지 않고 있다. 독일 저작권법 제2조 제2항 "본법상의 저작물이란 인간의 정신적 창작물(persönliche geistige Schöpfungen)에 한한다"고 하고 있다. 독일 법상 저작물의 성립 요건으로 ① 인간이 창작한 것, ② 정신적 요소를 가질 것, ③ 다른 사람이 인식할 수 있도록 구체적 형태가 형성될 것, 그리고 ④ 저작자의 개성을 담을 것 등 네 가지가 있다.[8] 독일에서는 독창성이나 창작성이라는 표현 대신 개성 내지 개별성(individualität)이라는 표현을 사용하는 것이 일반적이다.[9] 개별성이란 저작자의 개별적인 지적 능력이라고 성격지울 수 있는데 개별성은 저작물의 내용과 형식에서 찾아볼 수 있다.[10]

한편, 프랑스 저작권법은 정신적 저작물(oeuvres d'esprit)이라는 표현을 사용하고, 제112-4조에서는 특별히 제호에 대해 그것이 독창성(caractère original)이 있는 한 저작물로 보

5) 장인숙, 33.

6) 송영식·이상정, 35; 오승종, 45; 이해완, 25; 곽경직, "창작성의 개념", 계간 저작권, 1995년 여름호, 4~12.

7) 우리나라 판례에서는 독창성과 창작성이라는 용어를 모두 사용하지만 일관된 입장을 가지고 있는 것 같지는 않다. 독창성이라고 하는 판례[대법원 1991. 8. 13. 91다1642 판결(한복문양 사건); 대법원 1991. 8. 13. 91다1479 판결(한복문양 사건); 대법원 1996. 8. 23. 94누5632 판결]보다는 창작성이라고 하는 판례가 훨씬 많다. 일부 판례에서는 양자를 구별 없이 혼용하고 있다. 대법원 1993. 6. 8. 93다3073, 93다3080 판결(희랍어 분석방법 사건); 대법원 1994. 8. 12. 93다9460 판결(성경 개역판 사건); 대법원 1997. 9. 29. 97마330 결정(사차원속독법 사건) 참조.

8) 서달주, "독일 저작권법상의 작품성론(1)", 계간 저작권, 2002년 봄호, 7. Schriker는 ① 창작물이어야 하고, ② 창작물은 정신적인 내용을 가지고 있어야 하며, ③ 하나의 형태를 지니고 있어야 하고, ④ 창작물 속에는 저작자의 개성이 표현되어야 하며, ⑤ 필요한 정도의 형상을 지니고 있어야 한다고 한다. Gerhard Schriker, Urheberrecht: Kommentar, Beck, 1987, S. 91, Rn. 3. 나낙균, "독일 저작권법상 저작권 및 저작인접권의 기초", 계간 저작권, 1999년 봄호, 38~39 및 각주 59에서 재인용.

9) 박익환, "독일 저작권법 개요(1)", 계간 저작권, 1994년 여름호, 5; Schricker/Loewenheim, S. 76 ff.

10) Sabine Rojahn and Rainer Esser, Federal Republic of Gemany, Rüster (ed.), pp. GER4-8~9.

호한다는 규정을 두고 있다. 프랑스 학설과 판례에서는 모두 독창성(originalité)이라는 표현을 사용하고 있다.11)

　미국 저작권법에서도 독창성을 보호 요건을 삼고 있다. 미국 저작권법에서는 저작물에 대해 '독창적인 저작물(original works of authorship)'이라는 표현을 사용한다[제102조 (a)]. 독창성 개념에 관해 미국 판례 이론에 획기적인 변화를 가져온 Feist 사건에서는 독창성과 창작성을 구별한다. 정확한 이해를 위해 판례를 발췌해본다: "독창성은 저작권의 필수요소이다. 어느 저작물이 저작권 보호를 받기 위해서는 저작자에게 고유한 독창성이 있어야 한다. …… 저작권에서 사용하는 독창성이라는 용어는 해당 저작물이 저작자에 의해 (다른 저작물에서 베낀 것과는 대비될 정도로) 독자적으로 만들어졌으며(independently created by the author) 최소한의 창작성(at least some minimal degree of creativity)을 지녀야 한다. …… 물론 요구되는 창작성의 수준은 매우 낮으며 심지어 미세한 정도로도 충분하다."12) 미국 대법원은 저작물 성립 요건으로 독창성을 언급하면서, 그 독창성에는 독자적 작성이라는 요건과 최소한의 창작성이라는 두 가지 요소가 있다고 한다. 종전 판례에서 파악하고 있는 독창성의 기본 요건(독자적 작성) 외에 최소한의 창작성 또한 요구하고 있는데, 정작 창작성이 무엇인지에 대해서는 침묵하고 있다.

　우리 법에서는 저작물을 정의하면서 그저 '창작물'이라고만 하고 있다. 앞에서 언급했듯이 창작물이란 지적재산권 분야의 관용어에 지나지 않기 때문에 '창작'이라는 단어에 주목해서 창작성을 저작물의 성립 요건으로 단정하는 것은 무리가 있다. 필자는 독창성이라는 표현이 저작물 성립 요건 본래의 정의에 합당하다고 본다. 이렇게 볼 때 창작성은 독창성의 하나의 요소로서, 부분 집합이 된다. 이유는 다음과 같다. 첫째, 영국이나 미국에서는 originality를, 프랑스에서는 originalité를 성립 요건으로 하고 있다. 그 단어의 일반적인 번역은 독창성이라 할 수 있다. 같은 맥락에서 영어 creativity는 창작성으로 번역하는 것이 맞다. 굳이 일반적인 표현을 두고 저작권 분야에서 독특한 표현을 애써 사용해야 할 것은 아니다.13) 둘째, 우리 사전이든 영어 사전이든 독창성의 정의(우리 사전에서는 "다른 것을 모방함이 없이 새로운 것을 처음으로 만들어 내거나 생각해 냄"이라고 한다)는 저작권법상 저작물

---

11) Vivant et Bruguière, pp. 293~295, 299.

12) Feist Publications, Inc. v. Rural Telephone Service Company, Inc. 499 U.S. 340, 345 (1991).

13) 임원선, 48~49에서는 독창성을 originality로, 창작성을 creativity로 번역해 구별한다.

성 판단 기준과 매우 흡사하다. 우리 학계에서 '창작성'이라고 하는 것은 일본 학계의 영향이 아니고서는 설명하기 어렵다.[14][15][16] 일본 저작권법은 저작물을 정의하면서 "사상 또는 감정을 **창작적으로 표현한 것**"이라고 하여 창작성을 요건으로 하는 것에 일견 수긍할 점이 없는 것은 아니다. 그렇다고 하더라도 이것이 우리 저작권법 해석에 영향을 줄 수는 없다. 저작권법과 그 사상은 유럽 문화의 산물이지 일본의 것이 아니다.

(2) 독창성 판단 기준

(가) 독창성의 의의

저작권법에서 독창성이 있는 저작물이라고 할 때 그것은 저작자가 생각하는 인간으로서 자신의 사상이나 감정(아이디어)[17]을 일정한 표현 형식으로 담은 것이라 하겠다. 저작물은 사소한 것처럼 보이는 것부터 높은 수준의 창작성이 있는 것, 즉흥적인 것부터 오랜 기간의 숙성을 거치는 것에 이르기까지 아주 다양한 장르와 형태를 포괄하고 있기 때문에 이에 대해 일관된 개념을 파악하는 것 자체가 지극히 어려운 일이다. 그럼에도 저작물은 저작권법에 의해 독점적·배타적인 권리 보호를 받게 되므로 이에 대해 일정한 기준을 애써 외면할

---

14) 일본에서는 '창작성'을 요건으로 설명하고 있다. 中山, 66; 半田, 77. 우리 문헌(황적인 외, 190; 박성호, 42; 오승종, 45)에서는 '창작성(originality)'이라고 하고 있다.

15) 외국 문헌에서는 'original creation'이라는 표현을 자주 사용한다. 이를 '독창적인 저작물' 또는 '독창성이 있는 창작물'이라고 하지 않고, '창작적인 창작물'이라고 할 수는 없을 것이다.

16) 용어에서 얽히다 보니 무엇을 뜻하는지 알기도 어렵다. 대법원 판례를 하나 소개한다: "저작물로서 보호를 받기 위해서 필요한 **창작성이란** 완전한 의미의 **독창성을** 말하는 것은 아니며, 단지 어떠한 작품이 남의 것을 단순히 모방한 것이 아니고 작자 자신의 독자적인 사상 또는 감정의 표현을 담고 있음을 의미하므로, 누가 하더라도 같거나 비슷할 수밖에 없는 표현, 즉 저작물 작성자의 **창조적 개성이** 드러나지 않는 표현을 담고 있는 것은 **창작성이 있는 저작물**이라고 할 수 없다". 대법원 2009. 1. 30. 2008도29 판결.

17) 우리 법상 '사상 또는 감정'이라 할 때, 저작물은 학문과 예술 분야에 국한하는 것으로 오해하게 할 수 있다. 모든 저작물에 이 기준을 적용하기는 어렵다. 건축저작물이 그렇고, 컴퓨터프로그램이 그렇다고 본다. 19세기에 만들어진 저작권법도 아니고, 가치중립 측면에서 특정 장르를 염두에 두어서는 안 된다고 본다. 그저 '사람의 아이디어' 또는 '사람의 생각' 정도면 충분하지 않을까.

수도 없는 노릇이다. 우리 법원은 각 사건마다 각기 다른 종류의 저작물(어문저작물, 응용미술저작물, 2차적저작물, 편집저작물 등)을 다루면서 일반적인 독창성의 기준에 대해 판단하고 있다. 각 저작물에 따라 구체적으로 분석하고 판단한 판례는 없는 듯하다. 그만큼 독창성 판단은 어려운 주제인 것이다. 이하에서는 저작물 성립 요건으로서 독창성을 일반적으로 고찰한 다음, 각각의 저작물에 대해 국내외 학설과 판례를 검토하는 작업을 거쳐 귀납적으로 독창성 요건에 접근해보기로 한다.

국가마다 독창성을 바라보는 시각은 적어도 이론적으로는 매우 다르다. 전통적으로 대륙법계 국가들은 독창성을 작가의 개성(personnalité)[18] 또는 개별성(individualität)[19]을 중심으로 파악하는가 하면, 영미법계 국가들은 영국에서 발전한 재능·노동(skill and labour) 이론[20]에 기대어 노동이나 재능 또는 투자를 인정하면 독창성도 받아들이는 태도를 보여 왔다. 전자에 의하면, 작가의 개성은 다분히 주관적이면서도 독창성의 요건이 '상대적'으로 엄격하다고 말할 수도 있을 것이다. 개성을 강조하는 것은 저작물과 저작자와의 인격적인 관계를 말해주기도 한다. 반면, 재능·노동 이론은 재능이나 노동, 투자와 같은 기계적·객관적 요소에 독창성의 개념을 의지하고 있다고 할 수 있고 또한 상대적으로 독창성 요건이 느슨하다고 말할 수 있다.

미국도 영국의 재능·노동 이론을 따르는 듯하다가 1991년 Feist 판결 이후 독자적인 영역을 확보해왔다. Feist 판결은 독창성 요건을 한 단계 진화시켰다고 할 수 있는데 다음과 같

---

18) Vivant et Bruguière, pp. 301~303; Pierre Sirinelli, Notions fondamentales du droit d'auteur, OMPI, 2002, p. 197.

19) 서달주, 앞의 글, 7; 박익환, 앞의 글, 5; Schricker/Loewenheim, S. 76 ff.

20) 영국에서는 판단, 재능 또는 노동(judgment, skill or labour) 또는 노동, 재능 또는 노력(labour, skill, or effort)을 독창성 판단 기준으로 하고 있다. Bentley and Sherman, pp. 94-97; David Vaver, Principles of Copyright, WIPO, 2002, p. 30. 재능이나 노동의 성격은 두 가지 점에서 접근할 수 있다. 하나는 해당 저작물이 저작자 자신에게서 나온 것으로, 다른 저작물을 베낀 것이 아니라는 것이고, 다른 하나는 사소한 노력 이상의 노력이나 재능이 요구된다는 것이다. 재능이나 노동의 양은 사안에 따라 다른 사실 문제라고 본다. Kevin Garnett, Gilian Davies and Gwilym Harbottle, Copinger and Skone James on Copyright, 15th ed., Sweet & Maxwell, 2005, p. 119. 영미법계에서는 영국의 이론을 빌어 이른바 '이마의 땀(sweat of the brow)' 이론을 유지해왔다. 미국에서도 1991년 Feist 사건 이전까지는 영국의 예를 따라 이마의 땀 또는 부지런한 노력의 산물(industrious collection) 이론을 축적한 바 있다.

은 두 가지 요건을 필요로 한다.[21] 즉, 첫째는 독자적으로 만들어져야(independent creation) 하고, 둘째로는 일정한 정도의 창작성(minimal degree of creativity)을 지녀야 한다는 것이다.[22]

우리 판례에서도 이에 동조하고 있다. 1997년 대법원은 대입 본고사 입시문제의 저작물성을 다루면서 다음과 같이 두 가지의 독창성 요건을 적시한 바 있다: "여기에서 창작물이라 함은 저자 자신의 작품으로서 남의 것을 베낀 것이 아니라는 것과 최소한도의 창작성이 있다는 것을 의미한다. 따라서 작품의 수준이 높아야 할 필요는 없지만 저작권법에 의한 보호를 받을 가치가 있는 정도의 최소한의 창작성은 요구되므로, 단편적인 어구나 계약서의 양식 등과 같이 누가 하더라도 같거나 비슷할 수밖에 없는 성질의 것은 최소한도의 창작성을 인정받기가 쉽지 않다 할 것이다."[23] 뒤에 이를 인용하거나 따르는 판례가 상당수 나왔다.[24] 이 판례에서는 종전 판례에 비해 두 가지 요건을 분명히 구분하고 있다는 점에서 의의가 있다.[25]

---

21) Feist 판결은 원칙적으로 기존 미국 국내 판례를 수정했다는 데 일차적인 의의가 있으나 독창성에 관한 일반 이론에도 커다란 영향을 미쳤다. 한편 이 판례에 영향을 받은 외국 판례도 등장했다. 캐나다 대법원은 미국 대법원의 이론을 받아들여 직업별 전화번호부(Feist 사건은 인명식 전화번호부에 관한 것이었다)에 대해서도 저작권 보호를 부정하기에 이르렀다. Tele-Publications v. American Business Information (1977), 76 C.P.R. (3d) 296, FC Canada.

22) Feist Publications, Inc. v. Rural Telephone Service Company, Inc. 499 U.S. 340, 345 (1991).

23) 대법원 1997. 11. 25. 97도2227 판결.

24) 대법원 1999. 10. 22. 98도112 판결(피아노교습서 사건); 대법원 1999. 11. 23. 99다51371 판결(경마예상지 사건); 대법원 1999. 11. 26. 98다46259 판결(고려수지요법강좌 사건); 대법원 2003. 11. 28. 2001다9359 판결(법조수첩 사건) 등.

25) 예를 들어, 대법원 1995. 11. 14. 94도2238 판결(세탁학기술개론 사건)은 두 가지를 구분하지 않고 독창성을 판단하고 있다: "저작권법에 의하여 보호되는 저작물이기 위하여는 문학·학술 또는 예술의 범위에 속하는 창작물이어야 하므로(저작권법 제2조 제1호) 그 요건으로서 창작성이 요구되나, 여기서 말하는 창작성이란 완전한 의미의 독창성을 말하는 것은 아니며 단지 어떠한 작품이 남의 것을 단순히 모방한 것이 아니고 작자 자신의 독자적인 사상 또는 감정의 표현을 담고 있음을 의미할 뿐이어서 이러한 요건을 충족하기 위하여는 단지 저작물에 그 저작자 나름대로의 정신적 노력의 소산으로서의 특성이 부여되어 있고 다른 저작자의 기존의 작품과 구별할 수 있을 정도이면 충분하다고 할 것이다." 필자의 견해에 따르면, 이 판결에서 창작성과 독창성은 각기 독창성과 창작성으로 바꿔 읽어야 문맥을 이해할 수 있다.

(나) 독자적 창작물

저작물에는 크게 두 가지 부류가 있다. 하나는 기존 저작물에 기대지 않고 독자적으로 새롭게 만든 것이고(A), 다른 하나는 기존 저작물에 의존해서 만든 것이다(B). 전자는 '최소한의 창작성'만 갖춘다면 저작권 보호를 받는다. 후자는 다시 두 가지로 나뉜다. 기존 저작물의 아이디어만을 베낀 것이 있는가 하면(B-a), 기존 저작물의 독창적인 표현까지 베낀 것도 있다(B-b). 다른 사람의 아이디어만 베낀 저작물은 독자적인 새로운 저작물과 마찬가지로 법적 보호에 아무런 장애가 없다. 아이디어는 저작권 보호를 받지 않기 때문이다. 반면 독창적인 표현까지 베낀 저작물은 기존 저작물의 독창적 표현에 더해 새로운 독창적 표현이 가미되었다면 2차적저작물이 될 것이고(B-b-1), 그렇지 않다면 단지 기존 저작물의 복제물에 지나지 않는 것으로 '저작물'이 아니다(B-b-2). 따라서 저작권법상 보호받는 저작물에는 위의 예 가운데 세 부류(A, B-a 및 B-b-1)가 있다.

사람들은 어려서부터 학습과정을 거치면서 자연스럽게 선현들의 학문과 예술에 접하게 된다. 하늘 아래 독자적인 것은 찾기 어렵다. 그러나 저작권법상 독자적 창작은 이런 일반적인 의미로 이해해서는 안 된다. 해당 저작물이 저작자 자신의 '독자적인' 노력의 결과로 나온 것으로 충분하기 때문이다. 이를 풀어보면, 해당 저작물이 저작자 자신에게서 나온 것인지 여부가 독자적인 창작 여부를 결정짓는다. 뒤집어 말하면 다른 저작물(독창적 표현)을 베끼지 않았다면 독자적 창작이 되는 것이다. 이 요건은 단순히 객관적이고 기계적인 기준이다.

우리 법원에 의하면, 독자적 창작물이란 "저자 자신의 작품으로서 남의 것을 베낀 것이 아니라는 것"[26] 또는 "작품이 저자 자신의 작품으로서 남의 것을 복제한 것이 아니라는 것"[27]이다.

독자적 창작은 독창성 요건의 하나이지만, 그것이 담고 있는 의미로 인해 다음과 같은 부수적 효과가 발생한다. ① 어느 저작물이 독자적인 창작이라면, 그리고 그것이 확인된다

---

[26] 대법원 1997. 11. 25. 97도2227 판결. 같은 취지의 판례: 대법원 1999. 11. 23. 99다51371 판결(경마예상지 사건).

[27] 대법원 1999. 10. 22. 98도112 판결(피아노교습서 사건); 대법원 2003. 11. 28. 2001다9359 판결(법조수첩 사건).

면 비록 다른 저작물과 동일하거나 유사하다는 이유만으로 저작권 보호가 부정되지 않는
다. 다른 저작물과 동일하다 하더라도 그것을 베낀 것이 아니기 때문에 독자적 창작 요건을
구비했기 때문이다.[28] 이론상으로는 아무런 연관관계 없는 여러 저작물이 얼마든지 공존할
수 있는 것이다. ② 독자적 창작 요건은 비침해 요건도 된다. 어느 저작자가 창작한 저작물
이 비록 다른 저작물과 동일·유사하다 하더라도 그가 그 다른 저작물을 베끼지 않은 이상
그에게 침해의 책임을 물을 수 없는 것이다.

(다) 최소한의 창작성

Feist 판결에서 미국 대법원은 독자적인 창작일 것, 그리고 최소한의 창작성(minimal
degree of creativity)[29]을 갖출 것을 요구하고 있는데, 여기서 말하는 창작성이 무엇인가에
대해서는 침묵하고 있다. 일부에서는 예술적 기질을 발휘한 표현 또는 차별적인 표현의 발
현(spark of artistic expression or spark of distinctiveness in copyrightable expression)이라고
하기도 한다.[30]

미국 판례에서는 최소한의 창작성을 요구하듯이, 대륙법계 국가들은 인간의 개성 또는
개별성을 요구한다. 이것은 같은 맥락으로 이해할 수 있다. 인간이 자신의 개성을 발휘해야
만 최소한의 창작성이 있는 저작물이 나올 수 있기 때문이다. 다시 말해서, 인간의 지적·예
술적 능력 또는 정신적 노력이 저작물에 반영된다면 그것으로 독창성이 있는 저작물이 된
다 하겠다.[31] 우리 법원의 판례에서 말하는 '정신적 노력의 소산'[32] 또는 '정신적 노작의
소산'[33]도 최소한의 창작성을 표현한 것으로 본다. 앞에서 언급한 1997년 대법원 판결 이후

---

28) 이 점에서 신규성을 보호요건(등록요건)으로 하고 있는 특허와는 근본적으로 차이가 있다.

29) Feist 사건 대법원은 "아주 적은 양의 창작성으로도 충분하다(even a slight amount will suffice)"든가
"적은 창작성(modicum of creativity; de minimus quantum of creativity)"을 독창성의 요건으로 한다
고 하고 있다. Feist, 499 U.S. 340, 345~346, 363 (1991).

30) Nimmer, § 2.01[B] 인용 판례 참조.

31) 미국에서도 일부 학자는 최소한의 창작성을 저작자의 개성이 담긴 그 무엇으로 파악하기도 한다.
Dennis S. Karjala, "Copyright and Misappropriation," 17 University of Dayton Law Review 885
(1992), p. 894.

32) 대법원 1995. 11. 14. 94도2238 판결(세탁학기술개론 사건).

최소한의 창작성을 구체적으로 언급한 판례가 등장했다. 이들 판례에서는 최소한의 창작성을 다음과 같이 설명한다: "작품의 수준이 높아야 할 필요는 없지만 저작권법에 의한 보호를 받을 가치가 있는 정도의 최소한의 창작성은 요구되므로, 단편적인 어구나 계약서의 양식 등과 같이 누가 하더라도 같거나 비슷할 수밖에 없는 성질의 것은 최소한도의 창작성을 인정받기가 쉽지 않다 할 것이다."[34]; "창작물이라 함은 저작자 자신의 작품으로서 남의 것을 베낀 것이 아니라는 것과 수준이 높아야 할 필요는 없지만 저작권법에 의한 보호를 받을 가치가 있는 정도로 최소한도의 창작성이 있다는 것을 의미한다."[35]; "2차적저작물로 보호를 받기 위하여는 …… 사회통념상 새로운 저작물이 될 수 있을 정도의 수정·증감을 가하여 새로운 창작성이 부가되어야 하는 것이며, 원저작물에 다소의 수정·증감을 가한 데 불과하여 독창적인 저작물이라고 볼 수 없는 경우에는 저작권법에 의한 보호를 받을 수 없다 할 것이다."[36]

　이와 같은 창작성 기준은 여전히 추상적이고 개괄적이다. 모든 저작물에 일관되게, 표준적으로 적용할 정도로 정밀하다고 할 수는 없다. 게다가 저작물은 그 종류도 많고, 종류마다 각기 다른 특성이 있어서 그 추상적인 기준으로는 개별 사안에 예측 가능한 해답을 주기 어렵다. 저작물성, 특히 창작성 기준은 여전히 불확정적인 개념으로 남을 것이다. 이런 상황에서, 높은 창작성을 요구하는 저작물 종류가 있는가 하면, 낮은 수준의 창작성을 요구하는 저작물의 종류도 있다.

　독일에서는 학설과 판례를 통해 이른바 '작은 동전(kleine Münze)' 이론을 창안했다. 아무리 사소한 것도 그 가치가 있듯이, 저작자의 개성(개별성)이 저작물에 드러나기만 하면 이는 저작권법상 보호해야 할 가치가 있다는 것이다. 이에 따라 도표나 요리법, 설명 매뉴얼, 카탈로그, 주소록, 디렉토리 등은 그것이 단순히 기능적이거나 반복적인 작업의 결과 이상의 것이라면 보호해주고 있다.[37] 이에 따라 독일 법원은 어문, 음악, 미술 저작물에 대해서는

---

33) 대법원 1994. 8. 12. 93다9460 판결(성경 개역판 사건). 대법원 1997. 5. 28. 96다2460 판결(피아노곡집 사건): "그 창작성의 정도가 높다고는 할 수 없을지라도 정신적인 노작으로서의 가치를 보호받을 만한 정도의 창작성을 구비했다고 인정되고, ……".

34) 대법원 1997. 11. 25. 97도2227 판결. 같은 취지의 판례: 대법원 1999. 11. 23. 99다51371 판결.

35) 대법원 1999. 11. 26. 98다46259 판결(고려수지요법강좌 사건). 같은 취지의 판례: 대법원 2003. 11. 28. 2001다9359 판결(법조수첩 사건).

36) 대법원 2002. 1. 25. 99도863 판결.

지극히 낮은 수준의 개성을 요구하는 반면, 컴퓨터 소프트웨어, 응용미술저작물에 대해서는 높은 수준의 독창성을 요구한다.[38) 한편, 미국의 판례에서는 간단한 구절, 3음 시퀀스(3 note sequence)와 같은 짧은 마디, 간단한 도형, 숫자 목록에 대해서는 저작물성을 부인하기도 한다.[39)

우리나라 대법원 판례에서는, 편집저작물이나 일부 응용미술저작물의 경우를 제외하고는 창작성에 대해 엄격한 요건을 요구하지 않는 듯하다. 시력표[40)나 경매정보지[41)에 대해서는 저작물성을 인정한 반면, 경마예상지,[42) 제품사진,[43) 한글 교육 카드,[44) 법조수첩[45) 등에 대해 저작물성을 부정하고 있다.[46) 저작물의 제목에 대해서도 부정적인 태도를 보이고 있다.[47)

(3) 독창성과 신규성, 예술성 등과의 관계

어떤 작가는 기존에 아무도 생각하지 못했던 주제와 소재를 가지고 창작물을 만드는가 하면, 어떤 작가는 기존 작품에서 영감을 얻어 작품을 만들기도 한다. 저작권법은 작가의 개성이 발휘되어 기존의 것과 구별될 수 있다면 일단 독창성이 있는 것으로 판단한다. 따라

---

37) Rojahn and Esser, op. cit., Bernd Rüster (ed.), pp. GER4-9~10; Adolf Dietz, Germany, Geller (ed.), p. GER-23.

38) Rojahn and Esser, ibid., Rüster (ed.), pp. GER4-9~10. 디자인에 대해서는 엄격한 요건을 부과하는 것은 디자인에 대한 법적 보호가 별도로 존재하기 때문이라고 한다. Dietz, ibid., Geller (ed.), p. GER- 24.

39) Chisum et al., pp. 272~273.

40) 대법원 1992. 6. 23. 91도2101 판결(시력표 사건).

41) 대법원 1996. 12. 6. 96도2440 판결(한국입찰경매정보 사건).

42) 대법원 1999. 11. 23. 99다51371 판결(경마예상지 사건).

43) 대법원 2001. 5. 8. 98다43366 판결(햄제품 사진 사건).

44) 대법원 1996. 6. 14. 96다6264 판결(두리두리 사건).

45) 대법원 2003. 11. 28. 2001다9359 판결(법조수첩 사건).

46) 이들 각각의 저작물성 판단에 관해서는, 제10장 제3절 2. 나. '(3) 개별 저작물에 대한 판단 기준' 참조.

47) 대법원 1977. 7. 12. 77다90 판결('또복이' 사건): "만화제명 '또복이'는 사상 또는 감정의 표명이라고 보기 어려워 저작물로서의 보호는 인정하기 어렵다".

서 이들 작가의 작품은 모두 독창성이 있는 저작물로 보호를 받을 수 있다. 한편, 전자의 작품은 새로운 것인 반면, 후자의 작품은 새롭다고 할 수는 없다. 신규성이 있다고 말하기는 어렵다는 것이다. 이렇듯 저작권법상 독창성은 신규성이 없는 작품이라도 보호를 한다.[48]

신규성은 객관적인 요소인 반면, 독창성은 주관적이다.[49] 독창성은 또한 상대적일 수도 있고 절대적일 수도 있다. 앞에서 든 전자의 예는 절대적 독창성이 있는 것이고, 후자의 예는 상대적 독창성이 있는 것이다. 기존 작품에서 주제와 소재뿐만 아니라 구성(기획, 설계 등), 표현(구절, 패턴, 스타일 등) 등 작품의 구성요소를 차용한다면 상대적 독창성이 있다 하겠다.[50]

독창성은 예술성이나 심미성(esthetic merit)과도 구별된다. 예술성이나 심미성은 예술 분야에서 논의될 것일 뿐 저작물성 판단에는 영향을 미치지 않는다. 영역이 다른 분야의 가치 판단이 서로 영향을 주지 않는 것이다. 초기 미국 판례에서도 이 점을 분명히 밝히고 있다: "법률에만 훈련된 사람들이 그림 일러스트레이션의 가치에 대해 최종적인 판단을 하는 것은 위험한 일이다. 천재적인 저작물이 평가를 받지 못하는 극단적인 사례도 있다. 그 신선함 때문에 대중이 저작자가 말하고자 하는 새로운 언어에 익숙해질 때까지는 거부당하기 쉽다."[51]

저작물이 어떠한 목적으로 사용되는지 여부도 문제가 되지 않는다. 프랑스 저작권법 제112-1조에서는 "이 법의 규정은 장르, 표현 형식, 가치 또는 그 목적(용도; destination)이 어떠하든 모든 정신적 저작물에 대한 저작권을 보호한다"고 하여, 그 목적 여하를 불문하고 저작권 보호를 명시하고 있다.[52]

---

48) 신규성이 없는 디자인은 디자인보호법에 의한 보호는 받을 수 없어도 저작권법에 의한 보호는 가능한 것이다.

49) Vivant et Bruguière, p. 300; Claude Colombet, propriété littéraire et artistique et droits voisins, 7e éd., Dalloz, 1994, p. 27.

50) Colombet, ibid., p. 28.

51) Bleinstein v. Donaldson Lithographing Co., 188 U.S. 239, 251 (1903). 1976년 미국 저작권법 하원 보고서는 다음과 같이 설명한다: "독창성의 기준은 신규성, 천재성(ingenuity) 또는 심미성의 요건을 포함하지 않는다." H.R. Rep. No. 94-1476, 1976, p. 51.

52) 앞에서 언급한 Bleinstein 사건에서도 미국 법원은 "광고 목적이 있다 하더라도 그림은 그림일 뿐이고 저작권의 객체로서 지장이 없다"라고 분명히 하고 있다. 188 U.S. 239, 251 (1903).

저작물이 사회규범에 어긋나는 내용(음란, 저속, 폭력 선동 등)을 담고 있다 하더라도 이 또한 저작물성 판단에 영향을 미치지 않는다. 우리 법원 판결에서도 이 점을 확인할 수 있다: "저작권법의 보호대상인 저작물이라 함은 사상 또는 감정을 창작적으로 표현한 것으로서 문학, 학술 또는 예술의 범위에 속하는 것이면 되고 윤리성 여하는 문제되지 아니하므로 설사 그 내용 중에 부도덕하거나 위법한 부분이 포함되어 있다 하더라도 저작권법상 저작물로 보호된다 할 것이다."[53]

(4) 아이디어의 독창성과 표현의 독창성

저작물성 판단 기준으로 독창성은 표현의 독창성을 의미한다. 아이디어는 그 자체로 저작권 보호를 받지 않기 때문에 아무리 독창성이 높은 수준이라 하더라도 법적 의미를 가지지 않는다.[54]

나. 아이디어의 표현

저작물의 성립 요건으로 두 번째는 아이디어가 다른 사람이 지각할 수 있도록 표현되어야 한다는 것이다. 사람의 사상이나 감정(아이디어)이 머릿속에 머물러서는 다른 사람이 알 수 없고 이에 대해 법적인 보호를 할 수는 없는 것이다. 표현되지 않으면 법적 보호대상을 특정할 수도 없다. 다른 사람에게 자신의 생각을 전달하려면 어떠한 형식으로든 표현되어야 한다. 대표적으로 문자를 생각할 수 있으나 그 외 기호, 소리, 이미지, 영상 등도 표현 형식(form of expression)으로 손색이 없다.

사람들은 어떠한 표현 형식이든 접하게 되면 이를 직접 지각하고 이해하게 마련이지만 항상 그런 것은 아니다. 사람이 지각할 수 없는 형식의 저작물도 있기 때문이다. 예를 들어, 목적코드로 작성된 컴퓨터프로그램은 컴퓨터만이 인식할 수 있다.[55]

---

53) 대법원 1990. 10. 23. 90다카8845 판결(누드사진 사건); 대법원 2015. 6. 11. 2011도10872 판결.

54) 이에 관해서는, 제2장 제1절 1. '나. 아이디어의 표현' 참조.

55) 미국 법은 이 점을 분명히 하고 있다. 제102조 (a)에 의하면, "…… 직접 또는 기계나 장치에 의하여 저작물을 지각 …… 할 수 있는 저작물(original works of authorship ……, from which they can be perceived, …… either directly or with the aid of a machine or device)은 본 편 법전의 규정에 따라

표현의 방법은 기록의 방법과 구술 등 기록 이외의 방법으로 나눌 수 있다. 기록이란 문자나 기호 등을 매체(종이, 테이프, CD, DVD, 하드디스크 등)에 담는 것으로 대부분의 저작물은 기록의 방법으로 표현된다. 기록 이외의 방법도 여러 가지를 생각할 수 있다. 이에는 연설이나 강연과 같은 구술저작물, 즉흥 연기와 같은 연극저작물, 그리고 즉흥 연주나 노래와 같은 음악저작물이 있다. 이들은 독창성 요건을 충족하는 한 저작물이 된다. 기록 이외의 방법으로 표현되는 저작물은 이를 지각하는 사람의 머리에 '기록'될 뿐 매체에는 남지 않기 때문에 재생할 수 있는 방법은 없지만 그렇다고 해서 저작물이 아닌 것은 아니다.

저작권법에서 아이디어의 표현(expression of ideas)을 보호한다고 할 때 이것은 다음 두 가지 의미를 담고 있다. 하나는 아이디어 그 자체는 보호되지 않는다는 것이고, 다른 하나는 단순히 사람이 지각할 수 있는 표현이 존재한다는 이유만으로 법적 보호를 부여하지는 않는다는 것이다. 전자는 이른바 아이디어와 표현의 이분법(idea-expression dichotomy)으로, 후자는 아이디어와 표현의 융합 이론(merger doctrine)56)으로 알려져 있다. 이들 이론은 미국에서 나온 것으로, 모두 1879년의 Baker v. Selden 사건 판례57)에서 유래하여, 정착·발전해왔다.58)

저작권 보호를 받는다".

56) 일부 학자들은 합체의 원칙이라 한다. 박성호, 37; 오승종, 94; 이해완, 52. 판례에서도 같은 번역 용어를 사용한다. 대법원 2005. 1. 27. 2002도965 판결. 합체란 "둘 이상의 것이 합쳐져서 하나가 됨"을 뜻한다. 융합이란 "다른 종류의 것이 녹아서 서로 구별이 없게 하나로 합하여지거나 그렇게 만듦"이다. 표준국어대사전 참조. 'merger doctrine'이라 할 때 'merger'는 합체의 의미로 읽히지 않는다. 송영식·이상정, 53에서는 융합의 법리, 혼동이론이라고 하고 있다. 혼동이라는 용어는 일본 문헌에서 나온다. 中山, 80.

57) "서적에서 기술에 대한 설명은 비록 저작권의 혜택은 받을지라도 기술 그 자체에 대한 배타적인 주장의 근거가 되지는 않는다. 서적은 설명에 목적이 있고 기술은 사용에 목적이 있다. 전자는 저작권으로 보장되고 후자는 보장된다면 특허로 보장될 수 있다." Baker v. Selden, 101 U.S. 99, 102~104 (1879).

58) Baker v. Selden 사건 이후 아이디어와 표현의 이분법은 미국 판례에서 그대로 받아들여지고 있으며, 미국 저작권법은 이를 명시적으로 수용했다. Mazer v. Stein, 347 U.S. 201, 117 (1954): "보호는 아이디어의 표현에만 주어질 뿐, 아이디어 그 자체에는 주어지지 않는다." 미국 저작권법 제102조 (b): "독창적인 저작물에 대한 저작권 보호는 어떠한 경우에도 그 저작물에 기술, 설명, 예시 또는 수록되는 형태에 관계없이, 아이디어, 절차, 공정, 체제, 운용 방법, 개념, 원리 또는 발견에는 미치지 아니한다."

(1) 아이디어와 표현의 이분법

저작권법은 개념적으로 아이디어와 표현을 분리하여 후자를 보호하고자 한다. 저작권법은 그 제도 탄생 이후 한결같이 아이디어 보호를 부인해왔다. 그것은 아이디어를 보호하게 되면 아이디어의 독점을 방치하게 되고 이는 다른 저작물의 창작을 위축시키고 더 나아가 저작권법이 궁극적으로 지향하는 문화와 산업 발전을 저해하는 결과를 가져오기 때문이다. 저작권은 일정 기간 향유할 수 있는 독점적·배타적 권리이지만 저작물이 공중에게 알려지면 저작물에 담겨진 아이디어는 이미 공유영역에 들어간다. 누구라도 아이디어에서 영감을 얻어 다른 새로운 저작물을 만들 수 있는 것이다.

아이디어란 보호되지 않는 영역의 총칭으로 이해해야 한다. 단순히 사상과 감정만을 아이디어라 할 것이 아니고, 보호되는 영역으로서 표현과 대비되는 의미인 것이다.[59] 이에는 기계 작동 방법 내지 운용 방법, 수학적 개념이나 공식,[60] 통신 규약[61] 등 많은 예가 있다. 국제조약에서나 국내법으로 이 점을 밝히는 예도 적지 않다. TRIPS협정은 "저작권 보호는 표현에는 적용되나 사상, 절차, 운용 방법 또는 수학적인 개념 그 자체에는 적용되지 아니한다"고 하여, 아이디어를 보호대상에서 분명히 배제하고 있다.[62] 이 표현은 미국 저작권법 규정을 거의 가져온 것이다.[63]

TRIPS협정은 우리 법률과 같은 효력이 있는 우리 법의 일부이므로,[64] 우리 법에 아이디

---

59) Samuelson은 저작권법에서 말하는 아이디어란 추상화된 일반 개념으로서 아이디어가 아닌, 보호되지 않는 요소를 말하는 은유라고 지적하고 있다. Pamela Samuelson, "Computer Program, User Interface, and Section 102 (b) of the Copyright Act of 1976: A Critique of Lotus v. Paperback," 55 Law & Contemp. Probs. (1992), p. 311. Goldstein은 아이디어란 공유영역에 속한 요소 일반을 지칭하는 은유에 지나지 않는다고 한다. Paul Goldstein, "Infringement of Copyright in Computer Programs," 47 U. Pitt. L. Rev 1119 (1986), p. 1126.

60) 간단한 예로, "2 + 2 = 4"라든가 "둘 더하기 둘은 넷이다"라는 것이다.

61) 인터넷 통신 규약으로 유명한 TCP/IP 프로토콜이 그 예이다. 이 프로토콜은 다른 기종 간의 통신을 위해 개발되었다.

62) TRIPS협정 제9조 제2항. WCT 제2조는 표현에 일부 차이가 있을 뿐, TRIPS협정 규정과 내용상 다르지 않다.

63) 미국 저작권법 제102조 (b): "독창적인 저작물에 대한 저작권 보호는 …… 아이디어, 절차, 공정, 체제, 운용 방법, 개념, 원리 또는 발견에는 미치지 아니한다."

어와 표현의 이분법이 존재하는 것이다. 우리 저작권법 제101조의2도 같은 취지로, 프로그램 언어, 규약 및 해법에 대한 저작권 보호를 부정하고 있다.[65]

(2) 아이디어와 표현의 융합

아이디어와 이를 담은 표현이 융합된다면(merger of idea and expression) 저작권 보호는 부정된다. 융합 현상이 일어나는 것은 아이디어를 표현할 수 있는 방법(표현 형식)이 제한되기 때문이다. 이 경우 현실적으로 아이디어와 표현을 분리하기도 어렵다. 다시 말해서, 다른 표현 방법을 찾을 수 없을 정도로 표현 방법의 제약이 심하다면, 그리고 그 표현이 아이디어에 부수적인 것이라면 저작권 보호는 부정될 수 있다는 것이다. 이렇게 볼 때 저작권법에서 보호하는 '아이디어의 표현'은 융합에서 자유로운 표현이고 그것만이 법적으로 의미가 있게 된다.

이런 저작물의 예로는 지도나 디렉토리, 카탈로그, 매뉴얼 등과 같은 사실적 저작물이 있고, 서식, 시합이나 게임 규칙, 실용적인 디자인, 사용자 인터페이스, 게임(스크린 디스플레이), 컴퓨터프로그램(특히, 메뉴 명령 구조나 아이콘) 등과 같은 기능적 저작물이 있다. 이러한 저작물들은 저작물 자체를 이용하지 않고서는 아이디어만을 이용하는 데 제약이 있는 것들이다.

융합 이론(merger doctrine)은 미국 판례에서 발전한 이론이다. 그 기원은 역시 1879년 미국의 Baker v. Selden 사건에서 찾는다. 이 사건에서 미국 대법원은 명시적으로 이 이론을 주창한 것은 아니지만, 회계 방식(시스템)이 곧 아이디어에 속하는 것이고, 이 아이디어는 오로지 한 가지 방법으로밖에 표현할 수 없으므로, 따라서 아이디어와 표현이 융합되었다는 것이다. 이 경우 아이디어가 보호되면 사회적 비용은 감당할 수 없게 되고 저작권과 특허권의 구분을 모호하게 한다는 것이다.[66] 미국 판례에서는 표현 방법이 한 가지는 아니

---

64) 이에 따라 우리 법원은 조약을 직접 적용, 해석할 수 있다. 이에 관해서는, 제1장 제5절 '4. 조약과의 관계' 참조.

65) 이에 관해서는, 제2장 제1절 2. '차. 컴퓨터프로그램저작물' 참조.

66) Leaffer, pp. 83~85. 이러한 입장은 이후 미국 저작권청 정책과 판례에서도 그대로 반영되고 있다. 37 C.F.R. §§ 202.1 (b), (c) (1987); Taylor Instrument Co. v. Fawley-Brost Co., 139 F.2d 98 (7th Cir. 1943); Kern River Gas Transmission Co. v. Coastal Corp., 899 F.2d 1458 (5th Cir. 1990). 후자 사건

지만 그 방법이 제한적인 경우에도 융합 이론에 따라 저작권 보호를 부정한다. 미국 제1순회 항소법원은 판매촉진 경진대회 규칙에 대한 저작권 침해 사건에서, 원고의 표현에 창작성을 인정할 수는 있으나 표현 형식의 다양성이 제한을 받는 경우 이에 대해 저작권을 부여하게 되면 장래 모든 이용 가능성이 닫힌다고 판단하여 저작권 보호를 부인했다.[67]

미국 판례에서는 주로 기능적 저작물과 관련하여 융합 이론을 발전시켜왔는데, 이는 앞에서 언급한 사실적 저작물에도 적용할 수 있다. 또한 미국 저작권법에서는 건축저작물에도 융합 이론을 도입하고 있는 듯하다. 미국 저작권법에 의하면, 전형적인 건축물의 구성요소로서 창문이나 대문, 방문 등 표준적인 개별 요소(individual standard features)에 대해서는 보호를 부정하고 있다(제101조). 이들 요소는 건축물의 기능과 구조상 필수불가결한 것으로 그 디자인은 기능적으로 결정될 것이고, 따라서 아이디어와 표현의 융합으로 인해 보호가 부정되는 것으로 볼 수 있다. 건축저작물은 전형적인 저작물로 예시 저작물 중의 하나이지만, 넓은 범주에서는 기능적 저작물로 보아 이러한 규정이 나왔다고 추정하더라도 무리는 아니다.

한편, 융합 이론은 기능적 저작물의 기능이나 작동 방법 또는 인터페이스의 표준과 관련하여 매우 어려운 숙제를 푸는 데 사용되기도 한다. 사용자 인터페이스(user interface), 메뉴 구조 또는 메뉴 명령 구조(menu hierarchy; menu command hierarchy)는 각 프로그램마다 업계의 표준이 적지 않다. 이것은 사용자 편의를 위해서도 그렇고 사회적 비용의 측면에서도 필요한 일이다. 기술이나 기능에 관한 표준은 국가에서 정하는 공식 표준도 있지만 대개는 시간이 흐르면서 자리 잡는 사실상의 표준(de facto standard)이 오히려 더 많다. 기능적 저작물을 처음 만들 당시에는 독창성 판단에 아무런 문제가 없었고 다른 표현 방법도 얼마든지 존재할 수 있음에도 그 저작물에 내재한 아이디어를 구현하는 방법(표현 형식)이 표준이 되어버리면 실질적으로 아이디어의 독점을 가져올 수 있다. 컴퓨터프로그램이 다수의 창(windows)을 사용하는 방법으로 기능이 구현된다든가, 워드프로세서가 단어나 구절을 강조

에서 미국 제5순회 항소법원은 천연가스 파이프라인 노선은 아이디어가 가장 효과적인 방법으로 구현되려면 아이디어와 표현이 융합될 수밖에 없으므로 저작권 보호를 받을 수가 없다고 판시했다. Leaffer, p. 84에서 재인용.

67) Morrissey v. Procter & Gamble, 379 F.2d, 675, 678~79 (1st Cir. 1967). 다른 유사 판결도 존재한다. 예를 들어, 보석달린 벌 장식 핀(Herbert Rosenthal Jewelry Corp. v. Kalpakian, 446 F.23 738 (9th Cir. 1971))에 대해서 저작권을 인정하지 않았다. Chisum et al., pp. 282~284.

하거나 삭제, 복사, 이동하는 기능을 가지고 있다든가 하는 것은 우리에게 익숙한 것이고 이런 기능은 이용자의 눈에 익숙한 작동 방법, 메뉴 구조 등을 갖도록 설계, 구현된다.

이러한 저작물은 독창성 요건을 충족하고 있고 그 표현에서 아이디어를 분리하는 것도 얼마든지 가능하기 때문에 저작권 보호를 받는 것은 원론적으로 당연한 것이라 할 수 있다. 이러한 점에서 법원은 융합 이론에 기대어 저작권 보호를 부정하는, 매우 곤혹스런 짐을 떠안고 있는 셈이다. 실제로 기능적 저작물에 관해 상당한 정도 판례를 축적한 미국에서도 법원마다 다른 판단을 하고 있다. 일부에서는 저작물이 처음 창작될 때 표현 방법이 다수 존재하는 경우에는 융합이 일어나지 않는다고 보는가 하면, 다른 일부에서는 나중에 경쟁 제품이 창작될 때 다수의 표현 방법이 존재하는지 여부에 따라 융합 여부를 판단하고 있다.[68]

미국 판례에서는 다채로운 이론과 근거로 저작권 보호를 긍정하거나 부정하는 사례를 쏟아내고 있는데 몇 가지를 살펴보기로 한다. ① 그래픽 사용자 인터페이스(GUI)에 대한 과도한 저작권 보호는 동종의 표준 채택을 금지하는 부정적인 효과가 있다면서 컴퓨터 스크린에 다수의 이미지를 보여주는 창의 사용, 지시를 전달하고 컴퓨터를 작동하기 위한 아이콘의 사용 등과 같은 GUI는 아이디어 영역에 속하는 것으로 보고 저작권 보호를 부정했다.[69] ② 특정 컴퓨터프로그램이 작동되는 컴퓨터의 기계적인 규격; 특정 프로그램이 다른 프로그램과 함께 작동하기 위한 호환성 요건; 컴퓨터 제조업자의 디자인 표준, 업계의 요구, 컴퓨터 산업 내의 널리 인정되는 프로그래밍 관행과 같은 외부적인 요인(external factors)은 보호받을 수 없다.[70] ③ Lotus의 스프레드시트 프로그램 Lotus 1-2-3의 메뉴 명령 구조는 이용자가 프로그램의 작동을 위한 수단을 제공하는 방법(작동 방법 또는 운용 방법, method of operation)으로 VCR의 버튼과 같은 것으로 보호되지 않는다고 판시했다.[71]

---

68) Goldstein, § 2.3.2.1. 미국 제9순회 항소법원(캘리포니아 주 등 관장)이 후자의 입장을 취한다. Ibid.

69) 사용자 인터페이스는 사용 편의성 측면에서 그래픽과 색깔 등이 조합되어 제작되는데 기능적인 측면에 의해 결정되는 것이 보통이다.

70) Computer Associates International, Inc. v. Altai, Inc., 982 F.2d 693. Atari Games Corp. v. Nintendo of Am., Inc., 975 F.2d 832에서도 비슷한 근거를 제시하고 있다. 즉, 컴퓨터프로그램과 관련해서는 외부적인 요인(컴퓨터의 기계적 규격, 다른 프로그램과의 호환성, 업계의 요구 등)에 의해 표현이 좌우되는 경우 저작권을 부인한 바 있다.

71) 메뉴 명령 구조는 메뉴(파일, 편집, 보기, 입력 등)와 명령(인쇄, 복사, 저장 등)으로 이뤄진 계층형으

융합 이론은 내재적인 한계를 가지고 있다. 이 이론에는 아이디어가 무엇이고 표현이 무엇인지 구별해주는 구체적인 기준이 없다. 법원이 아이디어를 넓게 보는가, 아니면 좁게 보는가에 따라 보호되는 표현의 영역이 정해진다. 어떤 것은 보호되고 어떤 것은 보호되지 않는다. 또한 아이디어와 표현을 분리하는 데에만 초점을 맞춰 융합 이론이 전개되는 것도 아니다. 이 이론이 기능적 저작물과 관련해서는 외부적인 요인이나 기타 공공의 이익이 저작권 보호 여부에 적지 않은 역할을 한다는 것이다. 그렇다고 기능적 저작물의 저작권 보호에 신중한 태도를 보이는 법원을 비판만을 할 수도 없다. 예를 들어, 컴퓨터프로그램 기능을 가장 효과적으로 수행할 수 있는 방법 내지 표준이 존재한다면 이를 따르는 것이 공공의 이익에 부합하는 것은 분명하기 때문이다. 저작물성 판단은 여전히 학계와 법원이 안고 있는 숙제로, 구체적인 사건의 축적으로 보완될 여지를 담뿍 남겨놓고 있다고 볼 수 있다.

(3) 필수장면 이론

필수장면(scènes à faire)이란 연극 분야에서 사용하는 표현으로, 사건, 인물, 구성 등 필요불가결한 요소를 말한다. 즉, 동일하거나 유사한 주제를 다룬다면 인물의 성격이나 사건의 전개가 동일하거나 유사하기 마련인데 이러한 요소들을 통칭하는 말이라고 할 수 있다. 미국 판례법은 이러한 필수장면이 작품의 기본 골격에 해당하는 일상적이고 표준적인 것이라면 아이디어에 해당하는 것으로 받아들이고 있다.[72] 다시 말해서, 어느 저작물이 다른 저작물과 구별될 수 없을 정도로 기초적이고 평범하고 표준적이고 피할 수 없는(rudimentary, commonplace, standard, or unavoidable) 내용을 담고 있다면 침해의 책임을 물을 수 없다는 것이다.[73]

로 되어 있는데 이를 위해서는 명령어의 선택과 배열에 표현적 선택(expressive choice)이 존재한다는 것을 인정하면서도 메뉴 명령 구조는 작동 방법에 지나지 않는다고 보았다. Lotus Development Corp. v. Borland International, 49 F.3d 807 (1st Cir. 1995).

72) 필수장면 이론의 기원은 1942년 Cain v. Universal Pictures Co. 사건에서 찾고 있다. 폭풍우 동안 교회에서 두 사람 사이에 일어나는 사건을 중심으로 전개되는 영화의 저작권 침해 사건을 다룬 것이다. 47 F.Supp. 1013 (S.D. Cal. 1942).

73) Reed-Union Corp. v. Turtle Wax, Inc., 77 F.3d 909, 913~14 (7th Cir. 1996); Bucklew v. Hawkins, Ash, Baptie & Co., 329 F.3d 923, 929 (7th Cir. 2003). 후자 사건은 재밌는 얘기를 몇 가지 함으로써

필수장면 이론은 연극뿐만 아니라 소설이나 이야기 방식으로 전개되는 모든 저작물에 적용될 수 있다. 미국 법원은 영화 분야의 저작권 침해 판단도 이 이론에 따라 내리고 있다. 심지어 사진이나 컴퓨터프로그램에도 이 이론을 차용하고 있다.[74]

이 이론은 저작권 보호가 미치지 않는 아이디어 영역을 찾아내려는 목적에서 출발했다는 점에서는 융합 이론과 같으나 적용 분야가 이야기 방식의 저작물에 적합하다는 점에서는 기능적 저작물에 유용한 융합 이론과는 차별된다. 그러나 미국 법원은 이들 두 이론을 엄격히 구별하는 것 같지는 않다. 두 저작물 간에 공통의 아이디어가 존재하고 이러한 아이디어는 다소 상투적인 방법으로 표현될 수밖에 없다는 사실에서 본다면 양자가 차이가 없기 때문이다.[75] 이런 점에서 이 두 이론을 혼동하는 ― 아니면 일부러 양자 간의 차이를 부정하는 ― 판례도 나오는 형편이다. 필수장면 이론을 컴퓨터프로그램과 같은 기능적 저작물에까지 확대하는 것도 그러한 배경에서 이해할 수 있다.[76]

(4) 우리 판례의 태도

미국 판례 이론은 우리 판례에 상당한 영향을 미쳤다고 본다. 먼저, 우리 법원은 아이디어와 표현 이분법을 긍정한다. 즉, "저작권은 아이디어 등을 말·문자·음·색 등에 의하여 구체적으로 외부에 표현한 창작적인 표현 형식만을 보호대상으로 하는 것이어서 표현의 내용이 된 아이디어나 그 기초 이론 등은 설사 독창성·신규성이 있는 것이라 하더라도 저작권의 보호대상이 될 수 없"다고 일관되게 판시하고 있다.[77]

필수장면 이론에 대한 이해를 돕고 있다. 이를 발췌한다: 자동차 추격 장면, 사랑하는 장면, 진주만에 관한 영화에서 폭격기 하강 등은 보호되지 않는 요소이다. 이러한 요소들이 존재한다고 해서 전체로서 저작물이 보호되지 않는 것은 아니지만 그렇다고 그러한 요소들만을 들어 보호를 주장할 수는 없다. 톰 행크스(Tom Hanks)와 맥 라이언(Meg Ryan) 주연의 〈유브갓메일(You've Got Mail)〉이라는 영화가 주인공이 만난 적도 없으면서 서로가 알고 있는 사이라는 것도 모른 채 편지로 사랑을 나눈다는 사실을 들어 지미 스튜어트(Jimmy Stewart) 주연의 영화 〈모퉁이 서점(The Shop Around the Corner)〉(1940)을 침해했다고 할 수는 없다.

74) Leaffer, p. 88; Goldstein, § 2.3.2.2.

75) Atari, Inc. v. North Am. Philips Consumer Elecs. Corp., 672 F.2d 607, 616 (7th Cir. 1982). Goldstein, § 2.3.2.2에서 재인용.

76) Goldstein, § 2.3.2.2.

우리 법원은 또한 융합 이론도 받아들이고 있다. 대법원은 "단편적인 어구나 계약서의 양식 등과 같이 누가 하더라도 같거나 비슷할 수밖에 없는 성질의 것은 최소한도의 창작성을 인정받기가 쉽지 않다"고 하고 있다.[78] 이 판결에서 융합 이론을 명시적으로 언급하지는 않고 있으나 계약서 양식을 명시한 것은 융합 이론을 염두에 두었다 할 수 있다. 명시적으로 융합 이론을 거론한 판결도 있다: "사상과 융합된 표현에 대하여 저작권의 보호가 주어져서는 아니된다는 이른바 '합체의 원칙(Merger Doctrine)'은 게임규칙이나 컴퓨터프로그램 등에 있어서 어떤 사상이 그 표현방법 외에는 달리 효과적으로 표현할 방법이 없는 경우에 적용되는 것이고, 사상을 표현하는 방법이 한 가지 이상 있을 경우에는 비록 그 사상의 성질상 그것을 표현하는 방법이 상당히 제한되어 있다고 하더라도 위 원칙을 적용할 수 없다고 할 것인바, ……".[79]

끝으로, 우리 대법원은 필수장면 이론을 명시적으로 언급하지는 않고 있으나, 그 이론은 수용하는 듯하다. 대법원은 "저작권의 침해 여부를 가리기 위하여 두 저작물 사이에 실질적인 유사성이 있는가의 여부를 판단함에 있어서도 창작적인 표현 형식에 해당하는 것만을 가지고 대비하여야 할 것이며 ……, 소설 등에 있어서 추상적인 인물의 유형 혹은 어떤 주제를 다루는 데 있어 전형적으로 수반되는 사건이나 배경 등은 아이디어의 영역에 속하는

---

77) 대법원 1993. 6. 8. 93다3073, 93다3080 판결(희랍어분석방법 사건): "피고가 사용하고 있는 키-레터스를 이용한 희랍어의 분석방법은 비록 그것이 독창적이라 하더라도 어문법적인 원리나 법칙에 해당하므로 저작권의 보호대상인 표현의 영역에 속하는 것이 아니라 보호대상이 아닌 아이디어의 영역에 속하므로 그 이론을 이용하더라도 구체적인 표현까지 베끼지 않는 한 저작권의 침해로 되지는 아니할 것인바, 원고의 저서와 피고의 강의록의 내용으로 보아 원고가 피고의 표현 형식을 그대로 베꼈다고는 인정되지 아니하므로 이 부분도 저작권의 침해가 된다고 할 수 없다."; 대법원 1997. 11. 25. 97도 2227 판결; 대법원 1999. 10. 22. 98도112 판결(피아노교습서 사건): " '알프레드(Alfred) 피아노 교본' (이하 고소인 측 교본이라고 한다)에서 택하고 있는 어린이를 대상으로 한 피아노 교습에 관한 교육이론과 이에 기한 교습방법 또는 순서 자체는 이를 저작권의 보호대상이 되는 표현 형식에 해당한다고 할 수 없으므로 피고인이 인쇄·판매한 '엘리트 피아노 교본'(이하 피고인 측 교본이라고 한다)이 설사 고소인 측 교본과 같은 교육이론에 따른 것이라고 하더라도 이를 가리켜 저작권 침해가 되는 무단 복제에 해당한다고 할 수 없고, ……" 대법원 2000. 10. 24. 99다10813 판결; 대법원 2014. 6. 12. 2014다 14375 판결; 대법원 2015. 3. 12. 2013다14378 판결 참조.

78) 대법원 1997. 11. 25. 97도2227 판결.

79) 대법원 2005. 1. 27. 2002도965 판결. 이 판결은 융합 이론을 매우 한정적으로("그 표현방법 외에는 달리 효과적으로 표현할 방법이 없는 경우에") 적용하고 있다.

것들로서 저작권법에 의한 보호를 받을 수 없다"고 판단했다.[80] 인물의 유형이나 사건의 배경은 곧 연극이나 영화에서 말하는 필수장면이고 이에 대해 저작권 보호를 부정한 것은 필수장면 이론을 차용한 것이라 할 수 있을 것이다.

2. 저작물의 종류

가. 분류의 방법

저작물은 여러 방법으로 분류할 수 있다. 첫째, 표현 형식에 따라 분류하는 것이다. 이것이 가장 대표적인 분류 방법으로, 저작권법은 이에 따라 저작물을 예시하고 있다. 둘째, 어느 저작물이 다른 저작물에 의존하지 않고 독자적으로 만들어졌는지, 아니면 기존 저작물에 바탕을 두고 만들어졌는지에 따라 원저작물(original work)[81]과 2차적저작물(derivative work)로 구분하는 것이다. 넓은 의미의 2차적저작물에는 편집물(compilation)이나 데이터베이스를 포함시킬 수도 있다. 원저작물이 1차적저작물이라면 그에서 파생된 편집물이나 데이터베이스 또한 2차적저작물이라 할 수 있기 때문이다. 셋째, 저작자의 수에 따라 단독저작물과 결합저작물 또는 공동저작물로 나누는 것이다. 결합저작물과 공동저작물은 모두 복수의 저작자가 존재한다는 점에서는 같다. 그러나 결합저작물은 복수의 단독 저작물을 묶어놓은 데 지나지 않는 것으로, 저작권법상 특별한 지위를 가지는 것은 아니다. 반면 공동저작물은 하나의 저작물에 저작자가 복수로 존재하는 것으로 그 특수성으로 인해 저작권법에서는 별도로 규정을 두어 다루고 있다.

어느 표현물이 표현 형식 등에 따라 특정 분류에 속하는 것으로 가정하더라도 그것으로 곧 저작물로서 저작권 보호를 받는 것은 아니다. 왜냐하면 저작물로서 저작권 보호를 받기 위해서는 보호 적격이 있는지, 즉 저작물성이 있는지 확인되어야 하기 때문이다. 독창성과

80) 대법원 2000. 10. 24. 99다10813 판결(카레이스키 사건); 대법원 2014. 6. 12. 2014다14375 판결; 대법원 2015. 3. 12. 2013다14378 판결 참조.
81) 원저작물이라 할 때나 독창적 저작물이라 할 때 모두 영어로는 'original work'이다. 쓰임새에 따라 그 뜻이 달라질 수 있다.

아이디어의 표현이라는 2대 요소를 통한 보호 적격 테스트를 통과해야 하는 것이다.

저작권법 제4조에서는 아홉 가지 저작물을 예시하고 있다. 표현 형식에 따라 저작물을 아홉 가지로 나눈 것인데, 표현 형식의 차이는 대개 장르의 차이에서 나온다.[82] 또한 어문저작물과 같이 누구나 쉽게 창작할 수 있을 것으로 보이는 저작물이 있는가 하면, 고도의 전문지식을 가진 전문가만이 창작할 수 있는 것으로 생각되는 프로그램저작물도 존재한다. 이 제4조는 예시 규정에 지나지 않는 것이므로, 특정 대상이 예시에서 제외되었다고 하여 저작물이 아니라고 단정해서는 안 된다. 저작물에 따라서는 어느 특정 분류에 넣기 곤란한 저작물도 있다(사진과 미술의 영역을 넘나드는 저작물도 생각할 수 있고 게임과 같이 영상저작물의 성격과 프로그램저작물의 성격을 동시에 가지고 있는 저작물도 있다).

우리 저작권법상 저작물 분류는 대체로 베른협약 규정[83]의 순서와 내용에 따라 예시적으로 반영되어 있다. 국제 표준에 가깝다고 보아 무리가 아니다. 베른협약의 역사에서도 그렇고, 오랜 저작권법 전통이 있는 국가 저작권법을 통해서도 확인할 수 있듯이, 새로운 저작물이 저작권법에 추가되었다. 저작권 제도 초기에는 어문저작물와 연극저작물, 음악저작물과 악극저작물이 중심을 이루다가, 기술이 발전하면서 사진저작물, 영상저작물, 컴퓨터프로그램 등이 추가된 것이다.

나. 어문저작물

문자라는 표현 형식을 빌려 창작한 저작물이 어문저작물(literary work)이다. 저작권법에서는 "소설·시·논문·강연·연설·각본"을 예시하고 있다(제4조 제1항 제1호). 어문저작물은

---

82) 문화·예술 분야의 장르가 언제든지 저작권법상 저작물 분류로 이어지는 것은 아니다. 예를 들어, 장르로서 영화가 있고, 그 영화는 영상저작물 중 하나이다. 장르로서 소설이 있고, 그 소설은 어문저작물 중 하나이다.

83) 베른협약 제2조 제2항: "문학 및 예술 저작물"이란 표현은 그 표현의 형태나 방식이 어떠하든 간에 서적·소책자 및 기타 문서, 강의·강연·설교 및 같은 성격의 기타 저작물, 연극 또는 악극저작물, 무용저작물과 무언극, 가사가 있거나 또는 없는 작곡, 영화와 유사한 과정에 의하여 표현된 저작물을 포함하는 영상저작물, 소묘·회화·건축·조각·판화 및 석판화, 사진과 유사한 과정에 의하여 표현된 저작물을 포함하는 사진저작물, 응용미술저작물, 도해·지도·설계도·스케치 및 지리학·지형학·건축학 또는 과학에 관한 3차원저작물과 같은 문학·학술 및 예술의 범위에 속하는 모든 제작물을 포함한다.

기록 매체에 담기는 것이 통상적이지만 즉석에서 행해지는 강연이나 연설의 예와 같이 그렇지 않은 경우도 존재한다. 후자의 예를 구술저작물(oral work)로 특정하기도 한다. 입증의 문제로 권리 주장에 어려운 점은 있겠지만, 보호의 방법이나 내용에 아무런 차별이 존재하지 않는다. 베른협약은 "서적, 소책자 및 기타 문서, 강의·강연·설교 및 같은 성격의 기타 저작물"(제2조 제1항)이라고 하고 있다.

어문저작물에는 원저작물뿐만 아니라 다른 저작물에 기반을 둔 2차적저작물도 있다. 번역이나 각본이 그러한 예인데,[84] 이들 저작물은 2차적저작물이라는 속성에 따라 법적으로 특별한 대접을 받는다. 어문저작물에는 백과사전이나 데이터베이스와 같은 편집물도 존재한다. 이들 편집물 또한 편집저작물이라는 속성에 따라 법적으로 특별한 지위를 가진다.

다. 음악저작물

(1) 개념

사람의 청각에 호소하기 위한 저작물로서, 리듬, 선율 또는 가락(melody), 그리고 화성(harmony),[85] 때에 따라서는 음정 또는 음색(tone)으로 구성된 것을 통칭하여 음악저작물이라 한다. 음악저작물은 음표(musical note)로 악보에 담아 표현할 수도 있으며, 소리 그 자체를 기록 매체에 담아 표현할 수도 있다.

음악은 다양한 분류가 가능하고 여러 장르가 존재한다. 그 어느 것이든, 음악저작물의 속성에 부합한다면 그것으로 저작권 보호를 받는다. 현대 음악이든 고전 음악이든, 성악이든 기악이든 보호에 아무런 차이가 없다. 자연에서 나온 소리라고 하더라도 그것이 저작자(인간)의 독창적 표현을 담은 것이라면 이 또한 음악저작물이 된다.

---

84) 각본은 대본, 극본, 시나리오, 희곡 등을 총칭하는 말이다. 법에서 예시한 각본에는 원저작물로서 각본이 있는가 하면, 원저작물에 기반을 두고 만들어진 2차적저작물도 있다

85) 일반적으로 이들 세 가지를 모아 음악의 3요소라 한다.

(2) 성격

음악은 단지 소리로만 되어 있는 것은 아니다. 소리(작곡) 외에 가사(작사)가 존재하기도 한다.[86] 작곡과 작사는 하나로서 이용되기도 하지만, 경우에 따라서는 작곡과 작사가 각기 별도로 이용되기도 한다. 그렇다면 작곡과 작사와 어우러진 음악저작물은 결합저작물인가, 아니면 공동저작물인가. 이러한 논의는 두 가지 연혁적인, 그리고 비교법적인 배경을 가지고 있다. 하나는 우리 구법 해석과 관련한 것이고, 다른 하나는 미국 저작권법의 영향이다. 내용은 복잡하지만, 간단히 설명하면 다음과 같다. 먼저, 연혁적인 것으로, 대법원은 구법상 '합저작물'을 공동저작물과 같이 해석한 적이 있다.[87] 다음으로, 비교법적인 것으로, 미국 법상 음악저작물 정의 규정이 공동저작물이라는 해석 여지를 두고 있다는 점이다.[88]

---

86) 음악에서 소리와 가사 외에 악곡을 변형하는 편곡도 생각할 수 있으나 이것은 원저작물과 2차적저작물과의 관계에서 생각하면 된다.

87) 다소 오래된 판례이긴 하지만, 대법원은 1957년 법규정을 해석하면서 음악저작물을 공동저작물로 본 적이 있다. 이에 의하면, ① 음악저작물은 합저작물이고, ② 그에 따라 기존 가요에 새로운 가사를 붙여 출판한 것은 작사자와 작곡자의 저작인격권과 저작재산권을 침해한 것으로 판단했다. 대법원 1991. 8. 27. 89도702 판결(노가바 사건). 그러나 이러한 해석은 찬성하기 어렵다. 왜냐하면 ① 구법에서 말하는 합저작은 강학상 공유 저작을 말하는 것으로, 공유 저작에는 좁은 의미의 합저작과 결합 저작 두 가지가 있는 것으로 해석하고 있다. 전자는 '각 저작자의 분담 부분이 명확하지 않은 경우'를 말하고, 후자는 '각 저작자의 분담 부분이 명확한 경우'를 말한다. 장인숙, 저작권법개론, 3판, 교학도서 주식회사, 1966, 67. 대법원은 합저작을 좁은 의미의 합저작으로만 보고 판단했다 할 수 있다. 구법상 합저작을 올바르게 이해한다면 가사와 악곡의 분담 부분이 명확하다고 할 경우 음악저작물이 결합저작물이라는 결론을 내리는 데 어려움이 없다. ② 따라서 악곡과 가사를 각기 분리하여 발행 또는 공연될 수 있는 것이므로, 적어도 첫째, 작사 부분의 저작권 침해는 실질적 유사성 등의 판단기준에 따라 복제권 침해가 있는지 확인할 필요가 있으며, 둘째, 작곡자의 저작재산권 침해는 문제될 수 없다고 보아야 할 것이다.

88) 미국 저작권법은 "수반되는 단어가 있다면 그 단어를 포함하는 음악저작물(musical works, including any accompanying words)"〔제102조 (a)(2)〕을 저작물의 하나로 예시하고 있다. 이것은 가사가 있더라도 음악저작물이고 가사가 없더라도 음악저작물이라는 일반 원칙을 천명한 것이지만 음악저작물의 성격까지 말해주지는 않는다. Goldstein에 따르면, 미국 법규정은 두 가지 의미가 있다고 한다. 첫째, 수식어("수반되는 단어가 있다면 그 단어를 포함하는")는 악곡과 가사가 함께 있는 경우에는 보호대상이 악곡과 가사가 조합된 '음악저작물'뿐만 아니라 악곡이나 가사 각각을 포함한다는 의미라는 것이다. 이 경우 침해자는 악곡과 가사를 모두 베끼든 또는 악곡만을 베끼거나 가사만 베끼더라도 침해의

음악저작물을 어떻게 보는가 여부는 이론적으로도 중요할 뿐만 아니라 실무적으로도 파급효과가 크다. 다음 두 가지 점에 주목할 필요가 있다. 첫째, 음악저작물을 공동저작물로 본다면 공동저작자인 작곡자와 작사자 모두가 허락해야만 해당 음악을 이용할 수 있다. 반면, 음악저작물을 결합저작물로 볼 경우에는[89] 어느 것을 이용했는가에 따라 작사자나 작곡자 중 어느 한 명이 허락하더라도 해당 저작물을 이용할 수 있다.

둘째, 음악저작물의 성격은 사용료 징수와 관련해서도 문제가 된다. 음악저작물 사용료는 공동저작물일 경우 작곡이나 작사 어느 하나만을 이용하더라도 사용료를(경우에 따라서는 작곡과 작사를 모두 이용하는 것과 같은 금액의 사용료를) 내야 하지만 결합저작물일 경우 이용 대상이 무엇인지에 따라 사용료를 내면 된다.[90] 결합저작물일 경우 음악저작물에 대

책임을 지게 된다. 둘째는 악곡이나 가사가 각기 독창성이 없어서 보호를 받지 못하는 경우 양자가 조합되면 보호받는 저작물이 될 수 있다는 것이다. 이때 침해자는 악곡과 가사 전체를 베껴야만 침해의 책임을 지게 된다. Goldstein, § 2.8. 이러한 의미 해석에도 불구하고, Goldstein은 음악저작물이 공동저작물이라고 하지는 않는다. 오승종, 112에서는 음악저작물을 공동저작물로 보는 것이 주류의 견해라고 하고 있으나 이에 동의하기는 어렵다. ① 음악저작물과 관련한 문제의 핵심은 음악에 수반된 가사의 보호 여부이다. 음악에 맞춘 가사가 있다는 사실로 인해 그 가사가 음악에 일체가 되지 않는 한 음악저작물이 되는 것은 아니고, 음악저작물이 아니라 하더라도 어문저작물로 보호를 받는다는 것이다. Nimmer, § 2.05 [C]. 이런 논의만으로 음악저작물이 공동저작물이라는 논의를 이끌어낼 수는 없다. ② 미국 의회 보고서에서는 '노래 가사와 악곡(words and music of a song)'을 공동저작물로 예시하고 있다. H.R. Rep. No. 94-1476, 1976, p. 120. 그런데 이것은 미국 법상 공동저작물에는 전체의 일부로 분리할 수 없는(inseparable) 기여분으로 구성된 것이 있고, 상호의존적인(interdependent) 기여분으로 구성된 것이 있는데 '노래 가사와 악곡'은 후자의 예시인 것이다. 음악저작물 중 상호의존적인 기여분이 있다면 그 음악저작물이 공동저작물이라는 점을 상기시켜준 것이라고 할 수 있다.

89) 이렇게 결론이 내려진다면, 이런 표현(결합저작물)보다는, '가사가 있는 음악저작물' 또는 '가사와 악곡이 결합된 저작물'이라는 표현이 적절한 것이다.

90) 한국음악저작권협회 음악저작물 사용료 징수규정(2022년 8월 23일)에 의하면, 음악저작물이란 "인간의 사상이나 감정을 음으로 표현한 창작물로서 가사 및 악곡을 지칭한다"(제4조)고 하고 있다. 이 규정을 정확히 해석하기는 어려우나, 가사와 악곡을 모두 사용하든 어느 하나만을 사용하든 음악 1곡에 대한 사용료를 징수하는 것으로 볼 수도 있다. 예를 들어, 악곡이나 가사만을 이용한다 하더라도 음악 1곡 전체를 이용하는 것으로 보아 1곡 사용료 전부를 받을 수 있다는 뜻이다. 실제 사용료 징수규정상 작사와 작곡을 분리하여 징수하는 규정은 존재하지 않는다. 음악을 공동저작물로 본다면 이러한 징수 관행이 그릇되었다고 할 수는 없다. 한편, 협회 사용료 분배규정(2019년 9월 20일)에 의하면, 작곡만 있는 경우에는 12/12를, 작곡과 작사가 동시에 있는 경우에는 각기 6/12를, 작곡, 작사, 편곡, 역사 등

한 권리를 관리하는 협회는 가사 사용에 대한 징수 권한이 없게 된다.

저작권법에서는 음악저작물을 저작물의 하나로 예시하고 있을 뿐(제4조 제1항 제2호), 그 성격을 파악할 만한 아무런 기준을 제시하지 않고 있다. 음악저작물이 무엇인지 그 통상적 의미를 해석함으로써 규명하는 수밖에 없을 것이다. 외국의 입법례도 보조적인 역할을 할 것이다. 필자는 다음과 같은 이유로 음악에 가사가 있더라도 그것은 음악저작물로서 음악과 어문저작물로서 가사의 결합에 지나지 않는다고 본다.

첫째, 베른협약을 보면, 그 제2조에서 저작물을 열거하면서 음악저작물을 간접적으로 정의하고 있는데, 이에 의하면 "가사가 있거나 또는 없는 작곡(musical compositions with or without words)"이라고 하고 있다. 베른협약과 흡사한 입법례는 미국 저작권법이다. 이에 의하면, 법적 보호대상으로 "수반되는 단어가 있다면 그 단어를 포함하는 음악저작물"[제102조 (a)(2)]이라 하고 있다. 반면, 영국 저작권법은 적극적으로 음악저작물을 악곡에 한정하여 정의하고 있다. 즉, "음악저작물이란 음악과 함께 가창, 구연 또는 실연되기 위한 단어나 행동을 제외한, 음악으로 구성되는 저작물을 말한다"고 하고 있다[제3조 (1)]. 한편, 대륙법계 저작권법은 음악저작물에 대해 구체적으로 언급하지 않고 있다. 독일이나 일본 저작권법은 우리와 같이 그저 "음악저작물"이라고 하고 있다. 베른협약은 가사의 수반 여부를 불문하고 작곡(musical compositions)만을 음악저작물이라고 한 것이다.

둘째, 음악은 일반적으로 리듬, 선율, 화성 등 세 가지가 핵심 구성요소를 이룬다. 그 세 가지 어느 것도 악곡만을 염두에 두고 있을 뿐이다. 음악저작물이란 이런 악곡으로 구성된 것이다. 가사의 존재가 악곡으로 된 음악저작물의 성격마저 바꾼다고 말하기는 어렵다.

셋째, 공동저작물이란 "2명 이상이 공동으로 창작한 저작물로서 각자의 이바지한 부분을 분리하여 이용할 수 없는 것을 말한다"(제2조 제21호). 악곡과 작사는 어떤 경우에도 분리 가능하고, 분리하여 이용하는 것도 얼마든지 가능하기 때문에 작사가 포함된 악곡을 공동저작물로 볼 수 있는 여지도 없다.[91]

이상에서 살펴본 바를 정리하면 다음과 같은 실무적인 결론을 도출할 수 있다. 첫째, 가

네 가지로 구성되는 경우 작곡과 작사에 대해서는 5/12를, 편곡이나 역사에 대해서는 2/12를, 편곡과 역사가 동시에 존재하는 경우에는 각기 1/12을 분배한다. 분배규정에는 작사에 대한 분배 비율이 없다. 이를 보면 위 협회가 작사에 대한 이용허락 권한이 없는 것으로 해석할 수도 있다.

91) 같은 견해: 박성호, 74; 장인숙, 39.

사가 포함된(결합된) 음악저작물 침해는 실무상으로는 그저 '음악저작물'에 대한 저작권 침해라고 할 수는 있지만, 개념적으로는 어문저작물로서 가사에 대한 저작권 침해와 음악저작물로서 악곡에 대한 저작권 침해로 나눠진다. 둘째, 가사가 포함된 음악저작물 중 가사만을 침해하는 경우 그것은 가사라는 어문저작물에 대한 저작권 침해에 지나지 않는다. 실무상 음악저작권 신탁관리업자가 작사자로부터 신탁 받아 '음악저작물'로 관리한다 하더라도 그것이 어문저작물의 성격을 바꾼다고 할 수는 없다. 음악저작물의 저작권 침해인지 어문저작물의 저작권 침해인지 여부에 따라 손해배상 산정에서 크게 다른 결과가 나올 수도 있다. 음악저작물 사용료 규정과 어문저작물 사용료 규정상 다른 기준이 적용될 수 있기 때문이다.

라. 연극저작물

(1) 개념

연극저작물(dramatic work)이란 "연극 및 무용·무언극 그 밖의 연극저작물"을 말한다(제4조 제1항 제3호). 연극저작물에는 크게 보아 좁은 의미의 연극저작물과 무용저작물(choreographic work), 그리고 악극저작물(dramatico-musical work)로 나눌 수 있다.[92]

좁은 의미의 연극저작물은 우리가 일반적으로 말하는 희곡(drama)과 같은 의미라 할 수 있다. 희곡은 각본을 바탕으로 연출자의 창작적 노력과 배우의 연기에 의해 표현된다. 이런 점에서 희곡은 각본과는 엄격히 구분되지만 실제로는 구별 없이 쓰기도 한다. 대개 희곡은 기왕의 각본에 충실하게 연출되기 때문에 양자를 구별할 필요가 없기 때문으로 여겨진다.

이때 각본은 어문저작물(저작권법 제4조 제1항 제1호에서는 "······ 각본 그 밖의 어문저작물" 이라고 하고 있다)이 될 수도 있고, 연극저작물이 될 수도 있다. 우리 저작권법은 저작물을 예시할 뿐, 어느 하나의 장르에 속한다고 하여 다른 장르에 속하는 것을 배제한다고 말할 수는 없다. 중첩적인 보호를 받을 수 있는 것이다. 그런데, 어느 저작물이 여러 장르에 걸쳐

---

92) 사전적 의미로 연극이라 함은 "인생의 사건적 과정을 대화체로 쓴 문예작품(희곡)을 인간의 육체를 통해 관객 앞에 시공간적 예술작품으로 변형·재현하는 조직 전체"라고 정의한다. 이해랑 편, 한국예술사전 IV: 한국연극·무용·영화사전, 예술원, 1985, 336.

있다면 보호수준에 차이가 생길 수 있다. 우리 법 제33조 제2항에서는 특정 시설에서 시각 장애인 등을 위해 '어문저작물'을 복제 기타 이용할 수 있도록 하고 있다. 따라서 연극저작물로서 각본은 제33조 제2항의 목적으로 이용할 수는 없다 하겠다.[93] 여기서 각본은 희곡의 바탕이 된 각본에 국한한다.

무용저작물은 무용(dance)이나 무언극(pantomime)을 포괄하는 것으로, 사람의 손짓이나 몸짓을 형상화한 예술이다.

연극이나 음악, 때로는 무용이 한 데 어울려 새로운 장르로 탄생하기도 하는데, 오페라, 뮤지컬 등이 그것이다. 이러한 저작물을 악극저작물이라 한다. 발레는 음악을 포함하는가 여부에 따라 무용저작물일 수도 있고 악극저작물일 수도 있다. 위 정의에서는 악극저작물을 명시적으로 연극저작물의 하나로 예시하지 않고 있으나 악극저작물은 연극저작물의 일종으로 보는 것이 좋을 것이다.[94]

연극저작물은 각본(scenario)이나 무보(choreography)와 같이 고정된 형태로 존재할 수도 있고, 즉흥극과 같이 고정된 표현 형식이 없는 경우도 있다. 그 어느 것이든 연극저작물로서 저작권법상 동일한 보호를 받는다. 연극저작물을 현장에서 녹화하는 방법으로 고정할 수도 있겠다. 이때 녹화물은 특별한 사정이 없는 한 연극저작물의 복제물이라 할 수 있다.

(2) 연극저작물의 저작자

우리 저작권법은 연극저작물을 정의하면서, 좁은 의미의 연극저작물을 포함하는 넓은 개념을 염두에 두고 있다. 그렇다면 각각의 저작물의 저작자는 누구인가. 저작자가 없는 저작물은 생각할 수 없기 때문이다.

무용과 같은 무용저작물은 무보 창작자가 저작자가 되고, 전통적인 오페라는 악극저작물로서 연극과 음악 창작자가 저작자가 된다. 그러나 좁은 의미의 연극저작물(희곡)의 경우에는 사정이 다르다.[95] 즉, 희곡은 기존의 표현 형식(각본)을 연기로, 경우에 따라서는 노래나

---

93) 제33조 제2항은 2003년 개정된 것으로, 2023년 8월 다시 개정되면서 '어문저작물'이 '문자 및 영상 등의 시각적 표현'으로 바뀌었다. 이제는 적절한 예가 될 수는 없다.

94) 대법원 판례에서도 뮤지컬을 연극저작물의 하나로 보고 있다. 즉, "뮤지컬은 음악과 춤이 극의 구성·전개에 긴밀하게 짜 맞추어진 연극"이라고 한다. 대법원 2005. 10. 4. 2004마639 결정(사랑은 비를 타고 사건).

춤으로 보여주는 것으로 그것은 각본의 해석에 지나지 않는 것이 보통이다.[96] 연출가의 역할은 각본의 해석을 위해 필요한 것이다. 이와 같이 본다면 연극저작물의 바탕이 된 각본이 좁은 의미의 연극저작물이라 할 수 있고, 연출자는 실연자라 할 수 있다.[97]

그러나 연극이 단지 기존 각본의 해석에 머문다고 일률적으로 재단할 수는 없다. 연출자가 기존 각본에 창작적 기여를 더하여 각본 저작자가 의도했던 것을 넘어서는 2차적저작물을 만들 수 있기 때문이다. 그렇다면 연출자는 실연자가 아닌 2차적저작물 저작자라고 할 것이다. 같은 논리를 무대 장식, 장면, 의상 등의 제작자에 대해서도 적용할 수 있다. 즉, 각본 저작자가 해당 장식 등에 관해 장식 제작자 등의 창작적 기여를 배제할 만큼 상세히 기술하지 않았다면 후자 등은 창작적 기여의 범위 내에서 저작자의 지위를 가질 것이다.

마. 미술저작물

(1) 미술저작물의 종류

미술저작물에는 "회화·서예·조각·공예·응용미술저작물" 등이 있다(제4조 제1항 제4호). 미술저작물이란 시각적 형상이나 색채 또는 이들의 조합에 의하여 미적으로 표현되는 저작물을 말하는데,[98] 이러한 미술저작물에는 순수미술에 속하는 것도 있고, 응용미술에 속하는 것도 있다. 순수미술에는 회화, 판화, 조각, 조소, 서예 등이 있고, 응용미술에는 도자기나 공예, 디자인이나 캐릭터가 있다.

---

95) 오페라 감독이 기존 오페라를 편곡, 수정하는 방법으로 재해석하는 경우 이 감독에 대해서도 같은 논의를 할 수 있다.

96) WIPO, "Preparatory Documents for and Report of the WIPO/Unesco Committee of Governmental Experts," Copyright, June 1987, para. 29, pp. 191~192. 독일과 일본 저작권법이 각기 "무용저작물을 포함한 무언극저작물"(제2조 제1항 제3호), "무용 또는 무언극저작물"(제10조 제1항 제3호)이라고 하고 있을 뿐 '연극저작물'에 대해서는 명시적으로 언급하지 않는 것도 우연은 아니다.

97) 연극 연출자(theater director; metteur en scène)와 영화감독(film director; réalisateur)은 다르다. 후자는 각본을 다른 예술 언어(영상, 대화 등)로 변형하여 새로운 예술을 만들어내는 반면, 전자는 대화뿐만 아니라 각각의 장면에 대한 상세한 지문, 등장인물의 성격·의상·동작 등을 존중한다. Ibid, para. 31, p. 192.

98) 대법원 2020. 12. 10. 2020도6425 판결.

저작권 역사에서 순수미술에 속하는 저작물은 초기부터 보호대상으로 자리 잡았다. 독창성, 심지어 예술성 평가에서 아무런 문제 제기가 없었기 때문이다. 순수미술은 주로 미술 애호가들의 소장용, 감상용이었기 때문에 미술저작물 한 편을 산업적인 목적으로 대량 생산(복제)하는 일도 거의 없었다. 따라서 저작권에 의한 보호와 산업재산권(특히 디자인권)에 의한 중복 보호 문제도 생기지 않았다. 그러나 시간이 지나면서 이러한 구별은 무색해졌다. 미술에는 감상용 미술이 있고 산업용 미술이 따로 있는 것은 아니다. 순수미술도 이제 산업에서 필요로 한다면 광고로, 상품 디자인으로 얼마든지 활용될 수 있고, 응용미술저작물도 얼마든지 순수 감상용으로 다시 만들어 미술 애호가들을 즐겁게 할 수 있기 때문이다.

(2) 응용미술저작물

연혁적으로 순수미술에 대해서는 보호를 둘러싼 논란이 거의 없었다. 그러나 응용미술의 경우에는 그렇지 않았다. 응용미술에 대한 차별이 존재했고, 그 차별은 아직도 국제 규범에는 여전히 남아 있다. 응용미술저작물은 두 가지 성격, 즉 사람의 시각에 호소하는 심미적 성격과 산업상 이용되는 실용적 성격을 가지고 있다. 그러다 보니 그 보호 방법, 보호기간을 두고 달리 접근했던 것이다. 우리 저작권법에서는 - 저작물성 기준을 통과하는 한 - 그러한 차별은 사라졌다.

(가) 개념

저작권법은 응용미술저작물을 별도로 정의하고 있다: "물품에 동일한 형상으로 복제될 수 있는 미술저작물로서 그 이용된 물품과 구분되어 독자성을 인정할 수 있는 것을 말하며, 디자인 등을 포함한다"(제2조 제15호).

응용미술저작물은 실용적인 목적과 대량생산의 목적으로 제작된다. 공예도 실용적인 목적을 가지고 있으므로 넓은 의미에서 응용미술저작물의 하나로 볼 수 있지만 우리 법은 양자를 별도로 예시하고 있다.[99] 공예는 산업적으로 대량생산을 염두에 두지 않기 때문에 별

---

99) 저작권법 제4조 제1항 제4호에서는 미술저작물을 저작물의 하나로 예시하면서 "회화·서예·조각·공예·응용미술저작물 그 밖의 미술저작물"이라고 하고 있다.

도로 구별하는 듯이 보인다.

미술작품[100]이 산업적으로 이용되는 사례는 매우 많다. 벽지, 가구, 보석, 유리, 직물, 장난감 등에는 소비자에게 심미적인 자극을 주기 위해 회화나 조각, 벽화나 판화, 디자인이나 캐릭터를 넣는다. 응용미술저작물은 처음부터 실용품으로 대량생산되기도 하지만 기존의 순수미술이 나중에 산업적으로 이용되는 경우도 있다. 이와 같이 제작된 실용품은 기존 저작물의 복제물이거나 2차적저작물이 될 터인데, 후자의 경우 역시 응용미술저작물이 된다.

(나) 보호의 역사

응용미술저작물은 다른 저작물과 달리 특별한 연혁을 가지고 있다. 1886년 베른협약 체결 전만 하더라도 각국은 직물디자인(응용미술저작물 보호는 직물디자인 보호에서 출발한다)을 다양한 방법으로 보호했다. 산업재산권 보호에서부터 저작권 보호에 이르기까지 다양한 스펙트럼이 존재했던 것이다.

베른협약은 체결 당시 응용미술저작물에 대해 언급하지 않았다. 1908년 베를린 개정회의에서 별도의 조항으로 "산업적인 목적으로 응용되는 미술저작물은 각국의 국내법에서 허용하는 한 보호된다"는 규정이 신설되면서 응용미술저작물이 공식적으로 국제적 보호대상이 되었다. 그러나 그 보호를 각국에 맡김으로써 실질적인 국제적 보호는 이뤄지지 않았다. 그 후 두 차례 개정회의에서도 응용미술저작물은 핵심 논의대상 중 하나였다. 각국마다 다른 제도를 가지고 있다 보니 협상도 어렵게 진행되었다. 현재의 골격은 1948년 브뤼셀 개정회의에서 만들어졌다. 이에 의하면, 첫째, 응용미술저작물(works of applied art)을 협약상 보호대상의 하나로 예시했다. 이에 따라 협약 당사국은 내국민대우의 원칙에 입각하여 국내법으로 응용미술저작물을 보호할 의무가 생겼다(제2조 제1항). 둘째, 응용미술저작물의 보호 범위와 조건은 각국에 맡기도록 했다. 이 경우 국가 간에 보호수준에 차이가 존재할 수 있기 때문에, 응용미술저작물이 본국에서 디자인으로 보호받을 경우(디자인권과 같이 산업재산권으로 보호할 경우) 다른 국가에서도 디자인으로만 보호받도록 했다(제2조 제5항).[101]

응용미술저작물 보호 역사에서 보호기간도 특기할 만하다. 응용미술저작물의 보호기간

---

100) 일상용어로서 작품은 저작권법상 저작물이다. 두 용어 모두 영어로는 'work'이다.

101) 이 규정은 현행 제2조 제7항에 해당한다. 이 규정은 1967년 스톡홀름 회의에서 부분 개정되었다.

은 1948년 브뤼셀 개정 베른협약에서 처음 등장했는데, 단지 그 기간은 본국에서 정한 기간을 초과하지 않도록 했을 뿐 최소한의 기간을 정하지 않았다. 여전히 국제적 보호에 미흡했다. 최소한의 보호기간을 정한 것은 1967년 스톡홀름 개정회의에서였다. 즉, 이 회의 결과 "예술 저작물로서 보호되는 응용미술저작물"은 창작 후 25년간 보호받을 수 있게 되었다(제7조 제4항). 이에 의하면, 첫째, 응용미술저작물의 보호기간은 다른 저작물처럼 저작자의 생존기간과 사후 50년이 아닌, 창작 후 25년이다. 둘째, 다른 대부분의 저작물에 대해서는 문학(literary) 또는 예술(artistic)이라는 수식어가 없는 데 비해, 응용미술저작물에 대해서는 보호기간에 연계하여 '예술'이라는 수식어가 붙었다. 응용미술저작물의 저작물성 판단은 다른 저작물과 마찬가지로 각국이 결정할 문제이나, 굳이 예술 저작물로서 응용미술저작물에 대해 보호기간을 정한 것은, 반대해석할 경우 예술성이 없는 응용미술저작물에 대해서는 25년이라는 최소한의 보호(minimum protection)도 인정하지 않겠다는 것으로 볼 수도 있다.

베른협약 당사국들은 협약상의 의무를 벗어나지 않는 범위 내에서 여전히 응용미술저작물을 다양한 방법으로 보호하고 있다. 크게 세 가지 부류로 나뉜다. 첫째는 저작권과 산업재산권에 의한 중복 보호에 적극적인 국가들이다. 대표적으로 프랑스를 들 수 있는데, 프랑스는 디자인이 산업재산권으로 보호를 받지 못하더라도(미등록이나 신규성 상실 등의 이유로) 여전히 저작권에 의해 완벽하게 보호를 한다. 둘째는 부분적으로 중복 보호를 허용하는 국가들이다. 베네룩스 국가들과 독일이 이에 속한다. 베네룩스 국가들은 현저한 예술적 특성(marked artistic character)이 있는 응용미술저작물을 저작권법에 의해서도 보호한다. 셋째는 중복 보호를 허용하지 않는 국가들이다. 호주의 경우 산업디자인으로 등록되거나 산업적으로 응용되는 경우 저작권 보호를 부인한다.[102]

(다) 저작물성

응용미술저작물에는 캐릭터, 산업디자인 등 다양한 종류가 있다. 응용미술저작물은 그 보호 여부에 대해 논란이 적지 않았다. 저작물의 성립 요건을 충족한 것으로 보이는 응용미술 창작물에 대해 보호를 부정하는 판례도 적지 않게 나왔다. 특히, 직물디자인이나 글자꼴

---

102) Ricketson, pp. 280~282; WIPO Secretariat, Industrial Designs and Their Relation with Works of Applied Art and Three-dimensional Marks, SCT/9/6, October 1, 2002, paras. 27~30, pp. 11~12.

디자인에 대해서는 법원의 태도가 대체로 부정적이었다.[103] 이에 대해 2000년 개정 저작권법은 현행과 같이, 응용미술저작물의 정의를 바꾸고 그 요건을 분명히 하여 입법적으로 법원의 태도 변화를 유도한 바 있다.[104]

2000년 법개정 전까지 응용미술저작물에 대한 부정적인 시각은 그것이 심미적 성격보다는 실용품(useful article)으로서 대량생산이 가능하다는 점에 주목했기 때문으로 보인다. 저작권법과 디자인보호법이 각기 보호하는 범주를 분명히 획정해야겠다는 법원의 의지도 일정한 역할을 한 것으로 보인다. 판례가 축적된 미국의 사례를 보더라도 일관된 태도를 견지하지 못하고 있다는 점에 비춰, 일견 수긍할 수도 있으나 판례의 태도는 이해하기 어려운 점이 많다. 첫째, 대량생산 가능성이 응용미술저작물 보호의 요건인가 하는 점이다. 법원은 디자인보호법과의 관계를 염두에 두고 이러한 논지를 편 것으로 생각되지만, 이것은 일본 저작권법 규정에 영향을 받은 것으로 볼 수밖에 없다. 우리 저작권법은 일본 법상 일품 제작품과 같은 개념이 존재하지 않기 때문에 이러한 논거는 받아들이기 어렵다.[105] 둘째로는 미국 저작권법과 저작권청의 관행을 받아들여 분리 가능성에 입각하여 판단하고 있으나, 물리적으로나 개념적으로 분리 가능한 디자인에조차 저작권 보호를 부정하고 있다는 점이다.[106]

응용미술저작물은 수공예처럼 일회적으로 창작되는 것도 있고, 산업적으로 반복·대량 생

---

103) 이른바 '대한방직' 사건 판결(대법원 1996. 2. 23. 94도3266 판결)은 그 후 다른 응용미술저작물 관련 판결에도 큰 영향을 미쳤다. 당시 판결을 발췌한다: "보호되는 저작물이기 위하여는 어디까지나 문학, 학술 또는 예술의 범위에 속하는 창작물이어야 하고 ……, 이러한 응용미술작품에 대하여는 원칙적으로 의장법에 의한 보호로서 충분하고 예외적으로 저작권법에 의한 보호가 중첩적으로 주어진다고 보는 것이 의장법 및 저작권법의 입법취지라 할 것이므로 산업상의 대량생산에의 이용을 목적으로 하여 창작되는 모든 응용미술작품이 곧바로 저작권법상의 저작물로 보호된다고 할 수는 없고, 그 중에서도 그 자체가 하나의 독립적인 예술적 특성이나 가치를 가지고 있어 위에서 말하는 예술의 범위에 속하는 창작물에 해당하여야만 저작물로서 보호된다고 할 것이다."

104) 종전에는 응용미술저작물에 대해 별도의 정의 규정을 두지 않고, 미술저작물의 하나로 '응용미술작품'을 예시했을 뿐이다. 1986년 저작권법 제4조 제1항 제4호.

105) 일본 저작권법에서는 저작물의 예시로, "회화, 판화, 조각, 기타 미술저작물"(제10조 제2항 제4호)이라 하고 있고, 이러한 '미술저작물'에는 미술 공예품을 포함하고 있다(제2조 제2항). 응용미술저작물에 대해서는 일절 언급하지 않고 있다. 일본 법은 1회적으로 제작되는 창작물(일품 제작품)에 대해서만 원칙적으로 저작권 보호를 하고자 한 것이다. 中山, 197.

106) 판례에 대한 비판으로는, 이상정, "직물디자인의 보호: 소위 '대한방직 사건'을 중심으로", 계간 저작권 1996년 여름호, 13~28 참조.

산되는 것도 있다. 2000년 개정법에 의하면, 그 어떤 것이든 개념적으로 또는 물리적으로 물품과 구분되어 독자성을 인정받을 수 있다면 저작권 보호를 받는다. 분리 가능성(separability)이 응용미술저작물 보호의 기본 요건인 것이다. 실용품이 심미적인(aesthetic) 또는 예술적인(artistic) 측면과 실용적인(utilitarian) 측면에서 각기 개념적으로나 물리적으로 구분될 수 있다면 그것으로 보호 요건을 갖춘 것이다.

분리 가능성의 원칙은 미국에서 도입된 개념이다. 이 원칙은 저작권청의 저작권 등록 정책을 그대로 성문 저작권법에서 수용한 것이다. 즉, "실용품의 디자인은 회화, 도면 및 조각의 특성을 가지고 그 물품의 실용적인 측면과 구분되어 식별될 수 있고(identified separately) 또한 그와 독립하여 존재할 수 있는 범위에 한하여 회화, 도면 및 조각 저작물로 본다"(미국 저작권법 제101조).[107] 분리 가능성은 물리적 분리 가능성(physical separability)과 개념적 분리 가능성(conceptual separability)으로 나뉜다.[108] 물리적 분리 가능성이 없다는 이유만으로 보호를 부정한 판례[109]가 있는가 하면, 개념적 분리 가능성만을 들어 보호를 긍정한 판례[110]도 있다.

---

107) 저작권청은 1949년 규칙을 제정하여, 공예저작물(work of artistic craftsmanship)의 경우 기능적 또는 실용적 측면에 대해서가 아니라 그 형태에 대해 저작권 보호가 한정되어야 한다는 입장에서 보석, 에나멜, 유리제품 및 양탄자 등의 저작권 등록을 받았다. 37 C.F.R. § 202.8(a) (1949). Mazer v. Stein 사건 판결[347 U.S. 201 (1954)]은 이러한 저작권청의 정책을 지지하면서, 디자인 특허에 의한 보호가 저작권 보호에 장애가 되지 않는다고 했다. 그 이후 법원은 전화기 모양의 연필깎이, 개 모양의 동전통, 직물디자인 등 대량생산을 목적으로 하는 실용품에 대한 저작권 보호를 긍정했다. 1959년에는 모든 실용품이 모두 저작물의 범주 들어갈 우려를 반영하여, 분리 가능성 원칙에 의거한 새로운 규칙을 마련했다. 37 C.F.R. § 202.10(c) (1959). 이 규칙은 1976년 미국 저작권법 제101조에 그대로 수용되었다. Leaffer, p. 118.

108) 이에 대해 입법자료라 할 수 있는 하원 보고서는 다음과 같이 설명하고 있다: "자동차, 비행기, 여성복, 식품가공기, 텔레비전 세트 또는 기타 산업제품이 물리적으로나 개념적으로 실용적인 측면과 구분되어 식별될 수 있는 요소가 존재하지 않는다면 그 디자인은 이 법안에 따라 저작권 보호를 받을 수 없다." H.R. Rep. No. 94~1476, 1976, p. 55.

109) Esquire, Inc. v. Ringer, 591 F.2d (D.C. Cir. 1978). 조명장치에 대한 보호를 부정한 이 판례에 따라 장난감 비행기[Gays Toys, Inc. v. Buddy L. Corp., 522 F. Supp. 622 (E.D. Mich. 1981)], 자동차 휠캡[Norris Indus., Inc. v. International Tel. & Tel. Corp., 212 U.S.P.Q. 754 (N.D. Fla. 1981)]에 대해서도 보호를 부정하고 있다. Leaffer, pp. 120~121.

110) Kieselstein-Cord v. Accessories by Pearl, Inc., 632 F.2d 989 (2d Cir. 1980)에서는 벨트 버클의 장식

저작권법에서 응용미술저작물을 새롭게 정의한 뒤에 나온 대법원 판결에서는 그 보호에 긍정적인 태도를 확인할 수 있다. 이른바 '히딩크 넥타이' 사건에서 대법원은 "위 도안이 우리 민족 전래의 태극문양 및 팔괘문양을 상하 좌우 연속 반복한 넥타이 도안으로서 응용미술작품의 일종이라면 위 도안은 '물품에 동일한 형상으로 복제될 수 있는 미술저작물'에 해당한다고 할 것이며, 또한 그 이용된 물품(이 사건의 경우에는 넥타이)과 구분되어 독자성을 인정할 수 있는 것이라면 저작권법〔제2조 제15호〕에서 정하는 응용미술저작물에 해당한다고" 보았다.[111]

또한 대법원은 "서적의 표지·제호 디자인은 저작권법〔제4조 제4호〕에서 정한 '응용미술저작물'에 해당하는데 …… 위 표지·제호 디자인은 …… 서적 표지라는 실용적인 기능과 분리 인식되어 독립적으로 존재할 수 없으며, 그 문자, 그림의 형태나 배열 등의 형식적 요소 자체만으로는 하나의 미술저작물이라고 할 수 있을 정도의 독자적인 실체가 인정되지 않으므로, 위 표지·제호 디자인이 저작권법의 보호 대상이 되는 응용미술저작물이 아니라고 판단"한 원심을 인용하기도 했다.[112] 분리 가능성 이론은 판례가 축적되어야 자리 잡을 것으로 보인다.

(3) 특수한 응용미술저작물

(가) 직물디자인

직물디자인은 평면 디자인으로서, 다른 산업디자인과 마찬가지로 디자인보호법과 저작권법에 의한 중복 보호 가능성이 열려 있다.[113] 더욱이, 디자인보호법에만 의존하는 입법 정책은 TRIPS협정과도 충돌할 수 있다. TRIPS협정 제25조 제2항에서는 "각 회원국은 직물디

이 버클의 실용적 측면과는 관련이 없기 때문에 개념적으로 분리가 가능하고 따라서 저작권 보호가 된다고 판단했다. Brandir Int'l, Inc. v. Cascade Pacific Lumber Co., 834 F.2d 1142 (2d Cir. 1987)에서는 자전거 선반 디자인이 심미적 측면과 기능적 측면이 합체되어 있어서 예술적 측면만을 개념적으로 분리할 수 없다는 이유로 보호를 부정했다. 법원은 디자인 요소가 기능적 측면과 별도로 디자이너의 예술적 판단을 반영한 것이라면 개념적 분리 가능성을 인정할 수 있다는 것이다. Leaffer, pp. 121~123.

111) 대법원 2004. 7. 22. 2003도7572 판결.

112) 대법원 2013. 4. 25. 2012다41410 판결.

113) 이에 대해서는 이미 앞에서 언급한 바 있다. 제1장 제5절 5. '다. 중복 보호' 참조.

자인의 보호를 확보하기 위한 요건, 특히 비용, 심사 또는 공고와 관련한 요건이 그러한 보호를 추구하고 취득하는 기회를 부당하게 저해하지 아니하도록 보장하여야 한다"고 하고 있다. 디자인보호법으로만 디자인을 보호할 경우 비용, 심사, 공고 등과 관련해 협정상의 의무에서 완전히 벗어나기는 어렵다고 할 수 있다.[114]

(나) 글자꼴 디자인

글자꼴[115] 디자인(typeface design)이란 "악센트 부호, 구두점 등을 포함한 문자, 숫자와 과학기호 등 도형적 기호, 문장을 만들기 위하여 필요한 장식 등이 있는 디자인의 집합"[116]을 말한다.

글자꼴 디자인은 우리 법상 우여곡절을 겪으면서 부분적으로, 우회적으로 보호를 받고 있다. 한글이라는 문자를 가지고 있는 국가에서 글자꼴 디자인은 제대로 대접을 받지 못하고 있는 것이다. 먼저 우리 판례에서는 글자꼴 디자인 그 자체에 대해서는 일관되게 부정적인 태도를 보이고 있다.

대법원 판결에 따르면, 글자꼴 디자인은 다음과 같은 이유로 보호를 받지 못한다. '서체도안'은 실용적인 기능과 별도로 하나의 독립적인 예술적 특성이나 가치를 가지고 있어서 예술의 범위에 속하지 않는다거나,[117] 서체도안의 창작성 자체를 부인하는 것은 아니지만

---

114) WIPO, Implications of the TRIPS Agreement on Treaties Administered by WIPO, 1996, para. 132. 게다가 베른협약에서는 응용미술저작물의 본국에서 그 응용미술저작물이 디자인법에 의해서만 보호될 경우 다른 동맹국에서도 디자인법으로만 보호해주도록 하고 있기 때문에(협약 제2조 제7항) 우리나라에서 특정 디자인이 디자인법에 의한 보호만을 받도록 한다면 이는 다른 나라에서도 그와 같은 보호만을 받게 되므로 효과적인 보호를 받지 못하는 경우도 생긴다.

115) 표준국어대사전에 의하면 글자꼴은 '글자의 모양'이라고 하면서 글자체와 같은 의미로 쓰고 있고, 글꼴은 '자형의 형식'이라고 하여 명조, 고딕과 같은 서체 또는 글씨체와 같은 의미로 정의한다. 영어로는 두 가지 유사한 단어가 있다. 하나는 'typeface'이고 다른 하나는 'font'인데 양자 간에는 큰 차이가 없다. 전자는 특정한 디자인으로 된 인쇄체(printing types) 또는 문자의 집합이라고 하고, 후자는 특정한 모양(꼴)과 크기의 글자체(type)의 집합이다. SOED. 영어 사전에는 우리 사전과는 달리 집합의 요소가 있다. 글자꼴은 'type'에 가깝고, 글자꼴 집합은 'typeface'에 가깝다고 할 수 있다.

116) 글자꼴 보호에 관한 비엔나협정(Vienna Agreement for the Protection of Type Faces and Their International Deposit) 제2조 정의 참조.

서체도안에 내포되어 있는 창작성을 문자 본래의 실용적인 기능으로부터 분리하여 별도로 감상의 대상으로 하기 어렵다는 점을 들고 있다.[118] 후자 판례에서는 비록 2000년 응용미술저작물 정의 규정이 개정되기 전에 나온 것이긴 하지만 분리 가능성 이론을 근거로 저작물성을 부인한 것이다. 법개정으로 분리 가능성 이론은 글자꼴 디자인 보호 부인의 근거로 더욱 설득력이 높아졌다고 할 수 있다.[119]

글자꼴은 컴퓨터 혁명으로 새로운 전기를 맞게 되었다. 글자꼴 프로그램 내지 폰트 프로그램이라 하여, 글자꼴 디자인과는 별도로, 컴퓨터 화면이나 인쇄물에 출력하기 위한 목적으로 컴퓨터프로그램이 제작되고 있다. 우리 대법원은 외곽선 폰트(outline font) 내지 윤곽선 폰트(scalable font) 프로그램[120]에 대해 저작물성을 인정하고 있다. 즉, "서체파일을 제작

---

117) 대법원 1996. 8. 23. 94누5632 판결. 이 판결 원심에서 '서체도안'을 다음과 같이 정의하고 있다: "서체도안이라 함은 일반적으로 한 벌의 문자, 서체 등에 대하여 독특한 형태의 디자인을 한 것이라고 말하여지는 바 글자꼴, 글꼴, 타이프페이스, 활자체, 서자체형 등으로 불리어진다고 한다." 서울고등법원 1994. 4. 6. 93구25075 판결. 이 판결에서 글자꼴 디자인 의미로 '서체도안'이라고 하고 있으나 이는 올바른 표현이 아니다. 앞에서 보았듯이, 서체와 글자꼴(글자체)은 다른 것이다.

118) 대법원 2001. 5. 8. 98다43366 판결.

119) 미국 판례에서는 글자꼴 디자인의 저작물성을 부인한다. 미국 저작권법은 이미 언급한 대로 분리 가능성 이론에 따라 해당 물품의 디자인이 실용적인 측면과 별도로 식별할 수 없고 또한 독립적으로 존재할 수 없다면 보호할 수 없다고 하고 있다. 미국 제4순회 항소법원은 1954년 Mazer v. Stein 사건 판결과 저작권법 규정을 해석하면서, 사건 글자꼴 디자인이 바로 그러한 디자인에 해당한다고 판시했다. Eltra Corporation v. Barbara A. Ringer, 579 F.2d 294; 198 U.S.P.Q. 321 (4th Cir. 1978).

120) 외곽선 폰트 내지 윤곽선 폰트는 일정한 좌푯값을 가지는 점들을 지정한 후 그 점들을 직선이나 수학적으로 계산되어지는 곡선으로 상호 연결시켜 글자나 도형의 외곽선을 확정한 후 그 내부를 칠하는 방식으로 표현된다. 서울지방법원 1998. 2. 24. 97노1316 판결(넥스트페이지 사건) 참조. 법원은 폰트 프로그램의 핵심적 내용을 다음과 같이 설명한다: "원고들이 집중적으로 노력과 비용을 투입한 프로그램의 핵심적 내용은 서체 제작자가 독특한 서체의 이미지와 모양을 구상하여 도안하고 이를 수치 데이터화한 뒤, 폰토그라퍼[미국에서 개발한 폰트 제작용 프로그램으로 서체편집기(graphic editor) 및 파일 자동생성기(generator)의 기능을 가지고 있다]에서 추출한 대략의 윤곽선을 수정하면서 최종적인 좌표값과 연결명령어를 설정하는 과정에 있다 할 것인바, 이와 같이 독자적 구상에 따라 특정한 서체를 도안하고 모니터상의 이미지를 기초로 응용 프로그램과 마우스를 이용하여 좌표 및 외곽선 수정작업을 거쳐 최종적인 좌표를 선택함으로써(동일한 형태의 서체라 하여 그 자체로 모든 좌표값을 결정짓는 것은 아니다) 서체를 생성하는 일련의 과정을 고찰할 때, 이는 단순히 기능적·반복적 작업의 차원을 넘어서 서체 제작자의 개성적 표현방식과 창의적 선택이 스며들어 있는 저작

하는 과정에 있어서 글자의 윤곽선을 수정하거나 제작하기 위한 제어점들의 좌표 값과 그 지시·명령어를 선택하는 것에 서체파일 제작자의 정신적 노력의 산물인 창의적 개성이 표현되어 있기 때문"에 창작성이 있고, 따라서 보호를 받는다는 것이다.[121]

이와 같이, 글자꼴 디자인은 그 자체로는 저작권 보호를 받을 수는 없으나 그것이 폰트 프로그램으로 제작되는 경우 저작권 보호를 받으며, 다만, 보호 범위는 제한적이다: "서체파일 프로그램에서 보호되는 부분은 창작성이 인정되는 윤곽선의 수정 내지 제작작업을 한 부분에 한정된다".[122][123] 이런 보호 범위의 한정은 후속 판결에서 거의 다뤄지지 않았다. 오히려 보호 범위를 확대하는 판례가 나오기도 했다.[124]

학설은 글자꼴 디자인에 대해 긍정론이 다수설이다.[125] 현행 저작권법에 의하여 글자꼴을 보호할 경우 우려되는 점은 무엇보다도 내국민대우의 원칙에 따라 모든 글자꼴(특히 알파벳 글자꼴)을 보호하지 않을까 하는 것이다. 이러한 점을 고려하면 특별법 제정을 검토할 수도 있다.[126]

과정으로 평가하여야 할 것이다." 서울고등법원 1999. 7. 27. 98나1654 판결(넥스트페이지 사건).

121) 대법원 2001. 5. 15. 98도732 판결.

122) 대법원 2001. 5. 15. 98도732 판결; 대법원 2001. 6. 26. 99다50552 판결. 형사 항소심 판결은 프로그램 보호의 본질에 대해 설명하면서 그 보호 범위를 축소하기도 했다: "컴퓨터 프로그램 보호법상 보호되는 컴퓨터 프로그램의 보호범위는 창작적인 표현형식이 담긴 컴퓨터 프로그램의 문장 그 자체에 한정되는 것이고, 컴퓨터 프로그램의 문장을 통하여 표현되는 결과물은 보호될 수 없다. 결국 이 사건과 같은 폰트 프로그램의 경우라면, 그 폰트 프로그램을 통하여 출력되는 특정한 결과로서의 서체나 서체도안은 저작권의 보호대상이 아니므로, ……" 서울지방법원 1998. 2. 24. 97노1316 판결.

123) 글자꼴 디자인을 보호하는 영국 저작권법은 상당수의 이용행위는 저작권 침해가 아니라고 규정하고 있다. 타자치는 행위, 문장을 작성하는 행위, 조판 행위, 인쇄 행위 등의 과정에서 글자꼴을 이용하는 것, 그런 이용을 위하여 물건(article)을 보유하는 것, 그리고 그런 이용으로 제작된 물품(material)을 처분하는 것 등은 면책을 받는다. 다만 무단으로 글자꼴을 복제하기 위한 물건을 제조, 수입, 공급하는 행위 등은 일정한 침해 책임을 진다. 제54조 참조.

124) 서울지방법원 2014. 5. 1. 2012가합535149 판결 참조.

125) 초기 저작도 적지 않다. 한승헌, "Typefaces의 보호와 저작권", 출판연구, 제1권 제1호, 1990, 543~552; 장인숙, "타이프페이스의 보호", 저작권학회보, 제30호, 1990, 1~2; 박성호, "글자꼴 저작권 불인정 판결에 할 말 많다", 출판저널, 통권 제148호, 1994, 14~15; 이상정, "응용미술의 보호", 계간 저작권, 1995년 봄호, 4~15; 김성종, "타이프페이스의 법적 보호론", 계간 저작권, 1995년 가을호, 17~19.

126) 한승헌, 위의 글, 550~552; 이호홍, 타이프페이스의 법적 보호에 관한 연구보고서, 저작권심의조정위

한글 글자꼴 디자인은 수많은 글자를 하나씩 크고 작음과 쓰임에 따라 각각의 개성에 맞게 설계 제작된다. 한글은 알파벳과 달리, 가로모임, 세로모임, 섞임모임으로 완성된 글자이다. 따라서 글자꼴도 하나마다 모양이 다르고 옷이 다르다.[127) 한글 음절 1만 1172개는 24개의 자음과 모음으로 표현할 수 있으나 모양과 크기가 같은 자음 14자와 모음 10개만으로는 아름다운 글자가 나오지 않는다. 균형이 잡힌 아름다움을 유지하기 위해서는 903개의 자소가 있어야 하며, 완벽한 수준의 글자가 되려면 1858개의 자소가 조합되어야 한다.[128) 우리가 쓰고 있는 대부분의 글자꼴은 최정호의 생애에 걸친 작품이라고 한다. 그는 글자꼴 한 벌을 개발하는 데 6개월에서 1년의 기간을 소요했다고 한다.[129)

한 글자씩 다듬는 작업은 알파벳의 그것에 비교할 바가 아니다. 글자꼴의 제작에 비해 독창성과 노력, 투자비용이 '하찮은' 저작물도 저작물성이 인정되는 마당에, 한글 글자꼴의 저작물성을 부정하는 것은 무리라고 생각한다. 입법론적으로 보호 방법이 얼마든지 존재한다.[130) 폰트 프로그램에 의한 무분별한 권리 주장을 제어해야 하는 현실적 필요성도 높고 그에 따른 당위성도 크다고 할 수 있다.[131)

원회, 1991, 47~49 참조.

127) 노수용, "서체 저작권, 법적 보호받아야 한다", 출판저널, 통권 106호, 1992. 5. 20., 18~19.

128) 위의 글; 이기성, "글자꼴 개발과 저작권 보호", 지적재산, 1995년 9월호, 32~36.

129) 안상수, "활자체도 마땅히 저작권의 대상이 되어야 한다", 출판문화, 통권 제281호, 1989. 3., 2~3.

130) 이영록, 글자꼴 디자인의 법적 보호: 저작권법상 보호 가능성 및 입법론적 고찰, 저작권심의조정위원회, 1998 참조. 미국에서도 글자꼴 디자인 보호에 대한 논의가 있다. Phillip W. Snyder, "Typeface Design After the Desktop Revolution: A New Case For Legal Protection," 16 Columbia-VLA Journal of Law & the Arts 97 (1991), pp. 109~112 참조.

131) 판례를 통한 현행 글자꼴 디자인 보호 방식에 대해 다음 두 가지 점을 지적하고자 한다. 첫째, 보호대상 폰트 프로그램이 저작권법상 컴퓨터프로그램의 정의에 합당한지, 그리고 합당하다 한다면 저작물성을 충족하는지 살펴봐야 한다. 컴퓨터프로그램은 단지 '일련의 지시·명령'의 존재만으로 법적 보호를 당연히 받는 것이 아니고, 그 지시·명령에 독창적 표현이 존재해야만 보호를 받을 수 있다. 폰트 프로그램은 글자꼴 디자인에 종속하는, 그 디자인에 따라 나타나는 결과는 이미 정해진 것이 아닐까. "누가 하더라도 같거나 비슷할 수밖에 없는 성질의 것"에 해당하여 '최소한도의 창작성'을 인정받을 수 없는 것은 아닐까. 폰트 프로그램에 위 대법원 판단과 같이 "창작성이 인정되는 윤곽선의 수정 내지 제작작업을 한 부분"이 존재하는지 의문이 드는 것이다. 둘째, 저작권법은 명시적으로 글자꼴 디자인을 보호하지 않는다. 판례에서는 글자꼴 디자인이 아닌, 폰트 프로그램을 보호할 뿐이다. 원본 디자인은 보호하지 않으면서 그 파생물은 보호하는 셈이다. 국회가 한글 글자꼴 디자인과 같이

(다) 캐릭터

캐릭터란 실존 인물이나 가상 인물, 동식물, 사물 등의 모습을 형상화한 것 또는 그 명칭을 말한다.[132] 주로 만화나 영화 속의 주인공이 캐릭터로서 나중에 상품화의 대상이 되지만, 처음부터 상업적인 목적을 가지고 독자적으로 창작되는 캐릭터도 있다. 캐릭터 창작 후 만화나 영화 등이 제작되기도 한다.

캐릭터는 단지 응용미술저작물이라고만 단정할 수는 없을 것이다. 인물의 묘사가 구체적이어서 이를 바탕으로 형상화하는 것도 생각할 수 있기 때문에 어문저작물로서 캐릭터의 보호도 생각할 수 있기 때문이다.[133] 시각적 캐릭터를 영상저작물로도 보는 학설도 존재했지만 이것은 논리적으로 적절하지 않다고 본다. 캐릭터는 독립적인 미술저작물이 되든지, 아니면 영상저작물의 구성부분은 될 수 있어도 그 자체로 '연속적인 영상'으로 영상물이 될 수는 없기 때문이다. 캐릭터를 영상저작물로 볼 때에는 보호기간, 권리의 내용 등에서 응용미술저작물과 법적으로 다른 지위를 가진다.

캐릭터도 일반 저작물과 마찬가지로 독창성을 갖춰야 온전한 저작권 보호를 받는다. 학설과 판례상으로 긍정설과 부정설이 존재한다.[134] 부정설은 외국, 특히 일본의 학설과 판례에 상당히 영향을 받은 듯하다. 미국에서 캐릭터 보호 문제는 주로 침해 판단 기준, 특히 유사성 여부와 관련해 논의하고 있다.[135] 캐릭터 보호 여부를 두고 – 특히 시각적 캐릭터의

중요한 지적 창작물을 애써 외면하는 듯한 태도는 바람직하지 않다.

132) 대법원 1996. 9. 6. 96도139 판결(미키마우스 사건): "만화, 텔레비전, 영화, 신문, 잡지 등 대중이 접하는 매체를 통하여 등장하는 가공적인 또는 실재하는 인물, 동물 등의 형상과 명칭을 뜻하는 이른바 캐릭터(character)는 그것이 가지고 있는 고객흡인력 때문에 이를 상품에 이용하는 상품화(이른바 캐릭터 머천다이징; character merchandising)가 이루어지게 되는 것이고, ……"

133) 서울고등법원 1999. 12. 21. 99나23521 판결(헬로우 키티 사건)에서는 "캐릭터가 그 자체로서의 생명력을 갖는 독립된 저작물로 인정될 경우 그 내용에 따라 어문저작물 또는 미술저작물에 해당하여 저작권법의 보호대상이 된다"고 하고 있다. 어문적 캐릭터의 보호 가능성을 직접 다룬 판례도 있다. 서울지방법원 2007. 7. 13. 2006나16757 판결(태왕사신기 사건): "소설 등 문학작품에 있어서의 등장인물은 그 자체로는 저작권에 의하여 보호되는 표현에 해당한다고 볼 수 없으나, 구체성, 독창성, 복잡성을 가진 등장인물이거나, 다른 등장인물과의 상호과정을 통해 사건의 전개과정과 밀접한 관련을 가지면서 보호되는 표현에 해당할 수 있고, ……".

134) 미국에서는 긍정설이 판례상 통설이라고 한다. Nimmer, § 2.12〔A〕〔2〕.

경우 — 저작물의 성립 요건, 특히 독창성 요건 외에 다른 요소를 별도로 다뤄야 하는 논리적 근거가 무엇이며, 그 실익이 무엇인지 궁금하다.

우리 법원은 캐릭터의 저작물성에 대해 긍정적인 태도를 보이는 경향이다. 저작물성에 대한 구체적인 검토가 없이 이를 긍정하는 것을 전제로 한 판결도 있고,[136] 저작물성을 개별적으로 판단한 연후에 긍정한 판례도 있다.[137]

바. 건축저작물

(1) 개념

국어사전에서는 건축을 "집이나 성, 다리 따위의 구조물을 그 목적에 따라 설계하여 흙이

---

135) Warner Bros. Inc. v. American Broadcasting Companies, Inc., 654 F.2d 204 (2d Cir. 1981): "두 번째 캐릭터가 어느 카툰 캐릭터를 침해한 것인지 판단할 때에는 법원은 시각적 흡사함뿐만 아니라 캐릭터의 속성과 특징 전체를 고려해야 한다."

136) 대법원 1997. 4. 22. 96도1727 판결(톰 앤 제리 사건): 이 판결은 원심의 저작물성 판단을 그대로 받아들이면서 다만, 그것이 소급보호 대상이 아니라는 이유로 침해를 부정했다. 나중 판결도 많다. 대법원 2003. 10. 9. 2001다50586 판결; 대법원 2005. 4. 29. 2005도70 판결; 대법원 2010. 2. 11. 2007다63409 판결: "'실황야구' 캐릭터는 야구선수 또는 심판에게 만화 속 등장인물과 같은 귀여운 이미지를 느낄 수 있도록 인물의 모습을 개성적으로 도안함으로써 저작권법이 요구하는 창작성의 요건을 갖추었으므로, 이는 창작성이 있는 저작물로서 원저작물인 게임물과 별개로 저작권법의 보호대상이 될 수 있고 ……".

137) 대법원 1999. 5. 14. 99도115 판결(리틀밥독 사건): "원심이 개를 소재로 한 만화 저작물인 피해자의 '리틀밥독' 캐릭터는 창작성이 있는 저작물로서 저작권법의 보호대상이고, 피고인들이 사용한 캐릭터는 그 얼굴 부분의 특징이 피해자의 캐릭터와 거의 동일할 정도로 유사한 것으로서, 그것이 피해자의 캐릭터와 별도의 보호가치가 있는 저작물이라고 할 수 없다고 판단한 조치는 옳다고 여겨지고, ……"; 대법원 2003. 10. 23. 2002도446 판결(101마리 달마시안 사건): "달마시안 종의 개 101마리라는 설정과 이에 따른 101이라는 숫자 및 달마시안 무늬로 만든 디자인으로 표현된 위 회사의 저작물은 자연계에 존재하는 달마시안 종 일반을 연상시키는 것이 아니라 오로지 위 회사가 창작한 만화영화 속 주인공인 101마리의 달마시안 종의 개만을 연상하게 하며, 달마시안 종의 개가 원래 자연계에 존재한다고는 하지만 위 회사는 달마시안 종의 개에게 만화주인공으로서만이 가질 수 있는 독특한 사랑스러움과 친숙함 등을 느낄 수 있도록 도안함으로써 저작권법에서 요구하는 창작성의 요건을 갖추었으므로, 이는 창작성이 있는 저작물로서 저작권법의 보호대상이 되고, ……".

나 나무, 돌, 벽돌, 쇠 따위를 써서 세우거나 쌓아 만드는 일"[138]이라고 한다. 건축물은 건물과 구조물을 포함한다고 할 수 있다. 한편, 우리 저작권법은 저작물의 하나로 건축저작물을 예시하면서 다음과 같이 표현하고 있다: "건축물·건축을 위한 모형 및 설계도서 그 밖의 건축저작물"(제4조 제1항 제5호). 사전적 정의와 흡사하지만, 모형 등을 포함하고 있다는 점에도 조금 다르기도 하다.

베른협약 제2조 제1항에서는 건축을 조각, 판화 등과 병렬적으로 예시하는가 하면, 건축학…에 관한 3차원저작물을 별도로 예시하고 있다.[139] 규정이 독특하다. 우리 법은 베른협약상의 예시들을 모두 건축저작물의 범주에 넣고 있는 것이다. 외국의 입법례도 다양하다.[140]

우리 저작권법은 건축저작물의 요건으로 인간의 주거 여부를 묻지 않으며,[141] 건축저작

---

138) 표준국어대사전.

139) "소묘·회화·건축·조각·판화 및 석판화(works of drawing, painting, architecture, sculpture, engraving and lithography), …… 및 지리학·지형학·건축학 또는 과학에 관한 3차원저작물(three-dimensional works relative to geography, topography, architecture or science) …… 을 포함한다."

140) 각국마다 건축저작물의 정의와 범위를 달리 정하고 있다. 영국 저작권법은 예술저작물의 일종으로 도면저작물(graphic work)과 사진, 건축저작물 등을 넣고, 건축저작물에는 건물과 건물 모형을 포함하고 있다. 건물이란 고정된 구조물로서 그 일부도 포함한다. 일반적인 설계도는 도면 저작물의 일부로 명시하고 있다(제4조). 독일 저작권법도 영국의 것과 거의 비슷하다. 예술저작물에 건축저작물, 응용미술저작물 등을 포함하고 있고(제2조 제1항 제4호), 일반적인 설계도나 모형은 별도 규정에서 예시하고 있다(제2조 제1항 제7호). 프랑스 저작권법은 건축저작물을 다른 미술저작물 등과 병렬로 예시하는 한편(Les oeuvres de dessin, de peinture, d'architecture, de sculpture, de gravure, de lithographie), 별도로 "설계도, 약도 및 …… 건축 및 과학에 관한 성형저작물(Les plans, croquis et ouvrages plastiques relatifs à la géographie, à la topographie, à l'architecture et aux sciences)"을 예시하고 있다(제112-2조 제12호). 베른협약 규정과 매우 흡사하다. 미국 저작권법은 건축저작물에 건물, 건축 설계도, 도면 등 유형물에 구현된 건물 디자인이라고 하고 있다(제101조). 미국은 베른협약 가입을 위해서 베른협약상 '건축저작물' 규정과 합치하기 위해 1990년 법개정을 통해 현행 규정을 마련한 것이다. 미국은 베른협약상의 건축저작물을 건물 디자인의 전체적인 형태, 공간과 요소의 배열과 구성을 포함하는 것으로 해석했다. H.R. Rep. No. 101-735, 1990, p. 18. 건축설계도는 회화, 도면 및 조각저작물(pictorial, graphic, and sculptural works)에 포함시키고 있다(제101조).

141) 미국 저작권법은 건축저작물을 좁게 보고 있다. 즉, 건축저작물이란 건물(building)의 디자인을 말한다. 건물을 중심으로 파악하고 있기 때문에, 사람이 거주할 수 있는 공간과 사람이 이용하는 교회, 서양식 누각이나 정자(pavilion, pergola, gazebo 등)를 포함한다고 한다. 다리나 입체교차로, 댐 등은

물에는 기념물이나 축조물도 포함하는 것으로 보는 것이 통설에 가깝다. 다소간의 견해 차이는 존재한다. 가장 넓게 보기도 하고,[142] 다소 좁게 보기도 한다.[143] 골프코스를 건축저작물로 본 판례도 나왔다.[144] 통설적 견해에 따르면, 건축저작물을 건물 등 좁은 의미의

제외된다. H.R. Rep. No. 101-735, 1990, pp. 19~20. 베른협약은 단지 건축저작물을 보호하도록 하고 있고, 입체 구조물은 베른협약상 의무적인 보호대상이 아니라는 것이다. Ibid.

142) 이해완, 124: "건축물이란 실내건축도 포함하며, 반드시 주거 목적의 건축물에 한하지 않으므로 예컨대 교회나 정자, 전시장, 가설건축물 등을 포함하는 것으로 해석되고, 나아가 협의의 건축물 외에 토목공장물인 교량, 고속도로, 도서설계 및 정원, 공원 등도 포함하는 의미로 이해되고 있다."(각주 생략); 장인숙, 40~41: "가옥·빌딩·교당·기념비·탑·문루·교량·정원 등 인위적으로 건조·축성된 인간의 생활환경이 건축물이며, …… 초목·죽석(竹石)·지구(池丘)의 배치, 건물과의 조화, 기타 축조상 상당한 정도의 연구와 예술적 창의를 쏟은 조원(造園)이라면 굳이 배제해야 할 이유는 없다고 본다".

143) 박성호, 108: "교회, 사찰, 호텔 등의 건물이나 교량, 기념비, 전시장 등이 포함되므로 반드시 주거를 목적으로 할 필요는 없다."; 오승종, 123: "건축물이라 함은 집이나 사무실 건물과 같은 주거가 가능한 구조물은 물론이고, 반드시 주거를 주된 목적으로 하지 않는, 예컨대 교회나 정자, 전시장, 가설 건축물 등을 포함한다. 다만, 주거를 목적으로 하지 않더라도 어느 정도 사람의 통상적인 출입이 예정되어 있어야 건축저작물이라고 할 수 있을 것이지 ……".

144) 대법원 2020. 4. 9. 2017도9459 판결. 대법원은 원심의 결론을 정당하다고 인정했다. 원심 판결 논리의 흐름을 좇아보면 다음과 같다: ① 이 사건 골프장의 골프코스의 구성요소의 배치 등은 설계자의 사상에 따라 골프장 부지에 대한 공사 등을 통해 이루어진 것으로, 인간의 사상이 반영되어 표현되어 있다고 봄이 타당하다. ② 건축저작물 (중 하나인) 건축물이라 함은 집이나 사무실 건물과 같은 주거가 가능한 구조물은 물론이고 반드시 주거를 주된 목적으로 하지 않는다고 하더라도 어느 정도 사람의 통상적인 출입이 예정되어 있어야 건축저작물이라고 할 수 있다. 골프코스는 비록 집이나 사무실 건물과 같이 주거가 가능한 구조물은 아니라고 할 것이나, 통상 골프코스를 포함한 골프장은 클럽하우스 등이 포함되어 그 이용객들의 통상적인 출입이 예정되어 있는 시설이라는 점 등에 비추어 볼 때, 이 사건 각 골프장의 골프코스는 일응 '건축저작물'에 해당한다고 본다. ③ 이른바 기능적 저작물 또는 실용적 저작물의 경우, 그 내용 자체는 기존에 알려진 아이디어나 이론, 지식이나 정보, 사실 등을 기초로 한 것이어서 독창적이라 할 수 없지만, 이를 창작하면서 그러한 사항들을 전달하기 위하여 일반적으로 사용되는 표현이 저작자 나름대로의 정신적 노력의 소산으로서의 특성이 부여되어 있다면, 이는 저작자의 창조적 개성이 발현되어 있는 것으로 저작권법에 의해 보호되는 창작물에 해당한다. ④ 골프코스는 게임의 전개방식이나 규칙을 고려하여 결정되고, 각 홀의 구성요소가 한정되는 등 그 형태 등이 제한되는 사실은 인정된다. 그러나 이 사건 골프코스는 일반적으로 사용되는 표현이나 누가 하더라도 같거나 비슷할 수밖에 없는 표현만을 사용한 것이 아니라, 골프코스를 창작한 저작자 나름대로의 정신적 노력의 소산으로서의 특성이 부여되어 있는 표현을 사용함으로써 저작자의 창조적 개성이 표현되어 있으므로 저작권법에 의해 보호되는 저작물에 해당한다고 봄이 타당하다. 서울

건축물뿐만 아니라 기념물(탑 포함)이나 축조물(교량 등)을 포함하는 넓은 의미로 새겨도 무방하다.[145]

건축저작물을 확대 정의하는 것이 적절한 것인지 의문이 있다. 그 예로 정원이나 판례에서 인정한 골프 코스를 들 수 있다. 왜냐하면, ① 건축저작물의 확대 정의는 사전적 정의에서 멀어진다는 점이다. 굳이 저작권법상 규범적 정의를 별도로 둘 수는 있으나, 그 필요성이 분명하지 않음에도, 무리해 이론 구성을 할 것은 아니라고 본다. ② 건축(architecture)이란 "집이나 성, 다리 따위의 구조물"을 만드는 것이다.[146] 정원이나 골프 코스는 이런 정의에 들어오기 어렵다.

참고로, 저작권법 제4조는 '저작물의 예시' 규정이므로, 특정 대상을 그 예시 규정 어딘가에 무리하게 끼워 넣을 것은 아니라고 본다. 제4조 제9호에서는 "지도·도표·설계도·약도·모형 그 밖의 도형저작물"이라고 하고 있다. 도형저작물은 베른협약에서 말하는 "도해·지도·설계도·스케치 및 지리학·지형학·건축학 또는 과학에 관한 3차원저작물(illustrations, maps, plans, sketches and three-dimensional works relative to geography, topography, architecture or science)"을 수용한 것이라고 할 수 있는데, 정원이나 골프코스는 − 이를 보호하겠다는 '입법취지'가 분명히 존재한다면 − 오히려 이 범주에 합당해 보인다.[147]

건축저작물에는 설계도서와 모형이 포함된다. 이에 관한 입법례는 다양하다. 설계도를 별도로 예시하는가 하면, 설계도를 건축저작물의 일종으로 보기도 한다. 전자의 입법례는 베른협약 규정과 같은 접근법이고, 후자의 입법례는 건축저작물 전반을 고려한 접근법이라 할 수 있다. 설계도서가 없는 건축물은 생각하기 어렵다. 양자는 건축저작물에서 불가분의 관계에 있는 것이다. 저작권법상 보호받는 건축저작물이라면 적어도 수십, 수백 장의 설계도와 여러 모형이 수반되는 것이 일반적이다. 설계도를 건축저작물에서 떼어내는 것은 오히려 건축 분야의 관행에도 반한다고 본다.

설계도서와 모형은 때로는 어문저작물이나 도형저작물이 될 수도 있다. 장르별 구분은

고등법원 2016. 12. 1. 2015나2016239 판결.

145) 가옥에 대해서는 건축저작물의 예술성 측면에서 뒤에 별도로 다룬다.

146) 영어로는 건축 기술 또는 건축학(art or science of building), 특히 인간이 사용하기 위한 축조물(edifice)을 디자인하고 짓는 기술 또는 행위를 말한다. SOED.

147) 뒤에서, 필자는 현행 '도형저작물'보다는 '조형저작물'이 적절한 용어라고 보고 있다. 정원을 조형저작물이라고 한다면 그 본성에 맞는 분류라고 할 수 있다.

저작권법상의 예시에 지나지 않기 때문에 그 어느 것으로 분류하든 문제가 되지 않는다. 어느 저작물이 특정 장르에 속하는가 여부는 그 장르의 특성에 비춰, 사물의 속성에 따라 판단하면 될 뿐이다. 중복 보호의 문제를 생각할 수 있는데 이 또한 부정적으로 볼 일은 아니다. 보호의 내용이나 권리관계가 복잡해질 수는 있으나 권리자에게 선택 가능성을 열어주는 것이 저작권 보호의 취지에도 맞는다고 본다.

건축저작물은 건물이나 구조물 전체를 의미할 뿐 개별적인 구성요소는 포함하지 않는다고 본다. 각각의 구성요소는, 예를 들어 탑에 시문이 새겨졌다거나 장식물이 달려 있는 경우 각기 어문저작물이나 미술저작물 또는 도형 저작물로 보호를 받을 수는 있을 것이다. 미국 저작권법은 건축저작물에서 개별 구성요소를 명시적으로 배제하고 있다. 즉, 건축저작물이란 건물의 디자인이라고 하면서, 건물 디자인 중 공간과 구성부분의 전체적인 형태 및 이들의 배열과 조합이며, 개별적인 표준 요소(individual standard features)는 제외하고 있다(제101조). 이것은 융합 이론을 성문화한 것으로 보인다.

(2) 건축저작물의 예술성

건축저작물이라고 하여 높은 수준의 창작성을 요구하는 것은 아니다. 다른 저작물과 마찬가지로 일반적인 창작성만을 갖추면 건축저작물로 보호된다. 일부에서는 예술성을 요건으로 보는 듯하다.[148] 가옥이나 주택을 언급하지 않는 것[149]도 같은 맥락으로 보인다. 일부에서는 주택을 명시적으로 건축저작물에서 배제하고 있다.[150] 저작물성 판단은 예술성이나 품격 등과는 아무런 관련이 없으며, 굳이 건축저작물에만 이러한 요건을 추가하는 것은 곤란하다고 본다. 각 저작물마다 예술성 기타 특성을 요구한다면 저작물마다 다른 저작물성 기준을 가지고 있어야 한다. 정의 규정상 명시적인 요건이 없음에도 이를 요건으로 하는

---

148) 허희성(상), 111: "건축저작물은 궁전이나 개선문 등 역사적 건축물로서 대표되는 바와 같이 지적 활동에 의하여 창작된 건축예술이라고 평가되는 건축물에 한할 것이며, 일반 건축물은 포함되지 않는다." 이 견해는 일본 학설의 영향을 받은 듯하다. 예를 들어, 中山, 106~108.

149) 장인숙, 40에서는 가옥을 명시하고 있다. 주거 여부가 저작물성 판단에 영향을 주지 않는다고 하면서도, 정작 주거의 중심에 있는 가옥을 언급하지 않는 것은 다소 부자연스럽다.

150) 임원선, 67: "건축저작물을 보호하는 것은 건축물에 의해 표현되는 예술성을 모방으로부터 보호하기 위함이다. 일반주택 등 생활의 편의를 위한 일상적인 건축물은 …… 건축저작물로 보기 어렵다."

제1절 • 저작물 129

것은 독창적인 저작물을 보호한다는 입법 의도와도 맞지 않는다.[151] 가옥이라 하더라도 얼마든지 건축가의 독창성이 발휘될 수 있고, 이를 중심으로 본다면 굳이 다른 저작물과 차별받아야 할 이유는 없다고 본다. 앞에서 본 바와 같이 그 기능적 성격으로 인해 보호 범위가 축소될 뿐이다.

(3) 건축저작물에 관한 특별 규정

저작권법에서는 건축 모형이나 그 설계도서에 따라 시공하는 것을 복제의 개념에 포섭하고 있다(제2조 제22호). 특이한 입법이다. 건축저작물의 개념에 모형이나 설계도서가 포함되고 그러한 모형이나 설계도서에 따라 건축물이 완성된다면 언뜻 복제라고 하기에 아무런 지장이 없는 듯한데 굳이 이러한 정의가 필요한 이유가 무엇일까. 아마도 설계도서와 건축물을 동일선상에 놓지 않으려는 관념적 태도에서 비롯된 것 같다. 이 규정은 확인 규정이라 할 수는 있으나 불필요한 것이다. 동일한 설계도서를 가지고도 건축 전문가에 따라 시공 결과가 달라진다면 그 설계도서는 설계도서로서의 목적과 기능을 다하지 못한 것이다. 건축 전문가라면 설계도서를 보고 건축물을 충분히 예측할 수 있을 것이다. 또한 저작권 보호의 측면에서 보더라도 복제의 정의 내에 두어야 할 실익이 없다. 우리 저작권법은 건축저작물에 설계도서와 건축물을 모두 포함하고 있고, 제3자가 건축물을 역분석하든 설계도서에 입각해 건축물을 만들든 ─ 기술적인 난이도를 별개로 한다면 ─ 건축물에 대한 복제권 침해가 되거나 설계도서의 복제권 침해가 되기 때문이다.

위의 정의 규정은 일본 저작권법 규정을 그대로 수용한 것인데, 그러다 보니 복잡한 해석의 문제를 야기하고 있다. 일본 법은 우리 법과는 달리, 도면을 도형저작물의 일종으로만 볼 뿐 건축저작물에 포함되지 않는다.[152] 저작권법상의 일반 원칙을 적용하게 되면, 도면에 따라 시공하여 건축물을 완성한다면 이는 도형저작물의 복제라고 할 수 있다. 그러나 일본 법상 이런 일반 원칙을 적용한다면, 즉 건축물을 도형저작물의 복제라고 한다면 다소 어색

---

151) 일본 저작권법은 '학술적 성질을 가지는 도면'을 도형저작물로 보호한다. 수식어 때문에 도형저작물의 저작물성 판단이 엄격해질 수 있다.

152) 일본 저작권법 제10조 제2항에서는 저작물을 예시하면서 제5호에서 그저 '건축저작물'이라고 하고 있고, 제6호에서 "지도 또는 학술적인 성질을 가지는 도면, 도표, 모형, 기타 도형저작물"이라고 하고 있다. 일본의 통설은 건축저작물에 설계도면이 포함되지 않는다고 본다.

하다. 건축저작물과 도형저작물이 분리 예시되어 있기 때문이다. 이런 점에서 도형저작물과 건축물을 연계할 필요성이 있다. 이에 따라 일본 저작권법은 "건축에 관한 도면에 따라 건축물을 완성하는 것"(제2조 제1항 제15호 나목)을 건축저작물의 복제라고 개념 정의한 것이다. 따라서 건축 설계도면을 복제하는 것은 도형저작물의 복제가 아니고 건축저작물의 복제가 되는 것이고 무단으로 설계도면에 따라 시공하게 되면 이는 건축저작물의 복제권 침해가 되는 것이다.[153]

우리 저작권법의 입법 의도는 설계도서를 복사 등의 방법으로 복제하는 것 외에도 설계도서를 바탕으로 건축물로 완성하는 것도 복제라는 사실을 확인해주는 것이라고 할 수 있다(이 경우 평면 저작물이 입체 복제물로 된다).[154] 복제 정의 규정은 시공 기간의 차이로 인해 설계도서에 따라 건축물이 완성되지 않은 상태에서 다른 사람이 그 설계도서에 따라 먼저 건축물을 만드는 경우(게다가 원설계자가 설계도서의 복사 방법에 의한 복제를 입증하지 못할 때) 이를 복제라고 하지 않으면 자칫 설계도서의 저작권 보호가 소홀해질 수 있다는 점,[155] 그리고 건축 설계도는 기계 설계도와 다르기 때문에 전자에 대한 보호를 분명히 해야겠다는 점 등에서 실익이 있는 듯 보인다.[156] 이러한 해석은 여전히 일본 저작권법 규정 해석으로는 타당할 순 있어도 우리 법 규정 해석으로는 설득력이 떨어진다. 설계도서에 충실한 건축물이 시공되면 그것으로 복제물이 되기에 충분한 것이다. 복제 개념의 일반 원리를 적용하면 그만인 것이다. 또한 기계 설계도와 연관 짓는 것도 적절하지 않다. 도형저작물 보호는 도형저작물 그 자체로 판단해야 하지 이를 건축저작물과 연계하는 것은 우리 법 해석으로는 옳지 않다.

---

153) 齊藤博, 著作權法, 第3版, 有斐閣, 2007, p. 167.

154) 정의 규정에서는 언급하지 않고 있지만, 기존 건축물을 역분석 등의 방법으로 그대로 재현하는 것도 복제인 것은 분명하다.

155) 加戶, 55; 오승종, 131~132에서도 설계도만 존재하고 그에 따른 건축이 이루어지지 않은 상태에서 제3자가 그 설계도에 따라 먼저 건축을 하는 경우를 침해를 인정하기 위한 규정으로 이해하고 있다.

156) 허희성(상), 112, 116에서는 도형저작물인 기계 설계도면을 이형 복제하는 경우를 배제하기 위한 것이라고 한다.

사. 사진저작물

(1) 개념

사전에서는 사진을 다음과 같이 정의한다: "① 물체의 형상을 감광막 위에 나타나도록 찍어 오랫동안 보존할 수 있게 만든 영상. ② 물체를 있는 모양 그대로 그려 냄. 또는 그렇게 그려 낸 형상."[157] 한편 우리 저작권법 제4조 제6호에서는 저작물의 하나로 그저 "사진저작물(이와 유사한 방법으로 제작된 것을 포함한다)"이라고 예시하고 있다.

저작권법은 사진 내지 사진저작물을 정의하지 않기 때문에 사진의 일반적 개념을 통해 사진저작물의 개념을 파악할 수밖에 없다. 공통적으로 생각할 수 있는 사진의 요소로 다음을 들 수 있다. 첫째, 피사체(인물이나 사물)를 정확하게 복제할 수 있어야 한다. 둘째, 이를 위해서는 사진기와 같은 기계가 존재해야 한다. 셋째, 사진기는 피사체로부터 반사하는 빛을 담을 수 있는 감광막(필름)을 가지고 있어야 한다. 사진은 일반적으로 사진기 안에 담겨 있는 네거티브 필름에 고정되는데, 이 필름을 현상하게 되면 슬라이드나 인화지로 복제할 수 있다. 대상을 손으로 정확하게 '사진과 같이' 모사했다 하더라도 사진이라 할 수 없다.

사진은 우리가 일상적으로 접하는 사진기에 의해 만들어지는 것만 있는 것은 아니다. 현미경 사진이나 망원경 사진, X선·적외선·자외선 사진 등 사진의 종류도 다양하다. 최근에는 디지털 사진기가 생겨나면서 기계적 사진기로는 누릴 수 없었던 편리성까지 더해지고 있다.

저작권법은 "[사진과] 유사한 방법으로 제작된 것"을 사진과 더불어 사진저작물의 정의 내에 두고 있다. 사진 기술을 이용하면 그 어느 것도 사진과 유사한 방법으로 제작된 것으로서 사진저작물의 정의 내에 들어온다. 사진기와 인쇄기가 결합된 사진복사기(photo-copier)에 의한 문헌 복사, 사진 기술을 응용한 그라비어 인쇄(gravure printing), 빛의 간섭효과를 응용한 것으로 필름 같은 감광막에 레이저 등 빛의 간섭 패턴을 기록한 홀로그램 등이 사진과 유사한 방법에 의한 것이라 할 수 있다.

비록 사진의 정의가 넓다고 하나 그것이 독창성 요건을 충족하지 못한다면 저작권법상 보호받는 '사진저작물'이 되는 것은 아니다. 왜냐하면 사진은 작가의 '정신적 노력의 소산'이

---

157) 표준국어대사전.

어야 하기 때문이다. 문헌 복사와 같이, 대량으로, 그리고 정확한 복제물을 만드는 데 목적이 있는 사진이나 그와 유사한 것은 거의 대부분 독창성이 없어서 저작권 보호를 받을 수는 없을 것이다.

(2) 사진 보호의 역사

사진 기술은 피사체를 있는 그대로 표현하기 위한 목적에서 발명되었다. 1850년대 초상 사진의 보급은 사진의 대중화를 이끌었다. 이것은 사진이 사람이라든가 피사체를 정확하게 복제한다는 것을 확인했기 때문에 가능했던 것이다. 한편, 사진은 미술가들이 주도해서 발명해낸 분야였다. 미술가들은 처음에는 사물을 그대로 재현하려는 목적으로 사진기를 이용하다가 점차 사진기를 통해서 자신의 예술적 능력을 발휘할 수도 있다는 것을 알게 되었다. 그럼에도 당시 보들레르(Charles Baudelaire)가 사진에 대해 혹평한 바 있듯이 예술의 영역에서 제대로 평가를 받지 못했다.[158] 왜냐하면 사진기는 너무 정확해서 인간의 상상력을 자극할 그 무엇이 없기 때문이라는 것이었다.

사진이 등장한 초기에는 사진을 저작권 보호대상으로 생각하지 않았다. 사진은 그 제작 과정이 거리를 재고 셔터를 조작하는 것과 같은 단순한 것으로 이해했기 때문이다. 그러다가 일부 국가, 특히 독창성에 대해 느슨한 기준을 가지고 있던 국가들이 사진저작물을 다른 저작물과 차별하지 않고 저작권 보호를 하기 시작했다.

국제조약에서 사진 내지 사진저작물을 어떻게 다뤄왔는지 보는 것으로도 사진 보호의 역사를 짐작할 수 있다. 1886년 베른협약 최종의정서에서도 예술 저작물의 성격을 가지고 있는 사진에 대해 국내법에 의한 보호를 규정한 바 있으나 실질적인 의미의 국제적 보호는 1948년 브뤼셀 개정회의에서 이뤄졌다. 이 회의에서는 베른협약 제2조 제1항을 개정하여, "사진과 유사한 과정에 의하여 표현된 저작물을 포함하는 사진저작물(photographic works to which are assimilated works expressed by a process analogous to photography)"을 '문학 및 예술 저작물'의 하나로서 예시하면서 다른 저작물과 마찬가지로 보호를 받도록 했다. 따

---

158) 보들레르는 사진이 기능적으로 미술을 보완하게 된다면 미술은 설자리가 없어진다고 경고하면서 사진은 미술의 보조 역할에 충실해야 한다고 주장했다. 사진 기술이 예술적 재능이 없는 화가에게 은신처를 제공하고 있다고 힐난하기도 했다.

라서 사진저작물 저작자도 내국민대우의 원칙에 따라 차별을 받지 않고 협약에서 부여된 각종 배타적 권리를 향유하게 되었다.[159]

베른협약은 사진저작물의 보호기간에 대해서는 여전히 차별적 태도를 가지고 있다. 베른협약 개정 과정에서 사진저작물 보호기간은 응용미술저작물의 경우와 같이 다뤄졌고 그 결과 베른협약에도 동일하게 반영되었다. 같은 조문에서 같이 규정되고 있는 것이다.[160] 현행 베른협약은 예술 저작물로서 사진저작물과 응용미술저작물에 대해 창작 후 25년간 보호한다(제7조 제4항). 이러한 차별 대우는 1996년 WCT에서 사진저작물에 한해 철폐되었다. 이 조약은 사진저작물의 보호기간에 대해 베른협약 제7조 제4항(응용미술저작물과 사진저작물 보호기간에 관한 특별 규정)을 적용할 수 없도록 했다(제9조). WCT는 사진저작물을 특정하고 있으므로, 응용미술저작물 보호기간은 베른협약에 따라, 짧은 보호기간(25년)을 가진다. 우리 법은 1986년 전부개정에서 이미 아무런 차별 규정을 두지 않았다. 입법자의 선진적인 자세랄까, 여유가 느껴진다.

(3) 저작물성

독창성 판단은 저작물마다 다르고 각 사안마다 다르다고 할 수 있다. 사진의 경우에도 비슷한 논리로 접근할 수 있다. 사진은 피사체와 배경을 어떻게 선택하고 이를 어떻게 보는가(렌즈와 각도, 필름, 빛의 양 등의 선택)에 따라 결과가 달라진다. 작가의 개성은 바로 피사체를 어떻게 선택하고 바라보는가 하는 주체적이고 능동적인 선택에서 찾을 수 있다. 그와 같이 작가의 개성(정신적 노력의 소산)이 사진에 표출된다면 독창성 요건을 충족하게 된다. 또한 피사체를 찍는 방법이 비록 독특하여 그 아이디어에 독창성을 인정할 수 있다 하더라도 찍는 방법이 달리 존재하지 않아서 누가 찍더라도 같은 결과가 나올 수밖에 없다면(아이디어와 표현의 융합) 독창성은 부인된다.

---

159) 1935년 사진법에 관한 국제회의(International Congress on Photographic Law)에서 사진작가들은 사진저작물을 예술 저작물로서 베른협약에 의해 보호받아야 하며, 보호수준도 다른 저작물과 차별받아서는 안 된다고 주장했다. 이들은 예술 사진작가로서 일반 사진에 대해서는 관심을 두지 않았다. 이들은 예술성을 사진의 저작물성 판단의 요건으로 보았던 것이다. Ricketson, p. 264. 1948년 개정된 베른협약에 예술성이 사진저작물의 판단 기준으로 작용한 것도 우연은 아니다.

160) 베른협약상 응용미술저작물 보호기간에 관해서는, 제2장 제1절 2. 마. '(2) 응용미술저작물' 참조.

우리 법원의 태도는 대체로 다른 저작물과 구분하지 않고 사진에 대한 저작물성 판단을 하는 듯하다. 대법원은 사진저작물에 대해 다음과 같은 판단을 내리고 있다: "사진저작물은 피사체의 선정, 구도의 설정, 빛의 방향과 양의 조절, 카메라 각도의 설정, 셔터의 속도, 셔터찬스의 포착 기타 촬영방법, 현상 및 인화 등의 과정에서 촬영자의 개성과 창조성이 인정되어야 저작권법에 의하여 보호되는 저작물에 해당된다고 볼 것이다."161)

국제적으로 사진은 응용미술저작물과 비슷한 역사적 과정을 거치면서 저작권법 체계에 흡수되었는데, 우리의 경우 아마도 보호의 역사가 짧아서인지, 우리 법원은 응용미술저작물에 비해 상대적으로 사진의 저작물성에 대해서는 관대한 태도를 보이고 있는 것 같다. 그렇다고 실용적 성격의 사진에 대해서도 저작물성을 긍정하지는 않는다. 위 2001년 대법원 판결은 이 점을 확인시켜주고 있다: "위 제품사진은 비록 광고사진작가인 원고의 기술에 의하여 촬영되었다고 하더라도, 그 목적은 그 피사체인 햄 제품 자체만을 충실하게 표현하여 광고라는 실용적인 목적을 달성하기 위한 것이고, 다만 이때 그와 같은 목적에 부응하기 위하여 그 분야의 고도의 기술을 가지고 있는 원고의 사진기술을 이용한 것에 불과하며 …… 거기에 저작권법에 의하여 보호할 만한 원고의 어떤 창작적 노력 내지 개성을 인정하기 어렵다 할 것이고, …… 제품사진에 있어 중요한 것은 얼마나 그 피사체를 충실하게 표현하였나 하는 사진기술적인 문제이고, 그 표현하는 방법이나 표현에 있어서의 창작성이 아니라는 것을 말해주고 있다고 할 것이니, ……".162)

---

161) 대법원 2001. 5. 8. 98다43366 판결(햄 제품 사진 사건). 여행 사진에 대한 저작물성 긍정 판례로, 대법원 2006. 2. 24. 2005도7673 판결: "이 사건 사진은 피사체의 선정, 구도의 설정, 빛의 방향과 양의 조절, 카메라 각도의 설정, 셔터의 속도, 셔터찬스의 포착 등과 같은 촬영방법과 현상 및 인화 등의 과정에서 촬영자의 개성과 창조성이 뚜렷이 반영되어 있음을 알 수 있어 창작성이 있는 저작물로서 저작권법의 보호대상이 된다고 할 것인바, ……". 찜질방 내부 전경 사진에 대해서 긍정 판례로, 대법원 2006. 12. 8. 2005도3130 판결: "업소만의 장점을 부각하기 위하여 피해자 소속 촬영담당자가 유리창을 통하여 저녁 해와 바다가 동시에 보이는 시간대와 각도를 선택하여 촬영하고 그 옆에 편한 자세로 찜질방에 눕거나 앉아 있는 손님의 모습을 촬영한 사진을 배치함으로써 해운대 바닷가를 조망하면서 휴식을 취할 수 있는 최상의 공간이라는 이미지를 창출시키기 위한 촬영자의 창작적인 고려가 나타나 있다고 볼 수 있고, ……".

162) 대법원 2001.5. 8. 98다43366 판결; 대법원 2010. 12. 23. 2008다44542 판결: 고주파 수술기를 이용한 수술 장면 및 환자의 환부 모습과 치료 경과 등을 충실하게 표현하여 정확하고 명확한 정보를 전달한다는 실용적 목적을 위하여 촬영된 사진들에 대해서 저작권 보호를 부인했다.

위 판례에서는, 첫째, 제품 사진의 저작물성을 부정하고 있으나 그렇다고 해서 모든 제품 사진의 저작물성에 대해 동일한 잣대를 댈 수는 없을 것이다. 제품 사진이라 하더라도 사진 구현 방법의 차이, 예를 들어 피사체의 선정, 구도의 설정 등이 독창적이어서 작가의 '정신적 노력의 소산'이라고 평가할 수 있는 사진조차 저작권 보호를 부정한다고 단정할 수는 없기 때문이다. 둘째, 광고와 같은 실용적인 목적이 저작물성 판단에 영향을 미쳐서는 안 될 것이다. 법원이 언급한 '실용적인 목적'은 단지 제품을 광고하기 위해서는 제품을 충실히 재현해야 하며 이 경우 표현의 방법이 지극히 제약되고 그 결과 아이디어와 표현의 융합이 일어날 수밖에 없기 때문에 보호되지 않는다는 점을 확인해준 데 지나지 않는다고 볼 수 있을 것이다.

사진은 피사체가 입체이든 평면이든 평면적으로 재현한다. 입체적인 대상은 상대적으로 작가의 개성을 사진에 표현하기 쉽지만, 평면적인 대상은 작가의 개성을 드러내기가 어렵다. 대상과 배경의 선택, 구도 설정, 카메라 기능 설정이 제한적일 수밖에 없기 때문이다. 또한 평면적인 대상을 촬영하는 목적이 그 대상을 완벽하게 재현하는 데 있다면 더더욱 저작물성 판단에 부정적인 영향을 미칠 것이다. 저작물성 판단은 개별 사진마다 내려질 수밖에 없다.[163]

(4) 보호기간

우리 저작권법은 사진저작물에 대하여 다른 저작물과 마찬가지로, 저작자 생존 기간과 사후 70년이라는 보호기간을 부여하고 있다. 그러나 외국 입법례에서는 사진에 대해 별도의 보호기간을 두기도 한다. 보호기간은 2011년 6월 저작권법 개정으로 사후 50년에서 70년을 연장되었다.[164]

베른협약은 앞에서 언급한 바와 같이, '예술 저작물'로서 보호되는 사진저작물에 대해서는 최소한 창작한 때로부터 25년을 부여하도록 했다. 이러한 사진저작물에 대한 차별은

---

163) 사진의 저작물성은 보호기간이 지난 공유 저작물(public domain work; work in the public domain)의 부활 가능성, 특히 접근이 제한된 저작물의 사유화 가능성으로 인해, 일견 저작물성 판단을 소극적으로 해야 한다는 주장이 나올 법도 하다.

164) 이에 대해서는, 제2장 제5절 '제3관 저작재산권의 보호기간' 참조.

1996년 WCT 체결로 종식되었다. WCT 제9조에 의하면, "체약당사자는 사진저작물에 관하여 베른협약 제7조 제4항의 규정을 적용하지 아니한다"고 하고 있다. 베른협약 탄생 110년이 지나서 사진'저작물'이 저작물로서 제대로 대접받게 된 것이다.

(5) 인물 사진의 특수 문제

인물 사진은 여러 가지 점에서 특수한 문제를 낳는다. 인물 사진은 먼저 사진저작물로서 저작자가 존재하고 그 저작물의 이용은 사진 저작자의 허락을 받아야 한다. 또한 인물 사진은 사람을 피사체로 하기 때문에 누구든지 그 사진을 이용하려면 그 사람의 초상권을 처리해야 한다.

이를 구체적으로, 사진을 누가 이용하는가에 따라, 하나씩 살펴보면 다음과 같다. 사진을 이용하려는 사람은 저작자도 있고, 위탁자도 있고 또 제3자도 있다. ① 저작자는 자신의 저작물을 이용하는 것이므로 저작권 문제가 생기지 않는다. 그러나 초상사진의 경우 초상자의 허락을 받아야 한다. 모든 사람은 인격권에 기초한 초상권을 가지기 때문이다. 초상권은 저작권법상의 권리는 아니고 헌법과 민법에 의해 인정되는 것이지만 저작권법은 이에 관해서 특별히 명시하고 있다. 즉, 위탁 초상에 대해 위탁자의 동의를 받지 않고서는 사진저작물을 이용할 수 없도록 하고 있다(제35조 제4항).[165] 그 위반에 대해서는 별도의 벌칙 규정을 두고 있다.

② 초상 인물인 위탁자는 필름이나 사진(인화 사진)을 계약으로 이전받을 수 있다. 이렇게 가지고 있는 필름이나 사진을 다른 목적으로 이용하고자 한다면(인터넷에 올리거나 출판물에 복제하는 경우 등) 저작자인 사진작가의 허락을 받아야 한다.

③ 제3자는 저작권도 초상권도 가지지 않기 때문에 초상사진을 이용하려면 저작자와 초상자 모두의 동의를 받아야 한다.

아. 영상저작물

(1) 개념

영상저작물(cinematographic work)이란 "연속적인 영상(음의 수반여부는 가리지 아니한다)

---

165) 이에 관해서는, 제5장 제2절 15. '다. 위탁 초상화·초상사진' 참조.

이 수록된 창작물로서 그 영상을 기계 또는 전자장치에 의하여 재생하여 볼 수 있거나 보고 들을 수 있는 것을 말한다"(제2조 제13호). 영상저작물은 사람의 시청각에 호소하는 저작물로서, 감독이나 배우 등 수많은 참여자의 노력의 산물이다. 영상저작물은 영상물이라는 요소와 저작물의 일반적 성립 요건으로서 독창성이라는 요소 두 가지를 갖춰야만 저작권 보호를 받는다.

첫째, 연속적인 영상물로서 재생할 수 있어야 한다. 이는 다시 두 가지로 나눠볼 수 있다. ① 연속적인 영상물이어야 한다. 일련의 영상(a series of images)이라고 할 수도 있다. 이러한 영상물에는 영화(film or motion picture)만이 아니라 텔레비전 프로그램, 애니메이션, 게임 영상물. 뮤직비디오[166]가 포함된다. 사람의 눈은 낱장의 필름(프레임)을 일정 속도 이상으로 돌리면 개개의 프레임을 인식하지 못한다. 연속 사진 촬영으로 낱장의 슬라이드 필름을 만들고 이를 상영할 때 사람들이 일련의 영상으로 인식한다면 이 또한 연속적인 영상물로 볼 수 있다.

② 영상물을 기계 또는 전자장치에 의하여 재생할 수 있어야 한다. 재생하기 위해서는 일정한 매체에 기록되어야 하는데 이제까지는 기록 매체로 광학 필름을 주로 이용했으나 기술이 발전하면서 디스크(CD나 DVD)나 하드드라이브와 같은 디지털 저장장치 이용이 점차 늘어나고 있다. 이 요건에 관해서, 일부에서는 고정이 곧 영상저작물의 성립 요건이라고 한다.[167] 그러나 다음과 같은 반론이 더욱 설득력이 있다. ① 정의 규정에서는 고정(fixation)이란 표현 대신에 굳이 '수록'이라는 표현을 사용하고 있고 수록(incorporation)과 고정은 엄연히 다른 말이다. ② 영상물이란 재생을 목적으로 한 것이므로 그 재생을 위해서는 당연히 매체에 기록되어야 한다. 그 기록성은 곧 영상물의 속성에 지나지 않는다.[168]

둘째, 영상저작물은 다른 저작물과 마찬가지로 독창성 요건을 충족해야 한다. 저작자의

---

166) 실무에서는 뮤직 비디오를 음반으로 해야 한다는 주장이 꾸준히 나왔다. 이런 주장은 우리 저작권법에서도 그렇고, 조약상 허용되지 않는다. 이에 관해서는, 제3장 제1절 2. '나. 음반' 참조.

167) 장인숙, 42: "영상저작물은 재생할 수 있는 것이어야 하기 때문에 필름이나 테이프 등 매개물이 고정되어 있어야 하며, ……"; 황적인 외, 197: "즉, 현행법 제2조 제10호는 '연속적인 영상이 수록된 창작물로서 …… 재생하여 볼 수 있거나 …… 보고 들을 수 있는 것'을 영상저작물로 정의하여 불분명하지만 유형물에 고정되어질 것을 요건으로 하고 있다고 볼 수도 있고, ……".

168) 미국 저작권법에서는 고정이 저작물의 성립 요건이고〔제102조 (a)〕, 그 연장선상에서 영상저작물의 성립 요건을 다룰 때 고정 요건을 다루는 것은 당연한 귀결이지만 이를 우리 저작권법에 무리하게 연결하는 것은 곤란하다.

개성에서 나온 '최소한의 창작성'을 갖춰야 한다. 영상저작물은 대개 감독을 비롯한 다수의 사람들이 참여하는 종합예술이다. 시대적 배경, 사건의 구성, 줄거리, 등장인물의 성격, 의상과 무대 장치 등이 설정되고 촬영 대본이 나오면, 그에 따라 연기, 촬영, 음악이나 미술 효과, 컴퓨터그래픽, 편집 등이 뒤따른다. 이들 요소 모두가 하나로 결합되어야만 영상물이 된다. 이런 측면에서 보면 거의 모든 영상물은 독창성 요건을 충족하는 데 어려움이 없다. 그러나 기계적이고 자동적인 촬영에 그치는 영상물도 얼마든지 존재한다. 감시 카메라가 촬영한 것이라든가, 단순한 카메라 설정을 통해 연극이나 영화를 촬영한 것이라면 독창성 요건이 갖춰지기 어려울 것으로 보인다.

(2) 성격

영상저작물은 대표적인 2차적저작물로서 수많은 사람들이 제작에 참여해 만들어진다. 제작자가 이러한 영상물을 여러 방법으로 이용하기 위해서는 이들과의 권리관계가 명확하게 정리되어야 한다. 저작권법에서는 이 점을 고려하여 영상제작자를 위한 특별 규정을 마련하고 있다.

영상저작물에는 여러 무리의 저작물이나 저작인접물이 함께 담겨 있다. 음악저작물이 있고, 어문저작물도 있고, 음반이나 실연과 같은 저작인접물도 있다. 이들이 각기 독자적으로 얼마든지 이용될 수도 있다. 그렇다면 영상저작물 중 일부를 이용하기 위해서는 누구로부터 허락을 받아야 하는가? 이것은 영상저작물 특례 규정과는 다른 문제이다. 왜냐하면 특례 규정은 기본적으로 영상저작물의 이용 편의를 위한 규정인 반면, 개별 저작물이나 저작인접물은 영상저작물 그 자체의 이용이 아니기 때문이다. 그럼에도 특례 규정에 일부 관련 규정도 존재한다.[169]

(3) 보호기간

저작권법은 별도 규정을 두어 영상저작물 보호기간을 정하고 있다. 그 기간은 공표 후 70년이다.[170] 별도 규정을 둔 것은 영상저작물은 공동저작물이지만 다수의 제작 참여자가

---

169) 이에 관해서는, 제7장 제2절 2. '라. 영상저작물 수록물의 이용' 참조.

존재하기 때문에 이들 각각의 저작물이나 저작인접물의 보호기간에 좌우되지 않도록 하기 위한 것이다.

자. 도형저작물

도형저작물[171]에는 "지도·도표·설계도·약도·모형"(제4조 제1항 제8호)이 있다. 베른협약상 '도해·지도·설계도·스케치 및 지리학·지형학·건축학 또는 과학에 관한 3차원저작물(illustrations, maps, plans, sketches and three-dimensional works relative to geography, topography, architecture or science)'에 근접한 정의라고 할 수 있다. 건축저작물에는 건축물뿐만 아니라 설계도서와 모형도 포함되므로(제4조 제1항 5호) 건축물의 설계도나 모형은 도형저작물도 될 수 있고, 건축저작물도 될 수 있다. 현행 규정상으로는 중복 보호도 가능한 것이다.

도형저작물의 예는 실생활에서 많이 볼 수 있다. 예시한 바와 같이 지도나 도표, 약도뿐만 아니라 선박이나 항공기, 마네킹, 기계, 컴퓨터프로그램, 반도체배치회로[172] 등에 대한 설계도나 플로차트(flowchart)도 생각할 수 있고, 별도의 모형도 생각할 수 있다. 도형저작물은 2차원저작물도 있고, 3차원저작물도 있는 것이다. 보호의 판단 기준은 물론 독창성에 있다.

도형저작물은 대개 기능적 저작물(functional work)이다. 도형저작물은 본래 목적이 기능의 충실한 구현에 있는 것이고 기능에 부수적인 표현은 그 기능의 효율성을 위해 정확하고 간결하게 표현되어야 한다. 따라서 표현 방법이 제한적일 수밖에 없다. 기능적 저작물은 융합 이론의 영향을 받을 수밖에 없고 이 점에서 다른 일반 저작물에 비해 차별 아닌 차별이 존재한다. 보호가 약한 것이다(slim protection). 다시 말해서, 어떤 대상이 '도형저작물'로서 인정되면 복제권 등 권리 침해가 발생할 수 있는데, 이런 도형저작물은 거의 그대로 복제 기타 이용하지 않는 한 침해 문제가 그다지 생기지 않는 것이다.[173] 우리 대법원도 같은

---

170) 이에 관해서는, 제2장 제5절 제3관 '4. 업무상 저작물 및 영상저작물의 특례' 참조.

171) 도형저작물은 영어로, 'plastic work'라고 할 수 있다. 프랑스 법상 성형저작물(ouvrage plastique)과 거의 같은 개념으로, 영국 법상 도면저작물(graphic work)보다는 넓은 것이다. 앞에서 다른 표현('성형저작물')을 쓰기도 했지만, 영어 'plastic work'와 프랑스어 'ouvrage plastique'에 적합한 우리말은 '조형저작물'로 보인다.

172) 반도체배치회로설계는 반도체집적회로의 배치설계에 관한 법률(법률 제13150호, 2015. 2. 3., 일부 개정)에 의해 독자적인 보호를 받는다.

태도를 보이는 듯하다.[174]

일부에서는 도형저작물의 복제 개념에 대해 독특한 해석을 하기도 한다. 즉, 2차원의 도형저작물을 3차원적으로 재현하는 것은 복제의 개념에서 제외된다고 보는 것이다.[175] 아마도 우리 저작권법이 건축 설계도의 시공을 복제로 보는 것을 반대해석한 결과라 볼 수 있는데, 앞에서 본 바와 같이, 그러한 건축저작물에 관한 특별 규정은 확인 규정에 지나지 않고 실익도 없는 것이므로 이와 연계하는 것은 곤란하다고 본다. 해당 분야 전문가가 2차원 설계도를 3차원으로 재현하는 데 지장이 없다면 그것을 복제에서 제외할 필요는 없다고 본다.

차. 컴퓨터프로그램저작물

(1) 의의

컴퓨터프로그램저작물이 저작권법 체계에 편입된 것은 그리 오래되지 않았다. 컴퓨터프로그램 자체가 새로운 기술의 산물이다 보니 그 성격이며 내용에 적지 않은 혼란이 존재했다. 1976년 미국 저작권법상 어문저작물은 "문자, 숫자, 또는 기타 문자적 또는 숫자적 기호

---

173) 이러한 저작물의 저작자는 침해 시 입증의 편의를 위해, 저작권 등록을 하기도 하고 의도적으로 허위의 정보나 숨겨진 곳에 창작자의 성명을 표시하기도 한다. 그러나 이러한 노력이 침해 판단 시 접근 요건을 입증하는 데 도움이 되기는 하지만 그것으로 침해 판단의 다른 요건에도 영향을 미치는 것은 아니다. 대법원 2003. 10. 9. 2001다50586 판결(전국도로관광지도 사건): "원고 발행의 지도책들에서 잘못 표기한 지명이나 건물명 상당수가 피고 발행의 지도책에서도 잘못 표기된 사실은 인정되나, 달리 피고가 원고 발행의 지도책들에 있는 특유한 창작적 표현을 모방하지 않은 한 그와 같은 사정만으로는 피고가 원고의 저작권을 침해했다고 인정하기에 부족하고 ……".

174) 대법원 2003. 10. 9. 2001다50586 판결(전국도로관광지도 사건): "일반적으로 지도는 …… 미리 약속한 특정한 기호를 사용하여 객관적으로 표현한 것으로서 지도상에 표현되는 자연적 현상과 인문적 현상은 사실 그 자체로서 저작권의 보호대상이 아니라고 할 것이어서 지도의 창작성 유무의 판단에 있어서는 지도의 내용이 되는 자연적 현상과 인문적 현상을 종래와 다른 새로운 방식으로 표현하였는지 여부와 그 표현된 내용의 취사선택에 창작성이 있는지 여부가 기준이 된다고 할 것이고, 한편 지도의 표현방식에 있어서도 미리 약속된 특정의 기호를 사용하여야 하는 등 상당한 제한이 있어 동일한 지역을 대상으로 하는 것인 한 그 내용 자체는 어느 정도 유사성을 가질 수밖에 없는 것이라 할 것이다."

175) 장인숙, 43.

나 부호로 표현된 저작물"(제101조)을 뜻하는 것이므로 컴퓨터프로그램도 어문저작물로 보지 않을 이유가 없고, 따라서 컴퓨터프로그램이 "아이디어와 구별되어 프로그래머의 독창적 아이디어의 표현을 담고 있는 한" 어문저작물에 포함된다고 보았다.[176] 미국 저작권청은 1964년부터 프로그램에 대한 저작권 등록을 받았으나, 프로그램의 독특한 성격으로 인해 이를 어문저작물과 동일시하기는 어렵고, 특허나 영업비밀로 보호를 받을 수도 있기 때문에 분명한 입법 정책이 필요해졌다. 미국 의회는 1975년부터 '저작물의 새로운 기술적 이용에 관한 국립위원회(Commission on New Technological Uses of Copyrighted Works: CONTU)'를 설치하여 이 문제를 검토하도록 했는바, 이 위원회는 1978년 의회에 제출한 보고서에서, 컴퓨터프로그램을 정의 규정을 통해 저작권법에 명시하고, 프로그램 보호에 대한 일정한 예외(배타적 권리의 제한) 규정을 둘 것을 권고했는데,[177] 미국은 이 권고대로 1980년 저작권법을 개정했다(제101조 및 제117조). 이보다 앞서 1977년 영국의 연구 결과도 컴퓨터프로그램을 저작권법에 의해 보호할 것을 내용으로 하는 결론을 내린 바 있다.[178]

WIPO에서는 1970년대부터 컴퓨터프로그램에 대해 오랜 기간 집중적인 토론을 한 바 있다. 1978년에는 독자적인 제도(sui generis system)에 의한 보호를 내용으로 하면서도 국내법상 저작권법에 의한 보호 가능성을 열어놓는 모델규정을 만들기도 했다. 1980년대 들어 일부 국가들은 영국과 미국의 보고서 결론에 따라 컴퓨터프로그램을 저작권법 체계 내에서 보호하기 시작했다. 우리가 1986년 프로그램 보호에 관한 별도 법률을 제정할 때까지 10개국 가량이 저작권법에 의한 프로그램 보호 제도를 가지고 있었다.[179]

우리나라는 1980년대 들어 미국과 지적재산권 협상을 진행했다. 특히 1984년 이후 1986년 8월 '지적소유권에 관한 양해록'이 체결될 때까지 컴퓨터프로그램 보호가 핵심 현안 중 하나였다. 우리 정부는 협상 진행 중에도 프로그램 보호 그 자체에도 회의적인 입장을 가지고 있었다. 소관 부처도 존재하지 않았다. 1985년 10월 이후 이른바 '통상법 제301조 협상'

---

176) H.R. Rep. No. 94-1476, 1976, p. 54.

177) The Final Report of the National Commission on New Technological Uses of Copyrighted Works (CONTU), Library of Congress, 1979, p. 12.

178) Copyright and Designs Law: Report of the Committee to Consider the Law on Copyright and Designs, Cmnd. 6732, HMSO, 1977; WIPO, Model Provisions on the Protection of Computer Software, 1978.

179) 최경수(2021), 56~63.

중 프로그램 보호를 긍정적으로 검토하기 시작했다. 미국은 '저작권 보호'라는 자세를 견지했고, 한국은 특별법에 의한 '저작권법적인 보호'를 위해 백방으로 노력했다. 양국 간에 타협한 결과, 입법 형식은 한국 입장대로, 주요 내용은 미국 주장을 받아들여 '컴퓨터프로그램보호법'이 탄생한 것이다.[180]

프로그램보호법은 1986년 12월 31일 제정된 이래 2009년 개정 저작권법에 흡수될 때까지 20년 이상 독자적인 방법으로 프로그램을 보호했다. 개정 저작권법에는 종전 프로그램보호법상 주요 내용이 그대로 남아 있다.

(2) 개념

우리 저작권법에서는 컴퓨터프로그램을 저작물의 하나로 명시하고 있다(제4조 제1항 제9호). 종전 프로그램보호법상의 정의가 2009년 개정 저작권법에 그대로 반영되어 있다. 이에 의하면, 컴퓨터프로그램저작물이라 함은 "특정한 결과를 얻기 위하여 컴퓨터 등 정보처리능력을 가진 장치(이하 '컴퓨터'라 한다) 내에서 직접 또는 간접으로 사용되는 일련의 지시·명령으로 표현된 창작물을 말한다"(제2조 제16호).[181]

법적으로는 비록 간단하게 정의하고 있으나, 컴퓨터의 활용 목적에 따라 다양한 프로그램이 존재한다.[182] 프로그램은 대체로 시스템 프로그램과 응용 프로그램으로 나눌 수 있다. 시스템 프로그램은 컴퓨터를 제어하는 프로그램으로 운영체제(operating system), 컴파일러, 어셈블러, 라이브러리, 텍스트 에디터 등이 있다. 응용 프로그램은 컴퓨터를 이용해서 특정한 업무를 해결하기 위한 목적을 가지고 있는데, 워드프로세서, 스프레드시트, 데이터베이스 프로그램, 프레젠테이션 프로그램 등이 있다. 급여, 인사관리 등을 위한 업무용 프로그

---

180) 위의 책, 63~70.

181) 미국 법상 컴퓨터프로그램이란 "일정한 결과를 얻기 위하여 컴퓨터에 직접적으로나 간접적으로 이용될 수 있도록 한 지시나 명령의 집합"(제101조 정의)이라 정의하여, 우리 법상의 정의와 다르지 않다. 미국 법은 '지시나 명령의 집합' 또는 '한 벌의 지시나 명령(a set of statements or instructions)'이라고 하고 있다.

182) 일반적으로 컴퓨터프로그램은 소프트웨어와 동일한 의미로 사용하는 경향이 있으나, 소프트웨어는 프로그램 외에도 흐름도, 기술서, 설계서, 매뉴얼 등을 포괄하는 개념이라고 할 수 있다. EU 프로그램 지침은 준비 자료(preparatory design material)도 컴퓨터프로그램에 포함시키고 있다(제1조).

램도 있다. 이와는 별도로 유틸리티 프로그램도 있다. 일부에서는 이러한 프로그램을 시스템 프로그램으로 보기도 하는데, 디스크 관리용 유틸리티, 바이러스 검색·치료용 유틸리티 등 사용자가 컴퓨터를 편리하게 이용하기 위한 것이다.

어떠한 프로그램이든 특정한 문제를 확인하고 그 문제에 대한 해법을 찾기 위한(특정한 결과를 얻기 위한) 지시·명령의 집합이라 할 수 있다. 프로그래머는 해법을 찾기 위해 프로그램의 개념을 정하고, 프로그램 구성 요소를 확인한다. 그다음 구성 요소를 선별·조합하여 프로그램 구조를 설계한다.

이런 설계를 바탕으로 프로그램 언어(컴퓨터 언어)를 이용하여 작성(코딩)하게 되는데, 이와 같이 작성된 프로그램을 원시 프로그램(source program)이라 한다. 원시 프로그램은 다시 번역 프로그램(컴파일러)에 의해 목적 프로그램(object program)으로 변환되어 컴퓨터가 인식하여 작동되도록 한다. 원시 프로그램은 전문가가 해독할 수 있는 것이고, 목적 프로그램은 2진법(0과 1의 조합)으로 되어 컴퓨터만이 인식할 수 있다.

(3) 저작물성

국제적으로 컴퓨터프로그램이 저작권법 체계 내에 흡수된 1980년대 이래 그 저작물성에 대한 논의는 대부분 종식되었다. 그럼에도, 프로그램은 그 기능적 속성으로 인해 저작물성과 보호 범위를 둘러싸고 논란이 지속되고 있다. 기본적인 기준은 아이디어와 표현 이분법이라 할 수 있다. 이 점은 TRIPS협정에 분명히 나와 있다. 그 제9조 제2항에서는 "저작권 보호는 표현에는 적용되나 사상, 절차, 운용 방법 또는 수학적 개념 그 자체에는 적용되지 아니한다"고 하고 있다. 우리 법에 이런 이분법은 우리 학설과 판례에서도 받아들이고 있으나 TRIPS협정 규정을 적용하더라도 무리가 없다.[183] 현행 저작권법에는 종전 프로그램보호법에 있던 규정이 그대로 남아 있는 것 중 하나로, 제101조의2가 있다. 이에 의하면, "프로그램을 작성하기 위하여 사용하는" 프로그램 언어, 규약 및 해법은 보호하지 않는다.

이들은 대체로 아이디어에 속하는 것으로, 이분법에 의해 보호받기는 어려워 보인다. 법률이 과잉 친절을 베푸는 사례라고 하지 않을 수 없다. 그러나 비보호 영역인 아이디어 이외에, 보호해야 할 대상, 즉 '아이디어의 표현'을 보호하지 않는 것이라면 문제가 된다.

---

183) 저작권법과 조약과의 관계는, 제1장 제5절 '4. 조약과의 관계' 참조.

TRIPS협정이나 WCT 위반 문제도 생각할 수 있다.

프로그램 언어는 프로그램을 표현하는 수단으로서 문자·기호 및 그 체계를 말한다(제101조의2 제1호). 컴퓨터에게 지시·명령할 수 있도록 정해놓은 단어와 문법 규칙 체계라 할 수 있다. 프로그램 언어 중 Python, 자바, 자바스크립트 등 고급 언어는 사람들이 사용하는 언어에 견줄 수 있다. 컴퓨터가 직접 이해하는 기계어(machine language)와 고급 언어 사이에 어셈블리 언어가 존재한다. 어떠한 프로그램 언어든지 인간과 컴퓨터 간의 통신, 소통을 위한 수단이라는 점에서 저작권법상 보호되지 않는다. 인간의 언어가 저작권법상 보호되지 않는 것과 같은 이치라 할 수 있다. 저작권법에 들어올 것이 아니다.

규약이란 프로그램 언어의 용법에 관한 약속을 말한다(제101조의2 제2호). 이것은 우리 언어처럼 "말의 구성 및 운용상의 규칙",[184] 즉 문법인 것이다. 컴퓨터 분야에서 말하는 '구문(syntax)'도 규약의 하나이다.[185] 한국어 문법이 저작권법의 보호를 받을 수 없는 것과 같은 이치로 이 규약도 응당 보호받을 수 없는 것이다.

규약이라 할 때 우리는 통상 네트워크 통신 규약(communications protocol)으로 이해한다. 이에는 TCP/IP(transmission Control Protocol/Internet Protocol), HTTP(Hypertext Transfer Protocol), FTP(File Transfer Protocol), Telnet(Telnet Remote Protocol), POP3(Post Office Protocol 3), SMTP(Simple Mail Transfer Protocol), IMAP(Internet Message Access Protocol) 등이 있다. 이것은 통신을 위한 약속 또는 표준이라 할 수 있는 것으로, 저작권법에서 말하는 규약은 아니라고 할 수 있다.

해법은 "프로그램에서 지시·명령의 조합 방법"을 말한다(제101조의2 제3호). 프로그램은 문제 해결을 위한 지시·명령의 집합이라면 이러한 지시·명령을 어떻게 조합하여 하나의 집합으로 만드는가 하는 것이 해법이라 할 수 있다. 일본 법에서는 프로그램을 '지령의 조합'이라고 하면서(제2조 제1항 제10호의2), 비보호 대상을 '지령의 조합방법'(제10조 제3항 제3호)이라고 하고 있다. 일본에서는 이것을 알고리즘으로 이해하고 있다.[186]

---

184) 표준국어대사전.

185) 구문이란 "명령의 구조와 내용을 정하는 규칙"이라고 한다. Microsoft Computer Dictionary, 5th ed., 2002.

186) 加戶, 130. "인터페이스나 통신 프로토콜은 통상의 언어로 기술하면 애매해지기 때문에 프로그램으로 기술되는 것도 많은데, 정확을 기하면 그 이외의 표현이 없을 수도 있어서 이와 같은 경우에는 창작성을 인정해서는 안 된다"고도 한다. 中山, 138. 이 설명을 정확히 이해하긴 어렵지만, 규약이나 해

현행 제101조의2는 다음과 같은 비판에서 자유로울 수 없다. 첫째, 아이디어와 표현의 이분법을 명시적으로 규정한 조항은 없음에도 프로그램에 대해서는 별도 규정을 두고 있다는 점이다. 원칙 규정도 없는데, 예외적 규정이 있는 모습이다. 둘째, 규약이나 해법은 해석하기에 따라서는 프로그램이 될 수 있다. 프로그램임에도 불구하고 법정책적으로 보호하지 않는 것으로 비춰질 수 있다. 셋째, 이 규정은 일본이 대외적으로, 논리적으로 방어하지 못하는 전철을 밟을 수 있다.[187]

프로그램 저작물성과 관련해 특기할 만한 것으로, 앞에서 보았듯이, 아이디어와 표현의 이분법에 의해, 때로는 융합 이론으로 인해 프로그램에 대한 저작권 보호가 제한을 받을 수 있다는 점이다. 심지어, 외부적인 요인(external factors)에 의해 프로그램의 보호가 부정되기도 한다. 즉, 미국 판례에서 보듯이, 컴퓨터의 기계적 규격, 다른 프로그램과의 호환성, 업계의 요구 등 외부적 요인에 의해 표현이 좌우되는 경우 저작권 보호를 하지 않는 것이다.[188]

카. 2차적저작물

(1) 개념

2차적저작물(derivative work)이란 "원저작물을 번역·편곡·변형·각색·영상제작 그 밖의

법이 프로그램이라는 것을 전제로 한 것으로 보인다. 이런 설명은 다소 불편하다. 그런 전제라면, 인터페이스 등이 프로그램으로 구현된 경우 보호를 하지 않겠다는 것이기 때문이다. 예를 들어, 인터페이스는 저작권법상 그 자체(인터페이스에 구현된 프로그램이 아닌)의 보호 여부로 해결할 문제로 보이고, 프로그램의 경우에도 아이디어와 표현의 이분법이나 융합 이론으로 해결할 수 있다. 굳이 명문으로 해당 규정을 둔 것은 입법자의 친절일 수도 있고, 옹졸함일 수도 있다.

187) 일본 학자들로 주로 구성된 전문가 그룹은 ① 저작물 예시는 단지 분류상의 문제이며, 보호의 내용은 다른 어문저작물과 다르지 않으며, ② 저작권법은 아이디어를 보호한다는 기본원칙을 확인하고 있다는 것이다. EC지침과 미국 저작권법, TRIPS협정 등에서도 아이디어나 원칙, 절차 등은 저작권 보호를 받지 못한다고 명시하고 있다고 해명하고 있다. 文化廳, コンピュータ·プログラムに係る著作權問題に關する調査硏究協力者會議報告書 ― 旣存プログラムの調査·解析等について ―, 1994. 5. 이런 해명은 설득력이 떨어진다. TRIPS협정 등은 프로그램을 "어문저작물로서" 보호할 것을 요구하고 있고, 아이디어를 보호하지 않는다면 TRIPS협정 규정대로 법규정을 두는 것이 합당하다고 할 수 있다.

188) 제2장 제1절 1. '나. 아이디어의 표현' 참조.

방법으로 작성한 창작물"(제5조 제1항)을 말한다. 원저작물에 기반을 두고 그로부터 파생한 것으로, 추가적인 창작행위의 결과로[189] 탄생한 번역물, 편곡물, 각색물 등을 2차적저작물이라고 한다.

번역(translation)은 언어를 달리하여 표현하는 것이다. 그렇게 나온 저작물이 번역물이다.[190] 대표적인 번역으로는 동일한 내용의 한국어 표현을 외국어로 표현하거나 반대로 외국어 표현을 한국어로 표현하는 것을 들 수 있다. 한문을 한글로 번역하는 것도 이 범주에 속한다. 그러나 동일한 언어 체계 내에서 사용하는 문자나 부호가 달라진다면 이는 번역이라 할 수 없을 것이다. 이러한 예로 속기나 점자가 있다.[191]

편곡(arrangement)이란 음악 분야에서 사용하는 용어로, 개별 악기나 오케스트라, 가수의 목소리에 맞도록 기존 악곡을 변형하는 것이라고 일반적으로 말할 수 있다. 그러나 일반적인 의미의 편곡 모두가 저작권법상에서 말하는 편곡이 되는 것은 아니다. 저작권법은 창작적 표현이 가미되어 2차적으로 저작물성을 획득한 경우에 한하여 2차적저작물로 보호한다. 독창성이 저작물성 판단의 중심에 있음은 물론이다. 독주곡이나 독창곡을 합주곡이나 합창곡으로 편곡하는 예가 대표적인 저작권법상의 편곡이라 할 수 있다. 기악곡을 성악곡으로, 남성곡을 여성곡으로 또는 재즈를 팝으로 변형했다 하여, 특별히 창작적 표현을 담았다고 인정할 만한 사유가 없는 한 2차적저작물이 되지 않는다.

각색(adaptation)은 문화예술 분야의 각 장르에 적합하도록 표현 형식에 변경을 가하는 것이라 할 수 있다. 예를 들어, 소설을 연극을 위한 희곡으로, 영화를 위한 시나리오로 만든

---

189) 대법원 2007. 3. 29. 2005다44138 판결: "번역저작물의 창작성은 원저작물을 언어체계가 다른 나라의 언어로 표현하기 위한 적절한 어휘와 구문의 선택 및 배열, 문장의 장단 및 서술의 순서, 원저작물에 대한 충실도, 문체, 어조 및 어감의 조절 등 번역자의 창의와 정신적 노력이 깃들은 부분에 있는 것이고, ……"; 대법원 2011. 5. 13. 2010도7234 판결: "이 사건 무언극의 시놉시스는 단순히 '프리즈' 시놉시스에 나타난 기본 설정을 그대로 차용하여 구체적인 상황설정 등에만 다소의 수정·증감이나 변경을 가한 데에 그치지 않고, 구체적인 사건의 전개과정, 등장인물들의 성격과 상호관계 등에 발레리나가 비보이와 동화되어 가는 과정에서의 사랑, 내·외적 갈등 및 그 극복 구조 등을 새로이 추가한 것이어서, 원저작물인 '프리즈' 시놉시스와는 구분되는 새로운 저작물로서 저작권법 제5조 제1항 소정의 2차적저작물에 해당한다 할 것인데 …… 원심의 이러한 사실인정과 판단은 정당한 것으로 수긍할 수 있다."

190) 영어로는 번역이든 번역물이든 모두 'translation'이다.

191) 장인숙, 59.

다거나 만화를 연극이나 영화 각본 또는 소설로 만드는 것이다.[192]

영상화 또는 영상제작(cinematization)[193]이란 소설이나 각본, 만화 등을 연속적인 영상물로 만드는 것이다. 이러한 영상물은 기계나 전자장치로 재생할 수 있어야 한다. 이에는 영화나 방송 프로그램, 애니메이션, 게임 등이 있다.

변형(transformation)은 대체로 공간적 표현 형식의 변경을 말한다. 미술이나 건축, 사진이나 도형에 변형을 가하여 새로운 창작물을 만드는 것으로, 사진을 회화로, 회화를 조각으로, 설계도를 모형으로 만드는 것 등이 이에 속한다. 그 반대의 경우, 즉 회화를 사진으로, 조각을 회화로, 그리고 모형을 설계도로 하는 것도 포함한다.[194] 2차원저작물을 3차원저작물로 만드는 것도 가능하고, 3차원저작물을 2차원저작물로 만드는 것도 가능하다. 그 어떤 경우이든 독창성이 있으면 2차적저작물인 것이고, 그렇지 않다면 단순히 복제물에 지나지 않는다. 2차원저작물을 3차원저작물로 만든다면 그 반대의 경우보다 독창적일 가능성이 높을 것이다.

저작권법에서는 기존 저작물의 요약이나 축약(summary or abridgment) 또는 발췌(abstract)에 대해서는 별도로 예시하지 않고 있다. 원문 소설을 축약하여 청소년판으로 만드는 것이 하나의 예라 할 수 있는데, 이러한 예는 넓은 의미의 개작(adaptation)의 범주에 든다고 할 수 있는데, 우리 법에서는 "그 밖의 방법으로 작성한 창작물"에 해당한다.

2차적저작물은 원저작물을 번역 등의 방법으로 변경을 가하여 만들어진 저작물을 통칭하는 말이다. 2차적저작물을 원저작물로 하여 다른 2차적저작물을 만들 수도 있다. 소설을 각색하여 각본을 창작하고 그 각본을 영화화하는 것이 전형적인 예이다. 이때 각본은 소설의 2차적저작물이고 영화는 각본의 2차적저작물이 된다. 소설이 영화의 2차적저작물이 되

---

192) 각색은 영어로 'adaptation'이라 할 수 있다. 'adaptation'은 각색을 포함한 개작의 의미로도 쓰이기 때문에 2차적저작물 모두를 아우르는 말이기도 하다.

193) 제5조 제1항에서 말하는 '영상제작'은 엄밀하게는 영상적 각색 또는 영상화라고 해야 한다. 영상제작은 단지 영상물을 만드는 것으로, 이에는 보호 요건으로서 2차적 창작행위가 존재하지 않는다. 영상적 각색은 'cinematographic adaption'이고, 영상화는 'cinematization'라고 할 수 있다. 1948년 브뤼셀회의에서 '영상적 각색(adaptation cinematographique, cinematographic adaptation)'을 2차적저작물의 예시에 넣자는 논의가 있었다. Documents de la Conférence réunie à Bruxelles du 5 au 26 juin 1948, Union internationale pour la protection des oeuvres littéraires et artistiques, 1951, p. 144.

194) 장인숙, 60.

기도 한다.

(2) 성립 요건

2차적저작물은 기존 저작물에 기초한 새로운 저작물이다. 기존 저작물이 존재해야 하고, 2차적저작물 저작자는 이를 바탕으로 번역, 편곡, 각색 등의 방법으로 독창적인 저작물을 만들어야 한다. 우리 대법원은 이를 다음과 같이 일관되게 설명한다: "2차적저작물로 보호를 받기 위하여는 원저작물을 기초로 하되 원저작물과 실질적 유사성을 유지하고, 이것에 사회통념상 새로운 저작물이 될 수 있을 정도의 수정·증감을 가하여 새로운 창작성이 부가되어야 하는 것이며, 원저작물에 다소의 수정·증감을 가한 데 불과하여 독창적인 저작물이라고 볼 수 없는 경우에는 저작권법에 의한 보호를 받을 수 없다 할 것이다."[195]

이를 하나씩 살펴보면, 첫째, 2차적저작물은 기존 저작물(원저작물)에 바탕을 두어야 한다. 원저작물에는 제한이 없다. 어떤 저작물이든 원저작물이 될 수 있다. 2차적저작물은 원저작물과 종류나 장르를 달리해 만들어질 수도 있고, 같은 종류나 장르로 만들어질 수도 있다. 전자의 예로는 소설을 영화화하는 것을 들 수 있고, 후자의 예로는 언어를 바꾸거나(번역), 악곡을 변형하거나(편곡)는 것을 들 수 있다. 두 가지 방법으로 2차적저작물이 생성될 수도 있다. 특정 외국어로 된 소설을 한국어로 번역하여 이를 영상저작물로 만들 수도 있고, 외국 영화를 한국어 소설로 만들 수도 있는 것이다.

둘째, 2차적저작물은 원저작물과 실질적 유사해야 한다. 여기서 말하는 실질적 유사성은 침해 판단 기준의 핵심 요소인 실질적 유사성과는 구별된다. 후자는 부정이용(improper appropriation)의 하나로서 '보호되는 표현'의 유사성을 말한다. 반면 전자는 2차적저작물과 원저작물과의 관련성으로서 유사성을 말한다. 하급심 판례이긴 하지만, 연극저작물(무용극)과 영상저작물 간에 실질적 유사성을 서술한 사례가 있다. 이에 의하면, 적어도 두 저작물 간에 단순히 주제나 소재가 같거나 비슷하다는 것 이외에 사건의 구성, 전개과정, 등장인물의 교차 등 공통점이 있어야만 두 저작물 간에 실질적 유사성이 존재한다고 할 수 있다.[196]

---

195) 대법원 2002. 1. 25. 99도863 판결; 대법원 제1부 2004. 7. 8. 2004다18736 판결(사랑은 아무나 하나 사건); 대법원 2010. 2. 11. 2007다63409 판결; 대법원 2011. 5. 13. 2010도7234 판결; 대법원 2013. 8. 22. 2011도3599 판결.

2차적저작물 성립 요건으로서 유사성은 다음과 같은 이유로 형식적인 요소에 지나지 않는다고 본다. 요건이라고 할 여지도 없다고 본다. ① 2차적저작물은 원저작물에서 '파생'한 것이므로 위 판례에서 말하는 사건의 구성, 전개과정 등이 같거나 유사할 수밖에 없다. 그렇지 않다면 2차적저작물이 아닌 별개의 독자적인 저작물인 것이다. ② 실제로 이 유사성과 침해 판단 요소로서 유사성은 실제 사안에서 구별하기도 어렵다고 본다. ③ 원저작물에 기반한 2차적저작물이든 원저작물의 복제물이든 그 원저작물과의 관계에서 침해 판단은 실질적 유사성 여부에 달려 있는 것이다. 2차적저작물이라 하여 '실질적 유사성' 판단이 달라지는 것은 아니다.

셋째, 2차적저작물은 독창성이 있어야 한다. 독창성은 일반 저작물에 적용되는 독창성 원리가 그대로 적용된다. 우리 대법원은 2차적저작물의 성립 요건으로서 독창성에 관해 다수의 판례를 남겼는바, 그 논리는 거의 같다. 즉, 2차적저작물은 "사회통념상 새로운 저작물이 될 수 있을 정도의 수정·증감을 가하여 새로운 창작성이 부가되어야" 하는 것이다.

(3) 2차적저작물의 보호

2차적저작물은 '독자적인 저작물로서' 보호된다(제5조 제1항). 이 규정은 두 가지 의미를 담고 있다. 첫째는 2차적저작물도 다른 저작물과 마찬가지로 동일하게 저작권 보호를 받는다는 의미이다. 누군가가 2차적저작물을 무단으로 공표한다거나 저작자의 성명 표시를 생략한다거나 2차적저작물의 동일성을 해치는 경우 그 저작자의 저작인격권을 침해하는 것이고, 2차적저작물을 복제, 공연, 방송, 공중송신 등의 방법으로 이용하고자 한다면 그 저작자의 저작재산권을 침해하는 것이다.[197]

둘째는 원저작물에 대한 저작권을 침해하는 2차적저작물이 만들어진다 하더라도 그 2차적저작물은 여전히 저작권법에 의해 독자적으로 보호된다는 의미이다. 2차적저작물 작성의 적법성 여부가 그 보호 여부에 영향을 미치지 않는다고 할 수 있다.[198]

---

196) 서울지방법원 1990. 9. 20. 89가합62247 판결(행복은 성적순이 아니잖아요 사건) 참조. 만화와 드라마 간의 실질적 유사성을 다룬 판례로는, 서울고등법원 2005. 7. 27. 2005라194 결정(두근두근체인지 사건)이 있다.

197) 베른협약 제2조 제3항에서는 "문학 또는 예술 저작물의 번역, 각색, 편곡 및 기타 변경은 …… 원저작물로서 보호된다"고 하고 있다.

(4) 2차적저작물과 원저작물과의 관계

2차적저작물은 원저작물에 변경을 가하는 것으로, 원저작자는 이러한 변경에 대해 이른바 '2차적저작물 작성권'을 가진다. 2차적저작물을 만들기 위해서는 원저작자의 허락을 받아야 하는 것이다.

한편, 2차적저작물은 그 성질상 복수의 권리자가 존재한다. 제3자가 2차적저작물을 이용하기 위해서는 그 저작물의 저작자뿐만 아니라 그 저작물의 원저작물 저작자의 허락을 동시에 받아야 한다. 2차적저작물은 원저작물에 기반을 둔 것이고 전자의 이용은 후자의 이용을 반드시 전제로 하기 때문이다. 저작권법은 이를 표현하여, "2차적저작물의 보호는 그 원저작물의 저작자의 권리에 영향을 미치지 아니한다"(제5조 제2항)고 하고 있다. 2차적저작물의 원저작물이 여럿 존재할 경우(원저작물이 다른 원저작물에 기반을 둔 2차적저작물인 경우) 마찬가지로 이들 원저작물의 저작자 모두의 허락을 받아야 한다.

여기서 한 가지 주의할 점은, 제3자가 2차적저작물을 이용하지 않고 원저작물을 이용했다면 2차적저작물에 대한 저작권 침해는 발생하지 않는다는 것이다. 예를 들어 보호기간이 지난 고전 작품은 복수의 번역물이 존재한다. 이들 간에는 실질적 유사성도 발견된다. 그렇지만 어느 것이든 원저작물에만 각기 기반을 두고 있고 그러한 사실이 입증된다면 양자 간의 침해 문제는 생길 수 없는 것이다. 결국은 2차적저작물 저작자가 원저작물을 이용한 것인지 아니면 다른 2차적저작물을 이용했는지 여부에 따라 침해 유무가 갈리게 된다.

타. 편집저작물

(1) 법규정

편집저작물이란 "편집물로서 그 소재의 선택·배열 또는 구성에 창작성이 있는 것을 말한다"(제2조 제18호). 편집물은 "저작물이나 부호·문자·음·영상 그 밖의 형태의 자료(이하 '소

---

198) 1886년 베른협약에서는 적법한 번역물(traductions licites)만을 보호했으나 1908년 개정 회의에서 적법성 여부를 묻지 않고 '원저작물로서' 보호하기로 했다. 미국 저작권법은 불법적인 부분에 대해서는 저작권 보호를 부정하고 있다. 제103조 (a) 참조.

재'라 한다)의 집합물을 말하며, 데이터베이스를 포함한다"(제2조 제17호). 소재의 집합물로서 편집물이 창작성이 있는 경우 독창적인 편집저작물이 되는 것이다.

이 정의 규정은 여러 차례 개정을 거친 것으로, 주목할 만한 것으로는 2003년 개정법이 있다. 이 개정법에서 데이터베이스를 저작권법상 보호대상임을 직접적으로 명시했다.[199] 개정법은 아울러 데이터베이스를 두 가지로 나눠, 즉 독창성이 있는 것과 그렇지 않은 것으로 나눠 전자에 대해서는 저작권 보호를 하고 후자에 대해서는 독자적인 보호를 했다. 이른바 독창성이 없는 데이터베이스 보호 제도를 마련한 것이다. 이를 위해 새로운 장(제4장)을 신설하기도 했다.

(2) 개념

편집물은 저작물만을 모아도 되고, 부호나 문자 또는 음이나 영상을 모아도 된다. 이들 각각을 섞어 모아도 편집물이 될 수 있다. 저작물이나 부호·문자 등은 편집물의 '소재'라고 통칭한다. 이렇게 본다면 우리 법상 편집물(compilation)은 수집물(collection) 내지 집합물과 같은 개념이라 할 수 있다.[200]

편집물의 종류는 무척 많다. 이에는 백과사전·언어사전·용어사전·글로서리·시소러스 등과 같은 사전들, 여러 형식과 장르의 저작물을 담고 있는 초·중등학교 교과서나 참고서, 신문·잡지·교지 등 연속간행물, 논문집·명문집·명곡집·명화집 등 선집들, 광고나 카탈로그 등 선전물, 전화번호부·인명록·지명록·회원명부 등 디렉토리, 연감, 지도, 연대표 등 다양한 장르에 걸쳐 다양한 표현 형식으로 존재한다. 홈페이지, 주소록, 이메일 리스트, 말뭉치 등과 같이 나중에 등장한 편집물도 있다. 이 중 저작권 보호를 받는 편집저작물이라 한다면, '소재의 선택·배열 또는 구성에 창작성'이 있는 것으로 제한된다. 각각의 예에서 창작

---

199) 1994년 편집저작물 규정을 보면 데이터베이스가 편집물의 정의 규정에 포함되는 것을 논리적으로 확인할 수 있었음에도 불구하고, '데이터베이스'가 저작권법상 보호대상이라고 명시하지 않은 이상 데이터베이스 보호에 관해 별도의 입법도 생각할 수 있다는 해괴한 논리도 등장한 바 있다. 이러한 오해를 불식시키기 위해 2003년 저작권법에 데이터베이스를 명시하기에 이른 것이다.

200) 베른협약 제2조 제5항에서는 수집물(collection)이라는 용어를, TRIPS협정 제10조 제2항에서는 편집물(compilation)이라는 용어를 사용하고 있는데, 양자는 모두 "내용의 선택 또는 배열로 인하여 지적 창작물이 되는" 것으로 같은 의미를 담고 있다. 우리 법상 편집저작물에 해당하는 개념이다.

성[201]을 독자적으로 판별하여 그 편집저작물성을 가려낼 수밖에 없다.

2003년 개정법에서는 편집저작물을 정의하면서, 소재의 '선택 또는 배열'의 창작성이라는 전형적인 개념을 다소 확대하여, 소재의 '선택·배열 또는 구성'의 창작성을 요구하고 있다. 선택(selection)이나 배열(arrangement)은 편집물을 만들 때 반드시 거치는 과정이다. 소재를 어떻게 고를 것인지(선택 기준), 무엇을 고를 것인지(선택 대상), 얼마나 고를 것인지(양) 결정하는 과정에서 편집자의 지적 노력이 필요하고 더불어 비용과 시간도 수반되는 것이다. 배열 과정도 마찬가지이다. 이용자에게 무엇을 보여줄 것인가, 그리고 어떻게 보여줄 것인가에 따라 배열 기준이나 방법이 달라질 것이다. 편집자가 이런 과정을 거치면서 자신의 독자적인 노력의 소산을 보여준다면 그런 지적 창작물은 편집저작물이 되기에 충분하다.[202]

편집저작물의 정의상 구성이라는 요소는 선택이나 배열이라는 개념 속에서 파악할 수 있을 듯도 하다. 그러나 데이터베이스를 염두에 둔 개념으로 파악하는 것이 옳을 것이다. 즉, 데이터베이스는 검색을 기본 전제로 제작되고 그러한 검색을 위해서는 데이터베이스를 체계적으로 구성해야 하기 때문이다.[203]

(3) 편집저작물의 보호

편집저작물은 독자적인 저작물로서 보호된다(제6조 제1항). 이것은 두 가지 의미를 담고 있다. 첫째는 편집저작물도 다른 저작물과 마찬가지로 독창성이 있는 저작물이므로 보호에 차별이 존재하지 않는다는 의미이다. 따라서 누군가가 편집저작물을 무단으로 공표한다거나 성명 표시를 생략한다거나 편집저작물의 동일성을 해치는 경우 편집 저작자의 저작인격

---

201) 필자는 여기서 말하는 창작성은 '독창성'으로 본다. 이에 관해서는, 제2장 제1절 1. '가. 독창성' 참조.

202) 대법원 판단을 소개한다: "편집물이 저작물로서 보호를 받으려면 일정한 방침 혹은 목적을 가지고 소재를 수집·분류·선택하고 배열하여 편집물을 작성하는 행위에 창작성이 있어야 하는바, ……". 대법원 2009. 6. 25. 2008도11985 판결.

203) 구성이라는 표현은 1994년 개정법에서 편집물을 정의하면서 처음 등장한다. 개정법에서 편집물을 정의하기를, "논문·수치·도형 기타 자료의 집합물로서 이를 정보처리장치를 이용하여 검색할 수 있도록 체계적으로 구성한 것을 포함한다"고 했다. 데이터베이스를 염두에 두고 '구성'이라는 표현을 쓴 것을 엿볼 수 있다.

권을 침해하는 것이고, 편집저작물을 복제, 전송 등의 방법으로 이용한다면 저작재산권을 침해하는 것이다. 둘째는 원저작물에 대한 권리를 침해하는 편집저작물을 만들더라도 편집저작물 그 자체는 여전히 저작권법에 의해 보호를 받는다는 의미이다. 이런 점에서 편집저작물도 2차적저작물과 성격이 같다 할 수 있다.

편집저작물은 사실적 저작물(factual work)의 하나이다. 사실적 저작물은 사실의 전달에 초점이 있고 이를 위해서는 사실 전달에 가장 효과가 있는 수단(표현 방법)을 찾게 되고 그렇게 되면 종전 저작물과 차별되기 어렵다. 다시 말해서, 사실적 저작물 침해 여부와 관련해서 그 표현 방법의 제약으로 인해(융합 이론) 그 침해 입증이 곤란한 경우가 많은 것이다. 이러한 점에서 편집저작물은 엷은 보호(thin copyright)를 받는다.

편집저작물은 소재 저작물을 모은 것이므로 소재 저작물에 대한 저작권 침해를 들어 편집 저작권 침해를 주장할 수는 없다. 편집저작물은 그 소재의 '선택·배열 또는 구성'에 창작성이 존재해야 하고 그 범위 내에서 보호되는 것이므로 소재 자체의 저작권 침해가 곧 편집 저작권 침해가 되지 않기 때문이다. 소재 저작물의 저작권 침해에 대해서는 그 저작자가 침해를 주장할 수 있을 뿐이다.

(4) 편집저작물과 소재 저작물과의 관계

편집저작물이 저작권법상 보호되는 여부와는 별개로, 편집저작물을 만들기 위해서는 편집저작물의 소재가 된 원저작물을 복제 등의 방법으로 이용하기도 한다. 이때에는 저작자로부터 허락을 받아야 한다. 어떤 저작물이든 이용하고자 한다면 저작자의 허락을 받는다는 기본 원리가 작동하는 것이다. 원저작자의 허락을 받아야 한다는 점에서는 2차적저작물의 경우와 같은 것이지만 허락의 내용이 다르다. 편집저작물의 경우에는 그 복제 등 이용에 대해서 허락을 받는 것이고 2차적저작물의 경우에는 '2차적저작물 작성'이라는 이용에 대해 허락을 받는 것이다.

편집저작물 보호는 그 구성부분이 되는 소재에 대한 저작권 등에 "영향을 미치지 아니한다"(제6조 제2항). 제3자가 편집저작물을 이용하기 위해서는 그 저작자의 허락뿐만 아니라, 소재에 대해 권리를 가지고 있는 저작자의 허락도 요구된다. 편집저작물은 원저작물 등 소재를 토대로 만든 것이므로 그 원저작물의 저작자가 존재할 것이고, 편집저작물을 만든 저작자도 존재할 것이기 때문에 편집저작물을 누군가 이용하려면 원저작자와 편집 저작자 모

〈표 3〉 저작물의 종류 및 예시

종류	장르·종류
어문저작물	소설, 시·시조, 수필, 논문, 강연·연설·설교, 각본, 매뉴얼, 광고
음악저작물	가요·가곡, 관현악·기악·성악
연극저작물	연극, 무언극, 무용극, 창극, 오페라, 뮤지컬
미술저작물	회화, 조소·조각·판화, 서예, 공예, 디자인, 캐릭터
건축저작물	설계도, 모형, 건물, 구조물
사진저작물	초상사진, 광고사진, 기록사진, 예술사진
영상저작물	영화, 방송 프로그램, 뮤직비디오, 게임, 광고, 애니메이션
도형저작물	지도, 도표, 설계도, 약도, 모형
컴퓨터프로그램	운영체제, 응용 프로그램, 게임
2차적저작물	번역, 편곡, 각본, 시나리오, 영상저작물
편집저작물	사전, 백과사전, 디렉토리, 광고·카탈로그, 데이터베이스, 홈페이지

두의 허락을 받아야 하는 것이다. 파생 저작물의 속성상 당연한 귀결이다. 다만, 편집저작물은 반드시 기존 저작물에만 기반을 두고 있는 것은 아니다. 소재가 저작물일 수도 있고 아닐 수도 있기 때문이다. 이것은 같은 파생 저작물로서 2차적저작물과 다른 점이다. 따라서 제3자는 저작물이 아닌 소재나 정보를 가지고 편집저작물을 만들었다면 편집저작물 저작자의 허락을 받는 것으로 족하다.

파. 공동저작물

(1) 개념

복수의 저작물이 모여 하나의 저작물이 되기도 한다. 이때 저작자도 복수로 존재할 수 있다. 이러한 저작물에는 결합저작물과 공동저작물이 있다. 결합저작물은 복수의 저작물을 단순히 모은 것이다. 결합저작물은 강학상의 개념으로, 단순 수집물이 있는가 하면, 선택이나 배열에 독창성이 있는 편집저작물도 있다. 편집저작물 외의 결합저작물은 그 자체로 저작권법에서 말하는 '저작물'의 하나는 아니다. 따라서 결합저작물의 '저작자'도 존재하지 않으며, 결합저작물에 수록된 개별 저작물의 저작자만이 존재할 뿐이다. 결합저작물을 굳이 저작권법에 별도로 규정할 필요가 없는 것이다.

복수의 저작자가 존재하는 또 다른 저작물로 공동저작물이 있다. 공동저작물이란 "2명 이상이 공동으로 창작한 저작물로서 각자의 이바지한 부분을 분리하여 이용할 수 없는 것" (제2조 제21호)을 말한다. 특정 저작물이 공동저작물인지 아니면 결합저작물인지 여부에 따라 그 법적 지위가 크게 달라지기 때문에 양자의 구별은 매우 중요하다.

공동저작물이 되기 위해서는 다음과 같은 두 가지 요건을 모두 갖춰야 한다. 첫째, 공동으로 창작되어야 한다.[204] 공동 창작 외에 공동 창작 의사를 필요로 하는가. 우리와 유사한 취지의 규정[205]을 두고 있는 일본에서는 이에 대해 학설이 갈린다. 일부에서는 공동 창작 의사를 외부에서 판단하기 곤란한 경우에는 객관적으로 보아 당사자 간에 상대방의 의사에 반하지 않을 정도의 관계를 인정할 수 있다면 공동 창작 요건을 충족한 것으로 봐야 한다고 한다.[206] 다른 일부에서는 당사자 간에 서로 보완하는 형태로 창작하겠다는 주관적 인식하에 실제로 그렇게 창작되어야 공동저작물이 된다고 한다.[207] 이러한 견해 대립은 주로 사후 저작물, 즉 저작자가 저작물을 만들고 사망한 뒤 누군가가 기존 저작물에 가감·수정을 거쳐 개정판을 냈을 경우를 상정해 논의하는 경향이다.

어느 저작물이 공동저작물에 해당하는지 판단하는 데 법규정의 취지도 중요하다. 입법 자료로부터는 그 취지를 확인할 수 없어서, 필자가 추정하기로, 공동저작물은 복수의 저작자들이 함께 협력해야 만들어지는 것이고, 따라서 이들 간의 유대관계는 강하게 마련이다. 게다가 저작물은 저작자의 개성과 인격이 담긴 것으로 이러한 복수의 저작물을 하나로 합친다는 점에서, 공동저작물은 강한 유대관계를 전제로 해야만 성립한다고 본다. 그러나 이러한 유대관계는 공동저작물에 관해서는 결국 공동 창작 의사로 파악하는 것이 옳을 듯하다. 적어도 그러한 의사를 추정하지 못하는 한 공동저작물 성립 요건을 충족했다 할 수는

---

204) 대법원은 공동 창작을 다음과 같이 보고 있다: "2인 이상이 저작물의 작성에 관여한 경우 …… 창작적인 표현형식에 기여하지 아니한 자는 비록 저작물의 작성 과정에서 아이디어나 소재 또는 필요한 자료를 제공하는 등의 관여를 하였다고 하더라도 그 저작물의 저작자가 되는 것은 아니다. 이는 저작자로 인정되는 자와 공동저작자로 표시할 것을 합의하였다고 하더라도 달리 볼 것이 아니다". 대법원 2021. 7. 8. 2018도525 판결.

205) 일본 저작권법 제2조 제1항 제12호: "공동저작물: 2인 이상의 자가 공동하여 창작한 저작물로, 그 각인의 기여를 분리하여 개별적으로 이용할 수 없는 것을 말한다."

206) 半田, 59~60.

207) 田村善之, 著作權法概說, 第2版, 有斐閣, 2006, pp. 371~372. 그렇지 않다면 양자 간에는 원저작물과 2차적저작물의 관계로 봐야 한다는 것이다.

없을 것이다.208)

둘째, 각자의 기여분(contributions)을 "분리하여 이용할 수 없는 것"이어야 한다. 이 요건을 분석해보면 세 가지 경우를 생각할 수 있다. ① 분리 자체가 불가능해서 이용도 불가능한 경우이다. 이 경우가 전형적인 공동저작물이라 할 수 있다. 여러 사람이 공동으로 완성한 하나의 그림이나209) 다수가 참여하여 만든 언어 사전이 그러한 예라 할 수 있을 것이다. ② 분리는 가능한데 개별적으로 이용이 불가능한 경우이다. 이 경우도 공동저작물로 보는 데 어려움이 없다. 한 예로, 여러 토론자가 등장하는 좌담회를 들 수 있다. 좌담회나 토론회는 분리는 할 수 있지만 개별적으로 이용할 수 없을 것이고, 따라서 공동저작물이 된다.210) 이러한 공동저작물의 사례는 실제로 많지 않다. 분리가 가능하면 통상 개별 이용도 가능하기 때문이다. 여기서 말하는 '이용'이란 공동저작자 중 한 사람이 자신의 기여분을 별도로 이용할 수 없다는 의미라고 할 수 있다.211) ③ 분리도 가능하고 개별 이용도 가능한 경우이다. 이러한 예로는 가사가 있는 음악저작물, 삽화가 있는 소설, 삽화가 들어간 교과서,212)

---

208) 미국 저작권법에서는 다소 다른 측면에서 공동저작물을 바라본다. 제101조에 의하면, 공동저작물이란 "둘 이상의 저작자가 각자의 기여분을 분리할 수 없거나 상호의존적인 부분으로서 단일한 전체에 융합시키려는 의사를 가지고 작성한 저작물을 말한다(a work prepared by two or more authors with the intention that their contributions be merged into inseparable or interdependent parts of a unitary whole)." 전체의 일부로서 분리할 수 없는 기여분 또는 상호의존적인 기여분을 만들겠다는 의사가 필요한 것이다. 분리할 수 없는 예로 소설과 회화를, 상호의존적인 예로 영화, 오페라, 노래의 가사와 악곡을 들고 있다. H.R. Rep. No. 94-1476, 1976, p. 120.

209) 장인숙, 54.

210) 좌담회는 토론자 간에 논쟁하는 것이고 각자의 발언에 대해 응답하는 과정을 거치게 마련이므로 개별 이용이 실제로 가능하지 않다고 하겠다. 半田, 62.

211) 예를 들어, 공동저작자 중에 누군가 공동저작물 중 일부만을 가지고 책을 내거나, 영상물은 만드는 것을 말한다. 제3자에 의한 공동저작물의 일부를 '무단 이용'하는 경우와는 다른 의미를 가진다. 대법원 1999. 5. 25. 98다41216 판결: "'세계대역학전집'의 일부 삽화와 내용을 무단 이용한 위 '신통수상술대전'을 제작 판매한 과실로 역시 원고의 저작재산권과 성명표시권 및 동일성유지권 등의 저작인격권을 침해한 사실을 인정한 다음, ……".

212) 우리 법원은 교과서에 수록된 삽화 관련 판결에서, 피고가 "연구진 5명 내지 9명, 집필진 5명 내지 6명으로 하여금 연구 집필하게 하여 위 교과서의 내용 및 편제를 구성하고, 동시에 그에 상응하는 삽화를 원고 등 삽화가 2명에게 그리게 하여 제작한 것으로 이는 분리이용가능성이 없는 공동저작물"이라고 주장한 데 대해, "공동저작물은 2인 이상이 공동으로 창작한 저작물로서 각자가 이바지한 부분을 분리하여 이용할 수 없다고 할 것인바, 위 교과서는 그 내용인 글과 원고가 제작한 삽화를 배열

몇 명을 공동저자로 한 교과서213) 등이 있다. 이러한 것들은 물론 공동저작물이 될 수 없다. 기고자마다 자신의 기여분을 알 수 있고 자신의 것을 모아 별도로 수집물을 만들 수 있는 백과사전도 이 범주에 든다고 본다.

공동저작물 여부가 문제되는 경우는 세 가지가 있다고 본다. 첫째, 같은 시기에 같이 만드는 경우이다. 이것은 공동 창작 의사를 엄격히 적용해야 하고, 그 의사를 추정하더라도 그 추정은 강한 추정이어야 한다고 본다. 공동저작물도 하나의 저작물로서 저작자의 개성이나 인격이 담겨 있고, 공동 창작의 경우 자칫 자신의 창작 행위가 뜻한 대로 구현되지 못할 수도 있다. 개성이나 인격이 제대로 발휘될 수 없는 상황을 받아들일 수밖에 없다. 이런 점에서도 공동 창작 의사는 엄격히 재보아야 한다.

둘째, 시기를 달리해 만드는 경우이다. 시기를 달리한다는 것은 종전 저작물이 존재한다는 것을 전제로 한 것이다. 저작자들이 모두 생존해 있다면 종전 저작물 저작자의 의사가 무엇보다 중요하다고 본다. 공동 창작에 대한 동의 또는 이에 대한 강한 추정이 존재해야 할 것이다. 그렇지 않다면 종전 저작자가 공동저작물 이용과 관련한 특칙 적용으로 인해 부당한 불편을 겪을 수도 있는 것이다.

셋째는 종전 저작물 저작자가 사망한 후 누군가 그 저작물에 새로운 내용을 추가해 공동저작물을 만드는 것이다. 그 저작물이 보호기간 내에 있을 수도 있고, 보호기간이 만료했을 수도 있다. 어떤 경우이든 공동저작물 여부를 논의하려면 저작재산권의 문제, 사후 인격적 이익의 문제 등을 복잡한 가설을 도입해 극복해야 한다. 더욱이 저작자가 사망한 마당에 그의 의사를 추정하는 것은 지극히 곤란하다. 실제로 그런 추정 사례(자신의 저작물을 후학에게 완성시켜줄 것을 희망하는 의사표시의 존재 등)는 진귀하다고 본다. 보호기간 내에 있다면 기존 저작물 저작재산권자의 허락을 받으면 될 일이고, 보호기간이 지나고 인격적 이익을 주장할 유족도 없다면 그 저작물을 바탕으로 얼마든지 2차적저작물을 만들 수도 있는 것이다. 이런 경우를 예정하고 법규정을 해석하는 것은 '공론'에 가깝다고 본다. 다뤄야 할 실익이 있는지도 의문이다.

하여 이루어진 저작물로서 삽화가 글과 분리되어 이용될 수 있어 공동저작물이 아니"라고 한 바 있다. 서울지방법원 1992. 6. 5. 91가합39509 판결(교과서 삽화 사건).

213) 공저(co-authors)로 저작물이 발행되었다 하더라도 저작권법상의 요건을 충족하지 못하는 한 공동저작물이 아니다. 장절에 따라 저자를 달리하고 분담 부분을 명백히 하는 경우, 비록 '공저'라 하여 공동저작물이라 할 수는 없는 것이다.

판례에서는 공동저작물 성립 요건에 대해 다른 해석을 하고 있다. 즉, "공동창작의 의사는 법적으로 공동저작자가 되려는 의사를 뜻하는 것이 아니라, 공동의 창작행위에 의하여 각자의 이바지한 부분을 분리하여 이용할 수 없는 단일한 저작물을 만들어 내려는 의사를 뜻하는 것이라고 보아야 한다"는 것이다.[214] 이 판례에 의하면, 공동 창작 의사가 단지 저작물을 공동으로 창작하겠다는 "의사뿐만 아니라 분리하여 이용할 수 없는 저작물을 만들겠다는 의사"를 모두 가지고 있는 것으로 보는 듯하다. 이런 해석은 무리가 있다고 본다. ① 여러 저작자가 함께 저작물을 만들 때 각 저작자는 통상 "무엇을 같이 쓴다"거나 "무엇을 같이 만든다"고 생각하지, 이렇게 만들어진 것은 분리하여 이용할 수 없는 것이라고, 창작 후의 이용까지 생각하고 창작한다고 보기 어렵다. 저작자들이 법상의 요건을 염두에 두고 저작물을 창작하지는 않는다고 보아야 한다. 이렇게 만들어진 저작물이 저작권법상 다른 요건과 결합하여, 즉 함께 만든 저작물이 있고, 각 저작자가 자신이 이바지한 부분을 분리하여 이용할 수 없"을 때 이것을 공동저작물이라고 하는 것이다. ② 법원의 해석은 미국 법에서 영향을 받은 듯도 하다. 미국 법은 "각자의 기여분을 분리할 수 없거나 상호의존적으로 하여 단일한 전체에 합치려는 의사를 가지고" 만든 저작물을 공동저작물이라고 하고 있다. 우리 법규정은 미국 것과 다르다. 우리 법규정상 공동저작물은 '공동 창작'과 '분리 이용 불가능'이라는 두 가지 요건을 갖춘 것이다. 다른 요건은 생각할 수 없다. 공동 창작 의사는 공동 창작과 관련해 논의하는 문제에 지나지 않는다.

영상저작물의 경우 조금 특수한 성격을 가지고 있다. 영상저작물은 기존 저작물을 일부 이용하여 여러 제작 참여자가 함께 만드는 새로운 2차적저작물이다. 이러한 제작 참여자에는 전체를 지휘·연출하는 감독뿐만 아니라, 대본 작가, 의상이나 미술 감독, 음악 감독, 촬영 감독 등도 있다.[215] 영상저작물은 이들이 공동 창작 의사를 가지고 만든다고 할 수 있으므로, 이러한 영상저작물은 공동저작물의 두 가지 요건 중 하나를 충족한 것이다. 그러나 영상저작물의 일부 기여분은 분리되어 이용될 수도 있으므로,[216] 이 점에 주목하여 영상저작물을 공동저작물이 아니라고 오해할 수도 있을 것이다. 종합예술로서 영상저작물을 생각

214) 대법원 2014. 12. 11. 2012도16066 판결; 대법원 2016. 7. 29. 2014도16517 판결.
215) 영상저작물에 기존 저작물이 복제·변형되어 수록된다 하더라도 기존 저작물은 공동저작물의 기여분은 아니다. 기존 저작자 또한 공동저작자가 아니다. 기존 저작자는 영상저작물 제작을 위해 자신의 저작물 이용을 허락할 뿐이다.
216) 주제 음악(theme music) 등 일부 저작물은 얼마든지 분리되어 이용된다.

할 때 이러한 해석은 무리가 있다고 본다. 상당수의 기여분이 영상저작물에 녹아 있지만 모든 기여분이 분리되어 이용되는 것도 아니니만큼 공동저작물이라는 영상저작물의 성격에는 영향이 없다고 보아야 할 것이다.

우리 판례에 의하면, 뮤지컬은 결합저작물이라고 본다. "뮤지컬은 음악과 춤이 극의 구성·전개에 긴밀하게 짜 맞추어진 연극으로서, 각본, 악곡, 가사, 안무, 무대미술 등이 결합된 종합예술의 분야에 속하고 복수의 저작자에 의하여 외관상 하나의 저작물이 작성된 경우이기는 하나, 그 창작에 관여한 복수의 저작자들 각자의 이바지한 부분이 분리되어 이용될 수도 있다는 점에서, 공동저작물이 아닌 단독 저작물의 결합에 불과한 이른바 '결합저작물'이라고" 판단한다.[217] 그러나 앞에서 설명한 바와 같이, 일부 저작물이 분리 이용이 가능하다 하여 그것으로 '결합저작물'이라 결론을 내리는 것은 타당하지 않다고 본다. 왜냐하면 여전히 전체로서 뮤지컬의 '분리할 수 없는 부분(integral part)'이 상당수 존재하고 그러한 기여분이 상호 간에 밀접한 관련 속에 종합예술로서 뮤지컬을 구성하고 있기 때문이다.[218]

불확정성 음악(aleatoric music)이라는 것이 있다. 작곡자가 악곡 전체를 완성하지 않고 일부를 즉흥 연주 등이 가능하도록 만든 새로운 형식의 음악을 말한다. 연주자마다 자신의 창의력을 발휘해 언제나 다른 음악을 만들 수도 있다. 이때 실연자가 독창적인 표현을 담아 원작곡을 완성해내는 경우 이렇게 완성된 저작물은 2차적저작물이 될 수도 있고 공동저작물이 될 수도 있다.[219] 우리 법상 공동저작물의 요건에 비춰본다면, 원저작자는 제3자에게 자신의 작품을 완성할 것을 위탁한 것이므로 그런 점에서 원저작자의 공동 창작 의사를 추정할 수 있고, 연주자는 원저작자의 악곡을 자신의 색깔로 자신의 악곡을 추가적으로 담아 연주하려는 것이므로 연주자의 공동 창작 의사도 추정할 수 있을 수 있을 것이므로 공동저작물로 볼 수도 있겠다.

---

217) 대법원 2005. 10. 4. 2004마639 결정(사랑은 비를 타고 사건).

218) 미국 법에서는 전체의 일부인 '상호의존적인' 기여분으로 구성된 공동저작물로 오페라를 들고 있다. H.R. Rep. No. 94-1476, 1976, p. 120. 우리 법에는 공동저작물 개념에 '상호의존적인' 기여분이라는 요소가 없다.

219) WIPO, "Preparatory Documents for and Report of the WIPO/Unesco Committee of Governmental Experts," Copyright, June 1987, paras. 103~109, pp. 206~207.

(2) 공동저작물에 대한 권리 행사 등

공동저작물은 그 속성이 분리할 수 없거나 분리는 가능하다 하더라도 개별적으로 이용할 수 없다는 데 있다. 기여량조차 확인하기 어려운 것이 보통이다. 기여량도 확인할 수 없다면 개별 지분을 알 수 없고 지분을 알 수 없다면 각 공동저작자가 자신의 권리만을 행사하는 것도 곤란하다. 저작권법은 이 점을 고려하여 특별 규정을 두고 있다.

민법에서 공동소유에 관한 규정은 소유권 이외의 재산권에 준용하면서, 다른 법률에 특별한 규정이 있으면 그에 의하도록 하고 있다(민법 제278조). 공동저작자가 가지는 권리는 이러한 민법상의 공동소유와 유사한, 이른바 '준공동소유'의 법리로 접근할 수 있다. 따라서, 공동저작물에 대해서는 저작권법상 특별 규정이 우선 적용되고, 달리 규정이 없으면 민법상의 '공동소유'에 관한 규정이 준용되는 것이다. 민법상 공동소유에는 공유와 합유가 있다.[220] 공유는 인적 결합이 약한 반면, 합유는 인적 결합이 강하다. 공동저작자의 권리는 합유와 공유 개념이 섞여 있는데, 합유 쪽에 가깝다. 저작인격권이나 저작재산권을 전원의 합의로 행사하도록 하고 있는 점, 저작재산권에 대해 지분이 인정된다는 점, 그리고 그 지분은 다른 저작재산권자의 동의가 없는 한 처분하지 못한다는 점에서 합유와 같기 때문이다.[221] 이러한 기본 원칙에 입각하여 저작인격권 및 저작재산권의 행사(각 제15조 및 제48조), 보호기간(제39조), 권리 침해(제129조) 등에 관해 특별 규정이 존재한다.

3. 비보호저작물

비록 저작권법상 보호할 가치가 있는 것이라 하더라도 공익상의 필요에 의해 법적으로 보호해주지 않는 저작물이 존재한다. 이러한 저작물은 국가기관이나 지방자치단체가 창작한 저작물로서 모든 국민이 반드시 알아야 하거나 법적으로 공개해야 할 내용을 담고 있다.

---

220) 법인 아닌 사단의 소유형태로서 총유도 존재하지만 여기서는 논외로 한다.
221) 민법상 합유는 수인이 조합체로 물건을 소유할 때 인정되는 것으로(제271조 제1항), 합유물의 처분이나 변경은 합유자 전원의 동의가 있어야 하며(제272조), 합유자에게 지분을 인정하면서도 그 전원의 동의 없이 합유물에 대한 지분을 처분하지 못한다(제273조 제1항).

저작권법에서는 이러한 예를 다음 네 가지로 나눠놓고 있다: ① 헌법·법률·조약·명령·조례 및 규칙, ② 국가 또는 지방자치단체의 고시·공고·훈령 그 밖에 이와 유사한 것, ③ 법원의 판결·결정·명령 및 심판이나 행정심판절차 그 밖에 이와 유사한 절차에 의한 의결·결정 등, ④ 국가 또는 지방자치단체가 작성한 것으로서 제1호 내지 제3호에 규정된 것의 편집물 또는 번역물(제7조 제1호 내지 제4호).

우리 법규정은 베른협약에 뿌리를 두고 있다. 협약 제2조 제4항에서는 "입법, 행정 및 사법적 성격의 공문서와 그 공식 번역물에 부여하는 보호는 동맹국의 입법에 맡겨 결정한 다"고 하고 있는바, 우리 법 제7조 규정은 이를 구체화한 것이라 할 수 있다.

가. 법령·규칙 등

헌법이나 법률, 명령, 규칙 등은 우리나라 법률 체계상의 명칭이다. 국회가 제정하는 법률과 법률의 위임을 받아 제정하는 대통령령, 총리령이나 부령(이들은 시행령이나 시행규칙으로 불린다), 그리고 헌법이나 법률의 위임을 받은 국회규칙, 대법원규칙, 헌법재판소규칙, 중앙선거관리위원회규칙, 감사원규칙, 자치규칙, 교육규칙, 노동위원회규칙, 공정거래위원회규칙 등이 있다. 조례는 지방자치단체 의회가 제정한 자치법규를 말한다.

각종 고시나 공고, 훈령 등은 법령의 위임을 받아 국가기관이나 지방자치단체 등이 행정사무, 지방자치사무 등을 집행하기 위해 필요한 규칙이나 규정을 말한다. 회계예규, 심사기준 등도 이 범주에 속한다.

판결, 결정 등은 재판 절차나 심판절차의 결과 내려진 모든 결정을 포괄한다. 법률에 의해 설립되고 그에 근거하여 준사법적인 기능을 수행하는 기관이 내린 중재판정이나 심판 기타 결정도 배제할 필요는 없다고 본다.

위에서 언급한 법령이나 규칙이 현재 시행되고 있는 것만이 아니라 효력을 상실한 것도 포함한다. 입법예고 등을 통해 국민에게 알려진 개정안들도 비보호저작물에 속한다고 본다.

법령이나 규칙을 제·개정하는 과정에서 작성된 각종 입법 자료나 입법 준비자료(국회 회의록, 국회 검토보고서나 심사보고서, 정부 입법 보조자료, 민간 보고서 등)는 어떠한가. 법령이나 규칙 등을 구체적으로 열거하고 있는 제7조 규정 방법과 내용에 비춰볼 때 포함되기 어려울 것이다. 제7조에서는 "다음 각 호에 해당하는 것은 이 법에 의한 보호를 받지 못한다"고 하고 있고, 그 제1호에서 "헌법·법률·조약·명령·조례 및 규칙"이라고 특정하고 있기 때문이다. 누군가 법령 등을 저작자의 허락 없이 상업적으로 발행하거나 공중송신할 수 있지만, 입법 자료는 이용할 수 없는 것이다.

이들 법령, 판결 등 제7조 제1호 내지 제4호에서 규정한, 베른협약에서 말하는 '공문서(official texts)'를 군이 나열하는 것이 필요한지, 그런 방식이 실익이 있는지 의문이다. 오히려 국가 문서임에도 불구하고 입법 자료나 입법 준비 자료는 널리 이용될 수 있는 여지를 없앨 수도 있다. 베른협약 규정처럼 '입법, 행정 및 사법적 성격의 공문서'라고 하는 것으로 충분하다고 본다.[222]

나. 조약

조약에는 다양한 성격의 문서가 있다. 국가 간에 체결한 것만 조약이라고 하는 것은 아니다. 국가와 국제기구 간에 체결한 약정이나 사인과 국가 간에 체결한 약정[223]도 조약이 될 수 있다.[224] 조약이 두 당사자 간에 체결되면 양자 조약이고, 당사자가 그보다 많으면 다자 조약이다. 그 어떤 조약이든 그 문건은 모두 비보호저작물이다. 조약의 부속문서나 합의록도 조약의 일부이기 때문에 당연히 비보호저작물이다. 국제민간기구(비정부기구; Non-governmental Organization: NGO)를 일방 당사자로 한 약정은 조약이 아니므로 비보호저작물이 아니다.

반면, 조약 준비 문서(travaux préparatoires, preparatory works), 예를 들어 외교회의 회의록이나 각국 대표의 제안서 등은 국내법 입법 자료와 마찬가지로 보호 저작물이라 할 수 있다.[225]

다. 편집물·번역물

국가나 지방자치단체가 법령 등 비보호저작물을 편집하거나 번역하는 경우도 있는데 이들 편집물과 번역물 또한 비보호저작물에 속한다. 법령집, 규정집, 예규집, 판례집 등이 이에 속한다. 베른협약에 비춰본다면, 편집물은 '공문서'의 범주에서, 국가 등이 작성한 번역물은 '공식 번역물(official translations)의 범주에서 이해할 수 있다.

라. 시사보도

저작권법에서는 사실의 전달에 불과한 시사보도도 비보호저작물의 범주에 넣고 있다(제7조 5호). 이러한 시사보도는 저작물성, 특히 독창성을 결여하여 보호대상으로서 저작물이 될 수 없는 것이므로, 엄격히 말하면 '비보호저작물'이라기보다는 '비저작물'이라 할 수 있다. 시사보도로서 사실만을 전달하는 짧은 기사는 표현의 제약으로 인해 누가 작성하더라도 동일하거나 유사한 표현이 나올 수밖에 없고 이를 보호되는 저작물이라 할 수는 없는 것이다. 이러한 비저작물에는 행사소식, 인사, 부의, 경제단신 등이 있다.[226]

이 규정의 뿌리는 베른협약이다. 협약 제2조 제8항에서는 "이 협약의 보호는 시사보도나 단순히 언론보도의 성격을 가지는 잡다한 사실에 대하여 적용되지 아니한다"고 하고 있다. 베른협약 조항도 그렇고, 우리 규정도 확인 규정에 지나지 않는 것이다.

---

226) 대법원 2006. 9. 14. 2004도5350 판결: "상당수의 기사 및 사진은 정치계나 경제계의 동향, 연예·스포츠 소식을 비롯하여 각종 사건이나 사고, 수사나 재판 상황, 판결 내용, 기상 정보 등 여러 가지 사실이나 정보들을 언론매체의 정형적이고 간결한 문체와 표현 형식을 통하여 있는 그대로 전달하는 정도에 그치는 것임을 알 수 있어, 설사 피고인이 이러한 기사 및 사진을 그대로 복제하여 …… 게재했다고 하더라도 이를 저작재산권자의 복제권을 침해하는 행위로서 저작권법 위반죄를 구성한다고 볼 수는 없다 할 것이다." 직접적으로 저작물성을 부인한 판례도 있다. 대법원 2009. 5. 28. 2007다354 판결: "스포츠 소식을 비롯하여 각종 사건이나 사고, 수사나 재판 상황, 판결 내용 등 여러 가지 사실이나 정보들을 언론매체의 정형적이고 간결한 문체와 표현 형식을 통하여 있는 그대로 전달하는 정도에 그치는 것임을 알 수 있어, 저작권법에 의하여 보호되는 저작물이라고 할 수 없다."

자율 학습

1. 베른협약에서는 보호대상으로 "서적·소책자 및 기타 문서, 강의·강연·설교 및 같은 성격의 기타 저작물"을 예시하고 있다. 문자저작물과 구술저작물을 나누지 않고 보호대상으로 하고 있는 것이다. 미국 저작권법은 베른협약상의 예외에 따라, 고정을 저작권 보호의 요건으로 하고 있다. 그렇다면 ① 베른협약에 등장하는 '서적·소책자'는 저작물인가? 아니면 저작물을 담은 매체인가? ② 강의나 강연과 같은 구술저작물을 넣은 것은 어떤 의미를 가지는가? ③ 우리나라가 미국에 비고정 구술저작물을 보호할 것을 요구한다면 그 필요성과 근거로 무엇을 제시할 수 있는가?

2. WIPO는 2000년부터 전통문화표현물(traditional cultural expressions) 또는 민간전승물(folklore) 보호를 위한 정부간위원회(WIPO Intergovernmental Committee on Intellectual Property and Genetic Resources, Traditional Knowledge and Folklore: IGC)를 꾸려오고 있다. 전통문화표현물이란 전통 문화나 지식을 유·무형의 방법으로 표현한 것을 말한다. 이에는 무용이나 음악, 미술, 설화 등이 있다. 아직도 결정적인 국제적인 해법을 찾지 못하고 있다는 것은 그만큼 난제가 많다는 것을 시사하기도 한다. ① 그 국제적 보호가 어려운 이유로는 무엇을 들 수 있는가? ② 보호 당위성이 있다면 어떤 방법으로 보호할 수 있는가? ③ 관련 쟁점은 무엇인가?

* 참고 문헌: WIPO, Intellectual Property and Genetic Resources, Traditional Knowledge and Traditional Cultural Expressions, 2020; WIPO, CONSOLIDATED ANALYSIS OF THE LEGAL PROTECTION OF TRADITIONAL CULTURAL EXPRESSIONS/ EXPRESSIONS OF FOLKLORE, 2003; The Protection of Traditional Cultural Expressions/Expressions of Folklore: Revised Objectives and Principles, Document prepared by the Secretariat, WIPO/GRTKF/IC/9/4, January 9, 2006; THE PROTECTION OF TRADITIONAL CULTURAL EXPRESSIONS: UPDATED DRAFT GAP ANALYSIS, Document prepared by the Secretariat, WIPO/GRTKF/IC/45/7, SEPTEMBER 27, 2022; THE PROTECTION OF TRADITIONAL CULTURAL EXPRESSIONS: DRAFT ARTICLES, Document prepared by the Secretariat, WIPO/GRTKF/IC/45/5, SEPTEMBER 29, 2022.

3. 대한방직 사건은 우리 저작권법 연혁에서 중요한 의미를 가진다. 당시 대법원은 "저작

권법에 의하여 보호되는 저작물이기 위하여는 어디까지나 문학, 학술 또는 예술의 범위에 속하는 **창작물이어야 하고**(같은 법 제2조 제1호), ……"라고 판단했다. 대법원의 판단처럼, "문학·학술 또는 예술의 범위에 속하는"이라는 구절이 저작물 성립 요건이라고 할 수 있는가? 참고로, 다음과 같은 점을 상기하고자 한다. ① 1995년 저작권법은 저작물을 정의하면서 "문학·학술 또는 예술의 범위에 속하는 창작물을 말한다"라고 했다. ② 베른협약의 공식 명칭은 '문학 및 예술 저작물의 보호를 위한 베른협약'이다. ③ '컴퓨터프로그램저작물'은 1986년 저작권법에 이미 예시로 들어 있었다. ④ 2006년 법개정으로 저작물의 정의가 현행과 같이 바뀌었다.

4. 우리 저작권법 제4조에서는 저작물을 '예시'하고 있는 반면, 베른협약 제2조에서는 '문학 및 예술 저작물'에는 "서적, 소책자 및 기타 문서…와 같은 문학, 학술 및 예술의 범위에 속하는 모든 제작물을 **포함한다**"라고 하고 있다. 우리나라는 베른협약상 예시된 모든 저작물을 보호해야 한다. ① 우리 법상 예시 규정은 베른협약에 합치하는가? ② 예시에 없는 것도 입법 정책상 보호대상 저작물로 넣을 수 있는가? 넣을 수 있다면 이것은 베른협약과의 관계에서 어떻게 설명할 수 있는가? ③ 정원이나 골프장, 글자꼴 디자인은 베른협약상 전형적인 예시에 포함되는가? ④ 포함 여부에 따라 보호 방법(입법적 접근법)을 달리할 수 있는가? 달리하는 경우의 실익은 무엇인가?

5. 비디오게임은 저작권법상 분류 체계 내에 존재하지 않는다. 그 종류도 무척 많다. ① 앞의 질문에서와 같이, 우리 저작권법상 예시 규정에 포함되지 않는다면 보호를 받을 수 없는가? ② 비디오게임이 보호된다면, 그것은 영상저작물로도, 컴퓨터프로그램으로도 분류될 수 있고, 이와는 별도로 구분될 수도 있다. 분류의 실익이 있는가, 있다면 무엇을 생각할 수 있는가? ③ 모든 비디오게임을 영상저작물이나 컴퓨터프로그램 중 어느 하나로 단정할 수 있는가? 그렇지 않은 사례로는 무엇이 있을까? ④ 비디오게임을 영상저작물로 보거나 컴퓨터프로그램으로 볼 때에는 각기 침해 판단이 다를 수 있다. 영상저작물 저작권 침해와 프로그램 저작권 침해가 동시에 발생할 수도 있고, 그 중 어느 하나의 침해가 발생할 수도 있다. 이에 관해서는 제10장 '제3절 저작권 침해의 성립 요건' 참조.

6. 베른협약 제2조 제4항에 따르면, 동맹국은 공문서의 '공식 번역물'을 비보호저작물로

할 수 있다. 우리 법 제7조 제4항에서는 번역물 중 "국가 또는 지방자치단체가 작성한 것"에 한정해 비보호저작물로 하고 있다. ① 국가나 지방자치단체가 작성한 번역물이란 무엇이라고 생각하는가? ② 이 규정상 "국가가 작성한 번역물"이라는 표현이 공무원이 작성한 것을 염두에 둔 것이라면 우리 저작권법상 공무원이 작성한 번역물은 그것이 업무상 저작물이 아니더라도 비보호저작물이 되는 것인가? ③ 민간 부문에서 제작한 번역물이나 편집물은 우리 법상 보호대상인가?

7. 보호대상을 특정하는 것은 무척 어려운 일이다. 우리 법은 베른협약의 예에 따라 저작물을 예시할 뿐, 보호의 경계에 있는 대상에 대해서는 모호한 태도를 가지고 있다. ① 이런 입법 정책이 타당한가? ② 보호대상을 특정할 수 있다면, 고려 사항은 무엇인가? 예를 들어, 우리 해당 분야 산업의 경쟁력인가, 아니면 법에서 예정한 저작권 보호와 이용자의 이익 간의 균형인가? ③ 보호대상을 사법부의 판단에 맡기는 것이 옳은가, 아니면 저작권법 관장 부서에서 입법 방향을 찾는 것이 옳은가?

제2절 저작자

저작권법은 보호대상(저작물)을 특정하고 그 보호(권리)의 귀속 주체를 정하고, 그 귀속 주체(저작자)가 가지는 권리의 내용을 확정하면서 저작권 보호 체계를 완성해간다. 저작권법상 권리의 귀속 주체는 저작자이다. 법에서 주어진 인격적·재산적 권리는 모두 저작자에게 귀속한다. 따라서 법적 보호 적격을 가지는 저작자를 가려내는 작업은 매우 중요하다. 이것은 다음과 같은 점들을 검토하는 것이다. 첫째, 저작자가 누구인지, 무엇인지 확인하는 작업이다. 저작자의 개념을 분석하는 것이다. 둘째, 저작권법에 의해 보호 적격을 가지는지 검토하는 작업이다. 대한민국 국민은 저작자로서 권리의 귀속(원시 귀속) 주체로 아무런 장애가 없으나 외국인은 그렇지 않다. 저작권법은 일정한 조건을 갖춘 외국인에 한해서 권리 주체로 인정할 뿐이다. 셋째, 저작물을 창작했다는 이유만으로 모두 저작자가 되는 것은 아니다. 우리 저작권법은 창작자와 특정한 법적 관계에 있는 법인 등에게 저작자의 지위를 부여한다. 창작자 원칙(Schöpferprinzip)의 예외를 인정하고 있는 것이다.

1. 저작자의 개념

가. 정의

저작자는 저작물을 창작한 자(제2조 제2호)이다. 자연인만이 생각을 하고 이를 표현할 수 있기 때문에 창작자는 자연인이다. 저작권법은 이러한 창작자에게 저작자의 지위를 부여하는 것은 당연한 논리적 귀결이다. 저작자의 지위를 부여하는 것은 법에서 정한 일정한 인격적·재산적 권리를 행사할 수 있는 길을 열어놓기 위한 것이다.

성별이나 나이, 지식이나 능력 등을 불문하고 누구든지 저작자가 될 수 있다. 미성년자와 같은 법적 무능력자도 저작자가 될 수 있음은 물론이다. 한 사람이 창작 과정 전체를 책임지고 만들어내는 저작물도 있고 다수의 사람이 참여하여 제작하는 저작물도 있다. 그 누구든 창작적인 역할을 하는 사람들은 모두 저작자가 된다.

창작은 사실행위로서 직접적으로 이를 하지 않는다면 저작자가 될 수 없다. 타인에게 창작행위를 촉탁한 사람은 저작자가 아니다.[1] 아이디어나 자료를 제공한다 하더라도 창작 행위를 하지 않는다면 마찬가지로 저작자가 아니다. 또한 창작행위를 보조하는 사람도 저작자가 아니다. 창작자의 지시에 따라 자료를 수집한다거나 구술하는 내용을 적거나 녹취하는 예를 들 수 있다.

나. 저작권의 추정

저작자 또는 저작권자가 누구인가 하는 것은 사실 관계에 속한다. 저작인격권이나 저작재산권 침해를 주장하기 위해서는 자신이 저작자 또는 저작권자라는 사실을 입증해야 한다. 저작권법은 이러한 사실의 입증 편의를 위한 추정 규정을 두고 있다. 제8조 제1항에 본문에서는 "다음 각 호의 어느 하나에 해당하는 자는 저작자로서 그 저작물에 대한 저작권[2]을 가지는 것으로 추정한다"고 하면서, 각 호에서 이러한 저작자를 두 부류로 나누고 있다. ① "저작물의 원본이나 그 복제물에 저작자로서의 실명 또는 이명(예명·아호·약칭 등을 말한다. 이하 같다)[3]으로서 널리 알려진 것이 일반적인 방법으로 표시된 자"와 ② "저작물을 공연 또는 공중송신하는 경우에 저작자로서의 실명 또는 저작자의 널리 알려진 이명으로서 표시된 자"가 그것이다. 이들 부류는 각기 원본이나 복제물과 같은 유형물에 표시하는 경우와 그렇지 않은 경우를 상정하고 있는 것으로, 양자를 굳이 구별할 필요도 그래야 할 실익도 없다.[4]

---

1) 장인숙, 55.

2) 우리 법 제8조에서는 '저작물에 대한 저작권'이라고 하는 반면, 다른 곳에서는 '공동저작물의 저작인격권'(제15조), '저작물의 저작재산권'(제11조 제1항, 제39조 제2항, 제40조 제1항, 제41조, 제42조, 제48조 제1항)이라고 하고 있다. 표현을 통일할 필요가 있다.

3) 예명·아호·약칭 등을 이명이라고 하고 있다. 자연인이나 법인의 이름은 실명과 이명 두 가지밖에 없다. 예명 등을 이명의 예로 예시하려면 그에 합당한 이유가 있어야 하지 않을까.

4) 이들 규정을 보면, 같은 표현을 두고 달리 적혀 있고('저작자로서의 ······ 이명······으로서 널리 알려진

제8조 제1항은 2011년 6월에 개정된 것으로, 한·미 FTA와 한·EU FTA 해당 규정을 반영한 것이다.[5] 개정 내용은 간단하다. 즉, 종전에 '저작자' 추정("저작자로 추정한다")에서 '저작권자' 추정("저작자로서 그 저작물에 대한 저작권을 가지는 것으로 추정한다")으로 바뀐 것이다. 종전 규정은 베른협약과 맥을 같이 하는 것으로,[6] 단지 저작자 추정 또는 원시 귀속 추정에 지나지 않는 것으로, 저작재산권자 추정을 의미하는 것은 아니었다. 따라서 저작자가 자신의 권리를 주장하기 위해서는 자신이 권리자(특히 저작재산권자)라는 사실을 별도로 입증해야 한다. 개정 규정은 일정한 표시만으로 저작자라는 사실을, 그리고 권리자라는 사실을 추정해주고 있으므로 저작자에게 효과적인 권리 구제 수단을 추가적으로 제공하고 있다 할 수 있다. 권리 증명을 위해 저작권 등록이나 인증과 같은 간접 사실을 제시하지 않아도 되는 것이다.

위와 같은 저작자 표시가 없는 저작물의 경우에는 발행자 또는 공연자 또는 공표자로 표시된 자가 저작권을 가지는 것으로 추정한다(제8조 제2항). 여기서 발행자, 공연자, 공표

것'이라고도 하고 '저작자의 널리 알려진 이명'이라고도 하고 있다) 문장 구성도 복잡해 괜한 오해를 부를 수 있다. ① 이명은 "널리 알려"질 것을 요구한다. 이명 저작자가 누구인지 확정하는 것은 사실 관계에 지나지 않는 것으로 굳이 이런 요건을 넣는 것은 권리 행사에 장애가 된다. '주지성'의 해석도 간단한 문제가 아니다. ② 현행 규정은 모든 공개의 형태를 염두에 둔 듯도 하지만, 복제, 공연, 공중송신 등 세 가지로 국한하는 것이 전부인가 의문이 들기도 한다. 혹여 이에 해당하지 않는 경우가 있다면 추정 규정의 이익을 볼 수 없을 것이다. ③ 이들 두 규정은 합쳐도 무방하다. 그저 "저작자의 실명이나 이명이 통상적인 방법으로〔표시된다면〕〔표시되는 경우〕그 표시된 저작자가 저작권을 가지는 것으로 추정한다"고 하면 그만이다. '실연자 등의 추정'(제64조의2)만 하더라도 제8조에 비해 문장이 훨씬 깔끔하다.

5) 한·미 FTA 제18.10조: "3. 저작권 또는 저작인접권에 관련되는 민사·행정 및 형사절차에서, 각 당사국은, 반대되는 증거가 없는 한, 저작물·실연 또는 음반의 저작자·제작자·실연자 또는 출판자로 통상적인 방식으로 그 성명이 표시되는 인을 그러한 저작물·실연 또는 음반의 지정된 권리자로 추정하도록 규정한다. 각 당사국은 또한, 반대되는 증거가 없는 한, 그러한 대상물에 저작권 또는 저작인접권이 존재하는 것으로 추정하도록 규정한다." 한·EU 제10.53조: "저작권 또는 저작인접권과 관련된 민사절차에서, 각 당사자는 반대되는 증거가 없는 한, 통상적인 방식으로 저작물 또는 대상물의 저작자 또는 저작인접권자로 그 성명이 표시되는 인이나 실체가 그러한 저작물 또는 대상물의 지정된 권리자라는 추정을 규정한다." 참고로, 한·미 FTA는 민사뿐만 아니라 형사 절차에서도 추정 규정을 적용하도록 하고 있으나, 한·EU FTA는 민사 절차에 국한하고 있다.

6) 베른협약에서는 "통상의 방법으로 저작물 위에 그의 성명이 나타나"면 그를 저작자로 보고, 저작자의 이명도 그 신분을 확인할 수 있다면 실명과 같이 취급한다(제15조 제1항).

자는 저작물이 공개되는 형태를 감안하여, 그런 공개 행위를 하는 사람으로 이해된다.[7]

여기서 말하는 추정은 법률상의 사실 추정이다. 상대방이 이러한 추정을 번복하기 위해서는 반대사실을 입증해야 한다. 입증책임이 전환되는 것이다.[8]

다. 저작재산권자와의 관계

저작권법상 저작자의 지위를 가진다는 것은 저작자가 법에서 정한 인격적 권리와 재산적 권리를 가진다는 것이다. 인격적 권리는 저작자의 인격과 밀접한 관계(일신전속성)를 가지고 있기 때문에 본인만이 권리를 가지고 이를 행사할 수 있을 뿐 제3자에게 양도할 수 없으나, 재산적 권리는 그 속성상 이전이 가능하다. 따라서 저작자가 곧 저작재산권자는 아니다.

2. 외국인의 저작물 보호: 연결점

대한민국 국민의 저작물은 법률의 효력(대인적 효력)에 관한 일반 원칙에 따라 한국 저작권법에 의해 보호를 받는다. 반면 외국인의 저작물은 일정한 조건을 충족해야만 한국 저작권법에 의해 보호된다. 이러한 조건 충족의 전제로서 국제조약이 존재해야 한다. 국내법상 외국인의 저작물을 일방적으로 보호할 수 없는 것은 물론 아니지만 조약을 체결하고 그 조약상의 의무로서 외국인의 저작물을 보호하는 것이 일반적인 방법이다. 조약은 어느 저작

---

7) 베른협약에 의하면, 무명 저작물이나 이명 저작물의 경우 저작자가 자신의 신분을 드러내고 권리를 주장하지 않는 한, 발행자가 저작자의 자격으로 저작권을 향유하고 행사할 수 있다(제15조 제3항). 우리 법규정은 베른협약보다 추정 대상이 넓다. 그런데 우리 법상 공표는 발행과 공연을 포괄하는 넓은 의미를 가지고 있다(제2조 제25호). 굳이 발행자와 공연자를 명기할 것은 아니라고 본다. '공연자'라는 표현은 우리 법상 실연자와 다른 의미로 이해되는데, 정의 규정에도 없는 용어를 제8조에서 특별히 언급함으로써 오해를 불러일으킬 수도 있다.

8) 사실상의 추정은 당사자가 입증책임을 지는 주요사실을 입증하지 아니하고 그 사실의 전제가 되는 간접사실을 증명했을 때 법원이 그 간접사실에 경험법칙을 적용하여 주요사실을 추인하는 것이다. 반면, 법률상의 추정은 입증책임 분배의 원칙을 완화하기 위하여 법률로써 주요사실을 추정하는 것이다. 송상현·박익환, 민사소송법, 신정5판, 박영사, 2008, 523, 553. 사실상의 추정은 반증으로 번복되는 반면, 법률상의 추정은 본증으로 번복된다(입증책임의 전환).

자 또는 저작물이 특정 국가와 맺고 있는 법적 인연, 즉 연결점(points of attachment)을 마련하고 그러한 연결점에 의거하여 그 저작자나 저작물을 보호하는 체계를 가지고 있다. 저작권 관련 조약에서는 일반적으로 저작자의 국적이나 상시 거주 또는 저작물의 발행을 연결점으로 인정하고 있다.9) 우리 저작권법상 이에 관한 규정이 제3조이다.10)

가. 국적에 의한 연결

"외국인의 저작물은 대한민국이 가입 또는 체결한 조약에 따라 보호된다"(제3조 제1항). 이 규정은 두 가지 의미를 담고 있다. 하나는 외국인의 저작물은 '조약에 따라' 보호된다는 것이다. 다시 말해서, 외국인의 저작물은 조약에서 정한 원칙, 특히 내국민대우의 원칙에 따라 보호되는 것이다. 이 규정을 언뜻 보면 외국인의 저작물은 조약에 의해 보호대상이 정해지고 보호수준이 정해지는 것으로 해석할 수 있다. 마치 개별 조약에서 정한대로 보호를 받는 것으로 오해할 수 있는 것이다.11) 그러나 조약마다 정해진 보호수준을 각 당사국이 이행하도록 의무화하고 있고 각국은 조약을 준수하기 위하여 통상 국내법을 제정하거나 개정한다. 우리 저작권법도 국제 규범상의 의무를 이행하기 위해 국내법을 개정하여 외국인의 저작물을 보호하고 있기 때문에 위 규정은 원칙 규정으로 이해하면 된다. 우리 저작권법에서 달리 규정하지 않는 한 외국인도 내국민과 마찬가지로 법적 보호를 향유하는 것이다.12)

---

9) 저작인접물의 경우에는 별도의 연결점이 있다. 이에 대해서는, 제3장 제1절 3. '마. 외국인의 실연, 음반 및 방송의 보호' 참조.

10) 저작권법 구조상 제3조는 제1장 총칙에 속해 있다. 총칙 규정이라면 단지 외국인의 저작물에 관한 것뿐만 아니라 외국인의 저작인접물에 관한 것도 함께 담는 것이 체계상 적절하다. 그런데 외국인의 저작인접물 보호에 관해서는 별도로 제3장(저작인접권)에 편입되어 있다. 현행 방식대로 외국인의 저작물과 외국인의 저작인접물에 관해서 별도로 규정하고자 한다면 현행 제3조는 제2장(저작권)으로 옮겨야 한다. 그것이 체계적이다.

11) 조약의 측면에서 외국인의 저작물 보호를 설명한다면 다음과 같다. 첫째, 모든 저작권 관련 조약은 내국민대우를 원칙으로 천명하고 있다. 국내법은 조약에서 정한 내국민대우의 원칙에 따라 외국인의 저작물을 보호해야 한다. 둘째, 국내법에 내국민대우의 원칙은 모든 조항에 그대로 스며들어 있어야 하고, 외국인의 저작물을 차별하고자 한다면 별도의 규정이 존재해야 한다. 그것도 조약상의 원칙을 훼손해서는 안 된다. 그렇지 않으면 조약 위반의 문제가 생긴다. 조약 위반은 국제 분쟁으로 비화하고 국제 분쟁은 조약에서 정한 원칙과 절차에 따라 해결하게 된다.

여기서 한 가지 의문이 있다. 국내 저작권법이 조약 준수 의무에 의거하여 조약상의 실체 규정을 모두 반영한 경우에는 "조약에 따라 보호"한 것이 되지만 그렇지 못한 경우에는 이를 어떻게 보아야 하는가. 이것은 조약과 국내법과의 관계 속에서 판단할 문제이다. 이에 관해서는 우리 헌법이 해답을 주고 있다. 즉, 헌법 제6조 제1항에서는 "헌법에 의하여 체결·공포된 조약과 일반적으로 승인된 국제법규는 국내법과 같은 효력을 가진다"고 하고 있는 것이다. 우리 학설과 판례에서는 해당 조약이 국내법과 마찬가지로 직접 적용(direct application)되는 것으로 해석하고 있다. 다시 말해서, 조약이 사인 간의 권리·의무에 관한 규정을 두고 있고 이에 대한 국내법 규정이 존재하지 않는다면, 그 조약 규정을 국내 법원에서 직접 적용하고, 해석할 수 있는 것이다.[13]

다른 하나는 국적('외국인')이 연결점이라는 것이다. 국적은 외국인의 저작물을 보호하기 위한 가장 기본적인 연결점이다. 베른협약뿐만 아니라 다른 저작권 조약들도 국적을 연결점으로 채택하고 있다. 여기서 말하는 외국인에는 자연인과 법인이 포함된다. 자연인의 국적은 그 국가의 국적법에 의해 정해진다. 국가마다 다른 기준에 의해 국적을 결정하는데, 크게 보아 부모의 국적을 기준으로 한 혈통주의(jus sanguinis) 또는 출생 장소를 기준으로 한 출생지주의(jus soli)에 의해 결정한다. 이와 같이 각국마다 국적 결정 기준이 다르기 때문에 이중국적이 생기기도 한다. 각국 국적법에서는 위와 같은 선천적 취득 방법이 아니더라도 혼인이나 인지(legitimation), 귀화(naturalization), 국적회복이라는 후천적 취득 방법도 인정하고 있다.

법인의 국적은 자연인의 국적보다 현실적으로 복잡하고 어렵다. 각국 국내법은 대체로 설립지(place of incorporation), 영업중심지(center of administration, siége social) 또는 지배주주의 국적 등을 기준으로 국적을 결정하고 있다. 우리 상법에서는 외국 법인의 국적은 설립지주의(설립준거법주의)에 따라, 즉 법인 설립의 준거가 된 국가의 법률에 따른다는 것이 통설로 되어 있다. 상법이 적용되지 않는 비영리 법인은 민법이 적용된다. 우리 민법상 비영리 법인은 주무관청의 허가를 받아야 하고, 주된 사무소 소재지에서 설립등기를 해야만 성

---

12) 이렇게 볼 때, "조약에 따라 보호된다"는 구절은 다소 어폐가 있다. 수정하는 것이 바람직하다. 하나의 예로, "외국인의 저작물은 조약에서 정한 바에 따라 대한민국 국민의 저작물과 같이 보호된다"라고 하는 것이다. 이 규정은 우리가 가입한 여러 조약상의 내국민대우 원칙을 우리 법에 반영하는 의미도 지닌다.

13) 조약의 직접 적용에 관해서는, 제1장 제5절 '4. 조약과의 관계' 참조.

립한다(제32조 및 제33조). 외국에 주된 사무소를 두고 외국법에 따라 설립된 비영리 법인은 외국 법인인 것이다.

나. 상시 거주 및 공표에 의한 연결

대한민국 내에 상시 거주하는 외국인의 저작물과 맨 처음 대한민국 내에서 공표된 외국인의 저작물도 우리 저작권법에 의한 보호를 받는다(제3조 제2항).[14] 외국인이 한국에 상시 거주지(habitual residence)를 가지고 있는 경우, 그리고 외국인의 저작물이 한국에서 처음 공표된 경우에는 그가 조약 당사국 국민이 아니라 하더라도 한국 저작권법에 의해 저작권 보호를 받는 것이다.

이 조항은 베른협약 규정에서 온 것이다. 베른협약에 따르면, 저작자가 어느 동맹국에 상시 거주하고 있다면 그 저작자는 그 동맹국의 국민과 같은 대우를 받는다(assimilated)고 하고(제3조 제2항), 그 저작자에게는 상호주의에 의한 차별도 할 수 없도록 하고 있다(제6조 제1항).

상시 거주는 거주 의사 여부를 묻지 않고 단지 거주라는 사실상의 상태에 초점을 맞춘 것으로, 이 점에서 주소와는 다르다. 상시 거주는 그것이 진정한(real) 것이라면 그것으로 충분하다.

공표는 발행뿐만 아니라 공연이나 공중송신, 전시 등의 방법으로 공중에 공개하는 것을 포괄하는 개념이다. 베른협약은 최초 발행(publication)에 한정하여 보호를 의무화하고 있으므로 우리 저작권법은 이 점에서 외국인의 저작물을 더욱 두텁게 보호하고 있는 것이다. 최초 공표에는 동시 공표가 포함된다. 한국과 특정 외국에서 동시에 공표되었다면 이 또한 최초 공표의 요건을 충족한 것이다. 더 나아가 외국에서 공표된 날부터 30일 이내에 대한민국 내에서 공표된 저작물도 동시 공표 요건에 부합하는 것으로 하고 있다(제3조 제2항 두 번째 괄호).

---

14) 제2항은 제1항과 접근법을 달리 하고 있다. 후자는 "외국인의 저작물은 …… **조약에 따라 보호된다**"고 하고 있는 반면, 전자는 "대한민국 내에 상시 거주하는 외국인(무국적자 및 대한민국 내에 주된 사무소가 있는 외국법인을 포함한다)의 저작물과 맨 처음 대한민국 내에서 공표된 외국인의 저작물(외국에서 공표된 날부터 30일 이내에 대한민국 내에서 공표된 저작물을 포함한다)은 **이 법에 따라 보호된다**"고 하고 있다. 국적 기준과 상시 거주 또는 최초 공표 저작물 간에 달리 규정하고 있는 것이다.

저작권법에서는 대한민국에 상시 거주하는 외국인에 무국적자와 "대한민국 내에 주된 사무소가 있는 외국법인"을 포함한다고 하고 있다(제3조 제2항 첫 번째 괄호). 외국인은 어디에든 국적을 가지고 있는 사람이지만, 무국적자는 글자 그대로 어디에도 적을 두지 않은 사람이다. 따라서 무국적자를 상시 거주 외국인으로 '보아야' 할 필요가 있으므로 이를 저작권법에 반영한 것이라고 할 수 있다.[15] 문제는 "대한민국 내에 주된 사무소가 있는 외국법인"에 있다. 이런 외국 법인도 외국인에 포함시키는 것이 타당한가 하는 것이다. 앞에서 보았듯이, 외국인에는 자연인과 법인이 있고, 외국 법인은 그저 외국인 중 하나이므로 "대한민국 내에 주된 사무소가 있"든 없든 외국 법인으로서 제1항에 의해 보호받으면 그만일 터이다.[16] 다만, 제2항에서 언급한 것은 제1항에 의해 보호받지 못하는, 그렇지만 상시 거주 요건을 충족하는 외국 법인을 보호하려는 취지가 읽히기는 한다. 그러나 대한민국에 '주된 사무소'(상법상 본점)가 있다면, 그리고 그 주된 사무소를 소재지로 설립 등기를 했다면 대한민국 법인일 뿐이다. 게다가 상시 거주 요건을 법인에 적용하는 것은 무리가 있다. 베른협약상 상시 거주는 자연인 저작자를 염두에 둔 개념이라고 보아야 한다.[17]

다. 상호주의

제3조 제3항에서는 "제1항 및 제2항의 규정에 의하여 보호되는 외국인(대한민국 내에 상시 거주하는 외국인 및 무국적자를 제외한다)의 저작물이라도 그 외국에서 대한민국 국민의 저작물을 보호하지 아니하는 경우에는[18] 그에 상응하게 조약 및 이 법에 따른 보호를 제한할 수 있다"고 하고 있다. 이 조항은 상호주의에 의한 보호 제한을 규정한 것이다. 다만, 상시 거주하는 외국인과 무국적자에 대해서는 상호주의를 적용할 수 없다.[19]

---

15) 외국인에 무국적자가 '포함'되기보다는 외국인으로 '보는' 것이 적절할 것이다.

16) "대한민국 내에 주된 사무소가 있는 외국법인"이라는 표현에도 어폐가 있다. 우리 민법에서는 "법인은 그 주된 사무소의 소재지에서 설립등기를 함으로써 성립한다"고 하고 있다(제33조). 민법상 '주된 사무소'가 한국에 있다면 한국 법인인 것이다.

17) WIPO(Berne), p. 26.

18) 체약국이 우리 국민의 저작물을 "보호를 하지 아니하는 경우"란 체약국이 조약에서 예정한 유보의 방법으로 보호하지 않는 경우 등을 뜻하는 듯하다. 표현상 "보호를 하지 아니하거나 보호를 제한하는 경우"라고 해야 할 것이다.

상호주의에는 두 가지가 있다. 첫째는 우리나라가 당사국으로 되어 있는 어느 조약의 비당사국 국민에 대해서는 저작권 보호를 하지 않거나 제한할 수 있다는 의미의 실질적인 상호주의(material reciprocity)이고, 둘째는 우리나라와 함께 조약에 참여하고 있는 어느 국가가 조약에 따라 외국인의 저작물을 보호하되 그 보호수준에 차별을 두고 있다면 우리나라도 그에 상응하게 보호를 제한한다는 의미의 형식적인 상호주의(formal reciprocity)이다.

국가 간의 관계에서 실질적인 상호주의는 국제법상의 일반 원칙으로 인정된다. 조약은 당사국 간의 권리와 의무를 정하는 것이고, 비당사국은 조약에서 정한 권리와 의무의 주체가 될 수 없다. 따라서 조약 당사국들은 비당사국을 차별할 수 있고 그 차별은 바로 실질적 상호주의에 의해 실현된다. 위 규정은 이러한 실질적 상호주의를 명시함으로써 비당사국 국민에게도 법적 보호가 미치지 않도록 하고 있는 것이다. 실질적 상호주의를 적용하면 자국 국민의 저작물이 외국에서 보호되는 정도(보호 저작물의 종류, 권리의 종류, 권리 제한, 보호기간 등)에 따라 그만큼 해당 외국인의 저작물을 보호하게 된다. 해당 국가들이 우리나라를 특정하거나 예정하여 그러한 보호 규정을 두고 있는 경우는 생각하기 어렵다. 실질적 상호주의는 실제로 상호간 보호를 부정하는 것으로 볼 수밖에 없다.

반면 형식적인 상호주의에 의하면, 조약 당사국 간에는 조약상의 의무 규정(내국민대우의 원칙, 최소한의 보호의 원칙 등 실체 규정)에 따르되, 조약에서 당사국에게 재량을 부여하고 있거나 조약에서 언급하지 않은 사항에 대해서는 상호주의에 의해 외국인 또는 외국인의 저작물을 차별할 수 있다는 것이다.[20]

상호주의에 관한 위 조항은 규정 형식상 "할 수 있다"고 하고 있다. 상호주의를 반드시 한다고 규정한 것이 아니다. 외국의 입법례는 하위 명령 등을 통해서 상호주의를 실현할 수 있도록 하고 있으나 우리 법은 그러한 위임 규정도 존재하지 않는다. 법원이 해석을 통해서 상호주의를 적용할 수 있는 재량이 있다고 보아야 할 것이다.

---

19) 2006년 개정 전 법률 제3조 제3항에는 괄호(대한민국에서 상시 거주하는 외국인 및 무국적자를 제외한다)가 없었다. 해당 외국에서 한국 국민의 저작물을 보호하지 아니하는 경우에는 모두 저작권 보호를 제한할 수 있도록 했으나 베른협약 의무 위반 여지가 있기 때문에 2006년 개정법에서 괄호를 넣은 것이다. 이에 따라 상호주의는 국내에 상시 거소가 없는 외국인의 저작물과 국내에서 최초 공표된 외국인의 저작물에 대해서만 적용된다.

20) 강학상 형식적 상호주의라고 하지만 여전히 실질적인 내용의 상호주의를 담고 있기 때문에 엄격한 용어 선택은 아닌 듯하다.

2011년 6월 개정으로 보호기간에도 상호주의를 적용하게 되었다. 제3조 제4항에 따르면, 외국인의 저작물이라 하더라도 그 외국에서 보호기간이 만료된 경우에는 우리 법상 보호기간을 인정하지 않겠다는 것이다. 이것은 한·EU FTA와 한·미 FTA에서 보호기간 50년을 70년으로 연장하면서, 아직도 보호기간 50년을 유지하고 있는 국가의 저작물에 대해서는 50년간 보호하겠다는 것이다. 베른협약은 보호기간에 관해서, 보호기간을 원칙적으로 50년으로 하고 있고, 이른바 '보호기간의 비교(comparison of terms)'에 따라 내국민대우 원칙에 대한 예외를 허용하고 있다. 50년이 넘는 보호기간을 가지고 있는 국가가 50년 보호 제도를 가지고 있는 국가[21]의 저작물을 자국에서 차별할 수 있도록 하고 있는바,[22] 우리 법규정은 이를 근거로 상호주의를 마련한 것이다.

저작권법 제3조 전체를 함께 살펴보면 다음과 점을 확인할 수 있다. ① 우리나라는 베른협약상의 의무에 따라, 국적뿐만 아니라 상시 거주와 최초 공표라는 요건만 갖추면 저작권 보호를 해야 한다. ② 조약상의 의무는 베른협약상의 의무에 국한하지 않는다. 우리나라가 가입한 모든 조약상의 의무에 따라 그 조약에서 정한 기준(국적, 상시 거주 또는 최초 발행)을

---

21) 베른협약은 본국을 중심에 두고, '본국'과 '본국 이외의 동맹국'으로 나눠 국제적 보호 제도를 설계했다. 본국은 자국 저작물은 국내법으로 보호하고, 자국 이외의 동맹국 저작물은 베른협약에 따라(특히 내국민대우 원칙에 따라) 보호하도록 하고 있다. 1886년 체결 당시 국제주의를 반영한 것이라고 할 수 있다. 협약에서 말하는 본국은 저작물의 본국(country of origin of the work)을 의미하는데, 여기서 본국이란 ① 어느 동맹국에서 최초로 발행된 저작물의 경우, 그 최초 발행 국가(서로 다른 보호기간을 부여하는 여러 동맹국에서 동시에 발행된 경우에는 가장 짧은 보호기간을 부여하는 국가), ② 비동맹국과 동맹국에서 동시에 발행된 저작물의 경우, 후자의 국가, ③ 미발행 저작물 또는 비동맹국에서 최초 발행된 저작물의 경우에는 저작자의 국적이 있는 동맹국(영상저작물의 경우 제작자의 주사무소나 상시 거주지가 있는 동맹국, 그리고 건축저작물의 경우 그 소재지가 있는 동맹국)을 말한다. 대개의 경우 저작물의 본국과 저작자의 국적 국가가 일치한다. 그러나 저작자의 국적과 저작물의 본국이 다른 경우에 대비하여, 별도로 우선 적용될 본국을 정하고 있는데, 발행 저작물은 최초 발행 동맹국이 본국이고, 미발행 저작물은 저작자의 국적이 있는 동맹국(영상저작물과 건축저작물의 경우에는 각각 주사무소나 상시 거주지 및 소재지가 있는 동맹국)이 본국이 된다(제5조 제4항).

22) 우리 법규정은 베른협약 규정과는 다르다. 우리는 특정 외국("외국인의 저작물이라도 그 외국에서 보호기간이 만료된 경우")과 보호기간 비교를 하지만, 협약은 '본국'에서 정한 보호기간과 비교해 상호주의를 적용할 수 있도록 하고 있다(제7조 제8항). 우리 법상 '그 외국'과 베른협약상 본국과 다를 수 있다. 베른협약상 특수한 본국의 개념 때문이다. 예를 들어, 캐나다 국적의 저작자가 미국에서 저작물을 발행했다고 하면, 우리 법상 '그 외국'은 캐나다지만, 베른협약상 본국은 미국이다.

적용해 저작권 보호를 해야 한다. ③ 상호주의에 의한 차별은 상시 거주를 요건으로 하여 맺어진 저작물에 대해서는 허용되지 않는다. 무국적자와 상시 거주 외국인에 대해서는 상호주의가 적용되지 않는 것이다.

3. 업무상 저작물의 저작자

가. 의의

저작자는 저작물을 창작한 자이다(제2조 제2호). 저작물은 사람의 생각을 표현한 것이므로, 창작자는 자연인만이 될 수 있다. 저작권법은 자연인만이 저작자가 된다는 당연한 원칙(창작자 원칙, Schöpferprinzip)을 밝히고 있는 것이다. 저작자라는 정의를 두는 것은 권리의 주체를 확정하기 위한 것이다.

그런데 저작권법 제9조에서는 이런 원칙에 대한 중대한 예외를 두고 있다. 창작자 '원칙'이 선언에 그치고 있다고 해도 무방하다. 이에 의하면, "법인 등의 명의로 공표되는 업무상 저작물의 저작자는 계약 또는 근무규칙 등에 다른 정함이 없는 때에는 그 법인 등이 된다". 다시 말해서, 업무상 저작물 정의 안에 들어오면 그 저작물의 저작자는 법인 등 단체가 되고, 그 단체는 저작자의 지위에서 인격적·재산적 권리를 아우르는 저작권을 가지게 되는 것이다. 업무상 저작물이란 "법인·단체 그 밖의 사용자…의 기획하에 법인 등의 업무에 종사하는 자가 업무상 작성하는 저작물을 말한다"(제2조 제31호).

창작자 원칙의 예외로서 단체에게 저작자의 지위를 부여하는 취지는 입법 자료나 입법 준비자료에서는 찾아볼 수 없다. 그러다 보니 국내 학설은 각양의 추정을 내놓고 있다. ① 단체가 작성하고 그 이름으로 공표하는 저작물이 많으므로, 이에 대해 그 단체에 저작자의 지위를 부여할 필요하다든가,[23] ①-2. 법인 등이 기획 등의 방법으로 창작에 간여하는 사례가 많으므로 이에 대한 방안을 마련할 필요하다든가,[24][25] ② 개인 창작보다는 다수의 인력

---

23) 장인숙, 53; 허희성(상), 118; 田村, op. cit., p. 376: "종업원을 수족으로 사용하여 법인 고유의 저작활동을 인정한 규정으로 생각하는 견해도 있다." 이런 주장은 실제와는 거리가 있어서 입법 취지로 보기에는 무리가 있다. 자연인이 창작한다는 사실을 부정하는 데에서 출발한 주장이기 때문이다.

이 참여하여 창작하는 저작물이 많고, 이 경우 창작에 간여하는 정도나 모습이 다양하여 창작자를 구별하거나 확인하기 어렵기 때문에 권리관계를 분명히 할 필요하다든가,[26] ③ 법인 등의 명의로 공표된 저작물의 저작자가 누구인지 분명히 함으로써 제3자의 신뢰 보호 필요성이 있다든가,[27] ④ 기업이 투자한 저작물에 대한 통제력을 확보할 필요가 있다는 것이다.[28]

　국내 학설은 일본 학설에서 크게 벗어나지 않고 있다. 우리 법규정은 일본 법규정을 차용한 것이기 때문이다.[29] 필자도 입법 취지를 추정해보면, 먼저 현실적으로, 법인 등 단체가 저작물 창작에 깊숙이 간여하는 사례가 적지 않다는 것과 저작물의 장르가 다양해지면서 개인 창작에 의존하지 않는 저작물이 늘고 있다(신문·잡지나 방송 프로그램 등 영상물, 광고물이나 컴퓨터프로그램, 데이터베이스 등)는 것이고, 이런 저작물들은 개인이 독자적으로 저작물

24) 박성호, 210; 田村, ibid., pp. 376~377.

25) 일본 문헌에 의하면, 입법과정 자료를 근거로 다음과 같이 설명한다. 법인 등의 활동으로 저작행위가 이뤄지는 것으로 이해하는 것이 적절한 사례가 많고, 직무상 작성되는 저작물은 사용자의 주체적 발의 또는 지시에 의한 측면이 크고, 사용자 명의로 공표되는 경우 사용자를 저작자로 하겠다는 당사자의 합리적인 의사를 추측할 수 있고, 사용자가 저작물의 내용과 관련하여 민사상의 책임을 부담하기도 하고, 종업원 전원의 의사에 의해 저작인격권을 행사하는 것이 적당하지 않고, 사용자를 저작자 명의로 함으로써 대외적 신뢰를 보호할 수 있다. 潮海久雄, "職務著作制度の法的構造", 本鄕法政紀要, No. 4, 1995, p. 123.

26) 박성호, 210; 임원선, 86; 半田, 65.

27) 박성호, 210; 허희성(상), 118; 加戶, 146.

28) 임원선, 86; 田村, op. cit., 376~377. 이런 주장은 입법 취지에는 적절하지 않은 듯하다. 이런 주장은 일본 초기 문헌에도 없는 것이고, 투자 보호를 음반이나 방송과 같은 저작인접물이 아닌 저작물 보호의 취지로 끌어들이는 것은 지나친 것이라고 보기 때문이다.

29) 최경수(2021), 133. 일본 법과 다른 것은 '발의' 대신 '기획'으로, '직무상'을 '업무상'으로 바꾼 정도이다. 1986년 개정법에는 일본 법규정과 달리 "기명저작물의 경우에는 그러하지 아니하다"라는 단서가 있었다. 이 단서는 일정한 요건을 구비한 업무상 저작물(당시 단체명의저작물)의 저작자는 원칙적으로 법인 등 단체로 하고, 저작물에 기명 표시가 있는 경우에는 개인 저작물이라는 분명한 입법 취지가 있었으나(1986. 12., 9; 제131회 국회 문교공보위원회회의록, 제9호, 1986. 12. 11., 43) 당시 기명 표시를 내부 분담 표시(허희성, 저작권법축조개설, 범우사, 1988, 69) 또는 업무 분담 표시(박성호, "저작권법 제9조의 '업무상저작'의 요건", 계간 저작권, 1998년 여름호, 20)로 해석하기도 하고, "단서는 오히려 근로자의 성명을 저작물에 표시해 주려는 법인 등의 배려까지 차단하고 있으므로"〔저작권위원회(2002)(1), 95〕 삭제한 것이다.

을 창작하기보다는 여러 사람이 협력하여 하나의 저작물을 만들게 되고, 각 개인이 관여하는 정도나 모습이 다양하여 개인의 기여분을 구별하기 어렵기 때문에(이 점에서는 공동저작물과 비슷하다) 법인 등 단체에게 저작자의 지위를 부여하여 권리관계를 명확히 할 필요가 있는 것이다.30)

나. 외국의 입법례

우리 법규정은 일본 법규정을 거의 여과 없이 받아들인 것인데, 일본 법규정은 프랑스의 집합저작물(oeuvre collective) 규정과 흡사한 면도 있다. 우리 규정을 제대로 이해하기 위해서는 외국, 특히 일본과 프랑스의 법규정을 살펴볼 필요가 있다.

프랑스 저작권법상 집합저작물이란 "자연인이나 법인의 발의에 의하여 창작되는 것으로, 그의 감독과 이름 아래(sous sa direction et son nom) 편집, 발행 및 공표되고, 그 제작에 참여한 여러 저작자의 개인적 기여분이 의도된 전체에 융합되어 그 전체에 대한 개별적인 권리를 각 저작자에게 귀속할 수 없는 것을 말한다"(제113-2조 제3항). 집합저작물에 대한 저작권은 자연인이든 법인이든 공표시 명의가 표시된 자연인이나 법인에 귀속하는 것이다.

프랑스 법의 영향을 받은 일본 법상의 '직무상 작성하는 저작물' 개념은 프랑스 집합저작물과 유사한 부분도 있고(법인의 발의 또는 기획 요건 및 법인 명의 요건) 그렇지 않은 부분도 있다. 일본 법에서는 직무상 저작물의 요건으로 고용 관계 등 '지휘·감독 관계'를 묻는 반면, 프랑스 법은 그 대신 개인 기여분이 전체에 융합되어 개별적인 권리를 각 저작자에게 귀속시킬 수 없을 것을 요구한다. 컴퓨터 소프트웨어의 경우 일본 법은 직무상 저작물 요건에서 법인 명의 요건만을 생략하고 있으나, 프랑스 법상 소프트웨어는 뒤에서 살펴보는 바와 같이 아예 요건이며 법률 효과가 다르다.

이렇게 볼 때 일본 법(우리 법으로 대입해도 마찬가지이다)에서 직무상 저작물은 프랑스 법 개념을 받아들였으나 요건이 매우 다르다는 것을 알 수 있다. 프랑스 법 입법 취지를 보면, 집합저작물 대상으로 일종의 익명 저작물로서 편집자의 성명 외에는 표시되지 않는 신문, 백과사전, 사전을 염두에 둔 것이다. 설령 저작자를 알 수 있다 하더라도 그 역할을 구분하는 것이 불가능한 저작물을 고려한 것이다.31)

---

30) 이러한 취지는 뒤에서 살펴보는 바와 같이 프랑스 법규정의 입법 취지에 가깝다.

다. 창작자 원칙 예외의 요건

우리 저작권법이 창작자 원칙이라는 기본 원리에서 크게 벗어났다는 점에서 그 예외의 요건은 엄격히 해석하는 것이 옳다고 본다.[32] 이러한 관점에서 업무상 저작물이 무엇이고, 예외 요건(단체가 저작자가 되는 요건)은 무엇인지 하나씩 검토하기로 한다.

업무상 저작물이 되기 위해서는 다음 요건을 갖춰야 한다(제2조 제31호). 첫째, 창작자가 '법인·단체 그 밖의 사용자'의 업무에 종사해야 한다. '법인·단체 그 밖의 사용자'에는 법인격 없는 사단도 포함된다.[33] 단체로서 실체가 존재하고 사단적 성격의 규약과 조직이 존재한다면 '법인 등 단체'로서 지장이 없다. 또한 그 밖의 사용자로서 자연인도 포함한다고 본다. 일본에서도 그렇게 해석한다.[34]

사용자의 업무에 종사해야 한다는 것은 사용관계, 즉 사용자와 창작자(피용자) 간의 사무관계가 존재해야 한다.[35] 사무란 통상적인 의미의 일과 같은 것이고, 사용관계란 실질적인 지휘·감독 관계를 뜻한다. 고용관계나 근로관계보다 넓은 개념이라고 할 수 있다.[36] 다만, 근로 계약이나 근무규칙에서 달리 정하는 경우에는 그렇지 않다.

둘째, 법인 등의 기획이 존재해야 한다. 여기서 기획이란 무엇인가. '발의'[37]보다는 깊게

---

31) Claude Colombet, Propriété littéraire et artistique et droits voisins, 7e éd., Dalloz, 1994, p. 95.

32) "제9조를 해석함에 있어서도 위 규정이 예외규정인 만큼 이를 제한적으로 해석하여야 하고 확대 내지 유추해석하여 저작물의 제작에 관한 도급계약에까지 적용할 수는 없다." 대법원 1992. 12. 24. 92다31309 판결.

33) 법인은 설립 등기를 해야 성립하는데, 이러한 절차를 거치지 않은 단체를 법인격 없는 사단이라 한다. 정관이나 규약, 조직을 갖추는 등 사단으로서 실체를 가지면 법인격 없는 사단으로서 소송상 당사자능력을 가지고 민법상 특수한 법적 지위가 인정된다. 종중이나 문중이 대표적인 이러한 사단에 속한다. 교회, 사찰 등도 그 실체에 따라 법인격 없는 사단이 될 수 있다.

34) 半田, 66. 그렇다면 '법인·단체 그 밖의 사용자'라고 하여, 다른 해석의 여지가 있는 용어(단체)를 포함해서 규정할 필요는 없다고 본다. 우리 법률 용어에 가깝게 '자연인이나 법인 그 밖의 사용자'라고 하든지, 그저 '사용자'라고 하면 그만 아닐까.

35) 민법 제756조(사용자의 배상책임) ① 타인을 사용하여 어느 사무에 종사하게 한 자는 피용자가 그 사무집행에 관하여 제삼자에게 가한 손해를 배상할 책임이 있다. …… ② 사용자에 갈음하여 그 사무를 감독하는 자도 전항의 책임이 있다.

36) 지원림, 민법강의, 제11판, 홍문사, 2013, 1713.

37) 일본 법은 '발의'라고 하고 있다.

저작물 창작에 간여하는 것으로 볼 수 있다. 프랑스에서는 '발의'와 '감독'을 모두 요건으로 하고 있는바, 설계자(maître d'œuvre)의 적극적인 역할이 중요하다고 보면서 그의 감독으로 집합저작물 개념이 현실화한다고 해석한다. 복종과 종속은 이에 수반하게 된다.[38] 우리 법상 기획이란 착상·방침을 세우고 저작물 작성 전체를 지휘·감독하는 정도는 되어야 하는 것으로 볼 수 있다.[39] 법원의 판단도 같다: " '법인 등의 기획'이라 함은 법인 등이 일정한 의도에 기초하여 저작물의 작성을 구상하고 그 구체적인 제작을 업무에 종사하는 자에게 명하는 것을 말한다."[40]

셋째, 창작자가 업무상 작성해야 한다. 법인 조직의 업무 범위가 정해지고 그에 소속된 피용자가 자신의 업무 범위에 따라 그 업무 수행 과정에서 저작물을 창작하는 경우라 할 수 있다. 이를 구체적으로 나눠보면 두 가지 경우가 있다. 하나는 피용자가 저작물 창작 그 자체를 업무로 하는 경우이고, 다른 하나는 피용자가 저작물 창작 그 자체가 본연의 업무는 아니지만 업무 수행 과정에서 저작물을 부가적으로 창작하는 경우이다. 다수설은 전자의 경우만을 업무상 작성한 것으로 본다.[41]

위 둘째 요건과 셋째 요건이 업무상 저작물 판단에서 핵심적인 요건이라 할 수 있다. 이 두 가지 요건을 함께 검토하면, 예를 들어, ① 회사 내 다른 부서의 업무에 협조하면서 작성한 저작물은 직접 창작한 사람의 개인 저작물이라고 할 수 있다. 그것은 회사의 기획이 존재한다 하더라도 그것을 업무상 작성한 것으로 보는 데 무리가 있기 때문이다.

---

38) Vivant et Bruguière, pp. 419~420.

39) 한승헌, 저작권의 법제와 실무, 삼민사, 1988, 340; 박성호, 앞의 글, 12.

40) 이런 기획은 "명시적은 물론 묵시적으로도 이루어질 수 있는 것이기는 하지만, 묵시적인 기획이 있었다고 하기 위하여는 위 법규정이 실제로 프로그램을 창작한 자를 프로그램저작자로 하는 같은 법 제2조 제2호의 예외규정인 만큼 법인 등의 의사가 명시적으로 현출된 경우와 동일시할 수 있을 정도로 그 의사를 추단할 만한 사정이 있는 경우에 한정된다고 봄이 상당하다." 대법원 2010. 1. 14. 2007다61168 판결; 대법원 2021. 9. 9. 2021다236111 판결.

41) 송영식·이상정·황종환, 지적소유권법(하), 제9판, 육법사, 2005, 571; 박성호, 앞의 글. 이들은 기본적인 요건에는 해석을 같이하지만 구체적인 상황에 대해서는 논지가 조금씩 다르다. 송영식·이상정·황종환, 위의 책, 571에서는 요건을 엄격하게 해석하여, "업무 수행에 있어 파생적으로 또는 그 업무와 관련하여 작성되는 데 불과한 때에는" 개인 저작물로 본다. 박성호, 위의 글, 18에서는 "통상적인 업무로서 기대되는" 경우 업무 범위에 속한다고 하여 사진기자가 우연히 UFO를 촬영한 경우 다른 요건을 충족하는 한 업무상 저작물로 본다.

②법인의 업무에 종사하는 개인이 여행 중 스케치한 그림, 촬영한 그림은 법인의 기획도 존재하지 않고 업무상 작성한 것도 아니므로 개인 저작물이라 할 수 있다.

③기자가 다른 목적의 출장 중 우연히 사건을 접하고 취재하거나 촬영한 경우 그것이 업무상 작성된 것이라 하더라도 법인의 기획이 존재하지 않는다고 본다. 따라서 개인 저작물이라 할 수 있다. 다만, 특정한 목적을 염두에 두지 않고 일반 시내 출장 중 취재 과정에서 우연히 접한 사건에 대해 작성하거나 촬영한 것은 업무의 범위에서 창작한 업무상 저작물이라 할 수 있다.

④교사는 학생들을 가르치고 시험 문제를 출제하는 것을 본업으로 한다. 교사가 출제하는 학과 시험문제는 업무상 작성된 것이라 하더라도 법인의 기획하에 창작된 것이라고 할 수 없다. 학교에서 지침으로 출제 범위를 정하고 출제 기준을 제시하는 것만 가지고는 기획한 것이라 할 수 없기 때문이다. 개인 저작물이라 할 수 있다.

위와 같이, 업무상 저작물 요건을 충족할 경우 그 저작물이 "법인 등의 명의로 공표"된다면 그 저작물의 저작자는 법인 등이 된다(제9조). 이는 두 가지로 나눠볼 수 있다. ① 명의는 단순히 공표 매체 등에 법인 명의가 존재하는 것으로 충분한 것은 아니다. 법인이 저작자로서 표시되어야 한다. 즉, '저작자로서 법인 명의'로 공표되어야 한다. 이는 입법 취지로부터 확인할 수 있다.[42] 실제로 '저작자로서 법인 명의'를 확인하는 방법은 쉽지 않을 것이다. 실제 창작자 성명이 어디에도 표시되지 않았다든가, 저작물의 성격에 비춰볼 때 달리 볼 수 없다든가, 하는 사정을 감안해 간접적으로 추정하게 될 것이다.

② 제9조에서는 "공표되는 업무상 저작물"이라고 하고 있는바, 이는 공표된 것과 공표를 예정한 것을 모두 포함한다. 법인의 내부 사정에 의해 미공표 상태로 있는 저작물이라 하더라도 업무상 저작물이 될 수 있는 것이다. 법인은 공표 여부를 곧바로 확정하기보다는 장래에 결정하려 할 경우도 있을 것이다. 이때 미공표 저작물의 법적 지위가 다소 불안정한 상태에 놓인다는 단점이 있다. 저작물을 이용하고자 하는 제3자는 미공표 저작물이 업무상 저작물인지 판별하는 데 어려움이 있기 때문이다. 그러나 제3자가 미공표 저작물을 이용할 가능성은 그다지 크지 않으므로 실제적으로는 큰 문제가 되지는 않을 것이다. 컴퓨터프로

---

42) 문교공보위원회, 저작권법개정법률안심사보고서, 1986. 12., 9; 최경수(2018), 24. 일본 저작권법 제15조 제1항에서는 이 점을 분명히 하고 있다: "직무상 작성하는 저작물…로서, 그 법인 등이 자신의 저작 명의하에 공표하는 것의 저작자는 …… 법인 등으로 한다."

그램의 경우에는 공표가 요건이 아니다(제9조 단서).

　프로그램에 대해 특별히 규정한 이유는 분명하지 않다.[43] 그렇지만, 해석은 일반 저작물과의 관계에 비춰보더라도 일관성은 유지해야 한다고 본다. 따라서 단서에서 말하는 공표는 프로그램의 공표가 아닌, '프로그램 저작자로서 법인 명의'의 공표를 말한다고 본다.[44] 프로그램을 별도로 규정하는 다른 입법례도 존재한다. 프랑스 법은 제113-9조에 의하면, "한 명 또는 두 명 이상의 피용자가 업무 수행 과정에서 또는 사용자의 지시(instruction)에 따라 창작한 소프트웨어와 그 문서는 사용자에게 귀속하고 사용자는 이러한 재산적 권리를 배타적으로 행사한다". 사용자가 저작자가 되는 것이 아니고, 사용자는 단지 재산적인 권리를 원시 취득한다는 점에서 집합저작물과는 다른 것이다.

　비록 업무상 저작물을 엄격하게 해석하더라도 이러한 예에 속하는 저작물은 적지 않다. 연구 업무 종사자가 고용 관계에 의해 수시로 또는 정기적으로 작성하는 연구보고서, 언론사 기자가 취재과정에서 얻은 정보·자료를 가지고 작성한 기사, 광고기획사 소속 직원이 특정 프로젝트 수행과정에서 산출하는 기획서, 중간산출물, 최종 자료 등이 있다. 각각의

---

43) 프로그램에 관한 단서 규정은 몇 차례 개정을 거친 것이다. 연혁적 검토가 없이는 그 해석에 어려움이 있다. 1986년 프로그램보호법 제5조에서는 "[법인 등]의 기획하에 법인 등의 업무에 종사하는 자가 업무상 창작한 프로그램으로서 **법인 등의 명의로 공표된** 것은 …… 그 법인 등을 당해 프로그램의 저작자로 한다"고 했다. 1986년 개정 저작권법과 거의 같은 문장으로 되어 있었고, 내용에도 차이가 거의 없었다. 1994년 개정 프로그램보호법에서는 "법인 등의 명의로 공표된 것"과 같은 구절이 삭제되고, 다음과 같이 바뀌었다: "[법인 등]의 기획하에 법인 등의 업무에 종사하는 자가 업무상 창작한 프로그램은 …… 그 법인 등을 당해 프로그램의 저작자로 한다." 국회 검토보고서에서 이 규정에 대해 다소 이해하기 어려운 입법 취지를 대고 있다: "개정안에서는 업무상 창작된 것은 **공표하지 않더라도** 법인 등을 저작자로 인정하기 위한 것으로, 이는 개인창작물의 권리발생과 형평유지를 위해 저작권자의 인정요건을 완화해 주기 위한 것으로 봄"(경제과학위원회, 컴퓨터프로그램보호법중개정법률안 심사보고서, 1993. 12.). 게다가 일반 저작물과 같이 '저작자로서 법인 명의' 공표가 아닌, 그저 '공표 여부'가 요건인 것으로 오해하는 단초를 제공했다. 이 때문에 2009년 개정 저작권법은 "[프로그램]의 경우 공표될 것을 요하지 아니한다"고 하기에 이르렀다. 이에 대한 정부의 해석도 다르지 않다: "컴퓨터프로그램저작물을 개발하는 과정에서 종업원이 소스코드를 빼내어 따로 개발한 후 이를 공표함으로써 오히려 법인 등에 대하여 저작권 침해 주장을 할 수 있으므로 분쟁의 소지가 있음." 문화체육관광부(2009), 22.

44) 일본 법은 일반 저작물에 적용되는 규정(제15조 제1항)에 있는 구절("그 법인등이 자신의 저작 명의하에 공표하는 것")이 프로그램에 적용되는 규정(제15조 제2항)에는 없다.

경우 위 요건들을 모두 충족해야 함은 물론이다.

우리 법규정은 적지 않은 문제를 보여주고 있다. 무엇보다도 창작자 원칙을 크게 훼손하는 입법 정책을 고수하고 있다는 점을 지적하지 않을 수 없다. 대륙법계 국가를 대표하는 프랑스나 독일의 입법례는 백과사전이나 컴퓨터프로그램의 특수성을 긍정하면서도 창작자 원칙을 저버리지 않고 있다. 우리처럼 법인=저작자라는 등식은 아예 존재하지 않는다. 사소하게 지적할 것들도 있다. 예를 들어, "계약 또는 근무규칙 등에 다른 정함이 없는 때에는"이라는 구절도 어색하다. 굳이 계약이니 근무규칙을 예시해야 할 필요성이 무엇인지 알기 어렵다. 우리 법상 여러 곳에 등장하는 "특약이 없으면"이란 표현으로 충분한 것이다. 표현을 변경한다고 하더라도 해석이 달라질 것도 없다.

프랑스 집합저작물 제도는 19세기 중반 판례에서 비롯된 것으로, 프랑스적인 상황을 반영한 것이다. 집합저작물 개념이 모호하다는 지적을 끊임없이 받고 있는 제도이다. 우리 법과는 달리, 프랑스 저작권법은 단순히 집합저작물 저작자를 확정하기 위한 규정만 존재하는 것도 아니다. 집합저작물 기여자의 권리를 보호하기 위한 규정도 존재한다. 그만큼 복잡하게 설계되어 있는 것이다.[45]

자율 학습

1. 우리 저작권법은 창작자 원칙의 예외로서 업무상 저작물에 관한 특별 규정을 두고 있다. 이 예외는 창작자 보호를 목적으로 한 저작권법의 근간을 흔들고 있다고 볼 수도 있다. 업무상 저작물의 특성을 고려하면서도 창작자 원칙을 지키는 입법 방안으로 무엇을 생각할 수 있을까?

---

45) Vivant et Bruguière, pp. 417, 419, 428~429. 일본은 이런 복잡한 제도를 일본식으로 변형해 도입한 것으로 추정된다.

제3절 저작권의 의미와 특징

1. 저작권의 의미

성문 저작권법에서 '저작권'이라 할 때에는 좁은 의미의 저작권으로, 이른바 '저작자의 권리'를 말한다.[1] 저작권법은 "저작자의 권리와 이에 인접하는 권리를 보호"하기 위한 것이라고 할 수 있는데, 여기서 말하는 '저작자의 권리'가 저작권법 제2장에서 말하는 '저작권'이다.

우리가 일상적으로 저작권이라고 할 때에는 넓은 의미를 지니고 있다. 좁은 의미의 저작권과 "[저작권법]에 따라 보호되는"[2] 저작인접권, 데이터베이스제작자의 권리 등을 포괄하는 의미이다. 좁은 의미의 저작권은 다시 저작인격권과 저작재산권으로 나뉜다. 저작인격권과 저작재산권에 대해서는 저작권법 제2장 제2절과 제3절에서 각기 규정하고 있다.

2. 저작권의 발생

저작권은 창작과 동시에, 아무런 방식을 갖추지 않아도 발생한다(제10조 제2항). 창작이라는 사실행위에 의해 창작자는 저작자의 지위를 가지게 되고 저작자는 저작권을 원시적으로 취득한다.

---

1) 현행 제2장 '저작권'은 종전에는 '저작자의 권리'라고 했다. 2006년 전문 개정법에서 바뀐 것이다.
2) 우리 저작권법에는 "이 법에 따라 보호되는 권리"라는 표현이 자주 나온다.

가. 사실행위로서 창작행위

사람은 정신 활동의 결과 창작물을 만들어낸다. 자신의 생각을 표현할 수 있다면 창작행위를 할 수 있다. 이런 창작행위는 사실행위이다. 사실행위는 법률관계에 변동이 일어나는 (법률효과가 발생하는) 법률행위와 구별된다. 이를 구체적으로 살펴보면, ① 민법상 의사무능력자나 제한능력자라도 창작행위를 할 수 있는 것이고, 그는 자신의 창작 저작물에 대해 저작권을 원시 취득한다. ② 대리인에 의한 창작행위는 존재하지 않는다. 대리인의 행위는 본인에게 법률효과가 귀속되는 법률행위에 지나지 않는다. ③ 법률행위는 법적 규제를 받는다. 법률행위의 효력이 부인되거나 제한받을 수 있다. 그러나 사실행위로서 창작행위는 그것이 선량한 풍속 기타 사회질서에 위반하더라도 저작권은 여전히 유효하다.[3]

창작의 결과로서 만들어진 저작물에는 기존 저작물에 기대지 않고 처음부터 독자적으로 만들어진 것(original work of authorship)이 있는가 하면, 기존 저작물에 의존해 만들어진 것(derivative work)도 있다. 그 어느 것이나 독창성이 있으면 저작권법상의 보호에 차이가 존재하지는 않는다.

나. 무방식주의

저작권은 창작과 동시에 발생한다. 저작권법은 창작 이외에 다른 방식을 효력 발생 요건으로 삼지 않고 있다. 전자의 의미로는 자동보호의 원칙(principle of automatic protection)이라 할 수 있고, 후자의 의미로는 무방식주의(principle of no formalities)라 할 수 있다. 저작권과 산업재산권을 구별하는 특징 중 하나가 방식 여부에 따른 법적 효과이다. 산업재산권은 등록이라는 방식을 효력 발생 요건으로 하고 있는 반면, 저작권은 아무런 방식을 요구하지 않는다.

방식은 특정 저작물이 저작권 보호를 받기 위해, 저작물 성립 요건과는 별개로 갖춰져야 하는 조건 내지 절차이다. 저작권 보호대상인 저작물은 독창성과 아이디어의 표현이라는 두 가지 요건이 충족되어야 하는데, 이들 요건은 방식이 아니다. 국가에 따라서는 저작물 성립 요건으로 고정을 요구하기도 하는데 이 또한 방식이 아니다. 방식에는 등록(registration) 외

---

3) 이에 관해서는, 제2장 제1절 1. '가. 독창성' 참조.

에, 납본 또는 기탁(deposit), 기타 저작권 표시(copyright notice)[4]를 포함한다.[5]

　　무방식주의는 국제조약(베른협약 등)상의 의무이다.[6] 이는 두 가지 측면에서 검토할 수 있다. 첫째, 무방식주의는 권리의 향유(enjoyment)와 행사(exercise)가 방식에 종속해서는 안 된다는 것이다. 향유란 권리의 발생 내지 귀속이라 할 수 있으며, 행사란 좁게 보면 저작물의 이용을 허락하는 것이고, 넓게 보면 양도와 같이 권리를 이전하는 것, 권리 침해 시 소송 등 구제 수단을 강구하는 것이라 할 수 있다. 권리 행사를 위해 일정한 문서 형식, 예를 들어 권리 행사와 관련한 계약에 서면주의를 강제하고 그에 따르지 않은 계약을 무효라고 한다면,[7] 이를 방식주의라 할 수 있는가. 서면 계약이 언뜻 보기에는 방식으로 보인다. 권

---

4) 우리 주변에서 자주 볼 수 있는 저작권 표시로서 ⓒ 표시는 1952년 UCC에서 유래한다. 이 협약에 의하면, "자국의 국내법에 의거하여 저작권 보호조건으로 납본, 등록, 고시, 공증인에 의한 증명, 수수료의 지급 또는 자국 내에서의 제조나 발행 등의 방식을 따를 것을 요구하는 체약국은, 이 협약에 의거하여 보호를 받는 저작물로서 그 국가의 영토 밖에서 최초로 발행되고 또한 그 저작자가 자국민이 아닌 저작물에 대하여, 저작자 또는 여타 저작재산권자의 허락을 받아 발행된 저작물의 모든 복제물에 최초 발행 시로부터 ⓒ의 기호가 저작재산권자의 성명 및 최초의 발행 연도와 더불어 저작권을 주장할 수 있는 적당한 방법과 위치에 표시되어 있는 한, 이러한 요구가 충족된 것으로 인정하여야 한다"(제3조 제1항). 다시 말해서, 자국 내에서 저작권 등록을 해야만 저작권 보호를 해주는 국가(방식주의 국가)들은 외국인의 저작물에 대해서 그 복제물에 단순히 ⓒ 표시만 해두어도 저작권 등록을 받은 저작물과 동일한 법적 보호를 해줘야 한다. UCC 체약국은 거의 대부분 베른협약이나 TRIPS협정 당사국이고 이들 조약은 무방식주의를 채택하고 있기 때문에 ⓒ 표시는 역사적인 의미와 장식적인 의미밖에 없다고 할 수 있다.

5) 2021년 WIPO가 의뢰해 109개 WIPO 회원국(193개 회원국 중 응답 국가)을 조사한 보고서에 따르면, 70개국이 좁은 의미의 저작권 등록 제도를, 46개국이 변동 등록 제도를 운영하고 있고, 67개국이 기탁 제도를 가지고 있다. 14개국은 아무런 제도도 가지고 있지 않다. Stef van Gompel and Saule Massalina, WIPO Survey on Voluntary Copyright Registration Systems, Final Report, April 23, 2021.

6) 베른협약 제5조 제2항: "그러한 권리의 향유와 행사는 어떠한 방식에 따를 것을 조건으로 하지 아니한다. 그러한 향유와 행사는 저작물의 본국에서 보호가 존재하는 여부와 관계가 없다 ……". TRIPS협정 제9조 제1항 및 WCT 제3조에서는 베른협약 제5조 제2항을 준용하고 있다. WPPT 제20조에서는 별도로 무방식주의를 언급하고 있다: "이 조약에서 규정한 권리의 향유와 행사는 어떠한 방식에도 따를 것을 조건으로 하지 아니한다."

7) 외국에는 이러한 입법례가 존재한다. 독일 저작권법 제40조 제1항에서는 "장래의 저작물에 대하여 저작자가 용익권을 부여하도록 의무를 부담하는 계약은 서면에 의한 형식을 요한다"고 하고 있다. 프랑스 저작권법 제131-2조에서는 법에서 정한 특정 계약[공연, 발행 및 시청각제작 계약]과 권리 이전 계약은 서면으로 하도록 하고 있다.

리의 이전과 같은 전형적인 권리 행사를 위한 계약에 서면을 요구하고 그렇지 않을 경우 그 계약의 효력이 영향을 받도록 하고 있기 때문이다. 그러나 이를 방식주의라 일률적으로 말할 수는 없을 것이다. 왜냐하면 무방식주의는 저작권 보호를 위한 원칙이고, 서면의 형식은 저작자 보호를 위한 장치일 뿐 그것이 권리 행사의 조건(그 조건을 거스를 경우 행사 자체가 금지되거나 제한되는 것)은 아니기 때문이다.

또한 저작권 등록은 어떠한가. 저작권 등록은 그 자체가 방식임은 분명하다. 저작권 등록에는 두 가지가 있는데 하나는 좁은 의미의 저작권 등록과 변동 등록(양도, 처분 제한 등)이 있는데 이들은 각기 권리의 행사와 향유를 위한 조건이 아닌 한 무방식주의에 어긋난다고 말할 수는 없다.[8]

둘째로는 국제조약상 무방식주의는 본국에 대해서도 강제력이 있는 원칙은 아니다. 본국은 방식주의도 채택할 수 있는 것이다. 본국[9]에서 방식주의를 고집하더라도 이는 조약상의 의무를 위반하는 것은 아니다. 왜냐하면 본국 저작권법에서 어떻게 정하든 그것은 국제관계가 개입되지 않은 국내법 문제이기 때문이다. 한 예로, 미국 저작권법은 자국을 본국으로 하는 저작물에 대하여 저작권 등록을 소제기 요건으로 하고 있다. 외국인 저작물에 대해서는 그러한 요건을 부과하지 않는다(제411조 (a)).

3. 저작권의 성격

가. 저작권의 본질에 대한 논의

우리 교과서에서는 과거 독일과 일본에서 논쟁을 벌였던 저작권의 본질에 관해 소개하기도 한다. 저작권 본질론은 18~19세기 독일의 논쟁을 일본 학계에서 다룬 바 있고, 이를 우리 교과서에서 정리한 것이다.[10] 이러한 본질론은 독일의 과거 이론을 이해하는 데 도움이

---

8) 이에 관해서는, 제6장 제4절 '1. 의의' 참조.

9) 베른협약상 본국에 대해서는, 제2장 제2절 '2. 외국인의 저작물 보호: 연결점' 참조.

10) 장인숙, 저작권법개론, 3판, 교학도서주식회사, 1966, 45~48; 황적인 외, 159. 이들은 대체로 다음과 같이 학설을 나누고 있다. ① 정신적 소유권설: 소유권이 물건의 배타적 지배를 내용으로 하는 절대권이듯, 저작권은 무체인 저작물의 배타적인 지배를 내용으로 하는 절대권이고 그것도 정신적인 재화

될 수는 있지만 현대적 의미의 저작권을 다루는 데에는 한계가 있다. 오늘날 저작권법에는 여러 종류의 권리와 권리자가 존재한다. 이들 여러 권리에 모두 들어맞는 하나의 본질론은 존재하지 않는다. 특정 이론은 어떤 권리에 합당하지만 다른 권리에는 맞지 않기도 하고, 여러 이론을 조합해야만 설명이 되는 권리도 있다. 각 권리의 등장 배경과 성격이 다르기 때문이다. 여기서는 저작권, 그것도 좁은 의미의 저작권을 바라보는 시각에 따라 특징적으로 설명하고 있는 이론들을 간단히 살펴보면서 그 본질을 간접적으로 파악하기로 한다.[11]

(1) 재산권으로서 저작권[12]

재산권 이론(property right theory)은 로크(John Locke)의 사상에서 출발한다.[13] 로크는 자연은 인류의 생존과 안락함을 위해 인류 모두에게 주어진 것이고 사람이 노동(labour)의 결과 자연이 제공하는 과실을 채취하면 그것은 자신의 것(재산)이 된다고 했다. 노동이 재산

인 무체물에 대한 권리라는 점에서 정신적 소유권이라는 것이다. ② 인격권설: 저작물은 정신활동의 소산으로서 그 저작자의 개성과 인격의 표현이라 할 수 있고, 이 점에서 저작자와 저작물은 서로 불가분의 관계에 있으므로 따라서 저작권도 저작자의 인격권의 일종이라는 것이다. 저작물에 대한 이용권은 이 인격권에서 파생한 종적 권리에 불과하여 이것만은 따로 이전성을 가진다는 것이다. ③ 무체재산권설: 정신적 활동의 소산으로 저작물이 창작자로부터 분리되어 경제적 거래의 대상이 된 이상 그에 대한 인격적 요소는 사라지고 재산적 요소만 남아 그것이 저작권의 본질이라는 것이다. ④ 정신재화경합권설: 저작권이 일종의 무체재산권이지만 그 내용은 인격권적 성격, 재산권적 성격 및 경합권적 성격으로 된 3면적 권리라는 것이다.

11) 이하 분류는 Sterling, p. 39 참조.

12) Sterling, pp. 40~43.

13) 로크는 자연상태에서 인간은 평등하기 때문에 한 쪽의 권리는 다른 쪽의 의무이므로 권리와 의무는 같은 것이라고 하면서, 이러한 자연권에는 네 가지가 있다고 한다. 첫째, 누구든지 다른 사람들을 해칠 수 없는 의무를 부담한다. 다시 말해서 모든 사람은 해를 입지 않을 권리를 가진다. 이 권리는 다른 어떤 권리보다 우선한다. 둘째, 모든 사람은 자신의 노력·노동의 결과를 처분할 수 있는 권리와 신이 인간에게 준 자연(the common)을 사용할 수 있는 권리를 가진다. 셋째로 모든 사람은 긴급한 경우 신체를 제외한 자신의 몫(자원)을 다른 사람과 나눠야 할 의무를 진다. 자신의 몫이 쓸모없이 버려지게 될 경우에도 다른 사람과 나눠야 한다. 넷째, 다른 사람이 자연에서 채취하거나 생산한 자원을 해쳐서는 안 된다. Wendy J. Gordon, "A Property Right in Self-Expression: Equality and Individualism in the Natural Law of Intellectual Property," 102 Yale L. J. 1533 (1992), pp. 1541~1543.

권의 기초가 된다는 것이다. 이러한 로크 사상을 저작권 분야 접목한 디드로(Diderot)는 사람이 재산을 소유하듯이 자신의 교육, 연구, 사상의 과실인 저작물에 대해서도 재산권을 향유할 수 있다고 했다. 이 이론은 19세기 지적재산권(intellectual property) 이론의 토대를 제공했다.

재산권 이론은 다음과 같은 점에서 한계가 있다. 첫째, 로크 사상에 의하면 노동의 투하로 자연 속에 존재하는 토지나 동물, 과일을 소유할 수 있게 되는데, 아이디어나 그 표현을 자연 속의 물건과 같이 보기 어렵다는 점이다. 물건은 이미 존재하는 것인 반면, 창작물은 기존에 존재하지 않는 것이다. 둘째, 노동이 재산권의 기초라면 노동을 수반하는 모든 행위가 법적 보호를 받아야 한다는 점이다. 셋째, 재산권 이론은 저작권의 인격적 측면을 설명하지 못한다.

(2) 독점권으로서 저작권[14]

저작권은 저작자에게 일정한 행위에 대해 독점적 지위를 부여하는 것이다. 독점은 경제적인 용어이고, 이를 법적으로는 배타성이라고 한다. 그 권리는 배타적인 권리(exclusive right)가 된다. 독점에는 사실상의 독점(시장 독점)과 법률적 독점이 있다. 저작권은 법률적 독점으로 일정한 경제적 보상을 수반한다.

(3) 인격권으로서 저작권[15]

인격권 이론(personality right theory)은 칸트(Immanuel Kant) 사상에 기원을 두고 있다. 칸트는 무단 인쇄의 불법성에 대해 다루면서 인격권 이론은 전개했다. 즉, 저작물은 저작자의 개성 내지 인격(personality)의 표출이고 개인의 인격이 보호된다면, 따라서 그 저작물도 보호되어야 한다는 것이다. 독일의 창작자 원칙(Schöpferprinzip)은 여기에서 나온 것이다.

---

14) Sterling, p. 43.

15) Sterling, p. 43.

(4) 독자적인 권리로서 저작권[16]

독자적인 권리 이론(sui generis right theory)은 저작권을 다른 권리와 연계하지 않고 법에서 독자적으로 성격을 부여했다는 것으로 이론가들마다 다른 설명을 한다. 물권이나 인격권과 구별되는 권리, 법에서 창설한 독점적 성격에 주안을 둔 권리, 무형의 재산권이라기보다는 무형물에 대한 권리 등으로 설명한다.

나. 저작권의 성격

(1) 무체물에 대한 권리

저작권은 저작자가 저작물에 대해 가지는 권리(copyright in a work)이다. 저작물은 아이디어를 구체화한 표현이고 그것은 무체물(intangible object)이다. 이 점에서 유체물로서 물건에 대한 권리인 소유권 등 물권과는 구별된다.[17] 서적에 대한 권리관계를 볼 때 서적은 물건이고, 서적에 담긴 무형의 표현은 저작물이며, 이에 따라 서적 소유자와 저작물의 저작자는 엄격히 다른 것이다.[18] 소유권은 소유자의 지배에 의해 물건의 존재가치가 있는 반면, 저작권은 다른 사람이 저작물을 이용할수록 그 가치가 커진다.[19] 그러나 뒤에서 보는 바와 같이, 저작권은 물권적 성격을 가지고 있다.

(2) 저작권 이원론

저작자는 저작인격권과 저작재산권을 가진다(제10조 제1항). 이를 통칭하여 저작권(좁은

---

16) Sterling, pp. 43~44.
17) 민법상 물건은 "유체물 및 전기 기타 관리할 수 있는 자연력"(제98조)을 말한다. 동산과 부동산과 같은 유체물을 본질로 하여, 전기, 빛, 열 등 관리 가능한 자연력에 한정한다.
18) 얼마 전까지만 해도 우리 민법 교과서에서는 무체재산권(Immaterialgüterrecht)이라는 용어를 주로 사용하기도 했다. 독일 법학의 영향을 받았던 것으로 보인다. 이 용어는 무체물에 대한 권리라는 뜻에서 그 본질에 가까운 용어라고 할 수 있다.
19) 장인숙, 64.

의미의 저작권)이라 한다. 저작자는 자신의 창작활동의 결과로 저작물을 만들고 이렇게 만들어진 저작물에 대해 인격적인 권리(저작인격권)와 재산적인 권리(저작재산권)를 가지는 것이다. 다시 말해서, 저작자는 자신의 정신적 창작활동의 결과인 저작물이 자신의 인격을 훼손하는 방법으로 사용되지 않도록 법적으로 보장받고, 그 저작물의 재산적 가치를 현실화하여 창작활동을 지속할 수 있도록 보장받는 것이다.

우리 저작권법은 저작인격권과 저작재산권을 별개로 다루고 있기 때문에 이른바 저작권 이원론이 우리 법의 지배원리라 할 수 있다. 저작인격권과 저작재산권은 각기 별개의 권리인 것이고, 그 행사도 독자적으로 할 수 있는 것이다.

저작권의 성격과 관련해 일원론과 이원론의 대립은 저작인격권 사상이 발달한 프랑스와 독일에서 저작인격권을 저작권법 체계 내에서 어떻게 볼 것인지를 두고 나타난 것으로 프랑스는 1957년 저작권법으로, 그리고 독일은 1965년 저작권법으로 각기 이원론과 일원론을 채택함으로써 논쟁을 일단락시켰다. 우리는 프랑스 저작권법의 접근법에 따라 이원론을 채택하고 있다.[20]

(3) 물권적 성격

물권은 물건을 지배하는 권리인데 반해, 저작권(특히 저작재산권)은 다른 지적재산권과 마찬가지로 무체물에 대한 권리이다. 무체물에 대한 권리이지만 원칙적으로 유체물에 대한 권리인 물권의 원리가 작용한다. 저작권에도 물권과 마찬가지로 독점적·배타적 성격(물권적 성격)이 있는 것이다. 그러나 저작권의 '사회성'으로 인해 그 한계가 존재한다. 왜냐하면 저작물은 그 시대 그 사회와 유리된 창작물이 아니고 선인의 문화유산을 받아 만들어낸 것이기 때문이다.[21] 이런 점에서 저작권은 소유권과는 달리, 기간이 정해져 있고(보호기간), 공공이익에 의해 제한되고(저작재산권의 제한), 일정한 경우 비록 저작물임에도 불구하고 보호를 해주지 않고 있다(비보호저작물).

---

20) 일원론과 이원론에 대해서는, 제2장 제4절 1. '나. 저작인격권 논쟁' 참조.

21) 장인숙, 90.

제4절 저작인격권

1. 저작인격권 사상

가. 저작인격권의 역사

저작인격권(droit moral, moral rights)은 19세기 프랑스 판례와 학설을 통해 정립되었다.[1] 저작인격권은 칸트의 사상에서 출발한다. 저작인격권 이론은 독일에서 칸트의 이론에 기대어 체계적으로 전개되었고, 독일은 이를 바탕으로 19세기 말과 20세기 초에 걸쳐 인격적 성격의 권리를 제한적으로 법제화하기도 했다. 프랑스도 독일의 영향을 받아 이론적 근거를 찾았다.[2]

1920년대에 들어 유럽 국가들이 저작인격권을 받아들이기 시작했다. 대체로 성명표시권과 동일성유지권을 주축으로 한 권리 보장을 목적으로 법률을 제정했다. 영미법계 국가에서는 저작권을 실용적으로 파악하기 때문에 저작인격권이라는 개념에 익숙하지 않았다. 명예훼손이나 사칭통용(passing off)의 법리에 따른 보호를 위주로 한 인격적 이익이 보호될

---

1) Lucas et al., p. 473. 1814년 발행된 파르드쉬(Pardessus)의 저술에 따르면, 원고(manuscript)의 판매는 일반 재산의 이전과는 다르다. 구매자는 원고를 무작정 처분(변경, 폐기 등)할 수는 없으며, 그는 단지 원고에서 생기는 과실에 대한 권리만을 가질 뿐 그 본질은 유지해야 한다고 주장한다. 즉, 저작물(실제로는 저작물을 담은 매체)을 양도한다 하더라도 그 저작물의 사용권(usufructaty)만을 가진다는 것이다. Ricketson and Ginsburg, p. 588.

2) Ricketson and Ginsburg, p. 588. 칸트의 영향을 받은 모리요(A. Morillot)는 1878년 저작인격권을 자연권과 연결시키면서 그것은 저작자의 인격(personalité)의 연장이라고 보았다. 저작재산권과 구별되는 저작인격권이 존재한다고 설파한 것이다. Christophe Caron, Droit d'auteur et droits voisins, 6e éd., LexisNexis, 2020, pp. 234~235.

뿐이었다.[3)]

초기 프랑스 저작인격권 사상 발달 과정을 보면 저작인격권은 신성한 것이라는 데에서 출발한다. 프랑스 혁명이 발발한 프랑스에서 그 혁명 정신에 입각해 저작권을 받아들였다는 것은 그다지 놀랄 일은 아니다. 판례의 축적도 그런 차원에서 이해할 수 있다. 앙시앵 레짐 당시 지적 창작물에 대한 권리는 모두 국왕이 부여한 것이었으나, 혁명 이후 이러한 권리는 예술가들이 내재적으로 가지는 권리로 보았다. 예술가들은 공연할 자유가 있고 공연에 대한 이용권을 가지는바, 이러한 권리는 창작행위에 의해 자연적으로 발생하는 권리라고 본 것이다.[4)]

학자들은 국제 저작인격권의 역사를 크게 3기로 나누기도 한다. 제1기는 1793년부터 1878년까지, 제2기는 1878년부터 1902년까지, 그리고 제3기는 1902년부터 1957년까지로 한다. 제1기는 저작권의 성격에 대한 논쟁으로 시작한다. 일부에서는 저작권은 비록 일시적이지만 재산적인 권리라고 주장하는 반면, 다른 일부에서는 저작권을 재산권에서 분리하여 인격권(right of personality)의 성격을 가지는 것으로 보았다. 이 시기에 프랑스에서는 성명표시권, 동일성유지권, 그리고 공표권이 차례대로 받아들여졌다. 제2기는 재산권의 전통적 개념을 저작권에 응용하려는 태도마저 포기한 시기이다. 저작인격권이 저작권 사상과 논쟁의 중심을 차지했다. 지적재산권(intellectual property) 이론이 발전하면서 저작권도 지적재산권의 영역에서 다루기 시작했다. 독일에서는 저작인격권을 두고 일원론과 이원론이 대립하는 시기이기도 했다. 제3기는 저작인격권을 둘러싼 이론적 대립이 마무리되는 시기에 해당한다. 프랑스는 1957년 저작권법 제정으로 이원론이, 독일에서는 1965년 저작권법 제정으로 일원론이 자리 잡았다.[5)]

나. 저작인격권 논쟁

저작인격권에 관한 논쟁은 권리가 법제도상(판례상)으로 인정되었던 프랑스에서보다는

---

3) Ricketson and Ginsburg, pp. 588~589.

4) Russell J. DaSilva, "Droit Moral and the Amoral Copyright: A Comparison of Artists' Rights in France and the United States," 28 Bulletin of the Copyright Society of the USA (1980), pp. 8~9.

5) Ibid., pp. 9~11. 이 기간 중인 1928년에 저작인격권 규정이 베른협약에 신설되었다. 베른협약은 프랑스 제도를 받아들인 것이다.

독일에서 치열했다. 19세기 말 콜러(Joseph Kohler)를 비롯한 이원론자들은 저작인격권은 저작재산권과 구별된다고 주장했던 반면, 기르케(Alfred Gierke)를 중심으로 한 일원론자들은 양자를 하나의 권리로 보았다. 독일 학자들의 논쟁은 국경을 넘어 프랑스에까지 번졌으며, 그 결과 프랑스는 이원론적인 입법(1957년)으로, 독일은 일원론적인 입법(1965년)으로 논쟁의 가치를 크게 줄였다. 아직도 이원론과 일원론 간의 장단점과 실익을 저울질하기도 하지만 오히려 연혁적인 의미가 크다 하겠다.[6]

  이원론은 저작인격권과 저작재산권을 별개라는 데에서 출발한다. 저작인격권은 저작자에 전속하는 권리로서 양도가 불가능하고 항구적인 권리인 반면, 저작재산권은 자유로이 이전될 수 있으며 보호기간이 특정되어 있다는 것이다. 반면, 일원론에 의하면 저작권은 그 자체로 분리할 수 없는 하나라는 것이다. 저작권은 양도할 수 없으나, 저작권에서 나오는 개개의 용익권만이 배타적으로나 비배타적으로 부여될 수 있을 뿐이다. 이러한 용익권은 양도 대상이 된다.

  이원론과 일원론 간의 논쟁은 더 나아가 저작권의 소멸, 상속, 양도 등에 관한 논쟁으로 이어진다.[7] ① 이원론에 의하면 저작인격권은 항구적이기 때문에 소멸하지 않으나 저작재산권은 소멸한다고 하는 반면, 일원론에서는 저작권은 그 전체로 일정한 보호기간을 가질 뿐이라 한다. ② 이원론을 따르면 저작인격권은 일신에 전속하는 권리이므로 상속될 수 없는 반면, 일원론에 의할 경우 저작권이 하나로 상속인에게 이전된다. ③ 양도될 수 없는 권리가 존재한다는 것은 이원론에서나 일원론에서나 같으나 전자는 저작인격권만이 양도될 수 없는 것이고, 후자는 전체로서 하나인 저작권이 양도될 수 없다고 한다.

  이원론은 프랑스에서 받아들여진 반면, 일원론은 독일의 입법 태도이다. 이탈리아, 스페인, 네덜란드, 스웨덴 등 유럽 다수 국가들은 이원론을, 독일 저작권법의 영향을 받은 오스트리아와 일부 동유럽 국가들은 일원론을 채택하고 있다. 프랑스 저작권법은 저작권은 "지적·인격적 속성 및 재산적 속성(attributs d'ordre intellectuel et moral ainsi que des attributs d'ordre patrimonial)을 포함한다"(제111-1조 제2항)고 하면서도, 저작인격권은 자연인 창작자에 전속

---

6) 칸트에서 헤겔로 이어지는 독일 관념주의가 인격권 사상의 배경이자 출발이 되었다고 할 수 있다.

7) 이에 관해서는, 황적인 외, 160~171 참조. 이원론과 일원론을 지지하는 학자들마다 각기 다른 근거를 가지고 접근하고 있기 때문에 양자를 구별 짓는 분명한 논거를 획일적으로 찾기는 어렵다. 이원론과 일원론에 공통적으로 적용할 수 있는 논리들을 부분적으로 확인할 수 있을 뿐이다.

하는 것으로(제121-1조 제2항), 따라서 양도가 불가능하고 영속적인 것(제121-1조 제3항 1문)이라고 규정한다. 반면 저작재산권은 양도될 수 있을 뿐만 아니라 시간적으로도 효력이 제한된다.

반면, 독일 일원론은 재산적 권리와 인격적 권리의 구별을 부인하고 저작물을 창작적인 개성(인격)의 표현으로 본다. 따라서 인격적 권리와 재산적 권리를 단일한 하나의 저작권 안에 녹인다. 즉, "저작권은 저작자의 저작물에 대한 지적(정신적)·인격적 관계에서, 그리고 저작물의 이용에 관하여 저작자를 보호한다"(제11조)는 것이다. 인격적 권리와 재산적 권리는 상호 밀접한 관련이 있으며, 양자를 아우르는 개념으로서 저작권(Urheberrecht)에 일률적인 보호기간을 두고, 저작권 그 자체는 양도할 수 없으나 특정 이용에 대한 재산권(용익권; Nutzungsrecht)을 부여하는 방식으로 양도를 허용한다. 다시 말해서 저작권 그 자체는 인격적 권리와 재산적 권리의 상호관계로 인해 양도할 수 없으며(제29조 제1항), 저작권에서 파생된 개개의 용익권이 배타적으로 또는 비배타적으로 부여 대상이 되는 것이다(제31조 제1항).

이러한 이원론과 일원론의 구분이 이론적으로 명쾌하고 그에 따라 입법 태도가 분명히 갈리는 것은 아니다. 프랑스 저작권법이 저작인격권과 저작재산권을 분리 규정하고 있으나 이들 권리는 전체로서 저작권(droit d'auteur)을 구성하기 때문에 일원론의 색채를 완전히 걷어냈다고 말할 수는 없다.[8] 또한 독일 저작권법도 프랑스의 'droit moral'에 상응하는 'Urheberpersönlichkeitsrecht'라는 개념과 프랑스의 'droits patrimoniaux'에 상당하는 'Verwertungsrechte'라는 개념이 대립적으로 존재하고 있어서 외견상 이원론으로 비칠 수도 있다.[9] 프랑스와 독일이 국내법으로 저작인격권을 포함하는 저작권 체제를 정비한 이후 이제는 각 국가의 접근법(이원론 또는 일원론)은 입법 형식의 문제 정도로 귀결되는 듯하다. 프랑스와 독일의 저작권법 간에는 다른 점보다 같은 점이 오히려 많다.[10]

베른협약은 저작인격권 논쟁이 계속되던 시기인 1928년에 로마 회의에서 개정되었고, 이

---

8) 프랑스 법은 입법 형식뿐만 아니라 내용에서도 이원론을 고집하지 않고 있다. 저작권은 인격적 속성과 재산적 속성을 가지고 있다는 규정(제111-1조 제2항)은 '하나의 권리'라는 개념을 간직한 것으로 볼 수 있고, "저작물을 공표할 권리, 저작물의 이용조건을 정할 권리 및 그 동일성을 유지할 권리는 저작자인 배우자 또는 그 권리를 이전받은 배우자에게 부여된다"는 규정(제121-9조 제1항)은 인격권의 상속성을 인정하고 있는 것으로, 일원론에 입각한 규정으로 이해할 수 있다. Lucas et al., p. 47.

9) Adolf Dietz, "The Moral Right of the Author: Moral Rights and the Civil Law Countries," 19 Columbia-VLA Journal of Law & the Arts (1995), p. 202.

10) Ibid., p. 206.

때 해당 규정이 신설되었다. 이 규정은 유럽 일부 국가, 특히 대륙법계 국가들의 주도에 의한 것이었다.[11] 이 규정만을 보면 이원론이 반영되었다는 점을 확인할 수 있다. 이 협약 제6조의2 제1항에 의하면, "저작자의 재산적 권리와 별개로, 그리고 이 권리의 이전 후에도, 저작자는 저작물의 저작자라고 주장할 권리 및 그의 명예나 명성을 해치는 그 저작물의 왜곡, 절단, 기타 변경 또는 기타 훼손행위에 대하여 이의를 제기할 권리를 가진다." 여기서 몇 가지 특징을 발견할 수 있다. 첫째, 저작인격권은 저작재산권과 별개의 권리라는 것이고, 둘째, 협약상 권리에는 성명표시권과 동일성유지권이 있고, 셋째, 저작인격권 중 동일성유지권 침해는 저작자의 "명예나 명성을 해"쳐야만 성립한다는 것이다.

다. 우리 저작권법상 저작인격권

우리 저작권법은 저작권에 관한 장(제2장) 안에서 저작인격권에 관한 절(제3절)과 저작재산권에 관한 절(제4절)을 두고, 이에 앞에 저작자에 관한 절(제2절) 제10조에서 '저작권'이라는 제목으로 "저작자는 제11조부터 제13조까지에 따른 권리(저작인격권)와 제16조부터 제22조까지에 따른 권리(저작재산권)를 가진다"고 규정하고 있다.

외견상으로는 분명 프랑스의 이원론을 받아들이고 있고, 내용상으로도 상당 부분 프랑스 저작권법과 같다. 공표권과 성명표시권, 그리고 동일성유지권을 공통적으로 담고 있고, 권리의 일신전속성을 밝히고 있는 점 등도 프랑스 법과 맥을 같이한다. 이러한 점에서 우리 저작권법상 저작인격권 관련 규정은 프랑스 법규정 해석을 통해 보충적으로 파악하는 것도 의미가 있다.

(1) 항구성

우리 법상 저작인격권은 저작자의 사망으로 소멸한다. 우리 법은 저작인격권은 "저작자 일신에 전속한다"(제14조 제1항)고 하면서, 사후 인격적 이익은 별도로 규정(제14조 제2항)함으로써, 권리로서 인격권은 한시적인 것으로 하고 있다. 반면, 프랑스 법은 저작인격권은

---

11) 로마 개정회의가 개최되었던 1928년까지 베른협약 동맹국은 31개국이었으며, 그 대부분 대륙법계 국가들이었다.

"저작자 일신에 전속한다(attaché à sa personne)"고 하면서도, 그 권리는 항구적인 것으로 규정한다(제121-1조). 왜냐하면 프랑스 법상 저작물은 저작자의 개성 또는 인격을 발현한 것이고, 그에 대한 권리는 그런 인격적 속성으로 인해 신체가 소멸되더라도(사망) 사라지지 않는다고 보기 때문이다. 항구성이 이원론의 특징이라면, 우리 법은 원칙적 이원론에서 다소 벗어난 듯하다.

(2) 상속성

일신전속성은 상속성 부정으로 귀결된다. 저작인격권이 '일신'에 전속하게 되면 그 인격권은 상속될 수 없기 때문이다. 이원론의 원칙적 결론인 셈이다.[12] 우리 법은 일신전속성을 그대로 받아들여 저작인격권의 상속을 인정하지 않는다. 다만, '저작자의 사망 후 인격적 이익의 보호'에 관해서는 별도의 규정을 두고 있고(제14조 제2항), 그 이익 보호를 위해 별도로 행사주체를 정하고 있다(제128조).[13] 그런가 하면, 프랑스에서는 오히려 저작인격권도 상속인에게 이전된다고 하고 있다(제121-1조 제3항). 우리 법과 프랑스 법을 비교해보면 상속성을 부분적으로나(한국) 전면적으로(프랑스) 인정하고 있다는 점을 확인할 수 있다. 이렇게 볼 때 상속성이 일원론과 논리 필연의 관계에 있는 것은 아닌 듯하다.

(3) 양도성

이원론에 의하면, 저작인격권이 독자적이듯, 저작재산권도 독자적이다. 저작인격권은 양도할 수 없으나 저작재산권은 자유롭게 양도할 수 있다. 우리 저작권법에서는 저작재산권의 양도·행사·소멸(제2장 제4절 제4관)에 관해 별도 조문으로 규정하고 있다. 계약 자유의 원칙이 지배하고 있는 것이다. 이러한 점에서 이원론이 일원론에 비해 저작자 보호에 충분하지 못하다는 주장도 나올 수 있다. 그러나 같은 이원론을 택하는 프랑스에서는 양도성에 대해

---

12) 황적인 외, 167에 의하면, 일원론의 장점 중 하나로 저작재산권자와 저작인격권 행사자가 동일한 상속인에게 귀속되어 거래 안전에 바람직하다는 점을 들고 있다.

13) 우리 법 제128조에서는 유족(사망한 저작자의 배우자·자·부모·손·조부모 또는 형제자매를 말한다)이나 유언집행자가 저작자 사망 후 인격적 이익 보호를 일정한 권리를 행사할 수 있다고 하고 있는데, 이들이 곧 상속인은 아니다.

법적인 제약을 가함으로써 그러한 우려가 현실적으로 발생하지 않도록 하고 있다. 계약에서 명시한 이용형태에 대해서만 이전계약의 유효성을 인정하고 있는 것이다. 즉, "저작자의 권리의 이전은 양도증서에 별도로 정해진 양도된 각각의 권리에 의거하여, 그리고 그 내용, 목적, 장소 및 기간을 정한 이용범위에 의거하여 이루어진다"(제131-3조)고 하고 있다.[14]

(4) 기타 성격

저작인격권은 저작재산권과의 관계에서, 그리고 일반 재산권과의 관계에서 파악하기도 한다. 프랑스 법에서는 이에 대해 일부 언급하고 있다. 먼저, 프랑스 법에서는 저작인격권, 특히 공표권은 일반 재산권뿐만 아니라 저작재산권에도 우선한다는 입장을 취한다.[15] 우리 법은 이에 대해 침묵하고 있는바, 우선관계를 섣불리 말하기 어렵다.

또한 프랑스에서는 저작인격권은 일반적인 인격권(droits de personnalité)과 강한 연관관계를 가지고 있다고 한다. 판례와 학설에서 이를 뒷받침하는 논거를 제시하기도 한다.[16] 그러나 일반 인격권이 저작인격권을 포괄하는 것이라는 이론적 근거가 아직은 충분하지 않은 듯하다. 일반 인격권은 사생활의 비밀이나 명예를 보호하기 위한 목적으로 모든 사람에게 부여되는 것이고 저작인격권은 저작물이 저작자의 개성 내지 인격을 나타내는 것이기 때문에 그 저작자에게 부여되는 것으로 그 취지 자체가 다르다. 게다가 일반 인격권과는 달리, 저작인격권 침해는 명예나 명성의 훼손이라는 '손해'로 인해 발생하는 것이 아니다.[17]

(5) 소결

이원론의 형식적 결론은 저작인격권의 항구성과 비상속성, 그리고 비양도성이라 할 수

---

14) 또한 장래 저작물에 대한 이전은 무효라고 하고(제131-1조), 계약은 서면으로 하도록 강제하고 있다 (제131-2조).

15) 이에 관해서는, 제2장 제4절 2. '가. 공표권' 참조.

16) Lucas et al., p. 475.

17) 프랑스 최고법원(Cour de cassation)은 저작인격권과 다른 인격권과를 구별하고 있다. Cass. civ. I, 10 March 1993. André Lucas and Robert Plaisant, "France", Geller (ed.), p. FRA-92 and note 3에서 재인용.

있다. 그러나 앞의 두 가지 속성은 논리 필연은 아니다. 프랑스 법이 저작인격권의 항구성을 언급하고 있으나 저작인격권의 항구성이 이원론의 입장이라고 말하기는 어려울 것이다. 항구성은 이론상으로 그런 것이며, 이원론을 취하는 국가들(벨기에, 덴마크, 이탈리아, 네덜란드, 스페인, 스웨덴 등)마다 인격권의 항구성에 대해 일관된 입법태도를 보이지도 않는다.[18] 우리나라도 저작인격권의 항구성을 부인한다.

또한 비상속성도 이원론 국가의 일관된 입장은 아니다. 우리 법이 부분적으로 저작인격권의 상속성을 긍정하는 태도를 보이고 있으나, 이원론의 본산이라 할 수 있는 프랑스에서는 아예 저작인격권의 상속성을 전면 인정하고 있다.

어떤 하나의 이론을 고집하는 것은 실익이 없다.[19] 이론의 대립이 입법 형식에 남아 있는 정도라면 연혁적인 의미가 짙은 것이라고 할 수 있다.

2. 저작인격권의 종류 및 내용

저작물은 정신적 창작물로서 저작자의 인격을 담고 있다. 저작자의 인격은 여러 측면에서 발현된다. 첫째, 저작자는 자신의 저작물을 공표할 것인가, 그리고 공표하고자 한다면 언제, 어떻게 공표할 것인가 여부에 대해 독자적으로 결정할 수 있다. 저작권법에서는 이를 위해 저작자에게 공표권을 부여한다. 둘째, 저작자는 자신의 저작물의 원본이나 복제물 등에 본인의 이름을 표기할 것인지, 이름을 쓸 때에도 실명으로 할 것인지 또는 가명(별명)으로 할 것인지, 아니면 익명으로 할 것인지 결정할 수 있다. 저작권법은 이를 위해 성명표시권을 부여한다. 셋째, 저작자는 자신의 저작물의 제목도 정할 수 있고, 그 내용이나 형식을 자신이 원하는 방법으로 표현할 수도 있다. 이를 위해 저작권법은 저작자에게 동일성유지권을 부여한다.

베른협약과 WCT는 성명표시권과 동일성유지권만을 인정하고 있으나, 우리 법은 이보다 한발 더 나아가 공표권까지 인정하고 있다. 아울러, 프랑스 등 일부 국가에서는 철회권(droit de repentir ou de retrait, right of withdrawl)을 명시적으로 규정하기도 한다. 철회권은

18) Dietz, op. cit., pp. 214~216.
19) Lucas et al., p. 475.

저작자의 변심(학문적으로나 예술적인 이유로)에 의해 더 이상 저작물의 유통을 받아들이기 곤란할 경우 손해배상을 조건으로 인정되는 권리이다.[20]

가. 공표권

(1) 공표의 개념

공표는 "저작물을 공연, 공중송신 또는 전시 그 밖의 방법으로 공중에게 공개하는 경우와 저작물을 발행하는 경우를 말한다"(제2조 제25호). 저작물을 처음 세상에 내놓고 그것을 일반 공중이 접근할 수 있는 상태에 놓는 것이라고 할 수 있다. 공표는 일반 공중이 접근할 수 있는 모든 방법에 의해 할 수 있다. 대개는 저작자의 배타적인 권리가 미치는 전형적인 이용형태, 즉 공연, 공중송신 또는 전시와 겹친다. 공연이나 전시 또는 공중송신이 최초로 발생한다면 그것은 전형적인 이용형태이면서 동시에 공표가 된다. 그러나 복제나 2차적저작물 작성(번역, 편곡, 각색 등)은 공표가 아니다.

공표에는 발행도 있다. 발행은 저작물 또는 음반을 공중의 수요를 충족시키기 위하여 복제·배포하는 것을 말한다(제2조 제24호). 굳이 발행을 독립적으로 예시("공표는 …… 발행하는 경우를 말한다")할 필요가 있는지 의문이 든다. 공연, 공중송신, 전시, 배포 등을 병렬적으로 예시하는 것으로 충분하다고 본다.[21]

---

20) 철회권과 유사한 개념으로 우리 법상 수정증감권이 있다. 저작자의 수정증감권은 저작물의 내용을 수정하거나 증감할 수 있는 권리로, 배타적발행권 설정 계약을 체결할 경우 인정된다. 이에 관해서는, 제7장 제1절 3. '다. 저작자의 권리' 참조.

21) 그 이유로 다음과 같은 점을 들 수 있다. 첫째, 공표를 정의하면서 공연, 공중송신, 전시 등과 같은 일반적인 성격의 이용형태를 열거하면서, 이와는 별도로 특수한 성격의 발행과 같은 이용형태도 함께 넣고 있다. 굳이 이렇게 해야 할 논리적 근거를 찾기 어렵다. 둘째, 발행 개념은 국제조약에서나 우리 저작권법에서 저작재산권과 관련하여 언급되고 있는 것으로 이를 저작인격권상의 개념(공표)과 연결시킬 필요는 없다. 발행은 베른협약이나 로마협약상 국제적 보호를 위한 연결점으로, 베른협약이나 로마협약, TRIPS협정에서는 보호기간의 기준으로 작용한다. 베른협약에서는 발행을 간접적으로 정의하고 있는바, '발행된 저작물'이란 "저작자의 동의를 얻어 발행된 저작물로서, …… 공중의 합리적인 수요를 만족시킬 수 있는 수량의 복제물이 제공된 것을 의미한다"(제3조 제3항). 발행 개념의 핵심은 '복제물의 제공'이다. 셋째, 발행은 공중의 수요를 충족하기 위하여 복제·배포를 하는 것이다. 이 요건

다른 곳에서 어떠한 형식으로든 발표한 적이 있는 저작물은 나중에 다시 공개되는 여부와 관계없이 이미 공표된 것이다. 시사회에서 영화를 상영한다거나, 베타테스트 목적으로 소프트웨어를 공개하는 것 등이 그러한 예에 속한다 하겠다. 공중에게 공개하는 것이므로 "가정 및 이에 준하는 한정된 범위 안에서" 제공하는 것은 제외된다.[22] 그 범위보다 다소 넓은 경우에도 공표권이 미치기 어려운 사례가 있을 수도 있다고 본다.[23]

(2) 권리의 내용

저작자는 그의 저작물을 공표하거나 공표하지 아니할 것을 결정할 권리를 가진다(제11조 제1항). 공표권(droit de divulgation, right of disclosure)은 미공표 저작물을 공표할 것인지 여부, 그리고 공표를 한다고 할 경우 언제, 어떻게 할 것인지를 결정하는 권리를 의미한다. 프랑스 저작권법 규정을 빌려 표현하면, 저작자가 "공표의 방법을 결정하고 조건을 정하는 것(détermine le procédé de divulgation et fixe les conditions de celle-ci)"이다(제121-2조). 방법(procédé)이란 공연, 방송, 이용제공 등 이용 형태를 말하고, 조건(conditions)이란 저작물이 공중에게 전달되는 형식, 그리고 공개의 시기와 장소와 같은 사정을 말한다.[24]

공표권은 오로지 저작자만이 미완성 저작물을 완성할 수 있다는 데에서 출발한다. 저작자만이 특정 저작물이 초안인지 아니면 최종적인 것인지 알 수 있고, 그 저작물이 초안에 지나지 않는 것이고, 따라서 공표하지 않겠다면 할 수 없는 그런 성격의 것이다. 공표는 저작자 개인의 의지의 표현으로서, 저작자는 공표권이라는 이름으로 자신의 저작물을 공중이 감상 내지 접근할 수 있도록 허용할 것인지 결정할 수 있는 자유를 누리는 것이다.[25][26]

을 충족하지 못하는 배포는 공표가 아닌 것으로 오해할 수도 있다(물론 규정상 '그 밖의 방법'에 의한 공개가 포함되어 있기는 하지만).

22) 공중에 관해서는, 제2장 제5절 제1관 2. '다. 공중의 개입' 참조.

23) 프랑스의 해석론을 보태보면, 공표란 저작물을 공중에게 드러내는 것 또는 공중이 인식하게 하는 것이다. 공중이 효과적으로 접근하지 않더라도 무방하다. 어느 누구도 열람하지 않더라도, 저작물 복제물을 공중이 접근할 수 있도록 기탁하는 것으로도 충분하다. 한편, 공표는 공중에게 공개하는 것이지만 배타적 권리와 관련한 공중과는 구별된다. 가족이나 친지의 범주를 넘는 복수의 사람들에게 공개하는 것을 일률적으로 공표라고 할 수는 없다. 예를 들어 원고를 심사위원들에게 제공하거나 공연 리허설을 공표하고 할 수는 없는 것이다. Lucas et al., pp. 486~488.

24) Lucas et al., p. 494.

(3) 공표의 추정

공표는 저작재산권이 미치는 이용형태와 밀접한 관련이 있다. 공표는 공연, 방송 등과 같은 방법으로 이뤄지는 것이고, 공연, 방송 등은 전형적인 이용형태로서 이에 대해 저작재산권이 미치기 때문이다.

공연이나 방송을 하고자 하는 이용자라면 저작자로부터 그 공연이나 방송에 대한 허락뿐만 아니라, 공표에 대한 동의도 받지 않으면 안 된다. 프랑스 학설과 판례에서는 소진(épuisement) 또는 완수(consommation) 개념을 가지고 설명한다. 이것은 저작자가 동의 등의 방법으로 공표권을 한 번 행사하면 그것으로 공표권은 소진 또는 완수됐다는 것이다.[27] 예를 들어, 저작자가 공연 계약을 체결하면서 동시에 '공표의 방법과 조건'을 정하는 합의를 한다면 그것으로 공표권은 소진된 것이다.

우리는 프랑스와는 접근법을 달리해, 일정한 행위를 매개로 저작자의 동의를 추정하거나 간주하는 방법을 취한다. 첫째, 저작자가 저작재산권을 양도하거나 이용허락을 한다면 상대방에게 저작물의 공표에 동의한 것으로 추정한다. 둘째, 저작자가 미공표 미술저작물 등의 원본을 양도한 경우에는 그 상대방에게 전시방식에 의한 공표에 동의한 것으로 추정한다. 셋째, 2차적저작물이나 편집저작물이 원저작자의 동의를 얻어 공표된다면 그 원저작물도 공표된 것으로 본다. 넷째, 저작자가 자신의 저작물을 기증한다면 기증한 때에 공표에 동의한 것으로 추정한다(제11조). 이런 규정들은 공표권과 저작재산권 간의 긴장관계 또는 공표권과 저작물 이용을 위한 계약 간의 충돌을 완화하는 한편, 저작물의 이용 편의를 도모

---

25) Lucas et al., pp. 489~490. 우리 하급심 판례이긴 하지만 매우 흡사한 개념을 내놓고 있다: "공표권은 미공표의 저작물을 공표할 것인지 여부, 공표를 할 경우 언제 어떠한 형태나 방법으로 할 것인지를 결정하는 권리를 의미하는 것"이다. 서울지방법원 2006. 5. 10. 2004가합67627 판결

26) 우리 헌법상 저작자의 공표권과 유사하거나 혼동을 가져올 수 있는 권리가 있다. 학술 논문이나 예술적 성과를 발표하는 것은 학문과 예술의 자유 영역에서, 일기를 공개하는 것은 사생활의 비밀 보장 영역에서 보장된다. 이러한 자유권적 기본권 침해와는 별개로, 저작권법상 공표권 침해는 독자적인 영역의 보호라 할 수 있다.

27) Lucas et al., pp. 493~494. 2013년 프랑스 최고법원은 저작자가 새로운 조건과 새로운 형식으로 자신의 저작물이 이용되고 있으므로(학술지에 무상으로 이미 발표된 논문이 나중에 상업 사이트에서 주문형으로 제공되고 있다면서) 공표권은 소진되지 않았다는 주장에 대해, 공표권은 저작자의 최초 행사로 소진된 것이라는 항소법원의 판결을 인용했다. Cass. 1re civ., 11 déc. 2013. Lucas et al., p. 495에서 재인용.

하는 데 목적이 있다고 본다.

첫째, 저작자가 미공표 저작물에 대한 저작재산권을 제45조에 따른 양도를 하거나, 제46조에 따른 이용허락을 하거나, 제57조에 따른 배타적발행권이나 제63조에 따른 출판권을 설정한 때에는 그 상대방에게 저작물의 공표를 동의한 것으로 추정한다(제11조 제2항). 이 규정에서는 "동의한 것으로 추정"하고 있다. 이 추정은 법률상의 추정이므로 반대사실의 입증으로 추정이 번복된다(rebuttable presumption). 물론 다른 약정이 존재한다면 그 약정에 따라야 한다.

이용허락은 "이용 방법 및 조건의 범위 안에서"(제46조 제1항) 하는 것이고, 배타적 발행권 설정은 "발행하거나 복제·전송할 권리"(제57조 제1항)를 설정하는 것이다. 저작자가 이용허락을 하거나 배타적발행권을 설정할 때 이용형태를 인식하고 있으므로 저작자의 동의가 없다고 하더라도 법에서 정한 그 동의 추정은 나름대로 설득력이 있다고 하겠다. 그렇지만, 양도에 대해서는 그렇다고 말하기 어렵다. 양도는 전부 양도도 포함하므로, 위 추정 규정은 모든 이용형태에 대한 공표 동의 추정이라고 할 수 있는바, 이용 편의에 치중한, 저작자에게는 다소 가혹한 추정이라고 할 수 있다.

이러한 추정은 공표를 염두에 둔 이용형태에 대해 양도하거나 이용허락을 했을 때에만 추정을 받는 것이고, 공표를 수반하지 않는 이용허락을 받은 데 지나지 않는 경우에는 공표 동의를 추정할 수는 없을 것이다. 그러나 동의 추정 여부는 실제로 판단하기 곤란한 경우가 많다. 저작자가 개인의 요청으로 번역 허락을 해주는 경우와 출판사의 요청으로 해주는 경우 일률적으로 전자의 경우에는 공표에 동의하지 않은 것이고 후자의 경우에는 공표에 동의한 것이라고 획일적으로 추정할 수는 없을 것이다. 이때 추정 판단 요소가 중요한 역할을 할 수 있다. 저작자의 묵시적 동의를 확인할 수 있다든가 해당 분야에 그러한 관습이 존재하는 경우 긍정적인 판단이 가능할 것이다.

둘째, 저작자가 미공표 미술저작물·건축저작물 또는 사진저작물의 원본을 양도한 경우에는 그 상대방에게 저작물의 원본의 전시방식에 의한 공표를 동의한 것으로 추정한다(제11조 제3항). 이 규정상 추정은 역시 법률상 추정이다. 이 규정은 다음과 같은 점에서 의의가 있다. ① 이 규정은 모든 저작물에 대해서 적용되는 것이 아니다. 전시 방법에 의해 이용될 수 있는 저작물, 그것도 미술저작물, 건축저작물 및 사진저작물에 한정한다. ② 권리 양도가 아닌, 저작물의 원본 양도에 한정하는 문제를 해결하기 위한 규정이다. 미술저작물 등은 원본이 판매의 대상이 되고 그 주요 이용형태가 전시이므로 원본 소유자가 전시의 방법으로 이용하고자 했을 때 이를 허용하고자 하는 것이다. 전시 이외의 방법에 대해서 동의한 것으로 추정할 수는 없다. 예를 들어, 미술저작물을 복제하여 배포하는 행위는 허용되지 않는다. ③ 저작권법 제35조에서는 미술저작물 등의 원본 소유자가 그 저작물을 원본에 의하여 전시할 수 있다고 하고 있다. 언뜻 보면 제35조에서 공표(전시)를 허용하고 있는 듯하지만는 그렇지는 않다. 이 규정은 저작재산권으로서 전시권의 제한에 관한 규정이기 때문이다. 이 경우 제11조 제3항이 적용됨으로써, 저작자의 별도 허락을 받을 필요는 없다.

셋째, 원저작자의 동의를 얻어 작성된 2차적저작물 또는 편집저작물이 공표된 경우에는 그 원저작물도 공표된 것으로 본다(제11조 제4항). 이 규정 또한 앞의 규정과 동일한 취지로 이해할 수 있으나 세 가지 주의점 또는 의문점이 있다. ① 이 규정은 간주 규정이다. 간주 규정으로 하는 것은 납득하기 어렵다. ② 굳이 이런 규정이 필요한 것인지 의문이 든다. 2차적저작물 작성 허락을 받을 때 원저작자의 공표 동의를 받아 해결할 수도 있기 때문이다. ③ 원저작자가 원저작물의 공표 여부에 대해 판단을 내리지 못하는 상황도 생길 수 있음에도, 원저작자의 2차적저작물 작성 허락을 들어 공표 동의를 추정(현행법상은 간주)하는 것은 지나친 것이라고 본다.

넷째, 미공표 저작물을 제31조에서 언급한 도서관이나 기록보존소 등에 기증한 경우 "별도의 의사를 표시하지 않는 한" 기증한 때에 공표에 동의한 것으로 추정한다(제11조 제5항). 이 규정은 2011년 12월 개정법에서 신설된 것으로, 입법 취지는 분명하지 않으나,[28] 도서관 등은 공중이 열람할 수 있도록 저작물을 제공하는 곳이고, 공중은 그 기증 저작물에 접근할 수 있도록 하기 위한 것으로 보인다.[29] 추정은 법률상의 추정으로 뒤집힐 수 있는 것이다. "별도의 의사를 표시하지 않는 한"이라는 구절은 확인 규정의 의미로 이해할 수 있다.

---

28) 저작권법 일부개정법률안(허원제 의원 대표발의), 의안번호 13727, 2011. 11. 2. 국회 입법자료에서도 입법 취지를 찾지 못했다.

29) 이 조항은 졸속의 흔적이 역력하다. 첫째, 법에서는 "저작물을 …… 기증"한다고 표현하고 있으나 '저작물의 원본이나 복제물', 즉 유체물을 기증하는 것이다. 둘째, 법에서는 "제31조의 도서관 등"이라고 하고 있으나 다른 규정들에서는 한결같이 "몇 조의 규정에 따른 무엇무엇" 또는 "몇 조에 따른 무엇무엇"이라고 기술되어 있다.

나. 성명표시권

(1) 권리의 내용

저작인격권으로서 성명표시권(droit de paternité ou droit au respect du nom, right of attribution or right of paternity)은 "저작물의 원본이나 그 복제물에 또는 저작물의 공표 매체에 그의 실명 또는 이명을 표시할 권리"를 말한다(제12조 제1항). 성명은 실명과 이명 그 어느 것으로도 표시할 수 있다. 이명(pseudonym)에는 예명, 가명, 별명, 아호 등이 있다.[30) 성명 표시는 적극적으로 성명 표시를 하는 것과 소극적으로 익명(anonym)으로 남는 것을 포함한다.[31)

우리 법상 성명표시권은 베른협약에 연원을 두고 있다. '베른협약 체계'를 따른 1957년 제정 저작권법에는 '귀속권'이라는 이름으로 존재했다. 베른협약에서는 "저작자는 저작물의 저작자라고 주장할 권리"를 가진다고 하고 있다(제6조의2 제1항).[32)

저작권법상 성명표시권은 두 가지로 구성되어 있다. 첫째, 이름을 주장할 수 있는 권리이다. 이름은 저작자와 저작물 간의 긴밀한 관계를 직접 연결한다. 즉, 저작물은 저작자의 것이고 일반 공중은 그 이름을 통해 그의 정신의 소산으로서 저작물을 식별할 수 있는 것이다. 이름이 생략된다면 그에 대응할 수 있는 것이다. 둘째, 저작자 자신의 역할, 자격, 기여 등을 주장할 수 있는 권리이다. 자신의 역할 등이 생략되거나 축소된다면 그에 이의를 제기할 수 있는 권리인 것이다.[33)

우리 대법원은 성명 오기도 침해로 보고 있다: "가사보기 서비스에서 원고의 성명을 잘못 표시한 것이 원고의 성명표시권을 침해한 것이 아니라고 할 수는 없다."[34) 하급심 판결이긴

---

30) 이명은 실명의 반대말로, 그 의미가 분명한데 예시를 드는 친절함은 불필요하다고 본다.

31) 무명(익명) 저작물은 그 행사가 곤란할 수 있다. 프랑스 저작권법은 이 점을 고려하여, 무명 저작물(저작자가 밝혀지지 않은 이명 저작물도 마찬가지이다)에 대해 저작자의 신분이 밝혀질 때까지는 편집자나 발행자가 권리 행사를 대신할 수 있도록 하고 있다(제113-6조 제2항 이하).

32) 베른협약 프랑스어본에서는 'le droit de revendiquer la paternité', 영어본에서는 'right to claim authorship'이라고 한다.

33) Vivant et Bruguière, pp. 495~500.

34) 대법원 2012. 1. 12. 2010다57497 판결. '작가 미상'이라는 표시도 성명표시권 침해로 본 하급심 판례

하지만, 역할을 분명히 밝히지 않는 경우 성명표시권 침해를 인정하고 있다.[35] 이렇게 볼때 예를 들어, 작곡자를 편곡자로 표시한다든가, 번역자를 단지 번역 보조자로 올린다든가, 어느 저작물이 다른 저작물의 일부에 삽입되는 경우 그 저작자의 성명을 밝혔다 하더라도 해당 기여 부분을 분명히 표시하지 않는다면 성명표시권 침해가 될 수 있다.

성명표시권은 "저작물의 원본이나 그 복제물"에 표시하는 것이다. 성명 표시의 주체는 각기 다를 수 있다. 저작자 자신이 직접 성명을 표시할 수도 있고 다른 사람이 표시할 수도 있다. 회화나 조각 등 미술저작물 원본에는 저작자가 직접 표시하지만, 복제물에는 그 제작자가 표시하는 것이 보통이다.

(2) 권리의 한계

저작물은 저작자 자신이 직접 이용하기보다는 제3자가 이용하는 것이 보통이다. 이때 이용자는 "저작자의 특별한 의사표시가 없는 때에는 저작자가 그의 실명 또는 이명을 표시한 바에 따라 이를 표시하여야 한다"(제12조 제2항).[36] 저작물의 성질이나 그 이용의 목적 및 형태 등에 비추어 부득이하다고 인정되는 경우에는 생략할 수 있다(제12조 제2항 단서). "부득이하다"는 것은 문리해석상 보충성의 원리가 작동하는 것으로 보인다. 즉, 성명을 생략하지 않고서는 달리 방법이 없다든가, 객관적으로 그 생략이 불가피한 경우("인정되는 경우")여야 한다.

제2항 본문은 두 가지 해석이 가능하다. 하나는 이용자는 실명이든 이명이든 저작자가 자신이 밝힌 대로 성명을 표시해야 한다는 해석이고, 다른 하나는 성명 표시 방법을 정한

가 있다. 서울지방법원 2006. 5. 10. 2004가합67627 판결(지하철 벽화 사건).

35) 서울지방법원 1999. 11. 5. 99가합42242 판결(서태지 뮤직비디오 사건): "이 사건 뮤직비디오의 크레딧에 원고의 성명을 단순히 절지애니메이션 부분의 연출자로 표기〔한 것만으로는〕사회통념상 이 사건 뮤직비디오에 원고의 저작물인 이 사건 단편영화가 사용되었음을 표시한 적당한 방법이라고 보기 어렵다 할 것이므로 ……".

36) 본문 문장이 어색하다: "저작물을 이용하는 자는 그 저작자의 특별한 의사표시가 없는 때에는 저작자가 그의 실명 또는 이명을 표시한 바에 따라 이를 표시하여야 한다." 그저 "저작물을 이용하는 자는 그 저작자의 특별한 의사표시가 없는 때에는 그 저작자의 실명 또는 이명을 표시하여야 한다"고 하면 될 것이다.

것이라는 해석이다. 전자의 해석은 이 규정의 존재에 의문을 던지게 된다. 제2항 본문과 제1항은 동어반복을 하고 있기 때문이다. 후자의 해석은 규정의 존재에 다소 의미를 부여한다. 표시 방법은 여러 경우의 수가 있다. 어디에 표시하는가 하는 점과 어떻게 표시하는가 하는 점에서도 다양한 방법이 있다. 성명은 복제물의 표지, 복제물의 일부, 권리관리정보의 일부 등에 표시된다. 복제물을 보거나(열람 또는 감상) 들으면서(청취 또는 감상) 또는 보고 들으면서(시청) 그러한 성명을 확인하게 된다. 저작물 이용자가 해당 저작물의 저작자를 확인할 수 있는 위치에 적절히 표시하지 않는다면 성명표시권 침해가 될 수도 있다.

대법원은 이 규정을 그릇 해석하고 있다. 즉, 본문은 "저작물의 출처를 명시하는 방법을 예시한 것에 불과할 뿐"이라는 것이다.[37] 출처 중 일부로 성명 표시가 있을 수는 있으나, 출처 표시와 성명 표시는 다른 성격의 것이다. 대법원은 이를 혼동하고 있다고 볼 수 있다. 출처 표시는 저작재산권 제한과 관련한 이용자의 의무에 해당하는 것이고, 성명 표시는 저작인격권의 내용을 이루는 것이다. 대법원의 오해와는 별개로, 필자는 이 규정의 존재에 회의적이다. 문장 구성도 엉성하고, 불필요한 해석을 자초하고,[38] 더욱이 이 규정으로 인해 성명표시권의 성격과 내용에 새로운 요소를 보태거나 그에 변경을 주는 것도 아니다.[39]

제2항 단서는 성명표시권의 한계에 관해 규정하고 있다. 이는 다음과 같이 볼 수 있다. 첫째, 저작자 성명 표시에 아무런 지장이 없는 저작물에 대해서는 적용되지 않는다. 이러한 저작물에는 출판 저작물이나 영화, 컴퓨터프로그램이나 데이터베이스 등이 있다. 예를 들어 많은 수의 저작자가 참여했다는 이유로 그 생략을 정당화할 수는 없다. 영화의 경우 예를 들면, 엔딩 크레딧(ending credit)을 자막 처리할 수 있기 때문이다.

둘째, 이 규정은 예외적으로 허용된다. 저작물의 성질이나 그 이용의 목적 및 형태 등에 비추어 부득이하다고 인정되는 예외적인 경우, 성명 표시를 생략할 수 있다. 짧은 시간에 시청자에게 인상을 심어줘야 하는 광고 영상물이라든가, 회화(평면 저작물)를 조각(입체 저작물)으로 변형하여 만들어진 2차적저작물 등의 경우가 이에 해당한다고 본다. 또한 콘서트나 라디오 프로그램 진행 중 저작물을 공연하거나 방송할 때 모든 저작자를 일일이 열거할 수

---

37) 대법원 2010. 4. 29. 2007도2202 판결.

38) "저작자의 특별한 의사표시가 없는 때에는 저작자가 그의 실명 또는 이명을 표시한 바에 따라 이를 표시하여야 한다"는 구절도 어색하다. '특별한 의사표시'는 무슨 의미인지도 모르겠다.

39) 제2항 단서를 기술하기 위한 확인 규정이라고 주장할 수도 있겠으나, 문장 구성은 동일성유지권 해당 규정(제13조 제2항)과 같이 하면 된다. 해석의 통일성을 위해서도 바람직하다.

도 없을 것이다. 이에 대해서는 국내외 관행도 일치하는 것으로 보인다.

다. 동일성유지권

(1) 권리의 내용

동일성유지권(droit au respect de l'oeuvre, right of integrity or right of respect)은 저작인격권 중 핵심적인 권리로, 저작인격권 침해 사건은 주로 이 권리를 중심으로 다뤄지고 있다. 저작권법에서는 이 권리를, 저작자는 자신의 "저작물의 내용·형식 및 제호의 동일성을 유지할 권리를 가진다"(제13조 제1항)고 규정한다.

저작물은 언어와 같은 수단으로 표현하는 것으로, 그 표현 내용이 저작물의 본질적 구성 부분이 된다. 동일성유지권은 이러한 내용의 변경을 허용하지 않음으로써 저작물의 동일성을 유지하는 데 목적이 있다. 저작권법은 여기서 한걸음 더 나아가, 그 제목이나 표현 형식 등도 저작자가 전달하고자 하는 저작물의 일부를 구성하는 것으로 보아 동일성유지권의 테두리에서 그 변경을 허용하지 않는다. 따라서 저작자가 정한 저작물의 제목을 임의로 변경하거나 저작물 표현 형식을 임의로 편집하거나 변경하여 그 동일성을 해치는 것도 허용되지 않는다.

우리 법상 동일성유지권도 성명표시권과 마찬가지로 베른협약에 뿌리를 두고 있다. 이 협약에서는 동일성유지권을 "저작자는 …… 그의 명예나 명성을 해치는 그 저작물의 왜곡, 절단, 기타 변경 또는 기타 훼손행위에 대하여 이의를 제기할 권리를 가진다"고 표현하고 있다(제6조의2 제1항).[40] 다소 주관적인 성격의 용어도 있으나(왜곡이나 절단), 삭제나 추가를 포함하는 그 어떤 변경이든 포괄하는 넓은 의미의 용어도 있다(기타 변경). '기타 훼손행위'는 저작물에 부정적인 영향을 주는 행위를 시사한다.[41]

---

40) 프랑스어와 영어 정본에서는 각기 "le droit de revendiquer la paternité de l'oeuvre et de s'opposer à toute déformation, mutilation ou autre modification de cette oeuvre ou à toute autre atteinte à la même oeuvre, préjudiciables à son honneur ou à sa réputation", 그리고 "the right to claim authorship of the work and to object to any distortion, mutilation or other modification of, or other derogatory action in relation to, the said work, which would be prejudicial to his honor or reputation"이라고 한다.

현행법상 동일성유지권은 1957년 구법 규정들을 다듬은 것으로 보인다. 구법은 두 가지 권리로 나눠 원상유지권과 변경권을 부여하고 있는데, 이 두 가지 권리는 유사한 측면도 있고 그렇지 않은 측면도 있다. 원상유지권은 베른협약 규정과 매우 흡사하고, 변경권은 원상유지권과는 별개로 존재한다. 구법에서는 "저작자는 저작물에 관한 재산적 권리에 관계없이 또한 그 권리의 이전 후에 있어서도 그 저작물의 **내용 또는 제호**를 개찬, 절제 또는 기타 변경을 가하여 그 명예와 성망을 해한 자에 대하여 이의를 주장할 권리가 있다"라고 원상유지권을 규정하고 있고, "저작자는 그 저작물의 **내용형식**[42]**과 제호**를 변경할 권리가 있다"라고 변경권을 규정하고 있다. 베른협약은 저작물의 내용 변경을 동일성유지권의 중심에 두고 있는 반면, 우리 구법은 내용뿐만 아니라 제호(원상유지권과 변경권)와 형식(변경권) 변경에 대해서도 해당 권리가 미치도록 했다.

현행법 규정은 1986년 개정법 규정에서 크게 바뀌지 않았다. 제13조 제1항은 그대로인 채 제2항을 수정한 정도에 그쳤다. 1986년 개정법은 우리 구법과 일본 저작권법 관련 규정을 기반으로 당시 저작자 측의 의견을 담아 채운 것으로,[43] 특히 제1항은 우리 구법 규정에, 제2항은 일본 법규정에 크게 의존한 것이다. 일본 법은 저작물 자체의 동일성과 제목의 동일성에 대해서는 언급하고 있으나[44] '형식'의 동일성에 대해서는 침묵하고 있다. '형식'의 동일성은 1899년 일본 저작권법상 학설로 받아들여졌던 것으로,[45] 우리 구법이 이를 성문화한 것으로 보이는데 형식의 동일성은 1932년 프랑스 판례에서 인정되었던 것이다.[46]

---

41) WIPO(Berne), p. 42; Ricketson and Ginsburg, p. 602.

42) 구법에서는 '내용형식'이라고 했으나 '내용과 형식'이라고 봐야 한다.

43) 최경수(2021), 139.

44) 1970년 일본 저작권법 제20조(동일성유지권) ① 저작자는 그 저작물 및 그 제호의 동일성을 유지하는 권리를 가지고, 그 뜻에 반하여 이들의 변경, 절제 기타의 개변을 받지 아니하는 것으로 한다.

45) 榛村專一, 著作權法槪論, 巖松堂書店, 1933, p. 54: "저작물의 내용을 증감, 부가, 단축을 하는 것, 다시 말해서 저작물의 내면적 형식을 변경하는 것은 물론, 그 외면적 형식(예를 들어 어구의 표현방법, 장절의 구분방법 등과 같은)을 변경하는 것도 이른바 저작물 자체의 변경이다."

46) 프랑스 저작권법상 동일성유지권은 저작물의 동일성에 대한 존중권과 저작물의 정신에 대한 존중권으로 나눈다. 후자는 1932년 프랑스 판례 이후 정립된 것이다. 이 판례에 의하면, 저작물은 "그 형식이나 정신상(dans sa forme ou dans son esprit) 변경되거나 왜곡되어서는 안 된다"는 것이다(CA Paris, 28 juill. 1932, Chaliapine: DP 1934, 2, p. 139). 저작물의 정신에 대한 침해는 문맥상(contextuelle)의 침해로서, 이에 대한 권리 부여는 저작물의 객관적인 변경은 아닐지라도 저작물을 왜곡하거나 저작자

(가) 제목의 동일성

저작자가 예정한 제목과 다른 제목의 저작물을 출판하거나 기타 공표하는 것은 동일성유지권을 침해하는 것이다. 이 권리는 저작자가 출판사 등 자신의 저작물을 합법이나 불법을 막론하고 이용하는 사람을 상대로 한 권리로서, 내용이나 형식이 서로 다른 저작물 간에는 ― 제목의 저작물성을 다투는 경우가 아니라면 ― 거론되기 어려운 것이다. 예를 들어, 영화나 소설의 제목이 비록 무용극의 제목과 같은 경우,[47] 두 편의 시나리오가 전혀 다른 독창적인 내용의 창작물로서 그 제목이 같은 경우[48] 동일성유지권 침해는 부정된다.[49]

(나) 내용의 동일성

동일성유지권도 또한 합법적으로 저작물을 이용하는 사람에게도 주장할 수 있는 권리이다. 이 권리는 저작재산권 중 복제권과 2차적저작물 작성권과 밀접한 관련이 있다. 원저작

가 공중에게 주려고 했던 인식에 영향을 주는 것을 금지하는 것이다. 그런 예로는, 저작물이 가지고 있는 이미지를 왜곡하거나, 저작물의 의미를 평가 절하하거나 비하하거나, 때로는 이용 목적에 반하는 것이다. Lucas et al., pp. 523~524.

47) 서울지방법원 1990. 9. 20. 89가합62247 판결(행복은 성적순이 아니잖아요 사건).

48) 서울지방법원 1991. 4. 26. 90카98799 판결(가자, 장미여관으로 사건).

49) 서울고등법원 2002. 10. 22. 2001나37271 판결(세계대백과사전 사건)에서는 원저작물과 2차적저작물 관계에 있는 경우 제목이 다르더라도 동일성유지권 침해를 부인하고 있다: "이 사건 CD는 이 사건 백과사전을 토대로 창작된 2차적저작물이라고 할 것이다. 따라서 원저작권자의 성명표시권, 동일성유지권은 2차적저작물인 이 사건 CD에 미치지 않는다고 할 것이고, 이 사건 CD의 내용을 인터넷으로 검색하도록 서비스하면서 명칭을 원저작물과 달리했다고 하더라도 원저작권자의 동일성유지권을 침해했다고 할 수 없으므로 ……". 이 판결을 정확하게 이해하기는 어렵다. 제목의 변경에 대한 동일성유지권을 부인한 것인지, 아니면 2차적저작물은 본질적으로 동일성유지권 침해 문제가 생길 수 없다는 것인지 모르겠다. 동일성유지권은 저작물을 복제하든 아니면 2차적으로 변경하든 그 본질은 그 형식이나 내용에 변경·변형이 일어났는가 여부에 있다 할 것이므로, 침해물이 단순히 복제물인지 아니면 2차적저작물인지 여부에 따라 동일성유지권 침해 판단이 갈릴 수는 없는 것이다. 따라서 이와 같은 법원의 판단에 동의하기 어렵다. 필자의 의견과 같은 판결이 위 사건 전후로 나온 바도 있다. 서울지방법원 1989. 12. 8. 88가합2442 판결(테레사의 연인 사건); 서울지방법원 2004. 9. 30. 2004가합4292 판결 참조.

물과 실질적으로 구별될 수 없고, 새로운 창작물이 되지 않는 것은 원저작물의 복제물에 지나지 않는다. 이때 복제권 침해와는 별개로, 그 내용에 변경이 생기면 그것으로 동일성유지권 침해가 된다. 또한 원저작물에 새로운 창작을 더해 2차적저작물이 되는 경우 2차적저작물 작성권 침해와는 별개로 동일성유지권 침해가 될 수도 있다.

다음과 같은 판례는 사례로서 적정하다. ① 기존 글을 그대로 인용하거나 문장을 일부 수정하고 순서를 약간 바꾸면서 자신의 창작물인 것처럼 공표하는 것은 동일성유지권 침해를 구성한다.[50] ② 장편을 임의로 축약하여 게재하면 동일성유지권 침해가 된다.[51] ③ 저작자의 동의 없이 특정 가요를 편곡하여 아코디언이나 전자오르간 등의 악기나 남자의 휘파람, 콧노래 등으로 부르거나 연주하게 하는 것은 동일성유지권을 침해한 것이다.[52] ④ 응용미술저작물의 경우 비록 미세한 차이점이 존재한다 하더라도 기존 디자인을 바탕으로 하여 이를 임의로 변경 내지 변형한다면 동일성유지권 침해가 될 수 있다.[53]

반면, 우리 법원은 동일성유지권 침해를 부정하는 판례도 적지 않게 내놓고 있는데, 다음과 같은 사례가 있다. ① 소설의 음악저작물(가요)에 대한 동일성유지권 침해를 부정하고 있다.[54] 소설과 같은 어문저작물이 가요의 동일성유지권을 침해할 가능성은 생각하기 쉽지 않을 듯하다. ② 가창을 선곡하여 재편집 음반을 제작한 경우 가창의 원형을 변형시키지 않고 동일한 가수들의 가창을 선곡하여 배열만 달리하여 편집한 것에 불과하다면 동일성유지권 침해로 볼 수 없다.[55] ③ 공연의 녹화물을 14개의 부분으로 나누고, 이를 인터넷 홈페이지에 올려놓음으로써, VOD 방식으로 서비스한 것으로는 동일성유지권 침해를 인정할 수 없다.[56]

---

50) 서울지방법원 1990. 2. 6. 89나32714 판결(문익환가의 사람들).

51) 서울지방법원 1995. 9. 22. 94가합98851 판결.

52) 서울지방법원 1989. 12. 8. 88가합2442 판결(테레사의 연인 사건). 이 판례에서는 편곡이 동일성유지권을 침해한 것인지, 아니면 기존 악곡을 저작자가 의도하지 않은 목적에 사용한 것 또는 편곡뿐만 아니라 새로운 표현 형식(휘파람, 콧노래)을 부가한 것이 동일성유지권을 침해한 것인지 분명히 밝히지는 않고 있다.

53) 서울고등법원 1990. 6. 25. 89라55 결정(롯티 사건). 이 사건은 나중에 가처분 이의 청구사건으로 대법원 확정판결까지 받았다. 대법원은 이 사건에서 도안의 성질, 신청인의 도안에 대한 변경요구권, 피신청인의 묵시적 동의 등을 들어 동일성유지권 침해를 부정했다. 대법원 1992. 12. 24. 92다31309 판결(롯티 사건).

54) 서울지방법원 1989. 12. 8. 88가합2442 판결(테레사의 연인 사건).

55) 서울고등법원 1995. 3. 21. 94나6668 판결(정태춘·박은옥 사건).

(다) 형식의 동일성

저작물의 형식을 바꾼다거나 왜곡하는 것 또한 동일성유지권 침해가 된다. 여기서 형식이란 '표현 형식(form of expression, forme d'expression)'[57])보다는 넓은 의미로 이해된다.[58]) 따라서 문자나 기호, 소리나 이미지와 같은 좁은 의미의 표현 형식(어문저작물, 음악저작물 등)에 국한하지 않고, 어떤 장르의 저작물인지(비극인지 희극인지, 순수예술인지 대중예술인지), 저작물의 구성 형식은 어떠한지(예를 들어, 이야기의 구성, 줄거리, 등장인물의 성격 등을 어떻게 설정할 것인지), 심지어 저작자의 저작물 창작 동기는 무엇인지 등 여러 의미를 포함하는 개념으로 본다.

형식의 변경에 대한 동일성유지권 침해를 다룬 것으로 보이는 판례에 의하면, ① 38점의 사진저작물을 전시하면서 일부 사진저작물의 상하를 뒤바꾸어 전시한다면 그 동일성을 해하는 것이다.[59]) 사진의 상하를 바꾸는 것은 구성 형식의 변경으로 볼 수 있다. ② 4개의 주요 부분으로 구성된 조형물이 각기 독자적인 상징과 미적 요소를 지니고 있다고 할 것인데, 이 조형물 중 공익광고물 부분을 철거한 후 전광판을 부착하면서 설치한 원반형의 스테인리스 구조물은 이 조형물의 다른 부분보다 월등히 클 뿐 아니라, 마치 이 사건 조형물의 구성부분을 이루는 것으로 보이는 등 원고의 창작 의도를 중대하게 훼손했다고 인정되므로, 이는 이 조형물의 본질적인 부분의 변경에 해당한다고 볼 것이다.[60]) 이 판례에서 법원은 저작물의 구성 형식과 저작자의 창작 의도를 모두 고려해 동일성유지권 침해를 판단하고 있다.

물건을 멸실하거나 훼손하여 저작물 그 자체가 사라지거나 변경이 가해진다면 어떠한가?

---

56) 서울지방법원 2001. 11. 30. 2000가합89551 판결(지저스 크라이스트 수퍼스타 사건). 이 판결은 원고 주장 중 "성능이 좋지 아니한 촬영장비와 조잡한 녹화방식으로 위 공연을 녹화 방송하였기 때문에 그 화면의 화질이 좋지 아니한 방송을 실시하는 등 피고가 이 사건 공연의 예술성을 훼손함으로써" 저작인격권을 침해했다는 주장에 대해 명시적으로 해답을 주지 않고 있다.

57) 표현 형식이란 사전적으로는 저작물의 분류의 기준이 되는 형식으로서, 어문저작물은 문자라는 형식으로, 음악저작물은 소리라는 형식으로 표현되는 것이다.

58) 서울고등법원 1992. 6. 26. 91카98 판결: "저작물의 가치를 한층 높인다고 하더라도 그 내용을 수정, 증감하거나 그 **표현** 형식을 임의로 변경하거나 변형할 수 없다."

59) 서울지방법원 1998. 12. 18. 97가합89063 판결(한국의 동굴 사진 사건).

60) 서울지방법원 2004. 9. 30. 2004가합4292 판결.

물건의 멸실과 훼손은 구별할 필요가 있다. 먼저, 멸실의 경우 무체물인 저작물과 유체물인 물건의 구별을 생각하면 물건의 멸실로 인한 동일성유지권 침해는 생각하기 어려운 듯하다.[61][62] 훼손의 경우는 조금 다르다. 먼저, 미술저작물과 같은 저작물의 '원본'을 훼손하는 경우 동일성유지권 침해에서 자유롭다 말하기는 어려울 듯하다. 표현의 형식이나 내용에 중대한 변경이 생기기 때문이다. 다음으로, 복제물 훼손은 단지 유형물로서 물건의 훼손에 지나지 않는 것이므로 동일성유지권 침해가 발생하지 않을 것이다. 다만, 바로 뒤에서 보는 바와 같이, 건축물의 증축이나 개축 행위에 대해서는 별도로 규정을 두어 동일성유지권이 미치지 못하도록 하고 있다. 이에 관해 규정을 둔 것은 훼손으로 인한 동일성유지권 침해 가능성을 차단하기 위한 것이라 할 수 있다.

---

61) 저작물 원본의 폐기와 관련한 판례가 있다. 관련 사건은 대법원까지 갔으나 국가배상법에 의한 위자료 지급 의무를 판시한 원심을 확정했다. 대법원 2015. 8. 27. 2012다204587 판결(도라산 벽화 사건). 원심은 동일성유지권을 부인한 바 있다: "피고가 이 사건 벽화를 떼어낸 후 소각하여 폐기한 것은 이 사건 벽화의 소유권자로서의 권능을 행사한 것이라고 보아야 하고, 이에 대하여 원고가 동일성유지권을 주장할 수는 없다고 보아야 한다. 즉 원고가 저작물 원본에 대한 소유권을 피고에 양도하고 이에 대한 대가도 지급 받은 이상, 그 저작물이 화체된 유형물의 소유권자인 피고의 그 유형물 자체에 대한 처분행위를 제한할 법적 근거가 없으며, 특별한 사정이 없는 한 저작권법상 동일성유지권이 보호하는 '저작물의 동일성'은 저작물이 화체된 유형물 자체의 존재나 귀속에 대한 것이 아니라 그 저작물의 내용 등을 대상으로 하는 것이라고 해석할 수밖에 없다. …… 피고가 이 사건 벽화를 철거하는 과정에서 손상한 행위, 절단한 행위, 방치하여 추가로 손상한 행위는 개별적으로 나누어 보면 동일성유지권 침해 행위를 구성할 여지도 있으나, 위에서 살펴본 바와 같이, 그 궁극적인 폐기행위를 저작인격권의 침해로 볼 수 없는 이상, 위 손상, 절단 등의 행위는 폐기를 위한 전 단계 행위로서 그 폐기행위에 흡수되어 별도의 저작인격권 침해를 구성하지 아니한다고 보아야 할 것이다." 서울고등법원 2012. 11. 29. 2012나31842 판결.

62) 국가기관에 의한 원본의 일방적 폐기는 희대의 사건이라 할 만하다. 베른협약 입안자들은 이런 상황을 상상조차 못 했을 것이다. 대법원은 이 사건에서 일반적인 인격권은 긍정했다: "작가가 자신의 저작물에 대해서 가지는 인격적 이익에 대한 권리가 위와 같은 저작권법 규정에 해당하는 경우로만 한정된다고 할 수는 없으므로 저작물의 단순한 변경을 넘어서 폐기 행위로 인하여 저작자의 인격적 법익 침해가 발생한 경우에는 위와 같은 동일성유지권 침해의 성립 여부와는 별개로 저작자의 일반적 인격권을 침해한 위법한 행위가 될 수 있다." 대법원 2015. 8. 27. 2012다204587 판결.

(2) 권리의 한계

동일성을 강조하다 보면 저작물 이용이 원활하지 못할 수도 있다. 저작물의 종류가 다양하고 또한 이용형태도 각양각색이다 보니 불가피하게 저작물에 변경이 가해지는 경우가 적지 않기 때문이다. 종이책에 있는 편집 디자인이 웹페이지 디자인에 맞게 변형되는 것이라든가, 조각 작품을 인쇄물과 같은 도록에 복제한다든가, 남성 음조에 맞도록 작곡한 음악을 여성 음조로 부를 수 있도록 변형한다든가, 사진을 섬네일 크기로 변경한다든가, 상영용 영화를 방송에 맞게 변형하든 등 수많은 예를 생각할 수 있다. 저작물의 형식이나 내용의 동일성을 그대로 유지한 채 이러한 변경은 불가능하다. 저작권법에서는 이 점을 감안하여 다음과 같은 몇 가지 규정을 두고 있다. 그 어떤 경우에도 저작물의 '본질적인 내용의 변경'은 허용되지 않는다(제13조 제2항 단서).[63] 그 내용은 대체로 일본 저작권법 규정을 답습했다.[64]

첫째, 법 제25조에 의해 학교교육 목적으로 저작물을 이용하는 경우(교과용 도서 게재 및 교육 목적 복제나 공중송신 등) 그것이 교육 목적상 "부득이하다고 인정되는 범위 안에서의 표현의 변경"이라면 허용된다(제13조 제2항 제1호). 일반적으로 동일성유지권이 침해될 수

---

[63] 1986년 법개정 과정에서 국회 전문위원 검토보고서, 학계의 의견을 반영해 개정안을 일부 수정했다. 즉, '본질적인 내용의 변경'을 금지하는 단서를 추가하고, 교육 목적상 '내용의 변경'을 '표현의 변경'으로 바꿨다. 최경수(2021), 138~142. 단서는 1984년 국회 전문위원 검토보고를 받아들인 것이지만 그 이유에 대해서는 언급하지 않고 있다. 학계 의견에서 그 의미를 시사하는 구절이 있다: "학교 교육의 목적상 부득이한 경우라 할지라도 내용의 변경을 저작자가 거부할 수 없다면, ① 창의적인 예술성이 손상될 우려가 있고 저작자가 정신적 피해감을 갖게 되며 ② 내용이 달라짐으로 인해 저작자의 취지가 달라질 수 있으며 동일한 저작물이라 할 수 없다." 한국저작인협회, "저작권법 개정에 관한 의견", 저협 85-27, 1985. 9. 28. 최경수(2021), 142에서 재인용.

[64] 1985년 개정 일본 저작권법 제20조(동일성유지권) ② 전항의 규정은 다음 각 호의 어느 것인가에 해당하는 개변에 대하여는 적용하지 아니한다. 1. 제33조 제1항(동조 제4항에서 준용하는 경우를 포함한다) 또는 제34조 제1항의 규정에 의하여 저작물을 이용하는 경우에 있어서의 문자 또는 용어의 변경 기타의 개변으로서 학교교육 목적상 부득이하다고 인정되는 것; 2. 건축물의 증축, 개축, 수선 또는 모양 변경에 의한 개변; 3. 특정의 전자계산기에서는 이용할 수 없는 프로그램저작물을 당해 전자계산기에서 이용할 수 있도록 하기 위하여, 또는 프로그램저작물을 전자계산기에서 보다 효과적으로 이용할 수 있도록 하기 위하여 필요한 개변; 4. 전 3호에 게시하는 것 외에, 저작물의 성질과 그 이용의 목적 및 태양에 비추어 부득이하다고 인정되는 개변.

있는 경우라 할지라도 교육 목적으로는 침해가 되지 않을 수 있는 것이다. 저작인격권 한계의 일반 요건으로 예외성(이용의 목적 및 형태 등에 비추어 부득이하다고 인정되는 경우)을 언급하지 않고, 단지 이용 범위의 예외성(부득이하다고 인정되는 범위)만을 언급하는 점도 주목할 필요가 있다. 그만큼 동일성유지권이 넓게 제한을 받는다 하겠다. 교육 목적 변경 내지 변형 사례는 적지 않다. 예를 들어, 고문체를 현대문체로 바꾼다거나 문법에 맞게 변형을 가하더라도 그것이 교육 목적상 필요하다면 광범위한 표현의 변경도 가능할 것이다.

둘째, "건축물의 증축·개축 그 밖의 변형"도 가능하다(제13조 제2항 제2호). 이 규정은 건축물의 증·개축이 건축물의 훼손에 상당한 것임에도 이러한 행위에 대해서는 동일성유지권이 미치지 않는다는 점을 분명히 하고 있다. 건축물의 실용성을 감안하여 동일성유지권의 예외가 넓어진 것이다.[65]

셋째, 동일성유지권은 "특정한 컴퓨터 외에는 이용할 수 없는 프로그램을 다른 컴퓨터에 이용할 수 있도록 하기 위하여 필요한 범위에서의 변경"에 대해 미치지 않는다(제13조 제2항 제3호). 이러한 경우는 특정 중앙처리장치나 운영체제에서만 작동하는 프로그램을 다른 운영체제에서 쓸 수 있도록 변경을 가하는 것이 전형적인 예라고 할 수 있다.

넷째, "프로그램을 특정한 컴퓨터에 보다 효과적으로 이용할 수 있도록 하기 위하여 필요한 범위에서의 변경"도 허용된다(제13조 제2항 제4호). 이 규정은 주로 오류 수정이나 성능 향상을 목적으로 한 변경을 염두에 두고 있다.[66]

다섯째, "그 밖에 저작물의 성질이나 그 이용의 목적 및 형태에 비추어 부득이하다고 인

---

65) 장인숙, 72. 프랑스 판례에서도 건축물이 예술적인 목적보다는 상업적이고 실용적인 목적을 가지고 있는 경우 그에 따른 사회적·상업적·경제적·기술적 제약 등을 고려해야 한다고 일관된 태도를 보이고 있다. Lucas and Plaisant, op. cit., Geller (ed.), p. FRA-104. 한편, 우리 법원은 제13조 제2항과 관련한 판례를 내놓은 바 있다. 서울지방법원은 거리 조형물 변경에 대한 손해배상 청구 사건에서 조형물 중 공익광고물 부분을 철거한 후 전광판을 부착하면서 설치한 원반형 스테인리스 구조물은 이 사건 조형물의 본질적인 부분의 변경에 해당한다면서 동일성유지권 침해를 인정했다. 서울지방법원 2004. 9. 30. 2004가합4292 판결. 이 사건에서 법원은 현행 제13조 제2항 제2호 및 제5호에 의한 동일성유지권 행사 제한 주장에 대해 "피고의 이 사건 조형물에 대한 변경행위가 그 본질적인 부분의 변경에 해당함은 위에서 인정한 바와 같으므로, 결국 피고의 위 주장은 …… 이유 없다"고 판단했다. 이 판결은 단지 동일성유지권 제한 규정을 적용할 수 없다는 것은 밝히고 있으나 조형물은 건축저작물이 아니므로 제13조 제2항 제2호는 아예 적용 여지가 없다고 하겠다.

66) 加戶, 180.

정되는 범위 안에서의 변경" 또한 허용된다(제13조 제2항 제5호). 이것은 위 네 가지 제한 사유에 해당하지 않는다 하더라도 적용할 수 있는 일반 제한 규정이다. 다음과 같이 해석된다. ① 저작물의 성격에 비춰 부득이한 변경은 허용된다. 저작자의 허락을 얻어 회화 작품을 웹페이지로 서비스하는 경우 그 회화는 웹페이지에 담기 위해서 변경이 일어나게 마련이고 저작자는 이를 용인해야 한다. 심지어 책자로 인쇄하더라도 작품의 성격상 색채며 질감을 그대로 구현할 수는 없다. 이에 대해 엄격한 동일성을 요구할 수는 없을 것이다. ② 저작물의 이용 목적 및 형태에 비춰 저작물에 부득이한 변경·변형이 생길 수도 있다. 극장용 영화를 방송한다거나 웹서비스하는 것은 이용 목적 및 형태에 비춰볼 때 그에 수반하는 기술적인 변형은 불가피한 것이다. 일반적으로 이들 두 가지 요소는 함께 고려할 것이다. ③ 이 규정은 예외적인 범위("부득이하다고 인정되는 범위") 내에서만 허용된다. 다시 말해서 앞에서 지적한 저작물의 성격에 비춰 그리고 이용 목적 및 형태에 비춰 부득이한 것이어야 하고 그 이용 범위도 부득이한 범위에 국한해야 한다.

우리 법원은 동일성유지권의 한계에 관해 상당한 정도 판례를 축적했다. 일부 열거해본다. ① 방송사의 편성권은 녹화 강연의 내용, 배열을 변경할 수는 없으나 불가피한 상황이 일어나 이를 변경할 경우에는 동일성유지권을 침해하지 않는 범위 내에서 화질이 나쁜 부분을 제거하거나 배경음악, 색상 등을 바꾸는 정도만 인정된다.[67] ② 수정한 내용이 주로 해방 후 맞춤법 표기법이 바뀜에 따라 오기를 고치거나 일본식 표현을 우리말 표현으로 고친 것으로서 그 수정행위의 성질 및 정도로 보아 사회통념상 저작자인 원고의 명예를 훼손한 것으로 볼 수 없어 저작자 사망 후의 저작인격권 침해가 될 행위에 해당하지 않는다.[68] ③ 뮤직비디오에 단편영화를 발췌·사용하면서 당초 예정한 양을 초과하고, 분위기에 맞게 명도를 조정하는 수준을 넘어 원작의 색조를 감지할 수 없을 정도로 변경하고, 편집을 거쳐 원작에서 볼 수 없었던 장면을 연출하면서 단편영화의 서사구조와는 전연 다른 서사구조를 만들어내는 등 단편영화를 변형·사용한 정도는 저작물의 특성 및 기술적 한계 등으로 인하여 부득이 허용될 수밖에 없는 변경의 정도를 초과하는 것으로 보인다.[69] ④ 사진을 축소하여 섬네일 이미지로 변환시킨 경우 그 섬네일은 단순한 축소에 불과하여 본질적인 내용에

---

67) 서울지방법원 1992. 5. 14. 90가합1404 판결(한상진 사건).

68) 대법원 1994. 9. 30. 94다7980 판결(이광수 사건). 명예훼손은 사후 인격적 이익 보호의 요건이다.

69) 서울지방법원 1999. 11. 5. 99가합42242 판결(서태지 뮤직비디오 사건).

는 변경이 없고, 앞에서 본 인터넷 검색 서비스 중 이미지 검색 서비스를 위한 섬네일 이미지의 필요성, 섬네일 이미지의 이용 목적 및 그 형태 등을 고려하여 보면, 동일성유지권 침해의 제한 사유로서 부득이한 경우에 해당한다.[70]

필자는 동일성유지권의 일반 제한 규정(제16조 제2항 제5호)을 제외한 나머지 규정(제16조 제2항 제1호 내지 제4호)이 필요한지 의문이 든다. 해당 규정들은 일반 제한 규정 안에 넉넉히 들어올 수 있는 내용으로 되어 있고, 더욱이 제2항 단서('본질적인 내용의 변경' 금지)가 제한 규정의 확장 해석을 제약하고 있기 때문이다. 특히, 셋째와 넷째의 경우는 더욱 심각해 보인다. 모든 저작물은 그 성격에 따른 이용 방법에 차이가 있게 마련이며, 프로그램이라 하여 특별히 다뤄야 할 실익이 있는지 알기 어렵다. 해당 규정은 프로그램보호법 제정 당시부터 존재했던 것으로, 시행 후 40년 가까이 되지만 관행상 별도 규정의 필요성이 확인되지도 않고 있다. 자칫 저작권 보호의 예외를 둠으로써 보호의 입법 의지를 의심하게 할 수 있다. 다른 나라 입법례도 찾아보기 어렵다. 기술적 보호조치 무력화 금지 규정(제6장의 2)과 충돌할 가능성도 배제할 수 없다.

동일성유지권 침해 여부는 다양한 경우의 수가 존재한다. 동일성유지권에 엄격한 잣대를 들이대면 저작물 이용에 심각한 장애가 될 수도 있다.[71] 그렇다고 이용 편의만을 고려할 수도 없는 일이다. 인격권과 재산권이 이원적으로 작용하는 우리 저작권법 체제하에서 이러한 문제는 더욱 심각하게 보일 수도 있다. 이 점에서 법원은 동일성유지권의 한계 해당 사유를 너무 엄격하게 적용할 수도 없고 인격권의 본질적인 훼손을 가져올 정도만큼 '신축적'으로 대응할 수도 없는, 딜레마를 안고 있다. 개개 사안마다 저작물의 성격이나 이용 목적 등이 결정적으로 작용할 것이다. 학설과 판례의 축적으로 경계선을 지속적으로 만들어가면서 이론을 정립하는 것이 수순으로 보인다. 외국의 판례도 이 점에서 검토할 가치가 있다.[72]

---

70) 서울지방법원 2004. 9. 23. 2003가합78361 판결(섬네일 이미지 검색 사건).

71) 예를 들어, 특정 국가의 현지 문화, 정부 검열이나 심의 등으로 인해 특정 장면을 삭제하거나 변형하는 경우에도 동일성유지권 침해가 발생할 수 있다. 비록 영상제작자가 그러한 사정을 고려해 (명시적이든 묵시적이든) 이용허락을 해주더라도 개별 저작자(영화기여자)가 동일성유지권 침해를 주장할 수 있다.

72) 프랑스 등 판례를 중심으로 일부만을 소개하면, ① 작곡자가 영화에 음악저작물이 사용되는 것에 대해 자신의 정치적 견해와 양립할 수 없다는 이유로 소제기, 승소(Soc. Le Chant de Monde v. Soc.

3. 저작인격권의 성격 및 행사

가. 저작인격권의 성격

저작자는 저작물을 창작하고 그 결과 인격적인 권리와 재산적인 권리를 향유한다. 인격적 권리로서 저작인격권은 그 성질상 저작자 일신에 전속한다(제14조 제1항). 저작인격권의 일신전속성으로 인해 파생적인 속성이 발견된다. 먼저 저작인격권은 이전 대상이 될 수 없기 때문에 그 양도나 신탁은 불가능하며, 저작인격권에 질권이나 배타적발행권을 설정할 수 없다. 둘째, 저작인격권은 사망과 더불어 소멸하므로 상속 대상이 될 수가 없다.[73]

Fox Europe et Fox Ameircaine Twentieth Century, Judgment of Jan. 13, 1984, Cour d'Appel Paris), ② 집필자가 출판사 선정 작가의 일러스트에 질적 수준을 문제 삼은 사건에서 승소(Pres. Dist. Ct. Utrecht, 27 Nov. 1975), ③ 작곡자가 자신의 악곡에 패러디 작사를 붙여 공연한 데 대해 소제기, 승소 (Pres. Dist. Ct. Amsterdam, 21 Dec. 1978), ④ 무대 감독이 자신의 의사에 반하여 무대 장치를 변경, 삭제한 데 대해 소제기, 승소(Judgment of Aug. 14, 1975, LGE Frankfurt-on-Main). 이상 Robert A. Gorman, "Federal Moral Rights Legislation: The Need for Caution," 14 Nova L. Rev. 421. Anthony D'Amato and Doris Estelle Long (eds.), International Intellectual Property Law, Kluwer Law International, 1997, p. 160에서 재인용. ⑤ '고도를 기다리며'의 작가 베케트(Samuel Beckett)가 자신의 작품 등장인물에 여자를 염두에 두지 않았다는 점을 주장, 감독의 남녀 선택권을 부정한 판례(TGI Paris, 3e ch., 15 Oct. 1992), ⑥ 만화 시리즈 틴틴(Tintin) 저작자의 상속인이 본래의 모험담과는 달리, 틴틴 등 캐릭터들을 작품의 도덕성을 더럽히는 방법으로 연극에 등장시켰다는 이유로 금지청구, 승소(TGI Paris, 1re ch., 11 May 1988), ⑦ 내용에 변경은 없더라도 종교적인 음악을 상업 광고 사운드트랙으로 사용하는 행위에 대해 동일성유지권 침해 긍정(TGI Paris, 1re ch., 15 May 1991; Paris, 4e ch., 7 April 1994), ⑧ 음악저작물을 음란 광고 사운드트랙에 삽입하는 것에 대해 침해 판정(TGI Paris, 3e ch., 10 May 1996), ⑨ 학술 저작물을 광고물로 만들어 제작, 배포한 데 대해 인격권 침해 인정(Caen, 6 May 1997), ⑩ 저작자에게 우호적인 서문이라 하더라도 저작자의 허락 없이 넣는 것에 대해 인격권 침해 판정(TGI Pairs, 1re ch., 25 Nov. 1987), ⑪ 냉장고 측면에 그림을 그려 자선 경매에 제공한 화가가 구매자가 냉장고를 분해하여 각 측면 패널을 판매하려는 데 대해 소제기, 승소(TGI Paris, 1re ch., 30 May 1962), ⑫ 사진 주위의 장식 제거에 대해 동일성유지권 위반 판시(TGI Paris, 1re ch., 26 June 1985), ⑬ 저작자가 의도적으로 만든 흑백영화를 천연색화한 것에 대해 인격권 침해 판정(Versailles, chs. réunies, 19 Dec. 1994). 이상 Lucas and Plaisant, op. cit., Geller (ed.), pp. FRA-97~101에서 재인용.

73) 프랑스는 저작인격권의 상속성을 인정하고 있다.

저작인격권은 자연인에게 인정되는 것이 원칙이다. 우리 저작권법은 창작자 원칙의 중대한 예외로 업무상 저작물의 저작자로 법인 등 단체를 인정하고 있기 때문에 법인에게도 저작인격권이 주어진다. 단체가 존속하는 한 저작인격권도 소멸하지 않는다.

나. 저작인격권의 행사

저작인격권은 일신에 전속하는 권리이므로 저작자만이 직접 행사할 수 있다. 공표 여부의 결정이나 성명 표시 주장, 동일성 유지 주장 그 어느 것도 본인 외에는 할 수가 없다. 위탁관리업자에 의한 권리 행사는 권리 이전이 가능한 재산적 권리에 국한한다.

공동저작물은 다수의 저작자가 참여하여 창작한 것이므로 그에 대한 권리 행사도 다수가 간여하게 된다. 단독 저작물과 달리 권리 행사가 간단하지 않다. 저작권법은 이 점을 감안하여 몇 개의 특별 규정을 두고 있다. 먼저, 저작인격권은 저작재산권과 마찬가지로, 공동저작자 전원의 합의로 행사한다(제15조 제1항). 이 경우 각 저작자는 신의에 반하여 합의의 성립을 방해할 수 없다(제15조 제1항 단서). 민법상의 신의성실의 원칙(신의칙)에 따라 합의를 방해할 수 없는 것이다.

공동저작자들이 전원의 합의에 의한 권리 행사가 불편한 경우를 염두에 두고 공동저작자들 중에서 대표자를 선정하는 약정을 맺을 수 있다. 이때에는 그 대표자가 저작인격권을 대표하여 행사할 수 있다(제15조 제2항).[74] 이러한 대표권에 제한이 있는 때에는 그 제한은 선의의 제3자에게 대항할 수 없다(제15조 제3항). 선의의 제3자에 대한 대항력이 인정되므로 대표권에 제한이 있다는 사실을 안 제3자(악의의 제3자)에게는 그 제한의 효력이 미친다. 제한에는 여러 가지를 생각할 수 있겠는데, 대표자에게 저작인격권 중 일부만을 행사하도록 위임하거나 일정한 상황 내지 조건이 발생한 경우에만 행사하도록 하는 것을 들 수 있다.[75]

저작인격권 침해가 발생한 때에는 공동저작물에 대한 저작인격권 행사의 경우와 마찬가지로, 그리고 그 행사의 일환으로, 공동저작자들 '전원의 합의'에 의해 민형사상의 권리를

---

74) 대법원 1995. 10. 2.자 94마2217 결정: "저작인격권은 저작재산권과는 달리 일신전속적인 권리로서 이를 양도하거나 이전할 수 없는 것이라 할 것이므로 비록 그 권한행사에 있어서는 이를 대리하거나 위임하는 것이 가능하다 할지라도 이는 어디까지나 저작인격권의 본질을 해하지 아니하는 한도 내에서만 가능하다 할 것이고 ……".

75) 한 예로, 저작자 중 한 명이 사망한 시점에 다른 저작자가 공표할 것을 약정하는 것이다.

행사하는 것이 원칙이라고 할 수 있다. 그러나 저작권법에는 그에 대한 예외 규정이 있다. 제129조에 의하면, "공동저작물의 각 저작자 또는 각 저작재산권자는 다른 저작자 또는 다른 저작재산권자의 동의 없이 제123조의 규정에 따른 청구를 할 수 있으며 그 저작재산권의 침해에 관하여 자신의 지분에 관한 제125조의 규정에 따른 손해배상의 청구를 할 수 있다." 이 규정은 저작재산권 또는 저작인격권 침해의 경우 전원의 합의가 없더라도 일부 대응할 수 있는 수단을 제공하고 있는 것이다. 제125조는 저작재산권 침해에 관한 것이므로, 저작인격권 침해의 경우 적용될 수 있는 조항은 제123조이다. 따라서 공동저작자들 중 어느 한 명이라도 제123조에서 예정한 침해정지청구권과 침해예방청구권을 단독으로 행사할 수 있는 것이다.

대법원은 이에 더 나아가, 저작인격권 침해를 이유로 한 정신적 손해배상을 구하는 경우에는 공동저작자 각자가 단독으로 자신의 손해배상청구를 할 수 있다고 보고 있다.[76] 제129조에서 굳이 침해정지청구권과 침해예방청구권에 국한하여 단독 행사하도록 규정한 것은 그 적절성에 문제가 있는 듯하다. 권리의 적극적인 행사를 위해서는 당연히 전원의 합의가 필요하겠지만 소극적 행사라 할 수 있는 침해 구제에 대해서도 전원의 합의를 원칙으로 하는 것은 권리의 실질적인 구제 측면에서 바람직하지 않다. 판례에서 보여주듯이, 단독으로 행사할 수 있는 청구권을 확대하는 입법 정책이 요구된다.

다. 저작인격권의 포기

저작물 이용자는 다양한 방법으로 저작물을 이용한다. 저작물 이용자는 "저작물의 성질이나 그 이용의 목적 및 형태 등에 비추어 부득이하다고 인정되는 경우에는" 성명 표시를 생략할 수 있고(제13조 제2항), "저작물의 성질이나 그 이용의 목적 및 형태 등에 비추어 부득이하다고 인정되는 범위 안에서"는 동일성유지권을 침해하지 않고서도 그 저작물을 변경할 수 있다(제14조 제2항 제3호).

저작인격권의 한계 또는 제한에 관한 저작권법 규정은 그것이 부득이한 경우에 한해서 예외적으로 인정되는 것이므로, 그것만으로는 저작물 이용자가 소비자의 기호를 충족시키기 위한 다양한 방법을 강구하는 데 불충분하다고 여길 수 있다. 이에 따라 이용자가 처음

---

76) 대법원 1999. 5. 25. 98다41216 판결(세계대역학전집 사건).

부터 계약으로 저작인격권 침해를 구성하는 이용형태에 대해 저작자로부터 동의를 받을 수만 있다면 다양하게 저작물을 이용할 수 있을 것이다. 그러나 저작물의 이용형태와 방법을 모두 계약에 담는 것은 다양한 저작물의 이용형태와 하루가 다르게 변화하는 저작권 시장을 감안할 때 쉬운 일이 아니다. 여기서 저작인격권의 포기 내지 약정에 의한 저작인격권 제한(행사 제한) 문제가 제기된다.

저작인격권의 일신전속성에 집착하면 그 포기는 허용되지 않는다. 그러나 저작인격권 제도가 발달한 프랑스와 독일에서는 반드시 그렇게 보고 있는 것은 아니다. 일반적으로, 성명표시권과 동일성유지권의 완전한 포기는 허용되지 않으며, 장래의 포괄적 포기는 집행할 수 없으나, 당사자들이 예견할 수 있는 좁은 범위의 포기는 일반적으로 유효하다고 한다.[77] 한 예로, 이른바 대필 계약(convention de nègre, ghostwriter agreement)이라 하여 다른 사람의 이름으로 하는 집필 계약이 있다. 이러한 계약은 저작인격권의 성격, 즉 일신전속성 또는 불가양성[78]을 엄격하게 해석한다면 허용되지 않을 수도 있다. 프랑스 판례에서는 일정한 조건하에서 그 유효성을 인정한다. 판례에 의하면, 저작자의 자격을 임시적으로(à titre provisoire) 포기하는 것은 불가양성과 충돌하는 것은 아니다. 저작자는 언제든지 ― 이명이나 무명의 발행을 예정한 계약이 있다고 하더라도 ― 자신의 권리를 주장할 수 있기 때문이다.[79]

우리 법제도하에서 저작인격권의 포기는 어떻게 생각할 수 있을까. 우선, 저작인격권에서 파생한 물권적 청구권이나 손해배상청구권은 포기할 수 있을 것이다.[80] 이러한 방법은 여전히 인격권 침해를 근원적으로 해결해주지는 않는다.

다음으로, 저작인격권과 다른 법익이 충돌하는 경우 그 한계를 설정할 수는 있을 것이다. 프랑스의 예에서 보듯이 저작인격권이 남용되거나 아니면 다른 공공의 이익(예를 들어, 소비자의 이익)과 충돌할 경우 일신전속성에 일정한 한계를 인정하고 있다는 점도 눈여겨볼 만하다.[81] 끝으로 피해자의 승낙에 의한 인격권 침해의 위법성 조각 가능성도 존재한다. 민법

---

77) Cyrill P. Rigamonti, "Deconstructing Moral Rights," 47 Harvard International Law Journal 353 (2006), p. 377.

78) 프랑스 저작권법은 저작인격권의 성격으로 일신전속성뿐만 아니라 불가양성(inaliénabilité)을 명시하고 있다.

79) Vivant et Bruguière, pp. 507~508.

80) 저작인격권의 양도나 포기에 관해서는, 김상호, "멀티미디어 환경 속의 저작인격권", 멀티미디어 시대의 저작권 대책, 저작권심의조정위원회, 1996, 112~139 참조.

상 불법행위나 형법상 범죄는 법에서 허용하지 않는 위법한 행위여야 한다. 그러나 피해자의 승낙이 공서양속이나 사회상규에 위배하지 않는 한 그 승낙은 위법성을 조각한다. 따라서 민사상 책임을 물을 수 없거나 형사상 처벌할 수 없게 된다. 이러한 점에서 볼 때 저작자가 사전에 저작인격권을 포기하는 것은 일정한 범위 내에서 허용된다고 본다.[82]

우리 대법원은 묵시적 또는 명시적 동의를 들어 동일성유지권 침해를 부인하는 판례를 내고 있다. 해당 동의가 저작인격권의 포기 또는 그에 상당하는 법률효과를 가져오는 법률행위로 보았다고 할 수 있다. 판례는 캐릭터제작계약과 관련한 것도 있고, 교과용도서 제작을 위한 출판계약과 관련한 것도 있다. 전자의 경우 대법원은 "도안을 변경하더라도 이의하지 아니하겠다는 취지의 묵시적인 동의"를 근거로 저작권 침해에 해당하지 않는다고 판단했다.[83] 후자의 경우 대법원은 "저작자가 출판계약에서 행정처분을 따르는 범위 내에서의 저작물 변경에 동의한 경우에는, 설사 행정처분이 위법하더라도 당연 무효라고 보아야 할 사유가 있다고 할 수 없는 이상 그 행정처분에 따른 계약 상대방의 저작물 변경은 저작자의 동일성유지권 침해에 해당하지 아니한다"고 해석했다.[84] 이들 판결은 모두 저작자의 동의를 근거로 동일성유지권 침해를 부정하고 있는바, 이는 자칫 동일성유지권의 근간을 흔드는 논거가 될 수도 있다. 대법원은 언급하지 않은 제16조 제2항 단서(본질적인 내용의 변경 금지)를 놓고 동일성유지권 침해 유무를 판단하는 것이 오히려 적절해 보인다. 그 단서의 해석을 통해 저작자와 저작물을 연결하는 중심 권리로서 동일성유지권의 본질에 접근할 수 있기 때문이다.

81) 하나의 예로, 금연과의 전쟁이라는 이름으로 문화 저작물(oeuvres culturelles)의 절단을 허용하는 법률(loi Evin)에 의하여, 앙드레 말로를 기리는 우표에서 입술 사이의 담배를 제거하기도 한다. Vivant et Bruguière, p. 517.

82) 저작자 성명 사칭·공표죄에 관해서는, 제10장 제5절 3. '가. 저작자 성명 사칭·공표죄' 참조.

83) 대법원 1992. 12. 24. 92다31309 판결(롯티 사건): "신청인이 제작한 위 너구리 도안은 순수미술작품과는 달리 그 성질상 주문자인 피신청인의 기업활동을 위하여 필요한 경우 변경되어야 할 필요성이 있었고, 위 캐릭터제작계약에 의하여 피신청인 측에서 도안에 관한 소유권이나 저작권 등의 모든 권리는 물론 도안의 변경을 요구할 권리까지 유보하고 있었음을 알 수 있을 뿐 아니라 신청인이 피신청인 측의 수정요구에 대하여 몇 차례 수정을 하다가 자기로서는 수정을 하여도 같은 도안 밖에 나오지 않는다면서 더 이상의 수정을 거절함으로써 피신청인 측이 위 도안을 변경하더라도 이의하지 아니하겠다는 취지의 묵시적인 동의를 했다고 인정함이 상당하다 할 것이다."

84) 대법원 2013. 4. 26. 2010다79923 판결(역사교과서 사건).

라. 저작자 사후 인격적 이익의 보호

저작인격권은 일신전속성으로 인해 저작자가 사망하면 소멸한다. 이렇게 본다면 누구든지 저작자 사망과 더불어 인격권 침해에 대한 우려 없이 저작물을 이용할 수 있다. 공표권에 대해 걱정할 필요가 없이 미공표 저작물을 이용할 수 있고, 성명 표시를 생략할 수 있으며 이용자의 편의에 따라 저작물을 수정할 뿐만 아니라 왜곡할 수도 있다. 이것은 다음과 같은 점에서 문제가 생긴다. 첫째, 물론 저작자가 생존해 있었다면 그 공개에 적극적인 경우도 있을 것이지만, 일기와 같이 사적인 내용을 담은 저작물을 공표하는 것은 자칫 사망한 저작자의 명예에 치명적인 상처를 안겨줄 수 있다. 둘째, 저작물에는 저작자의 인격이 담겨 있는 것으로, 저작자 사망을 전후하여 그 본질이 달라지는 것은 아니다. 저작자의 인격을 표상하는 저작물에 대해 그 주인을 밝혀주고(성명표시권) 그 내용과 형식을 유지하도록(동일성유지권) 하는 것이 저작인격권의 본질적 내용이라 할 수 있는데 그 내용이 저작자 사망으로 일거에 무력화된다면 이 또한 바람직한 것은 아니다.

우리 저작권법은 한편으로는, 저작자 사망 후에 그의 인격적 이익을 보호할 필요성을 고려하면서, 다른 한편으로 문화유산으로서 저작물을 세상에 공개하고 적극적으로 활용할 수 있는 방법을 제시하고 있다. 법 제14조 제2항에 의하면, "저작자의 사망 후에 그의 저작물을 이용하는 자는 저작자가 생존하였더라면 그 저작인격권의 침해가 될 행위를 하여서는 아니 된다. 다만, 그 행위의 성질 및 정도에 비추어 사회통념상 그 저작자의 명예를 훼손하는 것이 아니라고 인정되는 경우에는 그러하지 아니하다."

이 규정은 저작자의 명예라는 기준을 제시하면서 저작자의 이익과 사회적 이익 간의 조화를 꾀하고 있다고 하겠다. 나눠 설명하면 다음과 같다. 첫째, 이 규정은 저작자 사후의 '인격적 이익'을 보호하는 규정이다. 저작자가 사망하면 저작인격권도 소멸하므로 "저작인격권의 침해가 될 행위"라는 표현을 사용하고 있다. 둘째, 비록 인격적 이익을 해치더라도 행위의 성질이나 정도, 그리고 사회통념상 명예훼손에 이르지 않는다면 이 규정 위반은 생기지 않는다. 사생활의 비밀을 담은 저작물의 공표(공표권)나 저작자가 생존했더라면 허용하지 않을 범위의 저작물 왜곡(동일성유지권) 등은 명예훼손 가능성이 높다고 하겠다. 셋째, 이 규정 위반에 대해서는 법에서 정한 유족이 침해정지청구권과 침해예방청구권 및 명예회복청구권을 행사할 수 있다(제128조).[85]

유족은 저작자를 대신해서 저작자가 생존했더라면 행사했을 범위 내에 국한해서 권리를 행사하는 데 그치는 것이지 자신의 이익을 위해 권리를 행사해서는 안 될 것이다.

베른협약에도 저작자 사후 저작인격권 보호를 위한 규정이 있다. 협약 제6조의2 제2항에서는 저작인격권은 "[저작자]의 사망 후에 적어도 재산권의 만기까지 계속되고, 보호가 주장되는 국가의 입법에 의한 권한이 있는 사람이나 단체에 의하여 행사될 수 있다"고 하고 있다. 동맹국은 사후 저작인격권을 보호해야 할 의무가 있다. 다만, 베른협약을 비준하거나 그에 가입할 때 입법으로 권리 보호를 규정하지 않은 동맹국은 그 의무에서 벗어날 수 있도록 하고 있다. 우리가 협약 가입 당시 가지고 있는 제도를 유지할 수 있도록 규정되어 있는 것이다.

자율 학습

1. 대법원 2013. 4. 26. 2010다79923 판결(역사교과서 사건)을 요약하면 다음과 같다:

- 원고들은 2001. 3. 24. 피고 금성출판사와 이 사건 교과서의 원고를 작성하고, 금성출판사는 위 원고를 이용하여 이 사건 교과서의 검정본을 제작하여 검정신청을 하기로 하는 내용의 교과서 출판계약을 체결하였다.
- 이 출판계약에서, 원고들은 교육부로부터 이 사건 교과서에 대한 수정·개편 지시가 있을 때에는 수정·개편을 위한 원고를 피고 금성출판사에게 인도하여야 한다고 약정하였다.
- 원고들과 금성출판사는 계약 체결 이후인 2001. 12. 8. 한국교육과정평가원에 이 사건 교과서의 검정신청을 하면서, '이 사건 교과서의 저작권 및 발행권 행사에 있어서, 교과용도서의 원활한 발행·공급과 교육 부조리 방지를 위한 교육과학기술부장관의 지시사항을 성실히 이행할 것에 동의하고, 이를 위반할 때에는 발행권 정지 등 어떠한 조치도 감수할 것을 다짐한다'는 내용의 동의서를 작성하여 제출하였다.
- 교과용 도서에 관한 규정에는 교과용 도서의 내용을 수정할 필요가 있으면 교육부장관은 검정도서의 저작자에게 수정을 명할 수 있고(제26조 제1항), 저작자가 이러한 수정명령을 위반하는 경우 그 검정합격을 취소하거나 1년의 범위 안에서 그 발행을 정지시킬 수 있다(제47조 제1호)고

---

85) 사후 인격적 이익 침해에 관해서는 제10장 제3절 '1. 인격적 권리의 침해' 참조.

규정되어 있어서, 원고들이 교육부장관의 이러한 수정명령에 응하지 아니하면 검정합격의 취소나 발행 정지로 인해 이 사건 교과서의 발행이 무산될 수도 있었던 점 등을 종합적으로 고려해보면, 원고들은 이 사건 출판계약의 체결 및 이 사건 동의서의 제출 당시 금성출판사에 대하여 교육부장관의 수정지시를 이행하는 범위 내에서는 이 사건 교과서를 변경하는 데 동의한 것으로 봄이 상당하다.

- 교육부장관은 2008. 10. 30. 이 사건 교과서의 일부 내용을 수정하도록 권고하였으나 원고들이 그 중 상당수 항목에 관하여 수정권고를 수용할 수 없다는 의견을 제시하자, 금성출판사에게 수정지시를 하였고, 이에 금성출판사가 이 사건 교과서를 수정하여 이를 발행·배포하였다.

- 행정처분에 해당하는 이 사건 수정지시가 당연 무효라고 보아야 할 사유를 찾아볼 수 없는 이상, 이 사건 수정지시를 이행하기 위하여 금성출판사가 이 사건 교과서를 수정하여 발행·배포한 것은 원고들이 동의한 범위 내라고 할 것이어서 이 사건 교과서에 대한 원고들의 동일성유지권 침해에 해당한다고 볼 수 없다.

① 저작권법과 직접 관련된 것은 아니지만, 정부의 수정 지시가 학문의 자유 또는 출판의 자유와 양립할 수 있는가? ② 교과용도서에 관한 규정(대통령령 제17115호, 2001. 1. 29.)에서 '수정'이란 "교육과정의 부분개정이나 기타 사유에 의하여 교과용도서의 문구·문장·통계·삽화 등을 교정·증감·변경하는 것으로서 개편의 범위에 이르지 아니하는 것을 말한다"고 하고 있다. 정부는 이를 근거로 저작자에게 학설의 변경, 사관의 변경을 요구할 수 있는가? ③ 출판사가 원고들의 원고를 수정(변경이 오히려 적절한 단어로 보인다)하는 것은 저작자인 원고들의 동의가 없는 것이므로 일견 동일성유지권 침해가 될 수 있다. 교육부의 수정 지시에 따른 원고들의 의무는 수정 원고를 작성해 인도하는 것이고, 이를 위반할 경우 "발행권 정지 등 어떠한 조치도 감수할 것을 다짐"하는 동의서를 제출한 것이다. 이 동의서가 동일성유지권 침해를 부정하는 근거가 될 수 있는가? 이 동의서는 "저작자가 이런 이런 행위를 하지 않으면 출판사는 저작자가 작성한 원고를 수정할 수 있다"는 것과 같은 내용으로 볼 수 있는가? ④ 저작자의 수정 동의가 존재한다고 가정할 경우 이것이 곧 동일성유지권의 포기에 해당하는가? ⑤ 원고들은 동일성유지권의 한계를 규정한 제13조 제2항 단서에 의해 저작인격권 침해를 주장할 수 없는가?

제5절 저작재산권

제1관 저작재산권의 성격

1. 물권적 성격

우리 민법은 재산권을 물권과 채권으로 크게 나누고 있다. 물권이란 물건에 대한 배타적인 지배권이고, 채권이란 특정인이 다른 특정인에게 일정한 행위(급부)를 청구할 수 있는 권리(급부청구권)이다. 물권의 객체로서 '물건'이란 "유체물 및 전기 기타 관리할 수 있는 자연력을 말한다"(민법 제98조). 이러한 물건에는 유체물로서 동산과 부동산이 있고, 무체물로서 전기나 가스 등이 있다. 그러나 누군가가 관리 가능해야 한다는 요건(관리가능성)으로 인해 창작물과 같은 무체물은 민법상 '물건'이 아니다.

저작재산권은 무체물로서 저작물에 대한 지배권이다. 저작권은 지배권이라는 점에서 물권과 같이 볼 수도 있지만, 저작권법상 저작물은 민법상 물건에 속하지는 않기 때문에 '물권적 성격'을 가지고 있다고 말할 수 있다. 이러한 의미에서 준물권이라고도 한다.

물권자는 물권 침해에 대해 물권적 청구권을 가지며 이러한 물권적 청구권에는 목적물반환청구권, 방해제거청구권, 방해예방청구권 및 방해로 인한 손해배상청구권이 있다. 반면, 채권은 채권관계 당사자 간에만 주장할 수 있는 권리에 지나지 않는다. 상대적인 권리이기 때문에 채권자는 제3자에 의한 채무자의 권리 침해에 대해 원칙적으로 구제 방법을 가지지 못한다. 저작권법상 저작재산권자는 물권자와 마찬가지로, 방해제거청구권과 방해예방청구권(제123조에 의한 침해정지청구권과 침해예방청구권)을 가지고, 방해로 인한 손해배상청구권(제125조)을 가진다. 저작물은 무형물이기 때문에 반환청구권은 그 성질상 존재할 수 없다.

가. 절대성

물권은 절대적인 권리인 반면, 채권은 상대적인 권리이다. 절대적인 권리인 만큼 누구에게나 물권의 존재를 주장할 수 있다. 저작재산권도 누구에게나 주장할 수 있는 절대적인 권리이기는 하지만 저작재산권의 절대성은 언제나 관철되는 것은 아니다. 왜냐하면 저작권은 다른 저작물에 의존하지 않고 독자적으로 창작되는 경우 발생하므로 이론적으로 하나의 저작물에 대해 복수의 저작권(저작재산권)이 존재할 수도 있다. 이때 어느 한 저작자가 다른 저작자에 대해 저작재산권 침해를 주장할 수 없다.

나. 배타성

물권은 직접적으로, 그리고 배타적으로 지배하는 권리이다. 직접적으로 지배한다는 것은 대내적인 측면에서 본 것으로, 현실적으로나 관념적으로는 물건으로부터 스스로 이익을 누리는 것이다. 이 경우 물권은 물건의 사용, 수익, 처분 권능을 내용으로 한다.

배타적으로 지배한다는 것은 대외적인 관계에서 본 것으로, 물건에 대한 타인의 간섭을 배제하고 독점적 이익을 향유하는 것이다. 배타성을 하나의 물건 위에 같은 종류의 물권이 병존할 수 없다는 의미로 쓰기도 한다. 예를 들어 하나의 토지에 소유권이 둘이 존재할 수 없다는 것이다. 언뜻 보기에는 양자는 다른 의미로 느껴진다. 그러나 양자는 실제로는 같은 의미를 담고 있다. 배타적인 권리를 가지는 사람은 하나의 물건 위에 같은 내용의 물권을 가지므로 그 자신만이 다른 사람을 거슬러, 물권을 독점적으로 행사할 수 있을 뿐이다.

저작재산권도 마찬가지이다. 저작자만이 배타적으로 권리를 행사하려면 하나의 저작물 위에 하나의 재산권만이 존재해야만 가능하다. 저작자는 자신의 저작물에 대한 재산적 권리를 '독점적으로' 행사할 수 있는 것이다. 물권은 하나의 물건에 대한 생활이익의 독점적 향유라 한다면, 저작재산권은 하나의 저작물에 대한 독점적 권리 향유라 할 수 있다. 법적 측면에서는 배타성이라 할 수 있고, 경제적 측면에서는 독점성이라 할 수 있다.

일반적인 의미로 독점이란 말은 특정 사업을 영위하거나 특정 물품을 제조·판매할 수 있는 배타적인 권리(권한)를 말한다. 이러한 독점은 법에서 특별히 정하지 않는 한 허용되지 않는 것이 원칙이다. 시장경제를 헌법상의 기본 원리로 하고 있는 우리 법제도하에서 독점적 지위는 예외적으로 허용되고 사실상의 독점에 대해서도 국가의 규제가 엄격하게 작용한다.[1] 저작권법은 저작자에게 독점적 지위를 법적으로 보장해주는 법률인 것이다. 저작재산권이 정당하게 행사되는 한 국가의 감독이나 규제가 미칠 여지는 없다고 본다.

저작권법에서는 저작재산권을 '배타적인 권리(exclusive right, droit exclusif)'라는 표현으로, 즉 배타성을 중심으로 규정하고 있다.[2] 여기서 배타성은 오로지 저작자만이 저작권법상의 이용행위에 대해 허락하거나 금지할 수 있다는 의미를 가진다. 배타적인 권리란 그런 '허락하거나 금지할 수 있는 권리(right to authorize or prohibit)'라고도 한다.

배타적인 권리는 보상청구권적 성격의 권리와 구별된다. 우리 저작권법은 저작재산권의 배타성을 원칙으로 하고 있으나, 일정한 경우 배타성을 부정하고 있다. 즉, 공공의 이익 등을 감안하여 이른바 '저작재산권의 제한'이라는 이름으로, 저작자의 허락을 받지 않고서도 저작물을 합법적으로 이용할 수 있는 길을 열어놓되, 권리자에게 보상청구권을 인정하는 것이다. 이러한 보상청구권은 배타적인 성격을 가지고 있지 않다.

다. 이전성

채권은 당사자 간의 법률관계를 규율하는 것이므로 채권 양도 등 이전은 허용되지 않거나 제한적으로 허용된다. 근대 이후 채권의 유동성 확보를 위해 채권 이전이 허용되는 예가 늘고 있으나 여전히 채권 양도는 제한적으로 허용되는 것이 원칙이다. 반면 소유권과 같은 물권은 그 배타성으로 인해 양도나 상속 등을 통해 자유로이 이전된다.

물권적 성격의 저작재산권도 또한 소유권과 마찬가지로 양도나 상속 등이 가능하다. 저작권법은 저작재산권의 양도(제45조)와 질권 설정(제47조)에 관해 별도로 명시하고 있다. 민법상의 상속 규정은 저작재산권의 상속에 관해 준용된다.

저작자는 각지의 수많은 이용자에게 일일이 이용허락을 해주기 어렵다. 이용자도 개별 저작자를 접촉, 협상하는 것 또한 간단한 일이 아니다. 이러한 이용허락상의 문제를 해결하기 위한 핵심적인 장치로 우리 저작권법은 저작권신탁관리업 제도를 두고 있다. 저작권신

---

1) 우리 헌법 제119조 제2항에서는 시장의 지배와 경제력 남용을 방지해야 할 의무를 국가에 부과하고 있다.

2) 베른협약이나 WCT 등 주요 국제조약에서는 배타적인 권리(exclusive right, droit exclusif)라는 표현을 사용하는가 하면, 로마협약이나 TRIPS협정에서는 허락하거나 금지할 권리(right to authorize or prohibit)라는 표현을 사용한다. 전자의 표현이 법적으로 적절한 개념이다. Lucas et al., p. 21. 국내법에서도 배타적인 권리(영국, 프랑스, 독일, 미국)라고 분명히 하고 있다.

탁관리업은 저작재산권의 이전성에 착안한 것이다.

2. 개별 이용행위에 대한 권리

가. 전형적인 이용행위

저작권법은 전형적인 저작물 이용행위 각각에 대해서 개별적으로 권리를 부여하고 있다. 산업재산권과 같은 포괄적인 이용권[3]은 존재하지 않는다. 각각의 이용행위에 대해 권리를 부여하기 때문에 특정 행위가 저작권법상 이용행위에 속하는지 여부를 판별하는 것이 중요하다. 저작권법이 정의 규정을 두어 각각의 이용행위를 정의하고 있는 것은 특정 행위가 전형적인 이용행위에 해당하는지, 그 결과 저작자의 권리가 미치는지 확정하기 위한 것이다.

저작물은 여러 형태로 이용된다. 각각의 이용행위는 사람들이 저작물을 보거나 듣거나 또는 보고 들을 수 있도록, 즉 지각할 수 있도록 하는 것이다.[4] 그러한 예로, 복제는 사람들이 보거나 들을 수 있도록 유형물을 만드는 것이고, 공연은 사람들이 지각할 수 있도록 연기, 연주, 가창, 상영, 재생 등의 방법으로 공중에게 공개하는 것이다. 그렇다고 모든 저작물의 이용(사용)이 저작권법에서 말하는 저작물의 전형적인 이용이라 할 수는 없다. 저작권법에서는 특정의 이용행위만을 염두에 두고 있고 그에 대해서만 권리가 미치도록 하고 있다. 저작권법에서 특정한 전형적인 이용행위에 해당하지 않는다면 해당 이용에 대해 권리가 미치지 않는 것이다. 저작권법은 이른바 열거주의를 채택하여 복제, 공연 등에 대해서만 권리가 미치도록 하고 있다. 따라서 법에 열거되지 않은 이용〔열람, 수입(輸入) 등〕에 대해서는 원칙적으로 권리가 미치지 않는다. 어떠한 행위에 대해 저작자의 권리가 미치도록 할 것인가 여부는 정책적인 판단에 맡겨졌다고 할 수 있다.

각각의 이용행위에 대해 각각의 권리를 부여하는 이유는 무엇일까. 다음 몇 가지로 생각

---

3) 특허법이나 상표법에서는 포괄적인 의미의 실시권이나 사용권이란 개념이 존재하지만 저작권법에는 그러한 개념이 없다.

4) 사람들이 보고 듣는다는 것은 궁극적으로 저작물에 접근해 그로부터 배우거나 그것을 감상하거나 즐기는 것이다.

할 수 있다. 첫째, 저작물의 이용은 그 형태가 무척 다양하여 이를 하나의 권리로 묶기가 곤란하다는 점이다. 둘째, 하나의 권리로 설정한다면 법에서 예정하지 못한 이용형태에 대해 권리를 부여하게 되고 그 결과 공공의 이익을 해칠 수도 있다. 저작물 이용자에게는 과도한 부담을 안겨줄 수도 있다. 저작권법이 비록 저작자에게 독점적·배타적인 권리를 부여하고 있지만 그것이 무제한한 권리를 의미하는 것은 아닌 것이다. 저작자의 권리와 공공의 이익 간의 균형이 중요한 것이다. 셋째, 권리자 간의 차별을 위해서도 권리를 개별화할 필요가 있다. 저작권법은 전형적인 이용행위 전부에 대해 배타적인 권리를 부여하면서도, 저작인접권자에게는 일부 이용행위에 대해서만 배타적인 권리를 부여하고 있다. 이것은 입법 정책의 문제로 귀착하지만 저작권과 저작인접권 간의 차별은 공공의 이익을 위해서도 어쩔 수 없는 측면이 있다. 저작인접권을 저작권에 상응하게 같은 수준으로 보호하는 국가는 없다. 넷째, 공공의 이익을 위해서 저작재산권은 제한되는데, 그 제한은 다양한 이용형태에 따라 제한의 목적, 요건, 범위 등을 별도로 정할 수밖에 없다.

어떤 권리는 특정 보호대상만을 염두에 두기도 한다. 예를 들어, 대여권은 프로그램저작물과 음반에 수록된 저작물에 대해서만 인정된다. 대여권는 입법 정책상 모든 종류의 저작물에 확대 적용되지 않는 것이다. 한편, 전시권은 미술이나 사진 또는 건축 저작물이 아니면 생각하기 어렵다. 저작물의 성질상 전시의 방법은 이러한 종류의 저작물에서만 볼 수 있기 때문이다.

나. 권리의 다발

이렇게 저작자의 권리가 미치도록 한 전형적인 이용형태에 부여된 권리를 지분권이라 하고 이러한 지분권들을 묶어서 권리의 다발(bundle of rights)이라고 부른다. 저작재산권은 이러한 다발의 권리를 총칭하는 것일 뿐 그 이상의 의미는 없다. 따라서 통상 말하는 저작재산권 침해는 저작권법상으로는 복제권 침해, 공연권 침해 등 개별 지분권에 대한 침해를 의미할 뿐이다.

다. 공중의 개입

저작권법상 이용행위에는 일반 공중(public or general public)을 염두에 둔 형태가 있고 그렇지 않는 형태가 있다. 전자의 경우에는 공연이나 공중송신 또는 배포가 있고, 후자의 경우에는 복제와 2차적저작물 작성이 있다. 전자는 공중이 저작물 등을 접할 수 있도록 하는 행위 유형으로 이때 공중의 개념이 중요한 역할을 한다. 예를 들어, 가족 구성원들 앞에서 하는 '공연'은 저작권법상 공연이 아니다. 기존 편지의 대체 수단으로, 가족 구성원에게 보내는 이메일은 저작권법상 '공중송신'이 아니다. 이용행위에 공적 성격이 없기 때문이다. 여기서 공적 영역과 사적 영역의 구분을 위해서 공중의 개념을 확정할 필요가 있다.

공중이란 불특정 다수인을 말하며, 특정 다수인도 포함한다(제2조 제32호). 이 정의 규정은 2006년 법개정으로 신설된 것으로, 종전의 학설과 판례를 받아들인 것이다. 판례에 의하면, 공연에서 말하는 "일반 공중에게 공개한다"는 것은 "불특정인 누구에게나 요금을 내는 정도 외에 다른 제한 없이 공개된 장소 또는 통상적인 가족 및 친지의 범위를 넘는 다수인이 모여 있는 장소에서 저작물을 공개하거나, 반드시 같은 시간에 같은 장소에 모여 있지 않다 하더라도 위와 같은 불특정 또는 다수인에게 전자장치 등을 이용하여 저작물을 전파, 통신함으로써 공개하는 것을 의미한다."[5]

공중의 개념을 추출하면 다음과 같은 범주로 나눌 수 있다. ① 공개된 장소에 함께 모인 다수인이 있다. 특정 다수인일 수도 있고 불특정 다수인일 수도 있다. 콘서트에 모인 관객, 공공장소에서 텔레비전을 보는 시청자, 노래방에 입장한 손님 등이 이러한 범주에 속한다. ② 비공개 장소에 함께 모인 다수인이 있다. 예를 들어, 주최자의 초청을 받아 모인 특정 다수를 생각할 수 있다. 회사 '사내방송'(저작권법상 공연이 될 수도 있다)을 보거나 듣는 직원들도 이 범주에 속하는 공중이다. ③ 서로 다른 장소에서 있는 특정 또는 불특정 다수인이 있다. 장소가 공개되는 여부는 묻지 않는다. 확성기를 통해 다른 장소 있는 공중에게 전달하는 공연이 있다면 이때 각기 모인 다수인이 공중이 된다. 또한 방송이나 전송을 청취하거나 수신하는 공중 또한 이 범주에 속한다.

한 가지 주의할 것은 전송의 개념이다. 전송은 "공중의 구성원이 개별적으로 선택한 시간과 장소에서 접근할 수 있도록 저작물 등을 이용에 제공하는 것"으로, '공중의 구성원'이 저작물 등에 접근할 수 있도록 한다면(인터넷에 연결된 서버에 저작물 등이 업로드되는 것) 아무도 그 저작물 등에 접근하지 않더라도 이용행위는 존재한다는 점이다. 웹사이트나 인터넷 동호회 게시판 등은 이러한 '공중의 구성원'에 대한 이용행위를 하고 있는 것이다.

---

5) 대법원 1996. 3. 22. 95도1288 판결(노래연습장 사건); 대법원 2001. 9. 28. 2001도4100 판결.

이상의 개념은 공연과 공중송신에 적절한 것인데, 배포에 대해서도 유추 적용할 수 있다. 이때 장소적인 개념은 그다지 중요한 요소가 되지 않는다. 불특정 다수를 예정하고 출판물을 발행한다거나 팬클럽을 대상으로 한정판 음반을 발매한다거나 기념품 가게에서 미술저작물 복제물을 판매한다거나 그 모두 공중을 염두에 둔 배포인 것이다.

공중의 개념과 관련하여 '가족 및 이에 준하는 한정된 범위'라는 표현에 주목할 필요가 있다. 이 표현은 '사적 이용을 위한 복제' 규정(제30조)에 등장하는데, 특정 행위가 저작권법상 공중을 염두에 둔 전형적인 이용행위인지 여부를 가리는 데 결정적인 기준이 된다고 본다.[6]

제2관 저작재산권의 내용

1. 저작재산권의 종류

저작재산권은 이용형태별로 저작자가 가지는 권리의 총칭이다. 저작재산권은 기술이 발전하면서 새로운 이용형태가 하나씩 등장하고 그에 대해 개별적으로 권리를 부여하는 방식으로 확장되어 왔다. 국가마다 다소 차이는 있으나 복제권과 공연권에서 출발하여, 번역권 (이것이 나중에 2차적저작물 작성권으로 확대된다), 방송권, 배포권 등이 생기고 인터넷이 등장하면서 전송권과 공중송신권이 신설된다. 우리나라도 이러한 입법례에서 벗어나지 않는다. 이것은 다음과 같이 말할 수 있다. 먼저 이용자가 특정 저작물을 특정한 방법으로 이용하게 되면 입법부가 그 보호의 필요성을 파악한다. 필요성은 실증적인 통계나 관행이 뒷받침한다. 입법부는 이어서 이용형태의 정형성, 광범위성을 확인하면서 그 필요성을 확신한다. 이 과정에서 저작자가 입는 피해의 정도에 따라 입법 동력이 커지기도 한다. 한편, 입법부는 권리 부여에 따른 공공의 이익과의 관계에서 균형을 찾기 위해 노력한다. 필요한 경우 권리를 제한하는 방안도 찾아낸다. 저작자에게 저작물 이용에 대한 통제 권한을 독점적으로 부여할 것인지, 아니면 금전적 보상을 통한 간접 통제 권한만을 부여할 것인지 결정하는 것도 이 과정에서 이뤄진다.

---

6) '사적' 범위에 관해서는, 제5장 제2절 '9. 사적 이용을 위한 복제' 참조.

〈표 4〉 저작물의 이용형태

이용형태	권리의 종류
유형 이용	복제권, 배포권, 전시권, 대여권
무형 이용	공연권, 공중송신권(방송권, 전송권, 디지털음성송신권)
변형 이용	2차적저작물 작성권

저작권법은 저작재산권이 미치는 전형적인 이용행위를 일곱 가지로 열거하고 있다. 저작재산권은 일곱 가지의 지분권으로 이뤄지는 것이다. 저작자는 일곱 가지 이용행위 모두에 대해 배타적이고 독점적인 권리를 가진다. 일곱 가지 권리 중에는 큰 덩어리의 권리도 있다. 공중송신권에는 방송권, 전송권, 디지털음성송신권이 있고, 2차적저작물 작성권에는 번역권, 각색권, 편곡권 등이 있는 것이다. 공중송신권 안에 있는 방송권, 전송권, 디지털음성송신권은 법적으로 명시된 권리이고, 번역권, 각색권, 편곡권은 강학상의 권리이다.

개별 권리를 이용형태에 따라 두 가지로 나누기도 한다. 하나는 유형의 이용에 대한 권리이고 다른 하나는 무형의 이용에 대한 권리이다. 전자는 저작물의 복제와 그 원본이나 복제물의 배포, 전시 등에 관한 권리이고, 후자는 저작물의 공연, 공중송신 등에 관한 권리이다. 2차적저작물 작성행위는 원저작물에 변형이 생기는 것이므로 특수한 저작물의 이용형태라 할 수 있다.

2. 복제권

가. 복제의 의의

복제권은 저작재산권의 핵심적인 권리 중 하나이다. 아날로그 환경에서는 복제권이 저작재산권의 중심 자리를 차지해왔으나 디지털 환경하에서 이용형태가 다양해지면서 다소 변화된 모습을 보이고 있다. 유형물에 의존하던 시장이 디지털 정보 중심으로 변화하고 있기 때문이다. 원본 형태로 유통되지 않는 저작물은 어떤 경우에도 고정이나 복제라는 과정을 거치게 마련이다. 유형물로서 복제물 유통을 염두에 둔다면, 예를 들어 종이책이나 CD를 제작해 유통하는 것이라면 복제가 최종적인 이용형태가 된다. 그러나 인터넷으로 디지털 정보나 자료를 전달하고자 한다면 고정이나 복제는 다른 이용행위(예를 들어 전송)에 종속적이거나 부차적인 것에 그치게 된다. 이런 유통 방식의 변화는 저작권 생태계에도 영향을 주게 마련이다. 그렇지만 한 가지 주의해야 할 것은 그런 부차적인 역할이 복제권의 중요성을 떨구는 것은 아니다. 저작자가 다른 이용행위에 대해 통제할 수 없는 경우, 예를 들어, 복제자와 전송자가 각기 다른 경우 전송자에 대해 통제할 수 없는 경우 복제자에게 복제권을 주장할 수 있기 때문이다.

복제란 "인쇄·사진촬영·복사·녹음·녹화 그 밖의 방법으로 일시적 또는 영구적으로 유형물에 고정하거나 다시 제작하는 것을 말하며, 건축물의 경우에는 그 건축을 위한 모형 또는 설계도서에 따라 이를 시공하는 것을 포함한다"(제2조 제22호). 우리 법상 복제에는 두 가지가 있다. 하나는 고정이고 다른 하나는 좁은 의미의 복제이다.

여기서 고정이란 저작물을 매체에 최초로 담는 행위이다. 이런 의미에서 '최초 고정(first fixation)'이 정확한 의미를 전달하는 표현이다. 좁은 의미의 복제란 최초 고정물을 다른 유형물(유형의 매체)에 담는 것이다. 고정의 예로는, 소설 원고를 작성하거나 음악 마스터테이프를 제작하는 것을 들 수 있다. 원고를 원고지에 작성하거나 컴퓨터프로그램을 이용해 디지털 방식으로 작성하거나 가리지 않는다. 음악을 테이프에 저장할 수도 있고 디지털 매체에 저장할 수도 있다. 그 어느 것도 고정에 해당한다. 디지털 환경에서는 최초 고정물(원본)과 복제물을 구별하기도 쉽지 않을 것이지만, 개념적으로 고정과 좁은 의미의 복제는 구별된다.

필자는 고정과 복제를 나누어 규정해야 한다고 생각한다. 그 이유는 첫째, 최초 고정과 복제는 적어도 개념적으로 엄격히 분리된다. 최초 고정과 그 고정물의 복제는 다른 것이다. 둘째, 우리 사전상 복제란 "본디의 것과 똑같은 것을 만듦. 또는 그렇게 만드는 것"이다(표준국어대사전). 복제의 일상적 개념과 법적 개념을 통일하는 것이 바람직하다. 셋째, 국제 규범에서 부여한 권리의 본래 개념과 맞출 필요가 있다. 우리 법상 실연자가 가지는 복제권과 음반제작자가 가지는 복제권은 국제 규범(로마협약, TRIPS협정, WPPT 등)에 따라 부여된 것으로, 그 실질을 보면 실연자의 복제권의 경우 고정권과 좁은 의미의 복제권을, 음반제작자의 복제권의 경우 좁은 의미의 복제권을 규정한 것이다. 음반제작자는 최초 고정하는 사람이므로 성질상 복제권만 가지는 것이다. 개념을 분리하면 주어지는 권리도 그에 맞게 획정해야 한다.

이렇게 할 때 저작재산권의 경우, 저작자는 고정권과 복제권을 가진다. 고정권은 예를 들어, 구술저작물을 누군가 고정할 경우에 미치게 된다. 복제권은 고정 이후의 행위를 통제하게 된다. 한편, 저작재산권 제한 규정상 복제권 제한은 좁은 의미의 복제권 제한으로 축소된다. 국제 규범이나 외국의 입법례에서 제한 규정은 모두 복제권을 제한하기 위한 것이다.

복제의 개념도 변경해야 한다. 법에서는 '다시 제작'이라는 표현을 쓰고 있으나 올바른 표현은 아니다.[7] 그 정의는 "저작물 등을 직접적으로 또는 기계나 전자장치에 의하여 지각되거나 전달될 수 있도록 일시적으로나 영구적으로 유형물로 제작하는 것을 말한다"고 하는 것이 본질에 가깝다.[8] 여기서 유형물은 만져지는 또는 감각으로 느낄 수 있는(tangible) 것에 국한하지 않는다. 디지털 복제물은 "형태가 있는 것"이라고 말하기 어렵기 때문이다.[9]

저작권법에서 예시하고 있는 "인쇄·사진촬영·복사·녹음·녹화"는 좁은 의미의 복제에 해당한다. 인쇄(printing)란 종이책 등을 만들기 위한 모든 방법을 통칭하고, 사진촬영(photography)이나 복사(photocopy)란 각기 사진기와 복사기기에 의한 모사 복제(facsimile reproduction)를 의미한다.[10] 녹음은 소리, 녹화는 영상(소리를 포함하기도 한다)을 재생하기 위한 복제를 말한다. 이러한 예시는 모두 아날로그 복제를 상정한 것이다. 1996년 외교회의 결과 탄생한 WCT에서 복제권과 관련하여 다음과 같은 합의록(Agreed statement)을 채택했다: "베른협약 제9조에서 규정한 복제권 및 그에 따라 허용되는 예외는 디지털 환경에서, 특히 디지털 형태의 저작물 이용에 대하여 완전히 적용된다. 전자적 매체에 디지털 형태로 보호 저작물을 저장하는 것은 베른협약 제9조의 의미상 복제이다."[11] 이것은 복제 개념이 디지

---

7) 사전에서 '다시'란 "하던 것을 되풀이해서", "방법이나 방향을 고쳐서 새로이", "다음에 또"라는 뜻을 가지고 있으나(표준국어대사전), 법에서 말하고자 하는 것은 고정물을 유형의 매체(종이, 비닐테이프, CD 등)에 담는 것이다.

8) 이러한 입법례로 미국이나 프랑스의 예를 들 수 있다. 미국 저작권법 제101조(정의): "'복제물'(copies)이란 현재 알려졌거나 또는 장래에 개발될 방법으로 저작물이 고정되어진, 음반(phonorecords) 이외의 유체물(material objects)로서, 그로부터 저작물이 직접 또는 기계나 장치를 통하여 지각, 복제, 또는 달리 전달될 수 있도록 하는 것을 말한다." 프랑스 저작권법 제122-3조: "복제(reproduction)는 간접적으로 공중에게 전달할 수 있는 모든 방법으로 저작물을 유형적으로 고정하는 것(fixation matérielle)이다."

9) 더욱 분명히 하려면 "유형물로 제작하는 것(디지털화하는 것을 포함한다)"이라고 할 수 있다. 제2조 제5호 음반 정의 규정 참조.

10) 복사기기에 의한 복제를 문헌 복제(reprographic reproduction)라고도 한다.

11) 같은 내용은 WPPT 합의록에도 있다.

털 환경에서도 존재한다는 것을 밝히고 있는 것이다. 우리 법에서도 복제 개념에 디지털 복제가 포함되는 마당에 위와 같은 예시는 그다지 의미가 없다고 본다.

한편, 복제 매체는 종이책이나 인화지, 필름, 복사지, 녹음·녹화 테이프 등도 있고, 디지털 파일을 담은 CD, DVD 등 디스크, 하드드라이브도 있고, 뒤에서 보는 램도 있다. 그 종류는 헤아릴 수 없이 많다.

복제는 "건축을 위한 모형 또는 설계도서에 따라 이를 시공하는 것을 포함한다." 우리 저작권법은 건축물에 한정해서 추가적인 개념 정의를 하고 있는 셈인데 이것은 건축저작물 관련해서 검토한 바와 같이 확인 규정에 지나지 않는다.12)

나. 일시적 복제

(1) 의의

일시적 복제는 2011년 12월 개정으로 복제권의 내용으로 편입되었다. 일시적 저장은 디지털 기술의 산물이다. 일시적 저장은 컴퓨터 램(random access memory: RAM)에 담기는 것이다. 램은 휘발성으로 컴퓨터 전원을 끄면 사라지는 것으로, 컴퓨터 주기억장치(main memory)와 CPU 캐시메모리를 일컫는 것이다. 램은 컴퓨터뿐만 아니라 모니터, 라우터, 프린터에도 있는 것이고, 네트워크 시스템에도 있는 것이다. 일시적 저장은 기술적으로는 컴퓨터나 시스템에서 데이터를 빠르게 처리하기 위해, 스트리밍을 가능하게 하기 위해, 또는 웹사이트 접근을 신속하게 하기 위한 목적으로, 디지털 환경하에서는 빼놓을 수 없는 기술 산물이다.

저작권 측면에서 보면, 일시적 저장은 컴퓨터프로그램의 설치와 사용 과정에서 생기기도 하고, 인터넷 검색이나 브라우징, 인터넷 스트리밍 수신 과정에서도 일어난다. 인터넷에서 검색 등의 방법으로 정보에 접근할 경우에는 클라이언트 컴퓨터에서뿐만 아니라 서버 컴퓨터에서도 일시적 저장이 생긴다.13) 서버 컴퓨터는 그 목적에 따라 캐시 서버로서, 호스트

---

12) 이에 관해서는, 제2장 제1절 2. 바. '(3) 건축저작물에 관한 특별 규정' 참조.

13) 인터넷에서 클라이언트의 요구에 응하는 컴퓨터나 프로그램을 서버라고 한다. 예를 들어, 파일 서버는 데이터나 프로그램 파일을 가지고 있고, 클라이언트의 요구가 있으면 데이터나 파일 복제물을 제공하는 것이다. Microsoft Computer Dictionary, 5th ed., 2002.

컴퓨터로서, 또는 정보검색도구로서 역할을 한다.[14]

이러한 일시적 저장은 기존 복제 개념 안에 포섭하더라도 무리가 없다. 기술적으로 유형의 매체에 고정하거나 수록한다는 점에서 영속적 복제와 아무런 차이가 없기 때문이다. 일시적 저장을 복제 개념 안에 넣고, 그에 대해 배타적인 권리를 부여해야 한다는 주장은 2000년대 초반 한미 통상 협상 과정에서 미국에서 나왔다.[15] 이런 주장은 한·미 FTA 협상에서 이어졌고, 최종 타결된 FTA에서 일시적 복제를 포함한 복제권 규정이 마련되었다. 그 결과를 담아 2011년 12월 우리 개정 저작권법에서 복제 개념을 확대한 것이다. 입법자의 관점에서는, 비록 한·미 FTA 결과라고는 하지만, 일시적 저장이 권리자의 이익에 적지 않은 부정적인 영향을 준다고 판단한 것이다. 정부 자료는 이 점을 간접적으로 확인해주고 있다.[16]

(2) 외국의 입법례 및 국제 규범

유럽연합은 일찍이 1991년 EU 프로그램 지침에서 일시적 저장을 복제 개념 내에 수용한

---

14) 이에 관해서는 제7장 제4절 '2. 온라인서비스제공자의 종류 및 개념' 참조.

15) 미국 정부는 한국 정부와 통상 협상에서, 다음과 같은 영업 모델을 제시한 바 있다. ① ASP 모델: ASP(Application Service Provider)가 제공하는 소프트웨어를 인터넷 등으로 접근, 소프트웨어 작동에 필요한 최소한의 모듈만을 제공받아 이용하는 것이다. ② 원격 비디오게임: 이용자가 게임을 서버로부터 다운로드하고 이를 컴퓨터에 일시적으로 저장하여 혼자 또는 다른 사람들과 게임하는 방식이다. ③ 음악 등 콘텐츠 서비스: 이동전화나 휴대용 단말기로 스트리밍되는 파일을 통해 음악을 듣거나 콘텐츠를 이용하는 것이다. ④ 터미널 서비스: 동일 사업장에 있는 단말기들이 인트라넷을 통하여 서버에 저장되어 있는 소프트웨어를 이용하는 것이다. 그 어떤 경우이든 이용자가 해당 서비스를 이용할 때 컴퓨터나 단말기에는 해당 파일이 일시적으로 저장된다. 이용자가 컴퓨터나 단말기를 끄면 해당 파일이 사라진다. 이 주장은 미국 IIPA(International Intellectual Property Alliance)가 작성하여 한국 정부에 전달한 서신에 있는 것이다. 각기 2001년 11월과 2002년 2월에 각기 작성한 것으로 다음과 같은 제목을 달고 있으나 내용은 대동소이하다: "The Need for Unambiguous Temporary Copy Protection under the Korean Copyright laws", "Temporary Storage under Korean Law".

16) 정부 자료에 의하면, "저작물 이용 및 유통 환경이 복제물의 '소유를 통한 사용'에서 '접속을 통한 사용'으로 변화"하고 있다면서, 이러한 환경 변화에 따라 인터넷을 통한 또는 컴퓨터를 활용한 저작물 이용 시 발생하는 일시적 저장을 복제로 인정하여 보호할 필요성이 있"다는 것이다. 2004년 기준 86개국 이상이 일시적 복제를 인정하고 있다고 밝혔다. 문화체육관광부(2012), 28.

바 있고, 2001년 EU 정보사회 지침도 이를 그대로 받아들이고 있다. 상당수의 국가들도 유럽연합의 입법례에 따라 일시적 저장을 복제의 개념 내에 포섭하고 이에 대해 저작자 등에게 배타적인 권리를 부여하고 있다. 미국에서는 1993년 MAI 사건[17] 이후 판례로 일시적 저장을 복제 개념 내에서 파악해왔다.[18]

1996년 WCT와 WPPT 체결 당시에도 일시적 저장의 법적 지위에 대해 심각하게 논의한 바 있으나 이에 대해 분명한 결론을 내리지는 못했다. 앞에서 언급한 WCT 합의록에서 '합의'한 것은 디지털 환경하에서도 복제 개념이 존재한다는 것, 그러한 복제에는 '디지털 형태의 보호 저작물의 저장(storage of a protected work in digital form)'도 포함된다는 것 그 이상의 의미는 아니다.

당시 외교회의에서 일부 국가들은 일시적 저장을 복제 개념에 넣고 그에 대해 배타적인 권리를 부여할 것을 주장했으나 상당수의 국가들은 이에 동의하지 않았다. 일시적 저장이 기술적인 과정의 일환으로 순간적이거나 부수적인 성격(transient or incidental nature)을 띠는 경우에는 그것이 복제의 개념 내에 포섭될 수 없거나 설령 복제의 개념 내에 포섭되더라도 복제권이 미치지 않아야 한다는 의견을 강력히 피력했다.[19] 그 결과 위와 같은 합의록이 나왔던 것이다. 결국 일시적 저장에 관해서는 컨센서스가 없었던 것이다.[20]

(3) 저작권법상의 의미

일시적 저장이 이제 일시적 복제로서 물리적으로나 규범적으로 복제의 개념에 포섭된 이상, 저작자는 그에 대해 배타적인 권리를 가진다. 일시적 저장은 디지털 환경 속에 살고

---

17) MAI Systems Corp. v. Peak Computer, Inc., 991 F.2d 511 (9th Cir. 1993).

18) 미국에서는 판례(cases)가 헌법, 법령(statutes and regulations)과 더불어 법의 연원으로 자리 잡고 있다. 판례법도 성문법 못지않게 중요한 의미를 가지는 것이다.

19) WIPO Docs. CRNR/DC/12(proposal by Singapore); CRNR/DC/20 and 68(proposal by Israel); CRNR/ DC/22(proposal by Norway); CRNR/DC/53(proposal by Australia); CRNR/DC/56(proposal by African countries); CRNR/DC/73(proposal by Latin American countries) 참조.

20) 당시 WIPO 사무총장보(assistant director general)로서 외교회의 실무를 맡았던 저자는 합의록에 있는 '디지털 형태의 저장'에는 일시적 저장도 포함되는 것으로 보는 듯한 해설을 하고 있다. Mihály Ficsor, Guide to the Copyright and Related Rights Treaties Administered by WIPO and Glossary of Copyright and Related Rights Terms, WIPO, 2003, p. 195. 독자에게 오해를 불러일으킬 수 있다.

있는 우리에게 생활에서, 기업 활동에서 늘 일어나는 기술적 현상이다.[21] 저작권법은 원칙적으로 배타적인 권리를 주되, 그에 대해 여러 가지 예외 규정을 둬 부작용을 최소화하고 있다. 하나는 일시적 저장을 염두에 둔 복제권 제한 규정을 마련하는 것이고, 다른 하나는 온라인서비스제공자를 위한 책임 제한 규정을 두는 것이다.[22]

다. 권리의 내용

저작자는 그의 저작물을 복제할 권리를 가진다(제16조). 우리 법에서는 "복제할 권리"라고 간명하게 규정하고 있지만 그것은 허락하거나 금지할 배타적인 권리이다. 자신이 복제할 수 있을 뿐만 아니라 다른 사람에게 복제를 허락할 수도 있고, 다른 사람의 복제를 금지할 수도 있다.

복제권 침해 여부는 실질적 유사성(substantial similarity)에 대한 판단에 집중된다.[23] 누군가 다른 사람의 저작물을 단순히 또는 통째로 베끼는(outright copying or slavish copying) 경우뿐만 아니라 다른 사람의 저작물(원저작물)에 각색 등의 방법으로 표현에 변경을 주어 2차적저작물을 창작했다고 하더라도 그 2차적저작물이 원저작물과 실질적 유사성이 있다면 복제권을 침해하는 것이다.

---

21) 일시적 저장이 얼마나 빈번하게 우리 주위에서 일어나고 있는지 강조하기 위하여 다음과 같은 사례가 가끔 인용된다. ① 특정 웹사이트의 이미지를 화면상 브라우징할 경우 양쪽 컴퓨터의 모뎀, 라우터, 수신용 컴퓨터, 웹브라우저, 비디오 압축해제 칩, 비디오 디스플레이 보드 등 7곳에 복제가 이루어진다. R. Anthony Reese, "The Public Display Right: The Copyright Act's Neglected Solution to the Controversy over RAM 'Copies'," U. Ill. L. Rev. 83 (2001), pp. 140~141. ② 독일에 있는 데이터베이스를 포르투갈 가정에서 비디오 영상으로 보려면 적어도 100여 곳에서 일시적 저장이 발생한다고 한다. Proposal for a European Parliament Directive on the harmonisation of certain aspects of copyright and related rights in the Information Society, COM (97) 628 final, p. 29. 이러한 사례는 기술적으로는 맞을는지 몰라도 법적으로는 무의미하다는 지적도 있다. 목적지 노드에서 디지털 패킷을 수신한 것이 확인될 때까지 잠시 저장하는 기능을 하는 송신 캐싱(transmission caching or store-and-forward caching)은 저작권법상 복제의 개념이 작용할 여지가 거의 없다는 것이다. P. Bernt Hugenholtz, "Caching and Copyright: The Right of Temporary Copying," EIPR, Vol. 22 (2000), p. 483.

22) 이와 관련하여, 제5장 제2절 '16. 저작물 이용과정에서의 일시적 복제' 및 제7장 제4절 '온라인서비스제공자의 책임 제한' 참조.

23) 이에 관해서는, 제10장 제3절 2. '나. 무단 이용' 참조.

3. 배포권

가. 배포의 개념

배포란 "저작물 등의 원본 또는 그 복제물을 공중에게 대가를 받거나 받지 아니하고 양도 또는 대여하는 것을 말한다"(제2조 제23호). 이 정의를 보면 배포는 크게 세 가지 요소로 되어 있음을 알 수 있다. 첫째, 유형물의 이전을 의미한다. 둘째, 그 이전은 소유나 점유의 이전을 말한다. 셋째, 배포는 공중에게 하는 것이다. 각각의 경우를 살펴보기로 한다.

첫째, 배포는 원본이나 복제물과 같은 유형물(tangible objects)의 이전을 의미한다. '원본 또는 그 복제물'이라는 표현을 쓴 것도 이 때문이다. 이런 표현은 국제조약에서 나온 것으로,[24] 국제조약에서도 배포는 유형물의 배포에 한정하는 개념이다.[25]

원본은 미술저작물을 생각하면 이해하기 쉽다. 미술저작물은 원본에 창작적 표현이 담기는 것이다. 한편 어문저작물은 출판물과 같은 복제물에 창작적 표현이 실린다. 이들 원본이나 복제물은 모두 유형물이다. 여기서 복제물은 유형물로서 복제물에 한정한다. 복제는 아날로그 복제와 디지털 복제가 있고, 영속적 복제와 일시적 복제가 있지만 그 어느 것이든 유형의 매체에 수록되지 않으면 제2조 제23호 정의상 배포 개념 내에 들어오지 않는다. 이렇게 본다면 저작권법상 배포는 일반적 의미의 배포와는 다르다는 것을 알 수 있다. 일반적인 의미로 배포란 말은 디지털 파일의 온라인 배포(online distribution)를 포함하기도 한다. 이런 온라인 배포는 우리 저작권법상 전송 내지 공중송신의 개념에 해당한다.[26]

둘째, 배포는 유형물의 소유나 점유가 이전되는 것이다. 점유가 이전되면 최초 소유자나

---

24) TRIPS협정 제11조: "회원국은, 적어도 컴퓨터프로그램과 영상저작물에 관하여, 저작자나 권리승계인에게 그 저작권 보호 저작물의 원본이나 복제물의 공중에 대한 상업적 대여를 허락하거나 금지할 권리를 부여하여야 한다." WCT 제6조 제1항: "문학 및 예술 저작물의 저작자는 판매 또는 기타 소유권 이전을 통하여 저작물의 원본이나 복제물을 공중이 이용할 수 있도록 허가할 배타적 권리를 향유한다."

25) WCT 제6조 및 제7조에 관한 합의록: "이들 조에서 사용되는, 이들 조에 따른 배포권과 대여권의 대상인 "복제물"과 "원본 및 복제물"이라는 표현은 오로지 유형물로 유통될 수 있는 고정된 복제물을 말한다."

26) 미국 저작권법은 우리 법상 전송이나 공중송신에 해당하는 별도의 개념이 존재하지 않는다. 배포 개념을 가지고 권리관계를 설정하기도 한다. 이러한 입법례는 찾아보기 힘들다. 미국의 제도를 가지고 우리 배포 개념을 설명해서는 안 된다.

점유자는 기존 유형물을 가지지 않는다. 유형물 자체가 이전되었기 때문이다. 소유권은 판매의 방법으로 이전될 수도 있고 증여나 교환의 방법으로 이전될 수도 있다. 대가 수반 여부는 배포의 요건이 되지 않는다. 소유권 이전이 아닌, 점유의 이전(대여)도 배포의 하나이다. 대여는 임대차나 사용대차의 방법으로 이전될 것이고, 대여 대상은 주로 어문저작물이나 영상저작물, 음반 등이 될 것이다.

셋째, 배포는 유형물을 공중에게 이전하는 것이다. 공중을 염두에 두지 않은 배포는 저작권법상 배포가 아니다. 대개 저작물은 일련의 유통 단계를 거쳐 최종 소비자에게 전달되는데 그 각각의 유통 채널은 모두 배포에 참여한다. 그러나 원본이나 복제물이 사적인 관계에 있는 가족이나 친지에게 전달된다면 그것은 배포가 아니다.

저작권법상 공중이란 앞에서 살펴본 바와 같이, 불특정 다수인을 말하며, 특정 다수인도 포함한다(제2조 제32호). 출판물을 발행하는 전형적인 예로부터, 한정판으로 음반을 내는 경우까지 다양한 모습으로 배포가 이뤄질 수 있다. 미술저작물도 그 원본이나 복제물로 배포가 가능하다. 미술저작물 원본의 경우, 하나의 원본이 사적인 관계로 전달될 수도 있기 때문에 그러한 전달행위가 배포의 개념에서 벗어난 것으로 오해할 수도 있으나 그것이 전매가 가능하다거나 계속적으로 이전될 수 있다면 그것이 곧 공중에 대한 배포인 것이다.

배포와 유사한 개념으로 발행(publication)이 있다. 발행이라는 용어가 저작권법 곳곳에 사용되고 있고, 그 개념은 베른협약 등 국제조약에 근거를 두고 있다.[27] 발행이란 "저작물 또는 음반을 공중의 수요를 충족시키기 위하여 복제·배포하는 것"(제2조 제24호)으로, 일부 배포의 개념을 포함하고 있다는 점에서 배포와 일정한 연관성을 가진다. 그러나 발행은, 첫째, 복제를 포함하고, 둘째, 공중의 수요를 충족할 정도의 수량으로 제작되어야 한다는 점에서 배포와는 구별된다.

---

27) 국제조약상 발행은 외국인의 저작물이나 저작인접물을 보호하기 위한 연결점(point of attachment)으로 작용하기도 하고, 보호기간의 기준이 되기도 하고, 권리 제한의 요건이 되기도 한다. 발행이란 복제물의 존재와 복제물의 배포를 염두에 두고 있는 개념이므로, 예를 들어 저작물의 공연이나 방송, 미술저작물의 전시 등은 발행이 아니다. 베른협약 제3조 제3항 참조.

나. 권리의 내용

(1) 원칙

저작자는 저작물의 원본이나 그 복제물을 배포할 권리를 가진다(제20조). 연혁적으로 배포권은 나중에 생겼다.[28] 배포권은 저작자가 복제에 관한 계약을 체결하면서 배포에 관한 조건을 정할 수 있다는 이유로 필요성이 떨어진다고 볼 수도 있지만, 복제와 배포를 각기 다른 사람이 하는 예가 오히려 많고(출판사와 서점, 음반제작자와 유통업자 등), 계약 당시 예정하지 못한 배포 방법이 생긴다면 이에 대해 당사자들 간에 분쟁이 생길 수도 있기 때문에 배포권을 독자적인 권리로 두는 것이 옳다.

(2) 예외: 권리소진 이론

배포권은 배포 그 자체에 대해 인정되는 배타적인 권리이기 때문에 저작자가 유형물의 유통(배포) 사슬에 간섭하게 되면 저작물이 담긴 유형물의 유통 자체가 타격을 받을 수 있다. 이것은 영업의 자유(국제적으로는 자유무역)와 충돌할 우려가 있다. 유형물의 소유자가 소유물을 이전(배포)하고자 하더라도 저작자가 그러한 이전에 반대할 경우 자칫 소유권의 자유로운 이전이 곤란해질 수 있는 것이다. 이런 이해관계의 충돌은 유형물은 소유권의 대상으로서 그 자체가 법적 보호를 받는가 하면, 그 유형물에 담긴 무형의 표현은 저작물로서 저작권 보호를 받기 때문에 생기는 문제이다.

소유권과 저작권 간의 충돌 내지 경합의 문제를 해결하기 위해 저작권법은 "저작물의 원본이나 그 복제물이 해당 저작재산권자의 허락을 받아 판매 등의 방법으로 거래에 제공된 경우에는" 배포권이 미치지 않는다고 하고 있다(제20조 단서). 이를 일컬어 권리소진 (exhaustion of rights) 이론이라 한다.[29]

저작자는 최초 배포를 허락하면 각 유통 과정에 일일이 개입해서는 안 된다는 것이 권리

---

28) 베른협약은 영상저작물에 대한 배포권(제14조 제1항)만을 명시하고 있을 뿐이다. 저작물 전반에 대한 배포권을 조약상 처음 명시한 것은 1996년 WCT(제6조)이다.

29) 미국에서는 최초 판매의 원칙(first sale doctrine)이라 한다.

소진 이론이므로 배포권은 결국 저작자가 최초 배포자에게 허락해주는 권리로 축소된다 할 수 있다. 물론 저작자가 최초 배포를 허락하지 않았다면 배포권은 '소진'되지 않은 것이고 따라서 추후 배포도 허락 없는 배포이므로 배포자는 침해의 책임에서 자유로울 수는 없다.

권리소진 이론은 국제적인 상황을 대입하면 다소 복잡해진다. 소진 이론은 크게 두 가지가 있다. 하나는 국내 소진 이론이고, 다른 하나는 국제 소진 이론이다. 국내 소진(national exhaustion) 이론에 의하면, 저작자가 자신의 저작물의 배포를 허락한 국가 내에서만 배포권이 소진한다. 반면, 국제 소진(international exhaustion) 이론에 따르면, 저작자가 한 번 배포를 허락하기만 하면 배포권은 전 세계적으로 소진한다. 국내 소진 이론은 저작자에게 여러 차례 배포권을 행사할 수 있도록 하고 있기 때문에 권리자 보호에 충실한 반면, 국제 소진 이론은 저작자가 배포권을 1회만 행사할 수 있으므로 권리자 보호에 미흡하다.

우리 법은 국제 소진 이론을 받아들이고 있다. 이는 다음과 같이 설명할 수 있다. 우리 저작권법 제124조 제1항 제1호에 의하면, "수입 시에 대한민국 내에서 만들어졌더라면 저작권 그 밖에 이 법에 따라 보호되는 권리의 침해로 될 물건을 대한민국 내에서 배포할 목적으로 수입하는 행위"를 침해로 보고 있다. 국내 소진 이론에 의하면, 한 국가 내에서의 배포에 관해서만 배포권이 소진되므로 저작자는 다른 국가에서 여전히 배포권을 주장할 수 있다. 예를 들어 일본에서 배포권을 행사하더라도 한국에서는 배포권을 주장할 수 있는 것이다(반대의 경우에는 일본 저작권법이 적용되므로 논외로 한다). 이것은 병행수입(parallel importation)을 금지하는 것이다. 그런데 위 규정은 침해 물품의 수입을 금지하는 것이지 다른 국가에서 적법하게 제작된 물품의 수입(병행수입)을 금지하는 것은 아니다.[30] 위 규정은 우리 법이 국제소진 이론을 채택하고 있다는 점을 간접적으로 확인해주고 있다.

---

30) 병행수입을 금지하기 위해서는 대체로 배포권과는 별도로 수입권을 규정한다. 미국 저작권법 제602조 (a) 참조.

4. 대여권

가. 대여의 개념

대여는 배포의 일종이다. 배포는 "저작물 등의 원본 또는 그 복제물을 공중에게 대가를 받거나 받지 아니하고 양도 또는 대여하는 것"(제2조 제23호)이라고 하여 대여를 포함하고 있다. 대여는 "저작물의 원본 또는 그 복제물을 대여하는 것"이므로, 배포와 마찬가지로, 유형물의 이전을 의미한다. 유형물의 이전이 생기지 않으면 저작권법상 대여권이 작용하지 않는다.

대여가 법률상의 개념이긴 하지만 이에 대한 정의는 별도로 존재하지 않는다. 양도가 원본이나 복제물의 소유권 이전을 뜻한다면, 대여는 소유권 이전을 수반하지 않는 점유 이전으로 보는 것이 옳다. 대부분 민법상 임대차일 것이고, 때로는 사용대차도 가능하다고 본다. 민법에서 임대차란 당사자 일방(임대인)이 상대방(임차인)에게 목적물을 사용·수익하게 할 것을 약정하고 상대방이 이에 대하여 차임(대가)을 지급할 것을 약정함으로써 성립하는 계약을 말한다(제618조). 사용대차는 당사자 일방이 상대방에게 무상으로 사용·수익하게 하기 위하여 목적물을 인도할 것을 약정하고 상대방은 이를 사용, 수익한 후 그 물건을 반환할 것을 약정함으로써 성립하는 계약을 말한다(제609조).

나. 권리의 내용

배포에는 대여도 있으므로, 원칙적으로는 그 대여에 대한 권리도 권리소진 이론에 따라 1회의 권리 행사로 소진되어야 한다. 그러나 대여에 의한 계속적인 이용행위는 저작물의 판매를 위축시키고 그로 인해 저작자의 이익을 훼손할 수 있다.

대여권은 1994년 TRIPS협정 체결에 따라, 1995년 개정 저작권법에 처음 도입되었다. 대여권은 음반과 컴퓨터프로그램에 한정적으로 인정되고 있는바, 우리나라에서 해당 저작물의 이용형태를 볼 때 저작자에게 실익이 있는 권리로 보기 어렵다. 현재 우리나라 소비자들은 음반을 대여하여 음악을 감상하지 않는다. 컴퓨터프로그램도 그다지 다르지 않다. 이들 시장 자체가 존재하지 않거나 미미하기 때문에 대여권 또한 장식화되고 있다고 할 수 있다.

(1) 음반 및 프로그램 대여권

저작자는 상업적 목적으로 공표된 음반이나 상업적 목적으로 공표된 프로그램을 영리를 목적으로 대여할 권리를 가진다(제21조).[31] 저작권법은 권리소진 이론의 예외로 상업용 음반이나 상업용 프로그램을 영리 목적으로 대여하는 행위에 대해서 배타적인 권리가 작용하도록 한 것이다.[32] 상업용 음반 또는 상업용 프로그램이란 일반 공중의 수요를 충족시킬 수 있도록 상업적으로 발행되거나 그 밖의 방법으로 공표된 것이다.[33]

대여권은 영리 목적의 대여에 대해서만 주장할 수 있다. 영리 목적이란 경제적 이익을 취득할 목적이라 할 수 있겠는데, 해당 대여 행위가 직접적인 이익 취득 목적이든 아니면 다른 영업 목적에 부수적이든 묻지 않는다고 할 수 있다.[34]

우리 법상 저작자에게 부여되는 대여권은 TRIPS협정에서 인정하고 있는 것과는 내용상 다소 다르다. 첫째, TRIPS협정에 없는 의무를 이행하고 있다. 협정은 저작자에게도 대여권을 부여하고 있으나, 그 보호대상은 "적어도 컴퓨터프로그램과 영상저작물"이라고 하고 있을 뿐이다. 회원국은 음반에 수록된 음악저작물에 대한 대여권을 부여해야 할 의무가 없는 것이다.[35]

둘째, 우리 법상 대여권은 '상업용 음반'의 대여에 대한 권리인 반면, TRIPS협정상 대여권은 '상업용 음반'이 아니라 '음반'의 대여에 대한 권리이다(제14조 제4항). 우리 법에서 '상업

---

31) 음반에 대한 권리자는 음반에 담긴 저작물에 대한 권리자(저작자), 실연에 대한 권리자(실연자) 및 음반제작자가 있다. 우리 법은 실연자와 음반제작자에게도 물론 대여권을 부여하고 있다(각 제71조와 제80조).

32) 2006년 개정 저작권법 제20조는 종전과는 달리 규정 형식이 바뀌었다. 종전에는 권리소진 이론을 먼저 밝히고(1994년 개정법 제43조 제1항) 그 제2항에서 제1항의 예외로 대여권을 인정했으나, 2006년 개정법에서는 대여권을 별도의 권리로 뽑고 이를 '저작재산권의 종류'의 하나로 예시했다.

33) 상업용 음반에 관해서는, 제3장 제3절 3. '가. 상업용 음반의 방송 사용 보상청구권' 및 제5장 제2절 8. '다. 상업용 음반 또는 영상저작물의 공연' 참조.

34) 영리 목적에 관해서는, 제5장 제2절 '8. 비영리 공연·방송' 참조.

35) 영상저작물의 경우 협정에서는 "회원국은 영상저작물에 관하여, 그러한 대여가 그 저작물의 광범위한 복제를 야기하여 그 회원국이 저작자나 권리승계인에게 부여한 배타적인 복제권을 실질적으로 침해하지 아니하는 경우에는 이러한 의무에서 면제된다"고 하고 있으므로(제11조 2문) 이를 근거로 하여, 우리 법에는 영상저작물에 대한 대여권이 존재하지 않는다.

용 음반'은 다른 규정들(제75조 등)에도 보이는데 그것은 나름대로 규범적 의미가 있는 것이다. 기왕에 저작자에게 대여권을 부여했다면 그 권리는 TRIPS협정에 어긋나지 않아야 한다. 물론 관행상 음반 대여를 찾아볼 수 없고, 대여용 음반이 별도로 존재하는 것도 아니므로 심각한 통상 문제로 비화할 것으로 보긴 어렵다.

셋째, 우리 법은 "영리를 목적으로 대여"하는 경우 대여권을 부여하고 있으나 TRIPS협정은 음반의 '상업적 대여(commercial rental)'에 대한 권리를 부여하고 있다. 영리 목적은 상업적 목적보다 넓은 개념이라 할 수 있기 때문에 우리 법은 TRIPS협정보다 넓은 범위의 대여권을 인정하고 있다고 본다.

넷째, TRIPS협정에서 프로그램에 대한 대여권은 "프로그램 그 자체가 대여의 본질적인 대상이 아닌 경우 그 대여에 대하여 적용하지 아니한다"고 하고 있다(제11조 3문). 우리 법은 이런 규정이 없으므로 TRIPS협정 해석론에 의존할 수밖에 없다. 협정에서 예정한 전형적인 사례는 디스크에 담긴 프로그램을 대여의 방법으로 유통하는 것이다. 이런 경우 프로그램 그 자체가 대여의 본질적인 대상(essential object of the rental)이고, 그러한 대여는 저작자의 복제권에 부정적인 영향을 줄 수 있을 것이다.[36] 그러나 다른 경우, 예를 들어 비디오게임의 경우 대여의 본질적 대상이 영상저작물인지 아니면 프로그램인지, 데이터베이스를 수록한 CD가 검색 프로그램으로 작동할 때 대여의 본질적 대상이 데이터베이스인지 아니면 프로그램인지 아직 분명한 답은 존재하지 않는다.[37]

(2) 다른 저작물에 대한 대여권

현행법상 대여권은 한정적인 대상 또는 보호대상을 염두에 두고 인정된다. 이 점에서 모든 저작물을 상정하고 부여된 다른 지분권과는 크게 구별된다.[38] 조약 규정을 충실히 따른

---

36) 최경수(2017), 443. 프로그램이 자동차 안에 탑재된 경우 자동차를 대여 받더라도 그 프로그램은 대여의 본질적 대상이 아니라고 설명하기도 한다. Ficsor, op. cit., p. 204. 이 저자는 그러면서도 컴퓨터 렌탈은 프로그램을 사용하기 위한 것이라면서 이 경우 프로그램은 대여의 본질적 대상이라고 주장한다. Ibid. 이 저자는 다소 과도한 해석을 하는 경향이 있다. 그렇다면, 컴퓨터 안에 있는 그 모든 무수한 프로그램 저작재산권자로부터 허락을 받아야 한다는 것인데, 그런 라이선스를 거쳐야 한다면 현실적으로 컴퓨터 렌탈은 불가능에 가깝다.

37) Ricketson and Ginsburg, p. 691.

입법이다 보니 그렇게 되었다고 할 수 있으나 우리 실정에 맞는 것이라고 단정하기는 어렵다.

입법 정책상 추가적인 대여권 부여는 얼마든지 가능하다. 사진, 만화, 영화 같은 저작물이나 비디오, 잡지 등과 같은 매체는 소비자가 1회 대여를 통해 열람하거나 시청하는 것으로 소비 욕구를 충족할 수도 있고 이때 대여에 의한 저작자의 손실은 소비에 비례하여 커질 수 있다. 그만큼 입법적인 해결 요구도 생길 수 있다. 실제로 국내에서 이들 저작물이나 매체에 대한 대여권 도입 논의는 여러 차례 진행된 바 있으나[39] 성문화에 이르지는 못했다. 이제는 저작물 이용 환경이 급격히 변하면서 대여권 자체가 사장되고 있는 터라 그런 요구가 분출될 여지는 낮아 보인다.

5. 공연권

가. 공연의 개념

공연은 저작물의 무형적 이용형태이다. 공연은 "저작물 또는 실연·음반·방송을 상연·연주·가창·구연·낭독·상영·재생 그 밖의 방법으로 공중에게 공개하는 것을 말하며, 동일인의 점유에 속하는 연결된 장소 안에서 이루어지는 송신(전송은 제외한다)을 포함한다"(제2조 제3호). 공연은 복제와 더불어 전통적인 저작물 이용형태이다. 이 개념에는 실황(라이브) 공연, 재생 공연, 매체 사용 공연 및 동일인 점유 송신 등 네 가지 형태가 있다.

① 실황 공연은 청중이나 관중 앞에서 하는 것으로, 이러한 예로는 상연, 연주, 가창, 구연, 낭독 등이 있다.

② 재생 공연은 상연, 연주 등을 특정 장치나 매체를 통해 재생하는 것이다. 장치 자체(라

---

38) TRIPS협정은 영상저작물에 대해서도 대여권을 인정하고 있으나(제11조 1문), 회원국은 "그러한 대여가 그 저작물의 광범위한 복제를 야기하여 그 회원국이 저작자나 권리승계인에게 부여한 배타적인 복제권을 실질적으로 침해하지 아니하는 경우에는"(제11조 2문) 대여권을 부정할 수 있다.

39) 저작권위원회의 두 차례 연구에서도 '도서대여점'으로 인한 피해가 상당하고, 권리자들 간에 부당한 차별이 존재한다는 주장들이 나왔으나, "경제적 손실이 상당하다는 사실"이 입증 등이 전제되어야 한다고 보았다. 저작권위원회(1997), 203; 저작권위원회(2002)(1), 148~149. 2006년 저작권법 전부개정 공청회에서 발표된 개정안에도 등장한 바 있다. 최경수(2005), 5~6.

디오나 텔레비전 기기, 단말기 또는 이들 기기와 연결된 스피커)로 재생할 수도 있고, 장치에 매체(CD, 테이프)를 넣어 재생할 수도 있다. 공연의 특수한 형태라고 할 수 있는 노래연습장에서도 공연은 이뤄진다. 대법원은 "공개된 장소인 위 노래방에서 고객들로 하여금 노래방 기기에 녹음 또는 녹화된 이 사건 음악저작물을 재생하는 방식으로 저작물을 이용하게 한" 것을 공연으로 보았다.[40]

③ 매체 사용 공연이란 음반이나 영상 매체를 "사용하여 공연"하는 것을 말한다. 우리 법은 특히 '음반 사용 공연'에 관해, 실연자와 음반제작자 보호와 관련하여, 특별 규정을 두고 있다(제76조의2 및 제83조의2). 음반이나 영상 매체를 직접 사용하여 공연하는 것(재생 공연)과는 구별된다. 음반의 간접 사용이라고 할 수 있다. 우리 관행은 음반 재생 공연도 음반 사용 공연과 같은 것으로 보고 있다.[41]

④ 동일인 점유 송신이란 전송을 제외한 송신으로, 실황 공연이나 재생 공연을 송신의 방법으로 전달하는 것이다. 실황 공연이나 재생 공연의 연장이라 할 수 있다. 동일인 점유 송신은 "동일인의 점유에 속하는 연결된 장소 안에서 이루어지는 송신"을 말한다. 일반 공중이 동일한 장소에 모여 있지 않더라도 증폭기와 스피커를 이용해 저작물을 송신한다면 공연인 것이다. 예들 들어, 백화점에서 저작물을 확성기로 전달하거나 증폭기와 스피커를 이용해 고객에게 송신한다면 이는 공연에 해당한다. 기업에서 사원을 위해 방송설비를 이용해 음악을 들려주거나 외국어 강의를 한다거나 등도 공연의 범주에 속한다. 호텔 객실에 텔레비전을 설치하여 고객(불특정 다수)이 방송 프로그램 시청하도록 하는 예도 있을 것이다.[42]

---

40) 대법원 1996. 3. 22. 95도1288 판결(노래연습장 사건): "이 사건 노래방의 구분된 각 방실이 4~5인 가량의 고객을 수용할 수 있는 소규모에 불과하다고 하더라도, 피고인이 일반 고객 누구나 요금만 내면 제한 없이 이를 이용할 수 있는 공개된 장소인 위 노래방에서 고객들로 하여금 노래방 기기에 녹음 또는 녹화된 이 사건 음악저작물을 재생하는 방식으로 저작물을 이용하게 한 이상, 피고인의 위와 같은 소위는 일반 공중에게 저작물을 공개하여 공연한 행위에 해당된다." 같은 취지: 대법원 2001. 9. 28. 2001도4100 판결.

41) 재생 공연과 음반 사용 공연에 관해서는 제5장 제2절 '8. 비영리 공연·방송' 참조.

42) 저작권법 시행령 제11조에서는 공연이 이뤄지는 무수한 장소를 열거하고 있다. 일부만 보면, 커피 전문점, 생맥주 전문점, 유흥주점, 경륜장 또는 경정장, 골프장, 무도학원, 무도장, 스키장, 에어로빅장, 체력단련장, 여객용 항공기, 여객용 열차, 호텔·휴양콘도미니엄·카지노 또는 유원시설, 대규모점포, 목욕장, 박물관·미술관, 도서관, 지방문화원, 사회복지관, 여성인력개발센터 및 여성사박물관, 청소년

필자는 이런 인위적인 기준('동일인의 점유')을 가지고 공연을 획정하는 것이 적절한 것인지, 이론적으로나 현실적으로 볼 때 의문이 가시지 않는다. 첫째, '연결된 장소'란 무엇을 뜻하는가. 하나의 건물만을 통상 상정하고 있다고 말할 수 있는가? 쌍둥이 빌딩이라든가 여러 건물이 서로 장소적으로 밀접한 연관성이 있다면 그것이 연결된 장소라고 할 수 있지 않은가? 물리적 연결성이 존재하지는 않지만 여러 건물이 통신으로 '연결된' 경우(하나의 캠퍼스) 이를 연결된 장소라고 할 수도 있지 않은가?

둘째, 동일인 점유 장소에 속하지 않는다면, 즉 점유자가 다르다면 하나의 건물이라 하더라도 그 안에서 이뤄지는 송신은 공연이 아니라고 한다. 그렇다면 이것은 공중송신 중 어느 하나로 이해되는데(방송으로 추정된다) 이 또한 분명한 것은 아니다.[43]

셋째, 동일인의 점유에 속하는 장소라 하더라도 저작물을 전송의 방법으로 전달한다면 그것은 공연이 아닌 전송이다(제2조 제3호 괄호). 전송은 독자적인, 특수한 상황을 상정한 것이므로 공연이나 방송에서 제외하는 것은 당연한 것으로 이런 확인 규정이 필요할 정도

수련관, 시·군·구민회관 등이 있다.

43) 점유 기준으로 바꾼 것은 2000년 공연 정의 규정 개정이다. 종전 법률(1986년 법률)은 '차단성'을 기준으로, 방송에서 "차단되지 아니한 동일구역 안에서 단순히 음을 증폭송신하는 것을 제외한다"(제2조 제8호 괄호)고 했다. 이러한 증폭송신을 공연으로 본 것인데, 위원회 연구에서는 이런 규정은 불필요하다고 보았다. "백화점, 호텔, 전시회장, 박람회장, 일반 기업 등에서 저작물을 전달하는 것을 차단성 여부에 따라서 방송인지 공연인지 판별하는 것은 [어렵기 때문]"이라고 본 듯하다. 위원회의 권고는 "전기통신설비가 존재하는 여부를 가지고 방송과 공연을 구별하는 것이 타당하다"는 것이다. 저작권위원회(1997), 34~35. 국회 검토보고서도 같은 취지로 지적한 바 있다: "제한된 구역(예: 백화점 등)에서의 저작물을 공개 또는 송신하는 경우에 물리적으로 차단(벽 등)된 구역에서의 송신은 방송으로, 차단되지 아니한 동일구역에서의 송신은 공연으로 보아 방송과 공연의 경계를 물리적 차단성에 두어 구분하는 것은 합리성이 결여된 구분이라는 문제 제기가 있어 왔음." 문화관광위원회 수석전문위원 천호선, 저작권법중개정법률안 검토보고서, 1999. 11. 이에 따라, 방송 정의 규정에서 괄호가 삭제되고, 점유 기준이 공연 정의 규정에 새롭게 등장한 것인데, 위 보고서가 공연 정의 규정 개정의 단초를 제공한 것으로 보인다. 한편, 일본은 1997년 저작권법 개정에서 '공중송신'을 정의하면서, 괄호로 "유선전기통신설비로서, 그 일부분의 설치장소가 다른 부분의 설치장소와 동일한 구내(그 구내가 둘 이상의 자의 점유에 속한 경우에는 동일한 자의 점유에 속하는 구역 내)에 있는 것에 의한 송신…을 제외한다"는 규정을 둔 바 있다(1997년 개정 전에서는 '유선송신'을 정의하면서 같은 내용이 있었다). 표현은 복잡한데, 이것은 사업 주체가 같은 경우 공연(일본 법상 연주) 개념에서 포섭하기 위한 것이다. 加戸, 33~34.

로 '동일인의 점유' 요건이 복잡한 상황을 자초하고 있는 것이다.

넷째, '동일인의 점유'를 기준으로 공연과 방송을 나누는 것은 실제로 의미도 없다. 신탁관리업자의 사용료규정을 보면, 방송 사용료 항목에는 지상파 방송, 종합유선방송, IPTV, 지상파 DMB, 중계유선방송 등이 있고, 공연 사용료 규정 중에는 "대규모점포 중에서 대형마트, 전문점, 백화점, 쇼핑센터, 복합쇼핑몰, 그 밖의 대규모점포(전통시장은 제외)에서의 공연사용료"라고 하여 법상 방송도 '공연 사용료'로 징수하고 있다.[44] 구분이 실제로는 의미가 없는 것이다.

저작권법이 자의적으로, 그렇지만 규범적으로 공연과 방송, 공연과 전송을 구별하고 있다. 하나의 행위에 대해 권리의 중첩을 방지하기 위한 것이다. 그렇지만 현재의 점유 기준은 곤란하다고 본다. 실질적으로 동일한 이용형태임에도 공연과 방송으로 나뉘는 어색한 상황을 연출하는 규정인 것이다.

방송과 공연 또는 전송과 공연이 외관상 동시에 행해지는 경우도 있다. 그러나 각각의 경우 행위자가 다르고 이용형태도 별개인 것이다. 고객이 호텔 객실에서 텔레비전을 시청하게 되면 방송사업자의 방송과 호텔 사업자의 공연이 각기 별개로, 그러나 동시에 발생한다. 고객이 매장에서 음악을 듣는 것은 매장 사업자가 직접 CD를 재생(공연)하는 경우뿐만 아니라 인터넷 사업자가 전송하는 음악을 매장 사업자가 재생하는 경우도 있는데 후자의 경우에도 행위자와 이용형태가 각기 다르다는 것을 알 수 있다.

공연 대상 저작물에는 제한이 없다. 연극저작물이나 악극저작물은 상연의 형태로 공연되고, 이런 상연은 다시 재생의 형태로 공연될 수도 있다. 어문저작물은 구연이나 낭독의 형태로 공연되고, 이런 구연이나 낭독은 다시 재생의 형태로도 공연될 수 있다. 영상저작물은 상영의 형태로 공연되기도 하고, 동일인 점유 송신의 형태로 공연되기도 한다. 법에서 예시하고 있는 사례는 모두 전통적인 것들이지만 그렇지 않은 사례도 있다. 예를 들어, 컴퓨터 프로그램이나 게임을 대형 스크린으로 시연할 수도 있다.

공연은 저작물 등을 상연, 재생 등의 방법으로 "공중에게 공개하는 것"이다. 공연의 주체는 배우나 가수와 같은 실연자일 수도 있고, 공연의 기획과 책임을 맡은 기획사나 제작자일 수도 있다. 각각의 행위의 성격, 참여의 정도에 따라 그 주체성이 가려질 것이고, 공연권 침해가 발생할 경우 법적 책임을 질 것이다. 저작권법의 문제라기보다는 민법이나 형법의

---

44) 한국음악저작권협회, 음악저작물 시용료 징수규정(2022년 8월 23일) 제2장 및 제3장.

문제라고 할 수 있다. 극단이나 아트센터와 같은 건물이나 공연장 소유자나 운영자도 때로는 공동행위자로서 불법행위 책임을 질 수도 있고, 교사나 방조에 의한 불법행위 책임을 질 수도 있을 것이다. 형법에 의한 처벌도 가능할 것이다.[45]

나. 권리의 내용

저작자는 그의 저작물을 공연할 권리를 가진다(제17조). 저작자의 공연권은 자신이 직접 행사하기보다는 다른 사람에게 허락하거나 금지하는 방법으로 행사하는 것이 보통이다. 성우가 시를 낭독하거나 배우가 각본에 따라 연기하거나 연주자가 음악저작물을 연주하는 것이 그러한 예이다.

저작자는 다른 권리자에 비해 폭넓은 공연권을 가진다. 실연자는 생실연, 즉 비고정 실연(unfixed performance)에 대해서만 배타적인 공연권을 가질 뿐, 고정 실연에 대해서는 제한적인 범주에서 배타적인 공연권을 가진다. 그런가 하면 방송사업자는 아예 공연권을 가지지 않는다. 저작자의 공연권은 그만큼 실익이 있는 것이다.

6. 방송권

가. 방송의 개념

(1) 저작권법상 방송 개념

방송이란 "공중송신 중 공중이 동시에 수신하게 할 목적으로 음·영상 또는 음과 영상 등을 송신하는 것을 말한다"(제2조 제8호). 방송은 다음과 같은 몇 가지 요건을 구비해야 한다. 첫째, 방송은 일반 공중이 수신하도록 의도된 송신이어야 한다. 이 요건은 1982년 나이로비에서 개정된 국제전기통신협약(International Telecommunication Convention) 제2부속서에서 내려진 정의와 맥을 같이한다. 제2부속서는 협약 규정에 나타난 여러 용어를 정의하고 있

---

45) 이에 관해서는, 제10장 제2절 1. '나. 공동불법행위' 및 2. '나. 교사범·종범' 참조.

는데, 그중 방송업무(broadcasting service)를 다음과 같이 정의하고 있다: "그 송신이 일반 공중에 의한 직접 수신을 목적으로 하는 무선통신 업무. 이 업무는 음향 송신, 텔레비전 송신 또는 여타 유형의 송신을 포함할 수 있다."⁴⁶⁾ 일반 공중이 동시에 수신하기 위한 것이므로, 전화라든가 아마추어 통신, 방송국 간의 신호 송출은 여기에 포함되지 않는다.

둘째, 일반 공중이 방송을 수신하기 위해서는 일정한 장치(라디오나 텔레비전 수신기)를 가지고 있어야 하고, 그 장치는 '주어진 것'만을 받을 수 있을 뿐이다. 즉, 수동적인 수신장치의 존재와 일방향성이 방송의 요건인 동시에 방송을 다른 송신과 구별하는 특징이기도 하다. 첫째와 둘째의 요건을 함께 고려하면 방송의 동시성이라는 특징을 끌어낼 수 있다. 우리 저작권법 2000년 개정에서는 방송의 정의에 동시성을 추가적인 요건으로 넣은 것도 방송의 특징을 보다 분명히 하기 위한 것이었다. 당시 처음 신설된 전송과 차별하기 위한 목적도 있었다.

셋째, 방송은 전자기파(electromagnetic wave), 즉 헤르츠파를 통한 신호의 전달을 의미한다.⁴⁷⁾⁴⁸⁾ 이 요건은 국제조약상의 정의 규정에서 도출된 것으로 우리 법에서 요구하는 것은 아니다. 베른협약 등 국제조약은 방송을 무선의 방법에 한정하고 있고 거의 대부분의 입법례도 이에 동조하고 있다. 그러나 우리 저작권법은 유선의 방법에 의한 송신도 방송의 범주에 속하도록 하고 있다. 유선 송신을 방송에 넣은 이유를 정확히 알 수는 없으나, 유선방송이란 말이 일상적으로 사용되다 보니 이를 법에서 그대로 수용하기 위한 것은 아니었을까 추측할 뿐이다.⁴⁹⁾ 유선과 무선을 포괄하는 넓은 의미의 방송 개념을 인정하게 되면 저작자에게 인정되는 권리도 그에 상응하여 넓어진다.⁵⁰⁾ 이렇게 볼 때 지상파 방송과 유선 '방송'

46) 국제전기통신협약은 1992년 제네바에서 개최된 외교회의에서 국제전기통신연맹헌장(Constitution of the International Telecommunication Union)과 국제전기통신연맹협정에 의하여 대체되었다. 이 헌장 부속서에서도 방송업무를 종전과 같이 정의하고 있다.
47) 이러한 세 가지 특징은 베른협약의 일반 해석론에 입각해 국제 표준이 된 것이다. 이상의 특징은 WIPO(Berne), p. 67에서 설명한 것을 정리한 것이다.
48) 우리 저작권법에서 말하는 '방송'은 그대로 방송권이 미치는 행위와 저작인접권의 보호대상을 모두 아우르고 있다. 굳이 구별하자면 후자를 '저작물'과 마찬가지로 '방송물'이라고 할 수 있다. 우리 법은 이런 구별을 하지 않는다.
49) 공교롭게도 1986년 개정 저작권법이 공표되던 날(1986년 12월 31일) 유선방송관리법도 함께 공표되었다. 유선방송관리법은 유선방송 자체 제작 프로그램에 관한 규정도 가지고 있었다. 최경수(2021), 155.

은 당연히 방송의 정의 내에 포섭된다.[51]

　이러한 방송 개념이 국제적으로 받아들여질 당시만 해도 방송이 일방향성이냐 쌍방향성이냐 여부는 논란이 되지 않았다. 최근까지도 방송은 일방향성을 가진 것이라는 생각이 지배적이었다. 그러나 디지털 방송이 논의되기 시작하면서 방송의 쌍방향성을 기술적으로는 부정할 수 없게 되면서 국내외적으로 이를 저작권법상 어떻게 수용할 것인가 여부에 대해 적지 않은 고민을 해왔다. 각국 국내법과 국제 규범, 그리고 국제적인 동향을 보면 저작권법상 방송은 여전히 쌍방향성을 가진 컴퓨터 네트워크 통신과는 구별된다는 점을 확인할 수 있다.

　위와 같이 방송의 개념을 이해할 때 동시성과 일방향성은 방송을 다른 송신행위와 구별하기 위한 특성이라 할 수 있다. 예를 들어 컴퓨터와 같은 수신장치가 있다는 이유로 컴퓨터가 수신할 수 있도록 송신하는 행위를 방송이라 할 수는 없는 것이다. 컴퓨터는 두 가지 방식으로 저작물을 수신한다. 하나는 전송 방식이다. 전송은 공중의 구성원이 자신이 원하는 시간과 장소에서(주문형) – 그런 의미에서 선택적으로 – 저작물을 보거나 들을 수 있도록 이용에 제공하는 행위(이용제공)이므로 비록 수신장치는 존재하지만 동시성이나 일방향성과는 거리가 멀다. 우리 저작권법은 이를 '전송' 개념으로 포섭하고 있다. 다른 하나는 실시간 스트리밍 방식이다. 이것은 동시성은 있으나 쌍방향성을 가지는 송신으로 방송과 구별된다. 우리 저작권법은 실시간 스트리밍에 해당하는 '디지털음성송신'을 별도로 개념 정의하고 있는데 이것은 소리의 송신을 예정한 것이다.

　한편, 공연은 "동일인의 점유에 속하는 연결된 장소 안에서 이루어지는 송신"을 포함하므로, "동일인의 점유에 속하는" 연결되지 않은 장소 안에서 이루어지는 송신과 서로 다른 자가 점유하는 "연결된 장소 안에서 이루어지는 송신"은 방송이 된다. 전자의 예로는 물리적 연결성이 떨어지는 대학 캠퍼스 내의 여러 건물에 송신하는 것이 있겠고, 후자의 예로는 유통상가가 집중된 건물에 송신하는 것이 있겠다.[52] 다소 인위적인 구분이 되겠지만 권리

---

50) 한편, 유선 송신을 제공하는 사업자의 입장에서 보면 자신이 저작권법상 방송사업자로서 저작인접권 보호를 받게 되고 유선 '방송'에 대해서도 권리 제한 규정을 활용할 수 있는 혜택도 누리게 된다.

51) 우리 법상 방송이란 "저작물을 송신"하는 것이 아니고, "음·영상 또는 음과 영상 등을 송신하는 것"이다. 특이한 규정이다. 공연에서 보듯이, "저작물을 공개하는 것"이라면, 방송도 "저작물을 송신하는 것"으로 충분하다고 본다. 저작권법은 저작물을 이용하는 각종의 이용형태에 대해 저작자에게 배타적인 권리를 부여하는 것을 기본 골격으로 하고 있다. 달리 정의할 이유를 찾기 어렵다.

가 미치는 범위를 확정하기 위한 불가피한 입법적 선택이라고 할 수 있다.

(2) 위성방송

(가) 위성방송의 개념

위성방송도 '방송'이므로 저작권법상 방송이라고 생각할 수 있으나 해당 요건 충족 여부에 따라 저작권법상 방송 해당 여부가 가려진다. 이를 위해서는 먼저 위성방송이 일반 공중에게 전달되는 단계를 먼저 알아볼 필요가 있다. 직접위성방송은 방송전파가 위성을 향하여 송신되는 과정(up-leg, up-link)이 있고 위성에서 수신안테나를 향하여 송신되는 과정(down-leg, downlink)이 있다. 한편, 고정 서비스 위성의 경우에는 위와 같은 두 가지 과정에 더하여 지구국이나 유선방송사업자가 일반 공중을 상대로 전달하는 과정이 하나 더 추가된다. 이제는 직접위성방송이 주로 문제가 된다. 직접위성방송은 일반 공중이 수신하기 위한 목적으로 송신하는 행위라는 점에서 방송이라고 보아 무리가 없다. 이에 대한 학설의 대립도 없고 각국의 국내법 규정도 이를 확인해주고 있다.

(나) 위성방송의 준거법

위성방송을 둘러싼 논의의 초점은 오히려 방송사업자의 저작물 이용에 대한 법적 책임과 관련한 적용 법률(준거법)이 무엇인가 하는 점이다. 이에 관하여는 두 가지 이론이 존재한다. 송출이론(emission theory)과 전달이론(communication theory)[53]이 그것이다. 송출이론에

---

52) 2000년 개정법상의 정의 규정은 종전 규정(1986년 개정)에 실질적인 변경을 가한 것이다. 종전에는 "차단되지 아니한 동일 구역 안에서 단순히 음을 증폭 송신하는 것"을 방송에서 제외했는데, 이러한 장소에서 행해지는 송신은 공연으로 본 것이다. 개방된 운동장이 이러한 장소에 해당한다. 반면, '차단된 동일 구역 내'(예를 들어 백화점이나 유통상가)의 증폭 송신은 방송에 해당했다. 2000년 개정법은 정의 자체를 변경했는바, 이에 따르면 백화점 내의 송신은 공연이 되고 유통상가 내의 송신은 방송이 된다.

53) 전달 이론은 권역 이론(footprint theory)이라고 하기도 하고 당시 WIPO 사무총장의 이름을 붙여 보그쉬 이론(Bogsch theory)이라고도 한다.

의하면 업레그 단계가 행해지는 국가의 법을 적용하겠다는 것이고, 전달이론에 의하면 방송이란 업레그와 다운레그를 포함하는 일련의 방송으로서 이러한 일련의 행위가 행해지는 모든 국가, 다시 말해서 송출국가나 수신국가의 저작권법 모두를 적용하여 저작권 문제를 해결하고자 하는 것이다. 이것은 1980년대 WIPO 사무국에서 내놓은 이론이었다.[54] 송출이론은 가시청권이 여러 국가에 걸쳐 있는 위성방송에 대해 한 국가(송출국가)의 법률만을 적용하는 결과 법적 안정성을 확보할 수 있다. 이에 반하여, 전달이론은 권리자의 선택에 의해 준거법을 정하게 되기 때문에 충분한 법적 보호를 받을 수 있는 장점이 있다.

각국은 송출이론을 현실적인 것으로 받아들이는 경향이다. 1993년 9월 유럽공동체는 각 회원국의 위성방송과 유선 송신에 적용되는 저작권과 관련 권리의 조정에 관한 지침(directive)[55]을 내놓았다. 이 지침에 의하면, '위성에 의한 공중전달'이란 "방송사업자의 통제와 책임하에 일반 공중이 수신하기 위한 목적으로 위성을 향해서 올려 보내고 지구를 향해서 내려 보내는 연쇄적인 일련의 전달행위에 프로그램전송신호를 넣는 행위"를 의미한다[제1조 (2)(a)]. 아울러 이 행위는 "방송사업자의 통제와 책임하에 …… 일련의 전달행위에 프로그램전송신호를 넣는 회원국 내에서만 이뤄진다"고 하고 있다[제1조 (2)(b)]. 따라서 적용될 국내법은 송출국가의 저작권법 한 가지뿐이다.

지침을 수용한 영국의 저작권법에서는 방송이 이루어진 장소란 방송신호를 위성을 향하여 송신하는 곳으로 한정하여 업레그만을 저작권법상이 방송이라고 하고 있고(제6조 제4항), 프랑스 저작권법도 위성을 향한 송신을 재현(representation)의 하나로 명시하면서 이에 대한 배타적인 권리를 저작자에게 부여하고 있다(제122-2조 제3항).

각국 저작권법이 업레그에 대해서만 언급하고 있는 이유는 위성이 어느 국가의 관할권도 미치지 않는 우주 공간에 위치하고 있기 때문에 국내법으로는 위성에 의한 송출행위를 규

---

54) WIPO 사무국이 1986년 6월 '시청각저작물 및 음반에 관한 정부전문가위원회' 회의를 위하여 작성한 준비문서에 따르면, 방송이란 방송 프로그램을 송출할 때부터 일반 공중이 수신할 수 있을 때까지를 일련의 방송이라고 하고 있다. Preparatory Documents for and Report of the WIPO/UNESCO Committee of Governmental Experts, Paris, June 2~6, 1986, in Copyright, July~August 1986, p. 232.

55) Council Directive 93/83/EEC of 27 September 1993 on the coordination of certain rules concerning copyright and rights related to copyright applicable to satellite broadcasting and cable retransmission.

율할 수 없기 때문에 법적 안정성 측면에서 나온 것이다. 또한 자국 저작권법을 위성방송에
대한 준거법으로 두려는 의도가 있는 것으로 보인다.

나. 권리의 내용

저작자는 그의 저작물을 방송할 권리를 가진다. 저작권법은 방송을 포함하는 넓은 개념
의 공중송신에 대해 배타적인 권리(공중송신권)를 부여하고 있으므로, 공중송신의 부분 집합
인 방송에 대해 배타적인 권리를 가지는 것은 당연한 것이다. 저작자의 방송권은 2006년
개정법상 공중송신 개념이 등장하기 전에는 명시적으로 존재했었다. 이제 저작자에게 더욱
넓은 권리가 주어졌으니 방송권을 독립적으로 규정할 필요가 없어진 것이다.

저작자가 가지는 방송권은 저작권법상의 다른 권리자에 비해 포괄적인 권리이다. 실연자
는 비고정 실연에 대해서는 배타적인 방송권을 가지지만 고정 실연에 대해서는 제한적으로
배타적인 권리를 가진다. 또한 음반제작자는 배타적인 성격의 방송권을 가지지 않는다. 반
면, 저작자의 방송권은 모든 종류의 저작물에 대해서 인정되는 배타적인 성격의 권리이다.

7. 전송권

가. 전송의 개념

전송이란 "공중송신 중 공중의 구성원이 개별적으로 선택한 시간과 장소에서 접근할 수
있도록 저작물 등을 이용에 제공하는 것을 말하며, 그에 따라 이루어지는 송신을 포함한다"
(제2조 제10호). 이 정의는 WCT와 WPPT상의 이용제공(making available to the public) 정의
를 거의 그대로 가져온 것이다.[56] 전송은 법적·기술적 요건으로 다음 세 가지를 만족하는
개념이다. 첫째는 클라이언트와 서버 간의 통신을 전제로 한다. 클라이언트와 서버 구조는

---

56) 실연자에게 이용제공권을 부여한 WPPT 제10조는 다음과 같다: "실연자는 공중의 구성원이 개별적으
    로 선택한 장소와 시간에 음반에 고정된 실연에 접근할 수 있도록 유선 또는 무선의 방법에 의하여 그
    실연을 공중에 이용제공하는 것을 허락할 배타적인 권리를 향유한다."

HTTP, SMTP, Telnet, DNS 등 인터넷 프로토콜에 의한 컴퓨터 네트워크의 중심 개념을 이루는바, 클라이언트 컴퓨터가 네트워크상에 먼저 어떤 요청을 하면 네트워크에 접속된 서버 컴퓨터가 그 요청에 응답하는 기본 구조를 말한다. 서버는 네트워크에 항상 접속되어야만 해당 요청에 응답을 할 수 있다. 이를 기술적으로 쌍방향성이라고 한다.57) 둘째는 이용제공 행위가 존재해야 한다. 이용제공이란 C/S 환경에서 정보를 클라이언트(이용자)에게 보내기 위해서 해당 정보를 서버에 올려놓는 것을 말한다. 공중 구성원의 실제 접근 여부는 묻지 않는다.58) 공중 구성원이 접근 내지 열람이 없더라도 이용자에 대한 이용제공 행위는 존재하는 것이다. 셋째는 "공중의 구성원이 개별적으로 선택한 시간과 장소에서 접근할 수 있도록" 저작물 등을 제공하는, 즉 주문형 이용제공 내지 송신이 존재해야 한다.59)60) 전송은 공중 구성원의 적극적인 개입(주문)이 없이는 성립하지 않는다는 것을 알 수 있다.

전송의 개념에는 이용제공에 더하여 "그에 따라 이루어지는 송신"을 포함한다. 이것은 이용제공을 핵심적인 행위로 하고, 이용제공 이후 클라이언트에 대한 송신도 부수적으로 전송 개념 안에 넣은 것으로 이해된다. WCT나 WPPT 해석상 송신도 포함되는 것으로 해석할 수 없는 것은 아니다.61) 그러나 굳이 그렇게 정의할 필요는 없다고 본다. 이용제공을

---

57) 서버는 성공적인 송신을 확인하기 위해 클라이언트와 항시 접속을 유지하고 있다. WIPO Doc. SCCR/7/8, April 4, 2002. 송신자는 그 과정에서 이용자의 정보(IP주소 등)도 알 수 있다.

58) 다른 이용형태와는 달리 '공중'이라고 하지 않고 '공중의 구성원'이라고 한 것도 이러한 개념을 반영한 것이다.

59) WIPO(DC/4), § 10.11; WIPO(DC/5), § 11.03. 이들 문서의 정식 명칭은 각기 "Basic Proposal for the Substantive Provisions of the Treaty on Certain Questions Concerning the Protection of Literary and Artistic Works to be Considered by the Diplomatic Conference"와 "Basic Proposal for the Substantive Provisions of the Treaty for the Protection of the Rights of Performers and Producers of Phonograms to be Considered by the Diplomatic Conference"이다. 이들 문서는 WIPO 국제사무국이 그간의 협상(본격 협상은 1991년부터 시작되었다) 결과를 정리하여 조문 형식으로 작성한 것이다. 각국 대표는 외교회의에서 이 문서를 중심으로 협상을 했고, 그 결과 WCT와 WPPT가 체결되었다. 이들 문서는 조약 준비문서(travail préparatoire, preparatory work)로서 그 해석의 중요한 보조 수단이 된다.

60) 이런 과정에서 영속적, 일시적 복제가 발생한다. 즉, 서버나 클라이언트에 그 기능에 따라 영속적 복제나 일시적 복제가 일어난다.

61) WIPO(DC/4), § 10.14: "저작물의 전달은 일련의 송신과 그 송신과정에서 필수적인 일시적 저장을 수반한다. 어느 시점에서 그 저장된 저작물이 공중에게 제공되는 경우 그런 이용제공은 허락이 필요한

문자 그대로 해석하면 송신 전 단계의 행위임이 분명하고,[62] 이런 문리해석에 충실한 것이 법적 안정성 측면에서도 바람직하다고 본다.

이용제공 행위자와 송신 행위자는 각기 다른 것이 보통이다. 이들을 모두 이용제공의 직접 행위자로 둔다면, 설령 그것으로 저작권을 두텁게 보호할 수는 있겠으나, 송신 행위자에게는 이중 규제가 될 수 있다. 송신 행위자는 우리 저작권법 제6장에서 말하는 '온라인서비스제공자'로서 일정한 요건을 충족할 경우 책임을 지지 않도록 하고 있음에도 전송 개념에 따른 전송권 침해 책임을 부담하는 경우가 생길 수도 있는 것이다.[63] 이것은 법적 안정성을 해칠 것이다.

전송은 어째보면 방송과 유사한 면이 많다. 양자는 일반 공중을 대상으로 저작물을 전달하는 방법이라는 점, 유선과 무선의 방법을 가리지 않고 저작물을 전달한다는 점 등에서 같은 것이다. 그러나 다음과 같은 점에서는 커다란 차이를 보인다. 첫째, 일반 공중은 방송 대상 저작물을 선택적으로, 그리고 능동적으로 수신할 수 없다. 또한 일반 공중은 방송 저작물을 모두 동시에만 보거나 들을 수 있다. 한 번 수신할 기회를 놓치면 다시 보거나 들을 수 없는 것이다. 그러나 전송은 소비자가 능동적으로 요구하지 않으면 일어나지 않는다. 소비자가 보고 들을 저작물을 스스로 선택하고 그 시점(송신 시점)도 소비자가 정한다. 둘째, 공중의 의미도 전송의 경우에는 다르다. 방송의 정의에서 말하는 공중이란 다수의 개념에 초점을 맞추지만 전송을 말할 때에는 그저 '공중'이 아니라 '공중의 구성원'에 주목한다. 한 명의 주문만을 염두에 둔 전송이 얼마든지 가능하다는 것이다.

나. 권리의 내용

저작자는 그의 저작물을 전송할 권리를 가진다. 저작권법은 전송을 포함하는 넓은 개념의 공중송신에 대해 배타적인 권리(공중송신권)를 부여하고 있으므로, 공중송신의 부분 집합

추가 전달행위가 된다." 이 견해에 동조하는 의견도 있다. 즉, WCT와 WPPT상의 이용제공 개념은 이용제공 이후의 개별 접근 행위와 송신을 포함하는 것으로 보는 것이다. Jörg Reinbothe and Silke von Lewinski, The WIPO Treaties 1996, Butterworths LexisNexis, 2002, p. 338; Silke von Lewinski, International Copyright Law and Policy, Oxford, 2008, p. 457.

62) 문화체육부, 세계지적소유권기구 저작권조약 및 실연·음반조약 해설, 1997, 108.

63) 이에 관해서는, 제7장 '제4절 온라인서비스제공자의 책임 제한' 참조.

인 전송에 대해서도 배타적인 권리를 가지는 것이다. 저작자의 전송권은 2000년 부분 개정으로 신설된 권리이다. 전송권은 저작자에게 급변하는 저작권 환경에 대처할 수 있는 몇 안 되는 강력한 무기 중 하나라 할 수 있다. 디지털 기술과 매체의 등장은 복제 환경과 송신 환경에 변화를 가져왔다. 방송과 같이 송신 행위자의 일방적인 의사에 의해 정보가 전달되던 방식에서 공중의 구성원이 적극적으로 송신 과정에 참여하는, 이른바 주문형 전달 방식으로 변화한 것이다. 전송권은 이러한 송신 환경의 변화에 대응하기 위한 것이다.

전통적으로 저작권법상 저작물의 전형적인 이용은 방송사업자나 출판사 등과 같이 저작물 전달 매개자의 일방적인 공급과 소비자의 수동적인 접근을 통한 것이었다. 인터넷은 개개의 컴퓨터 사용자가 저작물의 생산자이고 매개자이며 소비자이다. 이러한 저작물의 생산에서 유통에 이르는 과정에서 소비자의 역할이 매우 커졌고, 소비자의 적극적인 개입으로 저작물의 유통이 폭발적으로 증가하면서 그 과정에서 발생하는 이용행위, 특히 전송 행위에 대하여 저작자에게 새로운 권리를 부여하는 것은 당연한 논리귀결이라 할 수 있다.

8. 공중송신권

가. 공중송신의 개념

공중송신은 공연과 더불어 저작물의 무형적 이용형태의 중심 개념이다. 공중송신이란 저작물 등을 "공중이 수신하거나 접근하게 할 목적으로 무선 또는 유선통신의 방법에 의하여 송신하거나 이용에 제공하는 것을 말한다"(제2조 제7호). 이러한 공중송신에는 방송과 전송, 그리고 디지털음성송신이 포함된다. 방송과 전송, 그리고 디지털음성송신은 각기 독자적인 의미를 가지지만, 그 각각은 공중송신이란 개념으로 수렴한다. 통신 방법이 어떠하든, 공중이 저작물에 어떻게 접근하든 그것이 송신의 형태를 띠고 있다면 모두 공중송신에 속한다. 송신 중에는 '동일인의 점유에 속하는 연결된 장소 안에서 이루어지는 송신'(제2조 제3호)도 존재하는데 이것은 공연에 해당한다. 이러한 송신을 제외한 모든 것이 공중송신인 것이다.

공중송신 개념의 도입은 WCT상의 공중전달권에서 착안한 것이다. WCT 제8조에 의하면, "베른협약 제11조 제1항 (ii), 제11조의2 제1항 (i) 및 (ii), 제11조의3 제1항 (ii), 제14조 제1항 (ii) 그리고 제14조의2 제1항의 규정에 영향을 미치지 아니하고, 문학 및 예술 저작물의 저작자는 공중의 구성원이 개별적으로 선택한 장소와 시간에 이러한 저작물에 접근할 수 있도록 그 저작물을 공중에 이용제공하는 것을 포함하여, 유선 또는 무선의 방법에 의한 그 저작물의 공중전달을 허락할 배타적 권리를 향유한다." 이는 다음과 같은 의미가 있다. ① WCT에서 언급하고 있는 베른협약 규정들은 모두 공중전달권 또는 그와 유사한 권리들이다. WCT상의 공중전달권은 베른협약상의 권리에는 아무런 영향을 주지 않는다. 베른협약 동맹국의 협약상의 의무는 그대로 존속한다는 것이다. ② WCT는 저작자에게 베른협약상의 공중전달권 등을 포괄하는 광범위한 공중전달권을 새로 도입한다. 공중전달이란 "모든 방법에 의한 공중전달(any communication to the public)"의 의미를 가진다. ③ WCT상 공중전달권은 이용제공권을 포함한다. 이에 대해서는 앞에서 살펴본 바와 같다.

각국은 당시 외교회의에서 제시된 포괄적 해결방법(umbrella solution)에 따라 각국이 권리 부여 방법을 재량으로 정할 수 있도록 했다.[64] 각국이 자신의 법체계에 맞춰 적절한 권리를 부여할 수 있도록 한 것이다. 우리 법상 공중송신 개념은 그에 상응하는 것이었다.[65] 공중송신 개념은 2006년 도입된 것으로, 몇 가지 의미가 있다. ① 당시 저작권법은 무형의 이용형태로 공연권과 방송권, 그리고 전송권을 두고 있었다. 전송권은 2000년 개정으로 저작자에게, 2004년 개정으로 실연자와 음반제작자에게 부여되었는데, 그것은 WCT와 WPPT상의 이용제공권만을 수용한 데 지나지 않았다. 저작자에게는 WCT에 따른 더 큰 권리를 부여할 필요가 있었던 것이다. ② 당시 국내적으로 송신 개념에 대해 혼란이 있었다. 기술 발달에 따라 방송과 통신의 융합되어 가고 있고, 이에 따라 새로운 이용형태가 등장했으나 저작권법은 방송과 전송만을 포섭한 결과 새로운 이용형태에 대해서는 권리 적용에 어려움이 있었다. 예를 들어 실시간 웹캐스팅을 방송으로 볼 것인지, 전송으로 볼 것인지 해석상의 논란이 있었다. 이런 논란을 종식하고, 이런 행위를 포괄하는 최상위 개념으로 '공중송신'을 도입한 것이다.[66][67]

---

64) 문화체육부, 앞의 책, 44.

65) 유럽연합은 2001년 EU 정보사회 지침에서 WCT와 WPPT를 거의 그대로 수용했다. 저작자에게는 이용제공권을 포함한 공중전달권을, 실연자와 음반제작자에게는 이용제공권을 부여한 것이다(제3조). 미국은 공중전달권 중 하나인 이용제공권을 배포권(다운로드의 경우), 공연권과 전시권(스트리밍과 이미지 온라인 전시)으로 WCT와 WPPT를 이행하고 있다고 해석한다. U.S. Copyright Office, The Making Available Right in the United States, February 2016, p. 4.

66) 최경수(2005), 3~4; 국회문화관광위원회 수석전문위원 김문희, 저작권법 전부개정법률안(이광철 의

공중송신은 분류 기준에 따라 여러 개념으로 나눌 수 있다. 디지털 방식과 아날로그 방식으로 구분할 수도 있고, 컴퓨터 네트워크를 통하는 여부에 따라 구분할 수도 있다. 주문형 방식도 있고 실시간 방식도 있다.

저작권법은 다음과 같은 기본적인 구분 방식을 택하고 있다. 첫째, 주문형 여부에 따라 전송과 기타 송신을 구별한다. 전송은 주문형 쌍방향 송신이고 기타 송신은 주문형 송신이 아니다. 이러한 기타 송신에는 방송과 디지털음성송신 등이 있다. 이러한 기본적인 구별 기준은 WCT와 WPPT 및 각국의 입법 관행에 따른 것이다. 전송 개념은 앞에서 본 바와 같이, WCT와 WPPT상의 이용제공 개념에 연원을 두고 있다. 방송은 저작권 제도의 전통에 따른 방송 개념에 국한하는 것이 저작권 보호와 저작물의 공정한 이용 측면을 모두 고려할 때 타당하다 할 것이다.[68]

둘째, 방송과 기타 송신을 구별한다. 그 기준은 컴퓨터 네트워크를 통한 송신인가 여부에 달려 있는데, 방송은 컴퓨터 네트워크를 활용하지 않는 것이고, 기타 송신은 컴퓨터 네트워크를 활용하는 것이다. 컴퓨터 네트워크에 의하지 않고 방송신호를 일방적으로 송출하고 다수의 공중이 같은 시간에 같은 프로그램을 청취·시청하는 것이라면 여전히 저작권법상 '방송'이다. 청취자나 시청자는 특정 시간대에만 해당 프로그램을 듣거나 볼 수 있을 뿐이다. 컴퓨터 네트워크를 통한 송신을 방송의 범주에 넣는 예는 극히 드물다.[69] 국제적으로는 컴퓨터 네트워크를 통한 송신 여부에 따라 디지털 송신과 방송(무선 방송·케이블 송신)으로 가르고 있다.[70]

원 대표발의) 및 저작권법 일부개정법률안(우상호 의원 대표발의) 검토보고서, 2005. 11., 13~14.

67) 공중송신과 관련하여, 2006년 개정 저작권법은 공중송신과 디지털음성송신 개념을 신설하고, 저작자에게는 공중송신에 대한 배타적인 권리를, 실연자와 음반제작자에게는 디지털음성송신에 대한 보상청구권을 부여했다.

68) 국제 규범상 방송은 무선방송에 한정한다. 외국의 입법례도 국제 규범상의 기준에 따라 방송은 무선방송으로 한정하고, 추가적으로 위성방송을 포섭하는 것이 일반적이다.

69) 예외적으로, 영국은 2003년 법개정으로 인터넷 송신을 방송의 개념 안에, 그렇지만 매우 제한적으로 넣고 있다. 즉, 송신이 인터넷과 다른 수단으로 동시에 이뤄지는 경우, 라이브 행사를 동시에 송신하는 경우, 그리고 정규시간에 송신에 책임을 지는 자가 제공하는 서비스의 일환으로 소리나 영상을 송신하는 경우 등 세 가지이다(제6조). 전면적인 방송 영역의 확대는 아닌 것이다.

70) Revised Draft Basic Proposal for the WIPO Treaty on the Protection of Broadcasting Organizations, SCCR/15/2, July 31, 2006, p. 24. 컴퓨터 네트워크를 통한 송신(transmissions over computer networks)을 무선방송과 유선방송과 구별하기 시작한 것은 미국이 2002년 미국이 WIPO에서 처음 제창한 이후

컴퓨터 네트워크를 통한 송신은 일반적으로 인터넷 프로토콜을 통한 클라이언트와 서버 간의 통신을 말한다.[71] 인터넷 다운로드나 스트리밍 서비스,[72] IPTV(Internet Protocol Television) 서비스, P2P 네트워크 서비스[73] 등이 대표적인 사례이다. 이들 서비스는 각기 전송과 실시간 스트리밍으로 다시 구분된다.

셋째, 방송과 전송 그 어느 것으로도 볼 수 없는 이용형태가 존재한다. 대표적인 예로 디지털음성송신을 들 수 있는데, 이것은 저작권법상 방송도 아니고 전송도 아니다. 컴퓨터망을 통한 이용형태라는 점에서 방송과는 구별되고 실시간 스트리밍 송신이라는 점에서 주문형 전송과 구별된다.

넷째, 공중송신을 하거나 공중송신을 가능하게 하기 위해 단순히 물리적 설비나 장치를 제공하는 것은 저작권법상 공중송신이 아니다.[74] 우리 전기통신사업법[75]상 기간통신사업자가 이에 해당한다. 유선 분야에는 에스케이브로드밴드와 같은 예가 있고, 무선분야에는 에스케이텔레콤과 같은 예가 있다. 이들이 하는 기간통신역무란 "전화·인터넷접속 등과 같이 음성·데이터·영상 등을 그 내용이나 형태의 변경 없이 송신 또는 수신하게 하는 전기통신역무 및 음성·데이터·영상 등의 송신 또는 수신이 가능하도록 전기통신회선설비를 임대하는 전기통신역무를 말한다"(제2조 제11호).

공중송신이라는 넓은 의미의 송신권을 부여한다고 하여 사적인 영역에서 이뤄지는 송신 행위에 대해서 저작권이 작용하지는 않는다. '공중'송신이라는 단어 선택도 그에 따른 것이다. 따라서 사송신(대부분의 이메일)은 제외된다. 그러나 사적 영역을 벗어나 불특정 또는 특정 다수에게 이메일 방식으로 송신하는 행위는 공중송신에 속한다. 이메일을 전송으로 오해할 수 있으나 전송 개념 내에 들어가지 않는다. 전송의 요건, 즉 이용제공 행위와 주문

부터였다. Protection of the Rights of Broadcasting Organizations, Proposal Submitted by the United States of America, SCCR/8/7, October 21, 2002 참조. 2012년 발효한 한·미 FTA도 방송과 기타 송신을 구별한다. 제18.6조 제5항 (a): "…… '방송'은 컴퓨터 네트워크를 통한 송신…을 포함하지 아니한다."

71) 이에 대해서는 앞에서 기술한 바 있다.
72) 스트리밍은 주문형 스트리밍과 실시간 스트리밍이 있다. 실시간 스트리밍을 통상적으로 웹캐스팅이라 한다.
73) P2P 네트워크 서비스는 개별 컴퓨터가 서버도 되고 클라이언트도 되지만 서버와 클라이언트의 관계는 여전히 존재한다.
74) WCT 제8조에 관한 합의록.
75) 법률 제18869호, 2022. 6. 10., 일부개정.

형 송신이라는 요건을 갖추지 못하고 있기 때문이다.

나. 권리의 내용

저작자는 그의 저작물을 공중송신할 권리를 가진다(제18조). 공중송신이 방송과 전송을 포괄하는 의미이므로, 저작자는 종전 법률에 의해 가지고 있었던 방송권과 전송권을 가지는 한편, 방송과 전송 외의 이용형태, 즉 웹캐스팅과 같은 실시간 스트리밍에 대해서도 배타적인 권리를 가진다.

공중송신권의 등장으로 저작재산권 제한 규정에도 적지 않은 변경이 생겼다. 법개정을 통해 종전에 방송권과 전송권을 동시에 제한하는 경우에는 공중송신권 제한으로 변경하고, 방송이나 전송에 대해서만 각기 제한하는 경우에는 제한 규정을 그대로 존치시켰다.[76]

공중송신권은 다른 권리(복제권이나 공연권 등)와는 달리 그 제한에 엄격할 필요가 있다. 공중송신이 가져다주는 잠재적 파급효과가 무척 크기 때문이다. 우리 저작권법이 제한 규정에서 공중송신을 허용하는 예가 늘고 있기는 하지만 아직도 일부 규정(제31조 도서관 등에서의 복제 등)에서는 공중송신을 전면적으로 허용하지 않고 있다. 파급효과에 대한 우려를 반영한 것이라고 할 수 있다.

공중송신과 관련한 국내의 논의가 활발하다.[77] 공중송신은 여러 개념을 포괄하는 것으로, 그 내용도 복합하고 파급효과도 엄청난 것이다. 국제적으로도 관련 개념을 둘러싸고

[76] 2006년 공중송신 개념 도입으로 바뀐 규정은 다음과 같다: 제2조 제29호(권리관리정보 정의 규정 중 '방송 또는 전송'을 공중송신으로 변경); 제8조(저작자의 추정 규정 중 '방송 또는 전송'을 공중송신으로 변경); 제26조(시사보도를 위한 이용 규정 중 '방송 또는 전송'을 공중송신으로 변경); 제136조(권리의 침해죄 규정 중 '방송·전시·전송'을 '공중송신·전시'로 변경). 2013년 7월 개정에서 제33조의2((청각장애인 등을 위한 복제 등), 2019년 개정에서 제35조의3(부수적 복제 등)과 제35조의4(문화시설에 의한 복제 등)를 신설하면서 '공중송신'을 넣었다. 2020년 2월 개정에서는 제25조(학교교육목적 등에의 이용)에서 '방송 또는 전송' 또는 '전송'을 공중송신으로 변경하고, 제32조(시험문제를 위한 복제 등)에서 '공중송신'을 추가했다. 2023년 8월 개정에서는 제33조(시각장애인 등을 위한 복제 등)에서 '전송'을 '공중송신'으로 바꿨다.

[77] 국내 논의는 주로 방송, 디지털음성송신을 중심으로 정리하는 것에 집중되어 있다. 예를 들어, 김병일(연구책임자), 미래 저작권 환경에 적합한 저작권법 개정을 위한 연구 II 부록, 한국저작권위원회, 2017. 12., 3~15.

〈표 5〉 방송, 전송 및 디지털음성송신의 구별

이용형태	특징			사례	비고
	동시성	쌍방향성	주문형		
방송	○	×	×	- 지상파방송 - 유선 송신 - 위성방송 - DMB	
전송	×	○	○	- 다운로드 방식 서비스 - 주문형 스트리밍(방송 '다시보기' 등)	
디지털 음성송신	○	○	×	- 실시간 '인터넷방송'(Winamp 방송 등) - 방송 웹캐스팅(Simulcast)	음성에 한정

〈표 6〉 이용형태별 권리 내용

		일반 방송		전송		디지털음성송신	
		종전	2006년 개정법	종전	2006년 개정법	종전	2006년 개정법
저작자		방송권	공중송신권	전송권	공중송신권	WCT상의 공중전달권	공중송신권
저작인접권자	실연자	방송권(생실연) 보상청구권 (상업용음반)	방송권(생실연) 보상청구권 (상업용음반)	전송권	전송권	-	보상청구권 (디지털음성송신)
	음반 제작자	보상청구권 (상업용음반)	보상청구권 (상업용음반)	전송권	전송권	-	보상청구권 (디지털음성송신)
	방송 사업자	동시중계방송권	동시중계방송권	-	-	-	-
데이터베이스 제작자		방송권	방송권	전송권	전송권	-	-

자료: 최경수(2005), 4~5.

오랫동안 논의가 지속되고 있다.[78] 우리 법상 공중송신 개념은 국제 규범에 종속적으로 정의되어 왔는바, 그런 측면은 아직도 유효하다고 본다. 국제 규범 해석도 무척 어려운 터라,[79] 전면적인 개정은 기술적인 측면과 산업적인 측면을 모두 고려하고 신중한 검토를 거쳐 이뤄져야 한다고 본다.

---

[78] WIPO에서는 1998년부터 방송사업자 보호를 위한 논의를 계속하고 있다. 최근에는 방송과 관련 용어를 둘러싸고 치열한 논쟁을 하고 있다. Revised Consolidated Text on Definitions, Object of Protection, Rights To Be Granted and Other Issues, SCCR/38/10, April 5, 2019 참조.

[79] 김세창, "국내 저작권법과 국제조약상 공중송신 개념의 비교에 관한 연구", 계간 저작권, 2022년 여름호 참조.

9. 전시권

가. 전시의 개념

전시란 저작물이 담긴 유형의 물건을 공중이 접근하여 감상할 수 있도록 게시하거나 설치하는 것이라 할 수 있다. 저작권법 제2조 정의 규정상 전시에 대해서는 언급하지 않고 있기 때문에 사전적 정의에 따라 그 개념을 파악할 수밖에 없다. 먼저, 전시는 미술저작물이나 사진저작물, 건축저작물, 도형저작물과 같이, 일반 공중이 감상할 대상을 전제로 한다. 둘째, 전시는 이들 저작물의 원본이나 복제물, 즉 유형물을 게시하는 것이다. 저작권법에서 특정 이용형태에 대해 배타적인 권리를 부여하는 것은 그것이 전형적인 것이고, 공중의 개입을 상정하고 있기 때문이다.[80] 우리 저작권법이 다른 이용형태에 대해서는 직접적이든 간접적으로 정의하고 있는 반면, 전시에 대해서는 해석론에 맡기고 있다. 전시권의 개념을 명문으로 정의하고, 그에 따라 권리 범위를 정하고, 그렇게 함으로써 권리 제한의 범위도 특정할 필요가 있다고 본다.[81]

나. 권리의 내용

저작자는 미술저작물 등의 원본이나 그 복제물을 전시할 권리를 가진다(제19조). 감상을 주요한 목적으로 하고 이러한 목적에 가장 적합한 저작물이 미술저작물과 사진저작물이라 할 수 있다. 미술저작물 등의 저작자는 원본의 최초 거래에서 창작에 대한 대가를 받고,

---

80) 대법원의 판단도 '대체로' 같다: "'전시'에 관하여는 별도의 정의 규정을 두고 있지 않지만, 그 입법취지 등을 고려하면 위 법조에서 말하는 '전시'는 미술저작물·건축저작물 또는 사진저작물(이하 '미술저작물 등'이라 한다)의 원작품이나 그 복제물 등의 유형물을 일반인이 자유로이 관람할 수 있도록 진열하거나 게시하는 것을 말한다고 할 것이다." 대법원 2010. 3. 11. 2009다4343 판결. 참고로, 대법원 판결은 2006년 전문 개정 저작권법 시행 이후 나온 것으로, 개정법에서는 종전 법률에 있던 '원작품'이라는 표현은 모두 '원본'으로 변경되었다. 대법원은 개정법에 대해 오해하고 있었던 것으로 보인다. 원작품이라는 것은 일본식 표현으로, 우리에게 잘못 인식된 사례 중 하나이다. 원본(original)이 본래의 의미에 맞는다.

81) 미국 저작권법상 전시권은 건축저작물에는 적용되지 않는다. 제101조 및 제106조 참조.

그 이후의 원본 이전에 대해서는 아무런 권리를 가지지 않는다. 원본이 거래 대상이 되어 배포권이 미칠 수 있다 하더라도 권리소진의 원칙상 배포권이 제한되기 때문이다. 이런 점에서 미술저작물 등이 소장자의 창고에 묻혀 있지 않고 전시의 방법으로 일반 공중이 감상할 수 있다면 저작자의 전시권은 분명 의미가 있는 권리이다.

그러나 전시권은 실제로 작용하지 않거나 권리 제한으로 인해 효과도 크지 않다. 즉, 첫째, 미술저작물 등은 주로 소장 목적으로 원본이 거래되기 때문에 저작자가 전시권을 주장할 여지가 그다지 없다. 개인적으로 소장하여 감상하고자 한다면 이는 저작권법상 전시에 해당하지도 않는 것이고, 따라서 저작권법이 개입할 수 없다. 둘째, 화랑이나 미술관이 미술저작물 등을 전시하는 경우가 미술저작물 이용의 대부분을 차지한다고 할 수 있는데, 이 경우에도 화랑 등이 직접 원본을 소유하고 있거나 원본 소유자의 동의를 얻기만 한다면 전시권이 미치지 않는다. 저작자가 전시권을 주장할 수가 없는 것이다.[82]

판례를 보면 전시권이 무용지물이라고 단정하긴 곤란하다. 달력에 실린 사진을 떼어내 액자에 넣어 병원 벽면에 걸어놓은 데 대한 전시권 침해를 주장한 사건에서 법원은 "달력에서 사진을 분리하여 이를 독자적으로 전시하는 것은 달력의 일부로서가 아니라 새로운 사진작품을 전시하는 것에 해당"한다고 보아 침해를 인정한 바 있다.[83]

10. 2차적저작물 작성권

가. 2차적저작물의 개념

2차적저작물(derivative work)은 원저작물에 근거해 만들어진 파생 저작물이다. 2차적저작물 작성이란 원저작물을 바탕으로 독자적인 저작물을 만드는 것이다. 번역, 편곡, 각색, 영상제작 등이 그러한 행위에 해당한다. 이를 법에서는 "원저작물을 번역·편곡·변형·각색·영상제작 그 밖의 방법으로 작성"하는 것(제5조 제1항)이라고 표현한다. 위에서 예시한 전형적인 작성행위가 아니라 하더라도, 원저작물에 변경이나 변형이 가해져 새로운 저작물로

---

82) 전시권의 제한에 관해서는, 제5장 제2절 15. '가. 전시권에 대한 제한' 참조.

83) 서울지방법원 2004. 11. 11. 2003나51230 판결.

인정된다면 그 어떤 방법으로든 2차적저작물 작성행위가 된다.[84]

나. 권리의 내용

저작자는 그의 저작물을 원저작물로 하는 2차적저작물을 작성하여 이용할 권리를 가진다 (제22조). 저작자의 허락 없이 2차적저작물이 만들어졌다면 그 2차적저작물이 보호되는 여부와는 별개로, 2차적저작물 작성권 침해가 되는 것이다.

제22조 규정은 작성권과 이용권 두 가지 권리로 나누고 있다. 이용권을 명시한 것은 2차적저작물 작성 후의 행위에 대해 저작자가 여전히 배타적인 권리를 가지고 있다는 의미로 보이지만, 저작권법은 2차적저작물의 이용에 대해 원저작자는 여전히 배타적인 권리를 가진다고 하고 있으므로[85] 굳이 재차 언급할 필요는 없는 것으로 보인다.

11. 특수한 이용형태에 대한 권리

가. 추급권

추급권(droit de suite, resale right)이란 미술저작물 등이 판매 등의 방법으로 이전되더라도 경매 등 전매 과정에서 발생한 이익의 일정 부분에 대해 사용료나 보상금을 청구할 수 있는 권리이다. 추급권은 미술저작물이 처음보다 나중에 훨씬 비싼 값에 거래되는 경우가 많고,[86] 미술 저작자는 이른바 권리 소진 이론에 따라 판매 이후 미술저작물의 배포에는 간여

---

84) 2차적저작물의 개념에 관해서는, 제2장 제1절 2. '카. 2차적저작물' 참조.

85) 법 제5조 제2항에 의하면, "2차적저작물의 보호는 그 원저작물의 저작자의 권리에 영향을 미치지 아니한다"고 하고 있다. 2차적저작물 저작자든 제3자든 2차적저작물을 이용할 때에는 원저작자의 허락을 받아야 한다.

86) 처음에 1000달러에 구입한 라우센버그(Robert Rauschenberg)의 작품이 몇 년 뒤 8만 5000달러에 팔렸다든가, 로젠퀴스트(James Rosenquist)의 작품이 처음에 500달러에 판매된 뒤 나중에 27만 4000달러에 재판매된 사례가 미국에서 추급권 도입을 위해 인용되는 사례들이다. Marchall A. Leaffer, "Of Moral Rights and Resale Royalties: The Kennedy Bill," 7 Cardozo Arts & Ent. L. J. 234 (1989), p. 237.

할 수도 없고 또한 저작권법상 전시권에 대한 제한 규정으로 인해 전시권을 주장할 여지가 많지 않다는 점 등에 착안하여 생긴 권리라 할 수 있다.

추급권은 문화·예술을 후원하는 전통을 가지고 있는 프랑스에서 1920년 법률에 의해 탄생한 제도이다. 2001년 9월 추급권에 관한 EU 지침[87]이 채택되면서 모든 EU 회원국은 추급권 제도를 가지게 되었다.[88]

베른협약에도 추급권에 관한 규정이 있다. 이에 의하면 "저작자 또는 그의 사망 후에 국내 입법으로 권한을 받은 자연인이나 단체는 원미술저작물 및 작사자와 작곡자의 원고에 관하여, 저작자가 저작물을 최초로 이전한 후에 그 저작물의 매매에서의 이익에 대하여 양도할 수 없는 권리를 향유한다"고 하고 있다(제14조의3 제1항). 다만, 당사국의 국내법에서 허용하는 범위 내에서 추급권은 인정될 뿐이다(제14조의3 제2항). 다시 말해서 각 당사국은 국내법으로 추급권을 부여하더라도 이를 내국민대우 원칙의 예외로 할 수도 있고 상호주의에 의해 보호를 제한할 수도 있는 것이다.

아직 우리 저작권법은 추급권에 관한 규정이 없다. 2015년 전체 발효한 한·EU FTA에 추급권에 관한 약속 규정이 있다. 양 당사자가 추급권 도입에 관해 그 타당성과 실행가능성을 검토하기로 한 것이다(제10.10조). 아직까지 추급권은 우리 법제에 들어오지 않고 있다.

나. 링크에 대한 권리

링크 또는 하이퍼링크는 자신의 컴퓨터가 가지고 있는 정보(저작물)나 다른 곳에 존재하는 정보를 연결해준다. 링크는 웹 환경에서만 구현되는 것은 아니다. 모바일에서도 유사한 환경을 구축할 수 있다. 링크는 이메일이나 업무용 프로그램에서도 얼마든지 존재한다. 링크는 기술적으로 해당 정보에 접근할 수 있도록 위치 정보만을 가지고 있을 뿐이지만 링크의 방법으로 다른 사람의 정보를 대신 보여주거나 들려줄 수 있기 때문에 저작권 문제에서 자유로울 수가 없다.

---

87) Directive 2001/84/EC of the European Parliament and of the Council of 27 September 2001 on the resale right for the benefit of the author of an original work of art.

88) 이동기·김솔하, "유럽의 추급권 제도 운영과 우리나라에의 도입 여부에 관한 연구", 계간 저작권, 2009년 봄호, 47~71 참조.

웹페이지를 중심으로 볼 때, 웹페이지는 HTML(Hyper Text Markup Language) 등 컴퓨터 언어로 작성된 문서를 브라우저가 읽어 이용자에게 보이게 되는데, HTML은 단순한 텍스트 파일로서 일련의 명령어(태그)를 포함하고 있다. 링크는 이러한 태그에 의해 구현되는데, 텍스트 파일의 특성상 직접 위치 정보 외에는 아무것도 가지고 있지 않다.

링크는 여러 방법으로 위치 정보를 제공한다. 첫째는 단순 링크로서, 다른 웹사이트 초기 화면에 링크하는 것이다. 단순 링크를 HTML 태그로 설명한다면, 〈a href="http://www.copyright.or.kr"〉 저작권위원회 〈/a〉라고 하는 것이다. 단순 링크는 다시 두 가지로 나뉜다. HTML 태그에 속성을 추가하여 또 다른 창을 띄울 수도 있고(target="_blank" 또는 target="_new"를 사용한다) 기존 창을 대체하는 새로운 창을 만들 수도 있다(target ="_top"을 사용한다)

둘째로는 딥 링크(deep link)로서, 초기 화면이 아니라 내부 화면에 직접 링크하는 것이다. 딥 링크는 링크 대상 웹사이트 초기 화면을 우회하여 정보(저작물)를 제공하는 것이므로 상당수의 웹사이트는 딥 링크를 금지한다.[89) 왜냐하면 누리꾼들이 자신의 사이트를 방문하지 않고서도 딥 링크를 통해 원하는 정보를 얻게 되면 자신의 영업이나 신용 등이 부정적인 영향을 받기 때문이다. 딥 링크라고 해서 단순 링크와 기술적으로 특별히 다른 것이 아니다. 위치 정보를 초기 화면이 아니라 내부 화면으로 표시하는 데 지나지 않는다. 딥 링크도 단순 링크와 마찬가지로, 다른 창을 띄워 구현할 수도 있고 새 창을 띄울 수도 있다.

셋째로는 인라인 링크(in-line link) 또는 임베디드 링크(embedded link)라고 하여 특정 정보(저작물)에 직접 링크하는 것이다. 인라인 링크는 임베딩의 방법으로 이미지에 링크하기 위해 사용되는데 이미지 외에도 비디오, 음악, 플래시 등도 링크 대상이 될 수 있다. HTML 태그로 설명한다면, 〈img src="http://www.copyright.or.kr/.../image.jpg"〉와 같이 된다. 인라인 링크는 누리꾼들이 현재 접속한 웹사이트 내에서 해당 콘텐츠를 보거나 듣기 때문에 그 콘텐츠가 실제 어디에 있는 것인지 확인하기가 곤란하다.

넷째, 프레이밍이다. 프레이밍은 엄격하게 말하면 링크는 아니다. 웹페이지 화면을 분할하여 분할된 어느 화면에 다른 사이트의 초기 화면이나 내부 화면을 링크하거나 또는 해당

---

89) 이른바 로봇 배제 기준(Robots Exclusion Standard)을 만드는 것인데, 웹로봇이나 스파이더가 자신의 사이트를 방문할 때 먼저 접근하는 /robots.txt 파일에서 허용하지 않는다는 뜻을 밝히는 것이다. 이에 관해서는 http://www.robotstxt.org 참조.

콘텐츠를 직접 링크하도록 설계한다면 간접적으로 링크 문제가 제기된다. 프레이밍은 인라인 링크와 마찬가지로 누리꾼들이 웹페이지 주소가 변경되는지 알기 어렵다. 특히, 프레이밍은 특히 웹페이지 본래의 모습이 변형된다는 점에서 법적인 문제가 추가적으로 발생할 여지가 있다.

단순 링크는 링크 대상 사이트의 주소로 '단순히' 이동시켜주는 역할을 한다. 이를 통해 링크된 웹사이트 초기 화면으로 바뀌거나 초기 화면이 새로 열리기 때문에 누구든지 웹페이지 주소가 변경되는 것을 확인할 수도 있다. 법적 책임을 묻기가 거의 불가능하다. 그러나 딥 링크나 인라인 링크는 본질적으로 다른 웹사이트에서 제공하는 정보(저작물)를 대체하는 방법으로 또는 우회하는 방법으로 누리꾼들에게 제공하기 때문에 여러 가지 법적 문제를 야기한다. 특히, 저작권이나 상표권, 명예훼손, 사생활 보호 등 법적으로 다양한 분야에 걸쳐 긴장관계가 생길 수 있다. 저작권 분야만 하더라도 링크는 많은 분쟁을 야기해왔다. 그럼에도 국내외적으로 링크의 저작권 침해 여부에 대해 분명한 결론을 찾지 못하고 있다.

링크에 관여하는 자들도 여러 부류에 걸쳐 있다. 가장 먼저 생각할 수 있는 부류로서 온라인서비스제공자가 있다. 캐싱 서비스제공자, 호스팅 서비스제공자, 정보경로도구 등이 각 기능에 맞는 서비스를 제공한다. 이들이 운영하는 웹사이트 내에서 게시판이나 커뮤니티에서 링크를 제공하는 사람들(게시판 운영자 등)도 있다. 그리고 링크를 통해 다른 사람의 콘텐츠에 접근하여 이용하는 사람들(누리꾼)도 있다. 이 중 누리꾼은 브라우징하는 과정에서 자신의 컴퓨터에 일시적 저장(브라우저 캐싱)이 일어나는 외에는 아무런 저작권법상 의미 있는 행위를 거의 하지 않는다. 설령 저작권법상 일시적 복제로 인해 복제권이 미치는 영역이라 할지라도 브라우징은 해당 콘텐츠에 접근하는 과정에서 순간적이고 부수적인, 인터넷 이용을 위해서는 기술적으로 불가피한 것이므로 누리꾼에게 저작권법상의 책임을 묻기는 어려울 것이다. 따라서 저작권법상의 책임은 주로 온라인서비스제공자와 게시판 운영자와 같이 링크 사이트 운영자에게 집중된다.

링크는 다른 웹사이트의 주소 정보만을 가지고 있는 것으로, 그 자체는 저작물을 복제하거나 전송하는 것은 아니다. 이것은 기술적으로나 논리적으로 분명해 보인다. 대법원도 이를 확인시켜주고 있다: "이른바 인터넷 링크(Internet link)는 인터넷에서 링크하고자 하는 웹페이지나, 웹사이트 등의 서버에 저장된 개개의 저작물 등의 웹 위치 정보 내지 경로를 나타낸 것에 불과하여, 비록 인터넷 이용자가 링크 부분을 클릭함으로써 **링크된 웹페이지나**

개개의 저작물에 직접 연결한다 하더라도, 이는 〔복제〕에 해당하지 아니하고, 또한 저작물의 전송의뢰를 하는 지시 또는 의뢰의 준비행위로 볼 수 있을지언정 〔전송〕에 해당하지 아니함은 물론, 〔전시〕에도 해당하지 아니한다."[90]

이렇게 보면 링크는 직접 침해 책임의 문제라기보다는 방조 책임이나 간접 침해[91]의 문제로 귀결된다. 위와 같이 "분명해 보이는" 논리와는 다른 접근법이 존재한다. 유럽연합사법법원(Court of Justice of the European Union: CJEU)은 링크(그것도 딥 링크)[92]를 공중전달의 개념으로 파악하고 있다. 법원에 따르면, EU 정보사회 지침상 공중전달은 전달 행위와 공중을 요소로 하고 있다. 첫째, 공중전달이 되기 위해서는 공중을 구성하는 사람들이 저작물에 접근할 수 있도록 — 실제로 그런 기회를 가지는 여부와는 관계없이 — 이용제공되는 것으로 충분하다. 링크는 그런 이용제공으로서 공중전달로 봐야 한다. 둘째 공중전달은 권리자가 이용허락 당시에 예상하지 못한 '새로운 공중'을 대상으로 한 것이어야 하는데, 링크는 그런 새로운 공중에게 전달하기 위한 필수적인 개입인 것이다.[93] 국제적으로, 링크에 관한 국내법의 조화는 아직 찾지 못하고 있다.

인터넷은 링크를 기본으로 설계된 것이고 이러한 링크가 브라우징 등 인터넷 이용 편의를 위한 것이라는 대전제에서 본다면, 링크에 기대어 상업적 이익을 추구하는 일부 링킹 서비스들을 문제 삼아 다른 상당수의 서비스도 동렬에 놓고 판단하려 하거나 그럴 가능성이 있는 입법 시도는 삼가야 한다고 본다. 물론 '당분간' 법원의 곤혹스러운 처지를 모를

---

90) 대법원 2010. 3. 11. 2009다4343 판결. 이 판결은 검색 결과를 링크로 보여주는 서비스에 관한 것으로, 이에 앞서, 딥 링크에 대해서도 같은 취지의 판결이 나온 바 있다. 즉, 대법원은 딥 링크 그 자체는 복제나 전송이 아니라고 판단했다. 대법원 2009. 11. 26. 2008다77405 판결. 같은 취지는 다른 판결에서도 볼 수 있다. 대법원 2015. 3. 12. 2012도13748 판결; 대법원 2017. 9. 7. 2017다222757 판결; 대법원 2021. 9. 9. 2017도19025 판결 참조.

91) 미국에서는 주로 기여 침해(contributory infringement)나 대위 침해(vicarious infringement)의 문제로 풀고 있다. 링크의 침해 책임에 관해서는 제10장 제2절 1. '다. 저작권법상 불법행위' 참조.

92) 미국의 사례는 주로 인라인 링크에 관한 것이다.

93) CJEU, Judgment in Nils Svensson and Others v Retriever Sverige AB, C-466/12, 13 February 2014; CJEU, Judgment in GS Media BV v Sanoma Media Netherlands BV and Others, C-160/15, 8 September 2016. 이후에도 새로운 판결이 나오면서 침해 여부 판단 매트릭스는 더욱 복잡해지고 있다. Eleonora Rosati, Copyright in the Digital Single Market: Article-by-Article Commentary to the Provisions of Directive 2019/790, Oxford, 2021, pp. 276~285.

바는 아니지만, 그렇다고 가볍게 입법적 결단을 내릴 사안이라고 단언하는 것은 옳지 않다. 시대의 가치와 철학을 투영해야 할 것이다.

제3관 저작재산권의 보호기간

1. 보호기간의 의의

저작물 중에는 한때 반짝하고 사라지는 것도 있지만, 오랫동안 사람들의 기억 속에 남아 있는 것도 있다. 잊혔던 저작물이 저작자 사후에 햇빛을 보기도 한다. 저작물은 사회의 문화유산으로 남게 되고 결국 그 사회 '문화의 향상 발전'을 가져오기 때문에 무한정 보호할 수도 없다. 저작권법은 한편으로 저작자에게 창작을 독려하기 위해 저작재산권을 부여하면서도, 다른 한편으로 공공의 이익을 위해 그 기간을 한정하려는 태도를 제도 탄생 이래 견지해왔다. 1710년 영국 앤여왕법에서 최대 28년의 보호기간을 설정한 이래 각국마다 보호기간을 달리 정했다. 1908년 베를린 개정회의에서 베른협약상 보호기간이 저작자 사망 후 50년(50 years post mortem auctoris)으로 정하고, 1948년 브뤼셀 개정회의에서 이를 동맹국에 강제한 이래 사후 50년은 전 세계적인 표준으로 자리 잡아 왔다.

보호기간 사후 50년은 저작자 본인을 포함하여 3세대에 걸친 권리 행사를 염두에 둔 것이었다. 20세기 초중반의 상황을 생각하면 수긍할 면도 있다. 오늘날처럼 수명이 길지 않았고 이용형태도 다양하지 않았던 것이다. 저작자에게 창작 의욕을 돋우기 위해서는 일정 기간 재산적 권리를 보장할 필요가 있고, 그 기간이 경과하면 공유영역(public domain)에 놓는 것이 정상적인 이익의 균형이라 할 수 있는데 당시 사후 50년이 가장 적절한 균형점으로 본 것 같다. 그럼에도 최근에는 국제적으로 보호기간이 연장되는 추세에 있다. 2009년 기준 약 70개국이 70년 이상의 보호기간을 가지고 있었다.[94] FTA 체결 등으로 보호기간을 늘린 국가들도 있으나 아직도 많은 국가들은 베른협약 기준인 사후 50년 제도를 가지고 있다. 보호기간 연장은 자연인의 수명이 크게 늘었기 때문에 일면 타당한 점도 있으나 그것이 저작권 보호와 공공의 이익 균형 측면에서 긍정적인 것인지 만족할 만한 해답은 아직 나오지

94) 문화체육관광부(2012), 37.

〈표 7〉 조약별 보호기간

	베른협약	TRIPS협정	WCT	한·EU FTA	한·미 FTA
일반 저작물	- 사망 후 50년	- 사망 후 50년 (베른협약 준수) - 발행 후 50년 - 50년 내 미발행 시 창작 후 50년		- 사망 후 70년	- 사망 후 70년 - 발행 후 70년 - 25년 내 미발행시 창작 후 70년
사진/응용 미술저작물	- 창작 후 25년		- 사망 후 50년		
영상저작물	- 공표 후 50년 - 50년 내 미공표시 창작 후 50년				
익명/이명 저작물	- 공표 후 50년				

않았다.

우리나라는 1957년 법에서 저작자 사망 후 30년이라는 보호기간을 원칙으로 한 바 있으며, 1986년 법에서 저작자 사망 후 50년을 원칙으로 하다가 2011년 한·미 FTA와 한·EU FTA에 따라 2011년 6월 개정법에서 사망 후 70년으로 20년을 연장했다. 보호기간 규정(제39조부터 제42조까지)은 보호기간 연장에 따른 사회적 부담, 특히 이용자의 부담을 고려해[95] 한·EU FTA 발효 후 2년의 유예기간을 두어, 2013년 7월 1일부터 시행되었다(2011년 6월 개정법 부칙 제1조).

2. 보호기간의 원칙

저작재산권은 저작자의 생존기간과 사망 후 70년간 존속한다(제39조 제1항). 원칙적인 기준(사후 70년)을 언제나 적용할 수 있는 것은 아니다. 저작자를 알 수 없는 경우, 저작자가 여럿 있는 경우, 법인도 저작자가 될 수 있는 경우 등에는 원칙을 적용할 수는 없을 것이다. 이에 대해 각기 특례 규정이 있다.

---

95) 정부가 위탁한 2007년 연구에 따르면, 보호기간 연장의 효과 중 하나인 로열티 부담액은 연간 약 71억 원(출판 분야 약 21억 원, 캐릭터 약 50억 원)으로 추정되었다. 문화체육관광부(2012), 38.

3. 무명 또는 이명 저작물의 특례

무명 저작물(anonymous work)은 저작자의 이름이 알려지지 않은 저작물이고, 이명 저작물(pseudonymous work)은 실명 이외의 다른 이름으로 알려진 저작물이다. '무명'은 익명일 수도 있고 미상일 수도 있다. 익명이든 미상이든 저작자를 알 수 없는 것을 말한다. 비록 익명으로 작품을 발표한다 하여 그의 신분을 알 수 있는 경우에는 그 작품이 저작권법에서 말하는 무명 저작물은 아니다. 나중에 저작자의 신분이 밝혀지는 경우가 있다면 이 또한 저작권법상 무명 저작물은 아니다.

이에 관해서는 베른협약에서도 규정하고 있다. 협약 제7조 제3항에 의하면, "무명이나 이명 저작물의 경우에, 이 협약이 부여하고 있는 보호기간은 저작물이 적법하게 공중에 제공된 때로부터 50년 후에 소멸한다. 다만, 저작자가 이명을 사용했으나 그의 신원에 의심이 가지 아니하는 경우에, 보호기간은 제1항에서 규정한 대로 한다. 무명이나 이명 저작물의 저작자가 위 기간 동안에 신원을 밝힌 경우에, 적용될 보호기간은 제1항에서 규정한 대로 한다. 무명이나 이명 저작물에 관하여 저작자가 사망한 때로부터 50년이 되었다고 추정하는 것이 합리적인 경우에, 동맹국은 이러한 저작물을 보호할 의무가 없다."

우리 저작권법은 베른협약에서 규정한 대로, 무명 저작물과 이명 저작물에 대한 특칙을 두고 있다. 즉, "무명 또는 널리 알려지지 아니한 이명이 표시된 저작물의 저작재산권은 공표된 때로부터 70년간 존속한다"(제40조 제1항). 특칙을 두는 것은 이들의 사망 시점을 알 수 없고 그에 따라 보호기간을 정할 수 없기 때문이다. 저작권법은 이러한 저작물에 공표라는 기준을 적용하여 보호기간을 계산하도록 하고 있다. 이 특칙은 주로 무명 저작물에 적용될 것이다. 이명 저작물의 저작자는 대개 그 신분을 확인할 수 있기 때문이다. 어떤 경우이든 저작자의 신분을 확인할 수 있다면 원칙적인 기준이 적용된다. 저작권법은 다음 세 가지 경우를 들고 있다.

첫째는 공표 후 70년 내에 실명이나 널리 알려진 이명이 밝혀진 경우(제40조 제2항 제1호)이고,[96] 둘째는 그 기간 내에 저작권 등록을 통해 실명을 밝힌 경우(제40조 제2항 제2호)이다. 보호기간이 종료하기 전에 저작자의 신분을 확인할 수 있다면 보호기간의 원칙 규정(사

---

96) "널리 알려진 이명"이라든가, "널리 알려지지 아니한 이명"이라는 표현은 이해하기도 어렵고 불필요한 표현이다. 실명이 아니면 이명인 것이지, 거기에 조건(주지성 여부)을 붙여야 할 이유가 없다.

망 기준)을 적용하고자 한 것이다. 둘째의 경우는 첫째의 경우 중 하나이므로 굳이 필요한가 싶다. 저작자의 실명은 필수 기재사항이고 따라서 저작자의 신분을 확인할 수 있기 때문이다.[97] 셋째는 공표 후 70년 내에 저작자가 사망한지 70년이 경과했다고 인정할 만한 정당한 사유가 발생한 경우이다. 이때에는 보호기간이 종료한다(제40조 제1항 단서).

무명이나 이명 저작물의 보호기간은 공표를 기준으로 하고 있는바, 이러한 저작물이 저작자 생존 시(사망 전)에 공표된다면 그 보호기간도 일반 실명 저작물보다 짧아진다. 그러나 기준의 차이로 인해 무명이나 이명 저작물의 보호기간이 실명 저작물의 그것보다 긴 경우도 생길 수 있다. 저작자 사망 후 공표되는 무명이나 이명의 사후 저작물(posthumous work)은 공표 시점이 사망 시점 뒤이기 때문에 실명 저작물보다 오랫동안 보호된다.[98]

저작자가 굳이 무명이나 이명으로 남겼다고 선택하는 데에는 특별한 사정이 있을 것이다. 그러나 보호기간의 혜택만을 고려한다면 올바른 선택은 아니다. 왜냐하면 정상적인 보호기간은 저작물 공표 후 120년 가까이 되지만 무명이나 이명 저작물은 공표 후 70년에 지나지 않기 때문이다. 그러나 이 또한 실제로 무의미한 것이다. 누군가가 무명이나 이명 저작물에 대해서 자신의 권리를 주장하려면 신분을 노출하게 마련이고 그 과정에서 실명도 알 수 있고 그의 신분도 확인할 수 있기 때문에 결국 보호기간의 원칙 규정이 적용될 것이다. 이 규정의 실익은 보호기간 종료 시점 이후 저작물 이용을 원활하게 하는 데 있다 하겠다.

4. 업무상 저작물 및 영상저작물의 특례

업무상 저작물의 보호기간은 공표 후 70년이다(제41조 본문). 다만, 창작한 때부터 50년 이내에 공표되지 아니한 경우에는 창작한 때부터 70년간 존속한다(제41조 단서). 이것은 일반 원칙의 예외 중 하나로서, 법인 등은 자연인과 같은 사망이라는 사실이 존재하지 않고, 사망에 해당한다고 볼 수 있는 해산 등이 있지만 법인 등이 해산하지 않으면 그 저작물은

---

97) 이들 두 가지 예외의 경우는 다음과 같은 '취지'로 규정하는 것으로 충분하다고 본다: "무명 저작물이나 이명 저작물 보호기간은 공표 후 70년간으로 한다. 다만, 저작자의 신분을 확인할 수 있는 경우에는 원칙적인 기준을 적용한다."

98) 이런 경우는 저작자를 알 수 없기 때문에 '사후' 저작물 여부도 알 수가 없는, 가상의 상황에 지나지 않는다.

보호기간이 무기한이므로 한정할 필요가 있다는 점에서 나온 것이다.

업무상 저작물은 이미 법인 등의 이름으로 공표된 저작물이 있고 그렇지 않은 것이 있다. 공표를 예정했으나 아직 공표되지 않은 업무상 저작물을 생각할 수 있기 때문이다. 제41조 규정에 의해 전자에 대해서는 공표 후 70년, 후자에 대해서는 창작 후 70년이 업무상 저작물의 보호기간이 된다. 이에 따라, 공표시기에 따라 보호기간에 차이가 생긴다. 창작 후 바로 공표한다면 보호기간은 창작 후 70년이 약간 상회하는 기간이 될 것이고, 창작 후 50년 가까운 시점에 공표한다면 보호기간은 창작 후 120년 가까이 될 것이다. 저작물은 공표 후 본격적인 이용행위가 발생하기 때문에 보호기간의 차이가 실질적으로 의미가 있는 것은 아니다.

영상저작물은 종합예술로서 수많은 사람이 참여하여 만들어낸다. 개개의 참여자마다 독자적인 보호기간을 가지는 저작물을 만들기 때문에 그 각각에 따라 또는 그중 어느 하나를 기준으로 보호기간을 두는 것은 비현실적이다. 이에 따라 우리 저작권법은 업무상 저작물의 경우와 마찬가지로, 공표를 일차적인 기준으로 하고 창작을 2차적인 기준으로 하여 보호기간을 산정하고 있다. 즉, "영상저작물의 저작재산권은 제39조〔보호기간의 원칙〕와 제40조〔무명 또는 이명 저작물의 보호기간〕의 규정에 불구하고 공표한 때부터 70년간 존속한다. 다만, 창작한 때부터 50년 이내에 공표되지 아니한 경우에는 창작한 때부터 70년간 존속한다"(제42조).[99]

베른협약 제7조 제2항에서는 영상저작물에 대해 창작 후 50년 내에 공표되지 않으면 창작 후 50년간 보호하도록 하고 있다. 베른협약과의 충돌을 막기 위해 '50년 이내 공표' 요건을 영상저작물 보호기간 규정에 반영한 것이다. 업무상 저작물 보호기간 규정에도 '50년 이내 공표' 요건이 있는바, 이것은 베른협약 규정에 맞춘 것이 아니라 우리 영상저작물 보호기간 규정에 맞춘 것이다. 베른협약은 법인 저작물을 염두에 두지 않고, 그에 관한 규정도 없다.

---

99) 종전 규정(1986년 개정법)에서는 단체명의저작물과 영상저작물에 대해 창작한 때로부터 10년 이내에 공표하지 않으면 일률적으로 창작 시점부터 50년간, 공표하는 경우는 그 때부터 50년간 보호해주었으나(제38조 및 제77조), 1995년 개정 법률에서는 10년을 50년으로 했다.

5. 보호기간 기준의 특례

저작재산권은 저작자의 사망 또는 저작물의 공표나 창작을 기준으로 그때로부터 보호가 시작된다. 이러한 기준을 획일적으로 적용하기 곤란한 저작물이 존재한다. 이에 대해 저작권법은 몇 가지 규정을 두어 기준을 정하고 그에 따라 보호기간을 일률적으로 정할 수 있도록 하고 있다.

가. 공동저작물

공동저작물은 복수의 저작자가 존재한다. 이들의 사망을 각기 기준으로 하면 하나의 저작물에 복수의 보호기간이 존재하게 된다. 이것은 저작자나 이용자 모두에게 바람직하지 않다. 저작권법은 이를 고려하여 최후에 사망한 저작자를 기준으로 보호기간을 산정한다(제39조 제2항).

나. 계속적 간행물

공표를 기준으로 보호기간을 정하는 저작물(제40조 제1항 및 제41조에 해당하는 저작물) 중 계속적 간행물,[100] 즉 책·호 또는 회 등으로 공표하는 저작물은 어느 시기를 공표 시점으로 보아야 할지 의문이 생길 수도 있다. 이에 대해 저작권법은 그 저작물이 각기 나온 매책, 매호, 또는 매회를 공표 시점으로 하고 있다(제43조 제1항 전단). 신문이나 잡지 만평과 같이 각 호마다 독자적으로 완성되는 저작물이라든가, 공동의 주제를 가지고 있으나 매회 독자적으로 완성되는 방송 프로그램이 이러한 예에 속한다.

공표를 기준으로 보호기간을 정하는 저작물 중 순차적 간행물도 있다. 순차적 간행물이란 일부분씩 순차적으로 공표하여 완성하는 저작물을 말한다. 연재만화나 소설, 연속극 등이 이에 속한다. 이러한 저작물은 최종 부분이 공표되는 때를 공표 시점으로 정하고 있다(제43조 제1항 후단). 최종 부분(들)이 최근의 공표 시기부터 3년이 경과되어도 공표되지 아

---

100) 저작권법에서는 간행물이라는 표현을 사용하고 있지만 종이책과 같은 매체만을 염두에 둔 것은 아니다.

니하는 경우에는 이미 공표된 맨 뒤의 부분을 최종 부분으로 본다(제43조 제2항).

이런 특칙은 낡은 것이다. 1886년 베른협약에 있던 규정[101]을 변형한 1970년 일본 저작권법 규정을 차용한 것으로, 베른협약 해당 규정은 1908년 베를린 개정회의 이후 사라졌다. 불필요한 것이기 때문이다. 첫째, 특칙 규정은 공표를 기준으로 하는 저작물에 관한 것으로 대부분의 저작물에는 해당되지 않는(해당된다면 주로 업무상저작물일 것이다), 아주 예외적인 상황을 염두에 둔 것이다. 둘째, 법의 완결성을 존중하는 의미에서 필요하다고 주장할 수도 있겠으나 이 또한 옳지 않다. 1886년 베른협약 규정은 저작물의 완성도를 저작물성에 연계하는 태도를 가지고 있었으나 이제 완성도 여부는 저작물성을 가리는 기준이 되지 못한다. 미완성 저작물이라고 하여 보호대상에서 제외되어서는 안 되는 것이다.

다. 기산점

보호기간을 계산하는 시점으로서 기산점은 사망, 공표 또는 창작 당시가 아니고 다음 해 1월 1일이다(제44조). 예를 들어, 2000년에 사망한 자연인의 저작물은 그다음 해인 2001년부터 70년간, 즉 2070년 말에 보호기간이 종료한다. 기산점은 이 점에서 보호기간을 정하는 기준으로서 특정 사실 또는 행위(사망, 공표 또는 창작)가 발생한 시점(기준 시점)과 다르다. 기산점이 기준 시점과 별도로 존재하는 것은 누구든지 저작물의 보호기간을 쉽게 인지할 수 있도록 하기 위함이다. 기준 시점이 각기 다른 저작물에 대해 각기 독자적인 보호기간을 부여하게 되면 실제로 매우 번잡할 수밖에 없기 때문이다.

자율 학습

1. 저작권법상 어떤 권리를 어떻게 부여하는가에 대해 입법례가 다양하다. 프랑스는 이용권을 재현권과 복제권으로 나누고, 재현권에는 어떠한 방법으로든 저작물을 공중에 전달

---

101) 1886년 베른협약 제5조: "…… 배달되는 방법으로(par livraisons) 발행된 저작물에 대하여는 10년의 기간은 원저작물의 최종 배달물의 발행일로부터 시작한다. 10년의 기간과 관련하여, 기간을 두고 발행하는 여러 권으로 구성된 저작물 및 문학단체나 학술단체 또는 사인이 발행하는 회보와 수집물에 대하여는 각 권, 회보 및 수집물을 별개의 저작물로 본다. ……"

하는 것이라고 하고 있다(제122-1조 내지 제122-4조). 반면, 독일은 용익권을 유형적 이용의 권리와 무형적 이용의 권리로 나눈 다음, 전자는 복제권(제16조), 배포권(제17조), 전시권(제18조)으로 다시 나누고, 후자는 낭송권, 공연권, 상연권(제19조), 이용제공권(제19a조), 방송권(제20조), 녹음·녹화물의 전달권(제21조), 방송물 및 공개 저작물의 전달권(제22조)으로 세분하고 있다. ① 큰 권리를 부여하는 방식과 작은 권리들로 나눠 부여하는 방식은 단지 입법 기술적인 문제에 지나지 않는다고 보기는 어렵다. 권리 범위의 문제, 권리 제한 규정의 문제, 해석상의 문제 등 시사점이 적지 않을 것이다. 이런 입법 정책 각각의 문제점은 무엇이고, 양자 간의 차이점은 무엇인가? ② 저작자와 이용자는 어떤 접근법을 선호한다고 보는가? 선호 여부를 판단하는 것은 가능한가?

2. 일시적 저장을 저작권법 체계 내에서 받아들이고, 저작자에게 이에 대한 배타적인 권리(복제권)를 부여하고 있다. ① 일시적 저장이 일어나는 기기와 매체에는 어떤 것들이 있는가? ② 각각의 일시적 저장 중 복제권이 미쳐야 한다고 생각하는 사례로는 무엇이 있는가? ③ 미쳐서는 안 된다고 보는 사례로는 무엇이 있는가?

3. 한국음악저작권협회의 사용료 징수규정에 의하면, "노래연습장에서의 공연사용료" 조항이 있다. 노래연습장에서는 반주 기계가 있고, 반주 기계에 수록된 반주곡가 있다. 노래연습장에서 고객이 반주곡에 맞춰 노래(가창)를 하면 가창과 반주가 스피커로 나온다. 대법원 판례에 의하면, "공개된 장소인 위 노래방에서 고객들로 하여금 노래방 기기에 녹음 또는 녹화된 이 사건 음악저작물을 재생하는 방식으로 저작물을 이용하게 한 이상, 피고인의 위와 같은 소위는 일반 공중에게 저작물을 공개하여 공연한 행위에 해당된다." ① 대법원은 공연의 주체로 노래연습장을 들고 있다. 고객은 공연의 주체가 될 수는 없는가? ② 대법원은 노래연습장이 무엇을 공연했다는 것인가? ③ 위 대법원 판례에서는 노래연습장 각 방실이 소규모로 나눠져 있는 경우를 전제로 한 것이다. 그러나 불특정 다수가 있는 넓은 홀에 노래반주기가 설치된 경우 공연의 주체는 누구인가? 참고로, 일본의 사례를 보면, 이른바 '가라오케 법리'라고 하여 영업 주체의 '관리·지배'와 '이익의 귀속'을 들어 영업 주체의 행위는 고객의 가창과 같은 것으로 볼 수 있다고 판단하고 있다(牛田, 322). 우리의 경우 어떻게 파악할 수 있을까? 예를 들어, 앞에서 질의한 것과 중복 의미는 있으나, 가창자에게 침해 책임을 물을 수 있는가? 영업 주체에게도 책임을 묻는다면 어떤 법적 근거를 제시할 수 있

는가?

4. 베른협약 제5조 제1항에서는 내국민대우 원칙을 다음과 같이 규정하고 있다: "저작자는 이 협약에 따라 보호되는 저작물에 관하여, 본국 이외의 동맹국에서 각 법률이 현재 또는 장래에 자국민에게 부여하는 권리 및 이 협약이 특별히 부여하는 권리를 향유한다." 내국민대우는 외국인 창작자에게도 저작권법상 보호를 해야 한다는 의미이다. ① 우리 저작권법에 새로운 보호대상을 추가할 때 베른협약에 의해 내국민대우를 해야 하는가? ② 저작권법이 아닌 다른 법률 또는 특별법으로 보호대상을 정할 경우에도 내국민대우를 해야 하는가? ③ 새로운 권리를 신설하고자 한다면 이 또한 베른협약에 의해 외국인도 보호해줘야 하는가? ④ 우리 법상 상호주의(이에 관해서는 제2장 제2절 '2. 외국인의 저작물 보호: 연결점' 참조)에 의해 보호를 제한할 수 있는가? ⑤ 보편주의(universalism)에 입각해 저작권법상 추가 보호대상을 포함해 모든 보호대상에 대해 상호주의 없이 보호하는 것에 대해 어떻게 생각하는가? 어떤 법적·경제적·사회적 영향을 생각할 수 있는가?

* 베른협약 제5조 제1항 영어본: "Authors shall enjoy, in respect of works for which they are protected under this Convention, in countries of the Union other than the country of origin, the rights which their respective laws do now or may hereafter grant to their nationals, as well as the rights specially granted by this Convention."

제3장
저작인접권

제1절 저작인접권의 의의

제2절 저작인접권의 종류와 내용

제3절 실연자의 권리

제4절 음반제작자의 권리

제5절 방송사업자의 권리

제6절 저작인접권의 보호기간

제1절 저작인접권의 의의

1. 저작인접권의 개념과 성격

저작권법은 저작권과 더불어 저작인접권도 보호하고 있다. 저작권법 제1조에서는 "[저작자의 권리]에 인접한 권리를 보호"하는 것을 그 제정 목적의 하나임을 분명히 하고 있다. 저작인접권은 저작권에 인접한 권리(rights neighboring on/upon copyright, droits voisins du droit d'auteur)라는 표현을 압축한 말이다. 이에는 실연자와 음반제작자 그리고 방송사업자의 권리가 있다. 이들은 저작자를 대신해서, 자신의 예술적 능력, 재능을 살려 저작물을 공중에게 전달하기도 하고 자본을 투자하여 저작물을 광범위하게 전달하기도 한다. 이들은 저작물의 해석자로서, 매개자로서 또는 전달자로서 각기 독특한 역할을 하는 것이다. 나라에 따라서는 이들 3자 외에 다른 매개자를 인정하기도 하지만,[1] 국제적으로는 3자를 보호하는 것이 보통이다.

창작자 보호 체계는 저작자만을 보호한다고 하여 완성되지 않는다. 저작자는 자신의 저작물을 일반 대중에게 전달하는 수단이 거의 없다. 누군가가 저작자와 최종 소비자 간에 개입한다. 자신의 예술적 역량을 발휘하여 저작물을 해석, 전달하기도 하고 자신의 노력과 비용으로 매체를 제작, 전달하기도 한다. 이러한 중간 역할을 하는 매개자에는 대표적으로 실연자, 출판사, 음반사 및 방송사 등이 있다. 최근에는 온라인서비스제공자가 그러한 역할을 보완하기도 하고 대신하기도 한다.

이러한 매개자들이 제3자의 저작권 침해에 대응할 수 있는 직접적인 수단이 없다면 창작자 보호 체계에 구멍이 뚫리는 셈이다. 음반을 예로 들면, 누군가가 음반을 무단 복제할 때 음반

---

1) 프랑스와 독일은 영상제작자도 저작인접권자로 보호하는가 하면, 독일과 스페인은 특정 출판자를 저작인접권의 범주에 넣어 보호하기도 한다.

에 담긴 저작물의 저작자는 해당 저작권 침해에 대해 직접 민사적으로나 형사적으로 구제방법을 강구할 수 있다. 음반제작자가 저작자의 의지에 따라 권리 구제를 받는다면 이는 매우 비현실적이다. 오히려 음반제작자는 침해 사실 정보를 상대적으로 쉽게 접할 수 있고 그에 따라 무단 복제에 신속하게 대응할 수 있는 위치에 있다. 게다가 음반제작자는 무단 복제로 인하여 치명적인 손해를 입을 수 있다. 침해 그 자체로 기대이익을 잃게 될 뿐만 아니라 무단 복제물과 시장에서 부당한 경쟁을 해야 한다. 그간 들인 투자비용을 회수하지 못하면 음반 제작에 대한 기대를 저버릴 수밖에 없다. 이러한 연쇄적인 반응은 직간접적으로 저작자에게도 피해로 돌아간다. 이런 상황을 타개하기 위해 저작인접권 제도가 도입된 것이다.

우리 법은 매개자 중 실연자(performers, artistes interprètes ou exécutants)와 음반제작자 (producers of phonograms, producteurs de phonogrammes) 그리고 방송사업자(broadcasting organizations, organismes de radiodiffusion)에게 저작인접권을 부여하여 창작자 보호 체계를 완성하고 있다. 1961년 로마협약 체결 이래 주요 국가들이 취하는 입법 체계와 맥락을 같이 한다. 로마협약 체약국은 베른협약 동맹국에 비해 숫자가 적다. 주요 원인 중 하나로 영미 법계 국가들 다수가 참여하지 않고 있다는 점이 지적되고 있다.

저작인접권은 1986년 개정법에서 처음 도입되었다. 종전에는 실연과 음반도 저작물의 범주에 넣고 이에 대해서도 저작권 보호를 했으나,[2] 1986년 개정법은 이러한 체계를 변경하여 '저작자의 권리'(좁은 의미의 저작권)와 저작인접권이라는 양대 권리를 제도화했다.

헌법은 '저작자의 권리'를 법률로써 보호하도록 국회에 위임하고 있다. 저작인접권에 대해서는 침묵하고 있다. 국회는 헌법에서 위임받지 않은 사항에 대해서도 포괄적인 입법재량권을 가지고 있기 때문에 저작인접권 보호를 위한 입법을 할 수가 있다. 그 보호는 별도의 법률로서 할 수도 있으나 편의상 저작권법에 넣은 것이다. 저작인접권은 저작권에 인접한 권리이기 때문이다.

저작인접권은 저작권에 인접한 권리이지, 저작권은 아니다. 저작권과 같은 측면도 있고, 다른 측면도 있다. 간단히 살펴보면 다음과 같다. ① 입법 재량에 따라 보호대상을 정할 수 있다. 우리 법은 실연, 음반 및 방송을 선택적으로 보호하고 있으나 그 대상을 넓히는 것도 가능하다. ② 실연자에게는 인격적 권리가 부여된다. 그 성격은 저작인격권과 같은

---

2) 1957년 저작권법에서는 "저작물이라 함은 연주, 가창, …… 음반, 녹음필림 기타 학문 또는 예술의 범위에 속하는 일체의 물건을 말한다"(제2조)고 했다.

것이다. ③ 재산적 권리의 종류와 내용도 국회가 재량권의 범위에서 정할 수 있다. 모든 권리자에게 같은 종류와 같은 성격의 권리를 부여할 수도 있으나(예를 들어 복제권) 이런 예는 드물다. 권리자마다 다른 종류의, 다른 성격의 권리가 개별적으로 주어진다. ④ 재산적 권리 중 배타적인 권리는 그 성격상 저작재산권과 같은 것이다. 저작재산권 제한에 관한 일반 원리가 그대로 저작인접권 제한에도 적용될 수 있다. 반면, 처음부터 보상청구권으로 주어진 권리는 배타적 성격이 없는 것일 뿐만 아니라, 그 권리의 조건과 내용도 얼마든지 차별적으로 정해질 수 있고, 보상금의 요율이나 금액에서도 차별받을 수 있는 것이다. ⑤ 보호 기간도 저작재산권과는 다르다. 1986년 개정법에서는 실연, 고정 및 방송 이후 20년으로 했다. 이러한 차별은 이후 여러 차례 법개정을 통해 완화되기도 했으나 아직도 존재한다.

2. 보호대상의 종류 및 내용

가. 실연

실연이란 "저작물을 연기·무용·연주·가창·구연·낭독 그 밖의 예능적 방법으로 표현하는"(제2조 제4호) 것을 말한다. 저작권법은 실연자를 정의하면서 실연을 간접적으로 정의하고 있다.3) 이러한 실연은 연기, 무용 등 정의 규정에서 예시한 것이 대부분이지만 그 외에도 더빙, 낭송 등도 있다.

우리 저작권법은 방송과 방송사업자, 음반과 음반제작자를 각기 정의하고 있는 것을 보면, 저작인접물로서 먼저 실연을 정의하고, 권리 주체로 실연자를 각기 정의하는 것도 생각해볼 수는 있다. 그러나 우리 법은 실연에 대해서 별도 정의 규정을 두지 않고 있다. 2006년 법개정에서 실연의 정의 규정을 삭제했기 때문이다. 이것은 다음과 같은 이유에서 비롯된 것이다. 첫째, 종전 정의 규정에서 실연과 공연을 각기 정의하고 있는바, 각기 다른 의미를 가져야 함에도 불구하고 각 정의 규정이 무척 흡사할 수밖에 없어서 양자를 각기 독자적

---

3) 제2조 제4호에 의하면, 실연자란 "저작물을 연기·무용·연주·가창·구연·낭독 그 밖의 예능적 방법으로 표현하거나 저작물이 아닌 것을 이와 유사한 방법으로 표현하는 실연을 하는 자를 말하며, 실연을 지휘, 연출 또는 감독하는 자를 포함한다"고 하고 있다. 이 정의는 2006년 개정법에서 변경된 것이다.

으로 이해하지 못하거나 양자 간의 관계를 오해할 수 있었다.[4] 양자는 각기 전연 다른 점을 염두에 둔 것이다. 실연은 보호대상이고 공연은 이용형태인 것이다.[5] 둘째, 군이 실연과 실연자를 별도로 정의해서 같은 내용을 중복해서 담을 필요가 없었다. 국제조약이나 외국 국내법에서도 양자를 각기 독자적으로 정의하지 않고 실연자를 정의하면서 실연을 간접적으로 정의하는 방법을 택하고 있다. 실연자는 실연을 하는 사람에 지나지 않기 때문이다. 우리 법에는 실연자의 정의와 관련하여 특이한 점이 두 가지 있으나, 그것이 "실연을 하는 자"로서 실연자의 정의를 근본적으로 바꾸지는 않는다.[6] 반면, 음반제작자는 음반을 제작하는 사람이 아니고, 방송사업자는 방송을 하는 사람이 아니다. 이 경우에는 각기 독자적인 정의와 독자적인 해석이 뒷받침되어야 한다.[7]

실연에는 저작물을 표현하는 것뿐만 아니라 저작물이 아닌 것을 표현하는 것도 포함된다. 실연이 연기, 가창 등의 방법으로 저작물을 표현하는 것이지만 저작물이 아닌 것도 같은 방법으로 표현할 수 있다. 실연 보호를 확장하는 의미에서 군이 저작물의 실연에 국한하지 않은 것이다.[8]

나. 음반

음반이란 소리[9]가 유형물에 고정된 것을 말한다(제2조 제5호). 소리에는 사람의 소리(음

---

4) 종전 규정 제2조 제3호에서 공연이란 "저작물을 상연·연주·가창·연술·상영 그 밖의 방법으로 일반 공중에게 공개하는 것과 이의 복제물을 재생하여 일반 공중에게 공개하는 것을 말하며, ……"라고 하고, 그 제4호에서 실연이란 "저작물을 연기·무용·연주·가창·연술 그 밖의 예능적 방법으로 표현하는 것을 말하며, ……"라고 하여 매우 흡사한 내용을 담고 있다.

5) 언어가 가지고 있는 한계도 법개정의 이유 중 하나라고 할 수도 있다. 실연이나 공연은 모두 영어로는 'performance'이다. 'performance'는 보호대상으로서 실연이고 이용행태로서 공연인 것이다. 이용형태로서 공연은 'public performance'라고 할 수도 있지만 이것은 'performance'와 같은 의미이다. 외국법에서 공연권은 'right of performance'라고도 하고 'right of public performance'라고도 한다.

6) 이에 관해서는, 제3장 제1절 3. '가. 실연자' 참조.

7) 예를 들어, WPPT를 보면 음반과 음반제작자를 각기 독자적으로 정의하고 있다. 즉, WPPT는 음반을 정의한 다음, 음반제작자란 "[음반]을 최초로 고정하기 위하여 발의하고 이에 책임을 지는 자연인이나 법인을 말한다"고 하고 있다[제2조 (d)].

8) 이에 관해서는, 제3장 제1절 3. '가. 실연자' 참조.

성)와 기타 소리(음향)가 있다. 사람의 소리는 가창, 낭독, 더빙 등을, 기타 소리는 악기 연주와 자연의 소리 등을 생각할 수 있다. 소리만을 고정한 것이 음반이므로 소리와 영상이 함께 담기면 음반이 아니다. 음악 소리를 빛내기 위해 '보조적으로' 영상이 들어가 있다고 하는 뮤직비디오도 음반이 될 수 없다. 저작권법은 오로지 소리만을 담은 것에 한정해 음반을 정의하고 있는 것이다.

음반은 소리를 유형물에 고정된 것에 한정되지 않는다. 음반이 디지털 방식으로 제작되는 경우 그 소리는 데이터로 표현(represented)된 것이고, 적절한 기기와 매체로 그 소리를 듣게 된다.10) 이에 따라 WPPT에서는 음반이란 "실연의 소리 또는 기타 소리, 또는 소리의 표현(representation of sounds)을 고정한 것으로서, 영상 또는 기타 시청각 저작물에 수록된 형태 이외의 고정물을 말한다"고 하고 있다〔제2조 (b)〕. 우리 법도 이에서 벗어나지 않는다. 우리 법은 음반을 "음···이 유형물에 고정된 것(음을 디지털화한 것을 포함한다)을 말한다"고 한 것이다. 괄호는 2016년 3월 개정법에서 신설된 것이다.

음반은 저작권법상 보호대상으로서 음반이 있고 매체로서 음반이 있다. 일반적으로는 후자의 의미로 쓰이지만, 저작권법상 음반은 전자의 의미이다. 저작물이 무형의 것인 것처럼, 음반도 무형의 것이다. 이를 저작권법상의 권리에 대입하면 그 개념이 분명해진다. 예를 들어, 음반제작자에게 부여된 전송권은 무형물로서 음반을 공중에게 제공하는 데 대한 권리인 것이다. 저작물과 그 복제물(서적 등)이 구별되듯이 무형의 음반과 유형의 매체로서 음반도 구별된다. 하나의 단어(음반)를 서로 다른 의미로 사용할 수밖에 없는 언어의 한계에서 비롯된 것이다.11)

---

9) 저작권법에서는 음반을 "음(음성·음향을 말한다. 이하 같다)이 유형물에 고정된 것"이라고 하고 있다. 우리 표준국어대사전에 '음'이 표제어로 올라가 있기는 하지만, 같은 뜻의 '소리'라는 단어를 두고, 굳이 한 글자로 되어 그 자체를 들어서는 무슨 의미인지 알 수도 없는 한자 단어를 써야 할 필요가 있을까. 또한 괄호는 필요하지도 않다. 소리란 "물체의 진동에 의하여 생긴 음파가 귀청을 울리어 귀에 들리는 것"으로 음성과 음향은 자연스럽게 이 정의 안에 들어온다. 아마도 저작권법 다른 곳에 있는 표현을 본받은 것인지는 모르겠다. 이 괄호는 국회 문화관광위원장 대안에서 신설된 것으로 그 이유에 대해서는 밝히지 않고 있다. 저작권법 전부개정법률안(대안), 의안번호 5514, 2006. 12. 1.

10) WIPO(DC/5), § 20.07.

11) 양자를 구별하는 입법례로 영국과 미국의 사례가 있다. 영국은 녹음물(sound recording)과 녹음물 복제물(copy of a sound recording)로 구분해 규정한다. 1956년 저작권법에서는 유형물의 의미로 레코드(record)라고 한 적도 있다. 미국은 저작물의 하나로서 녹음물(sound recording)과 유형물로서 음

다. 방송

방송이란 "공중송신 중 공중이 동시에 수신하게 할 목적으로 음·영상 또는 음과 영상 등을 송신하는 것을 말한다"(제2조 제8호). 보호대상으로서 방송은 이용형태로서 방송과 같은 개념으로 설명할 수 있는데, 차이점이라면 전자는 무형물로서 방송을 의미하고 후자는 행위로서 방송을 의미한다.

방송에는 무선의 방법뿐만 아니라 유선의 방법에 의한 송신을 포함한다. 국제 규범이나 외국 국내법에 비해 특이한 입법이다. 방송의 정의가 포괄적인 만큼 권리자도 늘어나고, 권리자에게 부여된 권리의 범위도 넓어지고 해당 권리 제한도 그만큼 넓어진다.

3. 저작인접권자

보호대상이 정해지면 그 보호대상에 대해 저작권법상 권리를 가지는 권리의 귀속 주체를 정해야 한다. 권리의 귀속 주체에는 보호대상에 상응하는 실연자와 음반제작자, 그리고 방송사업자가 있다. 이들을 통칭하여 저작인접권자라 한다. 저작권법은 저작인접권자 각각에 대해 정의 규정을 두어 권리의 귀속 주체를 한정적으로 하고 있다. 보호대상 행위(실연, 음반 제작, 방송)가 곧바로 저작인접권자로 연결되는 것은 아니다. 정의 규정에 따라 그 범위 안에 포함될 수도 있고 그렇지 않을 수도 있다.

저작인접권자는 두 가지 의미로 쓰인다. 하나는 저작인접권의 원시 귀속 또는 최초 귀속 주체로서 저작인접권자가 있고, 재산적 권리가 이전될 경우 후속 취득 주체로서 저작인접권자가가 있다. 저작자와 저작재산권자와 같은 구별이 존재하지 않는다. 후자의 의미를 엄밀히 말하면 '저작인접재산권자'라고 할 수 있으나 그와 같은 용어는 저작권법에 존재하지 않는다.[12]

반(phonorecord)을 구별한다.

12) 제3장(저작인접권) 제2절부터 제4절에서 말하는 저작인접권(자)은 전자의 의미이고, 제2조 제26호 및 제27호, 제3장 제5절과 제6절에서 말하는 저작인접권(자)은 후자의 의미이다.

가. 실연자

실연자란 "저작물을 연기·무용·연주·가창·구연·낭독 그 밖의 예능적 방법으로 표현하거나 저작물이 아닌 것을 이와 유사한 방법으로 표현하는 실연을 하는 자를 말하며, 실연을 지휘, 연출 또는 감독하는 자를 포함한다"(제2조 제4호).

실연자에는 저작물을 실연하는 자와 저작물이 아닌 것을 실연하는 자가 있다. 실연자는 일차적으로 저작자와 일반 공중을 매개하는 사람이다. 이러한 사람들에는 연기자, 배우, 성우, 연주자, 가수, 동화구연자 등이 있다. 저작물을 표현하지 않는 사람은 군이 저작권 보호의 취지에서 볼 때 권리 주체에 포함시킬 필요는 없으나 그러한 실연자들을 저작물 실연자와 뚜렷이 구별할 수 있는 방법도 없고 양자를 차별할 이유도 찾기 어려우므로 자연스럽게 보호대상으로 들어온 것으로 보인다. "저작물이 아닌 것을 …… 실연을 하는 자"를 실연자의 정의에 포함시킨 것은 로마협약 규정을 따른 것이다.[13] 이러한 실연자에는 버라이어티 예술가나 서커스 예술가(저글러, 곡예사, 광대 등)가 있다.[14]

실연자는 단순히 연기 등을 하는 데 그치지 않고 '예능적 방법'으로 표현해야만 한다. 연기자가 단순히 지휘나 감독 또는 연출자의 지시를 충실히 따르기만 할 뿐 자신의 예능이나 재능을 보여주지 못한다면 실연자로서 법적 보호를 받을 수 없다. 따라서 이른바 엑스트라 또는 보조 실연자(auxiliary performer)는 저작권법에서 말하는 실연자라 하기 곤란하다. 저작인접권 제도를 국제적으로 선도한 로마협약상 실연자의 범주에서 엑스트라는 배제되는 것으로 해석된다.[15] 프랑스 저작권법은 보조 실연자(artiste de complément)를 명시적으로 실연자의 정의에서 배제하고 있다.[16] 이에 대해 국제적인 공감대도 존재한다.[17] 이러한 보

---

13) 로마협약에서는 저작물이 아닌 것을 실연하는 예술가들도 보호할 수 있도록 규정하고 있는데, 그 보호 여부, 범위 등은 전적으로 국내법에 위임하고 있다(제9조).

14) WIPO(Rome), pp. 21, 42.

15) 로마협약 프랑스어 정본에 따르면 실연자를 'artistes interprètes ou exécutants'이라고 하고 있는데, 자신의 개성을 보여주지 않고 단순히 기계적인 역할을 하는 연극이나 영화 엑스트라는 실연자에 포함되지 않는 것으로 해석할 수밖에 없다. WIPO(Rome), pp. 21~22.

16) 프랑스 저작권법 제212-1조 참조. 프랑스 저작권법상 실연자〔artistes-interprètes(ou exécutants)〕란 글자 그대로 저작물을 해석해서 표현하는 능력을 가진 사람이라고 할 수 있는데, 보조실연자는 각 분야별 관행에 따라 판단한다고 한다. 한 예로, 연극이나 영화 분야에서 보조 실연자는 대본이 13줄을 넘지 않는다고 한다. Lucas et al., p. 1044.

조 실연자에는 연극이나 영화의 '엑스트라' 외에 백댄서나 백코러스도 생각할 수 있다. 후자의 경우 물론 그 판단은 저작물을 예능적 방법으로 해석하는 여부에 있다 하겠다.

한편으로, 실연을 지휘하거나 연출 또는 감독하는 자도 실연자에 포함된다. 연출자나 감독이 실연자인지 여부에 관해 논란이 있다. 일부에서는 연출자나 감독은 실연자의 범주에서 포함되는 것으로 보고 있다.[18] 일부에서는 '지휘'란 교향악단이나 음악연주단의 지휘자를, '연출'이란 연극이나 무용의 연출가를, '감독'이란 영화감독을 상정한 것이라고 한다.[19]

그러나 연출자나 감독을 곧바로 실연자로 단정하는 것은 무리가 있다. 첫째, 기존 저작물을 바탕으로 새로운 독창적 저작물이 창작된다면 그것은 2차적저작물이 된다. 2차적저작물 저작자도 당연히 존재한다. 연출자나 감독이 기존 저작물(각본이나 소설 등)을 새롭게 해석하고 거기에 새로운 창작적 표현을 가미하여 독창적 저작물을 얼마든지 만들 수 있는 것이다. 희곡의 연출자가 저작자가 될 수 있는 것도 같은 이치이다.[20] 둘째, 영상저작물의 감독은 모두 저작자로 보는 것이 일반적이다.[21] 셋째, 저작권법 제2조 제4호 정의는 "실연을 지휘, 연출 또는 감독하는 자"라고 하고 있고 이를 그대로 풀어보면 "실연을 지휘…하는 자", "실연을 …… 연출하는 자" 또는 "실연을 …… 감독하는 자"가 된다. 연주 지휘자, 연기 감독 등이 이 범주에 드는 실연자인 것이다.[22]

---

17) Basic Proposal for the Substantive Provisions of an Instrument on the Protection of Audiovisual Performances to be Considered by the Diplomatic Conference, IAVP/DC/3, August 1, 2000, p. 23 참조.

18) 뮤지컬 연출자를 실연자라고 판단한 판례가 있다. 대법원 2005. 10. 4. 2004마639 결정(사랑은 비를 타고 사건) 참조. 대법원 결정은 원심판결을 확인해주고 있다: "〔연출자가〕 일부 대본의 수정이나 가사 작성에 관여함과 아울러 초연 뮤지컬의 제작과정 및 공연에 이르기까지 전체적인 조율과 지휘·감독을 한 바 있기는 하지만, …… 초연 뮤지컬의 연출자로서 이를 실연한 데 불과한 신청인 배해일은 초연 뮤지컬에 대한 저작권이나 저작인접권을 주장하여 피신청인들의 공연의 금지를 구할 수 없다." 그러나 이 결정이 연출자의 저작자 지위를 무조건 부정하고 있다고 말하기는 어렵다.

19) 허희성, 신저작권법축조개설(상), 저작권아카데미, 2000, 48. 이상정, "저작권법상 일부 용어 정의 및 개정문제에 관한 고찰", 저작권위원회(2002)(2), 437에서 재인용.

20) 이에 관해서는, 제2장 제1절 2. 라. '(2) 연극저작물의 저작자' 참조.

21) 일본에서도 영화감독은 저작자로 보고 있다. 일본 저작권법은 제2조 제1항 제4호에서 실연자를 "배우, 무용가, 연주가, 가수 기타 실연을 행하는 자 및 실연을 지휘하거나 연출하는 자를 말한다"라고 규정하고, 제16조에서는 "영화저작물의 저작자는 …… 제작, 감독, 연출, 촬영, 미술 등을 담당하여 그 영화저작물의 전체적 형성에 창작적으로 기여한 자로 한다. ……"고 규정하고 있는 것이다.

이렇게 볼 때 연극 연출자이든 영상저작물 감독이든 그 역할이 창작적 기여에 있다면 저작자가 되는 것이고,23) 그렇지 않으면 단순히 지휘·감독하는 실연자가 된다고 보는 것이 타당하다고 본다. 저작물과 실연의 의미를 돌아보고 양자의 관련성을 함께 검토한다면 이렇게 결론을 내릴 수밖에 없다.24)

나. 음반제작자

음반제작자란 "음을 음반에 고정하는 데 있어 전체적으로 기획하고 책임을 지는 자를 말한다"(제2조 제6호). 이 규정은 2006년 개정된 것인데, 종전에는 음반제작자를 "음을 음반에 맨 처음 고정한 자"(1986년 저작권법 제2조 제7호)로 정의했다. 현행 규정은 종전 규정을 해석한 데 지나지 않지만25) 법적 의미를 명확히 한 점은 평가할 만하다. 바뀐 정의는 WPPT 규정과 같은 것이다.26)

음반 제작을 위해서는 음악의 주제를 잡고 장르를 정하는 등 음반 기획을 한 연후에 기획 의도에 적합한 작사자와 작곡자를 선정하고 그에 맞는 가수와 연주자를 찾아야 한다. 소비자의 선택을 받기 위해 시장도 조사해야 한다. 어느 과정이 먼저랄 것은 없지만 제작 과정은 적지 않은 시간과 인력, 그리고 상당한 비용을 수반한다. 녹음과 믹싱, 마스터링 과정 등을 거쳐 마스터테이프를 만들고 CD 등 매체에 담는다.27) 이를 종합적으로 정리하면, 저

---

22) "실연을 …… 연출"한다는 구절은 문법에 맞지 않는다. 실연은 지휘나 감독의 대상이 되어도 연출의 대상이라 할 수 없기 때문이다. 실연자의 정의에 관해 적지 않은 논란이 있었다. 몇 차례 저작권법 개정안이 만들어질 때마다 실연자의 정의를 "실연을 하는 자 및 실연을 단순히 지휘·연출 또는 감독하는 자를 말한다"고 제시된 적도 있었으나 성문화하지는 못했다.

23) 저작권위원회(2002)(1), 51.

24) 송영식·이상정, 저작권법개설, 전정판, 세창출판사, 2000, 111에서는 영화감독은 저작자의 지위와 실연자의 지위를 겸유한다고 한다. 이상정, 앞의 글, 저작권위원회(2002)(2), 438에서 재인용.

25) 로마협약은 "실연의 소리 또는 기타 소리를 최초로 고정한 자연인이나 법인"을 음반제작자로 정의하고 있으나[제3조 (c)] 그 의미는 음반의 최초 고정을 발의하고 최초 고정에 대한 경제적 기타 책임을 부담하는 자로 해석한다. WIPO(DC/5), § 2.19. 최초 고정한 자를 음반제작자라고 곧이곧대로 해석하게 되면 음반사 직원이 음반제작자가 된다는 엉뚱한 결론이 나온다. WIPO(Rome), p. 23.

26) WPPT 제2조 (d)에 의하면 음반제작자란 "실연의 소리 또는 기타 소리, 또는 소리의 표현을 최초로 고정하기 위하여 발의하고 이에 책임을 지는 자연인이나 법인을 말한다"고 하고 있다.

작권법상 음반제작자란 음반 기획에서 고정에 이르는 과정을 책임지고 기획하는 자를 의미한다고 하겠다. 기존 음반을 디지털화한다거나 리마스터링(re-mastering)했다는 이유로 음반제작자가 되지는 않는다.[28] 편집음반 또는 리메이크 음반이라는 매체는 기존 음반 매체의 잡음을 제거하기도 하고 변경하기도 한다. 수록곡을 추가하거나 빼기도 한다. 이러한 음반을 만드는 자는 저작권법상 음반제작자가 아니다.

다. 방송사업자

저작권법에서는 방송사업자를 정의하여, "방송을 업으로 하는 자"(제2조 제9호)라고 하고 있다. 우리 법은 무선의 방법과 유선의 방법을 가리지 않고 모두 방송의 개념 내에 포섭하고 있기 때문에 무선방송사업자뿐만 아니라 유선방송사업자도 방송사업자이고, 위성방송도 방송의 일종이므로 위성방송사업자도 방송사업자에 해당한다.

위 정의에 부합하는 방송사업자란 적어도 방송의 기획과 편성 또는 방송의 내용에 대해 책임을 지는 사업자를 말한다. 이러한 방송사업자는 현실적으로 다양하게 존재한다. 첫째 범주는 방송의 기획, 편성, 제작 및 송출에 책임을 지는 사업자이다. 방송 프로그램을 기획 단계에서부터 송출 단계에 이르기까지 전체 과정에 간여하는 전형적인 방송사업자인 것이다. 우리 방송법상의 지상파방송사업자와 위성방송사업자가 이에 해당한다. 종합유선방송사업자는 자체 채널로 기획 및 편성을 하는 경우 해당 방송 프로그램에 대한 방송사업자의 지위를 가진다고 할 수 있다.[29]

둘째로는 방송의 기획과 편성, 제작을 책임지고 맡으면서도 송출은 제3자에게 맡기는 사

---

27) 음반 제작 과정을 기술한 판례가 있다: "직접 이 사건 음반에 수록될 곡을 선정하여 그 작사자, 작곡자로부터 이용허락을 받고, 연주자와 작업실을 섭외하여 녹음 작업을 진행하며, 연주 악기별 연주와 자신의 가창을 트랙을 나누어 녹음한 멀티테이프를 제작하고, 위 멀티테이프에 녹음된 음원 중 일부를 골라 가창과 연주의 음의 강약이나 소리의 조화를 꾀하는 편집 과정을 통해 이 사건 음반의 마스터테이프를 제작하는 등 이 사건 음반의 음원을 유형물에 고정하는 주된 작업을 직접 담당하였[다]." 서울지방법원 2006. 10. 10. 2003가합66177 판결(김광석 사건).

28) WIPO(DC/5), § 2.19.

29) 방송법 제70조 제4항에서는 "종합유선방송사업자는 대통령령으로 정하는 바에 의하여 지역정보 및 방송 프로그램안내와 공지사항 등을 제작·편성 및 송신하는 지역채널을 운용하여야 한다"고 하고 있다.

업자이다. 이러한 사업자는 다른 전기통신사업자가 송신설비를 제공한다 하더라도 방송사업자로서의 지위를 잃지 않는다.[30] 우리 방송법상 방송채널사용사업자가 이 범주에 속한다.[31]

셋째로는 방송의 기획과 편성을 책임지면서 해당 프로그램을 외부에 제작을 위탁하는 사업자이다. 다른 법(방송법)에 의해 외주 제작이 의무화되면서 외주 제작 프로그램이 늘고 있다. 비록 해당 프로그램을 제3자가 제작한다 하지만 방송 기획과 편성 전체의 관점에서 볼 때 그 책임은 여전히 해당 방송사업자가 부담하므로 저작권법상 방송사업자로서 지장이 없다.

다른 방송사업자의 방송을 수신하여 중계송신하는 사업자는 저작권법상 방송사업자가 아니다. 이들은 방송의 기획과 편성에 간여하지 않기 때문이다.[32]

라. 저작인접권자 추정

저작권자가 누구인지 사실 관계를 확정하기 위한 방법의 하나로 저작권자 추정 규정이 있다(제8조). 2011년 6월 개정으로 저작인접권자에게도 이러한 추정 규정이 등장했다. 즉, "실연자, 음반제작자 또는 방송사업자로서의 실명 또는 널리 알려진 이명이 일반적인 방법으로 표시된 자는 실연자, 음반제작자 또는 방송사업자로서 그 실연·음반·방송에 대하여 각각 실연자의 권리, 음반제작자의 권리 또는 방송사업자의 권리를 가지는 것으로 추정한다"(제64조의2). 한·미 FTA와 한·EU FTA를 반영한 것이다.[33] 저작권 추정 규정과 마찬가지로, 입증의 편의를 위한 것이다.

---

30) 이것은 1961년 로마협약 채택 당시 국제적으로 합의된 것이다. WIPO(Rome), pp. 24~25.

31) 방송법상 방송채널사용사업은 "특정 채널의 전부나 일부 시간에 대한 전용사용계약을 체결하여 그 채널을 사용하는 사업"(제2조 제2호 라목)이다. 이 사업자는 다른 사업자의 채널을 사용하지만 해당 방송 프로그램을 직접 기획하고 편성한다.

32) 방송법상 중계유선방송사업자는 방송의 내용을 변경하지 않는다. 다만, 방송 프로그램 안내와 공지사항에 대해서는 제작, 편성 및 송출할 수 있다. 제70조 제5항 참조. 중계유선방송사업자는 이 경우 저작권법상 방송사업자가 된다.

33) 한·미 FTA 제18.10조 제3항, 한·EU FTA 제10.53조 참조.

마. 외국인의 실연, 음반 및 방송의 보호

우리 저작권법은 우리 국민에게 그대로 미친다(법률의 대인적 효력). 우리 국민이 창작한 저작물과 마찬가지로 우리 국민이 생산한 저작인접물도 대인적 효력의 일반 원칙에 따라 법적 보호를 받는다. 그러나 외국인의 저작인접물은 무조건 보호되지는 않는다. 일방적으로 조건 없이 보호해줄 수도 있지만 이것이 일반적인 방법은 아니다. 우리 저작권법은 외국과의 조약을 전제로, 그 조약에서 상호간 또는 다자간 보호할 것을 약속하고 이를 국내법에 반영하는 방식을 취하고 있다. 외국에서도 대부분 우리와 같은 입법 태도를 보이고 있다.

저작인접권 관련 조약은 외국인의 저작인접물 보호를 위해 저작인접권자의 국적, 실연, 고정, 발행, 방송 등을 연결점으로 하여 체약국의 법적 보호를 받도록 하고 있다. 우리나라는 일련의 조약에 가입하면서 보호대상을 확대했다. 1986년 개정법은 1987년 음반협약에 가입에 맞춰, 이 협약상의 의무 충족을 위해 내국인의 음반뿐만 아니라 "대한민국이 가입 또는 체결한 조약에 따라 보호되는 음반"도 보호대상으로 했다. 1994년 TRIPS협정은 보호대상을 실연, 음반 및 방송 3자로 함에 따라, 1995년 개정법은 "대한민국이 가입 또는 체결한 조약에 따라 보호되는" 실연, 음반 및 방송으로 보호대상을 확장했다.

음반협약은 음반제작자의 국적을 기준으로, TRIPS협정이 준용하고 있는 로마협약은 실연, 음반 및 방송 각각에 대하여 각기 다른 연결점을 가지고 보호대상을 특정하고 있다.[34] 이러한 연결점은 우리 법에서 그대로 수용하고 있다. 2006년 개정법에서는 "대한민국이 가입 또는 체결한 조약에 따라 보호되는 음반으로서" 체약국의 국적의 음반제작자의 음반을 보호대상으로 했다. 이는 2009년 동시에 가입한 로마협약과 WPPT에 맞추기 위한 것이었다.

제64조 제1항에서는 "조약에 따라 보호되는" 실연, 음반, 방송이 이 법에 따라 보호를 받는다고 하고 있다. 이 규정은 제3조(외국인의 저작물)와는 다소 다른 내용을 함축하고 있다. 제3조에서는 베른협약 등 조약에서 규정한 연결점(국적 등)을 미리 정해놓고,[35] 그렇게 연

---

34) 로마협약은 연결점으로 실연의 경우 체약국 내 실연, 협약상 보호대상 음반에 고정된 실연 및 보호대상 방송에서 송신되는 실연을, 음반의 경우 체약국 국적, 체약국 내 고정 및 체약국 내 발행(체약국은 발행과 고정 중 하나만을 연결점으로 선택할 수 있다), 방송의 경우 체약국 내 방송사업자의 주사무소 소재 및 체약국 내 송신기에 의한 송신(체약국은 두 가지 연결점을 모두 충족하는 경우로 한정해 보호할 수 있다)을 연결점으로 하고 있다.

35) "외국인의 저작물"(제3조 제1항)이라든가, "대한민국 내에 상사 거주하는 외국인"(제3조 제2항)이라는

결된 저작물을 "조약에 따라" 보호한다고 하고 있는 반면, 제64조 제1항에서는 보호대상을 실연, 음반, 방송 3자로만 정해놓고 어떤 경우에는 해당 조약에서 정해진 연결점에 의해 보호대상이 확정되도록 하고 어떤 경우에는 국내법으로 따로 정하기도 하고 있다. 전체적으로 일관된 원칙이 없다.

(1) 실연[36]

우리 법은 외국인의 실연에 대해 세 가지 기준에 따라 보호대상으로 정하고 있다. 첫째는 "대한민국이 가입 또는 체결한 조약에 따라 보호되는 실연"(제64조 제1호 나목)이다. 둘째는 국내법상 보호대상 음반에 고정된 실연이다(제64조 제1호 다목). 셋째는 국내법상 보호대상 방송에 의해 송신되는 실연(제64조 제1호 라목)이다. 우리 법 규정과 로마협약 및 WPPT와는 여러 점에서 차이가 발견된다. 외국인의 실연 보호를 위한 연결점은 실연행위, 국적, 고정 및 방송이라고 할 수 있는데, 저작물의 경우에 비해 '조건들'이 많다. 예를 들어 실연행위 그 자체가 연결점이 아니고 "어느 체약국에서 행해진 실연"인 것이다. 하나씩 살펴보기로 한다.

첫째 보호대상 실연은 "대한민국이 가입 또는 체결한 조약에 따라 보호되는 실연"이다. 이에는 두 가지 의미가 있다. 하나는 해당 조약에서 정한 연결점에 따라 외국인의 실연을 보호한다는 것이고, 다른 하나는 조약상 내국민대우의 원칙에 따라 외국인의 실연을 보호한다는 것이다.

조약에 따라 보호되는 실연을 알기 위해서는 해당 조약인 로마협약과 WPPT를 살펴봐야 한다. ① 로마협약은 다른 체약국 국내에서 행해진 실연을 보호하도록 하고 있다[제4조 (a)]. 해당 실연이 체약국 내에서 행해졌다면 보호를 받을 것이고 비체약국에서 행해졌다면 보호를

표현은 이미 연결점을 정해놓은 것이다.

36) 제64조 제1항 제1호는 보호대상 실연을 열거하고 있다. 그중 하나로 "대한민국 국민(대한민국 내에 주된 사무소가 있는 외국법인을 포함한다. 이하 같다)이 행하는 실연"을 넣고 있다. 저작권법은 법의 일반 원칙(대인적 효력)에 따라 대한민국 국민에게 미치는 것이므로 이 규정은 확인 규정에 지나지 않는 것이라 할 수 있으나, 제3조(외국인의 저작물)에는 상응하는 규정이 없다. 서로 맞춰 규정하는 것이 좋다고 본다. 한편, 이 규정 괄호는 입법 오류로서 삭제하는 것이 옳다. 실연은 자연인만이 할 수 있는 것으로, 보호대상은 자연인 실연만이 있을 뿐이다. 저작인접권을 법인에 원시 귀속하는 '업무상 실연'을 생각할 수도 있겠으나 그런 개념은 존재하지 않는다.

받지 못할 것이다. 비체약국 국민의 실연도 보호될 수 있다. 국적은 외국인 실연 보호를 위한 기준이 되지 못한다. 국적 기준은 현실적으로 바람직하지 않다고 보았기 때문이다. 예를 들어, 합창단이나 오케스트라에는 다양한 국적의 실연자가 존재하는데 해당 실연 보호 여부를 국적 기준에 맡긴다면 복잡한 문제가 생긴다는 것이다.[37] ② 그럼에도 WPPT에 국적 기준이 추가되었다(제3조 제1항). 체약국 국민은 어디에서 실연을 하더라도 보호를 받는 것이다.

둘째, 외국인의 실연이 국내법상 보호되는 음반에 수록되었다면 모두 보호대상이다. 로마협약은 협약상 보호되는 음반에 고정된 실연만을 보호대상으로 하고 있는데 협약상 보호대상 음반이란 다른 체약국 국민을 음반제작자로 하는 음반과 다른 체약국에서 고정 또는 발행된 음반을 말한다. 로마협약은 자국민 음반에 대해서는 언급하지 않고 있다. 그것은 국내법 문제이기 때문이다. 반면, 우리 법은 대한민국 국적 음반제작자의 음반과 대한민국 내에서 고정된 음반도 보호하고 있으므로 이러한 음반에 수록된 실연도 보호한다. 로마협약은 협약상 보호되는 음반에 수록된 실연만을 보호대상으로 한 반면, 우리 법은 대한민국에서 보호되는 음반에 수록된 실연 모두를 보호대상으로 하다 보니 생긴 결과이다. 결국 우리 법이 로마협약에 비해 보호대상 실연을 넓게 정하고 있는 것이다.

셋째, 외국인의 실연이 우리 법상 보호대상 방송에 의해 송신된다면 이 또한 보호를 받는다. 로마협약은 외국인의 실연이 협약상 보호되는 방송에 의해 송신되는 경우에 한하여 보호하도록 하고 있는데 협약상 보호대상 방송이란 다른 체약국에 소재하는 방송사업자의 방송 또는 다른 체약국 내의 방송설비에서 행해지는 방송을 말한다. 로마협약은 자국의 방송사업자의 방송 또는 방송설비에서 행해지는 방송에 대해서는 언급하지 않고 있다. 국내법 문제이기 때문이다. 그럼에도 우리 저작권법은 대한민국 국적의 방송사업자가 대한민국 내의 방송설비에서 행해지는 방송에 대해서도 보호를 하고 있으므로 이 방송에 수록된 외국인의 실연도 보호를 받는 것이다. 협약상 보호대상과 국내법상 보호대상에 차이가 나면서 그렇게 된 것이다. 국내법이 로마협약보다 보호대상 실연을 넓게 정하고 있는 것이다.

(2) 음반

제64조 제2호에서는 외국인 음반 보호를 위해 다음과 같은 기준에 따라 보호대상을 정하

---

37) WIPO(Rome), p. 27.

고 있다. 첫째는 "음이 맨 처음 대한민국 내에서 고정된 음반"(제64조 제2호 나목)이다. 둘째는 "조약에 따라 보호되는 음반으로서 조약체결국 내에서 최초로 고정된 음반"(제64조 제2호 다목)이다. 셋째는 "조약에 따라 보호되는 음반으로서 조약체결국의 국민…을 음반제작자로 하는 음반"(제64조 제2호 라목)이다. 여기서 연결점은 고정과 국적이다. 고정과 국적 기준도 일정한 조건을 충족해야만 한다.

첫째, 대한민국 내에서 최초 고정된 음반은 모두 우리 법상 보호대상이다. 외국인 음반제작자가 체약국 국민 여부와는 관계없이, 대한민국 내에서 처음으로 음반을 제작했다면 그것으로 우리 법에 의한 보호를 받는다. "맨 처음 대한민국 내에서 공표된 외국인의 저작물"(제3조 제2항)을 보호하는 것과 같은 맥락으로 보인다. 로마협약에는 없는 기준이다. 로마협약 비당사국 국민 음반제작자도 우리나라에서 처음 음반을 고정한다면 보호를 받게 된다.

둘째, 대한민국이 가입 또는 체결한 조약에 따라 보호되는 음반으로서 체약국 내에서 최초 고정된 음반도 보호를 받는다(제64조 제2호 다목). 여기서 해당 조약은 로마협약이다. TRIPS협정과 WPPT는 로마협약을 준용하고 있다. 로마협약은 체약국 내에서 최초 고정되거나 최초 발행된 경우 보호 의무를 부과하고 있는데 체약국이 이 중 어느 하나만을 선택적 요건으로 둘 수 있도록 허용하고 있다(협약 제5조).[38] 우리나라는 로마협약상의 근거에 따라 체약국 내의 최초 고정만을 보호요건으로 하고 있다.[39] 따라서 외국인 음반제작자의 음반이 그 국가에서 처음 발행되었다 하더라도 법적 보호를 받지 못한다. 한편, 로마협약 비체약국 국민 음반제작자라 하더라도 다른 체약국에서 음반을 최초 고정했다면 역시 보호를 받는다.

셋째, 국적이라는 연결점에 따라 조약 당사국 국적을 가지는 음반제작자는 보호를 받는다(제64조 제2호 라목). 이 규정은 2006년에 신설된 것이다. 여기서 해당 조약은 로마협약과

---

38) 당시 외교회의에서 일부 국가들은 고정 기준이나 발행 기준 중 어느 하나를 수락하려 하지 않았으며, 그 결과 양자 중 어느 하나를 선택적으로 할 수 있는 방법을 마련한 것이다. WIPO(Rome), pp. 29~31; Records of the Diplomatic Conference on the International Protection of Performers, Producers of Phonograms and Broadcasting Organizations, Rome, 10 to 26 October 1961, ILO/Unesco/BIRPI, 1968, pp. 41~43.

39) 이를 위해서는 TRIPS협정에 따라 TRIPS 이사회에 통보해야 하고, 로마협약과 WPPT에 따라 각기 UN 사무총장과 WIPO 사무총장에게 통보해야 한다. 우리나라는 1995년 9월 22일 TRIPS이사회에 "발행 기준을 적용하지 않는다"고 통보를 했고, 2009년 로마협약과 WPPT에 가입하면서도 UN과 WIPO에 같은 내용의 통보를 했다.

WPPT이다. 이들 조약에서는 체약국 국민의 음반제작자를 보호하도록 하고 있는데, 이 규정은 이러한 조약상의 의무를 충족하기 위한 것이다. 실연의 경우와 다른 접근법이다. 다시 말해서 WPPT에서는 체약국 국민의 실연도 보호하도록 하고 있으나 이를 우리 국내법에 명시적으로 반영하지 않고 있는 반면, 이 규정에서는 이들 조약상의 국적 기준을 음반의 연결점으로 수용하고 있는 것이다.

(3) 방송

우리 법은 보호대상 방송을 다음과 같이 정하고 있다. 첫째는 "대한민국 내에 있는 방송설비로부터 행해지는 방송"(제64조 제3호 나목)이고, 둘째는 "조약에 따라 보호되는 방송으로서 조약체결국의 국민인 방송사업자가 해당 조약체결국 내에 있는 방송설비로부터 행하는 방송"(제64조 제3호 다목)이다. 우리 법상 외국인 방송사업자 보호의 연결점은 방송설비 소재지와 국적이라 할 수 있는데, 다음 조건을 만족해야 한다.

첫째, 외국인 방송사업자가 대한민국 내에 방송설비를 두고 있다면 해당 방송은 보호를 받는다. 이에 관한 로마협약상 의무 규정은 존재하지 않는다. 우리나라에서 방송사업을 하기 위해서는 방송통신위원회의 허가를 받거나(지상파방송 및 위성방송) 과학기술통신부장관에게 등록해야 한다(방송채널사용사업). 방송법상 외국인은 이러한 허가 대상이나 등록 주체가 될 수 없다. 국내에 방송설비가 있는 방송은 주한 미군방송뿐인데 이 방송이 법적 보호대상이 된다.

둘째, "대한민국이 가입 또는 체결한 조약에 따라 보호되는 방송으로서" 방송사업자의 국적과 방송설비 소재지가 같아야만 보호를 받는다. 해당 조약은 로마협약이다. 이 경우는 두 가지로 나눠 설명할 수 있다.

① 로마협약 비체약국 국적의 방송사업자가 행하는 방송은 어떠한 경우에도 보호받지 못한다. 왜냐하면 그 방송은 "대한민국이 가입 또는 체결한 조약에 따라 보호되는 방송"이 아니기 때문이다. 물론 위 첫째의 경우에 해당한다면 보호받을 수도 있으나 그 가능성은 거의 없다.

② 로마협약 체약국에 국적만을 두고 있는 방송사업자가 다른 체약국에 방송설비를 가지고 있다면 그 방송도 보호받지 못한다. 이것은 우리나라가 로마협약 규정에 따라 보호대상을 좁혔기 때문이다. 로마협약은 체약국 내에 방송사업자의 주사무소(headquarter)가 소재하

거나 체약국 내의 송신기에서 송신된 방송을 보호하고 있다. 그러면서도 체약국이 주사무소 소재지와 송신기 소재지가 같은 경우에 한해 보호할 수도 있도록 유보를 허용하고 있다(제6조 제2항).[40] 우리 법은 '체약국의 국민'이라고 하고 있는 반면, 로마협약은 '다른 체약국에 소재하는 방송사업자의 주사무소'라고 하고 있어서 다소의 차이가 있다. 방송사업자는 대개 법인이고 법인의 국적은 주로 주사무소 소재지와 일치하게 마련이므로 크게 다른 것은 아니지만 그렇다고 방송사업자의 국적과 주사무소 소재지가 항상 같은 것은 아니다. 각국 국내법에서 법인의 국적을 어떻게 정하는가에 따라 달라질 수 있는 것이다. 우리 상법은 법인 설립지주의를 채택하고 있으므로 그에 따라 해당 방송사업자의 국적이 결정될 것이다.

로마협약에 따른 유보를 하게 되면 위성방송은 연결점을 찾기 어렵고, 따라서 협약상 보호받을 수 없는 듯하다. 위성방송은 어느 국가의 주권도 미치지 않는 우주에 설치된 위성 송신기에서 송출되는 것이고 그 송신기는 방송사업자 소재지 국가에 존재하지 않기 때문이다.[41] 우리 법에서는 어떻게 보아야 할까. 유럽공동체는 공동체 내 위성방송을 규율하는 지침을 마련하고 각 회원국에게 지침 이행을 강제하고 있는데, 그에 따라 공동체 회원국은 국내법으로 위성방송에 적용될 법률(준거법)을 정하여 위성방송을 보호하고 있다.[42] 그러나 위성방송사업자 보호에 관한 다른 국제조약이 없는 상황에서, 로마협약 체약국에 지나지 않는 우리나라의 경우에는 로마협약의 해석에 따라 저작인접권자로서 위성방송사업자의 위성방송을 보호할 의무는 없다고 봐야 할 것 같다.

---

40) 유보를 하기 위해서는 그 사실을 TRIPS 이사회에 통보해야 한다. 우리나라는 방송과 관련해서도, 음반에 대한 유보의 경우와 마찬가지로, TRIPS 이사회에 통보한 바 있다. 우리나라가 로마협약에 가입하면서도 같은 내용의 유보 통보를 했다. 이와 같은 유보를 한 국가도 적지 않다. 한편, 독일과 같이 상호주의에 의해 보호를 제한하는 경우도 있다. 독일 저작권법 제127조에서는 외국 방송사업자가 독일 내에서 송신한 경우 그 방송을 보호해주고 있으나 상호주의에 의하여 권리의 범위를 제한할 수 있도록 하고 있다.

41) 당시 외교회의에서 위성방송은 협약 제2항에 의해서도 보호되지 않는다는 주장도 있었다. Records of the Diplomatic Conference, op. cit., p. 111.

42) 위성방송의 준거법에 관해서는, 제2장 제5절 제2관 6. 가. '(2) 위성방송' 참조.

자율 학습

1. 우리 법 제3조는 외국인의 저작물에 관해서, 제64조는 '보호받는 실연·음반·방송'에 관해서 규율하고 있다. ① 이렇게 흩어지도록 규정하는 것이 타당한가? 한곳에 모은다면 어느 장절에 두는 것이 좋은가? ② 보호대상을 내국인의 것과 외국인의 것을 함께 규정하는 것이 좋은지, 아니면 외국인의 것만을 규정하는 것이 좋은지? 각각의 경우 조 제목은 무엇으로 하는 것이 적절한지? ③ 보호대상을 정할 때 "조약에 따라 보호되는 저작물", "조약에 따라 보호되는 실연" 등이라고 하는 것으로 충분한지, 아니면 조약에서 정한 모든 연결점을 일일이 국내법에 반영하는 것이 적절한지? 각기 장단점은 무엇인가?

제2절 저작인접권의 종류와 내용

1. 저작인접권의 종류

저작인접권에는 저작권과 마찬가지로 인격적인 권리와 재산적인 권리가 있다. 전자에는 실연자의 인격적 권리가 있고, 후자에는 그 인격적 권리를 제외한 모든 권리(실연자와 음반제작자, 방송사업자의 재산적 권리)가 있다. 실연자의 인격적 권리는 2006년 법개정으로 도입된 권리로서, 실연자의 인격에 터 잡은 권리이다. 이에는 성명표시권과 동일성유지권이 있다. 공표권을 제외하고는 저작인격권과 같은 맥락으로 이해할 수 있다.

재산적 권리는 전형적인 이용행위에 대한 배타적인 권리와 보상청구권 두 가지로 나뉜다. 실연자는 복제권, 배포권, 대여권, 공연권, 방송권 및 전송권 등 여섯 가지 배타적인 권리를 가지며, 상업용 음반의 방송 사용에 대한 보상청구권과 디지털음성송신에 대한 보상청구권 및 상업용 음반의 공연 사용에 대한 보상청구권 등 세 가지 보상청구권을 가진다. 음반제작자는 복제권, 배포권, 대여권 및 전송권 등 네 가지 배타적인 권리를 가지며, 실연자와 마찬가지로 세 가지 보상청구권을 가진다. 방송사업자는 복제권, 동시중계방송권 및 공연권 등 세 가지 배타적인 권리를 가진다.

저작자는 전형적인 이용행위 아홉 가지(공중송신을 방송, 전송 및 디지털음성송신으로 나눌 경우)에 대한 배타적인 권리를 가지는 반면, 저작인접권자는 그중 일부 이용행위에 대해서 배타적인 권리를 가지고, 다른 일부에 대해서는 보상청구권을 가진다. 또한 저작인접권자마다 다른 종류의 권리를 가진다. 권리자의 성격에 따라 부여되는 권리가 다르기도 하고, 권리자 간에 차별의 결과 일부 권리가 제외되기도 한다. 심지어 같은 권리라고 하더라도 권리의 내용이 다르다. 예를 들어, 실연자가 가지는 복제권은 최초 고정을 할 권리와 그 고정물을 복제할 권리 모두를 의미하지만, 음반제작자가 가지는 복제권은 고정물(마스터테이프)을 복제하는 권리에 지나지 않는다. 배타적인 권리이든 보상청구권이든 해당 권리가 미치는 이용행위는 저작재산권이 미치는 이용행위와 동일한 것이다. 저작권법상 전형적인 이용행위는 그 개념이 통일적으로 정해져 있기 때문이다.

2. 저작인접권의 특징

저작인접권은 저작권과 그 특징을 공유한다. 저작인접권의 발생과 성격은 저작권의 그것과 다르지 않다.

가. 저작인접권의 발생

저작인접권은 특정 행위의 발생과 동시에 아무런 방식을 갖추지 않아도 발생한다. 실연의 경우는 실연을 한 때부터, 음반의 경우는 음을 최초 고정한 때부터, 그리고 방송의 경우는 방송을 한 때부터 발생한다(제86조 제1항).

실연, 고정 및 방송은 사실행위이다. 해당 행위의 발생이 저작인접권의 발생으로 곧바로 이어진다. 의사무능력자나 제한능력자의 행위라 하더라도 저작인접권이 발생하고, 대리인에 의한 행위로는 저작인접권이 발생할 수 없으며, 선량한 풍속 기타 사회질서에 반한다 하더라도 저작인접권의 효력은 영향을 받지 않는다.

저작인접권은 특정 해당 행위가 존재하면 발생한다. 방식을 효력 발생 요건으로 하지 않는 것이다. 자동보호의 원칙(principle of automatic protection) 또는 무방식주의(principle of no formalities)가 저작인접권에도 그대로 적용된다.[1]

나. 저작인접권의 성격

2006년 법개정 전까지 저작인접권은 재산적 권리만을 의미했다. 2006년 개정으로 실연자에게 인격적 권리가 부여되면서 저작인접권의 성격에 근본적인 변화가 일어났다. 저작권의 본질에 관한 논쟁이 저작인접권에 관해서도 생길 수도 있을 것이다.

---

1) 사실행위와 무방식주의에 관해서는, 제2장 제3절 '2. 저작권의 발생' 참조.

저작인접권 제도의 변경에도 불구하고, 오히려 인격적 측면이 추가되면서, 저작인접권은 저작권과 성격상 닮아가고 있다고 할 수 있다. 무엇보다도, 저작인접권도 저작권과 마찬가지로, 무체물에 대한 권리라는 성격을 가지고 있다. 따라서 무체물로서 저작인접물과 유체물을 구별해야 하며 무체물에 대한 저작인접권과 무체물을 담은 유체물에 대한 소유권은 여전히 구별해야 한다. 또한 재산적 권리로서 저작인접권은 저작재산권과 같이, 준물권으로서 독점적·배타적 권리이다.

3. 저작인접권의 내용

이에 관해서는 뒤에서 별도의 절로 나누어 자세히 다루기로 한다.[2]

4. 저작인접권과 저작권과의 관계

저작인접권은 두 가지 속성을 가지고 있다. 하나는 저작권에 부수하는 권리로서 저작인접권이고, 다른 하나는 저작권과는 별개의 독립적인 권리로서 저작인접권이다. 먼저 첫 번째 속성은 저작인접권의 역사에서 찾아볼 수 있다. 저작인접권은 성립 당시부터 저작권에 부수한 권리로 인식하려는 경향이 강했다. 특히 저작자들은 자신의 저작권 향유와 행사가 저작인접권의 등장으로 영향을 받을 수 있다는 염려 때문에 새로운 권리의 등장을 반기지 않았다. 로마협약에는 그러한 우려가 반영된 규정이 여럿 존재한다. 일부 이용형태에 대해서만 배타적 권리를 부여한다든가, 일부 이용형태에 대해서는 보상청구권으로 한정한다든가, 하는 방법을 동원한 것이다. 예를 들어, 실연자와 음반제작자는 방송과 공중전달을 위해 상업용 음반을 사용하는 것에 대해 보상청구권을 가지는데 이것은 그러한 저작자의 우려가 부분적으로 반영된 것이었다.[3] 음반을 사용하여 방송할 때에는 저작자의 허락만으로

---

2) 제3절 실연자의 권리, 제4절 음반제작자의 권리 및 제5절 방송사업자의 권리 참조.

3) 우리 저작권법 입법 자료에서도 이러한 측면이 검토되고 있다. 문화체육관광방송통신위원회, 저작권법 일부개정법률안 심사보고서, 2009. 2: "실연자와 음반제작자에 대해 저작권자와 동일한 배타적 권리를

충분한 것이다. 우리 저작권법에도 같은 내용의 규정이 있다.

저작인접권은 두 번째 속성도 아울러 가지고 있다. 복제권이나 전송권이 그러한 속성을 잘 보여준다. 즉, 제3자가 음반을 복제하거나 전송할 때에는 음반에 수록된 음악저작물 저작자뿐만 아니라 음반에 가창이나 연주를 수록한 실연자, 그리고 해당 음반제작자의 허락을 모두 받아야 한다.

저작인접권 사상은 저작자와 일반 공중 사이에 매개하여 저작물을 전달, 유통시키는 역할을 한 사람에 대하여 그 역할이나 기여에 따른 보상 차원에서, 일정한 권리를 부여하는 데에서 출발했다. 실연자나 음반제작자, 방송사업자의 경우는 물론이고 일부 국가에서 인정하는 특정 출판물 제작자나 영상물 제작자도 또한 저작물을 일반 공중에게 전달하는 역할을 담당한다.[4]

그렇다면 우리 법에서 저작인접권은 어떻게 보아야 하는가. 저작권법 제65조에 의하면, "이 장 각 조의 규정은 저작권에 영향을 미치는 것으로 해석되어서는 아니 된다"고 하고 있다. 저작인접권은 1961년 로마협약이 선도하여 국제적으로 확산된 것으로, 당시 체결된 로마협약 제1조에서는 "이 협약에 의하여 부여되는 보호는 그대로 유지되며, 어떠한 경우에도 문학 및 예술 저작물에 대한 저작권 보호에 영향을 미치지 아니한다. 따라서 이 협약의 어떠한 규정도 그러한 보호를 해치는 것으로 해석되지 아니한다"고 규정하고 있다. 우리 저작권법 규정은 로마협약 규정을 그대로 수용한 데 지나지 않는다.

그렇다면 당시 로마협약 규정의 의미는 무엇이고 우리 저작권법 규정에 대한 해석은 어떻게 전개할 수 있을까. 로마협약은 대부분의 국가들이 저작인접권 제도를 마련하지 않았던 시절에 탄생한 조약으로, 기존의 저작권과의 관계를 분명히 할 필요가 있었다. 당시 문

인정하는 경우 자칫 저작물의 이용을 지나치게 제약하여 저작권자의 이익을 침해할 우려가 있다는 점을 고려할 때, 판매용 음반을 사용하여 공연하는 경우에 실연자와 음반제작자에게 배타적 권리를 부여하는 것보다는 보상청구권을 부여하고 있는 개정안의 입법조치는 타당한 것으로 생각됨."

4) 각국이 저작인접권을 보는 시각도 편차가 크다. 이것은 저작인접권의 속성을 일률적으로 설명하지 못하는 다른 이유이기도 하다. 각국은 보호대상의 종류, 그 성질 및 권리의 내용 등에 있어서 다르게 접근하고 있다. ① 음반이나 녹음물, 방송물을 저작물로 보는가 아니면 저작인접물로 보는가, ② 저작물과 저작인접물을 구별할 때(또는 구별하지 않을 때) 그 근거는 무엇인가, ③ 실연자의 실연을 어떠한 경우에도 저작물로 볼 수 없다면 이를 저작권법(또는 다른 법률)에서 어떻게 다룰 것인가, ④ 보호대상의 종류는 어떻게 정할 것이며 그 이유는 무엇인가, ⑤ 권리의 내용은 어떻게 한정지을 것인가 등등.

제가 되었던 상황은 크게 두 가지로 정리할 수 있다. 첫째는 실연이 담긴 저작물을 녹음하고자 할 때 실연자나 저작자 중 한쪽이 허락을 하고 다른 한쪽이 허락을 하지 않을 경우이다. 둘째는 당시까지는 저작자에게 저작물 이용에 대한 대가를 지급하면 되었으나 이제 인접물 이용에 대한 대가도 지급해야 한다면 정해진 빵의 크기를 나눌 수밖에 없다는 것이다. 이른바 케이크 이론(cake theory)이다.[5]

로마협약 제1조는 당시의 상황에 대한 해답으로 나온 것이다. 이 조항이 일부에서 우려한 상황에 대한 해답을 제대로 제시하지는 못하고 있으나, 적어도 저작자가 저작인접권의 존재로 인해 독자적으로 자신의 권리를 행사하는 데 지장을 받아서는 안 된다는 결론은 내려주고 있다. 즉, 저작자가 특정 이용형태에 대해서 협약상 저작인접권자에게도 권리가 부여되었다고 하더라도 해당 권리는 여전히 저작자가 허락하거나 금지할 수 있다는 것이다. 따라서 제3자가 저작물을 이용하기 위하여 저작자의 허락이 필요하다면 저작인접권자의 허락과는 별도로 저작자의 허락을 받아야 할 것이다.[6] 결국 저작권과 저작인접권은 각기 독자적인 별개의 권리인 것이다.

우리의 학설도 저작권과 인접권은 별개의 권리라는 결론에 도달하고 있다.[7] 저작인접물의 이용은 저작물의 이용을 수반하는바, 이때 저작인접권자의 허락뿐만 아니라 저작권자의 허락도 필요하다는 주의적 규정이라는 견해,[8] 제65조는 2차적저작물에 관한 규정과 마찬가지로 당연한 사리를 밝힌 것이라는 견해[9] 등도 저작권과 인접권이 별개의 권리라는 데 동의하고 있는 것으로 보인다.[10]

로마협약 규정이나 우리 법 규정은 동일한 내용을 담고 있는 것으로 다음과 같은 해석할

---

5) WIPO(Rome), p. 17.

6) Ibid., pp. 17~18.

7) 장인숙, 220.

8) 오승종, 934; 임원선, 271~272.

9) 송영식·이상정, 411~412.

10) 장인숙, 220~222에서는 이를 구체적으로 다음과 같이 살펴보고 있다: ① 저작물의 실연(물)을 복제 또는 방송하고자 할 때 실연자의 허락과 저작자의 허락을 동시에 받아야 한다. ② 저작물을 실연한 음반을 제작하고자 할 때 실연자의 허락과 저작자의 허락을 동시에 받아야 하며 이러한 음반 중 판매용 음반(현행법상 상업용 음반)을 방송하고자 할 경우 실연자와 음반제작자에 대해서는 보상금을 지급하여야 한다. 저작자는 보상청구권이 아닌 배타적인 권리를 가진다. ③ 저작물을 실연한 방송물을 복제하거나 방송하고자 할 때에는 저작자와 방송사업자의 허락을 받아야 한다.

수 있다. 즉, 저작자가 가지는 법적 이익과 경제적 이익은 구별되는 것이고,[11] 이들 규정은 저작자의 법적 이익은 아무런 영향을 받지 않는다는 점을 천명하고 있는 것이다. 이러한 해석은 당시 저작자 측의 우려를 충분히 씻어주지는 못한 것이다. 왜냐하면 저작권은 그 향유뿐만 아니라 그 행사도 중요한 법적 이익이라 할 터인데 후자의 법적 이익은 어떻게든 영향을 받지 않을 수 없을 것이기 때문이다. 저작인접권자가 저작자의 의사에 반하여 저작물의 이용을 금지할 경우(아니면 허락할 경우) 저작자가 이를 막을 수는 없는 것이다.[12]

자율 학습

1. 앞에서 보았듯이, 저작재산권은 여러 지분권으로 나눠진다. 저작인접권에 대해서도 마찬가지 설명을 할 수 있다. 그러나 저작인접권의 지분권의 종류 및 권리의 내용은 저작재산권과는 무척 다르다. 내용상 적지 않은 차별이 존재하는 것이다. 국제 조약상으로도 그러한 차별은 당연한 것으로 받아들이고 그에 맞춰 제도가 마련되어 있다. ① 국내법적으로 그러한 차별은 정당한 것인가? 그러한 차별의 근거는 무엇인가? ② 그러한 차별이 저작권 제도, 이용허락 제도 전반에 긍정적인 역할이 있다고 보는가? 어떤 경우를 생각할 수 있는가?

---

11) WIPO(Rome), p. 16.

12) 로마협약 체결 당시 저작자의 우려는 오히려 실연자 등 저작인접권자에게 상대적으로 낮은 수준으로 보호함으로써(권리의 종류 및 내용, 권리 제한, 보호기간 등) 상쇄되었다 할 수 있다.

제3절 실연자의 권리

1. 실연자의 인격권

가. 실연자 인격권의 의의

1961년 로마협약이 국내법을 선도하면서 국제적인 저작인접권의 보급에 영향을 미쳤다는 점은 주지의 사실이다. 그만큼 저작인접권은 매우 짧은 역사를 가지고 있다. 당시 각국은 저작인접권의 재산권 측면에 집중해 협상을 진행했다.[1] 실연자의 인격권이 국제 규범으로 자리 잡은 것은 1996년 WPPT에서였다. 저작인격권의 역사를 선도해온 프랑스에서도 실연자의 인격권은 1985년에야 성문 저작권법 체계 내에 들어 왔다. 프랑스에서 실연자의 인격권이 성문법에 반영되기 전까지는 판례에 의해, 예술가의 명성(réputation)을 보호하거나 또는 음성권(droit sur la voix)을 부여하여 실연자의 인격권을 보호했다. 20세기 초부터 실연자의 인격권을 보호하는 판례가 등장했는데 이들 판례는 모두 일반 인격권 이론에 기반을 둔 것이었다.[2]

실연자에게 인격적 권리를 부여하는 이유는 다음과 같이 설명할 수 있다. 실연자는 연주, 가창, 연기 등의 방법으로 저작물을 들려주거나 보여줄 때 자신이 가지고 있는 예술적 감성과 역량을 발휘하여 '해석'하고 표현한다. 이러한 해석이나 표현은 자신의 개인적 속성, 인격의 발현이다. 이 점에서 실연은 저작물과 큰 차이가 없다 할 수 있다. 실연은 사람의 목소리와 몸짓, 표정 등으로 표현한다면 저작물은 사람의 머릿속에 있는 생각을 글이나 그림

---

1) 당시 전문가위원회가 작성한 초안에는 베른협약 제6조의2(저작인격권)를 차용한 조항이 존재했으나 채택되지 않았다.

2) Lucas et al., p. 1077; Vivant et Bruguière, p. 1235.

등으로 표현한다는 정도로 구분할 수 있을 뿐이다.

이렇게 볼 때 저작물이 저작자의 인격을 담듯이, 실연은 실연자의 인격을 담고 있다고 할 수 있다. 저작자에게 그에 상응하는 인격적 권리를 부여한다면 실연자에게도 그와 같은 권리를 부여하는 것이 합당하다. 우리 저작권법은 2006년 전부개정에서 실연자에게 인격적 권리를 부여했다. 이 개정은 물론 WPPT상의 의무를 이행하기 위한 것 중의 하나였다.

우리 개정법에 따르면, 실연자는 성명표시권과 동일성유지권을 가진다. 공표권을 제외하고는, 저작자가 가지는 권리와 같거나 비슷한 내용의 권리가 부여되었다고 할 수 있다. 공표권이 실연자에게 부여되지 않은 것은 특별한 사정 때문이라 하기는 어려울 것이다. WPPT를 비롯한 국제조약에는 공표권이 없고, 우리 입법자는 법개정 당시 인격적 권리에 관한 한 WPPT의 최소 조건만을 충족하면 된다고 판단했던 것으로 보인다.[3]

나. 성명표시권

(1) 개념

실연자는 그의 실연 또는 실연의 복제물에 그의 실명 또는 이명을 표시할 권리를 가진다 (제66조 제1항). 실연자 성명표시권의 일반 개념은 저작자 성명표시권의 그것과 같다. 성명 표시 주체도 저작자의 그것과 다르지 않다.[4] 성명 표시 방법은 "그의 실연 또는 실연의 복제물에" 표시하는 것이다. 저작자의 성명 표시 방법은 "저작물의 원본이나 그 복제물에 또는 저작물의 공표 매체에" 부착하는 것이다. 실연자의 성명 표시를 저작자의 경우와 굳이 달리 규정할 필요가 있는 것인지 의문이 든다. 규정대로라면 복제물 이외의 공표 매체에 성명을 표시하지 않을 경우에는 성명표시권 위반 문제가 생기지 않는다 하겠는데, 그러한 예로 생방송을 생각할 수 있다. 표시 방법을 굳이 법에 둬야 할 필요나 실익이 있는지 알기 어렵다.[5]

---

3) 프랑스에서도 이에 대한 논의가 있었으나 2008년 프랑스 최고법원이 실연자의 인격권에는 성명표시권과 동일성유지권만이 존재할 뿐이라고 하면서, 논의를 종식시켰다. Lucas et al., p. 1078.

4) 이에 관해서는, 제2장 제4절 2. '나. 성명표시권' 참조.

5) 이 점은 저작인격권의 경우에도 마찬가지로 생각할 수 있다. 베른협약이나 WPPT는 성명 표시를 어디에, 어떻게 표시해야 하는지 규정하지 않고 있다.

(2) 한계

실연을 이용하는 자는 실연자가 특별한 의사표시를 하지 않는 한 그가 표시한 바에 따라 표시해야 한다(제66조 제2항). 다만, 실연의 성질이나 이용의 목적 및 형태 등에 비추어 부득이하다고 인정되는 경우에는 그 표시를 생략할 수 있다(제66조 제2항 단서). 저작자의 성명표시권과 내용이 꼭 같다. WPPT에서 요구하는 것보다 요건이 엄격하다. WPPT는 "실연의 이용 방법상 생략이 요구되는 경우(where omission is dictated by the manner of the use of the performance)" 실연자 표시를 생략할 수 있도록 하고 있다. "부득이하다"는 판단이 필요하지 않은 것이다.

우리 법상 단서 규정은 예외적인 경우에 한해 성명 표시 생략을 허용한다는 것이고, 그것도 실연의 성격이나 그 이용 목적 등에 비춰 판단해야 한다는 것이다. 이 점 또한 저작자의 성명표시권에 관한 설명과 다르지 않다.[6] 실연자 표시에 장애가 없는 상황이라면 언제든지 그 성명을 표시해야 한다. 오히려 저작자의 성명표시권이 제한되는 듯한 관행이 존재한다. 예를 들어, 라디오 방송 프로그램에서 음악을 들려줄 때 가수나 연주자는 밝히면서 작사자나 작곡자는 소개하지 않는 것이 보통이다. 이런 관행은 오히려 청취자의 편의를 위한 것이라고 할 수 있으나, 우리 법상 요건을 충족할 수 있는지 의문이다. 텔레비전 방송의 경우에는 더욱 심각한 문제가 생길 수도 있다.

또한 공연장에는 여러 실연자가 등장하고 사회자는 이들을 일일이 소개하기도 한다. 행사의 편의를 위해서라고 하겠지만 실연자를 생략하는 예는 거의 없는 듯하고 따라서 실연자의 성명표시권 도입이 이러한 관행에 지장을 주지는 않을 것이다. 그런데 예를 들어, 백댄서나 코러스의 성명을 일일이 밝히지 않는 경우는 어떠할까. 백댄서나 코러스는 앞에서 언급한 보조 실연자의 범주에 들기 때문에 저작권법에서 말하는 실연자라고는 할 수 없을 것이고, 따라서 그 성명의 생략도 문제되지 않는다.

우리 법규정의 근거가 되고 있는 WPPT 제5조 제1항은 우리 규정과는 다소 차이가 있다. 이에 의하면, "실연자는 …… 자신의 청각적 생실연 또는 음반에 고정된 실연에 관하여, 실연의 이용 방법상 생략이 요구되는 경우를 제외하고는 그 실연의 실연자로 인정되어야 한다고 주장할 권리"를 가진다. WPPT는 우리 법과 두 가지 점에서 차이가 난다. 첫째, 청각

---

6) 이에 관해서는, 제2장 제4절 2. 나. '(2) 권리의 한계' 참조.

실연에 대해서만 성명표시권을 인정하고 있고, 둘째, 앞에서 본 바와 같이 성명표시권의 예외 규정을 국내법에 신축적으로 도입할 수 있도록 열어놓고 있다는 점이다. 이 점에서 우리 법은 WPPT보다 넓은 보호를 하고 있다. 즉, 우리 법은 청각 실연뿐만 아니라 시청각 실연에 대해서도 인격권을 부여하고 있고, 성명표시권의 예외를 저작자의 그것과 같이 하여 예외 가능성을 좁히고 있는 것이다. 국제적으로, 우리가 2020년 가입한 베이징조약에서 시청각 실연자에게도 인격권을 부여함으로써(제5조 제1항) 청각 실연과 시청각 실연 간의 차별은 사라졌다.

다. 동일성유지권

(1) 동일성유지권의 개념

실연자는 그의 실연의 내용과 형식의 동일성을 유지할 권리를 가진다(제67조). 실연자의 동일성유지권은 저작자의 그것과 다소 차이가 있다. 실연자는 '내용과 형식의 동일성'을 유지할 권리를 가지는 반면, 저작자는 '내용·형식 및 제호의 동일성'을 유지할 권리를 가진다. 규정대로 보면 실연자는 '제호의 동일성'을 주장할 수 없게 된다. 이러한 입법이 타당한지 의문이다. 첫째, 음악의 예를 들면 언뜻 수긍할 수 있는 측면이 있다. 음악은 먼저 가사와 악곡이 나오고 그 다음에 가창이나 연주가 붙어 완성된다. 이때 음악 제목은 실연 제목이라 기보다는 저작물의 제목이라 할 수 있다. 그러나 연주만이 담겨 있는 음반에 제목이 붙는다면 — 이런 예가 흔하다고 할 수는 없어도 — 그것은 음반 제목일 뿐만 아니라 실연 제목이 될 것이다. 음반제작자가 연주자의 의사에 반하여 제목을 변경한다면 그것은 실연 제목의 동일성을 해친다고 봐야 하지 않을까.[7]

둘째, 실연자의 동일성유지권은 WPPT에서 나온 것이다. WPPT 제5조 제1항에 의하면, "실연자는 …… 자신의 명성을 해치는 실연의 왜곡, 절단, 기타 변경에 대하여 이의를 제기할 권리를 가진다"고 하고 있다. WPPT 규정은 저작자에게 인격권을 부여한 베른협약 규정

---

7) 실연자가 여러 악곡을 연주한 '음반'을 내놓으면서 특정 제목을 붙이기도 한다. 이때 그 제목은 실연의 제목이 아니라 앨범의 제목이다. 그 '음반'은 통상적인 의미로서, 저작권법상 음반은 아니다. 연주 각각에 제목을 붙이지 않았다면 그것이 실연 제목은 될 수가 없다.

과 거의 동일한 내용을 담고 있다. 베른협약상의 의무와 WPPT상의 의무를 달리 이행할 필요는 없을 것이다.[8]

제목의 경우를 제외한다면, 실연자의 동일성유지권은 그 개념과 내용이 저작자의 그것과 뚜렷이 구별된다고 말하기는 어렵다. 저작자의 동일성유지권 침해 사례가 실연자에게도 적용될 여지가 충분하다. 프랑스 판례에 의하면, 가수의 녹음을 다른 가수의 노래가 담긴 편집물에 복제하는 것을 금지하기도 했다. 예술가가 자신의 권리를 양도했다고 하더라도 양수인이 예술가에게 자신이 해놓은 것을 수정하거나 변경하는 것을 포기하도록 할 수는 없다는 것이다. 음질이 낮은 음반을 터무니없는 가격에 내놓은 것도 금지한 바 있다.[9]

2006년 법개정 이후 실연자 인격권에 관한 판례가 드문 상황에서 실연자 동일성유지권의 보호수준은 학설과 판례의 축적을 통해 정해지리라 본다. 그럼에도 다음과 같은 사례는 검토할 가치가 있다: ① 특정 가수의 개성 있는 목소리, 음색 등을 흉내 내는 것(모창), ② 특정 연기자의 억양, 말투, 말씨 또는 몸짓, 표정을 모방하거나 흉내 냄으로써 일반인이 구별할 수 없거나 구별할 수 있더라도 그것이 누구의 것인지 연상할 수 있는 경우(성대모사 등), ③ 유행어 내지 특정 표현을 다른 사람이 따라하는 것, ④ 방송 프로그램 일부 에피소드를 흉내 내는 것.

여기서 지적할 것은 실연 그 자체를 왜곡·변경(예를 들어, 어느 매체에 담긴 실연의 왜곡·변형)하지 않는 한 동일성유지권 침해는 발생하지 않는다고 오해할 수 있다는 점이다. 어느 복제물에 실린 저작물을 왜곡·변형해야만 저작인격권(동일성유지권) 침해가 발생하는 것은 아니듯이 실연 그 자체를 왜곡·변형해야만 동일성유지권 침해가 발생하는 것은 아니다. 실연은 실연자의 예술적 역량과 해석 능력을 바탕으로 그의 개성이나 인격이 구현된 것이다. 동일성유지권은 그 본질적 내용에 대한 왜곡·훼손을 통제하기 위한 수단이라 하겠다. 그렇다면 적어도 다른 사람이 보기에 누구의 실연인지 구별할 수 없을 정도의 완벽한 모사, 모

---

8) 협약 위반 주장 가능성은 낮다고 할 수 있다. 우리 법상 '제호의 동일성'은 베른협약에서 요구하는 것보다 높은 수준의 보호를 예정하고 있는 것으로 볼 수 있기 때문이다.

9) Lucas et al., pp. 1079~1080. 영국은 1988년 저작권법에서 실연자 인격권을 처음 도입했다. 영국 법원은 조지 마이클(George Michael)이 자신의 음악 다섯 곡을 샘플링하여 음반을 제작한 데 대해 제소한 사건에서 그 가수의 실연을 훼손할 정도에 이르지 못했다는 점, 그 손해는 금전으로 환가할 수 없다는 점 등을 들어 원고 패소 판결한 바 있다. André Vertrand, "The Moral Rights of Performers: French Law, International Law and Comparative Law," Ent. L. R. 114 (1994), p. 119.

창에 대해서는 그것이 적어도 명예를 훼손하는 방법으로 이용되는 경우라면 언제든지 그에 대해 동일성유지권이 미친다고 봐야 하지 않을까.

(2) 동일성유지권의 한계

실연자의 동일성유지권도 실연이 담긴 저작물 등의 종류가 다양하고 이용형태도 다양하기 때문에 그 변경이 불가피한 경우가 적지 않다. 실연의 내용이나 형식의 동일성을 강조하다 보면 그러한 변경을 인정하기 어렵게 된다. 우리 법은 이에 대해 "실연의 성질이나 그 이용의 목적 및 형태 등에 비추어 부득이하다고 인정되는 경우에는" 동일성유지권이 미치지 못하도록 하고 있다(제67조 단서).

실연자의 동일성유지권의 한계는 저작자의 그것에 비해 두 가지 점에서 다르다. 하나는 저작자의 동일성유지권이 학교교육 목적으로는 넓게 제한될 수 있는 규정을 두고 있는 반면, 실연자의 동일성유지권에 대해서는 언급하지 않고 있다는 것이다. 저작자는 "제25조의 규정에 따라 …… 학교교육 목적을 위하여 부득이하다고 인정되는 범위 안에서의 표현의 변경"을 용인해야 한다(제13조 제2항 제1호). 제13조 제2항 제1호의 상황을 실연에 대해서도 적용해야 하는 경우가 생기지 않는다고 단언하기는 어렵다.

다른 하나는 저작자의 동일성유지권은 저작물의 '본질적인 내용의 변경'은 어떠한 경우에도 허용하지 않는다(제13조 제2항 단서). 반면 실연자의 동일성유지권 규정(제67조)은 이에 관해 언급하지 않고 있다. 동일성유지권이 실연자의 인격이나 개성과 끈끈하게 연결된 권리라는 점에 비춰보면 그 본질적 내용에 대한 왜곡·훼손은 여전히 허용되지 않는다고 해석할 수도 있지만, 굳이 제13조 제2항 단서와 같은 규정이 없는 터라, 입법자는 그런 해석을 하지 않았다고 보는 것이 타당할 것이다. 문리해석상 약한 수준으로 동일성유지권이 보호된다고 본다. 다른 내용은 저작자의 동일성유지권에 대한 설명과 다르지 않다.

새로운 권리의 등장으로, 지금까지는 크게 문제되지 않았던 사례들이 실연자의 동일성유지권 침해의 범주에서 다뤄질 것이다. 예를 들어, 방송 프로그램의 일부를 떼어내 영화나 텔레비전 광고에 삽입한다거나 또는 방송 프로그램 중 일부를 다른 목적(NG 장면 등)에 활용하는 경우가 그렇다고 할 수 있다.

기술이 발달하면서 실연자의 동일성유지권 내지 그 한계는 더욱 주목을 받을 것이다. 실연은 디지털 기술에 의해 가상 복제(clonage virtuel) 또는 샘플링 등을 통해 얼마든지 변형이나 왜곡될 수 있고, 이러한 변형이나 왜곡은 특히 실연의 경우 심각한 수준으로 발전할 수도 있기 때문이다.[10]

라. 실연자 인격권의 성격 및 행사

(1) 인격권의 성격

실연자 인격권은 저작인격권과 성격상 차이를 발견하기는 어렵다. 이들 양자는 공통적으로 자연인의 인격 내지 개성과 연결된 것으로, 일반 공중이 창작물을 접할 때 이에 창작적으로나 예술적으로 기여한 사람들의 이름을 알 수 있도록 하고, 더 나아가 그들의 창작물이 변형·왜곡되지 않도록 하는 내용을 담고 있다.[11] 이러한 실연자의 인격권은 저작인격권과 같이, 일신전속성을 1차적인 속성으로 하고 있다.

먼저 실연자 인격권은 일신에 전속한다(제68조). 일신전속성은 저작자의 그것과 같다.[12] 다음으로, 일신전속성의 파생적 속성으로서 비양도성과 비상속성을 지적할 수 있다. 즉, 실연자의 인격권은 이전되지 않기 때문에 양도나 신탁을 할 수 없고 이에 대해 질권을 설정할 수도 없다. 또한 실연자 인격권은 그의 사망으로 소멸한다. 저작인격권은 사후 인격적 이익이 보호를 받지만 실연자에게는 그러한 보호가 존재하지 않는다.[13]

(2) 인격권의 행사

실연자의 인격권도 일신전속성으로 인해 양도가 불가능하므로 그 행사는 실연자만이 할수 있다. 신탁관리업자에게 위탁하여 권리를 관리할 수도 없다. 성명 표시에 대한 주장이나 동일성 유지 주장 모두 본인만이 할 수 있다.

---

10) Lucas et al., p. 1082.

11) 저작자는 공표권을 가지는 반면, 실연자는 공표권을 가지지 않는다.

12) 이에 관해서는, 제2장 제4절 3. '가. 저작인격권의 성격' 참조.

13) 프랑스 법상 실연자의 인격권은 저작인격권과는 달리, 항구성이 없다. 그럼에도 상속성은 인정하고 있다(제212-2조 제1항). 이것은 법 제212-2조 제3항에서 밝히고 있듯이, 고인의 실연을 보호하고 고인을 추모하기 위한 것이다.

공동 실연에 대해서는 권리 행사의 편의를 위해 별도의 규정을 두고 있다. 여기서 공동 실연이란 "2명 이상이 공동으로 합창·합주 또는 연극 등을 실연하는" 것을 말한다(제77조 제1항). 법에서는 공동 실연이라고 하고 있지만 공동저작물과 같은 성격의 것은 아니다. 복수의 실연자가 참여한다면 공동 실연이 된다. 그럼에도 공동 실연자의 인격권 행사는 저작인격권 행사에 관한 규정(제15조)을 준용하고 있다. 저작인격권 행사 규정을 준용하는 이유는 실연자 인격권의 속성 때문이라고 할 수 있다. 이에 따라 ① 공동 실연자 전원의 합의로 인격권을 행사할 수 있고, 이때 각 실연자는 신의에 반하여 합의의 성립을 방해해서는 안 된다. ② 별도 약정으로 인격권 행사 대표자를 선정할 수 있다. ③ 대표자의 권한에 제한이 가해진 경우에는 선의의 제3자에게 대항할 수 없다.[14]

(3) 인격권의 포기

실연자 인격권은 일신전속성 때문에 포기할 수 없다. 이것은 저작인격권과 같은 맥락이다. 저작인격권의 포기에 관한 쟁점은 실연자 인격권에도 그대로 적용된다고 하겠다.[15]

2. 실연자의 재산적 권리

실연자의 재산적 권리는 복제권, 배포권, 대여권, 공연권, 방송권 및 전송권 등 여섯 가지 배타적 권리와 상업용 음반의 방송 사용 보상청구권, 디지털음성송신 보상청구권 및 상업용 음반의 공연 사용보상청구권 등 세 가지 보상청구권으로 구성된다. 이 중 전송권은 2004년 개정으로, 배포권과 공연권 및 디지털음성송신 보상청구권은 2006년 개정으로 추가된 권리이다. 2009년에는 상업용 음반의 공연 사용 보상청구권이 신설되었다. 이러한 일련의 개정은 실연자 보호를 위해 획기적인 것이었다.

---

14) 저작인격권의 행사에 관해서는, 제2장 제4절 3. '나. 저작인격권의 행사' 참조.
15) 저작인격권의 포기에 관해서는, 제2장 제4절 3. '다. 저작인격권의 포기' 참조.

가. 복제권

실연자는 그의 실연을 복제할 권리를 가진다(제69조). 여기서 복제는 넓은 의미이다. 고정하는 것(fixation)과 좁은 의미의 복제, 즉 유형물로 다시 제작하는 것(reproduction)을 모두 포괄한다. 복제의 개념과 그에 대해 미치는 권리의 내용은 저작자의 그것과 다르지 않다.16)

우리 저작권법은 복제의 개념을 이중적으로 정의하고 있기 때문에 실연자의 복제권도 이 두 경우로 나눠 생각해볼 수 있다. 첫째, 실연자는 영상이나 소리를 '최초로' 고정하는 경우이다. 이를 일컬어 생실연의 고정(fixation of live performance)이라 하겠다. 가창이나 연주를 담은 마스터테이프, 성우나 연기자의 실연을 담은 방송용 녹음물이나 녹화물, 영화 필름 등이 생실연을 고정한 것이다. 최초 고정은 실연자가 출연 계약이나 연주 또는 가창 계약을 통해 이뤄지는 것이 일반적이다. 둘째, 기존에 음반이나 영상물에 고정된 것을 유형물로 제작하는 경우이다.17) 즉, 고정 실연의 복제(reproduction of fixed performance)인 것이다. 마스터테이프를 가지고 음반을 대량 제작하는 것이 대표적인 예라 할 수 있다. 또한 편집 음반을 만들거나 디지털 파일을 제작하거나 또는 영상물의 사운드트랙을 떼어내 음반으로 제작하는 것이 이에 해당한다고 하겠다.

실연이 영상물에 수록되어 이용되는 경우에는 주의를 요한다. 우리 저작권법은 영상저작물에 관해서는 별도의 특례 규정을 두고 있는데, 이에 의하면 영상저작물 제작에 협력할 것을 약정한 실연자의 권리(복제권 등)는 특약이 없으면 영상제작자에게 양도되는 것으로 추정한다(제100조 제3항).

나. 배포권

실연자는 그의 실연이 담긴 복제물을 배포할 권리를 가진다(제70조). 배포란 복제물을 공

---

16) 이에 관해서는, 제2장 제5절 제2관 '2. 복제권' 참조.

17) WPPT는 비고정 실연(unfixed performance)과 고정 실연(fixed performance)으로 나눠, 전자에 대해서는 방송권과 공중전달권, 그리고 고정권을 규정하고 후자에 대해서는 복제권, 배포권, 대여권, 그리고 이용제공권을 규정한다. 논리적으로 깔끔하다.

중에게 양도 또는 대여하는 것을 말한다. 배포는 다음과 같은 의미로 쓰인다. 첫째, 유형물을 이전하는 것이다. 통상 말하는 온라인 배포는 저작권법상 배포가 아니다. 둘째, 배포는 유형물의 소유나 점유를 이전함으로써 원소유자나 원점유자는 해당 복제물을 소유하거나 점유하지 못한다. 셋째, 배포는 유형물을 공중에게 이전하는 것이다. 본인과 사적인 관계에 있는 가족이나 이에 준하는 한정된 범위에서 이전하는 것은 저작권법상 배포가 아니다. 저작자에게 인정되는 것과 같은 내용의 권리이다.

실연자의 배포권은 2006년 법개정으로 신설되었다. 배포권이 존재하지 않더라도 복제권으로 해당 배포행위를 대부분 제어할 수 있는 것은 사실이다. 그러나 이론적으로 복제와 배포는 별개의 행위라는 점, 1986년 법개정 이후 인정되고 있는 저작자와 음반제작자의 배포권과 형평을 맞출 필요가 있다는 점을 고려할 때 배포권 도입은 적절한 입법 정책이었다.[18]

배포권은 복제물이 실연자의 허락을 받아 판매 등의 방법으로 거래에 제공된 경우에는 더 이상 미치지 않는다(제70조 단서). 권리소진 이론은 실연자의 배포권에도 그대로 작용한다.[19]

다. 대여권

실연자는 자신의 실연이 녹음된 상업용 음반을 영리를 목적으로 대여할 권리를 가진다(제71조). 대여는 배포의 일종이다. 배포권 소진 이론을 적용하면 대여권은 인정되지 않는 것이 원칙이다. 그러나 영리 목적 대여가 범람하면 판매 시장이 위축되고 그로 인해 실연자의 이익을 해칠 수 있다. 이에 따라, 소진 이론의 예외로 대여권이 인정된 것이다.

음반 대여가 거의 없는 우리나라 실정에서 볼 때 이 권리는 장식적 권리에 가깝다. 1994년 TRIPS협정이 체결되고 같은 해 우리 법도 그에 맞춰 개정할 당시 부분적으로 음반 대여 시장이 존재했다고 한다. 지금은 그러한 대여 관행은 존재하지 않는다.

TRIPS 협정은 음반 대여에 대한 권리를 인정하고 있는데, 협정상 권리자는 음반제작자이고 각국이 국내법으로 권리자를 추가적으로 정할 수 있도록 했다(협정 제14조 제4항).[20] 우

---

18) 국제적으로도 실연자의 배포권은 늦게 인정되었다. 1996년 WPPT가 비로소 실연자와 음반제작자 모두에게 배포권을 부여하고 있다.

19) 권리소진 이론에 관해서는, 제2장 제5절 제2관 3. 나. '(2) 예외: 권리소진 이론' 참조.

20) 협정 제11조에서는 저작자에게도 대여권을 부여하고 있으나, 그 보호대상은 "적어도 컴퓨터프로그램과 영상저작물"이라 하고 있기 때문에 각 회원국은 다른 저작물에 대하여 반드시 대여권을 적용해야

리 법에서는 대여권의 주체로서 음반제작자뿐만 아니라 저작자와 실연자까지 확대하고 있다.

대여권은 다음과 같은 요건하에서 인정된다. 저작자의 그것과 같다. 첫째, 대여권이 미치는 매체는 상업용 음반이다. 상업용 음반이란 판매를 목적으로 한 것일 뿐만 아니라 상업적인 목적을 가지고 발행되어야 한다. 둘째, 대여권은 영리 목적의 대여에 대해서만 인정된다. 영리 목적이란 경제적 이익을 취득할 목적이라 할 수 있겠는데, 해당 대여 행위가 직접적인 이익 취득 목적이든 아니면 다른 영업 목적에 부수적이든 모두 영리 목적이 있다고 하겠다.[21]

라. 공연권

실연자는 자신의 생실연, 즉 비고정 실연에 대해 공연할 권리를 가진다(제72조 본문). 우리 저작권법은 공연을 상연·연주·가창 등의 방법으로 공중에게 공개하는 것과 상영이나 재생의 방법으로 공중에게 공개하는 것으로 크게 나누고 있다(제2조 제3호). 즉, 실황 공연(콘서트, 연극 공연 등)도 있고, 녹음물이나 녹화물을 재생하는 경우도 있다. 우리 법은 전자의 경우, 즉 비고정 실연(unfixed performance)의 공연에 대해서만 배타적인 권리를 부여하고 있다.

우리 법은 동일인 점유 송신, 즉 "동일인의 점유에 속하는 연결된 장소 안에서 이루어지는 송신"도 공연의 범주에 넣고 있다. 예를 들어 확성기를 사용하거나 증폭기나 스피커를 사용하여 송신하더라도 그것이 실황 공연의 송신이라면 공연권이 미치게 된다.

비고정 실연 모두가 공연권의 대상이 되는 것도 아니다. 방송 실연(broadcast performance)에 대해서는 공연권이 인정되지 않는다(제72조 단서).[22] 실연자는 자신이 '생방송' 프로그램에 출연하고 그 프로그램이 공중이 모인 장소에서 전달되는 경우(카페, 음식점, 운동장, 문화예술회관 등)에는 공연권을 주장할 수 없는 것이다.[23]

실연자의 공연권은 매우 제한적인 것임을 알 수 있다. 게다가 이러한 공연권은 출연 계약으

할 의무는 없다. 음반에 수록된 음악저작물에 대한 대여권은 회원국의 의무가 아닌 것이다.

21) 저작자의 음반 대여권에 관해서는, 제2장 제5절 제2관 4. 나. '(1) 음반 및 프로그램 대여권' 참조.

22) 로마협약에서는 실연자에게 공중전달권(right of communication to the public)을 부여하면서 방송 실연의 예외를 인정하고 있는데〔제7조 제1항 (a)〕, 이를 따른 것이다. 예외를 인정한다는 것은 국내법으로 권리 인정 여부를 정할 수 있다는 뜻이다.

23) 방송 실연에 관해서는, 제3장 제3절 2. '마. 방송권' 참조.

〈표 8〉 실연자의 공연권

실연의 종류	권리 존재 여부	로마협약 및 WPPT 규정
비고정 실연 + 비방송 실연		
- 생실연의 공연	○ (제72조 본문)	×
- 생공연의 공연(동일인 점유 송신)	○ (제72조 본문)	×
비고정 실연 + 방송 실연		
- 생방송의 공연	× (제72조 단서)	×
- 동시 재방송의 공연	× (제72조 단서)	×
고정 실연 + 비방송 실연		
- 녹음·녹화물의 공연	× (제72조 본문)	×
- 상업용 음반 사용 공연	○ (제76조의2, 보상청구권)	○ (보상청구권, 유보 가능)
고정 실연 + 방송 실연		
- 반복 방송의 공연	× (제72조 본문)	×
- 이시 재방송의 공연	× (제72조 본문)	×

로 처리되기 마련이므로 실익도 크지 않다. 그러나 제3자가 무단으로 다른 장소에서 콘서트 실황을 '공연'하는 경우를 완전히 배제할 수 없으므로 이 경우에는 여전히 유용한 권리이다.

이상에서 본 바와 같이 실연자는 비고정 실연에 대해 배타적인 공연권을 가진다. 한편, 일부 고정 실연의 공연에 대해서는 보상청구권을 가진다. 실연자는 다양한 목적에 따라 여러 방법으로 자신의 실연을 고정한다. 보상청구권은 그중 실연이 상업용 음반에 수록되고, 그 음반이 사용되어 공연되는 경우 인정된다.[24]

마. 방송권

(1) 법규정

실연자는 그의 실연을 방송할 권리를 가진다(제73조 본문). 그러나 "허락을 받아 녹음된 실연"에 대해서는 방송권이 미치지 않는다(제73조 단서). 방송의 개념은 저작자가 가지는 방송권에서 말하는 방송과 같은 것이다. 이 규정에 따르면, 실연자는 원칙적으로 방송권을 가지되, 예외적으로 "허락을 받아 녹음된 실연"에 대해서는 권리를 가지지 못한다는 것이다. 언뜻 보기에는 간단해 보이는 규정이지만 저작권법상 정의하는 '방송'이 다양한 경우를 포괄하고 있고, 허락의 범위에 대해서도 여러 해석이 나올 수 있기 때문에 의외로 복잡한

---

24) 이에 관해서는, 제3장 제3절 3. '다. 상업용 음반의 공연 사용 보상청구권' 참조.

내용을 끌어안고 있다. 한 가지 분명한 것은, 녹화물에 담긴 실연에 대해서는 실연자가 여전히 방송권을 가진다는 것이다.

이 규정은 우리가 독자적으로 만든 것이 아니다. 로마협약이 부여한 권리를 일본에서 변형해 수용한 것을 우리가 무심코 받아들인 것이라고 할 수 있는데, 그 결과 필연적으로 여러 해석론이 나올 수밖에 없다.[25]

(2) 해석론

실연자의 방송권도 공연권과 마찬가지로, 두 가지로 나눌 수 있다. 하나는 비고정 실연(생실연)에 대한 방송권이고 다른 하나는 고정 실연에 대한 방송권이다.

(가) 비고정 실연에 대한 방송권

비고정 실연에 대한 방송권은 다시 두 가지로 나눌 수 있다. 첫째는 생방송(live broadcasting)에 대한 권리이다. 생방송에 대한 권리는, 공연권의 경우와 마찬가지로, 현실적인 의미는 적다고 할 수 있다. 출연 계약 등의 방법으로 권리를 행사하기 때문이다. 굳이 의미를 찾는다면 허락을 받지 않고 비고정 실연 현장에서 동시에 방송을 하는 경우를 생각할 수 있다. 둘째로는 방송 실연이 재방송(rebroadcasting)되는 경우이다. 재방송이란 다른 방송사업자의 원방송을 받아 동시에 송신하는 것을 말하는 것으로,[26] 이에 대해서는 권리가 미친다고 보아야 한다. 왜냐하면 제73조 단서가 "허락을 받아 녹음된 실연"이란 구절은 동일한 방송사가 출연 계약상 해당 방송 프로그램을 녹음할 것을 약정하는 경우를 상정한 것이지 다른 방송사에 의한 재방송까지 허용하는 것으로 볼 수 없기 때문이다. '녹음된'이라는 과거형 표현은 동시 재방송을 염두에 뒀다고 하기도 어렵다. 유선 재방송이든 무선 재방송이든 모두 허용되지 않는다. 또한 동일인이 점유하지 않는 건물 안에서 송신이 이뤄진다면 이 또한 방송이므로 이에 대해서도 실연자의 방송권이 미친다.

---

25) 최경수(2021), 230~235.

26) 이것은 우리 법상 방송사업자에게 인정되는 동시중계방송권의 동시중계방송과 같은 개념이다.

(나) 고정 실연에 대한 방송권

고정 실연의 방송은 녹음물과 녹화물에 담긴 실연을 방송하는 것이라 하겠는데, 이는 이미 방송된 것(방송 실연)을 재차 방송하는 것과 방송 이외의 목적으로 제작된 녹음물과 녹화물을 방송하는 것으로 나눌 수 있다. 녹화물에 수록된 실연에 대해서는 방송권이 미치므로 녹음물의 방송이 쟁점이 된다.

방송 실연을 다시 나누면 ① 반복 방송(repeat broadcasting)과 ② 이시 재방송(deferred rebroadcasting)이 있다. ① 반복 방송은 실연자의 허락을 받아 녹음된 실연을 동일한 사업자가 다시 방송하는 것이다. 우리 법에서 "허락을 받아 녹음된 실연에 대하여는" 방송권이 미치지 못하도록 하고 있으므로 방송사업자가 재차 실연자의 허락을 받을 필요는 없다. ② 이시 재방송은 다른 사업자가 나중에 이미 녹음된 실연을 방송하는 것이다. 이 경우 실연자의 방송권이 미치는 여부는 "허락을 받아 녹음된 실연"이 무엇인지에 달려 있다. 두 가지 해석이 가능하다. 하나는 어떠한 목적으로든 누구에게든 한 번 허락을 받으면 그것이 곧 "허락을 받아 녹음된 실연"이라고 해석하는 것이다. 다른 하나는 허락 목적과 허락 대상을 각기 한정하는 의미로 "허락을 받아 녹음된 실연"을 파악하는 것이다. 전자에 따르면, 실연자의 1회 허락으로 방송권은 미치지 않는 결론을 추출할 수 있다(부정설). 반면 후자에 따르면, 허락 목적은 방송에 있지만 허락 대상은 특정 방송사업자이므로(방송 실연이라는 점을 상기하자) 제3자인 다른 방송사업자는 허락 대상으로 의도하지 않은 것이므로 방송권이 미친다는 결론이 나온다(긍정설). 논리의 일관성이나 계약 목적 이론을 존중할 때에는 후자의 해석이 타당하다고 할 수 있다. 굳이 '녹음된 실연'이라는 표현을 접어두고 "허락을 받아 녹음된"이란 표현을 사용한 것 또한 후자의 해석에 무게를 두게 한다.

다음으로, 방송 이외의 목적으로 제작된 녹음물을 방송하는 경우이다. 마찬가지로 긍정설과 부정설을 생각할 수 있는데, 여기서도 "허락을 받아 녹음된 실연"이 다시 문제된다. 부정설에 따르면 허락의 목적이 무엇이든 허락 대상이 누구이든 이미 허락을 했으므로 실연자는 방송권을 주장할 수 없다. 긍정설에 따르면 허락 목적이 방송 이외에 있고(예를 들어 상업용 음반 제작 목적) 허락 대상은 방송사업자 이외의 사업자(예를 들어 음반제작자)이므로 실연자는 방송권을 주장할 수 있는 것이다. 허락의 목적과 대상을 달리하므로 방송사업자는 해당 방송을 위해서 실연자의 허락을 받아야 하는 것이다. 그러나 이러한 해석은 상업용 음반의 방송 사용에 대한 보상청구권(제75조)과의 관계에서 보면 유지하기 곤란하다. 제75

조는 배타적인 권리가 존재하지 않기 때문에 나온 규정으로 볼 수밖에 없을 것인데 이 경우 실연자의 배타적인 방송권을 긍정하게 되면 제75조는 존재 의의가 없는 것이다. 부정설에 기울지 않을 수 없게 한다.

이상을 종합해보면 다음과 같은 결론에 도달한다. 실연자는 생방송에 대해서 배타적인 권리를 가지고(이 점은 실연자의 공연권과 같다) 다른 방송사업자의 재방송(동시 및 이시)에 대해서도 배타적인 권리를 가지되, 예외적으로 동일한 방송사업자의 반복 방송과 방송 이외의 목적으로 제작된 녹음물에 대해서는 권리를 가지지 않는다고 할 수 있다. 다만, 상업용 음반의 방송 사용에 대해서는 보상청구권을 가진다.

(3) 검토

현행 규정은 다음과 같은 점에서 문제가 있다. 첫째, 잠재적으로 다양한 해석론을 낳고 있다. 조약 규정을 국내법으로 수용하면서 이 조항의 의미를 분명히 이해하지 못한 입법이라 할 수 있다. 우리 규정과 흡사한 일본 법규정 자체도 로마협약을 자신의 방식으로 해석하고 있는데다,[27] 우리는 이를 부분적으로 — 어쩌면 제대로 이해하지 못한 채 — 수용하면서 빚어진 것이라고 할 수 있다.[28]

---

[27] 당시 우리가 참고한 것으로 보이는 일본 저작권법도 스스로 해석이 곤란하다고 자인할 정도로 복잡하다. 최경수(2021), 233.

[28] 이른바 일본 법에는 '원찬스주의'라는 것이 있다. 지극히 일본식 로마협약 해석론이라고 할 수 있다. 이것은 "일단 실연자가 허락을 하면 그 이후의 이용행위에는 원칙적으로 권리가 미치지 않는 사고방식"이라고 한다. 岡村久道, 著作權法, 第5版, 民事法研究會, 2021, 339. 일본 법에서 이런 원리는 복제권과 방송권 모두에 있다고 한다. 우리 법은 실연자에게 무조건적인 복제권을 부여하고 있으므로 이런 원리가 작동할 여지가 아예 없다. 그렇다면 공연권이나 방송권과 관련해 이 원리가 존재하는지 살펴볼 필요가 있다. 당시 입법 과정에 깊게 참여한 저자의 저술에 따르면 우리 법 제73조 단서는 이 원리를 받아들여 "실연자의 권리를 제한한 것"이라고 한다. 한편, '녹화'를 제외한 것은 영상저작물 특례 규정으로 해결된다는 것이다. 허희성(하), 423. 허희성, 신저작권법, 범문사, 1988, 286에서도 같은 해석을 하고 있다. 필자는 다음과 같은 이유로 위 의견에 동의하지 못한다. ① 로마협약이나 나중에 체결된 WPPT는 방송권이나 공중전달권을 원칙적으로 인정하되, 이 두 조약(로마협약은 다소 복잡하게 규정되어 있으나 WPPP와 같은 내용으로 되어 있다)은 방송 실연이나 고정 실연에 대해서는 예외로 하고 있다〔제7조 제1항 (a)〕. 아주 간명한 것을 우리는 어렵게 규정한 것이다. ② '원찬스'라는 용어는 일반인에게 설명하기 위해 부득이 사용할 수는 있으나 학술적으로 사용할 것은 못된다. 필자는 일본 문헌

〈표 9〉 실연자의 방송권

방송의 종류	권리 존재 여부	로마협약 및 WPPT 규정
비고정 실연 (+ 비방송 실연)		
- 실연의 생방송	○ (제73조 본문)	○
비고정 실연 + 방송 실연		
- 생방송의 재방송(동시 재방송)	○ (제73조 본문: 단서의 제한적 해석)	×
고정 실연 + 비방송 실연		
- 방송 목적 외 녹음물 방송	× (제73조 본문 및 제75조)	×
- 상업용 음반 사용 방송	○ (제75조, 보상청구권)	○ (보상청구권, 유보 가능)
고정 실연 + 방송 실연		
- 반복 방송	× (제73조 단서)	×
- 이시 재방송	○ (제73조 본문: 단서의 제한적 해석)	×

둘째, 상업용 음반의 방송 사용 보상청구권과의 관계도 어렵게 만들고 있다. 방송 이외의 목적으로 제작된 녹음물 중 대부분은 상업용 음반인데, 그 방송에 대해서는 실연자에게 보상청구권을 부여하고 있다(제75조). 제75조에 의하면, 방송사업자는 상업용 음반을 방송할 때 그 형태가 무엇이든(원방송, 반복 방송, 동시·이시 재방송) 실연자에게 보상금을 지급해야 한다.[29] "허락을 받아 녹음된 실연" 모두에 대해 방송권을 부정한다고 해석(부정설)하게 되면, 실연자는 그중 상업용 음반에 대해서는 보상청구권을 받을 수 있다. 방송권을 긍정하는 해석(긍정설)에 따르면 배타적인 권리와 보상청구권이 충돌하는 문제가 생긴다. 이 경우 배타적 권리가 우선한다고 본다면 상업용 음반 보상청구권 규정인 제75조가 무력해진다.

입법적 흠결로 인해 생긴 문제라고 생각한다. 국제조약 규정과 같이, 고정 실연과 방송 실연에 대해 방송권을 부정한 뒤 그중[30] 일부에 대해 보상청구권을 부여했다면 해석상의 논란을 없앨 수 있었다. 우리 법은 2006년 개정으로 공연권을 신설하면서 방송 실연에 대해 공연권 적용을 배제하고 있다(제72조 단서). 이런 원리를 방송권에도 실현하는 것이 조약

이외에는 이런 용어를 사용하는 문헌을 확인하지 못했다. ③ 영상저작물 특례 규정은 영상저작물 이용 편의를 위한 제도로서, "영상저작물의 제작에 협력할 것을 약정한" 실연자의 권리를 양도 추정하는 것을 내용으로 하고 있는바, 방송권 부여 여부와는 논리적 연관성이 없다. 특례 규정은 오히려 방송권의 존재를 전제로 한다. 게다가 약정을 통해 방송권을 양도하지 않을 수도 있다. '원찬스주의'를 관철하려면 녹화에 대해서도 방송권이 미치지 않도록 해야 한다.

29) 이에 관해서는, 제3장 제3절 3. '가. 상업용 음반의 방송 사용 보상청구권' 참조.

30) 고정 실연의 사례는 매우 많다. 방송 목적 실연뿐만 아니라 음반 제작(그중 하나로 상업용 음반이 있다) 목적 실연도 있고, 생공연 중 녹음되는 실연도 있다.

규정과 조화를 이루면서 해석의 난점도 극복하는 방안이라고 본다.

바. 전송권

실연자의 전송권은 2004년 법개정으로 도입되었다. 권리의 내용은 저작자가 가지는 전송권과 같다. 전송은 공중송신의 일부이다. 실연자는 일부 방송(생방송, 재방송 등)에 대해서는 배타적인 권리를, 일부 방송(상업용 음반의 방송)과 디지털음성송신에 대해서는 보상청구권을 가지는 반면, 전송에 대해서는 전면적으로 배타적인 권리를 가지고 있다. 전송권을 배타적인 권리로 한 것은 무단 전송이 실연자의 이익을 해친다고 보았기 때문이다. 권리자의 이익과 이용자의 이익 균형을 고려할 때 전자의 이익 훼손이 훨씬 심각하다고 할 수 있는 것이다.

3. 실연자의 보상청구권

가. 상업용 음반의 방송 사용 보상청구권

(1) 의의

실연자는 상업용 음반을 사용하여 방송하는 경우 보상금을 청구할 수 있다(제75조).[31] 이러한 보상청구권은 연혁적인 배경 속에서 탄생했다. 첫째, 녹음 기술이 발전하면서 실연자의 법적 지위에 커다란 변화가 생겼다. 실연자는 음반 제작을 위해서 자신의 법적 지위를 계약상 확보할 수 있었으나 제3자의 음반 이용에 대해서는 아무런 권한을 행사할 수 없었다. 계약을 가지고는 제3자의 음반 이용을 통제할 수 없기 때문이다. 둘째, 사회적인 측면에서 보더라도 실연자는 자신의 음반이 방송되는 경우 실황 공연을 보려는 관중이 줄어드는 만큼 실연의 기회도 감소하는, 기술적 실업(technological unemployment)에 직면했다. 일부 실연자를 제외하

---

31) 음반을 방송한다 할 때 개념적으로는 세 가지 보호대상을 방송하는 것이다. 첫째는 음반에 담긴 저작물이고, 둘째는 음반에 수록된 실연이고, 셋째는 소리를 고정한 음반이다.

고는 방송의 기회조차 잡을 수 없는 것이 대다수 실연자의 처지였다.[32] 셋째, 음반제작자도 방송국에서 비용이 적게 들고 사용하기 편리한 음반 사용을 늘리면서 곤란한 처지에 빠지기는 마찬가지였다. 실연자는 음반 판매 감소로 인한 반사적 손실을 볼 수밖에 없었다. 이런 배경을 가지고 나온 것이 로마협약 제12조이다.

로마협약 제12조에 의하면, "상업적인 목적으로 발행된 음반 또는 그러한 음반의 복제물이 방송 또는 공중전달에 직접적으로 사용되는 경우에, 공정한 단일 보상이 사용자에 의하여 실연자나 음반제작자 또는 이들 양자에게 지급되어야 한다." WPPT도 이에 대해 규정하고 있다. 로마협약과 다른 것은 음반의 직접적인 사용뿐만 아니라 간접적인 사용도 포함하고 있는 것이다.[33]

우리 법규정은 1986년 개정법 이후 여러 차례 개정을 거쳤지만 보상청구권 자체에 대한 변경은 거의 없다가, 2016년 3월 개정으로 '판매용 음반'을 '상업용 음반'으로 바꾼 바 있다. 이 규정은 로마협약 규정을 받아들여 나온 것이지만 협약 규정 중 일부만을 성문화한 것이다. 즉, 방송에 한정해 보상청구권을 부여한 것이다.[34] 우리 법 제75조를 구체적으로 살펴보면 다음과 같다.

첫째, 보상금 지급 의무는 몇 가지 요건을 충족해야 발생한다. ① '상업용 음반'을 사용하여 방송하는 경우에 생긴다. 상업용 음반이란 로마협약이나 WPPT에서 예정한 것보다 넓다. 우리 법은 "상업적 목적으로 공표된 음반"을 의미하는 반면, 로마협약 등에서는 "상업적으로 발행된 음반(phonogram published for commercial purposes)"이라고 하고 있다.[35] 대법원이 종전 '판매용 음반'을 제한적으로 해석하면서[36] 생긴 문제를 극복하기 위해 개정하면서, 조약상 '발행'을 '공표'로 음반의 범위가 더욱 확대된 것이다.

---

32) WIPO(Rome), pp. 10~11, 50~52.

33) WPPT 제15조 제1항.

34) 우리 정부는 로마협약과 WPPT에서 허용한 데 따라 2009년 이들 조약에 가입하면서 보상청구권을 방송에 한정한다는 유보를 한 바 있다. 유보 선언의 내용은 한국저작권위원회, 저작권 분야 국제조약집, 2014, 102~103, 292~293 참조.

35) 로마협약 제12조 및 WPPT 제15조 제1항 참조.

36) 대법원 2012. 5. 10. 2010다87474 판결: "'판매용 음반'이라 함은 그와 같이 시중에 판매할 목적으로 제작된 음반을 의미하는 것으로 제한하여 해석함이 상당하다." 같은 취지: 대법원 2016. 8. 24. 2016다204653 판결(하이마트 사건).

② 이용형태는 방송이다. 상업용 음반을 사용하여 '방송'하는 경우에만 인정되는 것이다. 공연에 대해서는 2009년 3월 개정법에 의해 별도의 보상청구권이 존재한다. 우리 법은 방송의 정의에 따라, 로마협약에서 말하는 공중전달 중 하나인 유선 송신에 대해서도 보상청구권을 인정한다.

③ 상업용 음반을 '사용하여' 방송하는 경우에 지급하는 것이므로 음반 그 자체(음반의 원본 또는 복제물이 정확한 표현이다)를 재생하는 경우뿐만 아니라 음반을 다른 매체에 수록해 그 매체를 재생해 방송하는 경우에도 보상금을 지급해야 한다. 음반이 영상물에 수록되어 영상물 속의 음악이 방송의 형태로 재생된다 하더라도 음반의 사용이라고 본다. 또한 방송의 형태가 무엇이든 묻지 않는다. 다시 말해서 원방송이든 반복 방송이든, 아니면 동시 재방송이든 이시 재방송이든 보상금을 지급해야 한다.[37] 필자는 직접 사용과 간접 사용이란 표현은 음반이 공중이 지각할 수 있도록 사용되는 모든 경우를 포괄한다고 본다. 즉, 직접 사용이란 공중 앞에서 전달(공연, 공중송신 등)하기 위해 유형의 매체로서 음반(정확하게는 음반의 원본 또는 복제물)을 사용한다는 의미로, 간접 사용이란 다른 모든 방법을 통해 공중이 지각할 수 있도록 전달하기 위해 음반(이때에는 보호대상 음반일 수도 있고, 음반의 원본이나 복제물일 수도 있다)을 사용한다는 의미로 보는 것이다.[38]

둘째, 실연자는 상업용 음반을 사용한 방송에 대해 독자적으로 보상금을 청구할 수 있다.

---

37) 이에 대해, 조약 해석이 명쾌하지는 않다. 로마협약상 방송이나 공중전달을 위한 직접 이용이란 어느 방송국이 음반을 자신의 결정으로 방송하는 것을 뜻한다. 자신이 직접 상업용 음반을 사용한다는 의미의 직접이다. WIPO(Rome), p. 47. 이런 점에서 다른 방송사가 재방송하는 것은 상업용 음반을 직접 사용하는 것이 아니므로 이에 대해서 보상금 지급 의무가 없다 할 수 있다. 그러나 WPPT 제15조 제1항에서는 음반의 직접 사용뿐만 아니라 간접 사용에 대해서도 보상청구권을 부여하도록 하고 있다. 이를 다음과 같이 해석한다: "이 권리는 음반의 직접 사용과 간접 사용 모두에 적용되기 때문에, 케이블이나 유선에 의한 모든 형태의 재송신이 또한 이 권리의 범위에 들어온다. 전달의 정의는 또한 음반이 같은 장소에 있는 공중에게 직접 재생되는 상황을 포함한다. 음반의 간접적인 전달은 라디오나 텔레비전 기기를 통해 방송이나 유선 전달에 담긴 음반이 카페나 레스토랑, 호텔 로비나 그 밖에 공중에게 공개된 장소에서 들릴 수 있도록 하는 상황을 포함한다." WIPO(DC/5), § 12.05. 전자 해석은 이용 주체의 직접성에 초점을 맞춘 것이라면, 후자 해석은 전달의 직접성에 주안을 둔 것이다. 만족할 만한 해답을 주고 있다고 할 수는 없다.

38) 우리 대법원의 판단도 일부 필자의 의견과 같다: "'사용'에는 판매용 음반을 직접 재생하는 직접사용뿐만 아니라 판매용 음반을 스트리밍 등의 방식을 통하여 재생하는 간접사용도 포함된다고 해석함이 타당하다." 대법원 2015. 12. 10. 2013다219616 판결.

음반제작자도 같은 내용의 권리를 가지지만 실연자의 그것과는 별개로 보상금을 청구할 수 있다.39)

보상청구권은 독점적·배타적 권리와는 구별된다. 배타성이 없기 때문에 방송을 허락하거나 금지할 수 없고 그 침해로 인한 물권적 청구권(침해금지청구권이나 침해예방청구권) 또는 손해배상청구권도 행사할 수 없다. 보상의 금액이나 요율에 관해서 다툴 수 있을 뿐이다.

(2) 행사 주체 및 행사 방법 등

보상청구권의 귀속 주체는 실연자이다. 실연자는 자신의 실연이 직접적으로나 간접적으로 방송되는 경우 청구권을 가지는데, 외국인 실연자는 상호주의하에서 권리를 인정받고 있다. 즉, 외국인 실연자는 그 외국에서 대한민국 국민인 실연자에게 우리 저작권법에 따른 보상금을 인정하지 아니하는 때에는 보상청구권을 행사할 수 없다(제75조 제1항 단서).

보상청구권의 귀속 주체는 실연자이지만 그 행사 주체는 지정단체이다(제75조 제2항). 원칙적으로는 실연자가 직접 권리 행사 주체가 되는 것이지만 행사의 편의와 권리 처리의 편의를 위해 지정단체를 둔 것이다. 실연자가 자신의 실연을 일일이 찾아 방송사에게 청구하는 것이나 방송사가 수많은 권리자를 상대로 보상금을 지급하는 것이나 모두 곤란할 뿐만 아니라 비현실적이기도 하다. 우리 법은 이러한 실제상의 필요에 의해 지정단체를 통한 권리 행사를 선호하고 있다 할 수 있다.

저작권법은 단체 지정 요건 및 지정 취소, 분배 등에 관해서도 각기 규정하고 있다. 이에 관해서는 별도로 뒤에서 설명한다.40)

---

39) 서울지방법원 1999. 7. 30. 97가합44527 판결 참조. 로마협약에서는 "공정한 단일 보상(single equitable remuneration)"이 실연자나 음반제작자 또는 이들 양자에게 지급되어야 한다고 규정하고 있다. 국내 법상 방송사업자가 실연자나 음반제작자 중에 어느 한 쪽에만 보상금을 지급하더라도 협약상의 의무는 충족한다는 의미이다. 음반 산업계에서 주로 보상금을 징수하는 관행을 받아들인 것이다. WIPO (Rome), p. 49.

40) 지정단체에 관해서는, 제5장 제5절 2. '다. 지정단체'; 분배에 관해서는, 제5장 제5절 '3. 미분배 보상금' 참조.

(3) 제29조와의 관계[41]

제75조 등은 두 가지 측면에서 제29조와 연결되어 있다. 첫째, 제29조에서 말하는 '상업용 음반'이라는 용어를 제75조 등에서도 같이 쓰고 있다. 둘째, 제29조 제한 규정은 저작인접권 제한에도 준용한다(제87조). 각기 살펴보기로 한다.

첫째, 대법원은 2016년 법개정 전의 표현인 '판매용 음반'을 각기 다른 의미로 보고 있다. 어느 사건에서는 제29조상의 '판매용 음반'이란 "시중에 판매할 목적으로 제작된 음반을 의미"한다고 하고,[42] 다른 사건에서는 제76조의2 및 제83조의2에서 말하는 '판매용 음반'이란 "불특정 다수인에게 판매할 목적으로 제작된 음반뿐만 아니라 어떠한 형태이든 판매를 통해 거래에 제공된 음반이 모두 포함"된다고 한다.[43] 우리 입법자가 '판매용 음반'이라는 특수한 용어를 각기 다른 개념으로 파악했을 것이라고 추론하는 것은 온당치 않다고 본다. 2016년 3월 법개정으로 이런 '상반된' 대법원 판단은 유지될 수 없게 되었다. 같은 개정법에서 제29조와 제75조 등에서 '상업용 음반'이라는 표현을 같이 쓰고 있으므로 이제는 이들을 각기 달리 해석할 여지가 없어진 것이다. 게다가 '상업용 음반'이라고 할 때 그 개념상 "시중에 판매할 목적으로 제작된 음반"이라고 좁게 해석할 수도 없을 것이다.

둘째, 제29조 제한 규정은 '원칙적 제한 및 예외적 보장의 형식'[44]을 띠고 있고, 이를 저작인접권 제한에도 준용한다. 제29조 제2항에서 위임한 공연장 또는 영업장("대통령령으로 정하는 경우")에 대해서는 실연자와 음반제작자도 보상청구권을 주장할 수 있는 것이다. 제76조의2와 제83조의2가 이 경우에 적용된다. 물론 각 권리자가 가지는 권리의 성격은 다르다. 저작자는 배타적인 권리를 가지고, 실연자와 음반제작자는 보상청구권을 가진다.

셋째, 제29조와 제75조 등은 규정상 약간의 차이가 있다. 전자는 "상업용 음반…을 재생하여 공중에게 공연"하는 것이고, 후자는 "상업용 음반을 사용하여" 방송하거나 공연하는

---

41) 여기서는 "상업용 음반을 사용하여" 방송하거나 공연하는 경우를 포괄해 서술한다. 해당 규정으로는 제75조뿐만 아니라 제76조의2, 제82조, 제83조의2 등이 있다.

42) 대법원 2012. 5. 10. 2010다87474 판결(스타벅스 사건).

43) 대법원 2015. 12. 10. 2013다219616 판결(현대백화점 사건). 이 사건은 저작인접권자가 원고로서 디지털음성송신 방법으로 시설 내에 음악이 공연되는 경우에 보상금을 청구한 소송 사건으로, 해당 조문은 제76조의2와 제83조의2이었다. 제75조와 제82조에서도 역시 '판매용 음반'이라고 하고 있었다.

44) 헌법재판소 2019. 11. 28. 2016헌마1115, 2019헌가18(병합) 결정.

것이다. 전자는 문리해석상 매체(원본이나 복제물)에 의한 재생 공연을 의미하는 반면, 후자는 음반을 매개로 방송하거나 공연하는 것을 의미한다고 보는 것이 타당하다. 후자는 로마협약이나 WPPT에서 온 것으로, 양자 간에는 입법 취지가 애초에 다를 수밖에 없다. 무엇보다도 전자 규정은 권리 제한 측면에서, 후자 규정은 보상청구권 부여를 위해 안출된 것이다. 로마협약 등은 상업용 음반이 "방송 또는 공중전달에 사용되는 경우에" 보상청구권을 부여하고 있다. 어쨌든 우리 관행이 양자를 구별하지 않았던 만큼 이런 차이는 실제로 작동되지 않았다.[45]

나. 디지털음성송신권

(1) 의의

실연자는 디지털음성송신에 대한 보상청구권을 가진다(제76조). 디지털음성송신은 "공중으로 하여금 동시에 수신하게 할 목적으로 공중의 구성원의 요청에 의하여 개시되는 디지털 방식의 음의 송신을 말하며, 전송은 제외한다"(제2조 제11호).

디지털 방식의 송신은 기존의 방송과는 달리 실연자에게 미치는 영향이 상대적으로 크다. 피해 정도를 순서대로 나열할 때 전송(주문형 쌍방향 아날로그 및 디지털 송신), 실시간 스트리밍(웹캐스팅), 디지털 방송(실시간 디지털 방송), 아날로그 방송(실시간 무선방송과 유선방송)순으로 생각할 수 있다. 디지털 방식의 송신이 아날로그 방식의 송신보다는 피해 정도가 큰 것은 디지털 기술이 가지고 있는 특성 때문이다.

우리 국회는 국제 규범과 국제적인 경향을 감안할 때 방송도 아니고 전송도 아닌 송신 개념을 도입해야 할 필요성에 따라, 디지털 송신의 현재적이거나 잠재적인 피해를 감안하여 디지털음성송신 제도를 도입했다.[46] 이 제도는 디지털 환경의 급속한 변화와 때를 맞춰

---

45) 정부든 법원이든 문리해석을 철저히 했다면 각 규정의 문제점이 충분히 부각되고, 그에 따라 순리적으로 법개정도 되지 않았을까.

46) 제도 취지는 당시 전부개정 공청회 자료에 나온다: "디지털음성송신의 전형적인 예로서 웹캐스팅(통상 인터넷방송이라고 함)은 기술적으로는 방송과 구별되지만 방송과 유사한 측면이 있고, 웹캐스팅을 하기 위해서는 기존 음반을 사용하게 되므로 실연자와 음반제작자의 경제적 이익을 해칠 우려가 현존하므로 이에 대해 보상청구권을 인정할 필요가 있음." 최경수(2005), 7. 또한 문화관광위원회, 저작권

2006년 전부개정 저작권법에서 반영되었다. 이때 상위의 공중송신 개념도 들어왔다.

이 제도는 특이한 역사적 배경을 가지고 있다. 당시의 디지털 기술 발전을 감안한 것이긴 하지만, 무엇보다도 1990년대 후반부터 2000년대 초반까지 미국과의 통상 협상 과정에서 미국의 지속적인 주장(음반제작자의 권리 보장을 중심으로 한 것이다)을 일부 받아들여 탄생한 제도인 것이다.[47] 미국 저작권법상 디지털음성송신 제도의 골격을 수용하면서 내용에 상당한 변화를 준 것이다. 이 제도는 국제규범이 요구하는 것도 아니어서 실연자와 음반제작자에게는 법적 특례를 부여한 것이다.

미국 저작권법은 주문형 이외의 디지털 송신 중 웹캐스팅과 같은 '비가입자 적격송신(eligible nonsubscription transmission)'에 대해 일정한 요건을 갖추면 법정허락 대상으로 하고 있다. 쌍방향 송신(미국 법에서는 'interactive transmission'이라고 하면서 이를 주문형 송신으로 정의하고 있다)이 아닐 것, 송신자는 자동적·의도적으로 수신자의 채널 변경을 유도하지 않을 것, 녹음물에 수록된 정보를 송신 시 제공할 것, 특정 앨범에서 일정 숫자의 곡을 연속으로 송신해서는 안 될 것 등등 복잡한 요건을 충족하도록 하고 있다.[48] 이런 엄격한 요건에 비해, 우리는 요건을 완화하여 전송권이 "적용될 수 있는" 영역을 크게 줄이고자 했다. 권리 보호와 이용 간의 균형을 맞추고자 한 것이다.[49]

디지털음성송신의 법적 개념은 다음과 같다. ① 디지털음성송신은 공중송신 중 하나이다. 공중송신은 그 외에도 방송과 전송을 포함하는 넓은 개념으로서, "공중이 수신하거나 접근하게 할 목적으로 무선 또는 유선통신의 방법에 의하여 송신하거나 이용에 제공하는 것을 말한다"(제2조 제7호). ② 공중이 동시에 수신하도록 송신하는 것이다. 동시성은 방송의 그것과 같은 것으로, 전송과는 뚜렷이 구별되는 특징이다. 실시간 스트리밍만이 이 개념 범주에 들어온다. ③ 공중의 구성원의 요청에 의해 해당 송신이 개시된다. 디지털음성송신은 컴퓨터 네트워크를 통한 송신, 특히 서버와 클라이언트 구조를 가지고 있는 송신이다. 이러한 점은 기술적으로 쌍방향성을 뜻하는 것이다. ④ 디지털 방식의 소리의 송신이다. 이 점에서 디지털 영상송신은 제외된다. 뮤직비디오와 같이 소리에 '보조적인' 역할을 하는

법 전부개정법률안 심사보고서, 2006. 12., 8~9.

47) 미국은 '배타적 송신권'을 주장했었다. 최경수(2018), 46, 59.

48) 이에 관해서는, 최경수(2018), 101~102.

49) 최경수(2018), 45~49.

영상물이라 하더라도 그러한 영상송신은 여전히 배제된다. 당시 제도 도입을 위해 참고했던 미국의 제도도 그렇고 우리도 "디지털 방식의 음의 송신", 즉 소리만의 송신을 상정한 것이다. 이에 대해, 특히 디지털'영상'송신을 둘러싸고 학계에서는 적지 않은 논쟁을 벌인 바 있다.50) 이런 해석상의 혼란을 야기한 데에는 정부의 해석도 한 몫을 했다.51) 적어도 입법 당시 디지털영상송신은 디지털음성송신 개념 안에 들어올 수는 없었다. 저작권법에서 '디지털음성송신사업자'를 "디지털음성송신을 업으로 하는 자"(제2조 제12호)라고 정의하고 있는 것고 그 사업자만을 보상금 지급 주체로 삼았기 때문이다. 다른 사업자에게 보상금 지급 의무가 생기지 않도록 한 것이다.

디지털영상송신도 "음반을 사용하여" 할 수 있다는 현실을 감안해 이에 대한 입법 정책을 분명히 할 필요는 있다.52) 다만, 종전 우리 정부가 다자간의 관계에서 취했던 태도나 한·미 협상의 경험을 부정하면서53) 새로운 제도를 도입하려 한다면 이는 입법 철학 또는 정책의 빈곤이라고 하지 않을 수 없다. 이런 방식은 더 나은 제도 개선을 위해서 바람직하지 않다.

(2) 행사 주체 및 행사 방법

실연자는 디지털음성송신에 대해 보상금을 청구할 수 있다. 이러한 실연자에는 가수와 연주자가 있다. 시청각 실연자는 물론이고, 영상물에 소리가 실려 있는 경우 해당 가수나 연주자도 청구권을 행사할 수 없다고 본다.

외국인 실연자도 내국민대우 원칙에 입각하여 청구권을 주장할 수 있다. 상업용 음반의 방송 사용 보상청구권은 상호주의에 의해 제한을 받지만 디지털음성송신 보상청구권에는

---

50) 이해완, "저작권법상 공중송신의 유형 및 그 법적 취급에 관한 연구", 성균관법학, 제24권, 2012, 396~406; 박성호, "디지털음성송신 관련 쟁점의 재검토: 키메라의 권리, 디지털음성송신권의 생성 및 전개에 관한 비판적 고찰", 정진근(책임연구원), 미래 저작권 환경에 적합한 저작권법 개정을 위한 연구: 부록, 한국저작권위원회, 2016, 445~448.

51) 문화체육관광부, "웹캐스팅 관련 유권해석 요청(음산협)"에 대한 회신, 2013. 5. 9. 같은 의견: 임원선, 133. 이 공문에서 정부는 '방송물 실시간 웹캐스팅(TV + Radio) 서비스'가 방송이라고 기존의 유권해석(2008년 "제3의 유형의 공중송신")을 변경했다.

52) 입법 정책의 대안으로, 최경수(2018), 53~60; 저작권법 전부개정법률안(도종환 의원 대표발의), 의안번호 7440, 2021. 1. 15. 참조.

53) 최경수(2018), 59~60.

그러한 차별도 존재하지 않는 것이다. 디지털음성송신은 방송과 같은 공익적 성격도 거의 없고, 방송과 같은 국경의 구애를 받지 않기 때문에 무단 송신으로 인한 피해가 국내외를 가리지 않고 광범위하게 발생한다. 방송과 관련해서 외국인 권리자를 차별하기 위한 조건이 디지털음성송신에는 없기 때문에 내국민대우 원칙이 그대로 작용하는 것이다.

보상금은 지정단체가 행사한다(제76조 제2항). 지정단체의 필요성에 대해서는 앞에서 설명한 바가 있다. 저작권법은 단체 지정 요건 및 지정 취소, 분배 등에 관해서도 각기 규정하고 있다. 이에 관해서는 별도로 뒤에서 설명한다.[54]

지정단체가 보상권리자를 위하여 청구할 수 있는 보상금의 금액은 매년 그 단체와 디지털음성송신사업자가 대통령령으로 정하는 기간 내에 협의하여 정한다(제76조 제3항). 협의 기간은 매년 1월 1일부터 6월 30일까지이다(시행령 제39조). 합의가 이뤄지지 않으면 문화체육관광부장관이 정하여 고시하는 금액을 지급해야 한다(제76조 제4항).

다. 상업용 음반의 공연 사용 보상청구권

(1) 의의

실연자는 자신의 비고정 실연의 공연에 대해 배타적인 권리를 가진다(제72조). 이와 같이, 2006년 개정법에서 실연자의 공연권이 신설되었으나 그것은 비고정 실연에 대한 것으로, 고정 실연에 대해서는 권리를 부여하지 않았다. 2009년 3월 개정법은 일부 고정 실연에 대해서, 비록 배타적인 권리는 아니지만 보상청구권을 부여함으로써 실연자 보호수준을 한 단계 더 높였다.[55]

---

54) 지정단체에 관해서는, 제5장 제5절 2. '다. 지정단체'; 분배에 관해서는, 제5장 제5절 '3. 미분배 보상금' 참조.

55) 입법 취지는 분명하지 않다. 제안 설명에 따르면 크게 두 가지를 들고 있다. 즉, ① "음반이 공연으로 이용되는 경우 일반인에 대한 음반 판매량의 감소로 이어진다는 점", ② "최근 한류로 인하여 한국 음악이 큰 인기를 얻고 있는 동남아시아 국가에서 우리 음악이 많이 공연되고 있음에도 우리 음반이 공연될 경우 발생하는 보상금에 대한 징수 근거가 이 법에 규정되지 않음으로써 상당한 경제적 손실이 발생하고 있다"는 것이다. 문화체육관광방송통신위원회, 저작권법 일부개정법률안 심사보고서, 2009. 2. 그러나 ① 상업용 음반(당시에는 '판매용 음반'이라고 했다)의 공연과 음반 판매량이 어떤 관계에

고정 실연은 여러 형태가 있다. 녹음물에 담기는 것도 있고 녹화물에 담기는 것도 있다. 녹음 실연도 방송 프로그램에 실리는 것(방송 실연)도 있고 그 외의 것(비방송 실연)도 있다. 비방송 녹음 실연은 주로 음악용 매체에 담기는데, 이러한 용도의 기기나 매체로는 19세기에 유행했던 뮤직박스로부터 주크박스,56) 유형물로서 음반(비닐레코드, CD 등)에 이르기까지 다양한 종류가 존재한다.

일반 공중은 비고정 실연을 제외하면 음반을, 그것도 상업용 음반을 통해 음악을 듣는 것이 보편적이다. 저작권법은 이 점에 주목하여 상업용 음반을 사용하여 방송하는 경우뿐만 아니라 공연하는 경우에도 금전적 보상을 받을 수 있도록 하고 있다. 즉, 실연이 녹음된 상업용 음반을 사용하여 공연을 하는 자는 상당한 보상금을 해당 실연자에게 지급해야 한다(제76조의2 제1항 본문). 이런 실연자의 공연 보상청구권은 실연자의 방송 보상청구권과 비교할 때 권리의 귀속 주체나 권리의 성격, 또는 지급 의무 발생 요건이나 보상청구권 행사 방법이 같다. 양 보상청구권 간에는 이용형태와 보상금 지급 의무자만이 다를 뿐이다.

이용형태는 공연이다. 상업용 음반을 사용하여 공연하는 것이다. 직접 사용하여 공연하든 간접 사용하여 공연하든 모두 보상청구권의 대상이 된다고 할 수 있다. 공중 앞에서 공연하기 위해 유형의 매체로서 음반을 사용할 수도 있고(이 경우 "음반의 원본이나 복제물을 재생"하는 것과 같은 의미이다), 그 밖의 모든 방법을 통해 공중이 지각할 수 있도록 전달하기 위해 음반을 사용할 수도 있다.

지급 의무자는 "공연을 하는 자"이다. 위에서 서술한 것과 함께 정리하면 다음과 같다. ① 실연자는 자신의 실연이 수록된 상업용 음반을 사용하는 공연자에게 보상청구권을 청구할 수 있다. ② 저작재산권 제한 규정(제29조 제2항)에 의하면, 공연자는 청중이나 관중으로부터 공연에 대한 대가를 지급받지 않는 경우에는 상업용 음반을 재생하여 공연할 수 있다. 즉, 공연자는 이 경우 저작재산권자의 허락을 받지 않고 무상으로 공연할 수 있는 것이다. ③ 그러나 "대통령령으로 정하는 경우에는 그러하지 아니하"므로(제29조 제2항 단서) 대통령령에서 정한 시설(공연장이나 영업장)은 저작권 사용료를 지급해야 한다. ④ 저작인접권은

있는지 설명이 없고 그에 대한 실태조사도 없으며, ② 외국에서 공연권을 주장하기 위하여 우리 법상 공연권이 필요하다는 주장은 사리에 맞지 않는다. 우리가 공연권이 없기 때문에 외국에서 그러한 권리를 주장하기 난처할 수는 있을 것이다.

56) 미국에서 유행했던 음악 자동 재생기로 주로 동전을 넣어 음악을 선택하면 기기에 담긴 매체에서 음악을 들려주는 것이다.

저작재산권 제한 규정 준용에 의해 제한을 받고 있으므로(제87조 제1항), 제29조 제2항이 적용되는 경우 공연자는 실연자의 허락을 받지 않고서도 공연을 할 수 있다. 그러나 실연자는 대통령령으로 정하는 시설에 대해서는 보상금을 청구할 수 있다(제76조의2 제1항). 따라서 공연 보상금 지급 의무자는 대통령령에서 정하는 시설이 된다.[57]

(2) 행사 주체 및 행사 방법

보상청구권의 귀속 주체는 실연자이다. 외국인 실연자는 그 외국에서 대한민국 국민인 실연자에게 우리 저작권법 규정에 따른 보상금을 인정하지 아니하는 때에는 보상청구권을 주장할 수 없다(제76조의2 제1항 단서). 상호주의하에서 권리를 주장할 수 있는 것이다.[58]

보상청구권의 주체는 실연자이지만 그 행사 주체는 지정단체이다(제74조2 제2항). 지정단체에 관해서는 앞에서 언급한 것과 내용이 같다. 다만, 보상금의 금액에 관해서는 디지털음성송신 보상청구권 규정을 준용하고 있다(제76조의2 제2항). 따라서 보상금의 금액은 이해당사자 간에 협의하되 합의가 성립되지 않으면 문화체육관광부장관이 그 '금액'을 고시하여야 한다(제76조 제3항 및 제4항). 이 준용 규정은 현실적으로 매우 곤란한 문제를 야기한다. 공연자의 수도 많을 뿐 아니라 공연의 형태도 다양해서 이를 일률적으로 정하는 것이 어렵기

---

57) 대통령령에서 정하는 시설에 관해서는, 제5장 제2절 8. '다. 상업용 음반 또는 영상저작물의 공연' 참조.

58) 한·미 FTA에 따라, 우리나라는 실연자와 음반제작자에게 부여한 이용제공권을 포함한 공중전달권(제18.6조 제3항)에 대해 내국민대우를 해야 한다. FTA는 그 예외로 "아날로그 통신, 아날로그 무료 공중파 라디오 방송, 그리고 아날로그 무료 공중파 텔레비전 방송의 수단에 의한 음반의 이차적인 사용"을 열거하고 있다(제18.1조 제6항 단서). 이런 범주의 송신에 대해서는 상호주의를 적용할 수 있지만, 그 외의 디지털 방송이나 송신에 대해서는 그럴 수 없는 것이다. 우리나라는 2008년 3월 제정된 '지상파 텔레비전 방송의 디지털전환과 디지털 텔레비전 방송의 활성화에 관한 특별법'에 따라 2012년 12월 31일 지상파 아날로그 텔레비전 방송이 종료되었다. 2012 방송통신위원회 연차보고서, 방송통신위원회, 2013, 194. 따라서 디지털 텔레비전 방송에 대해 상호주의를 규정하고 있는 우리 저작권법 제75조 및 제82조는 FTA 위반 가능성이 있다. 또한 한·미 FTA 해당 규정은 제76조의2와 제83조의2에 대해서도 미친다. 이들 우리 법 규정은 상업용 음반의 공연 사용 보상청구권을 규정하고 있고, 비록 한·미 FTA에서 말하는 공중전달은 송신에 국한하고 있지만(협정 제18.6조 제5항), 우리 법상 공연에는 부분적으로 송신을 포함하고 있어서(동일인 점유 송신) 공연 사용 보상청구권에 대해서도 상호주의 적용이 어렵다고 본다.

때문이다. 저작권의 경우와 같이 사용료 규정(한국음악저작권협회는 복잡한 사용료 규정을 가지고 있다)이 존재하는 것도 아니고 그 사용료 규정도 금액이 아니라 요율만을 제시하는 경우도 있어서 이를 금액으로 환산하는 것 또한 간단하지 않다.[59]

자율 학습

1. 2016년 법개정 전에 제29조와 제75조 등에서는 '판매용 음반'이라고 했다. 대법원은 이를 다음과 같이 이유를 달아, 달리 해석하고 있다:

대법원 2012. 5. 10. 2010다87474 판결(스타벅스 사건): "저작권법 제29조 제2항이 위와 같이 판매용 음반을 재생하여 공중에게 공연하는 행위에 관하여 아무런 보상 없이 저작권자의 공연권을 제한하는 취지의 근저에는 음반의 재생에 의한 공연으로 그 음반이 시중의 소비자들에게 널리 알려짐으로써 당해 음반의 판매량이 증가하게 되고 그에 따라 음반제작자는 물론 음반의 복제·배포에 필연적으로 수반되는 당해 음반에 수록된 저작물의 이용을 허락할 권능을 가지는 저작권자 또한 간접적인 이익을 얻게 된다는 점도 고려되었을 것이므로, 이러한 규정의 내용과 취지 등에 비추어 보면 위 규정에서 말하는 '판매용 음반'이라 함은 그와 같이 시중에 판매할 목적으로 제작된 음반을 의미하는 것으로 제한하여 해석함이 상당하다."

대법원 2015. 12. 10. 2013다219616 판결(현대백화점 사건): 위 각 규정(판매용 음반 공연 보상청구권에 관한 제76조의2 및 제83조의2)이 실연자와 음반제작자에게 판매용 음반의 공연에 대한 보상청구권을 인정하는 것은, 판매된 음반이 통상적으로 예정하고 있는 사용 범위를 초과하여 공연에 사용되는 경우 그로 인하여 실연자의 실연 기회 및 음반제작자의 음반판매 기회가 부당하게 상실될 우려가 있으므로 그 부분을 보상해 주고자 하는 데에 그 목적이 있다. 이러한 규정의 내용과 취지 등에 비추어 보면 위 각 규정에서 말하는 '판매용 음반'에는 불특정 다수인에게

---

59) 개별 협상이 어려운 시설에 대해 정부가 기준을 고시하기도 한다. "체력단련장의 상업용 음반을 사용하는 공연에 대한 보상금 기준", 문화체육관광부 고시 제2021-0072호, 2022. 1. 1.; "커피 전문점·기타 비알코올 음료점·생맥주 전문점·기타 주점의 상업용 음반을 사용하는 공연에 대한 보상금 기준", 문화체육관광부 고시 제2021-0073호, 2022. 1. 1. 보상금액은 저작권신탁관리단체 사용료액의 절반으로 한 것이다.

판매할 목적으로 제작된 음반뿐만 아니라 어떠한 형태이든 판매를 통해 거래에 제공된 음반이 모두 포함되고, ······" 원심판결(서울고등법원 2013. 11. 28. 2013나2007545 판결): "저작권법 제29조 제2항···과 제76조의2·제83조의2는 그 입법시기는 물론 목적과 취지도 달리하는 규정이므로, 해당 조항의 '판매용 음반'의 개념을 통일적으로 해석하여야 할 필연적인 이유가 있는 것은 아니다."

① 각 규정에 따라 '판매용 음반'이라는 용어를 입법부가 달리 해석할 가능성을 열어두었다고 보는 것이 타당한가? 제29조 제2항과 제75조는 입법 시기가 같다. 나중에 신설되는 제76조의2에서도 제75조에서와 같이 '판매용 음반'이라는 표현을 쓴 것이다. 국회의 입법권을 무색하게 하는, 지나친 상상력의 동원이라고 생각하지는 않는가? ② 스타벅스 사건에서 제시하는 입법 취지에 동의하는가?

제4절 음반제작자의 권리

음반제작자는 재산적 권리로서 복제권(제78조), 배포권(제79조), 대여권(제80조) 및 전송권(제81조)에 대해 배타적인 권리를 가지고, 상업용 음반의 방송 사용(제82조)과 디지털음성송신(제83조) 및 상업용 음반의 공연 사용(제83조의2)에 대해서는 보상청구권을 가진다. 음반제작자가 가지는 이러한 권리는 복제권을 제외하고는 실연자의 해당 권리와 내용이 같다. 음반제작자는 실연자에게 인정되는 인격적 권리와 배타적인 권리로서 공연권 및 방송권을 가지고 있지 않은데, 그것은 각 권리의 성격에서 비롯된 것이다.

음반제작자의 복제권은 고정권을 포함하지 않는다. 음반제작자 자신이 직접 소리를 고정하기 때문에 이에 대한 권리가 존재할 수 없는 것이다.

음반제작자의 배포권은 연혁적으로 오래된 것이다. 배포권이 1996년 WCT와 WPPT에서 전면적으로 도입된 것처럼 보이지만, 음반제작자의 배포권은 그보다 훨씬 전인 1971년 음반협약에서 규정한 바 있고 우리 법은 1986년 개정법에서 이미 인정한 바 있다. 제79조에서 "음반제작자는 그의 음반을 배포할 권리를 가진다"고 하고 있다. 제70조 실연자의 배포권("실연의 복제물을 배포할 권리")에서 보듯이, "음반의 복제물을 배포할 권리"로 바꿔야 한다.

음반제작자는 또한 상업용 음반의 방송 사용 보상청구권, 디지털음성송신 보상청구권 및 상업용 음반의 공연 사용 보상청구권을 가지는데 이들 세 가지 보상청구권은 실연자의 그 것과 해당 이용행위의 개념, 권리의 내용 등 모두 같다. 별도의 설명이 필요하지 않다.

자율 학습

1. 국제 조약에서도 그렇듯이, 우리 법도 음반(phonogram)은 보호대상으로서 무형의 것을 지칭하고, 그 음반에 대한 권리를 가진 사람을 음반제작자(producer of phonogram)라고

한다. 음반을 대체할 수 있는 적절한 용어는 없을까? 참고로 ① 영국이나 미국에서는 녹음물(sound recording)을 보호대상으로 하고 있다. ② 국제 조약이나 우리 법에서는 '저작물'과 구별되는 의미로, '저작물의 원본이나 그 복제물'이라고 표현하기도 한다.

제5절 방송사업자의 권리

방송사업자는 복제권(제84조), 동시중계방송권(제85조) 및 공연권(제85조의2)을 가진다. 방송사업자의 복제권은 생방송의 고정 및 고정 방송의 복제 각각에 대한 배타적인 권리이다. 동시중계방송권은 국제조약에서 말하는 동시 재방송(simultaneous rebroadcasting)에 대한 배타적인 권리이다.[1] 우리 법은 방송의 개념을 확장하여 유선 송신도 포함하고 있으므로 동시중계방송에는 동시 재송신(simultaneous retransmission)도 포함된다. 이 권리는 이시 재방송 또는 이시 재송신에 대한 권리는 아니다. 다만, 이시 재방송은 복제를 수반하기 마련이므로 방송사업자는 이 경우 복제권을 행사할 수 있다.

방송사업자가 업무상 저작물의 저작자 또는 방송 프로그램의 저작재산권자로 해당 프로그램에 대해 저작권 또는 저작재산권을 가질 수도 있다. 방송사업자는 저작인접권 보호대상으로서 방송에 대한 저작인접권과 방송 프로그램에 대한 저작권 또는 저작재산권을 동시에 가지는 것이다. 따라서 방송사업자는 제3자가 방송 프로그램을 무단으로 복제(비디오 제작)하거나 방송 프로그램을 동시 재송신한다면 이와 같은 2중의 법적 지위에 따라 중첩적으로나 선택적으로 권리 구제를 받을 수 있다.

방송사업자의 공연권은 "공중의 접근이 가능한 장소에서 방송의 시청과 관련하여 입장료를 받는 경우에 그 방송을 공연할 권리"를 말한다. 이런 형태의 공연은 우리에게 익숙하지 않은 것이다. 이 권리는 로마협약 규정〔제13조 (d)〕을 그대로 옮겨놓은 한·EU FTA 규정(제10.9조 제5항 (c)〕에 따른 의무를 이행하기 위해 신설된 것이다. "입장료를 지급함으로써

---

[1] 로마협약은 "다른 방송사업자에 의한 동시 송신"을 재방송으로 정의하고 있고(제3조), 방송사업자는 이 재방송에 대해 허락하거나 금지할 권리를 가진다〔제13조 (a)〕고 규정하고 있다. TRIPS협정도 방송사업자의 재방송권을 규정하고 있으나(제14조 제3항) 재방송에 대해서는 정의를 하지 않고 있다. 로마협약 정의 규정을 추론하더라도 무리는 없다. WIPO, Implications of the TRIPS Agreement on Treaties Administered by WIPO, 1996, para. 59, p. 24.

(against payment of an entrance fee)" 접근할 수 있는 장소에서 이뤄지는 공연이므로 해당 공연의 직접적인 대가 관계가 존재해야 한다. 우리 법상 "방송의 시청과 관련하여"라는 구절은 막연한 것으로 공연권을 확대해석할 가능성을 열어놓고 있다. 입법 오류로 보인다.

자율 학습

1. 로마협약이나 우리 법에서는 저작인접권 보호대상의 하나를 '방송(broadcast)'이라고 정하고 있다. 여기서 방송은 저작물이나 음반과 같이 무형물을 의미한다. 동사로서 방송(to broadcast)과 그 동사의 명사형인 방송(broadcasting)이 있고, 명사로서 방송(broadcast)도 있다. 한국어든 영어든 보호대상 '방송'을 적절히 표현하기는 어렵다. ① 보호대상 방송은 방송신호(broadcast signal)와 어떻게 다른가? ② 보호대상은 '저작물'과 같이 '방송물'로 하는 것은 어떤가?

제6절 저작인접권의 보호기간

1. 보호기간의 의의

저작인접권은 1986년 법개정으로 신설된 제도이다. 구법에서는 실연과 음반을 모두 저작물로서 보호하고 보호기간도 사후 30년 원칙을 채택했다. 1986년 개정법은 실연과 음반을 방송과 더불어 저작인접권 보호대상으로 하고, 이에 대해 각기 특정 기준 시점 이후 20년의 보호기간을 부여했다. 이후 몇 차례 개정을 거친다. 1994년 개정법은 실연과 음반 및 방송의 보호기간을 50년으로 연장하고, 2006년 전부개정법은 보호기간을 정하는 기준을 변경하고, 2011년 12월 개정법은 실연과 음반에 대해 보호기간을 추가로 20년을 연장해 70년으로 했다.

연장의 근거는 모두 국제 조약에서 찾을 수 있다. 1961년 로마협약은 실연과 음반 및 방송에 대해 20년의 보호기간을 두었고(제14조), 1994년 TRIPS협정은 실연과 음반에 대해서는 50년, 방송사업자에게는 20년의 보호기간을 체약당사자의 의무로 했다(제14조 제5항). 우리는 1994년 개정에서 이보다 한 걸음 더 나아가 방송사업자에게도 50년의 보호기간을 인정한 것이다. 한·미 FTA는 실연과 음반에 대해 70년의 보호기간을 설정했다.[1]

이에 따라 1957년 이후 실연, 고정 또는 방송된 저작인접물의 보호기간은 어느 해에 해당 행위가 발생했는가에 따라 각기 다른 보호기간을 가지게 된다.[2] 여기서는 1987년(1986

---

[1] 저작인접권 보호기간 시행일은 2013년 8월 1일이다(2011년 12월 개정법 부칙 1조 단서). 2011년 12월 개정법은 한·미 FTA 발효일(2012년 3월 15일)에 시행하기로 했으나, 보호기간에 한해 한·페루 FTA 발효일에 맞춘 것이다. 한·미 FTA에서 보호기간은 발효 후 2년의 유예 기간을 두고 있다. 유예 기간이 앞당겨진 셈이다. 나중에 협상을 시작했으나 먼저 발효한 한·페루 FTA에도 한·미 FTA와 같이 실연과 음반의 보호기간을 70년으로 하고 있다. 참고로, 저작권 보호기간 시행일은 한·EU FTA 잠정 발효 2년 뒤인 2013년 7월 1일이다.

[2] 이에 관해서는, 제11장 4. '다. 1986년 개정법에 의한 보호기간의 조정' 참조.

<표 10> 조약별 보호기간

	로마협약	TRIPS협정	WPPT/ 베이징조약	한·EU FTA	한·미 FTA
실연	- 음반 고정 실연: 실연 후 20년 - 음반 비고정 실연: 고정 후 20년	- 고정 또는 실연 후 50년	- 고정 후 50년		- 발행 후 70년 - 25년 내 미발행 시 창작 후 70년
음반	- 고정 후 20년	- 고정 후 50년	- 발행 후 50년 - 50년 내 미발행 시 고정 후 50년		- 발행 후 70년 - 25년 내 미발행 시 창작 후 70년
방송	- 방송 후 20년	- 방송 후 20년		- 송신 후 50년	

년 저작권법 시행 연도) 인접권 제도 시행 이후 보호기간의 원칙을 살펴보기로 한다.

2. 보호기간의 원칙

가. 원칙

저작인접권은 실연을 하거나(실연) 최초 고정하거나(음반) 방송한(방송) 때부터 발생한다(제86조 제1항). 이때부터 일정 기간 법적 보호를 받는다. 이러한 행위는 권리 발생 원인(실연, 고정 및 방송)이라고 할 수 있는바, 이것은 보호기간을 정하는 기준(실연, 발행 및 방송)과는 다르다.

각각의 보호기간을 살펴보면 다음과 같다. ① 실연은 실연한 때로부터 70년이고(제86조 제2항 제1호), 실연한 때로부터 50년 이내에 실연이 고정된 음반이 발행된 경우에는 그 음반이 발행된 때로부터 70년이다. ② 음반은 발행한 때로부터 70년이다(제86조 제2항 제2호). 음반은 최초 고정 후 50년 이내에 발행되지 않으면 그 보호기간은 고정 후 70년이다(제86조 제2항 제2호 단서). ③ 방송은 방송한 때로부터 50년간 보호된다(제86조 제2항 제3호).

나. 기산점

기산점은 보호기간 계산의 시점을 말한다. 저작권법은 기산점을 별도로 두고 있다. 이것은 보호기간을 정하기 위한 기준이 되는 특정 행위(실연, 음반 발행 및 방송)가 발생한 다음 해 1월 1일이다(제86조 제2항 본문). 기산점이 따로 존재하는 것은 누구든지 인접물의 보호 기간을 쉽게 알 수 있게 하기 위한 것이다. 기준 시점, 즉 위와 같은 특정 행위(실연, 음반 발행 및 방송)가 발생한 시점이 각기 다른 저작인접물에 대해 그 해당 날짜를 기산점으로 하면 누구든지 이를 일일이 파악하기 어렵기 때문이다. 보호기간의 계산 편의를 위해 또는 종료 시기 확정을 위해 기산점을 둔다 하겠다.

보호기간을 정하는 기준과 관련하여, 제86조는 2006년과 2011년 12월 법에서 개정되었는데, 2006년에는 음반의 보호기간 기준을 바꾸고, 2011년 12월에는 실연의 보호기간 기준을 바꾸었다. 2006년 개정 전에는 그 기준이 최초 고정이었으나, 2006년 개정법에서는 WPPT 규정(제17조 제2항)에 맞춰 그 기준을 발행으로 변경했다.[3] 개정법에 따라 보호기간 기준으로 발행을 채택하면서 음반의 보호기간은 최초 고정과 발행 사이의 기간만큼 연장되는 효과가 생긴다.

2011년 12월 개정에서는 종전 실연의 보호기간 기준을 실연에서 실연 또는 발행으로 변경했다. 이것은 WPPT와 한·미 FTA에 맞추기 위한 것이다. WPPT는 고정 기준을(제17조 제1항), 한·미 FTA는 실연 또는 발행 기준을 채택하고 있기 때문이다[제18.4조 제4항 (b)].

---

3) 보호기간을 정하는 기준은 국제조약마다 일정하지 않다. 로마협약은 실연과 음반에 대해 모두 고정 기준을 적용하되, 비고정 실연의 경우 실연 기준을 적용하고 있다. 반면 WPPT는 실연의 경우에는 고정 기준을, 음반의 경우에는 발행 기준으로 하되 미발행 음반에 대해서는 고정 기준을 채택하고 있다. 비고정 실연에 대해서는 언급하지 않고 있다. 기준을 어떻게 정하는가에 따라 보호기간의 장단이 정해진다. 실연의 경우 고정 기준은 실연 기준보다 보호기간이 길어지고 음반의 경우는 발행 기준이 고정 기준보다 길어지는 효과가 생긴다. WPPT 기준을 선택하면 어떤 경우에도 로마협약 기준에 비해 보호기간이 길어진다.

제4장
데이터베이스제작자의 권리

제1절 권리의 성격

제2절 권리의 내용

제1절 권리의 성격

1. 제도 도입 배경

데이터베이스 보호 제도는 2003년 법개정으로 도입되었다. 데이터베이스는 그 전에 전혀 보호영역 밖에 있었던 것은 아니다. 데이터베이스는 편집물의 일종이고 그 편집물이 '선택 또는 배열'의 창작성이 있다면 편집저작물로 보호되었기 때문이다. 2003년 이후 데이터베이스 보호 제도라는 말은 주로 '독창성이 없는 데이터베이스(non-original database)'에 대한 보호 제도를 의미한다.

이 제도는 '데이터베이스제작자의 권리'라는 새로운 권리를 창설하는 만큼 그 권리의 성격과 내용이 아직 정착되지 않았다. 우리나라에서 이 제도는 독특한 배경 속에서 탄생했지만, 데이터베이스 보호 그 자체를 둘러싼 논란에서도 자유롭지 못했다. 다음과 몇 가지 측면은 그간의 사정을 반영하고 있다. 첫째, 2000년을 전후하여 국내적으로 데이터베이스 보호에 관해 많은 논의가 있었다. 사회적 합의를 이끌어낼 정도로 법적 보호의 필요성이 본격 제기되었다고 말하기는 어려웠다. 그러던 것이 2002년 국제적으로 선례를 찾기 어려운 온라인디지털콘텐츠산업발전법[1]이 제정되었다. 이 법은 "정당한 권한 없이 타인이 상당한 노력으로 제작하여 표시한 온라인콘텐츠의 전부 또는 상당한 부분을 복제 또는 전송하는 방법으로 경쟁사업자의 영업에 관한 이익을 침해"하지 못하도록 규정하고 있다(제18조 제1항). 여기서 온라인콘텐츠란 정보통신망에서 사용되는 디지털콘텐츠 모두를 일컫는 것으로, '상당한 노력'을 들인 온라인콘텐츠는 모두 법적 보호를 받게 되었다. 그 보호방법이 어떠하든, 이제 온라인콘텐츠가 보호를 받게 됨에 따라 그 부분집합이라 할 수 있는 데이터베이스의

---

[1] 법률 제6603호, 2002. 1. 14. 이 법은 2010년 콘텐츠산업진흥법(법률 제10369호, 2010. 6. 10.)으로 명칭이 변경되어 오늘날까지 이어지고 있다.

보호를 위한 입법 장애 요인이 사라졌다. 디지털 환경이 정착하고 있고 데이터베이스 산업이 빠른 속도로 발전하고 있는 시점에서 그 보호를 제도화하는 것도 일부 수긍할 수 있다.[2]

둘째, 미국에서 주로 논란이 되었듯이, 데이터베이스 보호가 위헌의 여지가 있는가 하는 점이다. 이러한 논쟁의 중심에 헌법 제22조 제2항이 있다. 이에 의하면, "저작자, 발명가, 과학기술자와 예술가의 권리는 법률로써 보호한다"고 하고 있다. 위헌 가능성을 제시하는 학자들의 주장에 의하면, 헌법에서 이들의 권리를 보호하는 것은 이들이 창작적 행위를 했기 때문인데, 창작성 없는 정보의 편집물은 헌법에서 상정하지 않고 있다는 것이다.[3]

---

[2] 2002년 1월 온디콘법이 제정될 때까지 당시 문화관광부와 정보통신부는 긴밀한 협의를 거쳐 2007년 7월 경제정책조정회의에서 다음과 같은 합의를 한 바 있다: ① 데이터베이스의 제작에 상당한 투자를 한 경우에 대해서는 문광부가 정통부와 협의하여 저작권법을 개정하여 보호함. ② 정통부는 디지털콘텐츠산업의 발전을 위한 법 제정을 문광부 등 관계부처의 의견을 수렴하여 추진하고, 문광부는 동법 제정에 적극 협조함. ③ 정통부가 디지털콘텐츠산업 발전을 위한 법 제정을 추진함에 있어, 상당한 투자를 하지 않은 디지털콘텐츠의 보호에 대하여는 부정경쟁방지법리에 따르고 문광부 등 관계부처의 의견을 수렴하여 추진하되, 문광부는 동법 제정에 적극 협조함. 자료: 문화관광부. 이를 데이터베이스에 관해서 설명하면, 첫째, 데이터베이스는 저작권법에 의해 보호하고, 둘째, 그 관장부서는 문광부로 한다는 것이다.

[3] "제22조 제2항에 따라 규정된 저작권법, 특허법, 실용신안법, 의장법 등은 모두 창작성을 권리 부여의 전제로 하는 창작법의 유형에 속하는 것이다. 요컨대 창작성은 권리부여의 헌법적 전제인 것이다. 이에 반하여 데이터베이스의 법적 보호는 창작성 없는 정보의 편집물을 그 보호의 전제로 하고 있는 것으로서, 헌법 제22조 제2항에서 전혀 상정하고 있지 아니한 것이다. 그러므로 이에 대하여 새로운 권리를 부여하는 물권방식은 결국 만인 공동의 재산에 속하던 것을 특정인의 사적독점의 영역에 놓이도록 특권을 부여하는 결과(정보독점의 철저화)가 되어 헌법에 반하게 되는 것이다." 서울대학교 법학연구소, 데이터베이스 보호 방안 연구, 한국소프트웨어진흥원, 2000. 12., 186~187. 이 연구에 의하면, 반면 불법행위방식은 배타적 권리의 목적물을 규정할 필요 없이 데이터베이스 기술과 산업의 발전단계에 따라서 위법하다고 판단되는 행위의 유형을 융통성 있게 해석할 수 있는 여지를 준다는 점에서 가장 효과적으로 데이터베이스를 보호한다고 한다. 즉, 보호대상인 데이터베이스의 개념 정의를 정보의 수집과 체계적인 조직에 의하여 정보의 접근·검색·추출·복제를 용이하게 만든 정보의 편집물이라고 넓게 정한 후, 금지된 행위 또는 위법행위를 규정함에 있어서 '상당한(substantial)'이나 '합리적(reasonable)'이라는 추상적 용어로 일단 그 보호범위를 규정하게 되면, 사안별로 '상당한'이나 '합리적'의 범위를 해석하면서 데이터베이스 산업과 기술에 가장 적합한 범위의 보호를 가능하게 해준다는 것이다. 데이터베이스는 종류가 다양하고 데이터베이스를 배타적 권리에 의해서 보호하는 경우에 그러한 보호가 산업과 일반 공중에 미칠 영향에 대해서 충분한 연구가 없고 검증이 불가능한 현 상황 속에서, 불법행위방식에 의한 데이터베이스의 보호가 최선의 선택인 것이다. 앞의 연구보고서, 187~188.

그러나 위헌 가능성 주장은 미국 헌법 규정이 창작적 성과를 보호한다는 해석[4]과 우리 헌법을 같은 맥락에서 보는 것이다. 그런데 우리 헌법 제22조 제2항은 저작권, 특허권 등을 법률로 보장하도록 국가에 의무지운 것이지 그 외의 권리 창설조차 막는 것으로 해석할 수는 없다. 또한 헌법 제40조에서는 "입법권은 국회에 속한다"라고 하여 포괄적 입법재량권을 부여하고 있기 때문에 데이터베이스 보호 입법을 할 수 없는 것으로 좁게 해석할 필요는 없다고 본다. 게다가 저작권법은 방송사업자와 음반제작자 보호에 관해서도 규정하고 있는데, 이들은 창작적 성과 때문에 보호되는 것이 아니고, 창작물을 생산하는 데 매개적으로 기여하는 자에 지나지 않으며, 이들의 보호는 상당한 투자에 대한 법정책적 고려가 작용한 것으로 보아 무방하다.[5]

셋째, 데이터베이스 보호를 위한 새로운 입법은 오히려 헌법상의 다른 규정과 충돌할 가능성이 있다. 언론·출판의 자유 중 정보의 수집과 제공, 그리고 그에 접근할 수 있는 자유(알권리 또는 정보의 자유)에 대한 침해 여부가 그것이다. 데이터베이스제작자를 보호하려는 것은 데이터베이스에 상당한 재정적·인적 투자가 수반되므로 그러한 데이터베이스 내용의 전부나 상당 부분을 권한 없이 추출하거나 재이용하는 무임승차를 금지하려는 것일 뿐, 데이터베이스의 내용을 이루는 개별 소재나 정보 자체에 대하여 독점적인 권리를 주는 것이 아니므로 형식적으로는 알권리를 침해한다고 말하기 어렵다. 어느 누구든지 동일한 정보를 수집하여 다른 데이터베이스를 만드는 것을 막는 것도 아니고, 일반 공중이 개별 소재에 접근하여 이용하는 것조차 금지하는 것은 아니기 때문이다. 그러나 데이터베이스 보호가 종전까지는 쉽게 접근할 수 있었던 정보에 대한 접근을 일정한 정도 차단하는 효과가 있는 것은 부인할 수 없다. 뒤에서 보는 바와 같이, 데이터베이스제작자의 권리는 저작재산권이나 저작인접권의 제한보다 광범위한 제한을 두어 일반 공중의 이익을 배려하고 있다는 점

---

4) 미국 연방헌법 제1조 제8항 제8호에서는 "일정한 기간 저작자와 발명가에게 저작과 발명에 관한 독점권을 보유하게 함으로써 과학과 유용한 기술의 진보를 촉진한다"고 규정하고 있고 이것은 창작적 성과를 보호하는 것으로 해석하는 것이 일반적이다. 채명기·이영록, 데이터베이스의 추가보호, 저작권심의조정위원회, 2000, 116 참조.

5) "창작성 없는 데이터베이스를 저작권에 '인접하는 권리(Nachbarrecht)'의 일종으로 개념화하여 저작권의 일정한 영향과 제한 아래 투자를 보호할 수 있게" 한다면 헌법 제22조 제2항에 위배되는 것이 아니라는 주장도 있다. 박성호, "전자책과 설정 출판권 제도", 디지털기술의 발달에 따른 저작권법상의 문제점 점검, 저작권심의조정위원회, 저작권세미나, 2001. 6. 28.

도 눈여겨봐야 할 것이다.

2. 권리의 성격

우리 저작권법상 데이터베이스는 저작권이나 저작인접권에 의한 보호가 아니다. 이런 점에서 독자적인 보호(sui generis protection) 방식이라 할 수 있다. 독자적인 보호 방식이란 그 성격을 기존의 제도 속에서 일률적으로 규정할 수 없다는 것이지, 독자적인 권리를 저작권법 내에서 창설하든 아니면 별도의 법률로 하든 문제가 되지 않는다. 또한 데이터베이스 제작자에게 저작권 방식에 의한 독점적·배타적인 권리를 부여하든 아니면 부정경쟁 방식에 의한 금지청구권을 부여하든 상관이 없다. 다시 말해서, 독자적인 방법의 보호는 데이터베이스의 성격에 적합한 권리를 부여하고, 그에 맞는 권리의 내용과 범위를 설정하고, 적절한 보호기간을 정하고, 공공의 이익과의 균형점을 찾아 권리를 제한하는 것이라 할 수 있다.

독자적인 방식은 다음 몇 가지 측면에서 볼 때 수긍할 수 있는 입법 방식이다. 먼저 독창성의 문제이다. 대부분의 데이터베이스는 선택과 배열에 독창성을 찾을 수 없는 경우가 많다.[6] 데이터베이스는 그 제작에 수백만 달러가 들지만 그 편집방법(mode of compilation)은 지극히 기계적이고 비독창적이라 할 수 있다. 오히려 저장하는 자료의 양 및 질과 관계가 있다.

둘째, 저작자의 문제이다. 데이터베이스의 저작자는 그 편집자라고 할 수 있는데, 이들의 수는 데이터베이스가 수정, 증감을 거듭할수록 늘어나게 마련이다. 저작권을 개인에게만 귀속시키는 국가에서는 이 문제가 심각하다. 개개인의 참여를 확인하기 어렵고 확인한다

---

6) George Metaxas, "Protection of Databases: Quietly Steering in the Wrong Directions?," EIPR, Vol. 12 (1990), p. 229. 배열을 넓은 의미로 새긴다면 이와 같은 독창성 문제는 생기지 않을 수도 있다. 배열(arrangement)이란 정보(자료)를 데이터베이스에 어떻게 저장하고 이용자에게 이를 어떻게 보여주는가 하는 방법을 의미하는 것으로 생각할 수 있다. 데이터베이스에 정보를 어떻게 저장하는가 하는 의미로 배열을 이해한다면 제작자에게 저작권 보호는 불가능하다. 왜냐하면 저장 방법은 컴퓨터 운영체제와 데이터베이스 구동 프로그램에 따라 다르기 마련인데 이때 배열은 데이터베이스 제작자가 통제 영역이 아니기 때문이다. 반면, 배열을 어떻게 보여주는가 하는 의미로 받아들인다면, 제작자가 이를 위해 독자적인 배열 방법을 강구할 것이고 그 결과 배열에 독창성을 인정하여 저작권 보호가 가능해진다. Michael Pattison, "The European Commission's Proposal on the Protection of Computer Databases," EIPR, Vol. 14 (1992), p. 116.

하더라도 수많은 개인이 저작권을 가지는 결과 권리 행사에 난점이 있기 때문이다. 독자적인 권리로 보호할 경우 이러한 문제는 생기지 않는다. 영상저작물 제작자나 음반제작자에 상당하는 지위를 부여하면 되기 때문이다.[7]

셋째, 보호기간의 문제이다. 대개의 저작물은 경제적·사회적 가치뿐만 아니라 예술적 가치를 가지게 마련이다. 많은 저작물은 단기적으로 투자의 가치가 거의 없으나 장기적으로는 무한한 가치를 가진다. 따라서 이러한 권리를 상속 등의 방법으로 이전시킬 필요가 있다. 그러나 데이터베이스는 경제적·사회적인 가치만을 가질 뿐이다. 다시 말해서 데이터베이스의 보호는 그것이 존재하는 동안만 보호되어야 한다. 존재하지 않는 데이터베이스에 대하여 보호해줄 필요는 없다.[8]

넷째, 현시(display)의 문제이다. 데이터베이스는 복제물을 통해서보다는, 현시를 통해서 이용되는 것이 통상적이다. 그러나 기존 법률에서 저작물의 현시를 저작권법상의 이용행위로 명시하는 예가 거의 없다.[9] 현시를 전형적인 이용형태로 보고 이에 대해 저작자에게 배타적인 권리를 부여한다 하더라도 문제는 남는다. 왜냐하면 이용자가 검색한 결과 현시 대상 자료를 얻을 수도 있고 아무 것도 얻지 못할 수도 있다. 아무 것도 얻지 못했다고 해서 그 검색 결과가 불만족스러운 것은 아니다. 이용자는 존재하지 않는다는 검색 결과를 얻은 것으로 만족할 수 있기 때문이다. 이렇게 볼 때 이용자는 데이터베이스에 '접근'하는 데 목적이 있다고 할 수 있다.[10] 이런 이유로 높은 수준의 보호를 한다면 이는 제도의 지향과는 거리가 있는 것이다.

3. 외국의 입법례

독창성 없는 데이터베이스를 보호하는 나라는 유럽연합 회원국들에 국한할 정도로 입법례가

7) Metaxas, ibid., p. 231.

8) Ibid., p. 232.

9) 미술저작물 등 일부 저작물에 대한 전시권이 아니라, 넓은 의미의 현시권을 인정하는 입법례는 찾기 어렵다. 미국 저작권법이 예외적으로 거의 모든 장르의 저작물에 대해 전시권(right of display)을 인정하고 있다. 제106조 제5항 참조.

10) Metaxas, op. cit., pp. 232~233.

적다. 이에 관한 국제 규범도 존재하지 않는다. 데이터베이스 보호 문제는 1996년 WCT와 WPPT를 탄생시킨 제네바 외교회의 의제 중 하나였으나 논의조차 하지 못했다.[11]

1996년 EU 데이터베이스 지침이 나올 당시 이미 일부 국가에서는 독창성 없는 데이터베이스를 보호하기 위한 저작권법 규정을 가지고 있었다. 북유럽 5개국(덴마크, 핀란드, 아이슬란드, 노르웨이 및 스웨덴)과 멕시코가 그 예인데, 특히 북유럽 4개국은 "다량의 정보가 편집된 카탈로그, 표 기타 이와 유사한 것"에 대해 비록 독창성 요건을 갖추지 못하더라도 저작권법상 일정한 보호를 했다. 이들 국가에서는 이러한 카탈로그에 대해 복제권을 부여하면서, 이 권리는 사적 사용, 문헌 복제, 도서관 등에서의 복제 및 재판 절차에서 사용 등에 대해서는 미치지 못하도록 했다. 보호기간은 다소 차이가 있으나 덴마크는 공표 후 10년(제작 후 15년), 핀란드는 발행 후 10년(제작 후 15년), 노르웨이와 스웨덴은 발행 후 10년으로 했다.[12]

1996년 EU 데이터베이스 지침은 몇 가지 배경 속에서 제정되었다. 첫째, 데이터베이스는 시장 규모가 크고 그 산업은 성장산업으로서 각국마다 산업 육성에 관심이 높았다.[13] 유럽공동체는 당시 법제도로서는 데이터베이스 제작에 들인 막대한 비용을 회수하기에 도움이 되지 않는다고 판단했다. 둘째, 유럽 각국이 데이터베이스 보호에 관해 일관된 법규범을 가지고 있지 않아서 이를 통일적으로 규범화하여 공동체의 재화와 서비스의 자유이동이라는 공동체 목표를 달성해야 했다.[14] 셋째, 미국이 전 세계 시장을 대부분 장악하고 있는

---

11) 초안(Basic Proposal for the Substantive Provisions of the Treaty on Intellectual Property in Respect of Databases, CRNR/DC/6, August 30, 1996)은 그간의 전문가위원회(Committee of Experts) 논의 결과를 집약한 것으로, 저작물 보호에 관한 규정 초안(이것은 외교회의 결과 WCT에 반영되었다)과 실연자와 음반제작자 보호에 관한 규정 초안(이것은 외교회의 결과 WPPT에 반영되었다)과 함께 1996년 외교회의에 제출되었다.

12) WIPO, "Existing National and Regional Legislation Concerning Intellectual Property in Databases," DB/IM/2, June 30, 1997.

13) 한 예로, 1990년대 초 미국 NASA는 세계 기상정보가 궁극적으로 1경 1000조 바이트가량의 데이터베이스가 될 것으로 예상하고 있는바, 이는 미국 의회도서관이 소장하고 있는 문헌 자료의 1000배나 된다고 한다. Pattison, op. cit., p. 113.

14) 예를 들어, 영국은 독창성의 요건을 베꼈는가 여부(being copied or not)에 두고 있는 반면, 독일은 사실적 데이터베이스(factual databases)는 보호하지 않는다. Ibid., pp. 113~114. 한편 프랑스에서는 사실적 편집물에 대해 민사법적 보호를 해준 사례가 존재한다. Christian le Stanc, "Intellectual Property

현실에서 유럽 데이터베이스 산업의 발전을 위해 법적 보호가 필요했다.[15] EU 지침은 우리 저작권법 규정에 상당한 영향을 미쳤다. 구체적인 내용은 우리 규정을 검토하면서 살펴보기로 한다.[16]

on Procrustes' Bed: Observation on a French Draft Bill for the Protection of 'Reserved Creations'," EIPR, Vol. 14 (1992), p. 440.

15) EU 데이터베이스 지침 recital 11에서는 "현재 회원국들 간에, 그리고 공동체와 세계 최대 데이터베이스 제작국가 간에 데이터베이스 분야 투자 수준의 심각한 불균형이 존재한다는 점"을 지적하고 있다.

16) 우리 법상 데이터베이스제작자 보호를 위해 독자적 제도를 두는 것이 우리 산업과 실제에 적절한 것이었는지 판단하기 위해서는 실증적 연구가 필요하다. 저작권 등록 통계는 이를 후행적으로 방증하는 자료 중 하나라고 할 수 있다. 2010년부터 2020년까지 저작권 기본등록(본등록)은 2만 6033건에서 5만 2382건으로 꾸준히 증가했다. 데이터베이스 기본등록도 적지 않은 수를 차지하고 있다. 저작권 등록에 비해 증가 속도가 꾸준하지는 않지만 2011년부터 2020년까지 총 1054건이 기록되어 있다. 한국저작권위원회, 저작권 통계, 2017년 제6권, 39; 2022년 제11권, 39.

제2절 권리의 내용

1. 데이터베이스의 정의

데이터베이스란, "소재를 체계적으로 배열 또는 구성한 편집물로서 개별적으로 그 소재에 접근하거나 검색할 수 있도록 한 것을 말한다"(제2조 제19호). 이 정의를 하나씩 나눠보면 그 의미를 알 수 있다. 첫째, 데이터베이스는 편집물의 일종이다. 편집물이란 "저작물이나 부호·문자·음·영상 그 밖의 형태의 자료(이하 '소재'라 한다)의 집합물을 말하며, 데이터베이스를 포함한다"(제2조 제17호).[1] 넓은 의미로 편집물이 있고, 그 부분집합으로서 데이터베이스가 있는 것이다. 편집물은 자료의 집합물이다. 편집물이든 집합물이든 같은 의미이다.[2]

편집물은 전자적인 방법으로 구현될 수도 있고 종이책의 형태로 발행될 수도 있다. 법에서는 전자적이든 그렇지 않든 구별하지 않고 모두 법적 보호대상으로 삼고 있다. 백과사전과 같은 사전들, 논문집 등 선집들, 전화번호부 등 디렉토리와 같은 전형적인 편집물도 있고, 주소록, 이메일 리스트, 말뭉치 등 새롭게 등장하는 편집물도 있다. 이러한 편집물은 각기 편집저작물이 되기도 하고 데이터베이스가 되기도 한다.[3]

편집물 중 독창성 요건을 충족하면 편집저작물이 되고, 비록 독창성은 없으나 데이터베이스로서 일정한 요건을 갖추면 독자적인 법적 보호를 받는 것이다. 편집저작물로서 데이

---

1) 데이터베이스 정의 규정에서 데이터베이스가 편집물이라고 명시하고 있음에도 편집물 정의 규정에서 다시 "데이터베이스를 포함한다"고 중복 명시하고 있는데 입법 기술상 불필요한 친절에 지나지 않는다.

2) 베른협약에서는 집합물이라 할 수 있는 수집물(collection)이란 용어를, TRIPS협정이나 WCT에서는 편집물(compilation)이라는 단어를 사용하고 있다.

3) 참고로, EU 지침은 CD에 음악을 수록한 편집물을 보호대상에서 배제하고 있다. 그것은 편집저작물로서 저작권 보호도 받기 어렵고, 상당한 투자에 근거한 데이터베이스의 독자적 보호도 어렵기 때문이다. recital 19 참조.

터베이스는 저작권에 의한 보호와 독자적인 권리에 의한 보호, 즉 중복 보호가 가능하다.

둘째, 데이터베이스는 편집물로서 체계적으로 배열 또는 구성한 것이다. 체계적 배열이나 구성이란 수식어가 있다 하더라도, 데이터베이스가 다른 편집물과 어떻게 구별되는지 사안마다 확정하기 어려운 경우가 생길 수도 있다. 굳이 구별한다면 비록 막대한 비용과 많은 시간을 들여 모아놓았다는 그 자체로 편집물 내지 수집물은 될지언정 데이터베이스는 될 수 없으며, 단순한 수집 노력을 넘어 체계적으로 배열되거나 구성될 정도에 이르렀다면 데이터베이스로서 보호 적격을 가진다는 것으로 이해된다.

셋째, 데이터베이스는 개별 소재에 개별적으로 접근하거나 개별 소재를 검색할 수 있도록 한 것이다. 이 요건이 데이터베이스의 핵심이 된다고 할 수 있다. 접근하거나 검색하기 위해서는 편집물을 체계적으로 배열하고 구성해야 하기 때문에 이 요건은 두 번째 요건과 함께 하나의 요건으로 보아도 무방하다. 다시 말해서, 개별 소재에 개별적으로 접근하거나 이를 검색하기 위해서 체계적으로 배열하거나 구성한 것이 데이터베이스인 것이다.

2. 보호대상

모든 데이터베이스가 법적 보호를 받는 것은 아니다. 보호대상이 되기 위해서는 법적 연결점(points of attachment)이 존재해야 한다. 제91조 제1항에서는 대한민국 국적이라는 연결점과 국제조약상의 연결점에 따른 보호대상을 인정하고 있다. 이를 하나씩 살펴보면, 첫째, 대한민국 국민이 제작한 데이터베이스가 보호대상이다. 국적이 연결점이므로, 예를 들어 대한민국에 상시 거주(habitual residence)하는 외국인이라 하더라도 법적 보호를 받지 못한다. 저작권 보호의 경우와는 다른 원리가 작동하고 있는 것이다. 둘째, 대한민국이 가입 또는 체결한 조약에 따라, 외국인이 제작한 데이터베이스가 저작권법상 보호된다. 아직 데이터베이스 보호에 관한 국제조약은 존재하지 않기 때문에 연결점을 특정할 수는 없으나 장래 조약이 체결되면 그에 따라 보호대상이 정해질 것이다. 국제조약이 존재한다 하더라도 상호주의에 의해 보호가 제한된다. 즉, 외국인의 데이터베이스라도 그 외국에서 대한민국 국민의 데이터베이스를 보호하지 아니하는 경우에는 그에 상응하게 조약에 따른 보호를 제한할 수 있는 것이다(제91조 제2항). 이 조항에서는 "외국에서 대한민국 국민의 데이터베이스를 보호하지 아니하는 경우"라고 하고 있는데 조약에 가입한 특정 외국이 데이터베이스 보호 자체를 부정하는 경우는 없을 것이고 그 문맥은 "보호를 제한하는 경우"라고 이해해야할 것이다.

이와 같이 보호 적격을 갖춘 데이터베이스 모두가 보호되는 것은 아니다(적용제외). 약간의 예외가 존재한다. 첫째, 데이터베이스의 제작·갱신 등 또는 운영에 이용되는 컴퓨터프로그램, 둘째, 무선 또는 유선통신을 기술적으로 가능하게 하기 위하여 제작되거나 갱신 등이되는 데이터베이스는 보호되지 않는다(제92조). 전자는 당연한 것으로, 주의 규정으로 이해할 수 있다. 컴퓨터프로그램은 그에 적절한 보호를 받으면 될 뿐이지 데이터베이스로 보호를 받을 수도 없고 그럴 필요도 없기 때문이다.4) 후자의 규정은 해석상 다소 논란이 있다. 문맥상의 표현(무선 또는 유선통신을 기술적으로 가능하게 하기 위한 것)에 집착하면, 이메일 주소록, 심지어 전화번호부도 통신을 가능하게 하는 것이므로 보호대상에서 제외될 수 있다. 그러나 이 규정은 특정 부류의 데이터베이스를 보호하면 네트워크(통신망)에 심대한 장애가 생길 수 있으므로 이를 미연에 방지하기 위한 것으로 해석하는 것이 바람직하다. 따라서 인터넷 주소의 편집물이나 라우팅 테이블이 그러한 예에 속하는 것으로 추정된다. 우리 정부는 당시 선행 사례로서 EU 지침과 1999년 미국 법안5)을 검토한 바 있다. 미국 법안에 의하면, "디지털 온라인 정보통신의 어드레싱, 라우팅, 포워딩, 송신 및 저장 또는 디지털 온라인 정보통신을 위한 연결 접속을 제공하거나 제공받는 …… 정보집합물을 수록한 제품이나 서비스"[제1404조 (c)]에는 보호가 미치지 않도록 하고 있다. 하원 보고서에 따르면, 이것은 인터넷 기능에 장애를 가져오는 여하한 제품이나 서비스를 보호대상에서 배제하는데 목적으로 두고 있다고 하면서, 그러한 예로 인터넷 스펙(Internet specifications), 도메인네임 명부나 주소 명부를 들고 있다.6)

---

4) EU 지침 제1조 제3항도 이 점을 명시하고 있다. 즉, 지침상 "이 보호는 전자적인 방법으로 접근할 수 있는 데이터베이스 제작이나 운영에 사용되는 컴퓨터프로그램에는 적용되지 아니한다".

5) H.R. 354 - Collections of Information Antipiracy Act.

6) Collections of Information Antipiracy Act, H. Rept. 106-349, Part 1, September 30, 1999, p. 31. 한편, 2003년 10월 8일 하원에 제출된 법안(H.R. 3261 - Database and Collections of Information Misappropriation Act)은 제2조 정의 규정 내에 보호대상에서 배제된 데이터베이스를 적시하면서 다소 다른 방식으로 접근하고 있다. 첫째, 다채널 오디오·비디오 프로그램 기능을 수행하기 위한 정보집합물을 제외한다. 둘째, 도메인네임 등록기관의 등록 신청인 연락 정보의 집합물을 제외한다. 다만, 등록기관이 해당 정보의 정확성이나 동일성을 유지하기 위해 적절한 조치를 취하고 이를 검색 가능한 방법으로 실시간 공중에 제공할 경우에는 예외로 한다.

3. 데이터베이스제작자의 권리

가. 데이터베이스제작자

데이터베이스가 보호대상으로 인정된다 하더라도 해당 권리 주체가 누구인가 하는 문제는 별개의 논점이다. 데이터베이스 제작에 간여한 모든 사람을 권리 귀속 주체로 할 수는 없다. 왜냐하면 이러한 사람들은 매우 많고 이들 각각을 권리자로 할 경우 복잡한 문제를 야기하기 때문이다. 데이터베이스 보호가 음반제작자의 경우와 마찬가지로 투자 보호의 성격이 강한 만큼 제작에 상당한 역할을 수행한 사람에게 권리를 귀속시키는 것이 합리적일 것이다. 저작권법에서는 데이터베이스제작자를 정의하여, "데이터베이스의 제작 또는 그 소재의 갱신·검증 또는 보충(이하 '갱신 등'이라 한다)에 인적 또는 물적으로 상당한 투자를 한 자를 말한다"고 하고 있다(제2조 제20호). 이러한 정의에 합당한 데이터베이스제작자가 권리 귀속 주체가 된다.

데이터베이스의 제작이란 소재의 수집, 분석, 구성, 분류, 배열, 사용자인터페이스 구축 등의 요소가 포함된다 할 수 있을 것이고, 갱신이나 검증 또는 보충은 이미 완성된 데이터베이스를 보완하는 것이라 할 수 있다. 특히 검증은 제작 단계에서나 갱신 단계 어디에서도 필요한 과정인 것은 물론이지만 전체 문맥으로 볼 때 갱신 단계의 하나로 보아야 할 것이다. 이렇게 볼 때 검증 과정을 거쳐 갱신이나 보충이 이뤄진다고 할 수 있다. 예를 들어, 역사적 사실에 관한 데이터베이스는 검증과 보충이 중요할 것이고, 최근의 정보를 집적한 데이터베이스는 검증과 갱신이 핵심적인 요소가 될 것이다.[7]

제작이나 갱신 단계를 거쳤다고 바로 저작권법상 데이터베이스제작자가 되는 것은 아니다. 제작자가 되기 위해서는 인적으로나 물적으로 '상당한 투자'를 하여야 한다. 수집에 상당한 비용이 들고 그 후의 제작과정에 비교적 적은 비용이 소요된다 하더라도 전체적으로 보아 '상당한 투자'가 있었다면 그것으로 충분하다. 인적 투자는 인력 투입을, 물적 투자는

---

[7] EU 지침은 '취득, 검증 또는 표현(obtaining, verification or presentation)'이라는 용어를 사용하여 검증을 제작과 관련한 과정으로 보고 있다. 반면, 미국 법안은 취득(gather), 구성(organize)과 더불어 유지(maintain)에 상당한 투자가 행해진 경우에도 보호하는 태도를 취하고 있는바, 여기서 유지란 "수집물에 포함된 정보를 갱신, 검증 또는 보충하는 것(to update, verify, or supplement)"을 의미한다고 하여 검증을 유지 단계에서 이해하고 있다.

설비나 기타 제작비용을 포괄하는 것으로 볼 수 있을 것이다.[8] 상당성 개념은 개별 사안이나 환경, 시대에 따라 다소 가변적이다.

유럽공동체 회원국들은 데이터베이스 지침에 의거하여 국내법을 제·개정하여 시행하면서 그간 다수 판례를 축적했다. 일부 판례에서 상당성에 관해 판단을 하고 있는데, 우리 저작권법 해석에도 도움이 될 것이다. ① 'SZ-Online'을 정기적으로 '조사'하는 데에는 매년 관리와 업데이트를 위해 약 76만 1000마르크라는 비용이 소요되고 있으므로 저작권법 제87a조 제1항 제1문에서 의미하는 '상당한 투자'를 요하고 있다. …… 재판부 또한 이 금액을 문제 삼을 이유는 없다고 본다. 왜냐하면 우선 인쇄매체만을 위해 게재되었던 줄 광고를 분류해서 데이터뱅크 카테고리에 따라 정리하고 선별해야 하며, 동시에 데이터뱅크를 관리하고 또한 항상 업그레이드해야 한다는 것은 당연한 일이기 때문이다.[9]

② 링크모음의 제작은 그 방식과 범위에서 볼 때 원고의 상당한 투자를 필요로 하는 것이다. …… 투자란 재정적인 수단의 제공 그리고/또는 시간, 노동력 및 에너지의 투입으로 이루어질 수 있다. 그렇다면 데이터뱅크의 내용에 대한 상세한 검토만으로도 상당한 투자를 인정할 수 있을 것이다. …… 상당한 투자 여부를 검토하는 데는 시간과 노력의 투입도 하나의 기준이 되며, 재정적인 비용만이 중요한 것이 아니[다]. …… 본 사건에서는 이러한 의미의 상당한 투자가 인정된다. 이때 원고의 경제적인 비용이 얼마였는지는 중요하지 않다. 왜냐하면 원고는 어쨌든 'kidnet.de'의 모든 구성요소를 구축하는 데 많은 시간, 노동력 그리고 에너지를 쏟아부었기 때문이다. …… 원고는 광범위한 조사를 실시하였으며 심사숙고하여 판단한 시민단체, 기관, 협회, 자조모임, 회사 등과 많은 접촉을 했으며, 이들에게 자신들이 제공하는 서비스와 활동에 대해 설명하도록 부탁했다. 일부 단체들은 원고를 직접 찾아와서 자신들을 소개하기도 했다. 원고는 모든 주소에 대해 일부는 전문가들과 함께 자신의 인터넷 서비스에 수록하는 것이 적합한지 여부를 검토했으며, 무엇보다도 교육적으

---

8) 데이터베이스 제작 등에서 말하는 투자란 "재정적인 수단의 제공 그리고/또는 시간, 노동력 및 에너지의 투입"으로 이해했다. 쾰른 지방법원 1999년 8월 25일 판결(사건번호 28 O 527/98) 참조. 이하 유럽연합 판례는, 저작권심의조정위원회, 유럽연합 데이터베이스 보호 관련 판례집, 저작권관계자료집 42, 2004 참조.

9) 베를린 지방법원 1998년 9월 29일 판결(사건번호: 16 O 446/98). 법원은 또한 "여기서 입법자는 의도적으로 상당성의 개념을 정의 내리는 것을 포기하고, 이와 같은 미확정의 법개념을 보완하는 일을 명시적으로 판례에 일임하고 있다"고 했다.

로 우려될 만한 점은 없는지를 검토했는데, 이 점에 대해서는 다툼이 없다. 또한 데이터뱅크와 링크모음은 원고가 항상 검토하며 업데이트 하고 있다.[10]

③ 온라인 데이터뱅크의 제작에는 신청인의 상당한 투자가 있었다. 외부 프로그래머에게 맡긴 프로그래밍에 약 400시간이 소요되었으며, 프로그래머에게는 이에 대한 수당이 지급되었다. 출판사 내에서도 온라인 데이터뱅크 제작과 관련하여 약 100시간 이상을 작업했다. 신청인은 데이터뱅크의 운영을 위해 약 2만 5000DM에 달하는 자체 서버를 구입했다. 또한 전화선과 데이터뱅크를 정비하는 데 매달 약 3000DM의 비용이 소요되고 있다. 이용자들은 6만 개의 표제어와 4만 개의 영어 번역을 검색할 수 있다. 이 데이터뱅크의 특징은 무엇보다 오류허용 표제어검색, 자동 영·독 번역 그리고 참조표제어에 대한 자동전달이다.[11]

④ 상기 보고서에 따르면, 카드랑플르와는 1991년 데이터베이스를 구성한 이래, 이를 지속적으로 갱신하기 위하여 상당한 투자를 감행했음이 확인된다. 재정적 투자액은 총 5365만 8000프랑에 이르며, 이 중 2000년도의 투자액은 1231만 7000프랑에 이른다. 물적투자액은 총 877만 3000프랑이며 …… 인적투자액은 총 2208만 3000프랑이다 …… 사이트의 홍보 및 채용 정보를 디지털화하는 데이터 프로세싱 작업, 정보의 가치와 접근성을 높이기 위한 분류작업, 또 고성능의 인간 공학적이고도 미학적인 편집을 통한 데이터 제시 작업 등이 수행되었기 때문이다.[12]

나. 권리의 내용

데이터베이스제작자는 해당 데이터베이스의 전부 또는 상당한 부분을 복제·배포·방송 또는 전송할 권리를 가진다(제93조 제1항). 복제나 배포, 방송이나 전송에 대한 권리는 저작자 등에게 인정되는 복제권 등과 같은 것이다. 물론 데이터베이스제작자에게 '독자적인 권리'를 부여하는 마당에, 통상적인 저작물 이용과는 다른 형태를 상정해볼 수도 있다. 앞에서 언급한 바와 같이, '현시의 문제'를 해결하기 위해서도 다른 접근방법이 타당한 듯 보인다.

---

10) 쾰른 지방법원 1999년 8월 25일 판결(사건번호: 28 O 527/98).

11) 함부르크 지방법원 2000년 7월 12일자 판결(사건번호: 308 O 205/00).

12) 파리 대심법원 제1국 제3부 2001년 9월 5일 판결.

그러한 입법례로 EU 지침이 있다. 이 지침 제7조에 의하면, 데이터베이스제작자는 "데이터베이스 내용의 전부 또는 양적으로나 질적으로 상당한 것으로 평가되는 부분의 추출 또는 재이용을 금지할 권리"를 가지는바, '추출(extraction)'이란 데이터베이스 내용의 전부 또는 상당한 부분을 어떠한 수단이나 방식으로든지 영속적으로나 일시적으로 다른 매체로 옮기는 것(transfer)을 말하고, '재이용(re-utilization)'이란 복제물의 배포, 대여, 온라인 또는 기타 송신에 의하여 데이터베이스 내용의 전부 또는 상당한 부분을 공중에 제공하는 모든 형태를 말한다. 그러나 우리 저작권법은 데이터베이스의 이용형태가 저작물의 그것과 뚜렷이 구별할 만큼 차이를 보이지 않는다는 점에 주목하여, 그 전형적인 이용형태로 복제 등 네 가지에 대해 배타적인 권리를 부여하고 있다. 우리에게 친숙한 정의를 그대로 수용하게 되면 법적 안정성도 꾀할 수 있는 장점이 있다.[13]

데이터베이스제작자는 복제권, 배포권, 방송권 및 전송권을 가진다. 이러한 권리는 독점적·배타적인 권리로 이 점에서 저작재산권이나 저작인접권과 다르지 않다. 한편, 2006년 개정에서 도입된 공중송신권과 같은 넓은 권리는 존재하지 않는다. 또한 공연의 방법으로 데이터베이스가 이용되더라도 그에 대해서도 권리가 존재하지 않는다.

저작권법상 저작자에게 부여되는 복제권 등 제반 권리는 저작물의 전부나 상당 부분을 복제 등의 방법으로 이용해야 침해 문제가 제기된다. 그 핵심은 복제 등의 이용이 기존 저작물과 '실질적 유사성(substantial similarity)'이 있는가 여부이다. 이러한 침해 기준은 법원의 판례를 통해 축적되고 있는데, 저작권법은 데이터베이스의 이용에 대해서는 직접 기준을 제시하고 있다. 즉, 데이터베이스제작자가 해당 "데이터베이스의 전부 또는 상당한 부분"을 복제·배포·방송 또는 전송할 권리를 가짐으로써 누구든지 그 전부나 상당한 부분을 복제 등의 방법으로 이용할 경우에는 데이터베이스제작자의 권리 침해가 되는 것이다.

저작권법은 두 가지 기준을 추가적으로 제시하고 있다. 첫째, 개별 소재는 데이터베이스의 상당한 부분이 아니다(제93조 제2항 본문). 개별 소재가 비록 전체 데이터베이스에서 차지하는 비중이 크고 그에 상당한 투자가 이뤄졌다 하더라도 독자적인 보호가 미치지 않는다는 것이다. 데이터베이스는 수많은 소재가 모인 것이므로 개별 소재가 상당한 부분이 되

13) 독일 저작권법도 EU 지침을 수용하면서 우리와 같은 방식으로 권리를 부여하고 있다. 즉, 저작권법 제87b조 제1항에서는 데이터베이스제작자에게 복제, 배포, 공중전달에 대한 배타적인 권리를 부여하고 있다.

는 사례는 쉽게 생각하기 어렵다. 주의 규정으로 이해된다.[14]

둘째, 데이터베이스의 개별 소재 또는 그 상당한 부분에 이르지 못하는 부분의 복제 등이라 하더라도 반복적이거나 특정한 목적을 위하여 체계적으로 함으로써 해당 데이터베이스의 일반적인(통상적인) 이용과 충돌하거나 데이터베이스제작자의 이익을 부당하게 해치는 경우에는 해당 데이터베이스의 상당한 부분의 복제 등으로 본다(제93조 제2항 단서). 반복적으로나 체계적으로 데이터베이스를 복제하는 등 그것이 통상적인 이용(normal exploitation)과 충돌하거나 제작자의 이익을 부당하게 해치는 경우에는 복제권 등의 침해로 간주하는 것이다. 저작권법은 이렇게 규정함으로써 제작자와 이용자 간의 이익 균형, 즉 상당한 투자에 대한 제작자의 이익과 정보 접근과 정보 유통이라는 이용자 간의 이익 균형이 이뤄질 수 있다고 보고 있는 것이다.

'통상적인 이용'과 '제작자의 이익'은 권리 제한과 관련한 3단계 기준 중 두 가지 기준을 연상하게 한다. 통상적인 이용과 충돌하는 경우는 제3자가 데이터베이스를 복제 등의 방법으로 추출하여 제작한 상품을 출시하고 그 상품이 시장에서 불공정하게 경쟁하는 상황을 생각할 수 있다. 이것은 데이터베이스제작자 자신의 현재적·잠재적 시장에 부정적인 영향을 미칠 것이다. 부당하게 이익을 침해하는 경우는 데이터베이스의 '통상적인 이용'과 충돌하지는 않더라도, 제작자의 소득 상실을 가져오거나 가져올 가능성이 있는 상황을 떠올릴 수 있다.

데이터베이스제작자의 권리는 그 구성부분인 소재의 저작권에 영향을 미치지 아니한다(제93조 제3항). 2차적저작물이나 편집저작물과 관련한 조항에서도 볼 수 있는 것으로, 당연한 원리를 밝힌 것이다. 즉, 데이터베이스 제작과 이용을 위해 소재 저작물에 대한 저작권을 침해해서는 안 된다는 것이다. 따라서 데이터베이스제작자가 데이터베이스 제작을 위해 저작권 침해를 할 경우 그에 따른 법적 책임을 지게 되고, 제3자가 해당 데이터베이스를 무단으로 이용할 경우에는 데이터베이스제작자의 권리 침해와는 별도로 소재 저작물에 대한 권리 침해에 대해서도 책임을 지게 된다.[15]

---

14) 대법원 2022. 5. 12. 2021도1533 판결: "상당한 부분의 복제 등에 해당하는지를 판단할 때는 양적인 측면만이 아니라 질적인 측면도 함께 고려하여야 한다. 양적으로 상당한 부분인지 여부는 복제 등이 된 부분을 전체 데이터베이스의 규모와 비교하여 판단하여야 하며, 질적으로 상당한 부분인지 여부는 복제 등이 된 부분에 포함되어 있는 개별 소재 자체의 가치나 그 개별 소재의 생산에 들어간 투자가 아니라 데이터베이스제작자가 그 복제 등이 된 부분의 제작 또는 그 소재의 갱신·검증 또는 보충에 인적 또는 물적으로 상당한 투자를 하였는지를 기준으로 제반 사정에 비추어 판단하여야 한다."

〈표 11〉 데이터베이스와 디지털콘텐츠 보호

	저작물		• 기보호(투자규모와 무관) - 저작물을 단순 디지털화 한 경우: 저작물의 이용허락을 받아 추가적인 가공이나 변형 없이 저작물 그대로 디지털화하는 것(예: 인터넷영화·만화 등)은 저작권법상의 전형적 복제에 해당. 이를 무단 복제하는 것은 저작권법에 의해 민형사 구제수단을 이미 규정. - 비저작물의 디지털화가 저작물이 된 경우 - 처음부터 디지털로 제작된 저작물 - 저작물인 DB 포함
디지털콘텐츠	비저작물	상당한 투자 — 데이터베이스	• 저작권법의 개정으로 새로운 보호가 주어지게 됨. - 즉, 서버에 구축되어 있는 웹사이트(홈페이지)는 디지털콘텐츠의 집합물이며, 데이터베이스는 "소재를 체계적으로 배열 또는 구성한 편집물로서 그 소재를 개별적으로 접근 또는 검색할 수 있도록 한 것"이므로 디지털콘텐츠는 개정 저작권법에 의한 "데이터베이스의 전부 또는 상당한 부분"으로서 새로운 보호가 주어지게 됨. - 온라인 디지털콘텐츠는 인터넷상에서 홈페이지를 통해 제공되며 이는 대부분 창작성을 가지는 저작물이거나 데이터베이스에 해당될 것임. ※ 저작물을 이용하여 편집물을 제작한 경우 그 편집물 제작 자체에 별도의 상당한 투자가 소요되지 않더라도 저작권자에게 지불하는 저작권료가 '상당한 투자'로 인정된 다면 데이터베이스제작자로서 보호될 것임.
		개별 소재 디지털 콘텐츠	• 개별 소재인 디지털콘텐츠는 데이터베이스의 일부로 존재하는 것과 데이터베이스와 독립적으로 존재하는 것이 있음. - 데이터베이스의 일부인 경우: 개정 저작권법은 데이터베이스의 개별소재의 이용이 데이터베이스의 통상적인 이용에 저촉하거나 데이터베이스제작자의 이익을 부당하게 해치는 것을 제작자 권리침해로 하여 이를 보호함. - 데이터베이스와 독립적으로 존재하는 경우: 홈페이지의 일부가 아닌 '단일 소재'만을 독립적으로 전송 또는 이용제공하는 경우는 오프라인 아닌 온라인 환경에서 있을 수 없는 것임.
		비투자	인적 또는 물적으로 상당한 투자가 없다면 사회적·법적 보호가치가 없다고 할 것임.

자료: 문화관광부.

다. 보호기간

제95조에서는 데이터베이스제작자의 권리를, 제작 완료일로부터 5년, 갱신 등을 위해 상당한 투자를 한 경우에는 갱신일 등으로부터 5년간 존속한다고 규정하고 있다.[16] 저작재산

---

15) 같은 조 제4항에서는 "이 장에 따른 보호는 데이터베이스의 구성부분이 되는 소재 그 자체에는 미치지 아니한다"고 하고 있다. 개별 소재는 데이터베이스 그 자체도 아니고 '상당한 부분'도 아니므로(제93조 제2항) 중복 규정의 성격이 짙다. EU 지침과 같이 "제1항에서 규정한 권리에 따른 데이터베이스 보호는 그 소재에 존재하는 권리에 영향을 주지 아니한다"(제7조 제4항 3문)라는 의미라면 표현에 변경을 줘야 할 것이다.

16) 멕시코에서도 보호기간을 5년으로 하고 있다고 한다. WIPO, "Existing National and Regional Legislation Concerning Intellectual Property in Databases," WIPO Doc. DB/IM/2, June 30, 1997.

권이나 저작인접권이 통상 50년인 점을 고려한다면 무척 짧은 기간이라 할 수 있다. 저작재산권 효력 발생과 보호기간 기산점의 원리는 데이터베이스제작자의 권리에도 그대로 적용된다. 즉, 데이터베이스제작자의 권리는 제작 완료일이나 갱신일부터 자동적으로 생기고 보호기간의 기산점은 그 다음해 1월 1일이다. 앞에서 데이터베이스제작자를 정의하면서, 제작 또는 갱신 등에 상당한 투자를 한 자라고 한 것은 제작뿐만 아니라 갱신 등에도 상당한 투자가 들 것이고, 따라서 보호기간도 제작 그 자체뿐만 아니라 갱신 등에 대해서도 새로이 보호기간을 부여하는 것이 옳기 때문이다.

보호기간에 관한 입법 정책은 다음과 같은 점을 배경에 두고 있는 것으로 생각된다. 첫째, 데이터베이스 보호가 투자 보호에 가까운 것이라는 점, 따라서 그 보호는 투자 회수에 필요한 기간만을 반영하면 된다는 점이다. 물론 다 같이 투자 보호를 목적으로 하고 있는 음반제작자의 권리 존속기간과 비교할 때 형평상 문제 제기는 가능하다. 둘째, 외국의 선례가 충분하지 못한 것, 그리고 이에 대한 국제 규범이 없다는 것도 기간에 관한 정책 결정에 기여한 것으로 본다. EU 지침은 15년으로 하고 있는 것에 비해서도 짧은 것이다. 셋째, 대부분 데이터베이스의 존재가치는 갱신 등에 있다고 할 수 있고 갱신 등에 상당한 투자를 해서 보호기간을 계속 연장할 수 있을 것이므로 '상당한 투자' 보호의 취지는 훼손되지 않는다는 것이다. 주기적인 갱신이 어려운 데이터베이스를 제작하는 사업자에게는 불리한 규정으로 보일 수도 있다.

라. 권리 이전 등

데이터베이스제작자의 권리는 저작재산권이나 저작인접권과 마찬가지로 배타적인 권리이다. 따라서 제작자는 데이터베이스를 사용하거나 사용하게 할 수 있고, 그 권리를 양도할 수도 있고 그 권리에 대해 질권을 설정도 할 수 있다. 따라서 저작재산권 관련 규정, 즉 저작재산권의 양도나 이용허락, 질권 설정에 관한 규정(제45조 제1항, 제46조 및 제47조)은 데이터베이스제작자의 권리에도 준용된다(제96조). 배포권 소진의 원칙(제20조 단서)이나 공동저작물에 대한 권리 행사(제48조), 저작재산권의 소멸 규정(제49조)도 준용된다(제96조). 데이터베이스제작자의 권리는 등록할 수 있다. 등록 사항, 등록 절차, 등록의 효력 등에 관해서도 저작권 등록 규정들을 준용한다(제98조).

마. 소급보호

법 시행일에 이미 존재하는 데이터베이스를 보호할 것인지, 아니면 시행일 이후에 제작된 데이터베이스를 보호할 것인지 여부는 입법 정책적 판단에 속한다. 2003년 개정법 부칙 제2항은 전자를 선택하고 있다. 즉, 개정법 시행 당시 제작을 완료하거나 그 갱신 등을 한 다음 해부터 기산하여 5년이 경과되지 아니한 데이터베이스는 개정법에 의해 보호를 받도록 하고 있다.

제5장
재산적 권리의 제한

제1절 권리 제한의 의의

제2절 저작재산권 제한

제3절 저작인접권 및 데이터베이스제작자의 권리 제한

제4절 법정허락

제5절 보상금 제도

제1절 권리 제한의 의의

1. 권리 제한의 헌법상의 근거

저작권법은 저작권과 저작인접권, 그리고 데이터베이스제작자의 권리를 명시하고 있다. 이러한 권리는 헌법에 근거를 두고 있다. 헌법은 "저작자·발명가·과학기술자와 예술가의 권리는 법률로써 보호한다"(제22조 제2항)고 하여 '저작자의 권리' 보호를 위한 입법 권한을 국회에 위임하고 있고, "입법권은 국회에 속한다"(제40조)고 하여 국회에 포괄적 입법재량권도 부여하고 있다. 국회는 이와 같이 헌법에 의해 주어진 권한에 따라, 저작권법을 제정하여 저작권 등의 종류와 내용을 구체적으로 정하고 있는 것이다.

저작권법은 제1조에서 '권리 보호'와 '공정한 이용'이라는 두 가지 목적을 가지고 있다고 천명하고 있다. 이 규정은 저작권법에는 권리 보호뿐만 아니라, '공정한 이용'을 위한 규범 체계도 존재한다고 시사하는 것이다. 이러한 규범 체계는 주로 '저작재산권의 제한' 등 권리 제한 규정에 의해 구체화되고 있다고 볼 수 있다.

저작권법상 제한 규정은 저작권, 특히 저작재산권의 성격(독점·배타성)과 밀접하게 연결된다. 제한 규정은 독점·배타성을 부정하기도 하고, 약화시키기도 한다. 이런 점에서 제한 규정의 헌법상의 한계를 들여다볼 필요가 있다.[1] 헌법은 우리나라 최상위 법규범으로 위헌 법률이나 법규정은 효력을 상실하기 때문이다.

헌법은 제23조 제1항에서 "모든 국민의 재산권은 보장된다. 그 내용과 한계는 법률로 정한다"고 하는 한편, 제2항에서 "재산권의 행사는 공공복리에 적합하도록 하여야 한다"고 하면서, 제3항에서는 "공공필요에 의한 재산권의 수용·사용 또는 제한 및 그에 대한 보상은

---

[1] 조약상의 제약도 생각할 수 있다. 조약 위반은 해당 규정의 효력을 정지시키거나 상실시키는 효과는 없으나 '지속가능한' 규정이 되기는 어렵게 할 수 있다.

법률로서 하되, 정당한 보상을 지급하여야 한다"고 명시하고 있다. 또한 제37조 제2항에서는 "국민의 자유와 권리는 국가안전보장·질서유지 또는 공공복리를 위하여 필요한 경우에 한하여 법률로써 제한할 수 있으며, 제한하는 경우에도 자유와 권리의 본질적인 내용을 침해할 수 없다"고 하고 있다. 헌법 제23조는 재산권 보장과 그 한계에 대해서, 제37조 제2항은 기본권 제한 전반에 대해서 기본 원칙을 제시하고 있는 것이다.

이들 규정은 다음과 같이 살펴볼 수 있다. 헌법 제37조 제2항에 따르면, 기본권(자유와 권리) 제한은 형식적 요건과 실질적 요건을 충족해야 한다. 형식적 요건으로서, 그 제한은 법률의 형식으로 해야 하고, 그 제한은 명확하고 구체적이어야 한다. 또한 권리 제한을 위한 소급입법은 허용되지 않으며, 포괄적 위임입법은 금지된다. 실질적 요건으로서, 기본권 제한은 "국가안전보장·질서유지 또는 공공복리를 위하여 필요한 경우에 한하여"야 한다. 과잉금지의 원칙이 자리 잡고 있는 것이다.[2] 이 원칙에 의하면, 기본권 제한은 불가피한 경우에 한하며(보충성의 원칙), 그 제한은 최소한에 그쳐야 하며(최소침해의 원칙), 그 제한은 보호하고자 하는 법익을 구현하는 데 적합하여야 하며(적합성의 원칙), 보호하려는 법익과 제한하는 기본권 사이에 상당한 비례관계가 있어야 한다(비례의 원칙).[3]

이러한 기본 원칙에 더하여, 헌법 제23조에서는 재산권 제한에 대해 규정하고 있다. 즉, 공공필요에 의해 재산권을 수용 기타 제한할 수 있으되, 그에 대해 정당한 보상을 해야 하는 것이다. ① 공공필요는 제37조 제2항상의 "국가안전보장·질서유지 또는 공공복리"와는 다른 개념으로, "국민의 재산권을 그 의사에 반하여 강제적으로라도 취득하여야 할 공익적 필요성"으로 해석한다.[4] 저작권 분야에서 '공익'이라는 표현이 연혁적으로 자주 쓰이고 있다. 여기서 '공익'이란 우리 헌법상 '공공필요' 개념 내에 포섭된다고 본다. ② 공공필요에 의해 재산권을 수용, 사용, 제한하더라도[5] 정당한 보상을 해야 한다. 보상은 특정인에게

---

2) 헌법재판소는 이를 과잉금지의 원칙 또는 비례의 원칙이라 한다. 헌법재판소 1989. 3. 17. 88헌마1 결정: "헌법 제37조 제2항에 의하면 국민의 자유와 권리는 공공복리 등을 위하여 필요한 경우에 법률로써 제한할 수 있으나, 그 경우에도 필요한 최소한도의 제한만을 할 수 있는 비례의 원칙 내지 과잉금지의 원칙을 존중하여야 할 것인바 ……".

3) 성낙인, 헌법학, 제22판, 법문사, 2022, 1094~1114.

4) 헌법재판소 2014. 10. 30. 2011헌바129 등. 성낙인, 위의 책, 1511에서 재인용.

5) 수용은 개인의 특정 재산권을 종국적·강제적으로 취득하는 것이고, 사용은 개인의 재산권을 일시적·강제적으로 사용하는 것이고, 제한은 개인의 재산권에 대하여 과하는 공법상 행위라고 한다. 위의 책,

가해진 특별한 희생에 대하여 사회 전체 부담으로 보상함으로써 정의와 공평의 원칙에 합치된다.[6]

우리 헌법재판소는 권리 제한 규정을 헌법 측면에서 살펴본 바가 있다. 헌법재판소의 결정에 따르면, 권리 제한 규정은 헌법 제23조가 적용되는 재산권 조항의 일종이다. 즉, 헌법재판소는 권리 제한 규정 중 하나인 제29조 제2항을 "헌법 제23조 제1항, 제2항에 따라 장래에 있어서 일반·추상적인 형식으로 재산권의 내용을 형성하고 확정하는 규정이자 재산권의 사회적 제약을 구체화하는 규정"으로 보고, 기본권 제한의 실질적 요건 각각에 대해 판단하고 있는 것이다.[7] 다른 권리 제한 규정에 대해서도 같은 이론을 적용하더라도 무리가 없다고 하겠다.

2. 저작권법상 권리 제한의 의의

저작권법 제1조에서 말하는 공정한 이용이라는 목적은 헌법상 기본권 제한의 목적(국가안전보장, 질서유지 및 공공복리) 또는 재산권 제한의 목적(공공필요)을 저작권법의 시각에서 바라본 것이라 할 수 있다. 이러한 목적은 주로 권리자에게 부여한 독점적·배타적인 권리와 헌법상의 다른 기본권(예를 들어 표현의 자유)과의 충돌을 막거나 최소화함으로써 법익 간의 조화를 추구하기 위한 것으로 볼 수 있다.

공정한 이용 개념은 공공의 이익 또는 공익(public interest) 측면에서 저작권 제도 성립 초기부터 다뤄왔다. 1884년 베른협약 체결을 위한 외교회의 당시 의장이었던 드로즈(Numa Droz)는 '공익에 의한 절대적 보호의 한계'를 지적한 바 있고, 그 결과 1886년 체결된 베른협약은 일정한 경우 저작권을 제한할 수 있는 입법적 재량을 확인하는 규정을 두기도 했다.[8]

1513. 이런 정의에 따른다면, 저작권법상 제한 규정은 법률에 의한 수용과 그로 인한 일반 공중의 사용이라는 단계적 과정으로 읽을 수 있다.

6) 위의 책, 1518.

7) 헌법재판소 2019. 11. 28. 2016헌마1115, 2019헌가18(병합).

8) Sam Ricketson, WIPO Study on Limitations and Exceptions of Copyright and Related Rights in the Digital Environment, SCCR/9/7, April 5, 2004, p. 3.

저작권법은 공공의 이익을 위해 다음과 같은 제도 내지 장치를 두고 있다. 첫째, 저작권법상 보호대상으로 손색이 없는 저작물에 대한 보호를 배제하는 것이다. 법령이나 조약, 법원 판결 등이 그러한 예에 속하는데 이러한 저작물을 보호하지 않는 것은 국민의 알권리를 보장하기 위한 것이다. 둘째, 재산적 권리에 대해 보호기간을 정하는 것이다. 저작자 등 권리자가 일정 기간 창작물을 사용, 수익 또는 처분하면서 창작 노력에 대한 보상을 받을 수 있도록 하고 그 기간이 지나면 이러한 창작물을 사회의 공유 영역에(in the public domain) 넣어 누구든지 어떠한 목적이나 방법으로든 이용할 수 있도록 하기 위함이다. 셋째, 독점적·배타적인 권리에 예외의 경우를 상정하고 그에 대해 권리가 미치지 않도록 하는 것이다. 이런 예외의 경우에 독점·배타성은 부인된다. 넷째, 일정한 경우 독점적·배타적인 권리 대신 보상청구권을 부여하여 이용자의 편의를 꾀하는 것이다. 이 경우 권리의 독점·배타성은 금전적 성격으로 변경된다.

우리가 권리에 대한 제한과 예외(limitations and exceptions)[9]이라 할 때에는 위 셋째와 넷째의 경우를 상정한다. 저작권법은 대체로 셋째의 경우에 대해서는 '저작재산권의 제한'이라는 이름으로, 넷째에 대해서는 강제허락이라는 이름으로 분류한다. 셋째의 경우에는 특정 이용행위에 대해 권리가 미치지 않는다. 따라서 이용자('누구든지' 이용자가 되는 경우도 있고, 이용자가 특정되는 경우도 있다)는 그 이용행위에 대해 권리자의 허락을 받을 필요도 없고 이용에 따른 어떠한 대가도 지급할 필요가 없다. 넷째의 경우는 강학상으로 강제허락(compulsory license) 내지 비자발적 허락(non-voluntary license)이라고 하는바, 이 제도에 따르면 이용자는 권리자의 의사를 거슬러, 또는 권리자의 의사를 묻지 않고도 창작물을 이용할 수 있다. 이 점에서는 셋째의 경우와 같다. 다만, 결정적인 차이로, 이용자는 법률에서 정하는 보상금을 지급해야 한다.

우리 성문 저작권법에서는 위와 같은 분류를 그대로 따르지는 않는다. '저작재산권의 제한'(제2장 제4절 제2관) 규정들 대부분은 셋째의 경우에 관한 것이고, '법정허락'(제2장 제5절) 규정들은 모두 넷째의 경우에 관한 것이다. '저작재산권의 제한' 중 제25조(학교교육 목적 등에의 이용)와 제31조(도서관 등에서의 복제 등), 그리고 제35조의4(문화시설에 의한 복제 등)

---

9) TRIPS협정 제13조, WCT 제10조, WPPT 제16조에서는 모두 '제한과 예외(limitations and exceptions)'라는 표현을 사용하고 있다. 제한은 권리의 본질이나 내용을 축소하는 반면, 예외는 권리의 전부나 일부를 부인하는 뉘앙스를 가지고 있다. WTO Panel Report, United States-Section 110(5) of the US Copyright Act, WT/DS160/R, 15 June 2000, § 6.107

는 이용자에게 보상금 지급 의무를 부과하고 있다는 점에서 넓게 보면 넷째의 경우에 속한
다고 할 수 있다.

이들 넓은 의미의 권리 제한, 즉 '권리에 대한 제한과 예외'는 공통적으로 권리자의 독점
적·배타적인 권리를 부인하거나 완화 내지 축소하는 것이다. 그 결과 해당 이용행위는 그
독점적·배타적인 권리를 침해하는 행위가 되지 않는다.[10] 따라서 이용자는 권리자로부터
이용허락을 받지 않아도 되고, 허락 없는 이용이라 하더라도 그 권리 침해에 따르는 법적
책임을 부담하지 않는다. 법적 책임을 지지 않는다는 점에서 해당 행위는 면책 행위가 된
다.[11] 여기서 면책이란 넓은 의미로 민사 책임이든 형사 책임을 지지 않는다는 것이다.[12]
소송이 제기될 경우 피고는 원고의 주장에 대해 해당 이용행위가 권리 제한에 의한 이용이
라고 항변하고 이를 법원이 받아들이면 법적 책임에서 벗어나게 된다. 다만, 이용자는 강제
허락의 경우 보상금을 지급할 채권적 의무만 부담한다.[13]

권리 제한은 사적 영역(저작권 보호)을 줄이는 반면 공유 영역을 확장한다.[14] 제한이 양
적으로나 질적으로 늘어나면 그만큼 저작권 보호수준이 낮아진다. 저작권 보호라는 사적
영역과 권리 제한이라는 공적 영역 간의 갈등과 그 해소는 저작권 관련 입법 정책에서 반드
시 고려해야 하는 것이다.

우리 저작권법에서는 넓은 의미의 권리 제한에 관해 여러 곳에서 규정하고 있다. '저작재
산권의 제한'(제2장 제4절 제2관)을 비롯하여 '저작물 이용의 법정허락'(제2장 제5절), '배타적
발행권의 제한'(제63조 제2항), '출판권의 제한'(제63조의2), '저작인접권의 제한'(제87조), '데

---

10) 미국 저작권법은 권리 제한 규정상의 이용행위는 "침해가 되지 아니한다(not an infringement)"고 명
시하고 있다. 우리 구법상 '비침해행위'(제64조)라는 용어도 같은 맥락에서 이해할 수 있다.

11) 영국 법에서는 저작권에 의하여 제한되는 행위(restricted acts)에 대비되는 의미로 허용되는 행위(per-
mitted acts)라는 표현을 사용하고 있다.

12) 민사 책임이란 민법 제750조에서 말하는 책임("고의 또는 과실로 인한 위법행위로 타인에게 손해를
가한 자는 그 손해를 배상할 책임이 있다")과 같은 의미이다.

13) 저작권법 제123조(침해의 정지 등 청구)에서 보상청구권을 명시적으로 배제하는 것은 이 점을 확인해
주고 있는 것이다.

14) Yochai Benkler, "Free as the Air to Common Use: First Amendment Constraints on Enclosure of the
Public Domain," 74 N.Y.U. Law Review 354 (1999), p. 393. Martin Senftleben, Copyright, Limita-
tions and the Three-Step Test: An Analysis of the Three-Step Test in International and EC Copyright
Law, Kluwer Law International, 2004, p. 25에서 재인용.

이터베이스제작자의 권리 제한'(제94조) 등이 그것이다.

3. 권리 제한의 유형

권리 제한에는 여러 유형이 있다. 어떠한 유형이든 권리 제한은 독점적·배타적인 권리가 헌법상의 민주적 기본질서에 합치하도록 하기 위해서, 또는 헌법에서 부여한 기본권과 충돌하지 않도록 하기 위해서나 기본권과의 조화를 꾀하도록 하기 위한 목적에서 나온 것이다. 유형을 나눠보면, ① 표현의 자유 내지 언론·출판의 자유를 보장하기 위한 유형이 있다. 이 유형에는 정치적 연설 등의 이용(제24조), 시사보도를 위한 이용(제26조), 시사적인 기사 및 논설의 복제 등(제27조)이 있다. ② 학문과 예술의 자유 또는 교육을 받을 권리를 보장하기 위한 유형이 있다. 이에는 공공저작물의 자유이용(제24조의2), 학교 교육 목적 등에의 이용(제25조), 공표된 저작물의 인용(제28조), 영리를 목적으로 하지 아니하는 공연·방송(제29조), 도서관 등에서의 복제 등(제31조), 시험문제를 위한 복제 등(제32조), 시각장애인 등을 위한 복제 등(제33조), 청각장애인 등을 위한 복제 등(제33조의2), 미술저작물 등의 전시 또는 복제(제35조), 문화시설에 의한 복제 등(제35조의4) 및 저작물의 공정한 이용(제35조의5)이 있다. ③ 사생활의 비밀을 보장하기 위한 유형이 있다. 그 예로는 사적 이용을 위한 복제(제30조)를 들 수 있다. ④ 시장경제 질서 확보를 위한 유형이 있다. 방송사업자의 일시적 녹음·녹화(제34조), 저작물 이용과정에서의 일시적 복제(제35조의2), 부수적 복제 등(제35조의3), 호환성 확보를 위한 프로그램 코드 역분석(제101조의4), 정당한 이용자에 의한 보존을 위한 복제 등(제101조의5)을 생각할 수 있다. ⑤ 행정·사법 질서 확보를 위한 유형도 있다. 재판 등에서의 복제(제23조)가 그것이다.

위와 같은 분류는 편의적인 것일 뿐이다. 특정 이용형태는 다른 유형으로 파악할 수도 있고 여러 유형에 걸쳐 있다고 볼 수도 있는 것이다. 예를 들어, 공공저작물의 자유이용을 규정한 제24조의2는 학문과 예술의 자유를 위한 것으로나 시장경제 질서를 위한 것으로 파악할 수도 있다. 시각장애인을 위한 제33조는 표현의 자유 측면에서도, 인간다운 생활을 할 권리(헌법 제34조) 측면에서도 필요한 규정이다. 공정이용 규정인 제35조의5는 모든 유형에 걸쳐 있다고 해도 과언이 아니다.

공익 목적이 아니라 하더라도 권리가 제한되는 경우가 있다. 그 예로 사적 이용을 위한 복제 규정(제30조)이 있다. 이 규정은 연혁적으로 볼 때 오히려 미소의 원칙(de minimus rule)이 작용한 결과였다. 즉, 법은 사소한 것에 간여하지 않는다(de minimis non curat lex)는 격언에 따라, 저작권법도 사적 이용을 비침해 영역으로 보았던 것이다.[15]

우리 저작권법 제23조 내지 제36조와 제101조의2 내지 제101조의5에 이르기까지, 모두 23개의 경우를 '열거'하고, 각 규정에서는 일정한 요건에 따라 저작재산권에 대한 제한과 예외를 설정하고, 그에 따라 이용자를 면책시켜주고 있다. 저작인접권과 데이터베이스제작자의 권리도 각기 제87조와 제94조에서 저작재산권 제한 규정 중 관련 규정을 준용하는 방법으로 그 독점성·배타성을 부정하거나 축소하고 있다.

권리 제한 규정은 열거주의 방식을 채택하고 있기 때문에 이 23가지에 포함되지 않는 이용형태는 저작권 침해를 구성한다. 우리 헌법에 의하면, "국민의 모든 자유와 권리는 …… 필요한 경우에 한하여 법률로써 제한할 수 있"(제37조 제2항)으므로 법률에 제한 규정이 명시적으로 존재하지 않는다면 그것은 허용되지 않는다고 보아야 한다. 또한 제한 규정은 앞에서 본 바와 같이, 헌법상 기본권 제한에 관한 일반 원칙에 따라야 하는 것은 물론이고, 그 제한 규정의 해석은 가급적 엄격 해석의 원칙에 충실해야 한다고 본다.[16]

---

15) 이런 원리는 보편적인 것이라고는 할 수 없다. 기술이 발달하면서, 사적 복제가 적어도 저작자의 합법적 이익을 해치는 것으로 간주되어 이에 대해 배타적인 권리나 보상청구권을 부여하는 입법례가 있기 때문이다.

16) 프랑스와 독일에서는 전통적으로 민법 해석의 일반 원칙, 즉 "예외는 엄격하게 해석해야 한다는 원칙(exceptio est strictissimae interpretationis)"이 저작권 분야에도 적용되어왔다. 이에 따라 예외 규정은 유추에 의해 추론해서는 안 되고, 예외 규정의 존재가 이용자의 권리를 인정하는 것은 아니라는 의미를 가진다. Vivant et Bruguière, pp. 615~616; Schricker/Loewenheim, S. 1062. 그러나 저작권법상 제한 규정은 헌법상 다른 기본권과 관련된 것이라는 점에서 일관되게 유지되지는 않고 있다. 최근 유럽사법법원 판결은 유럽연합 지침상의 제한 규정을 해석하면서, 기존 제한 규정의 영역을 넘는 새로운 제한 규정을 허용하는 것이라고 할 수는 없으나, 그 제한 규정은 기본권과 저작권 간의 정당한 균형을 확보하는 방법으로 확장해석도 가능하다는 취지의 판결을 내놓았다. CJEU, Judgment in Funke Medien NRW GmbH v. Bundesrepublik Deutschland, C-469/17, 29 July 2019; CJEU, Judgment in Pelham GmbH and Others v. Ralf Hütter and Florian Schneider-Esleben, C-476/17, 29 July 2019; CJEU, Judgment in Spiegel Online GmbH v. Volker Beck, C 516/17, 29 July 2019. 관련 논문으로, Thom Snijders and Stijn van Deursen, "The Road Not Taken – the CJEU Sheds Light on the Role of Fundamental Rights in the European Copyright Framework – a Case Note on the Pelham, Spiegel Online and Funke Medien Decisions," IIC, 2019, 1176~1190; Christophe Geiger and Elena

4. 권리 제한의 일반적 요건: 3단계 기준

저작권법은 헌법상의 기본권과의 조화를 위해, 그리고 공공의 이익(public interest)을 위해 권리 제한 규정을 두고 있다. 이러한 권리 제한을 국제 규범 측면에서 보거나 해당 국제 규범의 국내법과의 관계에서 보거나, 이른바 3단계 기준(3-step test)에 입각해 허용된다 할 수 있다.

3단계 기준은 아직 국제적으로 해석 원칙이 자리 잡은 것도 아니고 학문적으로도 구체적이고 정밀한 이론이 나온 것도 아니다. 정연한 해석론이 없다 보니 이 기준의 의미에 혼란을 느낄 수도 있을 것이다. 그렇지만 이 기준은 여전히 국제 규범으로서 유효할 뿐만 아니라 우리 헌법상 조약과의 관계에 비춰보면 소홀히 할 수 없는 것이다. 다음과 같이 설명할 수 있다. 먼저, 3단계 기준은 베른협약을 비롯한 여러 저작권 조약에서 명시하고 있는바, 조약 당사국은 이 규정을 준수할 의무가 있다. 이 규정은 국내법상 제한 규정의 일반조항의 역할, 즉 제한 규정의 한계를 정하는 역할을 한다.

다음으로, 우리나라가 가입한 이들 국제 조약은 국내법, 특히 성문 법률과 같은 효력을 가지고 있다. 우리 법원은 국내법과 함께 조약을 해석, 적용할 권한과 의무가 있고 3단계 기준도 이런 권한과 의무의 범위 안에 있는 것이다.[17] 한편, 우리 저작권법은 3단계 규정의 일부를 명시적으로 언급하기도 한다. 대표적으로 공정이용 규정이 있다.[18]

3단계 기준은 베른협약에 기원을 두고 있다. 베른협약 제9조 제2항에서는 복제권 제한의 요건을 정하고 있다: "일부 특별한 경우에 그러한 저작물의 복제를 허용하는 것은 동맹국의

Izyumenko, The Constitutionalization of Intellectual Property Law in the EU and the Funke Medien, Pelham and Spiegel Online Decisions of the CJEU: Progress, but Still Some Way to Go!, Center for International Intellectual Property Studies Research Paper No. 2019-09 참조.

17) 제1장 제5절 '4. 조약과의 관계' 참조.

18) 제35조의5 제1항: "제23조부터 제35조의4까지, 제101조의3부터 제101조의5까지의 경우 외에 저작물의 통상적인 이용 방법과 충돌하지 아니하고 저작자의 정당한 이익을 부당하게 해치지 아니하는 경우에는 저작물을 이용할 수 있다." 다른 곳에서도 보인다. 제23조: "다만, 그 저작물의 종류와 복제의 부수 및 형태 등에 비추어 해당 저작재산권자의 이익을 부당하게 침해하는 경우에는 그러하지 아니하다"; 제93조 제2항: "해당 데이터베이스의 통상적인 이용과 충돌하거나 데이터베이스제작자의 이익을 부당하게 해치는 경우"; 제94조 제2항: "다만, 해당 데이터베이스의 통상적인 이용과 저촉되는 경우"; 제101조의3 제1항: "프로그램의 저작재산권자의 이익을 부당하게 해치는 경우."

입법에 맡긴다. 다만, 그러한 복제는 저작물의 통상적인 이용과 충돌하지 아니하여야 하며, 저작자의 합법적인 이익을 부당하게 해치지 아니하여야 한다"고 하고 있다. 이를 각 단계별로 보면, 권리 제한은 첫째, 일부 특별한 경우(certain special cases)에 한정해야 하고, 둘째, 저작물의 통상적인 이용(normal exploitation)과 충돌해서는 안 되고, 셋째, 저작자의 합법적 이익(legitimate interests)을 저해해서는 안 된다.[19]

베른협약상 복제권 제한에 한정한 3단계 기준은 1994년 TRIPS협정과 1996년 WCT와 WPPT, 그리고 2012년 베이징조약을 통해 모든 권리 제한에 확장 적용되면서 권리 제한의 일반 요건이 되었다. 이 기준이 국제적인 표준인 것은 분명하고 그 기준을 국내법으로 수용한 사례도 적지 않음에도[20] 이를 특정 이용행위의 적법성을 판단하는 기준으로 삼기에 충분할 정도의 요건 요소를 담고 있다고 말하기는 어렵다. 그러나 적어도 개별 국내법 규정의 조약 합치성을 판단하는 잣대로는 의미 있는 역할을 하고 있다. 2000년 미국 저작권법 규정 (제110조 제5항)의 TRIPS협정 위반 여부를 둘러싼 분쟁에서 WTO 패널이 3단계 기준을 하나씩 살펴보면서 미국 법규정의 조약(TRIPS협정) 위반 여부를 구체적으로 판단하고 있는 것은 이 점을 웅변적으로 보여주고 있다고 하겠다.

WTO 패널은 3단계 기준 각각에 대해서 사전적 의미를 파악하고 이를 바탕으로 다음과 같이 해석한다. 첫째, 제한 규정이 첫 번째 기준(일부 특별한 경우)을 충족하기 위해서는 이용 목적과 이용형태 및 이용 대상을 분명히 정해야 하고 그 적용 범위가 한정적이어야 한다.[21] 둘째, WTO 패널은 두 번째 기준(저작물의 통상적 이용 충돌 금지)에 대한 경험적 접근법과 규범적 접근법의 필요성을 지적하면서도 경험적 접근법에 집중하여, 두 번째 기준은

---

19) WIPO에서 발행한 자료들은 보면 다음과 같은 예시를 든다. 아주 많은 수의 복제물(very large number of copies)이 만들어지면 저작물의 통상적인 이용과 충돌하고, 많은 수의 복제물(rather large number of copies)이 제작될 경우는 저작자의 합법적인 이익을 해친다. 다만 보상금을 지급한다면 저작자의 합법적 이익을 해치지는 않는다. 또한 개인적으로나 학술적인 목적으로 소량의 복제물(small number of copies)을 제작하는 것은 적법하다. WIPO(Berne), pp. 55~57; WIPO(DC/4), pp. 52, 54.

20) 예를 들어, 프랑스 저작권법 제122-5조: "이 조에서 열거한 예외는 저작물의 통상적인 이용과 충돌하거나 저작자의 합법적인 이익을 부당하게 저해하여서는 아니 된다." 이 일반조항은 제122-5조에서 열거하고 있는 11가지의 예외에 대한 한계를 정하고 있다. 이 규정은 베른협약 3단계 기준 중 2단계를 수용한 2001년 EU 정보사회 지침을 이행하기 위해 2006년 개정법에서 신설된 것이다. Vivant et Bruguière, p. 166.

21) WTO Panel Report, op. cit., §§ 6.108~109, 112.

현재 상당한 수입을 가져오는 이용형태뿐만 아니라 장래에 경제적인 중요성이 있는 이용형태를 고려하는 것이라고 한다. 또한 제한 규정에 의한 이용이 권리자와 경쟁적 관계에 있어서 그의 상업적 이득을 상당히 빼앗을 경우 허용되지 않는다고 한다.[22] 셋째, 위 두 기준을 충족할 때 합법적 이익의 저해 여부는 규범적으로 불합리하다고 이르는 정도(수준)를 찾는 것인데, 이러한 합법적 이익은 행사에 따른 경제적 가치로 그 정도를 측정할 수 있다. 권리 제한으로 인해 권리자의 불합리한 소득 상실을 가져오거나 가져올 가능성이 있다면 그것으로 불합리한 정도에 이른 것으로 본다.[23]

WTO 패널 보고서는 3단계 기준에 대한 학문적 관심을 국제적으로 증폭시켰다. 그에 따른 비판 내지 우려도 적지 않았다. 간단히 살펴보면, 첫째, 각 단계 기준을 각각의 요건으로 하여 좁게 해석할 경우 권리 제한 상황을 예시하지 않는 국내법 규정(미국의 공정 사용 규정과 같은 개방형 제한 규정)은 첫 번째 기준조차 충족시키지 못할 수도 있다는 점이다. 이러한 점은 단지 우려에 그칠 수도 있지만 논란거리에서 자유로울 수는 없을 것이다. 둘째, 3단계 기준을 경제적인 측면에서 주로 고려하게 되면(WTO 패널과 같이) 제한 규정의 신축적 적용 가능성을 좁힌다는 것이다. 제한 규정의 규범적 측면은 단지 경제적인 필요성뿐만 아니라 공공의 이익 측면에서도 얼마든지 고려해야 하기 때문이다.[24] 셋째, 제한 규정은 기술 발전과 더불어 그 신축성 요구가 높아지고 있는 반면, 3단계 기준을 제한적으로 해석하게 되면 새로운 권리 제한의 가능성을 줄일 수밖에 없다는 것이다. 3단계 기준은 국내외를 막론하고 아직도 논쟁 중이다.

베른협약과 TRIPS협정상 3단계 기준은 WCT에서 다시 확인되고 있다. WCT는 이에 더 나아가 3단계 기준은 디지털 환경에서도 적용될 수 있고, 때로는 확장 적용될 수도 있다고 하고 있다. 베른협약 제한과 예외 규정(제10조)의 합의록에서 이를 확인해주고 있다: "제10조의 규정은 체약당사자에게 베른협약에 따라 수용될 수 있는 것으로 간주되어 온 국내법상의 제한과 예외를 디지털 환경에서 이어가고 적절히 확대할 수 있도록 허용하는 것으로 이해된다." 이 규정은 우리 제한 규정을 개정하거나 신설할 때, 그리고 해당 규정을 해석할

---

22) Ibid., §§ 6.180, 183.

23) Ibid., §§ 6.224, 226~227, 229.

24) Ricketson, op. cit., p. 482에서는 3단계 기준에서 말하는 특별한 경우(special cases)란 공공의 이익이나 다른 예외적인 상황에 의해 정당화할 수 있는 경우를 상정한 것으로 이해해야 한다고 한다.

때 상당한 의미가 있다. 디지털 환경에서 발생하는 이용형태로서 공중송신은 여러 종류의 이용형태가 있다. 권리 제한 규정들을 보면 어떤 경우에는 모든 공중송신에 대해, 어떤 경우에는 방송 등 특정 공중송신에 대해 저작자의 권리가 미치지 않도록 하고 있다. 이것은 권리 보호와 이용 보장 간에 미묘한 균형을 유지하기 위한 정책적인 함의가 있는 것이다.

자율 학습

1. 저작권 보호와 다른 기본권과의 충돌은 권리의 제한에 국한하는 문제는 아니다. 너무 높은 수준의 저작권 보호로 인한 충돌도 생각할 수 있다. 하나의 예로, 보호기간의 장단을 두고도 위헌 문제가 제기할 수 있다. 우리 헌법은 "저작자…의 권리" 보호에 관해 규정할 뿐, 미국 헌법과 달리 "일정 기간(for limited times)" 보호를 명시하지 않고 있다. 장기의 보호 또는 무기한 보호는 위헌인가? 위헌의 다른 근거로는 무엇을 생각할 수 있는가?

* 참고 판례: Eric Eldred, et al. v. John Ashcroft, Attorney General, 537 U.S. 186 (2003)

2. 나라마다 저작권 제도에 대해 다른 철학을 가지고 입법적으로 접근하고 있다. 권리 제한 규정에서 그런 차이는 극명하게 나타나고 있다. 우리 저작권법상 제한 규정을 읽거나 관련 문헌을 접할 때, 우리 제한 규정에는 어떠한 철학이 담겨 있는지, 그 입법적 접근은 타당한지 함께 살펴보는 것은 우리 법제도를 이해하고 점검하는 좋은 기회가 되리라고 본다. 저작권 법제도를 두고 영미법계와 대륙법계 간에는 차이가 있다. 그 중 하나가 공정이용과 같은 일반 제한 규정이 있는 국가(미국)가 있고, 제한 규정을 제한적으로 열거하는 국가(프랑스, 독일 등)가 있다. 우리나라는 열거 주의에 충실한 제도를 운영하다가 2011년 12월 개정으로 미국의 공정이용 제도도 받아들였다. 국제적으로는 특이한 입법례라고 할 수 있다. 이들 입법적 접근법의 차이에 따른 장단점은 무엇인가?

제2절 저작재산권 제한[1]

1. 재판 등에서의 복제

입법기관, 행정기관 및 사법기관은 국민이 국가에 부여한 권한을 행사한다. 이러한 권한 행사를 위해 저작물을 복제하거나 기타 여러 방법으로 이용하는 경우 일일이 저작자의 허락을 받을 수는 없는 일이다. 저작권법은 제23조에서 공공의 목적을 위한 권리 제한의 하나로 재판이나 수사를 위해 필요한 경우, 그리고 입법·행정 목적으로 필요한 경우 두 가지로 나눠 복제를 허용하고 있다.

국제 조약에서는 이와 관련해 명시 규정이 없다. 독일 규정이 일본을 거쳐 우리에게 들어온 것으로 추정한다.[2] 우리 법상 면책 요건을 이용 목적, 이용 주체, 이용 대상, 이용형태 및 요건 등으로 나눠 하나씩 살펴보기로 한다.

가. 이용 목적 및 주체

이용 목적은 크게 재판 또는 수사 목적과 입법·행정상의 목적으로 나뉜다. 첫째, "재판 또는 수사를 위하여 필요한 경우"여야 한다. 문언상으로는 재판과 수사 목적이라면 광범위하게 허용되는 것으로 보이지만 그 절차상으로만 허용된다고 해석하는 것이 옳다. 사법부가 재판을 위해 설립된 국가기관이라고 하여 그 모든 복제 행위가 허용된다고 할 수는 없을

---

[1] 저작재산권 제한 규정은 뒤에서 보는 바와 같이, 저작인접권, 배타적발행권, 저작인접권 및 데이터베이스제작자의 권리 등의 제한에도 준용된다. 이 절에서 저작자, 저작재산권자 또는 저작물이라는 표현은 준용 규정 해석을 위해서는 해당 권리자와 해당 보호대상을 대입하여 이해해야 한다.

[2] 최경수(2021), 164.

것이다.[3] '재판 절차 목적'이라면 그 이용 주체가 누구이든 문제되지 않는다. 재판부가 이용하는 경우뿐만 아니라 원고나 피고가 자신의 주장을 펼치기 위해 저작물을 복제하여 재판부에 제출하는 경우도 허용되어야 한다. 재판 절차에 간여하는 증인이나 감정인도 권리 제한의 혜택을 누린다고 본다. 또한 재판 절차 외에 중재나 조정 절차, 행정심판 절차 등 준사법적 절차에서도 해당 절차를 위하여 제23조를 원용할 수 있다고 본다.

둘째, 입법·행정 목적을 위해서도 권리가 제한된다. 입법 목적이나 행정 목적은 엄격하게 해석할 필요는 없을 것이다. 그 고유의 목적뿐만 아니라 그에 부수하는 목적도 포함한다고 본다. 이 경우 재판 절차의 경우와는 달리, 내부 자료를 작성하기 위한 이용만이 허용되므로 입법부와 행정부의 구성원만이 면책의 주체가 된다.[4]

'저작물'이라면 무엇이든 복제할 수 있다. 저작물의 공표 여부를 묻지 않는다. 미공표 저작물이라 하더라도 재판 절차상 필요하거나 입법·행정 목적으로 필요하다면 복제할 수 있다.

나. 요건 및 이용형태

이용형태 중 복제에 한정하여 허용된다. 재판 절차 목적의 경우 복제 주체가 법원일 때에는 판결문이나 결정문에 저작물이 수록될 것이고, 그 주체가 당사자일 때에는 소장이나 답

---

3) 이 규정은 2020년 2월 개정법에서 바뀐 것으로, 종전 "재판절차를 위하여 필요한 경우이거나 입법·행정의 목적을 위한 내부자료로서 필요한 경우"라는 구절이 제1호와 제2호로 나뉘어 "재판 또는 수사를 위하여 필요한 경우"와 "입법·행정의 목적을 위한 내부자료로서 필요한 경우"로 변경된 것이다. 이 규정은 프로그램 권리 제한 규정(제101조의3 제1항 제1호: "재판 또는 수사를 위하여 복제하는 경우")과의 일관성 유지를 위한 것이라고 한다. 교육문화체육관광위원회 전문위원 박용수, 저작권법 일부개정법률안(염동열 의원 대표발의) 검토보고, 2017. 9.

4) 제23조는 종전 규정과 같이, 즉 재판 절차상의 목적과 입법·행정 목적으로 나눠 규정하는 것이 적절하다고 본다. 왜냐하면 재판은 절차를 중심으로 한 사법 작용의 한 형태로서, 재판 과정에서는 법원뿐만 아니라 당사자, 소송참가자, 증인 등이 각종 복제물을 산출하게 마련이다. 재판 절차 목적 복제 규정은 이런 점들을 고려해 만들어져야 하는 것이다. 반면, 입법 목적이나 행정 목적은 그런 고려 사항이 없다. 입법부나 행정부가 각기 그 권한 행사를 위해 스스로 저작물을 복제하는 것으로 충분하고 그래야 하는 것이다. 행정 절차에 참여하는 시민은 이런 면책 규정으로 인한 이익을 볼 수 있는 주체가 되어서는 곤란하다. 게다가 수사 기관은 행정부의 일부로서 수사라는 행정 목적에 적합한 방법으로 복제물을 생산할 수 있다. 수사를 재판과 같은 맥락에서 파악할 필요가 없다. 프로그램 관련 규정은 삭제하면 그만이다. 이것이 일관성 측면에서 더 낫다고 본다.

변서 등에 기재될 것이고, 그 주체가 감정인일 때에는 감정서에 담길 것이다.[5]

　배포나 공연, 공중송신 등의 이용형태는 허용되지 않는다. 예를 들어, 행정부나 국회에서 공청회 자료를 제작한다거나 법개정 관련 심사보고서나 검토보고서를 작성하는 것은 배포 기타 이용(웹사이트 게재와 같은 전송 등)될 것을 전제로 하므로 허용되지 않는다. 또한 내부 자료를 공연(프레젠테이션 등)하거나 방송 또는 전송하는 것도 허용 범위를 넘는 것으로 본다.[6]

　제23조에 따른 복제는 몇 가지 요건을 충족해야 허용된다. ① "재판 또는 수사를 위하여" 또는 "입법·행정 목적을 위하여" 허용된다. 목적에 의해 정당화되지 않으면 허용되지 않는 것이다. ② 입법·행정 목적의 경우에는 제약이 한 가지 더 있다. 즉, 그 복제는 "내부 자료로 필요한 경우"에 한하여 허용된다. ③ 재판이나 수사 목적이든 입법·행정 목적이든 저작재산권자의 이익을 부당하게 침해하는 경우에는 허용되지 않는다. 부당한 침해 여부는 사안마다 다를 것이지만, 저작물의 종류, 복제의 형태와 부수 등을 기준으로 판단하게 될 것이다. 예를 들어 당사자는 재판 절차상 필요한 부수의 복제물을 제작할 수 있을 뿐이다. 권리 제한 일반 요건인 3단계 기준 중 세 번째 기준(저작자의 합법적 이익 저해 금지)과 같은 맥락으로 볼 수 있다. 두 번째 기준(저작물의 통상적 이용 충돌 금지)은 이보다 침해의 정도가 큰 것이므로 전자 기준을 충족할 수 없다면 적용할 여지가 없다.

다. 프로그램에 관한 특례

　저작권법 제101조의3 제1항에 의하면, "다음 각 호의 어느 하나에 해당하는 경우에는 그 목적상 필요한 범위에서 공표된 프로그램을 복제 또는 배포할 수 있다. 다만, 프로그램의 종류·용도, 프로그램에서 복제된 부분이 차지하는 비중 및 복제의 부수 등에 비추어 프로그램의 저작재산권자의 이익을 부당하게 해치는 경우에는 그러하지 아니하다"고 하면서, 그중 하나로 제1호에서 "재판 또는 수사를 위하여 복제하는 경우"를 들고 있다. 이 규정은 특례

---

5) 독일 저작권법은 우리보다 넓게 권리를 제한한다. 먼저, 법원 외에 중재원이나 관청의 절차에 사용되기 위해 복제물을 제작할 수 있고, 둘째, 복제 외에 배포, 전시 및 공개재현도 허용한다. 제45조.

6) 공개 법정에서 저작물을 공연하는 경우도 생각할 수 있다. 이러한 예들은 다른 규정(비영리 공연·방송)에 의해 면책될 수 있다.

규정으로, 재판 또는 수사를 위한 경우 일반 저작물 관련 제한 규정 적용 자체를 배제하고 있다(제37조의2).

첫째, 이용 목적은 재판 목적과 수사 목적이다. 재판 목적("재판을 위하여")은 재판 절차 목적으로 한정 해석하는 것이 적절하다. 수사 목적은 행정 목적의 하나임에도 문언상으로는 행정 목적 일반 제한 규정(제23조)보다 요건이 느슨하다. "내부 자료로서 필요한 경우"라는 조건이 없기 때문이다. 다만, 단서 규정상의 조건(저작재산권자의 이익 저해 금지)으로 인해 이용 정도와 범위가 제한을 받는다. 양자의 조건은 실질적으로 같은 결론으로 귀결되리라고 본다. 즉, 수사 목적이라 하더라도 내부 자료로 필요한 경우 외에는 허용되지 않는다는 것이다.

둘째, 허용되는 이용형태는 복제이다. 제101조의3 제1항 본문은 '복제 또는 배포'라고 하고 있으나 제1호에서 '복제'에 국한하고 있으므로 배포는 어떠한 경우에도 허용되지 않을 것이다.

셋째, 이용 대상은 '공표된 프로그램'이다. 일반 저작물에 비해 공표 요건을 부가하고 있는 점이 특이하다. 그러나 그 필요성이 무엇인지 알기 어렵다.[7] 오히려 재판 절차나 수사 절차상 미공표 프로그램을 복제할 필요성은 일반 저작물에 비해 더 클 듯하다. 일반 제한 규정(제23조)을 적용할 수도 없도록 막고 있어서(제37조의2) 미공표 프로그램은 제한 규정을 이용할 수 있는 방법이 없다.

넷째, 일반 저작물은 재판 등을 위해 저작물을 번역하여 복제할 수도 있으나(제23조 및 제36조 제2항) 프로그램의 경우에는 제23조 적용을 배제하고 있기 때문에(제37조의2) 제36조 제2항에 의한 번역 이용이 가능하지 않다. 입법상의 오류로 보인다. 또한 일반 저작물은 재판 등을 위해 복제하는 경우 별도로 출처를 명시해야 하지만(제23조 및 제37조) 프로그램의 경우에는 마찬가지로 제23조 적용을 배제하고 있으므로 그러한 의무도 존재하지 않는다. 이 또한 입법 불비로 보인다.

특례 규정에서 언급하지 않은 목적, 즉 수사 목적 이외의 행정 목적이나 입법 목적의 경우에는 일반 저작물 관련 제한 규정이 적용된다. 이 특례 규정에서 입법 목적과 일반 행정 목적에 대해서는 언급하지 않고 있고, 언급하지 않은 부분에 대해서까지 특례 규정이 적용

---

7) 안효질, 개정컴퓨터프로그램보호법의 축조해설, 프로그램심의조정위원회, 2000, 136; 임준호, 컴퓨터 프로그램의 법적 보호, 지적소유권에 관한 제문제(하), 재판자료 제57집, 1992, 515.

될 수는 없는 것이기 때문이다.

프로그램에 관한 특례 규정이 일반 제한 규정과 굳이 구별되어야 할 필요성이나 실익이 있는지 의문이다. 첫째, 재판 목적이나 수사 목적이라 하더라도 프로그램 구입을 대체하려는 프로그램 복제는 "저작물의 통상적 이용"과 충돌하는 것으로 볼 수 있고 이것은 저작자의 복제권에 대한 심각한 훼손이라 하지 않을 수 없다. 둘째, 구입 대체용 프로그램 복제가 프로그램의 통상적 이용과 충돌하지 않는다고 하더라도 저작재산권자의 이익을 부당하게 해칠 가능성이 매우 높기 때문에 이 경우 특례 규정 적용을 받을 수도 없다. 셋째, 재판 목적이나 수사 목적으로, 예를 들어 사건 프로그램의 기능을 확인하기 위해 복제하는 것이라 면 일반 제한 규정(제23조)으로 소기의 목적을 달성할 수 있다.

2. 정치적 연설 등의 이용

정치적 연설도 저작물이 되기 위한 충분한 요건을 갖추고 있다. 이러한 저작물에 배타적 인 권리를 인정한다면 국민의 알권리와 충돌할 가능성이 높다. 정치인도 자신의 연설이 권 리 제한으로 인해 알려지지 않는다면 이 또한 원하지 않을 것이다. 한편, 국회나 법정과 같이 제한된 장소에서 이뤄지는 진술도 저작물이라 할 수 있는데 이에 대한 배타적 권리 행사는 정치적 연설과 마찬가지로 헌법상의 알권리와 부득이한 마찰이 생길 수밖에 없다. 이러한 점을 고려하여, 저작권법 제24조에서는 정치적 연설이나 특정 공개 장소에서의 진 술 등에 대해 권리를 제한하고 있다. 즉, "공개적으로 행한 정치적 연설 및 법정·국회 또는 지방의회에서 공개적으로 행한 진술은 어떠한 방법으로도 이용할 수 있다. 다만, 동일한 저작자의 연설이나 진술을 편집하여 이용하는 경우에는 그러하지 아니하다".

이 규정은 베른협약에서 연유하고 있다. 협약 제2조의2 제1항에서 "정치적 연설 및 재판 절차에서의 진술을 〔저작권 보호〕로부터 전부 또는 일부 배제하는 것은 동맹국의 입법에 맡 긴다"고 한 것을 우리 법에서 권리 제한 방식으로 해결한 것이다.[8] 우리 법은 베른협약상

---

8) 베른협약은 정치적 연설이나 재판 절차에서의 진술을 보호대상에서 제외할 수도 있도록 하고 있을 뿐, 그 방법은 동맹국의 재량에 맡기고 있다. 각 동맹국은 비보호대상으로 할 수도 있고, 권리 제한의 방식 에 의해 자유 이용 대상으로 할 수도 있는 것이다. 우리 법은 후자 방식을 선택한 것이다.

'정치적 연설'을 공개적인 정치적 연설, 국회나 지방의회에서의 진술로 '구체화'했다고 할 수 있다.

이 조항에 의해 권리가 제한되는 저작물은 ① 공개적인 정치적 연설, ② 법정에서의 공개 진술, ③ 국회나 지방의회에서의 공개 진술이다. 정치적 연설에 대해 좀 더 살펴보기로 한다. 첫째, 정치 집회에서 행한 연설은 정치인의 것이든 일반인의 것이든 정치적 목적 달성을 위한 것이고 그것은 일반 국민을 상대로 했다고 할 것이므로 누구든 자유롭게 이용할 수 있다. 둘째, 정치인이 일반인을 상대로 한 강연은 정치적인 성격이 없을 경우 보호를 받는다 하겠다. 유명 정치인이 학교 교양강좌 시간에 청소년을 상대로 자신의 경험을 이야기 한다면 권리 제한 규정이 적용되기 어려울 것이다. 셋째, 종교 집회에서 행하는 설교나 설법은 여전히 보호를 받는다고 본다. 넷째, 비공개 진술은 어떠한 경우에도 제한 규정 적용을 받지 않을 것이다.

정치적 연설 등은 "어떠한 방법으로도 이용할 수 있다". 따라서 모든 형태의 이용이 권리 제한에 의해 허용된다. 또한 정치적 연설 등은 '누구든지' 이용할 수 있다. 다만, 저작자는 이러한 저작물에 대한 편집저작물 작성권을 가진다. 자신만이 연설이나 진술을 모아 편집물로 만들 수 있을 뿐이다. 제3자가 편집물을 만든다면 이것은 편집저작물 작성권을 침해하는 것이다.[9]

3. 공공저작물의 자유이용

가. 공공저작물의 의의

베른협약 제2조 제4항에서는 "입법, 행정 및 사법적 성격의 공문서와 그 공식 번역물에 부여하는 보호는 동맹국의 입법에 맡겨 결정한다"고 하고 있다. 우리 법 제7조 제1호 내지 제4호에서 비보호저작물로 열거하고 있는 법령, 고시, 판결 등은 이 협약에서 언급한 '공문

---

[9] 제24조 단서 규정은 "다만 동일한 저작자의 연설이나 진술을 편집하여 이용하는 경우에는 그러하지 아니하다"고 하여 해석의 여지를 두고 있으나 다른 해석은 곤란하다. 이 규정의 근거는 베른협약 제2조의2 제3항으로 이 점을 분명히 하고 있다: "다만, 저작자는 전 항들에서 말한 저작물의 수집물을 만들 배타적 권리를 가진다."

서(textes officiels, official texts)'이다. 협약상 '공문서'에는 법령 등뿐만 아니라 수많은 종류의, 공공적 성격을 가지는 저작물이 있다. 우리 법 제24조의2에서 말하는 '공공저작물'이 그중 하나이다. 이 조는 2013년 12월 개정법에서 도입된 것으로, 이에 의하면, "국가 또는 지방자치단체가 업무상 작성하여 공표한 저작물이나 계약에 따라 저작재산권의 전부를 보유한 저작물은 허락 없이 이용할 수 있다"(제1항 본문).

공공저작물 제도는 국민의 알권리, 학문과 예술의 자유, 언론·출판의 자유 등을 보장하기 위해, 그리고 국가나 지방자치단체의 예산으로 창작된 공공저작물은 납세자인 국민이나 시민이 자유롭게 이용할 수 있도록 해야 한다는 취지에서 마련된 것으로, 법령 등을 비보호저작물로 한 것과 같은 입법 목적을 가지고 있다. 다만, 공익 측면에서 비보호 방식 대신에 권리 제한 방식을 택한 것이라고 할 수 있다.

나라마다 공공저작물에 대한 입법 정책에 차이가 있다. 용어나 정의를 달리하면서, 보호 여부를 독자적으로 정하고 있다. 독일은 법령 등과 함께 공익 목적의 공개 저작물을 공공저작물(Amtliche Werke)의 범주에 넣고 저작권 보호를 배제하고, 미국은 정부 저작물(government works)에 대해 저작권 보호를 부정하고 있는가 하면, 영국은 정부나 의회에서 작성한 저작물에 대해 국왕 저작권(Crown copyright) 또는 의회 저작권(Parliamentary copyright)이라는 이름으로 독자적인 보호 체계를 부여하고 있다. 영국에서는 자유이용을 위해서는 공개 정부 라이선스(Open Government License: OGL) 또는 공개 의회 라이선스(Open Parliament License: OPL) 제도를 운영하고 있다.

나. 요건

공공저작물 이용을 위해서는 일정한 요건을 갖춰야 한다. 첫째, 공공저작물이어야 한다. 공공저작물이란 "국가 또는 지방자치단체가 업무상 작성하여 공표한 저작물이나 계약에 따라 저작재산권의 전부를 보유한 저작물"이다. 제24조의2 제목에서 정한 '공공저작물'에는 두 가지 저작물을 염두에 두고 있다. 하나는 좁은 의미의 공공저작물이고 다른 하나는 넓은 의미의 공공저작물이다. 좁은 의미로는 국가나 지방자치단체가 업무상 저작물의 저작자로서 공표한 저작물을 지칭한다. 넓은 의미로는 국가나 지방자치단체가 저작재산권자로서 저작재산권 전부를 가지고 있는 경우 그 저작물을 말한다.

여기서 국가란 실제로는 국가기관을 말하는 것으로, 입법부, 사법부, 행정부 등 국가 기능을 수행하는 기관으로서,10) 공공기관의 정보공개에 관한 법률11)에서 정한 국가기관을 포함한다. 이에는 ① 국회, 법원, 헌법재판소, 중앙선거관리위원회, ② 중앙행정기관(대통령 소속 기관과 국무총리 소속 기관을 포함한다) 및 그 소속 기관, ③ 행정기관 소속 위원회의 설치·운영에 관한 법률에 따른 위원회가 있다. 지방자치단체에는 지방자치법12)에서 정한 ① 특별시, 광역시, 특별자치시, 도, 특별자치도, ② 시, 군, 구가 있다.13)

둘째, 법에서 예외로 두지 않아야 한다. 예외로 한 저작물은 ① 국가안전보장에 관련되는 정보를 포함하는 저작물, ② 개인의 사생활 또는 사업상 비밀에 해당하는 저작물, ③ 다른 법률에 따라 공개가 제한되는 정보를 포함하는 저작물, ④ 저작권 등록된 저작물 등이 있다 (제24조의2 제1항 제1호 내지 제4호). 등록 저작물은 "한국저작권위원회…에 등록된 저작물로서 국유재산법에 따른 국유재산 또는 공유재산 및 물품 관리법에 따른 공유재산으로 관리되는" 저작물을 말한다. 등록 저작물로서 국유재산법 등에 따라 관리되는 것에 한정한다.14)

다. 자유이용

공공저작물은 "허락 없이 이용할 수 있다". 즉, 누구든지 저작자의 허락을 받지 않고 '자유이용'할 수 있는 것이다. 여기서 이용이란 물론 저작권법상 모든 전형적인 이용행위를 포괄한다. 국가나 지방자치단체는 자신의 저작물 보호를 위해 저작권 등록을 했다고 하더라도 이들 저작물을 자유이용하도록 할 수도 있다(제24조의2 제3항).

---

10) 우리 여러 법률에서는 "국가 또는 지방자치단체"라는 표현을 자주 사용한다. 헌법에서는 "국가 또는 공공단체"(제29조)라고 한다. 국가 안에 여러 국가 기능을 수행하는 기관들이 있고, 지방자치단체는 중앙 조직에 대비되는 지방 조직이라는 점에서 국가와 같은 반열에 놓는 것이 적정한지 의문이다.

11) 법률 제14839호, 2017. 7. 26., 타법개정.

12) 법률 제18661호, 2021. 12. 28., 타법개정.

13) 제24조의2 신설 전에 이미 존재했던 '공공저작물 저작권 관리 지침'(문화체육관광부고시 제2010-41호, 2010. 12. 17.)에서 공공기관을 정의한 것과 같다: "국가기관, 지방자치단체 및 공공기관의 정보공개에 관한 법률 제2조 제3호에 따른 공공기관을 말한다."

14) 국유재산법(법률 제18661호, 2021. 12. 28., 타법개정)은 국유재산의 범위에 저작권을 포함시키고 있다: 제5조 제1항 제6호 나목: "저작권법에 따른 저작권, 저작인접권 및 데이터베이스제작자의 권리 및 그 밖에 같은 법에서 보호되는 권리로서 같은 법 제53조 및 제112조 제1항에 따라 한국저작권위원회에 등록된 권리(이하 "저작권 등"이라 한다)".

국가는 또한 공공기관이 업무상 작성한 저작물과 공공기관이 저작재산권 전부를 보유한 저작물도 이용할 수 있도록 정책을 수립·시행할 수 있다(제24조의2 제2항). 국가나 지방자치단체의 공공저작물에 대해서도 정책을 수립해 시행할 수 있음은 물론이다. "국가·지방자치단체 및 공공기관에서 보유하고 있는 공공저작물의 안전한 개방과 이용활성화를 위하여" '공공저작물 저작권 관리 및 이용 지침'이 나왔다.15)

라. 검토

국회에서 밝히고 있듯이, "국가나 지방자치단체의 업무상 저작물은 예산을 투입하여 공적 목적으로 제작된 저작물이라는 점에서, 일반 국민들이 이를 자유롭게 이용할 수 있어야 한다"16)는 취지에는 동의한다.17) 다만, 입법론으로 보면, 몇 가지 원칙적인 비판을 할 수 있다. 첫째, 사소하지만 매우 중요한 문법적 오류가 있다. "국가 또는 지방자치단체가 업무상 작성"하는 저작물은 존재하지 않는다. 업무상 저작물이란 "업무에 종사하는 자가 업무상 작성하는 저작물"(제2조 제31호)이다.18)

---

15) 문화체육관광부고시 제2022-54호, 2023. 1. 1., 일부개정. 앞에서 보았듯이, 제24조의2 신설 전에도 해당 지침은 존재했다.

16) 교육문화체육관광위원회 전문위원 박명수, 저작권법 일부개정법률안(김윤덕 의원 대표발의) 검토보고, 2013. 6.

17) 이와 관련한 헌법재판소 결정이 있다. 헌법재판소는 "납세자로서 비용부담자인 국민에 대하여 국가 또는 지방자치단체의 예산으로 작성되는 공공저작물에 관한 자유로운 이용권을 규정하지 아니한 입법부작위…는 청구인의 알 권리, 언론·출판의 자유, 학문과 예술의 자유, 청원권 등 기본권을 침해한다고 주장"한 데 대해, "헌법에서 기본권보장을 위하여 법령에 명시적인 입법위임을 하였음에도 입법자가 이를 이행하지 아니한 경우이거나, 헌법해석상 특정인에게 구체적인 기본권이 생겨 이를 보장하기 위한 국가의 행위의무 내지 보호의무가 발생하였음이 명백함에도 불구하고 입법자가 아무런 입법조치를 취하지 아니한 경우에 한하여 허용된다"고 판단하면서 심판청구를 각하했다. 헌법재판소 2013. 12. 10. 2013헌마775 결정.

18) 제목에서 '자유이용'이라고 하는가 하면, 본문에서는 "허락 없이 이용할 수 있다"고 하고 있다. 자유이용은 강학상 용어로, 이를 정의 없이 법률에서 사용할 수 있는지 의문이다. 다른 권리 제한 규정에서 보듯이, 권리 제한 규정은 일반적으로 "복제할 수 있다" 또는 "이용할 수 있다"고 표현한다. "허락 없이 이용할 수 있다"고 할 때 앞의 표현들과 다른 의미는 아닐 터인데, 불필요하게 '해석의 여지'를 제공하고 있다.

둘째, 자유이용 대상에서 제외된 세 가지의 경우, 즉 국가안전보장 정보가 있는 저작물,[19] 사생활 등이 담긴 저작물, 그리고 공개가 제한되는 정보가 있는 저작물은 여러 관련 법률에 의해 공개가 금지되거나 제한되는 것으로 굳이 자유이용 대상으로 넣을 필요가 없다고 본다. 저작권법은 저작권 보호 또는 비보호에 관해 정하면 그만이지 다른 입법 정책까지 고려하는 것은 온당하지도 않고, 자칫 다른 법률과 충돌할 여지도 있다.

셋째 입법 정책상으로 제한 규정 방식이 적절한지 의문이다. 제한 규정은 저작재산권이 미치지 않도록 함으로써 이용자가 이용할 수 있도록 '허용'하는 것으로, 이용자는 침해 주장에서 항상 자유로울 수 없고[20] 경우에 따라서는 저작인격권 침해에 대한 부담을 가질 수도 있다.

넷째, 국가나 지방자치단체가 "계약에 따라 저작재산권의 전부를 보유한 저작물"을 공공저작물의 범주에 넣는 것이 타당하지 역시 의문이다. 업무상 저작물도 아닌 것을 자유이용 대상으로 하는 것은 여러 문제가 있다. ① 국가가 계약상 저작재산권을 가질 경우, 그것이 국민의 알권리를 위해 필요하다면 정책적으로도 얼마든지 자유이용 대상으로 하면 된다고 본다. 그 방법도 여러 가지가 있다. ② 국가를 당사자로 하는 계약은 언제든지 균등한 협상력과 조건에 따라 맺어지지 않는다. 이런 저작물의 이용 활성화 정책은 오히려 국가가 계약으로 저작재산권 전부를 가지도록 유도한다. 창작자 보호 정신에도 맞지 않는다.[21]

국회 검토보고서도 이 규정의 문제를 지적하고 있다. 즉, "공공저작물에는 다양한 종류와 성격의 저작물이 존재하고 그 발간 목적도 서로 상이하므로, 공공저작물을 보다 세분화한 후 자유이용에 관하여 규정하는 것이 보다 바람직한 입법방향이 아닌지 검토할 필요가 있겠음." 입법 정책 논의는 계속되어야 한다고 본다.[22]

---

19) 법에서는 "국가안전보장에 관련되는 정보를 포함하는 경우"라고 막연히 표현하고 있어서, 자유이용 대상에서 임의로 줄일 수 있는 여지를 두고 있다.

20) 침해 소송에서 권리 제한은 항변 사유에 지나지 않는다.

21) 미국 저작권법은 정부 저작물을 비보호대상으로 하면서도 양도에 의해 저작권을 가지는 경우에는 예외로 한다. 제105조 (a) 참조.

22) 이 규정의 문제점과 개선 방안을 제시한 논문들이 있다. 예를 들어, 박영규·김찬동, "공공저작물의 자유이용과 관련된 법적 문제 및 그 대응방안", 계간 저작권, 2015년 봄호 참조.

4. 학교교육 목적 등에의 이용

가. 교육 목적 이용의 의의

교육 목적 제한 규정은 저작권 보호와 다른 법익 간의 균형점을 살피는 데 나침반 역할을 한다고 할 수 있다. 교육은 선대의 지식과 지혜를 배우고 본받는 과정으로, 기존 저작물에 바탕을 두고 이뤄진다. 이용자가 저작물을 통상적인 이용허락 절차를 거쳐 이용하려 한다면 본래 예정한 교육 목적을 충분히 달성하기 어려운 경우가 많을 것이다. 이를 해결하기 위해서는 일정한 정도 배타적인 권리를 제한해야 한다.

베른협약에는 교육 목적 저작물 이용을 위한 규정이 있다. 이 협약 제10조 제2항이 그것이다: "정당화되는 범위 내에서, 교육을 위하여 문학 또는 예술 저작물을 예시의 방법으로 발행물, 방송물 또는 녹음물이나 녹화물에 이용하도록 허용하는 것은 동맹국의 입법…에 맡긴다. 다만, 그러한 사용은 공정한 관행과 양립하여야 한다."[23] 협약상 이용 방법은 저작물의 발행 등 아날로그 환경을 염두에 둔 것이었으나, WCT에서 권리 제한 규정이 디지털 환경에서도 확장 적용된다고 분명히 하면서[24] 디지털 방식의 이용형태에 대한 권리 제한 (예를 들어 원격교육을 위한 권리 제한)도 가능해졌다.

협약 규정의 특징 중 하나로 "예시의 방법으로 …… 이용(la faculté d'utiliser licitement …… à titre d'illustration de l'enseignement, utilization …… by way of illustration)"한다는 표현이 나온다. 여기서 말하는 '이용'은 문맥(context)상으로나 1967년 스톡홀름 회의 당시 기록에 비춰보거나, 인용보다는 넓은 개념으로서, 저작물의 전부 이용 가능성을 열어놓은 것이라고 할 수 있다. 저작물의 일부 이용만을 염두에 두었다면 굳이 "발행물이나 방송물, 녹음

---

23) 이것은 영어본을 번역한 것으로 프랑스어본을 번역하면 달리 나온다. "달성하려는 목적에 의해 정당화되는 범위 내에서, 발행, 방송 또는 녹음 또는 녹화의 방법으로 교육 예시로서, 합법적으로 이용하는 권능에 관하여(en ce qui concerne la faculté d'utiliser licitement, dans la mesure justifiée par le but à atteindre, des oeuvres littéraires ou artistiques à titre d'illustration de l'enseignement par le moyen de publications, d'émissions de radiodiffusion ou d'enregistrements sonores ou visuels) …… 동맹국의 입법에 맡긴다."

24) 제1조 제4항에 관한 합의록: "베른협약 제9조에서 규정한 복제권 및 그에 따라 허용되는 예외는 디지털 환경에서, 특히 디지털 형태의 저작물 이용에 대하여 완전히 적용된다. ……"

물이나 녹화물에 이용"한다는 표현을 하지는 않았을 것이다.

우리 저작권법은 베른협약에서와 같은 취지의 규정을 두고 있다. 이 규정에서는 교육 목적을 위해 배타적 권리를 "상당한 정도로" 제한하고 있다. 교육 목적 권리 제한은 크게 세 가지로 나눌 수 있다. 첫째는 교과용 도서에 저작물을 게재하는 등의 방법으로 이용하는 것이고, 둘째는 교육기관이 저작물을 수업 목적으로 이용하는 것이고, 셋째는 디지털 환경에서 원격교육을 위해 필요한 범위 내에서 이용하는 것이다.

나. 교과용 도서에의 게재

(1) 요건

우리나라 학생들은 초등학교부터 고등학교까지 각종 교과서에 의존해 교육을 받는다. 각 과정마다 국정, 검인정 등 여러 종류의 교과서가 존재하고 이러한 교과서는 교육 목적상 필수적인 교재이다. 초·중등 교육의 목적을 생각할 때, 그리고 교과서가 현행 교육과정에서 큰 비중을 차지하고 있는 점에서 볼 때 목적상 권리 제한은 불가피하다고 할 수 있다. 저작권법은 이러한 사정을 고려하여 "고등학교 및 이에 준하는 학교 이하의 학교의 교육 목적상 필요한 교과용 도서에는 공표된 저작물을 게재할 수 있다"고 규정하고 있다(제25조 제1항).

교과용 도서에 게재하기 위해서는 다음 몇 가지 요건을 구비해야 한다. 즉, 첫째, 교과용 도서는 고등학교 및 이에 준하는 학교 이하의 학교에서 사용해야 한다. 이러한 학교에는 초·중등교육법[25]에서 정한 초등학교, 중학교·고등공민학교, 고등학교·고등기술학교, 특수학교, 각종학교가 있다.[26] 대학교는 여기서 말하는 학교의 범주에서 제외된다. 유치원은 고등학교 이하의 학교이므로 배제할 필요는 없다고 생각한다.[27]

둘째, 교과용 도서 게재가 교육 목적상 필요해야 한다. 헌법상 기본권 제한의 실질적 요건으로서 과잉금지의 원칙이 작동하는 것은 물론이다. 초·중등학교의 교육과정, 즉 교과

---

[25] 법률 제18298호, 2021. 7. 20., 타법개정.

[26] 초·중등교육법 제2조.

[27] 유아교육법(법률 제8852호, 2008. 2. 29., 타법개정)상 "유치원이라 함은 유아의 교육을 위하여 이 법에 따라 설립·운영되는 학교를 말한다"(제2조 제2호). 같은 법 제13조 제3항에서는 "교육과학기술부장관은 유치원의 교육과정 운영을 위한 프로그램 및 교재를 개발하여 보급할 수 있다"고 하고 있다.

(군)에 따른 수업과 창의적 체험활동을 위해 필요하다면 "교육 목적상 필요"하다고 본다.[28]

셋째, 교과용 도서에 게재하는 대상은 공표된 저작물이다. 미공표 저작물은 어떠한 형태로든 교과용 도서에 게재할 수 없다.

넷째, 교과용 도서에 게재하는 경우에 한정하여 허용된다. '게재'는 복제의 한 유형이다. 그렇다면 굳이 복제란 단어를 사용하지 않은 이유는 무엇인가? 복제와 배포를 포함하는 의미로 게재를 이해하기도 하지만,[29] 게재는 글자 그대로 싣는 것이므로 복제에 지나지 않는 것이다. 입법 착오라고 설명할 수밖에 없다. 저작권법은 복제와 배포를 별개의 권리로 인정하고 있고, 복제에 대해 예외를 인정하더라도 배포에 대해서 마찬가지로 예외가 허용되는 것은 아니므로 배포에 대해서도 길을 열어놓는 것이 입법상 적절한 것은 물론이다. 저작권법에 정의 규정이 있음에도 이를 벗어난 '이용형태'를 상정하는 것은 곤란하다. 제한 규정 해석의 원칙상 배포는 허용되지 않는다고 보아야 하지만, 입법 취지를 감안하면 확장해석이 불가피하다고 본다.[30]

(2) 교과용 도서의 의미

'교과용 도서'는 교육과학기술부가 제정한 '교과용 도서에 관한 규정'[31]에 의한 '교과용 도서'를 가리킨다고 한다.[32] 이 교육과학기술부 규정에 따르면, 교과용 도서란 교과서 및 지도서를 말하고, 이러한 교과용 도서에는 국정도서, 검정도서 및 인정도서가 있다.[33] 교과

---

28) 초·중등학교 교육과정(교육부고시 제2017-108호, 2017. 1. 6.)을 보면 교육과정을 교과(군)와 창의적 체험활동으로 나눈다. 초등학교의 경우, "교과(군)는 국어, 사회/도덕, 수학, 과학/실과, 체육, 예술(음악/미술), 영어로 하고 …… 창의적 체험활동은 자율 활동, 동아리 활동, 봉사 활동, 진로 활동으로 한다."

29) 장인숙, 94.

30) 1986년 저작권법 개정 과정에서 '복제·배포'라고 명시한 개정안(1984년 7월 개정안)도 나온 적이 있다. 최경수(2021), 164~165.

31) 교과용 도서에 관한 규정(대통령령 제32547호, 2022. 3. 22., 타법개정). 이 규정은 초·중등교육법에 의하여 각 학교의 교과용 도서의 범위, 저작, 검정, 인정, 발행, 공급, 선정 및 가격결정에 관하여 필요한 사항을 규정함을 목적으로 하여 제정되었다.

32) 정부의 입장도 그렇고 학설도 그렇다. 2022년도 교과용도서의 저작물 이용 보상금 기준, 문화체육관광부고시 제2022-25호, 2022. 5. 16.; 오승종, 680~681; 임원선, 202.

33) "국정도서"라 함은 교육과학기술부가 저작권을 가진 교과용 도서를 말한다; "검정도서"라 함은 교육과

서는 "학교에서 학생들의 교육을 위하여 사용되는 학생용의 서책·음반·영상 및 전자저작물 등"을, 지도서는 "학교에서 학생들의 교육을 위하여 사용되는 교사용의 서책·음반·영상 및 전자저작물 등"을 말한다.[34]

저작권법에서 말하는 교과용 도서를 위 규정에 의한 교과용 도서와 같은 것으로 볼 경우 종이책으로 발행된 것 이외에, 음반이나 영상물 또는 전자책의 형태로 제작되더라도 저작자의 허락을 받지 않아도 된다는 결론을 내릴 수 있다. 그러나 이러한 해석은 다소 무리가 있다. 저작권법과 위 규정은 각기 다른 입법 목적이 있고 그에 따라 법해석도 내려져야 하기 때문이다.[35]

그렇다면 저작권법상 교과용 도서란 무엇일까. 저작권법은 고등학교 이하의 학교에서 필요하고, 이러한 학교 교육 목적상 필요한 교과용 도서를 면책 대상으로 하고 있다. 이 점은 '교과용 도서에 관한 규정'에서 예정한 범위와 다르지 않다고 본다. 문제는 이 규정이 교과용 도서의 범주에 종이책 외에 다른 교재를 포함하고 있다는 점이다. 이 규정상 교과서에 포함되는 음반이나 영상물, 전자책은 그것이 목적 범위 내에서 정당화될 수 있는 것인지, 그리고 그러한 교재의 출판이 '공정한 관행'에 합치하는 것인지에 대해서 개별적인 판단이 필요하다.[36] 음반이나 영상물 등이 디지털 매체에 대량으로 수록되고 학생에게 무차별적으로 전달될 수 있다면 이는 분명 저작권법상 교과용 도서에 해당한다고 말하기는 곤란할 것이다.

2020년 2월 개정에서는 교과용 도서를 발행한 자가 이를 본래의 목적으로 이용하기 위하여 필요한 한도 내에서 그 교과용 도서에 게재한 저작물을 복제·배포·공중송신할 수 있도

학기술부장관의 검정을 받은 교과용 도서를 말한다; "인정도서"라 함은 국정도서·검정도서가 없는 경우 또는 이를 사용하기 곤란하거나 보충할 필요가 있는 경우에 사용하기 위하여 교육부장관의 인정을 받은 교과용 도서를 말한다. 교과용 도서에 관한 규정 제2조 제4호 내지 제6호.

34) 같은 규정 제2조 제1호 내지 제3호.

35) 1986년 저작권법 개정 당시에는 저작권법 교과용 도서를 '교과용 도서에 관한 규정'상의 교과용 도서와 같은 것으로 이해하더라도 무리는 아니다. 이 규정은 1977년 처음 제정되었고, 1986년 개정법은 이를 염두에 뒀다고 볼 수 있기 때문이다. 이런 논리를 시기를 달리해도 그대로 수용할 수는 없다. 교과용 도서의 범위가 넓어지면 제한 규정도 그에 비례해 넓어질 수 있기 때문이다. 각각의 제정 목적이 다른 것이므로 통일적으로 해석하는 것은 곤란하다고 본다.

36) 우리 저작권법 제25조 제1항에서는 '공정한 관행' 요건에 관해 언급하지 않고 있으나, 교과용 도서에 관한 국제적인 준거라 할 수 있는 베른협약 제10조 제2항에서는 인용의 경우와 마찬가지로, 교육 목적 이용을 위해서는 '공정한 관행(fair practice)'에 합치할 것을 요구하고 있다.

록 했다(제25조 제2항). 이 신설 규정에서는 몇 가지 점이 눈에 띈다. 첫째, 교과용 도서 발행자는 제1항상의 이용형태('게재')를 둘러싼 해석의 논란에서 자유로워졌다. 배포도 허용되기 때문이다. 교과용 도서 발행자에 국한해 이 규정을 원용할 수 있다.

둘째, 이 규정에도 또한 헌법상 과잉금지의 원칙과 조약상 3단계 기준이 적용된다. "본래의 목적으로 이용하기 위하여 필요한 한도"란 교육 목적에 의해 정당화되어야 하는 것이다.

셋째, 그럼에도 불구하고 이 규정에서 공중송신을 허용하고 있다. 다음과 같은 과장된 시나리오를 상정해보자. 전자책 형태로 국어 교과서를 만들고 이 안에 현대 소설을 제한 없이 넣고, 이를 모든 중고등학생에게(굳이 학년 구별도 필요 없다) 이용 가능하게 할 수도 있다. 디지털 환경에서는 비용의 고민 없이, 학년을 구별할 필요 없이, 한 권의 전자책을 만들 수 있고, 제공할 수 있다. 전용 단말기 없이도, 컴퓨터나 모바일로 제공할 수도 있다. 둘째의 기준에 비춰 그 가능성은 낮지만 남용 여지는 여전히 존재한다.

(3) 프로그램에 관한 특례

저작권법 제101조의3 제1항에서는 "다음 각 호의 어느 하나에 해당하는 경우에는 그 목적상 필요한 범위에서 공표된 프로그램을 복제 또는 배포할 수 있다. 다만, 프로그램의 종류·용도, 프로그램에서 복제된 부분이 차지하는 비중 및 복제의 부수 등에 비추어 프로그램의 저작재산권자의 이익을 부당하게 해치는 경우에는 그러하지 아니하다"고 하면서, 제3호에서 그 경우의 하나로 "초·중등교육법에 따른 학교 및 이에 준하는 학교의 교육 목적을 위한 교과용 도서에 게재하기 위하여 복제하는 경우"를 열거하고 있다.

이 특례 규정은 일반 저작물 관련 제한 규정과 다소 차이가 있다. 첫째, 교과용 도서 게재 요건의 하나로 '초·중등교육법에 따른 학교' 등의 교육 목적에 한정하고 있다. 유치원이 배제된다.

둘째, '게재' 대신 '복제'라고 하고 있다. 의미상의 차이는 없는 듯하다. 한편, 다른 특례 규정(제101조의3 제2호 및 5호)과는 달리 배포에 대해서 명시하지 않고 있다. 일반 제한 규정과 같이 배포를 포함시켜 해석해야 할 것이다.

프로그램 특례 규정이 적용되는 경우 제25조 규정 적용이 배제되기 때문에(제37조의2) 일반 제한 규정을 적용할 여지도 없다. 일반 저작물과 프로그램저작물을 구별하여 규정하는 것은 전반적으로 다시 검토할 필요가 있다.

다. 수업 목적 복제, 공연 및 공중송신

(1) 요건

특별법에 따라 설립된 학교, 유아교육법, 초·중등교육법 또는 고등교육법에 따른 학교, 국가나 지방자치단체가 운영하는 교육기관은 수업 목적으로 이용하는 경우 공표된 저작물의 일부분을 복제·배포·공연·전시 또는 공중송신할 수 있다(제25조 제3항).

아울러, 이들 학교나 교육기관을 지원하는 '수업지원기관'은 지원을 위하여 필요한 경우에는 공표된 저작물의 일부분을 복제·배포·공연·전시 또는 공중송신할 수 있다(제25조 제4항).

각각의 요건을 살펴보기로 한다. 첫째, 복제 등 이용의 주체는 특별법에 의해 설립된 학교, 유치원, 초·중등학교, 대학(교), 국가나 지방자치단체가 운영하는 교육기관, 그리고 수업지원기관 등이다. 학교와 교육기관은 크게 세 가지로 나눌 수 있다. ① 특별법에 의해 설립된 학교가 있다. 제25조 제3항에서는 "특별법에 따라 설립된 학교"라고 하고 있는바, 여기서 학교란 그 학교를 염두에 두고 제정된 특별법에 의해 설립된 학교로 이해된다. 이렇게 볼 때 이런 학교에는 학교라는 명칭을 사용하거나 또는 해당 특별법상 학위과정이 있는 학교에 한정한다고 본다. 이에는 한국농수산대학(한국농수산대학설치법), 한국과학기술원(한국과학원법), 광주과학기술원(광주과학기술원법), 대구경북과학기술원(대구경북과학기술원법), 울산과학기술원(울산과학기술원법) 등이 있다. 기능대학법[37]에 의한 기능대학도 포함된다고 본다. 평생교육법에 의한 각종 평생교육기관,[38] 직업교육훈련촉진법에 의한 직업교육훈련기관, 근로자직업능력개발법에 의한 직업능력개발훈련시설,[39] '산업교육진흥 및 산학협력촉진에 관한 법률에 의한 산업교육기관은 학교라고 할 수 없을 것이다.

② 유아교육법[40]에 의한 유치원과 초·중등교육법 또는 고등교육법[41]에 의한 학교가 있

---

37) 법률 제4330호, 1991. 1. 14., 일부개정.

38) 다만, 평생교육법(법률 제18195호, 2021. 6. 8., 일부개정) 제31조에 따른 학교형태의 평생교육시설은 포함된다고 본다.

39) 정부는 직업훈련교육법에 의해 설치된 직업훈련기관을 제25조에 해당하는 학교라고 하고 있으나 이를 "특별법에 따라 설립된 학교"라고 하기에는 무리가 있다고 본다. 문화체육관광부 저작권산업과, 교육목적 저작물 이용 가이드라인, 2016. 03 참조.

40) 법률 제18298호, 2021. 7. 20., 타법개정.

다. 초·중등교육법에 의한 학교에는 초등학교·공민학교, 중학교·고등공민학교, 고등학교·고등기술학교, 특수학교 및 각종학교가 있다(제2조). 고등교육법에 의한 학교에는 대학, 산업대학, 교육대학, 전문대학, 방송대학·통신대학·방송통신대학·사이버대학, 기술대학 및 각종학교가 있다(제2조). '장애인 등에 대한 특수교육법'[42]에 의한 특수교육기관[43]도 있다.

③ 국가나 지방자치단체가 운영하는 교육기관이 있다. 이러한 교육기관에는 특별법에 의해 설치된 교육기관도 있고, 국가나 지방자치단체가 운영하는 교육기관도 있다. 전자의 예로는 법원조직법상 설립된 사법연수원이나 공무원교육훈련법에 의한 중앙공무원교육원이 있다. 후자의 예로는 국가나 지방자치단체가 운영하는 교육연수원이 이에 해당한다.

④ 위 세 가지 학교나 교육기관의 수업을 지원하기 위하여 국가나 지방자치단체에 소속된 수업지원기관이 있다. 이러한 수업지원기관에는 학교 등 교육기관의 수업을 지원하기 위한 목적으로 설립된 '학습지원센터'가 있다.[44] 국가나 지방자치단체 소속 기관이므로, 예를 들어 한국교육개발원이나 한국교육학술정보원 또는 한국교육과정평가원은 제외된다.[45]

둘째, 수업 목적 또는 수업 지원 목적에 필요한 범위 내에서 이용해야 한다. 수업은 원칙적으로 학급 내의 수업 또는 대면 수업(classroom teaching or face-to-face teaching)이지만, 때로는 비대면 수업도 허용된다고 본다. 목적에 의해 정당화되어야 하고, 목적 범위 내에서 "필요한 경우"에 한정한다.[46] 제한적 엄격 해석이 타당하다. 전교생을 상대로 한 저작물의 이용(예를 들어, 강당에서 영화를 상영하는 것, 쉬는 시간에 음악을 들어주는 것)은 제25조 제3항

---

41) 법률 제18989호, 2022. 10. 18., 일부개정.

42) 법률 제18298호, 2021. 7. 20., 타법개정.

43) 이 법에서 특수교육기관이란 "특수교육대상자에게 유치원·초등학교·중학교 또는 고등학교(전공과를 포함한다. 이하 같다)의 과정을 교육하는 특수학교 및 특수학급을 말한다"(제2조 제10호).

44) 정부 가이드라인에서는 교육부, 전국 17개 시도교육청 및 교육청 소속기관, 국가 소속 교육지원기관(국립특수교육원, 국사편찬위원회 등)을 열거하고 있다. 문화체육관광부 저작권산업과, 교육목적 저작물 이용 가이드라인, 2016. 3. 이는 면밀히 살펴볼 필요가 있다. 교육부를 수업지원기관으로 하다는 것은 부처의 위상 문제는 접어놓고 보더라도, 자칫 대한민국 모든 저작물을 수용 내지 사용하는 극단적인 상황이 생길 수도 있다.

45) 문화체육관광부(2009), 29.

46) 2020년 2월 개정에서 종전 "수업 또는 지원 목적상 필요하다고 인정되는 경우"라는 구절을 나눠 현행 제25조 제3항에서는 "수업 목적으로 이용하는 경우"라고 하고, 제4항에서는 "수업 지원을 위하여 필요한 경우"라고 하고 있으나 해석이 달라진다고 할 수는 없다.

에 의해서는 허용되지 않는 것이다.

셋째, 이용형태는 복제, 배포, 공연, 전시 또는 공중송신의 방법으로 허용된다.[47] 2차적 저작물 작성을 제외하고는 모두 허용되는 듯 규정하고 있지만, 다른 규정(제36조)에 의해 번역 등 이용도 가능하기 때문에 모든 이용형태가 가능하다고 할 수 있다. 특정 교과 교사가 자신이 가르치는 여러 학급에서 사용하기 위해 교재를 제작(복제)하여 배포하는 것이 대표적인 예라 하겠다. 교사가 직접 제작한 시청각 교재를 상영(공연)하는 것도 허용된다. 때로는 영화나 텔레비전의 일부를 상영할 수도 있을 것이다. 일반적인 의미의 학교방송은 저작권법상 공연에 해당한다. 동일인의 점유에 속하는 연결된 장소에서 이뤄지는 송신은 공연이기 때문이다. 방송통신대학교나 방송통신고등학교에서 행하는 방송도 일견 허용되는 이용형태로 보인다. 물리적인 교실이 존재하지는 않지만 '수업'이라는 점에는 이견이 없을 것이다. 다만, 방송의 광범위성을 생각한다면, 비록 저작물 일부 이용이라고 하더라도 3단계 기준 중 두 번째 기준(저작물의 통상적 이용 충돌 금지)을 만족하기는 쉽지 않을 듯하다.

넷째, 피교육자도 수업 목적상 필요한 경우 같은 범위 내에서 복제하거나 공중송신할 수 있다(제25조 제5항). 제25조는 전체적으로 학교나 교육기관이 이용행위의 주체가 되는 경우 그 행위에 대해 면책하는 규정이지만, 제3항에서는 예외적으로 피교육자를 면책하고 있다.

다섯째, 이용 대상은 공표된 저작물이고, 그 이용은 원칙적으로 일부에 한한다(제25조 제3항 본문 및 제4항 본문). 일부 이용이라 하여 무조건 허용된다고 할 수는 없다. 예를 들어, 제한된 수의 전공 학생을 대상으로 한 수업 교재로 쓰기 위해 전문서적의 '일부'를 복제하여 배포한다면 해당 전문서적의 '통상적 이용'과 충돌할 수도 있는 것이다.

저작물의 성질 또는 이용 목적에 비추어 저작물의 전부를 이용하는 것이 부득이한 경우에는 전부를 이용할 수 있다(제25조 제3항 및 제4항 단서). 어떤 종류의 저작물을 이용하는가, 이용하는 목적은 무엇이고, 이용형태는 무엇인지, 이용 방법은 무엇인지, 양적 이용 범위는 어떠한지 개별적으로 살펴보아야 한다. 무수히 많은 시나리오를 상정할 수 있다. 시 한 편을 1회에 한하여 복제하여 학급 작문 연습에 활용하는 경우가 있는가 하면, 소설을 한 한기 교재로 활용하기 위해 전부를 복제해서 한 학년 전체에 배포하는 경우도 있을 것이다. 전자에서 후자로 갈수록 전부를 복제하거나 이용하는 것은 허용될 가능성이 낮아질 것이다.

---

47) 공중송신에 대해서는 뒤에 별도로 설명한다.

(2) 프로그램에 관한 특례

저작권법 제101조의3 제1항에서는 "다음 각 호의 어느 하나에 해당하는 경우에는 그 목적상 필요한 범위에서 공표된 프로그램을 복제 또는 배포할 수 있다. 다만, 프로그램의 종류·용도, 프로그램에서 복제된 부분이 차지하는 비중 및 복제의 부수 등에 비추어 프로그램의 저작재산권자의 이익을 부당하게 해치는 경우에는 그러하지 아니하다"고 하면서, 그 경우의 하나로 제2호에서 "유아교육법, 초·중등교육법, 고등교육법에 따른 학교 및 다른 법률에 따라 설립된 교육기관(상급학교 입학을 위한 학력이 인정되거나 학위를 수여하는 교육기관에 한한다)에서 교육을 담당하는 자가 수업과정에 제공할 목적으로 복제 또는 배포하는 경우"를 들고 있다.

이 특례 규정은 일반 저작물 관련 제한 규정과 여러 가지 측면에서 차이를 보이고 있다. 첫째, 특례 규정상의 교육기관에는 유아교육법, 초·중등교육법 및 고등교육법에 의한 학교가 있다. 유치원, 초·중등학교 및 대학교에 이에 속한다. 또한 상급학교 입학을 위한 학력 인정 학교 또는 학위 수여 학교도 있다. 이것은 일반 제한 규정과 크게 다르다. 국가나 지방자치단체가 설립한 교육기관이나 수업지원기관은 제외된다.

둘째, 이들 교육기관은 보상금 지급 의무를 부담하지 않는다. 일반 제한 규정에 비해 저작자의 권익을 크게 훼손한다. 따라서 예를 들어, 대학교에서 수업 과정에서 제공할 목적으로 프로그램을 복제한다 하더라도 보상금을 지급할 필요가 없다. 물론 다른 요건으로 인해 활용 여지가 크다고는 할 수 없다.

셋째, 이용형태는 복제와 배포에 국한한다. 일반 제한 규정에서는 공연이나 공중송신도 허용하고 있다.

넷째, 저작재산권자의 이익 저해 금지를 명시하고 있다. 즉, 프로그램의 종류와 용도, 프로그램에서 복제된 부분의 비중, 복제 부수 등에 비춰 저작재산권자의 이익을 부당하게 해쳐서는 안 된다고 하고 있다. 일반 제한 규정에는 없는 것이다.

이러한 특례 규정은 부분적으로 일반 제한 규정보다 엄격한 요건도 있고 완화된 요건도 있다. 굳이 독자적으로 규정을 둘 필요성이며 실익이 없는 듯하다. 첫째, 특례 규정에서 프로그램에 특수한 성격에서 비롯된 제한 요건은 찾기 어렵다. 예를 들어, 프로그램 구입 대체용으로 복제하거나 배포하는 것은 어떤 제한 규정으로도 허용된다고 보기는 어렵다.

둘째, 수업 목적상 필요한 경우라 할지라도 프로그램을 공연이나 방송의 방법으로는 이용할 수 없다. 특례 규정이 적용될 경우에는 일반 제한 규정을 적용할 수 없도록 하고 있기 때문이다(제37조의2).[48] 과도한 권리 보호라고 할 수 있다.

셋째, 특례 규정에 해당하는 학교는 모두 보상금 지급 의무를 부담하지 않는데 특례 규정 상의 요건 중 하나로서 "저작재산권자의 이익을 부당하게 해"칠 수 없도록 하고 있다. 권리 자의 이익 훼손은 통상 금전적 보상으로 치유될 수 있다고 보는 것인데[49] 권리자 이익 훼손 은 허용하지 않으면서 보상금 지급 의무도 배제하는 것은 양자 간의 관계를 설명하기 어렵 게 한다.

라. 원격교육

교사(교수)와 학생이 멀리 떨어진 채 수업을 진행하는 원격교육은 아주 오래된 교육 방법 은 아니다. 원격교육은 학생이 적어 학급을 꾸릴 수 없을 정도로 외진 곳이라든가 특정한 목적을 띤 교육을 위해 처음에는 우편을 통한 방식에서 점차 방송을 이용하는 방식으로 진 화했다. 최근 논의하는 원격교육은 이러한 방식이 아닌, 인터넷을 활용한 방식으로 이해하 는 경향이다. 우리 저작권법은 원격교육이라는 명칭은 사용하지 않고 있지만 원격교육을 염두에 둔 규정이 존재한다.

먼저 해당 규정을 보면, 학교나 교육기관 또는 수업지원기관은 수업 목적이나 수업 지원 목적으로 "공표된 저작물의 일부분을 …… 공중송신할 수 있다"고 하면서(제25조 제3항 본문 및 제4항 본문), 부득이한 경우에는 그 저작물 전부를 공중송신할 수도 있다고 하고 있다(제 25조 제3항 단서 및 제4항 단서). 원격교육에 필요한 이용형태가 규정에 담겨 있는 것이다.

각각의 요건을 보면, ① 저작권법에서 정한 학교와 교육기관, 그리고 수업지원기관만이 면책의 혜택을 누린다. 이에 관해서는 이미 언급했다. ② 수업 목적 또는 수업 지원 목적에 의하여 정당화되고, 그 목적 범위 내에서 "필요한 경우"에 한해서 이용해야 한다. ③ 이용형 태는 공중송신 및 이를 위해 필요한 복제이다. 교사(교수)가 웹사이트에 복제물을 제작하여

---

48) 이 규정이 없다면, 프로그램 특례 규정을 원용할 수 없는 공연이나 방송 등에 대해서도 여전히 일반 제한 규정이 적용될 것이다. 특례 규정은 일반 규정의 특별법에 해당하기 때문이다.

49) 보상금 제도는 베른협약 등 국제조약에서 말하는 '합법적 이익' 훼손을 막기 위한 제도이다. 이에 관해 서는, 제5장 제5절 '1. 제도의 의의' 참조.

올리는 것이 대표적인 이용형태이다. 피교육자는 "수업목적상 필요하다고 인정되는 경우에
는" 저작물을 복제하거나 공중송신할 수 있다"(제25조 제5항). 수업을 받는 학생도 원격교육
과정에서 과제물을 공중송신의 방법으로 교사나 학생에게 제공할 수 있는 것이다. 학생은
학교나 교육기관에게 요구되는 요건을 모두 충족하는 범위 내에서 면책된다는 점을 유의해
야 한다. ④ 저작물의 이용은 원칙적으로 일부에 한해 허용되며, 부득이한 경우 전부 이용
할 수도 있다. 이에 관해서는 앞에서 본 바와 같다. 다만, 원격교육이 가지는 파급효과를
생각한다면 전부 이용은 오프라인 수업에 비해 훨씬 제한적으로 허용되어야 할 것이다. 권
리 제한의 일반론을 다시 상기할 필요가 있다.

끝으로, 학교나 교육기관이 공중송신을 하는 경우에는 저작권 그 밖에 이 법에 의하여
보호되는 권리의 침해를 방지하기 위하여 복제방지 조치 등 대통령령으로 정하는 필요한
조치를 하여야 한다(제25조 제12항). '대통령령으로 정하는 필요한 조치'란 학생 이외에는 이
용할 수 없도록 하는 접근제한 조치나 복제할 수 없도록 하는 복제방지 조치, 경고문구 표
시, 보상금 산정을 위한 장치 등이 있다(시행령 제9조).

마. 보상금

(1) 보상금의 종류

제25조에서 예정하고 있는 보상금은 크게 세 가지로 나뉜다. 첫째는 교과용 도서 게재에
대한 보상금이고, 둘째는 초·중등학교를 제외한 학교와 교육기관에서 복제 등 이용에 대한
보상금이며, 셋째는 수업지원기관이 지급하는 보상금이다. 보상금은 문화체육관광부장관이
일정한 산정 기준에 따라 정하고 이를 고시하도록 하고 있다(제25조 제6항).

프로그램의 경우 별도의 보상금 제도가 유지된다. 교육 목적을 위한 프로그램 이용을 위
해서는 오로지 프로그램 특례 규정이 적용되고, 그 특례 규정은 교과용 도서 게재에 한하여
보상금 지급을 의무화하고 있다. 따라서 대학교에서 프로그램 특례 규정을 활용하여 프로
그램을 복제하거나 배포하더라도 보상금 지급 의무가 없다.

교과용 도서 보상금은 1994년 법개정으로 신설된 것으로, 5년 유예 기간을 거친 후 시행
되었다. 보상금은 "교과용도서의 특수성 및 저작물 재사용 등을 고려하여"[50] 통상 사용료의
50%로 정한 이래 매년 물가상승률을 반영하여 금액이 정해지고 있다. 현행 기준은 1998년

교과서 시장 조사 결과를 바탕으로, ① 교과서에 이용되는 저작물을 어문저작물, 음악저작물 및 미술·사진저작물로 나누고, ② 시를 제외한 어문저작물에 대해서는 원고지 매당으로 하고 그 외 저작물에 대해서는 편당으로 보상금을 정하고, ③ 교과서 1만 부를 기준으로 발행부수에 비례하여 보상금을 산정하고, ④ 통상 사용료 요율의 절반을 보상금 요율로 하여 정한 것이다.

초·중등학교를 제외한 학교와 교육기관의 복제 등에 대한 보상금 제도는 1986년 전문개정 저작권법 이후부터 존재하던 것이지만 실제로는 오랜 기간 운영되지 않았다. 해당 이용형태가 무척 다양하고 각각의 경우에 대한 보상금 산정 또한 경우의 수가 워낙 많았기 때문이다. 2010년 전후하여 대학교 측과 본격적인 협의를 한 끝에 2011년 처음으로 보상금 기준이 고시되었다.[51] 이 고시는 "특별법에 따라 설립되었거나 고등교육법에 따른 학교"를 대상으로 한 것이다. 수업지원기관을 위한 면책 규정은 2009년 신설되었고, 보상금 제도는 2015년부터 시행되었다.[52] 보상금 기준은 여전히 낮은 수준이다.[53]

(2) 보상청구권 행사 주체 및 행사 방법

우리 저작권법은 보상청구권의 귀속 주체와 행사 주체를 분리하고 있다. 귀속 주체는 물론 저작재산권자 등 권리자이지만 이들이 교육 목적 보상금을 현실적으로 청구, 수령하는 것도 쉽지 않고 이용자도 불편할 수밖에 없다. 저작권법은 행사의 편의와 권리 처리의 편의를 감안하여, 지정단체가 보상청구권을 행사하도록 하고 있다(제25조 제7항 및 이를 준용하는 여러 조항). 아울러 단체 지정 요건 및 지정 취소, 분배 등에 관해서도 각기 규정하고 있다.[54]

---

50) 한국저작권위원회 내부자료, 1999.

51) 수업목적 저작물 이용 보상금 기준, 문화체육관광부고시 제2011-17호, 2011. 4. 28.

52) 수업지원목적 저작물 이용에 대한 보상금 기준, 문화체육관광부고시 제2015-20호, 2015. 7. 24.

53) 정부가 1999년 6월 30일 교과용 도서에 대한 보상금을 최초로 고시할 당시, 산문을 서책 형태의 도서에 싣는 경우(5000명 또는 5000부 기준) 200자 원고지 1매에 대해 270원으로 책정했다. 이후 2010년 398원, 2015년 510원, 2020년 714원, 2022년 765원으로 인상되었다. '교과용 도서의 저작물 이용 보상금 기준' 참조.

54) 지정단체에 관해서는, 제5장 제5절 2. '다. 지정단체'; 분배에 관해서는, 제5장 제5절 3. '미분배 보상금' 참조.

종전 규정에서는 보상금 수령 단체를 별도로 지정하지 않았다. 이용자는 권리자의 청구가 있으면 지급하고 지급대상이 존재하지 않으면 공탁했다. 2006년 법개정(프로그램의 경우에는 2009년 법개정)으로 지정단체를 통해 보상금을 수령하도록 했다.

5. 시사보도를 위한 이용

가. 의의

일반 공중의 알권리를 보장해주기 위해 민주사회에서 언론의 역할은 말할 나위가 없다. 알권리는 표현의 자유의 일종으로,[55] 정보를 적극적으로 수집하고(정보수집권 및 정보공개청구권), 이러한 정보를 제공하고(정보제공권), 이에 접근할 수 있는 권리(정보접근권)를 의미한다. 언론기관이 정보를 수집·전달하고, 그에 따라 일반 공중이 정보에 접근하기 위해서 저작권법은 두 가지 권리 제한을 하고 있다. 하나는 시사보도를 위한 이용이고(제26조), 다른 하나는 시사적인 기사나 논설의 이용이다(제27조).

베른협약에 이들과 관련한 규정이 있다. 베른협약 제10조의2 제2항에 의하면, "사진, 영화, 방송 또는 유선에 의한 공중전달의 방법으로 시사 사건을 보도하려는 목적으로, 그 사건의 과정에서 보이거나 들리는 문학 또는 예술 저작물을 보도의 목적상 정당화되는 범위 내에서 복제하고 공중에 제공하는 조건은 동맹국의 입법에 맡겨 결정한다." 우리 법 제26조에서 이를 받은 것이다.

나. 요건 및 이용형태

제26조에서는 "방송·신문 그 밖의 방법에 의하여 시사보도를 하는 경우에 그 과정에서

---

55) 표현의 자유는 정신적 표현의 자유로서, 소극적으로는 일정한 내용 표현을 강제당하지 아니할 자유이며, 적극적으로는 자기의 독자적인 의사를 외부로 표현하는 자유를 말한다. 김철수, 헌법학개론, 제12 전정신판, 박영사, 2000, 595. 이러한 표현의 자유에는 언론·출판의 자유가 있고, 집회·결사의 자유가 있다. 오늘날에는 정보에의 접근·수집·처리의 자유, 즉 알권리도 표현의 자유의 범주에서 이해하고 있다. 헌법재판소 1992. 2. 25. 89헌가104 결정.

보이거나 들리는 저작물은 보도를 위한 정당한 범위 안에서 복제·배포·공연 또는 공중송신할 수 있다"고 하고 있다.

면책을 위해서는 다음과 같은 요건을 갖춰야 한다. 첫째, 시사보도를 목적으로 해야 한다. 시사보도를 목적으로 한 것이라고 할 수 없는 다큐멘터리는 이 과정에서 보이거나 들리는 저작물이 있다면 해당 저작자의 허락을 받아야 할 것이다.56) 시사보도 주체로 신문이나 방송뿐만 아니라 다른 매체(예를 들어 인터넷신문 등 웹사이트)도 될 수 있다. 시사보도를 업으로 하지 않더라도 이 조항상의 혜택을 누릴 수도 있다고 본다. 이 경우에도 물론 시사보도를 목적으로 해야만 한다.

둘째, 저작물의 공표 여부는 묻지 않는다. 미공표 저작물도 얼마든지 시사보도를 위해 보여주거나 들려줄 수 있는 것이다.

셋째, 저작물이 "보이거나 들리는" 것이어야 한다. 보도 과정에서 저작물이 우연히 보여지거나 들려진다고 해서 이를 가지고 저작권 침해를 물을 수 없다는 것이다. 사건 보도를 하다 보면 다양한 종류의 저작물이 다양한 방법으로 보이거나 들리게 된다. 스포츠 보도 중에 운동장에서 음악이 들릴 것이고, 각종 의례에서 음악이나 영상이 재생될 것이고, 문화 예술 활동을 소개하는 중에 현장 미술품이나 연극·영화 장면이 보일 것이다.

적극적으로 취재하다 보면 저작물을 능동적으로 복제하여 제공하는 경우도 있다. 흔히 인용하는 예로 미술품 도난 사건 보도가 있다. 그 외에도 표절 사건을 보도하면서 표절 저작물과 표절 대상 저작물을 비교할 수도 있을 것이다. 이때 해당 저작물을 보여주거나 들려주기 위해서는 능동적으로 대상을 촬영하거나 녹음·녹화할 수밖에 없다. 이에 대해서는 학설이 갈린다. 신문이나 방송에서 보도 과정에서 수동적으로 보이거나 들리는 것만 법상 허용된다는 견해(문리해석)57)와 보도 사건을 구성하는 저작물도 허용된다는 견해(확장해석)가 있다.58) 이런 해석론의 존재는 일본 법의 영향을 실감하게 한다. ① 제26조의 연원인 베른 협약 규정에서는 "시사 사건을 보도하려는 목적으로, 그 사건의 과정에서 보이고 들리는 (seen or heard in the course of the event)"이라고 분명히 하고 있다. 이것은 시사보도 목적으

---

56) 이 경우 제26조가 아니더라도 다른 조항, 예를 들어 인용 규정(제28조)이나 방송사업자의 일시적 녹음·녹화 규정(제34조), 공정이용 규정(제35조의5)에 의해 면책 받을 수 있음은 물론이다.

57) 박성호, 551~552; 오승종, 704~705; 이해완, 585~586.

58) 장인숙, 97; 허희성(상), 222~223.

로 저작물이 우발적으로나 보조적으로 등장할 경우에 이를 용인하기 위한 것이다.[59] ② 제한 규정은 원칙적으로 확장 해석을 해서는 안 된다. 우리 법에는 일본 법규정상 "당해 사건을 구성하는 저작물"과 같은 구절이 없다.[60] ③ 우리 법상 인용 또는 공정이용 규정을 가지고 입법 취지를 얼마든지 달성할 수 있다. 더욱이 공정이용이 신설된 터라 제26조는 삭제해도 무방하다고 본다. 베른협약 해당 규정은 아주 오래전(1948년)에 등장했던 것이다.

넷째, 보도를 위해 정당한 범위 안에서 이용하여야 한다. 정당한 범위 여부는 시장 대체성(저작물의 통상적 이용 충돌 여부)과 저작자의 수익 기대가능성(저작자의 합법적 이익 저해 여부)을 함께 검토해야 할 것이다. 3단계 기준이 일정한 해석 척도가 될 수 있는 것이다.

다섯째, 허용되는 이용형태는 "복제·배포·공연 또는 공중송신"이다. 어쩌면 시사보도를 위해 생각할 수 있는 모든 이용형태가 망라되었다 할 수 있다. 베른협약도 망라적으로 "복제하고 공중에 제공하"는 것을 허용하고 있다.[61]

6. 시사적인 기사 및 논설의 복제 등

언론 본연의 기능은 시사사건을 보도하는 것이다. 국민의 알권리 중 정보제공권은 언론기관이 정보를 수집하고 전달하는 내용의 권리이다. 언론기관마다 차이는 있겠으나 모든

---

59) WIPO(Berne), p. 62.

60) 일본 법 제41조: "사진, 영화, 방송 기타 방법으로 시사사건을 보도를 하는 경우에 당해 사건을 구성하거나 당해 사건의 과정에서 보이거나 들리는 저작물은 …… 복제할 수 있고 또한 당해 사건 보도에 수반하는 이용을 할 수 있다."

61) 우리 대법원은 외국 시사주간지에 실렸던 사진들을 국내 월간지에 실은 사건에서 제26조 적용을 부인한 바 있다. 대법원 1990. 10. 23. 90다카8845 판결: "위 잡지들이 게재한 사진들을 보면 모두 칼라로 된 양질의 사진이고 사진의 크기나 배치를 보아도 어떤 것은 잡지지면의 전면크기이고, 어떤 것은 몇 장의 사진으로 지면의 전부 또는 반 정도를 점하기도 하여 전체적으로 3면의 기사(표제지면 제외) 중 비평기사 보다는 사진이 절대적 비중을 차지하는 화보형식으로 구성되어 있어서 위 사진들은 보도의 목적이라기보다는 감상용으로 인용되었다고 보이므로 결국 보도를 위한 정당한 범위 안에서 이용되었다고 볼 수 없다 할 것이다." 이 판결은 "보도를 위한 정당한 범위" 판단으로서는 언급할 만하지만, 이런 이용행위가 제26조 적용을 전제로 하는 것이라면 이것은 옳지 않다. 이 사건 행위는 "보이거나 들리는" 저작물을 이용하는 것이 아니기 때문이다.

정보를 자체적으로만 수집하는 것은 아니다. 일부 기사는 다른 언론기관의 협조관계(전재계약 또는 뉴스교환협정)를 통해 수집하기도 하지만, 이를 통해서도 얻을 수 없는 정보도 많다.

이 점을 감안하여, 우리 저작권법은 "정치·경제·사회·문화·종교에 관하여 신문 등의 진흥에 관한 법률 제2조의 규정에 따른 신문 및 인터넷신문 또는 뉴스통신진흥에 관한 법률 제2조의 규정에 따른 뉴스통신에 게재된 시사적인 기사나 논설은 다른 언론기관이 복제·배포 또는 방송할 수 있다"(제27조 본문)고 하고 있다. 물론 전재 금지 의사표시가 존재한다면 이와 같은 방법으로 이용할 수 없다(제27조 단서). 이 조항은 소극적인 저작권 정책을 가지고 있는 언론기관의 기사나 논설을 다른 언론기관이 적극적으로 이용할 수 있다는 점에 의의가 있다.

제27조도 베른협약으로 거슬러 올라간다. 협약 제10조의2 제1항에서는 "경제, 정치 또는 종교적인 시사 문제에 관하여 신문이나 정기간행물에 발행된 기사 및 같은 성격의 방송 저작물이 언론에 의하여 복제되거나, 방송되거나 또는 유선으로 공중에 전달되는 것을 허용하는 것은 그 복제, 방송 또는 전달이 명시적으로 유보되지 아니한 경우에, 동맹국의 입법에 맡긴다"고 하고 있다.

제27조를 원용하여 면책을 받고자 한다면 다음과 같은 요건을 구비해야 한다. 첫째, 시사적인 것이어야 한다. 시사성은 일간, 주간, 월간 등을 가리지 않는다. 연감과 같이 1년을 정리하는 자료를 수록할 경우에도 시사성이 있다면(예를 들어 한 해의 10대 뉴스) 이 요건은 충족하는 것으로 본다.

둘째, 정치·경제·사회·문화·종교에 관한 기사나 논설이어야 한다. '정치·경제·사회·문화·종교'라고 하여 망라하여 열거한 듯이 보이지만, 이것은 여전히 예시에 지나지 않는다고 본다. 서평과 같이 신간을 소개하는 기사도 이 범주에 들 것이다. 이 요건은 베른협약과의 관계에서 다소 논란이 될 수 있다. 베른협약은 정치, 경제와 종교 주제에 국한하여 권리 제한을 허용하고 있어서 이러한 주제에 속하지 않는 서평이나 학술 비평 또는 스포츠 기사 등은 전재 대상이 될 수 없는 것으로 볼 수도 있기 때문이다.[62] 그렇지만 그렇게 좁게 볼 것은 아니라고 본다. 해당 베른협약 규정은 1967년 개정회의에서 확정된 것으로, 시사성이

---

62) Ricketson, op. cit., p. 17. 일본 저작권법도 이 점을 고려해서인지 전재 대상을 "정치, 경제 또는 사회적인 시사문제에 관한 논설"이라고 하면서 학술적 성질의 논설에 대해서는 허용하지 않고 있다(제39조 제1항).

요건상 핵심으로 이라고 할 수 있기 때문이다. 그때까지만 해도 시사 문제(current topics)는 정치, 경제와 종교에 관한 것이 주류를 이루고 있었다.[63]

셋째, 전재 대상은 신문 등 정기간행물, 인터넷신문 또는 뉴스통신에 실린 기사나 논설이다. 방송은 전재 대상이 아니다.[64] 이 규정에서 특정 법률(신문 등의 진흥에 관한 법률)을 언급하고 있으나 그에 구애받을 필요는 없다고 본다.[65] 어떤 언론기관이든, 그리고 언론의 기능을 부수적으로 수행하는 시설이라 하더라도 면책 대상이라고 본다.[66]

넷째, 이용형태는 복제, 배포 및 방송이다. 전송과 같은 이용형태는 허용되지 않는다. 전송이 가지는 파급효과 때문이라 할 수 있다. 또한 복제 등 이용을 위해 번역할 수도 있다(제36조 제2항).

7. 공표된 저작물의 인용

가. 의의

학문과 사상, 문화와 예술은 시대를 거쳐 사람들의 업적을 축적하면서 발달한다. 이러한 발달 과정은 선인들의 창작물에서 배우고 이를 갈고 닦아 후세에 전달하는 과정이라 할 수 있다. 저작권법이 존재하는 한, 그저 답습하고 베끼는 것은 허용되지 않는다. 일정한 기준 아래 기존의 창작물을 존중하고 그 바탕 위에 자신의 주장과 표현을 담아내야 한다. 저작권

---

63) Records of the Intellectual Property Conference of Stockholm, June 11 to July 14, 1967, p. 113 참조.

64) 베른협약은 방송도 전재 대상으로 넣고 있다.

65) 엄격 해석 원칙상 이런 논리는 취약하다는 점을 인정한다. 그럼에도 이 특정 법률이 적용되지 않는 신문이나 간행물이 있고, 이들 신문이나 간행물은 제한 규정의 혜택을 받을 수 없다고 하는 것은 정의 관념에 반한다고 본다.

66) 종전에는 '신문 등의 자유와 기능보장에 관한 법률'이라고 했으나 이 법률이 2009년 '신문 등의 진흥에 관한 법률'(법률 제9785호, 2009. 7. 31, 전부개정)로 명칭이 변경되면서 저작권법도 개정되었다(법률 제9785호, 2009. 7. 31., 타법개정). 저작권법에서 별다른 이유 없이 다른 법률을 끌어오는 것은 적절하지 않다고 본다. 특히 이런 법률을 끌어오게 되면 대상 언론이 그 법률에 종속하게 되면서 그 법률에 따라 언론의 범위가 줄거나 늘 수 있다. 저작권법상의 취지와 맞지 않을 수 있는 것이다. 그저 "시사적인 기사나 논설"이라고 하더라도 하등에 지장이 없다. 이렇게 하는 것이 입법 취지에 오히려 맞다.

법은 이를 위해 인용을 적극적으로 활용할 것을 주문하고 있다. 인용은 이제 학문과 사상의 전달, 문화와 예술의 전파를 위해 긴요한 수단이다.

패러디나 혼성모방(패스티시)이 문화나 예술 분야에서 하나의 장르 내지 기법으로 적지 않게 활용되고 있으나 이들이 단지 표현의 자유라는 이름으로 면책될 수는 없다. 다른 사람의 창작물에 기대는 방법으로 새로운 예술을 추구한다면 그것은 예술을 빙자한 저작권 침해에 지나지 않기 때문이다. 그 기준이 인용의 범위를 넘었는가 여부라 할 수 있다. 저작권법에서는 "공표된 저작물은 보도·비평·교육·연구 등을 위하여는 정당한 범위 안에서 공정한 관행에 합치되게 이를 인용할 수 있다"고 하고 있다(제28조).

다른 조항들과 비교한다면 조항 자체가 매우 간단하다. 그렇지만 그 해석을 둘러싸고 많은 분쟁이 생겼다. 중요한 조항이라는 반증이기도 하다. 이 조항은 베른협약에서 기원한다. 협약 제10조 제1항에서는 다음과 같이 규정하고 있다: "이미 적법하게 공중에 제공된 저작물을, 신문기사와 정기간행물의 언론 요약 형태의 인용을 포함하여, 인용하는 것은 허용된다. 다만, 그 인용이 공정한 관행과 양립해야 하고, 그 범위가 목적에 의하여 정당화되는 범위를 넘지 아니하여야 한다."

나. 요건 및 이용형태

인용(citation, quotation)이 허용되기 위해서는 다음 다섯 가지 요건을 충족해야 한다. 첫째, 인용의 방법에 의한 이용이어야 한다. 둘째, 공표된 저작물만을 인용할 수 있다. 셋째, 법에서 정한 일정한 목적, 즉 "보도·비평·교육·연구 등"의 목적에 한한다. 넷째, 정당한 범위 안에서 인용하여야 한다. 다섯째, 공정한 관행에 합치하여야 한다.

첫째, 인용의 방법에 의한 이용이어야 한다. 표준국어대사전에서는 인용이란 "남의 말이나 글을 자신의 말이나 글 속에 넣어 씀"이라고 정의한다. 양적 제한은 존재하지 않는다. 저작물에 따라서는 전체 저작물 인용도 가능한 것이다. 인용은 이용형태를 가리지 않는다. 복제의 형태를 띨 수도 있고 공연이나 공중송신의 형태를 띨 수도 있다.

둘째, 공표된 저작물만을 인용할 수 있다. 인용 대상 저작물(피인용저작물)에는 제한이 없다. 어문저작물뿐만 아니라 음악저작물, 사진저작물, 미술저작물, 영상저작물 등 모든 저작물이 포함된다. 다만, 공표된 저작물에 한해 인용이 허용된다. 미공표 상태의 저작물을 인용의 방법으로 이용하는 것은 합법적인 인용이 아닌 것이다. 이 경우 물론 저작자의 공표권 침해도 발생할 것이다. 베른협약에서는 적법하게 공중에게 제공된 저작물(a work which has already been lawfully made available to the public)에 한정해 인용을 허용하고 있다. 우리 저작권법은 공표 저작물의 합법 여부를 묻지 않고 그 어떤 경우든 허용하고 있기 때문에 협약 규정과 충돌 가능성이 있다.[67]

셋째, "보도·비평·교육·연구 등"의 목적에 한한다. 어떠한 목적으로든 허용되는 것이 아니고 보도나 비평, 교육이나 연구 등의 목적을 가지고 있어야 한다. 목적 행위가 예시적이기는 하지만, 그러한 행위는 표현의 자유나 학문·예술의 자유 영역에 한정된 것들이어서 상업적인 목적을 염두에 뒀다고 하기는 어려울 것이고, 가능하다고 하더라도 그 허용의 정도는 제한적이라고 본다.[68] 예를 들어, 상업 광고에 인용의 방법으로 저작물을 삽입하는 것은 다른 요건을 충족한다 하더라도 면책되지 않을 것이다. 반면, 유머집이나 연설집에 저작물의 일부를 인용의 방법으로 담는 것은 허용된다고 본다.[69] 이런 목적의 예시는 베른협약에도 없는 것이다. 군이 필요한가 의문이 든다. 뒤에서 보는 '정당한 범위'와 '공정한 관행' 요건으로 충분하다고 본다.

넷째, 양적인 측면에서, 정당한 범위 안에서 인용하여야 한다. 즉, 인용은 정당한 범위 안에서 허용된다. 사전적인 의미에 합치하는 인용이라 하더라도 이 요건을 충족하지 못하면 저작권법상 허용되는 인용이 아닌 것이다. 이에는 두 가지 측면이 있다. ① 그 범위는 인용

---

67) 베른협약 규정은 다소 문제가 있는 듯하다. 인용자는 특정 저작물이 합법적으로 공표된 것인지 여부를 확인할 수 있는 위치에 있지 않다. 더구나 불법적으로 공표된 것이라 하더라도 그에 대해 책임을 묻기도 쉽지 않다. 왜냐하면 인용자가 불법적으로 공표된 사실을 알지 못하는 경우에는 그에 대해 책임을 묻기 어렵기 때문이다.

68) 우리 대법원은 영리 목적의 인용 가능성을 언급하면서도 그 허용 범위는 좁게 보고 있다. 대법원 1997. 11. 25. 97도2227 판결: "이 경우 반드시 비영리적인 이용이어야만 교육을 위한 것으로 인정될 수 있는 것은 아니라 할 것이지만, 영리적인 교육목적을 위한 이용은 비영리적 교육목적을 위한 이용의 경우에 비하여 자유이용이 허용되는 범위가 상당히 좁아진다고 볼 것이다."

69) 베른협약 제10조 제1항에서는 인용의 범위가 목적에 의해 정당화되어야 한다고 규정한다. 스톡홀름 개정회의 준비문서에서는 이러한 목적에 '학술, 비평, 정보 또는 교육 목적'이 포함된다는 점을 확인해 주고 있다. Records of the Intellectual Property Conference of Stockholm, June 11 to July 14, 1967, pp. 116~117, 860~861. Ricketson, op. cit., p. 13에서 재인용. 또한 스톡홀름 회의에 앞서 1965년 개최된 전문가위원회에서는 사법, 정치 및 오락의 목적으로도 인용이 허용된다는 의견이 제시되기도 했다. Ibid., p. 117.

목적에 의해 정당화되어야 한다. 그 목적 달성을 위해 필요한 범위에 국한해야 하는 것이다. ② 실제로, 정당한 범위 여부는 피인용저작물의 종류 내지 성격, 인용의 필요성, 인용의 의도 내지 목적과 방식, 인용의 양과 그 상당성 등에 비춰 판단해야 한다. 특히, 인용의 필요성과 인용의 양이 중요한 역할을 한다.

우리 법원은 정당한 범위를 주종관계로만 설명한다. 양적 측면에 대한 논거로는 다소 부족하다. 판례에 따르면, "'정당한 범위'에 들기 위하여서는 그 표현 형식상 피인용저작물이 보족, 부연, 예증, 참고자료 등으로 이용되어 인용저작물에 대하여 부종적 성질을 가지는 관계(즉, 인용저작물이 주이고, 피인용저작물이 종인 관계)에 있다고 인정되어야 할 것이다".[70] 주종 관계 기준을 실제 사건에 기계적으로 적용한다면 적지 않은 무리가 있다고 본다. 예를 들어, 시 한 편 전부를 '인용'할 수는 있겠지만 100쪽 소설 중 10%를 '인용'할 수는 없다고 본다. 보도나 비평, 교육이나 연구 목적 각각의 경우 허용되는 인용은 각기 다르다고 본다.

다섯째, 인용은 "공정한 관행에 합치"해야 한다.[71] 이 요건은 '정당한 범위' 요건과는 별개의 것이다. 정당한 범위 요건을 충족하더라도 공정한 관행에 어긋나면 그것으로 해당 인용은 허용되지 않은 것이고, 그와는 반대로 공정한 관행에 합치한다 하더라도 정당한 범위를 벗어나면 그것 또한 허용되지 않는다고 본다.

우리 대법원은 정당한 범위와 공정한 관행을 함께 판단하고 있다. 두 가지는 각기 다른 것임에도 불구하고 굳이 구별하려 하지 않는 듯하다. 즉, "정당한 범위 안에서 공정한 관행에 합치되게 인용한 것인가의 여부는 인용의 목적, 저작물의 성질, 인용된 내용과 분량, 피인용저작물을 수록한 방법과 형태, 독자의 일반적 관념, 원저작물에 대한 수요를 대체하는지의 여부 등을 종합적으로 고려하여 판단하여야" 한다는 것이다.[72]

공정한 관행의 요소만을 추출하는 것은 어려운 일이기도 하다. 그러나 공정한 관행 요건은 인용의 양적 측면(정당한 범위) 외의 요소를 고려하는 것이므로 인용의 적법성을 판별하는 데 별도의 기준이 마련되어야 한다고 본다. 판례에서 언급하고 있는 "인용된 내용과 분

---

70) 대법원 1990. 10. 23. 90다카8845 판결.

71) '공정한 관행(fair practice)'은 베른협약상의 표현을 그대로 가져온 것으로, 우리 저작권 환경에서는 다소 낯선 개념이다. 우리 저작권 제도가 관행이 축적될 만큼 오랜 기간을 거쳐 정착되지 않았기 때문이다. '관행'에 집착하다 보면 인용 판단이 흐려질 수 있다.

72) 대법원 1997. 11. 25. 97도2227 판결; 대법원 2006. 2. 10. 2003다41555 판결; 대법원 2013. 2. 15. 2011도5835 판결; 대법원 2014. 8. 26. 2012도10777 판결.

량"을 제외한다면 대부분 '공정한 관행'과 관련이 있다고 볼 수도 있다.

제28조는 공정이용 규정(제35조의5)의 등장으로 재조명될 수 있다. 인용은 공정이용의 부분 집합이다. 공정이용 규정이 적극 활용된다면 면책의 항변으로 인용을 주장하는 사례는 크게 줄어들 것으로 본다.

8. 비영리 공연·방송

가. 의의

저작권 침해는 영리와 비영리 여부에 의해 가려지지 않는다. 비영리 목적이라는 이유만으로 정당화되는 이용은 존재하지 않기 때문이다. 다만, 비영리 목적이라는 요건이 다른 요건과 결합되면 그에 대해 침해의 책임을 물을 수 없는 경우가 있다. 이른바 비영리 공연·방송이 그중의 하나이다. 저작권의 배타성을 강조하게 되면 저작자의 허락이 없이는 아예 공연이든 방송을 할 수 없는 경우가 생긴다. 자선 공연이나 국가적 행사도 불가능하다. 저작권법은 저작물의 통상적인 이용이나 저작자의 합법적인 이익을 해치지 않는다고 판단한 범위에서 공공의 이익을 고려하여 비영리 공연·방송을 허용하고 있다.

저작권법 제29조에서는 "영리를 목적으로 하지 아니하는 공연·방송"이라는 제목하에 두 가지로 나눠 규정하고 있다. 하나는 좁은 의미의 비영리 공연·방송이고(제1항), 다른 하나는 상업용 음반이나 상업용 영상저작물의 공연이다(제2항). 제1항과 제2항은 베른협약 역사에서 말하는 이른바 '부차적 유보(petites reserves, minor reservations)'에서 기원한 것이다.[73] 제1항은 대부분의 나라에서 가지고 있는 제도이고, 제2항은 우리 구법을 문장 구조나 표현 형식을 바꿔 재현한 것이다.

부차적 유보는 베른 동맹국들이 오래전부터 종교적, 문화적, 애국적 목적에서 가지고 있었던 제한 규정을 일컫는 것으로, 1948년 브뤼셀 개정회의에서 묵시적으로 인정된 바 있다.

---

73) 이 표현은 1948년 브뤼셀 회의 총보고서에 등장한다: "노르웨이, 스웨덴, 덴마크, 핀란드, 스위스, 헝가리 대표는 종교 의식, 군악대 및 어린이와 성인 교육의 필요를 위해 이런〔부차적 유보〕가 허용되어야 한다고 발언했다." "Rapport Général", Documents de la Conférence réunie à Bruxelles du 5 au 26 juin 1948, Union internationale pour la protection des oeuvres littéraires et artistiques, 1951, p. 100.

당시 회의에서 조사한 자료에 의하면, 이런 공연의 사례로 "종교의식의 일환으로서 음악 공연, 군악대에 의한 콘서트, 자선 콘서트, 특별한 축제를 기해 조직된 공개 콘서트"를 들고 있다. 우리는 이런 부차적 유보, 특히 독일 규정과 상당히 흡사한 일본 규정을 대부분 무심히 받아들여 제1항을 입안했다.[74] 제2항은 "음반, 녹음필림 등을 공연 또는 방송"하는 것을 '비침해 행위'로 규정한 구법 제64조 제1항 제8호를 '창의적으로' 재구성한 것이다.

나. 좁은 의미의 비영리 공연·방송

제29조 제1항에서는 "영리를 목적으로 하지 아니하고 또한 청중이나 관중 또는 제3자로부터 어떤 명목으로든지 대가를 지급받지 아니하는 경우에는 공표된 저작물을 공연(상업용 음반 또는 상업적 목적으로 공표된 영상저작물을 재생하는 경우는 제외한다) 또는 방송할 수 있다. 다만, 실연자에게 일반적인 보수를 지급하는 경우에는 그러하지 아니하다"고 규정하고 있다. 비영리 공연·방송을 위해서는 다음과 같은 몇 가지 요건을 구비해야 한다.

첫째, 비영리 목적이어야 한다. '영리 목적'이란 널리 경제적인 이익을 취득할 목적을 말한다.[75] 영리 목적이라 할 때 다음과 같은 점에 주의해야 한다. ① 영리 목적은 회수와는 관련이 없다. 반복적으로 업으로 할 수도 있고 1회로도 할 수 있다. ② 이익의 귀속자가 반드시 경영의 주체나 손익 귀속의 주체와 일치하여야 할 필요도 없다.[76] 회사 직원이 회사의 이익을 위하여 공연이나 방송을 한다면 그것으로 영리 목적이 있는 것이다. ③ 이용자가 실제 경제적 이익을 취득했는가는 묻지 않는다. 그러한 의도만으로도 영리 목적 행위가 된다. ④ 영리 목적은 해당 행위와 직접적으로나 간접적으로 연결되어야 한다(행위의 영리성). 영리 법인이라 하더라도 해당 공연이나 방송으로부터 아무런 경제적 이익을 얻지 못한다면 그 공연이나 방송은 영리 목적을 띠지 않는 것이다. 해당 행위로부터 직접 경제적인 이익을 얻는 수도 있고 간접적으로 이익을 얻을 수도 있다. 전자는 직접적인 영리 목적을 가지는 것이고, 후자는 간접적인 영리 목적을 가지는 것이다.

---

74) 최경수(2021), 174~175.

75) 대법원 1992. 10. 9. 92도848 판결; 대법원 1999. 3. 26. 98도2481 판결. 이들 판결은 "보건범죄단속에 관한 특별조치법 제5조에서 말하는 영리 목적을 판단하고 있는데, 이를 저작권법 규정 해석에 적용하더라도 무리가 있다고 하기는 어렵다.

76) 위의 판결.

직접적인 영리 목적 공연이나 방송은 관람이나 시청의 직접적인 대가(관람료나 시청료)를 받는 것이다. 입장료가 있는 콘서트, 특정 프로그램을 청취하거나 시청하기 위하여 가입료나 수신료를 받는 방송(주로 케이블 방송)이 이에 해당한다.

간접적인 영리 목적 공연이나 방송도 있다. 공연이나 방송의 주체가 관람자나 시청자로부터 해당 공연이나 방송에 대한 직접적인 대가를 받는 것은 아니지만 그러한 이용행위로 인해 경제적인 이익을 얻거나 경제적 이익이 증대되면 그것은 영리 목적 공연이나 방송이 된다. 이러한 예는 다양하게 존재한다. ① 영업장에서 경제적 이익을 증대시킬 목적으로 영상물이나 음악을 고객에게 보여주거나 들려주는 것이 있다. 백화점 등에서 배경음악을 들려주는 것이 이에 해당할 수 있다. ② 영리 회사가 광고나 홍보의 일환으로 영상물을 상영하거나 콘서트를 여는 것이다. 이 또한 경제적 이익을 극대화하기 위한 수단이라 할 수 있다. 어떤 경우이든 이용행위와 경제적 이득 간의 상관관계 내지 인과관계가 존재해야 한다. 이용행위로 인해 경제적 이익이 생기지 않는 한 간접적인 영리 목적이 존재한다고 하기 어려울 것이다.

이렇게 볼 때 영리 목적 공연이나 방송에서 제외되는 행사는 한정적임을 알 수 있다. 가족 행사에서 이뤄지는 공연, 종교 집회에서 벌어지는 공연, 국가나 지방자치단체가 주최하는 공연, 자선 공연, 회사 직원 워크숍 행사에서 이뤄지는 공연이 비영리 공연·방송의 예라고 할 수 있다.

둘째, 청중이나 관중 또는 제3자로부터 대가를 받아서는 안 된다. 청중과 관중으로부터 대가를 받는 경우는 해당 공연과 해당 공연과 관련된 서비스에 대한 대가를 받는 것인데, 전자의 경우는 앞에서 언급한 직접적인 영리 목적의 경우와 중복된다. 제3자로부터 대가를 받는 대표적인 예로는 후원을 들 수 있다. 이에 대신할 정도의 후원은 이 요건에 의해 결격 사유가 된다.[77] 이 또한 공연이나 방송에 대해 간접적으로 '경제적 이익'을 얻는 것이기 때문이다.

이렇게 볼 때 광고를 수입원으로 하는 상업방송도 면책되지 않는다. 광고를 통해 경제적 이익을 얻기 때문이다. 시청료로 운영되는 공영방송이나 정부 지원금에만 의존하는 방송도 제3자로부터 대가를 받고 있다는 점에서 상업방송과 다르지 않다. 이 요건으로 인해 '비영리 방송'이라는 이유로 면책되는 사례는 찾기 어려울 것이다.

---

77) 장인숙, 100.

셋째, 공표된 저작물에 한한다. 저작물의 종류에도 제한이 없다.

넷째, 공연이나 방송에 출연하는 실연자에게 '일반적인 보수'를 지급해서는 안 된다.[78] 일반적인 보수가 아닌, 교통비나 식비, 숙박비 또는 감사의 표시로 촌지를 지급하는 것은 허용된다고 하겠다. 각각의 사안에 비춰 구체적으로 살펴볼 수밖에 없다.

다. 상업용 음반 또는 영상저작물의 공연

제29조 제2항에서는 "청중이나 관중으로부터 해당 공연에 대한 대가를 지급받지 아니하는 경우에는 상업용 음반 또는 상업적 목적으로 공표된 영상저작물을 재생하여 공중에게 공연할 수 있다. 다만, 대통령령으로 정하는 경우에는 그러하지 아니하다"고 하고 있다. 이 규정을 살펴보면 다음과 같은 요건을 찾아낼 수 있다.

첫째, 대가를 받아서는 안 된다. 제1항과는 달리 그저 "해당 공연에 대한 대가"를 받지 않도록 요구하고 있다. 대가의 부존재만으로 면책되는 것이다. 여기서 대가란 '공연에 대한' 대가이므로 공연에 대한 직접적인 대가를 의미한다고 하는 것이 타당할 것이다. 제1항상의 직접적인 영리 목적과 별반 다르지 않다.

둘째, 상업용 음반이나 상업용 영상저작물을 재생하여 공연해야 한다. 상업용 음반이란 "상업적 목적으로 공표된 음반"을 말한다(제21조). 상업용 음반이라는 표현은 실연자와 음반제작자의 보상청구권 관련 여러 규정(제75조 및 제76조의2, 제82조 및 제83조의2)에서도 볼 수 있는 것으로, 그 기원은 로마협약에 있다. 이 협약에서는 "상업적인 목적으로 발행된 음반(phonogram published for commercial purposes)"이라고 하고 있다. 즉, 상업적인 목적을 가지고 공중의 수요를 충족하기 위해 합리적인 수량의 복제물을 공중에게 제공하는 것을 말한다[제3조 (d) 및 제12조].

우리 법은 발행보다 넓은 개념인 '공표'라고 하고 있으므로 상업적 목적만을 가지고 공개되기만 한다면 그것으로 '상업용 음반'이 되는 것이다. 상업용 영상저작물도 "상업적 목적으로 공표된 영상저작물"을 말하는 것으로 상업용 음반과 같은 범주에서 이해할 수 있다. '상

---

78) 이 요건은 1986년 법개정 과정에서 논란이 있었다. 당시 한국방송공사는 "공연자 및 방송사업자와 실연자의 내부 관계는 부수적인 것으로 주문 사유에 영향을 미치지 않는다"고 주장한 것이다. 최경수(2021), 175. 이 요건은 실제 우리나라 공연 관행, 특히 방송사나 정부 주관 행사를 어렵게 할 수 있다.

업용'이라 할 때에는 소비자에게 판매하기 위한 목적에 국한하지도 않고, 더 나아가 '판매용' 그 자체에도 국한하지 않는다는 것이다.[79][80]

　　제29조 제2항에서는 음반이나 영상저작물을 "재생하여 공중에게 공연할 수 있다"고 하고 있다.[81] 이 규정을 면밀하게 살펴보면 간단한 규정이 아니라는 것을 알 수 있다. 재생이란 사전적으로 "녹음·녹화한 테이프나 필름 따위로 본래의 소리나 모습을 다시 들려주거나 보여 줌"을 말한다.[82] 기기 또는 기기와 매체를 가지고 공중이 지각할 수 있도록 들려주거나 보여주는 것이다. 음반이나 영상저작물 자체를 재생하는 것이 아니라 그 원본이나 복제물(매체)을 재생하는 것으로 이해하는 것이 논리적이다.[83] 왜냐하면, 현행 제2항은 1986년 개정법과 같은 내용으로 되어 있는바, 당시에는 물리적인 매체를 재생하는 전통적인 의미의 재생 공연밖에 존재하지 않았기 때문이다. 정부와 국회는 여러 차례 법개정의 기회가 있었음에도 "재생하여 공연한다"는 구절을 바꾸려 하지도 않았다. 따라서, 문리해석을 한다면, 예를 들어 공중송신(전송이나 실시간 스트리밍)의 방법을 이용하여 수신된 음악이나 영상저작물을 공연장에서 들려주거나 보여주는 것은 음반이나 영상저작물을 "재생하여 공중에게 공연"하는 것이라고 할 수 없을 것이다. 그럼에도, 우리 사회에서는 이런 경우에도 제29조 제2항이 적용되는 것으로 이해하고 그렇게 관행을 쌓아 왔다. 문리해석에서 벗어난 것이라 할 수 있는데, 다음에 언급하는 저작권법 시행령이 이를 잘 보여준다. 제75조 등에서 표현

---

79) 대법원 2012. 5. 10. 2010다87474 판결: " '판매용 음반'이라 함은 그와 같이 시중에 판매할 목적으로 제작된 음반을 의미하는 것으로 제한하여 해석함이 상당하다." 같은 취지: 대법원 2016. 8. 24. 2016다204653 판결(하이마트 사건). 판매용 음반을 상업용 음반으로 변경한 것은 2016년 3월 개정법이다. 대법원의 해석은 국제적인 논의에서 다소 동떨어진 것으로, 국회가 이를 바로잡은 것이라고 할 수 있다.

80) WTO 패널(WTO 체제하에서 분쟁해결 기능을 한다)에서 '상업적(commercial)'의 의미를 짚은 적이 있다. 이 패널은 옥스퍼드사전의 사전적 정의 중 하나를 받아들여, 상업적이란 "상업에 종사하는" 또는 "상업에 관계되는"이라는 의미를 가진다고 하면서, 여기서 상업이란 "사고파는 것, 상품이나 서비스를 교환하는 것"이라는 것이다. China—Measures Affecting the Protection and Enforcement of Intellectual Property Rights, Report of the Panel, WTO Doc. WT/DS362/R, 26 January 2009, § 7.534~7.539.

81) "공중에게 공연할 수 있다"고 표현하고 있는데, '공중에게'라는 문구는 불필요하다.

82) 표준국어대사전.

83) 이렇게 본다면, 제29조 제2항에서 "상업용 음반이나 상업적 목적으로 공표된 영상저작물"은 "상업용 음반의 복제물이나 상업적 목적으로 공표된 영상저작물의 복제물"이라고 하는 것이 맞다.

하고 있는 "음반을 사용하여" 방송하거나 공연하는 것과 같은 의미를 가지는 것으로 확장해석해왔던 것이다(의도했다기보다는 오해로 벌어진 것으로 보인다).[84] 공중송신의 방법이 다양해지면서 매체 재생을 하지 않는 공연장 또는 영업장이 계속 늘고 있다.

셋째, 대통령령(시행령)으로 달리 정하면, 비록 상업용 음반이나 영상저작물을 재생하여 공연한다 하더라도 면책되지 않는다. 시행령은 해당 공연장 내지 영업장을 적시하고 있는데 비록 제2항에 의해 면책되더라도 그 예외를 정하기 위한 것이다. 면책 대상을 줄이는 효과가 있는 것이다. 제2항을 원용하는 방법으로 저작자의 권리를 훼손하는 경우를 막기 위한 것이다.

이러한 공연장 내지 영업장은 매우 많다. 시행령은 이러한 예를 개별적으로 열거하고 있다. 상업용 음반을 재생하는 공연장의 예로는, 커피 전문점, 생맥주 전문점, 유흥주점, 경륜장 또는 경정장, 골프장, 무도학원, 무도장, 스키장, 에어로빅장, 체력단련장, 여객용 항공기, 여객용 열차, 호텔·휴양콘도미니엄·카지노 또는 유원시설, 대규모점포(대형마트·전문점·백화점, 쇼핑센터, 복합쇼핑몰 등), 목욕장, 박물관·미술관, 도서관, 지방문화원, 사회복지관, 여성인력개발센터 및 여성사박물관, 청소년수련관, 시·군·구민회관 등이 있다(제11조).

종전에는 공연에 대한 대가를 받지 않는 경우에는 상업용 영상저작물을 자유롭게 상영할 수 있었다. 영화 상영뿐만 아니라 상업용 영상물을 상영하기 위해서도 고가의 장비나 시설이 필요했기 때문에 영화관 외에서 영화 등을 상영하는 예는 거의 없었다. 1990년대 이후 영상물 상영 환경이 크게 바뀌면서 도서관이나 문화원, 시민회관이나 구민회관에서 비디오테이프나 DVD로 영화를 상영하기 시작했다. 이러한 상영은 영상저작물의 통상적인 이용과 충돌할 가능성이 높았다. 2006년 개정법 시행령(2007년 시행령)[85]은 이 점을 감안하여 ① 숙박업이나 목욕장에서 상업용 영상저작물을 공연하는 행위를 면책 대상 행위에서 제외했고(시행령 제11조 제7호), ② 국가나 지방자치단체 청사나 부속시설, 공연장, 박물관·미술관, 도서관, 지방문화원, 사회복지관, 청소년수련관, 시·군·구민회관 등에서 발행일로부터 6개월 이내의 상업용 영상저작물을 공연하는 행위 또한 면책 대상에서 제외했다(시행령 제11조 제8호). 2014년 시행령에서는 여성관련시설이 추가되었다.[86]

---

84) "음반을 사용하여"라는 구절의 의미에 관해서는 제3장 제3절 '3. 실연자의 보상청구권' 참조.

85) 대통령령 제20135호, 2007. 6. 29., 전부개정.

86) 대통령령 제25379호, 2014. 6. 11., 일부개정. 2017년에는 '여성관련시설'이 '여성인력개발센터'와 '여

라. 제29조 제1항과 제2항과의 관계

제1항과 제2항은 모두 공연에 관해 규정하고 있어서 어느 공연은 양자 모두에 적용을 받고 어느 공연은 어느 하나에만 적용을 받는다. 양자 모두에 적용되는 공연은 어느 조항을 적용할 것인지 문제된다. 권리자는 어느 하나에 의해서든 면책되지 않으면 권리가 미친다고 주장할 것이고 이용자는 어느 하나만을 적용하여 면책 가능성을 넓히고자 할 것이다.

제1항에서는 면책을 받기 위해 여러 요건을 충족하도록 하고 있으나 제2항에서는 상업용 음반이나 상업용 영상물의 재생에 한정하기는 하지만 한 가지 요건만을 요구하고 있다(대가만 받지 않으면 된다). 상업용 음반이나 상업용 영상물을 사용하는 경우 면책 가능성이 상대적으로 높아진다. 그러나 시행령에서 정해진 공연장이라면 그 가능성이 사라진다. 음반을 사용하는 상당수의 공연장은 시행령에 이미 들어와 있지만 여전히 시행령에서 제외된 장소가 존재한다.[87]

면책 여부는 제1항과 제2항의 관계를 어떻게 보는가에 달려 있다. 양자 간에는 일반법과 특별법 관계로 볼 수도 있고, 별개의 규정으로 볼 수도 있다. 2016년 3월 개정법은 양자 간의 관계를 정리했다. 즉, 제1항에서 괄호로, 공연 중 "상업용 음반 또는 [상업용 영상저작물]을 재생하는 경우를 제외한다"고 하여 상업용 음반 등의 재생 공연은 오로지 제2항만을 적용하도록 분명히 했다.[88]

성사박물관'으로 변경되었다. 대통령령 제28251호, 2017. 8. 22., 일부개정.

87) 제1항과 제2항이 독립적으로 적용된다면, 제2항에서 허용되는 공연이 제1항에 의해서 허용되지 않는 경우도 있고, 그 반대의 경우도 있을 것이다. 예를 들어, 제과점은 시행령에서 열거되지 않은 공연 장소이므로 그곳에서 행해지는 공연은 제2항에 의해서는 허용되지만 제1항의 요건을 충족하지 못해 허용되지 않을 수 있다. 그 반대로, 전문체육시설에서 상업용 음반을 재생하면서 제1항의 요건을 충족하는 경연대회를 개최한다 하더라도 제2항에 의해 허용되지 않을 것이다.

88) 이에 따라, 앞에 든 각주의 예를 보면, 첫 번째 예는 시행령에서 정하지 않은 영업장이므로 면책 대상 공연이 될 것이고 두 번째 예는 시행령에서 정한 영업장이므로 비면책 공연이 될 것이다. 그러나 이런 규정 방식 또한 여전히 해석 논란에서 자유로워 보이지 않는다. 괄호는 비영리 목적 등 요건을 충족하는 경우에 한해 제2항을 적용하는 것으로 해석할 수도 있기 때문이다. 제2항을 특별 규정으로 하려면, "제1항에도 불구하고" 등과 같은 문구가 들어가야 한다고 본다. 이래야만 영리 목적 공연이라도 제2항을 적용할 수 있을 것이다.

마. 검토[89]

제29조는 다음과 같은 점에서 재검토가 필요하다. 첫째, 방송과 같이 광범위한 청취자나 시청자를 대상으로 하는 경우에도 면책의 가능성을 열어두고 있다는 점이다. 지나친 권리 제한으로 비칠 수 있다. 실제 이 규정의 적용을 받는 방송은 거의 존재하지 않음에도 마치 권리를 대단히 제한하는 것으로 비춰질 수 있다. 학교 방송과 같이 특수한 이용형태에 대해서는 학교 교육 목적 규정(제25조)에 의해 면책될 수 있는 것은 물론이다.

둘째, 제2항 상업용 음반의 재생 공연에 대한 전반적인 재검토가 필요하다. 이 규정은 저작자의 권리를 심각하게 훼손하는 대표적인 사례로서, 그 훼손의 정도를 시행령을 통해 줄이고 있으나 여전히 미봉책이라는 비난에서 자유로울 수가 없다. 법에서 허용하는 것을 시행령에서 부정하는 기이한 입법 형식도 바로잡아야 한다. 이 규정은 헌법재판소를 통해 합헌 판정을 받았지만,[90] 여전히 국제 규범 위반의 우려를 낳고 있다.[91]

셋째, 제2항상 상업용 영상저작물의 재생 공연 또한 심각한 권리 제한이라고 하지 않을 수 없다. 음악과 달리, 반복 감상을 하지 않는 등 영상저작물의 소비 특성을 감안할 때 더욱 그러하다.[92]

둘째와 셋째의 문제점을 직시한다면 제2항은 폐지하는 것이 타당하다고 본다. 제2항은 시행에도 어려움이 적지 않다. 각 공연장이나 영업장이 다른 법률에 근거를 두고 있다. 다른 법률에서 예정한 시설은 그 입법 목적에 맞게 설정한 것으로, 저작권법상의 공연장과는 거리가 있을 수밖에 없다. 해당 법률이 개정되면 저작권법이 염두에 둔 공연장이 그 성격이

---

89) 제29조는 다른 규정들(제75조 및 제76조의2, 제82조 및 제83조의2)과도 관련이 있다. 이용자는 이들 규정의 적용을 받는다. 서로 얽혀 있는 복잡한 관계를 이해해야만 하나의 문제를 풀 수 있다. 2016년 3월 법개정 후인 2018년 9월 정부가 전문가 의견수렴을 한 바 있다. 여러 사례에 대한 답변 방식의 의견을 받았는데, 각 사례마다 전문가들의 의견이 크게 갈렸다. 조문 해석의 어려움을 방증한다고 하겠다. 최경수, 공연권 제도 문제점 분석 및 개선 방안 연구, 문화체육관광부, 2019, 25~36 참조.

90) 헌법재판소 2019. 11. 28. 2016헌마1115, 2019헌가18(병합) 결정.

91) 교육문화체육관광위원회 전문위원 박명수, 저작권법 일부개정법률안(이군현 의원 대표발의) 검토보고, 2013. 12., 14: "이러한 현행법에 대해 공연권 제한 범위가 지나치게 광범위하여 저작권자의 권리가 과도하게 제한될 우려가 있고, 「한·EU FTA」 등 기 체결된 국제협정에 위반될 소지가 있다는 의견이 있는바, ……"(각주 생략).

92) 독일 저작권법 제52조 제3항에서 영상저작물의 공개상영은 권리자의 허락을 받도록 하고 있다.

나 모습이 바뀌거나 사라질 수도 있다. 입법 정책상 공연권이 미쳐야 할 곳을 놓칠 수도 있고, 그렇지 않은 곳을 포함시킬 수도 있다. 이미 시행령상 공연장은 거듭해서 늘어나는 바람에 제2항의 존재 의의도 퇴색했다. 제2항을 폐지하더라도 특정 목적의 특정 이용형태에 대해서는 여전히 면책의 범주에 두는 것도 고려해볼 만하다. 이를 위해서는 국제적인 사례 분석이 선행되어야 할 것이다. 면책 범주에서 언뜻 생각해볼 수 있는 것으로, 일본 저작권법에서 보듯이,[93] 방송되는 저작물을 통상의 라디오나 텔레비전 기기로 재생하는 경우이다.

9. 사적 이용을 위한 복제

가. 권리 제한의 근거

이른바 사적 복제는 전형적인 권리 제한 사례 중 하나이다. 사적 복제에 대한 면책은 연혁적인 배경을 가지고 있다. 첫째, 복제라는 이용형태는 원래 인쇄업자나 출판업자에 의한 발행(출판)에서 출발했다. 저작자의 복제권 행사는 인쇄업자나 출판업자를 상대로 한 것이기 때문에 사적 복제라는 개념 자체가 생소했다. 사적 복제가 존재한다면 그것은 필사에 지나지 않았다. 둘째, 복제와 배포는 같은 뿌리를 가지는 권리로 인식되어왔다. 출판업자에게 복제권 허락을 한다는 것은 배포권 허락을 포함하는 것으로 보았다. 복제권 행사는 출판업자의 배포를 염두에 둔 것이었다. 이러한 이유로 인해 저작자는 사적 복제에 대해 권리를 주장하지 않았고 그럴 필요성을 느끼지 못했다.

그러나 개념적으로 복제는 그 자체로 이용형태이므로 그것이 공중의 수요를 충족하기 위한 배포와 연결되지 않는다 하더라도 권리자의 허락이 요구된다. 한편, 설령 무단 복제에 대해 법적 책임을 묻기로 법에서 정한다 하더라도 저작자가 사적 복제행위를 실질적으로 확인하는 것도 어려울 뿐만 아니라 그 권리의 행사도 다른 법익(사생활의 비밀 보호 등)과의 충돌로 인해 거의 불가능하다. 여기서 저작물의 통상적인 이용과 충돌하지 않고 저작자의 합법적인 이익을 해치지 않으면서도 공중의 이익을 보호하기 위한 방법으로 사적 복제를

---

93) 일본 저작권법 제38조 제2항 참조.

규율할 필요가 있다.

우리 법은 "공표된 저작물을 영리를 목적으로 하지 아니하고 개인적으로 이용하거나 가정 및 이에 준하는 한정된 범위 안에서 이용하는 경우에는 그 이용자는 이를 복제할 수 있다. 다만, 공중의 사용에 제공하기 위하여 설치된 복사기기, 스캐너, 사진기 등 문화관광부령으로 정하는 복제기기에 의한 복제는 그러하지 아니하다"라고 하고 있다(제30조).

나. 요건 및 이용형태

첫째, '사적'인 이용이어야 한다. '사적 이용'이란 "개인적으로 이용하거나 가정 및 이에 준하는 한정된 범위 안에서 이용하는 경우"를 말한다. 혼자 사용하기 위해서, 아니면 적어도 가정 내에서 사용하기 위한 것이라면 그것은 '사적'인 것이다. 법에서는 "[가정]에 준하는 한정된 범위"도 인정하고 있다. 이것은 가정만큼 친밀한 관계라고 이해된다. 가까운 친구나 지인도 이 범위에 속한다고 할 수 있다. 숫자의 문제가 아니라, 친근한 정도의 문제라고 본다. 회사 직원이 업무 수행 중에 저작물을 복제하는 것은 자신이 이용하기 위한 목적을 가지고 있다고 할 수는 없다. 회사 업무 수행 목적으로 저작물을 복제한다면 이것은 사적 복제에 해당하지 않는다.[94]

둘째, 이 조 제목에서 '사적 이용을 위한 복제'라고 하고 있다. 즉, 사적 이용(usage privée, private use)을 위한 복제, 또는 사적 이용을 위한 목적의 복제로 이해해야 한다. 여기서 이용이란 저작권법상의 전형적인 이용행위 전부나 그중 어느 하나를 일컫는 것이 아니라 개인이 감상하는 것, 즐기는 것으로 이해해야 한다.[95] 그런 의미에서 예를 들어, P2P 클라이언트의 다운로드 행위 그 자체는 사적 복제에 해당하는 것이다.[96] 복제가 어떤 경로나 어떤

94) 대법원 2013. 2. 15. 2011도5835 판결: "기업 내부에서 업무상 이용하기 위하여 저작물을 복제하는 행위는 이를 '개인적으로 이용'하는 것이라거나 '가정 및 이에 준하는 한정된 범위 안에서 이용'하는 것이라고 볼 수 없으므로, 위 조항에서 규정하는 '사적 이용을 위한 복제'에 해당하지 않는다."

95) 제30조에서 "개인적으로 이용하거나 가정 및 이에 준하는 한정된 범위 안에서 이용하는 경우"라는 표현을 쓰고 있다. 이 '이용'은 저작권법상 권리자의 배타적인 권리가 미치는 '이용'을 말한다고 할 수는 없다. 개인적으로 사용하거나 감상하는 뜻으로 이해해야 할 것이다.

96) 우리 법원에서는 다른 판단을 하고 있다. 즉, P2P 다운로드 그 자체가 사적 복제가 아니라는 것이다: "한정된 범위 안에서 이용한다고 하려면 적어도 그 이용인원이 소수이고 그들 사이에 강한 인적결합

방법으로 이뤄졌는가 여부는 별개인 것이다.[97]

셋째, 이용 목적이 '비영리'적이어야 한다. 영리 목적은 이미 앞에서 살펴본 바와 같다. 즉, 영리 목적이란 경제적 이익을 얻기 위한 목적을 말하며, 직접적인 영리 목적뿐만 아니라 간접적인 영리 목적을 포함한다. 한 가지 지적할 것은 영리 목적을 복제물 구입 대체 목적으로 확대하는 것은 곤란하다는 점이다.[98] 이 논리대로라면 사적 복제의 상당수는 복제 행위 그 자체가 구입 대체 효과가 있는 것으로 이런 복제는 위법한 것이다. 부분 복제 등 한정적으로 사적 복제를 허용하게 된다. 우리 저작권법은 "저작물을 복제할 수 있다"고 간단명료하게 규정하고 있다. 저작물을 전부 복제하더라도 얼마든지 허용되는 사적 복제를 할 수 있는 것이다. 영리 목적을 확대 해석하는 판례가 등장함으로써 저작권 질서에 혼란을 야기할 수도 있다는 점, 사적 목적의 복제는 거의 대부분 비영리 목적이라는 점, 사적 목적을 영리 목적과 함께 고려할 경우 복잡한 해석 문제가 생길 수도 있다는 점 등 여러 측면에서 비영리 요건은 삭제할 것을 입법론으로 제기하고자 한다.

넷째, 이용 주체는 이용자 자신이다. 법에서는 "그 이용자는 이를 복제할 수 있다"고 하고 있는 것이다. 일부에서는 비서에게 복제를 지시하는 경우를 예로 드는데,[99] 회사에서 아랫

이 존재해야 할 것인바, 앞서 본 바와 같이 소리바다 서비스를 이용한 MP3 파일 다운로드 행위는 인터 넷상에서 소리바다 서버에 접속하였다는 점 외에 아무런 인적결합 관계가 없는 불특정 다수인인 동 시접속자 5000명 사이에서 연쇄적이고 동시다발적으로 광범위하게 이루어진다는 점에서, 이를 두고 단순히 개인적으로 이용하거나 가정 및 이에 준하는 한정된 범위 안에서 이용하기 위한 복제행위라 할 수 없는 것이니, …… 소리바다 사용자들의 MP3 파일 복제행위는 저작권법 제27조 소정의 사적이 용을 위한 복제에 해당하지 않는다." 서울고등법원 2005. 1. 25. 2003나80798 판결. 같은 취지의 판결 이 다수 있다: 서울고등법원 2005. 1. 12. 2003나 21140 판결; 수원지방법원 2003. 2. 14. 2002카합284 판결; 수원지방법원 2003. 10. 24. 2003가합857 판결; 서울지방법원 2005. 1. 12. 2003노4296 판결; 서 울지방법원 2005. 8. 29. 2004카합3491 결정. 이들 모두 소리바다 사건 판결, 결정이다.

97) 상당수의 P2P 파일공유 서비스는 다운로드와 동시에 업로드가 발생하기 때문에 이로 인해 공중송신 권 침해가 생길 수도 있다는 점에 유의할 필요가 있다.

98) 수원지방법원 2003. 2. 14. 2002카합284 판결: "일반적으로 소극적으로 저작물의 구입비용을 절감하 는 정도만으로는 영리의 목적을 인정하기에 부족하다 할 것이나, 시판되는 게임프로그램 등을 다른 사람이 구입한 게임CD로부터 복제하는 경우와 마찬가지로 통상 대가를 지급하고 구입해야 하는 것을 무상으로 얻는 행위에는 영리의 목적이 인정된다 할 것이다."

99) 우리 학계에서는 일본에서 논의하고 있는 '수족'의 역할을 하는 사람들의 행위를 모두 허용하는 취지 로 설명하고 있다. 오승종, 654("본인이 수족으로 사용하는 사람이거나 업무상 본인을 보조하는 지위

사람에게 지시할 때에는 업무와의 연관성이 존재하는 것이 일반적이고 그러한 복제를 '사적 이용을 위한 복제'라고 하기 어렵다.

다섯째, 허용되는 행위는 복제이다. 다른 이용행위(예를 들어, 배포나 공중송신)는 법에서 예정하지 않고 있다. 홈페이지라는 말이 내포하는 의미로 인해 그곳에 저작물을 올리거나 게시하는 것도 사적 복제의 범주로 오해할 수 있다. 그러나 이용자(홈페이지 운영자)는 누군가(공중 또는 공중의 구성원)가 접근하는 것을 예정하고 "이용에 제공(making available)"하는 등 공중송신을 하고 있는 것이다. 이것은 '사적'인 것도 아니고, 복제 외의 다른 이용행위(전송 등 공중송신)를 하는 것이다. 복제의 부수에도 제한이 없다. 사적 복제는 개인적인 목적이므로 1부, 1점이라고 이해할 수 있지만 가족이나 친지에게 나눠줄 수도 있으므로 여러 부, 여러 점도 가능하다 하겠다.

여섯째, 이용 대상은 공표된 저작물이다. 미공표 저작물은 사적 복제도 할 수 없다는 뜻인데, 군이 구별의 실익이 있는지 의문이다. 모든 저작물이 사적 복제의 대상이 된다. 저작물의 일부를 복제할 수도 있고 전부를 복제할 수도 있다.

일곱째, "공중의 사용에 제공하기 위하여 설치된 복사기기, 스캐너, 사진기 등 문화관광부령으로 정하는 복제기기에 의한 복제"는 허용되지 않는다(제30조 단서). 이런 복제기기는 민간 복제업소에도 있을 수 있고, 도서관 등 공공시설 내에도 있을 수 있다. 그 어떤 곳에서든 이용자가 직접 복제한다 하더라도 이 단서 규정에 의해 사적 복제의 영역에서 벗어나게 된다. 이런 단서 규정이 필요한지 의문이다. ① 복제, 특히 문헌 복제는 다른 사람에게 복제를 위탁하는 경우가 많다. 이때 복제행위자는 수탁자이다. 수탁자로서 복제업자는 개인적인 사용을 위해 복제하는 것이 아니므로 사적 복제 규정에 의해 면책되지 않는다. 위탁자(복제업소를 이용하는 고객)는 복제행위를 하지 않으므로 그에게 직접 사적 복제 규정을 적용할 여지는 없지만, 수탁자의 행위를 유도·부탁하거나 용이하게 함으로서 교사나 방조에 의한 공동불법행위 책임을 질 수는 있다. ② 자신이 지배하는 복합기나 휴대용 기기는 해당 규정이 신설된 2000년 개정 당시만 해도 극소수에 지나지 않았다. 오히려 이 단서 규정은

에 있는 타인"); 이해완, 783("수족처럼 사용하는 사람이나 보조적 입장에 있는 사람"); 장인숙, 103("남으로 하여금 보조자로 삼아 복제"); 허희성(상), 241~242("비서에게 복제를 시키는 것"). 中山, 358: "본인과 동일시될 수 있는 보조자(이른바 수족)에 의한 복제는 허용된다고 해석할 수 있다." 그러한 예로, 부모가 자식을 대신하는 복제, 장애인을 대신하는 자선단체 직원에 의한 복제를 들고 있다. 이런 논의는 매우 미세한 것으로, 이를 두고 실제로 다투는 사례는 생각하기도 어렵다. 탁상 논의에 가깝다.

공공시설에서의 문헌 복제를 차단하는 효과를 가져다주는 것으로, 사적 '문헌' 복제의 의의를 크게 퇴색시키고 있다. ③ 2020년 2월 개정에서는 종전의 '복사기기' 대신에 "복사기기, '스캐너, 사진기 등 …… 복제기기'라고 변경했다. '복사기기'라는 표현은 문헌 복제나 복사 복제(photocopy)를 상정한 것이었으나 이를 다른 기기, 즉 스캐너, 사진기 등 디지털 기기까지 확대한 것이다. 그러나 수탁 복제업자는 면책이 되지 않는다는 점, 도서관 등 공공시설은 제31조(도서관 등에서의 복제)에서 허용하는 범위를 벗어나 이런 반복적인 다량의 복제 가능성이 있는 디지털 기기를 공중에게 제공하기는 어렵다는 점에서, 개정의 실익이 커 보이지는 않는다.

다. 프로그램에 관한 특례

저작권법 제101조의3 제1항에서는 "다음 각 호의 어느 하나에 해당하는 경우에는 그 목적상 필요한 범위에서 공표된 프로그램을 복제 또는 배포할 수 있다. 다만, 프로그램의 종류·용도, 프로그램에서 복제된 부분이 차지하는 비중 및 복제의 부수 등에 비추어 프로그램의 저작재산권자의 이익을 부당하게 해치는 경우에는 그러하지 아니하다"고 하면서, 그중 하나로 제4호에서 "가정과 같은 한정된 장소에서 개인적인 목적(영리를 목적으로 하는 경우는 제외한다)으로 복제하는 경우"를 들고 있다.

이 특례 규정상 '사적' 복제는 일반적 의미와는 다른 것으로 오해할 수도 있다. 일반적인 사적 복제와는 달리 인적 결합 요건('가정 및 이에 준하는 한정된 범위')이 없이 장소적 요건('가정과 같은 한정된 장소')만이 존재하기 때문이다. 두 가지 해석이 가능하다. 하나는 가정이라는 장소를 벗어나는 복제는 모두 허용되지 않는다는 것이다. 다른 하나는 가정이라는 장소에서 사용할 목적으로 복제하는 것은 허용된다는 것이다. 전자의 해석은 문리해석에만 집착해야 가능하다. 후자의 해석이 합리적이다. "가정과 같은 한정된 장소에서 개인적인 목적으로 사용하기 위하여 복제하는 경우"라고 표현하는 것이 옳은 듯하다. 이러한 해석을 따를 경우 특례 규정의 실익이 거의 없는 듯하다.

프로그램의 경우에는 제30조 적용을 배제하고 있기 때문에(제37조의2) 제36조 제1항에 의해 번역하거나 개작하여 이용할 수 없다. 프로그램에 한정해서 그 적용을 배제하는 이유가 분명하진 않아 보인다.

라. 복제보상금 제도

사적 복제를 위한 권리 제한은 공공의 이익을 위해 권리의 배타성을 제약한다는 점에서 다른 권리 제한과 같지만, 복제 목적의 사적 성격으로 인해 다른 권리 제한과는 구별되는 측면이 있다. 그러나 사적 복제가 광범위하게 이뤄질 경우 그것이 저작물의 통상적인 이용과 충돌하거나 아니면 적어도 저작자의 정당한 이익을 훼손할 여지가 얼마든지 생길 수 있다.

이러한 점에 주목하여 탄생한 것이 복제보상금 제도이다. 이 제도는 유럽 국가들을 중심으로 채택되기 시작했는데, 그것은 녹음기와 녹화기가 보급되고 나중에 복사기가 대량 생산되면서 애초에 예정한 사적 복제 면책 규정의 취지를 무색하게 했기 때문이다. 이제는 복제 기기와 매체가 가정에까지 보급되고 그러면서 개인들도 이들 기기와 매체를 이용해 저작물을 '사적으로' 복제할 수 있게 되었다. 제도 도입의 필요성은 더욱 커진 셈이다. 몇몇 국가들(미국이나 일본 등)이 비록 디지털 기기와 매체에 한정해 제도를 도입한 것도 눈여겨볼 만하다.

복제보상금은 조세 방식으로 또는 부과금 방식으로 운영되고 있다. 국가마다 과금 방식에도 다소 차이를 보이고 있는데, 복제 기기와 매체에 동시에 부과하기도 하고 기기에만 부과하기도 한다. 아직 우리나라에는 도입되지 않고 있다. 디지털 기술과 그에 따라 산업 환경이 바뀌고, 저작물 이용 방법이 변모하면서 제도 도입에서 고려해야 할 변수들이 생기고 있다.

10. 도서관 등에서의 복제 등

가. 의의

도서관은 정보의 집적과 제공이라는 기본적인 역할을 맡고 있다. 정보사회에서 도서관의 역할은 지속적으로 커지고 있다. 사람들은 도서관이라는 현장을 방문해서 정보를 얻기도 하고 원격지에 있는 도서관 자료를 받기도 한다. 이제는 정보의 집적과 제공이 차원을 달리하고 있다. 수많은 자료가 디지털 매체에 기록되고 이를 열람자에게 제공하기 위한 방법이 꾸준히 개발되고 있다. 도서관이 가지고 있는 정보·자료는 대부분 저작물이다. 저작물의 이용은 저작권법에 의해 적지 않은 통제를 받고 있다. 정보의 무제한한 공급과 그 조절 사이에 갈등하고 고민하는 것이 오늘날 도서관이 안고 있는 가장 큰 현안이라 해도 과언이 아니다.

베른협약은 도서관을 위한 제한과 예외 규정을 두지 않고 있다. 도서관 규정의 필요성과 중요성을 감안한다면 의외라고 할 수 있다. 1967년 스톡홀름 회의에서도 논의된 적이 없다. 1967년 당시에도 일부 국가에서는 도서관을 위한 제한과 예외 규정을 가지고 있었으나 보편적인 제도는 아니었다.[100] 당시만 해도 아직 국제적 조화를 꾀하기에는 이르다고 보았다고 할 수 있다. 그 후 다른 국제 협상에서도 거론된 적이 없었다. 1994년 TRIPS협정이나 1996년 WCT에도 도서관 규정이 없다.[101] WIPO에서는 2004년부터 도서관 규정을 포함한 제한과 예외 규정을 살펴보고 있다.[102]

현행 규정은 1986년 저작권법 전문 개정 후에도 여러 차례 개정되었다. 주요 개정으로는 2000년 개정과 2003년 개정을 들 수 있다. 2000년 개정법은 도서관의 기능 변화, 특히 디지털 기술의 발전에 부응하기 위하여 디지털 복제와 도서관 내외를 막론하고 전송을 허용하는 획기적인 내용을 담고 있었다. 이 개정법은 특히 도서관 간 전송을 지나치게 확대한 나머지 어느 도서관이든 디지털 복제를 하고 이를 도서관 간 전송이 가능하도록 완전히 열어 놓았다는 비판을 받았다. 국제조약에도 위반될 뿐만 아니라 심지어 헌법상의 사유재산권을 침해할 여지가 매우 컸다. 2003년 개정법은 종전 개정법의 문제점을 바로잡기 위해 도서관 간 전송을 엄격히 제한하여 본래의 개정 취지도 살리면서 저작자의 권리 제한도 최소화하기 위한 것이었다. 보상금 제도도 이때 도입되었다. 그 뒤에도 몇 차례 부분적인 개정이 이뤄졌는데, 2003년 개정법의 주요 내용에는 변경이 없다.

나. 도서관의 범위

저작권법 제31조 제1항에서는 면책 대상 도서관의 범위를 정하고 있다. 이 규정에 의하

---

100) 1956년 영국 저작권법 제7조: 도서관 및 기록보존소에 관한 특별 예외. 1965년 독일 저작권법이나 1957년 프랑스 저작권법에는 해당 규정이 없었다.
101) 이 두 조약 체결을 위한 협상은 주로 보호를 염두에 둔 것으로, 제한과 예외는 의제로 등장하지도 않았다. 제한과 예외에 관한 것으로 3단계 기준이 있으나 이것은 조약 당사국이 마련해놓은 예외와 제한조차 좁게 설정하도록 기준을 만든 것으로 역시 보호 강화에 초점이 있는 것이다.
102) 제한과 예외 규정 협상의 결과 중 하나로 2013년 맹인 등을 위한 마라케시조약이 체결되었다.

면, 해당 도서관은 "도서관법에 따른 도서관과 도서·문서·기록 그 밖의 자료…를 공중의 이용에 제공하는 시설 중 대통령령으로 정하는 시설"을 말한다(제31조 제1항). 도서관법상 도서관이란 "국민에게 필요한 도서관자료를 수집·정리·보존·제공함으로써 정보이용·교양 습득·학습활동·조사연구·평생학습·독서문화진흥 등에 기여하는 시설을 말한다"(제2조 제1호).

저작권법 시행령은 도서관의 범위를 구체적으로 특정하고 있는데, 이에는 국립중앙도서관, 공공도서관, 대학도서관, 학교도서관 및 전문도서관이 있다. 다만, 영리를 목적으로 하는 법인 또는 단체에서 설립한 전문도서관이 그 소속원만을 대상으로 도서관 봉사를 하는 것을 주된 목적으로 하는 경우에는 그 도서관은 저작권법상 도서관의 범위에 들지 않는다 (제12조 제1호).

도서관법상 도서관은 아니지만 "도서·문서·기록 그 밖의 자료를 공중의 이용에 제공하는 시설 중 대통령령으로 정하는 시설"도 면책 대상 도서관이 될 수 있다. 이에는 "국가, 지방자치단체, 영리를 목적으로 하지 아니하는 법인 또는 단체가 도서·문서·기록과 그 밖의 자료…를 보존·대출하거나 그 밖에 공중의 이용에 제공하기 위하여 설치한 시설"이 있다(시행령 제12조 제2호). 국회도서관은 국회도서관법에 의해 별도로 설치된 도서관으로서, 이 시행령 규정에서 말하는 "국가…가 …… 설치한 시설"로서 면책 대상 도서관에 해당한다.

다. 조사·연구 목적 등의 복제 및 제공

위에서 정한 도서관 등은 그곳에 보관된 도서 등을 사용하여 저작물을 복제할 수 있다(제31조 제1항 본문). 각각의 경우로 나눠보면 세 가지가 있다. ① 조사·연구를 목적으로 하는 이용자의 요구에 따라 공표된 도서 등의 일부분의 복제물을 1명당 1부에 한하여 제공하는 경우이다(조사·연구 목적: 제31조 제1항 제1호). ② 도서 등의 자체 보존을 위하여 필요한 경우이다(자체 보존 목적: 제31조 제1항 제2호). ③ 다른 도서관 등의 요구에 따라 절판 그 밖에 이에 준하는 사유로 구하기 어려운 도서 등의 복제물을 보존용으로 제공하는 경우이다(상호대차 목적: 제31조 제1항 제3호).[103]

---

103) 이른바 상호대차(interlibrary loan)는 "절판 그 밖에 이에 준하는 사유로 구하기 어려운 도서 등"을 대상으로 한다. 이 요건은 도서관 현실과는 거리가 있어 보인다. 요건에 대해 재검토가 필요하다.

위 첫째 조사·연구 목적과 셋째 상호대차 목적의 경우에는 디지털 복제를 금지하고 있다(제31조 제1항 단서). 도서관 등은 아날로그 복제물만 도서관 이용자에게 제공할 수 있을 뿐이다. 이것은 디지털 복제물이 무척 용이하면서도 짧은 시간 내에 대량으로 만들어진다는 점, 복제물의 질이 원본과 동일하다는 점, 복제물이 공간을 완전히 극복하여 전달된다는 점을 고려한 것이다.[104]

또한 둘째 자체 보존 목적의 경우에도 이미 도서 등이 디지털 형태로 판매되고 있는 경우에는 여전히 디지털 형태로 복제를 할 수 없다(제31조 제4항). 기존 포맷의 변경이라 하더라도 허용되지 않는다. 비매품으로 제작된 디지털 도서 등이나 매매 이외의 형태로 유통되는 도서 등은 허용되는 것으로 볼 수 있다.[105]

이 조항(제31조 제1항)에서 도서관 등이 복제를 하는 목적은 크게 두 가지로 나뉜다. 하나는 복제물을 자체 보유하기 위한 것이고(제2호), 다른 하나는 이용자나 다른 도서관에게 제공하기 위한 것이다(제1호 및 제3호). 복제물을 제공하기 위한 경우에는 반드시 자신이 소장하고 있는 도서, 즉 '보관된 도서 등'을 가지고 복제하여 제공해야 한다. 다만, 제1호의 경우 제3항에 의해 관외 전송의 방법으로 디지털 복제물을 수령하는 경우도 있는데, 이때는 설령 '보관된 도서 등'이 아니라 하더라도 그 복제물을 가지고 새로운 아날로그 복제물을 만들어 이용자에게 제공할 수도 있다(제31조 제1항 본문 괄호).

---

104) 의미 전달을 분명히 하기 위해서는 단서 규정 "다만, 제1호 및 제3호의 경우에는 디지털 형태로 복제할 수 없다"고 하기보다는 "…… 디지털 형태로 복제하여 제공할 수 없다"고 해야 한다.

105) 디지털화를 전후하여 판매용으로 디지털 복제물이 출시된 경우는 어떠한가. 제31조 제4항에서는 문맥상으로 "제1항 제1호 …… 제2항과 제3항의 규정에 따른 도서 등의 복제의 경우에 그 도서 등이 디지털 형태로 판매되고 있는 때에는 그 도서 등을 디지털 형태로 복제할 수 없다"고 하여 일단 신규의 디지털화를 막는 것이라 할 수 있고 이 점에서 디지털 복제물이 출시된 경우라면 나중에 디지털화는 금지된다고 보아 무리가 없다. 문제는 디지털화 후 디지털 복제물이 판매용으로 나온 경우이다. 제4항의 입법 취지는 도서관 제작 디지털 복제물과 판매용 디지털 복제물과의 시장 경쟁을 막는 것이라고 할 수 있는데 그렇다면 도서관은 판매용 디지털 도서가 신규 출시된다면 그것으로 대체, 보유해야 한다고 보는 것이 합당하다 할 수 있다. 그러나 제4항에서 "복제할 수 없다"고 하고 있으므로 문맥상 기왕에 스스로 디지털화한 복제물을 보유조차 할 수 없다고 해석하기는 어렵다.

라. 전송 목적 복제 또는 전송

디지털 환경을 맞아 도서관은 더 이상 아날로그 자료에 한정해 열람 서비스를 제공하지는 않는다. 독자를 찾아가는 서비스는 디지털 환경에서 적극적으로 요구되기도 한다. 이점에서 관내와 관외 전송을 허용하고 이를 위해 복제를 허용하는 것은 올바른 정책 방향이다. 2003년 개정법에서는 관내 전송과 관외 전송을 엄격히 구별하면서 각각의 경우에 엄격한 요건을 두어 권리 제한을 가급적 축소하고자 했다. 그 결과 관내 전송과 관외 전송을 각기 나눠 규정하고 있다.

(1) 관내 전송

저작권법 제31조 제2항에서는 "도서관 등은 컴퓨터를 이용하여 이용자가 그 도서관 등의 안에서 열람할 수 있도록 보관된 도서 등을 복제하거나 전송할 수 있다. 이 경우 동시에 열람할 수 있는 이용자의 수는 그 도서관 등에서 보관하고 있거나 저작권 그 밖에 이 법에 따라 보호되는 권리를 가진 자로부터 이용허락을 받은 그 도서 등의 부수를 초과할 수 없다"고 하고 있다.

관내 전송은 다음과 같이 요건을 나눠 설명할 수 있다. 첫째, '도서관 등의 안'에서 열람할 수 있어야 한다. 도서관 시설을 벗어난 학교 시설이나 사무실 공간에도 확대 적용할 수는 없다.

둘째, '보관된 도서 등'만을 이용해 복제하거나 전송할 수 있다. 여기서 복제란 "컴퓨터를 이용하여 이용자가 …… 열람할 수" 있도록 하는 것을 목적으로 하는 것이므로 서버 저장을 말한다. 전송이란 디지털 방식으로 "이용에 제공하는 것"을 말한다.

셋째, "동시에 열람할 수 있는 이용자의 수는 그 도서관 등에서 보관하고 있거나 …… 이용허락을 받은 …… 부수를 초과할 수 없다". 도서관이 정보제공자와 맺은 라이선스 계약 조건상 동시 접속 이용자 수 제한에 관한 조항이 존재할 경우에는 그에 맞춰야 하는 것이다.

(2) 관외 전송

저작권법은 관외 전송에 관해서도 규정하고 있다. 제31조 제3항에 의하면, "도서관 등은 컴퓨터를 이용하여 이용자가 다른 도서관 등의 안에서 열람할 수 있도록 보관된 도서 등을 복제하거나 전송할 수 있다. 다만, 그 전부 또는 일부가 상업용으로 발행된 도서 등은 그 발행일부터 5년이 지나지 아니한 경우에는 그러하지 아니하다".

이 규정에서는 다음과 같이 엄격한 요건을 충족한 경우에 한하여 관외 전송을 허용하고 있다. 첫째, '보관된 도서 등'에 한정하여 복제하거나 전송할 수 있다. 복제와 전송의 의미는 관내 전송의 경우와 같다. 다른 도서관이 제공하거나 전송한 도서 등을 다시 제3의 도서관에 제공하기 위하여 복제하거나 전송할 수는 없다.

둘째, 판매용으로 발행된 도서 등은 5년 이후에야 비로소 복제·전송이 가능하다. 일정 기간이 지난 도서는 그 '통상적 이용' 기간이 경과한 것으로 볼 수 있고 법에서는 이를 5년으로 본 것이다. 그럼에도 5년은 다소 인위적으로 설정된 기간이라는 점을 부인하기는 어렵다.

(3) 제1항과 제2항 및 제3항과의 관계

제2항과 제3항은 제1항과는 별개의 독자적인 조항일까. 아니면 양자 간에 일정한 관계가 있는 것일까. 제1항 제2호에서는 자체 보존 목적으로 디지털 복제를 할 수 있는바, 이와 같이 보유하고 있는 디지털 복제물을 제2항과 제3항의 목적으로 활용할 수 있는 여부가 쟁점이라 할 수 있다.[106]

일견 제1항 제2호는 디지털 복제는 자체 보존 목적에 의해 제약을 받으므로 다른 목적으로는 활용할 수 없는 것으로 보인다. 그러나 제1항과 제2항 및 제3항은 각기 독자적으로 해석하는 것이 입법 취지에 맞는다고 할 수 있다. 제1항과 제2항 및 제3항은 서로 목적한 바가 다르기 때문이다.

제1항 제2호는 자체 보존을 위한 목적으로 복제하는 것에 관해서, 제2항과 제3항은 전송을 목적으로 복제하는 것에 관한 규정이다. 이렇게 해석할 때 제1항 제2호에 따라 보존 목적으로 디지털 복제물을 가지고 있다 하더라도 그것이 제2항과 제3항의 요건을 각기 충족

---

106) 제1항 제1호에서는 다른 도서관에서 전송받은 도서를 이용자에게 제공하기 위하여 디지털 복제물을 가지고 있을 것을 예정하고 있으므로 이를 가지고 제2항과 제3항의 목적으로 활용할 수 있겠지만 현실성이 매우 떨어지므로 논외로 한다. 해당 도서관이 디지털 복제물 1부를 데이터베이스화도 하지 않을 것이기 때문이다.

할 경우 전송 목적으로도 활용될 수 있다. 예를 들어, 보존 목적으로 한 부를 소장하고 있는 경우 이를 디지털화(디지털 복제)하고 동시 열람자 수를 1명으로 제한하여 이를 서버에 저장해서(또 다른 디지털 복제) 관내 전송 서비스를 제공할 수 있는 것이다. 또한 판매용으로 발행된 도서를 보존 목적으로 디지털화한 경우 발행 후 5년이 경과하면 관외 전송도 할 수 있는 것이다.

마. '보관된 도서 등'의 개념

앞에서 언급한 바와 같이, 제31조 제1항 내지 제3항에서 '보관된 도서 등'이라는 표현이 나온다. 결론부터 말하면, 보관된 도서란 자체 소장 도서나 라이선스 받은 도서라고 할 수 있다. 그런데 제1항 본문에서 도서관 등은 자신의 시설 내에 '보관된 도서 등'을 사용하여 복제하도록 하면서 여기서 '보관된 도서 등'은 "제1호의 경우에는 제3항에 따라 해당 도서관 등이 복제·전송받은 도서 등을 포함한다"(제1항 본문 괄호)고 하고 있다.

이것은 다음과 같이 해석할 수 있다. 도서관은 원칙적으로 자신이 소장하고 있는 도서를 가지고 아날로그 복제물을 제작하여 이용자들에게 제공해야 하지만, 제3항에서 관외 전송을 허용하는 만큼 그와 같이 다른 도서관이 전송해서 받은 디지털 복제물이 있다면 이를 아날로그 복제물(프린트아웃 등)로 만들어 제공할 수 있다는 것이다.

바. 보상금

(1) 복제와 전송의 종류 및 보상금 지급 대상

제31조상의 면책 대상 복제에는 아날로그 복제와 디지털 복제가 있고, 아날로그 복제에는 다시 다음 세 가지가 있다. 첫째, 제1항 제1호(조사·연구 목적)에 의한 복제가 있다. 도서관은 이용자에게 아날로그 형태의 도서를 아날로그 방식으로 복제해 제공하거나 디지털 형태의 도서를 아날로그 방식으로 복제해 제공할 수 있다(어떠한 경우에도 디지털 복제물은 제공할 수 없다). 디지털 복제물은 자체 보관 도서를 디지털화한 것일 수도 있고, 디지털 복제물을 구입 등의 방법으로 가지고 있는 것일 수도 있다. 도서관은 아날로그 도서를 복제하여 제공하는 경우에는 보상금을 지급할 필요가 없으나 디지털 형태의 도서를 복제하여 제공하

는 경우에는 보상금을 지급해야 한다(제31조 제5항).[107]

둘째, 제1항 제3호(상호대차 목적)에 의한 복제가 있다. 이 경우는 아날로그 복제물만을 주고받게 되는데, 어느 도서관이든 보상금 지급 의무는 없다.

셋째, 관외 전송을 통해 받은 디지털 복제물을 복제한 것이 있다. 이것은 도서관이 소장하고 있는 것은 아니지만, 제31조 제1항 제1호 조사·연구 목적으로 제공할 수 있다(제1항 본문 괄호). 도서관의 이런 서비스는 제1호와 제3호가 결합된 것이라고 할 수 있다. 이 경우에는 디지털 형태의 도서를 복제하여 제공하는 것이기 때문에 보상금을 지급해야 한다(제31조 제5항).

제31조상의 디지털 복제에도 여러 가지 복제 형태가 있다. 첫째, 기존 보관된 도서를 디지털화하는 것이 있다. 여기에 해당하는 것으로 자체 보전 목적 복제가 있다(제1항 제2호). 이 경우에는 보상금 지급 의무가 없다. 이미 판매용 디지털 도서가 있는 경우에는 디지털화를 할 수 없다(제4항). 둘째, 서버에 저장되어 있는 디지털 복제물이 있다. 여기서 디지털 복제물이란 보관된 도서를 디지털화한 것, 그리고 디지털 복제물을 구입하거나 라이선스를 받아 가지고 있는 것을 말한다. 제1항 제1호의 목적으로는 다른 도서관에서 전송받아 가지고 있는 것도 포함된다. 제2항상의 관내 전송과 제3항상의 관외 전송에서 언급하고 있는 "복제하거나 전송할 수 있다"고 할 때 복제는 그중 전송 준비 단계의 저장, 즉 서버 저장을 지칭한다고 하겠다.[108]

열람 목적으로 복제하거나 전송하는 두 가지 경우, 즉 관내 전송과 관외 전송 중 후자의 경우에는 보상금을 지급하여야 한다(제31조 제5항). 다만, 국가, 지방자치단체 또는 고등교육법 제2조의 규정에 따른 학교(대학, 산업대학, 교육대학, 전문대학, 방송대학·통신대학·방송통신대학·사이버대학, 기술대학 및 각종 학교)를 저작재산권자로 하는 도서 등(그 전부 또는 일부

---

107) 제31조 제5항에서는 "제1항 제1호에 따라 디지털 형태의 도서 등을 복제하는 경우"라고 하고 있어서, 제31조 제1항 단서 "제1호…의 경우에는 디지털 형태로 복제할 수 없다"는 구절과 모순된다고 볼 수도 있으나, 전자는 도서관이 2003년 개정법 시행 전에 디지털화한 경우나 또는 디지털 형태의 복제물을 구입하는 등의 방법으로 가지고 있는 경우를 상정한 것이고, 후자는 보관된 도서의 디지털 복제물 제공을 금지하는 것으로 양자는 다른 의미를 가지고 있다. 제31조 제1항 단서를 "복제하여 제공할 수 없다"고 할 경우 해결되는 문제라고 할 수 있다.

108) '도서관 보상금 기준'에서는 "전송을 위한 복제"라고 하고 있다. 도서관의 저작물 복제·전송이용 보상금 기준, 문화체육관광부고시 제2016-20호, 2016. 7. 29., 일부개정.

<표 12> 도서관 복제 면책의 유형 및 보상금 지급 의무 대상

A. 복제·전송 도서관

유형		면책 여부(근거 규정)	보상금	비고
관내 열람		○		
관내 복제	• 아날로그-아날로그 복제 - 도서 등 일부 제공 - 자체 보존 - 도서관 간 대출	○〔31(1)1〕 ○〔31(1)2〕 ○〔31(1)3〕		* 부분 복제
	• 아날로그-디지털 복제 - 도서 등 일부 제공 - 자체 보존 - 도서관 간 대출	×〔31(1) 단서, 31(1)1〕 ○〔31(1)2〕 ×〔31(1) 단서, 31(1)2〕		
	• 디지털-아날로그 복제 - 도서 등 일부 제공 - 자체 보존 - 도서관 간 대출	○〔31(1)1〕 ○〔31(1)2〕 ○〔31(1)3〕	○〔31(5)〕	* 1)
	• 디지털-디지털 복제 - 도서 등 일부 제공 - 자체 보존 - 도서관 간 대출	×〔31(1) 단서, 31(1)1〕 ○〔31(1)2, 31-4〕 ×〔31(1) 단서, 31(1)3〕		* 2)
관내 전송 목적 디지털 복제		○〔31(2)〕		* 3)
관외 전송 목적 디지털 복제		○〔31(3)〕	○〔31(5)〕	* 4)

1) 저작재산권자가 국가 등인 도서 및 비판매용 도서는 보상금 지급 예외
2) 비판매용 디지털 도서
3) 동시 열람자의 수 제한
4) 5년이 지난 도서 및 비판매용 디지털 도서

B. 전송받은 도서관

디지털-아날로그 복제 제공	○〔31(1) 본문, 31(5)〕	○〔31(5)〕	* 1)
디지털-디지털 복제 제공	×〔31(1) 본문〕		

1) 저작재산권자가 국가 등인 도서 및 비판매용 도서는 보상금 지급 예외

가 판매용으로 발행된 도서 등을 제외한다)의 경우에는 그러하지 아니하다(제31조 제5항 단서).
해당 도서에 대해서는 보상금 지급 의무가 존재하지 않는다.

(2) 보상청구권 행사 주체 및 행사 방법

2003년 개정법은 도서관의 복제나 전송에 대해 보상금 제도를 마련했다. 제31조 제1항 제1호에 의해 디지털 형태의 도서 등을 복제하여 이용자에게 제공하는 경우와 제31조 제3 항에 의하여 다른 도서관 내에서 열람할 수 있도록 도서 등을 복제하거나 전송하는 경우 보상금을 저작재산권자에게 지급하거나 공탁하도록 하도록 한 것이다.

2003년 개정법은 "보상금 지급의 방법·절차에 관하여 필요한 사항은 대통령령으로 정한 다"고 하고(당시 제28조 제5항), 그 시행령[109]에서는 보상청구권의 행사는 지정단체를 통해 서 하도록 했다. 종전의 공탁 제도를 무력화한 것이다. 2006년 개정법에서는 지정단체가 보상금을 수령하도록 지급 방법을 일원화했다.

지정단체는 문화체육관광부장관이 정하여 고시한 보상금 기준에 의거하여 정해진 금액 을 권리자에게 지급하여야 한다. 보상금의 지급 방법과 절차는 지정단체를 통한 권리 행사 의 경우 일률적으로 정해진다.

사. 도서관 등의 의무

제31조 제1항 내지 제3항에 따라 도서관이 도서 등을 복제하거나 전송할 때에는 저작권 을 보호하기 위하여 "대통령령으로 정하는 필요한 조치"를 하여야 한다(제31조 제7항). 첫째, 도서관은 불법 이용을 방지하기 위하여 다음과 같은 필요한 기술적 조치를 시행해야 한다: ① 도서관 이용자가 도서관 등의 안에서 열람하는 것 외의 방법으로는 도서 등을 이용할 수 없도록 하는 복제방지 조치, ② 도서관 이용자 외에는 도서 등을 이용할 수 없도록 하는 접근제한 조치, ③ 도서관 이용자가 도서관 등의 안에서 열람하는 것 외의 방법으로 도서 등을 이용하거나 그 내용을 변경한 경우 이를 확인할 수 있는 조치, ④ 판매용으로 제작된 전자기록매체의 이용을 방지할 수 있는 장치의 설치. 둘째, 저작권 침해를 방지하기 위한 도서관 직원 교육을 실시해야 한다. 셋째, 컴퓨터 등에 저작권 보호 관련 경고표지를 부착 해야 한다. 이용자에게 경각심을 일깨우는 조치라 할 수 있다. 넷째, 제31조 제5항에 따른 보상금을 산정하기 위한 장치를 설치해야 한다(시행령 제13조).

---

109) 대통령령 제18050호, 2003. 7. 10., 일부개정, 제3조의3.

아. 온라인 자료의 수집

국립중앙도서관은 인쇄자료, 필사자료, 시청각자료, 마이크로형태자료, 전자자료, 그 밖에 장애인을 위한 특수자료 등 지식정보자원 전달을 목적으로 정보가 축적된 모든 자료(도서관자료)를 납본 받고 있다. 누구든지 이러한 도서관자료를 발행하거나 제작한 때에는 국립중앙도서관에 납본하여야 한다(도서관법 제21조 제1항). 발행자의 납본 의무는 원칙적으로 오프라인 자료에 국한하고 있다.

납본 의무와는 별개로, 국립중앙도서관은 2003년부터 온라인 자료를 수집해왔으나 이에 대한 저작권법상의 근거는 분명하지 않았다. 제31조 제1항 제2호에 의해 자체 보존을 위해 필요한 경우에는 디지털 형태로 복제할 수 있고 이를 다른 목적(관내 전송과 관외 전송)으로 활용할 수 있으나 이것은 해석론에 근거한 것이라 할 수 있다. 2009년 3월 개정법에서 이를 입법적으로 해결했다.

현행 제31조 제8항에 의하면, "도서관법 제22조에 따라 국립중앙도서관이 온라인 자료의 보존을 위하여 수집하는 경우에는 해당 자료를 복제할 수 있다". 도서관법 제22조에서는 국립중앙도서관으로 하여금 온라인 자료의 수집·보존 의무를 부과하고 있는바, 이러한 수집·보존 행위는 저작권법상 복제에 해당한다. 저작권법은 국립중앙도서관의 복제 행위가 면책 행위라는 사실을 확인해주고 있는 것이다.

11. 시험문제를 위한 복제

가. 의의

사람의 능력이나 학력을 검증하기 위해 시험 제도가 존재한다. 시험은 기능을 인증하려는 목적, 직원을 뽑기 위한 목적, 입학생을 받기 위한 목적, 학생들의 학업 성취도를 평가하기 위한 목적 등 다양한 목적을 가지고 그에 맞게 시행되고 있다. 시험 주관자는 시험 문제를 출제하면서 다른 사람의 저작물을 복제해야 한다. 이를 위해서는 복제권을 가지고 있는 저작자로부터 허락을 받아야 하는데, 이때 시험 문제가 외부로 알려질 수 있다.

한편, 응시자도 문제 풀이 과정에서 다른 사람의 저작물을 그대로 '복제'할 경우 좋은 점수를 받을 수 있다고 생각한다. 시험의 필요성과 시험 관련자의 필요성에 부응하는 저작권법 규정이 있다.

저작권법 제32조에서는 "학교의 입학시험이나 그 밖에 학식 및 기능에 관한 시험 또는 검정을 위하여 필요한 경우에는 그 목적을 위하여 정당한 범위에서 공표된 저작물을 복제·배포 또는 공중송신할 수 있다. 다만, 영리를 목적으로 하는 경우에는 그러하지 아니하다"고 하고 있다.

나. 요건 및 이용형태

첫째, 제32조에서는 입학시험, 기능시험 및 검정시험을 예시하고 있으나 학식과 학업성취, 어학능력 등을 검증하고 확인하기 위한 목적의 시험이라면 그 어느 것도 해당 시험의 범주에 든다고 보아야 한다. 시험 목적이므로 문제집은 이에 해당하지 않는다.[110]

둘째, 이 규정에서는 면책 대상(이용의 주체)에 대해 언급하지 않고 있다. 시험 주관자의 이용행위에 대해 면책해주는 것이 합리적인 것처럼 보이지만, 규정에서는 단지 "시험 또는 검정을 위하여 필요한 경우에는" 복제할 수 있다고 하고 있으므로, 수험생이나 수검자에 의한 복제를 배제할 이유는 없는 것으로 보인다.[111]

셋째, 이 규정은 시험 목적의 복제와 배포, 그리고 공중송신을 명시하고 있다. 시험의 방법과 형태가 다양한 만큼 이용형태도 그에 맞춰 넓힌 것이다.[112]

넷째, 그 복제는 정당한 범위 안에서 이뤄져야 한다. 정당한 범위에 관해서는 인용과 관련하여 앞에서 설명했듯이, 시험문제와 복제 대상 저작물 간의 주종관계가 존재해야 한다. 이때 복제의 필요성, 복제의 양과 그 상당성, 복제의 목적과 방식, 복제 대상 저작물의 종류와 성격 등을 모두 고려해 판단해야 한다.

다섯째, 공표된 저작물에 한해 이용할 수 있다.

여섯째, 영리를 목적으로 한다면 면책되지 않는다. 영리 회사 입사 시험문제에 저작물을

---

110) 장인숙, 105.

111) 그렇지만 예외 규정의 특성을 감안하여, 면책의 주체를 시험 주관자로 한정하는 것이 바람직하다. 수험자에 의한 복제는 사적 복제에 의해 면책될 것이다.

112) 2009년 4월 개정에서 배포를 추가하고, 2020년 2월 개정에서 공중송신을 추가했다.

수록하더라도 그 복제가 영리 목적을 가지고 있는 것은 아니므로 여전히 허용된다. 입시나 취업 모의시험을 영리 목적으로 제작한다면 허용되지 않는다.

다. 프로그램에 관한 특례

저작권법 제101조의3 제1항에서 "다음 각 호의 어느 하나에 해당하는 경우에는 그 목적을 위하여 필요한 범위에서 공표된 프로그램을 복제 또는 배포할 수 있다. 다만, 프로그램의 종류·용도, 프로그램에서 복제된 부분이 차지하는 비중 및 복제의 부수 등에 비추어 프로그램의 저작재산권자의 이익을 부당하게 해치는 경우에는 그러하지 아니하다"고 하면서, 그중 하나로 제5호에서는 "초·중등교육법, 고등교육법에 따른 학교 및 이에 준하는 학교의 입학시험이나 그 밖의 학식 및 기능에 관한 시험 또는 검정을 목적(영리를 목적으로 하는 경우는 제외한다)으로 복제 또는 배포하는 경우"를 들고 있다.

세 가지를 지적할 수 있다. 첫째, 입학시험의 경우 초·중등교육법과 고등교육법에 의한 학교에 한정하고 있다. 시험으로 입학이나 당락을 결정하는 다른 교육기관이 존재한다면 제외되는 듯하다.

둘째, '정당한 범위' 안에서 복제하도록 하고 있는 것이 아니라, "저작재산권자의 이익을 부당하게 해"치는 복제를 금지하고 있다. 요건의 차이로 실제 적용이 달라질 수도 있다.

셋째, 제32조는 프로그램에 대해서는 적용되지 않는다(제37조의2). 따라서 프로그램의 번역 이용은 허용되지 않는다.

12. 시각장애인 등을 위한 복제 등

가. 의의

사람은 보거나 듣는 방법으로 저작물을 지각한다. 시각장애인은 저작물을 시각적으로 접근하기 어렵거나 불가능한 사람이다. 시각장애인은 점자로(in braille) 작성된 저작물을 손으로 지각하기도 하고, 큰글자 복제물(large-print copies)로 읽기도 한다. 그 밖에도 녹음물(오디오북, 토킹북)로 듣기도 한다. 디지털 기술이 발달하면서 시각장애인을 위한 기록방식도 발전해왔다. 유명한 것으로 이른바 DAISY 방식이 있다.[113] 이 방식의 디지털 오디오북은 시각장애인의 지식 축적과 정보 획득에 획기적인 모델이 되고 있다. 시각장애인은 그 사회의 문화와 예술, 학문의 산물인 저작물에 접근할 수 있는 기회를 충분히 가질 수 없다. 게다가 저작권법은 이들의 정보 접근을 '원칙적으로' 차단하고 있다.

한편, 저작자와 출판사는 시각장애인의 교육이나 복지를 위해 이들에게 저작물을 널리 보급하려는 의사가 있어도 자칫 디지털 기술의 범용성으로 인해 제3자에 의한 오용, 남용을 두려워하고 있다. 시각장애인에게 한정된 저작물 접근, 이용을 가능하게 할 수만 있다면 권리자들도 호응하려는 의지를 보이고 있다.

시각장애인을 위한 제한 규정은 1986년 저작권법에 이미 존재했다. 이 법에서는 점자 복제와 특정 장애인 시설에 의한 녹음(복제의 일부)에 국한해 허용했다. 저작권법은 그간의 기술 발전과 그에 걸맞게 시각장애인의 정보 접근 기회를 넓혀주기 위해 몇 차례 개정되었다. 두 차례 개정이 괄목할 만하다. 하나는 2003년 개정이고, 다른 하나는 2023년 8월 개정이다. 2003년 개정법은 장애인의 범위를 시각장애인을 포함한 독서 장애인으로 넓히고, 녹음뿐만 아니라 "시각장애인 등을 위한 전용 기록방식"에 의한 어문저작물의 복제, 배포 및 전송을 허용했다. 2023년 8월 개정법은 이용 대상 저작물을 어문저작물뿐만 아니라 다른 저작물로 확대하고, 시각장애인 보호자를 위한 제한 규정을 신설했다. 우리나라는 2016년 시각장애인을 위한 제한과 예외를 규정한 마라케시조약에 가입했는바, 이 조약 용어를 따라 표현을 바꾸기도 했다.

나. 시각장애인 등의 범위

1986년 저작권법에서는 '앞을 못 보는 사람'이라고 하여 매우 좁은 범위의 시각장애인을

---

113) DAISY(Digital Accessible Information SYstem)는 시각장애인을 위해 개발된 것으로 DAISY 최초 표준은 1994년 스웨덴에서 나왔다. 그 후 발족한 DAISY 컨소시엄은 1998년 DAISY 2.0을 개발했고 2002년에는 DAISY 3.0을 소개했다. 데이지북은 소프트웨어가 장착된 휴대용 단말기나 컴퓨터에서 읽을 수 있다. 데이지북의 특징은 정지 기능을 누르더라도 그곳부터 나중에 재생할 수 있고, CD 한 장이면 충분하며(상업용 CD는 30장이 필요한 경우도 있다고 한다), 쪽별로 이동할 수도 있고 장절별로 이동할 수 있는 내비게이션 기능도 있으며, 북마크를 할 수도 있다고 한다. http://www.daisy.org 참조.

염두에 두었다. 2003년 개정으로 '시각장애인 등'으로 제33조의 수혜 대상을 넓혔다. 맹인뿐만 아니라 장애인복지법[114]상 시각장애인, 독서능력이 뚜렷이 떨어지는 사람, 그 외 신체적으로나 정신적으로 독서를 할 수 없을 정도로 심각한 장애가 있는 사람들도 이 조항에서 말하는 '시각장애인 등'이다.[115] 2023년 개정에서는 "시각장애인과 독서에 장애가 있는 사람"으로 바꾸었다.[116]

다. 점자 복제

제33조 제1항에 의하면, "누구든지 공표된 저작물을 시각장애인과 독서에 장애가 있는 사람으로서 대통령령으로 정하는 사람(이하 "시각장애인 등"이라 한다)을 위하여 점자법 제3조에 따른 점자로 변환하여 복제·배포할 수 있다." 점자란 "시각장애인이 촉각을 활용하여 스스로 읽고 쓸 수 있도록 튀어나온 점을 일정한 방식으로 조합한 표기문자를 말한다. 이 경우 도형·그림 등을 촉각으로 인지할 수 있도록 제작된 촉각자료를 포함한다"(점자법[117] 제3조 제1호). 점자를 해독할 수 있는 인구는 매우 적고 중도에 실명한 시각장애인은 대부분 점자를 배울 수 있는 기회를 갖지 못하고 있기 때문에 이 조항이 시각장애인에게는 큰 도움이 되지 못한다고 한다.[118]

---

114) 법률 제18625호, 2021. 12. 21., 일부개정.

115) 시행령 제15조에서는 장애인복지법 시행령(대통령령 제33176호., 2022. 12. 29., 일부개정)에 의한 시각장애인(나쁜 눈의 시력이 0.02 이하인 사람, 좋은 눈의 시력이 0.2 이하인 사람, 두 눈의 시야가 각각 주시점에서 10도 이하로 남은 사람, 두 눈의 시야 2분의 1 이상을 잃은 사람)과 기타 독서장애인(신체적으로 또는 정신적 장애로 인하여 도서를 다루지 못하거나 독서 능력이 뚜렷하게 손상되어 정상적인 독서를 할 수 없는 사람)으로 나누고 있다.

116) 아직 개정법 시행령이 나오지는 않았으나 기존 규정에서 크게 달라질 것으로 보이지는 않는다.

117) 법률 제18988호, 2022. 9. 27., 일부개정.

118) "2005년도 장애인 실태조사(2005. 보건복지부)에 의하면, 전체 시각장애인 중 점자해독 가능 인구는 2.4%로서 극히 제한적이고 중도에 실명한 시각장애인은 교육의 한계로 인하여 점자 활용이 어려워지고 있으므로, ……" 문화체육관광방송통신위원회 수석전문위원 김종현, 저작권법 일부개정법률안 검토보고서, 2008. 12.

라. 장애인을 위한 시설에서의 복제 등

"시각장애인 등의 복리증진을 목적으로 하는 시설 중 대통령령으로 정하는 시설(해당 시설의 장을 포함한다)은 영리를 목적으로 하지 아니하고 시각장애인 등의 이용에 제공하기 위하여 공표된 저작물 등에 포함된 문자 및 영상 등의 시각적 표현을 시각장애인 등이 인지할 수 있는 대체자료로 변환하여 이를 복제·배포·공연 또는 공중송신할 수 있다"(제33조 제2항). 다음과 같은 요건을 충족해야 복제 등이 허용된다.

첫째, 대통령령에서 정한 시설에 한정하여 복제 등 이용행위를 허용한다. 이런 시설에는 ① 장애인복지법상 장애인복지시설 중 시각장애인 등을 위한 장애인 거주시설, ② 장애인복지법상 장애인복지시설 중 장애인지역사회재활시설 중 점자도서관, ③ 장애인복지법상 장애인복지시설 중 장애인지역사회재활시설 및 장애인직업재활시설 중 시각장애인 등을 보호하고 있는 시설, ④ 유아교육법, 초·중등교육법 및 장애인 등에 대한 특수교육법에 따른 특수학교와 시각장애인 등을 위하여 특수학급을 둔 각급 학교, ⑤ 국가·지방자치단체나 영리를 목적으로 하지 아니하는 법인 또는 단체가 시각장애인 등의 교육·학술 또는 복리 증진을 목적으로 설치·운영하는 시설 등이 있다(시행령 제14조 제1항). 자칫 제33조의 남용으로 인한 저작자의 피해를 최소화하기 위하여 이들 일부 시설에 국한하고 있는 것이다.

둘째, 비영리 목적이어야 한다. 위 시설은 대부분 비영리 목적으로 설립된 법인이므로 굳이 필요한 요건인지 의문을 가질 수 있다. 그러나 여기서 말하는 비영리 목적은 직접적인 것이든 간접적인 것이든 복제 등 행위의 비영리성에 의해 판단된다.

셋째, 공표된 저작물이어야 한다. 2003년 개정법에서는 '어문저작물'에 한정했으나, 2023년 8월 개정법에서 "공표된 저작물 등에 포함된 문자 및 영상 등의 시각적 표현"으로 대상을 넓혔다. 이것은 마라케시조약에서 대상으로 하고 있는 '텍스트, 기호 및/또는 관련 도해의 형식(in the form of text, notation and/or related illustration)'〔제1조 (a)〕에 상당하는 것이라고 할 수 있다. 제33조가 시각에 장애가 있는 사람들을 위한 규정이므로 여전히 시각적으로 표현되는 저작물에 국한한다. 따라서 예를 들어, 음악저작물을 이용하게 할 수는 없다.

넷째, 허용되는 이용형태는 복제, 배포, 공연 또는 공중송신이다. 2003년 개정법은 '녹음, 복제, 배포 및 전송'으로 한정했으나 2023년 8월 개정법에서 이를 넓힌 것이다. 2013년 신설된 제33조의2(청각장애인 등을 위한 복제 등)에서 이미 이런 형태의 이용을 허용하고 있는 바, 이를 그대로 가져온 것이다.

다섯째, "시각장애인 등이 인지할 수 있는 대체자료로 변환하여" 복제 등 이용해야 한다. 2003년 개정법에서 "시각장애인 등을 위한 전용 기록방식으로" 복제 등을 하도록 한 것을, 이렇게 바꾼 것이다. '대체자료'란 마라케시조약에서 말하는 '접근 가능한 형태의 복제물 (accessible format copy)'에서 온 것이라고 할 수 있다. 이 조약에서는 이를 "수익자가 저작물에 접근하게 하는 대안적 방식 또는 형태로 된, 저작물의 복제물을 말하는 것"이라고 정의한다(제2조 (b)). 정의 규정 안에서 "접근 가능한 형태의 복제물은 수익자에 의하여 배타적으로 사용되는" 것이라고 한정하고 있다. 우리 법에 대체자료에 대한 정의가 없는 가운데, 마라케시조약 정의를 원용할 수밖에 없을 것이다.

마. 시각장애인과 보호자를 위한 복제

2023년 8월 개정법은 시각장애인과 그 보호자를 위한 복제 규정을 신설했다. 이에 의하면, 시각장애인 등과 그 보호자나 보조자는 "공표된 저작물 등에 적법하게 접근하는 경우 시각장애인 등의 개인적 이용을 위하여 그 저작물 등에 포함된 문자 및 영상 등의 시각적 표현을 시각장애인 등이 인지할 수 있는 대체자료로 변환하여 이를 복제할 수 있다"(제33조 제3항).

시각장애인은 사적 복제 규정(제30조)에 의해 해당 저작물을 복제할 수 있으나, 보호자도 이 규정에 의해 면책받을 수 있는지 불명확하다는 점에서[119] 이를 분명히 하기 위한 것이다.

바. 검토

2023년 8월 개정법은 시각장애인이 이용할 수 있는 저작물의 범위를 넓히고, 이용형태도 열어주면서 시각장애인의 정보 복지를 확대시켰다. 법규정의 완성도 측면에서는 몇 가지 아쉬움이 있다. 첫째, 대체자료에 대한 정의가 없이, 대체자료로 변환하는 것을 허용한다면 제한 규정의 엄격 해석 원칙에 벗어난다고 본다. 물론 시행령에서 이를 구체화할 터이지만,[120] 적어도 시각장애인 등 일부 수익자만이 대체자료를 쓸 수 있다는 요건을 어디엔가

---

[119] 문화체육관광위원회 수석전문위원 이상헌, 저작권법 일부개정법률안 검토보고, 〈시각장애인 · 청각장애인 등을 위한 저작재산권 제한 범위 확대〉, 김예지 의원 대표발의(의안번호 제2112830호), 2022. 3.

넣어야 한다고 본다.[121]

둘째, 시각장애인과 그 보호자가 개인적 사용을 위해 저작물을 대체자료로 변환, 복제하기 위해서는 그 저작물을 "적법하게 접근하는 경우"[122]에만 허용하고 있다. 이런 요건이 적절한지 의문이다. 이 규정이 제30조 사적 복제 규정과 같은 성격의 것임에도 후자 규정에 없는 요건을 부가하고 있다. 후자 규정과 조화를 이루도록 하는 것이 바람직하다. 사적 사용의 적법성은 그 성격으로 인해 확인이 매우 곤란하다.

셋째, 이미 상업적으로 발행 또는 공개된 대체자료가 있다면, 이 자료와 제33조에 의해 제작된 대체자료와 경쟁하는 상황에 대해 방안이 마련돼야 한다고 본다. 마라케시조약에서 체약국에게 3단계 기준을 준수 의무를 부과하고 있고(제11조), 3단계 기준은 우리 제한 규정의 일반조항으로서 성격도 가지고 있다는 점도 고려해야 한다.

13. 청각장애인 등을 위한 복제 등

가. 의의

청각장애인은 시각장애인과 다른 의미로 저작물 접근에 어려움을 겪고 있다. 2013년 7월 개정으로 시각장애인을 위한 제한 규정을 본받아 제33조의2에서 청각장애인을 위한 제한 규정이 신설되었다. 현행 규정은 당시 개정법의 골격과 내용을 그대로 가지고 있다. 2023년

---

120) 현행 시행령에서는 ① 점자로 나타나게 하는 것을 목적으로 하는 전자적 형태의 정보기록방식, ② 인쇄물을 음성으로 변환하는 것을 목적으로 하는 정보기록방식, ③ 시각장애인을 위하여 표준화된 디지털음성정보기록방식 및 ④ 시각장애인 외에는 이용할 수 없도록 하는 기술적 보호조치가 적용된 정보기록방식이 그것이다(시행령 제14조 제2항).

121) 마라케시조약에서 '접근 가능한 형태의 복제물' 정의에도 그 복제물은 오로지(exclusively) 시각장애인 등만이 사용할 수 있다고 분명히 하고 있고, 다른 나라 저작권법에도 그런 예가 적지 않다. 예를 들어, 미국 저작권법 제121조에서는 "오로지 맹인이나 기타 장애인이 사용하기 위한 특수 포맷으로(in specialized formats exclusively for use by blind or other persons with disabilities)"라고 하고 있다.

122) 2014년 개정된 영국 저작권법에서는 장애인이 저작물의 전부나 일부 복제물을 합법적으로 점유하거나 합법적으로 사용하는 것(lawful possession or lawful use of a copy of the whole or part of a work)을 요건으로 하고 있다.

8월 개정에서는 청각장애인 보호자를 위한 제한 규정을 신설했다.

현행 제33조의2항에서는 세 가지로 규정하고 있다. 첫째는 한국수어로 변환하여 이용하는 것을 허용하는 것이고, 둘째는 청각장애인 시설에서 청각장애인이 인식할 수 있는 자막 등 대체자료로 변환하고 이를 이용할 수 있도록 하는 것이고, 셋째는 청각장애인과 그 보호자가 저작물 등에 포함된 소리를 자막 등 대체자료로 변환하여 복제할 수 있도록 한 것이다.

많은 국가에서 장애인에 관한 제한과 예외 규정을 저작권법에 두고 있다. WIPO 조사 자료에 의하면, 시각장애인을 위한 규정을 가지고 있는 국가로 96개국이 있고, 청각장애인을 위한 예외 규정을 가지고 있는 국가로 25개국이 있으며, 이들 장애인을 포괄하여 예외 규정을 마련한 국가로 28개국이 있다.[123] 청각장애인을 위한 제한과 예외를 직접 언급하고 있는 국제조약은 없으나, 그런 예외 설정에 장애가 있는 것으로 보이지는 않는다.

나. 청각장애인 등의 범위

제33조의2 제1항에서는 '청각장애인 등'이라고 하고 있고, 제4항에서 그 범위는 시행령에서 정하도록 하고 있다. 현행 시행령에는 청각장애인(장애인복지법 시행령 별표 1 제4호[124])만 열거되어 있다. 굳이 '청각장애인 등'이라고 할 필요가 있는지 의문이다.

다. 청각장애인을 위한 복제

제33조의2 제1항에 의하면, "누구든지 공표된 저작물을 청각장애인 등을 위하여 한국수화언어법[125] 제3조 제1호에 따른 한국수어로 변환할 수 있고, 이러한 한국수어를 복제·배포·공연 또는 공중송신할 수 있다". 우리 사전에서는 수화를 "청각 장애가 있는 사람들이 손과 손가락의 모양, 손바닥의 방향, 손의 위치, 손의 움직임을 달리 하여 의미를 전달하는

---

123) Blake E. Reid and Professor Caroline B. Ncube, Revised Scoping Study on Access to Copyright Protected Works by Persons with Disabilities, SCCR/38/3, March 13, 2019.

124) 두 귀의 청력 손실이 각각 60dB 이상인 사람; 한 귀의 청력 손실이 80dB 이상, 다른 귀의 청력 손실이 40dB 이상인 사람; 두 귀에 들리는 보통 말소리의 명료도가 50% 이하인 사람; 평형 기능에 상당한 장애가 있는 사람 등 네 가지로 정하고 있다.

125) 법률 제19592호, 2023. 8. 8., 타법개정.

언어"라고 하여,126) 수어와 구별하지 않고 있다. 그러나 수화는 좁은 의미의 '말하기' 영역에 속하는 것으로 수어의 부분 집합이라 할 수 있다. 우리 법은 이 점에 착안해 '한국수어'라고 하고 있다. 한국수어란 "대한민국 농문화 속에서 시각·동작 체계를 바탕으로 생겨난 고유한 형식의 언어를 말한다"(한국수화언어법 제3조 제1호).

이 규정은 시각장애인이 점자 복제물로 정보에 접근하듯이, 청각장애인을 위하여 수어로 정보에 접근할 수 있도록 수어로 변환하고 이렇게 변환된 수어를 복제, 배포, 공연 또는 공중송신할 수 있도록 하고 있다. 수어는 손의 움직임 등을 표현한 것으로 수어로 변환된 것을 복제물이라고 할 수는 없을 것이다. 이런 변환은 저작권법상 번역에 상응하는 것으로 이해된다. 제33조에서는 점자로 변환하는 것을 "점자로 복제"하는 것으로 보고 있는 것과 대비된다.127)

라. 청각장애인을 위한 시설에서의 복제 등

제33조의2 제2항에서는 "청각장애인 등의 복리증진을 목적으로 하는 시설 중 대통령령으로 정하는 시설(해당 시설의 장을 포함한다)은 영리를 목적으로 하지 아니하고 청각장애인 등의 이용에 제공하기 위하여 필요한 범위에서 공표된 저작물 등에 포함된 음성 및 음향 등을 자막 등 청각장애인 등이 인지할 수 있는 대체자료로 변환하여 이를 복제·배포·공연 또는 공중송신할 수 있다"고 하고 있다. 이 규정은 시각장애인 시설에서의 이용과 같은 맥락에서 나온 것이다. 다음과 같은 요건을 갖춰야 한다. 첫째, 대통령령으로 정하는 시설에 한정된다. ① 장애인복지법상 장애인복지시설 중 지역사회재활시설 중 한국수어통역센터, ② 장애인복지법상 장애인복지시설 중 장애인지역사회재활시설 및 장애인직업재활시설 중 청각장애인 등을 보호하고 있는 시설, ③ 유아교육법, 초·중등교육법 및 장애인 등에 대한 특수교육법에 따른 특수학교와 청각장애인 등을 위하여 특수학급을 둔 각급 학교, ④ 국가·지방자치단체, 영리를 목적으로 하지 아니하는 법인 또는 단체가 청각장애인 등의 교육·학술 또는 복리 증진을 목적으로 설치·운영하는 시설이 있다(시행령 제15조의2).

---

126) 표준국어대사전.

127) 국제적으로도 점자로 변환하는 것은 복제로 보고 있다(reproduction in braille). Reid and Ncube, op. cit. 참조.

둘째, 다른 요건들, 즉 이용이 비영리 목적이어야 하고, 공표된 저작물만 이용할 수 있으며, 허용되는 이용형태는 복제, 배포, 공연 및 공중송신이라는 점은 시각장애인의 요건들과 같다.

셋째, 자막 등 청각장애인이 인지할 수 있는 대체자료로 변환하여 이런 대체자료를 청각장애인이 이용할 수 있도록 하고 있다. 대체자료의 범위는 시행령으로 정하도록 하고 있다(제4항).

마. 청각장애인과 그 보호자를 위한 복제

청각장애인과 그 보호자는 공표된 저작물 등에 적법하게 접근하는 경우 청각장애인의 개인적 이용을 위하여 그 저작물 등에 포함된 음성·음향 등을 자막 등 청각장애인이 인지할 수 있는 대체자료로 변환하여 이를 복제할 수 있다(제3항). 시각장애인과 그 보호자를 위한 복제 규정과 같은 취지, 내용으로 되어 있다.

14. 방송사업자의 일시적 녹음·녹화

가. 의의

방송 프로그램은 일반적으로 다수의 저작물이 모여 하나가 되는 저작물이다. 프로그램을 만들기 위해서는 많은 준비가 필요하다. 생방송이 아닌 한 사전에 녹음이나 녹화 등 복제행위가 당연히 따르게 마련이다. 한편, 복제와 방송은 별개의 이용행위이므로 방송사업자는 그 각각에 대해 권리자의 허락을 받아야 한다.

이런 원칙을 현실에 적용할 경우 무리가 따를 수도 있다. 방송은 상황에 따라 라이브로 할 수도 있고, 시간을 두고 할 수도 있다. 시청자에게는 어떤 방송이든 소중한 것이다. 녹음·녹화는 방송이라는 목적에 부차적인 것일 수도 있다. 베른협약은 이런 점을 고려해 이른바 '일시적 녹음·녹화(enregistrements éphémères, ephemeral recording)'에 대해 동맹국이 제한 규정을 설정할 수 있도록 허용하고 있다: "[방송 허락]은 방송되는 저작물을 소리나 영상으로 기록하는 장치에 의하여 기록하도록 허락하는 것을 의미하지 아니한다. 다만, 방송사업자가 자체의 시설에 의하여 자신의 방송물에 사용되는 일시적 기록물에 관한 규칙은 동맹국의 입법에 따라 결정한다. 이 기록물을 그 예외적인 기록적 성격으로 인하여 공식 기록보존소에 보존하는 것은 그러한 입법에 의하여 허용된다"(제11조의2 제3항). 우리 법규정은 이에서 연유한다. 일시적(ephemeral)이라고는 하지만 몇 개월이 될 수도 있고 1년이 될 수도 있다.[128]

나. 요건 및 이용형태

저작물을 방송할 권한을 가지는 방송사업자는 자신의 방송을 위하여 자체의 수단으로 저작물을 일시적으로 녹음하거나 녹화할 수 있다(제34조 제1항). 이 규정은 다음과 같은 요건으로 나눠볼 수 있다. 첫째, 일시적 녹음·녹화는 방송사업자에게 허용되는 행위이다. 방송사업자가 아닌 경우 이 조항에 의해 면책되지 않는다. 방송사업자는 "방송을 업으로 하는 자"이다(제2조 제9호). 이러한 방송사업자는 방송의 기획과 편성 또는 방송의 내용에 대해 책임을 지는 사업자를 말한다. 무선방송사업자, 유선방송사업자 및 위성방송사업자 등이 포함된다.

둘째, 방송사업자는 "저작물을 방송할 권한을 가"져야 한다. 방송할 권한은 여러 경로로 얻을 수 있다. 방송권을 양도받을 수도 있고, 방송에 대한 이용허락을 받을 수도 있다. 방송에 대해 법정허락을 받을 수도 있다. 이 조항에는 몇 가지 의문이 있다. ① 이론적으로 복제(일시적 녹음·녹화) 권한은 방송 권한에 비해 먼저 요구된다. 시간상으로 복제행위가 먼저 발생하기 때문이다. 아직 방송 허락 여부가 결정되지 않은 상태에서는 일시적 녹음·녹화를 할 수 없게 된다. ② 저작자가 방송에 대한 허락을 할 때에는 생방송이 아닌 한 해당 방송 프로그램이 일시적 녹음·녹화를 거친다는 것을 알게 마련이므로 굳이 일시적 녹음·녹화가 마땅치 않다면 방송 허락을 하지 않으면 그만이다. ③ 권한 없는 방송이라면 여전히 방송권을 침해하는 것이므로 굳이 방송 권한 유무에 따라 법으로 일시적 녹음·녹화를 허용할 필요가 있는지 의문이다.

그럼에도 제34조 제1항은 다음과 같이 해석할 수밖에 없을 것이다. 즉, 방송 권한과 복제 권한은 별개의 것이고, 복제 권한(일시적 녹음·녹화의 허용)은 방송 권한이 없으면 안 된다는

128) WIPO(Berne), 72.

것이다. 이 규정은 자칫 저작권법 이외의 근거에 의해 방송권이 부여되는 상황을 염두에
둔 것이라는 오해를 받을 수도 있다. 불필요한 구절이라고 하겠다. 베른협약에도 없는 것
이다.

셋째, 자신의 방송을 위하여 녹음·녹화를 해야 한다. 외주제작사가 방송사업자를 위해
프로그램을 제작하는 경우, 그 사업자는 방송사업자도 아니고 다른 사업자를 위해 녹음·녹
화를 하는 것이므로 이 조항에 의해 면책 받을 여지가 없다. 계열사 간의 네트워크로 구성
된 방송사들은 각기 독자적인 법인이므로 이들이 동시에 전국 네트워크로 방송 프로그램을
내보내려는 목적으로 녹음·녹화를 하더라도 제34조를 원용하기 곤란하다고 본다.[129]

넷째, 자체의 수단으로 녹음·녹화해야 한다. 다른 시설이나 다른 시설의 장비를 이용하
는 것도 허용되지 않는다.

다섯째, 녹음물이나 녹화물은 일시적으로 허용된 것이므로, 방송과 즉시에 폐기되어야
마땅하다. 그러나 방송 프로그램이 그 문화적·사회적·기록적 성격에 비춰보면 보존해야 할
경우가 있다. 저작권법은 이에 따라, 일시적 녹음·녹화로 만들어진 녹음물 또는 녹화물은
녹음일 또는 녹화일로부터 1년을 초과하여 보존할 수 없도록 하고 있다. 다만, 그 녹음물
또는 녹화물이 기록의 자료로서 대통령령으로 정하는 장소에 보존되는 경우에는 그러하지
아니하다(제34조 제2항). 시행령은 녹음물 등의 보존시설로, ① 기록의 보존을 목적으로 국
가나 지방자치단체가 설치·운영하는 시설 및 ② 방송용으로 제공된 녹음물이나 녹화물을
기록 자료로 수집·보존하기 위하여 방송법 제2조 제3호에 따른 방송사업자(지상파방송사업
자, 종합유선방송사업자, 위성방송사업자, 방송채널사용사업자 및 공동체라디오방송사업자)가 운
영하거나 그의 위탁을 받아 녹음물 등을 보존하는 시설을 지정하고 있다(제16조).

---

129) 일본 저작권법은 특이한 규정을 두고 있다. 제44조 제1항에 의하면, 방송사업자는 "자신의 방송을 위
하여 자체의 수단으로 또는 …… 동시에 방송할 수 있는 다른 방송사업자의 수단으로 일시적으로 녹
음 또는 녹화할 수 있다." 베른협약상 허용되는지 불분명하다.

15. 미술저작물 등의 전시 또는 복제

가. 전시권에 대한 제한

(1) 원칙

저작자가 가지는 여러 권리 중 전시권은 저작물의 원본이나 복제물을 전시할 수 있는 배타적인 권리이다. 전시를 위해서는 원칙적으로 저작자의 허락을 받아야 하는 것이다. 그런데 미술저작물이나 이와 유사한 저작물은 성격상 원본이 거래된다는 점, 그리고 그 원본은 공중이 쉽게 접근할 수 있는 화랑이나 미술관에 전시되는 것이 보통이므로[130] 이러한 전시에 대해 저작자의 개별적인 허락을 그때그때 받는다는 것은 거래의 목적과 관행에 비춰 비합리적이라 판단할 수 있다. 저작권법은 이러한 점을 고려하여, 미술저작물 등의 원본의 소유나 그의 동의를 받은 사람이 그 저작물을 원본에 의하여 전시하더라도 면책시켜 주고 있다(제35조 제1항 본문).

이 규정은 다음과 같이 해석할 수 있다. 첫째, 원본 소유자만이 전시권 제한 규정의 혜택을 받는다. 여기서 원본 소유자란 미술관이나 화랑에 국한하는 것은 아니고 개인이나 기업, 공공기관 그 모두를 포함한다. 또한 미술관이나 화랑 등이 원본을 소유하지 않더라도 소유자의 동의를 받기만 한다면 이 규정에 의해 면책된다. 이 규정은 배포권 제한의 일반 원칙(최초판매의 원칙)이 미술저작물 등에 대한 전시권에 특수하게 투영되었다고 할 수 있다.[131]

둘째, 원본을 전시하는 경우에 한하여 면책된다. 복제물을 전시한다면 복제권과 전시권을 모두 침해하게 된다.

셋째, 전시권의 예외는 미술저작물에 한정하지 않는다. 전시의 방법으로 이용될 수 있는 모든

---

130) 개인적으로 소장, 감상하기 위한 목적으로 구입하는 것은 저작권법이 간여할 일이 못 된다. 저작권법상 이용행위(예를 들어 전시)가 발생하지 않기 때문이다.

131) 우리나라의 예는 찾기 어렵지만, 관내 보유 미술저작물을 전시해 적지 않은 수입을 올리는 외국의 사례가 있다고 한다. 일부 학자는 1980년 피카소 전시회에서 100만 명 이상이 관람하는 예에 비춰 전시권 제한은 부당하다고 한다. Thomas A. Goetzl and Stuart A. Sutton, "Copyright and Visual Artist's Display Right: A New Doctrinal Analysis," 9 Columbia-VLA J. L. & Arts 15 (1984), p. 32. Leaffer, p. 383에서 재인용.

〈표 13〉 전시권 제한

사례		면책 여부	근거	비고
원본	미술관	○	제35조 1항 본문	
	회사 내벽	○	제35조 1항 본문	
	개방 장소(회사 외벽 등)	×	제35조 1항 단서	
복제물	미술관	×	제35조 1항 반대해석	
	회사 내벽	×	제35조 1항 반대해석	
	개방 장소(회사 외벽 등)	×	제35조 1항 반대해석	* 제35조 2항 3호

저작물이 예외 적용을 받는다. 사진저작물이나 건축저작물 또는 도형저작물을 생각할 수 있다.

(2) 원칙에 대한 예외

위 원칙 규정은 미술관이나 화랑이 미술저작물 등을 관내에서 전시하는 것을 염두에 둔 것이다. 그러나 어떤 저작물은 미술관이나 기업의 건물 외벽 또는 건물 주변에 설치되기도 하고 공원에 설치되기도 한다. 건물 외벽 등에 설치되는 저작물은 어느 누구도 쉽게 접근하여 볼 수 있게 되고 이것은 저작자에게 전시권을 심각하게 훼손하는 것이라 할 수 있다. 저작자는 이러한 저작물에 대해 전시권을 행사할 가능성이 거의 배제되기 때문이다. 물론 저작자가 자신의 저작물이 그러한 방법으로 이용된다는 사실을 알고 양도했다면 위 원칙 규정을 그대로 고수할 수 있겠지만 저작자가 당초 생각하지 않은 방법에 의한 이용은 전시권에 대한 심각한 도전이 아닐 수 없다.

저작권법은 이에 대해 "가로·공원·건축물의 외벽 그 밖에 공중에게 개방된 장소에 항시 전시하는 경우에는" 저작자의 허락을 받도록 하고 있다(제35조 제1항 단서). 허락이 필요한 저작물은 다음 저작물에 한정된다. 첫째, 공중에 개방된 장소에 전시되는 저작물이어야 한다. 예시만을 보면 건물 내부 전시는 제외되는 듯이 보인다. 그러나 저작물 원본이 건물 안에 있다는 이유로 한 차별이 합리적으로 보이지 않고, 전시의 항시성("개방된 장소에서 항시 전시")이 허락 여부에 결정적이라고 본다면 건물 안에 있는 저작물 원본을 전시할 때에도 허락을 받아야 한다고 봐야 할 것이다.

둘째, 항상 전시되는 것이어야 한다. 일시적으로, 계절적으로 전시하는 저작물은 단서 적용대상이 아니다. 따라서 이러한 두 가지 요건에 해당하지 않는 저작물은 저작자의 허락 없이 위 원칙 규정에 따라 자유로이 전시할 수 있다.

나. 복제권에 대한 제한

(1) 판매 또는 전시 대상 저작물

미술저작물 등은 '원본'의 판매와 그 전시라는, 독특한 유통 구조와 이용형태를 띠고 있다. 원본의 판매나 전시를 위해서는 미술저작물 등의 존재를 알리고 소개할 필요가 있는데, 저작권법은 이 점을 염두에 둔 권리 제한 규정을 가지고 있다. 즉, 미술저작물 등의 전시자나 판매자는 해설이나 소개를 목적으로 목록 형태의 책자에 그 저작물을 복제하여 배포할 수 있다(제35조 제3항).

면책되는 행위는 복제와 배포이다. 미술관에서 소장 작품을 소개하기 위해 프로젝터로 보여준다면 이것은 공연에 해당하는 것으로 면책 범위를 넘는 것이다.[132] 복제는 원본의 판매와 전시에 부수적인 행위로서 저작물의 해설이나 소개 목적을 위해서만 허용된다. 원본과 구별할 수 없을 정도로 복제한다거나 원본의 감상을 대체할 정도로 복제하는 것은 허용되지 않을 것이다.

복제 형태는 "목록 형태의 책자"이다. 이런 책자로는 도록이나 팸플릿 등을 생각할 수 있다. '책자'라고 한 이상, 엄격 해석의 원칙에 따라 '책자' 형태에 국한하는 것을 볼 수밖에 없다. CD나 DVD는 허용된다고 하기 어렵다. 온라인 디지털 형태 또한 전송이나 공중송신을 수반하기 때문에 허용되지 않는다.[133]

(2) 개방 장소 전시 저작물

위에서 언급한 개방 장소 전시 저작물은 복제 기타 방법으로 이용할 수 있다(제35조 제2

---

132) 미국 저작권법 제109조 (c)항에서는 미술저작물을 소유하는 사람이 그 복제물을 동일 장소에서 프로젝션으로 전시(우리 법상 이것은 공연에 해당한다)하는 것도 허용하고 있다. 우리 법규정이 다소 엄격하다 할 수 있다.

133) 기술 발전에 따른 환경 변화에 대응하기 위해 부분 개정이 필요하다고 본다. 즉, "해설이나 소개를 위하여 필요하다고 인정되는 범위 안에서는 이용할 수 있다"고 하면 될 것이다.

〈표 14〉 복제권 등 제한

A. 일반 미술저작물

사례	면책 여부	근거	비고
1) 원본 전시 목적 도록 발간	○	제35조 3항	
2) 원본 판매 목적 도록 발간	○	제35조 3항	
3) 판매용 복제물 제작	×	제35조 3항 반대해석	
4) 판매용 도록 발간	×	제35조 3항 반대해석	

B. 개방 장소 전시 저작물

사례	면책 여부	근거	비고
1) 건축물 → 건축물	×	제35조 2항 단서 1호	
2) 조각 → 조각	×	제35조 2항 단서 2호	
3) 회화 → 회화	×	제35조 2항 단서 2호	
4) 개방 장소 전시 목적 복제	×	제35조 2항 단서 3호	
5) 판매 목적 복제	×	제35조 2항 단서 4호	
6) 위 1) 내지 3) 이외의 방법에 의한 복제, 배포, 방송, 공중송신	○	제35조 2항 본문	* 목적 불문 (홍보·선전 목적 포함)
1) 조각 → 회화	×	제35조 2항 단서 2호	
2) 회화 → 조각	×	제35조 2항 단서 2호	

항 본문). 이를 이해하기 위해서는 법규정을 그대로 인용할 필요가 있다: "제1항 단서의 규정에 따른 개방된 장소에 항시 전시되어 있는 미술저작물 등은 어떠한 방법으로든지 이를 복제하여 이용할 수 있다."

이를 위해서는 다음과 같은 요건을 갖춰야 한다. 첫째, 해당 저작물의 전시에 대한 허락을 받아야 한다. 법규정을 그대로 보면 전시 허락 여부는 묻지 않는 듯하다. 그러나 개방 장소 전시를 위해서는 제1항에서 허락을 받도록 하고 있다는 점, 그리고 전시 허락도 없는 저작물을 복제 등 이용할 수 있다고 하는 것은 저작자에게 가혹하다는 점에 비춰보면 사전 허락이 필요하다고 해야 할 것이다.

둘째, 이용형태에는 제한이 없다. 복제뿐만 아니라 복제물의 배포, 공연, 공중송신 모두를 포괄한다. 다만, 다음과 같은 경우는 허용되지 않는다: ① 건축물을 건축물로 복제하는 경우, ② 조각 또는 회화를 조각 또는 회화로 복제하는 경우,[134] ③ 제1항 단서의 규정에 의한 개방

---

134) 항시 개방된 장소에 회화를 전시하는 사례가 존재하는지 의문이다. 일본 법에서는 조각을 조각으로 복제하는 경우에만 저작자의 허락을 받도록 하고 있다(제46조 제1항 제1호).

된 장소 등에 항시 전시하기 위하여 복제하는 경우, ④ 판매의 목적으로 복제하는 경우(제35조 제2항 각 단서). 위 ②의 경우 조각을 회화로, 회화를 조각으로 복제하는 것 또한 허용되지 않는다고 본다. 그러한 복제가 실제 존재하는지 모르겠으나, "조각 또는 회화를 각각 조각 또는 회화로 복제하는 경우" 또는 "조각을 조각으로 또는 회화를 회화로 복제하는 경우"라고 표현하지 않고 있다는 점, 그리고 엄격 해석 원칙에 따라야 한다는 점에서 그렇다.

셋째, 법규정은 복제 및 이용 주체에 대해서는 언급하지 않고 있다. 일견 누구든지 면책의 이익을 누릴 것으로 보이지만 첫째의 경우와 마찬가지로 전시 허락을 받은 사람만이 자유로이 이용할 수 있다고 보는 것이 합목적적이다. 예를 들어, ① 뒤에서 보는 '부수적 복제 등'에 해당하지 않는 경우로서, 예를 들어 출판사가 해당 저작물을 관광책자 등 출판물로 발행한다거나 전송하는 경우, ② 제3자가 해당 저작물을 광고용으로 제작하여 배포하거나 방송하는 경우 허용되기는 어려울 것이다.

제35조는 전시 저작물이 여러 방법으로 활용될 수 있다는 점에서, 그리고 저작자가 원본 양도 후 이용형태에 대한 인식이 부족한 가운데 법규정으로 배타적 권리를 제한하고 있다는 점에서 몇 가지 개정 가능성을 열어둬야 한다고 본다. 첫째, 현행 규정은 여러 곳에서 해석상 논란이 생길 수밖에 없는 구성과 내용으로 되어 있다. 특히, 이용 주체에 관해 해석상 심각한 다툼이 생길 수 있다. 문리해석보다는 합목적적 해석은 궁여지책이라 할 수 있다.

둘째, 이 규정은 무엇보다도 미술저작물 등에 대한 저작자의 권리를 지극히 제한하고 있다. 기본권 제한의 기본 원칙(과잉금지의 원칙)에서 한참 벗어난 것으로 보인다. 미술저작물 등의 이용형태가 다양함에도 불구하고 '전통적인' 유통 방식에 집착해 설계됐다고 볼 수밖에 없다.

셋째, 현행 규정과 같이, 개방 장소 전시 저작물을 다른 저작물과 차별하는 것이 정당한 것으로 보이지 않는다. 더구나 제3자에 의한 자유 이용도 허용한다는 해석도 가능하다면 더욱 그러하다.

넷째, 이 규정을 활용 내지 오용하는 사례가 적지 않을 듯하다. 예를 들어, 미술관이 홍보를 위해 공개 장소에 있는 미술품을 홈페이지에 게시한다거나 미술품을 소유하고 있는 건물 소유자가 자신의 제품에 그 미술품을 제품 광고에 활용할 수도 있을 것이다. 입법자가 이런 사례를 의도하지는 않았을 것이다.[135]

---

135) 전시권에 관해 비교법적으로 연구하는 한편, 그 제한 규정(제35조)에 대해 비판적으로 접근한 논문이 있다. 김인철·황경일, "전시권에 관련된 규정의 개정 필요성에 관한 소고", 법과 기업 연구, 제6권, 2016.

현행 규정은 미술저작물 등의 다양한 이용형태를 충분히 파악하고, 이해관계자들의 의견을 수렴한 뒤에 전면 손질해야 한다고 본다. 균형이 상실되었다면 바로잡아야 한다.

다. 위탁 초상화·초상사진

위탁에 의한 초상화 또는 이와 유사한 사진저작물의 경우에 위탁자의 동의가 없는 때에는 이를 이용할 수 없다(제35조 제4항). 이 규정은 다음과 같이 분석할 수 있다. 첫째, 저작권은 저작물을 창작한 사람에게 원시적으로 귀속한다. 비록 초상이라는 특수한 성격을 인정하더라도 저작권법상의 일반 원리는 부정할 수 없는 것이다. 1957년 구법에서 초상의 촉탁자에게 저작권을 귀속시킨 적이 있었다. 구법 제13조에서는 "타인의 촉탁에 의하여 저작된 사진 초상의 저작권은 촉탁자에게 속한다"고 했다. 위 제35조 제4항은 이러한 구법상의 규정을 근본적으로 변경한 것이다. 이렇게 될 경우 초상에는 두 가지 권리가 존재한다는 것을 알 수 있다. 초상자의 초상권과 작가의 저작권이 있는 것이다.

둘째, 초상자가 초상화나 초상사진의 제작을 위탁한 경우 그 그림이나 사진은 위탁자의 동의가 없으면 이용할 수 없다. 위탁자의 인격권 내지 초상권을 보호하기 위한 것이다. 초상자의 초상권은 민법 등 다른 법률에 의해서도 보호된다. 저작자가 위탁자의 동의가 없이 초상화나 초상사진을 이용하면 초상권 침해의 책임을, 제3자가 이용하면 저작권 침해와 초상권 침해의 책임을 지는 것이다. 이 규정 위반은 벌칙 규정에 의해 처벌을 받기 때문에(제138조 제1호) 단순한 주의 규정이 아니다. 이 규정은 초상권과 그 일종인 퍼블리시티권이 경제적으로 가치 있는 권리로 거듭나면서 더욱 의미가 있다.

16. 저작물 이용과정에서의 일시적 복제

가. 의의

2011년 12월 저작권법 개정으로 일시적 복제가 복제 개념 내에 들어오면서 그 권리의 무한한 확장을 염려한 나머지 몇 가지 예외 규정이 생겼다.[136] 그중 하나가 제35조의2에서 말하는 '저작물 이용과정에서의 일시적 복제'이다.[137][138]

이 규정은 문장 그 자체로는 복잡하지 않지만 그 해석은 간단하지 않다. 먼저 해당 조항을 본다: "컴퓨터에서 저작물을 이용하는 경우에는 원활하고 효율적인 정보처리를 위하여 필요하다고 인정되는 범위 안에서 그 저작물을 그 컴퓨터에 일시적으로 복제할 수 있다. 다만, 그 저작물의 이용이 저작권을 침해하는 경우에는 그러하지 아니하다."

입법 당시 일시적 복제를 복제권의 범주에서 포섭해야 한다는 점, 그런 복제권에 대한 제한도 필요하다는 점 등은 충분히 인식하고 있었으나 입법에 참조할 만한 국제조약이나 외국 입법례가 많지 않았다. 당시에는 두 가지 문건 정도가 있었다. 하나는 1996년 외교회의 준비문서인 초안(Basic Proposal)이었고 다른 하나는 EU 정보사회 지침이었다.

외교회의 초안에서는 "일시적 복제가 저작물을 지각할 수 있도록(making the work perceptible) 하는 유일한 목적을 가지고 있거나 또는 그 복제가 순간적이거나 부수적인(transient or incidental) 성격을 가지는 경우, 그러한 복제가 저작자가 허락하거나 법에서 허용한 저작물의 이용 과정에서 발생하는 한" 국내법으로 복제권을 제한하도록 규정했다(제7조). 이것은 이용허락을 받거나 법에서 허용한 방법으로 저작물을 이용할 수 있는 경우와 같이, 그런 합법적 이용의 일부로서 일시적 복제가 생기는 경우 복제권을 제한할 수 있도록 한 것이다. 이런 제한 규정은 물론 3단계 기준을 통과하는 것을 전제로 한 것이다.[139]

외교회의 초안에 영향을 받아 성문화된 조항이 EU 정보사회 지침 제5조 제1항이다. 이 조항에서는 일시적 복제 행위가 순간적이거나 부수적인(transient or incidental)이고, 불가분의 필수적인(integral and essential) 기술적 과정의 일부로서 저작물 등 보호대상의 합법적

---

136) 입법 취지는 국회 검토보고서에 나와 있다: "일시적 저장을 복제로 인정하여 저작권자의 권리를 효과적으로 보호하되, 예외규정을 두어 저작물 이용이 위축될 우려를 최소화함으로써 선의의 이용자를 보호하고 저작물을 공정하게 이용하는데 이바지할 것으로 기대됨." 문화체육관광방송통신위원회 수석전문위원 최민수, 저작권법 일부개정법률안(정부 제출) 검토보고서, 2009. 4.

137) 일시적 복제는 컴퓨터 내에서 정보처리 과정에서 발생하기도 하고 네트워크 시스템 내에서 스트리밍 등을 위한 정보 전달 과정에서 발생하기도 한다. 후자의 경우는 온라인서비스제공자의 행위와 관련된 것으로 뒤에서 다룬다. 제7장 '제4절 온라인서비스제공자의 책임 제한' 참조.

138) 일시적 복제와 그 권리에 대한 제한은 한·미 FTA 협상의 결과이다. 미국은 현행 규정과 같은 (또는 이와 유사한) 제한 규정을 FTA에 반영하는 그 자체에 반대했다. 우리가 EU 지침과 같은 제한 규정을 제안하기도 했으나 미국은 응하지 않았다. 특히, 경제적 의미(economic significance)에 대해 부정적인 태도를 보였다. 우리 제한 규정은 한·미 FTA에 없는 것이다.

139) WIPO(DC/4), pp. 28~32.

이용(lawful use)을 가능하게 하는 것이고, 그런 일시적 복제가 독자적인 경제적 의미(independent economic significance)가 없는 것이라면 그런 복제에는 복제권이 미치지 않는다는 것이다. 우리 법규정은 이런 배경 자료와 함께 검토하면서 해석할 수 있다.

나. 요건

면책 요건은 다음과 같이 살펴볼 수 있다. 첫째, 일시적 복제가 컴퓨터에서 저작물을 "이용하기 위한 목적 또는 이용하는 과정"에서 발생해야 한다. "이용하기 위한 목적의 일시적 복제"는 저작물을 지각하기 위한 목적에서 발생하는 일시적 복제이고, "이용하는 과정에서의 일시적 복제"는 컴퓨터 정보처리 과정에서 발생하는 순간적이고 부수적인 일시적 복제인 것이다. 이 요건은 다음 요건과 함께 보아야 의미가 분명해진다.[140]

둘째, 일시적 복제는 합법적 이용을 위한 것이어야 한다. 제35조의2에서는 "그 저작물의 이용이 저작권을 침해하는 경우에는 그러하지 아니하다"고 규정하고 있다. 우리 법은 문장을 복잡하게 꾸미고 있으나 EU 지침과 같이, 일시적 복제는 "합법적 이용을 가능하게 하는(to enable …… a lawful use)" 목적으로 허용되는 것이다. 이런 합법적 이용의 전형적인 예로서 브라우징이나 캐싱이 있다.[141] 둘째 요건과 셋째 요건을 같이 보면, 여기서 이용이란 저작권법상 저작자의 배타적인 권리가 미치는 이용행위뿐만 아니라 저작물에 접근하는 행위를 포괄하는 넓은 의미라는 것을 알 수 있다.

우리 법은 이런 합법적 이용이 아닌 경우를 "저작권을 침해하는 경우"라고 표현하고 있는 바, 이에는 ① 이용허락을 받지 않았거나 제한 규정에 의해서도 허용되지 않는 행위와 ② 저작권 침해 간주 행위(특히 침해 프로그램 복제물 업무상 이용행위)가 있다고 한다.[142] 침해 간주 행위는 '침해 행위'가 아니다. 법적으로 그렇게 간주하겠다는 것이다. 제한 규정 해석 원칙상 이런 행위까지 포함시키는 것은 곤란한 측면이 있다.[143] 앞에서 본 바와 같이, '합법

---

140) 조문에서는 "컴퓨터에서 저작물을 이용하는 경우에는 …… 일시적으로 복제할 수 있다"고 하고 있다. 이 문장은 다소 어색하다. "저작물을 합법적으로 이용하기 위하여 일시적 복제를 할 수 있다"는 문장이 되어야 한다.

141) EU 정보사회 지침 recital 33.

142) 문화체육관광부(2012), 27~31; 임원선, 248~249.

143) 침해 간주 행위에 관한 규정(제124조 제1항 제3호)은 존재 이유를 상실한 규정이다. 이 규정을 다른

적 이용'이라 할 때 그 이용은 저작권법상 배타적 권리가 미치는 이용에 한정하는 것도 아니다. "합법적 이용을 위하여" 일시적 복제를 할 수 있다고 규정한다면 해석상의 난점도 크게 줄어든다.

셋째, 일시적 복제는 원활하고 효율적인 정보처리를 위하여 필요하다고 인정되는 범위 안에서 허용된다. 이 요건 중 "원활하고 효율적인 정보처리를 위하여"라는 구절은 논리학에서 볼 때에는 무의미한 것이다. 컴퓨터는 원활하고 효율적인 정보처리를 위한 것이기 때문이다. 요건상 의미가 있는 것은 "필요하다고 인정되는 범위 안"에서 일시적 복제가 허용된다는 것이다. 즉, 일시적 복제가 컴퓨터 정보처리 과정상 발생하는 것이고, 그런 복제는 저작물 이용을 위해 필수적이라는 것(essential)이다. EU 지침에서 말하는 "불가분의 필수적인 기술적 과정의 일부로"서 일시적 복제를 이해할 수 있는 것이다.[144]

제35조의2는 불행하게도 일본 저작권법을 무비판적으로 수용한 것으로 보인다.[145] 문장도 이해하기 어렵고, 여러 해석을 불러올 수 있는 조항은 법적 안정성을 해친다.

17. 부수적 복제

부수적 복제에 관한 제35조의3은 2019년 개정으로 신설된 것이다. 이에 대해 국내에서

규정들과 연계하면 해석을 어렵게 할 뿐이다. 이에 관해서는, 제10장 제1절 '2. 침해 간주 행위' 참조.

144) 이른바 '오픈캡처' 사건 대법원 판결도 같은 취지로 이해된다. "여기에서 말하는 '원활하고 효율적인 정보처리를 위하여 필요하다고 인정되는 범위'에는 일시적 복제가 저작물의 이용 등에 **불가피하게 수반되는 경우**는 물론 안정성이나 효율성을 높이기 위해 이루어지는 경우도 포함된다고 볼 것이지만, 일시적 복제 자체가 독립한 경제적 가치를 가지는 경우는 제외되어야 할 것이다." 대법원 2017. 11. 23. 2015다1017, 1024, 1031, 1048 판결. 대법원 판결에서 '경제적 가치' 유무를 면책의 요건으로 보고 있으나 EU 지침을 무비판적으로 수용했다는 비판에서 자유로울 수 없다고 본다. 한·미 FTA 협상에서 미국은 EU 지침상 '경제적 의미(economic significance)'에 대해 비판적인 태도를 보였다.

145) 2009년 개정 일본 저작권법 제47조의8에 매우 흡사한 규정이 있다: "전자계산기에서, 저작물을 당해 저작물의 복제물을 사용하여 이용하는 경우 …… (이러한 이용 또는 당해 복제물의 사용이 저작권을 침해하지 아니하는 경우에 한한다)에는 당해 저작물은 그 이용을 위한 당해 전자계산기에 의한 정보처리 과정에서 당해 정보처리를 원활 또한 효율적으로 수행하기 위해 필요하다고 인정되는 한도에서 전자계산기의 기록 매체에 기록할 수 있다." 이 규정은 2018년 전면 개정되었다.

그다지 활발히 논의했던 주제도 아니었다.[146] 이 조항은 2012년 개정으로 신설된 일본 법 규정에서 크게 벗어나지 않은 것이다.

제35조의3은 '부수적 복제 등'이라는 제목으로 다음과 같이 되어 있다: "사진촬영, 녹음 또는 녹화(이하 이 조에서 "촬영등"이라 한다)를 하는 과정에서 보이거나 들리는 저작물이 촬영등의 주된 대상에 부수적으로 포함되는 경우에는 이를 복제·배포·공연·전시 또는 공중송신할 수 있다. 다만, 그 이용된 저작물의 종류 및 용도, 이용의 목적 및 성격 등에 비추어 저작재산권자의 이익을 부당하게 해치는 경우에는 그러하지 아니하다."

정부 자료에 따르면, 가상현실과 증강현실 콘텐츠 제작이 늘고 있고, 이 과정에서 다른 사람의 저작물이 부수적으로 이용되는 경우가 증가하고 있다는 점을 입법 배경으로 들고 있다. 이 규정은 제26조(시사보도를 위한 이용)와는 달리, 일반인들이 촬영한 결과물에 다른 저작물이 포함된 경우에도 적용될 수 있도록 확장한 것에 의미가 있다.[147]

면책 요건은 다음과 같이 나눠볼 수 있다. 첫째, 대상 저작물은 사진촬영, 녹음 또는 녹화의 과정에서 수록되어야 한다. 다른 복제 방법은 제외된다. 둘째, 대상 저작물은 보이거나 들리는 것이어야 한다. "보이거나 들리는" 우연성을 요건으로 하고 있는 것이다.[148] 정부 자료에서 설명하고 있는 것과는 달리, 증강현실이나 가상현실에서 제작하는 창작물은 상당수 이 우연성으로 인해 면책 대상에서 제외된다. 이런 창작물은 우연히 찍힌 것이라고 하기 어렵기 때문이다. 셋째, 사진촬영 등에 부수적으로 포함되어야 한다. 부수적이 무엇인지 설명하는 것은 매우 어렵다. 특정 사안을 상황과 문맥에 따라 파악할 수밖에 없다.[149] 넷째, 대상 저작물의 종류 및 용도, 이용의 목적 및 성격 등에 비추어 저작재산권자의 이익을 부당하게 해치는 경우에는 허용되지 않는다. 3단계 기준의 일부가 작동하는 것이다.

이용형태는 복제·배포·공연·전시 또는 공중송신을 포괄한다. "이용할 수 있다"고 규정하더라도 무리가 없다고 하겠다. 우리 저작권법 규정과 같은 목적의 규정은 다른 국가에서도 발견된다. 독일이나 영국에도 흡사한 조항이 있다. 독일에는 중요하지 아니한 부수적 저작

---

146) 김경숙, 저작물의 부수적 이용, 김병일(연구책임자), 미래 저작권 환경에 적합한 저작권법 개정을 위한 연구 II, 한국저작권위원회, 2017. 12., 124~144. 이 연구에서는 개정안까지 제시했으나 토론자 6명 모두가 입안 그 자체에 유보적이거나 부정적이었다.

147) 문화체육관광부(2020), 26~27.

148) 이 우연성에 관해서는 제5장 제2절 '5. 시사보도를 위한 이용' 참조.

149) Bentley and Sherman, pp. 217~218; Schricker/Loewenheim, S. 1255.

물(Unwesentliches Beiwerk)이라고 간단한 조항(제57조)이 있고, 영국에는 저작물의 부수적 수록(Incidental inclusion of copyright material)이라는 제목의 간단한 조항(제31조)이 있다. 2001년 EU 정보사회 지침에도 부수적 수록에 관한 예외 규정이 있다(제5조 제3항).

외국의 입법례를 보면 부수적 이용 조항은 국제적으로도 나름대로 공인된 느낌이 든다. 그렇지만 이 조항은 다소 심각한 문제를 안고 있다. 특히 공정이용 규정(제35조의5)을 가지고 있는 우리에게는 저작권법 체계상 잘 맞지 않는다. 이런 조항은 공정이용 제도가 없는 국가에서 가지고 있는 것이다. 일본이 '부수 대상 저작물의 이용' 조항을 구상한 것은 공정이용 조항을 도입을 검토하면서 나온 것이다. 공정이용 조항의 전면 도입을 망설이면서도, '부수적 이용'을 그들이 해결해야 할 법적 과제의 하나로 설정하고 입법적으로 풀어낸 것이다.

게다가 우리 법규정은 현실성이 떨어지기도 한다. 앞에서 보았듯이 요건상 제약이 많아 실제 적용 사례가 한정적이다. 일본은 해당 규정의 한계를 인식하고 재차 개정하기도 했다.[150] 이 조문의 필요성은 출처 표시와 관련한 것이라고 한다. 즉, 부수적 이용을 하는 경우에는 출처 표시에 어려움이 있고, 이는 다른 규정들로 해결할 수 없다는 것이다.[151] 이것은 출처 표시 관련 규정에서 풀 수도 있는 과제라고 할 수 있다. 출처 표시 문제가 규정의 도입 이유라고 하기에는 군색해 보인다.

18. 문화시설에 의한 복제 등

가. 의의

저작권법은 이른바 '문화예술 보호를 위한 기본법'[152]으로서 창작자를 보호하고 창작물의 이용을 원활하게 하기 위한 법률이다. 창작자 보호 목적에 충실하게 되면 이용 목적에 소홀하게 된다. 창작 환경과 이용 환경에 대응하지 못하면 저작권법은 장식에 머무를 수 있

---

150) 2018년 개정에서 "사진 촬영, 녹음 또는 녹화"와 같은 한정적인 구절을 삭제하고 "사진촬영, 녹음, 녹화, 방송, 그 밖의 …… 행위"로 확대하고(제30조의2) 기존의 다른 요건(분리 곤란성)을 삭제하는 등의 개정을 했다. 조문도 아주 복잡하다.

151) 김경숙, 앞의 글, 132.

152) 문화공보부, "저작권법 개정 추진", 1976. 8. 17. 최경수(2021), 111에서 재인용.

다. 지구상에 수많은 저작물들이 명멸한다. 거의 대부분은 시장에서, 일반 공중의 시야에 사라진다. 저작자는 자신의 저작물에 배타적 권리를 가진다. 자율적으로 다른 사람이 이용할 수 있도록 허락할 때 그 저작물을 이용할 수 있을 뿐이다. 누가 저작자인지, 그 저작자가 누구인지, 배타적 권리는 누가 가지고 있는지 알기 어렵고, 매일 쏟아지는 저작물의 양을 생각하면 이용허락 시스템은 저작물 이용 측면에서는 매우 불편하다는 것을 확인할 수 있다.

현행 저작권법 제도상 국내외를 막론하고, "저작재산권자나 그의 거소를 알 수 없는 경우"는 헤아릴 수 없이 많다. 디지털 환경에서 저작물 이용 수요는 폭증하는 한편, 보호기간 연장 등 높은 수준의 보호를 요구하는 권리자의 주장도 커지면서, 이른바 '고아저작물(orphan works)' 내지 '불명 저작물' 문제는 더욱 심각해지고 그 해결 필요성도 높아지고 있다.[153)]

디지털 기술은 누구든지 시간과 장소의 구애를 받지 않고 저작물을 검색하고, 찾아, 열람하고 복제할 수 있는 환경을 제공했으나, 기존의 저작권 제도에 따라 이런 저작물에 접근하여 이용할 수 있도록 하기 위해서는, 법적으로 풀어야 할 숙제도 많고, 절차적으로도 까다로울 뿐만 아니라 상당한 시간을 들여야 한다. 기존 제도는 저작권 행사의 자율성, 사전 허락, 개별 허락을 전제로 설계된 것이다.[154)] 권리자와 이용자가 개별적으로 만나고, 협상하는 것을 전제로 한 기존 제도는 이제 시대에 맞지 않는 제도일지도 모른다.

입법부는 특히 디지털 환경을 맞아 그 혜택을 모든 사람이 누릴 수 있도록 제도를 만들어야 하는 숙제를 안고 있는 것이다. 특히 '안방 도서관'을 지향하고, 모바일로 저작물에 접근하는 시대에 맞는 제도를 모색하지 않으면 안 되는 것이다. 이런 숙제를 고민하고 해결에 나선 것은 유럽연합이었다. 유럽연합은 2012년 EU 고아저작물 지침을 만들어, 권리 제한 방식으로 고아저작물을 대량으로 이용할 수 있는 제도를 만들었다. 우리 저작권법도 EU 지침에서 활용한 방식을 따라 2019년 법개정으로 권리 제한 방식으로 고아저작물을 이용할

---

153) 영국도서관(British Library)이 소장하고 있는 1억 5000만 저작물 중 40%가 '고아'라고 추정하고 있다. 덴마크에서 역사 핸드북 1000권을 디지털화하면서 5개월간 고작 50건을 권리 처리할 수 있었다고 한다. 우리나라에서도 추정 보고가 있다. 2017년 말 기준으로, 국립중앙도서관 디지털화 자료 중 80% 정도는 구하기 어렵거나 고아저작물로 추정하고 있다. 최경수(2018), 87에서 여러 자료 인용.

154) 일부 포괄 허락(blanket license)이 존재하기는 하지만 널리 쓰일 수는 없는 것이다. 집중관리단체에 의한 단체 계약이 대표적인 사례이다. 집중관리가 가능한 저작물은 음악저작물 등 일부에 한정된다. 대량 이용을 위한 보편 제도가 되기는 어렵다.

〈표 15〉 법정허락 방식과 권리 제한 방식 간의 차이

	법정허락	권리 제한
제도의 성격	라이선스(이용허락)	권리 제한
이용 주체	누구든지	특정 기관에 한정
국가기관의 승인	필요	불필요
권리 처리 성격	임시적·대증적 방법	상시적 방법
고아저작물 해법	임시적 방편	종국적 해결 수단에 가까움
외국인의 저작물	대상에 포함 가능	대상에 포함 곤란

〈표 16〉 양자 간의 장단점

	법정허락	권리 제한
내외국인 저작물 간의 차별	없음	있음
절차상의 부담(시간, 비용)	큼(상당한 노력 등)	거의 없음(상당한 조사)
침해에 대한 우려	없음	있음
이용 방법	소량 이용에 적합	대량 이용에 적합
보상금 지급 방식	사전 지급	사후 보상

자료: 최경수(2018), 111.

수 있는 제도를 창설했다. 이 제도는 불명 저작물 이용을 위한 '법정허락'(제50조)과 공존한다.[155]

나. 문화시설

제35조의2에서는 "국가나 지방자치단체가 운영하는 문화예술 활동에 지속적으로 이용되는 시설 중 대통령령으로 정하는 문화시설"을 문화시설이라고 하고 있다(제1항). 국가나 지방자치단체가 운영하는 도서관, 미술관이나 박물관 등은 많은 문화유산을 가지고 있다. 이들 문화유산기관 중 "문화예술 활동에 지속적으로 이용되는 시설"[156] 중 특정 시설에 국한한다. 국회도서관, 국립중앙도서관, 지역대표도서관, 국립중앙박물관, 국립현대미술관, 국

---

155) 고아저작물은 각국에서 관심을 가지고 해법을 모색하고 있고, 다수의 정책 보고서도 나왔으나 입법적으로 방안을 찾은 예는 많지 않다. 대량 이용 방안은 법정허락 제도의 확대, 이른바 확대된 집중관리 제도(Extended Collective Licensing: ECL), 권리 제한 방식 등을 중심으로 논의되어 왔다. 최경수(2018), 80~85.

156) 문화예술진흥법(법률 제18547호, 2021. 12. 7., 타법개정) 제2조 제1항 제3호: "문화시설이란 문화예술 활동에 지속적으로 이용되는 다음 각 목의 시설을 말한다. ……"

립민속박물관이 이에 속한다(시행령 제16조의2). 이들 문화시설은 법에서 예정한 대로, 공익 목적의 비영리 기관이고, "그 문화시설에 보관된 자료를 수집·정리·분석·보존하여 공중에게 제공하기 위한 목적"으로 저작권법상 이용행위를 한다.

다. 대상 저작물 및 이용형태

문화시설은 그곳에 '보관된 자료'를 사용하여 이용할 수 있다(제1항). '보관된 자료'의 의미는 제31조(도서관 등에서의 복제 등)에서 규정한 '보관된 도서 등'과 같은 맥락에서 이해할 수 있다. 문화시설이 소장하고 있거나 소장 허락을 받은 자료를 말한다. 다만, 제31조에서 말하는 특별한 경우(다른 도서관의 요구에 따라 복제물을 제공하는 경우)나 문화시설이 특정 행사나 특정 전시 목적으로 특정 자료를 사용하여 저작물을 이용하고자 하는 경우에는 이 조를 원용할 수 없을 것이다.

제35조의4 제1항에서는 제3조에 따른 외국인의 저작물을 제외하고 있다. 외국인의 저작물은 베른협약 등 조약에 의해 보호되고 있으므로, 자칫 제35조의4로 인한 조약 충돌 가능성을 차단하기 위한 것이다.

이용형태에는 제한이 없다. 복제·배포·공연·전시 또는 공중송신을 포함한다(제1항). 누구든지 어떤 방법으로든, 시간과 장소의 구애를 받지 않고 저작물에 접근하고 향유할 수 있도록 한 것이다.

라. 상당한 조사

고아저작물을 이용하기 위해서는 '상당한 조사'를 해야 한다(제1항). 이것은 제50조 법정허락에서 요건으로 하고 있는 '상당한 노력'과 대비되는 개념이다. 후자는 저작재산권자를 찾으려는 노력을 양적으로, 질적으로 소명해야 하는 절차적인 요건이라면, 전자는 그런 기준과 절차를 완화하거나 생략하여 저작재산권자를 찾을 수 있는 국내 제도(등록 제도나 고아저작물 시스템)를 통해 확인하는 절차적인 요건이라고 할 수 있다.[157]

---

157) 유럽에서도 고아저작물 제도가 초기에 어려움을 겪었던 결정적인 이유는 '성실한 조사(diligent search) 문제라고 한다. 온라인 정보와 오프라인 정보가 산재해 있고, 국가마다 '성실한 조사' 대상의

시행령에서는 상당한 조사를 ① 문화시설에서 보관하고 있는 자료를 통해 저작재산권자 정보를 확인하고, ② 저작권등록부를 통해 저작재산권자의 정보를 조회하고, ③ 보상금수령 단체와 신탁관리업자에게 저작재산권자의 정보를 조회하고, ④ 이른바 '권리자 찾기 정보시 스템'을 통해 저작재산권자의 정보를 조회하고, ⑤ 도서관자료나 국가 서지에 관한 정보를 통해 저작재산권의 정보를 조회하고, ⑥ 콘텐츠 식별체계를 통해 저작재산권자나 그의 거 소에 관한 정보를 조회하고, ⑦ 정보검색도구를 이용하여 저작재산권자의 정보를 검색하고, ⑧ 창작자에 관한 정보를 관리하고 있는 단체에 저작재산권자의 정보를 조회하는 것으로 하고 있다.[158] 제50조상의 '상당한 노력'에 비해 다소 완화되어 있다고는 하지만 여전히 과 도한 요구를 하고 있다. 법률은 '가능한 범위'에서 이용자에게 부담을 줄이고자 하고 있으나 시행령이 이를 가로막는 모습이다. 권리자 보호를 위해서는 다른 제도적 장치(이용 거절, 보상금)를 얼마든지 활용할 수 있는 것이다.

마. 문화시설의 의무

문화시설의 저작물 이용은 저작자의 의사를 거스르는 것일 수도 있다. 고아저작물의 특 성상 저작자가 나타날 가능성은 적으나 없는 것은 아니다. 고아저작물 제도가 활성화되면 저작자가 모습을 드러내는 사례가 늘어날 수도 있다. 균형 측면에서 저작자의 의사를 존중 하고 때로는 충분한 보상을 하는 것이 '창작 한국'에 대응하는 것이다.

제35조의4는 몇 가지 방법으로 문화시설에 의무를 부과함으로써 균형을 잡고 있다. 첫 째, 문화시설은 이용하는 저작물의 목록을 게시하고 저작물의 제호와 공표연월일, 저작자나 저작재산권자의 성명, 저작물의 이용 방법이나 형태 등에 관한 정보를 제공하고, 권리 침해 를 방지하기 위한 복제방지조치 등 필요한 조치를 하여야 한다(제6항 및 시행령 제16조의6 제1항).

둘째, 저작재산권자는 고아저작물 이용에 대하여 그 이용을 중단할 것을 요구할 수 있으 며, 요구를 받은 문화시설은 지체 없이 해당 저작물의 이용을 중단하여야 한다(제2항). 저작 재산권자가 나타나 자신의 권리를 주장하고자 한다면 이를 존중해 해당 이용을 중단해야

종류와 숫자를 달리 설정하는 등 '실무적인 문제'가 있었다는 것이다. 최경수(2018), 96~97.
158) 시행령 제16조의3.

한다. 이때 저작물의 '고아성'은 상실되는 것이다. 권리자가 계속 사용을 용인한다면 이 또한 가능한 것은 물론이다. 권리자가 이용 중단 신청을 하려면 이용 중단 요구서와 함께 자신이 권리자라는 사실을 소명하는 자료를 문화시설에 제출해야 한다. 소명 자료에는 저작권 등록증 사본, 자신의 성명이 표시된 저작물의 사본 등이 있다(제7항 및 시행령 제16조의4).

셋째, 문화시설은 보상금을 지급해야 한다(제3항). 보상금은 몇 가지 방법과 절차를 거친다. ① 저작재산권자는 고아저작물 이용에 대하여 보상금을 청구할 수 있다. 권리자가 무상 이용을 허락할 수도 있는 것이다. ② 권리자가 보상금을 청구하면 문화시설은 저작재산권자에게 보상금을 지급해야 한다. 지급 방법과 절차는 1차적으로 협의로 한다. 협의가 성립되지 아니한 경우에는 누구든지 문화체육관광부장관에게 보상금 결정을 신청하여야 한다(제3항 및 제4항). ③ 신청을 하는 경우 문화체육관광부장관은 저작물의 이용 목적·이용 형태·이용 범위 등을 고려하여 보상금 규모 및 지급 시기를 정하고 이를 문화시설과 저작재산권자에게 통보하여야 한다(제5항).[159]

보상금의 액수는 "저작물의 이용 목적·이용 형태·이용 범위 등을 고려하여" 정한다. 보상금 제도는 손해 또는 손실에 대한 금전에 의한 보전을 위한 것이다. 보상금은 "충분해야 한다"고 본다. 충분하다는 것은 시장에서 정하는 가격, 즉 "그 권리의 행사로 일반적으로 받을 수 있는 금액에 상당하는 액"(제125조 제2항)이어야 한다는 뜻이다. 몇 가지 이유를 들 수 있다. ① 공익 목적의 재산권 제한이라 하더라도 헌법상의 '정당한 보상' 원칙은 관철되어야 한다. 헌법재판소도 인정하듯이, 저작권법상 재산적 권리는 재산권의 일종이다. 헌법상의 재산권에 작동하는 원리는 이 재산적 권리에도 그대로 적용되어야 한다. ② 고아저작물 제도상 보상금은 다른 보상청구권 제도상의 보상금과는 다른 성격을 가지고 있다. 후자는 애초에 배타적 권리가 아닌 보상청구권에서 출발한 권리에서 나온 것인 반면, 전자는 이용허락을 받을 수 없는 불가피한 사정 때문에 생긴 것이다. ③ 문화시설과 같은 공공 부문이 공익을 이유로 적은 금액을 보상한다는 전제는 문화 개발도상국에서는 주장할 수 있는 것이지만 이제는 이런 주장은 설득력이 없다. 이런 전제는 오히려 문화 창달을 저해할 수 있다.

---

159) 보상금 결정 신청의 접수 및 결정은 한국저작권위원회에 위탁되었다(제130조 및 시행령 제68조 제1항 제1호).

19. 저작물의 공정한 이용

가. 의의

제35조의5는 '저작물의 공정한 이용'이라는 제목에서 보듯이, 이른바 '공정이용'에 관한 규정이다. 공정이용이란 미국에서 판례법으로 발전되어온 개념을 1976년 미국 저작권법에서 제도화한 것으로, 우리는 이를 한·미 FTA를 통해 국내법에 수용했다.

한·미 FTA 협상 과정에서 미국은 일시적 복제를 복제 개념에 넣고, 복제권 제한은 3단계 기준에 의한다는 협상문안을 내놓았다. 이에 관해 양국은 집중적인 논의를 한 끝에 일시적 복제를 포함한 복제 개념을 인정하고, 이에 대해 배타적인 권리를 부여하면서, 그 복제권 제한은 3단계 기준으로 한다는 원칙과 함께, 그 제한은 "공정이용을 위하여" 채택하거나 유지할 수 있다는 데 합의했다.[160] 연혁적으로, 이 FTA 규정(제18.4조 제1항 및 각주)이 우리나라에 공정이용 규정의 출발점이었다. 한·미 FTA에서 공정이용은 복제권 규정에서 언급하고 있는 것이지만, 우리 입법부는 이를 일반 권리 제한 규정으로 확대했다.

미국에서 공정이용 이론은 1841년 Folsom v. Marsh 사건 판례[161]에 기원을 두고 있다. 공정이용은 형평에 근거를 둔 것으로서,[162] 연혁적으로 소송법상 적극적인 항변(affirmative defence) 요소로 인식되어 오다가 1976년 저작권법에서 제한 규정 내에 편입되었다(제107조).[163] 주요 선진국 중에서 공정이용 제도를 가지고 있는 국가는 없다.

---

160) 미국은 협상 초기에 협상문안에 3단계 기준을 내용으로 하는 제한 규정을 본문에 넣고, 교사와 학생이 조직적으로 합법적 복제물의 구매나 취득을 대체하는 효과를 가져오는, 저작물의 전부나 상당 부분을 복제하는 것에 대해 제한 규정이 적용되지 않는다는 규정을 각주에 넣는 제안을 했다. 우리가 보기에는 지나친 주장을 한 것이다. 우리는 일시적 복제 개념 수용으로 인한 '과도한 보호'에 우려를 표명하면서 여러 수정 제안을 했다. 그중 하나가 EU 정보사회 지침 규정과 같은 것이었다. 협상을 권리 강화에 목표를 둔 미국과 균형을 목표로 한 한국 간의 입장을 조율한 것이 현행 FTA 규정이다. 이 규정은 우리에게 입법 재량을 넓혀준 의미도 있다.

161) 9 F.Cas. 342 (1841).

162) 영미법계에서는 법의 연원으로 성문법과 보통법(common law)이 있다. 법원은 개별 사건에서 형평에 의해 판결하기도 한다. 형평은 정의의 원칙에 기대어, 이런 성문법과 보통법을 수정하거나 보충하는 기능을 한다. Black's Law Dictionary.

163) H.R. Rep. No. 102-836, 1992, p. 3. 미국 교과서에서는 공정이용을 제한 규정의 장에서 서술하지 않

우리 법에서 공정이용 제도는 두 가지 입법 목적을 가지고 있다. 첫째, 총론의 관점에서는 "저작권 보호 확대에 대응하여 저작물 이용 환경이 전반적으로 저하되지 않도록" 권리 보호와 이용자 이익 간의 균형이 요구된다는 것이고, 둘째, 각론의 관점에서는 "오늘날 기술 발달과 저작물 이용환경의 변화로 저작물 이용이 다양한 형태로 나타나고 있어, 기존의 제한적 면책 규정으로는 다양한 저작물 이용 형태를 둘러싼 이해관계자의 각기 다른 입장"을 조정할 필요가 있다는 것이다. 이에 따라 '일반조항 방식'으로 제35조의5를 신설한 것이다.[164]

나. 요건

첫째, 저작물의 일반적인(통상적인) 이용 방법과 충돌해서는 안 되고, 저작자의 정당한 이익을 부당하게 해치지 아니해야 한다. 베른협약상 3단계 기준 중 두 가지, 즉 저작물의 통상적 이용 충돌 금지와 저작자의 합법적 이익 저해 금지를 요건으로 하고 있다(제1항).

둘째, 이용이 공정(fair)해야 한다. 제1항 본문에서는 이 요건을 찾을 수 없다. "제23조부터 제35조의4까지, 제101조의3부터 제101조의5까지의 경우 외에 저작물의 통상적인 이용 방법과 충돌하지 아니하고 저작자의 정당한 이익을 부당하게 해치지 아니하는 경우에는 저작물을 이용할 수 있다"고 할 뿐이다. 제목에서 '공정한 이용'이라고 하고 있으므로 "이용이 공정해야 한다"고 해석하는 것이다. 공정성의 판단기준은 제2항에서 네 가지를 예시하고 있다. ① 이용의 목적 및 성격, ② 저작물의 종류 및 용도, ③ 이용된 부분이 저작물 전체에서 차지하는 비중과 그 중요성, ④ 저작물의 이용이 그 저작물의 현재 시장 또는 가치나 잠재적인 시장 또는 가치에 미치는 영향 등이 그것이다.

이들 기준은 모두 공정성 판단에 적용되어야 한다고는 하지만,[165] 어느 하나가 결정적으로 작용할 수도 있고, 이들 기준이 중첩적으로 작동하여 공정성 여부가 가려질 수도 있다. 각각의 기준을 간단히 보기로 한다.[166] 첫째, "이용의 목적 및 성격"에서 가장 중요한 것은

고, 저작권 침해 항변의 장에서 다루기도 한다. Leaffer, pp. 479~525.

164) 문화체육관광방송통신위원회 수석전문위원 최민수, 저작권법 일부개정법률안(정부 제출) 검토보고서, 2009. 4.

165) Leaffer, p. 481.

166) 공정이용에 관한 판례가 부족한 우리로서는 미국의 판례와 이론에 주목하지 않을 수 없다. 아래에서

그 이용이 변형적인 것(transformative use)인지 아니면 단순히 원저작물을 대체하는 것인지 여부와 그 이용이 상업적인 성격이 있는 것인지 여부이다. 특히 변형적 이용 여부가 판단의 중심에 있다. 법원이 변형적인 것이고 본다면 공정이용으로 판단할 여지가 많고, 상업적인 성격으로 본다면 그 여지가 적어진다.

둘째, "저작물의 종류 및 용도"는 저작물의 접근성 측면에서 살펴보는 것이다. 공익상 어떤 저작물은 다른 저작물에 비해 그 접근 필요성이 큰 경우가 있다. 학술, 연구 등의 정보는 오락 정보에 비해 그 필요성이 큰 것이므로 그 이용은 공정한 것으로 판단될 여지가 많다. 미공표 저작물 이용은 공표 저작물 이용에 비해 공정성 판단에 부정적인 효과가 있다.

셋째, "이용된 부분이 저작물 전체에서 차지하는 비중과 그 중요성"[167]은 이용의 필요성과 비례성 차원에서 바라보는 것이다. 그대로 베끼는 것(verbatim copying)은 이용의 목적을 넘는 것으로 허용되기 어렵다. 이 기준은 양적인 측면에서뿐만 아니라 질적인 측면에서도 검토한다.[168]

넷째, 마지막으로 "저작물의 이용이 그 저작물의 현재 시장 또는 가치나 잠재적인 시장 또는 가치에 미치는 영향"은 본문상의 요건, 즉 저작물의 통상적 이용 충돌과 대부분 겹친다.[169] 이 기준은 다른 기준들과 결합되어 공정이용 판단에 영향을 주는 경우가 많다. 예를 들어, 이 기준에 해당하는 저작물의 이용이 상업적인 성격을 가지고 있거나(첫 번째 기준), 저작물의 전부나 상당 부분을 복제하는 경우(세 번째 기준) 그 이용의 공정성에 부정적으로 작용할 것이다.

미국 판례에서는 변형적 이용 요소를 첫 번째 기준에서 다루기도 하지만, 독자적인 다섯 번째 기준으로 보기도 한다. 이것은 법규정에 없는 것으로, 미국 법원은 1990년대 이후 이를 공정성을 긍정하는 요소로 판단해 오고 있다. 변형적 이용이란 원저작물을 변형하여 새로운 정보와 미감, 영감, 이해를 더함으로써 가치를 부가하는 것이라고 한다. 변형적 이용은 저작물의 수를 증가시키지만, 복제적 이용(reproductive use)은 저작물의 복제물 수를 증가시킬 뿐이라고 한다. 변형적 이용은 저작권법의 내재적 목적에 이바지한다는 것이다.[170]

설명하는 네 가지 기준은 Leaffer, pp. 486~495에서 서술한 내용을 참고한 것이다.

167) 미국 저작권법은 "저작물과의 전체적인 관계에서 이용된 부분의 양과 상당성(amount and substantiality)"이라고 한다(제7조). 우리 법상 '중요성'이라는 표현은 다소 어색하다.

168) 이 기준은 우리 법 제28조에 따라 허용되는 인용의 요건을 떠오르게 한다.

169) 미국 공정이용 규정에는 이런 요건이 없다.

170) Leaffer, pp. 482~485.

제35조의5는 원칙적으로, 모든 저작물을 대상으로, 어떤 목적으로든 어떤 형태로든 이용할 수 있다. 다른 제한 규정은 저작물의 종류나 공표 여부에 따라 허용행위를 정하기도 하지만, 공정이용에는 이런 요건상의 제약이 없다. 다른 제한 규정은 비영리 목적이라든가 수업 목적 등 특정 목적을 조건으로 하고 있지만, 공정이용 규정은 이용 목적을 조건으로 하지 않고 있다.171) 이용형태도 저작권법상 배타적 권리가 미치는 모든 경우로 열어놓고 있다. 그렇지만 공정이용 대상 저작물, 이용 목적, 이용형태는 모두 공정이용 판단 기준에 직접적으로나 간접적으로 연결되어 개별 사안에 적용된다.

다. 검토

공정이용 규정은 그 잠재성에 비해 아직 관련 판례는 적은 편이다. 영미법계에서 나온 이론으로서 우리에게는 아직 낯선, 때로는 익숙하지 않은 것이 원인의 하나일 수도 있다.172) 그래서인지 이 규정에 비판적인 의견도 있지만, 이 규정은 여러 측면에서 매우 중요

---

171) 목적 요건은 2011년 12월 개정에는 있었으나("…… 보도·비평·교육·연구 등을 위하여 저작물을 이용할 수 있다") 2016년 3월 개정에서 삭제하고, 목적은 제2항의 공정이용 판단 기준의 하나로(제1호: '이용의 목적') 두었다. 다음과 같은 입법 이유를 들고 있다: "'포괄적 공정이용' 제도의 도입목적이 개별적 저작재산권 제한사유를 적용하기 곤란한 다양한 저작물 이용상황에 대응하기 위해서라는 점을 고려할 때, 개별적 저작재산권 제한사유가 마련되어 있는 '보도·비평·교육·연구'를 '포괄적 공정이용' 요건으로 두는 것은 동 제도의 도입취지에 부합하지 않는다고 하겠음. …… 「한·미 FTA」 이행법률이 본회의에 직권상정되는 과정에서 상임위원회의 심의·의결이 생략된 〔채〕 정부측 의견이 반영된 것으로, 동 개정은 입법과정상의 문제를 바로잡는 의미도 있음. …… 또한, 개정안은 '포괄적 공정이용' 판단시 고려사항인 '영리성 또는 비영리성 등 이용의 목적 및 성격'(제35조의3 제2항 제1호)을 '이용의 목적 및 성격'으로 변경하고 있는데, 저작물 이용목적 및 성격을 '영리성 또는 비영리성 등'으로 수식하는 경우 영리성·비영리성을 우선적으로 고려하거나 이에 한정해서 판단할 우려가 있어, 영리성이 있더라도 공정이용에 해당될 수 있는 행위를 사장시키는 부정적인 효과를 야기할 수 있는바, 개정안은 이러한 부정적 효과를 미연에 방지하기 위한 내용이라는 점에서 타당한 입법조치로 보임." 교육문화체육관광위원회 전문위원 박명수, 저작권법 일부개정법률안(이군현 의원 대표발의) 검토보고, 2013. 12.

172) 이규호·서재권, 공정이용 판단기준 도출을 위한 사례 연구, 한국저작권위원회, 2009; 김인철, 미국 저작권청 Fair Use Index, 한국저작권위원회, 2019 참조. 전자는 미국의 공정이용 법리의 발달과정과 미국 주요 판례를 포함한 논의 동향을 종합적으로 정리한 것이고, 후자는 미국 저작권청에서 제공

한 의미를 가진다. 첫째, 기존의 제한 규정으로 풀기 어렵거나 기존 규정보다 공정이용 규정 적용이 쉬운 상황이나 사례가 존재한다.[173] 이 규정의 신축성으로 인해 여러 상황에 대응할 수 있는 완충 작용을 한다고 본다.

둘째, 유럽연합을 중심으로 디지털 기술에 대응하기 위하여 새로운 제도를 도입하고 있다.[174] 흥미로운 것은 디지털 기술과 이를 활용한 혁신이 어디보다 활발한 미국에서는 그런 새로운 입법이 나오지 않고 있다는 점이다.[175] 현행 공정이용 규정으로 문제를 풀고 있는

한 "U.S. Copyright Office Fair Use Index"에서 2019년 2월까지 나온 206건을 번역, 소개한 것이다.

173) 이러한 예는 적지 않게 발견된다. ① 특허협력조약에 따른 특허 출원 절차상 참고문헌으로 기재된 기술자료, 논문 등 비특허문헌(non-patent literature)을 여러 가지 방법으로 이용하게 된다[비특허문헌의 내부 심사 목적 아날로그 복제 및 디지털 복제; 비특허문헌이 포함된 데이터베이스 제작; 비특허문헌의 지정관청 또는 신청인에게 송부; 비특허문헌에 대한 링크가 포함된 국제조사보고서(International Search Report) 또는 국제예비심사보고서(International Preliminary Examination)의 송부; 비특허문헌에 대한 링크가 포함된 데이터베이스의 제작 및 인터넷을 통한 이용제공; 비특허문헌이 포함된 데이터베이스의 인터넷을 통한 이용제공]. 이러한 특허협력조약 절차상의 비특허문헌 이용에 대해 국가마다 통일된 제한 규정이 존재하지 않기 때문에 각각의 이용에 대해 명쾌한 답은 나오지 않고 있다. Copyright in Non-Patent Literature Cited by International Searching Authorities, Meetings of International Authorities under the Patent Cooperation Treaty (PCT), PCT/MIA/10/8, August 16, 2004. ② 인터넷 포털 사이트 블로그에 다섯 살 아이가 의자에 앉아 유명 가수의 노래의 후렴부를 부르면서 춤을 추는 모습을 촬영한 53초 분량의 동영상과 딸의 다른 사진 및 아이가 가요보다는 소녀 취향의 노래를 좋아해줬으면 좋겠다는 바람을 담은 글이 포함된 게시물을 작성하여 자신의 블로그에 게시한 사건에서, 우리 법원은 이를 저작권법상 복제와 전송으로 보면서 (1) 동영상이 새로운 창작물로서 피인용 저작물이 새로운 창작물의 일부로 흡수 되었으며, (2) 인용된 저작물의 양이 필요한 최소한에 그쳤고, (3) 시장의 수요를 대체하거나 또는 그 가치를 훼손한다고 보기 어려운 점 등을 들어 저작권법상 정당한 인용으로 보았다. 서울중앙지방법원 2009. 4. 29. 2005가합44196 판결. 이런 법원의 판단 기준들이 대부분 인용 요건이라기보다는 공정이용 요건에 해당한다. 우리 판례 중 인용의 면책 여부를 판단하면서 당시 존재하지도 않았던 공정이용 요건을 검토한 사례는 여럿이 있다.

174) 대표적인 예로, 텍스트 및 데이터 마이닝(text and data mining)이 있다. EU DSM 지침 제3조 참조.

175) 영국은 2011년 디지털 환경하의 저작권법 과제를 발굴하는 연구보고서에서 미국의 공정이용에 대한 당시 영국 수상의 평가를 실은 바가 있다. 당시 수상 캐머런(David Cameron)은 구글 창업자들이 영국에서는 창업할 수 없었을 것이라고 말했다면서, 미국의 공정사용 규정이 기업들에게 새로운 제품과 서비스 생산을 위한 공간을 제공하고 있다고 발언했다. Digital Opportunity: A Review of Intellectual Property and Growth, An Independent Report by Professor Ian Hargreaves, May 2011, p. 44.

것이다. 공정이용 방식이 아닌 새로운 제한 규정 도입은 입법 당시의 기술 현상을 반영하게
마련이다. 그러나 '새로운' 기술이 등장하면 그 새로운 규정은 곧 낡아 버리고 또 새로운
규정을 찾아야 할지도 모른다. 실제 그런 사례가 있다.[176]

　셋째, 이 규정의 한계도 분명하다. 공정이용은 판례를 통해 그 내용이 구체화, 정형화되
기 때문에 신축성을 속성으로 하고 있다.[177] 이것은 장점이 될 수도 있지만 예측 가능성
또는 법적 안정성 측면에서 단점이 될 수도 있다.[178] 미국에서도 이에 관한 논의가 활발하
다. 미국 법원은 일반 공중에게, 산업 전반에 영향을 미치는 분쟁에 직면하게 되면 권리
보호에 주저하면서 입법적 해결에 미루고자 하는 경향을 보이기도 한다.[179] 기술 환경에
필요한 입법적 요구가 구체적이고 분명히 존재한다면, 기존 공정이용 규정의 한계로 인해
혁신에 장애가 있다면 입법부는 그에 맞는 입법적 대응을 얼마든지 할 수도 있는 것이다.

　공정이용 규정의 등장으로 다른 제한 규정과의 관계도 다시 살펴보고 재정비해야 한다고 본다.
우리 법상 여러 제한 규정이 공정이용 규정과 중첩되기도 하고, 그 부분 집합에 지나지 않기도 한다.

20. 번역 등에 의한 이용

　저작권법은 저작권 보호와 공정한 이용이라는 커다란 두 가지 목적을 가지고 있다. 법에
서 열거하고 있는 권리 제한은 공정한 이용이라는 목적을 달성하기 위한 수단이다. 저작물
이용자들은 권리 제한을 통해서 권리자의 허락을 받지 않고서도 해당 저작물을 자유로이

---

176) 일본이 부수적 이용 관련 제한 규정은 2012년 신설되고 2018년 개정되었다. 이에 관해서는, 제5장
　　제2절 '17. 부수적 복제' 참조.

177) 공정사용 이론은 법원으로 하여금 저작권법을 신축적으로 적용해 창작을 억제할 수 있는 법의 엄격
　　한 적용을 피하도록 해주고 있다. Iowa State Univ. Research Found., Inc. v. Am. Broad. Cos., 621
　　F.2d 57, 60 (2d Cir. 1980). Leaffer, p. 480에서 재인용.

178) 미국 산업계에서는 공정이용 규정의 법적 안정성, 예측 가능성이 입증되었다고 주장하기도 한다.
　　Fair Use in the U.S. Economy: Economic Contribution of Industries Relying on Fair Use, Com-
　　puter & Communications Industry Association, 2017; 알리 스턴버그, "미국 산업 내 디지털 혁신 촉
　　진을 위한 공정이용의 역할", 문화체육관광부·한국저작권위원회, 문화의 공정한 향유와 공정이용 제
　　도: 성과와 과제, 2022 서울 저작권 포럼, 2022. 10. 27.

179) Leaffer, p. 500.

이용할 수 있다. 이용형태에 따라서 복제라든가 공연, 방송, 공중송신 등을 할 수 있는 것이다. 이용자들이 법에서 예정한 허용행위를 원활하게 하기 위해서는 번역 등 2차적저작물 작성행위가 함께 이뤄져야 하는 경우도 있다. 예를 들어, 당사자들이 재판 절차상 제출하는 자료가 외국어로 된 경우 번역문을 첨부해야만 당사자들의 주장이 설득력 있는 자료로 활용될 수 있다. 보도나 비평의 목적으로 외국 문헌을 인용하고자 할 때 원문을 그대로 싣기보다는 번역하여 실어야만 인용의 목적을 다할 수 있다.

우리 법은 제한 규정의 실효성을 위해 번역 등 2차적저작물 작성행위도 함께 허용하고 있다. 2차적저작물 작성행위 모두를 허용하기도 하고, 2차적저작물 작성행위 중 번역만을 허용하기도 한다. 권리 제한을 통한 허용행위의 목적 및 성질, 이용형태에 비춰 허용의 범위를 달리하고 있는 것이다.

① 공공저작물의 자유이용(제24조의2), ② 학교 교육 목적 등에의 이용(제25조),[180] ③ 비영리 공연·방송(제29조), ④ 사적 이용을 위한 복제(제30조),[181] ⑤ 제35조의3(부수적 복제 등), ⑥ 제35조의4(문화시설에 의한 복제 등), ⑦ 제35의5(저작물의 공정한 이용)에 대해서는 번역뿐만 아니라 편곡, 개작 등 2차적저작물 작성행위 모두를 허용하고 있다(제36조 제1항).

① 재판 등에서의 복제(제23조),[182] ② 정치적 연설 등의 이용(제24조), ③ 시사보도를 위한 이용(제26조), ④ 시사적인 기사 또는 논설의 복제 등(제27조), ⑤ 공표된 저작물의 인용(제28조), ⑥ 시험문제로서의 복제(제32조),[183] ⑦ 시각장애인 등을 위한 복제 등(제33조), ⑧ 제33조의2(청각 장애인 등을 위한 복제 등)에 대해서는 번역에 한해 허용하고 있다(제36조 제2항).

한편, 도서관 등에서의 복제 등(제31조) 및 방송사업자의 일시적 녹음·녹화(제34조), 미술저작물 등의 전시 또는 복제(제35조)에 대해서는 번역 등 2차적저작물 작성행위를 용인하지 않는다. 제31조에 의하여 도서관이 해당 저작물을 번역하여 복제 또는 전송할 수 있도록 한다면 이것은 2차적저작물 작성권을 무력화하는 것이다.[184] 제34조상의 행위는 그 성질상 2차적저작물 작성 행위가 없기에 제36조상의 혜택을 해당 이용자에게 부여할 필요가 없는 것이다. 방송사업자는

---

180) 프로그램의 경우에는 제25조 적용을 배제하고 있기 때문에(제37조의2) 제36조 제1항에 의해 번역하거나 개작하여 이용할 수 없다. 프로그램에 대한 과도한 보호라 할 수 있다.

181) 마찬가지로, 프로그램의 경우에는 번역·이용이 허용되지 않는다.

182) 마찬가지로, 프로그램의 경우에는 번역이 허용되지 않는다.

183) 마찬가지로, 프로그램의 경우에는 번역이 허용되지 않는다.

184) 같은 이유로, 제35조의4에 대해서도 번역·이용을 허용해서는 안 된다고 본다.

방송 프로그램을 나중에 송신하기 위해 일시적 녹음·녹화를 할 것인데, 녹음·녹화물 제작은 2차적저작물 작성행위가 존재하지 않는다. 마지막으로, 제35조의 경우에도 미술저작물 등은 번역 등의 이용행위 대상이 될 수 있는 성질의 저작물이 아니므로 제36조가 적용될 여지가 없다. 설령 변형, 개작 등 2차적저작물 작성행위를 허용한다면 이것은 또한 2차적저작물 작성권에 심대한 영향을 미친다고 할 수 있고 따라서 허용대상 행위로 삼을 수가 없다 하겠다.

제36조와 다른 제한 규정과의 관계를 다시 살펴봐야 한다. 입법적으로 복잡하게 규정 간의 관계를 맺어주고, 이해관계자들은 그 관계를 검토하고 해석해야 하는 불편함을 덜기 위한 것이다. 제한 규정 중에는 이용형태를 특정하지 않고 "이용할 수 있다"고 하기도 한다. 해당 조항으로는 제24조, 제24조의2, 제35조의5 등이 있다. 또한 "복제·배포·공연·전시 또는 공중송신할 수 있다"고 규정하거나 "복제·배포·공연 또는 공중송신할 수 있다"고 규정하는 경우도 있다. 해당 조항으로는 제25조 제3항 및 제4항, 제26조, 제33조의2, 제35조의3, 제35조의4 등이 있다. "이용할 수 있다"고 한다면 이는 번역 등 2차적 작성행위가 포함되는 것으로 해석해도 무방하고, "복제·배포·공연·전시 또는 공중송신할 수 있다"고 규정하고 제36조에 의해 번역 등을 허용한다면 해당 제한 규정에서 "이용할 수 있다"고 하면 그만이기 때문이다.

21. 프로그램 역분석 등

우리 저작권법 제5장의2 '프로그램에 관한 특례' 중에는 제한 규정들이 꽤 있다. 이들 제한 규정은 제101조의3부터 제101조의5에 이르기까지, 특례 규정에서 가장 큰 비중으로 다뤄지고 있다. 이들 규정은 종전 프로그램보호법에 있던 것으로, 2009년 4월 통합 저작권법에 그대로 들어온 것이다. 컴퓨터 유지·보수를 위한 일시적 복제 규정(제101조의3 제2항)은 2011년 12월에 새로 들어왔다.

가. 감정을 위한 복제

한국저작권위원회는 '저작권의 침해 등에 관한 감정'을 업무의 하나로 하고 있다(제113조 제10호). 이러한 감정은 "법원 또는 수사기관 등으로부터 재판 또는 수사를 위하여 저작권의 침해 등에 관한 감정을 요청받은 경우"에나 "제114조의2에 따른 분쟁조정을 위하여 분쟁

조정의 양 당사자로부터 프로그램 및 프로그램과 관련된 전자적 정보 등에 관한 감정을 요청받은 경우"에 수행한다(제119조 제1항 제1호 및 제2호). 위원회는 이 중 분쟁조정을 위해 프로그램을 복제할 수 있다(제101조의3 제1항 제1호의2).

나. 조사·연구·시험 목적의 복제[185]

프로그램은 대체로 프로그램의 개념과 구성요소를 결정하고 그 개념과 요소들을 반영하여 설계를 한 후, 설계문서를 시행(실시)하는 코딩을 거쳐 완성된다. 이렇게 완성된 프로그램이 원시 프로그램이다. 일반 소비자들에게 전달되는 프로그램은 이 프로그램을 컴퓨터가 읽을 수 있도록 기계어로 변환된 목적 프로그램이다. 원시 프로그램을 목적 프로그램으로 번역(변환)하기 위해서는 컴파일링 또는 어셈블링 과정을 거친다. 역분석은 특정 프로그램이 어떤 개념을 가지고 있고, 어떤 구성요소를 가지고 있는지, 원시 프로그램은 무엇인지 확인하는 전체 과정의 전부나 일부를 말한다.

〈그림 1〉 컴퓨터프로그램 코딩과 역분석

(컴파일러)　　　(어셈블러)　　(디스어셈블러)　　　(디컴파일러)

원시코드 → 어셈블리어 → 기계어 → 어셈블리어 → 가상 원시코드

역분석(reverse engineering)에는 크게 두 가지 방법이 있는 것으로 알려져 있다. 첫째는 이른바 블랙박스 분석이다. 이것은 전통적이고 고전적인 방법인데, 프로그램을 작동해보면서 외부적으로 관찰하고 특정 데이터를 입력하여 결과를 얻어냄으로써 프로그램의 기능을 확인하는 것이다. 굳이 원시 프로그램을 복제하지 않고서도 원하는 결과를 얻을 수 있지만 복잡한 프로그램을 분석하기에 적절한 방법은 아니다. 둘째는 디컴파일러나 디스어셈블러 프로그램을 이용하여 목적 프로그램에서 원시 프로그램을 추출하는 것이다. 이 원시 프로그램은 원프로그램과는 다르지만, 적어도 프로그램이 어떻게 코딩되었는지 구체적으로 확

---

185) 이 규정은 '프로그램 역분석' 규정(제101조의4)과 '보존을 위한 복제' 규정(제101조의5)과 더불어, 대체로 1991년 EU 프로그램 지침을 따르고 있다. 과학기술정보통신위원회 수석전문위원, 컴퓨터프로그램보호법중개정법률안 검토보고서, 2000. 12.

인할 수는 있다. 이 방법을 일컬어 좁은 의미의 역분석(decompilation)이라 할 수 있다.

2009년 개정 저작권법에서는 정당한 권한에 의하여 프로그램을 이용하는 자가 해당 프로그램을 이용하면서 프로그램의 기초를 이루는 아이디어 및 원리를 확인하기 위하여 프로그램의 기능을 조사·연구·시험을 목적으로 복제하는 경우에는 그 목적상 필요한 범위 내에서 공표된 프로그램을 복제할 수 있도록 허용하고 있다(제101조의3 제1항 제6호). 다만, 프로그램의 종류·용도, 프로그램에서 복제된 부분이 차지하는 비중 및 복제의 부수 등에 비추어 프로그램의 저작재산권자의 이익을 부당하게 해치는 경우에는 복제권이 미치도록 하고 있다(제101조의3 제1항 단서). 이 규정은 이른바 블랙박스 분석 예외를 규정한 것으로,[186] EU 프로그램 지침 해당 규정과 거의 같은 내용을 담고 있다.[187]

이 규정은 다음과 같은 점에서 의의가 있다고 생각한다. 첫째, 저작권법상 사적 복제 규정에 의해 블랙박스 분석의 목적은 상당수 달성할 수 있을 것으로 보인다. 그렇지만 사적 복제는 몇 가지 엄격한 요건을 충족해야만 면책을 받을 수 있는 반면, 이 규정은 요건이 상당히 느슨하다. 둘째, 프로그램은 설치 이후 구동 등 이용할 때마다 복제행위가 발생한다. 이러한 복제행위는 이미 라이선스 계약에서 허용되는 행위일 것이지만 블랙박스 분석을 위한 이용행위는 라이선스 계약의 목적 범위를 벗어날 가능성이 높다. 따라서 이 규정은 라이선스 계약상 존재하지 않더라도 이러한 이용행위를 허용한다는 점에서 의의가 있다.[188]

다. 컴퓨터 유지·보수를 위한 일시적 복제

일시적 복제에 복제권이 미치게 되면서 그 제한 규정의 하나로 '컴퓨터 유지·보수를 위한 일시적 복제' 규정이 등장했다(제101조의3 제2항).[189] 2011년 12월 개정 저작권법에서, 한·

---

186) Céline M. Guillou, "The Reverse Engineering of Computer Software in Europe and the United States: A Comparative Approach," 22 Columbia-VLA Journal of Law & Arts 533 (1998), p. 539.

187) EU 프로그램 지침 제5조 제3항: "컴퓨터프로그램 복제물을 이용할 권리를 가지는 자는 프로그램 구성요소의 기초를 이루는 아이디어 및 원리를 확인하기 위하여 권리자의 허락 없이 프로그램의 기능을 조사, 연구 또는 시험할 권한을 가진다. 다만, 그 권한을 가지는 자가 해당 프로그램을 적재, 현시, 실행, 송신 또는 저장하는 동안에 한한다."

188) EU 프로그램 지침 제5조 제1항에서는 프로그램 본래의 목적에 따라 프로그램 이용에 필요한 복제행위를 별도로 허용하고 있다. 우리 법은 이와 같은 조항을 두지 않고 있다.

미 FTA를 수용하면서 미국 저작권법에 있는 규정을 우리가 받아들인 것이다.[190]

이 규정에 의하면, 컴퓨터의 유지·보수를 위하여 그 컴퓨터를 이용하는 과정에서 프로그램(정당하게 취득한 경우로 한정한다)을 일시적으로 복제할 수 있다. 요건을 보면, 첫째, 컴퓨터 유지·보수를 위한 것이어야 한다. 즉, 하드웨어의 수리를 위한 목적으로만 허용되는 것이다. 하드웨어 유지·보수와는 관련이 없는 프로그램의 일시적 복제는 허용되지 않는다.

둘째, 정당하게 프로그램을 취득한 경우여야 한다. 취득이라고 하지만 라이선스를 배제할 이유는 없을 것이다. 프로그램을 '취득'한 본인이 "컴퓨터의 유지·보수를 위하여 그 컴퓨터를 이용하는" 경우는 드물 것이기 때문이다.[191]

허용행위는 일시적 복제이다. 컴퓨터를 수리하는 과정에서는 주로 펌웨어나 운영체제가 반복적으로 일시적으로 복제될 것이지만, 유지·보수를 위해 필요하다면 어떤 프로그램이든 일시적 복제 대상이 될 수 있다.

라. 프로그램의 역분석

2009년 개정 저작권법 제101조의4는 좁은 의미의 역분석(decompilation)에 관해 자세히 규정하고 있다. 여기서 말하는 역분석이란 "독립적으로 창작된 컴퓨터프로그램저작물과 다른 컴퓨터프로그램과의 호환에 필요한 정보를 얻기 위하여 컴퓨터프로그램저작물코드를 복제 또는 변환하는 것을 말한다"(제2조 제34호). 제101조의4도 역시 EU 프로그램 지침에 있는 것과 거의 같은 내용을 담고 있다. 보통 역분석은 조사·연구 목적 외에는 프로그램 간의

---

189) 일시적 복제와 관련한 제한 규정은 제35조의2(저작물 이용과정에서의 일시적 복제)도 있다.

190) 2008년 한·미 FTA 이행을 위해 정부는 저작권법과 프로그램보호법 개정안을 별개로 제출했다. 당시 두 개 법률이 독자적으로 존재했기 때문이다. 현행 제101조의3 제2항은 후자 법안에 있던 것을 나중에 다른 개정안에 일부 변경해 넣은 것이 국회를 통과한 것이다. 저작권법 일부개정법률안(허원제 의원 대표발의), 의안번호 13727, 2011. 11. 2. 개정 이유에 대해서는 특별히 언급하지 않았다. 문화체육관광방송통신위원회 수석전문위원 최민수, 컴퓨터프로그램보호법 일부개정법률안(정부 제출) 검토보고서, 2009. 4.

191) 괄호에서는 "정당한 권한에 따라 프로그램을 이용하는 경우에 한정한다"고 하는 것이 적절해 보인다. 미국 저작권법에 의하면, 컴퓨터에 정당한 프로그램 복제물(authorized copy)이 존재하고, 그 컴퓨터 소유자가 그 프로그램의 복제를 하거나 복제를 하도록 하는 것(to make or to authorize the making of a copy)은 저작권 침해가 되지 않는다[제117조 (c)].

호환성 확보 목적(운영체제와 응용 프로그램 간의 호환성 등)과 경쟁 제품 제작 목적을 위해 수행한다. 1991년 EU 지침 제정 당시 역분석을 폭넓게 인정해야 한다는 진영과 역분석에 소극적인 진영이 심각하게 대립한 바 있다. 전자는 광범위한 호환성을 허용함으로써 시장의 경쟁을 촉진시켜야 한다고 주장했고, 후자는 투자 부담을 안고 제작한 제품에 대한 역분석의 광범위한 허용은 투자 위축을 낳는다고 압박했다. EU 지침은 경쟁 제품 제작을 목적으로 한 역분석을 허용하면서도 그 요건을 엄격하게 규정하여 양 진영의 주장을 타협하여 해당 규정(제6조)을 만들었다.

우리 법 제101조의4도 EU 지침을 따라, ① 정당한 권한에 의하여 프로그램을 이용하는 자 또는 그의 허락을 받은 자는 호환에 필요한 정보를 쉽게 얻을 수 없고 그 획득이 불가피한 경우에는 해당 프로그램의 역분석을 할 수 있다(제1항). 조사·연구·시험 목적의 복제의 경우와는 달리, '허락을 받은 자'를 포함하고 있다. 제3자도 역분석을 할 수 있다고 하겠는데, 아무래도 프로그램의 전문성을 감안해 전문가의 식견이 필요했기 때문으로 보인다. 프로그램 매뉴얼이나 명세서, 기타 프로그래머가 제공하는 호환성 기술 정보 등 일반에게 공개된 정보를 통해서 호환성 정보를 얻을 수 없다면 역분석이 가능하다고 하겠다. ② 역분석을 통해 얻은 정보는 호환 목적 외의 다른 목적을 위하여 이용하거나 제3자에게 제공할 수 없다(제2항 제1호). ③ 역분석의 대상이 되는 프로그램과 표현이 실질적으로 유사한 프로그램을 개발·제작·판매하거나 그 밖에 프로그램의 저작권을 침해하는 행위를 할 수 없다(제2항 제2호). 이 규정의 실질적 의미는 경쟁 프로그램 개발을 허용하는 데 있다 하겠는데, 다만 동일·유사 프로그램의 개발은 막고 있다. 침해 판단에 적용되는 실질적 유사성(substantial similarity) 개념을 차용했다고 할 수 있다.[192]

마. 보존을 위한 복제

한편, 제101조의5에서는 보존용 복제에 관해 다루고 있다. 즉, "프로그램의 복제물을 정당한 권한에 의하여 소지·이용하는 자는 그 복제물의 멸실·훼손 또는 변질 등에 대비하기 위하여 필요한 범위에서 해당 복제물을 복제할 수 있다(제1항). 프로그램을 소유하거나 이

---

[192] EU 지침은 추가적으로 조약상의 3단계 기준 중 두 가지(권리자의 합법적 이익 저해 금지와 프로그램의 통상적 이용과의 충돌 금지) 기준에 부합할 것을 요구하고 있다(제6조 제3항).

용허락을 받은 사람은 프로그램 복제물을 제작할 수 있는 것이다. 해당 권한을 상실하면 복제물을 폐기해야 한다(제2항).

이 규정은 2009년 프로그램보호법이 저작권법에 통합되면서 전자에 있던 규정을 그대로 유지한 것으로 연혁적인 성격이 짙다. 해당 규정은 2001년 프로그램보호법에서 신설된 것으로 당시 프로그램은 통상 유체물, 즉 CD나 DVD로 복제되어 배포되었다. 이러한 매체는 멸실되거나 훼손되기 쉬웠고, 이러한 가능성을 염두에 두고 보존용 복제물(back-up copy) 제작을 허용했던 것이다. 이제는 CD나 DVD와 같은 저장매체 없이 컴퓨터 내에 또는 인터넷으로 정당한 권한을 확인하고 해당 프로그램을 설치하는 방법이 존재하기 때문에 보존용 복제의 필요성은 많이 줄었다.

이 규정은 사적 복제 규정과 중복 적용될 수 있어서 그 의미는 더욱 축소되었다. 다만, 사적 복제 규정의 혜택을 볼 수 없는 사람들(예를 들어 개인적 목적으로 프로그램을 사용하지 않는 기업)은 여전히 이 규정에 의해 정당하게 보존용 복제물을 제작할 수 있다.

22. 출처 명시 의무

헌법은 재산권을 보호하면서 그 내용과 한계는 법률로써 정하도록 하고 있다. 저작권법은 헌법상의 근거에 따라 재산권의 일종으로서 저작재산권 등을 제한하고 있다. 그 제한은 재산적 권리에 대한 제한에 머문다. 따라서 독점적·배타적인 저작재산권 등의 제한은 인격적 권리에는 영향을 미치지 않는다(제38조). 저작권법은 인격적 권리를 별도로 규정하고 있고 그 한계는 해당 규정에서 정하고 있다.

저작자에게 인격적 권리를 인정하고 있고 인격권의 하나로 성명표시권을 인정하고 있기 때문에, 굳이 이용대상 저작물의 출처를 표시하도록 의무화할 필요는 없는 것으로 생각할 수 있다. 그럼에도 우리 저작권법은 권리 제한의 방법으로 저작물 등을 이용하더라도 이용 상황에 따라 합리적이라고 인정되는 방법으로 출처를 명시하도록 의무화하고 있다(제37조).

출처 명시 의무가 성명표시권과 밀접한 관계가 있다는 점은 부인할 수 없으나 다음과 같은 점에서 효과적인 권리 보호 수단으로 보인다. ① 출처는 저작자의 성명 외에 다른 정보(예를 들어 발행이나 공표 매체 및 발행자나 공표자 등)를 포함한다. 독자나 소비자에게 저작자나 저작물 등에 관해 추가적으로 유용한 정보를 제공함으로써 원저작자와 원저작물을 추적할 수 있도록 한다. ② 출처 명시는 명시 대상 저작물과 명시 저작물 간의 식별 기능을 함으로써 독자나 소비자의 혼란을 방지하는 공공적 기능도 수행한다. ③ 성명표시권을 포함하는 저작인격권은 일신에 전속하는 권리이므로 저작자 사망 후 소멸한다. 출처 명시 의무는 저작인격권 소멸 후에도 여전히 작용한다.

제37조에 의하면, 저작재산권을 제한하는 방법으로 이용하는 자는 "그 출처를 명시하여야" 하고"(제1항), 출처 명시는 "저작물의 이용 상황에 따라 합리적이라고 인정되는 방법으로 하여야" 한다(제2항 전단)고 하고 저작자의 실명이나 이명이 표시되는 저작물인 경우에는 "그 실명 또는 이명을 명시하여야 한다"(제2항 후단)고 하고 있다. 제37조상 출처 명시 의무에는 출처 그 자체의 표시 의무와 성명 표시 의무가 있는 것이다.

출처(source)란 저작자의 성명을 포함한 저작물의 발행이나 공표 매체, 발행이나 공표 연도, 발행자나 공표자 등을 의미한다. 출처는 저작물을 추적할 수 있는 정보이므로 권이나 호, 쪽수 등도 포함한다고 본다. 예를 들어, 학문 분야에 따라서 인용 방법과 출처 명시 방법이 다르기 때문에 일률적인 기준을 제시하기는 곤란하다. 학계나 업계의 관행이 중요한 판단 기준이 될 것이다.

출처 명시는 권리 제한 대상 이용형태나 성격에 비춰 필요한 경우에 한정된다. 대표적으로는 공표된 저작물의 인용(제28조)을 들 수 있고, 그 외에 재판 등에서의 복제(제23조), 정치적 연설 등의 이용(제24조), 공공저작물의 자유이용(제24조의2), 학교 교육 목적 등에의 이용(제25조), 시사적인 기사 또는 논설의 복제 등(제27조), 시각장애인 등을 위한 복제 등(제33조), 청각장애인 등을 위한 복제 등(제33조의2), 미술저작물 등의 전시 또는 복제(제35조), 저작물의 공정한 이용(제35조의5) 등 모두 열 가지가 있다.

프로그램 제한 규정은 일반 제한 규정에 우선하여 적용되고 그 적용 범위 내에서는 일반 제한 규정 적용을 배제하고 있다(제37조의2). 출처 명시 의무가 존재할 것으로 생각되는 규정(제101조의3 제1항 제1호 재판 등을 위한 복제·배포, 제101조의3 제1항 제2호 교육 목적 복제·배포, 그리고 제101조의3 제1항 제3호 교과용 도서 게재)을 원용할 경우 출처 명시 의무도 존재하지 않는다. 일반 저작물에 적용되는 출처 명시 의무 규정이 타당하다면, 이런 적용 배제는 입법상 오류라고 할 수 있다.

출처 명시 위반의 죄는 500만 원 이하의 벌금에 처해진다(제138조 제2호). 출처 명시 위반은 출처 표시의 공공적 성격으로 인한 사회적 법익 침해라 할 수 있다.

베른협약은 인용과 교육 목적 이용 규정(제10조)에서 출처와 저작자의 성명 표시를, 시사

〈표 17〉 출처 명시 의무

출처 명시 의무 존재	출처 명시 의무 부존재
재판 등에서의 복제(제23조)	시사보도를 위한 이용(제26조)
정치적 연설 등의 이용(제24조)	비영리 공연·방송(제29조)
공공저작물의 자유이용(제24조의2)	사적 이용을 위한 복제(제30조)
학교 교육 목적 등에의 이용(제25조)	도서관 등에서의 복제 등(제31조)
시사적인 기사 또는 논설의 복제 등(제27조)	시험문제로서의 복제(제32조)
공표된 저작물의 인용(제28조)	방송사업자의 일시적 녹음·녹화(제34조)
시각장애인 등을 위한 복제 등(제33조)	저작물 이용과정에서의 일시적 복제(제35조의2)
청각장애인 등을 위한 복제 등(제33조의2)	부수적 복제 등(제35조의3)
미술저작물 등의 전시 또는 복제(제35조)	문화시설에 의한 복제 등(제35조의4)
저작물의 공정한 이용(제35조의5)	재판 등을 위한 복제·배포(제101조의3 제1항 제1호)
	교육 목적 복제·배포(제101조의3 제1항 제2호)
	교과용 도서 게재(제101조의3 제1항 제3호)

적인 기사나 논설의 복제 규정(제10조의2)에서 출처 표시를 의무화하고 있다.[193] 우리 법은 베른협약에 비해 과도하게 출처 표시 등을 의무화하고 있다. 조약상의 제약은 그렇다 하더라도 관련 없는 규정에조차 출처 표시를 의무화하는 것은 지양해야 한다고 본다. 다음과 같은 이유를 들 수 있다. 첫째, 우리 법은 출처 표시와 더불어 성명 표시도 의무화하고 있다. 성명 표시 의무는 우리 법상 성명표시권으로 갈음할 수 있다. 다만, 베른협약상 성명 표시 의무에 따라 학교 교육 목적 이용(제25조)과 인용(제28조)에 한해 성명 표시 의무를 두는 것으로 충분한 것이다.[194]

둘째, 출처 표시는 학문이나 예술 분야에서,[195] 그리고 라이선스 계약에서(이른바 '크레디트') 관행으로 굳어지고 있고 그것은 그 분야 윤리로서, 관행으로서 정착되고 있다. 이를

---

193) 출처는 저작물을 식별하기 위한 정보이므로 그 출처에 저작자의 성명이 제외되는 것은 생각하기 어렵다. 베른협약이 굳이 성명 표시 의무를 넣은 것은 — 성명표시권도 있는 터에 — 지나친 면이 있다고 본다.

194) 협약상 성명 표시 의무는 저작인격권이 존속 기간 만료 등으로 소멸할 때 여전히 의미가 있는 것이다. Ricketson and Ginsburg, p. 786.

195) 학술 문헌에서는 참고문헌을 언급하는 방법으로 출처 인용(citation)을 하고 있다. 이것도 출처 표시의 하나라고 할 수 있다. 이러한 출처는 저작자의 성명과 서적이나 잡지 등의 제목, 논문의 제목, 발행 연도, 발행 호수, 해당 쪽수 등을 밝히는 것이 일반적이다. 미국 유수 법학대학원들은 법학 분야의 복잡한 문헌 표시의 표준을 만들어 이른바 Bluebook(정식 명칭은 "The Bluebook: A Uniform System of Citation")이라는 이름으로 1926년 이후 속간하고 있다. 2020년 7월 제21판이 나왔다. 출처 표시의 관행을 어떻게 만들어가고 있는지 보여주는 좋은 사례라 하겠다.

저작재산권 제한 규정 전체에 걸쳐 의무화할 필요는 없다고 본다.

셋째, 과도한 출처 표시 의무 사례로 공정이용 규정을 들 수 있다. 이것은 미국 저작권법에도 없는 것이다. 굳이 출처 표시 의무가 필요하다면, "생략이 요구되는 경우에는 그러하지 아니하다" 또는 "부득이하다고 인정되는 경우에는 그러하지 아니하다"고 할 수도 있는 것이다.

자율 학습

1. 한국어는 주어가 없어도 소통에 지장이 없는 언어라고 한다. 그렇다고 하더라도 법률 문장에서는 명확한 개념과 분명한 표현이 요구된다. 문장은 통상 주어와 서술어를 근간으로 하여 구성된다. 그 전형적인 예로, "저작자는 그의 저작물을 복제할 권리를 가진다"(제16조)고 하는 것이다. 반면, 권리 제한 규정 대부분은 이런 문장으로 되어 있지 않다. 주어가 없이, 예를 들어 "저작물을 복제할 수 있다"(제23조)고 하고 있는 것이다. ① 각 규정상 이용 주체는 누구인가? ② 그 주체를 알 수 없는 경우도 있는가? 이 경우 해석상 이용 주체를 어떻게 확정하는 것이 바람직한가?

2. 국가는 초·중등학교 교과용 도서에 개인 창작자의 저작물을 게재할 수 있다. 이런 행위는 헌법상 수용 내지 사용에 해당한다. ① 국가가 학생들에게 "표준화된 교재"를 강제하는 것이 헌법상 자유민주주의 원리와 합치하는가? 전체주의의 성격을 가지고 있는 것은 아닌가? ② 창작자의 허락 없이 그의 창작물을 이용할 수 있는 근거는 무엇인가? 이 경우 헌법상 기본권 제한 원리를 어떻게 적용할 수 있는가? ③ 교과용 도서 보상금은 "문화체육관광부장관이 정하여 고시하는 보상금"이다. 이를 헌법상 "정당한 보상"이라고 정당화할 수 있는가?

3. 우리 법원은 입법 취지를 자주 언급한다. 이른바 '오픈캡처' 사건에서 제35조의2에 관해 다음과 같이 밝히고 있다: "그 취지는 새로운 저작물 이용환경에 맞추어 저작권자의 권리보호를 충실하게 만드는 한편, 이로 인하여 컴퓨터에서의 저작물 이용과 유통이 과도하게 제한되는 것을 방지함으로써 저작권의 보호와 저작물의 원활한 이용의 적절한 균형을

도모하는 데 있다. 이와 같은 입법 취지 등에 비추어 볼 때 여기에서 말하는 '원활하고 효율적인 정보처리를 위하여 필요하다고 인정되는 범위'에는 일시적 복제가 저작물의 이용 등에 불가피하게 수반되는 경우는 물론 안정성이나 효율성을 높이기 위해 이루어지는 경우도 포함된다고 볼 것이지만, 일시적 복제 자체가 독립한 경제적 가치를 가지는 경우는 제외되어야 할 것이다." ① 대법원이 주장하는 입법 취지는 무엇을 근거로 한 것인가? ② 입법 취지가 법해석 원칙상 어떤 의미 또는 비중을 가지는가? ③ 법원에서 언급한 이 입법 취지는 모든 제한 규정에 적용할 수 있는 입법 취지는 아닌지? ④ 이 입법 취지는 제35조의2 해석에 어떤 영향을 주고 있는가?

4. 제36조(번역 등에 의한 이용)에서는 제한 규정들을 차별해 다루고 있다. 어떤 경우에는 번역만을 허용하기도 하고, 어떤 경우에는 번역을 포함한 2차적저작물 작성행위를 허용하기도 한다. ① 이런 차별의 근거는 무엇인가? ② 차별을 폐지할 수 있는가? ③ 폐지한다면 어떤 방법이 있을까?

5. 제36조의5에서는 공정이용에 관해 규정하고 있다. 공정이용 이론은 그 원류인 미국에서, 경험론 철학을 배경으로 정착되어 온 것으로 그 효용성은 미국에서 '경험적으로' 확인되고 있다. 우리 입법 역사에서, 특히 권리 제한 규정에서 패러다임의 변화라고 할 만한 것이다. 이 규정의 등장은 다른 조항과의 관계에서 보더라도 짚어볼 점이 많다. 그중 ① 다른 제한 규정 중 이제 불필요해 보이는 것들로 무엇을 들 수 있는가? 그 근거는 무엇인가? ② 미국 이론과 판례를 우리는 어떻게 학설과 판례에서, 어느 정도 수용할 수 있는가? 수용에 난점은 무엇인가?

6. 우리 학계에서 일본 학설은 아직도 익숙하게 인용되고 있다. 여기서 한, 두 가지 질문을 할 수 있다. ① 한·미 FTA 이후 등장한 조항과 관련해서도 일본 법과 학설을 단지 비교법적 연구 대상이 아닌, 우리 법 해석론에 원용하는 것이 타당하다고 보는지? 그 이유는 무엇인지? ② 일본 법이 해석론으로 등장할 수 있다면 어떤 경우에 가능하다고 보는가?

제3절 저작인접권 및 데이터베이스제작자의 권리 제한

1. 저작인접권의 제한

가. 제한의 의의

저작인접권 중 배타적인 성격의 재산적 권리는 저작재산권과 마찬가지로, 헌법상의 근거에 의해 제한될 수 있으며 그 제한은 저작재산권에 상응한다. 헌법에 의해 보장된 '저작자의 권리'를 구체화한 저작권법은 저작인접권을 저작권과 별개의 권리로 인정하고 있지만 저작인접권 중 배타적인 재산적 권리는 저작재산권과 속성이 같기 때문이다. 따라서 배타적 속성을 가지는 저작인접권은 헌법상의 근거에 따라 제한된다.

다음과 같이 풀어볼 수 있다. 첫째, 저작인접권 제한은 공공의 필요에 의해 법률로써 하되 권리의 본질적인 내용은 침해해서는 안 된다. 둘째, 저작권법상 권리 제한의 의의와 유형 및 권리 제한의 일반적 요건은 저작인접권에 대해서도 그대로 타당하다. 즉, ① 권리 제한은 저작권법상 "공정한 이용을 도모"하기 위한 목적을 위한 것이고 그 제한은 권리의 전부나 일부를 부인하거나 독점적·배타적인 권리를 보상청구권으로 약화시키는 방법을 취한다. ② 권리 제한은 헌법상의 표현의 자유 등을 보장하기 위한 제한, 학문과 예술의 자유를 보장하기 위한 제한, 사생활의 비밀 보호를 위한 제한, 시장경제질서 확보를 위한 제한 등 여러 유형으로 나눌 수 있다. ③ 권리 제한은 일반적 요건으로서 3단계 기준에 적합해야 한다. 3단계 기준은 우리 저작권법 제한 규정의 일반조항이고, 우리 법 규정이 그 기준과 충돌한다면 우리가 가입한 여러 조약(TRIPS협정, WPPT, 베이징조약)을 위반하는 것이다.

나. 제한의 내용

저작인접권에 관한 최초 국제조약인 1961년 로마협약은 저작재산권 제한과 같은 종류의 제한을 저작인접권에 부과할 수 있다는 점을 밝히고 있다. 협약 제15조 제2항에 의하면, "체약국은 국내 법령으로 문학 및 예술 저작물의 저작권의 보호와 관련하여 규정하고 있는 바와 같이, 국내 법령으로 실연자, 음반제작자 및 방송사업자의 보호에 관하여 같은 종류의 제한을 규정할 수 있다".

우리 저작권법은 로마협약이 규정한 것처럼 저작재산권과 같은 종류의 제한 규정을 두고 있다. 1986년 개정법 이후 저작인접권 제도를 처음 도입할 때부터 저작재산권 제한 규정을 그대로 저작인접권에 준용해오고 있다(제87조). 저작인접권이 저작재산권과 같은 성격과 내용의 권리라면 그 제한도 같은 수준으로, 같은 방법으로 하고 있는 것이다. 저작재산권 규정 모두가 그대로 준용되는 것은 아니다. 저작재산권 제한 규정이 저작인접권에 그대로 적용될 수 없는 것이라면 준용이 필요하지 않기 때문이다.

저작재산권 제한 규정 중 준용되는 것으로는 재판 등에서의 복제(제23조), 정치적 연설 등의 이용(제24조), 학교 교육 목적 등에의 이용(제25조 제1항 내지 제3항), 시사보도를 위한 이용(제26조), 시사적인 기사 또는 논설의 복제 등(제27조), 공표된 저작물의 인용(제28조), 비영리 공연·방송(제29조), 사적 이용을 위한 복제(제30조), 도서관 등에서의 복제 등(제31조), 시험문제로서의 복제(제32조), 시각장애인 등을 위한 복제 등(제33조 제2항), 방송사업자의 일시적 녹음·녹화(제34조), 저작물 이용과정에서의 일시적 복제(제35조의2), 부수적 복제(제35조의3), 문화시설에 의한 복제 등(제35조의4), 저작물의 공정한 이용(제35조의5), 번역 등에 의한 이용(제36조), 출처의 명시(제37조) 등이 있다.

준용 대상에서 제외되는 규정이 오히려 눈에 띈다. 공공저작물의 자유이용(제24조의2), 점자 복제(제33조 제1항), 청각장애인 등을 위한 복제 등(제33조의2), 미술저작물 등의 전시 또는 복제(제35조)가 그것이다. 제24조의2에서 말하는 자유이용이란 "국가나 지방자치단체가 업무상 작성한 저작물이나 계약에 따라 저작재산권의 전부를 보유한 저작물"을 대상으로 한다. 공공저작물의 정의를 바꾸지 않는 한 저작인접물이 준용될 수 없는 법적 구조를 가지고 있다. 자유이용 대상을 저작물에 국한할 필요는 없다고 본다. 제33조의2가 준용 목록에 없는 것은 다소 이해하기 어렵다. 입법 자료에서도 그 이유를 확인할 수 없다. 제33조 제1항이 제외된 것은 점자 복제 대상이 어문저작물이라고 보았기 때문인 듯하다. 그러나 점자 복제는 '공표된 저작물' 모두를 대상으로 하고 있다. 저작인접물에 대해서도 점자 복제를 허용하는 것이 좋을 듯하다. 어쨌든 라디오 방송이나 음성이 담긴 음반은 점자로 복제할 수 없다는 뜻이 된다. 제35조는 전시의 방법으로 이용되는 미술저작물 등을 염두에 둔 것이므로 시각장애인이 이 규정의 혜택을 누릴 여지가 없다 하겠다.

한편, 실연자와 음반제작자는 디지털음성송신에 대해 보상청구권을 가지는바, 송신을 위해서는 서버에 저장하는 등의 방법으로 복제를 해야 한다. 이러한 복제에 대해서 배타적인 권리가 존재한다면 디지털음성송신에 대해 보상청구권으로 한 입법 취지가 몰각될 수 있다. 이 점을 감안하여, 제87조 제2항에서는 방송사업자에게 일시적 녹음·녹화에 대해 면책해주는 것과 마찬가지로, 디지털음성송신 사업자에게 음반을 일시적으로 녹음할 수 있도록 허용하고 있다. 일시적 녹음물은 1년을 초과하여 보존할 수 없다. 2009년 4월 법개정으로 신설된 것이다.

다. 의무재송신

방송사업자는 동시중계방송권을 가진다(제85조). 동시중계방송이란 다른 방송사업자에 의한 동시 방송송신을 말한다. 방송송신은 지상파방송과 위성방송뿐만 아니라 방송법에서 말하는 종합유선방송과 중계유선방송을 포함한다. 방송사업자의 동시중계방송권은 방송법에 의해 제한된다. 방송법 제78조 제1항에 의하면, 종합유선방송사업자, 위성방송사업자 및 중계유선방송사업자는 KBS와 EBS 지상파방송(라디오방송 제외)을 그대로 동시재송신해야 한다. 이 규정을 일컬어 의무재송신(must-carry) 규정이라고 한다. 방송법은 여기서 그치지 않고 이러한 의무재송신은 저작권법 제85조가 적용되지 않는다고 하고 있다(제78조 제3항). KBS와 EBS는 저작권법상 보장된 동시중계방송권을 위성방송과 유선방송에 대해서는 행사할 여지가 없는 것이다.

의무재송신 규정은 종합유선방송 등의 공공채널 유지와 같은 공익성 확보와 난시청지역 시청자의 시청료 이중부담의 문제를 해결하기 위한 조치로 1991년 종합유선방송법[1]에 처음 도입되면서 종합유선방송사업자에게 지상파방송의 재송신 의무를 부과하면서 저작권법상 동시중계방송권 규정을 적용 배제했고 그 후 제정된 2000년 방송법[2]에서는 위성방송사

---

1) 법률 제4494호, 1991. 12. 31., 제정.

업자에게도 지상파방송의 재송신 의무를 부과하면서 마찬가지로 동시중계방송권이 미치지 않도록 했다. 2000년 방송법 이후 의무재송신 대상 공영방송의 범위가 변경되기도 했으나 해당 규정은 그대로 존치하고 있다.3)

의무재송신은 각국이 방송통신 정책의 일환으로 법적으로나 현실적으로 채택하고 있는 제도이다. 의무재송신 제도를 1965년 최초로 시행한 미국은 우리와는 다른 목적을 가지고 제도를 시행해오고 있다. 이 제도는 지역 지상파 상업방송을 보호하기 위해 그 지역을 동일한 방송권역으로 하고 있는 케이블 텔레비전에 대해 해당 지역 방송을 재송신하도록 의무화하려는 목적에서 출발했다. 이 제도는 케이블 사업자로부터 여러 차례 위헌성 시비를 받으면서 그 내용도 변경을 거듭했다.4)

의무재송신 제도는 방송 관련 제도의 특징을 감안한 관련 법률에서 관련 사업자들 간의 이해조정의 결과로 탄생한 것으로, 각국마다 제도 도입 취지며 그 내용이 다르다. 의무재송신과 관련해서는 두 가지 이슈가 있다. 하나는 의무재송신의 헌법상의 문제이고, 다른 하나는 의무재송신의 저작권법상 문제이다.5) 전자의 경우 헌법재판소 결정으로 일단락되었으

---

2) 법률 제6139호, 2000. 1. 12., 폐지제정. 이 법률은 당시 방송법, 종합유선방송법, 한국방송공사법, 유선방송관리법을 폐지하고 새로 제정된 것이다.

3) 헌법재판소는 1991년 종합유선방송법의 의무재송신 규정에 대해 합헌 결정을 했다: "종합유선방송국에게 공영방송인 한국방송공사(KBS)와 교육방송(EBS)의 동시재송신을 의무화하였는바, 이는 종합유선방송에 있어서의 공공채널의 유지와 같이 공익성의 확보와 동시에 난시청지역 시청자의 시청료이중부담의 문제를 해결하기 위한 조치로서 …… 입법자의 입법재량의 범위에 속하는 사항이라 할 수 있으며, 그 입법목적의 정당성이 인정되고, ……" 1996. 3. 28. 92헌마200 결정.

4) 이에 관해서는, 방석호, "방송법상의 의무재송신 제도와 저작권 문제", 계간 저작권, 2005년 여름호, 80~83; 방송위원회, 디지털 지상파 방송 재송신 정책 연구, 2006, 143~173 참조.

5) 의무재송신과 직접 관련된 것은 아니지만, 동시중계방송권이 크게 사회적 이슈로 부각된 적이 있다. 2000년 방송법 이후 의무재송신 대상 방송 외의 지상파 방송이 방송사의 허락 없이 한동안 재송신되다가 2008년부터 지상파 방송사들이 문제를 삼기 시작했다. 방송사들은 동시중계방송 금지 가처분, 본안 등 여러 건의 청구 소송을 제기하고, 일부 승소(동시중계방송권 침해)를 받았다. 한편, 국회는 2015년 12월 방송법을 개정하여 방송사업자 간의 분쟁으로 방송프로그램·채널의 공급이 중단되어 시청자의 이익이 현저히 저해되거나 저해될 우려가 있을 경우 방송통신위원회가 그 방송의 공급 또는 송출을 유지하거나 재개할 것을 명할 수 있도록 규정을 신설하기도 했다(제91조의7). 서울고등법원 2011. 7. 20. 2010나97688 판결 등; 김여라, 지상파재송신 제도의 개선방안, 국회입법조사처, 2016. 9. 7.; 홍승기, "지상파-케이블 재송신 분쟁", 저작권문화, 2019. 3. 참조.

나, 후자의 경우에는 간단하지 않다. 우리와 같이 방송법에서 저작권법 적용을 배제하는 입법례는 찾아보기 어렵다. 그만큼 우리 제도는 특수한 면이 있다. 이와 관련하여 몇 가지 검토할 점이 있다. 첫째, 방송사업자의 동시중계방송권은 로마협약과 TRIPS협정에 근거를 두고 있고 로마협약상 동시중계방송권(협약상 재방송권)은 배타적인 권리로 의무재송신과 같은 권리 배제는 허용되지 않는다. 다만, 우리 방송법은 일부 공영방송에 한정하고 있고, 그것도 국내 방송에만 국한하고 있으므로 조약 위반 문제는 생기지 않을 듯하다.

둘째, 권리 배제는 방송사업자의 해당 권리에 국한하는 것으로 방송 프로그램에 담겨 있는 저작물이나 저작인접물(실연과 음반, 경우에 따라서는 다른 방송사업자의 방송)에 영향을 미치지는 않는다. 의무재송신 사업자는 해당 권리자로부터 별도 허락을 받아야 한다.

셋째, 방송법은 행정규제에 관한 법률이고 저작권법은 사적인 권리 보호에 관한 법률이다. 저작권법상의 권리 제한에 해당하는 규정을 방송법에 두는 것은 적절한 입법이라 하기는 어렵다.

2. 데이터베이스제작자의 권리 제한

데이터베이스는 정보 내지 자료의 집합물이다. 사전이나 선집, 디렉토리, 주소록 등과 같은 데이터베이스는 헤아릴 수 없이 다양한 정보를 담고 있어서 학문이나 교육, 언론이나 정보통신 분야에서 긴요한 역할을 맡고 있다. 이러한 정보(엄밀하게는 자료의 집합물)에 독점적·배타적인 권리를 부여하게 되면 다른 기본권, 특히 국민의 알권리와 긴장관계가 조성된다. 정보의 원활한 유통과 정보에 대한 자유로운 접근은 보장되어야 한다. 정보사회에서 국민의 알권리 내지 정보의 자유(정보의 수집과 제공 및 정보 접근에 대한 자유)는 종전에 비해 그 중요성이 줄어들지 않는다. 정보가 없는 정보사회는 생각할 수 없기 때문이다. 이러한 점에서, 데이터베이스제작자의 독점적·배타적인 권리는 저작재산권에 비해 더욱 제한을 받는 것이 공공의 이익에 부합한다.[6]

---

6) 데이터베이스제작자의 권리 제한 이유를 설명하는 독일의 판례가 있다. 독일 법원은 해당 데이터베이스는 상당한 투자가 수반되지 않았기 때문에 보호대상이 아니라고 지적한 다음, 다음과 같이 판단했다: "저작권법 제87a조는 데이터뱅크에 대한 데이터뱅크 제작자의 투자를 보호하고자 하는 것이다……

저작권법은 데이터베이스의 속성을 염두에 두고 두 가지 권리 제한을 상정하고 있다. 하나는 저작재산권 제한 규정을 데이터베이스에 대해 준용하는 것이고, 다른 하나는 데이터베이스에 특수한 권리 제한 규정을 두는 것이다.

제94조 제1항에서는 "제23조·제28조 내지 제34조·제36조 및 제37조의 규정은 데이터베이스제작자의 권리의 목적이 되는 데이터베이스의 이용에 관하여 준용한다"고 하고 있다. 저작재산권 제한 규정 중 데이터베이스제작자의 권리 제한에 준용할 수 있는 것은 모두 망라한 것처럼 보인다. 해당 조항으로는, ① 제23조(재판 등에서의 복제), ② 제28조(공표된 저작물의 인용), ③ 제29조(영리를 목적으로 하지 않는 공연·방송), ④ 제30조(사적이용을 위한 복제), ⑤ 제31조(도서관 등에서의 복제), ⑥ 제32조(시험문제로서의 복제), ⑦ 제33조(시각장애인 등을 위한 복제 등), ⑧ 제33조의2(청각장애인 등을 위한 복제 등), ⑨ 제34조(방송사업자의 일시적 녹음·녹화), ⑩ 제35조의2(저작물 이용과정에서의 일시적 복제), ⑪ 제35조의4(문화시설에 의한 복제 등), ⑫ 제35조의5(저작물의 공정한 이용), ⑬ 제36조(번역 등에 의한 이용) 및 ⑭ 제37조(출처의 명시) 등 14개 조가 있다.

저작재산권 제한 규정 중 제24조(정치적 연설 등의 이용), 제24조의2(공공저작물의 자유이용), 제25조(학교교육 목적 등에의 이용), 제26조(시사보도를 위한 이용) 및 제27조(시사적인 기사 및 논설의 복제 등), 제35조(미술저작물 등의 전시 또는 복제), 제35조의3(부수적 복제 등) 등 7개 조는 제외된다. 뒤에서 보는 바와 같이, "교육·학술 또는 연구를 위하여 이용하는 경우"와 "시사보도를 위하여 이용하는 경우" 광범위한 권리 제한이 가능하기 때문에 제25조 내지 제27조는 준용 대상에서 제외된 것으로 보인다. 제35조는 저작물의 종류와 이용형태에 비추어 데이터베이스 권리 제한 규정과는 관련이 없는 듯하다. 그러나 제24조가 빠진 이유는 설명하기 곤란하다. 정치적 연설도 그 어떠한 목적으로든 데이터베이스 제작이 가능하고 그에 대해 권리 제한을 못한다면 심각한 정보의 자유 훼손 가능성이 있기 때문이다.[7] 제35

〔데이터뱅크가〕독자적인 저작권 보호를 누리게 된다면, 정보의 독점화라는 위험성이 생기게 될 것이다. 즉 정보 공유의 자유에 대한 보호가 위험해질 수 있는 것이다. 여기서 저작권에 대해 가지는 개개인의 이익은 공개된 데이터에 대한 접근이라는 공공의 이익으로 인해서 제한된다." 뒤셀도르프 지방법원 2001년 2월 7일자 판결(사건번호: 12 O 492/00), 저작권심의조정위원회, 유럽연합 데이터베이스 보호 관련 판례집, 저작권관계자료집 42, 2004.

7) 추측하기로는, 종전에 제7조(보호받지 못하는 저작물 등) 제6호에 있던 규정("공개한 법정·국회 또는 지방의회에서의 연설")을 2006년 개정법에서 제24조로 변경하면서 착오로 놓친 것은 아닐까 싶다.

조의3에 대해서도 마찬가지 논리로, 권리 제한 필요성을 제기할 수 있을 것이다.

데이터베이스에 특수한 권리 제한 규정은 제93조 제2항이다. 데이터베이스 이용자는 이 조항을 적극 활용할 수 있을 듯하다. 이에 의하면, "교육·학술 또는 연구를 위하여 이용하는 경우"(제93조 제2항 제1호) 및 "시사보도를 위하여 이용하는 경우"(제93조 제2항 제2호)에는 누구든지 데이터베이스의 전부 또는 그 상당한 부분을 복제·배포·방송 또는 전송할 수 있다.

이 두 가지 목적으로 권리가 제한되더라도 "해당 데이터베이스의 통상적인 이용과 저촉되는 경우에는 그러하지 아니하다". 즉, 데이터베이스의 통상적인 이용과 저촉되는 이용은 허용되지 않는다. 통상적 이용이란 현재 존재하거나 장래에 기대되는 수입이라고 할 수 있다. 또한 교육 등의 목적의 경우에는 추가적으로 비영리 요건을 충족해야 한다(1항 제1호 단서). 비영리 목적이란 앞에서 살펴본 바와 같이 경제적인 이익을 취득할 목적을 말한다.[8]

제한되는 권리는 데이터베이스제작자에게 부여된 모든 권리이다. 복제권, 배포권, 방송권 및 전송권 모두가 제한된다. 저작재산권은 특정한 경우를 상정한 다음 그 경우에 맞는 이용형태에 한정해 배타적인 권리가 제한되는 반면, 데이터베이스제작자의 권리는 교육 등의 목적과 시사보도 목적이라는 다소 느슨한 요건하에 권리 전부가 제한되는 것이다. 이것은 학문·예술의 자유 및 언론·출판의 자유, 특히 정보의 자유와의 균형을 고려한 것이라 할 수 있다. 데이터베이스 시장의 주요 수요자인 교육기관이나 연구기관, 언론사가 주로 이 제한 규정의 혜택을 누릴 것이지만 경우에 따라서는 그 남용 또한 우려된다.

---

8) 통상적인 이용과 비영리 목적에 관해서는, 각각 제5장 제1절 '4. 권리 제한의 일반적 요건: 3단계 기준'과 제5장 제2절 '8. 비영리 공연·방송' 참조. EU 데이터베이스 지침 제9조에서는 제8조에 따른 일반 요건(데이터베이스의 통상적 이용 충돌 금지 및 제작자의 합법적 이익 저해 금지 등)에 따를 것을 조건으로 다음 세 가지의 경우 추출이나 재이용을 허용하고 있다. 첫째, 사적 목적으로 비전자적 데이터베이스 내용의 상당 부분을 추출할 수 있고, 둘째, 교육이나 연구 목적으로 출처 표시와 비영리 요건을 충족하는 한 내용의 상당 부분을 추출할 수 있으며, 셋째, 공공의 안전이나 행정·사법적 목적으로 내용의 상당 부분을 재이용 또는 추출할 수 있다.

자율 학습

1. 저작인접권과 데이터베이스제작자의 권리, 특히 저작인접권은 저작재산권 제한 규정을 거의 그대로 준용하고 있다. 입법 정책상 준용한다는 것은 양자 간에 그 성격이나 내용에 큰 차이가 없다는 것으로 읽힌다. ① 권리 제한 분야에서, 저작권법상 저작권과 저작인접권과 같은 다른 권리를, 권리들 간의 차이에 주목하여, 때로는 차별하는 것이 적절한 입법 정책은 아닐까? ② 차별한다면 그 근거는 무엇인가? ③ 차별을 불가능하게 하거나 어렵게 하는 조약상의 제약은 존재하는가?

제4절 법정허락

1. 의의와 종류

배타적인 권리 행사는 적극적으로 저작물 등의 이용을 허락하거나 소극적으로 금지하는 모습을 띤다. 적극적인 권리 행사가 곧 이용허락인데, 이용허락은 사적 자치의 원칙에 입각하여, 권리자와 이용자 간의 계약에 의해 이뤄진다. 사적 자치의 원칙은 행사 주체의 자발성 내지 자율성을 근간으로 한다.

이용허락은 언제나 자율성에 터 잡아 이뤄지지는 않는다. 권리자의 허락을 받지 않고 저작물 등을 이용할 수 있는 방법이 존재하기 때문이다. 일정한 경우 공공의 목적으로 권리를 제한함으로써 누구든지 자유로이 해당 저작물 등을 이용할 수 있는가 하면, 국가가 권리자의 의사를 거슬러 또는 권리자를 대신하여 이용허락을 해주기도 한다. 후자의 경우 권리자의 자발적인 의사를 묻지 않는다는 점에서 비자발적 허락(non-voluntary license)이라고도 하고, 법률로써 강제로 저작물 등의 사용을 허락한다는 점에서 강제허락(compulsory license)이라고도 한다. 권리를 제한하면서도 보상금 지급을 의무화하고 있는 각종 제한 규정도 넓게 보면 이러한 범주에 속한다고 볼 수 있다.[1]

강제허락이 필요한 이유 내지 목적은 크게 두 가지로 설명된다. 하나는 개별 권리자로부터 이용허락을 받는 것이 비현실적이라는 것이다.[2] 권리자를 알 수 없거나 권리자를 알 수 있다 하더라도 무수히 많은 권리자를 상대로 이용허락을 받는 것이 거의 불가능하거나 시간·비용 면에서 불합리하기 때문이다. 우리 법상 저작재산권자 불명의 경우 저작물 이용(제50조)이나 공표된 저작물의 방송(제51조)이 이러한 예에 속한다. 둘째로는 일부 이용자의

---

1) 이에는 교육 목적 보상금 제도(제25조) 및 도서관 보상금 제도(제31조) 등이 있다.

2) Stephen M. Stewart, International Copyright and Neighbouring Rights, Butterworths, 1989, p. 84.

권리 독점을 회피하기 위한 수단으로 강제허락 제도가 필요하다는 것이다.[3] 이러한 예로는 판매용 음반 제작을 위한 강제허락(제52조)이 있다.

강제허락 제도는 다음과 같은 비판에서 자유롭지 못하다. 첫째, 권리자의 자발적 의사를 거스르는 만큼 권리 행사의 자율성을 심각하게 훼손한다는 것이다. 자율성 훼손은 권리자의 협상력을 약화시키고 이는 곧 낮은 보상금으로 연결된다. '정당한 보상'이 보장되지 않는 것이다. 둘째로 강제허락 제도의 남용은 저작자와 실연자의 인격권을 해칠 수 있다는 것이다. 강제허락 제도하에서는 권리자가 저작물 등의 이용에 전혀 간여할 수 있는 방법이 없다 보니 인격권을 해치는 방법으로 이 제도가 오용될 우려가 있는 것이다.

강제허락은 예외적인 권리 행사 방법이므로 그 제도는 예외적인 상황에 대처하기 위한 목적으로 시행되어야 한다. 따라서 ① 해당 저작물을 이용하지 않으면 안 되는 특별한 사정이 존재해야 한다. 다른 저작물을 이용하더라도 그 목적을 달성할 수 있다면 강제허락은 허용되기 어렵다. ② 집중관리단체가 해당 분야에서 대표성이 있고 이 단체가 이용허락을 할 수 있다면 이를 회피하기 위한 수단으로 강제허락 제도를 활용해서는 안 될 것이다. 권리자의 과도한 사용료 요구에 대한 대응 수단으로 이 제도를 생각할 수도 있으나 이는 다른 정책 수단(우리의 경우 집중관리단체에 대한 정부의 감독 등)을 통해서 처리하면 그만이다. ③ 강제허락이 인격권 침해에 대한 면책 수단이 되어서는 안 된다. 우리 법에서는 '공표된 저작물'에 대한 법정허락을 인정하고 있기 때문에 공표권은 문제가 되지 않으나 성명표시권과 동일성유지권 침해 문제는 여전히 존재한다. ④ 강제허락은 해당 국가의 장소적 효력이 미치는 범위에 국한해 허용된다고 보아야 한다. 우리 법에서는 이에 대해 언급하지 않고 있으나 베른협약에서는 방송권 및 공중전달권에 대한 강제허락(제11조의2 제2항)과 음악저작물의 녹음(제13조 제1항)에 대한 강제허락을 인정하면서도 강제허락 제도를 운용하는 국가 내에서만 허용하고 있기 때문이다.[4] ⑤ 모든 이용형태에 대해, 그리고 무조건적으로 강제허락을 하는 것은 곤란하다. 앞에서 언급한 바와 같이, 행위 자체가 국경의 구애를 받지 않는 전송이라든가, 국경을 넘어 이뤄지는 위성방송이라든가, 기간 제한이 없는 이용이라든가 또

---

3) Ibid.

4) 법률은 장소적 효력뿐만 아니라 인적 효력도 있다. 그렇다면 우리 법률의 인적 효력이 미치는 대한민국 국민에게만 법정허락을 인정하는 것도 생각할 수 있다. 예를 들어, 외국에 있는 대한민국 국민이 강제 허락 제도를 이용할 수 있을까. 부정할 필요는 없을 것 같다. 그러나 그 국가의 법률도 그 국가의 영역 내에서 효력이 있기 때문에 그 국가에서 허용하지 않는 한 법률 위반 문제는 여전히 남는다.

는 보상금의 액수에 비해 현저히 균형을 잃은 이용 등은 특별한 사정이 없는 한[5] 용인되기 어려울 것이다.

우리 저작권법은 '법정허락'이라는 이름으로 강제허락 제도를 받아들이고 있다.[6] 우리 법상 법정허락은 세 가지 종류가 있는데, 권리자를 알 수 없는 경우의 저작물 이용, 공표된 저작물의 방송, 그리고 상업용 음반의 제작에 관한 것이다. 이들 법정허락 제도는 권리자를 알 수 없는 경우를 제외하고는 베른협약에 기원을 두고 있다. 권리자를 알 수 없는 경우의 법정허락 제도는 어느 정도 활용되고 있으나 다른 제도는 아직 활용 사례가 없다.[7]

2. 저작재산권자 불명

가. 저작물의 창작과 이용 간의 불합치

저작물의 대부분은 만들어지면 대개 사장되어버린다. 외부에 알려지는 저작물은 전체 저작물에서 극히 소수에 지나지 않는다. 저작자가 외부에 공표하기를 원하지 않는 경우도 있고, 원한다 하더라도 외부에 공표할 방법이 마땅하지 않기 때문이다. 저작자가 출판이나 방송과 같은 전통적인 방법으로 저작물을 유통하고자 한다면 거의 모든 저작물은 그대로 묻혀버린다 해도 과언이 아니다. 누구나 창작물을 만들 수는 있으나 그 '시장'을 찾을 수 없기 때문이다. 최근 인터넷이 발달하면서 '전송'의 방법으로 저작물을 알릴 수 있는 기회는

---

5) 이와 관련해 뒤에서 다시 살펴본다.

6) 국제적으로는 법정허락(statutory license or legal license)이란 강제허락 중의 하나로서, 법률로 허락의 조건, 특히 보상금의 액수나 요율을 정하는 것으로 이해한다. WIPO Glossary of Terms of the Law of Copyright and Neighboring Rights, WIPO, 1980. 우리 법에서는 강제허락이라는 용어가 담고 있는 거친 의미를 고려해 법정허락이라고 쓴 것으로 이해된다.

7) 1998년 10월 18일부터 2010년 11월 16일까지 모두 33건, 대상 저작물 276개 이상(저작물 수를 알 수 없는 건도 있다)의 법정허락 사례가 있었다. 이영록·최진원, 법정허락제도 개선방안 연구, 한국저작권위원회, 2010, 205~207. 활용이 미진하다가 그 후 꾸준히 증가해 2017년부터 2021년까지 5년간 연평균 138건(각 70건, 258건, 108건, 81건, 178건)에 이르렀다. 한국저작권위원회, 저작권 통계, 2022년 제11권, 201 참조. 이 통계에서 건수는 저작물 수를 기준으로 한 것이다. 통계 기준을 밝혀주면 좋을 것이다.

무척 넓어졌다. 하지만 아직도 대다수 저작물은 이용자가 접근할 기회조차 갖지 못한 채 '사라지고' 있다. '저작권 정보'의 필요성이 갈수록 커지고 있지만 그에 부응할 수 있는 조건을 충족하는 것은 그만큼 어려운 일이 아닐 수 없다.

저작물 이용자들은 저작물에 손쉽게 접근해서 필요한 범위 내에서 이용하기를 원한다. 간편한 절차와 방법이 존재한다면 더 말할 나위도 없겠다. 그러나 그것은 현실적으로 가능하지 않다. 이용자들은 오히려 저작권 침해를 염려하고 있고, 침해하리라는 위험에 노출되어 있다.

이러한 상황을 타개할 수 있는 방법은 그다지 많지 않다. 첫째, 권리자가 자신이 원하는 때에는 일정한 표시방법을 갖춰 특정한 이용형태에 대해 이용허락을 하겠다는 의사표시를 함으로써 이용자는 그 의사표시를 신뢰하여 사용하는 방법이 있다.[8]

둘째로는 권리자를 알 수 없는 경우 그를 찾으려는 상당한 노력을 하고, 그 연후에 국가가 권리자를 대신해서 저작물의 이용을 허락하는 방법이 있다. 첫째는 민간이 자율적으로 제도를 만들고 다듬어가는 것이라면 후자는 법적 근거를 두어야 할 수 있는 것이다. 둘째는 다시 두 가지로 나뉜다. 하나는 공공적 성격의 특정 이용자에게 '상당한 조사'를 요건으로 하여 대량 이용의 길을 열어주는 것이고,[9] 다른 하나는 모든 이용자에게는 '상당한 노력'을 다한 경우에 한하여 예외적으로 이용할 수 있도록 하는 것이다. 이 예외적인 상황을 염두에 둔 것이 제50조에서 예정한 "저작재산권자 불명인 저작물의 이용"이다.

나. 불명 저작물의 의의

(1) 불명 저작물의 개념

불명 저작물 또는 고아저작물(orphan works)이란 권리자를 알 수 없거나 권리자(저작재산권자)를 찾을 수 없어서 그로부터 허락을 받을 수 없는 저작물을 말한다. 누구나 권리 제한 규정에 따라 불명 저작물을 이용할 수는 있으나 법에서 허용한 권리 제한 범위를 넘어 이용

---

8) 민간 차원에서, 우리나라에서는 '정보공유라이선스'가 2004년 개발되어 몇 년간 활발하게 활용된 적이 있다. 지금은 전 세계적으로 CCL(Creative Commons License)이 널리 쓰이고 있다.

9) 이에 관해서는 제5장 제2절 '18. 문화시설에 의한 복제 등' 참조.

하고자 한다면 어떠한 방법으로든 권리자의 허락을 받아야 한다. 법에서 불명 저작물 이용을 위해 특별 규정을 두지 않는 한 해당 저작물 이용은 침해가 된다. 아무리 노력을 해도 권리자를 찾을 수 없다면 해당 저작물을 이용할 수가 없는 것이다.

이를 해결할 수 있는 방안으로 다음과 같이 크게 네 가지를 고려해볼 수 있다. 첫째는 권리자 정보를 포함한 저작권 정보를 구축하여 불명 저작물을 최대한 줄이는 것이다. 둘째는 불명 저작물 이용에 따른 저작권 침해에 대해 구제 방법을 제한하는 것이다. 셋째로는 불명 저작물을 공유 영역(public domain)에 속한 것으로 간주하거나 아니면 저작권 등록을 강제하는 것이다.[10] 첫 번째는 시장에서 수요가 있는 저작물에 대해서는 의미 있는 방안이라 할 수 있으나 해결해야 할 과제가 적지 않다. 무엇보다도 권리자들의 동의 절차가 선결되어야 한다. 두 번째와 세 번째는 입법적 해결 방안으로 설득력이 있다.[11] 넷째로는, 우리나라를 비롯해 일부 국가에서 채택하고 있는 방법이다. 즉, 상당한 노력을 기울여 권리자를 찾되, 그럼에도 불구하고 찾을 수 없는 경우에 한해 저작물을 이용할 수 있도록 하는 것이다.[12]

(2) 불명 저작물의 법정허락

누구든지 상당한 노력을 기울였어도 저작재산권자나 그의 거소를 알 수 없어 그 저작물의 이용허락을 받을 수 없는 경우에는 문화체육관광부장관의 승인을 얻은 후 보상금을 지

---

10) 각각의 경우에도 여러 다양한 접근법이 존재하기도 한다. 이에 관해서는, U.S. Copyright Office, Report on Orphan Works, A Report of the Register of Copyrights, January 2006, pp. 69~91 참조.

11) 미국 저작권청은 특히 두 번째 방안에 대해 다음과 같은 입법 권고를 하고 있다. 첫째, 이용자는 권리자를 찾기 위해 성실한 조사(diligent search)를 다해야 한다. 둘째, 저작자와 권리자의 성명을 표시해야 한다. 셋째, 권리 구제와 관련해서는 상당한 보상(reasonable compensation)을 해야 하고 직간접적인 상업적 이득이 없는 경우에는 금전 보상도 할 필요가 없고 금지청구는 원칙적으로 가능하되 불명 저작물에 근거한 2차적저작물 작성은 할 수 없도록 한다. Ibid., pp. 92~127.

12) 입법례로는 일본 저작권법 제67조와 캐나다 저작권법 제77조 등이 있다. 해당 규정은 우리 법규정과 실질적으로 같은 내용을 담고 있다. 캐나다는 1990년 해당 규정 시행 이후 15년간 125건(신청 기준)의 강제허락을 실시한 바 있다. Ibid., Appendix A: Federal Register Notices on Orphan Works. 2018년 4월 6일까지는 301건(신청 기준)을 승인했다. 사례가 많지 않은 것은 그 제도를 예외적으로 운영하고 있다는 반증이다. 최경수(2018), 68.

급하고 그 저작물을 이용할 수 있다(제50조 제1항).

법정허락을 받기 위해서는 몇 가지 요건을 구비해야 한다. 첫째, 공표된 저작물에 한해 허용된다. 외국인의 저작물도 법정허락 대상이다.[13)

둘째, 저작재산권자를 찾기 위해 상당한 노력을 기울여야 한다. 권리자와 이용자가 생각하는 상당한 노력의 정도가 각기 다를 수 있기 때문에 객관적인 기준을 설정할 필요가 있다. 대통령령은 '상당한 노력'의 기준을 네 가지로 나눠 이들 요건을 모두 충족하도록 요구하고 있다. ① 저작권등록부의 열람 또는 사본 교부 신청을 통해 해당 저작물의 저작재산권자나 그의 거소를 조회해야 한다. ② 해당 저작물 분야 신탁관리업자에게 저작재산권자나 그의 거소를 확인하기 위해 문서를 보내고 회신을 받아야 한다. 회신이 없는 경우에는 1개월이 지나야 한다. 해당 신탁관리업자가 없는 경우에는 대리중개업자 또는 해당 저작물에 대해 이용허락을 받은 사실이 있는 경우 그 이용자 중에서 2명 이상에게 같은 절차를 밟아야 한다. ③ 문화체육관광부령으로 저작재산권자를 찾는다는 취지, 저작재산권자의 성명이나 주소 등, 저작물의 제호 등을 전국 일반 일간신문이나 권리자 찾기 정보시스템에 공고하고 그날로부터 10일이 지나야 한다. ④ 정보검색도구를 이용하여 저작재산권자나 그의 거소를 검색하여야 한다(시행령 제18조 제1항 및 시행규칙 제3조). 이들 요건은 최소한의 기준일 뿐 절대적인 기준은 아니다. 저작재산권자를 찾으려는 노력이 충분하지 못하다고 인정할 때에는 법정허락 승인을 거절할 수 있다.[14) 동일 저작물을 누군가가 다시 이용하고자 할 때에는 상당한 노력의 절차를 생략할 수 있다(제51조 제3항).

---

13) 1986년 개정법에서는 국내외 저작물을 막론하고 법정허락 대상으로 했으나 2006년 개정으로 외국인의 저작물은 제외했다. 불명 저작물에 대한 법정허락은 사례가 많지 않아 실익이 크지 않고, 국제조약상의 근거를 가지고 있지 않기 때문에 통상마찰을 피하기 위한 조치였다 할 수 있다. 그러다가 2019년 11월 개정으로 다시 외국인의 저작물도 법정허락 대상으로 했다. 몇 가지 이유가 있다. ① 외국인 저작물을 대상에서 제외한다는 것은 내국인 저작물을 역차별하는 것이고, 법정허락의 효용을 감소시킨다는 점, ② 국제적으로도 권리자를 찾을 수 없다는 것은 그 권리자가 해당 저작물을 이용하거나 이용허락을 하지 않을 것으로 추정되는 등 법정허락 제도는 조약상 3단계 기준에 어긋나지 않는다는 주장들이 확인되고 있다는 점 등이 그것이다. 최경수(2018), 72~73.

14) 시행령 제22조에서는 승인신청의 기각 사유로, 뒤에서 설명하는 바와 같이, 네 가지를 규정하고 있으나 상당한 노력 기준을 충족하지 못한 경우에 관해서는 언급하지 않고 있다. 그러나 신청인이 시행령에서 정한 요건 외에 다른 방법으로 권리자를 찾으려는 '상당한 노력'을 하지 않았다면 승인 신청은 여전히 기각될 수 있다고 본다. 우리 법정허락 관행에서도 이런 점이 확인되고 있다.

　　2012년 4월 개정된 시행령[15]은 문화체육관광부장관의 노력으로 법정허락 신청인의 '상당한 노력'으로 간주하는 규정을 신설하면서 획기적인 간이 절차를 마련했다. 즉, ① 문화체육관광부장관이 저작권등록부를 통해 조회하고, ② 문화체육관광부장관이 저작권위탁관리업자가 보고한 사항을 통해 조회하고, ③ 법정허락 신청인이 권리자 찾기 정보시스템 공고한 경우 그 공고일로부터 2개월 경과한 경우 등 세 가지 요건을 충족한 때에는 상당한 노력을 한 것으로 본 것이다(제18조 제2항).

　　셋째, 보상금을 한국저작권위원회에 지급해야 한다.[16] 이것은 2019년 11월 개정법에서 신설된 것으로, 종전 공탁 제도의 문제를 해결하기 위해 등장한 것이다. 종전 제도는 일종의 변제공탁으로서 "채권자가 변제를 받지 아니하거나 받을 수 없는 때에" 그 채무를 면하기 위한 것이다(민법 제487조). 그러나 종전 법정허락에서 예정한 공탁은 '변제를 위한 공탁'이라기보다는 단지 '채무를 면하기 위한 공탁'에 지나지 않았다. 실제 이용자가 공탁하는데 실무적인 어려움도 적지 않았고, 권리자가 공탁금을 수령한 사례도 없었던 것으로 보였다.[17] 개정법은 공탁금 지급청구권이 10년간 행사하지 않으면 소멸한다는 점(공탁법 제9조 제3항)을 감안해 10년이 경과한 미분배 보상금은 공익 목적으로 사용할 수 있도록 하고 있다(제50조 제6항).

　　법정허락의 주체는 문화체육관광부장관이다. 법정허락의 업무는 한국저작권위원회에 위탁되었다(제130조 및 시행령 제68조 제1항 제2호). 법정허락 승인을 받아 해당 저작물을 이용할 때에는 법정허락을 받았다는 사실과 법정허락 승인연월일을 표시하여야 한다(제50조 제2항).

---

15) 대통령령 제23721호, 2012. 4. 12.

16) 법정허락 제도 개선을 위해 여러 입법 방안이 강구되었고 법개정과 시행령 개정으로 상당 부분 채택되기도 했다. 제도 개선 과제로 지적된 것은 ① 외국인의 저작물이 대상에서 제외되어 국내 저작물과의 형평성 차원에서 부적절하다는 것, ② 절차 간소화를 통해 법정허락을 활성화해야 한다는 점, ③ 고아저작물을 망라적으로 이용할 필요가 있다는 점 등이다. 이영록·최진원, 앞의 글. 국회와 정부는 ①에 대해 2019년 11월 제50조 개정으로, ②에 대해서는 시행령 개정, 특히 2012년 4월 개정 시행령에서 '상당한 노력' 기준을 변경하는 것으로, ③에 대해서는 2019년 12월 제35조의4(문화시설에 의한 복제 등) 신설로, 입법적 대응을 했다.

17) 최경수(2018), 75~77.

다. 준용 규정

권리자를 알 수 없는 저작인접물도 법정허락의 대상이 된다. 저작권법 제89조에서는 "실연·음반 및 방송의 이용"에 관하여 저작물의 법정허락에 관한 제50조 규정을 준용하도록 하고 있다. 이들 저작인접물을 각기 불명 실연, 불명 음반 및 불명 방송이라 할 수 있겠는데 불명 저작물의 경우와 마찬가지로 같은 요건을 충족한다면 같은 절차를 거쳐 법정허락을 받을 수 있는 것이다.

제97조에서는 데이터베이스의 이용에 관하여 제50조를 준용하고 있다. 데이터베이스에 대해서도 같은 설명을 할 수 있다.

3. 공표된 저작물의 방송

가. 방송을 위한 법정허락

저작권법상 방송권은 상대적으로 다른 권리보다 독점적·배타적인 성격이 약하다. 교육 목적 방송이나 비영리 목적의 방송의 예에서 보듯이 배타적인 방송권에 대한 제한이 많기 때문이다. 방송사업자는 상업용 음반을 방송할 경우 일정한 보상금 지급만으로 그 음반에 수록된 실연과 그 음반을 자유로이 이용할 수도 있다.

저작권법 제51조는 방송권의 독점적·배타적인 성격을 한층 약화시키는 규정이다. 이에 의하면, "공표된 저작물을 공익을 위한 필요에 따라 방송하려는 방송사업자가 그 저작재산 권자와 협의하였으나 협의가 성립되지 아니하는 경우에는 대통령령으로 정하는 바에 따라 문화체육관광부장관의 승인을 얻은 후 문화체육관광부장관이 정하는 기준에 따른 보상금을 해당 저작재산권자에게 지급하거나 공탁하고 이를 방송할 수 있다".

법정허락에 의한 방송을 위해서는 다음과 같은 요건을 갖춰야 한다. ① 해당 저작물이 공표된 것이어야 한다. ② 공익상 방송할 필요가 있어야 한다. 방송은 일반적으로 공익성을 추구한다. 그렇다고 해서 모든 방송사업자의 모든 방송 프로그램이 이 조항을 원용할 수는 없다. '공익'의 판단은 객관적 기준에 합당해야 한다. 언론기관으로서 방송사업자가 국민의 알권리 충족을 위해 해당 프로그램을 제작하고자 하는 여부가 우선적으로 요구되리라 본다. ③협의를 했으나 방송에 대한 합의가 이뤄지지 않아야 한다. 방송사업자가 권리자와 원만한 합의를 이끌어내지 못한 경우 법정허락을 신청할 수 있다. 협의 대상은 주로 이용 목적, 이용량, 이용 방법과 조건, 사용료의 요율이나 금액 등이라 할 수 있으며 이에 대해 제한이 있는 것은 아니다.

이와 같은 요건을 갖추면 방송사업자는 해당 저작물을 "방송할 수 있다". 방송에는 무선 방송뿐만 아니라 유선방송이 포함되며, 원방송뿐만 아니라 반복방송, 동시 재방송(동시중계 방송)과 이시 재방송 모두가 포함되는 것으로 본다.

아직 제51조에 의한 법정허락 사례는 존재하지 않는다. 방송사업자는 음악의 경우 연간 포괄계약으로 사용료를 지급하거나(음악저작권) 보상금을 지급하고 있고(실연과 음반에 대한 저작인접권), 방송대본은 개별 계약 또는 '재방' 계약을 통해 무리 없이 방송 프로그램을 제작 하고 있다. 굳이 복잡한 법정허락 절차를 거쳐 방송 프로그램을 제작할 실익이 그만큼 적다.

나. 준용 규정

방송 프로그램에는 저작물 외에 각종 저작인접물(실연·음반 및 방송)도 수록된다. 이 점을 감안하여 우리 저작권법 제89조에서는 "실연·음반 및 방송의 이용"에 관하여 저작물의 법 정허락에 관한 제51조 규정을 준용하도록 하고 있다. 실연과 음반뿐만 아니라 다른 방송사 업자의 방송 프로그램도 법정허락을 통해 이용할 수도 있다.

제97조에서는 데이터베이스의 이용에 관해서 제51조를 준용하고 있다. 따라서 방송 목적 으로 법정허락을 통해 데이터베이스를 이용할 수 있다. 요건과 절차 또한 다르지 않다.

다. 조약과의 관계

제51조는 베른협약에서 연유한 것이다. 이 협약 제11조의2 제2항에서는 "[방송권이] 행사 될 수 있는 조건은 동맹국의 입법에 맡겨 결정한다. 다만, 이러한 조건은 이를 정한 국가에 서만 적용된다"고 하고 있다. 그런데 우리 규정을 로마협약에 접목해보면 양립하기 어려운 점이 눈에 띈다. 로마협약 제15조 제2항에서는 저작권에 대한 제한 규정을 저작인접권에도 그대로 둘 수 있도록 하면서도 그 단서에서 "강제허락은 이 협약과 양립하는 범위 내에서만 규정될 수 있다"고 하고 있다. 이것을 풀어보면, 적어도 강제허락에 관한 한 로마협약에서

인정하는 배타적인 권리를 해치는 제한 규정은 허용되지 않는다는 것이다. 우리 법은 방송사업자에게 동시중계방송권을 배타적인 권리로 인정하고 있고(제85조), 로마협약은 방송사업자의 재방송권을 배타적인 권리로 인정하고 있다[협약 제13조 (a)]. 로마협약상 재방송은 우리 저작권법상 무선의 방법에 의한 동시중계방송을 의미하므로 무선 동시중계방송을 위한 법정허락은 로마협약 위반 가능성이 있다.

4. 상업용 음반 제작

가. 상업용 음반 제작을 위한 법정허락

저작자는 복제권을 가진다. 음반 제작은 복제행위로서 원칙적으로 저작자의 허락을 받아야 한다. 저작권법 제52조에서는 이러한 저작자의 복제권을 법정허락의 방법으로 제한하고 있다. 이에 의하면, "상업용 음반이 우리나라에서 처음으로 판매되어 3년이 지난 경우 그 음반에 녹음된 저작물을 녹음하여 다른 상업용 음반을 제작하려는 자가 그 저작재산권자와 협의하였으나 협의가 성립되지 아니하는 때에는 대통령령으로 정하는 바에 따라 문화체육관광부장관의 승인을 얻은 후 문화체육관광부장관이 정하는 기준에 따른 보상금을 해당 저작재산권자에게 지급하거나 공탁하고 다른 상업용 음반을 제작할 수 있다".

이러한 법정허락은 음반제작자의 편의를 위한 것이다. 어느 음반제작자가 최초 음반 제작을 한 연후에 다른 음반제작자가 동일한 음악을 다른 음반에 수록하고자 하더라도 해당 저작자와 기존 음반제작자 간의 관계 때문에 허락을 받을 수 없는 상황이 생길 수 있다. 제52조상의 법정허락은 기존 음반제작자의 독점적 지위를 억제하기 위한 제도라 할 수 있다.

법정허락을 받기 위해서는 몇 가지 요건을 구비해야 한다. ① 상업용 음반이어야 한다. 이에 대해서는 이미 언급한 바 있다.[18] ② 판매된 지 3년이 경과해야 한다. "우리나라에서 처음으로 판매"될 것을 요구하고 있기 때문에 외국에서 처음 판매된 경우에는 법정허락을 받을 수가 없다. ③ 협의를 통해 먼저 이용허락을 받도록 하고 이것이 여의치 않을 때에만 허용된다.

---

18) 제3장 제3절 3. '가. 상업용 음반의 방송 사용 보상청구권' 참조.

법정허락에 의한 이용형태는 '음반 제작'이다. 음반 제작이 복제의 하나임은 부인할 수 없으나 그렇다고 하여 단순히 법정허락 대상 이용형태가 복제에 국한한다고 말할 수는 없을 것이다. 음반제작자가 음반을 제작하여 보관하려는 목적으로 법정허락을 받고자 하지는 않을 것이기 때문이다. 따라서 음반의 통상적인 유통, 즉 배포를 포함하는 것으로 보아야 할 것이다. 다른 이용형태, 예를 들어 공연이나 공중송신은 포함하지 않을 것이다. 이러한 이용은 음반제작자가 직접 하는 것도 아니고, 특히 공중송신 중 전송은 국경 내에 머물 수 없기 때문에 법정허락 대상 이용형태라 하기는 곤란하다.[19]

실제 제52조에 의한 법정허락 사례가 존재하지 않고 음악 분야 신탁관리업자(한국음악저작권협회)는 '다른 상업용 음반' 제작에 대해 사용료를 오랫동안 징수해왔다는 점에 비춰보면 이 규정을 존치시킬 만한 실익은 크지 않은 듯하다.

나. 준용 규정

음반에는 저작물뿐만 아니라 저작인접물(실연·음반 및 방송)도 수록될 수 있다. 이때 해당 실연과 음반 및 방송은 법정허락의 대상이 된다. 우리 저작권법 제89조에서는 "실연·음반 및 방송의 이용"에 관하여 저작물의 법정허락에 관한 제52조 규정을 준용하고 있다.

다. 조약과의 관계

제52조 규정은 몇 가지 점에서 논란이 제기될 수 있다. 첫째는 베른협약 위반 가능성이다. 베른협약 제13조 제1항에서는 음악저작물에 한정하여(가사가 있는 경우에는 그 가사를 포함하여) 각국이 녹음권에 대한 유보와 조건(우리 법에서는 이 '유보와 조건'을 법정허락의 방법으로 활용하고 있다)을 부과할 수 있다고 하고 있다. 음반에는 어문저작물도 수록될 수 있는바, 어문저작물을 법정허락 대상으로 하는 것은 협약상의 의무를 충실히 지키지 못하는 것으로 볼 수 있다.[20]

---

19) 베른협약 제13조의 입법 연혁을 보더라도 분명하다. 종전에는 공연권과 녹음권에 대한 유보와 조건을 허용했으나 1967년 스톡홀름 개정회의에서 '녹음권'에 한정한 유보와 조건을 허용하는 것으로 개정했다. WIPO(Berne), p. 79.

496 제5장・재산적 권리의 제한

둘째, 로마협약 위반 가능성이다. 로마협약 제15조 제2항에서는 저작권에 대한 제한 규정을 저작인접권에도 그대로 둘 수 있도록 하면서도 그 단서에서 "강제허락은 이 협약과 양립하는 범위 내에서만 규정될 수 있다"고 하고 있다. 이것을 풀어보면, 적어도 강제허락에 관한 한 로마협약에서 인정하는 배타적인 권리를 해치는 제한 규정은 허용되지 않는다는 것이다. "우리나라에서 처음으로 판매되어 3년이 지난" 외국인의 음반에 대한 법정허락은 음반제작자의 배타적인 복제권을 거스르는 결과를 가져오므로 로마협약 위반 가능성이 있다 하겠다.

5. 법정허락 승인 신청 및 승인 절차

승인 신청 절차는 시행령과 시행규칙에 자세히 기술되어 있다. 먼저, 법정허락을 받기 위해서는 저작물 등의 '이용승인신청서'를 문화체육관광부장관에게 제출해야 한다(시행령 제19조). 승인신청서와 더불어 신청명세서, 보상금액 산정 내역서, 해당 저작물이 공표되었음을 밝힐 수 있는 서류, 저작재산권자나 그의 거소를 알 수 없음을 밝힐 수 있는 서류(제50조에 의한 신청), 협의에 관한 경과서류(제51조 및 제52조), 해당 음반이 판매된 지 3년이 경과했음을 밝힐 수 있는 서류(제52조)를 첨부해야 한다.

문화체육관광부장관은 승인 신청을 접수하면 저작재산권자나 그 대리인에게 7일 이상 30일 이내에 의견진술의 기회를 제공해야 한다(시행령 제20조 제1항 제2호). 저작재산권자가 이의를 제기하고자 할 경우 자신이 권리자라는 사실을 소명하는 자료를 첨부한 이의신청서를 제출해야 한다(시행령 제20조 제3항). 제50조 법정허락은 권리자를 알 수 없어서 의견진술 기회를 제공할 수 없으므로 승인 신청 사실을 권리자 찾기 정보시스템에 공고하도록 하고 있다. 이 시스템에는 10일간 신청 내용을 공고해야 한다(시행령 제20조 제1항 제1호).[21]

문화체육관광부장관은 법정허락을 승인하는 경우 저작물의 제호와 공표 연월일, 저작자

---

20) 우리 저작권법이 참고한 것으로 보이는 일본 저작권법 제69조에서는 음악저작물에 한정하여 강제허락 대상으로 하고 있다.

21) 공고 기간과 방법은 여러 차례 시행령 개정을 거쳐 바뀌었다. 종전 60일에서 30일(2000년), 다시 15일(2005년)로 단축되었다. 2012년 4월 개정으로 공고 기간이 다시 10일로 줄었고, 방법도 관보에서 시스템으로 변경되었다.

나 저작재산권자의 성명, 이용 승인을 받는 자의 성명, 이용 승인 조건(이용허락 기간 및 보상금), 저작물의 이용 방법과 형태 등을 명시하게 되는데, 이러한 사항은 권리자 찾기 정보시스템에 1개월 이상 게시하여야 한다(시행령 제21조 제2항). 승인 사실은 해당 저작재산권자에게 통지하거나 그 시스템에 공보하여야 한다(시행령 제21조 제1항).

승인신청은 다음과 같은 경우 기각된다(시행령 제22조). ① 신청 요건을 갖추지 못한 경우이다. 형식적인 요건은 승인신청서 제출 과정에서 보완하게 된다. ② 이용 승인 전에 저작재산권자나 그의 거소가 확인되었거나 합의가 성립된 경우이다. 당연한 결론이다. 제50조의 경우 권리자를 찾았다든가, 제51조 내지 제52조의 경우 합의가 존재하면 국가가 이용승인을 할 수도 없기 때문이다. ③ 저작재산권자가 저작물이 이용 제공되지 않도록 모든 복제물을 회수하는 경우이다. 저작재산권자가 자신의 저작물을 더 이상 공중이 이용하는 것을 원하지 않는다면 이를 법정허락의 대상으로 둘 수는 없을 것이다. 배타적인 권리는 저작물 이용을 금지할 권리를 포함하기 때문이다. ④ 해당 저작물이 아니더라도 그 목적을 달성할 수 있다고 인정되거나 저작재산권자가 저작물의 이용을 허락할 수 없는 부득이한 사유가 있다고 인정되는 경우이다. 법정허락이 예외적인 상황에 대처하기 위한 것이므로 법정허락의 본질상 필요한 요건 중 하나라 할 수 있다. 기각될 경우 신청인과 저작재산권자에게 이유를 명시하여 그 사실을 알려야 한다. 저작재산권자를 알지 못하는 경우에는 신청인에게만 알리면 된다(시행령 제22조 제2항).

법정허락 신청인이 법정허락을 받으면 문화체육관광부장관이 정하는 기준에 의한 보상금을 저작재산권자에게 지급하거나 공탁해야 한다. 제51조 내지 제52조의 경우에는 저작재산권자에게 직접 지급하면 되지만 그가 수령을 거부하거나 수령할 수 없는 경우에는 공탁을 하게 된다. 또한 저작재산권을 목적으로 하는 질권이 설정되어 있는 경우에도 공탁을 할 수 있다. 물론 질권자가 동의할 경우 보상금을 직접 수령할 수도 있다(시행령 제23조의4 제1항). 공탁을 하게 되면 그 사실을 공탁물을 수령할 자에게 알려야 한다(제51조 및 제52조에 의한 법정허락).

공탁에는 여러 가지가 있는데, 보상금 공탁은 변제 공탁의 하나이다. 변제 공탁이란 채무자가 채무의 목적물을 채권자를 위하여 공탁소에 임치하여 채무를 면제받는 제도이다. 채권자가 변제를 받지 않거나 변제를 받을 수 없을 때 또는 변제자가 과실 없이 채권자를 알 수 없을 때 채무 이행을 갈음하여 채무의 목적물을 공탁하게 된다. 공탁을 하게 되면 채무자는 채무를 면하고 채권자는 공탁소에서 채무의 목적물인 공탁물의 지급을 청구할 수 있다.

제5절 보상금 제도

1. 제도의 의의

저작권법상 저작자 등 권리자가 가지는 권리는 원칙적으로 배타적인 것이다. 자신만이 권리를 향유하고 행사할 수 있다. 침해가 발생하면 직접 권리 구제를 받을 수도 있고 국가 기관에 침해자를 처벌해줄 것을 요구할 수도 있다. 저작권법은 이러한 배타적인 권리를 여러 가지 목적으로 제한하고 있다. 저작재산권의 제한 등 권리 제한 규정과 법정허락 규정이 대표적으로 저작권법에서 부여한 저작재산권 등의 배타성을 부인한다. 이들 규정은 권리의 배타성을 부인하면서 권리자에 대한 보상도 부정하는 경우도 있고 배타성만을 부인할 뿐 보상을 긍정하는 경우도 있다.

배타적 권리의 제한은 비록 공익적 측면에서 인정되지만 그렇다고 권리자의 권익을 부당하게 해치는 방법으로 활용되어서는 안 될 것이다. 권리 제한이 그 일반 요건인 3단계 기준, 특히 세 번째 기준(합법적 이익 저해 금지)을 충족하지 못한다면 그것으로도 권리 제한의 한계를 넘는 것이기 때문이다. 이 점을 고려하여 저작권법상 일부 권리 제한 규정과 법정허락 규정은 이용자에게 보상금 지급을 의무화하고 있다. 권리 제한 규정으로는 저작재산권 제한에 관한 제25조(학교교육 목적 등에의 이용)와 제31조(도서관 등에서의 복제 등), 그리고 제34조의4(문화시설에 의한 복제 등)가 있다. 제25조 제6항 내지 제11항에서는 보상금 지급 의무, 지정단체, 미분배 보상금 등에 관해 규정하고 있고, 제31조 제6항에서는 제25조 보상금 관련 규정을 준용하고 있다. 법정허락 규정으로는 제50조 내지 제52조가 있다. 법정허락 규정을 저작인접권에 준용하는 제89조도 있다. 프로그램 특례 규정 중 하나인 제101조의3 제3항에서도 제25조와 같은 취지의 교과용 도서 보상금 제도를 두고 있다.

또한 실연자와 음반제작자에게는 별도로, 제75조 및 제82조(상업용 음반의 방송 사용에 대한 보상), 제76조 및 제83조(디지털음성송신에 대한 보상), 그리고 제76조의2와 제83조의2(상업용 음반의 공연 사용에 대한 보상)에서 보상청구권을 인정하고 있다. 이들 규정은 실연자나 음반제작자의 배타적 권리를 부인 또는 축소한 것이 아니라 처음부터 보상청구권 제도하에서 설계된 것이다.

보상청구권은 독점적·배타적 권리와는 구별된다. 배타성이 없기 때문에 방송을 허락하거나 금지할 수 없고 그 침해로 인한 물권적 청구권, 즉 침해금지청구권이나 침해예방청구권을 행사할 수도 없고 또는 손해배상청구권도 행사할 수 없다. 보상의 금액이나 요율에 관해서 다툴 수 있을 뿐이다.

2. 보상청구권의 귀속과 행사

가. 보상청구권의 귀속

보상청구권 귀속 주체에는 권리 제한 규정이나 법정허락 규정, 그리고 이들 규정을 준용하는 규정의 적용을 받는 저작재산권자, 배타적발행권자 및 출판권자, 저작인접권자, 그리고 데이터베이스제작자가 있고, 제75조 내지 제76조의2 및 제82조 내지 제83조의2에서 특정되어 있는 실연자와 음반제작자가 있다. 문제가 되는 규정이 있다. 즉, 제25조 및 제31조가 그것이다.

제25조 제6항에서 제한 규정에 의한 저작물 이용자는 "보상금을 해당 저작재산권자에게 지급하여야 한다"고 하고 있다. 제31조 제6항에서도 제31조상의 도서관 등 저작물 이용자는 저작재산권자에게 보상금을 지급하도록 하고 있다. 그런데, 배타적발행권 및 출판권 제한 규정(각 제62조 제2항 및 제63조의2), 그리고 저작인접권 제한 규정(제87조)에서는 "제25조 제1항부터 제3항까지" 준용한다고 명시하고 있다.[1] 보상금 지급 의무에 관한 규정인 제25조 제6항은 준용 대상이 아닌 것이다. 이것은 입법 오류 내지 미비라고 하지 않을 수 없다. 이들 권리자는 모두 관련 이용행위에 대해 배타적인 권리를 가지고 있고, 이들도 저작재산권자와 마찬가지로 공익상 자신의 권리가 제한되더라도 해당 이용행위에 대해 보상받아야

---

1) 이들 제한 규정에서는 제31조는 전부 준용하고 있어서 해당 도서관은 해당 권리자들에게 보상금을 지급해야 한다.

한다는 점에서, 차별의 합리적인 이유를 찾아볼 수 없다.

현행 준용 규정은 연혁적인 배경을 가지고 있다. 이 규정은 1986년 저작권법에 있던 것을 그대로 이어온 것으로, 당시 출판권과 저작인접권을 제한할 때 보상금 해당 규정은 배제했다.[2] 이제 배타적발행권이 등장하고, 실연이나 이를 수록한 음반도 교과용 도서의 범주에 들어갈 수 있으므로 관련 권리자들에게 준용 규정은 권리 행사의 장애에 지나지 않는다.

나. 보상청구권의 행사

우리 저작권법상 보상청구권의 귀속 주체는 ― 권리 범위에 차이는 있지만 ― 저작재산권자, 저작인접권자와 데이터베이스제작자, 그리고 제한된 범위에서 배타적발행권자와 출판권자이다. 이들 권리자가 직접 보상금을 지급받거나 청구할 수 있다면 권리자가 자신의 권리 실현에 직접 관여하는 것이므로 가장 바람직한 방법이다. 그러한 현실은 그렇게 간단하지 않다. 먼저 권리자가 개별 이용행위를 하나하나 확인해야 한다. 이용자를 찾아 이들과 일일이 협상도 해야 한다. 이렇게 해서 수령하는 보상금은 대부분 매우 적은 액수이다.

직접적인 행사에 대한 대안으로, 권리자로 구성된 단체가 이들을 대신하여 보상금 대상 이용행위를 찾아내고 그 후 이용자와 유리한 위치에서 협상을 할 수도 있다. 조직의 역량을 제대로 발휘한다면 저작권법이 의도한 목적을 충분히 달성할 수 있다.

우리 저작권법은 두 가지 방법을 모두 인정하고 있다. 법정허락 이외에는 모두 후자 방법에 의하도록 하고 있다. 법정허락은 성격상 이용자가 신청하는 것이고 따라서 보상금 지급은 개별적으로 할 수밖에 없다. 권리자을 알 수 없을 때에는 한국저작권위원회에 지급하고, 권리자가 수령을 거부하거나 수령할 수 없을 때에는 공탁을 하게 된다.

한편, 법정허락 방법 이외의 보상금은 지정단체를 통해서 권리를 행사한다(제25조 제7항 및 이를 준용하는 제31조 제6항, 제75조 제2항, 제76조 제2항, 제76조의2 제2항, 제82조 제2항, 제83조 제2항, 제83조의2 제2항, 제101조의3 제3항). 지정단체 방식은 권리 행사의 편의와 권리 처리의 편의를 위한 것이라 할 수 있는데, 이 방식은 결국 보상청구권 귀속 주체와 행사 주체의 분리를 가져온다. 저작권법 제25조 제8항 이하에서는 아울러 단체 지정 요건 및 지

---

[2] 출판권에 대한 저작재산권 제한 준용 규정은 당시 일본 저작권법을 허투루 추종한 데 지나지 않는 것이었다. 이에 대해서는, 최경수(2021), 213~214 참조.

정 취소, 분배 등에 관해서도 각기 규정하고 있다.

　지정단체는 권리 행사 주체로서 권리 귀속 주체는 아니다. 귀속 권리가 없다면 해당 권리 행사도 할 수 없는 것이다. 예를 들어, 보호기간의 종료 등으로 공유영역에 있는(in the public domain) 저작물이나 저작인접물 등에 대해서는 보상청구권을 행사할 수는 없다. 또한 권리자 불명의 저작물이나 저작인접물과 같이 상당한 노력이나 상당한 조사를 해도 권리자를 찾을 수 없는 경우에도 권리 행사는 곤란하다고 본다.3)

다. 지정단체

　지정단체 제도는 1986년 개정법에 등장했던 것으로 상업용 음반의 방송 사용 보상금에 한정하여 운영되어왔으나, 2006년 법개정으로 지정단체 제도를 적극 활용하여, 법정허락을 제외한 모든 경우 지정단체를 보상청구권 행사 주체로 했다. 지정단체 제도는 원칙에 대한 예외라 할 것이므로 지정단체의 업무의 공정성과 투명성은 높게 요구된다.

　단체 지정을 받기 위해서는 일정한 법정 요건을 갖춰야 한다. 즉, 첫째, 대한민국 내에서 보상을 받을 권리를 가진 자(보상권리자)로 구성된 단체여야 하고, 둘째, 비영리 목적의 단체여야 하고, 셋째, 보상금의 징수 및 분배 등의 업무를 수행하기에 충분한 능력이 있어야 한다(제25조 제7항 제1호 내지 제3호).4) 시행령에서는 "보상금수령단체를 지정하려면 법 제25조 제7항 각 호의 요건을 갖춘 단체로서 구성원의 의결권 등이 평등하고 단체의 의사결정이 민주적으로 이루어지는 단체를 지정하여야 한다"(시행령 제3조 제1항)고 하여 추가적인

---

3) 이른바 미분배 보상금의 상당 부분은 권리자 불명의 저작물이나 저작인접물에 대한 보상금 징수로 인한 것이다. 이런 보호대상 권리자가 권리 행사를 위해 나타나지 않는다면 미분배 보상금은 쌓일 수밖에 없다. 권리자에게 보상하고자 하는 보상금 제도의 취지는 사라져버릴 뿐만 아니라 이 제도에 대한 신뢰를 훼손한다.

4) 종전 법률 제65조 제2항 및 제68조 제2항에서는 보상청구권 행사 주체로 실연 또는 음반제작을 업으로 하는 자로 구성된 단체로 하도록 규정하고 있고, 각 제6항에서 "단체의 지정 등"에 관해 필요한 사항은 시행령으로 정하도록 했다. 법률의 위임에 따라, 시행령 제23조 제1항에서는 단체의 지정에 관해 일정한 요건을 요구했다. 이에 의하면, ① 영리를 목적으로 하지 아니할 것, ② 구성원이 임의로 가입하거나 탈퇴할 수 있을 것, ③ 구성원의 의결권 및 선거권이 평등할 것 등 세 가지를 요건으로 했다. 2006년 개정법은 요건은 다소 다르나 이를 법률 사항으로 한 것이다. 정부의 재량행위의 요건이나 기준을 시행령에 포괄적으로 위임하는 것은 헌법상 포괄위임 금지의 원칙에 위배된다는 지적이 있었기 때문이다.

요건을 두고 있다.

법에서는 단체를 지정하기 위해 해당 단체의 동의를 받도록 하고 있다(제25조 제7항 2문). 실제로는 먼저 해당 단체가 신청을 하고 나중에 지정을 받는 방식으로 지정 절차가 진행된다. 단체 지정 신청은 곧 동의를 전제로 하기 때문에 이러한 절차적 요건은 충족된다. 단체 지정을 하면서 보상 관계 업무 규정 등을 함께 승인하게 된다(시행령 제4조). 이 규정은 지정단체의 업무에 관해 기본적인 사항을 정하고 있다. 이에는 ① 보상금 징수의 방법 및 절차에 관한 사항, ② 보상금의 분배에 관한 사항, ③ 관리 수수료에 관한 사항, ④ 보상금의 관리에 관한 사항 등이 있다.

지정단체는 자기의 명의로 그 권리에 관한 재판상 또는 재판 외의 행위를 할 권한을 가진다. 보상금의 금액과 요율에 관해 자신의 이름으로 이용자와 협의하여 합의할 수도 있고 소송이나 다른 분쟁 해결 절차에서도 자신의 이름으로 절차를 진행할 수도 있는 것이다. 지정단체는 그 구성원이 아닌 권리자가 신청할 경우 그의 권리 행사를 거부할 수 없다. 이 때에도 자신의 이름으로 재판상이나 재판 외의 행위를 할 권한을 가진다(제25조 제8항).

보상금의 요율이나 금액 결정 방식에서 규정상 차이도 보인다. 지정단체가 이용자와 협의하여 합의하는 경우도 있고, 정부가 고시하는 기준에 따른 보상금을 수령을 수령하는 경우가 있다. 협의 방식은 제75조와 제82조(상업용 음반의 방송 사용 보상청구권), 제76조와 제83조(디지털음성송신 보상청구권), 제76조의2와 제83조의2(상업용 음반의 공연 사용 보상청구권)에서 채택하고 있다. 기준 고시 방식은 제25조(학교교육 목적 등에의 이용)와 제31조(도서관 등에서의 복제 등) 및 제101조의3(프로그램의 교과용 도서 게재)에서 채택하고 있다.

협의 방식은 다시 두 가지로 나뉜다. 제75조 제3항에 의하면, 지정단체가 청구할 수 있는 보상금의 금액은 매년 지정단체와 방송사업자가 협의하여 정한다. 이어 제75조 제4항에서는 "협의가 성립되지 아니하는 경우에" 지정단체 또는 방송사업자는 한국저작권위원회에 조정을 신청할 수 있다고 하고 있다. 제82조 제2항에서는 제75조 제3항과 제4항을 준용하고 있다.

한편, 제76조 제3항에서는 달리 규정하고 있다. 즉, 지정단체가 청구할 수 있는 보상금의 금액은 매년 그 단체와 디지털음성송신사업자가 "대통령령으로 정하는 기간 내에 협의하여 정한다". "협의가 성립되지 아니한 경우에는 문화체육관광부장관이 정하여 고시하는 금액을 지급한다"(제76조 제4항). 협의 방식과 기준 고시 방식이 혼용되고 있는 것이다. 제76조의2 제2항, 제83조 제2항 및 제83조의2 제2항에서는 제76조 제3항과 제4항을 준용하고 있다.

단체의 지정은 취소될 수 있다. 문화체육관광부장관은 앞에서 언급한 법정 요건을 갖추지 못하거나 보상 관계 업무규정을 위반하거나, 보상 관계 업무를 상당한 기간 정지하여 보상권리자의 이익을 해할 우려가 있을 때에는 단체의 지정을 취소할 수 있다(제25조 제9항).[5] 지정을 취소할 때에는 청문을 하여야 한다(시행령 제6조 제1항).

3. 미분배 보상금

보상금은 저작권 사용료와 마찬가지로 저작물 등의 이용에 따른 금전적 대가이다. 지정단체는 보상금을 수령하면 일정액의 관리 수수료를 공제하고 이를 권리자에게 분배하여야 한다. 보상금을 권리자에게 분배하지 못하면 이를 공탁하거나 권리자가 나타날 때까지 적립해야 한다. 보상금은 사용료와 마찬가지로 채권이므로 일반 민사채권의 소멸시효 기간에 따라 10년이 지나면 소멸한다(민법 제162조 제1항).

보상금을 공탁하려면 절차도 복잡하고 비용도 많이 든다. 2004년 교과용 도서 보상금의 경우 절반 가까운 금액이 저작자를 찾지 못해 공탁된 바 있으나[6] 공탁 보상금은 10년이 경과한 후 국고로 귀속되었다. 저작자가 직간접적으로 보상금에 의한 혜택을 전연 받지 못하는 예가 많았던 것이다.[7]

2006년 개정법은 이 점을 고려하여, 지정단체로 하여금 보상금 분배 공고를 한 날부터 3년이 경과한 미분배 보상금에 대하여 문화체육관광부장관의 승인을 얻어 공익 목적을 위하여 사용할 수 있도록 했다(현행 제25조 제10항).[8] 이 규정상 3년은 2018년 개정에서 5년으

---

5) 종전(2003년 개정법) 시행령 제27조의 내용을 법률 규정으로 옮긴 것이다. 지정단체에 대한 불이익 처분 요건은 법적 예측 가능성의 측면에서 법률에 두는 것이 옳다.

6) 2004년 교과용 도서 보상금은 국정도서의 경우 어문저작물 4억 4845만 6250원, 사진저작물 2억 7131만 9920원, 미술저작물 4980만 700원, 음악저작물 9724만 8460원 등 총 8억 6682만 5330원으로, 각기 25%, 78%, 84%, 27%가량의 미분배 보상금이 생겼다. 대한교과서주식회사 제공 자료.

7) 법개정 전까지 일부 지정단체의 분배규정에서는 권리자를 파악하기 어려운 경우 3년이 경과하면 전체 권리자를 위해 사용하거나 공동 목적으로 사용할 수 있도록 열어놓은 바 있다. 분배 노력 없이 3년을 기다린다면 이는 애초에 예정한 지정단체의 역할을 등한히 한 것이고, 보상금은 10년의 소멸시효인 점을 고려할 때 적절하지 않은 것이었다.

8) 3년이라는 기간은 보상금을 3년의 단기 소멸시효가 적용되는 "기타 1년 이내의 기간으로 정한 금전 또

로 바뀌었다. 문화체육관광부가 5년이 지난 미분배 보상금에 대해 공익 목적 사용을 승인하고 있었다는 점을 고려한 것이었다.

공익목적 사업이란 ① 저작권 교육·홍보 및 연구, ② 저작권 정보의 관리 및 제공, ③ 저작물 창작 활동의 지원, ④ 저작권 보호 사업, ⑤ 창작자 권익옹호 사업, ⑥ 저작물 이용 활성화 및 공정한 이용을 도모하기 위한 사업을 말한다(제25조 10). 망라적으로 사업을 열거했다 할 수 있다.

보상금 제도는 시간과 더불어 제도가 정착되면서 보상금 규모는 눈에 띄게 커지고 있다.9) 그렇다고 미분배 문제가 깔끔하게 정리되어가고 있다고는 말하기 어렵다. 하나의 사례로 미분배 보상금액이 그다지 줄지 않고 있다는 점이다.10)

는 물건의 지급을 목적으로 한 채권"(민법 제163조 제1호), 즉 1년 이내로 정기로 지급되는 채권(정기급부채권)으로 보았기 때문으로 여겨진다. 제25조와 제31조 보상금 및 실연자와 음반제작자에 대한 보상금은 대개 약정을 통해 1년 이내의 단위로 지급한다.

9) 2021년 기준 7개 분야 총 보상액은 285억 원가량 된다(교과용 도서 보상금 약 43억 원, 수업 목적 보상금 약 29억 원, 수업지원 목적 보상금 약 13억 원, 도서관 보상금 약 1500만 원, 방송 사용 보상금 약 136억 원, 디지털음성송신 보상금 약 38억 원, 공연 사용 보상금 약 20억 원, 해외 보상금 2억 원. 도서관 보상금 외 억 원 미만 절사). 권리자별로는 저작재산권자 87억 원, 실연자 97억 원, 음반제작자 100억 원(억 원 미만 절사)을 징수했다. 한국저작권위원회, 저작권 통계, 2022년 제11권, 94~95 참조.

10) 2018년 이후 300억 원 이상의 미분배액이 쌓여 있다. 저작권 보호 등 공익사업이라는 명분으로 무리하게 집행할 수도 있겠다는 우려를 낳고 있다. 위의 자료, 120~121. 징수할 수 없거나 징수해서는 안 되는 보상금을 축적하는 것일 수도 있다.

제6장
재산적 권리의 변동·행사 및 등록

제1절 재산적 권리의 변동

제2절 재산적 권리의 행사: 저작권 이용허락

제3절 재산적 권리의 소멸

제4절 저작권 등록

제1절 재산적 권리의 변동

1. 저작물의 사용·수익·처분

저작재산권자 등 권리자는 자신이 가지고 있는 재산적인 권리를 여러 방법으로 행사한다. 자신이 직접 저작물을 이용할 수도 있고, 다른 사람에게 그 이용을 허락할 수도 있다. 자신의 권리를 다른 사람에게 처분할 수도 있다. 이러한 것들이 가능한 것은 저작재산권 등의 재산적 성격 때문이다. 재산권을 대표하는 소유권과 저작권을 대비하면 더욱 쉽게 알 수 있다. 소유권은 물건(소유물)의 사용·수익·처분할 권리를 내용으로 한다(민법 제211조). 물건의 사용(물건의 사용)이란 소유물을 훼손하지 않거나 그 성질을 바꾸지 않고 그 용도에 따라 쓰는 것이고, 수익(물건으로 인한 수익)이란 소유물에서 과실을 취득하는 것을 말한다. 소유자가 소유물을 직접 사용하면서 과실을 취득할 수도 있고 다른 사람이 하도록 할 수도 있는데, 다른 사람이 사용할 경우 그 과실로 이자(interest) 또는 지대 내지 임대료(rent)를 받는다. 처분(물건의 처분)이란 소유물을 물질적(물건의 훼손, 소각 등) 또는 거래상(물건의 양도, 제한물권의 설정 등) 처분하는 것을 말한다.[1]

저작권을 소유권에 투영해보면 다음과 같이 설명할 수 있다. 저작자 자신이 직접 저작물을 출판하거나 전송한다면 이는 소유권의 객체인 물건의 사용에 해당한다 하겠고, 다른 사

---

[1] 김용한, 물권법론, 박영사, 1975, 251~252. 물권에는 크게 두 가지가 있다. 하나는 물건에 대한 전면적인 지배 권능을 가지는 소유권이 있고, 다른 하나는 물건의 가치를 제한적으로 지배하는 권능을 가진 제한물권이 있다. 제한물권은 다시 두 가지로 나뉜다. 하나는 용익물권이고 다른 하나는 담보물권이다. 용익물권은 물건의 사용가치를 지배하는 권능을 가진다. 예를 들어, 전세권은 소유권을 제한하면서 부동산(물건)에 대해 전세 목적에 한정된 지배 권능을 가지는 것이므로, 전세권자만이 해당 부동산을 사용할 수 있게 된다. 다른 하나는 담보물권이다. 담보물권은 물건의 교환가치를 지배하는 권능을 가진다. 질권과 저당권이 대표적인 담보물권이다.

람으로 하여금 이용하도록 한다면(이용허락) 물건으로 인한 수익에 대비할 수 있고, 저작재
산권을 양도하거나 저작재산권에 제한물권(질권)을 설정한다면 이는 물건의 처분에 상당하
는 행위라 할 수 있다. 다만, 저작물이 유형물이라는 특징으로 인해 동산 소유권 변동에서
볼 수 있는 인도, 즉 점유 이전은 생각할 수 없다.

2. 권리의 변동

저작권법상의 재산적 권리는 발생과 변경, 소멸이라는 일반적인 권리 변동이 일어난다.
권리 발생에는 원시 취득과 승계 취득이 있으며, 승계 취득에는 이전적 취득과 설정적 취득
이 있다. 원시 취득은 재산적 권리의 발생을 의미한다. 승계 취득 중 이전적 취득은 권리의
이전을 통해 새로운 사람이 권리를 취득하는 것이다. 설정적 취득은 기존의 권리에 새로운
권리가 설정되는 것이다.

권리의 변경은 권리의 주체나 내용이 '변경'되는 것을 말한다. 권리의 주체가 변경된다면
이전적 취득이고 권리의 내용이 변경된다면 설정적 취득이다. 권리의 변경이라는 것은 승
계 취득을 다른 측면에서 본 것임을 알 수 있다. 권리의 양도나 상속에서 이전적 취득의
전형적인 모습을 볼 수 있고, 제한물권(질권이나 배타적발행권)에서 설정적 취득의 모습을
볼 수 있다.

권리의 소멸에는 절대적 소멸과 상대적 소멸이 있다. 절대적 소멸은 권리가 어느 누구에
게도 속하지 않는 것을 말하는데, 무형물로서 저작물은 그 멸실을 생각할 수 없으므로 재산
적 권리의 포기나 보호기간 종료로 인한 소멸을 생각할 수 있다.

저작자를 중심으로 볼 때 저작물의 창작은 저작재산권의 발생(원시 취득)을 가져오고, 그
권리를 양도하거나(권리 주체의 변경; 상대방에게는 이전적 취득) 질권이나 배타적발행권을 설
정할 수 있다(권리 내용의 변경; 상대방에게는 설정적 취득). 자신이 가지고 있는 재산적 권리
를 포기할 수도 있다. 이러한 권리 변동은 저작자가 어떠한 방법으로, 어떤 내용을 처분하
는가에 따라 양도, 신탁, 상속, 질권 설정, 배타적발행권 설정 등의 모습을 띠게 된다.

3. 권리의 양도

가. 권리의 처분

재산적 권리는 양도의 대상이 된다. 저작자는 저작재산권의 전부 또는 일부를 양도할 수 있다(제45조 제1항). 저작인접권자와 데이터베이스제작자의 권리도 준용 규정(제88조 및 제96조)에 의해 각기 그 권리의 전부나 일부를 양도할 수 있다. 배타적발행권도 양도할 수 있다(제62조 제1항).

권리의 처분으로서 저작재산권 등의 양도와 권리의 객체인 저작물 등을 담고 있는 물건의 처분은 구별해야 한다. 권리 양도는 무형물로서 저작물 등에 대한 권리 양도이고 물건의 양도는 저작물 등 무형물을 담은 유형물을 양도하는 것으로 각각의 처분은 독자적인 것이고 서로 영향을 주고받지 않는다. 따라서 물건의 소유자가 매매의 방법으로 유형의 물건을 처분하더라도 그 처분이 저작재산권 등을 침해하는 것이 아니며, 저작자가 저작재산권을 매매의 방법으로 처분하더라도 유체물로서 물건의 소유자의 법적 지위를 해치지 않는 것이다. 예를 들어, 저작자가 회화 원본을 A에게 양도하고 B에게 회화에 대한 저작재산권을 양도했다면, 회화 원본에 대한 소유권과 회화에 대한 저작재산권은 각기 재차 양도될 수 있으며 이때 각 권리자(회화 원본의 소유자나 회화의 저작재산권자)의 법적 지위는 그대로 간직하게 된다.

나. 양도의 방법

양도 방법은 여러 가지 방법으로 가능하다. 법률행위로서 계약으로 할 수도 있고, 단독행위로 할 수도 있다. 양도를 민법상 증여, 매매, 교환 등의 방법으로 한다면 계약으로 하는 것이고, 유증과 같은 방법을 취한다면 단독행위로 하는 것이다.[2] 의사표시의 형식은 구두로도 할 수 있고, 서면으로도 할 수 있다. 구두에 의한 의사표시는 그 증거능력 확보에 어려운 점이 있으나 그 법적 효력은 서면에 의한 의사표시와 같다.

---

[2] 유증은 타인에게 무상으로 재산을 주는 행위로 증여와 비슷하지만 그것이 단독행위라는 점에서 구별된다. 유증은 또한 상대방 없는 단독행위이다. 즉, 특정의 상대방이 있는 것이 아니라 그 효과를 모든 사람에게 주장할 수 있는 법률행위이다.

증여, 매매 등 전형계약을 보면, 쌍무계약과 편무계약, 유상계약과 무상계약, 낙성계약과 요물계약, 요식계약과 불요식계약 등으로 나누기도 한다. 쌍무계약은 당사자 간에 서로 채무를 부담하는 계약인 반면, 편무계약은 당사자 일방만이 채무를 부담하는 계약이다. 전자의 예로는 매매나 교환, 고용, 도급 등이 있고, 후자의 예로는 증여나 현상광고가 있다.

유상계약은 대가를 주고받는 계약이고 무상계약은 그렇지 않는 계약을 말한다. 매매, 교환, 고용, 도급, 현상광고 등이 유상계약에 속하고 증여가 무상계약에 속한다.

낙성계약이란 당사자의 합의만으로 성립하는 계약이고, 요물계약은 합의 외에 다른 법률사실(물건의 인도 등)이 존재하는 계약이다. 현상광고를 제외하고는 모두 낙성계약이다.[3]

요식계약은 특별한 방식을 요구하는 계약이고, 불요식계약은 그렇지 않은 계약이다. 우리 민법은 계약자유의 원칙에 충실한 나머지 특별한 방식을 요구하지 않는 것이 일반적이다.[4]

재산적 권리의 양도는 보통 매매의 방법으로 이뤄진다. 다른 양도 방법도 존재하는데, 이에는 증여나 도급, 고용 등을 생각할 수 있다. 계약 당사자 간에 일정한 대가를 조건으로 용역 결과물(저작물 등)에 대한 재산적 권리의 전부나 일부를 이전할 것을 내용으로 하는 때에는, "당사자 일방이 어느 일을 완성할 것을 약정하고 상대방이 그 일의 결과에 대하여 보수를 지급할 것을 약정"하는 도급계약의 형태를 띨 수도 있고, "당사자 일방이 상대방에 대하여 노무를 제공할 것을 약정하고 상대방이 이에 대하여 보수를 지급할 것을 약정"하는 고용계약의 형태를 띨 수도 있다.[5] 또한 현상광고를 통한 저작재산권의 양도도 존재한다.

---

3) 민법에서는 증여 등 전형계약을 다음과 같이 규정하고 있다. 제554조(증여의 의의) 증여는 당사자 일방이 무상으로 재산을 상대방에 수여하는 의사를 표시하고 상대방이 이를 승낙함으로써 그 효력이 생긴다. 제563조(매매의 의의) 매매는 당사자 일방이 재산권을 상대방에게 이전할 것을 약정하고 상대방이 그 대금을 지급할 것을 약정함으로써 그 효력이 생긴다. 제596조(교환의 의의) 교환은 당사자 쌍방이 금전이외의 재산권을 상호이전할 것을 약정함으로써 그 효력이 생긴다. 제655조(고용의 의의) 고용은 당사자 일방이 상대방에 대하여 노무를 제공할 것을 약정하고 상대방이 이에 대하여 보수를 지급할 것을 약정함으로써 그 효력이 생긴다. 제664조(도급의 의의) 도급은 당사자 일방이 어느 일을 완성할 것을 약정하고 상대방이 그 일의 결과에 대하여 보수를 지급할 것을 약정함으로써 그 효력이 생긴다. 제675조(현상광고의 의의) 현상광고는 광고자가 어느 행위를 한 자에게 일정한 보수를 지급할 의사를 표시하고 이에 응한 자가 그 광고에 정한 행위를 완료함으로써 그 효력이 생긴다.

4) 요식계약의 예는 많지 않다. 하나의 예로, 고용 관련 단체협약은 서면으로 작성해야 한다. 노동조합 및 노동관계조정법(법률 제17864호, 2021. 1. 5., 일부개정) 제31조 제1항.

5) 고용계약을 통해서 피용자가 저작물을 창작하는 경우 사용자는 업무상 저작물의 저작자가 될 수도 있

"광고자가 어느 행위를 한 자에게 일정한 보수를 지급할 의사를 표시하고 이에 응한 자가 그 광고에 정한 행위를 완료"하는 형태로 저작재산권을 양도할 수 있는 것이다.[6]

다. 양도의 종류

(1) 양도의 범위와 제한

양도의 범위에는 제한이 없다. 전부 이전하는 것도 가능하고 부분 이전하는 것도 가능하다. 전부 양도는 저작권법에서 언급하고 있는 모든 이용형태와 그에 대한 권리 모두를 포함한다. 전부 양도의 경우 특약이 없으면 2차적저작물을 작성하여 이용할 권리는 포함되지 않는 것으로 추정한다(제45조 제2항). 프로그램저작물의 경우에는 특약이 없으면 2차적저작물작성권도 함께 양도된 것으로 추정한다(제45조 제2항 단서).

부분 양도에는 여러 방법이 있다. 장소적으로나 시간적으로, 기타 방법으로 양도를 제한할 수도 있고, 권리의 일부(지분권)만을 양도할 수도 있다. 전자를 조건부 양도라 하고, 후자를 분할 양도라고 한다.[7] 장소적 부분 양도는 장소를 단위로 해서 권리를 양도하는 것이고, 시간적 부분 양도는 일정 기간을 정해 그 기간에 국한해 권리를 이전하고 그 후에는 다시 해당 권리를 권리자에게 되돌리는 것이다. 기타 방법에 의한 권리 양도도 여럿 존재한다. 예를 들어, 한국의 저작자가 일본의 출판사에게 일본어 출판만을 허용한다든가, 영국의 저작자가 전 세계를 대상으로 한국어 출판만을 허용할 수도 있다. 양도를 장소적으로나 시간

고 저작재산권의 양수인이 될 수도 있다. 사용자가 업무상 저작물의 저작자로서 요건을 갖추면 저작인격권과 저작재산권을 모두 가지는 저작자가 되는 것이고, 그러한 요건을 갖추지 않으면 피용자의 저작재산권을 양도받을 수 있을 뿐이다.

6) 우수현상광고 법리에 대한 법원 판결이 있다. '이상문학상' 시상이 민법 제678조의 우수현상광고에 해당하므로 해당 사건 저작물의 저작권 또는 복제·배포권은 피고에게 귀속된다는 피고의 주장에 대해 법원은 다음과 같이 판단하고 있다: "'이상문학상'은 불특정 다수에 대한 광고와 이에 대한 응모에 의하여 선정되는 것이 아니라, 피고의 이상문학상 운영규정에 따라 구성된 심사위원회에서 일정기간 동안 발표된 중·단편 소설 중에서 수상작을 선정하면 피고가 그 선정사실을 작가에게 알리고 작가로부터 수상 수락을 받은 후 시상하는 방식이므로 민법 제678조의 우수현상광고의 법리가 그대로 적용된다고 할 수 없다." 서울고등법원 2002. 7. 24. 2001나5755 판결(이상문학상 사건).

7) 장인숙, 126.

적으로 기타 방법으로 제한하는 것은 재산적 권리의 부분 이전이 가능하기 때문이다.

분할 양도는 저작재산권 등이 권리의 다발로 되어 있고, 그 각각의 권리(지분권)가 독자적으로 거래 대상이 될 수 있기 때문에 가능하다. 예를 들면, 만화작가가 자신의 만화를 출판사 A에게 출판을 위한 양도를 하고(복제권 및 배포권), 영화사 B에게 영화 제작을 위한 양도를 하고(2차적저작물 작성권, 복제권, 배포권, 공연권, 공중송신권 등), 캐릭터 사업자에게 캐릭터 머천다이징을 위한 양도를 할 수도 있다(복제권, 배포권, 공중송신권 등). 저작재산권을 각 지분권 하나씩 분할할 수 있는 것은 아니다. 지분권도 다시 분할할 수 있다.

(2) 양도 계약의 해석

우리 저작권법은 저작권 계약, 특히 양도 계약의 요식성을 인정하지 않고 있기 때문에 특별한 방식이 필요한 것은 아니다. 서면 계약이 아니더라도 유효한 것이다.[8] 그렇다고 모든 양도 계약이 유효한 것으로 단정해서는 안 된다. 양도 계약이 민법상 불공정한 법률행위라면 무효가 될 수 있기 때문이다. 민법 제104조에서는 "당사자의 궁박, 경솔 또는 무경험으로 인하여 현저하게 공정을 잃은 법률행위는 무효로 한다"고 하고 있다. 대법원에 의하면, 불공정한 법률행위는 객관적으로 급부와 반대급부 사이에 현저한 불균형이 존재하고, 주관적으로 위와 같이 균형을 잃은 거래가 피해 당사자의 궁박, 경솔, 또는 무경험을 이용하여 이루어진 경우에 성립한다.[9] 이 대법원 판례는 저작권 계약의 불공정한 법률행위 판단에 기준이 될 수 있을 것이다.

계약 당사자들은 모든 경우를 상정하여 양도 계약에 담는 것은 아니다. 당사자들이 이용형태 또는 매체를 구체적으로 특정하지 않는 경우도 있고, 나중에 새로운 이용형태나 매체가 생길 수도 있기 때문이다. 이러한 계약 규정을 해석하는 것은 쉬운 일이 아니다. 우리 법은 이에 대해서 여전히 침묵하고 있다. 당사자들 간에는 계약의 해석을 둘러싸고 논란이 생길 수 있다.

---

8) 프랑스 저작권법 제131-3조 제1항에서는 권리 이전 계약의 요식성을 강제하고 있다: "저작자의 권리의 이전은 양도증서에 별도로 정해진 양도된 각각의 권리에 의거하여, 그리고 그 내용, 목적, 장소 및 기간을 정한 이용범위에 의거하여 이루어진다." 독일 저작권법 제40조 제1항도 장래의 저작물에 관한 계약은 요식계약이라고 밝히고 있다: "상세히 정해지지 아니하거나 오직 종류에 의하여 정해지는 장래의 저작물에 대하여 저작자가 용익권을 부여하도록 의무를 부담하는 계약은 서면에 의한 형식을 요한다."

9) 대법원 1994. 11. 8. 94다31969 판결.

두 가지 해석론이 존재할 수 있다. 하나는 계약 해석에 관한 민법상의 원리에 따라 해석하는 것이다. 당사자가 선량한 풍속 기타 사회질서에 관계없는 규정과 다른 의사를 표시한 때에는 그 의사에 의하되(민법 제105조), 당사자의 의사가 명확하지 아니한 때에는 그 관습에 의하는 것이다(민법 제106조).[10] 다시 말해서, 계약의 해석은 당사자들이 표시행위에 부여한 객관적인 의미를 확정하는 것으로서 그 의미가 명확하지 않은 경우에는 "계약이 이루어지게 된 동기 및 경위, 당사자가 그 계약에 의하여 달성하려고 하는 목적과 진정한 의사, 거래의 관행 등을 종합적으로 고찰하여 사회정의와 형평의 이념에 맞도록 논리와 경험의 법칙, 그리고 사회일반의 상식과 거래의 통념에 따라 그 계약의 내용을 합리적으로 해석"해야 하는 것이다.[11]

다른 하나는 저작권 계약의 특수성을 인정하여 해석하는 것이다. 왜냐하면 저작자가 당사자로서 불리한 지위에 처한 경우 그가 새로운 이용형태나 매체의 등장을 알았더라면 원계약과 다른 내용의 약정을 할 것으로 예상할 수 있기 때문이다. 당사자들이 계약에서 의욕한 목적이 무엇인지 파악하여 계약을 해석하는 것이다.[12] 목적 해석론(teleological approach)이 설득력이 있는 것은 단지 당사자의 협상 지위의 차이 때문만은 아니고 그로 인해 형성된 계약 관행이 그대로 유지되기 때문이다. 독일 저작권법은 목적양도 이론(Zweckübertragungsgrundsatz)을 명시하고 있다. 이 법 제31조 제5항에 의하면, "용익권이 부여될 때에 이용의 방식이 개별적으로, 명시적으로 표시되지 않으면, 이용의 방식이 미치는 범위는 양 당사자에 의하여 기초가 된 계약의 목적에 의하여 결정된다". 다시 말해서 계약에서 이용의 형태나 방법을 특정하지 않으면 권리 부여의 범위는 그 목적에 의하여 결정된다는 것이다. 이 이론은 "의심스러운 때에는 저작자의 이익으로(in dubio pro autore)" 돌리는 격언을 반영한 것이다. 독일 법상의 목적양도 이론은 물권적 성격의 용익권(Nutzungsrecht) 계약과 채권적 성격의 계약 모두에 적용된다.[13] 프랑스 저작권법도 같은 내용의 규정을 두고 있다. 저작자의 권리는 양도 계약에 개별적으로 명시된 각각의 권리에 한하여 이전되고 이전된 권리는 이용의 범위와 목적, 장소와 기간을 정한 바에 한하여 이용된다고 하고 있다.[14]

---

10) 윤경, "저작권 양도계약과 이용허락계약의 구별기준", 계간 저작권, 2005년 봄호, 49.

11) 대법원 1995. 5. 23. 95다6465 판결; 대법원 1996. 7. 30. 95다29130 판결.

12) 윤경, 앞의 글, 49.

13) 이에 관하여는, 박익환, "저작권 계약의 해석에 관한 일고찰: 독일에서의 이론전개를 중심으로", 계간 저작권, 1993년 여름호, 44~49; 1993년 겨울호, 29~34.

우리 법원은 일반 해석론과 목적 해석론 어느 하나를 적극적으로 지지하는 것으로 보이지는 않는다. 대법원은 원고들이 음반제작사와 맺은 음반제작 계약 기간이 지난 뒤 음반제작사가 다른 음악과 함께 재편집 원반을 제작하여 CD로 복제, 판매한 데 대해 이용허락의 범위가 새로운 매체인 CD에 대한 이용허락까지도 포함된 것이라고 판단한 바가 있다. 이 판결에서 대법원은 계약의 성격에 대해서, 즉 양도 계약인지 아니면 이용허락 계약인지 분명하지 않은 경우에 저작자에게 권리가 유보되는 것으로 유리하게 추정하고 있다. 이 점에서는 목적 해석론을 택하고 있다. 그러나 정작 계약의 내용에 대해서는 일반 해석론에서 벗어나지 않고 있다.15)16)

라. 양도의 대항력

계약에 의한 양도의 효력은 당사자 사이에만 발생한다. 제3자에 대항하기 위해서는 변동

---

14) 프랑스 저작권법 제131조의3 제1항. 이와는 다른 차원이지만, 장래 저작물에 대한 권리 이전에 대해서도 저작자의 이익에 소홀히 하지 않고 있다. 프랑스 저작권법 제131조의1: "장래 저작물의 전부 이전은 무효이다." 독일 저작권법 제40조 제1항도 장래의 저작물에 관한 계약은 요식으로 할 것을 요구한다.

15) 대법원 1996. 7. 30. 95다29130 판결: "실제 계약을 해석함에 있어 과연 그것이 저작권 양도계약인지 이용허락계약인지는 명백하지 아니한 경우가 많은데, 저작권 양도 또는 이용허락되었음이 외부적으로 표현되지 아니한 경우 저작자에게 권리가 유보된 것으로 유리하게 추정함이 상당하며, …… 일반적으로 법률행위의 해석은 당사자가 그 표시행위에 부여한 객관적인 의미를 명백하게 확정하는 것으로서 당사자가 표시한 문언에 의하여 그 객관적인 의미가 명확하게 드러나지 않는 경우에는 그 문언의 내용과 그 법률행위가 이루어진 동기 및 경위, 당사자가 그 법률행위에 의하여 달성하려고 하는 목적과 진정한 의사, 거래의 관행 등을 종합적으로 고찰하여 사회정의와 형평의 이념에 맞도록 논리와 경험의 법칙, 그리고 사회 일반의 상식과 거래의 통념에 따라 합리적으로 해석하여야 한다".

16) 우리 대법원 판결은 미국 Bartsch 판결을 참조한 것이라고 한다. 윤경, 앞의 글, 56. Bartsch v. Metro-Goldwyn-Mayer, Inc., 391 F.2d 150 (2d Cir.) cert. denied, 393 U.S. 826 (1968). 이 미국 판결에서 논점은 영화화와 그 이용에 대한 권리 양도가 텔레비전 방송에 대한 권리 이전을 포함하는지 여부였다. 법원은 권리자가 새로운 기술(텔레비전)의 잠재력을 알 수 있는 위치에 있었다는 점에서 해당 권리 이전이 계약의 범위 내에 포함된다고 판시했다. 이 사건 권리 양도는 1930년에 이뤄졌다는 점(텔레비전은 1930년대 중반 이후 대중에게 보급되기 시작했다)을 고려한다면 이 판결이 계약 자유의 원칙에 지나치게 의존했다는 비판에서 자유로울 수 없었다.

등록(저작재산권 변동 등록 등)을 해야 한다. 대항력이란 계약의 효력을 "제3자에게 주장할 수 있다"는 것으로, 변동 등록을 하지 않으면 제3자가 그 효력을 부인할 경우 양도의 효력이 미치지 않게 된다.[17]

마. 공동저작물에 관한 특칙

공동저작물은 "2명 이상이 공동으로 창작한 저작물로서 각자의 이바지한 부분을 분리하여 이용할 수 없는 것"(제2조 제21호)으로, 공동저작자가 가지는 법적 지위는 민법상 합유에 가깝지만,[18] 그 독특한 성격으로 인해 저작권법에 독자적인 규정이 존재한다. 이에 따르면, "공동저작물의 저작재산권은 그 저작재산권자 전원의 합의에 의하지 아니하고는 이를 행사할 수 없으며, 다른 저작재산권자의 동의가 없으면 그 지분을 양도하거나 질권의 목적으로 할 수 없다"(제48조 제1항 1문). 그 처분에 저작재산권자 전원의 동의가 필요하지만, 각 저작재산권자는 신의에 반하여 합의의 성립을 방해하거나 동의를 거부할 수 없다(제48조 제1항 2문).

4. 권리의 신탁

신탁이란 위탁자(신탁설정자)와 수탁자 간에 특별한 신임관계에 바탕을 두고 위탁자가 특정의 재산을 수탁자에게 이전하거나 담보권을 설정하거나 기타 처분을 하고 수탁자로 하여금 일정한 사람(수익자)의 이익을 위하여 또는 특정의 목적을 위하여 그 재산권을 관리, 처분, 운용, 개발, 그 밖에 신탁 목적의 달성을 위하여 필요한 행위를 하게 하는 법률관계를 말한다(신탁법 제2조). 수익자는 위탁자 본인일 수도 있고 제3자일 수도 있다.

신탁법이 2011년 전부개정되면서[19] '특정의 재산' 중 하나로 "저작재산권의 일부를 포함

---

17) 권리 변동 등록과 그 효력에 관해서는, 제6장 제4절 2. '나. 권리 변동 등록'과 제6장 제4절 4. '나. 대항력' 참조.

18) 이에 관해서는, 제2장 제1절 2. '파. 공동저작물' 참조.

19) 법률 제10924호, 2011. 7. 25., 전부개정.

한다"고 명시했다. 이것은 저작재산권 신탁이 활발하게 이용되고 있고, 저작재산권의 지분 권이 양도·이전되고 있는 거래 현실을 인정하고, 아울러 저작권법에서 저작재산권의 일부 양도도 인정하고 있으므로 그 일부만을 신탁할 수 있도록(분리 신탁) 열어놓은 것이다.[20]

신탁은 위탁자와 수탁자 간의 계약, 위탁자의 유언 또는 위탁자의 선언으로 설정할 수 있다(신탁법 제3조 제1항). 저작재산권 신탁과 관련해 보면, 신탁은 다음과 같은 법률 효과가 생긴다. ① 저작권법상의 재산적 권리의 전부나 일부가 위탁자로부터 수탁자에게 넘어간다. 이전받은 범위 내에서 수탁자가 권리자가 되는 것이다. 저작권법은 수탁자로서 '저작권신탁 관리업자'를 규율하는 제도를 두고 있다(제7장). ② 저작권법상 신탁은 관리 신탁의 성격을 가진다. 이에 따라, 수탁자는 특정 이용행위를 허락(이용허락 또는 라이선스)하거나 금지하는 방법으로 권리를 행사한다. ③ 수탁자는 수탁의 범위 내에서 재판상, 재판 외의 행위를 할 권한을 가진다. 신탁법상 소송을 주목적으로 하는 신탁은 금지되지만(신탁법 제6조), 저작권 신탁관리업자는 관리 신탁의 범위에서 소송 등 민·형사상 조치를 할 수 있다. ④ 수탁자는 선량한 관리자의 주의 의무를 다해야 한다(신탁법 제32조). 민법상의 선관주의 의무란, 합리 적·추상적 인간으로서 평균인에게 요구되는 정도의 주의 의무를 말한다. ⑤ 신탁재산은 수 탁자의 고유재산 또는 다른 신탁재산과 구별하여 관리하여야 한다(신탁법 제37조). 신탁계 정과 기타 계정으로 분리해서 관리하는 것도 그중 하나이다. ⑥ 신탁계약에서 정한 사유가 발생하거나 또는 신탁의 목적을 달성하였거나 달성할 수 없게 되는 등의 사유로 신탁은 종 료한다(신탁법 제98조). 저작권신탁관리업자의 신탁계약약관에서는 일정한 기간을 정해 놓 고 있으며 그 기간은 특별한 의사표시를 하지 않는 한 자동 연장되도록 하고 있다.

신탁법에 의하면, "등기 또는 등록하여야 할 재산권에 관하여는 신탁의 등기 또는 등록을 함으로써 그 재산이 신탁재산에 속한 것임을 제3자에게 대항할 수 있다"(제4조 제1항). 이 원리는 저작권법상 신탁관리에도 그대로 작용한다. 따라서 저작재산권 신탁 등록(저작재산 권 변동 등록)을 하지 않으면 제3자에게 대항할 수 없다. 저작권법상 각 저작물 등에 대해서 는 각기 하나의 저작재산권 등이 발생하는 것이므로 각각의 재산적 권리는 개별적으로 신 탁 등록을 해야 한다.

---

20) 법무부, 신탁법 개정안 해설, 2010, 7.

5. 권리의 상속

다른 재산권이 상속되듯이, 저작재산권 등도 상속된다. 상속이란 사람(피상속인)의 사망에 따라 그의 권리와 의무를 포괄적으로 승계하는 것이다. 상속은 피상속인의 사망으로 개시된다(민법 제997조).

민법상 상속순위는 다음과 같다: ① 피상속인의 직계비속(제1순위), ② 피상속인의 직계존속(제2순위), ③ 피상속인의 형제자매(제3순위), ④ 피상속인의 4촌 이내의 방계혈족(제4순위)(제1000조 제1항). 동순위의 상속인이 수인인 때에는 최근친을 선순위로 하고 동친 등의 상속인이 수인인 때에는 공동상속인이 된다(제1000조 제2항). 태아는 상속순위에 관하여는 이미 출생한 것으로 본다(제1000조 제3항). 배우자의 상속순위는 직계비속이 있는 경우 직계비속과 공동상속인이 되고, 직계비속이 없으면 직계존속과 공동상속인이 된다. 직계존속도 없는 경우, 단독상속을 하게 된다(제1003조 제1항).

상속인은 상속 개시된 때로부터 피상속인의 재산에 관한 포괄적 권리의무를 승계한다(제1005조). 권리와 의무를 모두 승계하는 것이므로 채무도 승계한다. 재산권 외에 일신에 전속하는 권리 등은 승계하지 않는다. 상속인이 상속을 포기할 경우에도 승계하지 않는다. 포기란 상속의 효력을 부인하는 것을 말한다. 상속인이 수인인 때에는 상속재산은 그 공유로 한다(제1006조). 공동상속인은 각자의 상속분에 응하여 피상속인의 권리와 의무를 승계한다(제1007조).

동순위의 상속인이 수인인 때에는 그 상속분은 균분으로 한다(제1009조 제1항). 배우자의 상속분은 직계비속과 공동으로 상속하는 때에는 직계비속의 상속분의 5할을 가산하고, 직계존속과 공동으로 상속하는 때에는 직계존속의 상속분의 5할을 가산한다(제1009조 제2항).

피상속인은 유언에 의하여 재산을 자유로이 처분(유증)할 수도 있다. 유증과 증여는 무상처분이라는 점에서 같으나 유증은 상대방이 없는 단독행위이고 증여는 계약이라는 점에 서로 다르다. 유증에 의해 상속재산의 전부를 처분하는 것은 법률상 허용되지 않는다. 이른바 유류분이라 하여, 법률상 유보된 상속재산의 일정 부분은 근친자(상속인)에게 유보된다. 유류분의 권리자는 피상속인의 직계비속·배우자·직계존속·형제자매 등 근친자에 한한다(제1112조). 그 유류분의 비율도 상속순위에 따라 차이가 있다. 유류분권을 행사할 수 있는 자는 상속인이다. 제1순위 상속인이 있는 때에는 제2순위 상속인의 유류분권은 인정되지 않는다. 유류분의 비율은 직계비속과 배우자는 그 법정상속분의 1/2, 직계존속과 형제자매는 그 1/3이다(제1112조).

6. 권리질권 설정

가. 질권의 의의

질권은 유치권·저당권과 함께 담보물권으로 분류된다. 담보물권 중 질권은 채권자가 채권의 담보로 채무자나 제3자(물상보증인)가 제공한 동산(동산질권)이나 재산권(권리질권)에 대해 다른 채권자보다 우선변제를 받을 수 있는 권리를 말한다(민법 제329조 내지 제355조).

질권은 당사자 간의 계약으로 성립하는 담보물권(약정담보물권)으로, 담보설정자(질권설정자)로부터 점유를 빼앗아 이를 채권자(질권자)에게 이전시킴으로써 한편으로는 질권의 존재를 공시하게 되고, 다른 한편으로는 설정자에게 경제적 고통을 줌으로써 그 변제를 간접적으로 강제하게 된다.[21]

이러한 민법상의 질권과 마찬가지로, 채권자가 자신의 채권의 담보로 저작자의 저작재산권 등에 대해 질권(권리질권)을 설정하도록 하여 다른 채권자보다 우선변제를 받을 수 있다. 한편, 저작권법상의 권리자는 저작권법에 의해 재산적 권리로서 저작재산권 등을 부여받고 있으므로 자신의 저작재산권 등에 질권을 설정하여 필요한 자금을 융통할 수 있는 것이다.

나. 권리질권

(1) 질권의 설정

권리질권의 설정은 법률에 다른 규정이 없으면 그 권리의 양도에 관한 방법에 의하여야 한다(민법 제346조). 저작재산권 등에 대한 질권 설정도 저작재산권 등의 양도의 방법을 딴다. 등록과 같은 형식을 필요로 하지 않는다.

---

21) 김증한, 물권법, 박영사, 1980, 425.

(2) 공시의 원칙

질권은 설정 계약으로 효력이 발생한다. 질권은 다른 물권과 같이 물건에 대한 배타적인 지배를 내용으로 하기 때문에 그 설정은 제3자의 이익을 해치고 더 나아가 거래의 안전을 해칠 수 있다. 민법은 이를 방지하기 위해 이른바 공시의 원칙을 규정하고 있다. 제3자에게 물권 변동 사실을 알림으로써 불측의 손해를 방지하기 위한 것이다. 공시방법으로 부동산에 대해서는 등기(민법 제186조)가, 동산에 대해서는 그 인도(민법 제188조)가 대표적이다.[22]

공시의 효력에는 두 가지가 있는데, 하나는 공시방법을 갖추지 않으면 물권 변동의 효력이 생기지 않도록 하는 것이고, 다른 하나는 물권 변동을 목적으로 하는 의사표시(물권적 의사표시)만 있으면 당사자 사이에 효력은 생기지만 제3자에게는 그 효력을 주장할 수 없도록 하는 것이다(대항력).[23] 부동산이나 동산의 경우 등기하거나 인도하지 않으면 해당 물권적 의사표시는 효력이 생기지 않는다. 산업재산권으로서 특허도 등록을 효력 발생 요건으로 하여 공시의 원칙을 충실히 따르고 있다. 반면, 저작재산권 등은 그 변동 등록을 대항 요건으로만 하고 있다. 이것은 저작권법을 지배하는 또 다른 원리인 무방식주의 때문이다.[24]

(3) 질권의 효력

(가) 피담보채권의 범위

민법상 질권은 원본과 이자, 위약금, 질권 실행의 비용, 질물 보존의 비용, 채무불이행이나 질물 하자로 인한 손해배상 채권을 담보한다(민법 제334조). 피담보채권의 범위에 제한이 없다고 할 수 있다.

저작권법상으로는 저작재산권뿐만 아니라 실연자의 인격권을 제외한 저작인접권, 데이터

---

22) 이를 '설정 계약의 요물성'(강학상 형식주의라고 설명한다)이라 하는데, 즉 물권 변동의 효력은 물권적 합의 외에 다른 형식(인도, 등기 등)을 필요로 하는 것이다.

23) 김증한, 앞의 책, 33; 김용한, 앞의 책, 85.

24) 이에 관해서는, 제2장 제3절 2. '나. 무방식주의' 참조.

베이스제작자의 권리, 배타적발행권 등에 대해서 질권을 설정할 수 있다. 이들은 민법 제334조에서 말하는 피담보채권의 '원본'이다.

(나) 질권 목적물의 범위

질권은 본래의 목적물 외에 그 대체물 위에도 미친다(물상대위성). 즉, 질권은 질물의 멸실, 훼손 또는 공용징수로 인하여 질권설정자가 받을 금전 기타 물건에 대하여도 이를 행사할 수 있다(민법 제342조). "질권설정자가 받을 금전 기타 물건"에는 대표적으로 제3자의 불법행위로 인한 손해배상청구권이나 그 밖의 보상청구권이 있다.[25]

물상대위권을 행사하기 위해서는 금전의 지급이나 물건의 인도 전에 압류하여야 한다(민법 제342조 단서). 이미 지급된 금전이나 인도된 물건에 물상대위권이 미치지 않도록 하기 위한 것이다. 이런 금전이나 물건에 물상대위권이 미친다면 이는 채무자의 일반 재산에 대해 우선권을 인정하는 것이 되기 때문이다.

저작권법에도 같은 취지의 규정이 있다. 다만, 저작재산권 등은 무형물에 대한 권리이므로 이를 반영하여, 그 제47조 제1항에서 다음과 같이 규정하고 있다. 즉, "저작재산권을 목적으로 하는 질권은 그 저작재산권의 양도 또는 그 저작물의 이용에 따라 저작재산권자가 받을 금전 그 밖의 물건(제57조에 따른 배타적발행권 및 제63조에 따른 출판권 설정의 대가를 포함한다)에 대하여도 행사할 수 있다". 다시 말해서, 질권은 저작재산권의 양도의 대가, 배타적발행권이나 출판권 설정의 대가 또는 이용허락의 대가에 대해서도 미친다. 배타적발행권이나 출판권도 재산적 권리이므로 그 설정으로 인한 대가에 대해서도 질권의 효력이 미치는 것은 당연하다. 물상대위권을 행사하려면 금전 그 밖의 물건의 지급 또는 인도 전에 이를 압류하여야 한다(제47조 제1항 단서). 그 이유는 민법 제342조 단서의 경우와 같다.

저작권법상 질권은 "저작재산권을 목적으로 하는 질권"이다. 여기서 질권의 본래의 목적물은 저작재산권이고, 그 대체물로서 '금전 그 밖의 물건'은 양도 대가나 이용허락 대가 또는 배타적발행권 설정의 대가도 있겠고, 저작재산권의 침해로 인한 손해배상청구권이나 저작권법상의 각종 보상청구권도 있겠다.

---

25) 지원림, 민법강의, 제11판, 홍문사, 2013, 770.

(4) 질권의 성격과 유치적 효력

저작권법은 "질권의 목적으로 된 저작재산권"은 설정행위에 특약이 없으면 저작재산권자가 행사한다고 하고 있다(제47조 제2항). 이것은 질권의 유치적 효력 부인을 전제로 한 것이다. 이것은 다음과 같이 설명할 수 있다. ① 민법은 질권자는 채권의 변제를 받을 때까지 질물을 유치할 수 있다고 하고 있다(민법 제335조). 이런 민법상의 원칙은 동산질권에 충실한 것이다. ② 권리질권에는 동산질권에 적용되는 이와 같은 원칙을 관철시킬 수 없다. 권리질권은 무형물에 대한 것으로, 유형물로서 질물 그 자체가 존재하지 않기 때문이다. ③ 권리질권의 일종으로서 저작재산권의 경우 유치적 효력은 아예 존재하지 않는다고 할 수 있다.

이 점에서 저작권법상 질권은 저당권과 유사하다고 할 수 있다. 물론 그렇다고 저작권법상 질권이 권리질권이라는 본래의 성격과 내용이 달라지는 것은 아니다.

(5) 과실수취권 및 우선변제권

질권자는 질물의 과실을 수취하여 다른 채권보다 먼저 그 채권의 변제에 충당할 수 있다. 과실은 먼저 채권의 이자에 충당하고 그 잉여가 있으면 원본에 충당한다(민법 제323조 및 제343조). 저작권법상 과실은 저작권 사용료 등이라 할 수 있다.

질권자는 질물로부터 우선변제를 받을 수 있다(민법 제329조). 우선변제를 받는 방법은 동산의 경우 경매나 간이변제충당 등으로 한다(민법 제338조). 채권의 경우 질권의 목적이 된 채권을 직접 청구하거나(민법 제353조) 민사집행법에 정한 집행방법에 의해 실행할 수 있다(민법 제354조).

(6) 질권설정자의 처분 제한

질권설정자는 질권자의 동의 없이 질권의 목적된 권리를 소멸하게 하거나 질권자의 이익을 해하는 변경을 할 수 없다(민법 제352조). 저작재산권에 대해서도 같은 설명을 할 수 있다. 앞에서 본 바와 같이, 저작재산권의 양도 대가에 대해 물상대위가 인정되기 때문에 양도의 방법에 의한 처분은 가능한 것이지만, 이를 위해서는 질권자의 동의를 받아야 하는

것이다.26)

양도 이외의 방법으로 처분할 경우에도 질권자의 동의를 받아야 한다. 대표적으로, 배타
적발행권 설정이 있다. 저작권법은 이에 대해 명문의 규정을 두고 있다. 즉, 저작재산권자
가 다른 사람에게 배타적발행권을 설정하고자 할 경우 질권자의 동의를 받아야 한다(제57조
제4항).

다. 공동질권 및 근질권

2010년 제정된 '동산·채권 등의 담보에 관한 법률'27)에서 공동담보와 근담보에 관한 규
정이 신설되었다. 현행 민법에는 근질이나 공동질 대한 규정이 없어서 지적재산권에 대한
근담보, 공동담보를 통한 자금조달에 애로가 있었다. 위 법률은 이를 개선하기 위해 제정된
것이다.28) 즉, 지적재산권자가 동일한 채권을 담보하기 위하여 2개 이상의 지적재산권을
담보로 제공하는 경우 그 지적재산권을 등록하는 공적 장부(저작권등록부 등)에 담보권을
등록할 수 있으며(제58조), 동산이든 채권이든 그 담보권도 피담보채무의 최고액만을 정하
고 채무의 확정을 장래에 보류하여 설정할 수 있다(제5조 및 제61조).

7. 배타적발행권 설정

이에 관해서는 다른 곳에서 설명한다.29)

---

26) 장인숙, 129에서는 저작재산권은 저작자가 상속인 없이 사망한 경우 소멸하지만, 그 소멸의 효과는
    질권자에게 미치지 않는다고 한다. 이때 질권자는 상속채권자로서 질권의 목적인 저작재산권을 취득
    한다.
27) 법률 제10366호, 2010. 6. 10., 제정; 법률 제17502호, 2020. 10. 20., 일부개정.
28) 법무부, 동산·채권 등의 담보에 관한 법률, 2010, 13, 143~146.
29) 제7장 '제1절 배타적발행권' 참조.

제2절 재산적 권리의 행사: 저작권 이용허락

1. 이용허락의 의의

이용허락은 재산적 권리를 적극적으로 행사하는 전형적인 모습이다.[1] 저작권법 제46조 제1항에 의하면, "저작재산권자는 다른 사람에게 그 저작물의 이용을 허락할 수 있다". 저작자는 저작재산권으로서 개별 지분권을 가지고 있다. 개별 지분권은, 예를 들어 "복제할 권리를 가진다"는 형식으로 표현되는데, 이는 두 가지 의미가 있다. 하나는 저작자 자신이 직접 해당 이용행위를 할 수 있다는 것이고, 다른 하나는 다른 사람에게 해당 행위를 허락할 수도 있다는 것이다.

이용허락은 저작물의 이용형태와 유통 과정을 생각해보면 그 중요성을 짐작할 수 있다. 저작물 이용은 저작자 자신이 직접 하기보다는 출판사나 음반제작자 또는 영상제작자와 같은 매개자가 하는 것이 보통이다. 매개자는 저작물을 복제, 배포, 공연, 방송, 공중송신 등 이용행위를 하면서 공중에 전달하는 역할을 한다. 매개자는 저작물을 이용하기에 앞서 저작자의 허락을 받게 되고 그 대가로 사용료를 지급한다.

실연자나 음반제작자, 그리고 방송사업자는 저작권법상 독특한 지위를 가지고 있다. 저작물 이용자이면서 권리자가 되기도 한다. 매개자로서 저작물을 이용할 때에는 저작자의 허락을 받아야 하지만, 제3자가 자신의 저작인접물을 이용할 때에는 저작인접권자로서 자신이 허락해주기도 한다.

---

[1] 영어와 프랑스어로는 각기 'license'와 'licence'라고 한다. 이 책에서는 편의상 이용허락과 라이선스라는 용어를 혼용하고 있다. 라이선스란 저작자나 저작권자(영미법상 'owner of copyright')가 일정한 방법과 조건에 따라 누군가에게 저작물의 이용을 허락하는 것으로 풀이하고 있다. WIPO Glossary of Terms of the Law of Copyright and Neighboring Rights, WIPO, 1980.

2. 이용허락의 종류 및 성질

가. 이용허락의 방법

이용허락은 권리자의 자율성 여부에 따라, 자발적 허락(voluntary license)과 강제 허락 또는 비자발적 허락(compulsory or non-voluntary license)으로 나뉜다. 전자는 주로 권리자와 이용자 간의 계약으로 이뤄지는 것이라면, 후자는 권리자의 의사를 묻지 않고 법률에 의하여 강제되는 것이라고 할 수 있다. 재산적 권리는 사적 자치 원칙에 따라 권리자가 스스로 행사할 수 있으므로 우리가 이용허락이라 할 때에는 통상 전자를 두고 하는 말이다.

나. 이용허락의 종류

법률행위에는 계약도 있고 단독행위도 있다. 통상적으로는 계약의 모습을 띤다. 이용허락 계약은 몇 가지로 나뉜다. 하나는 이용허락의 독점성·배타성에 따른 구별이다. 이에는 단순 이용허락(non-exclusive license)과 독점적(또는 배타적) 이용허락(exclusive license)이 있다. 양자는 모두 저작자 등 권리자(라이선서; 이용허락자)가 재산적 권리를 보유한 채 다른 사람(라이선시; 피이용허락자)으로 하여금 특정 이용행위의 전부나 일부를 허용하는 것을 내용으로 한다. 전자는 기존의 이용허락에도 불구하고 제3자에게 같은 내용의 이용허락을 할 수 있는 반면, 후자는 기존의 이용허락으로 인하여 제3자에게 같은 내용의 이용허락을 할 수 없다는 점에서 차이가 있다.

다. 이용허락의 성질

이용허락 계약은 원칙적으로 당사자 간의 채권·채무 관계에 지나지 않는다.[2] 우리 민법은 재산권을 물권과 채권으로 크게 나누고 있다. 물권은 물건을 직접으로 지배하는 배타적인 권리이고, 채권은 특정인(채권자)이 다른 특정인(채무자)에게 일정한 행위(급부)를 요구하

---

[2] 우리 저작권법에서는 배타적 이용허락 계약 중 배타적발행권 설정 계약으로 물권적 권리를 창설하기도 한다. 이에 대해서는, 제7장 '제1절 배타적발행권' 참조.

는 권리이다. 물권은 배타성과 절대성을 특징으로 하는 반면, 채권은 비배타성과 상대성을 특징으로 한다. 다시 말해서, 동일한 물권은 하나의 물건 위에 존재할 수 없고(배타성) 물권은 모든 사람에게 주장할 수 있는 권리(절대성)인 반면, 채권은 하나의 물건 위에 같은 종류의 채권이 성립할 수 있고(비배타성) 특정 상대방에 대해서만 주장할 수 있는 권리(상대성)인 것이다.[3]

피이용허락자는 비록 독점적 이용허락 계약을 맺었다 하더라도 채권자로서 상대방의 채무불이행에 대해서만 법적 수단을 강구할 수 있을 뿐 제3자의 이용행위가 적법한 것이든(권리자로부터 동일한 내용의 또 다른 이용허락을 받거나 양도를 받은 경우) 위법한 것이든(권리자로부터 이용허락을 받지 않은 경우), 원칙적으로 이를 방지하거나 제어할 수 있는 수단을 가지고 있지 않다. 비배타적이고 상대적인 채권만을 가지고 있기 때문이다.

라. 피이용허락자의 구제 수단

피이용허락자가 권리자와 채권적인 관계에 있기 때문에 제3자의 저작권 침해에 대해서는 자신의 이름으로 자신의 권리를 행사할 수 있는 방법이 원칙적으로 존재하지 않는다. 그렇다고 대응 수단이 전연 없는 것은 아니다. 민법상 채권자대위권 행사를 통해 직접적으로, 그리고 권리자로부터 일부 권한을 위임받아 간접적으로 구제 수단을 강구할 수는 있을 것이다. 그럼에도 이러한 구제 수단은 여전히 제한적이다.

(1) 채권자대위권

이용허락 계약의 당사자로서 피이용허락자는 자신의 채권을 보전하기 위해 채무자(권리자)의 권리를 대위하여 행사할 수 있는 권한(채권자대위권)을 가진다(민법 제404조 제1항). 누구든지 자신의 재산을 관리하거나 처분할 자유가 있다. 채무자는 자신 재산의 관리·처분

---

3) 배타성이나 절대성은 상대적인 개념이긴 하지만, 물권과 채권을 구별 짓는 특징으로 언급되고 있다. 특히, 배타성은 물권과 채권의 경계를 분명히 해준다. 예를 들어 하나의 물건에 대해서는 하나의 소유권만이 존재할 뿐이고 복수의 제한물권이 설정되더라도 그 사이에 순위가 존재한다. 그러나 동일한 물건에 대한 다수의 매매계약으로 다수의 채권이 존재할 수 있고, 그 사이에는 채권자평등의 원칙에 의거하여 채권 간의 우열이 존재하지 않는다.

권한을 다른 사람(제3채무자)에게 행사할 수 있음에도 불구하고 이를 행사하지 않을 경우에 그러한 권한을 제한할 목적으로 채권자대위권이 인정된다.

채권자대위권은 ① 피보전채권의 존재, ② 채권 보전의 필요성, ③ 채무자의 권리 불행사, ④ 피대위권리의 존재, ⑤ 이행기의 도래 등의 요건을 갖춰야 행사할 수 있다. ① 채권자대위권을 행사하기 위해 자신이 채권(피보전채권)을 가지고 있어야 한다. 당연한 요건이다. 이때 채권은 변제기가 도래해야 하지만, 예외적으로 법원의 허가를 받거나 보존행위만을 대위하는 때에는 변제기 전이라도 권리를 행사할 수 있다(민법 제404조 제2항). ② 채권자는 자신의 채권을 보전하기 위한 목적으로 채권자대위권을 행사할 수 있으므로 그 목적 내지 필요성이 존재해야 한다. 보존의 필요성은 원칙적으로 채무자가 무자력이어서 그의 일반 재산이 감소하는 것을 방지할 필요가 있는 경우에 인정된다. 그러나 판례의 태도를 보면 특정물 채권(부동산등기 절차와 물권적 청구권)에 대해서는 무자력 여부와 관계없이(변제 자력의 보충을 위한 목적 외에) 채권자대위권을 인정한다.[4] ③ 채권자는 채무자가 제3채무자에 대해 권리를 행사할 수 있음에도 불구하고 행사하지 않을 경우에 대위 행사할 수 있다. 채권자대위권이 채무자의 권리를 대위하는 보완적인 권리이므로 이 또한 필연적인 요건이다. ④ 채무자의 제3채무자에 대한 권리(피대위권리)는 대위 행사하기에 적합한 것이어야 한다. 일신전속권은 배제된다(민법 제404조 제1항 단서). 재산적 가치가 있는 청구권(채권적 청구권과 물권적 청구권)이 피대위권리의 전형적인 예라 할 수 있다.

그러나 채권자대위권은 피이용허락자가 강구할 수 있는 일반적인 수단이라고 할 수는 없을 것이다. 그것이 채권 보전적인 성격의 권리라는 것이고, 보전의 필요성을 저작재산권 침해에 대해 일반적으로 적용할 수는 없을 것이고, 채무자가 권리를 행사하지 않을 경우에만 행사할 수 있다는 점 등 여러 한계를 안고 있기 때문이다. 우리 판례에서는 제한적이나마 피이용허락자에게 채권자대위권을 인정하고 있다. 즉, 피이용허락자가 독점적 이용허락을 받은 경우 채권자를 대위하여 침해정지청구권(제123조)을 행사할 수 있다고 하고 있다. 우리 대법원은 특정물 채권 이외에 저작재산권에 대해서도 변제 자력의 보충이라는 목적을 확인하지 않고 채권자대위권을 긍정하고 있는 것이다.[5]

---

4) 이은영, 채권총론, 박영사, 1991, 354~360.

5) "이용허락의 목적이 된 저작권법이 보호하는 재산권의 침해가 발생하는 경우에도 그 권리자가 스스로 침해정지청구권을 행사하지 아니하는 때에는 독점적인 이용권자로서는 이를 대위하여 행사하지 아니

　　단순 이용허락에 대해서는 채권자대위권을 인정할 수는 없다고 본다. 채권자대위권은 단
순 이용허락과 성질상 양립하기 어렵다. 왜냐하면, 단순 이용허락은 상대성이 무척 강하다
는 점, 그리고 피이용허락자(채권자)가 이런 권리를 행사한다면 이용허락자(채무자)의 자유
로운 재산권 행사에 부당하게 개입할 수도 있기 때문이다.[6]

(2) 소송신탁 및 임의적 소송의 금지

　　피이용허락자가 권리자로부터 권리 구제를 위해 각종 권한을 위탁받을 수 있다. 그러나
이러한 권한 위탁은 무척 제한적이다. 먼저 소송을 주목적으로 하는 신탁은 무효이다(신탁
법 제7조). 피이용허락자는 저작권신탁관리업자가 될 수 없을 뿐더러 소송만을 위한 일회성
신탁을 받을 수도 없다. 피이용허락자가 제3자에 대하여 법적 구제를 받을 수 있는 방법이
봉쇄되었다 할 수 있다.

　　피이용허락자가 침해자를 상대로 한 형사 제재를 국가기관에 요구(고소)하는 것도 생각
해볼 수 있다. 그러나 저작권 침해는 대부분 친고죄로서 권리자의 고소가 없으면 형사 소추
를 할 수 없다. 피이용허락자는 저작권법상 권리자가 아니어서 고소를 할 수 없고 따라서
형사 소추를 기대할 수도 없는 것이다.

　　또한 권리자 이외에, 제3자(피이용허락자)에 의한 임의적 소송 담당은 원칙적으로 허용되
지 않는다. 우리나라에서는 소송수행을 독점하는 변호사 강제주의를 채택하지 않고 있기
때문에 피이용허락자도 소송수행이 가능한 것처럼 보이지만, 법률에서 특별이 명시하지 않
는 한, 당사자 간의 임의적 소송 수행권 부여는 허용되지 않는다.[7]

　　하면 달리 자신의 권리를 보전할 방법이 없을 뿐 아니라, 저작권법이 보호하는 이용허락의 대상이 되는
　　권리들은 일신전속적인 권리도 아니어서 독점적인 이용권자는 자신의 권리를 보전하기 위하여 필요한
　　범위 내에서 권리자를 대위하여 저작권법 제91조에 기한 침해정지청구권을 행사할 수 있다고 할 것이
　　다." 대법원 2007. 1. 25. 2005다11626 판결.

6) 법원은 "채권자가 보전하려는 권리와 대위하여 행사하려는 채무자의 권리가 밀접하게 관련되어 있고
　　채권자가 채무자의 권리를 대위하여 행사하지 않으면 자기 채권의 완전한 만족을 얻을 수 없게 될 위험
　　이 있어 채무자의 권리를 대위하여 행사하는 것이 자기 채권의 현실적 이행을 유효・적절하게 확보하기
　　위하여 필요한 경우에는 채권자대위권의 행사가 채무자의 자유로운 재산관리행위에 대한 부당한 간섭
　　이 된다는 등의 특별한 사정이 없는 한" 채권자대위권을 인정하고 있다. 대법원 2001. 5. 8. 99다38699
　　판결.

3. 양도 계약과 이용허락 계약의 구별

판례에서는 당사자들 간에 계약의 성질이나 종류에 대해 언급하지 않으면 저작자의 이익으로 돌리는(in dubio pro autore) 태도를 보이고 있다. 다음과 같은 사실을 확인할 수 있다. 첫째, 외부적으로 양도인지 아니면 이용허락인지 확인할 수 없는 경우 저작자에게 권리가 유보된 것으로 유리하게 추정한다.[8] 둘째, 음반 회사가 편곡자나 실연자에게 대가를 지급하고 편곡과 실연을 수록한 음반을 제작했다 하더라도 그것으로 저작권이나 저작인접권을 양도한 것으로 인정되지 않는다.[9] 셋째, 피고가 소설가들에게 상금을 지급하고 그들의 묵시적 허락을 받아 해당 저작물을 출판한 경우 계약서가 작성된 적이 없고, 상금이 복제·배포권의 양도 대가로 볼 수 있을 만큼 고액이라 할 수 없고, 소설가들에게 저작권과 관련한 고지나 설명을 한 적이 없는 점 등에 비춰볼 때 이용허락에 지나지 않는다.[10]

4. 이용허락의 효과

피이용허락자는 허락받은 이용 방법 및 조건의 범위 안에서 그 저작물을 이용할 수 있다

---

7) 변호사법(법률 제17828호, 2021. 1. 5., 일부개정)에서는 변호사가 아니면서 금품·향응 또는 그 밖의 이익을 받거나 받을 것을 약속하고 또는 제3자에게 이를 공여하게 하거나 공여하게 할 것을 약속하고, ① 소송 사건, 비송 사건, 가사 조정 또는 심판 사건, ② 행정심판 또는 심사의 청구나 이의신청, 그 밖에 행정기관에 대한 불복신청 사건, ③ 수사기관에서 취급 중인 수사 사건, ④ 법령에 따라 설치된 조사기관에서 취급 중인 조사 사건, ⑤ 그 밖에 일반의 법률사건에 관하여 감정·대리·중재·화해·청탁·법률상담 또는 법률 관계 문서 작성, 그 밖의 법률사무를 취급하거나 이러한 행위를 알선한 자에 대해 벌칙 규정(7년 이하의 징역 또는 5000만 원 이하의 벌금)을 두고 있다(제109조).

8) 대법원 1996. 7. 30. 95다29130 판결: "원고들이 이 사건 계약 이후 소외 서라벌레코드사와 음반출판계약을 체결하고 다시 CD음반을 복제, 판매하였음에도 피고가 이에 대하여 아무런 이의를 제기하지 아니한 점, 원고들이 가수인 원심 원고 이미배의 인지도를 높이기 위한 목적에서 대가를 지급받음이 없이 이 사건 계약에 이르게 된 것이지 가창, 작곡, 작사에 관한 저작권을 모두 피고에게 양도하려는 목적하에 이 사건 계약에 이르게 된 것이라고는 보여지지 아니하는 점 등에 비추어, 이 사건 계약은 비배타적 저작권 이용허락계약이라고 봄이 상당하다고 할 것이다."

9) 대법원 2002. 3. 15. 2002도81 판결.

10) 대법원 2004. 8. 16. 2002다47792 판결(이상문학상수상작품집 사건).

(제48조 제2항). 피이용허락자는 계약 조건 범위 내에서 특정 이용행위를 할 수 있는 권리를 가진다. 이러한 권리는 채권적인 권리로서 이 또한 재산적 성격을 가지고 있기 때문에 다른 사람에게 양도할 수도 있다. 그러나 권리자의 동의 없이 제3자에게 이를 양도할 수 없다(제48조 제3항, 제88조 및 제96조). 민법상 채권은 양도할 수 있고(제449조) 양도는 채무자에게 통지하거나 채무자가 승낙하지 않으면 채무자나 제3자에게 대항하지 못한다(제450조 제1항). 저작권법 제46조 제3항 등은 통지나 승낙이 아닌 동의를 양도의 요건으로 하고 있으므로, 민법상 채권 양도의 특별 규정에 해당한다. 권리자(채무자)의 동의가 없으면 양도 계약 당사자들 간에는 효력이 있지만 권리자나 제3자에게는 양도의 효력을 주장할 수 없는 것이다.

5. 공동저작물에 대한 저작재산권의 행사

공동저작물은 공동저작자 전원의 합의에 의해 권리를 행사한다(제48조 제1항). 공동저작자가 다수인 경우 그중 한 사람이 이용허락을 거절한다거나 이용자가 다수의 권리자로부터 이용허락을 받아야 하는 불편을 덜기 위해 몇 가지 장치를 마련하고 있다. 첫째, 각 저작재산권자는 신의에 반하여 합의의 성립을 방해하거나 동의를 거부할 수 없다(제48조 제1항 2문). 둘째, 저작재산권을 대표하여 행사할 수 있는 대표자를 선정할 수 있다(제15조 제2항 및 제48조 제4항). 대표자의 대표권에 제한이 있는 경우 그 제한은 선의의 제3자에게 대항할 수 없다(제15조 제3항 및 제48조 제4항). 대표권에 제한이 있다는 사실을 안 제3자(악의의 제3자)에게는 그 제한의 효력이 미친다. 그 제한에는 권리의 종류의 제한, 권리의 내용과 권리 행사 조건의 제한 등이 있을 것이다. 셋째, 공동저작물 이용에 따른 이익은 특약이 없는 한 이바지한 정도(기여분)에 따라 배분되지만 명확하지 않은 경우에는 균등한 것으로 추정한다(제48조 제2항).

공동저작자 중 어느 한 사람이 공동저작자 전원의 합의를 얻지 않고 저작물을 이용하는 경우도 있을 것이다. 이에 대해 우리 대법원은 제48조 제1항은 "공동저작물에 관한 저작재산권을 행사하는 방법을 정하고 있는 것일 뿐이므로," 공동저작자가 다른 공동저작자와의 합의 없이 공동저작물을 이용한다고 하더라도 "공동저작물에 관한 저작재산권의 행사방법을 위반한 행위가 되는 것에 그칠 뿐 다른 공동저작자의 공동저작물에 관한 저작재산권을 침해하는 행위까지 된다고 볼 수는 없다"고 판단하고 있다.[11]

제48조 제1항에서 저작재산권의 행사 방법을 정하고 있는 것은 맞지만, 이를 침해 행위와 일정한 관련성을 맺어주면서 침해를 부정하는 근거로 삼기에는 논리가 부족해 보인다. 여러 저작자가 기여해 만들어진 공동저작물을 어느 한 명이 자신이 기여하지 않은 부분에 대해서도 이용할 수 있다고 할 수는 없을 것이고, 어느 한 명이 다른 저작자의 의사를 묻지 않고 이용한다면 공동저작자 간에는 강한 유대관계를 해치는 것으로 보이고, 법규정상 공동저작자 어느 한 명이라도 단독으로 침해정지나 손해배상을 청구할 수 있다는 점도 고려한다면(제129조)[12] 위와 같은 행위는 저작재산권 침해로 볼 수도 있을 것이다.

---

11) "구 저작권법 제48조 제1항 전문은 "공동저작물의 저작재산권은 그 저작재산권자 전원의 합의에 의하지 아니하고는 이를 행사할 수 없다"고 정하고 있는데, 위 규정은 어디까지나 공동저작자들 사이에서 각자의 이바지한 부분을 분리하여 이용할 수 없는 단일한 공동저작물에 관한 저작재산권을 행사하는 방법을 정하고 있는 것일 뿐이므로, 공동저작자가 다른 공동저작자와의 합의 없이 공동저작물을 이용한다고 하더라도 그것은 공동저작자들 사이에서 위 규정이 정하고 있는 공동저작물에 관한 저작재산권의 행사방법을 위반한 행위가 되는 것에 그칠 뿐 다른 공동저작자의 공동저작물에 관한 저작재산권을 침해하는 행위까지 된다고 볼 수는 없다." 대법원 2014. 12. 11. 2012도16066 판결.

12) 침해정지나 손해배상 청구도 권리 행사의 한 방법이다. 이 점에서 제129조는 권리 행사를 공동의 합의로 한다는 규정(제48조)의 예외라고 할 수 있다.

제3절 재산적 권리의 소멸

저작재산권 등은 하나의 창작물 위에 놓인 권리이다. 각 창작물마다 권리 변동 요인이 다를 수 있다. 권리자가 저작재산권 등을 처분할 경우 자신은 그 해당 권리를 가지지 않는다. 그렇다고 해당 권리가 소멸하는 것은 아니다. 소멸은 기왕에 발생한 권리가 일정한 원인으로 인해 효력을 상실하는 것을 말한다.[1] 권리가 소멸하면 이용자는 해당 저작물을 자유로이 이용할 수 있다. 전형적인 권리 소멸은 보호기간이 만료하는 것이다. 그 외에도 저작권법은 저작재산권자 등이 사망하거나 해산되는 경우 특별한 규정을 마련하고 있다.

저작재산권 등은 법률에 의해 물권적 권리가 부여되는 것이고, 질권이나 배타적발행권은 설정 계약을 통해 물권적 권리가 발생하는 것이다. 이런 물권적 권리는 법률상 일정 기간 보호되는가 하면, 질권이나 배타적발행권과 같이 당사자 간에 약정한 기간 동안 존속하기도 한다. 후자의 경우 약정 기간이 지나면 그 물권적 권리는 소멸하고 제한물권적 설정행위가 사라지면서 저작재산권 등은 본래의 배타성을 회복한다. 이 절에서는 배타적발행권 등 제한물권적 권리 소멸 이외에 저작재산권 등 본래의 물권적 권리의 소멸에 한정해 다루기로 한다.

1. 보호기간의 만료

저작물과 저작인접물 및 데이터베이스에 대한 재산적 권리는 각기 다른 보호기간을 두고

---

[1] 권리가 소멸되면 해당 저작물은 공유영역에 속한다(in the public domain). 공유 저작물(works in the public domain or public domain works)에는 권리가 소멸된 저작물이 있는가 하면, 보호되지 않는 저작물도 있다.

있다. 입법 정책적인 차별이 존재하는 것이다. 이에 관해서는 앞에서 살펴본 바 있다.[2]

2. 상속인의 부존재 및 법인의 해산

저작재산권은 저작재산권자가 상속인 없이 사망한 경우에 그 권리가 민법 기타 법률의 규정에 의하여 국가에 귀속하는 경우에는 소멸한다(제49조 제1호). 상속인이 없는 재산은 상속재산관리인의 선임, 재산의 청산 및 분여 절차[3] 등을 거치게 되고, 그 후 잔존 상속재산은 국가에 귀속한다(민법 제1053조, 제1056조, 제1057조의2, 제1058조). 공동저작물의 저작재산권자가 상속인이 없이 사망한 때에는 그가 가지는 지분은 다른 저작재산권자에게 그 지분의 비율에 따라 배분된다(제48조 제3항).

저작재산권 등은 다른 상속재산과는 달리, 국가에 귀속하는 것이 아니라 소멸한다는 점에 유의해야 한다. 권리를 소멸시키는 것은 저작물 등은 사회의 문화유산으로 그 이용 가능성을 열어놓을 필요가 있다는 점, 저작물 등은 다른 재산과는 달리 여러 이용자에 의해 반복적으로 이용될 수 있다는 점, 국가가 해당 권리를 관리하는 것보다는 공유 저작물로 두는 것이 바람직하다는 점 등이 고려되었다고 본다.[4]

저작재산권자로서 법인이나 단체가 해산되어 저작재산권이 민법 기타 법률의 규정에 의하여 국가에 귀속하는 경우에도 소멸한다(제49조 제2호). 법인은 존립기간의 만료, 법인의 목적의 달성 또는 달성의 불능 기타 정관에 정한 해산사유의 발생, 파산 또는 설립허가의 취소로 해산한다(민법 제77조 제1항). 사단법인은 사원이 없게 되거나 총회의 결의로도 해산한다(민법 제77조 제2항).

---

2) 제2장 제5절 '제3관 저작재산권의 보호기간', 제3장 '제6절 저작인접권의 보호기간' 및 제4장 제2절 3. '다. 보호기간' 참조.

3) 상속권을 주장하는 자가 없는 때에는 피상속인의 특별연고자도 상속재산의 분여(分與)를 청구할 수 있다(민법 제1057조의2). 특별연고자에는 피상속인과 생계를 같이 하고 있던 자, 피상속인의 요양간호를 한 자 등을 포함한다. 분여 제도는 사실혼 배우자 등 특별연고자에게 상속재산을 귀속시키는 것이 피상속인의 의사에 적합하다는 취지에서 1990년 도입되었으나 상속인이 한 사람이라도 존재할 경우 재산 분여가 인정되지 않는 점에서 예외적인 제도라 할 수 있다.

4) 장인숙, 131.

해산한 법인의 재산은 정관으로 지정한 자에게 귀속하되, 귀속권리자를 지정하지 않은 때에는 주무관청의 허가를 얻어 처분할 수 있다. 사단법인의 경우에는 총회의 결의가 있어야 한다(민법 제80조 제1항 및 제2항). 이와 같이 처분되지 않은 재산은 국고에 귀속한다(민법 제80조 제3항).

3. 권리의 포기 및 기증

가. 권리의 포기

국어사전에서 포기란 "자기의 권리나 자격, 물건 따위를 내던져 버림"을 뜻한다.5) 법률상 포기란 단독행위, 즉 행위자의 일방적 의사표시로 성립하는 상대방이 없는 단독행위이다. 즉, 포기는 의사표시를 수령할 사람이 특정되지 않고 그 의사표시만으로 곧 효력이 발생한다.6)

저작권법상 재산적 권리를 가지는 저작재산권자 등도 마찬가지로 자신의 권리를 포기할 수 있다. 포기는 권리 처분의 한 형태인 것이다. 그러나 재산적 권리에 질권이나 배타적발행권이 설정된 경우에는 그 설정 범위 내에서는 포기할 수 없다. 그 포기는 절대성과 배타성이 있는 물권(질권) 또는 물권적 성격의 권리(배타적발행권)와 충돌하기 때문이다.

공동저작물의 저작재산권자도 그 공동저작물에 대한 자신의 지분을 포기할 수 있는데, 이때 그 지분은 다른 저작재산권자에게 그 지분의 비율에 따라 배분된다(제48조 제3항). 민법상의 공유에서 인정되는 원칙을 그대로 받아들인 것이다.7)

저작재산권의 포기는 등록을 하지 않으면 대항력이 생기지 않는다. 권리자가 자발적으로 등록할 가능성은 높지 않으나(뒤에서 보는 기증의 경우는 조금 다를 듯하다) 저작권법상 등록이 공시방법으로서 거래 안전이라는 목적을 가지고 있고, 등록이 대항력이라는 법적 효과를 가지고 있는 한 같은 원리가 작동하는 것이다.

---

5) 한글학회, 우리말큰사전, 어문각, 1992; 표준국어대사전.
6) 민법에는 물권의 포기에 대한 명시적인 규정이 없으나 학설과 판례에서는 이를 긍정한다. 물건의 처분권능(제211조)의 하나로 이해한다. 박영규, "물권의 포기", 서울법학, 제28권, 2020.
7) 민법 제267조에 의하면, "공유자가 그 지분을 포기하거나 상속인 없이 사망한 때에는 그 지분은 다른 공유자에게 각 지분의 비율로 귀속한다".

나. 권리의 기증

저작권법 제135조 제1항에서는 저작재산권자 등은 자신의 권리를 문화체육관광부장관에게 기증할 수 있다고 하고 있다. 기증이라는 용어가 여러 법률에서 등장하기는 하지만[8] 그에 대한 정의를 두지는 않고 있다.[9] 표준국어대사전에 의하면, 기증이란 "…… 물건을 남에게 거저 줌"을 뜻한다. 사전적 용어와 법률적 용어 간에 공통점은 대가 없이 준다는 것에서 찾을 수 있다. 저작권법에서 말하는 기증이 사전이나 다른 법률에서 말하는 것과 다르지는 않은 듯하다.

기증에 가까운 개념으로 민법상으로는 증여(제554조)와 유증이 있다. 증여란 당사자 일방이 무상으로 재산을 상대방에 수여하는 의사를 표시하고 상대방이 이를 승낙함으로써 성립하는 전형계약의 하나이다. 유증은 유언으로써 타인에게 무상으로 재산을 주는 단독행위이다. 단독행위는 특정의 상대방이 없고 그 법률효과가 모든 사람에게 미친다는 점에서 특정 상대방에게만 법률효과가 미치는 계약과는 다르다. 증여와 유증은 모두 다른 사람에게 재산을 넘긴다는 점에서 동일하지만, 증여는 계약인 반면 유증은 단독행위라는 점에서 구별된다.

저작권법상 기증은 민법상으로는 상대방이 없는 단독행위라는 점에서 유증과 흡사한 듯한데, 사망을 조건으로 효력이 생기는 유증과도 다르다. 오히려 이 기증은 물권의 포기에 상응하는 것이라고 본다. 정리하자면, 저작재산권은 그 처분의 하나로서 포기할 수 있고, 저작권법은 그 포기의 하나로 기증을 규정한 것이다.

저작권법 시행령에 의하면, "법 제135조 제1항에 따라 저작재산권 등을 기증하려는 자는 문화체육관광부령으로 정하는 저작재산권 등의 기증서약서와 기증저작물 등의 복제물을 문

---

8) 예시 법률로 다음을 들 수 있다. 관세법(법률 제19186호, 2022. 12. 31., 일부개정) 제90조 제1항: "다음 각 호의 1에 해당하는 물품이 수입되는 때에는 그 관세를 감면할 수 있다. …… 3. 제2호의 기관에서 사용할 학술연구용품·교육용품·훈련용품·실험실습용품 및 과학기술연구용품으로서 외국으로부터 기증되는 물품 ……".

9) 장기의 기증 등에 관한 사항을 규정하는 것을 목적으로 하고 있는 장기 등 이식에 관한 법률에서도 기증에 관한 정의는 없다. 그런데 이 법에서는 '장기 등 기증자'를 정의하면서, "다른 사람의 장기 등의 기능회복을 위하여 대가없이 자신의 특정한 장기 등을 제공하는 사람…을 말한다"고 하여 간접적으로 기증을 정의하고 있다. 즉, 다른 사람에게 무엇인가를 대가 없이 제공하는 것을 기증이라고 할 수 있다.

화체육관광부장관에게 제출하여야 한다"(제75조 제1항)고 하고 있다. 이 규정은 기증 권리를 관리하고 해당 저작물을 널리 알리고 보급하기 위한 것으로, 기증의 법적 효력에는 영향이 없다고 할 수 있다. 하나의 예로, 기증이 대항력을 가지려면 여전히 등록해야 하는 것이다.

문화체육관광부장관은 저작재산권자 등으로부터 기증된 저작물 등의 권리를 공정하게 관리할 수 있는 단체를 지정할 수 있다(제135조 제2항). 이와 같이 지정된 단체는 영리를 목적으로 또는 해당 저작재산권자 등의 의사에 반하여 저작물 등을 이용할 수 없다(제135조 제3항).

4. 재산적 권리의 부분적 소멸

보호기간이 만료하면 저작재산권 전부가 소멸한다. 권리의 부분적 소멸은 보호기간 만료 이외의 사유로 저작재산권 일부가 소멸하는 것으로 이는 여러 지분권으로 구성된 저작재산권의 속성에 기인한다. 저작재산권자는 각 지분권을 독자적으로 양도할 수 있고, 이때 복수의 권리자가 존재하게 된다. 이들 각각의 권리자에게 소멸 사유가 생길 경우 그에 따라 부분적으로 권리가 소멸하는 것이다. 예를 들어, 저작자가 복제권을 양도하고 양수인이 상속인 없이 사망하거나 해당 권리를 포기한다면 해당 복제권은 소멸한다. 다른 나머지 권리는 여전히 저작자에게 그대로 남는다. 반대로 저작자에게 소멸 원인이 생긴다면 해당 복제권을 제외하고 모두 소멸한다.

5. 소멸시효 및 취득시효

재산권은 일정 기간이 지나면 시효에 의해 소멸하기도 하고 시효에 의해 생성되기도 한다. 이를 각기 소멸시효와 취득시효라 한다. 소멸시효는 재산권 불행사라는 사실상태가 계속되어 권리 소멸의 효과가 생기는 것이고, 취득시효는 재산권 행사라는 사실상태가 계속되어 권리 취득의 효과가 생기는 것이다. 시효 제도는 사실상태가 지속되는 경우 이를 신뢰한 사람을 보호함으로써 법률관계의 안정을 꾀할 필요가 있고, 사실상태가 오랜 기간 계속되면 진정한 권리관계를 파악하기도 어렵기 때문에 증거 확보 차원에서 그 사실상태를 진정한 것으로 삼자는 뜻에서 인정된다. 또한 "권리 위에 잠자는 자는 보호하지 않는다"는 격언과 같이, 오랫동안 권리 주장을 하지 않는 사람을 보호하지 않겠다는 입법 취지도 소멸시효에서는 찾아볼 수 있다.

민법상 소멸시효는 소유권 이외의 재산권(20년), 일반 채권(10년), 이자나 급료 등 1년 이내의 기한으로 정한 채권 등(3년), 그리고 숙박료, 음식료 등 채권(1년)에서 찾아볼 수 있고(제162조 내지 제165조), 취득시효는 전형적으로 부동산이나 동산 소유권에서 볼 수 있다(제245조 내지 제246조).[10)

저작재산권 등이 소멸시효나 취득시효의 대상이 될 수 있는가. 저작권법상의 재산적 권리는 일정한 기간 동안 존속하기 때문에 그 기간 동안 시효에 의해 소멸한다는 것은 생각하기 어렵다. 소멸시효는 저작권법상 인정되는 보호기간과 양립할 수 어려운 것이다. 한편, 취득시효는 저작권법상의 재산적 권리에 적용할 수 있다고 보기도 한다.[11) 이것은 민법 제248조에서 '소유권 이외의 재산권의 취득'에 대해서도 취득시효 규정 준용할 수 있도록 하고 있다는 데에서 착안한 것으로 보인다. 그러나 특정인(저작자)에게 원시 귀속하는 저작권에 대해 취득시효 개념을 적용하는 것은 매우 어색할 뿐만 아니라, 저작물 이용은 무형물의 이용이라는 점에서 유형물로서 부동산이나 동산과는 뚜렷이 구별되고, 동산이나 부동산과 같이 선의·무과실 점유를 생각하기 어렵다는 점에 비춰 적용된다고 하기에는 무리가 있다.[12)

10) 부동산과 동산의 취득시효 기간은 다르다. 민법 제245조에서는 점유로 인한 부동산 소유권의 취득기간에 관해 다음과 같이 규정하고 있다. 즉, ① 20년간 소유의 의사로 평온, 공연하게 부동산을 점유하는 자는 등기함으로써 그 소유권을 취득한다. ② 부동산의 소유자로 등기한 자가 10년간 소유의 의사로 평온, 공연하게 선의이며 과실 없이 그 부동산을 점유한 때에는 소유권을 취득한다. 민법 제246조에서는 동산에 대해서 다음과 같이 규정하고 있다. 즉, ① 10년간 소유의 의사로 평온, 공연하게 동산을 점유한 자는 그 소유권을 취득한다. ② 전항의 점유가 선의이며 과실 없이 개시된 경우에는 5년을 경과함으로써 그 소유권을 취득한다.

11) 김증한, 앞의 책, 151: "이러한 권리[저작권, 상표권 등과 같은 무체재산권]에 관하여는 동산물권에 준하여 취급하는 것이 옳지 않을까?" 김용한, 앞의 책, 295: "그 권리가 등기(또는 등록)를 공시방법으로 하는 경우에는 부동산물권에 준하고, 그렇지 않은 경우에 한하여 동산물권에 준하여 다루는 것이 타당할 것이다."

12) 장인숙, 134~135.

자율 학습

1. 저작재산권자가 상속인 없이 사망한 경우 그의 저작물에 대한 저작재산권은 소멸한다. 그렇다면 ① 저작자와 저작재산권자가 동일인인 경우 (1) 그의 저작물은 사망 후 70년의 보호기간을 향유할 수 없는가? (2) 그가 사망하기 전에 그와 이용허락 계약을 체결한 계약도 무효로 되는가? ③ 저작자와 저작재산권자가 다른 경우 (1) 저작자가 생존한다고 하더라도 70년의 보호기간을 누릴 수 없는가? (2) 베른협약 등 국제 조약 위반 가능성은 없는가?

* 참고 입법례: 아르헨티나 저작권법 제5조: "저작자가 상속인 없이 사망한 경우 …… 저작자가 가지는 권리는 제3자의 권리를 해치지 아니하고 관련 전체 기간 동안 국가에 귀속한다." 각국 저작권법은 WIPO 사이트에서 검색해 찾을 수 있다(WIPO LEX).

제4절 저작권 등록

1. 의의

가. 무방식주의의 원칙

저작권은 창작과 동시에 발생한다(제10조 제2항). 저작인접권은 실연을 한 때, 음을 맨 처음 음반에 고정한 때, 그리고 방송을 한 때에 권리가 발생한다(제86조 제1항). 데이터베이스제작자의 권리는 데이터베이스 제작을 완료한 때에 권리가 발생한다(제95조 제1항). 여기에 어떠한 방식을 부과하여 권리 발생 요건, 더 나아가 권리 행사 요건으로 삼을 수는 없다. 그렇게 한다면 그것은 국제조약상 인정되는 무방식주의에 어긋난다. 무방식주의는 1908년 베른협약 개정을 위한 베를린 회의에서 채택된 이래 저작권 제도의 기본 원리로 자리 잡고 있다.

베른협약은 무방식주의를 다음과 같이 규정하고 있다: "그러한 권리의 향유와 행사는 어떠한 방식에 따를 것을 조건으로 하지 아니한다"(제5조 제2항). TRIPS협정(제9조 제1항)과 WCT(제3조)에서는 베른협약 제5조 제2항을 준용하고 있고, WPPT 제20조와 베이징조약 제17조에서도 무방식주의를 별도로 천명하고 있다.

그럼에도 많은 국가들이 저작권 등록 제도를 운영하고 있다. 우리 저작권법도 저작권 등록에 관해 규정하고 있다. 넓은 의미의 저작권 등록에는 좁은 의미의 저작권 등록이 있고, 저작재산권 양도 등 변동 등록을 포괄한다. 저작권 등록은 그 어느 것이든 그 자체만으로 볼 때 일정한 법적 효과를 발생시키기 위한 조건이나 절차에 해당하므로 외견상 방식임은 분명하다. 좁은 의미의 저작권 등록은 권리의 발생 내지 향유에 관한 조건처럼 보이고, 변동 등록은 권리 행사에 관한 조건으로 보인다. 이것을 어떻게 설명할 수 있을까.

좁은 의미의 저작권 등록은 저작권법상 보호대상에 관한 일정한 사항을 등록하는 것으로, 저작권법은 이러한 등록 사항에 대해 추정력을 부여하고 권리 침해가 발생할 경우 침해자에게 과실이 있는 것으로 추정한다. 저작권이나 저작인접권은 창작 등 사실행위에 자동으로 발생하며, 저작권 등록은 그 발생 내지 귀속 자체에 영향을 주는 것은 아니다. 좁은 의미의 저작권 등록은 등록 사실을 추정하는 것으로, 진정한 권리자의 권리 귀속에 실질적으로 영향을 미친다고 할 수는 없을 것이다.[1] 또한 납본이나 기탁을 행정상의 의무로 하고 이에 대한 제재 규정을 두었다 하더라도 그것이 저작권 보호에 영향을 미치지 않는 한 그것을 가지고 무방식주의에 어긋난다고 하기는 곤란할 것이다.[2]

문제가 되는 것은 등록의 효력이 권리 행사와 직접적으로나 간접적으로 영향을 미치는 경우라 할 수 있다. 조약에서는 권리 행사가 방식에 종속(subject to any formality)해서는 안 된다고만 언급하고 있기 때문에 해석상 논란이 생길 수 있다. 두 가지 점을 생각할 수 있다. 첫째, 저작권 등록을 침해 소송의 조건으로 하는 것이다. 저작권 등록이 소송 조건이라면 그것은 권리 행사(소극적 권리 행사)의 실질적인 방식이라 할 수 있다. 이에 대한 해답은 미국 저작권법 규정 해석에서 찾아볼 수 있다. 미국 저작권법은 미국을 본국으로 하는 저작물에 대하여 저작권 등록을 소송의 조건으로 하고 있다. 외국인 저작물에 대해서는 그러한 조건을 부과하지 않는다〔제411조 (a)〕. 그럼에도 국내외 저작자를 가리지 않고 법정손해배상을 청구하기 위해서는 저작권 등록을 요구한다(제412조). 이것은 다음과 같이 설명할 수 있다. 저작권 등록을 하지 않더라도 손해배상(실손해배상)은 여전히 청구할 수 있다. 다만, 저작권 등록을 하게 되면 실손해배상 이상의 구제(법정손해배상)를 받을 수 있다. 따라서 통상적인 권리 행사 그 자체는 방식(저작권 등록)에 종속한다고 할 수는 없고, 방식에 의해 권리 행사 선택의 폭이 넓어진 것이다.

둘째, 양도 등록에 대해 대항력을 부여하는 것이다. 권리 행사는 자신이 권리는 보유하면서 사용, 수익에 상당하는 행위를 하는 것이지, 양도와 같이 처분에 이르는 것은 아니라 하겠고, 양도를 넓은 의미로 권리 행사의 하나라고 볼 수 있다고 가정하더라도 양도 등록에 따른 대항력 부여는 다른 제도상의 필요(거래 안전 등)에 의한 것이고 양도 그 자체가 방식

---

1) Mihály Ficsor, Guide to the Copyright and Related Rights Treaties Administered by WIPO and Glossary of Copyright and Related Rights Terms, WIPO, 2003, p. 41.

2) Ibid. 미국 저작권법에서는 저작물을 의회도서관에 납본할 것을 의무화하고 있는데 납본 의무가 저작권 보호의 조건이 아니라는 점을 분명히 밝히고 있다〔제407조 (a)(2)〕.

(등록)에 종속한다고 말할 수는 없다. 양도 자체는 여전히 유효하기 때문이다. 결국 양도 등록은 저작권 행사에 관한 방식이라 할 수는 없는 것이다.

나. 공시의 원칙과 저작권 등록

물권은 법률행위에 의해서나 법률행위 이외의 법률요건3)에 의해 변동(발생·변경·소멸)한다. 법률행위에 의한 물권 변동은 공시의 원칙이 지배한다. 즉, 일방의 의사표시(단독행위)나 당사자 간의 의사표시(계약이나 합동행위)만으로 물권 변동의 법적 효력을 인정하게 되면4) 물권의 배타성, 독점성으로 인해 그러한 사실을 알지 못하는 제3자에게 불측의 손해를 야기할 수 있고 따라서 거래의 안전을 확보하기 어렵기 때문이다.

민법상 공시의 원칙을 구현하는 수단에는 두 가지가 있는데, 하나는 공시하지 않으면 물권 변동의 효력을 부인하는 것이고5) 다른 하나는 물권 변동을 목적으로 하는 의사표시만 있으면 당사자 사이에 효력은 생기지만 제3자에게는 공시해야만 그 효력을 주장할 수 있도록 하는 것이다(대항력).

저작권법은 저작권 변동 등록에 대항력을 부여하는 방법으로 공시의 원칙을 수용하고 있다. 이렇게 볼 때 저작권 등록은 한편으로는 저작권법상의 무방식주의를 관철하면서, 다른 한편으로 물권법상의 공시의 원칙을 유지하고 있는 것이다.

다. 저작권 등록의 효용

저작권 등록은 다음과 같은 점에서 그 효용이 있다. 첫째, 저작자는 자신이 특정 저작물의 저작자라는 사실, 해당 저작물에 대한 권리를 가지고 있다는 사실 등이 공적 장부를 통해 확인받을 수 있어서 입증 편의를 도모할 수 있다.

---

3) 법률행위 이외의 법률요건에 의한 변동은 거의 대부분 법률의 규정에 의한 것이다. 법률 규정에 의한 물권의 발생(취득)에는 취득시효, 선의취득, 무주물 선점, 상속 등이 있고, 물권의 소멸에는 소멸시효가 전형적이다.
4) 당사자 간의 물권 변동 사례는 계약이 압도적이다. 이러한 계약을 물권계약 또는 물권적 합의라고 한다.
5) 공시방법으로는 동산의 경우에는 인도가 있고, 부동산의 경우에는 등기가 있다. 물권 변동은 동산의 인도(제188조)와 부동산의 등기(제186조)에 의해 효력이 발생한다.

둘째, 일반 공중이 저작물 정보와 저작권 정보에 쉽게 접근할 수 있다면 저작물의 이용을 촉진할 수 있다. 이용자는 필요한 정보를 통해 저작물의 존재와 권리자를 확인할 수 있기 때문에 권리 처리를 위한 인력과 시간을 줄일 수 있을 뿐만 아니라, 저작권 침해의 위험에서 벗어날 수도 있다.

셋째, 저작권 변동 등록은 권리의 변동 상황을 기록하고 있으므로 등록 당시의 권리자가 누구인지, 권리가 누구에게 이전되었는지 확인하는 기능을 한다. 물권법상 공시의 원칙을 일정 부분 수용함으로써 저작권 거래의 안전을 확보할 수 있다.

넷째, 저작권법상의 문제는 아니나, 저작권 등록부는 공적 기록부로서 역할도 한다. 도서관이 서지정보를 가지고 있듯이 저작권 등록 관청은 저작물 정보와 저작권 정보를 가지고 있는데 이러한 정보는 서지정보보다 풍부한 정보를 담고 있다. 저작권 등록부는 국가 기록물로서 손색이 없다.

저작권 등록의 효용성은 정보사회에서 더욱 가치가 커지고 있다. 디지털 환경에서는 저작물에 대한 수요도 급격히 증가하고 있기 때문에 그에 맞춰 저작권 정보에 대한 수요도 비례하여 증대한다. 저작권 등록 관청에서 해당 저작권 정보를 가공해 권리자와 이용자에게 제공할 수만 있다면 저작물 이용을 둘러싼 권리 처리라는 과제를 해결하는 데 크게 도움이 된다.

라. 법규정

1986년 저작권법은 2000년과 2020년 2월 개정법에서 크게 바뀌었다. 2000년 개정법은 주로 저작권 등록 체계와 내용에 변경을 준 것이고, 2020년 2월 개정법은 실무적인 문제를 개선하기 위한 것이었다.

1986년 저작권법에서는 실명 등록과 최초 발행 연월일 또는 공표 연월일 등록 등 두 가지 등록 제도를 두고 있었다. 2000년 개정법은 당시 등록의 중요성이 부각되면서 등록 제도를 활성화하려는 취지에서 1997년 저작권심의조정위원회의 연구보고서의 권고를 대부분 수용했다. 당시 보고서에서는 ① 종전 실명 등록과 최초 발행 연월일 또는 공표 연월일 등록을 '저작권 등록'으로 바꾸고, ② 등록 사항을 저작물의 제호, 저작자의 성명, 창작 연월일, 최초 발행 연월일 또는 공표 연월일 등으로 넓히고, ③ 이러한 등록 사항 모두에 대해 추정력을 부여하며, ④ 출판권 설정은 변동 등록이므로 설정 등록에 대항력을 부여하고, ⑤ 등록 저작물에 대한 권리

침해에 대해서는 과실을 추정하자는 권고를 한 바 있다.[6]

2. 등록의 종류 및 대상

넓은 의미의 저작권 등록은 제2장 제6절에서 언급하고 있는 등록 모두를 일컫는다. 이를 구체적으로 살펴보면 다음 세 가지로 나눌 수 있다. 첫째, 좁은 의미의 저작권 등록이라 할 수 있는데 저작물에 관한 일정한 사항을 국가가 관리하는 공적 장부(저작권등록부)에 기재하여 공시하는 것(권리 등록)이 있고, 둘째, 저작재산권의 양도나 처분 제한, 배타적발행권 설정, 질권 설정 등 권리의 변동에 대한 사항을 저작권등록부에 기재하여 공시하는 것(권리 변동 등록)이 있는가 하면, 셋째, 이미 등록된 사항에 대해 변경·경정하거나 등록을 말소하거나 말소된 등록을 회복하는 것(변경 등록)이 있다.

가. 권리 등록(본등록)

권리 등록은 저작권, 저작인접권, 데이터베이스제작자의 권리 등 3개 권리에 관한 등록을 말한다. 저작자는 ① 실명이나 이명(공표 당시에 이명을 사용한 경우로 한정한다), 국적 및 주소 또는 거소, ② 저작물의 제호, 종류 및 창작 연월일, ③ 공표 여부, 맨 처음 공표된 국가 및 공표 연월일, ④ 2차적저작물의 경우 원저작물의 제호 및 저작자, ⑤ 저작물이 공표된 경우에는 그 공표 매체에 관한 정보, 그리고 ⑥ 등록권리자가 2명 이상인 경우 각자의 지분에 관한 사항을 등록할 수 있다(제53조 및 시행령 제24조).[7]

저작인접권자와 데이터베이스제작자는 준용 규정(제90조 및 제98조)에 의해 저작권 등록에 상응하는 사항을 각기 등록할 수 있다.

---

6) 저작권위원회(1997), 100~101 참조.

7) 저작권법에 '연월일'이라는 표현은 여러 곳에서 나온다. 연월일은 "해와 달과 날을 아울러 이르는 말"(표준국어대사전)이다. 반면, 날짜 또는 일자는 "어느 해의 어느 달 며칠에 해당하는 그날"이다. 우리 법상 연월일은 그저 날짜나 일자로 대체하는 것이 옳다. 창작 연월일은 창작일, 공표 연월일은 공표일이라고 하면 된다.

나. 권리 변동 등록

권리 변동은 재산적 권리로서 저작재산권이나 저작인접권, 데이터베이스제작자의 권리의 변동뿐만 아니라 배타적발행권의 변동(설정 및 변경)을 포괄하므로 권리 변동 등록은 이러한 권리 변동 등록을 총괄하는 말이다. 즉, 저작재산권이나 저작인접권 또는 데이터베이스제작자의 권리에 관한 양도나 처분 제한, 배타적발행권의 설정이나 양도 또는 처분 제한, 질권의 설정이나 양도 또는 처분 제한 등 권리의 귀속이나 내용에 변동이 생기면 그 사실을 등록하는 것이다.

양도는 계약(매매, 증여 등)이나 단독행위(유증)에 의해 이뤄지며 권리의 전부나 일부의 이전을 의미한다. 처분 제한은 권리의 처분(양도 등 권리 변동)을 제한하는 것을 말한다. 당사자 간의 계약에 의해서나 또는 법원의 명령으로 처분 제한을 할 수 있다. 전자의 예로는, 저작재산권을 양도하면서 재양도를 금지한다든가, 질권 설정을 금지한다든가, 질권을 설정하면서 그 질권의 양도를 금지한다든가 하는 예를 생각할 수도 있다.[8] 후자의 예로는, 채권자의 채권 확보를 위해 채무자의 저작재산권 등의 처분을 제한하는 법원의 가처분이나 가압류 결정을 생각할 수 있다.

배타적발행권은 저작재산권에 대해 일종의 제한물권을 설정하는 것이므로 그 설정 및 양도 등 변동은 권리 변동 등록 대상이 된다. 질권 또한 전형적인 제한물권으로서 그 설정, 이전, 변경, 소멸 또는 처분 제한 등도 등록할 수 있음은 물론이다.

다. 변경 등록

넓은 의미의 변경 등록에는 변경등록, 경정등록, 말소등록 또는 회복등록 등 네 가지가 있다. ① 좁은 의미의 변경등록은 등록부에 기록된 사항이 변경된 경우 ② 경정등록은 등록에 착오가 있거나 누락된 것이 있는 경우 ③ 말소등록은 등록의 말소를 원하는 경우 ④ 회복등록은 말소된 등록의 회복을 원하는 경우에, 신청에 의해 저작권등록부에 기록하는 것이다(제55조의3 제1항 제1호 내지 제4호). 이 각각의 경우 등록 관청은 신청인에게 새로운 등록증을 발급하거나 통지(말소등록)해야 한다(시행령 제30조).

---

8) 장인숙, 153.

등록 사항은 신청인이나 담당 직원의 착각이나 실수로 착오나 누락이 생길 수 있고, 이런 착오나 누락은 등록자나 제3자에게 불이익을 줄 수도 있다. 이를 바로잡기 위한 것이 경정 등록이다. 이 경우 등록 관청은 등록자에게 그 사실을 알려 경정 신청하도록 하거나 직권으로 경정하고 이를 등록자에게 알려야 한다. 또한 이해관계가 있는 제3자에게도 경정 사실을 알려야 한다(제55조의2).

말소등록은 등록자가 원하는 경우 신청에 의해서도 하지만, 위원회가 직권으로 할 수도 있다. 직권 말소등록에 대해서는 신청에 의한 경우(제55조의3 제1항 제3호)와 별도로 다른 규정(제55조의4)에서 다루고 있다. 제55조의4는 2020년 2월 개정법에서 신설된 규정 중 하나로, 종전 말소등록의 문제점을 개선하기 위한 것이다. 종전에는 등록 사항이 아니거나 허위 등록이라 하더라도 확정판결을 받지 않고서는 등록을 말소할 수 없었다.[9] 개정법은 등록을 신청한 대상이 저작물이 아니거나 제7조에 따른 보호받지 못하는 저작물인 경우, 등록을 신청할 권한이 없는 자가 등록을 신청한 경우, 등록 신청 내용이 등록신청서 첨부서류의 내용과 일치하지 아니하는 경우에 직권으로 등록을 말소할 수 있도록 하고 있다. 말소 사유가 확정판결로 확인된 경우가 아니라면 등록 말소를 위해 청문을 해야 한다.

3. 등록의 절차

가. 등록 신청

저작권 등록은 신청이나 촉탁에 의하여 절차를 진행한다(시행령 제25조). 이른바 신청주의가 원칙이지만 예외적으로 법원 등이 등록 관청에 촉탁하여 등록할 수도 있다.

등록 신청자는 등록신청서를 첨부 서류와 함께 한국저작권위원회에 제출하여야 한다(시행령 제26조 제1항). 저작자, 저작인접권자 및 데이터베이스제작자가 등록 신청자가 되어 단독으로 권리 등록(본등록)을 신청할 수 있다.

종전에는 등록 관청을 문화체육관광부장관으로 하고 시행령에서 그 업무를 한국저작권

---

9) 종전 시행령 제31조에서는 "확정판결에 의하여 허위등록임이 확인된 경우"와 "확정판결에 의하여 등록 사항이 아닌 것으로 확인된 경우"에만 직권 등록 말소가 가능했다.

위원회에 위탁했으나, 2020년 2월 개정법에서 "등록사무에 대한 일관성 및 책임성을 제고할 필요"에서 등록 관청을 한국저작권위원회로 변경했다.[10]

저작자나 저작인접권자 및 데이터베이스제작자가 사망한 경우 특별한 의사표시가 없는 때에는 그가 유언으로 지정한 자 또는 상속인이 저작권 등록을 할 수 있다(제53조 제2항). 저작자가 사망했다 하더라도 저작재산권은 민법상 상속 규정에 의해 유언으로 특별한 의사표시를 하지 않는 한 상속인이 승계하게 되고 상속인이 권리자로서 저작권 등록을 할 수 있는 것이다. 이런 점에서 이 조항은 주의 규정이라 할 수 있으나 다음과 같은 점에서 의의가 있다. 즉, 저작권 등록은 저작자만 할 수 있으나, 상속인 등도 포괄승계인으로서 권리변동 등록의 방법을 취하지 않고 바로 권리 등록(본등록)을 할 수 있는 것이다. 상속인은 등록권리자로서 단독으로 신청할 수 있음은 물론이다(시행령 제26조 제3항).

변동 등록의 경우에는 등록권리자와 등록의무자가 공동으로 신청하여야 한다. 신청서에 등록의무자의 승낙서를 첨부한 때에는 등록권리자 단독으로도 신청할 수도 있다(시행령 제26조 제2항). 등록권리자란 등록으로 인하여 권리관계상 이익을 받는 자를 말하며, 등록의무자는 그 이익을 받게 해줄 의무를 부담하는 자를 말한다.[11] 변동 등록의 경우에는 양수인, 질권자 또는 배타적발행권자가 등록권리자가 되고, 양도인이나 질권 설정자 또는 배타적발행권 설정자가 등록의무자가 된다. 다만, 판결이나 촉탁에 따른 등록은 등록권리자만으로 신청할 수 있다(시행령 제26조 제2항 단서).

저작권신탁관리업자가 신탁저작물을 등록할 때에도 단독으로 신청할 수 있다(시행령 제26조 제4항). 신탁관리업은 위탁자와 수탁자 간의 신임관계에 기초하고 있기 때문에 이 경우 공동신청을 고집할 필요가 없다는 데에서 나온 규정으로 보인다. 신탁저작물의 등록 활성화를 꾀하기 위한 것이라 할 수 있다.

나. 심사

등록 관청인 위원회는 저작권 등록 신청을 접수하면 심사절차를 거친다. 위원회의 심사

10) 교육문화체육관광위원회 전문위원 박용수, 저작권법 일부개정법률안(염동열 의원 대표발의) 검토보고, 2017. 9.
11) 장인숙, 156.

권한에 대해서는 법률로 정해진 것은 없다. 다만, 저작권은 그 등록을 효력 발생 요건으로 하지 않기 때문에 위원회의 권한이 제한적이라는 것을 알 수 있다. 형식 심사 권한을 가지는 것을 원칙으로 하지만, 저작물성 판단 등 일부에 국한해 실질 심사도 할 수 있는 것으로 본다.

위원회는 ① 등록을 신청한 대상이 저작물이 아니거나 제7조에 따른 보호받지 못하는 저작물인 경우, ② 등록을 신청할 권한이 없는 자가 등록을 신청한 경우, ③ 등록 신청이 소정의 서식에 맞지 않는 경우 또는 등록 신청에 필요한 자료 또는 서류를 첨부하지 아니하거나 등록 신청 내용이 등록신청서 첨부서류의 내용과 일치하지 아니하는 경우에는 그 신청을 반려할 수 있다(제55조 제2항). 위 ②와 ③이 형식 심사의 영역이고, ①이 실질 심사의 영역이라고 본다.[12]

형식 심사는 신청 서류가 법령에서 정한 방식상의 요건을 만족하는지 확인하는 것이다. 주로 신청서와 첨부 서류로 확인하게 되는데, 시행규칙에서 정한 서식에 따라 해당 항목을 적절히 기재하고 있는지 해당 내용을 충분히 기술하고 있는지 점검하는 것이다.

한편, 실질 심사는 실체적 권리관계를 확인하는 것이다. 진정한 권리자 판단(권리관계 판단)뿐만 아니라 저작물 여부 판단(저작물성 판단) 또는 비보호 저작물 여부 판단도 실질 심사에 해당한다고 본다. 특히 저작물성 판단은 특정 대상이 저작권법상 "보호받아야 하는 저작물"인지를 판단하는 것이고, "보호받아야 하는지" 여부 판단의 핵심은 '아이디어의 표현'과 '독창성(originality)' 여부를 가려보는 것이다.

등록 관청은 등록의 신속한 처리(시행규칙에서는 저작권 등록 처리기간을 4일로 하고 있다)와 등록 사항의 진정성 보장(부실 등록의 방지)이라는 서로 병존하기 어려운 과제를 안고 심사절차를 운용할 수밖에 없다. 일정한 정도의 실질 심사 권한을 행사하는 것은 저작물 거래의 안전성 확보 측면에서 불가피하다고 본다. 또한 형식 심사 권한에 부수하는 권리관계 확인도 심사 권한의 범주에 든다고 본다. 예를 들어, 저작권 양도 등록 첨부서류의 하나로 제출한 양도계약서가 실제 이용허락 계약의 내용을 담고 있다면 이것은 권리 변동 등록 대상이 아니므로 신청을 반려할 수 있는 것이다.

여기서 저작권 등록 제도가 발달한 미국의 등록 실무와 관행은 참고할 만하다. 저작권

---

12) 등록 신청이 반려되는 경우 신청인은 반려일로부터 1개월 이내에 이의 신청할 수 있고, 위원회는 1개월 이내에 심사하여 그 결과를 통지해야 한다. 신청인은 이의 신청의 각하나 기각 결정에 대해서 행정심판이나 행정소송을 제기할 수 있다(제55조 제3항 내지 제5항).

등록 업무를 수행하고 있는 미국 저작권청(Copyright Office)도 일부 실질 심사를 하고 있다. 실질 심사는 주로 등록 대상이 저작권법상 보호대상(subject matter of copyright)인지 그리고 저작물 성립 요건, 즉 저작물성(copyrightability)을 갖췄는지 판단하는 데 집중한다. 한편 저작권청은 이른바 의심스러운 경우 신청인의 이익으로 돌리는(rule of doubt) 정책을 가지고 있다. 의심스러운 경우 신청인을 위해 판단하고 그 결과는 법원에서 해결하고자 하는 것이다. 실제 등록 거절 사례는 많지 않다. 심사관은 신청을 유효한 것인지 판단하기 곤란한 경우, 예를 들어 동일 저작물에 대해 신청인이 2명 이상일 경우 이들에게 중복 신청 사실을 통지하고 그럼에도 자신의 주장을 거두지 않으면 이들 신청을 모두 수리한다. 이후의 절차는 소송이나 다른 수단으로 해결하는 것이다.

등록 신청이 기탁 저작물 정보와 일치하지 않을 때(미국은 저작물 기탁제도를 별도로 운영하고 있다), 예를 들어 저작자의 성명과 저작물의 제호가 일치하지 않는 것과 같은 중대한 불일치가 존재하면 신청인의 소명을 요구한다. 정해진 기일 내에 소명하지 않으면 등록을 거절한다.[13]

다. 등록부 기록

심사를 거치면 등록 단계에 들어간다. 저작권 등록은 위원회가 저작권등록부(프로그램저작물의 경우에는 프로그램등록부)에 기록하여 한다(제55조 제1항). 2009년 4월 개정법에서 저작권법과 프로그램보호법을 통합하면서도 저작권등록부와 프로그램등록부를 별도로 유지시켰는바, 오랜 기간 별도로 등록부를 유지하면서 생긴 관행을 존중한 것이다.

저작권(저작인접권, 데이터베이스제작자의 권리) 등록은 '1저작물 1등록'(1저작인접물 1등록, 1데이터베이스 1등록)이 원칙이다. 즉, 저작권 등록은 각 저작물, 저작인접물 및 데이터베이스에 대해 1건씩 신청하고 이를 등록부에 기재하는 것이다.

심사를 거치면 등록부에 기록한 등록 사항에 대해 등록공보를 발행하거나 정보통신망에 게시하여야 한다(제55조 제6항). 또한 신청인에게는 등록증을 발급하여야 한다(시행령 제28조 제1항).

---

13) Bruce P. Keller and Jeffrey P. Cunard, Copyright Law, Practising Law Institute, 2009(Current through Release 9, November 2007), pp. 5-24~25.

4. 법적 효력

저작권 등록은 무방식주의로 인해 제한된 법적 효과를 가지며 그것은 권리 등록의 경우 추정력으로, 권리 변동 등록의 경우 대항력으로 나타난다.

가. 추정력

저작권 등록을 하면, ① 저작자로 실명이 등록된 사람은 그 등록 저작물의 저작자로 추정을 받는다(제53조 제3항).[14] 저작인접권자 및 데이터베이스제작자에 대해서도 같다. ② 저작물의 창작 연월일이나 최초 공표 연월일이 등록된 저작물은 등록된 연월일에 창작 또는 공표된 것으로 추정된다(제53조 제3항).[15] 저작인접물의 실연 연월일, 음의 고정 연월일, 방송 연월일도 마찬가지로 추정을 받으며 데이터베이스의 제작 완료일, 갱신 연월일 및 공표 연월일도 추정받는다.

한편, 저작권법은 이와 별도로 추정 규정을 두고 있다. 즉, 저작물의 원본이나 복제물에 저작자의 성명이 표시된 경우 및 공연이나 공중송신을 하면서 저작자로 표시된 경우에는 표시된 사람이 곧 "저작자로서 그 저작물에 대한 저작권을 가지는 것으로 추정"된다(제8조 제1항). 저작권 등록에 의해서도 저작자 추정을 받을 수 있고, 원본이나 복제물 등에 저작자 성명이 표시된 경우에도 저작자 추정을 받는다.[16] 전자의 추정은 저작물이 미공표 상태인 경우에 실익이 있다 하겠다. 그럼에도 하나의 저작물에 대해 서로 다른 저작자가 존재하는 것으로 추정되는, 추정의 경합이 생긴다. 이러한 경우는 생각하기 어렵지만 사실관계의 확정을 통해 가려질 수밖에 없다.

여기서 말하는 추정은 법률상의 사실 추정이다. 등록권리자는 별도로 자신이 권리자임을

---

14) 이 규정에서는 '실명'에 대해서만 그 등록 저작물의 저작자로 추정하고 있으므로 '이명'에 대해서는 추정력이 생기지 않는다.

15) 창작 후 1년이 경과한 저작물에 대해 창작 연월일 추정을 부인한다(제53조 제3항 단서). 이것은 추정력의 남용을 막기 위한 것이다. 등록 관청에서 실제 창작일을 확인하는 것이 거의 불가능하기 때문에 등록 신청 사실을 그대로 등록부에 기재할 수밖에 없는 현실을 감안했다고 할 수 있다.

16) 후자의 경우 저작권자 추정, 즉 "저작권을 가지는 것으로 추정"된다. 등록으로 인한 것보다 넓은 범위의 추정력을 가지는 것이다. 저작권 등록의 경우에도 이를 수용할 수 있는지 검토해볼 필요가 있다.

입증할 필요가 없다. 상대방이 이러한 추정을 번복하기 위해서는 본증으로 반대사실을 입증해야 한다. 추정은 입증책임의 전환이라는 법적 효과를 발생시키는 것이다.

나. 대항력

권리 변동은 등록하지 않으면 제3자에게 대항할 수 없다(제54조). 권리 변동에는 저작재산권의 양도나 처분 제한, 배타적발행권의 설정이나 변경(양도, 처분 제한 등), 질권 설정이나 변경(양도나 처분 제한 등) 등이 있다. 물론 권리 변동 사실을 등록하지 않아도 권리 변동의 당사자 사이에는 변동의 효력이 발생하지만, 당사자가 아닌 제3자가 권리 변동 사실을 부인할 때는 그 제3자에 대하여 변동의 효력을 주장할 수 없는 것이다. 달리 표현한다면, 권리 변동은 거래의 안전을 위해 공시의 원칙의 지배를 받으며, 이에 따라 등록의 대항력이 인정되는 것이다.

권리 변동은 저작권법상 인정되는 재산적 권리의 변동을 포괄한다. 한편 상속 등 일반승계는 저작권 등록을 하지 않아도 대항력을 가진다(제54조 제1호 괄호 단서). 왜냐하면 상속 등 일반승계는 법률에 의한 권리 변동이고 이에는 공시의 원칙을 엄격하게 요구할 수 없기 때문이다.

여기에서 제3자라 함은 등록의 흠결을 주장하는 데 대하여 정당한 이익을 가지는 제3자, 즉 저작재산권의 양도에 관하여 양수인의 지위와 양립할 수 없는 법률상 지위를 가진 제3자라 할 것이고[17] 여기에는 저작재산권의 이중양수인 또는 그로부터 저작물의 이용허락을 받은 자도 포함된다.[18]

다. 보호기간 연장의 효과

일부 저작물은 등록하면 보호기간이 연장되는 효과를 누리기도 한다. 즉, 무명 또는 이명으로 공표한 저작물의 경우 저작자가 실명을 등록하면 저작물의 보호기간이 공표 후 70년

---

17) 대법원 2002. 11. 26. 2002도4849 판결.

18) 서울지방법원 1999. 11. 5. 99가합13695 판결(온달전사건); 서울지방법원 2004. 11. 25. 2004가합22068 판결(롯데리아사건).

에서 저작자 사후 70년으로 연장되는 효과가 있고, 업무상 저작물이나 영상저작물의 경우 공표 연월일을 등록하면 창작 후 70년에서 공표 후 70년으로 연장되는 효과가 있다. 이것은 등록의 효과라기보다는 등록을 통해서 저작자의 신분과 공표 연월일이 확인되기 때문에 보호기간을 정하는 기준이 바뀐 결과라 할 수 있다.

라. 과실 추정

등록되어 있는 저작권, 배타적발행권, 저작인접권 또는 데이터베이스제작자의 권리를 침해한 사람은 그 침해행위에 과실이 있는 것으로 추정한다(제125조 제4항).

마. 법정손해배상 요건

저작재산권자 등은 법정손해배상을 청구할 수 있다.[19] 이를 위해서는 침해행위 발생 전에 저작권 등록(권리 등록, 권리 변동 등록, 변경 등록)을 마쳐야 한다(제125조의2 제3항). 2011년 12월 법개정으로 법정손해배상 제도가 도입되면서 그 제도상의 이익을 누릴 수 있는 조건으로 저작권 등록을 요구하고 있는 것이다. 앞에서 언급한 바와 같이, 이런 방식은 국제 조약에서 요구하는 무방식주의를 거스르는 것이 아니다.

5. 부실 등록

부실 등록은 등록부 기재사항과 실체 관계 간에 불일치가 생기면 발생한다. 이런 부실 등록은 신청인이 착각이나 실수로 신청서에 등록 사항을 잘못 기재하거나 누락했거나, 또는 신청인이 등록 사항을 허위로 기재했으나 등록 관청이 바로잡을 수 있는 기회를 놓쳐 발생한다. 그 밖에 등록 관청이 심사를 소홀히 해 발생할 수도 있다.

그 어떤 경우이든 부실 등록은 경정등록이나 말소등록 등을 통해 막을 수 있다. 앞에서 본 바와 같이, 2020년 2월 법개정에서 종전 말소등록의 문제점을 개선하면서 부실 등록 가

---

19) 이에 관해서는 제10장 제4절 '2. 손해배상청구권' 참조.

능성을 크게 줄였다.

저작권법은 또한 부실 등록을 방지하기 위하여 허위 등록을 한 자에 대해 3년 이하의 징역 또는 3000만 원 이하의 벌금에 처하거나 이를 병과할 수 있도록 하고 있다(제136조 제2항 제2호). 허위 등록죄는 비친고죄이다(제140조 제2호). 저작권 질서 확립이라는 사회적 법익 침해에 해당하기 때문이다.

6. 저작권 등록과 저작권 정보

디지털 기술의 발달은 기존 저작물이 새로운 형태로 이용될 뿐만 아니라 새로운 저작물의 탄생으로 이어지고 있다. 하나의 저작물이 하나의 매체를 통해 공중에게 전달되는 환경에서 이제는 여러 매체에 동시에 수록되어 대량으로 또는 소량 다품종으로 이용되는 환경으로 넘어가고 있다.

정보사회에서 저작물 이용자들은 도처에 산재해 있는 '저작권 정보'를 필요로 한다.[20] 해당 저작물과 저작자에 대한 정보, 그리고 권리 정보를 얻기 위해서 많은 시간과 비용(이른바 거래 비용)을 들이고 있다. 게다가 이들 저작물을 이용하기 위해서는 일일이 권리자를 확인하고 이용 조건, 특히 사용료 조건을 협의해야 한다. 이 또한 많은 시간과 노력, 비용을 들이게 된다.

정보사회에서 저작권 정보 수요가 급증하면서 저작권 정보 시스템에 대한 요구는 점차 높아지고 있다. 저작권 정보 시스템은 저작권 정보를 종합적이고 체계적으로 제공함으로써 콘텐츠 제작을 위한 거래 비용을 대폭 줄일 수 있는 역할을 할 것이다. 이러한 시스템은 디지털권리관리(Digital Rights Management)와 더불어 정보사회에서 저작물 유통을 위한 기

---

20) 저작권 정보는 저작물 정보와 저작자 정보, 그리고 권리 정보 등 세 가지로 나눌 수 있다. 저작물 정보란 저작물의 제목, 종류, 원저작물에 관한 정보, 창작이나 공표 연도, 발행 또는 배포 장소, 분량 등에 관한 정보라 할 수 있고, 저작자 정보란 저작자의 성명, 생존 여부 및 사망한 경우 사망 연도, 국적 등에 관한 정보라 할 수 있다. 이러한 정보에는 '맛보기'로 저작자의 이력이나 저작물의 개요 등이 포함될 수 있다. 권리 정보란 권리 변동에 관한 정보라 할 수 있으며, 이에는 상속, 양도, 신탁, 그리고 질권 및 배타적발행권 설정 등에 관한 정보, 권리자의 연락처, 지분 및 이용 조건 정보가 주종을 이룰 것이다. 개별 권리마다 권리의 범위, 기간 등이 다를 것이고, 그에 따라 개별 정보도 다를 것이다.

본 시스템이라 하겠다.

현재 저작권 정보는 저작권 등록 제도와 저작권신탁관리 제도, 그리고 권리자 찾기 정보 시스템에 의존하여 획득하고 있다. 이들 제도는 장점과 더불어 한계도 가지고 있다. 그럼에도, 적어도 이론상으로는 이들 정보가 저작권 정보 시스템에 통합될 수 있다면, 또는 실제 그런 효과를 낼 수 있는 시스템 연계가 가능하다면 이용환경 개선에 크게 이바지할 것이다.

실제로 저작물 유통을 위한 저작권 정보와 저작권 등록 정보는 상당 부분 일치한다. 표준 메타데이터를 구축하여 이를 권리 처리와 저작물 유통을 위한 정보로 활용한다면 그에 수반하는 비용을 획기적으로 절감할 수 있을 것이다.

자율 학습

1. 저작권 등록은 매년 꾸준히 증가해왔다. 2021년 기준으로, 저작물의 경우 본등록 5만 7297건, 변동 등록 4944건이고 저작인접물의 경우 본등록 311건, 변동 등록 70건에 달한다. 외국의 사례에 비하면 적지 않은 숫자이긴 하지만 등록의 법적 효과를 감안하면 그리 많다고 하기는 어렵다. 100년가량 보호되는 점을 감안한다면 더욱 그렇다. 특히 변동 등록은 그 강력한 법적 효과(대항력)에 비춰볼 때 매우 낮은 수준이라는 점을 알 수 있다. ① 본등록과 변동 등록 각기 그 정도로 충분하다고 보는가? 그 이유는 무엇인가? ② 낮은 수준이라면 그 이유는 무엇이라고 생각하는가? ③ 등록의 필요성은 무엇으로 설명해줄 수 있는가(예를 들어 이중 양도)?

* 참고 문헌: 한국저작권위원회, 저작권 통계, 2022년 제11권, 40~43.

제7장
저작권법상 특별 규정

제1절 배타적발행권

제2절 영상저작물 특례 규정

제3절 컴퓨터프로그램에 관한 특례

제4절 온라인서비스제공자의 책임 제한

제5절 기술적 보호조치 및 권리관리정보

제6절 기타 특별 규정

제1절 배타적발행권

1. 준물권의 창설

가. 준물권의 필요성

(1) 저작권 계약의 종류와 한계

저작자는 다른 사람에게 자신의 저작물을 이용하도록 할 수도 있고(권리의 행사), 자신의 권리를 처분할 수 있다(권리의 변동). 권리 행사는 주로 이용허락 계약의 모습을 띤다. 권리 변동에 대해서는 여러 가지 계약을 생각할 수 있으나 대표적으로 양도 계약이 있다. 어떠한 계약이든 대립하는 당사자 간의 이해관계를 조정하는 것으로, 나름의 특징과 문제점을 안고 있다.

먼저 이용허락 계약에는 단순 이용허락 계약이 있고 독점적 이용허락 계약이 존재한다. 전자 방식의 경우 피이용허락자는 여러 피이용허락자 중 1명일 뿐이며 따라서 피이용허락자에게 그러한 계약은 이용허락 대가(사용료)를 포함한 투자비용을 회수하기에 적절하지 않은 선택이 될 수 있다. 서로 경쟁하는 사업자가 여럿 등장할 수 있기 때문이다. 전자의 문제점을 극복하기 위해 후자 방식을 생각해볼 수 있다. 이때에도 피이용허락자의 기대가 충족된다고 자신할 수는 없다. 독점적 권한을 확보했다고 하더라도 그것은 여전히 저작자와의 채권 계약이라는 한계를 극복하지 못하기 때문이다. 채권 계약은 계약 당사자 간에만 효력을 가질 뿐이고 다른 피이용허락자에게 주장할 수 있는 법적 장치가 없는 것이다. 게다가 제3자의 저작권 침해에 대해서도 그다지 효과적인 구제수단을 가지고 있는 것도 아니다.[1]

---

[1] 피이용허락자를 위한 법적 구제 수단에 관해서는, 제6장 제2절 2. '라. 피이용허락자의 구제 수단' 참조.

형사적으로 제재 수단은 아예 존재하지 않는다.

저작물 이용자는 이용허락 계약 대신 권리 변동 방식으로 저작물을 이용할 수도 있다. 이용자가 활용하는 계약은 주로 양도 계약이 될 터이다. 저작재산권은 양도가 가능하고 양수인은 양도된 범위 내에서 저작재산권을 행사할 수 있기 때문에 저작자의 계약 위반뿐만 아니라 제3자의 침해행위에 대해서도 적극적으로 대처할 수 있다. 그러나 양도 계약은 이용허락 계약에 비해 몇 가지 제약이 따른다. 먼저, 양도에 의한 권리 변동은 등록하지 않는 한 제3자에게 대항할 수 없다. 저작권 등록(권리 변동 등록)에 대항력이라는 강력한 법적 효력을 부여하는 것은 공시의 원칙을 관철하기 위해서라 할 수 있다. 공시의 원칙은 독점적·배타적 성격의 저작재산권이 당사자 간의 의사표시만으로 그 양도의 효력이 발생하면 제3자에게 불측의 손해를 입힐 수 있기 때문에 거래의 안정을 위해 민법에 의해 강제되는 원칙이다.

둘째, 양도를 목적으로 한 계약이라 하더라도 곧바로 유효한 양도 계약으로 받아들여지지 않는다. 민법상 불공정한 법률행위로 무효가 될 수도 있다. 민법 제104조에서는 "당사자의 궁박, 경솔 또는 무경험으로 인하여 현저하게 공정을 잃은 법률행위는 무효로 한다"고 하고 있다. 양도 계약이 상대방의 약자적 지위를 이용한 것이라면 무효로 될 수도 있는 것이다.

셋째, 양수인이 "권리를 신탁 받아 이를 지속적으로 관리하"거나 "저작물 등의 이용과 관련하여 포괄적으로 대리"한다면 이것은 저작권신탁관리업이고 이를 위해서는 문화체육관광부장관의 허가를 받아야 한다(제2조 제26호 및 제105조) 허가를 받지 않고 신탁관리업을 하면 형사 처벌을 받는다(제137조 제1항 제4호).

(2) 준물권의 필요성

위와 같은 여러 계약은 그 성격으로 인해 저작자와 이용자에게 다양한 이해관계를 불러온다. 저작자와 이용자는 각자의 필요에 의해 각자에 맞는 방식으로 저작권 계약을 체결하게 된다. 저작자는 같은 조건이라면 이용허락 계약을 선호할 것이다. 양도 계약은 저작자에게 때로는 가혹하다고 여겨진다. 권리를 양도하게 되면 저작자는 해당 이용행위에 대해 그것이 저작인격권 침해로 연결되지 않는 한 아무런 권리를 주장할 수 없다. 우리 저작권법은 계약의 요식성 등 저작자에게 유리한 제도적 장치를 두지 않고 있다. 저작자는 한 번의 양도로 모든 것을 잃을 수도 있기 때문에 당연히 양도 계약에 부정적인 인식을 가지고 있다. 비록 불공정한 법률행위에 대한 법적 장치(민법 제104조)가 존재하지만 약자의 지위에 있는 저작자에게 큰 위안이 되지는 못한다.

그런가 하면, 이용자는 권리 구제에 무력한 이용허락 계약을 그다지 반기지 않는다. 독점적 이용허락 계약이라 하더라도 사정은 크게 다르지 않다. 이용자는 저작자가 제3자에 의한 침해행위에 저작자가 충분히 협력하지 않으면 그에게 협력 의무 위반(채무불이행)을 추궁할 수는 있어도 제3자에 대해서는 효과적으로 대응할 수 없다. 저작자는 선급금을 받기도 하고 침해에 따른 금전적 손실이 눈에 띄지 않지만 이용자는 이제까지 지출한 비용을 회수할 수 있는 수단을 거의 가지고 있지 않다.

저작자와 이용자 간의 대립하는 이해관계를 조정하고 제3자의 저작권 침해에 대해서도 효과적인 장치가 존재한다면 당사자 모두가 마다할 이유가 없을 것이다. 저작자의 법적 권리를 과도하게 제약하지 않으면서 이용자에게 법적 지위를 보장해줄 수 있는 장치가 곧 배타적발행권이다.

나. 준물권으로서 배타적발행권

배타적발행권은 물권적 성격의 권리(준물권)이다. 물권은 법률이나 관습법에 의하지 않고서는 임의로 창설하지 못한다(민법 제185조). 이른바 물권법정주의에 의해 물권이나 준물권은 법률에 의해서만 창설될 뿐, 당사자 간의 계약으로 창설되지 않는다. 저작권법은 물권법정주의에 따라 배타적발행권을 창설하고 있는 것이다.

배타적발행권은 어떠한 저작물에 대해서도, 어떠한 이용형태에 대해서도 창설될 수 있다. 그러나 우리 저작권법은 모든 저작물에 대해 "발행하거나 복제·전송할 권리"로서 배타적발행권을, 어문저작물을 중심으로 하여 출판권, 즉 "복제·배포할 권리"를 창설하고 있다. 출판권은 배타적발행권의 부분 집합이다. 배타적발행권을 설정하면 출판권은 그 안에 있는 것이다.

배타적발행권은 저작재산권에 용익적 성격의 제한물권을 설정한 것이다. 즉, 원래의 권리(저작재산권)의 배타적·독점적 성격을 제한하면서 그 사용·수익을 내용으로 한다. 이에 따라 배타적발행권을 설정한 저작재산권자는 설정 범위만큼 자신의 권리의 향유와 행사가 제약을 받는다.

배타적발행권자는 설정된 범위 내에서 독점적·배타적 권리를 가지므로 민사상으로 침해자에 대해 물권적 청구권을 행사할 수도 있고 손해배상을 청구할 수도 있다. 스스로 투자비용을 회수할 수 있는 법적 구제 수단을 확보하고 있는 것이다. 국가에 대해서는 배타적발행권자로서 형사 처벌을 요구할 수도 있다.

다. 2011년 저작권법 개정

배타적발행권은 2011년 12월 한·미 FTA 이행을 위한 법개정으로 신설된 제도이다. 당초 정부안은 배타적이용권, 즉 "저작물을 배타적으로 이용할 수 있는 권리"를 창설하는 것이었으나[2] 출판계의 반대로 배타적발행권으로 권리의 범위가 축소된 것이다. 배타적이용권은 한·미 FTA에 근거를 두고 있다. 이에 의하면 권리자에게 민사 절차에 의한 구제를 받도록 하고 있는바, 그 권리자의 범주에 "하나 이상의 지적재산권을 배타적으로 가지고 있는(exclusively has one or more of the intellectual property rights)" 사람이 포함되어 있다(제18.10조 제4항).

미국 저작권법에서 배타적 라이선스(exclusive license)는 양도와 함께 배타적인 권리의 전형적인 이전으로 하고 있고(제101조), 한·미 FTA에서 말하는 배타적 권리자는 미국 법상 배타적 라이선시를 포함한다고 해석할 수밖에 없는바, 우리 저작권법은 배타적발행권을 신설해 FTA상의 의무를 이행한 것이다. 물론 우리 법에 이미 출판권 제도가 있었으므로 이를 확장한 것이라고 보더라도 무리는 아니다. 한·미 FTA를 계기로 제도의 효용을 높이고자 한 입법자의 의지도 있다고 본다.

배타적발행권자로는 종전 출판권 설정 계약을 주로 하던 출판사를 우선 떠올릴 수 있으나, 디지털 환경에 맞춰 여러 경로와 방법으로 저작물을 유통하는 다양한 주체도 생각할 수 있다. 새로운 제도는 기존 제도를 보완하는 의미도 있고, 디지털 환경에 대응하는 효과적인 수단의 등장이라는 의미도 있다.

---

2) 문화체육관광방송통신위원회 수석전문위원 최민수, 저작권법 일부개정법률안(정부 제출) 검토보고서, 2009. 4. 이 보고서에서는 배타적이용권의 취지를 다음과 같이 설명하고 있다: "개정안에서는 저작물의 배타적 이용권을 저작물 전 분야에 걸쳐 인정함으로써, 이를 제작·판매하는 이용권자가 계약기간 동안 저작권자와 유사한 지위에서 원활한 사업 수행이 가능하도록 하고 있음."

2. 배타적발행권 설정

가. 의의

저작재산권자는 자신의 저작물을 발행하거나 복제·전송하고자 하는 사람에 대하여 배타적 권리를 설정할 수 있다(제57조 제1항). 이와 같이 설정된 권리를 배타적발행권이라 한다. 이를 나눠 설명하면 다음과 같다. ① 누군가가 배타적발행권을 설정하려면 저작권법상 정당한 권리를 가져야 한다. 저작자가 모든 권리를 다 가지고 있다면 그가 저작재산권자로서 배타적발행권을 설정할 수 있다. 복제·배포권 또는 복제·전송권이 배타적발행권 설정을 위해 필요한 권리이므로 이들 권리만을 가지고 있는 저작재산권자도 배타적발행권을 설정할 수 있다.[3] 여기서 저작재산권자는 배타적발행권 설정자이다. ② 배타적발행권 설정행위는 준물권적 법률행위이므로 물권적 의사표시에 관한 민법상의 일반 원칙(당사자의 행위능력, 청약과 승낙, 법률행위의 방식 등)이 준용된다. ③ 저작재산권자로부터 배타적발행권을 부여받는 사람은 배타적발행권자가 된다. 배타적발행권자는 설정행위로 부여받은 범위 내에서 배타적발행권이라는 준물권을 가진다.

나. 설정행위

배타적발행권은 당사자 간의 계약이나 단독행위에 의해 설정된다. 당사자 간의 계약이 보편적인 방법이다. 유언과 같은 단독행위에 의해서도 할 수 있다. 설정행위에서 당사자 간의 권리·의무가 정해지고 그에 따라 배타적발행권의 내용이 확정된다.

배타적발행권 설정은 물권 변동을 가져오는 것이므로 거래의 안정을 위해 이를 등록하지 않으면 제3자에게 대항할 수 없다(제54조). 저작재산권자는 배타적발행권 설정 대상인 복제권, 배포권 또는 전송권 위에 질권이 설정되어 있는 경우에는 그 질권자의 허락을 받아야

---

[3] 법에서 "저작물을 발행하거나 복제·전송…할 권리를 가진 자"라고 한정하고 있다. 해당 표현은 그저 저작재산권자라고 하더라도 무방하며, 저작권법 전체적으로 보면 저작재산권자라고 하는 것이 오히려 적절하다. 발행 등의 권리를 가지고 있지 않은 저작재산권자라면 당연히 배타적발행권을 설정할 권한이 없기 때문이다. 출판권 관련 규정(제63조)에서도 같은 맥락의 표현이 있다["저작물을 복제·배포할 권리를 가진 자(이하 "복제권자"라 한다)"].

배타적발행권을 설정할 수 있다(제57조 제4항). 이에 대해서는 후술한다.

3. 배타적발행권에 대한 권리와 의무

가. 배타적발행권자의 권리와 의무

(1) 배타적발행권의 내용

배타적발행권자는 배타적발행권의 목적물인 저작물을 배타적으로 발행하거나 배타적으로
복제·전송하는 방법으로 이용할 권리를 가진다(제57조 제1항 및 제3항). 저작재산권자는 정해
진 범위 내에서 동일한 내용의 권리를 다른 사람에게 설정할 수 없다. 그러한 경우 저작재산
권자는 계약 위반(채무불이행)의 책임을 질 것이고, 그 다른 사람은 배타적발행권을 침해한
데 따른 책임을 질 것이다. 물론 저작재산권자는 기존의 설정 계약에서 정한 배타적발행권
의 범위와 내용이 중첩되지 않는 한 새로운 배타적발행권을 설정할 수 있다(제57조 제2항).

배타적발행권의 범위와 내용은 설정행위, 특히 설정 계약에서 정한다. 저작권법은 물권
법정주의에 따라 배타적발행권 관련 규정을 마련하고 있다. 이들 규정은 강행규정이다. 당
사자 간의 특약으로 이들 규정을 거스를 수 없는 것이다.

배타적발행권은 발행의 방법으로 또는 복제·전송의 방법으로 이용할 권리이다. 발행이
란 저작물 또는 음반을 공중의 수요를 충족시키기 위하여 복제·배포하는 것을 말한다(제2조
제24호). 그 핵심 개념 중 하나는 '복제물의 제공', 즉 유형물을 제공하는 것이다.[4] 디지털
복제를 상정한 것은 아니다. 복제·전송은 '복제·배포'와 병렬적인 의미로 파악할 수 있다.
즉, 복제·배포가 유형물의 유통 방식이라면, 복제·전송은 디지털 환경 등도 염두에 둔 무형
물의 유통 방식이라고 하겠다.[5]

---

[4] 베른협약에서 발행이란 "공중의 합리적인 수요를 만족시킬 수 있는 수량의 복제물이 제공"되는 것을 말
한다(제3조 제3항). WPPT에도 발행의 정의가 나오는데, 베른협약상의 정의와 다르지 않다. 고정 실연
이나 음반의 복제물을 제공하는 것으로서 유형물에 국한하고 있다.

[5] 다양한 디지털 방식의 전달 수단을 감안한다면 설정 범위를 '복제·전송'에 국한해야 할 것은 아니라고
본다.

배타적발행권자는 누군가 배타적발행권을 침해하는 방법으로 저작물을 이용할 경우 이에 대해 민사적·형사적 구제방법을 강구할 수 있다. 저작재산권자가 침해에 대응하는 것과 같은 구제 수단을 가지게 되는 것이다.

(2) 배타적발행권의 존속기간

배타적발행권은 설정 계약으로 그 기간을 정할 수 있다. 당사자들이 달리 정하지 않으면 최초 발행 또는 최초 복제·전송일로부터 3년간 존속한다(제59조 제1항). 배타적발행권은 저작재산권에서 파생된 권리이므로 저작재산권의 존속기간이 종료한 경우에는 효력이 없다. 존재하지 않는 권리에 대해 배타적발행권을 설정할 수 없는 것이다. 따라서 3년이라는 배타적발행권의 존속기간도 저작재산권의 그것에 종속하는 것이다.

존속기간은 당사자 간에 달리 정할 수 있다. 짧게 할 수도 있고 길게 할 수도 있으나 달리 정하지 않으면 3년의 기간은 여전히 당사자들에게 효력이 있는 것이다. 존속기간 3년은 해당 발행물 등이 시장에서 소화되기에 적절한 기간으로 본 것이다.

(3) 배타적발행권자의 의무

(가) 발행 또는 복제·전송 의무

배타적발행권자는 배타적발행권의 목적물인 저작물을 발행하거나 복제·전송의 방법으로 이용해야 한다. 이것은 권리이면서 의무이기도 하다. 군이 이런 규정이 필요한지 의문을 가질 수도 있지만 그것은 기간 내 발행 의무와 관련지으면 의미가 생긴다. 즉, 배타적발행권자는 그 설정행위에 특약이 없는 때에는 배타적발행권의 목적물인 저작물을 복제하기 위하여 필요한 원고 또는 이에 상당하는 물건을 받은 날부터 9개월 이내에 이를 발행 등의 방법으로 이용해야 하는 것이다(제58조 제1항). 9개월은 통상 발행 등에 소요되는 기간으로 본 것이지만, 기술 발전과 환경 변화에 비춰보면 다소 긴 기간일 수도 있다. 물론 당사자 간에 달리 정할 수 있다. 그렇지 않으면 당사자들은 여전히 이 조항에 구속된다.

'원고 또는 이에 상당하는 물건'에는 여러 가지가 있다. 원고는 어문저작물을 상정한 것으로, 원고지에 적는 것을 떠올리게 한다. 이에 상당하는 물건은 발행 등을 위하여 배타적발행권자가 받을 수 있는 모든 것을 통칭한다. 음악저작물의 악보 또는 미술이나 사진저작물의 원본이나 복제물 등은 '이에 상당하는 물건'이라 하겠다. 디지털 매체에 파일 형태로 '상당하는 물건'을 담을 수도 있다. 그 어느 것이든 공통적으로 고정물이라는 특징을 가진다. 법상 표현으로는 "이에 상당하는 고정물"이 적절하다.

(나) 계속 발행 또는 복제·전송 의무

배타적발행권자는 그 설정행위에 특약이 없는 때에는 관행에 따라 그 저작물을 계속하여 발행하거나 복제·전송의 방법으로 이용해야 한다(제58조 제2항). 배타적발행권의 존속기간 내에 공중의 수요를 충족할 수 있는 상태에 있는 한 이 의무는 충족한다 하겠다. 이 의무는 특약으로 배제할 수 있다.

'관행에 따라' 계속 발행 등을 해야 한다. 계속 발행 관행은 저작물마다 얼마든지 다를 수 있다. 예를 들어, 초·중등학교 학습 참고서는 교육부에서 정한 '교육과정'에 따라 발행된 교과서에 전적으로 의존하기 마련인데 이러한 학습 참고서에 대해서 교육과정이 변경되었음에도 불구하고 — 따라서 수요도 없음에도 불구하고 — 계속 발행 의무를 강요하는 것은 가혹하다.

(다) 저작재산권자 표지 의무

배타적발행권자는 특약이 없는 때에는 각 복제물에 대통령령으로 정하는 바에 의하여 저작재산권자의 표지를 하여야 한다(제58조 제3항). 이 규정상 저작재산권자 표지는 일반적인 저작자 표시와는 구별된다. 전자는 저작재산권자 표시이고, 후자는 저작자 표시라는 점, 그리고 전자는 배타적발행권 제도상의 배타적발행권자의 의무로 인한 것이고, 후자는 — 그 예로서 저작재산권을 양도하여 그에 따라 발행된 저작물에 저작자를 표시하는 경우를 들 수 있다 — 저작권법상 성명표시권으로 인한 것이다.

이 의무는 1957년 구법상 당시 검인첩부(檢印貼付) 제도에서 유래한다. 이에 의하면, 출판권자는 출판권을 표시하기 위해서는 저작권자의 검인을 붙여야 했다(제48조 제2항). 현행 저작권법상 검인첩부는 저작재산권자 표지로 변경되고, 그 의무는 당사자 간의 특약으로 배제할 수 있도록 했다. 저작재산권자 표지는 저작권 표시(copyright notice)와 크게 다르지 않다.[6] 저작재산권자의 성명과 발행 연도를 밝히는 것이기 때문이다.

표지 의무는 저작물을 신문이나 잡지 등 정기간행물에 싣는 경우에는 생기지 않는다(제 58조 제3항 단서). 표지의 곤란을 감안한 것으로 그간의 관행을 존중한 것이라고 할 수 있다.

(라) 보수 지급 의무

배타적발행권자가 계약으로 저작물 이용 대가에 대해 약정했다면 저작재산권자에게 보수를 지급할 의무가 발생한다. 이러한 보수는 넓은 의미에서 저작권 사용료(royalty)의 하나라고 할 수 있다. 출판계에서는 인세라는 말도 자주 사용한다.[7]

(마) 재판 통지 의무

배타적발행권자는 배타적발행권의 목적물인 저작물을 "발행 등의 방법으로 다시 이용하는 경우에" 특약이 없는 때에는 그때마다 미리 저작자에게 그 사실을 알려야 한다(제58조의2 제2항). '다시 이용'의 전형적인 예는 재판이다. 재판은 기존 판을 더 늘리거나 다시 인쇄하는 것(증쇄)이 아니라 새로운 판(edition)을 만드는 것(재판)이다.[8] 판의 개념은 다른 분야에서도 얼마든지 적용할 수 있다.

재판 통지 의무는 배타적발행권 설정자와 배타적발행권자와의 관계를 염두에 둔 것이 아니다. 재판 등의 통지는 저작자에게 하는 것이기 때문이다. 저작자는 학설의 변경 등을 이유로 기존 발행물 등에 대해 수정·증감권을 가진다(제58조의2 제1항). 재판 통지 의무는 이러한 수정·증감권을 효과적으로 보호하기 위한 보충적인 수단으로 유용하다.

---

6) 그러나 시행령 제38조에서는 여전히 검인 첩부 방식으로 배타적발행권자를 표시할 것을 요구하고 있다. "법 제58조 제3항 본문에 따른 배타적발행권자의 표지에 수록되는 사항은 다음 각 호와 같다. 1. 복제의 대상이 외국인의 저작물일 경우에는 저작재산권자의 성명 및 맨 처음 발행연도의 표지; 2. 복제의 대상이 대한민국 국민의 저작물일 경우에는 제1호에 따른 표지 및 저작재산권자의 검인 ……".

7) 인세라는 말은 출판물에 검인을 찍어주면서 보수를 받는 출판 관행에서 유래했다고 한다. 장인숙, 170. 사용료의 의미로 'license fee'도 있다. 이것은 라이선스의 대가를 의미하는 것으로 다소 의미가 다르다.

8) 판이란 "인쇄하여서 책을 만드는 일" 또는 "책을 개정하거나 증보하여 출간한 횟수를 세는 단위"이다. 표준국어대사전.

나. 저작재산권자의 권리와 의무

저작재산권자와 배타적발행권자는 배타적발행권 설정 계약에서 정한 바에 따른 권리와 의무를 각기 향유하고 부담한다. 전자의 권리는 후자의 의무가 되고, 전자의 의무는 후자의 권리가 된다.

(1) 저작재산권자의 권리

(가) 배타적발행권자의 의무에 대응하는 권리

배타적발행권자는 앞에서 언급한 바와 같이, 발행 또는 복제·전송 의무, 계속 발행 의무, 저작재산권자 표지 의무, 보수 지급 의무, 재판 통지 의무를 부담한다. 저작재산권자는 이러한 배타적발행권자의 의무에 대응하는 권리를 가진다.

(나) 저작자 사망 시 배타적발행권 제한

배타적발행권자는 배타적발행권 존속기간 중 그 배타적발행권의 목적물인 저작물의 저작자가 사망한 때에는 저작자를 위하여 저작물을 전집 그 밖의 편집물에 수록하거나 전집 그 밖의 편집물의 일부인 저작물을 분리하여 이를 따로 발행하거나 복제·전송하는 방법으로 이용할 수 있다(제59조 제2항).

배타적발행권을 설정하게 되면 설정 범위 내에서 저작재산권자의 복제·배포권이나 복제·전송권이 제약을 받는다. 그렇다 하더라도 저작자가 사망을 한 때에는 그의 유지와 유업을 기리기 위해 망자의 편집물(전집, 선집 등)을 만들거나 편집물에 수록된 저작물을 떼어내 단행본 등으로 발행할 수 있도록 열어놓은 것이다. 이를 위해서는 몇 가지 요건을 충족해야 한다. 첫째, 존속기간 중에 저작자가 사망해야 한다. 저작재산권자가 저작자 사후 배타적발행권을 설정해줬다면 이는 존속기간 중에 사망한 것이 아니므로 이 조항을 원용할 수 없다.

둘째, 배타적발행권 제한은 '저작자를 위하여' 허용된다. 이 요건은 무척 추상적이지만, 적어도 출판물 어딘가에 그것이 저작자의 유지나 유업을 기린다는 뜻을 표시해야만 할 것으로 보인다.

셋째, 이 조항의 수익자는 저작재산권자이다. 저작재산권자가 비록 배타적발행권을 설정해줬다 하더라도 배타적발행권 대상 저작물을 이용해 전집 등을 만들 수 있는 것이다.

넷째, 배타적발행권 제한은 사망한 저작자의 저작물을 전집이나 기타 편집물에 수록하거나 또는 전집이나 기타 편집물에 수록된 그 저작물을 따로 발행 등의 방법으로 이용하는 데 있다. 유고 전집이나 걸작 선집 등이 전자의 예라면, 후자는 그 반대의 경우로 전집이나 선집에서 추출하여 독자적인 출판물을 발행하는 예를 들 수 있다.

(다) 배타적발행권 소멸통지권

민법에 의하면, 이행지체나 이행불능과 같이 채무불이행에 대해 상대방에 귀책사유가 있는 경우 기한을 정하여 이행을 최고하고 그 기간 내에 이행하지 않으면 계약을 해제할 수 있다(이행지체, 제544조). 이행 그 자체가 불가능한 경우에는 바로 계약을 해제할 수 있다(이행불능, 제546조).

채무불이행에 관한 민법상의 원리는 배타적발행권에도 동일하게 작용한다. 배타적발행권자는 배타적발행권 설정 계약상 발행 또는 복제·전송 의무, 계속 발행 의무 등을 부담한다. 배타적발행권자가 이러한 의무를 위반한다면 이는 곧 채무불이행이 되고 채무불이행은 계약 해제 원인이 된다. 저작권법에서는 배타적발행권 설정 계약에 특정하여 다음과 같은 특례 규정을 두고 있다. 첫째, 저작재산권자는 배타적발행권자가 발행 또는 복제·전송 의무(제58조 제1항)와 계속 발행 의무(제58조 제2항)를 이행하지 않는 경우 6개월 이상의 기간을 정하여 그 이행을 최고하고 그 기간 내에 이행하지 아니하는 때에는 배타적발행권의 소멸을 통지할 수 있다(제60조 제1항). 저작재산권자는 통상 원고 인도 후 9개월의 기간이 경과한 후 다시 6개월의 기간을 두고 최고해야 하므로 배타적발행권 설정 계약을 체결하면 1년이 훨씬 넘는 기간을 기다려야 하는 부담이 있다.

둘째, 저작재산권자는 배타적발행권자가 발행 등의 방법으로 이용하는 것이 불가능하거나 이용할 의사가 없음이 명백한 경우에는 즉시 배타적발행권의 소멸을 통지할 수 있다(제60조 제2항). 배타적발행권자가 파산한 경우가 전자의 예라면, 배타적발행권자가 계약 체결 후 발행하지 않겠다는 의사표시를 한 경우는 후자의 예라 하겠다. 사안에 따라 확인이 필요하다.

셋째, 저작재산권자가 배타적발행권의 소멸을 통지한 경우에는 배타적발행권자가 통지를 받은 때에 배타적발행권이 소멸한 것으로 본다(제60조 제3항). 통지권은 일방적인 의사표시만으로 효력을 발생하는 형성권이므로 상대방의 동의를 필요로 하지 않는다.

넷째, 저작재산권자는 소멸통지권을 행사하면 배타적발행권자에 대하여 언제든지 원상회복을 청구하거나 출판을 중지함으로 인한 손해의 배상을 청구할 수 있다(제60조 제4항). 원상회복은 배타적발행권 등록 말소 청구, 배타적발행권에 대한 질권 소멸 청구, 원고 반환청구 등을 통해 이뤄진다. 손해배상에는 출판하지 못한 데 따른 소극적 손해(즉, 다른 출판을 했더라면 얻을 수 있었을 이익)를 포함한다.[9]

(2) 저작재산권자의 의무

저작재산권자는 배타적발행권자가 가지는 권리에 대응하는 의무를 부담한다. 저작권법상 배타적발행권은 제3자의 무단 발행 등에 대응하기 위한 목적을 가지고 있으므로 저작재산권자는 이러한 배타적발행권의 향유와 행사에 적극적으로, 그리고 소극적으로 협력할 의무를 부담한다 하겠다.

이러한 협력 의무는 배타적발행권 설정 계약에 주로 담긴다. 첫째, 저작재산권자는 동일한 배타적발행권을 이중으로 설정할 수 없다. 저작재산권자는 이러한 계약 위반(채무불이행)에 따른 책임을 진다. 둘째, 저작재산권자는 발행 등을 위해 '원고 또는 이에 상당하는 물건'을 인도해야 한다. 당연한 의무이다. 셋째, 배타적발행권자는 배타적발행권의 대세적 효력을 공고히 하기 위해서 저작권 등록을 할 수도 있다. 저작재산권자는 배타적발행권 등록의무자로서 협력해야 할 의무를 부담한다.

다. 저작자의 권리

(1) 저작자와 설정 계약 당사자의 이해관계

배타적발행권은 저작재산권자와 배타적발행권자 간의 계약으로 설정한다. 그런데 저작자와 저작재산권자가 동일한 경우도 있지만 그렇지 않은 경우도 있다. 저작재산권은 이전이 가능하기 때문이다. 저작자가 비록 저작재산권을 다른 사람에게 이전했다 하더라도 발

---

9) 장인숙, 174.

행물 등에 대해 아무런 권리를 가지지 않는다면 저작자에게 부당한 결과가 생길 수 있다. 저작자가 자신의 학설을 바꾼다든가 양심상의 이유로 기존 주장을 거둬들인다거나 기타 저작물의 내용을 변경하고자 하더라도 기존 배타적발행권 설정 계약상 제3자인 저작자가 당사자들 간의 이해관계에 개입하기 어렵기 때문이다. 특히, 배타적발행권자는 저작자의 의견을 수용하여 발행물 등의 내용을 바꾸려면 발행 등을 위한 작업을 해야 하고 이때 추가적인 비용 증가를 감수해야 한다.

(2) 수정·증감권

저작권법은 저작자의 입장과 계약 당사자들의 입장을 고려한 규정을 두고 있다. 즉, 배타적발행권자가 배타적발행권의 목적물인 저작물을 다시 발행하거나 복제·전송하는 경우에 저작자는 정당한 범위 안에서 그 저작물의 내용을 수정하거나 증감할 수 있다(제58조의2 제1항). 이를 저작자의 수정·증감권이라고 부른다. 이 권리를 뒷받침하기 위해 저작권법 규정이 하나 더 존재한다. 즉, 배타적발행권자는 그 저작물을 다시 발행하거나 복제·전송하고자 하는 경우에 특약이 없는 때에는 그때마다 미리 저작자에게 그 사실을 알려야 한다(제58조의2 제2항). 저작물은 학설에 따라, 시대의 변화에 따라 그 내용이 얼마든지 바뀔 수 있다. 배타적발행권자가 기존 저작물을 새롭게 발행하고자 한다면 이를 저작자에게 통지하고 통지받은 저작자는 새로운 내용을 담은 저작물을 만들어 배타적발행권자에게 제공하는 것 또한 자연스러운 것이다.

수정·증감권은 저작인격권의 일종으로, 프랑스나 독일 등 대륙법계 국가에서 인정되는 철회권(droit de repentir, Rückrufsrecht)의 성격을 가진다. 이 권리는 저작자가 자신의 저작물의 내용 변경을 출판사 등에 요구할 수 있는 적극적인 권리이다. 동일성유지권이 제3자에 의한 동일성 침해를 금지하는 소극적인 권리인 반면, 수정·증감권은 자신이 직접 저작물의 내용에 변경을 가하는 적극적인 권리라는 점에서 구별된다.

수정·증감권은 또한 당사자 간의 특약으로 제한할 수 있는 권리가 아니다. 저작자는 배타적발행권 설정 계약의 당사자도 아닐 뿐만 아니라, 수정·증감권은 저작자에게 인정되는 인격권의 일종이기 때문이다.

수정·증감권은 몇 가지 요건을 구비해야 행사할 수 있다. 첫째, 이 권리는 저작자가 행사하는 것이다. 저작자와 저작재산권자가 다른 사람일 경우 저작자만이 이 권리를 행사할 수 있다.

둘째, 배타적발행권자가 "다시 이용하는 경우에" 인정된다. '다시 이용'이란 판(edition)을 바꾸는 것으로 이해할 수 있다.

셋째, 정당한 범위 안에서 수정·증감해야 한다. 주제와 내용을 전연 달리하는 변경은 새로운 저작물 발행 등이라 할 것이고, 일부 변경이라 하더라도 그것이 배타적발행권자나 저작재산권자의 이익을 현저히 해치는 범위에 이른다면 이 또한 허용되지 않을 것이다. 이때 해당 분야 관행이 그 해석에 영향을 미칠 것이다.[10]

넷째, 이 권리는 배타적발행권 존속기간 내에 행사하는 것이다. 그 기간이 끝나면 권리를 행사할 대상이 없기 때문이다. 그러나 계약 기간을 연장하고 그에 의거하여 '다시 이용'하든 저작재산권자가 다른 출판사와 새로운 계약을 체결하여 기존 저작물을 '다시 이용'하든 저작자는 수정·증감권을 행사할 수 있다고 본다.

4. 배타적발행권의 제한

저작권법은 "저작권 및 그 밖에 이 법에 따라 보호되는 권리"를 보호한다. 배타적발행권은 "그 밖에 이 법에 따라 보호되는 권리" 중 하나이다. 배타적발행권은 또한 준물권으로서 저작재산권과 마찬가지로 배타적인 권리이고, 저작재산권, 특히 복제권과 배포권이나 복제권과 전송권에 기초를 두고 있는 권리이다. 그에 따라, 저작재산권 중 해당 권리 제한이 존재한다면 배타적발행권에도 그대로 적용하는 것이 타당하다. 권리 제한은 복제와 배포 또는 복제와 전송 이외의 이용행위에 대해서도 가능하므로, 예를 들어 공연이나 방송에 대해서는 배타적발행권을 제한할 수 없는가 하는 의문이 생길 수 있다. 그러나 배타적발행권자는 그런 공연이나 방송에 대해서는 권리를 가지고 있지 않기 때문에 공연이나 방송 행위에 대해서는 배타적발행권 제한 문제가 생기지 않는다.

저작권법은 준용 규정을 통해 배타적발행권을 제한한다. 제62조 제2항에 의하면, "제23조·제25조 제1항 내지 제3항·제26조 내지 제28조·제30조 내지 제33조와 제35조 제2항 및 제3항의 규정은 배타적발행권의 목적으로 되어 있는 저작물의 복제에 관하여 준용한다".

---

10) 장인숙, 176.

"배타적발행권의 목적으로 되어 있는 저작물의 복제 등에 관하여는 제23조, 제24조, 제25조 제1항부터 제5항까지, 제26조부터 제28조까지, 제30조부터 제33조까지, 제35조 제2항 및 제3항, 제35조의2부터 제35조의5까지, 제36조 및 제37조를 준용한다"고 하고 있는데, 이들 규정 중 복제권과 배포권 또는 복제권과 전송권에 대한 제한만이 배타적발행권 제한에 준용될 수 있다. 해당 규정은 다음과 같다. ① 제23조(재판 등에서의 복제), ② 제24조(정치적 연설 등의 이용), ③ 제25조(학교교육목적 등에의 이용), ④ 제26조(시사보도를 위한 이용), ⑤ 제27조(시사적인 기사 및 논설의 복제 등), ⑥ 제28조(공표된 저작물의 인용), ⑦ 제30조(사적 이용을 위한 복제), ⑧ 제31조(도서관 등에서의 복제 등), ⑨ 제32조(시험문제로서의 복제) ⑩ 제33조(시각장애인 등을 위한 복제 등), ⑪ 제35조(미술저작물 등의 전시 또는 복제), ⑫ 제35조의2(저작물 이용과정에서의 일시적 복제), ⑬ 제35조의3(부수적 복제 등), ⑭ 제35조의4(문화시설에 의한 복제 등), ⑮ 제35조의5(저작물의 공정한 이용), ⑯ 제36조(번역 등에 의한 이용), ⑰ 제37조(출처의 명시).

특기할 만한 준용 규정이 몇 개 있다. 첫째, 제24조의2(공공저작물의 자유이용)는 준용 대상이 아니다. 공공저작물은 허락 없이 이용할 수 있는 것이므로, 이에 대해 배타적발행권이 설정될 수 없는 것으로, 준용 가능성도 없는 것이다. 둘째, 제25조는 제1항부터 제5항까지만 준용된다. 이에 대한 문제점은 이미 지적한 바 있다.[11] 셋째, 제33조의2(청각장애인 등을 위한 복제 등)는 준용 대상에서 제외되어 있다. 굳이 배제할 이유는 알기 어렵다. 넷째, 제35조(미술저작물 등의 전시 또는 복제) 중에서는 제2항과 제3항만 준용된다. 제1항은 전시권 제한 규정이므로 준용 대상이 될 수 없기 때문이다. 같은 이유로, 제29조(영리를 목적으로 하지 아니하는 공연·방송)와 제34조(방송사업자의 일시적 녹음·녹화)도 준용 대상에서 빠져 있다.

5. 배타적발행권의 변동

배타적발행권은 배타적발행권자에게 부여된 준물권이다. 물권적 속성에 따라 배타적발행권의 발생, 변경 및 소멸 등 권리 변동이 일어난다. 배타적발행권의 발생은 설정행위, 변경은 배타적발행권의 양도 등, 그리고 소멸은 설정 계약 기간의 만료 등 원인행위를 조건으

---

11) 제5장 제5절 '2. 보상청구권의 귀속과 행사' 참조.

로 한다. 설정 계약에 관해서는 앞에서 언급했으므로 배타적발행권의 변경과 소멸에 관해 검토하기로 한다.

가. 배타적발행권의 변경

배타적발행권의 변경은 저작재산권의 변경과 마찬가지 이론 구성이 가능하다. 권리 주체의 변경(상대방이 볼 때에는 이전적 취득)으로서 양도나 상속이 있고, 권리의 내용의 변경(상대방이 볼 때에는 설정적 취득)으로서 질권 설정이 있다.

저작권법은 저작재산권자의 동의 없이 배타적발행권을 양도 또는 질권의 목적으로 할 수 없다고 규정하고 있다(제62조 제1항). 동의 없는 양도나 질권 설정은 당사자 간에는 유효한 법률관계를 형성한다 하더라도 저작재산권자에게는 그 효력을 주장할 수 없다.[12] 저작권법은 이용허락 계약을 양도할 경우에도 저작재산권자의 동의를 받도록 하고 있다(제46조 제3항). 배타적발행권 설정 계약은 이용허락 계약 못지않게 계약당사자 간의 신뢰관계가 중요하다. 이 점에서 배타적발행권의 양도나 질권 설정에 대해 저작재산권자의 동의를 받도록 하는 것은 당연한 귀결이라 할 수 있다.

나. 배타적발행권의 소멸

배타적발행권은 다른 재산적 권리와 마찬가지로 법률에 의해서나 법률행위에 의해 소멸한다. 법률에 의한 소멸 원인으로는 ① 당사자들이 달리 약정하지 않은 채 배타적발행권의 존속기간이 만료한 경우, ② 저작재산권자가 소멸통지권을 행사하고 배타적발행권자가 통지를 받은 경우, ③ 저작재산권 보호기간이 만료하여 배타적발행권이 존속할 수 없는 경우, ④ 배타적발행권자가 복제·배포권이나 복제·전송권을 양도받아 배타적발행권과 복제·배포권이나 복제·전송권이 동일인에게 귀속하는 경우(민법상 혼동) 등이 있다.[13] 법률행위에 의한 소멸 원인에는 배타적발행권 설정 계약 기간의 만료가 있다. 법률의 규정보다는 법률행위에 의한 배타적발행권 소멸이 오히려 잦다.

---

12) 송영식·이상정, 438~439.

13) 장인숙, 180.

배타적발행권이 소멸하면 복제·배포권이 원래 가지고 있던 독점적·배타적 성격을 회복한다. 따라서 저작재산권자는 배타적발행권 소멸 후 종전 배타적발행권자가 해당 저작물을 이용한다면 손해배상을 청구할 수도 있고, 형사 처벌을 요구할 수도 있는 것이다. 다만, 배타적발행권 설정 계약이 종료한 직후 곧바로 배타적인 권리를 행사한다면 이는 종전 배타적발행권자의 기득권을 심각하게 훼손할 수도 있다. 저작권법은 이 점에 유의하여 규정을 두고 있다. 즉, 배타적발행권이 그 존속기간의 만료 또는 그 밖의 사유로 소멸한다 하더라도 종전 배타적발행권자는 두 가지 방법으로 복제물을 계속 배포할 수 있다. 첫째, 배타적발행권 설정행위에 특약이 있는 경우이다(제61조 제1호). 약정은 배타적발행권 설정 계약 안에서 할 수도 있고 계속 배포에 관해서 별도로 할 수도 있다.

둘째, 배타적발행권의 존속기간 중 저작재산권자에게 그 저작물의 "발행에 따른 대가"를 지급하고 그 대가에 상응하는 부수의 복제물을 배포하는 경우이다(제61조 제2호). 이때에는 배타적발행권 설정 계약에 이에 관한 약정이 없다 하더라도 기존 발행물을 계속 배포할 수 있다고 보아야 한다. 다만, 대가는 배타적발행권 존속기간 중에 지급해야 한다. 발행 종류와 수량에 합당한 금액을 지급하지 않았다면 "발행에 따른 대가"를 지급했다고 할 수는 없을 것이다.[14]

6. 배타적발행권의 등록

배타적발행권은 일종의 준물권이므로 그 변동(발생·변경)에 대해서 제3자가 알 수 있는 방법으로 공시해야 한다. 공시방법은 등록이다. 등록을 하지 않으면 제3자에게 대항할 수 없다.[15]

---

14) 제61조에서는 "복제물을 배포할" 수 있는 여부에 대해서만 규정하고 있다. 배타적발행권 본래의 속성을 충분히 반영하지 못한 듯하다. 배포뿐만 아니라 전송도 허용할 수 있도록 해야 할 것이다.

15) 권리의 변동에 관해서는, 제6장 '제1절 재산적 권리의 변동' 참조; 등록의 대항력에 관해서는, 제6장 제4절 '4. 법적 효력' 참조.

7. 출판권

저작권법에서는 배타적발행권과 별도로 출판권에 관해 규정하고 있다. 즉, 저작재산권자는 "그 저작물을 인쇄 그 밖에 이와 유사한 방법으로 문서 또는 도화로 발행하고자 하는 자에 대하여 이를 출판할 권리"를 이용자에게 설정하고, 이렇게 설정행위에서 정해진 바에 따라 이용자는 "원작 그대로 출판할 권리"를 가지도록 하고 있다(제63조 제1항 및 제2항). 이때 그 권리는 출판권이고, 이용자는 출판권자가 된다.

배타적발행권은 출판권에 비해 적용 범위가 훨씬 넓다. "원작 그대로" 출판할 권리로서 출판권은 원작의 내용을 동일하게 출판하는 것이라고 할 수 있는데,[16] 그것은 "문서 또는 도화로 발행할 권리"에 지나지 않는다. 출판권은 다른 사람이 출판물을 그대로 베끼는 경우에 적용된다면, 배타적발행권은 이 경우뿐만 아니라, 판면을 달리하는 경우 또는 원작의 내용을 상당한 정도로 베끼는 경우에도 효력이 미친다고 할 수 있다.

출판권은 배타적발행권의 일종으로서 배타적발행권 규정에 흡수하더라도 아무런 문제가 없다. 해당 규정은 2011년 12월 법개정 전 규정의 잔영에 지나지 않는다.[17]

---

16) 대법원의 해석도 다르지 않다: "'원작 그대로'라고 함은 원작을 개작하거나 번역하는 등의 방법으로 변경하지 않고 출판하는 것을 의미할 뿐 ……". 대법원 2003. 2. 28. 2001도3115 판결.

17) 발행이나 출판은 모두 영어로 'publication'이라 할 수밖에 없다. 발행권과 출판권을 대외적으로 설명하기도 곤란하다. 후자는 발행의 특수한 형태, 즉 "publication in printed format" 또는 "print publication"이라고나 할까.

제2절 영상저작물 특례 규정

1. 특례 규정의 의의

가. 특례 규정의 필요성

영화는 19세기 일련의 발명의 산물이다. 20세기에 들어서는 텔레비전도 등장했다. 텔레비전 프로그램은 영화와는 다른 방식으로 제작되고 소비자에게 전달되지만 그 표현 형식이며 재현성 측면에서 영화와 동일한 영상물이다. 영화든 방송 프로그램이든 "연속적인 영상(음의 수반 여부는 가리지 아니한다)이 수록된 창작물로서 그 영상을 기계 또는 전자장치에 의하여 재생하여 볼 수 있거나 보고 들을 수 있는 것"(제2조 제13호)으로 영상저작물인 것이다. 영화나 방송 프로그램이 아니더라도 영상의 연속성과 반복 재현성을 가지고 있다면 영상저작물이 될 수 있다.

영상저작물로서 영화는 연극과 더불어 종합예술이라 한다. 여러 장르의 저작물들이 영화 속에 들어 있기 때문이라 할 수 있는데, 이러한 영화 제작을 위해서는 여러 창작자들과 예술가들이 참여하게 된다. 대개의 저작물은 하나의 표현 형식에 담아낸다. 어문저작물은 문자로, 음악저작물은 소리로 표현된다. 이에 반해 영화는 소리와 영상, 대사 등이 함께 어우러진 저작물이다. 따라서 영화는 다수의 저작물과 저작인접물을 담고 있다. 영화 속에는 가사와 소리로 된 음악저작물, 무대 장치나 컴퓨터그래픽, 의상, 캐릭터와 같은 미술저작물이나 응용미술저작물, 원작 소설이나 각본과 같은 어문저작물 등이 녹아 있는가 하면, 배우의 연기나 무예, 춤과 같은 실연, 가수의 노래, 성우의 더빙과 같은 실연도 있고 여러 소리를 담은 음반 등 저작인접물도 있다. 저작자와 저작재산권자, 실연자와 음반제작자 등은 이러한 저작물과 저작인접물에 대하여 각기 저작권법상의 권리를 가지고 있다. 이들 간의 복잡한 권리관계가 어느 한 곳 정리되지 않으면 영화를 제작, 상영하거나 기타 이용할 수 없는 경우가 얼마든지 생긴다.

영화는 일정 매체(필름)에 저장되는 일련의 영상으로, 필름이 영사기를 통과하면서 일련의 영상이 스크린에 투영되어 시각적으로 구현되는 저작물이다. 기술 발전에 따라 디지털 방식으로 제작되기도 하고 이용되기도 한다. 연극과는 달리, 복제물이 존재하고 그에 따라 동일한 영화를 반복 재현할 수 있다. 연극에 비해 대중성이나 상업성도 강하다. 그러다 보니 영화제작자와 제작 참여자 간의 복잡한 권리관계를 미리 정리해놓는 것이 분쟁의 사전 예방을 위해 필수적이다.

이들 간의 권리관계는 계약으로 정하기 마련이다. 계약이 구체적일수록 분쟁의 가능성은 줄게 되고 법률이 개입할 여지도 적다. 그러나 영화 제작 환경이 각기 다르고 제작 참여자마다 각기 다른 조건을 내세울 때 일률적인 계약서 작성이 어려울 뿐 아니라 그러한 환경에 모두 대처할 수 있는 영화제작자도 많지 않다. 이런 점에서, 우리 저작권법은 비록 계약으로 권리관계를 정하지 않더라도 특례 규정으로 일정한 권리관계를 추정해줌으로써 영화 제작과 이용을 위한 법적 안정성을 높여주고 있다. 다시 말해서, 특례 규정은 사적 자치의 원칙이라는 민법의 지배원리를 해치지 않으면서 당사자들 간의 계약을 대신해 권리관계를 확정해주는 역할을 한다.

나. 외국의 입법례

많은 국가들이 영화 또는 영상저작물의 특수성을 인정하고 그에 대한 특례 규정을 두고 있다. 그 방법은 크게 세 가지로 나뉜다. 첫째는 처음부터 영상저작물에 대한 권리를 영상물 제작자에게 귀속시키는 방법이다. 둘째는 권리 이전을 추정하되 번복이 가능하도록 하는 방법이다. 셋째는 권리 이전을 법으로 강제하는 방법이다.[1]

---

[1] WIPO는 2003년 시청각실연자의 권리 이전에 관한 각국의 입법례를 조사한 적이 있다. 98개국의 법률을 분석하고 설문 조사한 결과 42개국은 권리 이전에 관해 아무런 규정을 마련하고 있지 않으며, 7개국(미국 등)은 원시 귀속 규정을, 35개국(한국, 독일 등)은 추정 규정을, 그리고 7개국(프랑스 등)은 법정 양도 간주 규정을 두고 있는 것으로 나타났다. WIPO, Survey on National Protection of Audiovisual Performances, August 25, 2005, WIPO Doc. AVP/IM/03/2 Rev.2. and Annexes I to III.

(1) 원시 귀속

일본에서는 저작자들이 영화저작물 제작에 참여할 것을 약정하면 영화저작물의 저작권은 영화제작자에게 귀속한다.[2]

미국 법상 직무상 저작물은 고용 관계 외에서도 폭넓게 인정되는데,[3] 미국 법에서는 직무상 저작물(work made for hire) 계약으로 저작자가 영화나 시청각저작물에 참여하게 되면 해당 영화나 시청각저작물의 저작자는 영화제작자가 된다. 직무상 저작물 계약이란 위탁자와 수탁자 또는 도급자와 수급자 간에 후자의 기여분을 직무상 저작물로 간주하는 약정이다. 영화제작자는 직무상 저작물 저작자로 영화나 시청각저작물에 대한 저작권을 원시 취득하는 것이다.[4] 영화 제작 관행을 보면 직무상 저작물 관계가 일반적이다.[5]

(2) 일견 추정

권리 이전에 관한 규정을 두고 있는 나라들 중에서 가장 많이 채택하고 있는 방법이다. 추정은 번복될 수 있는 추정(rebuttable presumption)으로서, 당사자 간의 약정으로도 얼마든지 달리 정할 수 있는 것이다. 이러한 입법례를 가지고 있는 대표적인 국가로 독일이 있고 이를 본받은 한국이 있다.

---

[2] 일본 저작권법은 일반 영화저작물과 방송용 영화저작물을 구분하여 저작권 귀속을 다루고 있다. 저작자가 일반 영화저작물 제작에 참여할 것을 약정한 경우 영화저작물의 저작권(저작재산권을 의미한다)은 영화제작자에게 귀속하도록 하는 반면, 방송용 영화저작물에 대해서는 이용형태(방송, 유선방송 등)에 맞춰 부분적으로 권리 귀속을 인정한다(제29조). 한편, 실연자에 대해서는 별도 규정을 두어, 영화저작물에 수록된 실연에 대해서는 실연자의 녹음·녹화권이나 방송권, 유선방송권, 송신가능화권이 미치지 않는다고 규정하고 있다. 제91조 내지 제92조의2 참조.

[3] 미국 법상 직무상 저작물에는 두 가지가 있다. 하나는 고용의 범위에서 작성하는 저작물이 직무상 저작물이다. 다른 하나는 위탁자와 수탁자 또는 도급자와 수급자 간에 후자의 기여분을 직무상 저작물이라고 간주한다는 서면 약정을 하는 경우 그 기여분이 직무상 저작물이다. 제101조(정의).

[4] 미국 법 제101조(정의) 및 제201조(권리의 귀속) 참조.

[5] 그렇지 않은 경우 저작자는 저작물의 공동저작자로서 영화나 시청각저작물 저작권의 최초 귀속자가 된다. WIPO Doc. AVP/IM/03/2 Rev.2, Annex III, pp. 686~707 참조.

(3) 법정 양도 간주

프랑스 법상 시청각저작물의 저작자는 그 저작물을 창작한 자연인일 뿐이다. 각색자나 대본 작가, 음악저작물 저작자, 감독 등이 시청각저작물의 저작자로 추정된다. 시청각저작물이 기존 저작물에 기반을 두고 각색된 것이라면 원저작자도 그 시청각저작물의 저작자로 간주된다(제113-7조). 이러한 저작자들이 시청각제작자와 계약을 체결하게 되면 달리 정하지 않는 한 음악저작물 저작자의 경우를 제외하고는 시청작제작자에게 배타적 이용권 (droits exclusifs d'exploitation)이 양도된다(제132-24조). 시청각 실연에 대해서는 법률상 규정은 없으나 판례에서는 같은 원리가 작용하는 것으로 보고 있다.[6)

2. 특례 규정의 해석

우리 저작권법은 '영상저작물에 관한 특례' 규정을 제5장에 별도로 편성하면서 비중 있게 다루고 있다. 영상저작물 특례 규정은 크게 두 가지로 나뉜다. 두 가지 모두 영상저작물을 만들고 이를 상영 등의 방법으로 이용하기 위한 것으로, 그중 하나는 기존 저작물을 이용하기 위한 것이고, 다른 하나는 영상물 제작에 참여한 저작자나 실연자의 저작물이나 실연을 이용하기 위한 것이다. 이를 위해서는 먼저 영상저작물의 저작자와 실연자가 누구인지 살펴볼 필요가 있다.

가. 영상저작물의 저작자와 실연자

영상저작물은 저작자의 창작적 노력과 실연자의 예술적 역량이 결합하여 만들어진 종합예술이다. 다수의 저작자와 실연자가 참여하면서 영상저작물의 권리관계가 매우 복잡하게

---

6) Jane C. Ginsburg and André Lucas, Study on Transfer of the Rights of Performers to Producers of Audiovisual Fixations-Multilateral Instruments; United States of America; France, April 30, 2003, WIPO Doc. AVP/IM/03/4, pp. 35~37. 프랑스 법상 양도 계약은 양도인에게 유리한 제한적 해석이 지배한다. 장래를 향한 포괄 양도는 무효이며(제131-1조), 양도의 범위는 계약에서 예정한 이용에 한정할 뿐이다(제122-7조). 실연자에게도 같은 원칙이 작용하는 것으로 법원은 해석한다. Ibid., p. 35.

얽혀 있다. 저작권법은 저작자와 실연자를 각기 정의하고 있고 그 정의에 따라 저작자와 실연자를 판별하면 되지만 그것이 간단한 것은 아니다.

저작자는 영상저작물 제작에 참여하는 사람들의 역할에 따라 정해진다. 이들 중 일견 저작자라고 생각할 수 있는 사람들만을 보더라도 다양하다. 영상저작물을 전체적으로 기획하고 대본과 등장인물이 서로 어울리게 하는 등 영상저작물의 전체 제작 과정을 감독하는 사람(감독), 줄거리를 만들고 등장인물의 성격을 묘사하고 대사를 작성하는 사람(각색자, 대본 작가 등), 시대적 배경과 사건의 전개과정, 인물의 성격 등을 감안한 의상과 조명, 무대 장치를 만드는 사람(의상, 미술 감독), 촬영을 지도·감독하고 책임을 지는 사람(촬영 감독), 그 밖에 컴퓨터그래픽, 편집, 음악 작업을 담당하는 사람 등이 있다. 이들이 곧 저작자의 지위를 가지는 것은 아니다. 영상저작물 제작에 창작적으로 기여한 사람들만이 저작자가 된다. 창작적 기여 여부는 영상 제작 참여자 각각의 행위를 개별적으로 검토하여 판단할 수밖에 없다. 독창성은 저작물 성립의 기본적인 요건이기 때문이다. 영상저작물은 이들 창작적 기여자의 공동저작물이다.[7]

영상저작물에서 실연자를 가려내는 것은 저작자의 경우에 비해 상대적으로 쉽다. 대본에 등장하는 인물의 성격과 대사를 감안하여 연기하는 배우와 영상물에 음성을 제공하는 성우, 연기나 무술을 지도하는 감독 등이 실연자의 범주에 속한다. 실연자가 '예능적 방법'으로 표현하지 않는 보조 실연자 또는 엑스트라는 실연자의 범주에서 제외된다.[8]

나. 영상저작물 제작·이용을 위한 권리 처리

영상저작물은 기존 저작물에 기반을 두고 만들어지기도 하고 처음부터 감독의 기획을 거쳐 제작되기도 한다. 대개 영상저작물은 소설이든 희곡이든 아니면 시나리오든 기존 저작물이 존재하게 마련이다. 이 경우 영상저작물은 기존 저작물의 2차적저작물이 된다. 2차적저작물 법리에 따르면 2차적저작물 작성자는 원저작자의 허락을 받아야 한다. 마찬가지로

---

7) 방송 프로그램과 같은 영상저작물은 업무상 저작물인 경우도 있다. 방송사 종사자들이 제작한 프로그램 중에는 업무상 저작물의 성립 요건을 충족하는 경우가 있기 때문이다. 이때 방송사는 직접 영상저작물의 저작자가 되기 때문에 제작을 위한 권리 처리며 영상저작물 이용이 훨씬 용이하다. 실연의 경우는 조금 다르다. 업무상 저작물에 상당하는 '업무상 실연'이 존재하지 않기 때문이다.

8) 엑스트라에 관해서는 제3장 제1절 3. '가. 실연자' 참조.

영상제작자도 자신이 제작하는 영상저작물이 기존 저작물에 기반을 두고 있다면 그 저작자의 허락을 받아야 할 것이다.

또한 영상저작물은 다수의 저작자가 참여하는 공동저작물이고 이에 다수의 실연자도 참여한다. 이들은 영상물 제작 과정에서 영상물에 담기는 각종 저작물을 창작하고 연기나 기타 실연 행위를 하는데 저작권법상 보호대상인 이들 저작물과 실연을 이용하기 위해서도 이들의 허락을 받아야 한다. 저작권법은 기존 저작물과 영상물 제작 참여자의 저작물과 실연 이용을 위한 추정 규정을 두고 있다.

(1) 기존 저작물의 이용

저작권법 제99조 제1항에 의하면, "저작재산권자가 저작물의 영상화를 다른 사람에게 허락한 경우에 특약이 없는 때에는 다음 각 호의 권리를 포함하여 허락한 것으로 추정한다"고 하면서 이를 구체적으로 예시하고 있다: ① 영상저작물을 제작하기 위하여 저작물을 각색하는 것, ② 공개상영을 목적으로 한 영상저작물을 공개상영하는 것, ③ 방송을 목적으로 한 영상저작물을 방송하는 것, ④ 전송을 목적으로 한 영상저작물을 전송하는 것, ⑤ 영상저작물을 그 본래의 목적으로 복제·배포하는 것, ⑥ 영상저작물의 번역물을 그 영상저작물과 같은 방법으로 이용하는 것 등 여섯 가지이다.

저작재산권자는 자신의 저작물을 원저작물로 하는 영상저작물의 제작(영상화)에 대해, 더 나아가 그러한 영상저작물의 제반 이용행위(공개상영, 방송, 전송, 복제·배포, 번역 등)에 대해 각기 2차적저작물 작성권, 공연권, 방송권, 전송권, 복제·배포권 등을 가지고 있다. 제99조 제1항은 이러한 원저작물의 2차적 이용행위 전반에 대한 권리 처리 규정이다. 그러나 이 규정은 저작인격권을 침해하는 방법의 이용마저 허용하는 것은 아니다. 이 경우에는 저작자의 별도 허락이 필요하다.

(가) 기존 저작물의 범위

영상저작물은 처음부터 촬영 대본에 따라 만들어질 수도 있겠지만 소설과 같은 기존 저작물에 의존하는 경우가 보통이다. 촬영 대본이 나오기 전에 시놉시스가 존재하기도 하는데 시놉시스는 기존 소설을 2차적으로 각색한 것이고, 촬영 대본은 기존 소설과 시놉시스를 모두 2차적으로 각색한 것이다.

기존 저작물에는 매우 많은 종류의 저작물이 있다. 소설뿐만 아니라 장편 서사시, 수필, 논픽션, 희곡, 만화 등도 있다. 그 외에도 오페라나 창극, 무언극 등도 생각할 수 있다. 등장인물의 성격이 구체적으로 묘사된 작품, 사건 보도가 매우 상세하게 구성되어 영상물 줄거리와 전개과정에 결정적인 영향을 줄 수 있는 특집 방송 등도 '기존 저작물'로서 손색이 없다.

'영상화' 대상에 음악이나 미술 저작물을 포함한다고 보기도 한다.[9] 그 근거는 분명하지 않다. 음악이나 미술도 영상물에 수록되므로 영상화를 2차적저작물 작성으로 국한할 것은 아니라는 논리로 접근하는 것 같다.[10] 대법원도 이에 동의한다.[11] 이것은 '영상화'를 해석하는 것이라고 할 수 없다. ① 문리해석상 영상화(cinematization)는 기존 저작물을 각색하여 영상물을 만드는 것이다.[12] 영상적 각색(cinematographic adaptation)[13]과 같은 의미이다. ② 영상화는 영상 제작과 다른 것으로 각기 제99조와 제100조에서 사용되고 있다. 입법자가 이를 구분해 사용했다는 것은 양자를 달리 본 것이다. 영상 제작은 그저 "영상물을 만드는 것"일 뿐이다. ③ 제99조 제1항 제1호에서는 이용허락의 범위에 각색을 특정하고 있다. 영상화 대상이 무엇인지 간접적으로 언명한 것이다. ④ 대법원 판결에서 보듯이 입법 취지가 왜 등장하는지 잘 모르겠다. 문리해석을 하지도 않으면서, 그리고 문리해석으로는 해결할 수 없거나 도무지 합리적인 결과가 나오지 않는다는 판단도 없는 채로 목적 해석을 해서는 안 된다고 본다. 입법론과 해석론은 구별되어야 한다.[14][15]

---

9) 오승종, 1111~1112; 이해완, 956; 장인숙, 227.

10) 오승종, 1111~1112; 이해완, 956.

11) 대법원 2016. 1. 14. 2014다202110 판결: "영상저작물의 제작에 관계된 사람들의 권리관계를 적절히 규율하여 영상저작물의 원활한 이용과 유통을 도모하고자 하는 이 조항의 취지와 규정 내용 등에 비추어 보면, 여기서 말하는 '영상화'에는 영화의 주제곡이나 배경음악과 같이 음악저작물을 특별한 변형 없이 사용하는 것도 포함되고, 이를 반드시 2차적저작물을 작성하는 것으로 제한 해석하여야 할 것은 아니다."

12) 표준국어대사전에서는 영화화를 "소설이나 전기 따위를 각색하여 영화로 만듦"이라고 정의한다.

13) 베른협약 제14조 제1항 참조.

14) 결이 다른 해석론도 있다. 박성호, 499. 영상화와 영상 제작을 구별하면서도, 영상저작물의 원활한 이용을 위한 특례 규정의 '입법정신'에 비춰 '영상 제작에의 이용'이라는 측면에서 확대 해석 가능성을 열어놓기도 한다.

15) 우리가 입법 당시 크게 의존한 독일 저작권법에서는 "그 저작물의 영상 제작을 위하여(sein Werk zu

(나) 목적 범위 내의 이용

특례 규정상 영상제작물은 크게 세 가지 형태로 이용된다. 공개상영과 방송 및 전송이 그것이다. 저작권법 제99조 제1항에서는 이러한 세 가지 이용형태(용도)에 따라 기존 저작물의 각색, 공개상영, 방송 또는 전송, 복제·배포, 번역 등을 추정하고 있다. 예를 들어, 공개상영을 목적으로 한 영상저작물을 만들고자 한다면 특약이 없는 경우 그 저작물을 각색하고, 제작된 영상저작물을 공개상영하고, 공개상영 목적으로 복제하여 배포할 수 있다. 영상저작물을 다른 언어로 표현하고자 한다면 더빙이나 자막 처리해야 하므로 이를 위해 번역하여 이용할 수도 있다. 다음과 같이 나눠볼 수 있다.

첫째, 기존 저작물의 각색을 추정한다(제1호). 영상저작물을 2차적저작물이라 하는 것은 기존 저작물이 존재하기 때문이다. 영상 분야에서 원저작물을 2차적저작물로 만드는 것은 영상적 각색 또는 영상화라 하겠는데 이를 위해서는 반드시 각색 과정을 거친다. 각색의 결과는 시놉시스, 촬영 대본 등으로 나온다. 이 추정 규정("영상저작물을 제작하기 위하여 저작물을 각색하는 것")은 영상저작물이 어떠한 목적으로 제작되든 공통적으로 적용된다.

둘째, 영상저작물의 공개상영, 방송 또는 전송을 추정한다(제2호 내지 제4호). 영상저작물은 애초에 공개상영을 목적으로 한 것이 있고, 방송을 목적으로 한 것이 있다. 최근 인터넷의 발달로 전송만을 목적으로 제작되는 영상물도 있다. 제99조 제1항에서 핵심 규정이 제2호(공개상영), 제3호(방송) 및 제4호(전송)에 의한 추정이다. 그만큼 해석도 어렵다.

특례 규정은 1986년 저작권법에서 신설된 것으로, 그 규정 해석을 둘러싸고 상당한 논쟁거리를 제공했고, 실무적으로 적지 않은 혼란을 야기했다. 이런 논란과 혼란을 줄이고자 2003년 다음과 같이 법개정이 이뤄졌다. ① 이용허락 간주 규정을 추정 규정으로 바꿨다. ② 1986년 개정법은 영상저작물의 이용형태를 공개상영과 방송 두 가지로 나눠, "영상저작물을 공개상영하는 것"과 "방송을 목적으로 한 영상저작물을 방송하는 것"에 대해 이용허락 간주 규정을 두었다. 영상저작물의 공개상영은 그것이 어떠한 목적으로 제작되었든(공개상영을 목적으로 한 것이든 방송을 목적으로 한 것이든) 공개상영을 허락하는 것으로 간주하는 해석을 가능하게 했다. 2003년 개정법에서는 처음 제작 당시에 예정한 이용 목적으로만("공

---

verfilmen)"라고 하고 있다(제88조 제1항). 독일에서는 기존 저작물의 범주에 모든 종류의 저작물이 포함되는 것으로 해석한다. Schricker/Loewenheim, S. 2066.

개상영을 목적으로 한 영상저작물을 공개상영하는 것") 이용허락을 추정하는 것으로 하여 논란의 여지를 줄였다. ③ 1986년 규정은 영상저작물의 공연과 방송만을 염두에 두었다. 2003년 개정법은 전송 개념이 2000년 저작권법에 수용되고 전송용 영상저작물이 등장하면서 "전송을 목적으로 한 영상저작물을 전송하는 것"(제74조 제1항 제4호; 현행 제99조 제1항 제4호)에 대해서도 특례 규정이 적용되도록 했다.

현행 특례 규정은 2003년 개정법 규정과 내용이 크게 다르지 않다. 이후 법개정에 맞춰 기술적인 수정만을 했을 뿐이다. 2003년 당시 예정하진 못했던 이용형태가 새로 등장하면서 특례 규정은 여전히 문제를 안고 있다. 몇 가지 예를 들 수 있다. ① 실시간 웹캐스팅은 방송도 아니고 전송도 아니어서 특례 규정이 적용될 여지가 없다. 따라서 영상제작자는 이러한 이용형태에 대해서는 추정의 이익을 누릴 수 없다. ② 제99조 제1항에서는 영상저작물의 이용 목적에 따라 각기 한 가지 목적에 대해서만 추정하고 있다. 영상제작자가 영상저작물을 두 가지나 세 가지 목적으로 이용하고자 한다면 특약으로 해결해야 한다.

이 규정과 관련하여 방송용 영상저작물에 특수한 문제도 존재한다. 방송 프로그램은 해당 방송사에서 원방송 외에 반복방송을 하기도 하고, 다른 방송사에서 동시 재방송을 하거나 이시 재방송을 할 수도 있다. 위성방송과 유선방송을 포함해 조합을 하면 아주 다양한 이용형태를 떠올릴 수 있다. 두 가지 해석이 존재할 수 있다. 하나는 1회의 방송 허락은 방송행위 모두에 대한 허락으로 보는 것이다. 이에 의할 경우 동일 방송사의 반복방송, 다른 방송사의 동시 및 이시 재방송 모두를 포함하여 허락하는 것으로 보게 된다. 심지어 다른 유선방송사의 송신에 대해서도 허락한 것으로 보기도 한다. 다른 하나는 방송은 해당 방송사 1회 방송(원방송)에 한정하는 것으로 해석하는 것이다. 이에 따르면, 다른 방송사의 모든 방송은 물론이고 동일 방송사의 반복방송 또한 별도의 허락을 받아야 한다.

후자의 해석이 타당하다고 본다. 다음과 같은 경우로 나눠서 설명할 수 있다. ① 방송에는 전국을 네트워크로 하는 것도 있고, 지역을 네트워크로 하는 것도 있다. 저작재산권자가 전국 네트워크 방송에 영상화 허락을 한다면 해당 법인은 특례 규정에 따라 그 방송에 대해 이용허락을 받은 것으로 추정된다. ② 저작재산권자가 어느 지방을 네트워크로 하는 방송에 대해 이용허락을 했다면 그 네트워크 내에서만 특례 규정이 적용될 것이다. 네트워크를 벗어나는 방송은 어떤 경우에도 별도의 허락을 받아야 한다. ③ 동일 법인이라고 하더라도 특단의 계약이 없는 한, 방송은 1회 방송에 한한다고 본다.[16]

셋째, 영상저작물의 복제·배포를 추정한다(제5호). 영상저작물은 무형물이므로 이를 시청자나 관객에게 보여주기 위해서는 복제를 해야 한다. 이에 대해 이용허락을 추정하는 것은 당연하다 하겠다. 그런데 영상저작물은 이용 목적이 크게 두 가지가 있다. 하나는 방송이고 다른 하나는 공개상영이다. 방송 목적으로는 배포에 대한 이용허락을 받을 필요가 없으나 공개상영을 위해서는 배포에 대한 별도의 허락이 필요하다. 이 규정은 상영관에 배포하기 위해 필요한 것이다.

한편, 영상저작물이 공개상영이나 방송 목적으로 제작되었으나 그것이 그러한 목적으로 복제되거나 배포되지 않는 경우도 있다. 영상물을 비디오테이프나 DVD에 수록하는 것이 그 예이다. 이것은 영상저작물 그 본래의 목적이 아니다. 특례 규정에서 "영상저작물을 그 본래의 목적으로 복제·배포하는 것"에 대해서 이용허락을 추정하고 있는 것은 그러한 취지를 분명히 하고 있는 것이다.

넷째, 영상저작물의 번역을 추정한다(제6호). 특례 규정은 "영상저작물의 번역물을 그 영상저작물과 같은 방법으로 이용하는 것"에 대해 이용허락을 추정하고 있다. 번역물이란 더빙이나 자막을 염두에 둔 것이다. 더빙이나 자막이 영상저작물과 "같은 방법으로 이용되는" 경우에 한해 특례 규정이 적용된다. 더빙이나 자막이 들어간 채로 영상저작물이 공개상영이나 방송 또는 전송되는 것이 아니라 더빙이나 자막을 영상저작물 이용과는 별개로 이용해서는 안 되는 것이다. 예를 들어 더빙을 음반으로 제작한다거나 자막을 대본으로 만드는 것은 허용되지 않는 것이다.

(다) 추정

특례 규정에서는 "저작재산권자가 …… 허락한 것으로 추정한다"고 표현하고 있다. 이 추정은 이용허락의 추정이다. 즉, 저작재산권자가 그 저작물의 영상화에 동의하면 영상물 제작을 위해 필요한 각종 이용행위를 허락한다고 추정하는 것이다. 이 추정은 또한 당사자들이 약정하여 그 효력을 부인할 수도 있고, 어느 당사자가 반대사실을 입증하면 뒤집힐 수도 있다. 번복될 수 있는 추정(rebuttable presumption)인 것이다.

특례 규정은 재산적 권리와 관련한 것이다. 인격적 권리(저작인격권)는 저작자에게 그대로 남는 것으로, 이에 대해서는 추정의 효과가 미치지 않는다.

---

16) 방송 관행도 이 점을 확인해준다. 한국방송작가협회는 반복방송(속칭 재방송)에 대해 사용료를 징수한다. 권리가 존재하기 때문에 사용료를 받는 것이다.

(라) 추정적 허락 기간

저작재산권자가 그 저작물의 영상화를 허락한 경우에 특약이 없는 때에는 허락한 날부터 5년이 지난 때에 그 저작물을 다른 영상저작물로 영상화하는 것을 허락할 수 있다(제99조 제2항).

(2) 제작 협력자의 권리 처리

영상저작물 제작 과정에서 기존 저작물의 각색 등을 위해 필요한 권리 처리보다 그 제작 과정 중에 발생하는 저작물과 실연에 대한 권리 처리가 훨씬 복잡하다. 이에 대해서는 저작 권법 제100조가 규율한다. 이 규정은 크게 두 가지로 나뉜다. 하나는 저작재산권 처리에 관한 것이고(제100조 제1항) 다른 하나는 실연자의 권리 처리에 대한 것이다(제100조 제3항).

(가) 저작자의 권리 처리

제100조 제1항에 의하면, "영상제작자와 영상저작물의 제작에 협력할 것을 약정한 자가 그 영상저작물에 대하여 저작권을 취득한 경우 특약이 없으면 그 영상저작물의 이용을 위하여 필요한 권리는 영상제작자가 이를 양도 받은 것으로 추정한다". 이 규정은 다음과 같이 설명할 수 있다. 첫째, 추정 규정의 적용을 받는 사람은 영상물 제작 협력자로서 저작자이다. 저작자에 관해서는 앞에서 살펴본 바 있다. 이러한 제작 협력자에는 이들 외에도 영상저작물 목적으로 음악저작물을 창작한 저작자도 있다. 영상물을 위한 음악은 영상물과는 별도로 제작되어 이용될 수도 있다. 사운드트랙이 그러한 예인데, 이러한 음악은 영상물의 일부이긴 하지만 분리 이용이 가능하기 때문에 공동저작물로서 영상저작물에는 포함되지 않는다고 본다. 그러나 이러한 음악저작자가 영상저작물 제작에 참여하여 영상저작물의 공동저작자의 지위를 가지는 경우에는[17] 이 조항의 적용을 받는다고 하겠다.

둘째, 양도 대상 권리는 영상저작물의 "이용을 위하여 필요한 권리"이다. 영상물에 담긴 저작물의 복제, 배포, 공연, 전시, 방송과 전송을 포함하는 공중송신, 2차적저작물 작성 등

---

[17] 즉, 공동저작물의 요건을 충족해야 한다. 이에 관해서는 제2장 제1절 2. '파. 공동저작물' 참조.

을 생각할 수 있다. 영상물의 이용 방법은 영상제작자가 정할 것이고 이를 제한하는 어떤 구절도 없기 때문에 광범위한 권리를 양도받는 것으로 보는 것이 적절하다. 특례 규정은 영상저작물의 원활한 이용을 꾀하는 데 존재의의가 있기 때문이다. 따라서 영상제작자가 어떠한 목적으로든 영상물을 이용할 수 있다 하겠다. 영상물을 스스로 이용할 수도 있고 제3자에게 이용허락을 해줄 수도 있다. 다만, 이전 대상 권리는 저작재산권이므로 저작인격 권을 침해하는 방법으로 이용하는 것은 허용되지 않는다고 봐야 할 것이다.

셋째, 제100조 제1항은 추정 규정이므로 당사자들 간의 약정으로 추정력을 부인할 수도 있고 반대사실의 입증으로 번복될 수도 있다.

(나) 실연자의 권리 처리

제100조 제3항에서는 실연자에 관해 규정하고 있다: "영상제작자와 영상저작물의 제작에 협력할 것을 약정한 실연자의 그 영상저작물의 이용에 관한 제69조의 규정에 따른 복제권, 제70조의 규정에 따른 배포권, 제73조의 규정에 따른 방송권 및 제74조의 규정에 따른 전송 권은 특약이 없으면 영상제작자가 이를 양도 받은 것으로 추정한다." 다시 말해서, 실연자 는 영상제작자와 제작 협력 약정을 체결한 경우 이들이 가지는 저작권법상의 권리(복제권, 배포권, 방송권 및 전송권)는 특약이 없는 한 영상제작자에게 양도된다. 저작자의 권리 처리 를 위한 제100조 제1항과 매우 흡사하다. 각각의 경우를 살펴본다. ① 실연자는 앞에서 언 급한 바와 같다. ② 양도 대상 권리는 "영상저작물의 이용에 관한" 실연자의 모든 권리이다. 이에는 복제권, 배포권, 방송권 및 전송권이 있다. 보상청구권은 포함되지 않는 것으로 보 인다. 예를 들어, 해당 실연이 디지털음성송신의 방법으로 이용되는 경우 실연자는 여전히 보상청구권을 행사할 수 있을 것이다. ③ 제101조 제3항 역시 추정 규정이다. 실연자가 영 상제작자와 약정하여 권리의 전부나 일부를 이전하지 않을 수도 있고, 반대사실의 입증으 로 추정이 번복될 수도 있다.

(다) 양도의 범위

제100조에서 말하는 양도의 범위는 다음과 같다. 첫째, 권리 이전 범위는 "영상저작물의 이용을 위하여 필요한 권리"이다. 이용을 위해 저작자나 실연자가 가지고 있는 권리가 있다

면 그 권리 모두가 이전 대상인 것이다. 저작자의 권리 이전 규정(제1항)은 이 점을 분명히 하고 있다: "그 영상저작물의 이용을 위하여 필요한 권리는 영상제작자가 이를 양도 받은 것으로 추정한다." 실연자의 권리 이전 규정은 표현은 다소 다르지만(제3항: "그 영상저작물의 이용에 관한 …… 복제권, …… 배포권, …… 방송권 및 …… 전송권은 특약이 없으면 영상제작자가 이를 양도 받은 것으로 추정한다") 같은 의미를 가지고 있다고 본다. 실연자의 배타적인 권리를 모두 열거하고 있을 뿐이다.

둘째, "이용을 위하여 필요한 권리" 전부가 이전된다고 보는 것이 특례 규정의 목적에 맞는다. 영상제작자가 영상물의 이용 범위와 방법을 정하게 마련인데, 이에 대해 제작 협력자가 일일이 간여하는 것은 상정하기 어렵다. 이것은 영상물의 원활한 이용 목적을 가지고 있는 특례 규정의 취지에 정면으로 배치되는 것이다.

셋째, 제100조에서 말하는 '이용'이란 복제, 배포 등과 같은 이용형태에 국한하지 않는다. 영상저작물 전부를 이용할 수도 있고, 그 일부를 이용할 수도 있다. 이용 범위에도 제한이 없다고 본다.

위와 같은 해석에 따라, 제100조 제1항과 제3항에서는 영상저작물의 이용에 관한 저작자와 실연자의 모든 권리가 영상제작자에게 양도되는 것으로 추정하고 있는 것이고, 추정대로라면 영상제작자는 어떠한 목적으로든 영상물을 이용할 수 있다 하겠다. 영상물을 스스로 이용할 수도 있고 제3자에게 이용허락을 해줄 수도 있다. 이들 규정은 이용 목적에 의해 이용허락의 범위가 정해지는 제99조와는 대비된다.[18]

다. 영상제작자의 권리

제100조에서는 양도 추정 대상 권리를 저작자의 권리와 실연자의 권리로 각기 나눠 명시하고 있다. 영상제작자는 "영상저작물의 이용을 위하여 필요한 권리"를 모두 저작자로부터 양도받게 되고, 영상저작물의 이용에 관한 실연자의 권리를 실연자로부터 양도받게 된다. 그런데 "영상제작자의 권리"라는 제목의 별도 규정이 마련되어 있다(제101조). 그 제1항에

---

[18] 한국방송실연자협회는 방송사의 반복방송(속칭 '재방송'), 종합유선방송의 이시 재방송 및 방송 프로그램 해외 비디오 판매분에 대해서 '사용료'를 징수하고 있다. 이러한 실무 관행은 실연자와 방송사 간에 법률상의 사실 추정을 뒤집는 특약이 존재하기 때문으로 보인다.

의하면, "영상제작물의 제작에 협력할 것을 약정한 자로부터 영상제작자가 양도 받는 영상저작물의 이용을 위하여 필요한 권리는 영상저작물을 복제·배포·공개상영·방송·전송 그 밖의 방법으로 이용할 권리로 하며, 이를 양도하거나 질권의 목적으로 할 수 있다"고 하고 있고, 그 제2항에서는 "실연자로부터 영상제작자가 양도 받는 권리는 그 영상저작물을 복제·배포·방송 또는 전송할 권리로 하며, 이를 양도하거나 질권의 목적으로 할 수 있다"고 하고 있다.

독자 규정으로 보이는 제101조는 단지 제100조의 확인 규정에 지나지 않는다. 제101조 제1항과 제2항에서 열거한 권리는 모두 제100조에서 양도 추정 대상 권리와 동일한 것이기 때문이다. 제101조 제1항과 제2항 후단에서 재양도나 질권 설정을 언급한 것은 양도 받은 권리가 재산적인 권리의 속성을 가지는 데에서 비롯된 것으로 영상제작자의 권리에 특수한 문제도 아니다. 특례 규정으로서 이용허락 추정과 양도 추정 두 가지 규정만 두면 될 것을 굳이 해석 여지가 있는 '영상제작자의 권리' 규정을 존치시킬 필요는 없다고 본다.

라. 영상저작물 수록물의 이용

영상저작물 자체의 이용에 대해서는 앞에서 살펴본 바와 같다. 그런데 영상저작물에는 여러 무리의 저작물이나 저작인접물이 함께 담겨 있다. 어문저작물이 있고, 음악저작물도 있고, 음반이나 실연과 같은 저작인접물도 있다. 이들은 각기 독자적으로 얼마든지 이용될 수 있다. 그렇다면 이러한 창작물을 이용하고자 한다면 누구로부터 허락을 받아야 하는가. 이것은 영상저작물 특례 규정과 함께 살펴보아야 한다.

첫째, 영상저작물의 제작을 위한, 영상화 대상 기존 저작물이 있다. 이러한 저작물은 엄밀히 말하면 영상저작물에 직접 수록되기보다 2차적으로 변형되어 수록된 것이다. 특례 규정에서는 기존 저작물의 별도 이용에 관해 특별히 언급하지 않고 있다. 먼저, 누군가가 기존 저작물을 영상저작물과는 별개로 이용할 경우에는 기존 저작자의 허락을 받아야 한다. 또한, 예를 들어 영상소설이라 하여, 영상물에 기초한 새로운 소설이 나올 수도 있다. 이 경우에도 2차적저작물 법리가 작용한다. 즉, 영상소설은 기존 저작물을 2차적으로 이용한 영상저작물을 또 다른 형태로 이용하는 것이므로 2차적저작물(영상저작물)의 원저작물(기존 저작물) 저작자의 허락도 받아야 한다.

둘째, 제작 협력자가 영상저작물 제작 과정에서 창작하는 저작물이 있다. 이에 대해서는 저작권법 제100조 제2항에서 규정하고 있다. 즉, "영상저작물의 제작에 사용되는 소설·각본·미술저작물 또는 음악저작물 등의 저작재산권은 제1항의 규정으로 인하여 영향을 받지 아니한다." 당연한 규정이라 할 수도 있겠다. 제작 협력자가 창작한 소설이나 각본, 미술이나 음악이 별도 이용될 수 있다면 그것은 영상저작물 자체의 이용이라고 할 수 없으므로 제1항의 규정(저작재산권 양도 추정)에도 불구하고 여전히 권리를 주장할 수 있는 것이다.

셋째, 영상화 대상 기존 저작물도 아니고 제작 협력자가 창작한 저작물도 아닌 저작물로 영상저작물에 수록되는 기존 저작물이 있다. 이러한 예로는 음악저작물이 있다. 영상제작자가 기존 음악을 영상물에 수록한다면 해당 음악은 제99조 제1항에서 말하는 '영상화' 대상도 아니고 해당 저작자는 제100조 제1항상의 제작 협력자도 아니다. 따라서 누구든지 이러한 음악을 넣은 사운드트랙 앨범을 제작하고자 한다면 해당 저작자(경우에 따라서는 실연자나 음반제작자)로부터 별도 허락을 받아야 한다.

자율 학습

1. 영상저작물(cinematographic work)과 비슷한 용어가 외국에서 사용되기도 한다. 프랑스에서는 영상저작물과 시청각저작물(oeuvre audiovisuelle)을 동시에 사용하고, 미국에서는 시청각저작물(audiovisual work)이라고도 한다. 영국과 일본은 각기 영화(film)와 영화저작물이라고 한다. ① 어떤 용어가 가장 합당하다고 생각하는가? ② "영상저작물에 관한 특례"를 "영상물에 관한 특례"로 해도 무방한가?

2. 제99조는 기존 저작물을 이용하기 위한 이용허락 추정 규정이다. ① 기존 실연이나 음반, 방송을 이용하고자 할 때 이런 추정 규정은 불필요한가? ② 기존 실연 등에 대한 추정 규정이 필요하다면 제99조를 적용할 수 있는가?

3. 특례 규정은 현행 제도로 충분한가? 개선이 필요하다면 어떤 부분을 생각할 수 있는가(권리자의 입장에서, 그리고 영상물 제작자의 입장에서 어떻게 다를 수 있는가)?

제3절 컴퓨터프로그램에 관한 특례

2009년 4월 개정 저작권법으로 프로그램보호법이 저작권법에 흡수 통합되면서 저작권법 체계에 큰 변화가 생겼다. 프로그램보호법은 1986년 제정 이후 수차례 개정을 거치면서 저작권법에서 볼 수 없는 제도를 채택하기도 하고 권리 제한 측면에서 특수한 규정을 두기도 했다. 그것은 일차적으로 프로그램이라는 저작물의 특수성에서 비롯된 것이지만 오랫동안 '독자적인' 영역을 확보하기 위한 입법자의 태도도 반영된 것이기도 했다.

통합 저작권법은 종전 프로그램보호법에 있는 내용 중 저작권법과 같은 규정, 중복 규정 등을 제외하고 프로그램 특수성을 간직한 것으로 보이는 규정들을 추슬러 제5장의2에 '프로그램에 관한 특례'에 모았다. 아직도 이들 규정 중 불필요하거나 다른 규정들과 중복 여지가 있는 것들도 보이고 있다. 다른 기회에 일괄해서 정리될 것으로 기대한다. 특례 규정들은 크게 세 가지로 나뉜다. 보호대상, 권리 제한, 프로그램의 임치 등이 그것이다. 이에 관해서는 각기 다른 곳에서 기술했다.[1]

---

1) 보호대상은 제2장 제1절 2. '차. 컴퓨터프로그램저작물', 권리 제한은 '제5장 재산적 권리의 제한' 각 해당 항목, 임치는 제9장 제1절 2. '마. 기타 업무' 참조.

제4절 온라인서비스제공자의 책임 제한

1. 책임 제한 규정의 의의

온라인서비스제공자는 저작물의 대량 유통에 직접적으로나 간접적으로 간여한다. 온라인 유통을 저작권법에 비춰보면 복제와 전송 또는 복제와 전송 이외의 공중송신의 개념으로 포섭된다. 이런 방법은 모두 저작물의 대량 전달의 모습을 띤다. 디지털 환경에서는 저작권 침해 복제물이 널리 퍼질 우려가 있음에도, 권리자는 침해 자체를 파악하기도 어렵고, 파악했다 하더라도 어떤 방법으로 얼마나 침해가 벌어지고 있는지 확인하는 것이 곤란하고, 어느 정도 확인했다고 하더라도 자력으로 이를 막을 수 있는 방법이나 수단이 마땅치 않고, 침해 복제물의 위치나 침해 정도를 인지했다고 하더라도 기존의 사법 제도로는 신속하고 효과적인 법적 구제를 받는 데 현실적인 한계에 봉착해 있다.

권리자들은 온라인 저작권 침해와 관련하여 다음과 같은 이유로 서비스제공자의 법적 책임을 묻고자 한다. 첫째, 서비스제공자는 온라인 저작권 침해를 파악할 수 있는 시설과 장비, 그리고 인력을 보유하고 있어서, 누가 언제, 얼마나, 어떻게 침해물을 유통하는지 누구보다도 잘 알고 있다는 것이다. 둘째, 일부 서비스제공자는 자신의 시스템상에서 편집, 통제 권한도 가지고 있다는 것이다. 셋째, 권리자들은 수많은 사람들을 상대로 법적 책임을 묻기 곤란하고, 이러한 사람들의 신원을 확인할 수 있는 방법도 거의 가지고 있지 않다는 것이다.

반면 서비스제공자의 주장은 사뭇 다르다. 첫째, 자신들이 다루는 정보가 헤아릴 수 없이 많기 때문에 일일이 내용을 검색하고 통제한다는 것이 불가능하다는 것이다. 둘째, 그들은 해당 정도에 대하여 평가할 수 있는 위치에 있지 않다는 것이다. 특정 정보의 적법성을 판단하는 것은 더욱 어렵다고 한다. 셋째, 정보의 '유통' 주체는 정보제공자이며 그 제공자가 바로 직접 책임의 주체라는 것이다. 집행의 용이성 등을 들어 자신들의 책임 문제를 언급하는 것은 적절하지 않다는 것이다.

이런 입장의 대립은 모든 서비스제공자에게 들어맞는 것은 아니지만 법적 책임을 둘러싼 기본 입장이라고 할 수 있다. 2000년을 전후하여 온라인 환경이 급격히 변화하면서 온라인 서비스제공자에 대한 책임 논쟁이 치열하게 전개된 바 있다. 안정적인 서비스 환경을 필요로 하는 서비스제공자의 이익과 건전한 유통 환경을 통해 자신의 권리를 지키고자 하는 권리자의 이익이라는 상호 모순 내지 긴장 관계가 논쟁의 핵심에 있었다.

저작권법상 온라인서비스제공자의 책임(책임 제한이라고 하는 것이 더욱 정확하다)에 관한 특례 규정은 이러한 배경하에서 탄생했다. 책임 제한 규정은 2003년 처음 등장했다. 온라인 서비스제공자를 포괄적으로 정의하고 일반법상의 책임 이론을 수용하는 한편, 온라인서비스의 특성을 감안해 특별 규정을 마련한 것이다. 이들 규정은 2011년 6월과 12월에는 한·EU FTA와 한·미 FTA를 이행하기 위해 두 차례 개정되고 그 후 부분적인 개정을 거쳤다. 현행 규정은 미국 저작권법 해당 규정(제512조)과 이를 기반으로 만들어진 한·미 FTA 규정(제18.10조 제30항 및 관련 부속서한)에 뿌리를 두고 있다.[1]

온라인서비스제공자의 책임 제한 규정은 처음에 미국에서 등장했다. 1998년 디지털밀레니엄저작권법(Digital Millenium Copyright Act: DMCA)에서 해당 규정을 '창작'한 것이다. 미국 법규정은 ① 서비스제공자와 권리자 간에 저작권 침해를 찾아내고 이에 대응하기 위해 협력하는 유인책을 마련하고, ② 서비스제공자가 활동 과정에서 침해에 노출될 가능성을 염려하려 그에 대한 안정성을 제공하기 위해 나온 것이다.[2] 한·EU FTA에서도 같은 맥락으로 취지를 규정하고 있다. 즉, 책임 제한 규정은 "정보서비스의 자유로운 이동을 보장하고 이와 동시에 디지털 환경에서 지적재산권을 집행하기 위하여" 마련된 것이다(제10.62조). 우리 법상 규정 취지도 다르지 않다고 본다.

---

1) 한·EU FTA 해당 규정은 2000년 EU 전자상거래 지침 규정(제4절)과 내용이 같은데, 이 지침 규정 또한 미국 저작권법 규정을 일부를 제외하고는(정보검색도구 규정과 통지 및 삭제 규정) 나머지는 대부분 미국 법규정을 수용한 것이다. 우리 법규정은 부분적으로 한·EU FTA 규정도 반영하고 있다. 미국 법, 한·미 FTA, 한·EU FTA를 모두 검토해야만 우리 법의 모습이 자세히 보인다.

2) H.R. Rep. No. 101-551, 1998, Part 2, pp. 49~50. 한·미 FTA에 그 취지의 일부를 언급하고 있다. 제 18.10조 제30항 (a): "저작권 있는 자료의 무단 저장 및 송신을 억지하는 데 있어 서비스제공자가 저작권자와 협력하도록 하는 법적 유인책[을 제공한다]." FTA의 특성을 고려해, 더 중요한 두 번째 취지를 생략했다고 본다.

2. 온라인서비스제공자의 종류 및 개념

우리 저작권법상 온라인서비스제공자란 ① 이용자가 선택한 저작물 등을 그 내용의 수정 없이 이용자가 지정한 지점 사이에서 정보통신망을 통하여 전달하기 위하여 송신하거나 경로를 지정하거나 연결을 제공하는 자 또는 ② 이용자들이 정보통신망에 접속하거나 정보통신망을 통하여 저작물 등을 복제·전송할 수 있도록 서비스를 제공하거나 그를 위한 설비를 제공 또는 운영하는 자를 말한다(제2조 제30호).

첫 번째 경우에는 이른바 단순 도관 서비스제공자(mere conduit service provider: 이를 줄여 단순 도관이라고도 한다)가 있다. 두 번째 경우에는 각기 캐싱 서비스제공자(caching service provider: 이를 줄여 간결하게 캐싱이라고도 한다), 호스팅 서비스제공자(hosting service provider: 간단히 호스팅이라고도 한다), 그리고 정보경로도구(information locations tool)[3] 등 세 가지가 있다.[4]

정의 규정상 서비스제공자는 이런 네 가지 종류의 서비스제공자를 포함하는 넓은 개념이다. 미국 판례에서는 온라인 경매 사이트 이베이(eBay), 이용자가 부동산 매물을 올리고 접근하게 하는 사이트, 이용자의 나이를 검증하는 사이트, P2P 사이트 등을 정의 내에서 포섭하고 있다.[5] 서비스제공자를 네 가지 종류로 나눈 것은 1998년 미국 법개정 당시 현황을 반영한 것이지만 아직도 이런 구분은 유효한 것으로 보고 있다. 미국 판례에서도 신축적인 법적용을 통해 그 유효성을 뒷받침해주고 있다.[6]

단순 도관은 제3자의 지시에 의해 저작물 등 정보의 온라인 송신 등을 자동적으로 수행

---

3) 정보경로도구는 링킹 서비스제공자(linking service provider) 또는 검색 서비스제공자(search service provider)라고도 한다.

4) 인터넷서비스제공자(Internet service provider: ISP)와 온라인서비스제공자(online service provider: OSP)를 혼용하기도 한다. 외국에서는 ISP를 즐겨 쓰는 경향이다. 법적으로는 단순 도관 서비스와 다른 서비스를 구분하고 있는 것을 감안할 때 전자는 단순 도관을, 후자는 단순 도관을 포함한 모든 서비스제공자를 일컫는 것으로 보는 것이 적절하다. U.S. Copyright Office, Section 512 of Title 17, A Report of the Register of Copyrights, May 2020, p. 1.

5) Leaffer, p. 440.

6) U.S. Copyright Office, op. cit., pp. 86~87. 하드웨어 판매 시장을 제공하는 경우, 이용자가 올린 콘텐츠를 수정하는 경우, 결제 기능을 제공하는 금융 서비스의 경우에도 제512조 적용을 받을 수 있다고 예시하고 있다.

하는 자를 말한다. 다시 말해서, 정보의 온라인 전달을 위해 송신(transmission), 경로 지정 (routing) 또는 연결 제공(providing connections)을 제공하는 자를 말한다.

캐싱 서비스제공자는 자신의 시스템이나 네트워크상에서 제3자가 다른 제3자에게 정보를 송신하는 과정에서 그 정보를 자동적으로 저장하는 자를 말한다. 캐싱은 네트워크의 성능을 높이고 네트워크 혼잡을 줄이기 위해, 특정 사이트에 대한 혼잡과 지연을 줄이기 위해 중개적으로, 임시적으로 저장하기 위한 기술이다.

호스팅 서비스제공자는 자신의 시스템이나 네트워크 내에서 이용자의 지시에 따라 정보를 저장하는 자를 말한다. 이것은 이용자의 웹사이트, 채팅룸, 그 밖의 게시판(bulletin board)을 위해 서버 공간을 제공하는 사업자를 예로 들 수 있다.[7]

정보경로도구는 사용자에게 검색 엔진과 같은 정보경로도구를 사용하여 온라인 사이트를 소개하거나 연결해주는(refering or linking) 자를 말한다. 이러한 예로는 하이퍼링크, 디렉토리 등이 있다.

이들 네 종류의 서비스제공자는 다음과 같이 이해할 수 있다. ① 이런 서비스제공자들은 상호 배타적인 것이 아니다. 어느 한 종류에 속하기도 하고 여러 종류에 모두 속하기도 하는 것이다.[8] ② 단순 도관을 제외한 서비스제공자에는 실제 서비스제공자(service provider) 뿐만 아니라 시스템 운영자(operator)를 포함한다.[9] 후자는 어느 서비스제공자를 위하여 시스템 전부나 일부를 운영하는 사업자를 염두에 둔 것이다.[10] ③ 서비스제공자란 디지털 네트워크, 예를 들어 인터넷이나 그 밖의 온라인 네트워크에서 디지털 방식의 전달(digital communications) 기능을 수행하는 자를 말한다.[11] 이에 따르면 공중파 방송이나 유선방송이라 하더라도 디지털 방식으로 전달하는 기능을 가지고 기능상 네 가지 서비스 중 어느 하나라도 제공한다면 저작권법상 서비스제공자에 포함될 여지도 있다고 본다.

---

7) H.R. Rep. No. 101-551, op. cit., p. 53.

8) 예를 들어, 알파벳은 구글 검색 서비스를 제공하면서 색인된 웹사이트를 캐싱하는가 하면, Blogger나 YouTube 호스팅 서비스를 하기도 한다. U.S. Copyright Office, op. cit., p. 23.

9) 한·미 FTA 제18.10조 제30항 (b)(xii); 미국 저작권법 제512조 (k)(1)(B) 참조.

10) H.R. Rep. No. 101-551, op. cit., p. 50.

11) Ibid.

3. 온라인서비스제공자의 책임 제한 요건

저작권법은 네 가지 종류의 서비스제공자에 대해 일정한 조건을 갖출 경우 저작권 "침해에 대하여 책임을 지지 아니한다"(면책)고 하고 있다.[12] 네 가지 서비스제공자에게 공통적으로 적용되는 요건이 있고, 개별적으로 적용되는 요건이 있다.

가. 공통 요건

면책(safe harbor)[13]을 위한 공통 요건은 다음과 같다(제102조 제1항 제1호 가목 내지 라목). 첫째, 서비스제공자가 저작물 등 정보의 송신을 시작하지 않아야 한다. 네 가지 서비스는 모두 일반적으로 이런 성격을 가지고 있지만, 그중 콘텐츠를 직접 제공하는 서비스제공자가 있다면 그 서비스제공자는 그 범위에서는 면책되지 않는다.

둘째, 서비스제공자가 저작물 등 정보나 그 수신자를 선택하지 않아야 한다. 정보를 선택한다는 것은 어떤 것을 보내는지 결정하는 편집 기능을 의미한다.[14] 이런 기능 또한 네 가지 서비스가 공통적으로 가지고 있는 성격에서 비롯된 것이라고 할 수 있지만, 특정 서비스에 정보나 수신자를 임의로 선택하는 기능이 있다면 그 서비스제공자는 면책되지 않는 것이다.[15]

셋째, 반복 침해자(repeat infringer)의 계정[16]을 해지하는 방침을 채택하고 이행해야 한

---

12) 미국 법상으로는 책임 제한(limitations on liability)이지만 우리 법상으로는 면책이다. 한·미 FTA에서는 서비스제공자에 대해 금전적 구제를 배제하는 한편, 법원의 명령에 의한 구제를 계정의 해지 등 특정한 경우에 한하여 인정하고 있다[제18.10조 제30항 (b)(i) and (viii)]. 후자에 관해서는, 제10장 제4절 1. '라. 온라인서비스제공자에 대한 법원 명령의 범위' 참조.

13) 'safe harbor'란 책임이나 제재를 면제하거나 제한하는 법규정을 의미한다. Black's Law Dictionary. 이를 책임 제한 그 자체로 이해하기도 한다. U.S. Copyright Office, op. cit., p. 1.

14) H.R. Rep. No. 101-551, op. cit., p. 51.

15) 한·미 FTA에서는 정보경로도구의 경우 선택 여지가 있을 수 있고, 그 경우 이 요건은 적용되지 않는다고 하고 있다. 제18.10조 제30항 (b)(ii).

16) 계정이란 "온라인서비스제공자가 이용자를 식별·관리하기 위하여 사용하는 이용권한 계좌"라고 한다. 굳이 이런 정의 자체가 필요한 것인지, 계정의 정의에 계좌라는 단어를 굳이 사용해야 하는 것인지 궁금하다. 계좌와 계정은 모두 'account'라고 할 수 있는 것으로, 우리는 각기 다른 분야에서 사용하

다. 반복 침해자란 반복 침해자라고 법적 판단을 받은 경우(repeat adjudicated infringer)에 한정하는 것은 아니고 반복 침해자라고 의심되는 경우(repeat alleged infringer)를 포함한다고 본다.[17]

넷째, 정보를 식별하고 보호하기 위한 기술조치로서 대통령령으로 정하는 표준적인 기술조치[18]를 권리자가 이용하는 경우 이를 수용하고 방해하지 않아야 한다. 이것은 디지털 환경에서 기술이 저작권 보호에 유용한 도구라는 점에서, 관련 산업 분야에서 이를 자율적으로 최적의 기술적 방안에 합의하고 이행하는 것이 바람직하다는 판단에 따른 것이다.[19] 미국에서도 법규정과는 달리, 그런 표준적인 기술조치는 아직 없다고 한다. 모든 이해관계자들이 합의한 기술조치도 없고, 모든 종류의 서비스에 맞는 표준적인 기술조치도 없다는 것이다. 이런 의미에서, 일부 서비스에 국한하더라도 이해관계자들 간에 폭넓은 컨센서스(broad consensus)가 존재한다면 그것으로 충분하다고 할 수 있다.[20]

나. 단순 도관

단순 도관이란 "내용의 수정 없이 저작물 등을 송신하거나 경로를 지정하거나 연결을 제공하는 행위 또는 그 과정에서 저작물 등을 그 송신을 위하여 합리적으로 필요한 기간 내에서 자동적·중개적·일시적으로 저장하는 행위"를 하는 자를 말한다(제102조 제1항 제1호).

고 있다. 미국 법에서는 가입자 또는 계정보유자(subscribers and account holders)라고 한다. 제512조 (i)(a)(A). 초안에서는 '가입자'라고 하였는바, 서비스제공자와 업무적으로 연결되어 있다면 공식적인 가입 약정이 없다고 하더라도 가입자로 보려고 했다. 대학교 시스템에 접근할 수 있는 학생이라든가, 이용자의 시스템에 접근하는 피용자, 가족 중 한 명이 온라인 서비스에 가입하고 이에 접근하는 다른 사람들 등을 예로 들고 있다. H.R. Rep. No. 101-551, op. cit., p. 61.

17) U.S. Copyright Office, op. cit., pp. 95~102.

18) 시행령 제39조의3에서는 표준적인 기술조치를 다음과 같이 정하고 있다: ① 저작재산권자와 온라인 서비스제공자의 의견일치에 따라 개방적이고 자발적으로 정하여질 것, ② 합리적이고 비차별적인 이용이 가능할 것, ③ 온라인서비스제공자에게 상당한 비용을 부과하거나 온라인서비스 제공 관련 온라인서비스제공자의 시스템 또는 정보통신망에 실질적인 부담을 주지 아니할 것. 이것은 한·미 FTA 규정[제18.10조 제30항 (b)(vi)(B)]을 이행한 것이다.

19) H.R. Rep. No. 101-551, op. cit., pp. 61~62.

20) U.S. Copyright Office, op. cit., pp. 176~177.

'자동적'이란 정보경로도구의 지시나 명령에 의해 기술적으로 수동적으로 대응한다거나 이용자나 다른 네트워크의 요구에 수동적으로 반응한다는 의미로서, '자동적 저장'이란 특정 목적지(destination)에 정보를 전달하는 과정에서 라우터나 메일 서버, 웹캐시, 저장 후 전달(store and forward) 과정에서 생기는 저장을 말한다.[21] 우리 법에서는 '자동적·중개적·일시적 저장'이라는 표현을 사용하고 있으나 단순 도관의 경우 '자동적 저장'으로도 충분하다고 본다. 일시적 저장은 단순 도관 서비스의 기본적 속성에 지나지 않기 때문이다.

"저작물 등을 송신하거나 경로를 지정하거나 연결을 제공하는 행위"는 단순 도관의 기능을 말하고, "내용의 수정 없이" 송신 등을 한다거나 또는 송신 등의 과정에서 "자동적·중개적·일시적으로 저장하는 행위"는 단순 도관의 속성을 의미한다. 이런 속성은 면책의 요건이기도 하다. 송신 등의 과정에서 패킷의 내용에 변경이 생긴다거나 또는 영속적 저장이 발생한다면 요건을 충족하지 못하는 것이다.

다. 캐싱

캐싱 서비스제공자란 "서비스 이용자의 요청에 따라 송신된 저작물 등을 후속 이용자들이 효율적으로 접근하거나 수신할 수 있게 할 목적으로 그 저작물 등을 자동적·중개적·일시적으로 저장하는 행위"를 하는 자를 말한다(제102조 제1항 제2호). 캐싱 서비스제공자도 단순 도관과 같이, 저작물 등 정보를 "자동적·중개적·일시적으로 저장하는 행위"를 한다.[22]

캐싱 서비스는 '중개적·일시적 저장'을 기본적인 속성으로 하고 있다. '중개적'이란 서비스제공자가 본래의 사이트(원사이트)와 최종 이용자 간에 매개 역할을 한다는 데에서 나온 것이다.[23] 그 역할은 네트워크의 속도 확보 내지 송신의 효율성 확보를 목적으로 한 것으

---

21) H.R. Rep. No. 101-551, op. cit., p. 51. 다음에 보듯이, 웹캐시의 경우에는 별도의 책임 제한 요건을 갖춰야 한다.

22) '자동적·중개적·일시적'이라는 표현은 단순 도관과 캐싱에서 공통적으로 등장하고 있는바, 이것은 한·EU FTA 규정에서 온 것이다. 제10.63조 제2항 및 제10.64조 제1항.

23) H.R. Rep. No. 101-551, op.cit., p. 52. '중개적'이란 'intermediate'를 옮긴 말로서, 영어로는 "시간, 장소, 서열 등에서 둘 사이에 있는 또는 그 사이에서 발생하는 것"을 말한다. SOED. 서비스사업자 책임 제한 규정상으로는 중간적 성격의 '중개적'이라는 표현으로도, 시간적 의미가 있는 '잠정적'이라는 표현으로도 쓸 수 있다고 본다.

로, 그 과정에서 후속 이용자의 접근을 위해 일정 시간 시스템이나 네트워크상에 정보를 일시적으로 저장하게 마련이다. 이런 속성이 없는 서비스를 제공한다면 캐싱 서비스제공자로서 면책을 받을 수 없다. 아울러 다음과 같은 추가적인 요건을 충족해야 한다. 추가 요건도 이런 속성과 무관하지 않다. 첫째, 저작물 등 정보를 수정하지 않아야 한다(제102조 제1항 제2호 나목). 정보가 본래의 사이트에서 처음에 전달한 대로 후속 이용자에게 전달되어야 하기 때문이다. 본래의 사이트에 광고가 있다면 그 광고도 변경해서는 안 된다고 보고 있다.[24]

둘째, 저작물 등 정보에 접근하기 위한 조건이 있는 경우에는 그 조건을 지킨 이용자에게만 정보 접근을 허용해야 한다(제102조 제1항 제2호 다목). 본래의 사이트에서 접근의 조건, 예를 들어 요금 지급이나 암호 제공을 요구할 경우 이를 수락한 사람들에게만 접근을 허용하는 것이다.[25]

셋째, 저작물 등 정보의 현행화(업데이트)에 관한 규칙을 지켜야 한다. 다만, 그런 규칙이 캐싱을 불합리하게 제한해서는 안 된다(제102조 제1항 제2호 라목).[26]

넷째, 저작물 등 정보가 있는 본래의 사이트에서 그 이용에 관한 정보를 얻기 위하여 적용한, 그 업계에서 일반적으로 인정되는 기술의 사용을 방해하지 아니해야 한다(제102조 제1항 제2호 마목). "이용에 관한 정보"란 예를 들어 본래의 사이트의 방문자 수(hit counts)가

---

24) Ibid.

25) 미국 법 제512조 (b)(2)(D) 참조.

26) 우리 법규정(제102조 제1항 제2호 라목)은 다음과 같이 매우 복잡하다: "저작물 등을 복제·전송하는 자(이하 "복제·전송자"라 한다)가 명시한, 컴퓨터나 정보통신망에 대하여 그 업계에서 일반적으로 인정되는 데이터통신규약에 따른 저작물 등의 현행화에 관한 규칙을 지킨 경우. 다만, 복제·전송자가 그러한 저장을 불합리하게 제한할 목적으로 현행화에 관한 규칙을 정한 경우에는 그러하지 아니한다." 이 조항은 다음과 같이 분석할 수 있다. ① '복제·전송자'라는 표현은 미국 법〔제512조 (b)(2)(B)〕과 한·미 FTA〔제18.10조 제30항(b)(iv)(C)〕에 있는 표현(the person making the material available online)을 가져온 것인데, 이것이 '본래의 사이트'와 다른 것인지, 달라야 할 이유가 있는지 의문이다. ② 위 규정은 현행화 규칙을 일일이 '복제·전송자'가 명시한다는 의미를 함축하고 있는데, 이것은 오히려 "일반적으로 인정되는 …… 현행화에 관한 규칙"과 다른 것으로 오해하게 한다. ③ '복제·전송자'라는 표현은 제102조 제1항 제3호(호스팅)에도 등장하는데 제2호의 복제·전송자와 제3호의 복제·전송자는 다른 것이다. 혼동을 야기할 수 있다. 한·EU FTA에서와 같이 "제공자가 업계에 의해 광범위하게 인정되고 이용되는 방식으로 명시된 정보의 갱신에 관한 규칙을 준수할 것"이라고 하는 것으로 충분하다고 본다.

있다.[27]

다섯째, "복제·전송의 중단 요구를 받은 경우, 본래의 사이트에서 그 저작물 등의 정보가 삭제되었거나 접근할 수 없게 된 경우, 또는 법원, 관계 중앙행정기관의 장이 그 저작물 등을 삭제하거나 접근할 수 없게 하도록 명령을 내린 사실을 실제로 알게 된 경우에 그 저작물 등을 즉시 삭제하거나 접근할 수 없게 한 경우"에도 침해 책임을 지지 아니한다(제 102조 제1항 제2호 바목).[28] 중단 요구를 받은 경우란 제103조에서 말하는 이른바 '통지 및 삭제' 중 통지(notice)를 받는 것을 말한다.

라. 호스팅 및 정보경로도구

호스팅이란 "복제·전송자[29]의 요청에 따라 저작물 등을 온라인서비스제공자의 컴퓨터에

---

27) H.R. Rep. No. 101-551, op. cit., p. 52.

28) 저작권법 제102조 제1항 제2호 바목을 그대로 인용한 것은 해석이 곤란하기 때문이다. ① 이 규정은 서비스제공자가 정보를 삭제 등을 할 경우 면책 요건을 충족한다는 것인데, 삭제 등은 세 가지 경우에 하도록 하고 있다. 즉, 중단 요구를 받은 경우, 본래 사이트에 해당 정보가 없는 경우, 법원 등의 명령이 있는 경우가 그것이다. 이것은 한·EU FTA와 한·미 FTA 규정을 모두 반영하고자 한 것으로 보인다. 한·EU FTA는 본래 사이트에서 해당 정보가 삭제 등이 됐다는 것을 실제 알고 있는 경우와 법원 등이 삭제 등을 명령했다는 것을 실제 알고 있는 경우 두 가지를 열거하고 있고[제10.64조 제1항 (e)], 한·미 FTA는 중단 요구를 받은 경우에 한정하고 있다. ② 한·EU FTA 규정을 수용한 구절은 서비스제공자가 모두 실제 알고 있어야(actual knowledge) 적용되도록 변경되어야 한다. 본래 사이트에서 삭제 등이 됐다는 것을 알 수 없는 서비스제공자는 면책 규정 적용을 받지 못할 수도 있기 때문이다. ③ 한·미 FTA 규정은 본래 사이트에서 삭제 등이 되었고, 그에 따라 중단 요구가 있는 경우를 요건으로 한다. ④ 한·EU FTA와 한·미 FTA가 서로 다르게 규정한 것은 전자에는 '통지 및 삭제' 규정이 없고 후자에는 그 규정이 있기 때문이다. 우리 법상 통지 및 삭제 규정(제103조)이 있으므로 한·미 FTA 방식으로 하더라도 크게 무리는 아니라고 생각한다.

29) 제102조에서는 '이용자'(제1항 제2호)라고도 하고 '복제·전송자'(제1항 제2호 라목 및 제3호)라고도 한다. 한·EU FTA에서는 일관되게 서비스 수신자(the recipient of the service)라고 하고 있으나, 미국 저작권법에서는 서비스제공자 이외의 사람(a person other than the service provider) 또는 시스템 이용자(users of the system) 등으로 표기하고 있다. 우리 법상 "온라인서비스제공자의 서비스 이용자(이하 "서비스 이용자"라 한다)'라고 하는 것이 문맥상 적절하지 않을까. '복제·전송자'는 FTA 위반 가능성이 있다. 서비스 이용자가 서비스제공자의 시스템에서 복제와 전송 이외의 이용행위(예를 들어 디지털음성송신)를 하는 경우도 있기 때문이다.

저장하는 행위"를 말한다(제102조 제1항 제3호 전단). 이런 호스팅 서비스제공자는 매우 많다. UGC(User-generated content) 또는 UCC(User-created content)를 호스팅하는 플랫폼이 대표적이다. UGC 정보는 모든 종류를 망라한다. 문자나 이미지, 소리나 영상 등을 가리지 않고 플랫폼에 올라간다. 대표적인 플랫폼으로 블로그, 위키, 문자저작물 리뷰 사이트, 온라인 콘텐츠 링크 수집 사이트, 팟캐스팅, 소셜네트워크 사이트, 가상 세계 사이트, 콘텐츠나 파일 공유 사이트 등이 있다.[30]

정보경로도구란 "정보검색도구를 통하여 이용자에게 정보통신망상 저작물 등의 위치를 알 수 있게 하거나 연결하는 행위"를 하는 자를 말한다(제102조 제1항 제3호 후단). 그 전형적인 예로는 하이퍼링크가 있고, 디렉토리도 있다. 디렉토리는 계층 구조 등을 통해 웹사이트 목록을 제공한다.[31]

호스팅 서비스제공자와 정보경로도구가 면책을 받으려면 공통 요건뿐만 아니라 다음 요건을 추가적으로 갖춰야 한다. 첫째, 서비스제공자가 침해행위를 통제할 권한과 능력이 있을 때에는 그 침해행위로부터 직접적인 금전적 이익을 얻지 아니해야 한다(제102조 제1항 제3호 나목). 이 요건은 미국 법상 대위 침해(vicarious infringement)에 대한 책임 요건에서 온 것이다. 대위 침해에 대한 책임은 침해행위를 통제할 권한이라는 요소와 그 침해행위로 인한 이익 취득이라는 요소로 구성되어 있다. "통제할 권한과 능력"이란 계약 규정의 존부와 같은 형식적인 것이 아니라 직접 침해자와 간접 침해자 간의 관계를 모두 살펴 파악해야 한다.[32]

미국 법에 따르면, 호스팅 서비스제공자는 복제·전송자로부터 어떤 형태로든 금전적인

---

30) OECD, Participative Web: User-Created Content, DSTI/ICCP/IE(2006)7/FINAL, 2007, p. 16. 이 자료에서는 — 다소 오래 되기는 했으나 — 다음 사례를 들고 있다. ① BoingBoing, Engadget; 블로그 제공 사이트로서 LiveJournal, MSN Spaces, CyWorld, Skyblog, ② Wikipedia; 위키를 제공하는 사이트로서 PBWiki, JotSpot, SocialText, ③ FanFiction.Net, ④ 이용자가 링크를 제공하는 사이트로서 Digg; 이용자가 태그된 북마크를 제공하는 사이트로서 del.icio.us, ⑤ iTunes, FeedBruner, iPodderX, WinAmp, @Podder, ⑥ MySpace, Facebook, Friendster, Bebo, Orkut, Cyworld, ⑦ Second Life, Active Worlds, Entropia Universe, Dotsoul Cyberpark, ⑧ Digital Media Project.

31) 1994년부터 2004년까지 서비스를 한 Yahoo! Directory가 대표적이다.

32) H.R. Rep. No. 101-551, 1998, Part 1, p. 26. 미국 판례에서는 저작권법상 대위 침해 책임 요소들에 대해 다양한 해석을 내놓고 있고 그에 대해 논쟁을 계속하고 있다. U.S. Copyright Office, op. cit., pp. 129~136.

이익을 받을 수 있는데 이를 무조건 요건 위반이라고는 할 수 없다. 그 금전적 이익이 침해행위와 직접적으로 관련되어야 한다.[33]

둘째, 서비스제공자가 침해를 실제로 알게 되거나 복제·전송의 중단 요구 등을 통하여 침해가 명백하다는 사실 또는 정황을 알게 된 때에 즉시 그 저작물 등 정보의 복제·전송을 중단시켜야 한다(제102조 제1항 제3호 다목). 이 인식 개념은 미국 저작권법상 기여 침해(contributory infringement) 이론에서 온 것으로, 이에는 두 가지가 있다. 하나는 실제적 인식(actual knowledge)이 있고, 추정적 인식(red flag knowledge or constructive knowledge)이 있다.[34]

실제적 인식은 직접적으로 분명히 아는 것을 말한다.[35] 실제적 인식은 서비스제공자가 침해행위를 모니터링하거나, 침해행위를 적시한 이메일을 받거나, 침해행위 통지를 받아 얻을 수도 있다.[36][37][38]

---

33) H.R. Rep. No. 101-551, 1998, Part 2, p. 54.

34) 미국 법상 인식에는 세 가지가 있다. 실제적 인식과 추정적 인식, 그리고 고의 회피(willful blindness)가 있는바, 저작권법 제512조는 이 중 두 가지를 반영한 것이다. U.S. Copyright Office, op. cit., pp. 112~113.

35) Black's Law Dictionary.

36) U.S. Copyright Office, op. cit., p. 113.

37) 다목은 "온라인서비스제공자가 침해를 **실제로 알게 되거나** 제103조 제1항에 따른 복제·전송의 중단 요구 등을 통하여 침해가 **명백하다는 사실 또는 정황을 알게 된 때에** 즉시 그 저작물등의 복제·전송을 중단시킨 경우"라고 하여, 중단 요구 통지로 추정적 인식은 얻게 되는 것으로 규정하고 있다. 한·미 FTA 규정[제18.10조 제30항 (b)(v)(B)]도 그런 해석이 가능하도록 되어 있으나, 미국 법상 통지의 수령으로 실제적 인식을 얻는 것으로 보고 있다. Ibid., p. 113.

38) 우리 대법원도 인식에 대해 판단한 바 있다. "인터넷 포털사이트를 운영하는 온라인서비스제공자가 제공한 인터넷 게시공간에 타인의 저작권을 침해하는 게시물이 게시되었고 그 검색 기능을 통하여 인터넷 이용자들이 위 게시물을 쉽게 찾을 수 있더라도, 그러한 사정만으로 곧바로 온라인서비스제공자에게 저작권 침해 게시물에 대한 불법행위책임을 지울 수는 없다. …… 온라인서비스제공자가 저작권을 침해당한 피해자로부터 구체적·개별적인 게시물의 삭제와 차단 요구를 받지 않아 게시물이 게시된 사정을 구체적으로 인식하지 못하였거나 기술적·경제적으로 게시물에 대한 관리·통제를 할 수 없는 경우에는, 게시물의 성격 등에 비추어 삭제의무 등을 인정할 만한 특별한 사정이 없는 한 온라인서비스제공자에게 게시물을 삭제하고 향후 같은 인터넷 게시공간에 유사한 내용의 게시물이 게시되지 않도록 차단하는 등의 적절한 조치를 취할 의무가 있다고 보기 어렵다." 대법원 2019. 2. 28. 2016다271608 판결.

추정적 인식은 실제적 인식은 없으나, 사실이나 정황으로 침해가 명백하다는 것(red flag)을 아는 것이다.[39) 추정적 인식은 주관적인 개념이지만, 합리적인 인간이라면 누구든지 같은 상황에서는 침해가 명백하다는 것을 동일하게 판단해야 한다는 점에서 객관적인 것이기도 하다.[40) 예를 들어, 서비스제공자는 URL(uniform resource locator)이나 헤더 정보에 해적(pirate)과 같은 단어를 제공하는 사이트 또는 반복적 중단 요구 통지를 받은 사이트에 대해서 추정적 인식을 가질 수 있다.[41)

실제적 인식이든 추정적 인식이든 '책임 요건'으로서 인식은 서비스제공자들이 시스템을 점차 자동화하면서 적용하기 어려워지고 있다.[42) 즉, 서비스제공자들이 불인식을 내세워 침해 책임에서 자유로워질 수 있게 된 것이다.

셋째, 복제·전송의 중단 요구를 받을 자를 지정하여 공지해야 한다(제102조 제1항 제3호 라목). 이것은 절차적인 요건이다.

마. 모니터링 의무 등

온라인서비스제공자가 면책 요건과 관련한 조치가 기술적으로 불가능한 경우에는 저작권 침해 책임을 지지 않는다(제102조 제2항). 주의 규정이라고 할 수 있다.

서비스제공자는 또한 자신의 서비스 안에서 침해행위가 일어나는지를 모니터링하거나 그 침해행위에 관하여 적극적으로 조사할 의무를 지지 않는다(제102조 제3항). 이것은 한·EU FTA(제10.66조)에 근거를 두고 있다.[43)

---

39) Black's Law Dictionary에서는 "상당한 주의를 하면 알 수 있었던 것으로, 법적으로 특정인에게 귀속하게 되는 인식"이라고 하고 있다.

40) H.R. Rep. No. 101-551, op. cit., p. 53.

41) H.R. Rep. No. 101-551, ibid, pp. 57~58; U.S. Copyright Office, op. cit., p. 114. 실제적 인식과 추정적 인식을 둘러싸고 미국 내 법원의 해석과 이를 둘러싼 논란은 계속되고 있다. U.S. Copyright Office, ibid., pp. 115~124.

42) U.S. Copyright Office, ibid., pp. 22~23.

43) 한·미 FTA에서는 모니터링이 책임 제한의 요건은 아니라고 다른 방법으로 규정하고 있다[제18.10조 제30항 (b)(vii)].

4. 복제·전송의 중단

가. 의의

캐싱, 호스팅 및 정보경로도구는 면책 조건의 하나로 중단 요구를 받으면 이를 즉시 삭제하거나 접근을 할 수 없게 해야 한다. 중단 요구는 제103조에서 규정하고 있다. 중단 요구와 그에 따른 삭제나 접근 무력화(removing or disabling access)를 통칭하여 통지 및 삭제(notice and takedown)라고 한다.

통지 및 삭제 절차는 네트워크 기반 저작권 침해에 효과적으로 대응하기 위한 협력 관계의 상징이라고 하겠다. 통지 규정은 강제 규정은 아니다. 통지를 통해 서비스제공자에게 면책의 혜택을 주기 위한 것이다.[44] 이 절차의 의미는 두 가지로 볼 수 있다. 첫째, 서비스제공자가 통지를 받으면 침해에 대한 인식을 얻게 된다. 이것이 바로 침해 책임으로 연결되는 것은 아니다. 서비스제공자가 통지를 받고 '즉시' 삭제 등을 하지 않을 경우에 한하여 책임을 지게 된다.

둘째, 서비스제공자는 통지 및 삭제 절차상의 통지를 받지 않더라도 다른 방법으로 침해에 대한 실제적 인식 또는 추정적 인식을 할 수도 있고 이 경우 침해 책임에서 자유로울 수는 없다.[45][46]

나. 복제·전송의 중단 절차

제103조에서는 온라인서비스제공자로 하여금 다음과 같은 절차를 거쳐 복제·전송을 중

---

44) H.R. Rep. No. 101-551, op. cit., p. 54.

45) Ibid.

46) 종전 규정의 해석이긴 하지만 같은 취지의 대법원 판결도 있다. "저작권법 제102조 제1항에서는 온라인서비스 제공자가 다른 사람에 의한 저작물 등의 복제·전송으로 인하여 그 저작권이 침해된다는 사실을 알고 당해 복제·전송을 방지하거나 중단시킨 경우에는 책임이 감경 또는 면제될 수 있다고 규정함으로써 피해자로부터의 요구를 온라인서비스 제공자의 방지·중단의무 발생의 요건으로 삼고 있지 않는바, …… 피해자의 요구가 책임의 성립에 영향을 주지 않음을 알 수 있다." 대법원 2009. 4. 16. 2008다53812 판결.

단하고 중단된 복제·전송을 재개하도록 규정하고 있다. 첫째, 다른 사람이 저작물 등을 복제·전송함으로써 저작권 등이 침해되었다고 주장하는 자(권리주장자)는 그 사실을 소명하여 온라인서비스제공자에게 그 저작물 등의 복제·전송을 중단시킬 것을 요구할 수 있다(제103조 제1항).[47] 권리를 주장할 수 있는 사람은 저작재산권자, 저작인접권자 및 데이터베이스 제작자 및 배타적발행권자가 있다. 권리주장자는 자신이 정당한 권리자라는 사실과 침해사실을 소명해야 한다.

권리자라는 사실은 저작권 등 등록증 사본이나 이에 상당하는 자료, 자신의 성명 등이 표시된 저작물 등의 사본이나 이에 상당하는 자료를 제출하여 소명한다. 권리주장자가 신탁관리업자이거나 최근 1년 이내에 반복적인 침해행위에 대해서 이미 권리자임을 소명한 경우에는 재차 소명할 필요가 없다. 침해사실의 소명은 복제·전송 중단 요청서를 통해서 하는데, 이 요청서에는 권리주장자의 성명, 중단 요청 저작물의 제호, 중단 요청 저작물의 위치정보(URL 등) 등이 기재된다. 요청서는 전자문서로도 할 수 있다.[48]

둘째, 온라인서비스제공자는 권리주장자의 복제·전송 중단 요구가 있는 경우에는 즉시[49] 그 저작물 등의 복제·전송을 중단시켜야 한다. 이때 그 사실을 권리주장자에게 통보하여야 한다. 호스팅과 정보경로도구의 경우에는 복제·전송자에게도 통보해야 한다(제103조 제2항). 중단 통보는 3일 이내에 복제·전송 중단 요청서를 첨부하여 통보하여야 한다.

---

47) 제103조는 2011년 6월과 12월 개정 전의 통지 및 삭제 규정을 근간으로 하고 있다. 종전 규정도 미국 저작권법 제512조상 통지 및 삭제 규정을 모델로 한 것이어서 크게 달라질 것이 없었다고 볼 수 있다. 다만, '복제·전송 중단'과 관련해 약간의 문제가 있다. ① 제103조 제1항 중 "그 저작물 등의 복제·전송을 중단시킬 것"이라는 표현은 제102조 제1항 제3호 중 "즉시 그 저작물 등의 복제·전송을 중단시킨 경우"에 상응하는 것으로, 이 구절은 제102조 제1항 제2호 중 "저작물 등을 즉시 삭제하거나 접근할 수 없게 한 경우"라는 표현과는 다르다. 한·미 FTA는 캐싱, 호스팅, 정보경로도구 모두에 대해 삭제나 접근 무력화를 면책 요건으로 하고 있다. 또한 전송 중단이 삭제나 접근 무력화 중 어느 하나에 해당하는지 분명하지 않다. ② 전송은 서비스제공자의 여러 송신 형태 중 하나일 뿐이다. 전송만으로 FTA에 충실하다고 할 수 없다.

48) 시행령 제40조 및 시행규칙 별지 제40호 서식 참조.

49) 2003년 법에서 '지체 없이'라고 표현했으나 2006년 개정법에서 '즉시'라는 표현으로 변경했다. 양자 간의 차이는 단지 표현의 차이에 그친다고 하기는 어려울 것 같다. 이제는 종전 규정과는 달리 ― 중단의 지연에 상당한 이유가 존재하는 여부와 관계없이 ― 시간적인 개념만을 가지고 책임을 물을 수 있을 것이다.

또한 복제·전송자의 재개 요구 권한에 대해서도 알려줘야 한다(시행령 제41조). 신속한 복제·전송의 중단은 디지털 환경이라는 특수성에서 비롯된 것이다.

셋째, 통보를 받은 복제·전송자는 자신의 복제·전송이 정당한 권리에 의한 것임을 소명하여 그 복제·전송의 재개를 요구할 수 있다. 이때 온라인서비스제공자는 재개 요구 사실 및 재개 예정일을 권리주장자에게 지체 없이 통보하고 그 예정일에 복제·전송을 재개시켜야 한다(제103조 제3항).

복제·전송자가 재개 요구를 하기 위해서는 자신이 정당한 권한을 가지고 있음을 소명하여야 한다. 자신이 권리자로 표시된 저작권 등의 등록증 사본이나 이에 상당하는 자료, 자신의 성명이 표시된 저작물 등의 사본이나 이에 상당하는 자료, 저작재산권자 등으로부터 적법하게 복제·전송을 허락받은 사실을 증명하는 계약서 사본, 보호기간이 지난 경우 그 사실을 확인할 수 있는 자료 등을 제출하여 소명한다(시행령 제42조).

재개 요청은 30일 이내에 재개 요청서로 한다. 재개 요청서에는 복제·전송자의 성명, 재개 요청 저작물의 제호, 재개 요청 저작물의 위치정보(URL 등) 등, 중단 일시 등이 기재된다.[50]

넷째, 온라인서비스제공자는 재개 요구를 받으면 3일 이내에 복제·전송이 정당한 권리에 의한 것인지 여부를 결정하고 그에 따라 재개 예정일을 정하여 재개 예정 통보서를 권리주장자에게 송부하여야 한다. 재개 예정일은 재개 요구일로부터 7일 이후 14일 이내로 한다(시행령 제43조). 이 과정에서 권리주장자의 소명과 복제·전송자의 소명이 상이한 경우가 생길 수 있다. 상이한 주장이 존재하더라도 온라인서비스제공자는 절차에 따라 재개할 수밖에 없다. 법원의 판단에 따라 최종적으로 중단이나 재개가 이뤄질 것이다.

온라인서비스제공자는 복제·전송의 중단 요구나 재개 요구에 대해 별도로 수령인을 지정하여 자신의 설비나 서비스를 이용하는 자들이 쉽게 알 수 있도록 공지하여야 한다(제103조 제4항).[51] 참고로, 앞에서 언급했듯이, 호스팅과 정보검색도구에 한하여 중단 요구 통지를 받을 자를 지정하여 공지하도록 하고 있고, 이것은 해당 서비스제공자가 절차적으로 준수해야 하는 면책 요건 중 하나이다.

---

50) 시행령 제42조 및 시행규칙 별지 제43호 서식 참조.

51) 수령인을 지정하거나 변경할 때에는 그 복제·전송 서비스를 제공하는 자신의 정보통신망에 누구나 쉽게 알 수 있도록 수령인의 성명과 소속부서명, 전화번호나 전자우편 주소, 우편물을 수령할 수 있는 주소 등의 정보를 표시해야 한다. 시행령 제44조 참조.

다. 법적 효과

온라인서비스제공자가 위와 같은 절차에 따라 저작물 등의 복제·전송을 중단시키거나 재개시킨 경우 저작권법상의 책임은 면제된다(제103조 제5항). 다만, 제3자에 의한 저작권 침해 사실을 안 때부터 중단 요구를 받기 전까지 발생한 책임에는 적용하지 아니한다(제103조 제5항 단서).[52]

한편, 권리주장자나 복제·전송자가 정당한 권리 없이 중단 요구를 하거나 재개 요구를 하는 경우 그로 인하여 발생하는 손해를 배상하여야 한다(제103조 제6항). 다시 말해서 중단을 요구하는 권리주장자가 권한이 없는 것으로 밝혀진 경우 서비스제공자나 복제·전송자는 중단으로 인한 손해에 대해 배상을 받을 수 있다. 재개의 경우에도 같은 논거에 의해, 복제·전송자가 권한이 없이 재개를 요구했고 그로 인하여 서비스제공자나 권리주장자가 손해를 입은 경우에는 배상하여야 한다. 권리 주장이나 재개 요구의 남발을 막기 위한 취지의 규정으로, 주의 규정에 지나지 않는다. 복제·전송자가 권리주장자에게 배상하는 것은 저작권 침해에 대한 손해배상이고, 나머지 배상은 일반 손해배상이다.

라. 복제·전송자에 관한 정보 제공의 청구

온라인서비스제공자는 복제·전송자의 정보도 상당한 정도로 가지고 있다. 저작권법에서는 이 점을 고려해, 서비스제공자의 면책 체계 내에서 침해 구제를 위한 제도를 하나 두고 있다. 그것이 곧 '복제·전송자에 관한 정보 제공의 청구' 제도이다. 이것은 미국 저작권법상 이른바 소환장(subpoena) 제도를 반영한 한·미 FTA 규정〔제18.10조 제30항 (b)(xi)〕에 따른 것이다.

우리 법 제103조의3 제1항에서는 "권리주장자가 민사상의 소제기 및 형사상의 고소를 위하여 해당 온라인서비스제공자에게 그 온라인서비스제공자가 가지고 있는 해당 복제·전송

---

52) 이 단서는 서비스제공자가 침해 사실을 안 때로부터 법적 책임이 발생하므로 그때로부터 침해가 중단된 시점까지에 대해서는 여전히 책임을 묻도록 하고 있는 것이다. 당연한 규정이라고 볼 수도 있다. 그러나 이 단서는 통지 여부와는 별개로 침해에 대한 인식이 있다면 그것으로 책임을 물을 수 있다는 의미라면 필요한 규정이다. 다만, 규정 방법을 달리 하는 것이 적절해 보인다. 무리하게 중단 요구와 연결 지을 필요는 없기 때문이다.

자의 성명과 주소 등 필요한 최소한의 정보 제공을 요청하였으나 온라인서비스제공자가 이를 거절한 경우 권리주장자는 문화체육관광부장관에게 해당 온라인서비스제공자에 대하여 그 정보의 제공을 명령하여 줄 것을 청구할 수 있다"고 하고 있다. 몇 가지 주의할 점이 있다. ① '권리주장자'가 요청하고 청구하는 것이다. 제103조에 따른 통지 절차를 밟고 있는 권리주장자만이 할 수 있다. 따라서 이 규정은 단순 도관에는 적용되지 않는다.[53] ② 먼저 서비스제공자에게 요청하고 이에 대해 서비스제공자가 거절할 경우에 할 수 있다. ③ 민사상 소제기나 형사상 고소를 위한 복제·전송자[54]의 성명과 주소 등 필요한 최소한의 정보에 한정해 요청하고 청구해야 한다. 목적 외로 사용하는 것은 금지되고(제103조의3 제4항) 이를 위반할 경우 형사 처벌을 받을 수 있다(제136조 제2항 제3호의2).

문화체육관광부장관은 권리주장자의 청구를 받으면 저작권보호심의위원회의 심의를 거쳐 서비스제공자에게 해당 복제·전송자의 정보를 제출하도록 명할 수 있다(제103조의3 제2항). 서비스제공자는 명령을 받은 날부터 7일 이내에 그 정보를 문화체육관광부장관에게 제출하여야 하며, 문화체육관광부장관은 그 정보를 권리주장자에게 지체 없이 제공하여야 한다(제103조의3 제3항). 문화체육관광부장관의 명령을 이행하지 않으면 과태료 처분을 받을 수 있다(제142조 제2항 제1호).

5. 책임의 성격

서비스제공자의 책임 제한에 관한 일반 규정으로서 제102조는 책임의 성격에 대해서는 아무런 해답을 주지 않고 있다. 어떤 책임이 존재한다는 전제하에, 그 책임을 "지지 아니한다"라고 규정할 뿐이다. 판례나 학설을 통해 그 성격을 규명할 수밖에 없다.

먼저, 미국 판례법상 온라인서비스제공자의 책임은 직접 침해, 기여 침해 또는 대위 침해에 대한 책임으로 보고 있다.[55] 서비스제공자의 직접 침해를 긍정한 사례도 있기는 하지

---

53) 미국에서 소환장 제도는 판례에 의해 단순 도관에는 적용되지 않는다. Leaffer, pp. 445~446.

54) 문화체육관광부(2012), 62~63에서는 '불법 침해자'라고도 하고 '침해 혐의자'라고도 하고 있다. 한·미 FTA에서 보듯이, 침해를 하는 것으로 의심되는 사람(alleged infringer)이다.

55) H.R. Rep. No. 101-551, op. cit., pp. 50, 64; U.S. Copyright Office, op. cit., pp. 15, 22.

만[56] 대부분은 기여 침해와 대위 침해에 집중되이 있다. 기여 침해와 대위 침해는 간접 침해(secondary infringement, indirect infringement)의 범주 내에 있는 것이다.

이들 침해에 대한 책임은 다른 사람의 침해행위로 인한 책임이라는 공통점이 있으나 양자 간에는 근본적인 차이가 존재한다. 기여 침해(contributory infringement) 책임이란 다른 사람의 침해행위를 알고 그 침해행위를 유도하거나 야기하거나 실질적으로 기여하는 행위에 대한 책임을 말한다.[57] 한편, 대위 침해(vicarious infringement) 책임이란 직접 침해를 중단시키거나 제한할 수 있는 권한을 가지고 있음에도 이를 행사하지 않아 그 직접 침해로부터 이익을 얻는 경우에 생기는 책임이다.[58] 우리 법 제102조 제1항 제3호에서 언급하고 있는 통제 권한과 금전적 이익 요소는 미국 법상 대위 책임의 요건이고, 인식 요소는 미국 법상 기여 침해의 요건을 반영한 것이다.

우리 법상으로는 방조 책임 이론으로 접근할 수 있다. 민법 제760조 제3항에서는 교사나 방조에 의한 공동불법행위를 규정하고 있다. 교사나 방조에 의한 공동불법행위란 제3자가 불법행위를 결의하도록 동기를 부여하거나 물심양면의 지원을 통해 이를 용이하게 하는 것이다. 우리 판례에서는 P2P 공유 사이트, 링크와 관련해 온라인서비스제공자의 방조 책임을 긍정하고 있다.[59]

형법에도 교사범과 종범(방조범)에 관해 규정하고 있다(제31조 및 제32조). 교사는 타인이 범행을 결의하도록 야기하는 행위이고 방조는 타인의 범행을 도와주는 행위이다. 저작권법상 온라인서비스제공자의 범죄의 성립 요건은 역시 주로 방조범의 구성요건 해당성에 모아진다.[60] 형법은 원칙적으로 고의범만을 처벌하므로 온라인서비스제공자에 대해서는 고의에 의한 방조에 대해서만 법적 책임을 물을 수 있다.

미국 법상 대위 침해 이론은 "respondeat superior"이라는 로마법 이론에서 나온 것으로, 사용자나 본인이 고용이나 대리 범위 내에서 행해지는 피용자와 대리인의 불법행위에 대한

---

56) H.R. Rep. No. 101-551, ibid., pp. 50, 64; U.S. Copyright Office, ibid., pp. 15, 22.

57) A&M Records, Inc. v. Napster, 239 F.3d 1004, 1019 (9th Cir. 2001); Metro-Goldwyn-Mayer Studios Inc. v. Grokster, Ltd., 545 U.S. 913, 930 (2005); Sony Corp. of Am. v. Universal City Studios, 464 U.S. 417, 434 (1984).

58) Metro-Goldwyn-Mayer Studios Inc. v. Grokster, Ltd., 545 U.S. 913, 930 (2005).

59) 이에 관해서는, 제10장 제2절 1. '다. 저작권법상 불법행위' 참조.

60) 형법상의 범죄에 관해서는, 제10장 제2절 '2. 형법상의 범죄' 참조.

책임을 묻기 위한 것이다.[61] 우리 민법 제756조에서는 사용자 책임에 관해 규정하고 있다. 우리 법상 사용자 책임도 로마법 이론에 기원하고 있는 것으로 보이는데, 실제 법규정은 크게 다르다: "타인을 사용하여 어느 사무에 종사하게 한 자는 피용자가 그 사무집행에 관하여 제삼자에게 가한 손해를 배상할 책임이 있다." 사용자 책임은 사용관계의 존재를 근거로 무과실 책임을 부담하는 것으로, 그 사용관계는 사용자와 피용자 간의 사무감독 관계로서 고용이나 근로 계약뿐만 아니라 위임, 도급, 조합 계약 등에 대해서도 적용할 수 있다. 우리 법상 사용자 책임은 미국 법상 대위 침해 책임과는 책임의 성립 요건이나 책임의 내용이 달라서 온라인서비스제공자에게 적용하기는 어려울 것이다.

한편, 온라인서비스제공자의 행위에 대해서는 방조 책임만을 물을 수 있는 것은 아니다. 왜냐하면 제102조는 온라인서비스제공자의 '자동적·중개적·일시적으로 저장하는 행위'(단순 도관, 캐싱)와 '컴퓨터에 저장하는 행위'(호스팅, 정보경로도구)에 대한 면책 규정이므로 그런 행위가 면책 요건을 충족하지 못하는 한 그런 행위에 대한 직접 침해 책임을 질 수 있는 것이다.

6. 특수한 유형의 온라인서비스제공자

가. 의의

우리 저작권법은 다른 나라에서는 찾아볼 수 없는 조항을 하나 두고 있다. 이른바 '특수한 유형의 온라인서비스제공자'에 대한 의무 규정이다. 제104조에 의하면, "다른 사람들 상호간에 컴퓨터를 이용하여 저작물 등을 전송하도록 하는 것을 주된 목적으로 하는 온라인서비스제공자…는 권리자의 요청이 있는 경우 해당 저작물 등의 불법적인 전송을 차단하는 기술적인 조치 등 필요한 조치를 하여야 한다".

인터넷은 저작권 보호의 측면에서 바라볼 때 가공할 만한 도전이다. 인터넷은 전 세계 컴퓨터를 연결시킬 수 있다. 컴퓨터는 누구든지 아주 짧은 시간에, 적은 비용으로 간단하게 원본과 질적으로 동일한 복제물을 만들 수 있도록 한다. 컴퓨터가 네트워크로 연결되면 그

---

61) Black's Law Dictionary. "respondeat superior"란 "상급자가 응답하도록 한다"는 의미이다.

복제물은 국경을 가리지 않고 어느 곳에든 무수히, 반복적으로 전달된다. 특히, P2P 파일공유 서비스는 권리자들이 미처 응전할 새도 없을 만큼 진화를 거듭하고 있다. 이용자는 불법복제의 유혹이 더욱 커졌고 그에 비례하여 저작권 침해의 위험에도 쉽게 노출되어 있다.

나. 정의

이 규정은 온라인서비스제공자 모두에 관한 것이 아니라, 특수한 방식의 서비스를 제공하는 사업자를 염두에 두고 있다. 크게 두 가지 관점에서 접근할 수 있다. 첫째, 다른 사람들 상호간에 저작물 등을 전송하는 행위가 존재해야 한다. "다른 사람들 상호간"이라는 요소와 전송이라는 요소가 결합된 것이다. 전송이란 일상적인 용어가 아니라 저작권법에서 정의하고 있듯이, "공중의 구성원이 개별적으로 선택한 시간과 장소에서 접근할 수 있도록 저작물 등을 제공하는 것"(제2조 제10호)이다. 주문형 이용제공을 하는 것이다. 이런 전송을 다른 사람들이 '상호간'에 '전송'한다는 것은 서로 주문형 이용제공을 한다는 것이다. 이것은 기술적으로 서버 컴퓨터와 클라이언트 컴퓨터의 구분이 존재하지 않거나 혼재한다는 의미이다. 실제적으로는 네트워크에 참여하는 사람들이 업로드도 하고 동시에 다운로드도 한다는 것이다. P2P 파일공유 서비스나 그와 유사한 서비스에서 이러한 방식으로 네트워크가 구성된다.[62]

'상호간 전송'이라는 키워드에 비춰볼 때 통상의 인터넷 서비스, 즉 서버와 클라이언트의 구분이 분명하고 전송 주체와 복제 또는 열람(청취, 시청) 주체가 구별되는 서비스는 제외된다. 이메일이나 실시간 스트리밍은 저작권법상 전송행위에 해당하지 않기 때문에 아예 논의 대상에서 배제된다.

둘째, 다른 사람들(클라이언트) 상호간에 전송하기 위한 서비스 등을 제공하는 사업자가 존재해야 한다. 이러한 사업자는 다른 사람들 상호간의 전송을 위해 프로그램을 제공하기

---

62) 헌법재판소는 '특수한 유형의 온라인서비스제공자'란 "정보통신망을 이용하여 표현행위를 하거나 의견·정보를 수집·교환하려는 사람들을 전반적으로 매개하는 데서 나아가 개별 이용자들이 저작물 등의 전송을 쉽고 빠르게 할 수 있도록 특화된 서비스를 제공하거나, 개별 이용자가 중개자를 거치지 아니하고 상호간에 직접 접속할 수 있도록 하는 등으로 저작물 등 전송행위를 유도하는 서비스를 제공하여, 그로부터 주된 수익을 창출하는 온라인서비스제공자"라고 보고 있다. 헌법재판소 2011. 2. 24. 2009헌바13·52·110 (병합). 확장해석을 하고 있다고 본다.

도 하고 설비나 장치 또는 서비스를 제공하기도 한다. 그러한 서비스를 주된 목적으로 하는 사업자가 이른바 '특수한 유형의 온라인서비스제공자'가 된다. P2P 파일공유 서비스사업자가 대표적인 예이다. P2P 네트워크를 기반으로 한 서비스 중 메신저 서비스도 생각할 수 있다. 메신저 서비스제공자가 파일공유를 '주된 목적'으로 하여 서비스를 하고 있다면 정의 규정 내에 포함된다고 본다. 문화체육관광부장관은 이러한 서비스제공자의 범위를 정하여 고시할 수 있다(제104조 제2항).[63]

다. 부과 의무

특수한 유형의 온라인서비스제공자는 권리자가 요청할 경우 저작물 등의 불법적인 전송을 차단하는 기술적인 조치 등 필요한 조치를 하여야 한다. 이 경우 권리자의 요청 및 필요한 조치에 관한 사항은 대통령령으로 정한다(제104조 제1항).

권리자는 자신이 권리자임을 소명할 수 있는 자료(등록증 사본이나 저작물 등의 사본, 차단 요청 대상 저작물 등을 인식할 수 있는 저작물의 제호 등)와 함께 조치 요청서를 온라인서비스제공자에게 제출해야 한다(시행령 제45조). 기술적인 조치 등 필요한 조치란 ① 저작물 등의 제호 등과 특징을 비교하여 저작물 등을 인식할 수 있는 기술적인 조치, ② 저작물 등의 불법적인 송신을 차단하기 위한 검색제한 조치 및 송신제한 조치, ③ 해당 저작물 등의 불

---

63) 서비스제공자의 범위에 관한 고시는 2006년 전부개정법 시행 이후 여러 차례 개정되었는데, 2021년 고시(문화체육관광부고시 제2021-62호, 2021. 11. 26., 일부개정)에서는 서비스제공자의 범위를 세 가지로 구분하고 있다: ① 개인 또는 법인(단체 포함)의 컴퓨터 등에 저장된 저작물 등을 공중이 이용할 수 있도록 업로드 한 자에게 상업적 이익 또는 이용편의를 제공하는 온라인서비스제공자 ※ 상업적 이익 또는 이용편의 제공 예시: 적립된 포인트를 이용해 쇼핑, 영화 및 음악감상, 현금교환 등을 할 수 있게 하거나, 사이버머니, 파일 저장공간 제공 등을 통하여 저작물 등을 공유하는 자에게 경제적 혜택이 돌아가도록 하는 경우, ② 개인 또는 법인(단체 포함)의 컴퓨터 등에 저장된 저작물 등을 공중이 다운로드 할 수 있도록 기능을 제공하고 다운로드 받는 자가 비용을 지급하는 형태로 사업을 하는 온라인서비스제공자 ※ 비용 지급 예시: 저작물 등을 이용 시 포인트 차감, 쿠폰사용, 사이버머니 지급, 공간제공 등의 방법으로 경제적 대가를 지급해야 하는 경우, ③ P2P 기술을 기반으로 개인 또는 법인(단체 포함)의 컴퓨터 등에 저장된 저작물 등을 업로드 하거나 다운로드 할 수 있는 기능을 제공하여 상업적 이익을 얻는 온라인서비스제공자 ※ 상업적 이익 예시: 저작물 등을 공유하는 웹사이트 또는 프로그램에 광고게재, 타 사이트 회원가입 유도 등의 방법으로 경제적 수익을 창출하는 경우. 이런 서비스제공자의 범위는 법률에서 예정한 것보다 넓은 것으로 보인다.

법적인 전송자를 확인할 수 있는 경우에는 그 저작물 등의 전송자에게 저작권 침해금지 등을 요청하는 경고문구의 발송(시행령 제46조 제1항) 등을 의미한다.[64]

이 의무 규정은 일반 온라인서비스제공자의 면책 규정과는 별개의 것이다. 특수한 유형의 온라인서비스제공자라면 일반 면책 규정(제102조 및 제103조)의 적용을 받으며 이 규정에 의한 규제도 받는다. 이 규정이 일반 면책 규정에서 정한 요건을 완화하거나 강화하지도 않는다. 특수한 유형에 속하지 않는 사업자라면 이 규정이 적용될 수도 없다.

이 의무는 행정적 의무이다. 그 위반에 대해서는 3000만 원 이하의 과태료에 처해진다(제142조 제1항). 과태료는 행정법상의 의무 위반에 대한 행정적 제재로서 과해지는 행정질서벌의 하나이다.[65]

자율 학습

1. 온라인서비스제공자의 책임 제한 규정은 미국 법규정의 형식과 내용을 받아들인 것이다. 우리 저작권법에는 한·미 FTA를 통해 직접적으로 또는 간접적으로 미국 법규정과 이론이 들어 있다. 미국 법이론이 우리 법 해석에 어떻게, 얼마나 영향을 줄 수 있는지 관심을 가지고 지켜볼 필요가 있다. ① 특정 사안을 두고 영미법 이론이라 하여 우리 법체계와 맞지 않는다는 학계의 주장을 자주 듣는다. 영미법계 법규정과 이론이 우리에게 현실적으로 수용되고 있는 터에, 이런 주장은 어떻게 이해할 수 있는지? ② 커다란 담론이긴 하지만, 영미법계와 대륙법계는 극복할 수 없는 근본적인 차이는 무엇인지? ③ 온라인서비스제공자 규정은 그런 차이에도 불구하고 양자 간 조화 측면에서 우리 법에서 수용 가능했던 것은 아닌가?

---

64) 헌법재판소는 위 결정에서, 청구인의 포괄위임입법금지의 원칙에 위반한다는 주장을 다음과 같이 배척하고 있다: "'필요한 조치'는 해당 저작물 등의 불법적인 전송을 차단하는 기술적인 조치 등 필요한 조치를 의미하는바, 불법적인 전송을 분류하고, 불법적인 저작물 등의 검색이나 송·수신을 차단하는 소위 '필터링 기술' 등과 같이 기술적 조치에 관한 기준과 그에 더하여 서비스 이용자들의 저작권 등 침해행위에 따르는 법적인 책임의 공지 등의 비기술적인 불법전송 예방조치 등의 구체적 내용이 하위 법령에 규정될 것임을 그 문언에 비추어 충분히 예측할 수 있다."

65) 이에 대해서는, 제10장 '제6절 행정적 규제 및 제재' 참조.

2. 책임 제한 규정은 그 취지에서 보듯이, 무엇보다도 서비스제공자에게 법적 안정성을 제공한 측면이 크다고 본다. 미국 입법자의 산업에 대한 이해와 예견, 그리고 지혜와 결단의 결과라고 하겠다. ① 온라인서비스제공자와 저작권 처리를 전제로 한 사업자(예를 들어 여러 종류의 콘텐츠 서비스제공자)와 비교할 때 어떤 차이를 생각할 수 있는가? ② 권리자에게 책임 제한 규정은 어떤 점에서 부당하고 불편한 것인가? ③ 우리 입법자에게 주는 교훈은 무엇인가? 예를 들어 저작권 제도의 전통에 충실한 입법을 고수하는 것이 바람직한 것인가?

제5절 기술적 보호조치 및 권리관리정보

1. 디지털권리관리

정보사회가 성숙하면서 컴퓨터와 같은 기기 산업은 소프트웨어 산업과 콘텐츠 산업에 뒷자리를 내주고 있다. 정보사회에서 이들 산업은 건전한 저작권 질서에 크게 의존하고 있다. 가상공간의 저작권 질서는 저작권법과 제도, 효과적이고 신속한 권리 집행(enforcement), 그리고 신뢰할 수 있는 권리 처리(rights clearance) 장치 등 3박자가 갖춰져야만 정착될 수 있다.

저작권법은 창작자를 보호하고 창작물의 공정한 이용을 꾀하는 데 목적이 있다. 이를 경제적인 측면에서 본다면, 창작자는 자신의 창작물로부터 적정한 보상을 받고 이용자는 합리적인 가격에 창작물에 접근하고 이용하는 것이라고 할 수 있다. 기술 환경이 어떻게 변화하든 이러한 저작권법의 목적은 변하지 않는다.

디지털 환경에서는 창작자는 자신의 몫을 극대화할 수 있다. 자신의 창작물 시장이 지역적인 제한을 받지 않는다는 점, 소비자도 전 세계에 존재한다는 점, 창작물의 마케팅 비용을 크게 줄일 수 있다는 점 등을 생각하면 쉽게 이해할 수 있다. 여기에 신뢰할 수 있는 권리 처리(이용허락) 장치만 갖춰진다면 창작자에게는 최상의 창작 환경이 마련되는 셈이다. 권리 처리 장치는 권리 관리를 위한 비용을 획기적으로 줄일 수 있을 뿐만 아니라 투명한 분배도 보장해준다.

이러한 이용허락 장치는 몇 가지 전제 조건이 충족되어야 한다. 첫째, 권리관리정보가 구축되어야 한다. 저작물을 식별해야 하고 저작재산권자 등 권리자를 확인해야 한다. 이용 조건도 알 수 있어야 한다. 이용 조건이란 이용 범위는 어떻게 되는지(몇 회 이용할 수 있는지, 이용자의 수에 제한은 없는지, 지역적 제한은 없는지 등), 이용 방법은 무엇인지(온라인 환경에서만 이용할 수 있는지 아니면 오프라인에서도 이용할 수 있는지, 기기나 매체 간 이동이 가능한지 등) 하는 것이다. 둘째, 이용 조건을 위반하면 저작권 침해로 이어지기 쉬운데 이러한 침해행위를 효과적으로 제어할 수 있는 기술이 마련되어야 한다. 이러한 기술은 권리자가 직접 만들기도 하지만 그의 동의하에 만들어지기도 한다.

디지털권리관리(Digital Rights Management: DRM)라는 용어가 널리 사용되고 있다. 디지털권리관리는 저작권법에 의해 보호되는 권리를 기술적으로 보호하고 그 권리를 관리하기 위한 목적을 가지고 있는 것으로, 이용 조건에 대한 일련의 규칙이 핵심 내용을 이룬다. 기술적 보호조치와 권리관리정보가 한데 묶인 것이라 할 수 있다. DRM은 여러 기술과 서비스를 포괄하는데, ① 식별 기술(identification technologies), ② 메타데이터 기술(metadata technologies), ③ 권리 언어 기술(rights language technologies), ④ 암호화 기술(encryption technologies), ⑤ 지속적인 연관 기술(persistent association technologies), ⑥ 프라이버시 기술(privacy technologies) 및 ⑦ 지급 기술(payment technologies)이 있다.[1]

① 식별자(identifier)는 디지털 환경에서 유통되는 콘텐츠의 유일성을 확인해주는 것이다. 하나의 콘텐츠에는 하나의 식별자만인 존재한다. 국제적으로 여러 식별자가 활용 또는 개발되고 있다. 음악 분야의 ISWC(International Standard Musical Work Code), 음반 분야의 ISRC(International Standard Recording Code), 인터넷의 URL(Uniform Resource Locator)에 상응하는 URN(Uniform Resource Name)[2]이 있다.

② 메타데이터는 콘텐츠를 설명하는 정보이다. 메타데이터는 콘텐츠 관련 모든 정보(저작자와 저작물 및 권리에 관한 정보, 이용 조건 정보, 콘텐츠의 형식이나 내용에 대한 정보 등)를 기술하고 있다. 메타데이터와 식별자가 연결되면 ─ 식별자에 메타데이터가 부착되면 ─ 누구든지 특정 콘텐츠에 대해 동일한 정보를 가지게 되므로 동일한 정보 수집과 구축을 위한 비용을 획기적으로 줄일 수 있다.

③ 권리 언어 기술은 구문(syntax) 구조와 의미(semantics) 구조로 나뉜다. 구문 구조는 특정 규칙에 따라 문장을 구성하도록 단어를 배열하는 것이고, 의미 구조는 단어의 의미를 분명히 하여 다른 해석이 나올 수 없도록 하는 것이다. 메타데이터상의 용어(데이터)를 구문

---

1) Jeffrey P. Cunard, Keith Hill and Chris Barlas, Current Developments in the Field of Digital Rights Management, Standing Committee on Copyright and Related Rights, 10th Sess., November 3 to 5, 2003, WIPO Doc. SCCR/10/2 Rev., pp. 13~33 참조.

2) URN의 전형적인 예로, 출판사들이 주축이 되어 개발한 DOI(Digital Object Identifier)가 있다.

〈그림 2〉 DRM 구성요소

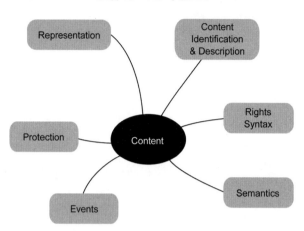

자료: Cunard, Hill and Barlas, op. cit., p. 35. 표준 DRM은 이와 같이 그릴 수 있다. 이 그림에서 Representation이란 콘텐츠 패키징에 사용된다. MP3, MPEG-4 등 표준이 있다. Events란 콘텐츠 거래와 이용 과정에서 발생하는 행위들을 말한다. 주문, 발송, 지급, 이용(재생 등) 등이 그것이다.

구조와 의미 구조에 따라 정의하게 되면 데이터가 완결성을 가지게 된다.

④ 암호화 기술은 콘텐츠의 무단 접근이나 이용을 막기 위한 것이다. 법에서 예정하고 있는 기술적 보호조치의 대표적인 예이다.

⑤ 지속적인 연결 기술은 콘텐츠와 식별자 및 메타데이터 간의 연결 기술을 말한다. 아날로그 환경에서 식별자는 콘텐츠를 담고 있는 매체상에 인쇄하여 확인할 수 있으나(CD상의 바코드가 그 예이다) 디지털 환경에서는 그러한 유형의 매체가 존재하지 않기 때문에 연결 기술이 별도로 필요하게 된다. 이에는 핑거프린팅과 워터마킹이 있다.

⑥ 콘텐츠의 접근·이용을 위한 거래 승인 과정은 이용자나 소비자의 개인 정보를 필요로 한다. 이 과정에서 이용자나 소비자의 신원이 공개되기도 한다. 개인 정보 보호가 DRM 시스템이라 하여 소홀히 할 수는 없다.

⑦ 지급 기술은 콘텐츠의 온라인상에서 콘텐츠가 거래될 때 요구되는 기술로서 온라인 거래에서 사용되는 다른 기술과 크게 다른 것은 아니다.

2. 기술적 보호조치의 보호

가. 기술조치의 필요성과 의의

디지털 기술은 저작재산권자 등 권리자에게는 넓은 시장을 약속함과 아울러 저작권 침해의 가능성을 그만큼 열어놓고 있다. 질적으로 동일한 복제물이 무수히 생산되고 유통된다. 이용자는 주변에서 쉽게 불법 복제물을 구할 수 있고, 복제물을 구하는 데 경제적인 비용도 거의 들이지 않기 때문에 그에 대한 유혹에 무척 약할 수밖에 없다. 권리자의 처지에서 보면, 기술적 수단을 동원하여 저작물에 대한 접근을 통제하거나(접근 통제) 복제 내지 이용을 통제하려는(복제 통제 또는 이용 통제) 욕구가 작용하게 마련이다. 이러한 통제 수단으로 기술적 보호조치(Technological Protection Measures: TPM) 또는 기술조치(technological measures)가 등장했다.[3]

권리자가 접근이나 이용을 기술적으로 통제하여 자신의 권리를 보호하려는 것은 자연스러운 일이다. 법률은 그 필요성을 인정할 때 개입하는 것이다. 현행 저작권법은 저작권자에게 인격적 권리와 재산적 권리를 부여하고, 그에 대한 침해가 생길 경우 법적 구제를 받을 수 있는 길을 열어놓고 있다. 이러한 방법과 절차는 이용자의 법적 의식이 공고하고, 신속하고 효과적인 구제 방법이 존재해야 비로소 의미를 가지는 것이다. 게다가 이러한 사후적인 법적 구제조치는 디지털 기술 환경에 무력한 경우가 많다. 디지털 기술을 이용해 기술조치를 무력화한 후에는 이용행위가 걷잡을 수 없이 확대되기 때문이다. 이 점은 아날로그 환경과는 크게 다르다. 디지털 환경에서 기술조치 무력화 등을 금지할 필요성이 더욱 절실한 것이다.

WCT와 WPPT는 '기술조치에 관한 의무'를 체약국에 부과하고 있다. WCT 제11조에 의하면, "체약당사자는 이 조약 또는 베른협약상의 권리 행사와 관련하여 저작자가 이용하고, 그 저작물과 관련하여 저작자가 허락하지 아니하거나 법에서 허용하지 아니한 행위를 제한하는 효과적인 기술조치의 우회에 대한 충분한 법적 보호와 효과적인 법적 구제를 규정하여야 한다." 우리 법상 기술조치 보호 규정은 WCT상의 의무를 염두에 두고, 권리관리정보에 관한 규정과 더불어 2003년 법개정으로 들어온 것이다. 기술조치 보호 규정은 2011년 6월 한·미 FTA와 한·EU FTA에 따라 크게 개정되었다. 2003년 개정법은 이용통제 기술조

---

3) WCT 제11조와 WPPT 제18조에서는 기술조치(technological measures)라고 한다.

치만을 보호하고 그 보호의 내용은 기술조치를 무력화하는 장치나 서비스 제공을 금지하고자 한 반면, 2011년 6월 개정법은 접근통제 기술조치도 보호하고 그 보호의 내용은 기술조치 무력화 자체도 금지 대상 행위로 추가하면서 기술조치 보호 측면에서 진일보한 면모를 보이고 있다.

기술조치 보호 규정의 등장으로 저작권법은 이제 두 가지 방법으로 저작권 보호를 꾀하고 있다고 할 수 있다. 하나는 저작권법상의 권리를 인격적 성격과 재산적 성격으로 나눠 각각의 특징에 맞는 보호를 하는 것이고, 다른 하나는 권리자가 자신의 저작물 등에 부착한 기술조치를 제3자가 무력화하지 못하도록 하고 무력화할 수 있는 장치나 서비스를 제공하지 못하도록 함으로써 보완적으로 저작권을 보호하는 것이다.

나. 기술조치의 개념

저작권법은 기술적 보호조치를 두 가지로 나눠 정의하고 있다. 첫째는 "저작권, 그 밖에 이 법에 따라 보호되는 권리의 행사와 관련하여 이 법에 따라 보호되는 저작물 등에 대한 접근을 효과적으로 방지하거나 억제하기 위하여 그 권리자나 권리자의 동의를 받은 자가 적용하는 기술적 조치"이다. 이것을 일컬어 접근통제 기술조치(access control TPM)라고 한다. 둘째는 "저작권, 그 밖에 이 법에 따라 보호되는 권리에 대한 침해 행위를 효과적으로 방지하거나 억제하기 위하여 그 권리자나 권리자의 동의를 받은 자가 적용하는 기술적 조치"이다(제2조 제28호). 이것을 일컬어 이용통제 또는 복제통제 기술조치(copy control TPM)라고 한다.

접근통제 기술조치는 글자 그대로 저작물 등 정보에 대한 접근을 막기 위한 기술조치인 반면, 이용통제 기술조치는 저작물 등 보호대상을 복제 등의 방법으로 이용하지 못하도록 하는 기술조치이다. 전자는 저작물이든 아니든 공유 저작물이든 아니든 모두 접근 자체를 차단하고자 하는 것이고, 후자는 법에서 열거한 권리 보호를 위한 것이다. 그 어느 것이든 저작권 침해를 사전에, 기술적으로 예방하거나 금지하기 위한 것이고 이를 법률이 보장해 주는 것이라고 하겠다.

기술조치는 다음과 같이 파악할 수 있다. 첫째, 권리자는 기술조치를 하드웨어나 소프트웨어를 가리지 않고 어디에든 부착하거나 장착할 수 있다. 하드웨어나 펌웨어에 장착하는 기술뿐만 아니라 소프트웨어에 장착하는 기술도 생각할 수 있다. 시스템이나 네트워크에 넣을 수도 있다. 시장에서 기술조치 사례들을 많이 볼 수 있다. 연속복제관리시스템(Serial Copy Management System: SCMS),[4] 콘텐츠스크램블시스템(Content Scramble System: CSS),[5] 매크로비전(Macrovision)[6] 등이 그것이다. 또 다른 사례로는 암호화 기술을 활용한 아이디와 비밀번호 체계, 식별번호나 일련번호 체계를 들 수 있다.

둘째, 기술조치는 정보에의 접근이나 저작권 침해를 "방지하거나 억제하"기 위한 것이어야 한다. 단순한 경고 표시나 누구든지 쉽게 해제 내지 무력화할 수 있는 기술은 보호대상이 아닌 것이다. 대부분의 기술조치는 접근 등을 방지하기 위한 것이지만 억제하기 위한 것도 있다. DVD 지역코드는 이 코드를 읽을 수 있는 재생기에서 DVD가 작동하도록 한 것이므로 그것이 침해행위를 방지하기 위한 조치라기보다는 억제하는 기술조치라고 할 수 있다. 한편, 워터마킹은 기술조치라고 보기 어려울 것 같다. 워터마킹은 귀나 눈으로 식별할 수 없는 정보(마크)를 저작물 등에 삽입하여 제3자가 불법 복제할 경우 해당 정보를 추출함으로써 자신이 권리자임을 주장할 수 있는 기술이다. 워터마킹은 권리 침해를 방지 내지 억제하기 위한 기술이라기보다는 권리를 주장하기 위한 기술이기 때문이다. 워터마킹이 암호화 기술과 결합하여 DRM으로 구현되는 경우도 있다. 이 경우에도 워터마킹 그 자체는 기술적 보호조치는 아닌 것이다.

셋째, 기술조치는 효과적인 것이어야 한다. 우리 법에서는 이를 정의하지 않고 있다. 다른 규범, 즉 우리가 맺은 FTA 규정을 통해 그 의미를 추론할 수는 있다. 한·EU FTA에서는 기술조치가 "보호 저작물 또는 기타 보호대상의 암호화, 스크램블링 또는 기타 변형의 예와 같이 접근 통제 또는 보호 절차의 적용을 통하여, 또는 복제 통제 기술의 적용을 통하여, 보호 저작물 또는 기타 보호대상이 권리자의 통제를 받아 이용되는 경우" '효과적'인 것으로

---

4) 원본에서 무제한으로 복제할 수 있으나 복제물을 다시 복제하는 것(second generation copying)은 금지하고 있다. 이 시스템은 저작물에 복제 통제 정보를 삽입하여 복제 허용 여부를 판별하는 것이다.

5) DVD의 접근이나 복제를 금지하기 위하여 암호화 기술을 응용한 것이다. 이 시스템을 해제하는 기술로 DeContent Scrambling System(DeCSS)이 등장하여 세간에 화제가 되기도 했다. DVD 기술은 도시바와 워너가 1993년 공동 개발한 것으로 1995년 업계 표준이 되었다. CSS는 도시바와 마쓰시타가 업계의 이해에 부응해 창안한 것이다.

6) 주요 영화사가 채택한 기술로서 비디오카세트나 페이퍼뷰(Pay-per-view) 프로그램, DVD 등에 응용되고 있다. 아날로그 비디오 신호에 복제 방지 신호를 삽입하는 것이다. 아날로그 방식의 보호기술에 더하여 워터마킹 기술을 장착하기도 한다.

간주한다(제10.12조 제3항). 권리자의 통제 여부를 가지고 효과적인지 여부를 판별한다. 한·미 FTA에서는 기술조치가 그 통상적인 작동 과정에서 권리자의 승인을 받아 저작물에 접근하는 경우 또는 그 통상적인 작동 과정에서 저작권 침해를 방지하거나 억제하는 경우 효과적이라고 정의하고 있다[제18.4조 제7항 (f)]. 미국 법상 효과적인 접근통제 기술조치란 권리자가 저작물에 접근하도록 제공한 '키(key)'를 사용하는 경우를 예정한 것이라고 한다. 이용통제 기술조치가 효과적이려면 저작물의 디스플레이나 공연에 눈에 띄게 부정적인 효과, 즉 재생상의 문제(playability problems)를 야기하는 경우도 염두에 두었다고 한다.[7]

넷째, 기술조치는 권리자가 직접 강구하거나 또는 그의 동의를 받은 사람[8]이 강구하는 조치만을 의미한다. 그 밖의 사람에 의한 기술조치는 법적 보호를 받는다고 할 수 없다. 여기서 권리자란 "저작권, 그 밖에 이 법에 따라 보호되는 권리"를 가지는 사람을 말한다. 이에는 인격적 권리를 가지는 저작자와 실연자가 있겠고, 재산적 권리를 가지는 저작재산권자, 저작인접권자, 데이터베이스제작자, 배타적발행권자가 있겠다.

다. 기술조치의 보호

기술조치를 법적으로 보호하는 방법은 특정 행위를 금지하고, 그 금지 행위 위반에 대해 권리자는 민사적 구제를 받을 수 있도록 하고, 위반자에게는 형사적 제재를 하는 것이다.

저작권법은 두 가지 행위를 금지하고 있다. 하나는 무력화 자체를 금지하는 것이고, 다른 하나는 무력화를 위한 장치나 서비스 거래를 금지하는 것이다. 후자를 편의상 '도구 거래 금지(prohibitions on trafficking in tools)'라고도 한다. 그 어떤 경우이든 "정당한 권한 없이" 하는 것이다. 행위자가 무력화나 무력화 도구 거래에 정당한 권한을 가지지 않은 경우를 널리 지칭하는 의미라고 하겠다.

해당 규정은 다소 복잡하게 되어 있다. 미국 저작권법 해당 규정(제1201조)을 압축한 한·미 FTA 규정(제18.4조 제7항)을 수용하면서도 어떤 식으로든 그 내용 전부를 반영해야 했기

---

7) H.R. Rep. No. 101-551, 1998, Part 2, pp. 39~41.

8) WCT 제11조에서는 "저작자가 이용하는 효과적인 기술조치"라 하고 있으나 저작자의 허락을 받은 사람이 적용하는 기술조치를 배제할 이유는 없을 것이다. WPPT 제18조도 "실연자와 음반제작자가 이용하는 효과적인 기술조치"라고 하고 있다.

때문이다.

(1) 무력화 금지

"누구든지 정당한 권한 없이 고의 또는 과실로〔접근통제 기술조치〕를 제거·변경하거나 우회하는 등의 방법으로 무력화하여서는 아니 된다"(제104조의2 제1항). 이 규정에서는 기술조치 중 접근통제 기술조치에 한해 무력화를 금지하고 있다. 한·미 FTA 규정을 반영한 것으로, 미국 법상 이용통제 기술조치 무력화를 금지하지 않은 것은 일반 공중이 공정 사용 규정을 원용해야 할 필요성이 있기 때문이라고 한다.[9] 무엇보다도, 무력화 행위는 그 과정에서 복제 등 이용행위가 발생하게 마련이고 이것은 침해행위로 규율할 수 있기 때문에 접근통제 기술조치에 한정해 무력화를 금지한 것이라고 할 수 있다.

"제거·변경하거나 우회하는" 것을 통칭하여 무력화하고 할 수 있다. 이에 대한 정의는 미국 저작권법에서 찾아볼 수 있다. 미국 법에서는 우회를 기본 개념으로 하고 있는바, 기술조치를 우회하는 것(to circumvent)이란 디스크램블하거나 복호화하거나 그 밖의 방법으로 회피, 우회, 제거, 무력화하거나 또는 손상시키는 것(to descramble a scrambled work, to decrypt an encrypted work, or otherwise to avoid, bypass, remove, deactivate, or impair a technological measure)을 말한다〔제1201조 (a)(3)(A)〕.

기술조치 무력화는 고의 또는 과실을 요건으로 한다. 이 고의나 과실은 민사상 고의나 과실, 형사상 고의와는 형식적으로는 다른 의미를 가지고 있다. 민사상 불법행위 책임의 요건으로서 고의나 과실은 가해행위로 인해 손해가 발생할 것이라는 것을 알거나(고의) 알 수 있었음에도 알지 못하는 것(과실)을 의미하지만, 여기서 고의나 과실은 무력화를 한다는 그 사실을 인식하거나 과실로 인식하지 못하는 것을 말한다.[10] 기술조치 위반은 민사상 또는 형사상 책임 요건으로서 고의나 과실과는 별개로, 무력화에 대한 고의나 과실이 요구된다고 할 수 있다.

---

9) The Digital Millennium Copyright Act of 1998, U. S. Copyright Office Summary, December 1998.

10) 한·EU FTA에서는 "in the knowledge, or with reasonable grounds to know"라고 하고 있고, 한·미 FTA에서는 "Knowingly, or having reasonable grounds to know"라고 하고 있다.

(2) 무력화 도구 거래 금지

"누구든지 정당한 권한 없이 〔무력화를 목적으로 하는〕 장치, 제품 또는 부품을 제조, 수입, 배포, 전송, 판매, 대여, 공중에 대한 청약, 판매나 대여를 위한 광고, 또는 유통을 목적으로 보관 또는 소지하거나, 서비스를 제공하여서는 아니 된다"(제104조의2 제2항). 이것은 이른바 '도구 거래 금지' 규정으로서 접근통제 기술조치와 이용통제 기술조치 모두를 보호하기 위한 것으로 그 어떤 무력화를 위한 것이든 그 도구 거래를 금지하고 있다. 다음과 같이 설명할 수 있다. 첫째, 도구란 하드웨어로 된 것도 있고, 소프트웨어로 된 것도 있다. 장치, 제품, 부품이 그것이다. 또한 서비스도 포함된다. 무력화 서비스 그 자체도 금지 대상인 것이다.

둘째, 무력화를 목적으로 한 모든 도구 거래가 금지되는 것은 아니다. 무력화를 주된 목적으로 하는[11] 도구에 한한다. 제104조의2 제2항 각 호에서는 ① "무력화를 목적으로 홍보, 광고 또는 판촉되는 것"이거나, ② "무력화하는 것 외에는 제한적으로 상업적인 목적 또는 용도만 있는 것"이거나 또는 ③ "무력화하는 것을 가능하게 하거나 용이하게 하는 것을 주된 목적으로 고안, 제작, 개조되거나 기능하는 것"에 국한해 금지 대상으로 하고 있다.

셋째, 금지 대상 거래는 도구의 "제조, 수입, 배포, 전송, 판매, 대여, 공중에 대한 청약, 판매나 대여를 위한 광고, 또는 유통을 목적으로 보관 또는 소지"와 더불어 서비스의 제공이다.[12]

---

11) "무력화를 주된 목적으로 하는" 도구만이 거래 금지 대상이다. 분명한 것은, PC와 같이, 무력화 이외의 다른 주된 목적이 있는 장치는 무력화를 주된 목적으로 하는 도구가 아니다. 1996년 인터넷조약 체결 당시 외교회의에서도 오로지 또는 유일한 목적(sole-intended purpose)으로 하는 장치만을 거래 금지할 것인지, 아니면 주된 목적(primary purpose)으로 하는 것만을 거래 금지할 것인지에 대해 치열한 논쟁이 벌어지기도 했다. WCT와 WPPT는 이에 대해서 침묵하고 있으므로 각국이 결정할 문제이긴 하지만, 유일한 목적의 도구만을 금지하자는 것은 다소 설득력이 떨어지는 것도 사실이다. 그렇다고 '주된'이란 용어가 적절하다는 것은 아니다. 사안에 따라 달리 해석될 수도 있기 때문이다. 장치가 그러한 목적으로 제작된 것만을 염두에 둔 것이라는 주장도 가능하고, 애초에는 그러한 목적이 없었으나 금지 행위가 발생할 당시에 무력화가 주된 목적으로 변질된 경우에도 주된 목적이 있다고 보아야 한다는 주장도 가능하다. 초점은 무력화의 목적 이외에 다른 실질적인 목적이 존재하는가, 존재한다면 양적으로나 질적으로 정도는 어떠한가 하는 점이 논점이 될 것으로 예상했다. 미국과 유럽에서는 예상한 대로 이런 점들이 입법에서 고려되었다.

12) 대법원 2015. 7. 9. 2015도 3352 판결: "매달 고유번호가 부여된 데이터롬 칩을 제작하여 그 칩을 노래

(3) 무력화 예외

무력화 금지 규정은 저작권법이 전통적으로 규율하지 않던 행위를 규제함으로써 저작권 보호의 새로운 영역으로서 유사 저작권(paracopyright) 제도를 만든다는 비판에서 자유로울 수는 없다.13) 이런 규정은 교육과 연구, 문화와 예술, 교육과 학문 분야에 걸쳐 부정적인 영향을 미칠 수 있고, 독점 시장을 강화하는 수단이 될 수도 있다. 저작권법은 무엇보다도 저작물의 합법적 이용에 장애가 생기지 않도록 하기 위해 여러 예외 규정을 마련하고 있다.

예외 규정은 크게 두 가지로 나뉜다. 첫째는 무력화 금지에 대한 예외이고, 둘째는 무력화 도구 거래 금지에 대한 예외이다. 첫째의 예외에는 여덟 가지가 있다. 일곱 가지는 법정 예외로서 항구적인 예외(permanent exceptions)이고, 나머지 한 가지는 행정 절차에 의한 수시적인 예외이다.14) 일곱 가지는 다음과 같다.

① 암호 연구(encryption research)를 위한 예외: 정당하게 복제물을 취득하여 그 저작물 등에 적용된 암호 기술의 결함이나 취약점을 연구하기 위하여 이용허락을 받기 위해 상당한 노력을 했으나 받지 못한 경우에 허용된다. 암호 분야의 합법적인 연구 활동에 장애를 주지 않기 위함이다.

② 미성년자 보호를 위한 예외: 미성년자에게 유해한 온라인상의 저작물 등에 미성년자가 접근하는 것을 방지하기 위하여 제작하는 도구에 무력화 부품이 삽입되는 것을 허용한다.

반주기에 장착하거나, 'KY 와이파이 모듈'이라는 USB를 노래반주기에 삽입한 후 스마트폰을 이용하여 스마트 토큰을 구입하여야만 신곡파일이 구동될 수 있도록 하는 두 가지 방식의 인증수단(이하 '이 사건 보호조치'라고 한다)을 마련하였다. …… 이 사건 보호조치는 복제권·배포권 등과 관련하여서는 복제·배포 등 행위 그 자체를 직접적으로 방지하거나 억제하는 조치는 아니지만 신곡파일의 재생을 통한 음악저작물의 내용에 대한 접근을 방지하거나 억제함으로써 복제·배포 등의 권리를 보호하는 저작권법 제2조 제28호 (가)목 의 보호조치에 해당할 뿐만 아니라, 공연권과 관련하여서는 신곡파일을 재생의 방법으로 공중에게 공개하는 공연행위 그 자체를 직접적으로 방지하거나 억제하는 저작권법 제2조 제28호 (나)목 의 보호조치에 해당한다." 이 사건 판결은 접근통제 기술조치와 이용통제 기술조치로 나눠 판단하고 있다는 점에서 의미가 있기는 하지만, 접근통제 기술조치를 굳이 특정 권리들과 엮는 태도는 이해하기 어렵다. 접근통제 기술조치는 저작물에 대한 접근 자체를 막기 위한 것으로 저작권법상 특정 이용행위가 관련이 없는 것이기 때문이다.

13) Leaffer, p. 399.

14) 수시적인 예외는 '행정 절차에 의한 무력화 금지 예외'라는 항목으로 뒤에서 별도로 다룬다.

이 경우 그 무력화 부품이 거래 금지 대상이 되어서는 안 된다. 제2항에 의해 허용되는 부품으로만 접근통제 기술조치를 무력화할 수 있는 것이다.

③ 개인 식별 정보 보호를 위한 예외: 개인의 온라인상의 행위를 파악할 수 있는 개인 식별 정보를 비공개적으로 수집·유포하는 기능을 확인하고, 이를 무력화하기 위하여 필요한 경우에 허용된다. 이 예외는 소비자 보호의 측면에서, 권리자가 비밀리에 개인 식별 정보 수집을 위해 기술조치를 활용하지 못하도록 하기 위한 것이다.

④ 정부 활동을 위한 예외: 국가의 법집행, 합법적인 정보수집 또는 안전보장 등을 위하여 필요한 경우에 허용된다. 정부 컴퓨터나 컴퓨터 시스템, 컴퓨터 네트워크에 대한 사이버 공격과 같이, 국가 안보나 경제 안보에 대한 위협에 대응하기 위한 것이다.

⑤ 공공기관을 위한 예외: 비영리 도서관, 기록보존소 및 교육기관[15]이 저작물 등의 구입 여부를 결정하기 위하여 필요한 경우에 허용된다.

⑥ 역분석을 위한 예외: 정당한 권한을 가지고 프로그램을 사용하는 자가 다른 프로그램과의 호환을 위하여 필요한 범위에서 프로그램 코드 역분석을 하는 경우에 허용된다. 프로그램 코드 역분석이란 "독립적으로 창작된 컴퓨터프로그램저작물과 다른 컴퓨터프로그램과의 호환에 필요한 정보를 얻기 위하여 컴퓨터프로그램 저작물 코드를 복제 또는 변환하는 것을 말한다"(제2조 제34호).[16] 이 정의를 통해서, 역분석을 통해 나온 프로그램은 "독자적으로 창작된(independently created)" 것이어야 하고, 역분석은 오로지 호환성을 확보하기 위한 것이어야 한다는 점을 확인할 수 있다.

⑦ 보안 검사를 위한 예외: 정당한 권한을 가진 자가 오로지 컴퓨터 또는 정보통신망의 보안성을 검사·조사 또는 보정하기 위하여 필요한 경우에 허용된다. 보안 검사는 컴퓨터나

---

15) 한·미 FTA에서는 비영리 도서관, 기록보존소, 교육기관이라고 한 반면, 우리 법은 "제25조 제3항 및 제4항에 따른 학교·교육기관 및 수업지원기관, 제31조 제1항에 따른 도서관(비영리인 경우로 한정한다) 또는 공공기록물 관리에 관한 법률에 따른 기록물관리기관"으로 한정하고 있다. 굳이 좁힐 이유는 없다고 본다.

16) 역분석 정의는 2009년 4월 개정법에서 신설된 것으로 같은 내용이 한·미 FTA 규정에도 있다. 모두 1991년 EU 프로그램 지침 규정(제6조)을 본뜬 것이다. 한·미 FTA에서는 "독자적으로 창작된 컴퓨터 프로그램의 다른 프로그램과의 호환성을 얻는 것을 유일한 목적으로, 비침해 역분석 행위에 관여한 사람에게 쉽게 이용가능하지 아니하였던 그 컴퓨터 프로그램의 특정 요소에 대하여 선의로 수행된, 적법하게 획득된 컴퓨터프로그램의 복제물에 대한 비침해 역분석 행위."

정보통신망상의 보안 오류나 취약성을 검사하는 것으로, 이를 위한 예외는 암호 연구 예외를 보충하는 성격을 가진다.[17]

무력화 금지에 대한 예외는 접근통제 무력화 도구 거래 금지에 대해서도 원칙적으로 적용된다. 그러나 그렇지 않은 경우도 있다. 저작권법은 첫째, 인터넷상 널리 이용되는 쿠키의 수집을 막는 무력화 도구 거래를 인정하게 되면 인터넷 사용의 불편을 초래할 수 있다는 점에서 '개인 식별 정보 보호를 위한 예외'(위 ③의 경우)와 둘째, 도서관 등에게 허용된 예외에 따라 만들어진 무력화 도구가 유통되는 경우 저작권 침해 우려된다는 점에서 '공공기관을 위한 예외'(⑤의 경우)에는 무력화 금지에 대한 예외를 원용할 수 없도록 하고 있다(제104조의2 제3항 제1호).[18]

무력화 도구에는 접근통제 무력화 도구도 있고, 이용통제 무력화 도구도 있다. 후자는 전자와는 달리, 저작권 침해로 이어질 수 있는 것으로, 원칙적으로 예외 규정을 원용할 수 있도록 해서는 곤란하다. 그럼에도 불구하고 법에서는 일정한 경우를 특정하여, 예외 규정을 원용할 수 있도록 하고 있다. 즉, "정부 활동을 위해서"(위 ④의 경우), 그리고 "역분석을 위해서"(위 ⑥의 경우) 이용통제 무력화 도구 거래를 허용하고 있다. 특히, 역분석의 경우 경쟁 촉진과 혁신을 위해 필요하다는 점에서 주목할 만하다.[19]

(4) 행정 절차에 의한 무력화 금지 예외

무력화 기술은 발전을 거듭하고 있다. 기존 법정 예외로는 해결할 수 없는, 공익을 심각하게 저해할 수 있는 기술이 계속 등장할 수 있다. 저작권법은 이 점을 고려하여, 특히 '공정이용' 목적을 달성하기 위해 수시적 예외를 설정하고 있다. 즉, 제104조의2 제1항 제8호에서 "기술적 보호조치의 무력화 금지에 의하여 특정 종류의 저작물 등을 정당하게 이용하는 것이 불합리하게 영향을 받거나 받을 가능성이 있다고 인정되어 대통령령으로 정하는 절차에 따라 문화체육관광부장관이 정하여 고시하는 경우" 무력화를 허용하고 있다.

---

17) U.S. Copyright Office, Section 1201 of Title 17, a report of the register of copyrights, June 2017, pp. 14~20.

18) 문화체육관광부(2012), 69~70.

19) 문화체육관광부(2012), 70. 미국 보고서에서도 호환성은 정보의 원활한 교환(seamless exchange)의 핵심으로 보고 있다. H.R. Rep. No. 101-551, 1998, Part 2, p. 43.

예외 적용을 받기 위해서는 몇 가지 조건을 충족해야 한다. 첫째, 저작물의 종류가 특정되어야 한다. 통상적으로 영상저작물이나 어문저작물과 같이 특정한다.[20]

둘째, 저작물을 정당하게 이용하는 것이 불합리하게 영향을 받아서는 안 된다. '공정이용'이 예외 규정의 핵심 배경이자 근거로 자리 잡고 있어서,[21] 이 요건은 각별히 의미를 가진다. 미국 저작권법은 이에 추가적으로, 간접적으로 규정하고 있다. 즉, 예외를 설정할 때에는 ① 저작물의 이용 가능성, ② 비영리적 기록보존 및 교육 목적의 저작물 이용 가능성, ③ 기술조치 무력화 금지가 비평, 논평, 뉴스 보도, 수업, 학문 또는 연구에 미치는 파급효과, ④ 기술조치 무력화가 저작물의 시장 또는 그 가치에 미치는 효과 및 ⑤ 그 밖에 도서관장이 적절하다고 생각하는 요인 등을 검토해야 한다는 것이다〔제1201조 (a)(1)(C)〕.

우리나라에서 '기술적 보호조치의 무력화 금지에 대한 예외' 고시는 2012년 처음 나왔고, 3년 단위로 갱신되고 있다.[22] 고시에는 다음과 같은 내용이 담겨 있다: ① 영상저작물: 교육기관 등에 의한 비평, 논평 목적, ② 영상저작물: 시각장애인 등의 접근성 확보 목적, ③ 어문저작물: 시각장애인 등의 접근성 확보 목적, ④ 컴퓨터프로그램: 휴대폰 등 탈옥 목적, ⑤ 컴퓨터프로그램: 휴대폰 등 통신사 잠금해제 목적, ⑥ 컴퓨터프로그램: 휴대폰, 가전제품의 진단, 수리 등 목적, ⑦ 컴퓨터프로그램: 삼차원 프린터 대체 재료 이용 목적, ⑧ 컴퓨터프로그램: 도서관 등에 의한 프로그램의 보존 목적(비디오게임 제외), ⑨ 비디오게임: 서버 지원이 중단된 비디오게임 이용 목적, ⑩ 비디오게임: 도서관 등에 의한 비디오게임 보존 목적, ⑪ 컴퓨터프로그램: 차량의 진단, 수리 등 목적, ⑫ 어문저작물: 환자 보호 목적. 이 고시는 미국의 고시와 부분적으로 다른 것도 있지만 대체적으로 같다.[23]

---

20) 미국 법에서는 '특정 종류의 저작물(particular class of works)'이라고 하고 있는바, 여기서 종류(class)란 저작권법 예시 규정상의 범주(categories)보다는 좁은 것을 예정하고 있다고 한다. H.R. Rep. No. 101-551, 1998, Part 2, p. 38.

21) Ibid., pp. 25~26, 35.

22) 문화체육관광부고시 제2012-5호, 2012. 1. 31; 문화체육관광부고시 제2021-5호, 2021. 1. 31. 고시를 위한 행정 절차는 비교적 간단하다. 이해관계인의 의견을 듣고 한국저작권위원회의 심의를 거쳐 문화체육관광부장관이 고시한다(시행령 제46조의2).

23) 미국은 이른바 룰메이킹이라는 절차로 결정한다. 2021년 우리 고시는 미국의 2018년 결정을 대부분 차용한 것이다. 2021년에는 새로운 결정이 나왔다. U.S. Copyright Office, Section 1201 Rulemaking: Seventh Triennial Proceeding to Determine Exemptions to the Prohibition on Circumvention, Recommendation of the acting Register of Copyrights, October 2018; U.S. Copyright Office, Section

라. 기술조치 위반에 대한 구제 및 제재

기술조치 무력화 금지 및 무력화 도구 거래 금지를 위반할 경우 법적 책임이 따른다. 저작권법은 민사적 구제와 형사적 처벌이 모두 가능하도록 열어놓고 있다. 이 위반 행위는 저작권 침해와는 별개의 독립적인 소송 원인이므로,[24] 그 위반에 따른 법적 책임을 묻기 위해서 별도의 규정을 마련한 것이다. 제104조의8에서는 "저작권, 그 밖에 이 법에 따라 보호되는 권리를 가진 자는 [기술적 보호조치의 무력화 금지] 규정을 위반한 자에 대하여 침해의 정지·예방, 손해배상의 담보 또는 손해배상이나 이를 갈음하는 법정손해배상의 청구를 할 수 있"다고 하고 있다.

또한 제136조 제2항 제3호의3에서는 처벌 규정을 두어, "업으로 또는 영리를 목적으로 제104조의2 제1항 또는 제2항을 위반한 자"에 대해서는 3년 이하의 징역 또는 3000만 원 이하의 벌금에 처하거나 이를 병과할 수 있다"고 하고 있다.[25]

3. 권리관리정보의 보호

가. 권리관리정보의 필요성과 의의

인터넷을 이용한 창작물의 유통은 온전한 유통 질서를 전제로 한다. 창작물의 유통을 위해서는 제작업자나 유통업자가 처음부터 해당 창작물에 식별번호를 부여하고, 창작물에 저작권 정보(저작자나 실연자 등의 정보, 창작물 정보, 권리자 정보, 이용 조건 정보 등)를 수록하

1201 Rulemaking: Eighth Triennial Proceeding to Determine Exemptions to the Prohibition on Circumvention, Recommendation of the Register of Copyrights, October 2021 참조.

24) 한·미 FTA 제18.4조 제7항 (c): "각 당사국은 이 항을 이행하는 조치의 위반이 저작권 및 저작인접권에 관한 당사국의 법에 따라 발생할 수 있는 어떠한 침해로부터도 독립적인 별개의 소송 원인임을 규정한다."

25) 한·미 FTA에서는 비영리 도서관, 기록보존소, 교육기관 및 비상업 공공 방송기관은 처벌 대상에서 제외하고 있는 것[제18.4조 제7항 (a)]과는 대비된다. 이들 기관이 영리 목적은 아니더라도 '업으로' 금지 행위를 할 수도 있기 때문이다.

고, 인터넷을 통한 결제를 염두에 둔다면 해당 창작물의 이용 요금 등을 적시할 것이다. 저작권법에서는 이런 정보들을 통틀어 '권리관리정보(rights management information)'라고 하는데, 이들 정보가 권리자의 동의 없이 조금이라도 제거되거나 변경된다면 권리자에게는 심각한 타격이 될 수 있다. 유통 질서의 근간이 훼손될 우려가 있는 것이다.

이러한 정보는 아날로그 환경에서는 그다지 중요한 것이 아니다. 비록 제3자가 무단으로 해당 정보를 훼손하더라도 그것이 유통에 장애가 된다고 하기는 어렵다. 제3자가 그러한 정보를 훼손할 유인도 그다지 없다. 제조업자나 유통업자의 편의에 의하여 부착하는 정도인 것이다.[26] 그러나 디지털 환경에서는 해당 정보를 부착하지 않고서는 유통을 생각하기 어렵다. 권리 정보의 변동은 무권리자를 권리자로 만들고, 이용 조건 정보의 변경은 창작물의 재산적 가치에 심대한 변경을 가져다준다. 해당 정보의 제거나 변경 행위만을 제어하는 것 못지않게 제거나 변경된 정보를 배포 기타의 방법으로 유통하는 행위를 적절히 제어하지 못한다면 건전한 유통 질서를 확립하기 어렵다. 이러한 유통 질서 확립은 권리자에게 유통 질서를 해치는 행위를 금지할 수 있도록 권한을 부여하는 데에서 출발한다.

기술조치가 창작물의 무단 이용을 방지 내지 억제하기 위해서 기술적으로 대응하기 위한 것이라면, 권리관리정보는 창작물이 가상공간에서 유통될 경우 그 이용 질서를 확립하기 위한 것이라 할 수 있다.

'권리관리정보'는 '기술조치'와 더불어 1996년 외교회의에서 논의된 '디지털 의제(digital agenda)' 중 하나였다. 논의 결과는 '권리관리정보에 관한 의무'라는 제목으로 WCT와 WPPT 각 제12조와 제19조에 반영되어 있다. 우리 저작권법은 2003년 개정으로 이들 조약 규정을 수용했다. 우리 법 해당 규정은 2011년 6월과 12월에 다시 한·EU FTA와 한·미 FTA에 맞춰 두 차례 추가 개정되었다.

나. 권리관리정보의 개념

저작권법상 권리관리정보란 저작물 등을 식별하기 위한 정보로서 다음과 같은 세 가지 정보를 말한다. ① 저작물 등을 식별하기 위한 정보, ② 저작권, 그 밖에 이 법에 따라 보호

---

26) 예를 들어, ISBN은 종이책의 분류나 유통의 목적으로, 바코드는 위치 정보나 POS 시스템에 이용되는 것으로 자체의 필요에 의해서 등장한 것이다.

되는 권리를 가진 자를 식별하기 위한 정보, ③ 저작물 등의 이용 방법 및 조건에 관한 정보 및 이들 정보를 나타내는 숫자 또는 부호를 말한다(제2조 제29호).

권리관리정보에는 전자적인 권리관리정보뿐만 아니라 아날로그 형태의 정보도 포함된다. 종전에는 전자적인 권리관리정보만을 보호했으나 2011년 12월 개정법에서는 모든 권리관리정보로 보호를 확대했다. 한·미 FTA를 따른 것이다.[27] 보호되는 권리관리정보는 저작물 등의 원본이나 복제물에 부착되거나 그 공연, 실행 또는 공중송신에 수반되어야 한다. 이런 사용과 관련 없이 독자적으로 존재하는 저작권 정보 등은 보호대상이 아니다.[28]

① 저작물 등을 식별하기 위한 정보로는 기본적으로 저작물의 제호나 최초 공표(발행) 연도, 최초 공표(발행) 국가 등을 들 수 있다. 이런 정보는 숫자나 문자, 부호로 표시될 수도 있다. 이런 정보로 콘텐츠 식별자(identifier)가 있다. 이 식별자는 콘텐츠의 유일성을 확인해주는 정보로 정보사회에서 점차 중요성을 더해가고 있다.

② 저작권, 그 밖에 이 법에 따라 보호되는 권리를 가진 자를 식별하기 위한 정보에는 인격적 권리를 가지는 저작자와 실연자의 성명을 포함한 식별 정보가 있겠고, 재산적 권리를 가지는 저작재산권자, 배타적발행권자, 저작인접권자, 데이터베이스제작자 등의 식별 정보가 있겠다. 재산적 권리는 권리 변동이 일어날 수 있으므로 최종 권리자에 관한 정보가 의미 있는 것이라고 할 수 있다. 저작재산권자 식별 정보에는 상속인이나 일반승계인의 식별 정보도 포함될 것이다. 권리자 식별 정보에는 이메일이나 홈페이지, 물리적 주소, 기타 연락처 등도 포함될 것이다.

③ 저작물 등의 이용 방법 및 조건에 관한 정보는 온라인 유통을 위해 필수적인 것으로, 각각의 이용 방법과 이용 범위 및 그에 따른 개별 조건 정보를 말한다. 이용 방법에는 온라인과 오프라인 환경에서 각기 이용할 수 있는지 여부, PC와 모바일 환경에서 각기 이용할 수 있는지 여부, 기기나 매체 간 이동이 가능한지 여부 등이 있을 것이다. 이용 범위에는 이용 횟수 제한 여부, 기간별 제한 여부, 이용자의 수 제한 여부, 공간적 이용 범위 제약 여부, 허용 아이디의 숫자, 이용행위의 종류(스트리밍, 다운로드 등) 제한 여부 등이 있을 것

---

27) 비전자적인 권리관리정보에는 광학식 마크판독장치로 읽을 수 있는 바코드나 휴대전화로 읽을 수 있는 QR코드의 예가 있다. 문화체육관광부(2012), 74.

28) 집중관리단체는 저작권 정보를 구축해놓고 온라인으로 제공하고 있다. 그것이 원본이나 복제물에 수록되지 않는다면 저작권법에서 보호하는 권리관리정보라 할 수는 없다.

이다. 이용 조건 정보에는 각각의 이용 방법과 범위에 따른 사용료 내지 대가에 관한 정보 등이 포함될 것이다.

다. 권리관리정보의 보호

저작권법 제104조의3 제1항에서는 다음과 같은 세 가지 행위를 금지하고 있다. ① 권리관리정보를 제거·변경하는 행위, ② 제거·변경된 권리관리정보를 배포하거나 배포할 목적으로 수입하는 행위, ③ 제거·변경된 권리관리정보가 부착된 저작물 등의 원본이나 그 복제물을 유통하는 행위가 그것이다. 다만, 국가의 법집행, 합법적인 정보수집 또는 안전보장 등을 위하여 필요한 경우에는 예외적으로 이들 행위를 허용하고 있다(제104조의3 제2항).

누구든지 일정한 요건에 따라 이들 금지 행위를 하는 경우 저작권법상 민사 책임과 형사 책임을 지게 된다. 그 책임 요건으로는, 첫째, "정당한 권한 없이" 해야 한다. 여기서 권한이란 자신이 권리자로서 또는 정당한 라이선시로서 권리관리정보의 유지를 위해 가지고 있는 권한이라고 할 수 있다.

둘째, 이들 금지 행위를 저작권 등의 침해를 유발 또는 은닉한다는 사실을 알거나 과실로 알지 못하여야 한다. 여기서 '저작권 등'이란 "저작권, 그 밖에 이 법에 따라 보호되는 권리"를 말하고, "알거나 과실로 알지 못하"는 것이란 이들 금지 행위가 저작권 등의 침해를 유발하거나 은닉하는 데 대해 인식하고 있거나 과실로 인해 인식하지 못하는 것을 말한다. 기술조치 무력화 금지 규정(제104조의2)에 있는 "고의 또는 과실로"라는 표현과 같은 의미를 가진다.[29]

위에서 언급하고 있는 행위들을 좀 더 살펴보면 다음과 같다. ① 권리관리정보를 고의로 제거·변경하거나 거짓으로 부가하는 행위: 이것은 권리관리정보 보호를 위한 1차적인 금지 행위이다. 이 금지 행위에는 "거짓으로 부가하는 행위"도 포함되는바, 변경(alteration)의 범

---

[29] 제104조의3 제1항에서와는 달리, 제104조의2 제1항에서는 "고의 또는 과실로"라고 하고 있다. 그런가 하면, 제104조의3 제1항 각 호에서는 "고의로" 또는 "알면서"라는 표현을 섞어서 사용하고 있다. 이들 표현은 모두 한·미 FTA에서 언급하고 있는 "Knowingly" 또는 "Knowingly, or having reasonable grounds to know"라는 표현에서 온 것이다. 모두 민사상 불법행위 성립 요건으로서 주관적 고의와는 구별되는 개념이다. 제104조의2와 제104조의3에 걸쳐 "고의로"라는 표현은 "알고"라고 하면 되고, "고의 또는 과실로"라는 표현은 "알거나 과실로 알지 못하고"라고 하면 된다고 본다.

주에서 이해할 수도 있을 것이다. ② 권리관리정보가 정당한 권한 없이 제거 또는 변경되었다는 사실을 알면서 그 권리관리정보를 배포하거나 배포할 목적으로 수입하는 행위: 이 금지 행위는 권리관리정보 그 자체를 배포하거나 그 목적으로 수입하는 것을 막기 위한 데 목적이 있다. ③ 권리관리정보가 정당한 권한 없이 제거·변경되거나 거짓으로 부가된 사실을 알면서 해당 저작물 등의 원본이나 그 복제물을 배포·공연 또는 공중송신하거나 배포를 목적으로 수입하는 행위: 제거·변경된 권리관리정보가 포함된 저작물의 복제물을 CD나 DVD 형태로 배포하거나 인터넷에서 공중송신하는 것이 대표적인 사례라고 할 수 있다. 첫 번째와 세 번째는 WCT와 WPPT, 한·EU FTA 해당 규정과 거의 같은 것이고, 두 번째는 한·미 FTA에 있는 독특한 것이다.

라. 권리관리정보 위반에 대한 구제 및 제재

권리관리정보 금지 행위 위반은 민사 구제와 형사 제재를 수반한다. 저작권법상으로는 기술조지 무력화 금지 위반에 따른 법적 책임 구조와 같이 되어 있다. 즉, 권리자는 민사상으로는 "저작권, 그 밖에 이 법에 따라 보호되는 권리를 가진 자는 [권리관리정보의 제거·변경 등의 금지] 규정을 위반한 자에 대하여 침해의 정지·예방, 손해배상의 담보 또는 손해배상이나 이를 갈음하는 법정손해배상의 청구를 할 수 있"다(제104조의8).

또한 형사상으로는 "업으로 또는 영리를 목적으로 제104조의2 제1항 또는 제2항을 위반한 자"에 대해서 3년 이하의 징역 또는 3000만 원 이하의 벌금에 처하거나 이를 병과할 수 있다(제136조 제2항 제3호의3).

4. 암호화된 방송 신호의 무력화 등의 금지

가. 의의

2011년 12월 개정법에서는 '암호화된 방송 신호의 무력화 등의 금지'[30]라는 제목으로 방

---

30) 제목은 본문의 내용을 충실히 반영하지 못하고 있다. 먼저, 이 조 제목은 마치 무력화 그 자체도 금지

송 신호를 간접적으로 보호하는 규정을 도입했다(제104조의4). 이것은 한·미 FTA를 수용하기 위한 것이다. 방송 신호(broadcast signal)는 엄밀히 말하면 방송을 전달하는 매체(carrier)이다. 문자 정보를 전달하는 방식으로 서적이 있듯이, 소리나 영상을 전달하는 방식으로 방송 신호가 있는 것이다. 방송 신호는 보호대상으로서 방송(broadcast)과는 별개로, 이런저런 침해에 노출되어 있다. 암호화된 방송 신호가 무력화되어 공중에게 전달되기도 하고, 방송 전 신호가 무단으로 송신되기도 한다. 전자에 대해서는 제104조의4에서, 후자에 대해서는 제104조의7에서 규정하고 있다.

나. 암호화된 방송 신호의 보호

암호화된 방송 신호란 "방송사업자나 방송사업자의 동의를 받은 자가 정당한 권한 없이 방송(유선 및 위성 통신의 방법에 의한 방송으로 한정한다)을 수신하는 것을 방지하거나 억제하기 위하여 전자적으로 암호화한 방송 신호를 말한다"(제2조 제8호의2). 유선 및 위성 방송 신호에 국한한다. 지상파 방송은 제외되는 것이다.

제104조의4에서는 "암호화된 방송 신호의 무력화 등의 금지"라는 제목으로 다음 세 가지 행위, 즉 복호화용 장치 등의 거래, 복호화된 방송 신호의 공중송신, 그리고 복호화된 방송 신호의 청취·시청 등을 금지하고 있다. 이 규정은 미국 저작권법이 아닌, 미국 통신법 규정들에서 온 것이다.[31]

첫째 금지 행위로는 암호화된 방송 신호를 방송사업자의 허락 없이 복호화하는 데에 주로 사용될 것을 알거나 과실로 알지 못하고, 그러한 목적을 가진 장치·제품·주요부품 또는 프로그램 등 유·무형의 조치를 제조·조립·변경·수입·수출·판매·임대하거나 그 밖의 방법으로 전달하는 행위가 있다(제1호). 이 규정이 적용되기 위해서는 행위자가 해당 장치 등이 '주로' 복호화 목적을 가지고 있다는 사실을 인식하거나 과실로 인식하지 못해야 한다. 따라서 오로지 복호화 목적을 가진 장치뿐만 아니라 복호화 목적에 '주로' 사용되는 장치 등도 규율 대상이 된다고 본다. 복호화 목적 이외에 다른 주된 목적이 있는 장치는 제외될 것이다. 또한 금지 행위에 해당한다고 하더라도 예외적으로 허용되는 경우가 있다. 암호화연구,

되는 것처럼 하고 있으나 무력화 그 자체는 금지 대상이 아니다.

31) 최경수, "저작권법상 방송 신호의 보호", 계간 저작권, 2012년 가을호 참조.

미성년자 보호 및 국가의 법집행 등 세 가지가 그것이다.[32]

둘째 금지 행위로는 암호화된 방송 신호가 정당한 권한에 의하여 복호화된 경우 그 사실을 알고 그 신호를 방송사업자의 허락 없이 영리를 목적으로 다른 사람에게 공중송신하는 행위가 있다(제2호). 비록 복호화는 정당하게 이뤄졌다 하더라도 그 신호를 방송사업자가 예정하지 않은 사람이 공중송신하는 행위는 허용하지 않도록 한 것이다. 이 규정은 더 나아가 방송사업자로 하여금 송신 형태를 달리하여, 또는 시장을 차별화하여 방송 서비스를 제공할 수 있도록 법적 장치를 마련한 측면도 엿보인다. 이 경우 금지 조건의 하나로 영리 목적을 추가적으로 요구하고 있다.

셋째 금지 행위로는 암호화된 방송 신호가 방송사업자의 허락 없이 복호화된 것임을 알면서 그러한 신호를 수신하여 청취 또는 시청하거나 다른 사람에게 공중송신하는 행위가 있다. 여기서는 두 가지 행위를 금지 대상에 놓고 있다. 이 두 가지 행위가 금지되기 위해서는 해당 복호화가 방송사업자의 허락 없이 이뤄져야 한다. 첫 번째 금지 행위는 "수신하여 청취·시청하"는 것이다. 수신을 함께 요구하고 있어서 청취나 시청 그것만으로는 금지되지 않는 듯이 보인다. 수신의 주체와 청취나 시청의 주체가 같을 경우에만 적용될 것이지만, 일반 시청자를 염두에 둔 것이라는 점에는 변함이 없다.

다. 민사 구제 및 형사 처벌

금지 행위 위반에 대해 기술조치 위반의 경우와 같은 법적 효과가 있다. 즉, 권리자는 제104조의8에 의한 민사 구제를 받을 수 있고, 위반자는 형사 처벌을 받을 수 있다. 형사 처벌에는 경중이 있다. 제104조의4 제1호와 제2호 위반 행위에 대해서는 3년 이하의 징역 또는 3000만 원 이하의 벌금에 처하거나 이를 병과할 수 있다(제136조 제2항 제3호의5). 같

---

[32] '암호화된 방송 신호의 보호'에 관한 제104조의4 제1호는 접근통제 기술조치 무력화를 위한 도구 거래를 금지하는 규정이다. 이것은 기술조치 보호 규정(제104조의2)과 중첩 적용될 여지가 있다. 중첩 적용은 이해당사자, 특히 권리자에게 구제 수단의 선택 폭을 넓혀주기는 하지만 규정 간의 우선 적용 문제라든가, 그에 따른 법적 구제나 처벌 규정 간의 관계라든가 여러 복잡한 문제를 가져올 수 있을 것이다. 원칙적으로는 제104조의4가 제104조의2의 특별 규정으로서, 중첩 적용되는 경우가 있다면 전자 규정이 우선 적용될 것으로 보인다. 전자 규정에서 특별히 다뤄야 할 경우에는 이를 적용하고, 그렇지 않은 경우에는 후자 규정이 보충적으로 적용될 것이다.

은 조 제3호 위반 행위에 대해서는 1년 이하의 징역 또는 1000만 원 이하의 벌금에 처한다 (제137조 제1항 제3호의2).[33]

라. 방송 전 신호의 송신 금지

제104조의7에서는 "누구든지 정당한 권한 없이 방송사업자에게로 송신되는 신호(공중이 직접 수신하도록 할 목적의 경우에는 제외한다)를 제3자에게 송신하여서는 아니된다"고 하고 있다. 이것도 한·미 FTA에서 온 것으로, 그 제목("방송 전 신호의 송신 금지")에서 알 수 있듯이 방송 전 신호(pre-broadcast signal)를 직접적으로 보호하는 규정이다. 방송 전 신호는 방송 신호(broadcast signal)와는 구별된다. 방송 전 신호는 방송 신호와는 달리, 공중을 염두에 둔 것이 아니다. 방송국과 기지국 간에나 방송 네트워크 상호 간에 전달하는 신호에 지나지 않는다. 그럼에도 이러한 신호에 대해 저작권법이 관심을 가지게 된 것은 그러한 신호의 무단 수신 또는 가로채기로 인해 다른 형태의 방송이나 공중송신 등 2차적인 이용이 수반되기 때문이다.

이 규정은 위성협약 가입[34]을 전제로 신설된 것으로, 제3자에 대한 무단 송신(주로 케이블 송신)을 막고자 한 것으로, 무단 수신 그 자체를 막은 것은 아니다. 또한 이 규정은 위성협약과 마찬가지로 직접위성방송에 대해서는 적용되지도 않는다. 이 규정은 위성협약과 차이도 있다. 위성협약은 방송 전 신호 중 고정 서비스 위성 신호만을 적용 대상으로 하고 있으나, 이 규정은 이뿐만 아니라 케이블이나 지상파 신호라 하더라도 그것이 방송 전 신호라면 모두 적용 대상으로 하고 있다는 점이다. 협약에서 예정한 것보다 높은 수준의 보호를 약속하고 있는 것이다.

제104조의7에서 정한 금지 행위 위반에 대한 제재는 형사 처벌에 국한한다. 그 위반에 대해서는 3년 이하의 징역이나 3000만 원 이하의 벌금에 처할 수 있고 병과할 수도 있다(제136조 제2항 제3호의7).

---

33) 위법성의 정도에 따라 형량에 차이가 생긴다고 할 수 있다. 김현철, 159.

34) 우리나라는 2011년 12월 19일 위성협약 가입서를 기탁했는바, 이 협약은 기탁 후 3개월 후인 2012년 3월 19일 우리나라에 대해 발효했다(조약 제2079호).

제6절 기타 특별 규정

1. 라벨 위조 등의 금지

저작물은 여러 가지 표지가 복제물 등에 붙어서 유통되기도 한다. 정품임을 알려주는 표지도 있다. 일반 공중은 복제물의 외관, 특히 정품 표지를 신뢰하여 구매하기도 한다. 이러한 정품 표지를 위조하는 행위는 저작권 침해를 조장하는 것으로, 때로는 소비자에게도 피해를 줄 수도 있다.

저작권법은 한·미 FTA 이행을 위해 이른바 '라벨 위조'를 금지하는 규정(제104조의5)을 마련하고 있다. 이에는 크게 세 가지가 있다. 이 규정은 미국 저작권법이 아닌, 미국 형법에 근거를 두고 있다.[1] 첫째로는 저작물 등의 라벨을 불법 복제물이나 그 문서 또는 포장에 부착·동봉 또는 첨부하기 위하여 위조하거나 그러한 사실을 알면서 배포 또는 배포할 목적으로 소지하는 행위이다. 라벨이란 "그 복제물이 정당한 권한에 따라 제작된 것임을 나타내기 위하여 저작물 등의 유형적 복제물·포장 또는 문서에 부착·동봉 또는 첨부되거나 그러한 목적으로 고안된 표지를 말한다"(제2조 제35호). 금지 대상 라벨에는 복제물에 부착하는 것도 있고, 문서나 포장에 부착하는 것도 있다. 전자에는 홀로그램, 워터마크 등을 예로 들 수 있고, 후자에는 인증서를 예로 들 수 있다.[2]

둘째로는 저작물 등의 권리자나 권리자의 동의를 받은 자로부터 허락을 받아 제작한 라벨을 그 허락 범위를 넘어 배포하거나 그러한 사실을 알면서 다시 배포 또는 다시 배포할 목적으로 소지하는 행위이다. 허락 범위를 넘어 제작한 라벨은 위조 라벨은 아니지만 라벨 거래 금지라는 취지에서는 첫째의 경우와 같이 다루는 것이다.

---

1) 김현철, 236.

2) 김현철, 236; 문화체육관광부(2012), 77~78.

셋째로는 저작물 등의 적법한 복제물과 함께 배포되는 문서 또는 포장을 불법 복제물에 사용하기 위하여 위조하거나 그러한 사실을 알면서 위조된 문서 또는 포장을 배포하거나 배포할 목적으로 소지하는 행위이다. 위조된 문서나 포장도 거래 금지 대상에 넣은 것이다.

금지 행위를 위반할 경우 형사 처벌을 받는다. 위반자에 대해서는 3년 이하의 징역이나 3000만 원 이하의 벌금에 처할 수 있고 병과할 수도 있다(제136조 제2항 제3호의6).

2. 영상저작물 녹화 등의 금지

영화는 대체적으로 영화관에서 상영되고, 2차적으로 비디오 등 복제물 판매, 유선방송이나 공중파 방송의 순서로 이용된다.[3] 영화관에서 상영 중인 영화를 녹화장치를 가지고 촬영한 다음 이를 인터넷에 무단 유통한다면 이는 영화제작자, 더 나아가 영화 제작 참여자에게 막대한 피해를 가져다준다.

한·미 FTA는 이를 배경으로 '영상저작물 녹화 등'을 금지하는 규정을 두었고, 우리 법 제104조의6에서 이를 수용하고 있다. 이 규정 또한 미국 형법에서 출발하고 있는바,[4] 이에 의하면, "누구든지 저작권으로 보호되는 영상저작물을 상영 중인 영화상영관 등에서 저작재산권자의 허락 없이 녹화기기를 이용하여 녹화하거나 공중송신하여서는 아니 된다."

영화상영관 등이란 "영화상영관, 시사회장, 그 밖에 공중에게 영상저작물을 상영하는 장소로서 상영자에 의하여 입장이 통제되는 장소를 말한다"(제2조 제36호). 금지 행위는 녹화하거나 공중송신하는 것이다. 녹화와 공중송신은 모두 저작권법상의 개념이다. 따라서 녹화와 공중송신은 각기 복제권과 공중송신권 침해로 규율할 수 있다. 제104조의6은 저작권 침해와는 독립적으로, 그와는 별개로 규정하고 있는 것이다. 이 조에 해당하는 어떤 행위가 저작권 침해가 될 수도 있고 그렇지 않을 수도 있고, 설령 침해가 되지 않는다고 하더라도 이 조에 의해 처벌을 받을 수도 있는 것이다.

저작권법은 위반자에 대해서 1년 이하의 징역이나 1000만 원 이하의 벌금에 처할 수 있

---

3) 김현철, 242. 한·미 FTA 협상은 2006년에 시작되었고 2012년에 발효했다는 점을 고려해야 한다.

4) 김현철, 244.

고 병과할 수도 있도록 하고 있다(제137조 제1항 제3호의3). 미수범도 처벌한다(제137조 제2
항).5)

---

5) 한·미 FTA에서는 "녹화장치를 사용하거나 사용하려고 시도하는(uses or attempts to use an audio-
   visual recording device) 사람에 대하여 적용될 형사 절차"를 의무화하고 있다. 미수범 규정은 후자 구
   절("사용하려고 시도하는")을 이행하고 있는 것이다.

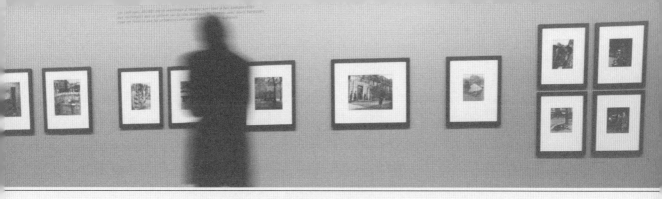

제8장
저작권위탁관리업

제1절 저작권위탁관리업의 의의

제2절 저작권위탁관리업의 종류와 이에 대한 감독

제3절 우리나라 신탁관리업 현황

제1절 저작권위탁관리업의 의의

1. 저작권의 성격 및 위탁관리업의 필요성

저작권법은 창작자에게 재산적 권리를 부여하여 창작활동에 대한 보상을 받도록 하고 있다. 이러한 재산적 권리는 본질적으로 사적 영역의 재산권이다. 창작자들이 가지는 독점적·배타적 권리는 다른 사람이 창작물을 이용하도록 허락할 수 있는 권리이면서 그 이용을 금지할 수 있는 권리이다. 다른 사람은 창작자가 허락하지 않으면 원칙적으로 창작물을 이용할 수 없다. 다시 말해서, 재산적 권리는 원칙적으로 개별 창작자의 자율적인 의지에 따라 행사된다. 권리 행사가 개별성과 자율성을 특징으로 하고 있는 것이다.

창작자의 권리 행사 또는 이용자의 창작물 이용은 다음과 같은 문제에 봉착하여 원활하게 이뤄지지 않는 경우가 많다. 먼저 창작자는 적극적으로 자신의 권리를 행사하고자 할 때 ① 자신의 창작물이 어디서, 어떻게 이용되는지 알기 어렵다. 알 수 있다 하더라도 이용자를 찾아 개별적으로 이용허락을 해준다는 것은 현실성이 떨어진다. ② 이용허락을 위해서는 계약을 체결해야 한다. 대다수의 창작자는 계약의 성격이나 내용에 익숙하지 않다. 모든 창작자가 자신이 적정하다고 생각하는 계약을 체결할 준비가 되어 있지 않은 것이다. ③ 창작자가 전국 각지에 흩어져 있는 이용자와 이용허락 계약을 체결하기 위해 시간과 비용을 들이는 것도 간단한 일이 아니다. 세계 각국의 이용자를 상대한다는 것은 더욱 어려운 일이다. 출판과 같이 이용자가 특정되어 있고 그 이용형태가 복제·배포에 국한한다면 이용허락이 용이하다고 생각할 수도 있지만, 공연처럼 전국 곳곳에서 각기 다른 시간에 이뤄지는 경우 창작자의 개별적 이용허락은 결코 간단하지 않다. ④ 이용형태가 다양해지면서 그에 걸맞은 이용허락 방법이 존재해야 한다. 개별 창작자가 이러한 환경에 적응하기도 어렵고 적응하더라도 불필요한 시간과 비용을 들여야 한다.

그런가 하면, 이용자 처지에서 볼 때 ① 헤아릴 수 없이 많은 창작자를 상대해야 하는 점에서 창작자 못지않은 어려움을 겪을 것이다. 더구나 저작권법상 재산적 권리는 개별 지분권으로 나눠져 있어서 하나의 창작물에 다수의 권리자가 존재하기도 한다. 이들과 개별적으로 이용허락을 체결하는 것은 현실적이지 않다. ② 개별 권리자를 파악했다 하더라도 이들의 개별적인 사정을 감안해 권리 처리한다는 것 또한 간단한 일이 아니다. 표준적인 이용허락 조건이 존재하지 않는 한 창작물 이용을 위해 시간과 비용 부담이 오히려 창작물 이용을 방해한다. ③ 어떤 이용자들은 동시에 다수의 창작물을 일정 기간 동안 계속 이용하고 싶은 경우도 있다. 이를 위해 개별 창작자들과 협상하고 계약하는 것 또한 현실적인 방안은 아니다.

창작자의 자율적 의사를 존중하면서, 권리 행사 내지 권리 처리의 곤란함을 극복하기 위하여 등장한 제도가 저작권위탁관리업이다. 위탁관리업자는 권리자를 대신하여 배타적·독점적 권리를 관리하고, 그 과정에서 사용료 등 대가를 받아 이를 창작자에게 분배하는 것을 업으로 한다.

2. 위탁관리업의 탄생

극작가 보마르셰(Beaumarchais)[1]는 저작자의 인격적·재산적 권리를 인정받기 위해 법적 투쟁에서 승리한 후 1777년 마침내 저작권을 관리하는 최초의 단체(Bureau de legislation dramatique)를 설립했다. 이 단체는 연극저작물 관리단체로서 나중에 SACD(Société des auteurs et compositeurs dramatique)로 이름을 바꾼다. 한편, 발자크(Honoré de Balzac), 뒤마(Alexandre Dumas), 위고(Victor Hugo) 등이 중심이 된 프랑스 작가들도 반세기 후 1837년 어문저작물 단체 SGDL(Société des gens de lettres)을 조직했다.[2]

오늘날의 모습에 가까운 집중관리단체는 1847년 작곡자 앙리옹(Paul Henrion)과 파리조(Victor Parizot), 그리고 작사자 부르제(Ernest Bourget)가 주동이 되어 파리의 샹젤리제에 있

---

1) 그는 '세비야의 이발사(Le Barbier de Seville)'와 '피가로의 결혼(Le Mariage de Figaro)'이란 희곡 작품으로 유명하다. 이 두 작품은 나중에 각기 로시니와 모차르트의 오페라의 토대를 제공했다.

2) Mihály Ficsor, Collective Management of Copyright and Related Rights, WIPO, 3rd ed., 2022, pp. 15~16.

는 유흥음식점(café-concert) 앙바사되르(Ambassadeurs)를 상대로 소송을 제기하면서 싹이
텄다. 음식점에서는 손님들이 음식을 들면서 즐거운 시간을 보낼 수 있도록 관현악 연주를
들려주었는데, 이들 저작자들은 손님들이 자리와 음식에 대한 요금은 지급하면서 이들의
저작물에 대하여는 아무런 대가를 지급할 의사가 없다는 사실에 대하여 의아한 생각을 가
지고 있었다. 이들은 음식점이 자신들에게 작품의 사용 대가를 지급하지 않는 한 자신들도
음식 값을 내지 않기로 하고 이를 소송으로 몰고 갔다. 이들은 소송에서 이긴 후 1850년
비연극적 음악저작물을 집중적으로 관리하기 위한 단체 SACEM(Société des auteurs, com-
positeurs et éditeurs de musique)을 설립했다.[3]

19세기 후반에서 20세기 초반 사이에 이와 유사한 형태의 공연권 단체(performing rights
societies)가 유럽의 거의 모든 국가에서 설립되었다. 이들 단체들 사이에 상호 협조가 급속
도로 진전되면서 전 세계적으로 저작자의 권리 보호를 위한 국제적인 단체가 필요하게 되
었다. 이러한 배경에서 설립된 단체가 CISAC(Confédération internationale des sociétés des
auteurs et compositeurs, International Confederation of Societies of Authors and Composers; 국
제작곡자·작사자협회연합)이다. CISAC은 1926년 18개국 대표가 모여 만든 것으로 그 후 회
원이 계속 증가했고, 음악저작물의 저작자단체에 한정되지 않고 그 범위를 확대하여 이제
는 미술저작물과 시청각저작물의 저작자단체까지 포용하게 되었다.[4]

복제권 단체도 있다. "베른협약과 세계저작권협약에 구현된 기본적인 국제 저작권 원칙
을 장려하기 위하여" 1984년에 창설된 IFRRO(International Federation of Reproduction Rights
Organisations)가 그것이다. IFRRO는 각국의 복제권 단체(reproduction rights organisations)들
의 상호 협력과 제도 개선을 위해 활동해오고 있다.[5]

---

3) Ibid., pp. 16~17.
4) CISAC은 2021년 기준으로 118개국에서 228개 회원이 있고, 이들이 거둔 징수액은 약 96억 유로이다. 음악 분야에서 85억 유로가량으로 가장 큰 비중을 차지한다. CISAC Global Collections Report 2022.
5) 2022년 6월 기준으로 85개국에서 156개 회원이 있고, 이들이 징수한 금액은 약 10억 유로이다. IFRRO Board Report 2022.

제2절 저작권위탁관리업의 종류와 이에 대한 감독

1. 종류

우리 저작권법상 위탁관리업은 크게 두 가지 종류가 있다. 하나는 신탁관리업이고 다른 하나는 대리·중개업이다. 신탁관리업자는 저작재산권 등을 일괄적으로 관리하기 위한 단체이고, 대리·중개업자는 권리자를 대리하거나 또는 권리자와 이용자를 매개하는 업자이다. 정부는 신탁관리업이 가지는 우월적 지위를 남용하지 못하도록 강력한 규제 장치를 마련하고 있다. 반면, 대리·중개업은 영업의 자유 측면에서 최소한의 법적 규제를 하고 있다.

2. 신탁관리업

가. 의의

신탁관리업이란, "저작재산권자, 배타적발행권자, 출판권자, 저작인접권자 또는 데이터베이스제작자의 권리를 가진 자를 위하여 그 권리를 신탁받아 이를 지속적으로 관리하는 업을 말하며, 저작물 등의 이용과 관련하여 포괄적으로 대리하는 경우를 포함한다"(제2조 제26호). 이 정의에서 재산적 권리의 주체로 저작재산권자, 배타적발행권자출판권자, 저작인접권자 및 데이터베이스제작자를 언급하고 있다. 이들은 신탁계약상 위탁자가 된다.

신탁이란 위탁자와 수탁자 간의 신임관계에 기하여 위탁자가 수탁자에게 특정의 재산을 이전하거나 처분을 하고 수탁자로 하여금 수익자의 이익 또는 특정의 목적을 위하여 그 재산의 관리, 처분, 운용, 개발, 그 밖에 신탁 목적의 달성을 위하여 필요한 행위를 하게 하는 법률관계를 말한다(신탁법 제2조). 판례도 같은 태도를 보이고 있다.[1] 저작권법상 신탁관리업은 신탁법상의 신탁의 본질을 가지고 있지만, 그 업무는 "신탁 받아 이를 지속적으로 관리하는" 것이므로, 신탁관리업자는 관리 권한만을 가질 뿐이고 처분 권한은 없다고 봐야 한다. 재산적 권리를 양도하거나 기타 처분하는 행위는 여전히 권리자에게 남아 있는 것이다.[2]

신탁관리업은 권리자들로부터 그 권리의 전부나 일부 신탁 받아 한 곳에서 일괄하여 관리한다는 의미에서 집중관리업이라는 일반적 명칭으로 통용되기도 한다. 이러한 업무에 종사하는 단체를 집중관리단체(collective management organization: CMO)라고 한다.[3]

나. 법적 지위

신탁관리업자는 자신의 이름으로 재판상 또는 재판 외의 행위를 할 권한을 가진다. 즉, 자신의 이름으로 저작물 등의 이용을 허락하거나 금지할 수 있고 권리 침해에 대해서 법적 구제 방법을 강구할 수 있다. 가해자를 고소하여 형사 처벌을 요구할 수도 있다. 신탁관리업자의 권한은 신탁계약에서 그 범위가 정해진다. 신탁계약이 체결되면 위탁자는 계약에서 정한 바에 따라 수탁자와 권리·의무 관계가 형성되는데, 위탁자는 이전된 범위 내에서는 더 이상 재산적 권리를 행사할 수 없다. 위탁자가 자신의 저작물을 이용하고자 하더라도 수탁자의 이용허락을 받아야 하는 것이다. 다만, 위탁자는 권리 이전의 대상이 될 수 없는 인격적 권리는 여전히 스스로 직접 행사할 수 있다.[4]

---

1) 대법원 2019. 7. 24. 2015도1885 판결: "저작권신탁관리의 법적 성질은 신탁법상 신탁에 해당하고 ……, 신탁은 권리의 종국적인 이전을 수반하여 신탁행위 등으로 달리 정함이 없는 한 …… 신탁자가 수탁자의 행위에 원칙적으로 관여할 수 없는 것이 대리와 구분되는 가장 큰 차이이다."

2) 예를 들어, 한국음악저작권협회 '저작권 신탁계약약관'(2017년 4월 13일 변경) 제3조 제1항에 의하면 "위탁자는 현재 소유하고 있는 저작권 및 장차 취득하게 되는 저작권을 본 계약기간 중 신탁재산으로 수탁자에게 저작권을 이전하고, 수탁자는 위탁자를 위하여 신탁저작권을 관리하여 이로 인하여 얻어진 저작물 사용료 등을 위탁자에게 분배한다"고 하고 있다. 협회의 업무는 관리 신탁이라는 점을 밝히고 있는바, 처분 신탁에 대해서는 언급이 없다.

3) 집중관리단체와 신탁관리업자는 실무에서 모두 사용하는 용어이다. 그러나 양자의 법적 지위가 같은 것은 아니다. 외국의 집중관리단체 중에는 신탁의 방법 외에 양도나 독점적 이용허락을 통해 양수인(assignee)으로서 또는 독점적 라이선시(exclusive licensee)로서 다른 사람에게 이용허락을 해주기도 한다.

4) 서울고등법원 1996. 7. 12. 95나41279 판결: "저작권법 제78조에 의하여 신탁관리될 수 있는 권리는 저

신탁관리업자의 업무는 이용자와 협상을 통해 이용허락 계약을 체결하는 일, 계약에서 정한 바에 따라 대가(저작권 사용료)를 징수하는 일, 저작권 사용료를 위탁자에게 분배하는 일 등을 한다. 이것은 신탁관리 본연의 업무라 할 수 있다. 본연의 업무와 직간접적으로 관련되는 업무도 적지 않다. ① 저작권 보호를 위해 침해 유형이나 침해 양태를 조사하고 실제 침해에 대해 적극적으로 법적 구제 방법을 강구하기도 한다. ② 저작권 보호 실태 파악, 이용자의 의식조사, 보호 캠페인 등을 통해 저작권 보호의 실질적인 방안을 찾기 위한 업무도 중요하다. ③ 저작권 보호수준을 높이고 실효적인 법적 대책을 마련할 수 있도록 법제도 개선을 위해서도 노력한다.

신탁관리업은 "저작물 등의 이용과 관련하여 포괄적으로 대리하는 경우를 포함한다". 포괄적 대리를 일률적으로 정의하기는 곤란하다. 그러나 수탁자가 재산적 권리를 지속적으로 관리하기 위하여 다음과 같은 내용의 계약을 체결한다면 해당 권리를 '포괄적으로' 행사하는 포괄적 대리권을 수여받은 것으로 볼 수 있다: ① 수탁자가 단지 이용허락 계약 체결 등을 위한 권한만이 아니라 권리 침해에 대해 법적 구제 방법을 강구할 수 있는 권한(이를테면 침해행위에 대한 경고 조치, 침해자와의 협상, 더 나아가 소송 대리 등)을 함께 위임받은 경우, ② 신탁이나 양도의 방법이 아니라 하더라도 권리 이전의 효과를 가져오는 내용의 계약을 체결한 경우(예를 들어 "어떠어떠한 권한을 위임한다"고 하면서 수탁자가 직접 자신의 이름으로 이용자와 계약할 수 있도록 하거나 저작권 사용료를 계속적으로 징수하여 분배할 수 있도록 권한을 위임받은 경우), ③ 대리의 대상을 특정하지 않고 현재 가지고 있거나 장래 발생할 권리를 모두 이전받아 관리할 수 있는 권한을 위임받은 경우. 모든 권리를 이전받을 필요는 없으며 방송권이나 전송권과 같이 일부 권리만을 이전받더라도 마찬가지이다.[5]

작재산권에 한하고 저작인격권은 신탁관리될 수 없다."

[5] 대법원은 "저작권대리중개업자가 저작재산권 등을 신탁받지 않았음에도 사실상 신탁관리업자와 같은 행위로 운영함으로써 저작물 등의 이용에 관하여 포괄적 대리를 하였는지를 판단함에 있어서는, 저작권대리중개업자의 저작물 등의 이용에 관한 행위 가운데 위와 같은 저작권신탁관리의 실질이 있는지를 참작하여야 한다"면서, 다수의 권리자로부터 저작물에 대한 이용허락뿐만 아니라 침해에 대한 민·형사상 조치에 대해서도 일체의 권한을 위임받았다는 점, '독점적 이용허락'에 기대어 저작물에 대한 홍보·판매 및 가격 등을 스스로 결정하고 다수의 고객들로부터 사용료를 징수했다는 점, 스스로 다수의 저작권 침해자들을 상대로 민·형사상 법적조치를 취하고 합의금을 받았다는 점을 들어 포괄적 대리로 판단했다. 대법원 2019. 7. 24. 2015도1885 판결. 포괄적 대리에 관한 법제처 해석도 있다: "음반의 저작재산권자등이 소유하거나 소유하게 될 음원서삭권을 모바일, 웹사이트, ARS 사업자 기타 유무선

다. 법적 규제

신탁관리는 저작재산권이나 저작인접권 분야에서 활발하다. 재산적 권리를 관리하는 신탁관리업자는 보호대상 종류마다 제한된 숫자만이 존재한다. 규모의 경제 및 권리의 효과적인 보호라는 측면에서 소수의 단체가 존재하면 해당 단체는 독점적 지위를 최대한 활용하는 정책을 펼칠 수가 있다. 한편으로 과다한 사용료를 일방적으로 정하여 이용자, 더 나아가 최종 소비자에게 요구할 수 있다. 다른 한편으로 권리자를 충분히 대표하도록 하고 투명한 관리를 통해 정당한 권리자에게 정당한 몫을 돌려줘야 한다. 정부는 소비자 보호와 권리자 보호라는 두 마리 토끼를 잡기 위해 신탁관리업에 대해 설립과 업무 전반에 걸쳐 다양한 규제를 하고 있다.

(1) 허가

정부 규제는 신탁관리업의 허가부터 취소에 이르기까지 광범위하다. 먼저, 신탁관리업을 하려면 문화체육관광부장관의 허가를 받아야 한다(제105조 제1항). 예외적으로, 문화체육관광부장관이 공공기관의 운영에 관한 법률에 따른 공공기관을 저작권신탁관리단체로 지정할 수 있다(제105조 제1항 단서).

허가를 받기 위해서는 적극적 요건을 갖춰야 하고, 소극적 요건에 해당해서는 안 된다. 적극적 요건으로서, ① 저작물 등에 관한 권리자로 구성된 단체여야 하고, ② 영리를 목적으로 해서는 안 되며, ③ 사용료의 징수 및 분배 등의 업무를 수행하기에 충분한 능력이 있어야 한다(제105조 제2항). 소극적 요건으로서 다음 어느 하나에 해당하면 허가를 받을 수 없

기반의 모든 사업자에게 이용하도록 하는 계약의 협상 및 체결 등 대행권을 저작권대리중개업자에게 독점적으로 수여하는 내용의 저작재산권 등 대리중개계약은 저작재산권 등을 저작권대리중개업자에게 포괄적으로 이전한 뒤 저작권대리중개업자가 저작물 또는 저작인접권의 대상을 이용하게 하는 것과 동일한 효과가 발생하는 것이며, 이러한 계약을 통하여 행하는 저작권대리중개업자의 업무행위는 저작재산권자등과 그 이용자 간의 저작물 또는 저작인접권의 대상의 이용에 관한 계약을 대리중개하는 저작권대리중개업의 업무범위를 벗어난 것으로써 저작권대리중개업자가 그 업무를 행함에 있어 저작재산권자등을 포괄적으로 대리한 것이라고 할 것입니다." 저작권법 제2조(포괄적 대리의 범위) 관련, 법제처 05-0108, 2006. 4. 17.

다: ① 피성년후견인, ② 파산선고를 받고 복권되지 아니한 자, ③ 금고 이상의 실형을 선고받고 그 집행이 종료(집행이 종료된 것으로 보는 경우를 포함한다)되거나 집행이 면제된 날부터 1년이 지나지 아니한 자, ④ 금고 이상의 형의 집행유예 선고를 받고 그 유예기간 중에 있는 자, ⑤ 저작권법을 위반하거나 형법상 횡령죄나 배임죄 또는 업무상 횡령죄나 배임죄를 저지르고, 금고 이상의 형의 선고유예를 받고 그 유예기간 중에 있거나 벌금형을 선고받고 1년이 지나지 아니한 자, ⑥ 대한민국 내에 주소를 두지 아니한 자, ⑦ 제1호부터 제6호까지의 어느 하나에 해당하는 사람이 대표자 또는 임원으로 되어 있는 법인 또는 단체(제105조 제7항).

허가를 받기 위해서는 저작권신탁관리업 업무규정을 작성하여 허가신청서와 함께 제출해야 하는데(제105조 제2항), 업무규정에는 저작권 신탁계약 약관, 저작물 이용계약 약관 등이 있다(시행령 제47조 제1항).

(2) 업무의 정지 및 허가의 취소

문화체육관광부장관은 저작권위탁관리업자가 다음 각 호의 어느 하나에 해당하는 경우에는 6월 이내의 기간을 정하여 업무의 정지를 명할 수 있다: ① 문화체육관광부장관이 승인한 수수료를 초과하여 받은 경우, ② 문화체육관광부장관이 승인한 사용료 이외의 사용료를 받은 경우, ③ 문화체육관광부장관이 요구한 저작권위탁관리업의 업무에 관하여 필요한 보고를 정당한 사유 없이 하지 아니하거나 거짓으로 한 경우, ④ 문화체육관광부장관이 저작자의 권익보호와 저작물의 이용편의를 도모하기 위하여 저작권위탁관리업자의 업무에 대하여 필요한 명령을 하였으나 이를 정당한 사유 없이 이행하지 않는 경우, ⑤ 통합 징수 요구를 받고 정당한 사유 없이 따르지 않는 경우, ⑥ 저작권신탁관리 업무규정, 사업보고서, 결산서, 감사보고서 등을 공개하지 않는 경우, ⑦ 저작권위탁관리업자의 사무나 재산상황에 대한 조사 및 자료요청에 불응하거나 이를 거부·방해 또는 기피한 경우, ⑧ 대표자나 임원의 징계 요구를 받고 정당한 사유 없이 그 요구를 이행하지 않는 경우, ⑨ 허가를 받거나 신고를 한 이후에 앞에서 언급한 소극적 요건에 해당하게 된 경우(대표자나 임원이 그에 해당하는 경우 6개월 이내에 그를 바꾸어 임명한 경우에는 제외한다)(제109조 제1항).

문화체육관광부장관은 업무 정지 처분을 갈음하여 대통령령으로 정하는 바에 따라 직전년도 사용료 및 보상금 징수액의 100분의 1 이하의 과징금을 부과·징수할 수 있다. 다만,

징수금액을 산정하기 어려운 경우에는 10억 원을 초과하지 아니하는 범위에서 과징금을 부과·징수할 수 있다(제111조 제1항). 과징금 부과처분을 받은 자가 과징금을 기한까지 납부하지 아니하는 때에는 국세체납처분의 예에 의하여 이를 징수한다(제111조 제2항). 과징금은 건전한 저작물 이용 질서의 확립을 위하여 사용할 수 있다(제111조 제3항). 과징금 규정은 2006년 개정법에서 신설된 것으로, 2016년 3월 법에서 현실에 맞게 고쳤다. 업무의 정지는 신탁관리업의 독점적 지위를 감안할 때 선택하기 어려운 정책이다. 왜냐하면 무엇보다도 업무 정지가 저작물 이용허락과 사용료 징수 자체를 정지하는 것이므로 이용자로서는 저작재산권 등을 침해하지 않고서는 저작물 등을 이용할 방법이 없기 때문이다. 과징금 제도는 권리 처리 공백 상태를 막기 위한 것이라 할 수 있다.

문화체육관광부장관은 저작권위탁관리업자가 다음 어느 하나에 해당하는 경우에는 저작권위탁관리업의 허가를 취소할 수 있다: ① 거짓 그 밖의 부정한 방법으로 허가를 받은 경우, ② 업무 정지명령을 받고 그 업무를 계속한 경우(제109조 제2항).

허가를 취소할 때에는 청문을 실시해야 한다(제110조). 청문은 행정청이 행정처분을 하기 전에 처분의 상대방이나 이해관계인에게 처분의 내용을 미리 알리고 의견을 직접 듣고 증거를 조사하는 절차를 말한다.[6]

(3) 수수료 또는 사용료의 승인

신탁관리업자는 권리자를 대신하여 사용료를 징수하고 징수한 사용료에서 관리 수수료를 공제한 다음 권리자에게 분배하는 것을 기본적인 업무로 하고 있다. 신탁관리업은 허가제이므로 그 결과 법률적 독점이 발생한다. 신탁관리업자는 자신의 독점적 지위를 적극 활용하여 저작물 이용자에게 과도한 사용료를 부과할 수 있다. 또한 신탁관리업자는 비민주적으로 운영하면서 권리자를 제대로 대표하지 못할 수도 있고, 비효율적으로 또는 불투명하게 관리하면서 권리자에게 돌아가는 분배액을 줄이는 등 권리자의 이익을 충분히 반영하지 못할 수도 있다.

저작권법은 이러한 신탁관리업의 법적 지위와 특수성을 감안하여 사용료의 요율 또는 금액 및 수수료의 요율 또는 금액은 문화체육관광부장관의 승인을 받도록 하고 있다(제105조

---

6) 청문에 관해서는 행정절차법(법률 제18748호, 2022. 1. 11., 일부개정)에서 자세히 규정하고 있다.

제9항). 문화체육관광부장관은 승인을 위해 한국저작권위원회에 심의를 요청해야 한다(제105조 제10항). 위탁관리업자가 승인 신청을 하거나 문화체육관광부장관이 승인한 때에는 이를 공고해야 한다(제105조 제11항).

문화체육관광부장관은 기간을 정하여 승인할 수도 있고 신청 내용을 수정하여 승인할 수도 있다(제105조 제10항). 문화체육관광부장관은 또한 "저작재산권자 그 밖의 관계자의 권익보호 또는 저작물 등의 이용 편의를 도모하기 위하여 필요한 경우에는" 승인 내용을 변경할 수 있다(제105조 제12항).

(4) 기타 규제

문화체육관광부장관은 제108조에 따른 권한을 가지고 규제할 수도 있다. 신탁관리업자를 포함한 저작권위탁관리업자 전반에 대한 규제인데, 이에는 저작권위탁관리업자에게 저작권위탁관리업의 업무에 관하여 필요한 보고를 하게 할 수 있고, 저작자의 권익보호와 저작물의 이용편의를 도모하기 위하여 저작권위탁관리업자의 업무에 대하여 필요한 명령을 할 수 있고, 필요한 경우 소속 공무원으로 하여금 대통령령으로 정하는 바에 따라 저작권위탁관리업자의 사무 및 재산상황을 조사하게 할 수 있고, 효율적 감독을 위하여 공인회계사나 그 밖의 관계 전문기관으로 하여금 사무 및 재산상황을 조사를 하게 할 수 있다. 문화체육관광부장관은 이러한 명령 및 조사를 위하여 개인정보 등 필요한 자료를 요청할 수 있으며, 요청을 받은 저작권위탁관리업자는 이에 따라야 한다.

문화체육관광부장관은 저작권신탁관리업자의 대표자 또는 임원이 직무와 관련하여 ① 저작권법을 위반하는 죄를 저지르거나 형법상 횡령죄나 배임죄, 업무상 횡령죄나 배임죄를 저지르고 벌금형 이상을 선고받아(집행유예를 선고받은 경우를 포함한다) 그 형이 확정된 경우, ② 회계부정, 부당행위 등으로 저작재산권, 그 밖에 이 법에 따라 보호되는 재산적 권리를 가진 자에게 손해를 끼친 경우, ③ 저작권법상 문화체육관광부장관의 감독업무 수행을 방해하거나 기피하는 경우에는 저작권신탁관리업자에게 해당 대표자 또는 임원의 징계를 요구할 수 있다(제108조의2).

저작권법은 신탁관리업자에게 권리자를 대표하는 단체로서 역할에 맞춰, 그리고 이용자의 이용허락 요구에 맞춰 일정한 의무를 부과하고 있다. 제106조에서는 다음과 같이 주요 의무를 열거하고 있다. 첫째, 신탁관리업자는 그가 관리하는 저작물 등의 목록과 이용계약 체결에 필요한 정보를 대통령령으로 정하는 바에 따라 분기별로 도서 또는 전자적 형태로 작성하여 주된 사무소에 비치하고 인터넷 홈페이지를 통하여 공개하여야 한다.

둘째, 신탁관리업자는 이용자가 서면으로 요청하는 경우에는 정당한 사유가 없는 한 관리하는 저작물 등의 이용계약을 체결하기 위하여 필요한 정보로서 대통령령으로 정하는 정보를 상당한 기간 이내에 서면으로 제공하여야 한다.

셋째, 문화체육관광부장관은 상업용 음반을 사용하여 공연하는 자로부터 사용료를 받는 신탁관리업자와 보상금을 징수하는 보상금수령단체에게 이용자의 편의를 위하여 필요한 경우 대통령령으로 정하는 바에 따라 통합 징수를 요구할 수 있다. 이 경우 그 요구를 받은 신탁관리업자 및 보상금수령단체는 정당한 사유가 없으면 이에 따라야 한다.

넷째, 신탁관리업자는 대통령령으로 정하는 바에 따라 ① 저작권 신탁계약 및 저작물 이용계약 약관, 저작권 사용료 징수 및 분배규정 등 저작권 신탁관리 업무규정, ② 임원 보수 등 대통령령으로 정하는 사항을 기재한 연도별 사업보고서, ③ 연도별 신탁관리업에 대한 결산서(재무제표와 그 부속서류를 포함한다), ④ 신탁관리업에 대한 감사의 감사보고서, ⑤ 그 밖에 권리자의 권익보호 및 신탁관리업의 운영에 관한 중요한 사항으로서 대통령령으로 정하는 사항 등을 누구든지 열람할 수 있도록 주된 사무소에 비치하고 인터넷 홈페이지를 통하여 공개하여야 한다. 이러한 의무를 위반할 때에는 1000만 원 이하의 과태료 처분을 받을 수 있다(제142조 제2항 제2호).

신탁관리업자는 정당한 이유가 없으면 관리하는 저작물 등의 이용허락을 거부할 수 없다(제106조의2). 이른바 '거래 거절'은 신탁관리업자의 불공정거래행위에 해당하는 것으로, 이를 방지하기 위한 규정이라 할 수 있다.[7]

한편, 신탁관리업자는 그가 신탁관리하는 저작물 등을 영리 목적으로 이용하는 자에 대하여 해당 저작물 등의 사용료 산정에 필요한 서류의 열람을 청구할 수 있다. 이 경우 이용자는 정당한 사유가 없으면 그 청구를 따라야 한다(제107조).

---

[7] 독점규제 및 공정거래에 관한 법률(법률 제17799호, 2020. 12. 29., 전부개정) 제45조에서는 "부당하게 거래를 거절하는 행위"를 불공정거래행위의 하나로 열거하고 있다.

3. 대리·중개업

가. 의의

저작권법에서는 대리와 중개의 개념을 묶어 다음과 같이 '대리·중개업'을 정의하고 있다: "저작재산권자, 배타적발행권자, 출판권자, 저작인접권자 또는 데이터베이스제작자의 권리를 가진 자를 위하여 그 권리의 이용에 관한 대리 또는 중개행위를 하는 업을 말한다"(제2조 제27호). 민법상 대리란 다른 사람이 권리자 본인의 이름으로 법률행위를 하거나 의사표시를 수령함으로써 그 법률효과가 본인에게 발생하도록 하는 법률관계를 말한다. 저작권법은 권리자를 위하여, 그를 대신하여 이용허락을 해줄 수 있도록 대리 제도를 활용하고 있다고 할 수 있다.

한편, 중개는 권리자와 이용자 간에 개입하여 단순히 이용허락을 매개하는 것을 말한다. 여기서 중개란 상법상의 중개만은 아니다. 상법상의 중개는 타인 간의 상행위의 중개를 영업으로 하는 것인데(제93조), 저작권법상 중개가 상행위로 해야 하는 것은 아니기 때문이다.

대리·중개업자는 각 사안마다 대리업과 중개업을 별도로 할 수도 있고 같이 할 수도 있다. 대리·중개업은 권리자를 위하여 이용자와 일시적으로, 1회적으로 이용허락 계약을 체결하는 것이 보통이다. 지속적으로 저작재산권 등을 관리하는 신탁관리업과 분명히 구별된다. 그러나 언제나 그와 같은 구별이 명확한 것은 아니다. 실제로 대리·중개업 신고를 하고 '포괄적 대리'를 하는 경우가 적지 않은데 이러한 업무가 신탁관리업의 실질을 가진다면 이는 신탁관리업에 속한다.

나. 법적 규제

저작권위탁관리업은 그것이 신탁관리업이든 대리·중개업이든 필요성 측면에서 크게 다른 것은 아니다. 그러나 대리·중개업은 신탁관리업과 같이 독점적 지위를 남용할 수 있는 속성의 업무는 아니다. 헌법에서 직업 선택의 자유 내지 영업의 자유를 보장하고 있고 그 제한에는 일정한 원칙과 방법이 존재해야 한다. 이러한 점에서 저작권법은 대리·중개업을 신탁관리업과 구별하고 있다.

가장 큰 차이는 설립 규제에서 볼 수 있다. 저작권법은 대리·중개업을 신고 대상으로 하고 있다(제105조 제1항). 대리·중개업이 일시적·일회적 성격의 업무이기 때문에 신탁관리업과 같은 적극적 요건을 갖춰야 하는 것은 아니다. 권리자로 구성된 단체일 필요도 없고 사용료 징수 및 분배 업무 수행 능력도 또한 문제가 되지 않기 때문이다. 또한 영리를 목적으로 대리·중개업을 할 수도 있다. 다만, 신탁관리업의 경우와 같이 소극적 요건에 해당하는 때에는 신고를 할 수도 없다(제105조 제7항).

신고할 경우에도 제출 서류도 신탁관리업과 크게 다르지 않다. 저작권 대리중개 계약 약관과 저작물 이용계약 약관과 같은 업무규정을 신고서와 함께 제출해야 한다(제105조 제3항 및 시행령 제48조 제1항).[8]

문화체육관광부장관의 감독 권한은 신탁관리업에 비해 다소 떨어지지만 그 권한에는 일부 강력한 내용도 있다. 문화체육관광부장관이 신탁관리업에 대해서 사용료와 수수료 승인 권한을 가지고 있는 반면, 대리·중개업에 대해서는 그러한 권한이 없다. 대리·중개업은 그 지위 남용 가능성이 신탁관리업에 비해 현저히 적기 때문이다. 이용자로부터 자신의 이름으로 사용료를 징수하지 않고 수수료도 권리자와 협의하여 정할 수도 있는 것이다.

사용료와 수수료 관련 업무 외에는 신탁관리업에 대한 규제 권한이 일정한 정도로 대리·중개업에도 미친다. 따라서 문화체육관광부장관은 대리·중개업에 대하여 제108조에 따른 감독 권한을 가지고, 제108조를 위반하거나 신고를 받은 후 신고를 위한 요건(소극적 요건)에 해당하는 사유가 발생한 때에는 업무의 정지를 명령할 수 있다(제109조 제1항). 또한 문화체육관광부장관은 신탁관리업자의 경우와 마찬가지로, 거짓이나 그 밖의 부정한 방법으로 신고를 받은 경우 또는 업무 정지 명령을 받고 그 업무를 계속한 경우에는 영업 폐쇄명령을 내릴 수 있다(제109조 제2항).

자율 학습

1. 집중관리단체에 대한 정책은 국가마다 매우 다르다. 설립과 운영을 시장에 맡기는 국가도 있고, 이를 엄격히 통제하는 국가도 있다. 영리 기업에게 문호를 여는 국가도 있다. ① 개발도상국에 필요한 집중관리단체의 모습은 어떤 것이 좋을까? ② 단체의 설립과 운영

---

8) 대리·중개업의 성격에 비춰 약관이 존재하지 않을 수도 있는데 과도한 규제로 보인다.

은 시장에 맡기더라도 독점 규제를 엄격하게 하는 국가도 있다. 이런 제도가 작동할 수 있는 요인으로 들 수 있는 것은 무엇이라고 생각하는가? ③ 집중관리단체는 '독점의 독점'의 지위를 가진다. 저작권 자체가 독점적인 권리이고 이런 독점적 권리가 다시 한 곳에서 관리되고 있기 때문이다. 독점 규제를 위한 바람직한 입법 정책은 무엇일까? ④ 영리 법인이 저작권법상의 재산적 권리를 집중관리하게 될 경우 장점과 단점은 무엇인가? ⑤ 한국에 적합한 제도는 무엇일까?

2. 집중관리는 모든 저작물에 적합한 것은 아니다. 음악저작물과 같이 권리자와 이용자가 다수 흩어져 존재할 경우 유용한 장치이긴 하지만 예를 들어 건축저작물에는 작동할 수 없는 제도이다. 집중관리와 친한 저작물(더 나아가 보호대상)은 무엇이고, 그 이유는 무엇인가?

제3절 우리나라 신탁관리업 현황

1. 현황

음악저작물과 어문저작물 분야에서 시작한 신탁관리업이 다른 분야로 빠르게 퍼지면서 신탁관리가 자리를 잡아가고 있다. 1986년 저작권법이 1987년 본격 시행되면서 다음 해 한국음악저작권협회와 한국방송작가협회가, 그리고 1989년에는 한국문예학술저작권협회가 당시 문화부로부터 신탁관리업 허가를 받았다. 반면, 저작인접권 분야는 저작권 분야에 비해 출발이 늦었고 그만큼 정착도 더뎠다. 2000년 개정법에서 전송권이 신설되면서 2000년에 한국예술실연자단체연합회가 신탁관리업 허가를 받았고, 한국음원제작자협회는 2003년에 허가를 받았다. 당시 인접권자는 전송권을 가지지 않았지만 배타적인 권리로서 복제권은 가지고 있었기 때문에 저작인접권 단체들은 복제권을 신탁관리 대상으로 하여 업무를 할 수 있었던 것이다. 이후 영상 분야와 공공저작물 분야에도 신탁관리업자가 등장하면서 신탁관리업의 영역이 확대되어 왔다.

2022년 기준으로 신탁관리업자는 모두 12개가 있다.[1][2] 신탁관리업자는 권리자로부터 저작재산권 등의 관리를 위해 권리를 신탁 받고(신탁계약 약관 및 신탁계약), 신탁 범위 내에서 이용자들에게 이용허락을 해주고(이용계약 약관 및 사용료 징수 규정), 이용허락에 대한 대가를 수수하여 관리비용을 공제하고(관리수수료 규정) 이를 권리자에게 분배하는 것(사용료 분배 규정)을 주요 업무로 하고 있다.

---

1) 사용료 징수액은 2011년 1566억 원에서 2021년 4265억 원으로 크게 늘었다. 보상금 징수액은 2011년 146억에서 2021년 285억 원으로 증가했다. 한국저작권위원회, 저작권 통계, 2012년 제1권, 15~19; 2022년 제11권, 26~27.

2) 대리·중개업은 2018년 기준 1346개가 신고되었고, 1014개가 운영되고 있다. 한국저작권위원회, 저작권 통계, 2022년 제11권, 136.

〈표 18〉 신탁관리업 현황(2022. 말 기준)

명칭	허가일	분야	주요 권리	비고
한국음악 저작권협회	1988. 2. 23.	음악저작물	공연, 공중송신, 복제·배포	
함께하는음악 저작인협회	2014. 9. 12.	음악저작물	공연, 공중송신, 복제·배포	
한국방송 작가협회	1988. 9. 20.	방송 대본	반복방송, 재방송, 전송, 복제·배포	
한국문학예술 저작권협회3)	2000. 11. 14.	어문저작물	복제, 전송	- 명칭 변경〔한국복사전송권관리센 터 → (2007. 10. 11.) 한국복사전송 권협회 → (2012. 11. 30.) 한국복제 전송저작권협회 → (2021. 1. 6.) 한 국문학예술저작권협회〕
한국시나리오 작가협회	2001. 9. 12.	영상 시나리오	방송, 복제·배포	- 명칭 변경(2002. 11., 종전 영상시 나리오작가협회)
한국음악 실연자연합회	2000. 11. 14.	실연	복제·배포, 전송	- 명칭 변경(2008. 2., 종전 한국예술 실연자단체연합회)
한국방송실연자 권리협회	2002. 2. 21.	방송 실연	반복방송, 재방송, 복제·배포, 전송	- 명칭 변경(2017. 4. 14., 종전 한국 방송실연자협회)
한국음반산업협회	2003. 3. 17.	음반	복제·배포, 전송	- 명칭 변경(2013. 4. 18., 종전 한국 음원제작자협회)
한국문화정보원	2005. 10. 10.	공공저작물	복제·배포, 전송	- 업무 이관〔한국문화콘텐츠진흥원 → (2011. 6. 20.) 한국데이터베이스 진흥원 → (2013. 9. 23.) 한국문화정 보센터(2015. 2. 21., 한국문화정보 원으로 명칭 변경)〕
한국영화 제작가협회	2005. 11. 9.	영상저작물	전송	
한국영화배급협회	2005. 11. 9.	영상저작물	공연, 공중송신	- 명칭 변경(2013. 8. 9., 종전 한국영 상산업협회)
한국언론진흥재단	2006. 6. 7.	뉴스 저작물	복제·배포, 전송	

2. 과제

우리나라 신탁관리업은 지난 30여 년간 괄목할 만한 성과를 거두었지만 아직도 적지 않은 과제를 안고 있다고 할 수 있다. 무엇보다도 일부 단체를 제외하고는 신탁관리단체가 해당 권리자를 충분히 대표하지 못하고 있다. 신탁관리업자는 권리자를 위한 단체이고 그런 점에서 신탁관리업자는 사용료를 법에서 인정하는 각 이용형태별로 충분히 징수하는 일, 징수한 사용료를 권리자에게 최대한 분배하는 일, 업무를 공정하고 투명하게 진행하는 일 그 어느 것 하나 소홀히 할 수 없다.

게다가 인터넷이 발달하면서 이제 모든 국민이 창작물을 쉽게 접하고 이용할 수 있는 시대를 맞아 권리자와 이용자 모두 신탁관리업자의 역할에 대해 적지 않은 기대를 하고 있다. DRM 기술은 개별 권리자가 자신의 권리를 직접 관리할 수 있는 가능성을 보여주고 있으나 신탁관리업은 여전히 창작물 이용질서 정착을 위해 필요불가결한 장치로 남아 있다. 신탁관리업자는 관리 창작물 목록을 만들고 각 창작물에 대한 정보를 이용자에게 제공함으로써 이용자들이 용이하게 정보를 접하고 간편하게 권리 처리를 할 수 있도록 지원함으로써 창작물 이용을 활성화하는 데 중심적 역할을 할 것이다.

신탁관리업자의 다음과 같은 역할도 신탁관리업의 중요성 내지 과제로서 빼놓을 수 없다. 첫째, 신탁관리업자는 저작권 신탁 관리를 위해 저작권 법제도 개선을 위해 이익단체로서 적극적으로 의견을 표출해야 한다. 현행 제도의 문제점과 개선방안을 내놓고 이용자(국민)를 납득시켜야 하는 일도 중요한 업무이다.

둘째, 신탁관리업자는 저작재산권자나 저작인접권자의 권리를 집중 관리한다. 관리 수수료의 요율이나 금액도 정부의 통제를 받기 때문에 관리 비용이 저렴하다. 개별 권리자가 스스로 권리 행사를 할 경우, 예를 들어 손해배상액은 신탁관리업자가 정한 사용료를 통상 사용료로 받는 데 지나지 않기 때문에 민사적 구제 방법으로는 법률 비용조차 감당하기 어렵다. 계약을 위한 협상, 특히 사용료 협상은 개별적인 힘보다는 집단적인 힘이 훨씬 효과적이다.

셋째, 신탁관리업자는 권리자를 대신해 권익 옹호를 위한 활동을 할 수 있다. 개별 권리자들, 특히 대중의 인기에 크게 의존하는 개별 권리자들이 직접 나서게 되면 불필요한 오해와 마찰이 생길 수도 있다. 신탁관리업자가 이를 중간에서 완화할 수도 있는 것이다.

넷째, 이용자들은 신탁관리가 활성화하여 대표성을 확보하게 되면 기존의 사업을 확장하고 새로운 영업모델을 창출하는 데 용이해진다.

다섯째, 국내 신탁관리업자들 간의 협력을 통해 시장을 정착시키고 활성화할 수도 있다. 하나의 창작물 이용에 다수의 신탁관리업자들이 권리를 주장할 수 있게 되면서 협력의 필

---

3) 한국문예학술저작권협회는 1989년 3월 16일 신탁관리업 허가를 받아 활동하다가 2021년 5월 26일 한국문학예술저작권협회로 통합되었다.

요성은 더욱 커졌다. 한편, 창작물의 해외 이용 증가로 외국 단체와의 협력도 긴요한 일이 되었다. 일부 단체는 상호관리계약(reciprocal representation agreement)을 체결하여 자신이 관리하는 지역(국가)에서 발생하는 이용형태에 대해 상대방을 대신하여 권리를 관리해주고 상대방도 같은 업무를 하면서 사후 정산하기도 한다.

자율 학습

1. 우리 저작물 해외 진출이 활발해지면서 상호관리계약에 대한 관심도 높아지고 있다. 상호관리계약은 저작권법이 국가 단위로 시행된다는 점, 저작권 침해가 발생할 경우 보호지법(lex loci protectionis), 즉 침해행위가 이루어진 국가의 법이 준거법이 된다는 점에서 매우 중요한 역할을 한다. ① 각국 집중관리단체 간의 협력에서 중요한 것은 무엇이 있을까? ② 상호관리계약에서 중요한 사항은 무엇이 있을까? ③ 정부가 집중관리단체 간의 협력을 위해 어떤 역할을 할 수 있을까?

제9장
한국저작권위원회 및 한국저작권보호원

제1절 한국저작권위원회

제2절 한국저작권보호원

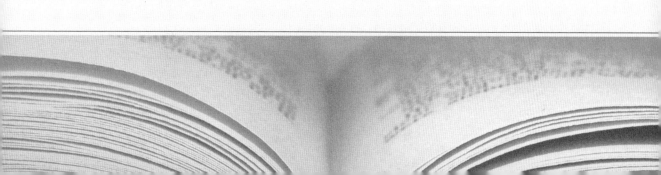

제1절 한국저작권위원회

1. 위원회 설치 근거

가. 위원회 연혁

한국저작권위원회는 심의와 조정, 법제 연구, 교육과 홍보, 이용질서 확립을 위한 각종 기능을 아우르는 저작권 전문기관으로서 역할을 수행하고 있다. 위원회는 외국 입법례를 찾기 어려울 만큼 독특한 기능을 수행하고 있는바, 우리 실정에 맞는 우리의 제도를 만들고자 한 입법 의지가 반영된 결과라고 할 수 있다.

위원회는 여러 차례에 걸친 법개정을 통해 기능이 확대되어 왔다. 1957년 제정법은 단순한 자문 목적으로 저작권심의회를 두었으나 이 심의회는 실질적인 역할을 수행하지 못했다. 1986년 개정법은 정부 자문을 위한 심의 기능과 저작권 분쟁 해결을 위한 조정 기능을 양축으로 한 저작권심의조정위원회를 설립했다. 개정법은 또한 위원회 내에 원활한 기능 수행을 위해 상설 사무국을 두었다. 이 위원회는 1986년 개정법 시행(1987년 7월 1일)과 동시에 발족했다. 위원회는 국내외적으로 논의되고 있는 다양한 주제에 대응하고 기술적으로 발전하고 있는 복잡한 상황을 검토하기 위하여 다각적인 법제 연구를 수행해왔고 저작권 의식 확산을 위해 교육과 홍보에도 상당한 노력을 기울였다.

위원회는 2000년 개정법에 따라 저작권 등록과 법정허락 업무를 당시 문화관광부에서 위탁받았고, 2020년 2월 개정법에 따라 종전에 수탁 업무로서 수행하던 저작권 등록을 고유 업무로 가지게 되었다.

위원회는 기능이 커지면서 명칭도 변경되어 왔다. 2006년 개정법은 저작권심의조정위원회에서 저작권위원회로, 2009년 4월 개정법은 기존 저작권법상의 저작권위원회와 프로그램보호법상의 프로그램보호위원회를 통합하여 한국저작권위원회로 변경했다.

신설 위원회는 양 위원회의 업무를 모두 흡수하면서 기존 저작권위원회에서 수행해왔던 업무 외에 분쟁 알선, 프로그램 임치 등 기존 프로그램보호위원회의 업무 및 개정법에 따라 위원회 기능으로 추가된 불법 복제물에 대한 시정 권고, 불법 복제물 관련 심의 기능을 추가적으로 수행하게 되었다. 2016년 3월 개정법에서 한국저작권보호원을 신설하면서 시정 권고 기능과 불법 복제물 관련 심의 기능 등 보호와 관련된 업무는 보호원으로 이관되었다.

나. 위원회 설치 근거

한국저작권위원회는 저작권에 관한 사항을 심의하고, 저작권에 관한 분쟁을 알선·조정하며, 저작권 등록 관련 업무를 수행하고, 권리자의 권익증진 및 저작물 등의 공정한 이용에 필요한 사업을 수행하기 위하여 설립되었다(제112조 제1항). 위원회의 설립 목적 내지 기능은 네 가지로 대별된다는 것을 알 수 있다. 저작권에 관한 사항의 심의, 분쟁의 조정, 저작권 등록, 그리고 저작권 보호와 공정한 이용을 위한 사업 등이 그것이다.

위원회는 위원장을 포함한 20명 이상 25명 이하의 위원으로 구성된다(제112조의2 제1항). 문화체육관광부장관은 권리자와 이용자의 이해를 반영하는 위원의 수가 균형을 이루도록 하여야 하며, 분야별 권리자 단체 또는 이용자 단체 등에 위원의 추천을 요청할 수 있다(제112조의2 제2항). 위원은 '학식과 경험이 풍부한 사람'들로서 학계, 법조계, 저작권 분야, 문화산업 분야 등을 망라하고 있다.

위원회는 준사법적 기관으로서의 성격과 정부위원회의 성격을 함께 가지고 있다. 분쟁의 해결을 위한 독립 기관으로서 준사법적 기능을 수행하고 아울러 합의제 정부위원회로서 기능을 수행하고 있는 것이다. 정부위원회는 자문위원회와 행정위원회로 구별되는데, 위원회는 이러한 두 가지 성격을 모두 가지고 있기도 하다. 심의는 자문위원회의 기능을 수행하는 것이고, 저작권 등록과 법정허락 등은 행정위원회의 기능을 수행하는 것이다.

위원의 임기는 3년으로 하되, 한 차례 연임할 수 있다. 직위를 지정하여 위촉하는 위원(당연직 위원)은 해당 직위에 재임하는 기간으로 한다(제112조의2 제3항). 결원이 생겼을 경우에는 보궐위원을 위촉하여야 하며 그 임기는 전임자의 잔여기간으로 한다. 다만 위원의 수가 20명 이상인 경우에는 보궐위원을 위촉하지 않을 수도 있다(제112조의2 제4항).

위원회의 업무를 효율적으로 수행하기 위하여 분야별로 분과위원회를 둘 수 있다. 분과위원회가 위원회로부터 위임받은 사항에 관하여 의결한 때에는 위원회가 의결한 것으로 본다(제112조의2 제5항).

2. 위원회의 업무와 기능

저작권법 제113조에서는 위원회의 업무 12가지를 법정하고 있다. ① 저작권 등록, ② 분쟁의 알선·조정, ③ 심의, ④ 저작물 등의 이용질서 확립 및 저작물의 공정한 이용 도모를 위한 사업, ⑤ 저작권 진흥 및 저작자의 권익 증진을 위한 국제협력, ⑥ 저작권 연구·교육 및 홍보, ⑦ 저작권 정책의 수립 지원, ⑧ 기술적 보호조치 및 권리관리정보에 관한 정책 수립 지원, ⑨ 저작권 정보 제공을 위한 정보관리 시스템 구축 및 운영, ⑩ 감정, ⑪ 법령에 따라 위원회의 업무로 정하거나 위탁하는 업무, ⑫ 그 밖에 문화체육관광부장관이 위탁하는 업무 등이 있다.

감정은 법정 업무(제119조)임에도 제113조 '업무'에는 빠져 있다. 여기서는 법정 업무 중 조정, 심의, 저작권 정보관리 시스템 운영(저작권정보센터), 감정, 임치를 중심으로 살펴보기로 한다.

가. 조정

조정은 민사적 분쟁 해결 수단의 하나로서, 국가의 사법 제도를 보완하는 대체적 분쟁 해결(alternative dispute resolution) 제도의 하나로 널리 이용되고 있다. 조정은 강제적 분쟁 해결 방식인 재판과는 달리, 당사자의 의사에 전적으로 의존하는 방식이다. 조정 절차에 참여하겠다는 당사자 간의 명시적·묵시적 합의, 그리고 조정부의 조정 권고안에 대한 합의를 거쳐야만 조정이 성립되기 때문이다. 이러한 조정의 임의적 성격은 단점으로 지적되기도 하지만, 당사자의 합의를 이끌어내기 위해 당사자의 의사를 최대한 존중한다는 점에서는 장점이 될 수도 있다. 시간과 비용을 들이는 재판 절차를 고집하지 않는다면, 그리고 굳이 시시비비를 가릴 필요가 없는 사건에 대해서는 조정이 당사자에게 편리한 제도임에 틀림없다.

(1) 조정의 성격

조정의 성격은 크게 임의성, 편리성 내지 간편성, 신속성, 전문성 및 비밀성 등 다섯 가지 측면에서 다뤄진다. 첫째, 조정은 당사자의 의사에 전적으로 의존한다(임의성). 조정 신청 이후 조정 기일의 지정, 조정 기일의 진행 등이 당사자의 합의가 없으면 이뤄지지 않는다. 조정부의 조정 권고안에 대해서도 당사자의 동의가 있어야만 조정 조서가 작성되어 집행력이 부여된다. 이와는 달리 재판은 판결이나 결정이 내려지는 전 과정에 걸쳐 당사자들을 강제한다.

둘째, 조정은 편리성 내지 간편성을 특징으로 한다. 따라서 엄격한 소송요건을 필요로 하지 않는다. 피해자뿐만 아니라 가해자도 신청할 수 있고, 변호사만이 조정 대리를 할 수 있는 것도 아니다. 조정 절차도 법률상 정해진 공격과 방어 방법에 따르지 않는다. 당사자가 법률 지식이 없더라도 조정 절차에 참여하여 의견을 개진할 수 있다. 조정은 당사자의 의사에 크게 의존하기 때문에 당사자의 의견 제출과 진술이 매우 중요한 역할을 한다.

셋째, 조정은 신청서를 접수한 날로부터 3개월 이내에 처리되는 것이 원칙이다(신속성). 3개월 이내에 합의가 되지 않으면 불성립으로 종결된다. 재판에 비하여 매우 신속한 절차를 거쳐 처리된다고 할 수 있다.

넷째, 조정부는 "저작권 또는 문화산업 관련 업무에 관한 학식과 경험이 풍부한" 전문가들로 구성되도록 하고 있다. 저작권 환경이 급속히 변화하고 있는 시점에서 조정위원의 전문성은 어느 때보다 중요해지고 있다. 조정 당사자들도 변호사나 학자 못지않게 전문적인 지식을 가지고 있는 경우도 많고, 이들은 복잡한 쟁점에 대해서 실무적으로도 무장을 하고 있기 때문에 조정위원의 전문성은 조정의 성패를 좌우할 수도 있을 정도로 환경이 변화하고 있는 것이다.

다섯째, 조정은 절차적으로나 내용상 비밀성을 특징으로 한다. 당사자들은 기업 비밀이나 사생활 노출을 꺼리기 때문이다. 비공개를 원칙으로 하고(제115조), 조정 절차에서 한 당사자나 이해관계인의 진술은 소송에서 원용하지 못한다(제116조). 이에 관해서는 뒤에서 다시 설명한다.

그 밖에도 조정은 저렴한 비용으로 신청할 수 있다. 즉, 신청 수수료가 1건당 최대 10만 원(금액으로 환산할 수 없는 경우에는 5만 원)에 지나지 않는다.

(2) 조정부의 구성

조정부는 1명 또는 3명 이상의 위원으로 구성되고 그중 1명은 변호사 자격을 가져야 한다(제114조 제1항). 3명 합의체 조정부가 원칙이라고 할 수 있으며, 필요한 경우 1명 단독 조정부도 가능하다.[1]

단독 조정부는 2006년 법개정으로 신설된 것이다. 조정은 본래 당사자 간의 합의를 끌어 내는 데 목적을 두고 있다는 점, 합의 유도를 위해서는 각 분야에 종사하는 복수의 전문가 가 참여하는 것이 적절하다는 점 등을 고려할 때 합의체가 적절한 것이다. 법개정 취지는 조정 건수가 증가하는 데 따라 신속한 업무 처리가 필요하고, 비교적 경미한 분쟁이 조정 신청의 상당수를 차지한다는 사실을 감안하여 단독 조정부를 설치할 수 있도록 한 것이다.

(3) 조정 대상

위원회의 조정은 '저작권에 관한 분쟁'을 해결하기 위한 것이다(제112조 제1항). 조정 대상 으로서 저작권에 관한 분쟁이란 가장 좁게 보면 저작권 침해에 대한 분쟁이고, 조금 넓게 보면 저작권법에서 정한 각종 보상청구권과 관련한 분쟁이다. 가장 넓게 보면 저작권 계약 의 해석에 관한 분쟁도 포함한다.

어떠한 분쟁이 조정 대상이 되는 여부는 조정부가 독립적인 기관으로서 독자적으로 판단 할 수 있다고 본다. 조정부의 판단으로 조정 대상 여부를 판단하여 그 신청을 수리 또는 각하할 수 있다. 조정은 원칙적으로 당사자의 의사를 전적으로 존중하는 분쟁 해결 절차(조 정 절차에 대한 동의와 조정 결과에 대한 동의)이고 그 과정에서 다른 당사자의 의견을 충분히 들을 수 있다는 점을 고려한다면 분쟁 대상을 좁게 볼 필요는 없을 것이다. 조정부는 가장 넓은 의미의 분쟁에도 간여할 수 있다고 본다.

이렇게 볼 때 조정 대상 분쟁은 크게 세 가지로 나눌 수 있다. 첫째, 저작권 등 침해에 관한 분쟁으로서 저작권, 저작인접권, 데이터베이스제작자의 권리 및 배타적발행권 침해에 관한 분쟁이 있다. 침해 사건에서 쟁점은 해당 창작물이 법적 보호대상인가, 보호대상이라 면 해당 창작물이 보호기간 내에 있는가, 권리 제한 규정이 적용될 여지가 없는가 등등이 있을 것이다. 조정부는 이 과정에서 자연스럽게 법령 해석의 다툼도 다루게 될 것이다. 가 해자가 침해를 인정할 경우 배상금의 액수 또는 요율 등이 조정 합의의 주요 내용을 이룬

---

[1] 시행령 제60조에서는 조정신청 금액이 500만 원 이하인 사건에 대하여 1명 조정부를 구성할 수 있도록 하고 있다.

다. 경우에 따라서는 침해에 대한 판단을 유보하고 일정 금액 지급을 조건으로 분쟁을 매듭 짓기도 한다. 조정의 성격상 가능한 것이다.

둘째, 보상금의 금액 또는 요율에 관한 분쟁이 있다. 저작권법은 상업용 음반을 방송하는 때에는 실연자와 음반제작자에게 상당한 보상금을 지급하도록 하고 있고, 이에 관하여 권리자와 방송사업자가 합의하지 않으면 조정을 신청할 수 있도록 명시하고 있다(제75조 제4항). 이것은 단지 주의 규정에 지나지 않지만 보상금의 요율이나 금액이 조정 대상이라는 점을 간접적으로 확인해주고 있다. 우리 법상 보상청구권 제도는 널리 활용되고 있으므로 이에 관해서 분쟁이 생길 경우 역시 조정에 회부할 수 있다.

셋째, 저작권 계약의 해석에 관한 분쟁이 있다. 예를 들어, 계약의 성격이 무엇인가(양도 계약인가 이용허락 계약인가), 계약상 이전되는 권리의 종류와 범위는 무엇인가 등이 있다. 조정부는 이에 대해서도 다룰 수 있다고 본다. 다만, 저작권 사용료 지급과 관련한 분쟁은 계약상의 의무 불이행을 다투는 것이므로 '저작권에 관한 분쟁'이라 하기는 곤란할 듯하다.[2]

(4) 조정의 효력

조정은 당사자 간에 합의된 사항을 조서에 기재함으로써 성립된다(제117조 제1항). 이러한 조서는 재판상 화해와 동일한 효력이 있다. 다만, 당사자가 임의로 처분할 수 없는 사항에 관한 것은 그러하지 아니하다(제117조 제2항). 화해 조서는 확정판결과 동일한 효력이 있으므로[3] 조정 조서 또한 확정판결과 동일한 효력이 있다. 조정 조서는 대법원규칙에 의거해 집행문이 부여된다.[4]

---

2) 저작권 계약에서 계약상 분쟁이 생기면 소제기에 앞서 위원회의 조정을 구한다는 약정을 담을 수도 있다. 이러한 임의 약정은 계약상의 분쟁을 위원회 조정으로 해결하고자 한 것이지만 이것이 곧 조정 대상이라는 의미는 아니다. 조정 대상 여부는 여전히 조정부의 권한에 속하는 것이다.

3) 민사소송법 제220조 참조. "재판상 화해조서는 확정판결과 동일한 효력이 있어 당사자 사이에 기판력이 생기는 것이므로 그 내용이 강행법규에 위반된다 할지라도 준재심절차에 의하여 취소되지 아니하는 한 그 화해가 통정한 허위표시로서 무효라는 취지의 주장은 할 수 없다." 대법원 1992. 10. 27. 92다19033 판결.

4) '각종 분쟁조정위원회 등의 조정조서 등에 대한 집행문 부여에 관한 규칙'(대법원규칙 제1768호 2002. 6. 28, 일부개정). 이 규칙은 1992년 제정된 것(대법원규칙 제1198호)으로, 당시 여러 분쟁조정위원회의 개별 집행문 부여 규칙을 통합했다. 이에 따라 각종 중재나 조정 기관이 작성한 화해조서, 조정조서,

당사자 간에 합의가 되지 않으면 조정은 불성립 종결된다. 당사자가 정당한 사유 없이 출석 요구에 응하지 않거나 조정 신청일로부터 3개월의 기간이 경과한 경우에도 불성립으로 본다(시행령 제63조 제1항). 조정이 불성립되면 그 사유를 조서에 적어야 한다(시행령 제63조 제2항).

조정의 효력은 당사자 합의를 전제로 발생한다. 당사자가 합의하지 않으면 어떠한 강제적 효과도 생기지 않는 것이다. 이것은 조정의 임의성에서 나온 귀결이다. 이를 조정의 단점으로 지적하면서 강제성을 확보하는 방법을 강구할 필요가 있다는 주장이 제기되기도 한다. 조정의 강제성을 일부 도입한 환경 분쟁 조정이나 소비자 분쟁 조정이 없는 것은 아니다.[5] 그러나 이와는 다른 주장도 있다. 즉, 조정은 그 본질이 임의성에 있기 때문에 강제적인 조정이란 이미 조정의 본질을 벗어난 것일 수 있는 것이고, 분쟁 당사자에게 조정 이외의 방법이 여전히 존재하는 마당에 조정에 강제성을 도입할 필요가 없다는 것이다. 또한 환경 분쟁이나 소비자 분쟁은 그 공공적 성격으로 인해 조정의 강제성이 정당화될 수도 있으나 저작권 분쟁은 대부분 사적 성격을 띠고 있기 때문에 강제성을 수긍하기도 곤란하다는 것이다. 조정의 강제력은 한편으로는 바람직한 듯 보이지만 다른 한편으로는 조정의 성격에서 멀어지는 문제를 낳기도 한다.

2020년 2월 '직권조정결정' 제도를 도입했다. "경미한 저작권 침해에 대한 형사고소 및 합의금 종용이 남발되는 것을 방지하고, 조정 결정의 실효성을 제고하기 위해" 도입된 것이다.[6] 3명 이상의 위원으로 구성된 조정부는 ① 어느 한쪽 당사자가 합리적인 이유 없이

중재조서 등 재판상 화해와 동일한 효력이 있는 문서에 대한 집행문 부여 신청 방식과 부여 절차 등이 일원화되었다. 저작권위원회 조정 조서에 의거해 강제집행을 신청한 사례는 2005년까지 10건 정도로 알려졌다. 당사자의 자율성을 존중하는 조정의 본질을 생각하면 이조차 적지 않은 숫자로 생각된다.

5) 소비자기본법(법률 제17799호, 2020. 12. 29., 타법개정)에서는 분쟁조정을 마친 때에는 지체 없이 당사자에게 그 분쟁 조정의 내용을 통지하고, 통지를 받은 당사자는 그 통지를 받은 날부터 15일 이내에 수락 여부에 대한 의사표시가 없는 때에는 수락한 것으로 보고 있다(제67조). 환경분쟁조정법(법률 제17985호, 2021. 4. 1., 일부개정)에서는 환경분쟁조정위원회는 "당사자 간에 합의가 이루어지지 아니한 경우로서 신청인의 주장이 이유 있다고 판단되는 경우에는 당사자들의 이익과 그 밖의 모든 사정을 고려하여 신청 취지에 반하지 아니하는 한도에서 조정을 갈음하는 결정"을 할 수 있고, 그 결정에 대해 이의신청이 없는 경우 그 결정은 재판상 화해와 동일한 효력이 있다고 하고 있다(제33조의2 및 제35조의2).

6) 교육문화체육관광위원회 전문위원 박용수, 저작권법 일부개정법률안(염동열 의원 대표발의) 검토보고, 2017. 9.

조정안을 거부한 경우, ② 분쟁조정 예정가액이 1000만 원 미만인 경우에 당사자들의 이익이나 그 밖의 모든 사정을 고려하여 신청 취지에 반하지 아니하는 한도에서 직권으로 조정을 갈음하는 결정(직권조정결정)을 할 수 있다. 직권조정결정에 불복하는 자는 결정서 정본을 송달받은 날부터 2주일 이내에 불복 사유를 구체적으로 밝혀 서면으로 조정부에 이의신청을 할 수 있다. 이의 신청이 없는 경우에는 재판상의 화해와 동일한 효력이 있다(제117조 제2항 내지 제5항).

(5) 조정 절차

분쟁이 생기면 먼저 당사자 간에 협의 절차가 진행된다. 협상이 분쟁 해결의 가장 기본적인 방법이면서 가장 바람직한 것이다. 저작권 분쟁이라 해서 크게 다르지 않다. 당사자들은 협의가 제대로 진행되지 않으면 다른 해결 방법을 강구하게 되는데 그 과정에서 조정을 선택하기도 한다. 조정 신청은 통상 피해자가 하게 마련이지만 가해자가 신청할 수도 있다. 조정 절차상 당사자의 동의가 반드시 필요하기 때문에 문제가 될 것은 아니다.

조정은 신청으로 절차가 진행된다. 조정 신청인은 신청 취지와 원인을 기재한 조정신청서를 위원회에 제출한다(제114조의2 제1항). 신청서가 접수되면 위원회 위원장은 진행할 조정부를 지정하고(시행령 제61조 제3항), 이렇게 지정된 조정부가 기일을 진행한다. 당사자 출석 요구 과정에서 당사자가 조정을 원하지 않는다는 의사표시를 하면 그것으로 조정은 불성립된다. 법정대리인이나 변호사 등 법률상 소송대리권이 있는 사람은 물론 누구든지 조정부장의 허가를 얻으면 조정 대리인이 될 수 있다. 예를 들어, 회사 실무담당자는 조정부장의 허가를 받아 조정 기일에 출석하여 진술할 수 있다. 기일에서의 진술은 서면이나 구술로 한다. 조정부는 이 과정에서 당사자들 간에 원만한 합의가 이뤄지도록 노력한다. 조정부장은 필요한 경우 이해관계인의 출석을 요구하거나 관계 서류의 제출을 요구할 수 있다(시행령 제62조 제1항). 증인, 서증, 검증, 감정 등의 방법으로 증거조사를 실시할 수도 있다.

조정은 공개하지 않는다(제115조). 비공개는 조정의 특징 중 하나이다. 조정은 당사자의 의사를 충분히 들어야만 성립 가능성이 높다. 각종 진술과 서증, 감정 등의 자료에는 공개하기 곤란한 내용도 적지 않을 것이기 때문에 이를 공개하는 것은 적절하지 않은 것이다. 다만, 조정부장은 당사자의 동의를 얻어 제3자의 방청을 허가하기도 한다(제115조 단서).

또한 조정 절차에서 당사자나 이해관계인이 한 진술은 소송 또는 중재 절차에 원용하지 못한다(제116조). 조정은 당사자의 자유로운 합의를 전제로 성립한다. 조정부는 당사자들이 자유롭게 의견을 교환하는 과정에서 원만한 합의를 이끌어낼 수도 있다. 재판과 같이 엄격한 증명력을 요구할 필요가 없는 것이다. 이러한 자유로운 의견 진술이 조정 성립으로 이어지지 않고 오히려 소송 절차에서 원용된다면 그러한 진술을 한 당사자는 지극히 불리한 입장에 처할 수도 있다. 이 조항은 이를 미연에 방지하기 위한 것이라 할 수 있다.

조정 기간은 신청일로부터 3개월이다. 3개월 안에 조정조서 작성까지 마쳐야 한다. 조정은 조정조서에 기재하여야 성립하기 때문이다(제117조 제1항). 양 당사자가 동의하는 경우 1개월의 범위에서 1회 연장할 수 있다(시행령 제61조 제5항). 위원회는 프로그램에 관한 분쟁의 경우 양 당사자로부터 감정을 요청받은 경우 감정을 실시할 수 있는데, 이때 감정 기간은 조정 기간에 산입하지 않는다(제119조 제1항 제2호 및 시행령 제61조 제6항). 조정 기간이 지나거나 당사자들이 합의하지 못하거나 또는 직권조정결정에 대해 이의 신청을 하는 경우에는 조정이 불성립된 것으로 간주한다(시행령 제63조 제1항).

(6) 알선

알선은 2002년 프로그램보호법 개정으로 등장한 제도이다. 알선이 제3자적인 분쟁 해결 제도라는 점에서는 조정과 같으나 그 법적 효과는 당사자 사이의 합의 성립에 그친다. 제3자가 객관적인 입장에서 분쟁에 개입하여 법률적 조언과 타협을 유도하는 자율적인 장치로서 특징을 가진다. 이에 따라, 저작권법은 특별한 법적 효과를 예정하지도 않고, 절차적인 엄격성을 요구하지도 않는다.

알선 제도는 2009년 4월 개정법에 의해 프로그램저작권뿐만 아니라 다른 모든 저작권 관련 분쟁에서 활용할 수 있게 되었다. 알선은 신청서를 제출함으로써 개시된다(제113조의2 제1항). 위원회 위원장은 알선 신청을 받은 때에는 위원회 위원 중에서 알선위원을 지명한다(제113조의2 제2항). 알선위원은 분쟁 해결을 위해 법률적으로 조력하고 합의 성립에 이를 수 있도록 설득도 하게 된다. 알선이 성립한 때에 알선위원은 알선서를 작성하여 관계 당사자와 함께 기명날인하거나 서명하여야 한다(제113조의2 제5항). 알선위원은 자신의 노력에도 불구하고 분쟁 해결의 가능성이 없다고 인정되는 경우에는 알선을 중단할 수 있고(제113조의2 제3항), 알선 중에 당사자 일방이 조정 신청을 하게 되면 해당 알선은 중단된 것으로 본다(제113조의2 제4항).

나. 심의

위원회는 저작권위탁관리업자의 수수료 및 사용료의 요율 또는 금액에 관한 사항 및 문화체육관광부장관 또는 위원 3명 이상이 공동으로 회의에 부치는 사항을 심의한다(제113조제3호). 문화체육관광부장관은 저작권신탁관리업자의 수수료 규정과 사용료 규정을 승인하는 권한을 가지고 있는데(제105조 제9항), 이러한 승인의 전문성과 공정성을 확보하기 위해 위원회의 심의를 거치도록 한 것이다. 수수료는 신탁관리업자가 권리자에게 사용료를 분배하기 전에 공제하는 관리 수수료를 말하고, 사용료는 신탁관리업자가 저작물 등의 이용자로부터 거두는 저작권 사용료를 말한다.

종전에는 관리 수수료만을 법정 심의 사항으로 했으나 2006년 개정으로 사용료 또한 법정 심의 사항으로 했다. 법정 심의 사항은 반드시 위원회 심의를 거쳐야 한다(제105조 제10항). 관리 수수료는 신탁관리업자와 권리자 간의 관계에서, 사용료는 신탁관리업자와 이용자 간의 관계에서 각기 의미가 있다. 전자는 신탁관리의 투명성과 효율적 운영을 통해 최적의 분배를 확보하기 위한 것이라면, 후자는 이용자에 대한 독점적 지위의 남용을 방지하기 위한 것이다.

문화체육관광부장관은 법정 심의 사항 외에 무엇이든 전문적인 검토를 위해 심의를 요청할 수 있다. 또한 위원 3명 이상이 의결하면 위원회가 자체 심의를 할 수도 있다. 문화체육관광부장관은 법률이나 국제조약 규정의 해석, 조약 가입을 위한 검토 등에 관해 위원회의 전문적 심의 기능을 활용하기도 했다. 위원회는 효율적인 업무 수행을 위해 분과위원회를 둘 수 있는데(제112조의2 제5항) 분과위원회는 주로 법정허락과 심의 기능을 위해 운영되고 있다.

다. 저작권정보센터

저작권법은 위원회 내에 저작권정보센터를 설치하고 있다(제120조). 정보센터는 "기술적 보호조치 및 권리관리정보에 관한 정책 수립 지원"[7]과 "저작권 정보 제공을 위한 정보관리

---

7) 이러한 정책은 주로 표준화 정책에 주안을 두고 있는 것이다. 문화관광위원회, 저작권법 일부개정법률안 심사보고서, 2006. 12., 12~15 참조.

시스템 구축 및 운영" 사업을 추진하기 위한 조직이다(제113조 제7호 및 제8호).

정보센터는 권리관리정보의 체계적인 수립·관리·활용을 위한 통합관리체계 구축 및 운영, 저작물 및 권리자를 식별할 수 있는 통합저작권번호체계의 개발, 관리 및 보급, 기술적 보호조치의 표준화에 관한 연구, 기술적 보호조치 표준이행에 대한 평가 및 이를 위한 표준 평가 도구 개발 등의 업무를 수행한다(시행령 제66조). 아울러, 문화체육관광부장관의 위탁을 받아 권리자 찾기 정보시스템을 구축·운영하고 있다(제68조 제1항 제4호).

라. 수탁 업무

문화체육관광부장관은 저작권법상 각종 보상금 기준을 결정하고, 법정허락을 하는 권한을 가지고 있다. 이러한 권한은 2000년 개정법에서 위원회에 위탁했고, 2006년에는 시행령으로 보상금 기준 결정 권한을 제외하고는 법정허락과 저작권 등록에 관한 권한을 위원회에 위탁한 바 있다(시행령 제68조 제1항). 저작권 등록은 2020년 2월 개정법으로 위원회 고유 업무가 되었고, 제35조의4(문화시설에 의한 복제 등)에 따른 보상금 결정, 법정허락, 권리자 찾기 정보시스템 구축·운영 업무는 시행령으로 문화체육관광부장관으로부터 위탁받아 수행하고 있다(제68조 제1항). 기증과 인증 업무도 시행령에서 별도로 위탁받아 운영하고 있다(제36조 제1항, 제68조 제3항).

마. 기타 업무

(1) 감정

감정은 품질 감정에서부터 소송법상 감정에 이르기까지 다양한 분야에서 사용되고 있다. 저작권법상 감정은 나름대로 독특한 의미를 지니고 있다. 저작권법 체계에서 감정이라는 용어는 먼저 프로그램보호법에서 사용했다. 2002년 개정 프로그램보호법은 감정을 프로그램보호위원회의 업무로 했다. 이 위원회의 감정에는 두 가지가 있었다. 하나는 "분쟁 조정을 위하여 필요한 때에 양 당사자의 동의를 얻어 프로그램 및 프로그램과 관련된 전자적 정보 등에 관한 감정"이고(제38조의2 제1항), 다른 하나는 "법원 또는 수사기관으로부터 재판 또는 수사를 위하여 프로그램 및 프로그램과 관련된 전자적 정보 등에 관한 감정을 요청

받은 때에" 실시하는 감정이다(제38조의2 제2항). 이 위원회는 이러한 법률상의 근거에 따라, 프로그램 간 동일·유사성에 대한 감정, 프로그램의 완성도 및 하자 감정, 프로그램 개발비용 산정 감정, 기타 프로그램 관련 전자적 정보에 관한 감정 등으로 나눠 감정 업무를 수행한 바 있다.[8]

2006년 개정 저작권법은 프로그램보호법상의 감정 규정을 일부 받아들여, "위원회는 법원 또는 수사기관 등으로부터 재판 또는 수사를 위하여 저작권 등의 침해 등에 관한 감정을 요청받은 때에 이를 실시할 수 있다"고 한 바 있다(제119조).

저작권법과 프로그램보호법을 통합한 2009년 4월 개정법은 저작권법상의 감정과 프로그램보호법상의 감정을 모두 위원회의 업무로 하고 있고, 이는 계속 이어지고 있다. 제119조에 의하면, 위원회는 ① "법원 또는 수사기관 등으로부터 재판 또는 수사를 위하여 저작권 등의 침해 등에 관한 감정을 요청받은 경우"와 ② "분쟁 조정을 위하여 분쟁 조정의 양 당사자로부터 프로그램 및 프로그램과 관련된 전자적 정보 등에 관한 감정을 요청받은 경우"에 감정을 실시할 수 있다.

개정법은 분쟁 조정의 경우 프로그램에 관한 감정에 국한하여 법정 감정 대상으로 하고 있다. 그러나 조정은 조정부의 권한에 속하고, 조정부장은 필요한 경우 "관계 서류의 제출을 요구할" 수도 있으며(시행령 제62조 제1항), 감정의 방법으로 증거조사를 할 수도 있으므로 분쟁 당사자가 동의할 경우 일반 저작물에 관한 감정도 할 수 있다고 본다. 일반 저작물에 관한 감정으로 저작물의 실질적 유사성 판단, 저작물의 시장 가격 추정 등을 생각할 수 있다. 그러나 일반 저작물의 가격 산정은 저작물의 종류가 다양해서 정형화된 기준 제시도 곤란한 만큼, 아무래도 저작물의 실질적 유사성 판단이 현실적으로 가능한 감정 업무라 할 것이다.

(2) 인증

인증 제도는 2006년 법개정으로 신설되었다. 인증이란 "저작물 등의 이용허락 등을 위하여 정당한 권리자임을 증명하는 것을 말한다"(제2조 제33호). 인증은 크게 두 가지로 나눌 수 있다. 첫째는 권리 인증 또는 권리자 인증이다. 정의 규정은 명시적으로 권리 인증을

---

8) 문화체육관광부(2009), 64.

언급하고 있다. 이러한 인증이란 저작권 등의 원시 귀속 주체가 누구인지, 그리고 저작재산권 등이 최종적으로 누구에게 있는지 일일이 확인해주는 것이라고 할 수 있다. 둘째로는 이용허락에 관한 인증이다. 정의 규정에서 명시하지는 않고 있으나 시행령에서는 이용허락 인증을 예정하고 있다.9) 이용허락 인증이란 권리자로부터 정당한 이용허락을 받았는지 여부를 확인해주는 것이다.

법에서 인증 규정을 둔 취지는 무엇일까. 국회 심사보고서에 의하면, 두 가지 점을 고려한 듯하다. 첫째는 불법 복제물의 유통을 막기 위해 인증 제도가 필요하다는 것이다. 둘째는 중국 등 해외에서 영화, 음악, 드라마 DVD 발매 시 인증번호를 발급하고 있으나 한국 저작물에 대해서는 진정한 권리관계를 확인할 수 없어서 인증을 기피하고 결국 DVD 발매가 늦어지면서 불법 복제물이 성행하는바, 이를 해결하기 위한 방안으로 인증 제도가 필요하다는 것이다.10)

저작권법에서 예정하고 있는 인증과 유사한 제도로는 공증과 저작권 등록이 있다. 공증 제도는 공증인법11)에서 규율하고 있는바, 이에 의하면 공증에는 크게 두 가지가 있다. 하나는 법률행위나 그 밖에 사권에 관한 사실에 대한 작성한 공정증서의 작성이고, 다른 하나는 사서증서 또는 공무원이 직무상 작성한 것 이외의 전자문서에 대한 인증이다(제2조).12) 이러한 직무를 수행하는 공증인은 공무원의 지위를 가지는 것으로 본다. 공증인이 직접 작성한 공정증서는 민사소송법상 진정 성립이 추정되고(민사소송법 제356조 제1항),13) 공정증서 등본은 형사소송법상 당연히 증거능력 있는 서류로 인정되어(형사소송법 제315조) 강력한 증명력을 가진다. 일정한 금액 등을 지급할 것을 목적으로 작성한 공정증서에 채무자가 강제집행을 승낙하는 취지가 적혀 있는 경우에는 그 공정증서에 기초하여 강제집행을 할 수도 있다(민사집행법 제56조).

---

9) 제37조 제2항: "인증기관은 제1항에 따라 인증을 신청한 자가 정당한 권리자(정당한 권리자로부터 저작물 등의 이용허락을 받은 경우를 포함한다)라고 인정되는 경우에는 이를 인증하여야 한다."

10) 위 심사보고서, 7~9.

11) 법률 제15150호, 2017. 12. 12., 일부개정.

12) 사서증서의 인증이란 작성자의 의사에 따라 진실로 작성되었고, 위·변조되지 않았다는 사실을 공증인이 인증하는 것을 말한다.

13) 대법원 1994. 6. 28. 94누2046 판결 참조. 공증인이 인증한 사서증서도 진정 성립이 추정된다. 대법원 1992. 7. 28. 91다35816 판결.

저작권 등록은 좁은 의미의 저작권 등록과 저작권 변동 등록이 있다. 전자의 경우 등록부에 기재한 일정한 사실(저작자, 창작 연월일, 공표 연월일 등)에 추정력을 부여하고 후자의 경우에는 변동 사실에 대항력을 부여한다. 저작권 침해가 발생하면 침해자의 행위에 과실이 있는 것으로 추정한다.

권리 인증이 진정한 권리자라는 사실을 확인해주고 이에 증명력을 부여된다면 해당 권리자는 저작권 침해에 대해 효과적으로 대처할 수 있을 것이다. 또한 이용허락 인증이 이용허락 계약의 성립과 내용의 진정성·진실성을 확보해준다면 유통 질서의 확립에 크게 도움이 될 것이다. 소비자들도 유통 복제물에 기재된 인증 표시를 보고 안심하고 해당 복제물을 구입하거나 이용할 수 있을 것이다. 그러나 저작권법은 어떠한 종류의 인증이든 법적 효과에 대해서는 침묵하고 있다.

저작권법에서 예정하고 있는 인증은 몇 가지 점에서 문제점이 발견된다. 첫째, 권리 인증의 경우 하루에도 수백만, 수천만이 창작되는 저작물에 대해 진정한 권리 여부를 제3의 기관이 객관적으로 확인해주고 이를 사법절차 등에 입증자료로 활용할 수 있다는 가정 자체가 현실적이지 않다. 무방식주의를 채택하고 있는 저작권법의 원칙에 비춰보면 더욱 그러하다.

둘째, 권리 인증의 경우 저작권 등록과 차별하기 어렵다. 전자는 아무런 법적 효과의 뒷받침을 받지 못하는 반면, 후자는 법에서 추정력이나 대항력을 가진다. 권리자는 전자의 방법으로 자신이 권리자라는 사실을 확인하거나 증명하려고 하지 않을 듯하다.

셋째, 중국에서 권리 보호를 위해 인증이 필요하다는 주장은 설득력이 없다. 중국은 자국이 가입한 국제조약상의 의무인 내국민대우의 원칙에 의해 외국인을 차별할 수 없으며 무방식주의 원칙에 따라 저작권의 향유와 행사의 조건으로 어떠한 방식(인증도 방식이다)을 요구해서도 안 된다. 중국이 가입한 국제조약은 내국민대우와 무방식주의 원칙을 지켜야 할 의무가 있는 것이다. 한국의 법률은 영토적 효력으로 인해 외국에는 미치지 않는다. 국내법상 인증 제도는 중국에는 법적 효력을 미칠 수도 없는 것이다.

권리 인증이든 이용허락 인증이든 그 법적 목적은 공증인법에 의한 공정증서나 인증된 사서증서를 통해서도 달성할 수 있다. 법적 근거와 법적 효력이 뒷받침되지 않은 인증 제도가 활용될 가능성은 높아 보이지 않는다. 국내외적으로 저작권 인증 제도를 법률에서 규정한 입법례를 찾아볼 수도 없다.

인증기관으로 지정을 받기 위해서는 신청서를 제출해야 하고 대상 기관으로는 위원회뿐만 아니라 저작권신탁관리업자, 기타 법인이나 단체를 상정하고 있다(시행령 제36조 제1항).

(3) 임치

임치 제도는 2002년 프로그램보호법 개정으로 등장했다. 프로그램보호법이 폐지되면서 이 법에 존재하던 규정을 2009년 개정 저작권법에 신설한 것이 현재의 규정이다. 이에 의하면, 저작재산권자와 이용허락을 받은 자는 프로그램의 원시코드 및 기술 정보 등을 임치할 수 있다(제101조의7 제1항). 이용허락을 받은 자는 계약에서 정한 사유가 발생하는 경우 수치인에게 원시코드 및 기술 정보 등의 제공을 요구할 수 있다(제101조의7 제2항). 저작권법상 프로그램 임치는 민법상 임치 계약의 일종이라 할 수 있다.

우리 민법상 임치는 당사자 일방이 상대방에 대하여 금전이나 유가증권 등의 보관을 위탁하고 상대방이 이를 승낙함으로써 성립하는 계약이다(제693조). 임치는 사무처리를 위탁하는 위임과는 유사하지만, 임치는 그중 보관이라는 목적에 한정하고 있어서 임치인의 동의 없이는 임치물을 사용하지 못한다는 점(제694조) 등에서 위임과는 다르다.

저작권법상 계약에 의한 임치 제도는 저작재산권자(임치인)가 프로그램 사용자를 위하여 원시코드 등을 제3자(수치인)에게 보관을 위탁하고, 저작재산권자가 파산하거나 불가항력 사유가 발생하여 더 이상 프로그램 유지·보수를 할 수 없는 경우 사용자가 수치인에게 원시코드 등의 제공을 요구하여 프로그램을 계속적으로 사용할 수 있도록 하는 것을 말한다.

임치 목적물에는 원시코드를 특정하고 있으나 목적코드도 포함할 수 있다. 기술 정보에는 설계문서, 명세서, 운영자 매뉴얼 및 사용자 매뉴얼 기타 기술 정보가 있지만 이에 국한하는 것은 아니다.

임치계약은 양자간(저작재산권자 및 제3자) 또는 3자간(저작재산권자, 사용자 및 제3자) 체결할 수 있다. 양자간 계약도 생각할 수 있으나 주로 3자간 계약이 일반적이다. 저작재산권자가 사용자를 위해 제3자(수치인)와 임치계약을 체결하고 저작재산권자가 파산 등의 사유로 유지·보수를 할 수 없는 경우에는 사용자가 임치 목적물을 인도받을 수 있도록 하는 것이다. 유지·보수가 반드시 필요한 프로그램의 속성, 개발업체의 영세성, 다른 프로그램과 호환성을 확보하기 위한 기술적 필요성 등을 감안하면 임치 제도는 유용한 것이다.[14]

---

14) 위원회의 임치 통계를 보면, 2021년 신규 등록 1377건이고 갱신 등록 1309건이었다. 사용권자 등록은 37건이었다. 한국저작권위원회, 저작권 통계, 2022년 제11권, 200. 사용권자 등록은 범용 소프트웨어와 같이 사용자가 다수 있는 경우 그 이용자를 등록하는 것을 말한다.

(4) 기타 업무

위원회는 이외에도 저작물 이용질서 확립 및 저작물의 공정한 이용 도모를 위한 사업, 저작권 보호를 위한 국제협력, 저작권 연구·교육 및 홍보, 저작권 정책의 수립 지원 등의 업무를 한다. 이러한 업무는 저작권 전문기관으로 종전부터 수행하고 있었던 것으로 업무의 내용이 크게 달라지는 것은 아니다.

제2절 한국저작권보호원

1. 보호원 설치 근거 및 업무와 기능

한국저작권보호원은 효과적인 저작권 보호체계를 갖추기 위하여 2016년 3월 개정법에서 신설되었다. 당시 민간 부문의 저작권보호센터와 공공 부문의 문화체육관광부와 한국저작권위원회의 저작권 보호 기능을 모으고자 한 것이라고 할 수 있다.[1] 저작권법 제122조의2에서는 "저작권 보호에 관한 사업을 하기 위하여 한국저작권보호원…을 둔다"고 하고 있다.

이러한 설립 목적에 따라, 보호원의 업무도 보호에 집중되어 있다. 이에는 ① 저작권 보호를 위한 시책 수립지원 및 집행, ② 저작권 침해실태조사 및 통계 작성, ③ 저작권 보호 기술의 연구 및 개발, ④ 저작권 보호를 위한 국제협력, ⑤ 저작권 보호를 위한 연구·교육 및 홍보, ⑥ 저작권 침해 수사 및 단속 사무 지원, ⑦ 문화체육관광부장관의 시정명령에 대한 심의, ⑧ 온라인서비스제공자에 대한 시정권고 및 문화체육관광부장관에 대한 시정명령 요청, ⑨ 법령에 따라 보호원의 업무로 정하거나 위탁하는 업무, ⑩ 그 밖에 문화체육관광부장관이 위탁하는 업무 등이 있다(제122조의5).

---

1) 교육문화체육관광위원회 전문위원 박명수, 저작권법 일부개정법률안(윤관석 의원 대표발의) 검토보고, 2014. 2., 7. 이 보고서에서는 다음과 같이 설명하고 있다: "우리나라의 공공부문의 저작권 보호체계는 ① 문화체육관광부 산하 한국저작권위원회와 저작권특별사법경찰을 중심으로 한 공공부문과, ② 문화체육관광부로부터 보호업무를 위탁받아 민간부문의 저작권 보호를 지원하고 있는 저작권보호센터로 구성되어 있음. …… 저작권 보호체계와 관련하여 ① 불법저작물 단속이 한국저작권위원회와 저작권보호센터로 이원화됨에 따라 단속업무의 효율성 저하 및 행정력 낭비가 발생하고, ② 저작물 이용 활성화 정책 및 분쟁조정 기능을 담당하는 기관(한국저작권위원회)이 저작권 단속업무를 동시에 수행하는 것은 업무의 공정성·중립성 측면에서 부적절하다는 문제가 제기됨." 위의 보고서, 5~7.

보호원은 원장 1명을 포함한 8명 이내의 이사로 구성되는 법인이다(제122조의4 제1항). 보호원의 핵심 기능은 심의에 있는바, 이를 위해 저작권보호심의위원회를 둔다. 심의위원회는 위원장 1명을 포함한 15명 이상 20년 이내의 위원으로 구성된다. 심의위원회 구성은 "권리 보유자의 이해를 반영하는 위원의 수와 이용자의 이해를 반영하는 위원의 수가 균형을 이루도록 하여야 한다." 문화체육관광부장관은 학계, 법조계, 저작권 분야와 문화산업 분야에서 활동하는 "학식과 경험이 풍부한 사람" 중에서 위원을 위촉한다. 심의위원회의 업무를 효율적으로 수행하기 위하여 분과위원회를 둘 수 있다. 분과위원회가 심의위원회로부터 위임받은 사항에 관하여 의결한 때에는 심의위원회가 의결한 것으로 본다(제122조의6).

2. 불법 복제물의 수거·폐기

이미 종전 '음반·비디오물 및 게임물에 관한 법률'[2] 제42조 제3항과 '출판 및 인쇄진흥법'[3] 제25조 제1항에서는 관계 행정공무원으로 하여금 불법 복제물의 수거 및 폐기를 할 수 있는 권한을 부여했고, 관계 공무원은 이들 법률에 의거해 단속을 한 바 있다.[4] 이들 법률은 해당 산업 진흥 또는 규제에 관한 법률로서, 그 단속 대상은 모두 저작물의 불법 복제물이라는 점, 개별 법률에 의해서는 유기적이고 통합적이고 지속적인 단속이 어렵다는 점 등이 지적되어 왔다.[5] 이에 따라 2006년 개정에서, 저작권법에 통합적으로 수거·폐기(오프라인 단속) 권한을 행정당국에 부여하게 되었다.

---

2) 이 법은 '음악산업진흥에 관한 법률'(법률 제7942호, 2006. 4. 28., 제정), '게임산업진흥에 관한 법률'(법률 제7941호, 2006. 4. 28., 제정) 및 '영화 및 비디오물의 진흥에 관한 법률'(법률 제7943호, 2006. 4. 28., 제정)에 의해 분법되면서 폐지되었다.

3) 이 법은 '출판문화산업 진흥법'(법률 제8533호, 2007. 7. 19., 일부개정)으로 명칭이 바뀌었다.

4) 예를 들어, 당시 '출판 및 인쇄진흥법' 제25조(불법 복제간행물 등의 수거·폐기 등) 제1항에 의하면, "문화관광부장관, 시·도지사, 시장·군수·구청장은 소속 관계공무원(이하 "관계공무원"이라 한다)으로 하여금 다음 각 호의 1에 해당하는 간행물(이하 "불법 복제간행물 등"이라 한다)을 발견한 때에는 당해 불법 복제간행물 등의 배포를 행하는 자에 대하여 당해 간행물을 즉시 수거 또는 폐기하도록 명하게 할 수 있다. 이 경우, 수거 또는 폐기명령을 받은 자가 이를 즉시 이행하지 아니한 때에는 관계공무원으로 하여금 이를 직접 수거 또는 폐기하게 할 수 있다."

5) 문화관광부, 개정 저작권법 해설, 2007, 42.

저작권법 제133조 제1항에 의하면, "문화체육관광부장관, 특별시장·광역시장·특별자치시장·도지사·특별자치도지사 또는 시장·군수·구청장(자치구의 구청장을 말한다)은 저작권이나 그 밖에 이 법에 따라 보호되는 권리를 침해하는 복제물(정보통신망을 통하여 전송되는 복제물은 제외한다) 또는 저작물 등의 기술적 보호조치를 무력하게 하기 위하여 제작된 기기·장치·정보 및 프로그램을 발견한 때에는 대통령령으로 정한 절차 및 방법에 따라 관계공무원으로 하여금 이를 수거·폐기 또는 삭제하게 할 수 있다."

수거·폐기의 주체는 문화체육관광부장관을 비롯하여, 지방자치단체장이다. 그 대상은 불법복제물, 기술적 보호조치를 무력화하는 기기나 장치 또는 프로그램이다. 문화체육관광부장관은 수거·폐기 업무를 대통령령으로 정하는 단체에 위탁할 수도 있고(제133조 제2항), 이를 위해 관련 단체의 협조를 요청할 수도 있다(제133조 제3항). 보호원은 2016년 이 업무를 수탁하여 수행하고 있다.[6]

이러한 수거·폐기는 행정법상 즉시강제에 해당한다. 즉시강제란 목전에 급박한 행정상의 장해를 제거해야 할 필요가 있으나 미리 의무를 명할 시간적인 여유가 없을 때에, 상대방의 의무불이행을 전제로 하지 않고 직접 그 신체나 재산에 실력을 가하여 행정상 필요한 상태를 실현하는 작용이다. 즉시강제는 행정상 장해가 목전에 급박하고(급박성), 다른 수단으로는 그 목적을 달성하기 곤란하며(보충성), 그 행사는 필요한 최소한도에 그쳐야 한다(비례 원칙). 즉시강제는 행정처분에 의하여 직접 의무가 부과되지 않은 채 발동된다는 점에서 행정상 강제집행과 구별된다.[7]

즉시강제의 일반법으로 경찰관직무집행법[8]이 있으나 특별법으로 즉시강제에 관해 규정할 수도 있다. 저작권법은 특별법으로 행정공무원에게 단속 권한을 부여한 것이라 할 수 있다. 행정공무원의 단속은 경찰에 의한 단속과는 다소 차이가 있다. 양자 모두 국민의 자유권을 제한하는 것이므로 최소한도에 그쳐야 하는 등[9] 위에서 언급한 즉시강제에 관한

---

6) 문화체육관광부 고시 제2016-28호, 2016. 9. 30.

7) 김동희, 행정법 I, 제12판, 박영사, 2006, 446~447. 행정의 실효성 확보를 위한 수단으로 직접적 강제수단으로서 행정상 강제집행과 행정상 즉시강제가 있고, 간접적 강제수단으로 행정벌 등이 있다. 행정벌에는 행정형벌과 행정질서벌이 있다. 행정질서벌로서는 과태료 처분이 대표적이다.

8) 법률 제18807호, 2022. 2. 3., 일부개정.

9) 경찰관직무집행법 제1조(목적) 제2항: "이 법에 규정된 경찰관의 직권은 그 직무 수행에 필요한 최소한도에서 행사되어야 하며 남용되어서는 아니 된다."

일반 원리가 그대로 작동한다. 그러나 후자의 경우는 범죄의 수사, 현행범 체포 등을 통해 원활한 단속이 가능한 반면,[10] 전자의 경우는 단순한 수거나 폐기에 그칠 뿐 불법 현장을 적발하거나 유통 경로를 추적하는 데 한계가 있다. 단속은 경찰의 협조를 얻어야만 효과적인 단속이 가능한 것이다. 이러한 점에서 행정공무원에게 저작권 침해에 대해 사법경찰권을 부여한 점은 주목할 만하다.

저작권 침해를 단속하기 위한 사법경찰권은 일반적인 의미의 사법경찰권에 대비되는 의미에서 특별사법경찰권이라 한다. 이 특별사법경찰권은 '사법경찰관리의 직무를 행할 자와 그 직무범위에 관한 법률'[11]에 근거를 두고 있다. 이 법률은 "형사소송법 제245조의10 제1항에 따라 사법경찰관리의 직무를 수행할 자와 그 직무범위를 정"하기 위한 목적을 가지고 있다.[12]

저작권 침해에 대한 사법경찰권은 2003년 특사경법 개정[13]으로 "컴퓨터프로그램보호법 중 프로그램저작권 침해에 관한 범죄"를 단속하기 위한 목적으로 신설된 것이다. 그 후 2008년 특사경법 개정[14]으로 모든 저작권 침해에 대해 사법경찰권을 행사할 수 있게 되었다.

특별사법경찰권은 직무 범위에 차이가 있을 뿐 그 권한에서는 일반 사법경찰권과 다르지 않다. 사법경찰권 부여는 단속의 전문성, 실효성 등의 측면과 국민의 자유권적 기본권 보호 간에 어디에 방점을 둘 것인가의 문제로 귀착된다.

3. 불법 복제물의 삭제 또는 중단

온라인 단속 권한은 오프라인 단속 그것에 상응하는 것이라 할 수 있는데, 2006년 개정

---

10) 형사소송법 제196조(사법경찰관리) 제1항: "경무관, 총경, 경정, 경감, 경위는 사법경찰관으로서 범죄의 혐의가 있다고 사료하는 때에는 범인, 범죄사실과 증거를 수사한다." 동법 제212조(현행범인의 체포): "현행범인은 누구든지 영장 없이 체포할 수 있다."

11) 법률 제18853호, 2022. 4. 26., 타법개정.

12) 형사소송법 제245조의10(특별사법경찰관리) 제1항: "삼림, 해사, 전매, 세무, 군수사기관, 그 밖에 특별한 사항에 관하여 사법경찰관리의 직무를 행할 특별사법경찰관리와 그 직무의 범위는 법률로 정한다."

13) 법률 제6924호, 2003. 7. 18., 일부개정.

14) 법률 제9109호, 2008. 6. 13., 일부개정.

으로 처음 저작권법에 등장했다. 2006년 개정 저작권법은 여러 법률에 흩어진 수거·폐기 권한을 저작권법에서 일괄 규정함과 아울러 온라인상의 삭제·중단에 대해서도 규정한 바 있다. 당시는 오프라인 단속뿐만 아니라 온라인 단속도 현안으로 주목을 받았기 때문이다.

2009년 4월 개정법은 삭제·중단 규정을 정비하는 한편, 이에서 한발 더 나아가 행정당국으로 하여금 불법 복제·전송자에 대한 계정 정지 명령, 불법 복제물 유통 게시판의 서비스 정지 명령 등을 할 수 있도록 하고 있다.

(1) 불법 복제물 등의 삭제 또는 전송 중단 명령

2006년 개정법 제133조에서는 문화체육관광부장관에게 오프라인상의 수거·폐기 권한과 함께 온라인상의 삭제·중단 권한을 부여한 바 있는데, 2009년 4월 개정법은 이 중 온라인상의 권한을 제133조에서 떼어내 별도로 제133조의2에서 규정하고 있다. 불법 복제물의 삭제·중단 명령에 앞서 경고 절차를 두는 등 '적법 절차'를 강화하고, 계정 정지 명령 등을 신설한 것이다.

제133조의2 제1항에 의하면, 문화체육관광부장관은 정보통신망을 통하여 저작권이나 그 밖에 이 법에 따라 보호되는 권리를 침해하는 복제물 또는 정보, 기술적 보호조치를 무력하게 하는 프로그램 또는 정보('불법 복제물 등')가 전송되는 경우에 심의위원회의 심의를 거쳐 온라인서비스제공자에게 불법 복제물 등의 복제·전송자에 대한 경고 또는 불법 복제물 등의 삭제 또는 전송 중단을 명할 수 있다. 심의위원회는 심의 요청을 받으면 요청일로부터 7일 이내에 심의하여 그 결과를 문화체육관광부장관에게 제출해야 한다(시행령 제72조). 온라인의 특성상 신속한 경고나 삭제·중단의 필요성 때문에 심의 기간이 매우 짧다. 그러나 부득이한 경우 2회에 한하여 그 기간을 연장할 수 있다(시행령 제72조 단서).

온라인서비스제공자는 제1항에 따른 명령을 받은 경우에는 명령을 받은 날부터 5일 이내에 그 조치결과를 대통령령으로 정하는 바에 따라 문화체육관광부장관에게 통보하여야 한다(제133조의2 제6항).

(2) 불법 복제·전송자에 대한 계정 정지 명령

문화체육관광부장관은 제133조의2 제1항에 따른 경고를 3회 이상 받은 복제·전송자가 불법 복제물 등을 전송한 경우에 심의위원회의 심의를 거쳐 대통령령으로 정하는 바에 따라 온라인서비스제공자에게 6개월 이내의 기간을 정하여 해당 복제·전송자의 계정을 정지할 것을 명할 수 있다(제133조의2 제2항). 복제·전송자의 이메일 전용계정은 제외한다(제133조의2 제2항 괄호).

심의위원회는 심의 요청을 받으면 요청일로부터 14일 이내에 심의하고 그 결과를 문화체육관광부장관에게 제출하여야 한다. 부득이한 경우 2회에 한하여 그 기간을 연장할 수 있다(시행령 제72조). 심의위원회는 ① 복제·전송자의 상습성, ② 복제·전송한 양, ③ 불법 복제물 등의 종류 및 시장 대체 가능성, ④ 불법 복제물 등이 저작물 등의 유통질서에 미치는 영향을 고려하여 심의하여야 한다(시행령 제72조의3 제1항).

계정 정지 기간은 첫 번째 정지하는 경우 1개월 미만, 두 번째 정지하는 경우 1개월 이상 3개월 미만, 세 번째 정지하는 경우 3개월 이상 6개월 이내이다(시행령 제72조의3 제3항). 법 제133조의2 제2항에 따른 명령을 받은 온라인서비스제공자는 해당 복제·전송자의 계정을 정지하기 7일 전에 해당 계정이 정지된다는 사실을 해당 복제·전송자에게 통지하여야 한다(제133조의2 제3항). 온라인서비스제공자는 제2항에 따른 명령을 받은 경우에는 명령을 받은 날부터 10일 이내에, 그 조치결과를 대통령령으로 정하는 바에 따라 문화체육관광부장관에게 통보하여야 한다(제133조의2 제6항).

(3) 불법 복제물 유통 게시판의 서비스 정지 명령

문화체육관광부장관은 온라인서비스제공자의 정보통신망에 개설된 게시판 중 삭제 또는 전송 중단 명령이 3회 이상 내려진 게시판으로서 해당 게시판의 형태, 게시되는 복제물의 양이나 성격 등에 비추어 해당 게시판이 저작권 등의 이용질서를 심각하게 훼손한다고 판단되는 경우에는 심의위원회의 심의를 거쳐 온라인서비스제공자에게 6개월 이내의 기간을 정하여 해당 게시판 서비스의 전부 또는 일부의 정지를 명할 수 있다(제133조의2 제4항).

여기서 게시판이라 함은 정보통신망 이용촉진 및 정보보호 등에 관한 법률[15] 제2조 제1항 제9호의 게시판[16] 중 상업적 이익 또는 이용 편의를 제공하는 게시판을 말한다(제133조

---

15) 법률 제18201호, 2021. 6. 8., 일부개정.

16) 제2조 제1항 제9호: "'게시판'이란 그 명칭과 관계없이 정보통신망을 이용하여 일반에게 공개할 목적

의2 제4항 괄호).

심의위원회는 ① 게시판의 영리성, ② 게시판의 개설 취지, ③ 게시판의 기능과 이용 방법, ④ 게시판의 이용자 수, ⑤ 불법 복제물 등이 차지하는 비율, ⑥ 게시된 불법 복제물 등의 종류 및 시장 대체 가능성, ⑦ 게시판의 불법 복제물 등의 차단 노력 정도, ⑧ 불법 복제물 등의 게시 또는 이용에 편의를 제공하는 수준을 고려하여 심의하여야 한다(시행령 제72조의4 제1항). 게시판의 서비스 정지 기간은 첫 번째 정지하는 경우 1개월 미만, 두 번째 정지하는 경우 1개월 이상 3개월 미만, 세 번째 정지하는 경우 3개월 이상 6개월 이내이다(시행령 제72조의4 제3항). 제133조의2 제4항에 따른 명령을 받은 온라인서비스제공자는 해당 게시판의 서비스를 정지하기 10일 전부터 해당 게시판의 서비스가 정지된다는 사실을 해당 온라인서비스제공자의 인터넷 홈페이지 및 해당 게시판에 게시하여야 한다(제133조의2 제5항). 온라인서비스제공자는 제4항에 따른 명령을 받은 경우에는 명령을 받은 날부터 15일 이내에 그 조치결과를 대통령령으로 정하는 바에 따라 문화체육관광부장관에게 통보하여야 한다(제133조의2 제6항).

(4) 시정 권고

행정명령 제도와는 별개로 또는 밀접한 관련하에 시정 권고 제도가 존재한다. 제133조의3 제1항에 의하면, 보호원은 온라인서비스제공자의 정보통신망을 조사하여 불법 복제물 등이 전송된 사실을 발견한 경우에는 이를 심의하여 온라인서비스제공자에 대하여, ① 불법 복제물 등의 복제·전송자에 대한 경고, ② 불법 복제물 등의 삭제 또는 전송 중단, ③ 반복적으로 불법 복제물 등을 전송한 복제·전송자의 계정 정지 등 시정 조치를 권고할 수 있다.

온라인서비스제공자는 경고와 삭제 또는 전송 중단 권고를 받은 경우 그날부터 5일 이내에, 계정 정지 권고를 받은 경우 그날부터 10일 이내에 그 조치 결과를 보호원에 통보하여야 한다(제133조의3 제2항).

보호원은 온라인서비스제공자가 제1항에 따른 권고에 따르지 아니하는 경우에는 문화체육관광부장관에게 제133조의2에 따른 명령을 요청할 수 있고 이때에는 심의위원회의 심의

으로 부호·문자·음성·음향·화상·동영상 등의 정보를 이용자가 게재할 수 있는 컴퓨터프로그램이나 기술적 장치를 말한다."

가 필요하지 아니한다(제133조의3 제3항 및 제4항). 중복 심의가 필요하지 않기 때문이다.

4. 기타 업무

특수한 유형의 온라인서비스제공자는 "저작물 등의 불법적인 전송을 차단하는 기술적인 조치 등 필요한 조치를 하여야 한다"(제104조 제1항). 문화체육관광부장관은 그 필요한 조치의 이행 여부를 정보통신망을 통해 확인해야 한다(제104조 제3항). 확인 업무는 보호원에 위탁되어 있다(시행령 제46조 제3항). 이에 따라 보호원은 ① 저작물 등의 제호 등과 특징을 비교하여 저작물 등을 인식할 수 있는 기술적인 조치, ② 저작물 등의 불법적인 송신을 차단하기 위한 검색제한 조치 및 송신제한 조치, ③ 해당 저작물 등의 불법적인 전송자를 확인할 수 있는 경우에는 그 저작물 등의 전송자에게 저작권 침해금지 등을 요청하는 경고문구의 발송(시행령 제46조 제1항) 등을 이행하는지 확인해야 한다.

저작권법 제103조의3에서는 권리주장자가 온라인서비스제공자가 가지고 있는 정보를 명령해줄 것을 문화체육관광부장관에서 청구할 수 있도록 하고 있다. 장관이 정보 제출을 명령하기 위해서는 심의위원회의 심의를 거쳐야 한다(제103조의3 제2항).

제10장
침해에 대한 구제 및 제재

제1절 침해의 형태

제2절 불법행위와 범죄의 성립 요건

제3절 저작권 침해의 성립 요건

제4절 민사 구제

제5절 형사 제재

제6절 행정적 규제 및 제재

제1절 침해의 형태

1. 직접 침해

저작권법은 저작권이나 저작인접권 또는 데이터베이스제작자의 권리를 창설하여 보호하는가 하면, 계약에 의해 양 당사자들이 의도한 바에 따라 설정한 권리(배타적발행권)를 창설하기도 한다. 이러한 법정 권리를 통칭하여 "저작권, 그 밖에 이 법에 따라 보호하는 권리"[1]라고 한다. 우리가 일반적으로 저작권 침해라고 한다면 이것은 곧 "저작권, 그 밖에 이 법에 따라 보호되는 권리"에 대한 침해를 의미한다.

넓은 의미의 저작권은 좁은 의미의 저작권과 저작인접권 및 데이터베이스제작자의 권리 및 배타적발행권을 포괄한다. 저작권은 또한 인격적 권리와 재산적 권리로 나뉜다. 인격적 권리에는 저작인격권과 실연자의 인격권이 있고 이를 세분하면 공표권, 성명표시권 및 동일성유지권이 있다(실연자에게는 공표권이 없다). 재산적 권리는 복제권, 공연권, 공중송신권(방송권과 전송권이 포함된다), 전시권, 배포권, 대여권, 2차적저작물 작성권 등 배타적 권리로 세분할 수 있다. 우리가 일반적으로 저작권 침해라고 할 때 이와 같은 개별 인격적 권리나 재산적 권리 침해를 말하는 것이다. 예를 들어 저작자의 공중송신권 침해, 실연자의 동일성유지권 침해 또는 데이터베이스제작자의 전송권 침해가 있는 것이다.

---

1) 저작권법에서는 여러 표현이 존재한다. "저작권 그 밖에 이 법에 의하여 보호되는 권리", "저작권 그 밖에 이 법에 따라 보호되는 권리", "저작권, 그 밖에 이 법에 따라 보호되는 권리" 등이 그것이다.

2. 침해 간주 행위

직접적인 저작권 침해행위는 아니지만 침해 간주 행위가 있다. 저작권법에서는 이런 행위를 "침해로 본다"고 표현한다. 저작권법은 전형적인 이용행위에 배타적·독점적 권리를 부여하고 그러한 행위를 무단으로 할 경우 법적 책임을 물을 수 있도록 하고 있다. 그런데 전형적인 이용행위라 할 수도 없고 따라서 직접적인 책임을 묻기도 곤란한 특정한 행위들이 존재한다. 이러한 행위들을 그대로 용인한다면 저작권 질서의 한 축이 허물어질 수 있다. 저작권법은 이러한 행위들을 한 데 모아 '침해 간주 행위'라고 규정하여 직접 침해에 대한 민·형사상의 구제 제도를 그대로 준용할 수 있도록 하고 있는 것이다. 저작권법 제124조에서는 여섯 가지 경우를 침해 간주 행위로 하고 있다.

가. 배포 목적 수입

수입 시에 대한민국 내에서 만들어졌더라면 저작권 그 밖에 이 법에 따라 보호되는 권리의 침해로 될 물건을 대한민국 내에서 배포할 목적으로 수입하는 행위는 저작권 침해행위로 본다(제124조 제1항 제1호). 다른 국가 법률에 의해서는 침해물이라고 할 수 없다고 하더라도, 그것이 우리 법상 침해물에 해당한다면 그 수입을 차단하기 위한 것이다. 침해물이 배포될 경우 배포권 침해가 되지만 사전에 수입 단계에서 침해로 간주함으로써 효과적으로 권리 보호를 하기 위한 것이라고 할 수 있다.

수입 행위 그 자체가 침해 간주 행위는 아니다. 배포 목적으로 수입하는 행위에 한한다. 환적 화물은 배포 목적 수입 물품이라 할 수 없을 것이다.

나. 배포 목적 소지

저작권 그 밖에 이 법에 따라 보호되는 권리를 침해하는 행위에 의하여 만들어진 물건(제1호의 수입물건을 포함한다)을 그 사실을 알고 배포할 목적으로 소지하는 행위는 저작권 침해행위로 본다(제124조 제1항 제2호). 소지란 소유와는 다른 개념으로, 사실상의 지배를 의미하는 점유와 같은 의미로 보인다.

수입 행위가 침해행위가 아니듯이, 소지 행위 또한 침해행위가 아니다. 배포란 공중에게 제공하는 행위이므로 공중에게 제공하기 전에 미리 침해행위를 차단할 수 있다면 효과적인 권리 보호가 가능하다. 배포 목적 수입을 침해 간주 행위로 한 것과 같은 취지에서 나온 것이다. 위 제1항 제1호에 의해 배포 목적으로 수입한 물품을 소지하고 있는 것 또한 이 규정에 의한 침해 간주 행위가 된다.

다. 프로그램의 업무상 이용

프로그램 저작권을 침해하여 만들어진 프로그램의 복제물(제1호에 따른 수입 물건을 포함한다)을 그 사실을 알면서 취득한 자가 이를 업무상 이용하는 행위는 저작권 침해행위로 본다(제124조 제1항 제3호). 종전 프로그램보호법 제29조 제4항 제2호를 2009년 4월 개정법에 옮겨놓은 것이다.

이 규정은 "국내외적으로 강화되고 있는 저작권의 보호추세에 능동적으로 대응하여 나가"기 위한 취지를 가지고,[2] 1994년 프로그램보호법 개정으로 신설된 것이다. 이 규정은 복제와 복제권 개념이 확장됨으로써 불필요한 조항이 되어버렸다. 누군가 프로그램을 업무상 이용하는 과정에서는 일시적이든 영속적이든 복제 행위를 하게 마련이다. 이런 행위는 제한 규정 그 어느 것(제35조의2, 제101조의3, 제101조의4, 제101조의5)에 의해서도 면책되지 않는 한 침해행위가 된다. 이 규정을 존치시키는 한 이들 예외 규정과의 관계도 복잡하게 만들 뿐이다.

라. 저작인격권 침해 간주 행위

이에 관해서는 뒤에서 살펴본다.[3]

---

2) 경제과학위원회, 컴퓨터프로그램보호법중개정법률안 심사보고서, 1993. 12.
3) 제10장 제3절 '1. 인격적 권리의 침해' 참조.

제2절 불법행위와 범죄의 성립 요건

저작권 침해는 일정한 요건을 충족하게 되면 민법상 불법행위가 된다. 민법 제750조에 의하면, 고의 또는 과실로 인한 위법행위로 타인에게 손해를 가한 자는 그 손해를 배상할 책임이 있다. 이러한 민법상 손해배상청구권은 핵심적인 민사 구제 수단이다.

한편, 형법은 일정한 행위규범을 정해놓고 그러한 행위규범을 위반할 경우 형벌이라는 제재를 가하고 있다. 저작권 침해 또한 일정한 요건을 갖추게 되면 형법상 범죄가 된다. 저작권법은 가해자에게 민법상의 손해배상 책임을 부과하는가 하면, 형법상 범죄에 대해서는 처벌을 받도록 하고 있다. 동일한 행위가 민법상 불법행위가 되고, 형법상 범죄가 되는 것이다.

저작권법은 민사 구제와 형사 제재에 관한 특별 규정들을 두고 있다. 특별 규정들은 민법과 형법 규정에 우선하기도 하고 민법과 형법 규정을 보충하기도 한다. 일반 원칙은 여전히 민법과 형법 규정에 의존하고 있음은 물론이다. 이러한 점에서 민법상 불법행위와 형법상 범죄에 대해 살펴보고 이를 저작권법 측면에서 깊게 들어갈 필요가 있다.

1. 민법상 불법행위

가. 일반 불법행위

민법에서는 자기책임의 원칙과 과실책임의 원칙이 지배한다. 가해자 자신의 과실로 인한 자신의 행위로 야기된 손해에 대해 책임을 진다는 것이다.[1] 이러한 원칙에 입각하여 불법

---

1) 자기책임의 원칙이 자신의 행위로 야기된 손해에 대해 책임을 진다는 것이라면, 과실책임의 원칙은 가

행위 성립 요건은 ① 고의나 과실에 의한 가해행위, ② 위법성, ③ 손해의 발생, ④ 인과관계 등 네 가지로 나눠볼 수 있다. 첫째, 자기책임의 원칙에 따라 고의나 과실에 의한 가해행위가 존재해야 한다. 행위에는 작위와 부작위가 있다. 작위는 법에서 금지하는 행위를 하는 것이고, 부작위는 법에서 요구하는 행위를 하지 않는 것이다.

자기책임의 원칙은 가해자에게 책임을 물을 수 있는 능력, 즉 책임능력을 요구한다. 책임능력이 없으면 법적 책임도 없는 것이다. 미성년자나 심신상실자가 자기 행위의 위법성을 인식(변식)할 수 없거나 자기 행위에 책임을 지겠다는 의지를 가지는 판단능력이 없는 경우에는 불법행위 책임을 부담하지 않는다. 민법에서는 "미성년자가 타인에게 손해를 가한 경우에 그 행위의 책임을 변식할 지능이 없는 때에는 배상의 책임이 없다"고 하고 있다(제753조). 여기서 변식능력, 즉 위법성을 인식할 수 있는 능력에 관해 학설이 나뉜다. 학설에서는 12~13세에 책임능력이 있다고 하지만, 판례에서는 14세 2개월 된 미성년자의 책임능력을 부정하기도 한다.[2] 형법에서는 14세 미만을 형사미성년자(형법 제6조)로 하고 있는 것과 대비된다. 심신상실자도 고의나 과실로 심신상실을 초래하지 않는 한 배상 책임을 지지 않는다(민법 제754조). 책임무능력자가 면책된다 하더라도 친권자나 후견인 등 감독의무자는 배상책임을 진다(민법 제755조).

과실책임의 원칙상 고의나 과실이 없으면 책임을 물을 수 없다. 고의란 가해행위로 인해 손해가 발생할 것이라는 것을 아는 것이다. 결과 발생에 대한 미필적 인식, 즉 결과가 발생할지도 모른다는 인식만으로도 고의가 성립된다. 한편, 과실이란 사회생활상의 주의의무 위반을 말한다. 법률 규정에서는 "과실로 알지 못한 경우"라는 표현을 사용하여 과실을 책임성립 요건으로 하는 것이 보통이다. 법률상 부과되는 주의의무 위반이 아니라 하더라도 관습법이나 조리상 폭넓게 인정하는 것이 판례의 태도이다.

고의나 과실은 이를 주장하는 피해자가 입증해야 한다. 고의의 입증은 인식의 존재에 대한 것이고 과실은 주의의무 위반의 존재에 대한 것이다. 고의에 비해 과실의 입증은 어려운 일이다. 불확정 개념으로서 과실의 존재 여부는 법관이 판단해야 할 규범적 영역에 속하는

해자 자신의 과실로 야기된 손해에 대해 책임을 지는 것이라 할 수 있다. 대개 교과서에서는 양자를 엄격히 구별해 설명하지는 않는다. 법적으로 근대사회를 바라본다면, 결과책임에서 벗어나 자기책임의 원칙과 과실책임의 원칙이 정착한 것이라 할 수 있다.

2) 지원림, 민법강의, 제11판, 홍문사, 2013, 1077.

것이므로, 피해자는 과실을 판단할 수 있는 개별적인 주요사실을 입증하는 것으로 충분하다.[3] 법적으로 과실을 추정하는 규정을 두는 경우도 있다. 입증의 곤란함에서 비롯된 법적 고민의 결과라 할 수 있다. 과실추정 규정은 입증책임의 전환이라는 법률효과를 가져온다는 점에서 주목할 만하다.

둘째, 가해행위는 위법한 것이어야 한다. 위법성이란 사회통념상 용인될 정도를 넘는 것인지 여부에 의해 판단한다. 위법성은 행위 전체를 보고 판단하는 것은 아니고 문제가 되는 행위마다 개별적으로, 상대적으로, 그리고 침해된 법익의 성질에 따라 판단해야 한다.[4]

위법성도 피해자가 증명해야 한다. 그런데 타인의 법익을 침해하는 행위는 원칙적으로 위법한 것으로 추정되므로, 가해자가 위법성을 소멸시키는 특별한 사정, 즉 위법성 조각사유를 증명하면 위법성을 근거로 한 책임에서 벗어날 수 있다. 이런 조각사유에는 정당방위, 긴급피난, 자력구제, 피해자의 승낙, 그 밖에 사무관리, 정당한 권리행사 등이 있다.[5] 정당방위란 타인의 불법행위에 대하여 자기 또는 제3자의 이익을 방위하기 위하여 부득이 타인에게 손해를 가하는 것을 말하고, 긴급피난은 급박한 위난을 피하기 위하여 부득이 타인에게 손해를 가하는 것을 말한다(민법 제761조).

셋째, 손해가 발생해야 한다. 손해는 현실적으로 발생해야 한다. 단순히 발생할 우려가 있는 손해는 법적 손해로 볼 수 없다. 손해는 가해행위가 없었다면 존재했을 상태와 가행행위로 인해 발생한 상태를 비교해 파악한다. 이른바 '차액설'이 학설과 판례의 태도이다. 손해의 유형은 다양한 방법으로 분류할 수 있다. 재산적 손해와 비재산적 손해가 있고, 적극적 손해와 소극적 손해가 있고, 직접적 손해와 간접적 손해가 있다. 우리 판례에서는 재산상의 침해로 인해 손해가 발생한 경우에는 직접적인 손해에 대해서만 배상하도록 하는 반면, 생명이나 신체상의 침해로 인해 손해가 발생한 경우에는 적극적 손해, 소극적 손해 및 정신적 손해를 포함하여 배상하도록 하고 있다. 적극적 손해란 가해행위로 인해 발생한 기존 재산이나 이익의 감소를 말한다. 피해자 사망 시 장례비, 상해 시 치료비, 간병비 등이 해당한다. 소극적 손해란 가해행위가 없었더라면 얻을 수 있었으나 얻지 못한 이익을 말한다. 일실이익이나 휴업손해가

---

3) 이은영, 채권각론, 제3판, 박영사, 2002, 799.

4) 대법원 2003. 6. 27. 2001다734 판결; 대법원 2003. 3. 14. 2000다32437 판결. 지원림, 앞의 책, 1662에서 재인용.

5) 지원림, 위의 책, 1052, 1686~1687.

이에 해당한다. 정신적 손해는 비재산적 손해의 전형적인 예로서 그에 대한 금전적 배상이 곧 위자료이다.

넷째, 가해행위와 손해 사이에 인과관계가 존재해야 한다. 인과관계는 일반 경험법칙에 비춰볼 때 상당성이 있는 인과관계(상당인과관계)에 국한한다. 이것이 다수설과 판례의 태도이다. 단순히 개개의 경우에 관하여 구체적으로 원인과 결과를 고찰하는 데 그치지 않고 이를 일반적으로 고찰하여 동일한 조건이 존재하는 경우에 동일한 결과가 발생하는 경우에 국한하여 인과관계를 인정하고 특수한 사정이나 우연한 사정은 배제하는 것이다.[6]

나. 공동불법행위

누구든지 권한이 없이 이용행위를 할 때에는 불법행위 책임을 진다. 일반적으로 행위자가 혼자 직접 불법행위를 하지만 여러 사람이 공동으로 불법행위를 하기도 하고 불법행위를 교사하거나 방조하기도 한다.

(1) 공동불법행위의 종류 및 일반적 개념

넓은 의미의 공동불법행위에는 크게 세 가지가 존재한다. 첫째, 관련 공동성이 있는 좁은 의미의 공동불법행위가 있고, 둘째, 다수자가 관여했으나 누구의 행위가 손해를 야기했는지 알 수 없는, 즉 관련 공동성이 없는 공동불법행위가 있고, 셋째, 교사나 방조에 의한 공동불법행위가 있다. 저작권법상으로는 이 중 좁은 의미의 공동불법행위와 교사·방조에 의한 공동불법행위가 관심의 대상이 될 것이다.

(2) 좁은 의미의 공동불법행위

민법 규정에 의하면, "수인이 공동의 불법행위로 타인에게 손해를 가한 때에는 연대하여 손해를 배상할 책임을 진다"고 하고 있다(제760조 제1항). 이러한 불법행위 책임의 요건은 다음과 같다. 첫째, 각각의 가해자는 책임 요건을 독립적으로 충족해야 한다. 가해행위, 위

---

6) 이은영, 앞의 책, 775.

법성, 손해의 발생과 인과관계 등의 요건을 각기 충족해야 하는 것이다. 둘째, 관련 공동성
이 존재해야 한다. 가해행위가 의사의 공통이나 공동의 인식이 필요한 것이 아니라 객관적
으로 각 행위에 관련 공동성 있으면 충분하다는 것이 다수설과 판례의 입장이다.

(3) 교사·방조에 의한 공동불법행위

민법 규정에 의하면, "교사자나 방조자는 공동행위자로 본다"고 하고 있다(제760조 제3
항). 교사나 방조는 직접적인 가해자가 존재한다는 것을 전제로 한 개념이다. 직접적인 가해
자(제3자)의 행위에 대해 본인(교사자나 방조자)이 책임을 지는 문제인 것이다. 따라서 교사
나 방조에 의한 공동불법행위는 제3자의 불법행위에 대한 책임으로 귀결되고 교사자나 방
조자는 공동불법행위자 중 1인은 아니지만, 법적으로 공동불법행위자로 간주하는 것이다.

교사란 지시, 설득, 유도, 부탁, 유혹 등의 방법으로 다른 사람이 행위를 결의하도록 동기
를 부여하는 것이고, 방조란 물심양면의 지원(격려, 자금 지원 등)을 통해 다른 사람을 도와
서 그 행위를 용이하게 하는 것을 말한다. 판례에 의하면, 방조라 함은 불법행위를 용이하
게 하는 직접, 간접의 모든 행위를 가리키는 것으로서 작위에 의한 경우뿐만 아니라 작위의
무 있는 자가 그것을 방지하여야 할 제반 조치를 취하지 아니하는 부작위로 인하여 불법행
위자의 실행행위를 용이하게 하는 경우도 포함한다. 민법상 과실에 의한 방조도 가능하다.
이 경우의 과실의 내용은 불법행위에 도움을 주지 않아야 할 주의의무가 있음을 전제로 하
여 이 의무에 위반하는 것을 말한다.[7]

(4) 공동불법행위 책임

공동불법행위자는 각자 피해자에게 발생한 손해의 전부에 대해 배상할 책임이 있다. 피
해자는 공동불법행위자 중 어느 누구에 대해서도 손해배상청구권을 행사할 수 있고 그 1인
으로부터 변제를 받으면 다른 행위자에 대한 청구권도 소멸한다. 즉, 공동불법행위자는 연
대하여 책임(연대책임)을 지는 것이다. 배상책임의 성격에 대해서 통설과 판례에서는 부진
정연대채무로 해석한다.

---

7) 대법원 1998. 12. 23. 98다31264 판결.

연대채무란 수인의 채무자가 채무의 전부를 각자 이행할 의무가 있고 채무자 1인의 이행으로 다른 채무자도 그 의무를 면하게 되는 채무를 말한다(민법 제413조). 부진정연대채무란 동일한 경제적 목적을 가지고 있는 경우 발생 원인이나 채무의 액수가 서로 다르다고 하더라도 발생하는 채권관계에서 이해할 수 있다. 부진정연대채무는 채무자가 각자 채무 전부를 이행할 의무가 있고, 채무자 1인의 이행으로 다른 채무자도 그 의무를 면한다는 점에서는 연대채무와 같으나, 주관적 공동관계가 없기 때문에 분담 부분이 없으며 분담 부분이 없기 때문에 구상관계도 존재하지 않는 것이 원칙이다.

법정 연대책임으로서 공동불법행위 책임은 부진정연대채무의 성격을 가지고 있지만 공동불법행위자 간에는 특수한 내부적 법률관계가 있다고 보기 때문에 구상관계가 존재한다. 즉, 부진정연대 관계에 있는 복수의 책임주체 내부관계에서 형평의 원칙상 부담 부분이 있을 수 있고, 그 부분은 각자의 고의나 과실의 정도에 따라 정해진다.[8]

다. 저작권법상 불법행위

(1) 불법행위

우리가 저작권 침해라고 할 때에는 불법행위의 요건요소 두 가지, 즉 가해행위와 위법성이 결합된 '위법한 가해행위'를 말한다. 저작권법은 전형적인 이용행위에 대해 배타적 권리를 부여하고 있고, 누군가가 권리자의 허락을 받지 않거나 법에서 허용하지 않았음에도 불구하고 그런 이용행위를 한다면 법적 책임을 지도록 한 것이다.

저작권법상 저작권 침해는 무단 이용이라는 측면에서 파악한다. 무단 이용은 '베끼는 것'과 부정이용 두 가지 모두를 일컫는다. 베끼는 것이란 다른 사람의 저작물에 의존하여 만드는 것이고 부정이용이란 법에서 허용한 범위를 넘어 베끼는 것을 말한다. 이러한 무단 이용이 곧 저작권 침해인 것이다. 무단 이용만을 가지고 저작권법상 불법행위 책임을 물을 수 있는 것은 아니다. 다른 요건, 즉 고의나 과실과 같은 주관적인 요건이나 가해행위와 손해 사이의 인과관계도 충족되어야 한다.

---

8) 지원림, 앞의 책, 1185.

(2) 공동불법행위

저작권법은 공동불법행위에 대해 특별 규정을 두지 않고 있기 때문에 민법상의 일반 원리가 저작권 침해에 대해서도 그대로 적용된다. 두 가지 종류의 공동불법행위, 즉 좁은 의미의 공동불법행위와 교사·방조에 의한 공동불법행위가 주로 문제가 된다.

(가) 좁은 의미의 공동불법행위

우리 판례를 보면 출판사와 광고주, 방송사, 콘텐츠제공자 등에 대해서 좁은 의미의 공동불법행위 성립 요건을 가지고 책임 유무를 가리고 있음을 알 수 있다. 법원은 다음과 같은 판단을 하고 있다.

① 번역물 출판과 관련하여, 피고 출판사가 번역을 의뢰하면서 원고의 번역물을 번역자에게 넘겨주고 원고의 항의를 받고서도 이를 출판한 행위는 원고의 번역 저작권을 침해한 공동불법행위를 구성한다.[9]

② 초상권과 관련하여, 잡지 발행인과 편집인은 타인의 명예나 인격을 침해하는 내용의 기사가 실리지 않도록 총괄, 감독하여야 할 의무가 있음에도 불구하고 이를 게을리 한 과실이 있다 할 것이므로 원고의 명예 및 초상권을 침해한 공동불법행위자로 책임을 진다.[10]

③ TV 광고와 관련하여, 광고주와 광고대행업자가 원고의 허락 없이 이 사건 그림들을 화면에 등장하게 하는 방법으로 광고물을 제작, 방영하는 것은 공동불법행위가 된다.[11]

④ 백과사전 인터넷 서비스와 관련하여, 피고 인터넷서비스사업자는 다른 피고 회사로부터 백과사전을 제공받아 이를 적법하게 인터넷으로 적법하게 제공할 수 있는 것인지 확인했어야 함에도 이를 게을리 한 채 인터넷 서비스를 하여 원고의 권리를 침해했으므로 피고들은 공동불법행위자로서 손해를 배상할 책임을 진다.[12]

⑤ CD 복제 및 배포와 관련하여, 판촉행사를 위한 음악 CD를 배포한 피고는 이 사건

---

9) 대법원 1990. 2. 27. 89다카4342 판결(아름다운 영가 사건).

10) 서울지방법원 1989. 7. 25. 88가합31161 판결.

11) 서울지방법원 2001. 9. 21. 2000가합29184 판결.

12) 서울고등법원 2002. 10. 22. 2001나37271 판결(세계대백과사전 사건).

음악저작물이 정당한 허락을 받아 복제된 것인지 여부를 확인하여야 할 주의의무가 있으므로 공동불법행위자로서 손해를 배상할 책임이 있다.[13]

⑥ TV 방송사가 기획 의도와 시놉시스를 검토하여 드라마를 제작하기로 기획하고 그 제작을 제작사에 의뢰했고 제작사는 작가와 대본 집필계약을 체결하여 드라마를 제작한 것과 관련하여, 작가가 시놉시스를 완성하여 방송사와 제작사의 승인을 얻은 후 대본을 작성했는데 그 대본의 줄거리나 내용은 작가의 책임과 재량에 맡겨져 있으므로 방송사 및 제작사가 작가와 사용자와 피용자 관계가 존재하지 않는 이상 작가의 저작권 침해 여부에 대해 방송사가 저작권 침해 여부를 조사할 의무가 있다고 할지라도 위 인정사실만으로 저작권 침해 여부를 알지 못한 것에 대하여 방송사와 제작사에 어떠한 과실이 있다고 인정하기 부족하다.[14]

⑦ TV 드라마 방영과 관련하여, 방송작가가 대본을 작성하면서 다른 작가의 대본 저작권을 침해한 데 대해 방송사는 후자 대본에 따른 드라마의 내용을 알고 있었다는 점, 후자 대본이 이례적으로 단행본으로 출간되었다는 점, 다른 방송사가 후자 드라마를 제작·방송했다는 점 등을 들어 사건 드라마를 제작 방영함에 있어 사건 대본 및 드라마의 저작권 침해 여부에 관한 주의의무를 위반한 귀책사유가 인정된다.[15]

⑧ 인터넷 뉴스 게시공간상의 명예훼손과 관련하여, 인터넷 종합 정보제공 사업자가 보도매체로부터 전송된 기사들을 선별하여 뉴스 게시공간에 게재했는데, 이들 기사는 원고의 명예를 훼손하는 내용이므로, 위 피고들은 이들 기사를 최초로 작성한 해당 보도매체들과 함께 원고에 대한 공동불법행위자로서 손해배상책임을 부담한다.[16]

⑨ 프로그램 개작과 관련하여, 피고가 다른 피고들과 함께 프로그램 개발에 관여한 데 대해 다른 프로그램 개작권을 침해한 것이고, 공동불법행위자로서 그로 인한 손해를 배상할 의무가 있다.[17]

이상 언급한 판례를 볼 때 우리 법원은 공동불법행위 책임을 긍정하는 경우에도 그 성립

---

13) 서울지방법원 2001. 2. 23. 2000가합51280 판결(롯데리아 사건).

14) 서울지방법원 1995. 4. 14. 93가합52070 판결.

15) 서울지방법원 2004. 3. 18. 2002가합4017 판결(여우와 솜사탕 사건).

16) 대법원 2009. 4. 16. 2008다53812 판결(다수 의견).

17) 대법원 2012. 1. 27. 2010다50250 판결.

요건 중 관련 공동성의 존재를 전제로 하여, 고의나 과실에 대해 집중적으로 판단하고 있음을 알 수 있다. 일부 판례는 수긍하기 어려운 점도 보인다. 특히 판례 ⑥과 ⑦의 경우를 보면 전자에서는 방송사의 과실을 부정하고 있는 반면, 후자에서는 긍정하고 있다는 것을 알 수 있다. 방송작가와 방송사의 관계가 구체적인 사정에 따라 다를 수 있으므로 양자가 배치되는 판결이라 할 수는 없을 것이다. 그러나 판례 ⑥에서는 외주제작사의 공동불법행위도 부정하고 있다. 외주제작사와 작가는 대본 작성과 드라마 제작 과정에서 긴밀한 협의를 하게 마련이고 그 과정에서 대본이 드라마에 맞게끔 수정, 편집될 것이다. 그렇다면 이들 간의 관계는 구체적인 사정에 따라 다르긴 하겠지만, 대체로 광고대행업자와 광고주와의 관계와 다르지 않다고 본다. 판례 ③과 같이 광고주의 공동불법행위가 존재하듯이 외주제작사에게도 같은 내용의 공동불법행위가 존재한다고 본다.

(나) 교사·방조에 의한 공동불법행위

일반 불법행위의 경우와 마찬가지로, 저작권 침해를 교사하거나 방조하는 경우에도 교사나 방조에 의한 공동불법행위가 발생한다. 온라인서비스가 발전하면서 국내외적으로, 특히 미국을 중심으로 간접 침해(indirect infringement) 이론이 각광을 받기 시작했다. 우리나라도 21세기 들어들면서 법적 분쟁과 논쟁이 잦아지고 치열해졌다. 우리 법원은 온라인서비스제공자의 책임과 관련하여, 방조 책임을 중심으로 판례를 내놓고 있다.

온라인서비스제공자는 네 가지 유형의 서비스를 제공한다. 그중 호스팅이나 정보경로도구가 특히 법적 분쟁에 노출되어 있다. 법규정과 판례를 통해서 몇 가지 원칙을 찾을 수 있다. 첫째, 온라인서비스제공자는 어떤 유형에 속하든 직접 침해행위를 거의[18] 하지 않는다. 정보통신망을 이용하는 이용자들 연결하거나 이용자들이 송신하는 정보를 매개하여 전달하는 역할을 하기 때문이다.[19]

둘째, 온라인서비스제공자에게 법적 책임을 물을 수 있다면 그것은 주로 방조 책임 법리

---

18) 직접 침해 가능성이 없는 것은 아니다. 이에 관해서는, 제7장 제4절 '5. 책임의 성격' 참조.

19) 온라인서비스제공자의 종류 및 개념에 대해서는, 제7장 제4절 '2. 온라인서비스제공자의 종류 및 개념' 참조. 대법원은 링크의 의미에 대해 다수의 판례를 남겼다. 제2장 제5절 제2관 11. '나. 링크에 대한 권리' 참조.

에 의한다. 우리 법은 온라인서비스제공자를 유형화하면서 서비스마다 일정한 요건을 충족할 경우 면책시켜주고 있다. 이런 논리는 '책임'을 전제로 성립하는바, 그것이 곧 방조 책임인 것이다. 대법원은 방조의 논리를 다음과 같이 설명한다: "저작권법이 보호하는 복제권의 침해를 방조하는 행위란 타인의 복제권 침해를 용이하게 해주는 직접·간접의 모든 행위를 가리키는 것으로서, 복제권 침해행위를 미필적으로 인식하는 방조도 가능함은 물론 과실에 의한 방조도 가능하다고 할 것인바, 과실에 의한 방조의 경우에 있어서 과실의 내용은 복제권 침해행위에 도움을 주지 않아야 할 주의의무가 있음을 전제로 하여 이 의무에 위반하는 것을 말하는 것이고……, 위와 같은 침해의 방조행위에 있어서 방조자는 실제 복제권 침해행위가 실행되는 일시나 장소, 복제의 객체 등을 구체적으로 인식할 필요가 없으며 실제 복제행위를 실행하는 자가 누구인지 확정적으로 인식할 필요도 없다고 할 것이다. ……〔소리바다 서비스제공자는〕 이용자들에 의한 이 사건 음반제작자들을 포함한 다수의 음반제작자들의 저작인접권 침해행위가 발생하리라는 사정을 미필적으로 인식하였거나 적어도 충분히 예견할 수 있었다고 볼 것임에도 소리바다 프로그램을 개발하여 무료로 나누어 주고 소리바다 서버를 운영하면서 소리바다 이용자들에게 다른 이용자들의 접속정보를 제공함으로써 소리바다 이용자들이 음악 CD로부터 변환한 MPEG-1 Audio Layer-3(MP3) 파일을 Peer-To-Peer(P2P) 방식으로 주고받아 복제하는 방법으로 저작인접권의 침해행위를 실행함에 있어서 이를 용이하게 할 수 있도록 해주어 그에 대한 방조책임을 부담한다."[20]

셋째, 호스팅 서비스제공자는 방조 책임뿐만 아니라, 좁은 의미의 공동불법행위 책임을 질 수도 있다. 이 서비스제공자와 그 서비스 이용자가 "공동의 불법행위로 타인에게 손해를 가한"다면 좁은 의미의 공동불법행위 책임을 지는 것이다.

넷째, 정보경로도구, 특히 링크에 대해서는 방조 책임이 문제가 된다. 대법원 판례에서도 일관된 논리로 접근하지는 않고 있다. ① 대법원은 "인터넷 게시공간에 게시된 저작권 침해 게시물의 불법성이 명백하고, 위 서비스제공자가 위와 같은 게시물로 인하여 저작권을 침해당한 피해자로부터 구체적·개별적인 게시물의 삭제 및 차단 요구를 받은 경우는 물론, 피해자로부터 직접적인 요구를 받지 않은 경우라 하더라도 그 게시물이 게시된 사정을 구체적으로 인식하고 있었거나 그 게시물의 존재를 인식할 수 있었음이 외관상 명백히 드러나며, 또한 기술적, 경제적으로 그 게시물에 대한 관리·통제가 가능한 경우에는, 위 서비스

---

20) 대법원 2007. 1. 25. 2005다11626 판결.

제공자에게 그 게시물을 삭제하고 향후 같은 인터넷 게시공간에 유사한 내용의 게시물이 게시되지 않도록 차단하는 등의 적절한 조치를 취하여야 할 의무가 있으므로 ……, 이를 위반하여 게시자의 저작권 침해를 용이하게 하는 경우에는 위 게시물을 직접 게시한 자의 행위에 대하여 부작위에 의한 방조자로서 공동불법행위책임이 성립한다고 할 것이다"라고 하면서도 그러한 사정이 기록상 존재하지 않는다고 하여 방조 책임을 부정했다.[21]

② "링크를 하는 행위 자체는 위와 같이 인터넷에서 링크하고자 하는 웹페이지 등의 위치정보나 경로를 나타낸 것에 불과하여, 인터넷 이용자가 링크 부분을 클릭함으로써 저작권자로부터 이용 허락을 받지 아니한 저작물을 게시하거나 인터넷 이용자에게 그러한 저작물을 송신하는 등의 방법으로 저작권자의 복제권이나 공중송신권을 침해하는 웹페이지 등에 직접 연결된다고 하더라도 그 침해행위의 실행 자체를 용이하게 한다고 할 수는 없으므로, 이러한 링크 행위만으로는 위와 같은 저작재산권 침해행위의 방조행위에 해당한다고 볼 수 없다."[22]

③ "링크 행위자가 정범이 공중송신권을 침해한다는 사실을 충분히 인식하면서 그러한 침해 게시물 등에 연결되는 링크를 인터넷 사이트에 영리적·계속적으로 게시하는 등으로 공중의 구성원이 개별적으로 선택한 시간과 장소에서 침해 게시물에 쉽게 접근할 수 있도록 하는 정도의 링크 행위를 한 경우에는 침해 게시물을 공중의 이용에 제공하는 정범의 범죄를 용이하게 하므로 공중송신권 침해의 방조범이 성립한다. 이러한 링크 행위는 정범의 범죄행위가 종료되기 전 단계에서 침해 게시물을 공중의 이용에 제공하는 정범의 범죄 실현과 밀접한 관련이 있고 그 구성요건적 결과 발생의 기회를 현실적으로 증대함으로써 정범의 실행행위를 용이하게 하고 공중송신권이라는 법익의 침해를 강화·증대하였다고 평가할 수 있다. 링크 행위자에게 방조의 고의와 정범의 고의도 인정할 수 있다. …… 링크 행위는 그 의도나 양태에 따라서는 공중송신권 침해와 밀접한 관련이 있는 것으로서 그 행위자에게 방조 책임의 귀속을 인정할 수 있다. 이러한 경우 인터넷에서 원활한 정보 교류와 유통을 위한 수단이라는 링크 고유의 사회적 의미는 명목상의 것에 지나지 않는다. 다만 행위자가 링크 대상이 침해 게시물 등이라는 점을 명확하게 인식하지 못한 경우에는 방조

---

21) 대법원 2010. 3. 11. 2009다4343 판결; 대법원 2010. 3. 11. 2009다5643 판결; 대법원 2010. 3. 11. 2009다80637 판결.

22) 대법원 2015. 3. 12. 2012도13748 판결.

가 성립하지 않고, 침해 게시물 등에 연결되는 링크를 영리적·계속적으로 제공한 정도에 이르지 않은 경우 등과 같이 방조범의 고의 또는 링크 행위와 정범의 범죄 실현 사이의 인과관계가 부정될 수 있거나 법질서 전체의 관점에서 살펴볼 때 사회적 상당성을 갖추었다고 볼 수 있는 경우에는 공중송신권 침해에 대한 방조가 성립하지 않을 수 있다."[23] 이 전원합의체 판결은 기존의 판결[24]을 변경한 것이라고 한다.

이들 판결의 등장으로 링크 이슈가 잦아들 수는 있어도 사라진 것은 아니다. 링크는 여러 목적으로, 여러 형태로 발전되어왔고, 앞으로도 진화할 것이기 때문이다. 이들 판결을 대략적으로 다음과 같이 평가할 수 있다. 첫째, 링크 관련 판결에서 방조 책임을 긍정한다고 하더라도 저작재산권 제한 사유에 의해 면책될 가능성은 여전히 존재한다. 위 2010년 대법원 판결(2009다4343)에서는 "웹사이트에서, '웹이미지'라는 분류를 통해 검색되는 〔이미지〕 63점에 관하여, 인터넷 이용자가 그 썸네일 이미지(thumbnail image)를 선택(click)하면 피고 웹사이트의 화면 창(window)을 상·하단으로 나눈 다음, 상단에는 검색 결과에 해당하는 썸네일 이미지 목록 등을, 하단에는 인터넷 이용자가 선택한 썸네일 이미지의 원래 이미지가 저장된 인터넷 주소에 연결(link)하여 원래의 웹페이지의 모습을 각 보여 주는 방식으로 이미지 검색 서비스를 제공하였다"고 한다. 이런 행위는 인용이나 공정이용 규정이 적용될 수도 있는 것이다.

둘째, 사건마다 링크의 형태나 방법이 다르다. 이를 일괄적으로 재단해 논리를 제시해서는 안 된다. 앞에서 언급한 판례들은 모두 인라인 링크 또는 임베디드 링크에 관한 것으로 보이지만,[25] 이 점을 사실관계에서 분명히 적시해주었으면 하는 아쉬움이 있다.[26]

---

23) 대법원 2021. 9. 9. 2017도19025 전원합의체 판결.

24) 대법원 2015. 3. 12. 2012도13748 판결.

25) 대법원 2015. 3. 12. 2012도13748 판결에서 채택한 증거에 따르면, 이 사건 만화 사이트 일부 회원들이 그 사이트 게시판에 이용 허락을 받지 아니한 일본 만화 등을 게시하여 인터넷 이용자가 이를 열람 또는 다운로드할 수 있도록 외국 블로그에 연결되는 링크를 제공한 것이라고 하고 있다. 이를 통해서는 어떤 형태의 링크인지 알기 어렵다. 대법원 2021. 9. 9. 2017도19025 전원합의체 판결에서 채택한 증거에 따르면, 성명불상자들은 저작재산권자의 이용허락 없이 해외 인터넷 동영상 공유사이트 등에 이 사건 영상저작물을 업로드하여 게시하였다. 성명불상자들의 위와 같은 행위는 공중송신권 침해에 해당한다. 피고인은 성명불상자들의 이 사건 영상저작물에 대한 공중송신권 침해행위 도중에 그러한 범행을 충분히 인식하면서 총 450회에 걸쳐 이 사건 영상저작물로 연결되는 링크를 이 사건 사이트에 게시하였다. 이 사건 사이트의 이용자들은 피고인이 게시한 링크를 통해 이 사건 영상저작물에 용이

셋째, 우리 법은 온라인서비스제공자의 책임 제한 요건으로 모든 종류의 서비스제공자에게 공통으로 적용되는 것(공통 요건)과 개별 서비스마다 적용되는 것(개별 요건)이 있다. 특히, 정보경로도구에 대해서는 통제 권한과 능력 요건, 인식 요건 등 요구하고 있다.[27] 2011년 12월 법개정 뒤에 나온 전원합의체 판결도 이 점에 대해서는 다루지 않고 있다.[28]

넷째, 형사 책임에 대해서는 엄격한 기준이 요구된다고 본다. 앞에서 든 ②와 ③의 사례는 형사 사건에 관한 것으로, 2021년 전원합의체 판결(2017도19025) 반대의견에서 밝히고 있듯이, 방조에 대한 확장 해석, 인과관계에 대한 확장 해석 가능성을 배제할 수 없다. 어떠한 형태의 링크를 처벌하겠다는 것인지 분명하지 않다. 또한 "영리적·계속적으로 게시하는" 형태의 링크를 구성요건의 하나라고 하기에는 설득력이 떨어진다. 왜냐하면 대부분의 인터넷 서비스가 계속적, 영리적으로 하는 것이기 때문이다.[29]

하게 접근할 수 있고, 피고인은 그러한 사실을 충분히 알고 있었다. 이 사건 사이트는 피고인이 광고 수익을 얻기 위한 목적으로 개설하여 계속적으로 운영하는 저작권 침해물 링크 사이트로서, 피고인은 불특정 다수의 이용자들이 이 사건 영상저작물에 대한 링크를 손쉽게 찾을 수 있도록 링크를 영화·드라마·예능프로그램 등의 유형별로 구분하여 게시하고 이에 대한 검색기능을 제공하였다. 이런 서비스가 어떤 형태의 링크로 제공되고 있는지, 앞에서 언급한 판결과 사실관계가 같은 것인지 확인하기 어렵다.

26) 링크의 형태를 분명히 적시한 판결도 있다. "링크된 정보를 호출하기 위해 이용자가 클릭을 할 필요 없이 링크제공 정보를 포함한 웹페이지에 접속하면 자동으로 링크된 정보가 바로 재생되는 방식의 링크, '인라인 링크'라고도 한다." 서울고등법원 2017. 3. 30. 2016나2087313 판결.

27) 이에 관해서는 제7장 제4절 '3. 온라인서비스제공자의 책임 제한 요건' 참조.

28) 오히려 법개정 전에 나온 2010년 판결(2009다4343 등)에서 이에 대해 언급하고 있다.

29) 처벌 대상을 정하는 것은 매우 어렵다. 그렇지만 초보적으로, 학술적인 비판을 무릅쓰고, 설계해보면 ① 제102조 제1항 제3호에 따른 온라인서비스제공자가, ② 상업적인 목적으로 불법 복제물의 위치를 알 수 있게 하거나 연결하는 행위로서, ③ 그 행위로 인하여 다른 사람들이 본래의 사이트에 접근하여 저작물 등을 이용하도록 하지 아니하고 그 불법 복제물에 자동적으로 접근하여 이용하도록 한다는 사실을 알고, ④ 그 행위가 불법 복제물을 접근하여 이용하도록 하는 것을 주된 목적으로 하는 경우에는 처벌하는 것도 생각해볼 수 있다. 설계의 골격은 임베디드 링크에 한정하여 처벌 대상으로 하고, 영리성과 같은 모호하거나 확장 해석이 가능한 표현을 배제하고, 명확성을 높이고자 한 것이다.

2. 형법상의 범죄

가. 범죄의 성립 요건

형법상 범죄가 성립하려면 다음과 같은 요건을 구비해야 한다. 첫째, 행위가 존재해야한다. 행위란 인격의 외부적 표현으로 의사에 의해 지배되거나 지배될 수 있는 행태를 말한다.[30] 행위는 인간의 행위를 말하며, 동물의 행위라든가 단순한 우연(무의식에 의한 행위)은 형법상 행위가 아니고 따라서 가벌성 심사에서 배제된다.[31]

둘째, 구성요건에 해당해야 한다(구성요건해당성). 구성요건은 형벌 법규에 규정된 개개의 범죄 유형을 말한다. 실질적으로 범죄로 볼 수 있는 반사회적 행위라 하더라도 실정법이 정하는 구성요건에 해당하지 않는다면 처벌할 수가 없는 것이다.

구성요건요소에는 객관적 구성요건요소와 주관적 구성요건요소가 있다. 객관적 구성요건요소에는 행위주체, 행위객체, 구성요건행위, 행위수단, 구성요건결과가 있다.[32] 결과범, 즉 결과발생을 필요로 하는 범죄(살인, 상해 등 대부분의 범죄)에서는 구성요건에 해당하는 행위 외에 행위와 결과 사이의 인과관계가 존재해야 한다. 결과범에서 인과관계는 기수와 미수의 구별 기준이 된다.[33] 우리나라 다수설과 판례에서는 상당인과관계설을 취한다.[34] 주관적 구성요건요소에는 고의범의 고의, 과실범의 과실 등이 있다. 우리 형법은 "죄의 성립요소인 사실을 인식한"(형법 제13조) 고의행위만을 처벌하는 것을 원칙으로 하고, 과실행위는 예외적으로 인정한다. 고의란 구성요건 실현에 대한 인식과 의사(의욕)를 말한다. 고의에는 의도적 고의(" …… 할 목적으로" 또는 " …… 을 위하여")와 지정고의("그 정을 알면서"),

---

[30] 김일수, 형법총론, 제5판, 박영사, 1997, 99~100.

[31] 배종대, 형법총론, 제6판, 홍문사, 2001, 131~132.

[32] 김일수, 앞의 책, 132.

[33] 배종대, 앞의 책, 173.

[34] 형법상 인과관계론은 원인이 없다면 결과가 없다는 조건설에서 출발한다. 이러한 조건설은 나중에 합법칙적 조건설과 객관적 귀속 이론에 의해 수정된다. 합법칙적 조건설이란 일상경험 법칙에 의한 합법칙성이 존재할 때 인과관계를 인정한다는 것이고 객관적 귀속 이론이란 사실적(자연적) 인과관계와 평가적·규범적 결과 귀속을 분리하여 후자에 의하여 객관적 구성요건 귀속 문제를 완성한다는 것이다. 반면, 상당인과관계설은 인과관계와 귀속을 결합하는 방법을 택하기 때문에 인과관계와 평가적 귀속(객관적 귀속)의 구별이 없다. 위의 책, 177~180.

그리고 미필적 고의가 있다. 미필적 고의란 행위자가 객관적 구성요건 실현을 충분히 가능한 것으로 인식하고 또한 그것을 감수하는 의사를 표명한 정도의 고의를 말한다.[35]

셋째, 특정 행위가 위법해야 한다(위법성). 위법성은 전체 법질서의 입장에서 불법을 확정하는 요건이다. 정당방위나 긴급피난 또는 정당행위 등 정당화 사유가 존재한다면 비록 구성요건에 해당한다 하더라도 위법성은 조각된다. 위법성이란 구성요건에 해당하는 인간의 행위가 법질서 전체의 입장에서 이와 모순·충돌하는 것을 말한다.[36] 구성요건에 해당하는 행위는 원칙적으로 위법하지만(위법성을 징표하지만) 정당화 사유가 존재한다면 구성요건해당성에 의한 가벌성이 없어지는 것이다.[37]

위법성 조각사유로서 정당방위와 긴급피난, 자구행위, 피해자의 승낙, 그리고 정당행위가 있다. 정당방위란 자기나 타인의 법익에 대한 현재의 위법한 침해를 방위하기 위한 상당한 이유 있는 행위를 말한다. 긴급피난은 자기나 타인의 법익에 대한 현재의 위난을 피하기 위한 상당한 이유 있는 행위를 말한다.[38] 자구행위는 민법상 자력구제에 상당하는 것으로 불법한 침해에 대해 법적 구제 절차를 기다리지 않고 자력으로 권리를 회복·보전하기 위한 행위를 말한다. 피해자의 승낙이란 권리 주체가 자기의 법익 침해를 허용하는 것을 말한다. 피해자의 승낙은 개인적 법익 침해의 경우 사회상규에 위배되지 않는 한 위법성을 조각한다. 정당행위는 법령에 의한 행위, 업무로 인한 행위, 기타 사회상규에 위배되지 아니하는 행위 등이 있다. 법령에 의한 행위로 공무집행행위(형법상 사형, 징역형 등 형벌집행행위, 형사소송법상의 구속, 체포 등, 민사집행법상의 강제집행 등), 법령에 의한 징계행위, 노동쟁의행위 등이 있다. 업무로 인한 행위에는 교사의 징계행위, 변호사나 성직자의 직무수행행위, 의사의 치료행위 등이 있다. 사회상규에 위배되지 않는 행위는 별도의 위법성 조각사유이다. 사회상규란 민법상 '선량한 풍속 기타 사회질서'(공서양속)를 연상하게 하지만 형법상의 독자적인 개념으로 확정 개념은 아니다.

넷째, 행위자에 의해 저질러진 불법이 행위자의 책임으로 귀착해야 한다(유책성). 구성요건해당성과 위법성만을 가지고 형벌을 과할 수 있는 것은 아니고 행위자 개인에 대해 법적

35) 김일수, 앞의 책, 181.

36) 위의 책, 100, 243.

37) 배종대, 앞의 책, 241.

38) 김일수, 앞의 책, 267, 279.

비난을 가할 수 있어야 한다.[39] 책임표지에는 책임능력, 고의·과실,[40] 위법성의 인식, 기대가능성 등 네 가지가 있다. 책임능력은 법규범의 명령·금지를 인식하고 통찰할 수 있는 능력을 말하는 것으로, 형사미성년자(형법상 14세)와 심신상실자는 책임능력이 없다. 위법성의 인식은 행위자가 자신의 행위가 법규범의 금지·명령에 위반한다는 사실을 인식하는 것이다. 어떤 행위가 금지된 행위라는 것을 인식할 수 없었다면 행위자에게 책임을 물을 수가 없다. 기대가능성은 법규범의 명령이 행위자에게 기대 가능해야 한다는 것이다. 공포나 흥분, 당황, 강박에 의해 어쩔 수 없는 행위는 그에게 책임을 귀속시킬 수 없다.[41]

나. 교사범·종범

형법은 교사범 및 종범(방조범)에 관한 규정을 두고 있다. 이에 의하면, 교사범은 정범과 동일한 형으로 처벌하고(제31조 제1항) 종범은 정범의 형보다 감경하여 처벌한다(제32조).

교사란 타인에 대한 고의적인 범행결의를 야기하는 것을 의미한다. 교사는 명령, 지시, 설득, 애원, 유혹, 요청, 이익제공, 기망, 위협 등 어떠한 수단이라도 관계없다. 방조는 타인의 범죄행위를 쉽게 하도록 도와주거나 법익침해를 강화하도록 도와주는 행위이다. 교사범과 종범은 직접 범죄를 실행하지 않고 정범의 실행행위에 간접적으로 가담할 뿐이라는 점에서는 같다. 그러나 교사범은 범행결의가 없는 사람에게 그것을 결의하게 하는 것이지만 종범은 이미 범행결의를 갖고 있는 사람의 실행행위를 도와주거나 그 결의를 강화시켜준다는 점에서 차이가 있다.[42]

종범이 성립하기 위해서는 종범의 방조행위와 정범의 실행행위가 존재해야 한다. 첫째, 방조 방법에는 정신적 방조와 물질적 방조가 있다. 정신적 방조로는 조언, 격려, 충고, 정보 제공 등이 있고, 물질적 방조에는 범행도구나 장소의 제공, 범행자금의 제공 등이 있다. 종범은 이중의 고의가 있어야 한다. 종범은 정범의 실행행위를 방조한다는 것에 대한 인식(방조의 고의)과 정범의 실행행위가 구성요건에 해당되는 결과를 발생하는 것에 대한 인식(정범

---

39) 위의 책, 100.

40) 고의·과실은 이중적 기능을 가지고 있다. 한편으로는 주관적 구성요건요소이면서 다른 한편으로 책임요소인 것이다.

41) 배종대, 앞의 책, 353~354.

42) 위의 책, 550, 560~561.

의 고의)이 있어야 한다. 정범의 인적 사항, 실존 유무를 모르더라도 방조범은 성립할 수 있다. 둘째, 종범이 성립하기 위해서는 정범의 실행행위가 존재해야 한다(공범의 정범종속성). 정범의 실행행위는 구성요건에 해당하는 위법행위로 충분하고 책임이 존재할 필요까지는 없다.[43]

다. 저작권법상의 범죄

(1) 권리의 침해죄 등

저작권법 제11장은 벌칙 규정으로 제136조 이하에서 '권리의 침해죄' 등을 다루고 있다. 저작권법은 형법의 특별법으로 범죄의 성립 요건은 형법총칙의 이론을 따르고 있다. 따라서 행위의 존재, 구성요건해당성, 위법성, 유책성 등 크게 네 가지 요건을 갖춰야만 범죄가 성립한다. 저작권법상 권리의 침해죄 등 범죄는 저작권 침해행위(구성요건해당행위로서 위법한 것)와 다른 범죄 성립 요건(행위의 존재, 고의, 유책성)이 결합하여 성립한다.

(2) 교사범·종범

정범의 저작권 침해행위를 교사하거나 방조할 경우 교사자나 방조자는 교사범 또는 종범으로 처벌된다. 형법총칙 이론이 저작권 침해 사건에서 달리 적용될 여지도 없다. 저작권 침해와 관련해서는 주로 종범(방조범) 해당 여부에 논의가 집중될 것이다.

형법 이론을 저작권 침해와 관련하여 방조범에 적용한다면, 첫째, 다른 사람의 저작권 침해행위와 방조자의 방조행위가 존재해야 하고, 둘째, 방조자가 다른 사람의 저작권 침해행위를 인식하고(정범의 고의), 그러한 침해행위에 대해 자신이 방조하고 있다는 것을 인식해야 한다(방조의 고의).

대법원은 앞에서 본 바와 같이, 링크의 방조 책임을 긍정한 바가 있다. 그에 앞서 P2P 파일공유 서비스의 방조 책임을 긍정한 판례도 있다. 대법원에 의하면, "피고인들은 P2P 프로그램과 관련된 외국의 분쟁사례 등을 통하여 P2P 프로그램의 이용을 통한 음악파일의

---

43) 위의 책, 561~563, 565.

공유행위는 대부분 정당한 허락 없는 음악파일의 복제라는 결과에 이르게 됨을 예견하면서
도(원심판결 이유에 의하면 실제로 이 사건 소리바다 이용자들이 교환한 음악파일의 70%가 저작
권법이 보호하는 복제권을 침해하는 것이었다) 2000. 5. 중순경 MP3 파일 공유를 위한 P2P
프로그램인 이 사건 소리바다 프로그램을 개발하고 서버를 설치, 운영하면서 〔소리바다 프로
그램〕을 무료로 널리 제공하였으며, 그 서버에 이용자 아이디, 패스워드, 이메일주소, 가입
회원의 성별과 나이, 이용자의 인터넷 연결속도, 이용자의 최종접속 IP 주소 등의 접속정보
를 보관하고, 이용자들이 서버에 접속하면 〔다른 이용자들의〕 IP 주소 등 접속정보를 5000명
정도씩 묶어 제공함으로써 이용자가 용이하게 자신이 찾는 음악 MP3 파일을 검색할 수 있
고, 나아가 최적의 다운로드 위치를 찾을 수 있게 해 주어 소리바다 이용자들이 음악 MP3
파일을 다운로드할 수 있게 해주는 한편, 〔운영상태를〕 점검해왔을 뿐 아니라, 〔저작권법에
위반된다는 경고를 수차례 받고서도〕 위와 같은 프로그램의 배포와 서버의 운영을 계속하여,
〔공소외 1, 2, 3은〕 소리바다 서버에 접속하여 다른 이용자들의 접속정보를 제공받아 다른
이용자들로부터 음악 MP3 파일을 다운로드 받고 나아가 다시 그 파일들을 자신들의 컴퓨
터 공유폴더에 담아둠으로써 다른 이용자들이 다운로드 받을 수 있도록 하였다는 것이다.
…… 결국, 위에서 본 여러 사정을 종합해보면 피고인들은 적어도 미필적인 고의를 가지고
위와 같이 이 사건 소리바다 프로그램을 배포하고 소리바다 서버를 운영하여 위 〔공소외
1, 2, 3의〕 복제권 침해행위를 용이하게 해준 것이라고 볼 것이다."[44]

---

44) 대법원 2007. 12. 14. 2005도872 판결.

제3절 저작권 침해의 성립 요건

1. 인격적 권리의 침해

가. 저작인격권 등 침해

(1) 직접 침해

저작인격권 침해는 해당 권리의 종류에 따라, 공표권, 성명표시권 및 동일성유지권 침해로 나타난다. 공표권이나 성명표시권 또는 동일성유지권의 내용을 이루는 행위를 하고, 그런 행위가 법에서 예정한 한계를 벗어나면 해당 권리 침해가 발생하는 것이다. 우리 법에서는 다음과 같이 규정한다. 첫째, "저작권 그 밖에 이 법에 따라 보호되는 권리…를 가진 자는 그 권리를 침해하는 자에 대하여 침해의 정지를 청구할 수 있으며, 그 권리를 침해할 우려가 있는 자에 대하여 침해의 예방 또는 손해배상의 담보를 청구할 수 있다(제123조 제1항). 저작권에는 저작인격권이 있고(제10조 내지 제13조), 실연자의 권리에도 인격적 권리(제66조 내지 제67조)가 있다.

둘째, 저작자 또는 실연자는 고의 또는 과실로 저작인격권 또는 실연자의 인격권을 침해한 자에 대하여 손해배상을 갈음하거나 손해배상과 함께 명예회복을 위하여 필요한 조치를 청구할 수 있다(제127조).

셋째, "저작인격권 또는 실연자의 인격권을 침해하여 저작자 또는 실연자의 명예를 훼손한 자"는 "3년 이하의 징역 또는 3천만원 이하의 벌금에 처하거나 이를 병과할 수 있다"(제136조 제2항 제1호).

저작인격권 침해와 관련해 우리 법과 베른협약을 비교해보면 다음과 같은 차이점을 발견할 수 있다. 첫째, 베른협약은 "명예나 명성을 해치는(préjudiciables à son honneur ou à sa réputation, prejudicial to his honor or reputation)" 행위에 한정해 저작인격권 침해를 예정하고 있다.[1] 반면, 우리 법에서는 이런 요소가 저작인격권 침해 성립 요건에 해당하지 않는다.

둘째, 베른협약은 형사 처벌을 규정하고 있지 않아서 저작인격권 침해가 형사 책임으로 연결되지 않는다. 반면, 우리 법은 인격적 권리 침해를 형사 처벌 대상으로 하고 있다. 다만, 그 침해는 "명예를 훼손"해야 성립한다. 우리 법에는 같은 맥락으로 보이는 다른 규정도 존재하는데, '저작자 사후 인격적 이익 보호' 규정으로서 제14조 제2항이 있다. 여기서도 "명예를 훼손하는" 지경에 이르면 사후 인격적 이익을 침해한다고 규정하고 있다.[2]

우리 규정을 문리해석하면 저작인격권 침해는 명예훼손과는 관련이 없다. 그런데 법원의 판단은 다르다. "저작인격권이 침해되었다면 특별한 사정이 없는 한 저작자는 그의 명예와 감정에 손상을 입는 정신적 고통을 받았다고 보는 것이 경험법칙에 합치"된다고 판단한 것이다.[3] 명예를 훼손하는 방법으로 저작인격권을 침해하는 사례로 다음을 들 수 있다. ① 저작자가 예술성이 떨어진다고 진단하고 젖혀둔 작품을 누군가가 공표한다면 다른 사람들이 그 저작자의 역량을 그 정도로 파악할 수 있고 이로써 자신의 작가로서의 명예는 손상을 입었다고 고민할 수 있다. ② 저작자는 자신의 작품 내용이 변질되어 사람들에게 전달된다면 자신과 자신의 작품에 대해 오해할 것이라고 매우 우려할 것이다. 이런 사례에서 보듯이, 명예훼손과 저작인격권 침해를 등식화할 수는 있지만 언제나 그렇다고 말하기는 어렵다고 본다.

이런 등식화는 모든 저작인격권 침해를 설명하지 못한다. 예를 들어, 어떤 저작물에 성명 표시를 생략했다고 하여 생략된 저작자의 명예가 훼손된다고 할 수 있는 사례는 오히려 많지 않을 것이다. 동일성유지권 침해도 명예훼손과 반드시 연결되는 것은 아니다. 저작물의 내용을 변경하면서 '작품성'이 높아졌다면 그것이 저작자의 명예를 훼손했다고 단언하기는 어렵기 때문이다.

(2) 침해 간주 행위

저작인격권의 각 지분권을 직접 침해하는 행위가 아니면서 그와 같이 '보는' 행위가 있다.

---

[1] 베른협약 제6조의2 제1항: "저작자의 재산적 권리와 별개로, 그리고 이 권리의 이전 후에도, 저작자는 저작물의 저작자라고 주장할 권리 및 그의 명예나 명성을 해치는 그 저작물의 왜곡, 절단, 기타 변경 또는 기타 훼손행위에 대하여 이의를 제기할 권리를 가진다."

[2] 이에 관해서는 뒤에서 따로 서술한다.

[3] 대법원 1989. 10. 24. 89다카12824 판결.

침해 간주 행위라고도 한다. 저작권법 제124조 제2항에 의하면, "저작자의 명예를 훼손하는 방법으로 그 저작물을 이용하는 행위는 저작인격권의 침해로 본다." 저작물 이용 그 자체가 저작인격권 침해에 이르지는 않는다고 하더라도 그 방법이 명예훼손을 가져온다면 침해 간주 행위가 된다.

저작자는 침해 간주 행위에 대해서는 침해정지 및 침해예방 청구권(제123조), 명예회복청구권을 행사할 수 있다(제127조). 행위자는 1년 이하의 징역 또는 1000만 원 이하의 벌금에 처해진다(제137조 제1항 제5호).

이 규정은 저작인격권 침해와는 별개로, 저작자의 명예나 명성을 해치는 방법으로 저작물을 이용하는 행위를 규율하기 위한 것이라고는 하지만,[4] 굳이 새로운 권리를 부여하는 듯한 입법 태도는 이해하기 어렵다. 저작인격권 침해 이외의 방법으로 명예를 훼손하는 경우가 있다면 그것은 명예훼손에 대한 일반 법리로 해결하면 그만인 것이다. 문헌에서 들고 있는 사례는 다음과 같다. ① 시나 음악을 저작재산권자의 허락을 받아 영상물에 수록하면서 저작자의 성명을 표시하고 동일성을 해치지 않았다 하더라도 그 영상물이 음란 영상물의 대사나 배경 음악에 사용된다면 그것이 명예훼손을 가져온다고 할 수 있다.[5] ② 예술 작품으로서 누드 그림을 복제하여 극장 입간판에 사용한다거나 문학 작품을 상업 광고에 수록하는 경우 명예를 훼손할 수 있다고 한다.[6] 이런 예시는 저작재산권 침해와는 별개로, 동일성유지권 침해가 될 수도 있을 뿐만 아니라, 일반 법리에 따른 명예훼손 가능성도 있다.[7]

이 규정은 저작인격권 침해 간주 행위에 대해서만 적시하고 있을 뿐이다. 실연자에게 명예훼손을 가져오는 방법으로 해당 실연을 이용하더라도 그것은 침해 간주 행위가 되지 않는다.

---

4) 加戸, 755. 이 규정은 민법상 명예훼손에 대한 권리 중 저작물에 관한 특수 영역의 관점에서 저작인격권과 민법상의 인격권의 중간영역에 위치한다고 한다. 이런 입법 이유는 궁금하기도 하지만, 이해해주기는 어렵다.

5) 장인숙, 278.

6) 허희성(상), 649.

7) 관련 판례도 있다. "저작권법은 공표권(제11조), 성명표시권(제12조), 동일성유지권(제13조) 등의 저작인격권을 특별히 규정하고 있으나, 작가가 자신의 저작물에 대해서 가지는 인격적 이익에 대한 권리가 위와 같은 저작권법 규정에 해당하는 경우로만 한정된다고 할 수는 없으므로 저작물의 단순한 변경을 넘어서 폐기 행위로 인하여 저작자의 인격적 법익 침해가 발생한 경우에는 위와 같은 동일성유지권 침해의 성립 여부와는 별개로 저작자의 일반적 인격권을 침해한 위법한 행위가 될 수 있다." 대법원 2015. 8. 27. 2012다204587 판결.

(3) 사후 인격적 이익의 보호

저작인격권은 그 저작자에게 전속한 권리이므로 그 생존 기간 동안 존속하는 것이 원칙이다. 그러나 저작인격권이 저작자 사망으로 소멸한다면 저작자가 누구인지, 그리고 저작물이 무엇인지 밝힌다는, 저작인격권 존재이유를 무색하게 할 수 있다. 이런 점에서 우리 저작권법은 사후 인격적 이익을 보호하는 규정을 두고 있다. 즉, "저작자의 사망 후에 그의 저작물을 이용하는 자는 저작자가 생존하였더라면 그 저작인격권의 침해가 될 행위를 하여서는 아니 된다. 다만, 그 행위의 성질 및 정도에 비추어 사회통념상 그 저작자의 명예를 훼손하는 것이 아니라고 인정되는 경우에는 그러하지 아니하다."

인격적 이익 보호를 주장하기 위해서는 두 가지 요건이 갖춰졌는지 봐야 한다. 첫째, "저작인격권 침해가 될 행위"가 존재해야 한다. 저작자가 생존했다면 그 행위가 저작인격권 침해에 해당해야 한다. 둘째, 그 행위가 "사회통념상 그 저작자의 명예를 훼손하는 것"이어야 한다. 이들 요건은 베른협약에서 요구하는 침해 요건과 흡사하다.

나. 실연자의 인격권에 대한 침해

실연자는 성명표시권과 동일성유지권을 가진다. 실연자는 공표권을 가지지 않기 때문에 이에 대한 침해에 대해서도 법적 구제를 받을 수 없다. 또한 실연자는 저작자에게 인정되는 '침해 간주 행위'에 대해서도 권리 주장을 할 수 없다. 따라서 실연자의 명예를 훼손하는 방법으로 실연을 이용하는 행위에 대해서도 아무런 권리를 가지지 않는다. 실연자의 사후 인격적 이익 또한 저작자의 경우와는 달리 보호되지 않는다.

다. 평가

저작인격권 보호를 위해서는 그 침해에 대한 입법적 방안이 요구된다. 우리 법은 이에 관해 분명한 입법 철학을 가지고 있다고 말하기 어렵다. 각 규정마다 용어가 다르고 표현도 다를 뿐만 아니라 구성 요건도 산만하게 규정되어 있다. 몇 가지 제안을 하고자 한다. 첫째, 입법론으로, 각각의 저작인격권의 내용을 이루는 행위를 곧바로 저작인격권 침해로 연결짓는 것을 원칙으로 한다. 다만, 동일성유지권의 경우에는 명예나 명성을 해치는 행위만을 침해행위로 한다. 이것은 베른협약 규정에 따른 것으로, 이 협약에서는 동일성유지권에 한해 명예나 명성의 훼손을 침해 요건으로 하고 있다.[8][9]

둘째, 침해 의제 규정은 불필요해 보인다. 삭제하는 것이 바람직하다. 그 이유는 앞에서 설명한 바와 같다. 저작권법은 법상 보호대상을 확정하고, 그 보호대상에 대한 권리 주체를 정한 다음 그들에게 합당한 권리를 부여하면 될 일이다. 저작권법에서 다루지 않아도 될 것은 다루지 않는 것이 마땅하다.

셋째, 해석상 문제도 지적하고 싶다. 저작권법상 명예와 명성의 훼손을 민법이나 형법상 명예훼손과 같은 것으로 보는 것이 적절한지 다시 살펴봐야 한다. 우리 판례에서는 저작권법상의 명예와 일반 민법상의 명예를 같은 것으로 보고 있다.[10] 베른협약 개정 연혁을 추적해보면 명예(honneur, honour)와 명성(réputation, reputation)[11]은 두 가지 측면에서 보호되는 것으로 이해하고 있다. 즉, "작가라는 인물로서, 그리고 문학 무대에 종사하는 사람으로서 보호받아야 한다"는 것이다.[12] 우리 법원은 저작자로서의 명예에 대해서는 관찰하지 않는 듯하다.

---

8) WIPO(Berne), pp. 41~42; Ricketson and Ginsburg, pp. 601~605.

9) 이렇게 할 경우 형사 처벌 규정(제136조 제2항 제1호)에서 "명예를 훼손한"이라는 구절도 삭제되어야 할 것이다.

10) 대법원 2005. 1. 17. 2003마1477 결정: "명예는 생명, 신체와 함께 매우 중대한 보호법익이고 인격권으로서의 명예권은 물권의 경우와 마찬가지로 배타성을 가지는 권리라고 할 것이므로 사람의 품성, 덕행, 명성, 신용 등의 인격적 가치에 관하여 사회로부터 받는 객관적인 평가인 명예를 위법하게 침해당한 자는 손해배상(민법 제751조) 또는 명예회복을 위한 처분(민법 제764조)을 구할 수 있는 이외에 인격권으로서 명예권에 기초하여 가해자에 대하여 현재 이루어지고 있는 침해행위를 배제하거나 장래에 생길 침해를 예방하기 위하여 침해행위의 금지를 구할 수도 있다." 대법원 2009. 5. 28. 2007다354 판결: "구 저작권법 제95조에 의하면 저작자는 고의 또는 과실로 저작인격권을 침해한 자에 대하여 손해배상에 갈음하거나 손해배상과 함께 명예회복을 위하여 필요한 조치를 청구할 수 있는바, 위 법조에서 말하는 명예라 함은 저작자가 그 품성·덕행·명성·신용 등의 인격적 가치에 관하여 사회로부터 받는 객관적 평가, 즉 사회적 명예를 가리키는 것이어서, 저작자가 자기 자신의 인격적 가치에 관하여 갖는 주관적 평가, 즉 명예감정은 이에 포함되지 않는다고 할 것이다."

11) 이 두 단어의 사전적 의미는 프랑스어나 영어에서 거의 같다. petit Larousse illustré, 1982; SOED 참조.

12) "Rapport Général", Documents de la Conférence réunie à Bruxelles du 5 au 26 juin 1948, Union internationale pour la protection des oeuvres littéraires et artistiques, 1951, pp. 97~98.

2. 재산적 권리의 침해

저작권법상 권리자가 저작권 침해를 주장하기 위해서는 먼저 자신이 정당한 권리자라는 것을 입증하면서 다른 사람이 자신의 저작물을 복제하거나 기타 이용하여 자신의 해당 권리를 침해했다는 것을 입증해야 한다.

상대방은 이러한 권리자의 주장에 대해 그가 진정한 권리자가 아니라고 주장할 수도 있고, 침해사실을 부인하거나 항변할 수도 있다. 침해사실의 부인 또는 항변은 다시 다음 네 가지로 나눠볼 수 있다. 첫째는 권리자가 주장하는 목적물이 저작권법상 보호대상이 아니라는 것이다. 저작권법상 저작물, 실연, 음반, 방송, 데이터베이스 등이 아닌 경우에는 법적 보호를 받을 수 없기 때문이다.

둘째로는 목적물이 보호대상이라 하여도 그 이용이 정당한 권한에 의한 것이라고 주장하는 것이다. 즉, 저작재산권 등을 양도받은 범위 내에서 이용하거나 또는 정상적인 이용허락의 범위 내에서 이용한다는 것이다.

셋째로는 저작권법에서 허용하는 범위 내에서 이용한다고 주장하는 것이다. 보호기간이 만료한 저작물을 이용하거나 권리 제한 규정(법정허락 규정 포함)에 의거하여 이용하는 것이 이러한 예에 속한다.

넷째로는 저작물의 경우에 해당하는 것으로서, 침해했다는 저작물이 독자적으로 창작되었거나 다른 저작물에서 아이디어만을 차용하고 표현은 베끼지 않았다는 것이다.

이러한 부인이나 항변 사실에 해당하지 않는다면 그것은 무단 이용이 된다. 침해에 대한 쟁점은 이러한 무단 이용 주장과 그에 대한 부인 또는 항변에 집중된다. 다시 말해서, 저작권 침해는 저작권법상 이용행위가 존재하고, 그 행위가 권리자의 허락을 받지 않거나 저작권법에서 허용하지 않는 행위가 존재해야 성립한다.

가. 이용행위

저작권 침해는 저작권법상 인정된 배타적인 권리가 미치는 이용행위가 존재해야 성립한다. 복제, 배포, 대여, 공연, 전시, 공중송신 또는 2차적저작물 작성 행위가 저작권법상 인정되는 이용행위이다. 저작물 이용행위라고 할 수 있는 행위, 예를 들어 열람이나 수입(輸入)은 저작권법에서 인정하는 저작물 이용행위가 아니다. 저작권법은 망라적인 권리로서 이용권을 인정하지 않기 때문이다.

저작자는 위와 같은 이용행위 모두에 대해 권리를 가지지만 저작인접권자는 이 중 일부
에 대해서만 권리를 가진다. 예를 들어, 실연자는 복제, 배포, 대여에 대해서는 배타적인
권리를 가지지만, 공연의 경우에는 비고정 실연의 공연에 한정해 배타적인 권리를 가진다.
공중송신 중에는 전송에 대해서만 배타적인 권리를 가진다. 각각의 권리의 내용에 제약이
있는 경우도 있다. 데이터베이스제작자는 복제·배포·방송 또는 전송에 대해서만 권리를 가
진다. 저작권법은 권리자들을 차별하여 해당 지분권을 부여하고 있기 때문이다. 또한 저작
인접권자는 일부 이용행위에 대해 배타적인 권리 대신 보상청구권에 만족해야 하는 경우도
있다. 권리자의 이익에 중대한 영향을 미치는 경우에는 대체로 배타적인 권리를 부여하고,
그렇지 않은 경우에는 보상청구권을 부여한다고 말할 수 있으나 이것은 입법 정책의 문제
로 귀착한다고 하겠다.

나. 무단 이용

권리자의 허락을 받지 않거나 저작권법에서 허용하는 범위를 벗어난 이용행위는 무단 이
용행위로 저작권 침해가 된다. 저작권법은 침해 판단 여부에 대해 아무런 규정을 두지 않고
있다. 그러다 보니 법원의 재량이 크게 작용할 수 있다. 물론 저작물의 종류가 다양하고,
각각의 이용형태 또한 다양하기 때문에 법규정으로 일정한 기준을 마련하기란 쉬운 일이
아니다. 학설과 판례가 축적되면서 이론적인 발전을 기약하는 수밖에 없다.

침해 판단에 관해 우리 학설은 거의 존재하지 않는다. 이러한 가운데 법원의 판례는 상당
한 정도 축적되었다. 우리 판례는 미국의 학설과 판례에 크게 의존하고 있다 해도 과언이
아니다. 이하 침해 판단에 관한 설명도 주로 미국의 것에서 크게 벗어나지 못하고 있다.

판단 기준은 크게 두 가지로 나눠 이론 구성을 할 수 있다. 첫째는 다른 사람의 것을 베껴
야 하고, 둘째로는 베낀 것이 부정이용(improper appropriation)에 이르러야 한다.[13] 베낀다
는 것은 자신이 저작물을 창작한 것이 아니라, 다른 사람의 것에 의존하여 만들어진 것
(derived)을 말한다. 부정이용이란 법에서 허용하는 정도나 범위를 넘어 베끼는 것을 말한다.

침해 판단기준에 관해서는 견해가 갈린다. 일부 학자는 접근과 실질적 유사성을 침해 판

---

13) Goldstein, § 7.1; Leaffer, p. 285.

단의 기준으로 보고 있는 반면,14) 다른 일부에서는 주관적 요건으로서 '의거'와 객관적 요건으로서 '실질적 유사성'을 들고 있다.15)16)

베끼기 또는 의거는, 뒤에서 보는 바와 같이 접근과 증명적 유사성이 결합하여 성립되는 것이므로 접근보다는 넓은 개념이다. 우리 대법원이 "대상 저작물이 기존의 저작물에 의거하여 작성되었다는 사실이 직접 인정되지 않더라도 기존의 저작물에 대한 접근가능성, 대상 저작물과 기존의 저작물 사이에 실질적 유사성 등의 간접사실이 인정되면 대상 저작물이 기존의 저작물에 의거하여 작성되었다는 점은 사실상 추정된다고 할 수 있"17)다고 한 것도 같은 취지를 담고 있다고 할 수 있다. 즉, 접근은 베끼기 또는 의거의 부분집합이라고 할 것이다.

우리 학설과 판례에서 미국 이론에 상당히 의존하고 있고 이에 의하면 침해 판단기준을 베끼기와 부정이용으로 나눠 이론 전개를 하고 있으므로 이하에서는 베끼기와 부정이용18)으로 나눠 서술하기로 한다.

---

14) 송영식·이상정, 471.

15) 오승종, 1223; 이해완, 1009. 우리 대법원 판례에서는 '의거관계'와 '실질적 유사성'으로 판단한다. 대법원 2000. 10. 24. 99다10813 판결; 대법원 2007. 12. 13. 2005다35707 판결; 대법원 2014. 1. 29. 2012다73493, 73509 판결; 대법원 2014. 5. 16. 2012다55068 판결; 대법원 2014. 7. 24. 2013다8984 판결; 대법원 2015. 3. 12. 2013다14378 판결; 대법원 2018. 5. 15. 2016다227625 판결; 대법원 2018. 5. 15. 2016다227625 판결.

16) '의거'라는 용어는 2차적저작물을 설명하는 문헌에서 오래전부터 등장했다. 예를 들어, 榛村專一, 著作權法槪論, 巖松堂書店, 1933, p. 116. 2차적저작물은 원저작물에 의존하여 또는 파생하여(derived from) 나온 것이므로 이 경우 의거라는 표현은 적절하다고 할 수 있다. 표준국어대사전을 보더라도 그렇다 ("어떤 사실이나 원리 따위에 근거함"). 그러나 'copying'에 대응하는 의미에서 '의거'는 의미를 정확하게 전달한다고 하기 어렵다. 우리가 일본 판례와 학설을 무의식적으로, 무비판적으로 가져온 것으로 보인다. 일본에서 침해 판단과 관련하여 '의거'라는 표현은 1978년 판례에도 나온다. "저작물의 복제란 기존 저작물에 의거하여 그 내용 및 형식을 지각하게 하기에 충분하게 다시 제작하는 것으로 해석된다." ワン·レイニー·ナイト·イン·トーキョー 事件(最判昭和53年9月7日). 그래서인지 여러 문헌에서 자연스럽게 사용한다. 예를 들어, 中山, 707~709 참조.

17) 대법원 2007. 12. 13. 2005다35707 판결; 대법원 2014. 5. 16. 2012다55068 판결; 대법원 2014. 7. 24. 2013다8984 판결; 대법원 2014. 12. 11. 2012다76829 판결; 대법원 2015. 3. 12. 2013다14378 판결.

18) 부정이용 여부는 실질적 유사성 판단이 핵심을 이루고 있는 것이므로, 의거와 실질적 유사성으로 설명하든, 아니면 필자와 같이 베끼기와 부정이용으로 설명하든 이론적으로 같은 내용을 다루게 된다.

(1) 베끼기[19]

(가) 개념

베끼는 것이란 어느 저작물이 자신이 창작한 것이 아니라 다른 사람 것에 의존하여 만들어진 것을 말한다. 베끼기 개념은 일차적으로 복제행위를 염두에 둔 것이지만 2차적저작물 작성행위에도 확장 적용된다. 또한 공중송신하거나 공연, 전시 등에도 적용될 수 있다. 이러한 행위는 대개 복제를 수반하는 이용행위이기 때문이므로,[20] 침해행위는 모두 베끼는 데에서 출발한다고 보아야 한다.

베꼈는가 여부는 저작물마다 다른 요소를 가지고 판단해야 한다. 저작물마다 표현 형식이 다르기 때문이다. 어문저작물은 문자로 된 것이고, 미술저작물은 선과 색, 명암이나 색조, 음악저작물은 음표로 구성되거나 리듬, 선율 또는 가락, 화성, 그리고 음정 또는 음색으로 표현되기도 한다.

(나) 접근과 유사성

침해 사건에서 원고는 피고가 베꼈다는 사실을 직접적으로나 간접적으로 입증해야 한다. 베꼈다는 것을 직접 증명하는 것은 쉬운 일이 아니다. 피고가 베꼈다는 사실을 인정하는 사례도 많지 않고 원고가 직접 증거를 확보할 수 없도록 베끼는 사례도 흔하기 때문이다. 이에 따라 미국 법원은 접근(access)과 유사성(similarities)이라는 정황 증거를 가지고 베꼈다

---

19) 미국에서는 'copying'이라는 용어를 사용하고 있다. 이 용어는 복제에만 한정되는 것이 아니기 때문에 적절한 표현은 아니라고 한다. Leaffer, p. 414. 베끼기라는 말은 이성호, "저작권침해여부의 판단기준", 정상조 편, 지적재산권법강의, 홍문사, 1997, 298에서 사용된 바 있다. '베끼기' 또는 '베끼는 것'을 침해 판단의 요건으로 삼은 국내 판례도 있다. 대법원 1993. 6. 8. 93다3073, 93다3080 판결(희랍어분석방법 사건); 대법원 1997. 9. 29. 97마330 결정(사차원속독법 사건). '베끼기'라는 표현은 'copying' 보다 넓은 의미를 가지기도 하고, 침해 판단의 조건에 맞는 용어라고 본다. 박성호, 659에서는 '베끼기 등의 이용행위'라는 표현을 쓰고 있다.

20) 물론 그렇지 않은 경우도 있다. 저작물의 원본 전시도 가능하므로 이때 전시는 복제와 아무런 관련이 없는 것이다.

는 사실을 추정하는 이론을 발전시켰다. 즉, 피고가 저작물에 접근한 적이 있고(접근은 베낄 수 있는 기회를 제공한다) 그 결과 문제되는 저작물 양자 간에 유사성이 발견되면 그것으로 베꼈다는 사실을 받아들이는 것이다. 여기서 말하는 유사성은 두 저작물 간의 관계에서 어느 하나가 다른 하나를 베끼지 않으면 그러한 유사성이 생길 수 없다는 가정에 따라 베꼈다는 추론을 가능하게 한다.[21]

접근이란 저작물을 지각하는 기회를 가지는 것이므로, 직접 저작물을 지각한 경우뿐만 아니라 그 저작물이 상당히 널리 공개되어 접근 가능성이 기대되는 경우(상당한 가능성)도 포섭하는 개념이다.[22] 단순한 가능성만으로는 접근이 인정되지는 않는다. 미국 판례에 의하면, 저작물이 저작권청에 등록되었다는 이유만으로 접근 사실이 인정되지 않았다.[23]

접근과 유사성이 베꼈다는 추정의 입증 요소로, 양자 간에 어느 정도 역의 관계가 존재한다. 즉, 접근의 입증이 약한 경우에는 높은 정도의 유사성을 입증해야 하고, 접근의 입증이 강한 경우에는 낮은 정도의 유사성만을 입증하는 것으로도 베꼈다는 추정이 가능하다.[24]

유사성은 다음 세 가지로 그 정도를 나눌 수 있다.[25] 첫째는 피고가 원고의 저작물을 일일이 상세하게 묘사하는 정도의 유사성이 있고, 둘째는 예를 들어 하나의 간단한 구절이 동시에 발견되어 우연이라고 하기 어려운 정도의 유사성이 있다. 이 두 가지를 일컬어 현저한 유사성(striking similarities)이라 할 수 있다. 현저한 유사성이 있는 경우 이것은 접근의 추정으로 이어지고, 더 나아가 베꼈다는 추정이 가능해진다. 그러나 현저한 유사성과 베꼈다는 추정이 등식관계에 있는 것은 아니다. 접근에 대한 가능성이 상당하지 않으면 추정은

---

21) Goldstein, §7.1.1. 여기서 말하는 유사성이란 증명적 유사성(probative similarities)을 말하는 것으로 부정이용을 추정하는 실질적 유사성(substantial similarities)과는 구별된다. 양자를 엄격히 구분하지 않는 판례도 존재한다고 한다. Leaffer, pp. 417~418.

22) 한 예로, 1973년 Kaiserman이 작곡한 'Feelings'가 1953년 Gaste의 'Pour Toi' 저작권을 침해했다고 주장하는 사건에서 원고와 피고가 제3자의 개입으로 연결된 점에 비춰 접근을 증명하기에 충분하다고 했다. Gaste v. Kaiserman, 863 F.2d 1061 (2d Cir. 1988).

23) 또 다른 판례에 의하면, 원고가 영화 각본을 감독에게 제공하고 그 감독이 영화사 임원에게 보여주고 그 임원이 직원에게, 그 직원이 다른 영화 제작자에게, 그리고 그 제작자가 다른 각본 작가들에게 그 각본에 대해 설명한 경우 접근 사실이 인정되지 않았다. Arnstein v. Porter, 154 F.2d 464, 468. Goldstein, §7.2.1에서 재인용.

24) Leaffer, pp. 417~418.

25) Goldstein, §7.2.1.2.

배제된다.[26] 셋째는 겉으로 보이는 저작물의 표현 뒤에 존재하는 구조적 유사성(structural similarities)이 있다. 구조적 유사성은 문자적 유사성 외에 사건이나 인물의 성격과 같은 비문자적 유사성이 문제되는 어문저작물, 표현 형식이 제한된 기능적 저작물, 정물화처럼 실물에 가깝도록 그릴 수밖에 없는 미술저작물 등의 경우에 다뤄진다. 이러한 유사성의 존재는 베꼈다는 정황증거로서 어려운 문제를 안고 있다. 구조적 유사성은 표현 뒤에 감춰진 요소를 찾아내야 하기 때문이다. 이에 따라 미국 법원은 이에 따라 다른 정황증거에 주목하기도 한다. 즉, 두 저작물 간에 공통의 오류나 심미적 오류, 그리고 분명한 상이성이 존재하는지 살피는 것이다.

공통의 오류(common error)나 심미적 오류(aesthetic miscue)는 지도, 디렉토리, 판례·사례집, 장난감 등의 사례에서 볼 수 있다. 권리자가 의도적으로 허위 사실이나 정보를 삽입하거나 또는 미감상 적절하지 않은 곳에 특정 신체 부위를 위치하게 하여 오류가 생기도록 유도하는 것이다. 두 저작물 간의 상이성도 접근의 추정 근거가 될 수 있다.[27] 법원은 교묘한 방법으로 보호되는 표현을 제거하고 보호되지 않는 부분만을 모아 침해를 회피하려는 의도에 대해 분명한 상이성(telling dissimilarities)의 측면에서 침해를 인정하기도 한다.[28]

(다) 항변

침해 사건에서 피고는 원고의 주장에 대해 다음 두 가지 항변을 통해 책임에서 벗어날 수 있다. 첫째는 자신의 독자적인 창작이라는 항변이다. 둘째로는 자신의 저작물이 원고의 것이 아닌 다른 제3의 출처에서 베낀 것이라는 항변이다. 제3의 저작물에 대한 저작권 침해

---

26) Selle v. Gibb 사건에서 법원은 피고 비지스(Bee Gees)의 'How Deep Is Your Love'와 원고의 'Let It End'가 비록 현저히 유사하지만, 전자는 프랑스에서 작곡된 반면, 후자는 단지 시카고 지역에서만 연주되었고 피고가 원고의 저작물에 접근했는지 여부는 단순한 가능성에 지나지 않으며 그것으로 접근의 상당성을 인정할 수 없다고 하면서 저작권 침해를 부정했다. Selle v. Gibb, 741 F.2d 896 (7th Cir. 1984). Nimmer, § 13.02[B]. Leaffer, pp. 416에서 재인용.

27) Goldstein, § 7.2.1.2.

28) Concord Fabrics, Inc. v. Marcus Bros. Textile Corp. 사건에서 법원은 기하학적 디자인이 (외관이나 차원에서) 동일하고 색깔도 기본적으로 유사하지만 격자무늬 안의 내용이 다른 경우 법원은 바로 그러한 차이가 피고가 고의로 원고의 것을 베낀 정도를 강조할 뿐이라고 판시했다. Concord Fabrics, Inc. v. Marcus Bros. Textile Corp., 409 F.2d 1315. Goldstein, § 7.2.1.2에서 재인용.

라면 몰라도 원고의 저작권 침해는 아니라는 것이다.

독자적인 창작이 저작권 침해가 될 수 없는 것은 저작물의 성립 요건으로서 독창성을 생각하면 쉽게 짐작할 수 있다. 자신이 독자적으로 창작한(독창적인) 표현물은 저작물로서 저작권법상 보호대상이 된다는 기본 원리를 충실하게 받아들인다면 비록 다른 사람의 것과 동일하거나 유사한 표현이 존재한다 하더라도 이를 이유로 침해의 책임을 물을 수 없기 때문이다.

사람들은 일상적으로 수많은 저작물에 접근하면서 이들을 의식적으로나 무의식적으로 자신의 기억 속에 담는다. 학습과정이나 독서과정에서 이러한 일은 잦다. 사람들은 다른 사람의 창작 결과물에 의존하여 자신의 작품을 만드는 경우가 있고 그 과정에서 본인이 인식하지 못한 채 다른 사람의 것을 베끼는 경우도 있다. 미국 판례에 의하면, "기억이 장난을 치더라도 구실이 될 수는 없다"고 하여 무의식적으로 베꼈다 하더라도 침해의 책임에서 자유로울 수 없다고 판단하고 있다.29)

미국 저작권법은 엄격책임(strict liability)에 근거하고 있어서 저작권 침해가 가해자의 고의나 기타 내심의 의사에 의해 좌우되지 않는다. 선의(innocent intent)의 침해에 대해서도 책임을 물을 수 있는 것이다.30) 미국 법상 선의의 저작권 침해에는 세 가지가 있다. 첫째로는 무의식적으로 베끼는 것이다. 가해자가 다른 사람의 저작물을 베끼는지 알지 못하는 것이다. 둘째로는 제3자가 제공한 저작물이 침해물이라는 것을 알지 못하고 베끼는 것이다. 셋째로는 의식적으로 베끼면서도 자신의 행위가 저작권 침해라는 사실을 알지 못하는 것이다. 예를 들어 허위의 저작권 표시를 오인하고 허위 표시자로부터 허락을 받고 베끼는 것이다.31) 미국 법에 의하면, 그 어떤 경우에도 침해의 책임에서 자유로울 수 없다.

---

29) Fred Fisher, Inc. v. Dillingham, 298 F. 145, 148 (S.D.N.Y. 1924). Sheldon v. Metro-Goldwyn Pictures Corp., 81 F.2d 49, 54 (2d Cir. 1944): "무의식에 의한 표절(unconscious plagiarism)은 고의의 표절과 마찬가지로 소송의 대상이 된다." Bright Tunes Music Corp. v. Harrisongs Music, Ltd., 420 F.Supp. 177 (S.D.N.Y. 1976): 미국 연방지방법원은 비틀스 멤버인 해리슨(George Harrison)이 작곡한 'My Sweet Lord'가 원고의 작품 'He's So Fine'을 침해했다고 주장하는 사건에서 해리슨이 고의로 원고의 음악을 이용했다고 할 수는 없다 하더라도 그가 원고의 음악에 접근한 적이 있고 잠재의식 속에서 그 음악을 알고 있었다는 점에서 침해를 인정했다.

30) ABKCO Music, Inc. v. Harrisongs Music, Ltd., 722 F.2d 988 (2d Cir. 1983): 미국 연방항소법원은 침해 의사는 저작권 침해의 본질적인 요소가 아니며 선의가 침해의 항변이 된다면 저작권자를 보호하고자 하는 의회의 의지를 훼손한다고 판단했다.

31) Nimmer, §13.08[A]. 엄격책임을 일부 완화하는 규정도 존재한다. 미국 저작권법 제504조 (c)(2)와 제

우리 법에서는 고의나 과실이 침해의 성립 요건이고 이러한 주관적 요건이 충족되지 않으면 저작권 침해는 발생하지 않는다. 미국 법상의 엄격책임 이론을 그대로 적용할 수는 없는 것이다. 미국 법에서 말하는 선의의 침해도 우리 법에서는 고의나 과실 요건 충족 여부에 따라 저작권 침해 판단에 이르게 된다. 미국 법상의 선의의 침해는 상당수(특히 위에서 언급한 둘째와 셋째의 경우) 가해자가 자신의 행위(베끼는 것)로 인해 손해가 발생할 것을 알거나(고의) 알 수 있기(과실) 때문에 우리 법에 의해서도 저작권 침해가 될 것이다. 그러나 무의식적으로 베끼는 것에 대해 우리 법상 고의나 과실이 존재한다고 말하기는 곤란할 것이고, 따라서 베꼈다는 이유만으로 저작권 침해의 책임을 묻기는 어려울 듯하다.

(2) 부정이용

(가) 의의

부정이용(improper appropriation)은 법에서 허용하는 범위를 넘어 베끼는 것으로, 그 핵심은 유사성 판단에 있다. 두 저작물이 단순히 서로 유사한가 여부가 아니라 두 저작물에 실질적으로 유사한 표현이 존재하는가, 즉 실질적 유사성(상당한 정도의 유사성; substantial similarity)이 존재하는가 하는 것이다.

여기서 말하는 유사성(실질적 유사성)은 베꼈다는 추정의 입증 요소인 유사성(증명적 유사성)과 구별된다. 전자는 베낀 정도가 상당하여 부정이용의 증거로 추정될 수 있는 반면, 후자는 그 유사성이 상당한 것인지 불문하고 정황상 베꼈다는 증거로 추정될 뿐이다.[32] 또한 전자는 보호되는 표현에 유사성이 존재하는가에 초점을 맞춘 것인 반면, 후자는 보호되는 표현에 유사성이 존재하는지 묻지 않는다. 단지 공통의 오류가 존재한다는 것만으로도 후

1203조 (c)(5)에 의하면, 선의 침해(innocent infringement)에 대해서는 손해배상을 감경해주고 있다.

32) Alan Latman, "'Probative Similarity' as Proof of Copying: Toward Dispelling Some Miths in Copyright Infringement", 90 Colum. L. Rev. 101 (1990), p. 103. Goldstein, § 7.2.1.2에서 재인용. Latman 은 판례에서 베꼈는가를 입증하기 위한 유사성과 부정이용의 증거로서 유사성을 혼용하고 있기 때문에 이를 바로잡을 필요가 있다고 주장하면서 전자를 단지 유사성이라는 표현 대신에 증명적 유사성 (probative similarity)이라고 표현함으로써 실질적 유사성(substantial similarity)과 구별해야 한다고 주장한다.

자의 유사성이 인정될 수 있는 것이다.

판례를 보면, 실질적 유사성 판단은 저작물에 대한 재산적 권리 침해, 즉 저작재산권 침해에 대한 판단에 집중된다. 그러나 경우에 따라서는 저작인접권이나 데이터베이스제작자의 권리 침해에도 어느 정도 적용될 수 있을 것이다.

(나) 실질적 유사성 판단 기준

저작권법은 아이디어와 표현의 이분법에 따라 표현 영역만을 보호한다. 실질적 유사성 판단은 표현의 유사성을 찾는 작업이므로 유사성이 아이디어에만 존재하고 표현에 존재하지 않는다면 저작권 침해는 발생하지 않는다. 미국 판례법은 융합 이론과 필수장면 이론을 발전시켰다. 따라서 아이디어와 표현에 융합이 이뤄져 표현을 아이디어에서 분리할 수 없는 경우 그 융합된 부분은 보호되지 않으며(융합 이론), 일상적이고 표준적인 요소는 보호되지 않는다(필수장면 이론).

저작권 침해 사건에서 법원은 이러한 이론을 적용하기 위해 문제된 두 저작물을 분해하는(dissection) 작업을 한다. 아이디어에서 표현을 분리함으로써 피고가 원고의 표현을 부정이용했는지 살피게 된다.[33] 분해 작업은 실질적 유사성 여부를 판단하기 위한 것이다.

실질적 유사성은 저작권법이 목적으로 하고 있는 창작 유인 제공을 위해 어느 정도까지 배타적이고 독점적인 영역을 인정할 것인가 하는 문제와 밀접한 관련을 맺고 있다. 권리자에게 자신의 창작물에 대한 독점 시장을 일정한 정도 보장해주는 것이 저작권법이 지향하는 바이기 때문이다.[34]

실질적 유사성은 문자적 유사성과 비문자적 유사성, 부분적 유사성과 포괄적 유사성으로 나눌 수 있다. 이들을 조합하면 네 가지의 유사성이 나온다. 부분적 문자적 유사성, 부분적 비문자적 유사성, 포괄적 문자적 유사성, 그리고 포괄적 비문자적 유사성이 그것이다. 포괄적 문자적 유사성이 있다면 쉽게 침해를 긍정할 수 있다. 그와 반대로, 부분적 비문자적 유사성에 대해서는 침해를 묻기 곤란하다. 반면 부분적 문자적 유사성(fragmented literal similarity)과 포괄적 비문자적 유사성(comprehensive nonliteral similarity)이 있는 경우에는 해

---

33) Goldstein, § 7.3.1; Chisum et al., pp. 371~373.

34) Goldstein, § 7.3.1.2.

당 저작물의 성질과 베낀 정도에 따라 다른 결과가 나올 수도 있다.[35] 실무에서도 주로 이들 두 가지 유사성이 문제가 된다. 이 두 가지에 집중해서 보기로 한다.

첫째, 부분적 문자적 유사성이 있는 경우이다. 저작물의 일부를 베끼더라도 저작권 침해는 생길 수 있다. 저작물의 성격에 따라, 베끼는 양에 따라 그 판단이 달라질 수 있다. 시와 같은 짧은 문자저작물의 한 연이나 구, 음악저작물의 몇 소절을 베끼는 것도 침해가 될 수 있고, 몇 십 쪽을 베끼더라도 그것이 단순한 사실에 불과한 한 경우에는 책임을 묻기 어려운 경우도 있다. 미국 판례에 의하면, 20만 자 원고 중 300자를 복제한 것, 학술 논문 중 세 문장을 복제한 것, 광고 한 문장을 복제한 것 등에 관해 침해를 긍정하고 있다.[36]

둘째, 포괄적 비문자적 유사성이 있는 경우이다. 이 경우에는 단순히 저작물을 분해하여 아이디어와 표현을 분리하기 어렵다. 비교 대상 문자가 존재하지 않기 때문이다. 문자로 표현되지 않는 사진이나 미술, 연극이나 영상 저작물의 경우에는 다른 기준을 적용해야 할 것이다. 미국 법원은 일관되게 저작물에 표면상 드러난 표현 뒤에 가려져 있는 요소도 표현에 포함된다고 보고 있다. 어문저작물에 대해 구조와 순서(전개과정)를 따라 재구성한 경우, 직물디자인에 대해 일부 세부 항목(디자인)을 변경한 경우, 그리고 음악저작물에 대해 음조(key)를 변경한 경우 각기 침해를 긍정한 바 있다.[37]

비문자성 유사성을 다투는 침해 사건에서 원고는 문자적 유사성의 경우와는 달리, 아이디어와 표현을 분리하여 실질적 유사성을 입증하는 데 어려움을 겪을 것이다. 법원이 포괄적 비문자적 유사성을 넓게 인정하고 나아가 이에 대해 저작권 침해를 적극적으로 판단해 주지 않는다면 이용자는 다양한 방법으로 저작권 침해를 회피하고자 할 것이다. 어문저작물의 예를 들면, 똑똑한 이용자는 어느 저작물에 있는 문장이나 대화를 그대로 베끼지 않고

---

35) 이 분류는 Nimmer의 견해에 따른 것이다. Nimmer, § 13.03. Leaffer는 부분적 문자적 유사성과 포괄적 비문자적 유사성을 각기 축어 유사성(verbatim similarity)과 패턴 유사성(pattern similarity)으로 나누기도 한다. Leaffer, pp. 418~420. 이런 분류를 받아들인 우리 대법원 판례도 보인다. 대법원 2015. 3. 12. 2013다14378 판결(포괄적·비문언적 유사성).

36) Harper & Row, Publishers, Inc. v. Nation Enters, 471 U.S. 539 (1985); Henry Holt & Co. v. Liggett & Myers Tobacco Co., 23 F. Supp. 302 (E.D. Pa. 1938); Dawn Assocs. v. Links, 203 U.S.P.Q. 831 (N.D. Ill. 1978). Goldstein, § 7.3.1.1에서 재인용.

37) Meredith Corp. v. Harper & Row, Publishers, Inc., 413 F. Supp. 385 (S.D.N.Y. 1975); Malden Mills, Inc. v. Regency Mills, Inc., 626 F.2d 1112 (2d Cir. 1980); Nom Music, Inc. v. Kaslin, 227 F. Supp. 922 (S.D.N.Y. 1964). Goldstein, § 7.3.1.1에서 재인용.

서도 문장을 재구성하는 방법으로 그 패턴을 얼마든지 베낄 수 있다. 다른 장르의 저작물을 베끼는 경우 그 표현 형식보다는 패턴을 베끼는 것이 보통이다. 개별 장르의 특성상 그대로 베끼는 것이 오히려 드물다. 똑똑한 침해자가 저작권 침해에서 쉽게 벗어날 수 있다면 이것은 저작권법이 목적하는 바가 아닐 것이다.[38]

포괄적 비문자적 유사성(패턴의 유사성)에 대해서 미국 판례를 보면 오래전부터 추출 기준(abstractions test)이 정립되어왔다. 이 기준은 미국 핸드(Hand) 판사가 1930년대 판결에서 제시한 것으로,[39] 아이디어의 영역과 표현의 영역을 분리하기 위한 방법의 하나이다. 추출 과정을 진행하게 되면 보호되는 영역으로서 추출의 하위 단계(low level of abstraction)를 거쳐 보호되지 않는 추출의 상위 단계(high level of abstraction)만 남는다. 하위 단계에 유사성이 존재한다면 그것은 표현에 실질적 유사성이 있는 것이고 그것은 저작권 침해로 이어지지만, 상위 단계에 유사성이 존재한다면 그것은 단지 아이디어에 유사성이 있는 것이므로 침해로 연결되지 않는다.

추출 기준을 아무리 정교하게 구성하더라도 저작물의 종류나 성질, 이용형태가 무척 다양하기 때문에 사건에 따라 얼마든지 다른 결론이 나올 수도 있다. 오랜 기간 상당한 판례를 축적한 미국에서조차 아직 명쾌하고 구체적인 기준을 제시하지 못하고 있는 실정이다. 표현 뒤에 숨은 것까지 분명하게 끄집어내 부정이용했는지 가리기 쉽지 않기 때문이다. 법원은 사건마다 각기 독자적인 판단을 할 수밖에 없을 것이다.

우리 법원도 포괄적 비문자적 유사성을 들어 저작권 침해 판단을 하고 있다. 대법원은 원심 판결을 다음과 같이 원심 판단 논지를 실으면서 인용하고 있다: "〔두 소설〕은 장르와 분량 및 등장인물의 수와 성격, 사건전개의 복잡성 등 여러 부분에서 차이점이 보이나, 이는 두 소설의 장르와 분량의 차이에 따른 당연한 결과이거나 사건전개에 있어 지엽적인 부분의 차이에 불과하며, 오히려 두 소설은 사건전개에 중핵이 되는 등장인물과 그들 사이의 갈등관계 및 그 갈등이 해소되는 과정, 그 과정에서 드러난 구체적인 줄거리와 특징적인 에피소드에서 상당 부분 창작성을 공유하고 있고, 이와 같은 유사성은 두 소설 전체에서 상당한 비중을 차지하고 있어 위와 같은 차이점을 양적·질적으로 압도하므로, 두 소설 사이에 포괄적·비문언적 유사성이 인정된다고 판단하였다. …… 원심의 위와 같은 판단은 정당

---

38) Leaffer, pp. 419~420.

39) Nichols v. Universal Pictures Corp., 45 F.2d 119 (2d Cir. 1930).

하고 ……"40)

실질적 유사성을 판단하는 주체가 누구인지 여부에 따라 유사성 판단이 달라질 수 있다. 미국 법원은 이제까지 주로 일반 관객 기준(ordinary observer or audience test)을 적용해왔다. 관객 기준이란 관객의 입장에서 두 저작물 간에 실질적 유사성이 있는가를 판별하는 것이다. 여기서 관객이란 해당 저작물의 예상 고객을 말한다. 모든 제3자를 예상 고객이라 할 수는 없는 것이다. 이들 관객은 침해 사건 피고의 저작물을 구매, 열람, 청취, 시청 등을 함으로써 원고의 저작물을 구매, 열람 등을 하지 않을 것으로 예상되는 사람들에 한정한다. 이들의 관점이 중요한 것은 피고 저작물이 원고 저작물과 실질적으로 유사하다고 판단한다면 원고의 저작물을 구매 등을 하지 않을 것이기 때문이다.41)

실질적 유사성 판단에서 중요한 역할을 하는 관객이라 할 수 있는 저작물의 구매자 등은 저작물마다 다르다. 설계도나 컴퓨터프로그램 구매자는 그 분야에 어느 정도 지식을 가지고 있는 사람들로 한정된다. 이들은 해당 분야 기술이나 지식을 가지고 있기 때문에 단순히 일반적인 평균인이 아니다. 이들은 해당 저작물이 구매자로 예정하고 있는 고객(intended audience)으로 해당 저작물과 관련하여 침해 판단 주체가 된다.42)

관객 기준은 다음과 같은 취약점을 안고 있다. 즉, 관객 기준에서 말하는 관객은 어떠한 경우에도 전문적인 식견을 가지고 있다고 할 수 없다. 보호되는 표현을 분석적으로 분해(analytical dissection)하기보다는 전체적인 개념과 느낌(total concept and feel)에 의존한다. 이들은 전체적인 개념과 느낌에 유사성이 존재하지 않는다면 비침해라는 결론을 내리기 쉽다. 실질적 유사성 판단을 위해서는 아이디어 영역과 표현 영역을 분해하는 능력이 요구되는데 이들은 그러한 능력이 전문가에 비해 떨어진다. 특히 포괄적 비문자적 유사성 판단할 때 더욱 그러하다고 할 수 있다.43)

---

40) 대법원 2015. 3. 12. 2013다14378 판결.

41) Leaffer, pp. 425~426; Goldstein, § 7.3.1.2.

42) Data East USA, Inc. v. Epyx, Inc. 사건에서 사건 비디오게임 'Karate Champ'의 고객은 평균 17.5세의 남성이다. 이들이 볼 때 원고와 피고 저작물 간에는 실질적 유사성이 없다고 판단했다. 862 F.2d 204 (9th Cir. 1988). Aliotti v. Dakin & Co. 사건에서는 인형의 주요 고객이 어린이이고, 이들 어린이의 지각을 통한 내재적 검토를 할 필요가 있다고 판시했다. 841 F.2d 231 (2d Cir. 1983). Chisum et al., p. 380에서 재인용.

43) Leaffer, pp. 426~427; Goldstein, § 7.3.1.2.

이 기준은 미국에서 소설과 같은 어문저작물이나 연극저작물 분야에서는 효용성이 높은 반면, 음악이나 미술, 사실적 저작물이나 기능적 저작물, 그리고 컴퓨터프로그램 분야에서는 그렇지 못하다. 관객 기준이 일반적인 침해 판단 기준이라는 점은 부인할 수 없으나 침해 판단에 전문적인 식견이 필요한 경우에는 제한적으로 적용된다.

(3) 개별 저작물에 대한 판단 기준

저작물은 장르별로 표현 형식이 다르고 표현 방법도 다르다. 따라서 하나의 침해 판단 기준을 각 저작물에 획일적으로 골고루 적용하기 어렵다. 어문저작물, 특히 가상의 이야기를 풀어 만든 저작물에 대해서는 어떠한 판단 기준도 적용하기 용이한 반면, 표현이 기능에 부수적인 역할을 하는 기능적 저작물이나 표현 방법이 제한적인 사실적 저작물에 대해서는 침해 판단 기준을 기계적으로 적용하기 어렵다. 자칫 아이디어의 독점을 용인하는 침해 판단은 저작권법이 의도한 바가 아닐 것이다. 법원은 사안마다 각각의 적용 기준을 두고 고민하지 않을 수 없을 것이다. 이하에서는 각 저작물에 특수한 적용 기준이 무엇인지 살펴보기로 한다.

(가) 어문저작물 및 연극저작물

어문저작물이나 연극저작물은 주제(theme)와 줄거리 또는 구성(plot), 등장인물의 외모나 성격(character), 사건(incident) 및 배경(setting) 등 여러 구성요소를 담아 표현하는 형식이다. 두 저작물 간에 각각의 구성요소에 동일성이나 유사성이 발견되더라도 그것은 아이디어의 영역에 속하는 것이라 할 수 있기 때문에 침해의 책임을 물을 수는 없다.

어문저작물의 침해 판단을 위해서는 문자적 유사성과 비문자적 유사성 모두를 검토하게 된다. 어문저작물은 표현 방법이 거의 무제한에 가깝다. 이로 인해 개별 구성요소가 동일하다는 이유만으로는 침해를 묻기가 쉽지 않다. 역사적 사실이나 객관적 사실에 입각해 줄거리가 완성되는 저작물에 대해서는, 줄거리부터 배경에 이르기까지 창작적 역량이 충분히 발휘되는 저작물에 비해, 저작권 침해를 주장하기 상대적으로 어려울 것이다. 압축적으로 또는 비유적으로 표현하는 저작물보다는 서술적으로 표현하는 저작물에 대한 저작권 침해 주장도 상대적으로 어려울 것이다.

한편, 연극저작물이나 영상저작물의 경우 표현 방법이 어문저작물에 비해 제한적이고, 문자적 유사성보다는 비문자적 유사성이 침해 판단의 중요한 기준이 될 것이다. 두 저작물 간에 57개의 연속 장면(영화의 20%가량)의 유사성(줄거리와 사건의 유사성)은 부정이용에 해당한다고 본 미국 판례도 있다.[44]

(나) 미술저작물

미술저작물은 선과 색, 명암과 색조 등으로 구성된다. 이런 표현 형식의 특수성은 표현 방법도 제약한다. 미술저작물 분야에서 저작권 침해 판단을 위해서는 보호되는 표현을 찾는 데 집중한다는 점, 관객의 시각으로 바라본다는 점은 어문저작물의 경우와 크게 다르지 않다. 다만, 미술저작물 표현 방법의 제약으로 인해 법원은 실질적 유사성 판단에 어려움을 겪는다.

미국에서는 회화, 직물디자인, 캐릭터, 인형, 보석장식, 장난감 등에 관해 다수의 판례가 나왔다. 대체로, 표현 방법이 지극히 제한적인 경우(예를 들어 동물 문양 머리핀 장식)에는 동일한 복제물에 대해서만 실질적 유사성을 인정하고, 자연에서 찾을 수 없는 상상의 것에 대해서는 비록 동일하지 않은 복제물에 대해서도 실질적 유사성을 넓게 인정하는 경향이다.[45] 각 사안마다 판단 기준이 같지 않은 것은 그만큼 실질적 유사성 판단이 어렵다는 뜻이기도 하다.

(다) 음악저작물

음악저작물은 리듬과 가락, 그리고 화성으로 이루어진다. 여기에 음정이나 음색, 음조, 템포 등이 더해진다. 음악저작물과 관련하여 저작권 침해 여부는 주로 가락을 두고 다툰다. 음악 장르별로 일정한 리듬과 템포가 반복되기도 하는데, 이러한 리듬과 같은 요소는 보호되지 않는다. 화성도 보호되기는 어렵다. 그러나 합주나 합창의 경우 일부 독창적인 표현을 담을 수도 있기 때문에 화성에 대해 무조건 보호를 부정하기는 곤란하다.[46]

---

44) Universal Pictures Co. v. Harold Lloyd Corp., 162 F.2d 354 (9th Cir. 1947). Goldstein, § 8.1.1에서 재인용.

45) Goldstein, § 8.2.1.3.

음악저작물의 침해를 양적으로 설명하기는 곤란하다. 미국에서는 6마디 규칙(six bar rule)이 통념으로 받아들여지고 있으나, 법원의 판단은 그렇지 않다. 2마디 또는 4마디에 유사성이 있더라도 침해 판정에 주저하지 않는다.[47]

(라) 사실적 저작물

사실적 저작물(factual work)이란 지도, 디렉토리, 카탈로그, 판례집, 매뉴얼, 시사 뉴스, 연대표 등 객관적 사실이나 역사적 사실을 바탕으로 기술하는 것을 말한다. 사실을 정확히 전달하기 위해서는 의미를 정확하게 압축해서 일목요연하게 표현하는 것이 바람직하다. 표현 형식과 방법에 제한이 따를 수밖에 없다. 자칫하면 아이디어 보호에까지 이를 수 있다는 점에서 과잉보호의 문제가 발생할 수 있다. 사실적 저작물마다 독자적인 표현 영역을 확인하고 이에 대한 무단 이용을 방지하는 것이 중요하다 하겠다.

지도는 자료를 수집한 다음 이들 자료를 색과 기호, 주요 지리정보에 대한 장식 표시 등을 결합하여 만든다. 이러한 지도의 결합적 표현에 대한 독창성 판단이 쟁점이 될 것이다. 디렉토리나 카탈로그는 자료의 선택과 수집, 배열 등이 중요한 판단 요소가 될 터인데, 자료의 성격상 동일·유사한 결과가 나올 수밖에 없다면 침해를 묻기는 어려울 것이다. 시사 뉴스나 기타 사실적 정보 전달을 목적으로 하는 저작물이라 하더라도 이를 상당한 정도로 재구성한다면(substantial paraphrasing) 침해를 긍정할 수도 있을 것이다.[48]

(마) 기능적 저작물

이러한 저작물에는 설계도, 서식, 규칙(게임이나 오락 등), 컴퓨터프로그램 등이 속한다. 인간의 지각이나 감각에 호소하기보다는, 주된 기능을 지원하는 부수적인 표현에 대해 저작권 보호를 어느 정도까지 인정할 수 있는가 여부가 논점이 될 것이다. 기능적 저작물은

---

46) Ostinato(동일 성조에서 반복되는 짧은 반주부)에 대해 보호를 인정한 사례가 있다. Fred Fisher, Inc. v. Dillingham, 298 F. 145 (S.D.N.Y. 1924). Goldstein, §8.3에서 재인용.

47) Goldstein, §8.3.2.1.

48) Smith v. Little, Brown & Co., 360 F.2d 928 (2d Cir. 1966). 교과서 문제와 해답을 재구성하는 경우에도 침해를 인정하기도 한다. Goldstein, §8.4.1.4에서 재인용.

아이디어 영역에 속하는 개념이나 방법을 가장 효율적으로 정확하게 구현하는 데 목적이 있으므로 기존 저작물의 그것과 동일·유사한 표현을 배제하기 곤란한 경우가 많을 것이다. 이 점에서, 사실적 저작물과 마찬가지로, 과도한 보호는 자유로이 사용해야 할 아이디어 영역을 독점한다는 비판에서 자유로울 수 없다. 융합 이론은 이러한 과도한 보호를 제약하기 위해 등장했다. 아이디어의 독점을 막고, 그에 따라 설계도나 서식, 규칙 등에 대한 독점을 용인하지 않겠다는 것이다.

저작권 침해 판단은 주로 복제권이나 2차적저작물 작성권을 침해했는가를 가리는 것이다. 그런데 미국 법원은 기능적 저작물과 관련하여 주로 복제권 침해 여부에 국한한 판례를 내고 있다. 미국 법원은 기능적 저작물 관련 사건에서 기능적 요소에 대한 독점을 막기 위해 원저작물을 문자적으로 베꼈는가 여부에 관심을 집중해왔던 것이다. 설계도와 같은 평면 저작물을 입체적으로 제작하는 것도 2차적저작물 작성권 침해라기보다는 복제권 침해에 귀착하는 것으로 보았다.[49]

(바) 컴퓨터프로그램

컴퓨터프로그램은 저작권법에서 예시하고 있는 저작물의 하나이면서도 그 독특한 성격으로 인해 특별한 취급을 받는다. 이러한 프로그램의 성격은 침해 사건에서도 독특한 기준 마련을 요구하고 있다. 그러나 프로그램에 대한 판례가 상당히 나온 미국에서도 침해 기준은 정착되지 못하고 있다. 판례에서마다 다른 기준에 따라 침해 여부를 판단하면서 시장에 혼란을 야기하고 있는가 하면, 학자들의 비판도 이어지고 있다. 판결에 따라서는 과도한 보호에 치우친 것이라는 비판을 받기도 하고, 보호에 충실하지 못한 것이라는 지적을 받기도 한다.

이러한 일관성 없는 판례의 태도는 프로그램의 특수성에서 비롯된 것이다. 첫째, 프로그램은 "일련의 지시·명령으로 표현된 창작물"인데 이런 정의는 저작권법에서 보호하지 않는 운용 방법(methods of operation)이나 수학적 개념(mathematical concepts)까지 보호할 가능성을 내포하고 있다.

둘째, 프로그램은 원시코드로 작성된다는 점에서 어문저작물의 성격을 기본적으로 가지

---

49) Goldstein, § 8.5.2.1.

고 있으나, 일부 프로그램의 경우 이미지나 영상물 또는 사용자 인터페이스[50]가 그 산출물로 나올 수도 있는데 이런 산출물은 미술저작물 또는 영상저작물과 같은 성격을 가지기도 한다. 문자적 유사성 침해 판단에 대해서는 일반적인 침해 기준이 적용되지만, 비문자적 유사성에 대해서는 예외적인 기준이 적용되어야 한다. 특히 비디오게임과 같이, 컴퓨터프로그램과 영상물의 성격을 '동시에' 가지고 있는 경우 원시코드나 목적코드를 베끼지 않더라도 그와 동일·유사한 결과물이 나올 수 있기 때문에 그 침해 판단은 코드의 유사성(문자적 유사성)뿐만 아니라 비문자적 유사성에도 의존해야 한다.

셋째, 프로그램은 기능적 저작물의 하나이면서도, 다른 기능적 저작물과는 구별된다. 즉, 프로그램은 특정 목적에 따라 일정한 기능을 수행하기 위해 표현된다는(코딩) 점에서 다른 기능적 저작물과 같지만, 그 자체가 직접 인간의 지각에 호소하지 않는다는 점, 그리고 코딩의 전문성으로 인해 평균인의 시각으로는 그 침해 여부를 판단하기 곤란하기 때문에 저작권 침해 기준으로서 일반 관객 기준이 적용되기 어렵다는 점에서는 다르다.

비문자적 유사성 측면을 다룬 초기 판례로서 1986년 Whelan 사건 판례가 있다.[51] 이 사건에서 미국 제3순회 항소법원은 컴퓨터프로그램을 다른 어문저작물과 마찬가지로 전체적인 구조, 구성 및 주제가 보호를 받듯이, 컴퓨터프로그램의 '구조, 순서 및 조직(structure, sequence and organization: SSO)'이 보호를 받는다고 판단했다. 프로그램의 포맷 및 구조, 파일 구조, 스크린 산출물 및 파일 서브루틴이 전체적으로 실질적 유사성 판단에 작용해야 한다고 한 것이다. 이 판결은 적지 않은 비판에 시달렸다. 비판의 표적은 첫째, 컴퓨터프로그램은 어문저작물과 달리, 본질적으로 기능적 저작물로서 아이디어와 표현이 융합되어 있어 어문저작물 일반에 적용되는 기준을 그대로 적용해서는 안 된다는 점, 둘째, 항소법원은 비보호 영역인 아이디어를 좁게 보아 저작권법이 보호를 배제하는 '절차, 공정, 체제, 운용방법 등(procedure, process, system, method of operation)'[52]에도 저작권 보호를 인정하는 논거를 제공했다는 점 등이었다.[53]

---

50) 사람이 컴퓨터와 소통하기 위하여 사용하는 수단을 모두 일컫는바, 컴퓨터를 제어하는 투입(input) 부문과 컴퓨터로부터 정보를 받는 산출(output) 부문으로 나눌 수 있다. 운영체제의 경우 종전 DOS에서와 같이, 키보드를 통해 명령어를 직접 입력하는 텍스트 인터페이스에서 윈도와 같이, 메뉴나 아이콘으로 보여주고 사용자가 마우스로 작업을 수행하는 그래픽 사용자 인터페이스(GUI)로 변화하고 있다.

51) Whelan Associates, Inc. v. Jaslow Dental Laboratory, Inc., 797 F.2d 1222 (3d Cir. 1986).

52) 미국 저작권법 제102조 (b) 참조.

이후 다른 법원에서는 다시 추출 기준에 입각한 판례를 내놓고 있는데, 대표적으로 1992년 Altai 사건[54] 판례가 있다. 이 사건에서 제2순회 항소법원은 추출·[55]여과·비교 기준(abstraction-filtration-comparison test)을 새롭게 제시했다. 이 기준은 핸드(Hand) 판사가 제안한 추출 기준을 발전시킨 것이라 할 수 있다. 먼저 침해되었다는 프로그램의 구조를 분해(break down)하여 각각의 구성 부분을 분리시킨다. 이들을 각기 아이디어, 아이디어에 수반된 표현, 그리고 공유에 속하는 표현을 찾아내어 제거 과정을 거친다(filtration). 이렇게 해서 남은 표현의 요소들 간에 비교를 하게 된다(comparison). 두 저작물 간의 비교 결과 실질적 유사성이 있으면 침해 판단에 이르게 된다.

Altai 사건에서 여과 기준에 적용되는 요소로서 효율성을 위해 필요한 요소(융합 이론에 의한 아이디어에 부수적인 표현), 외부적 요인에 의한 요소(필수장면 이론에 의한 필수불가결한 표현, 특정 프로그램이 구동되기 위한 규격이나 명세, 호환성 요소, 업계의 설계 기준, 업계의 요구, 광범위하게 인정되는 프로그래밍 관행 등),[56] 공유 저작물에서 끌어낸 표현 등 세 가지를 들고 있다.

이후 상당수의 판례에서는 Altai 사건 기준(적어도 추출과 여과 기준)을 따르는 경향이다. 이들 판례에서는 특히, 여과 기준과 관련하여 융합 이론과 필수장면 이론에 의한 제약이나 기타 외부적 요인에 의한 제약 등을 여과 단계에서 걸러내고 있다.

한편, 컴퓨터프로그램 관련 판례들에서는 일반 저작물에 적용되는 일반 관객 기준이나 전체적인 개념 또는 느낌 기준도 수정 내지 완화하려는 태도를 보이는 경향이다. 일반 관객 기준은 프로그램의 성격상 그대로 적용하기 곤란한 점이 있다. 그것은 첫째, 평균인이 프로그램의 내용을 알기 어렵고, 둘째, 프로그램의 목적은 인간의 감각에 호소하는 것이 아니라

---

53) Leaffer, pp. 421~423.

54) Computer Associates International, Inc. v. Altai, Inc., 982 F.2d 693 (2d Cir. 1992).

55) 국내 문헌에서는 '추상화, 여과, 비교'라고 한다. 박성호, 677; 오승종, 1274; 이해완, 1030. 일본에서도 그렇게 쓴다. 일본어 사전에서는 추상이란 사물이나 표상의 어떤 측면이나 성질을 빼어내 파악하는 심적 작용이라고 정의한다. 廣辭苑, 第四版, 岩波書店, 1991. 우리 표준국어대사전에서는 추상을 "『심리』 여러 가지 사물이나 개념에서 공통되는 특성이나 속성 따위를 추출하여 파악하는 작용"이라고 하고, 추출을 "전체 속에서 어떤 물건, 생각, 요소 따위를 뽑아냄"이라고 하고 있다. 'abstraction'의 한국어 번역으로는 추출이 더 가깝다.

56) 필수장면 이론을 제외한 외부적 요인은 Nimmer가 지적한 바를 법원에서 그대로 인용하고 있다. Nimmer, §13.03[F][3] 참조.

그 기능 구현에 있기 때문이다.[57] 이에 따라, 예를 들어, 그래픽 사용자 인터페이스는 기존의 일반 관객 기준이 설득력이 있겠지만, 기존 코드를 다른 컴퓨터 언어로 번역한 경우에는 전문가의 견해를 듣는 것이 침해 판단에 도움이 될 것이다. 관객보다는 전문가의 견해가 설득력이 있는 것이다.

자율 학습

1. 저작권 침해는 표절과 밀접한 관련이 있다. ① 표절이란 무엇인가? ② 표절과 저작권 침해는 어떻게 다른가? ③ 자기 표절이란 용어가 적절한가? 자기 표절은 어떤 점에서 비난을 받을 수 있는가?

---

57) Goldstein, § 8.5.1.2.

제4절 민사 구제

　민법상 소유권은 물건에 대한 전면적 지배를 내용으로 한다. 소유자는 소유권의 내용이 타인에 의해 방해를 받거나 받을 우려가 있는 때에는 그 방해를 제거·예방하여 본래의 소유권을 회복할 수 있어야 한다. 민법에서는 이러한 소유권의 실효성을 확보하기 위한 수단으로, 이른바 물권적 청구권을 인정한다. 이에는 소유물반환청구권(제213조), 소유물방해제거청구권 및 방해예방청구권(제213조)이 있다. 이러한 물권적 청구권을 행사하기 위해서 방해자의 고의나 과실을 묻지 않는다. 한편, 민법에서는 불법행위에 대해서 손해배상청구권(제750조)과 명예 훼손의 경우 명예회복청구권(제764조)을 인정하고 있다.

　저작권법에서 보호하는 권리(저작권, 저작인접권 등)는 무형물에 대한 지배를 내용으로 하고 있는바, 소유권과 같은 물권에 준하는 권리(준물권)이다. 따라서 저작권법상 권리자는 원칙적으로 소유권에 터 잡은 위와 같은 종류의 청구권을 모두 가진다고 할 수 있다. 다만, 저작권법상 저작권의 속성으로 인해 반환청구권은 존재하지 않는다. 무체물은 타인이 점유할 수 없기 때문이다.

　저작권법은 침해정지청구권(방해제거), 침해예방청구권(방해예방), 손해배상청구권 및 명예회복청구권을 명시하고 있다. 이에 따라, 권리자는 침해정지청구권에 의해 현존하는 침해행위를 제거할 수 있고, 침해예방청구권에 의해 침해할 우려가 있는 행위를 예방할 수 있고, 명예회복청구권에 의해 저작권법상 인격적 권리 침해에 대해서 명예회복을 위하여 필요한 조치를 강구할 수 있다.

1. 침해정지청구권 및 침해예방청구권

　저작재산권자 등 저작권법상 권리자는 그 권리를 침해하는 자에 대하여 침해의 정지를 청구할 수 있으며, 그 권리를 침해할 우려가 있는 자에 대하여 침해의 예방 또는 손해배상의 담보를 청구할 수 있다(제123조 제1항). 청구권은 침해정지청구권과 침해예방청구권으로 나눌 수 있다.

가. 당사자

(1) 청구권자

"저작권 그 밖에 이 법에 따라 보호되는 권리…를 가진 자"가 청구권의 주체가 된다. 이에는 저작자, 저작재산권자(저작자의 재산적 권리가 전부나 일부 양도되는 경우), 저작인접권자,[1] 데이터베이스제작자, 배타적발행권자가 있다. 보상청구권자는 제외된다(제123조 제1항 괄호). 보상청구권은 채권이고 보상청구권자는 채권자로서 물권적 청구권을 가질 수 없기 때문이다.

저작자 사후 인격적 이익이 침해되는 경우에는 그 유족이나 유언집행자도 청구권을 행사할 수 있다(제128조).[2] 법에서는 배우자·자·부모·손·조부모 또는 형제자매를 유족으로 정하고 있다. 유족은 민법상 상속인과는 다르다. 누구든지 현존하는 권리 침해나 우려할 만한 장래 침해를 신속하게 제거하거나 예방할 수 있도록 하기 위한 것으로 보인다.

공동저작물의 저작자나 저작재산권자도 다른 저작자나 다른 저작재산권자의 동의를 받지 않더라도 직접 청구권의 주체가 된다(제129조). 이 또한 권리 침해를 신속하게 제거하고 예방하기 위한 취지를 가지고 있다고 본다.

(2) 상대방

저작권법상 침해행위와 침해 간주 행위를 하는 자가 침해정지 및 침해예방 청구권의 상

---

1) 저작권은 저작인격권과 저작재산권으로 나뉜다. 반면, 저작인접권은 인격적 권리와 재산적 권리를 나누는 표현(예를 들어 인접인격권과 인접재산권)이 존재하지 않는다. 실연자가 자신의 재산적 권리를 전부나 일부 양도하는 경우 여전히 '실연자의 인격권'은 가지므로 실연자는 인격적 권리를 가지는 '저작인접권자'이고, 따라서 제123조에서 말하는 청구권의 주체가 될 수 있다.

2) 실연자의 유족은 사후 인격적 이익 보호를 위해 금지청구권 등을 행사할 수 없다.

대방이다. 저작자 사망 후의 인격적 이익을 훼손하는 행위를 하는 자도 포함된다(제128조). 물권적 청구권이 물권의 직접적인 지배를 방해하는 행위를 제거하여 물건에 대한 지배를 회복하는 데 목적이 있기 때문에 직접 침해자가 아니더라도 그 청구권의 상대방이 될 수 있는 것이고, 그 상대방의 고의·과실을 묻지도 않는다.

나. 요건

침해정지청구권은 침해행위의 정지를 구하는 것이므로 그 행위가 진행 중인 경우에 한하여 행사할 수 있다. 이미 종료한 침해행위에 대해서는 이 청구권을 행사할 수 없다.

침해예방청구권 내지 손해배상담보청구권은 권리 침해가 발생할 우려가 있는 경우 이를 예방하거나 손해배상의 담보를 받아내기 위한 청구권이다. 권리자가 침해행위를 예견할 수 있는데 이에 대해 아무런 구제방법이 없다면 부당한 것이다. 그렇다고 침해 가능성만을 들어 청구권을 행사해서는 안 되고 객관적으로 침해행위가 발생한다고 객관적으로 예견할 수 있는 상황이 존재해야 할 것이다.

침해정지청구권과 침해예방청구권을 각각 예로 들면, 연극을 공연을 하고 있다면 전자의 청구권을 행사할 수 있고, 공연 연습 중이라면 후자 청구권을 행사할 수 있을 것이다. 인쇄 중인 어문저작물에 대해서는 복제권 침해정지청구권을, 인쇄가 끝난 후에는 배포권 침해예방청구권 또는 침해정지청구권을 각기 행사할 수 있을 것이다.[3]

다. 내용

첫째, 침해정지청구권은 침해행위의 정지를 청구하는 것이다. 침해예방청구권은 장래 발생할 침해의 원인을 제거하는 조치를 청구하는 것이다. 후자의 경우 선택적으로 손해배상의 담보를 청구할 수도 있다. 손해배상의 담보는 주로 공탁(담보공탁)으로 하게 된다.

둘째, 침해정지나 침해예방을 청구하는 경우에는 침해행위에 의하여 만들어진 물건의 폐기나 그 밖의 필요한 조치를 청구할 수 있다(제123조 제2항). 침해행위에 의해 만들어진 물건은 침해정지청구권의 대상이 될 것이고 '기타 필요한 조치'는 침해정지청구권이나 침해예방

---

3) 장인숙, 279~280 참조.

청구권 모두의 대상이 될 것이다. '기타 필요한 조치'는 침해물 폐기 이외에, 침해행위를 정지하거나 예방하는 데 필요하다고 인정하는 모든 조치를 포함한다고 본다.[4] 예를 들어, 침해물 제작에 사용된 기기의 폐기나 처분, 서버 컴퓨터의 사용 제한 등도 생각할 수 있다.[5]

셋째, 권리자가 자신의 권리가 침해되면 원칙적으로 본안소송을 거쳐 채무명의를 받고 이를 강제집행 절차를 밟아 실현하게 된다. 이러한 절차는 상당한 시일을 소요하게 되므로 권리자는 침해행위의 신속한 금지·예방을 위해서 보전절차로서 가처분을 선택하는 경우가 많다.[6] 법원은 통상 가처분으로 생길 수 있는 피신청인의 손해에 대하여 신청인에게 담보를 제공하도록 하고 있다. 그러나 저작권법은 제123조 제1항과 제2항의 경우 "법원은 원고…의 신청에 따라 담보를 …… 제공하지 아니하게 하고, 임시로 침해행위의 정지 또는 침해행위로 말미암아 만들어진 물건의 압류 그 밖의 필요한 조치를 명할 수 있다"고 하고 있다(제123조 제3항). 저작자의 경제적 형편이 넉넉하지 못한 경우를 배려하여 담보 제공 없이

---

4) TRIPS협정은 사법당국(judicial authorities)이 침해 물품의 폐기나 처분, 더 나아가 침해 물품을 제작하기 위하여 주로 사용된 재료나 도구의 처분 권한을 부여하도록 회원국에 요구하고 있다(제46조). 한·미 FTA에서는 TRIPS협정 규정을 구체화하여, "민사 사법절차에서, 권리자의 요청이 있는 경우, [불법 복제된 것]으로 판정된 상품은 예외적인 상황을 제외하고 폐기된다"[제18.10조 제9항 (a)]고 하여 폐기를 원칙으로 규정하는 한편, "사법당국은 그러한 [불법 복제된] 상품의 제조 또는 생성에 사용된 재료와 도구가 어떠한 종류의 보상도 없이 신속하게 폐기되거나, 예외적인 상황에서는 어떠한 종류의 보상도 없이, 추가 침해에 대한 위험을 최소화하는 방식으로 상거래 밖에서 처분되도록 명령할 수 있는 권한을 가진다"[제18.10조 제9항(b)]고 규정하고 있다. 우리 법상 '기타 필요한 조치'는 침해물의 폐기 이외의 처분과 경우에 따라서는 도구의 폐기나 처분을 포함하는 것으로 해석할 수 있다.

5) 침해정지는 다음의 예와 같이 한다: "가. 피고들은 2023. 5. 19.까지 별지 목록 기재 서적의 복제, 제작, 반포, 판매, 전시, 소지를 하거나 이를 피고들이 운영하는 인터넷 사이트에 게재하거나 인터넷을 통하여 전송하여서는 아니 되고, 나. 피고들은 피고들의 각 사무실, 공장, 창고, 판매점포, 대리점에 보관, 전시, 진열하고 있는 별지 목록 기재 서적의 완성품, 반제품, 시작품, 부분품과 별지 목록 기재 서적에 대한 광고선전물, 포장용기, 포장물을 폐기하고, ……" 서울고등법원 2010. 7. 1. 2008나68090 판결.

6) 법원은 제123조에 따른 가처분을 다음과 같이 설명한다: "저작권법 [제123조]의 침해정지청구는 가처분신청의 형태로도 행사할 수 있음은 물론이지만, 이러한 임시의 지위를 정하는 가처분은 다툼 있는 권리관계에 관하여 그것이 본안소송에 의하여 확정되기까지 가처분권리자가 현재의 현저한 손해를 피하거나 급박한 위험을 막기 위하여, 또는 그 밖의 필요한 이유가 있는 경우에 허용되는 응급적·잠정적인 처분이므로, 이러한 가처분이 필요한지 여부는 당해 가처분신청의 인용 여부에 따른 당사자 쌍방의 이해득실관계, 본안소송의 승패의 예상, 기타 여러 사정을 고려하여 법원의 재량에 따라 합목적적으로 결정하여야 할 것인바 ……" 대법원 2007. 1. 25. 2005다11626 판결 참조.

가처분을 신청할 수 있도록 한 것이다.[7] 그러나 이 경우 저작권 침해가 없다는 뜻의 판결이 확정된 때에는 신청인은 그 신청으로 인하여 발생한 손해를 배상하여야 한다(제123조 제4항). 무과실 손해배상 책임이다.[8]

라. 온라인서비스제공자에 대한 법원 명령의 범위

침해정지나 침해예방 청구권의 내용에는 '기타 필요한 조치'가 있다. 이것은 침해를 정지·예방하기 위해 필요한 조치를 말한다. 온라인상의 침해에 대응하기 위한 조치에는 물리적인 조치(예를 들어 서버의 폐기나 처분)와 같은 특단의 조치도 있을 수 있고, 복제·전송 또는 복제·공중송신을 중단하게 하거나 그런 행위를 하는 사이트 접근을 막는 방법도 있다. 한·미 FTA에는 후자의 방법에 따른 규정을 두고 있다.

한·미 FTA 온라인서비스제공자의 책임 제한 규정에 의하면, 서비스제공자는 서비스별로 일정한 요건을 갖출 경우 금전적 구제의 대상에서는 벗어난다. 그러나 일정한 범위에서 법원 명령에 의한 구제(court-ordered relief)의 대상은 된다[제18.10조 제30항 (b)(i) and (viii)]. 그 법원의 명령 권한은 단순 도관 서비스제공자의 경우에는 계정의 해지, 접근 차단(to block access to a specific, non-domestic online location)에 한정하고 다른 서비스제공자의 경우에는 불법 복제물의 삭제나 접근 무력화(to removing or disabling access to the infringing material), 계정의 해지 등에 한정하도록 하고 있다. 한·미 FTA 책임 제한 규정은 우리 저작권법 제103조의2에 반영되어 있다. 이 규정은 2011년 12월 개정법에서 신설된 것이다.

우리 법상 '책임 제한'이란 이런 이중의 의미를 가진다. 즉, 한편으로는 제102조 제1항에서 "책임을 지지 아니한다"고 하듯이 면책의 측면도 있는가 하면, 다른 한편으로는 제103조의2에서 말하는 '필요한 조치'의 대상이 되는 측면을 가지고 있는 것이다.

제103조의2에서는 단순 도관 서비스제공자와 그 밖의 다른 서비스(캐싱, 호스팅, 정보검색도구 서비스제공자)를 구분하여, 법원은 전자에 대해서는 ① 특정 계정의 해지와 ② 특정 해외 인터넷 사이트에 대한 접근을 막기 위한 합리적 조치를 명할 수 있고(제103조의2 제1항), 후자에 대해서는 ① 불법 복제물의 삭제, ② 불법 복제물에 대한 접근을 막기 위한 조치,

---

7) 송영식·이상정, 582~583.

8) 송영식·이상정, 583.

③ 특정 계정의 해지, ④ 그 밖에 온라인서비스제공자에게 최소한의 부담이 되는 범위에서 법원이 필요하다고 판단하는 조치를 명할 수 있다고 하고 있다(제103조의2 제2항).

이 규정은 몇 가지 조건하에 바라봐야 한다. 첫째, 이 규정에 따른 법원의 명령 대상은 저작권법에서 예정한, 즉 제102조상의 면책 대상 온라인서비스제공자이다. 둘째, 그런 서비스제공자라 하더라도 면책 요건을 갖춰야 한다. 그렇지 않으면 다른 구제 규정에 따른 책임도 질 수 있다. 셋째, 법원은 이들 온라인서비스제공자에게 위와 같은 범위에 한정해 명령 권한을 행사할 수 있다.

2. 손해배상청구권

가. 손해배상의 의의

손해배상은 민사적 권리 구제의 근간을 이룬다. 민법상 손해배상은 위법한 행위(채무불이행 또는 불법행위)에 의하여 타인에게 끼친 손해를 전보하는 것이다. 불법행위 책임에는 형사책임과 민사책임이 있다. 형사책임은 가해자의 법적 비난 가능성에 입각한 범죄의 처벌에 주안을 두고 있는 반면, 민사책임은 교정적 정의(corrective justice)를 근간으로 하는 손해의 전보, 즉 가해자의 불법행위로 발생한 손해의 배분에 관심이 있다. 민사책임은 징벌을 목적으로 하는 형사책임과는 사뭇 구별된다.

우리 법제도는 민사책임과 형사책임의 엄격한 분담을 통해 사회정의를 실현하고자 하는 이분법적 태도를 취하고 있다. 저작권법도 우리 책임 제도를 따라 민사책임과 형사책임을 모두 마련하고 있다. 한·미 FTA로 인해 법정손해배상 제도가 도입되면서 민사책임 제도에 적어도 형식적으로는 큰 변화를 가져왔으나, 아직은 기존 제도에 심각한 영향을 주지는 않고 있다.

민사 손해배상은 법정손해배상 제도를 별론으로 한다면, 손해의 공평한 분담에 목적을 두고 실제 손해액을 찾는 것으로 귀결된다. 다만, 저작재산권 등 재산적 권리 침해는 무형의 재산에 대한 침해이기 때문에 거의 대부분 실제 손해액을 알 수 없다. 따라서 실제 손해액을 대체할 수 있는 그 무엇을 찾아낼 필요가 있다. 저작권법상 손해배상에 관한 특별 규정은 이 점에서 매우 유용한 수단이 된다.

나. 내용

"저작재산권 그 밖에 이 법에 따라 보호되는 권리를 가진 자"는 저작재산권 등 재산적 권리를 침해한 자에 대하여 손해배상을 청구할 수 있다(제125조 제1항). 저작자, 저작재산권자, 저작인접권자, 데이터베이스제작자, 배타적발행권자가 재산적 권리 주체로서 청구권을 행사한다. 보상청구권자는 제외된다. 보상청구권 대상행위 자체는 저작권법상 민사 불법행위가 아니기 때문이다.

손해배상청구권은 인격적 권리 침해에 대해서도 행사할 수 있으나 손해액 산정에 관한 특별 규정인 제125조는 인격적 권리 침해에 대해서는 적용되지 않는다(제125조 제1항 괄호).

공동저작물의 저작재산권자도 다른 저작재산권자의 동의를 받지 않더라도 자신의 지분만큼 직접 손해배상청구권을 행사할 수 있다(제129조). 공동실연의 경우 선출된 대표자가 행사한다(제77조).

민법 제750조에서는 "고의 또는 과실로 인한 위법행위로 타인에게 손해를 가한 자는 그 손해를 배상할 책임이 있다"고 하여 불법행위 책임에 대해 규정하고 있다. 불법행위는 앞에서 언급한 바와 같이 ① 고의나 과실에 의한 가해행위가 존재해야 하고, ② 가해행위는 위법한 것이어야 하고, ③ 손해가 발생해야 하고, ④ 가해행위와 손해 사이에 인과관계가 존재해야 한다. 저작권 침해도 민법상 불법행위의 일종이므로 이러한 요건은 저작권 침해에도 그대로 적용된다.

저작권법은 과실의 입증 편의를 위해 법률상의 추정 규정을 두고 있다. 즉, 등록되어 있는 저작권·배타적발행권·저작인접권 또는 데이터베이스제작자의 권리를 침해한 자는 그 침해행위에 과실이 있는 것으로 추정한다(제125조 제4항). 이 추정은 법률상 사실 추정이므로 상대방이 본증으로 반대사실을 입증하지 않는 한 번복되지 않는다(입증책임의 전환). 이 추정 규정은 저작권 침해에 대해, 그 구제를 위해 유용한 수단이 되는 것은 물론이다.

다. 손해액의 산정

(1) 의의

저작권법상 권리자는 저작재산권 등의 침해로 인한 손해배상을 청구할 수 있다. 권리자는 권리 침해와 상당인과관계에 있는 모든 손해에 대해 배상할 것을 청구할 수 있다. 저작권 침해는 일반 재산상의 침해와는 다르다. 일반 재산은 유형물에 대해 가지는 권리인 반면, 저작권은 무형물을 전제로 성립하는 권리이기 때문에 비롯되는 것이다. 일반 재산에 대한 침해는 직접적인 손해에 대해 배상하는 것이 원칙인데,[9] 이런 원칙을 저작권 침해에 적용할 수는 없는 것이다. 물건의 멸실·훼손과 같은 상황이 발생하지 않기 때문이다.

이런 이유에서인지 모르겠으나, 판례나 학설에서는 생명이나 신체상의 침해에 적용하는 이론을 대입하고 있다. 즉, 민법상 소극적 손해와 적극적 손해로 구분해 이론을 펼치고 있다.[10] 소극적 손해란 침해가 없었더라면 얻을 수 있었으나 얻지 못한 이익(일실이익)을 말하고,[11] 적극적 손해란 침해로 인해 발생한 기존 이익의 감소를 말한다. 적극적 손해로는 침해 조사비용, 변호사 비용[12] 등을 들기도 한다.[13]

소송비용은 패소한 당사자가 부담하고, 일부 승소나 일부 패소의 경우 법원이 분담 부분을 정한다.[14] 변호사 비용[15]은 대법원규칙이 정하는 금액 범위 안에서 소송비용으로 인정된다.[16]

소극적 손해와 적극적 손해로 접근하는 민법상의 이론 역시 저작권 침해로 인한 손해액

---

9) "일반적으로 불법행위로 인한 손해는 물건이 멸실되었을 때에는 멸실 당시의 시가를, 물건이 훼손되었을 때에는 수리 또는 원상회복이 가능한 경우에는 수리비 또는 원상회복에 드는 비용을, 수리 또는 원상회복이 불가능하거나 그 비용이 과다한 경우에는 훼손으로 인하여 교환가치가 감소된 부분을 통상의 손해로 보아야 하는바 ……" 대법원 2006. 4. 28. 2005다44633 판결; 대법원 1996. 1. 23. 95다38233 판결.

10) 박성호, 750~751; 송영식·이상정, 593; 오승종, 1576~1579; 이해완, 1123.

11) "저작권 침해행위로 입은 **일실수입** 상당의 손해액"이라는 표현을 사용한 판례가 있다. 서울중앙지방법원 2005. 3. 31. 2004가합63304 판결. 가해자가 얻은 이익액을 일실수입으로 파악하고 있는 것인지는 불분명하다.

12) 변호사 비용을 소송비용의 일부로 인정하면서 이를 다시 적극적 손해의 일부로 청구할 수 있다는 것은 무리가 있다는 지적도 있다. 박성수, "저작권 침해와 손해배상액의 산정: 저작권법 제93조 제1항 및 제2항과 관련하여", Law & Technology, 제2권, 2006, 76.

13) 송영식·이상정, 593; 오승종, 1579.

14) 민사소송법 제98조 내지 제102조.

15) 한·미 FTA에서는 저작권 또는 저작인접권 침해에 관한 절차에서 사법당국이 "승소한 권리자에게 소송비용과 수수료 및 합리적인 변호사 보수를 지급하도록 명령할 수 있는 권한"을 가지도록 요구하고 있다(제18.10조 제13항).

16) 민사소송법 제109조.

산정에 대입하는 데는 무리가 있다. 먼저, 저작권 침해로 인한 손해에는 소극적 손해라는 것은 존재하지 않는다. "침해가 없었더라면 얻을 수 있었으나 얻지 못한 이익"이란 실제 존재하지도 않고, 존재한다고 가정하더라도 그것은 관념적인 것에 지나지 않는다. 가해자가 저작물에 물리적으로 손상을 가하는 행위가 존재하지 않기 때문이다. 설령 소극적 손해 이론을 대입한다고 하더라도 이는 합법 복제물이 불법 복제물과 시장에서 경쟁하는 관계에 있다거나 아니면 적어도 합법 복제물이 유체물 형태로 시장에서 유통되고 있는 경우에 가능하다고 할 수 있다. 모든 침해행위에 대응할 수 있는 이론이 아닌 것이다. 저작물이 공표되지 않은 경우나 비매품으로 유통되고 있는 경우에는 적용될 수도 없다.

(2) 재산적 권리 침해에 대한 손해액 산정

저작재산권 등의 침해는 무형의 재산에 대한 침해이다. 이런 성격으로 인해 일반 손해액 산정 이론이나 기준을 저작재산권 등 재산적 권리 침해에 그대로 적용하는 것은 가능하지 않다. 민법상 '실손해' 원칙을 관철하기 곤란한 것이다.

이에 따라, 저작권법상의 재산적 권리 침해로 인한 손해액 산정은 특별히 접근하지 않으면 안 된다. 저작권법 제125조가 그러한 특별 규정이다. 첫째, 저작재산권자 등은 침해행위자가 그 침해행위로 이익을 받은 때에는 그 이익의 액을 손해액으로 추정하여 청구할 수 있다(제1항). 둘째, 저작재산권자 등은 자신의 권리 행사로 일반적으로(통상) 받을 수 있는 금액에 상당하는 금액(통상 사용료 금액)을 손해액으로 하여 청구할 수 있다(제2항). 손해액이 통상 사용료 금액을 초과하는 경우에는 그 초과액에 대해서도 손해배상을 청구할 수 있다. 따라서 권리자는 침해행위자가 얻은 이익액으로 손해배상을 청구할 수도 있고 권리자가 이용허락을 통해 통상적으로 받을 수 있는 사용료 금액으로 손해배상을 청구할 수도 있다. 양자는 선택적인 관계에 있다.[17]

---

17) "저작권법 [제125조 제2항과 제3항의 규정은] 피해 저작재산권자의 손해액에 대한 입증의 편의를 도모하기 위한 규정으로서 최소한 위 제3항의 규정에 의한 금액은 보장해 주려는 것이므로, 결국 위 제2항에 의한 금액과 제3항에 의한 금액 중 더 많은 금액을 한도로 하여 선택적으로 또는 중첩적으로 손해배상을 청구할 수 있다고 보아야 할 것이다." 대법원 1996. 6. 11. 95다49639 판결. 이들 규정은 손해액 입증 불가 또는 곤란을 극복하기 위한 대체 수단일 뿐, '입증의 편의'를 위한 것이라고 하기는 어렵다.

현행 제125조 특별 규정은 저작권법상 재산적 권리 침해에 대한 손해액 산정의 곤란함을 극복하기 위한 것이지만, 실손해 원칙에서 크게 벗어나지 않고 있다. 이것은 우리 법이 민사 구제와 형사 처벌을 엄격히 분리한 가운데 이 두 가지 수단을 적절히 활용하여 침해 억지력(deterrent effect)을 확보하려는 태도를 견지하기 때문이라 할 수 있다. 그러나 대부분의 저작권 침해가 소액 사건이라는 점, 디지털 기술의 발달로 인해 누구든지 침해에서 자유롭지 못하다는 점, 권리자가 손해배상 제도에 회의적인 시각을 가지고 형사적 수단에 호소하려는 경향이 커지고 있다는 점 등이 지적된 바 있다. 이런 가운데 한·미 FTA를 통해 법정손해배상 제도가 저작권법 안에 들어 왔다.

(가) 손해액의 추정: 침해행위로 얻은 이익의 액

저작재산권자 등은 침해행위자가 그 침해행위로 이익을 받은 때에는 그 이익의 액을 손해액으로 추정하여 청구할 수 있다(제125조 제1항). 이익액을 추정 손해액으로 하더라도 이익액 전체를 침해행위로 인한 이익이라 할 수는 없다. 그 이익이 저작권 침해와 인과관계가 없을 경우에는 이를 인정할 수 없기 때문이다. 예를 들어, 방송광고 수익이 저작권 침해와 인과관계가 없는 한 이를 이익액으로 볼 수는 없을 것이다.[18] 또한 침해자의 영업능력과 광고선전으로 인하여 증가한 매출이 있다면 이 부분 저작권 침해와 인과관계가 없을 것이므로 이익액 산정에서 제외해야 할 것이다.

이 추정은 법률상 사실의 추정이다. 상대방이 반대사실을 입증하지 않는 한 추정을 뒤집을 수 없다. 입증책임이 전환되므로, 상대방은 반증이 아니라 본증으로 추정을 뒤집어야 한다.

침해자의 이익액을 추정 손해액으로 하여 판단한 법원의 사례가 적지 않다. 다음 몇 가지

---

18) 서울지방법원 2004. 3. 18. 2002가합4017 판결(여우와 솜사탕 사건): "원고는 저작권법〔제125조 제1항〕에 의한 손해 추정액으로서 피고들이 얻었을 이익을 원고의 재산상 손해라고 주장하면서 피고 문화방송이 이 사건 2 드라마를 제작 방영하면서 얻은 광고수익 14,882,400,000원 중 피고 문화방송에 대하여는 30억 원…의 배상을 구하고 있으나, 피고 문화방송은 주말드라마 상영시간대에 저작권 침해가 없는 다른 드라마를 상영했다 하더라도 유사한 액수의 광고수익을 얻었을 것이라는 점에 비추어 볼 때 원고 주장의 광고수익은 피고들의 저작권 침해와 인과관계가 있는 이익액이라고 보기 어렵고 달리 이를 인정할 증거가 없으며 ……".

는 주목할 만하다.

① 학술저작물 일정량을 무단 사용한 데 대한 공동소송에서, 침해자의 이익의 액은 (1) 저작자의 경우 침해 복제물의 판매가격 × 판매 부수 × 인세율 × 침해 복제 면수로 하고, (2) 출판권자의 경우 침해 복제물의 판매가격 × 판매 부수 × 이익률 × 침해 복제 면수로 판단.[19][20]

② 애완견 사진을 복제하여 달력을 제작한 경우 전문사진사에게 의뢰하여야 할 비용을 지출하지 않아 그에 상당한 이득을 얻었다고 할 것이므로, 침해자가 얻은 이익의 액은 사진촬영을 의뢰하였을 경우 사진 촬영료 장당 가격 × 복제 사진 장수로 판단.[21]

③ 백과사전 CD 판매에 의한 이익의 액은 매출이익(매출액 − 제조 및 판매원가)으로 판단.[22]

④ 음악 CD 판매로 인한 이익액은 음반 수 × 음반 1장당 이익액 × 판매 수량으로 판단.[23]

⑤ 2차적저작물 작성권 침해에 대하여, 그 이익의 액은 음악저작권협회로부터 분배받은 사용료(제세금 공제) × 침해 음악저작물에서 피침해 저작물이 차지하는 비중(20마디/86마디)으로 판단.[24]

---

19) 서울지방법원 1995. 10. 20. 95가합55424 판결(지방행정학 사건); 서울지방법원 1995. 10. 13. 95가합2659 판결(여보 사랑해요 사건). 전자에서는 출판권자의 순이익률을 30%로 본 반면, 후자에서는 20%로 보았다. 출판물의 종류와 판매량에 따라 순이익률은 달라질 수 있다. 서울지방법원 1998. 5. 29. 96가합48355 판결(야록 통일교회사 사건)은 이익률을 25%로 인정했다.

20) 서울지방법원 2011. 12. 27. 2011가합 12175 판결: 손해액 = 침해물의 단가 × 인세 비율 × 전체 분량에서 침해 부분이 차지하는 비율 × 발행 부수. 이규홍, "저작권법의 적용과 집행", 계간 저작권, 2013년 봄호, 83에서 재인용. 이 논문에서는 '저작권자'라고 하고 있으나 '저작재산권자'로 보인다.

21) 서울지방법원 2003. 1. 17. 2001가단173463 판결.

22) 서울고등법원 2002. 10. 22. 2001나37271 판결(세계대백과사전 사건).

23) 서울지방법원 2005. 3. 31. 2004가합63304 판결.

24) 서울지방법원 2012. 2. 10. 2011가합 70768 판결. 판결문에서는 "피고 대비 부분이 피고 음악저작물을 차지하는 비중(20마디/86마디)"이라고 하고 있으나 이를 필자가 새긴 것이다. 항소심에서는 다음과 같은 이유로 그 비중을 40%로 높였다: "그런데 피고 대비 부분이 피고 음악저작물에서 차지하는 비율이 산술적으로는 20마디/86마디에 불과하지만, 피고 대비 부분은 곡의 전반부에 배치된 후렴구로서 이를 반복함으로써 청중들에 대한 인지도를 높이는 효과를 내고 전체 곡의 성격에 있어 상당한 비중을 차지하는 점, 피고 대비 부분을 제외한 나머지 부분의 비중과 인지도 등을 종합적으로 고려하면, 피고 대비 부분의 비중은 피고 음악저작물에서 기여도가 40% 정도라고 판단된다." 서울고등법원 2013. 1. 23. 2012나24707 판결. 대법원에서는 원고 대비 부분이 창작성이 없다고 하여 파기환송하였다. 대

판례를 보면 몇 가지 특이한 점이 눈에 띈다. 첫째, 제125조 제1항은 저작재산권 침해에 대한 손해액 추정 규정으로는 의미가 있지만, 음악과 같이 하나의 매체에 저작물과 실연 및 음반이 모두 담기는 경우에는 그 적용에 한계가 있다고 본다. 개별 권리자(저작자와 실연자 및 음반제작자)가 각기 손해배상을 청구할 경우 손해액은 침해자의 이익액의 3배에 달할 수 있기 때문이다. 위 ④의 경우 법원은 저작인접권 침해에 대해 위와 같은 계산 방식에 의해 손해를 배상하도록 판시했다.[25] 그렇다면 다른 권리자(실연자나 저작재산권자)가 동일한 침해행위로 인한 손해배상을 청구한다면 침해자는 각 권리자에게 같은 금액을 배상할 수밖에 없을 것이다.

둘째, 침해물에 무단 이용된 비율을 손해액 산정 요소로 보고 있다. 판례에서는 "침해 저작물 중 위 원고의 저작 부분이 차지하는 비율"[26]이라든가, "피고 음악저작물에서 차지하는 비율"[27]이라고 표현하면서 이를 감액 요인으로 보고 있는 것이다.[28] 대법원은 '기여율' 또는 '기여도'라는 개념을 손해액 산정에 도입하기도 한다. 기여도는 침해에 관계된 부분의 불가결성, 중요성, 가격 비율, 양적 비율 등을 참작하여 판단한다.[29] 기여도는 손해액 산정

법원 2015. 8. 13. 2013다14828 판결.

[25] 법원은 이 사건에서 문제된 음악 488곡이 저작물인지 아니면 저작인접물인지 구체적으로 검토하지 않고 있다. 법원은 원고가 저작재산권이나 저작인접권에 터 잡은 권리를 행사한다고 보고 손해액을 추정하고 있을 뿐이다.

[26] 서울지방법원 1995. 10. 20. 95가합55424 판결.

[27] 서울고등법원 2013. 1. 23. 2012나24707 판결.

[28] 이것은 청구 금액과 법원의 인용 금액 간의 심각한 차이를 가져온다. 한 예로, 서울지방법원 1995. 10. 20. 95가합55424 사건에서 저작자는 1100만 원, 출판사는 608만 원을 청구했으나 법원은 각기 124만 원(저작인격권 침해 100만 원 포함), 72만 원을 손해액으로 보았다. 2012년 9월 28일까지 1년간 판결을 조사한 바에 따르면, 186개 손해배상 사건 중 37개 사건을 분석한 결과 제125조와 제126조에 따른 인용액은 11억 원가량으로, 총청구액 46억 원 중 24.1%라고 한다. 이규홍, 앞의 글, 78.

[29] 대법원 2004. 6. 11. 2002다18244 판결: "물건의 일부가 저작재산권의 침해에 관계된 경우에 있어서는 침해자가 그 물건을 제작·판매함으로써 얻은 이익 전체를 침해행위에 의한 이익이라고 할 수는 없고, 침해자가 그 물건을 제작·판매함으로써 얻은 전체 이익에 대한 당해 저작재산권의 침해행위에 관계된 부분의 기여율(기여도)을 산정하여 그에 따라 침해행위에 의한 이익액을 산출하여야 할 것이고, 그러한 기여율은 침해자가 얻은 전체 이익에 대한 저작재산권의 침해에 관계된 부분의 불가결성, 중요성, 가격비율, 양적 비율 등을 참작하여 종합적으로 평가할 수밖에 없다. …… 이 사건 곡이 80년대 초반의 인기곡이었다는 사정 이외에 가수의 인기도와 위 음반에 대한 홍보 등도 상당한 영향을 미친 사

의 증액 요인으로 보인다.

무단 이용 비율을 산술적으로 무형의 재산에 대입하려고 하려는 태도는 실손해 원칙에서 벗어나지 않고자 하는 의지로 보인다. 침해 판단 기준으로서 실질적 유사성 요건을 손해액 산정에도 끌어들이려고 하는 듯이 보이기도 한다.[30] 그러나 달리 해석할 여지도 있다. ① 먼저, 침해 판단 기준과 손해액 산정은 다른 것이라는 데에서 출발한다. 실질적 유사성이 있다고 판단되면 그때 손해액 산정을 해야 하며, 그것은 손해액 산정에 관한 별도 규정에 의해야 한다. 그것이 곧 제125조 제1항인 것이다. ② 다음으로, 제125조 제1항을 보면, 손해액 산정은 "침해행위에 의하여 이익을 받은 때에는 그 이익의 액을 저작재산권자 등이 받은 손해의 액으로 추정"하도록 하고 있다. "침해의 정도에 따라" 또는 "침해행위와 직접적으로 관련하여 이익을 받은 때에는" 같은 수식 구절도 이 규정에 없다. 문리해석상 이 규정은 일부를 침해했다고 하더라도 그 침해의 결과 얻은 이익이 있다면 그 이익액 전부를 권리자의 손해액으로 추정한다고 볼 수 없는 것도 아니다. 제125조 제1항이 손해액 산정을 위한 특별 규정이라는 사실도 간과해서는 안 된다. 이 점에서 우리 법원이 기여도를 손해액 산정에 대입하려는 판례를 내고 있다. 의미 있는 기준을 제시하고 있다고 본다.

(나) 통상 사용료 상당액

저작재산권자 등은 자신의 권리 행사로 일반적으로(통상) 받을 수 있는 금액에 상당하는 금액(통상 사용료 상당액)을 손해액으로 하여 청구할 수 있다(제125조 제2항). 이른바 통상 사용료 상당액이란 침해자가 저작물 이용허락을 받았더라면 그 대가로서 지급하였을 금액 또는 그에 상당하는 객관적인 금액을 말한다. 이에는 원고료, 사용료, 출연료, 극본료 등이

정 등을 고려하여 [피고가] 위 음반을 제작·판매하여 얻은 이익에 대한 이 사건 곡의 기여도는 30%로 봄이 상당하다고 한 원심의 사실인정과 판단은 정당한 것으로 수긍이 되고 ……".

30) "원저작물이 전체적으로 볼 때에는 저작권법이 정한 창작물에 해당한다 하더라도 그 내용 중 **창작성이 없는 표현 부분**에 대해서는 원저작물에 관한 복제권 등의 효력이 미치지 않는다. 따라서 음악저작물에 관한 저작권침해소송에서 원저작물 전체가 아니라 그중 일부가 상대방 저작물에 복제되었다고 다투어지는 경우에는 먼저 원저작물 중 침해 여부가 다투어지는 부분이 창작성 있는 표현에 해당하는지 여부를 살펴보아야 한다." 대법원 2015. 8. 13. 2013다14828 판결; 대법원 2012. 8. 30. 2010다70520; 70537 판결.

있다. 이들을 통칭하면 모두 사용료라 할 수 있는데, 사용료는 일반적으로 권리자와 이용자 간의 이용허락 계약에 의해 정해진다. 저작권 침해는 이용허락 계약이 전부나 일부 존재하지 않는 것이므로, 계약이 존재했다면 지급하였을 사용료를 다른 유사 계약에서 유추하여 찾아내는 것이 보통이다. 이때 계약 관행이 중요한 요소로 작용한다.

사용료는 권리자의 지명도와 저작물의 예술적·상업적 가치에 따라 지급 기준과 요율·액수가 정해진다. 시대와 장소에 따라서도 사용료가 변화한다. 우리 법원은 통상 사용료를 몇 가지 기준에 따라 정하고 있다. 첫째, 통상 사용료가 특별히 예외적인 사정이 있어 이례적으로 높게 책정된 것이라거나 저작권 침해로 인한 손해배상청구 소송에 영향을 미치기 위하여 상대방과 통모하여 비정상적으로 고액으로 정한 것이라는 등의 특별한 사정이 없는 한 손해액 산정에 상당한 것으로 보고 있다.[31] 둘째, 저작권신탁관리업자의 사용료 규정상의 요율과 금액은 거의 그대로 받아들이고 있다. 사용료 규정은 문화체육관광부장관의 승인을 받은 것이므로 특별한 사정이 없는 한 존중하는 것으로 볼 수 있다.[32] 셋째, 사용료 요율이나 금액은 관행에 의해 판단한다. 출판물에 대해서는 특별한 사정이 없는 한 10%를 '통상 인세' 또는 '인세율'로 인정하였는가 하면,[33] 사진 CD에 수록된 사진을 이용하여 달력을 제작하여 판매한 경우 통상 사용료는 슬라이드 사진 대여료의 절반 × 사용한 사진 장수로 판단한 바 있다.[34]

(다) 손해액의 인정

법원은 손해가 발생한 사실은 인정되나 제125조의 규정에 따른 손해액을 산정하기 어려

---

31) 서울고등법원 2002. 9. 3. 2001나74898 판결.

32) 수원지방법원 2003. 10. 24. 2003가합857 판결(소리바다 사건); 서울고등법원 2002. 9. 3. 2001나74898 판결; 서울지방법원 2004. 11. 25. 2004가합22068 판결(롯데리아 사건); 서울지방법원 2004. 12. 2. 2003가합67675 판결(연가 편집음반 사건); 서울지방법원 2005. 1. 20. 2004가합54935 판결(러브 편집음반 사건); 서울고등법원 2005. 1. 25. 2003나80798 판결(소리바다 사건).

33) 서울고등법원 1987. 8. 21. 86나1846 판결; 서울지방법원 1995. 2. 22. 94가합2725 판결(애드립 카드 사건). 서울고등법원 1984. 11. 28. 83나4449 판결에서는 10% 내지 30%를 인정한 바 있다.

34) 서울고등법원 2002. 8. 13. 2001나60592 판결. 법원은 그 이유로 사진 CD에 수록된 사진은 슬라이드 사진에 비해 해상도가 떨어진다는 점, 사진 CD 구입료를 이미 지급한 점 등을 들고 있다.

운 때에는 변론의 취지 및 증거조사의 결과를 참작하여 상당한 손해액을 인정할 수 있다(제 126조).

이 규정은 2003년 개정법에서 도입된 것이다. 법원의 재량으로 손해액을 인정하는 제도 는 2000년 컴퓨터프로그램보호법에서 처음 도입된 이후 2001년 특허법, 상표법 등 산업재 산권법에도 등장했다.

이 규정은 종전 이른바 부수추정 규정을 대체한 것이다. 종전 규정에 의하면, 부정복제물 의 부수를 산정하기 어려운 경우 출판물의 경우 5000부, 음반의 경우 1만 매로 추정했다. 이 규정은 판례와 실무상 그다지 원용되지 않았다는 점, 한정된 매체와 한정된 권리자만을 염두에 둔 것이라는 점 등에서 한계는 존재했으나,35) 침해 구제 방편으로서는 상당한 역할 을 한 바 있다.

새로운 규정은 지적재산권 침해에 따른 손해액 산정의 곤란함을 간접적으로 시사한다 하 겠는데,36) 피해자의 손해를 보전하기 위해 법원에 재량을 부여한다는 점에서 주목할 만한 규정이다. 그러나 판례를 보면, 법원이 손해배상의 원칙(실손해 배상)을 벗어날 정도로 재량 을 보이지는 않고 있다. 법원은 다음과 같은 판례를 내놓고 있다.

① 달력 사진을 전시한 데 대한 손해액으로, 액자용 전시 사진 대여 사용료 금액 외에 대여용 필름에서 사진을 인화한 것이 아니고 달력 사진을 오려서 사용한 점, 자신 전시 기 간이 1주일에 불과한 점 등 변론에 나타난 제반사정을 감안하여 손해액 인정.37)

② 벽화의 제작 경위, 벽화의 사용 목적, 국내 기업의 저작권 사용료 사례, 국내외 저작권 협회의 저작권 사용료 산정표, 원고의 경력, 벽화의 크기 등 이 사건 변론에 나타난 모든 사정을 참작하여 손해액 인정.38)

---

35) 그러나 부수추정 규정을 원용한 사례가 적었던 것은 아니다. 해당 판례로는, 서울지방법원 1996. 2. 9. 94가합12104 판결(세탁학기술개론 사건); 서울지방법원 1995. 10. 20. 95가합55424 판결(지방행정학 사건); 대법원 1997. 5. 28. 96다2460 판결(피아노곡집 사건); 대법원 2002. 9. 24. 2001다60682 판결; 서울지방법원 1999. 7. 23. 98가합16239 판결(엘에스에프 통신교육강좌 사건) 참조.

36) 문화관광위원회 수석전문위원 천호선, 저작권법중개정법률안 검토보고서, 2002. 3., 9~10: "침해자가 침해행위로 얻은 이익 또는 그 권리의 행사로 통상 받을 수 있는 금액 등의 입증이 현실적으로 어려운 경우가 많아 손해액 산정에 곤란이 많으며, …… 따라서 지적재산권의 손해액 추정에 관한 타 법례 규 정에 맞춰 동 개정안대로 저작권법을 개정하는 것이 권리규제 측면에서나 다른 법률과의 균형을 맞추 는 측면에서 바람직하다고 판단됨."

37) 서울지방법원 2004. 11. 11. 2003나51230 판결.

③ 댄스학원에서 안무를 재현한 데 대해 위 기간 중 수강생 수, 안무 강습기간, 수강비, 안무 창작의 대가 등을 종합하여 손해액 인정.[39]

(라) 법정손해배상

법정손해배상 제도는 2011년 12월 법개정으로 우리 법체계에 들어 왔다. 이 제도는 한·미 FTA에서 연유한 것으로, 이에 의하면, "민사 사법절차에서, 각 당사국은 최소한 저작권 또는 저작인접권에 의하여 보호되는 저작물·음반 및 실연에 대하여, 그리고 상표위조의 경우에, 권리자의 선택에 따라 이용가능한 법정손해배상액을 수립하거나 유지한다. 법정손해배상액은 장래의 침해를 억지하고 침해로부터 야기된 피해를 권리자에게 완전히 보상하기에 충분한 액수이어야 한다"(제18.10조 제6항).

법정손해배상은 우리에게 낯선 것인 만큼 그 도입을 위해 고려해야 할 점도 많다. 입법 당시 고려 사항들을 살펴보면 해당 규정을 이해할 수 있다. 첫째, 법정손해배상의 범위를 정하는 것이다. 제도가 뿌리를 내리기 위해 하한을 정하지 않고 법원에 맡기되, 법원은 손해의 입증이 없더라도 상한의 범위 내에서 적절한 금액을 인정하도록 하는 것이 타당하다고 보았다. 상한은 미국에서 정하고 있는 금액(3만 달러, 고의의 경우 15만 달러)과 1인당 GDP, 환율을 감안하여 1000만 원으로, 영리를 목적으로 하는 경우 5000만 원으로 하고자 했다.[40]

둘째, 법정손해배상의 선택 시기에 관한 것이다. 실손해 배상을 법정손해배상으로 변경하는 것은 민사소송법상 청구의 취지나 변경에 해당한다. 우리 민사소송법은 청구의 취지나 원인은 변론을 종결할 때까지 바꿀 수 있다고 하고 있으므로 법정손해배상도 변론 종결되기 전까지 청구할 수 있도록 하는 것이 적절하다고 보았다.[41]

이들 두 가지 고려사항은 제125조의2 제1항과 제4항에 반영되어 있다. 즉, "저작재산권자 등은 고의 또는 과실로 권리를 침해한 자에 대하여 사실심의 변론이 종결되기 전에는

---

38) 서울지방법원 2006. 5. 10. 2004가합67627 판결(지하철 벽화 사건).

39) 서울고등법원 2012. 10. 24. 2011나104668 판결. 이규홍, 앞의 글, 82에서 재인용.

40) 김현철, 191~194.

41) 김현철, 193.

실제 손해액이나 제125조 또는 제126조에 따라 정하여지는 손해액을 갈음하여 침해된 각 저작물 등마다 1천만원(영리를 목적으로 고의로 권리를 침해한 경우에는 5천만원) 이하의 범위에서 상당한 금액의 배상을 청구할 수 있다"(제1항). 또한 "법원은 제1항의 청구가 있는 경우에 변론의 취지와 증거조사의 결과를 고려하여 제1항의 범위에서 상당한 손해액을 인정할 수 있다"(제4항).

셋째, 법정손해배상을 등록 저작물에 한정할 것인지 여부에 관한 것이다. 미국과의 불필요한 마찰을 피해야 할 현실적인 필요성과 하한을 두지 않는 법리적인 취약점을 감안해 등록을 요건으로 하지 말자는 제안에도 불구하고,[42] 통상적인 권리 행사 그 자체는 등록이라는 방식에 종속하는 것은 아니라는 판단에 따라 등록을 요건으로 하였다.

이에 따라, 제125조의2 제3항에서는 "저작재산권자 등이 제1항에 따른 청구를 하기 위해서는 침해행위가 일어나기 전에 제53조부터 제55조까지의 규정(제90조 및 제98조에 따라 준용되는 경우를 포함한다)에 따라 그 저작물 등이 등록되어 있어야 한다"고 하고 있다.

제125조의2 제2항에서는 "둘 이상의 저작물을 소재로 하는 편집저작물과 2차적저작물은 제1항을 적용하는 경우에는 하나의 저작물로 본다"고 하고 있다. 이것은 미국 저작권법에서 편집물과 2차적저작물의 구성 부분은 모두 하나의 저작물로 본다는 규정에서 온 것이다[제504조 (c)(1)].

(마) 위자료

민법 제751조 제1항에서는 "타인의 신체, 자유 또는 명예를 해하거나 기타 정신상 고통을 가한 자는 재산 이외의 손해에 대하여도 배상할 책임이 있다"고 하여 정신적 손해에 대해 배상의무를 명시하고 있는데, 정신적 손해에 대한 배상으로 위자료가 있다. 위자료는 피해자가 입은 정신적인 고통에 대한 금전적 배상이라 하겠는데, 재산적 손해와는 별도의 법익침해를 구성하므로 그 산정도 독자적으로 할 수 있다.

위자료는 법원의 규범적 판단에 맡겨져 있는바, 전체 손해배상금의 적정화를 위한 조정적 기능, 가해자에 대한 제재적 기능을 가지고 있어서,[43] 재산권이 침해된 경우에도 특별한

---

42) 김현철, 192~193.

43) 이은영, 채권각론, 제3판, 박영사, 2002, 764.

사정이 있는 경우 피해자에게 위자료청구권을 인정한다.[44] 판례의 태도도 같다. 즉, 일반적으로 타인의 불법행위로 인하여 재산권이 침해된 경우에는 그 재산적 손해의 배상으로 인하여 정신적 손해가 발생했다면 이는 특별한 사정으로 인한 손해로서 가해자가 그러한 사정을 알았거나 알 수 있었을 경우에 한하여 그 손해에 대한 위자료를 청구할 수 있다.[45] 저작권법상 위자료에 대한 해석도 민법상 해석과 크게 다르지 않다. 재산적 권리 침해에 대한 위자료 판정 사례는 많지 않다.[46][47]

(3) 인격적 권리 침해에 대한 손해액 산정

저작자와 실연자는 재산적 권리 외에 인격적 권리를 가진다. 이들은 물론 인격적 권리 침해에 대해서 손해배상을 받을 수 있다. 손해배상은 금전 배상을 원칙으로 한다(민법 제394조). 인격적 권리 침해라고 하여 다르지 않다.

---

44) 이러한 특별한 사정에는 가해자의 고의, 악성의 침해, 부당한 공권력의 행사, 피해자의 궁박 등이 있다. 위의 책, 768.

45) 대법원 1992. 12. 8. 92다34162 판결; 대법원 1997. 2. 25. 96다45436 판결 등.

46) "원고는, 피고의 위와 같은 저작권 침해행위로 인하여 정신적 고통을 받았으므로, 피고는 원고에게 위자료를 지급할 의무가 있다고 주장하나, 일반적으로 타인의 저작권침해행위로 인하여 저작재산권이 침해된 경우 그 재산적 손해의 배상에 의하여 정신적 고통도 회복된다고 보아야 하고, 재산적 손해의 배상만으로는 회복할 수 없는 정신적 손해가 발생한 경우에 한하여 위자료를 청구할 수 있다 할 것인데, 위와 같은 재산적 손해의 배상만으로 회복될 수 없는 정신적 손해가 발생하였다는 점을 인정할 만한 아무런 증거가 없으므로, 원고의 이 부분 주장은 이유 없다." 서울중앙지방법원 2005. 7. 22. 2005나3518 판결.

47) "이 사건 대본에 대한 피고들의 동일성유지권침해는 인정되지 않으나, 피고들의 저작권 침해행위로 인하여 원고가 정신적인 충격을 받았음은 경험칙상 인정된다 할 것인데 원고가 로즈오브샤론 프로젝트의 일환으로 추진 중이던 뮤지컬과 소설은 이 사건 드라마를 모방한 것으로 인식되어 관련 계약이 취소되는 등으로 더 이상 사업을 진행할 수 없게 된 사실, 원고는 이 사건 드라마의 방송이 계속 중이던 2009. 12. 24. 피고 ○○방송에게 이 사건 드라마로 인한 저작권침해에 대하여 항의하였으나 위 피고는 원고의 주장을 근거없는 허위로 치부하면서 이 사건 드라마의 방송을 계속한 사실을 인정할 수 있는바, 이러한 과정에서 원고가 받았을 정신적 고통을 인정할 수 있으며, 이러한 정식적 고통은 위에서 인정한 원고에 대한 재산적 손해의 배상만으로는 회복되지 않을 것으로 인정할 수 있다." 서울고등법원 2012. 12. 20. 2012나17150 판결.

저작권법상의 인격적 권리 침해에 따른 손해는 민법 제751조 제1항에서 말하는 정신적 손해와 유사하지만 엄밀히 말하면 양자는 다른 것이다. 민법상의 정신적 손해는 '명예를 해하거나 기타 정신상의 고통'으로 인한 것이지만, 저작권법상의 인격적 권리 침해는 공표권, 성명표시권 또는 동일성유지권 침해로 인한 손해를 말하는 것으로 반드시 명예훼손이나 정신적 고통을 수반하는 것은 아니다.

저작권법상 인격적 권리 침해로 인한 손해배상이 금전 배상을 뜻할 때에는 민법상의 정신적 손해에 대한 배상과 같이 위자료라는 용어를 사용한다. 우리 법원은 위자료 산정 근거로, 피해 저작물의 창작 경위 또는 과정, 침해물의 작성 목적 또는 경위, 인격적 권리 침해 경위 및 그 태양·정도, 원고의 나이·직업·경력, 침해자가 침해 이후 취한 조치, 저작권 보호의 필요성 등을 고려한다.[48]

3. 명예회복청구권

저작자 또는 실연자는 고의 또는 과실로 저작인격권 또는 실연자의 인격권을 침해한 자에 대하여 손해배상을 갈음하거나 손해배상과 함께 명예회복을 위하여 필요한 조치를 청구할 수 있다(제127조). 민법 제764조(명예훼손의 경우의 특칙)도 같은 내용으로 되어 있다: "타인의 명예를 훼손한 자에 대하여는 법원은 피해자의 청구에 의하여 손해배상에 갈음하거나 손해배상과 함께 명예회복에 적당한 처분을 명할 수 있다." 저작권법 제127조는 민법상의 명예회복청구권을 확인하는 규정이라 할 수 있다.

저작자와 실연자는 인격적 권리 침해에 대해 앞에서 언급한 손해배상 외에 명예회복을 위하여 필요한 조치를 청구할 수도 있는 것이다. 이러한 조치는 종전에 주로 사죄광고를 의미했다. 1991년 헌법재판소에서 사죄광고가 헌법상 양심의 자유에 반하는 등의 이유를 들어 헌법 위반 결정[49]을 한 이래, 그 필요한 조치에는 판결문의 게재나 방송이 활용되고

---

48) 서울지방법원 1989. 12. 8. 88가합2442 판결(테레사의 연인 사건); 서울지방법원 1990. 2. 6. 89나 32714 판결(문익환가의 사람들 사건); 서울지방법원 1999. 11. 5. 99가합42242 판결(서태지 뮤직비디오 사건); 서울고등법원 1999. 11. 16. 99나14749 판결(블랙잭 사건); 서울지방법원 2000. 9. 22. 99가합88682 판결(오직 너뿐인 나를 사건); 서울지방법원 2001. 6. 1. 2000가합53637 판결(세계대백과사전 사건); 서울지방법원 2006. 5. 10. 2004가합67627 판결(지하철 벽화 사건) 등.

있다.[50] 저작자의 유족이나 유언집행자도 사후 인격적 이익 침해에 대해서 제127조 청구권을 행사할 수 있다(제128조).

4. 정보의 제공

우리 저작권법에는 '정보의 제공'에 관하여 두 가지 규정이 있다. 하나는 온라인서비스제공자에 대한 '복제·전송자에 관한 정보 제공의 청구" 규정이 있고(제103조의3),[51] 다른 하나는 사법 절차상 일반적 의미의 '정보의 제공' 규정이 있다(제129조의2).

한·미 FTA에 의하면, 민사 사법절차에서 사법당국이 침해 상품 또는 서비스의 생산과 유통 또는 그 유통경로에 연루된 사람들, 그런 상품이나 서비스의 생산 수단이나 유통 경로에 관하여 침해자가 가지고 있거나 통제하는 정보를 증거 수집을 목적으로 제공하도록 명령할 권한을 사법당국에 부여하고 있다(제18.10조 제10항). 우리 법 제129조의2는 이를 수용한 것이다.

이에 의하면, 법원은 저작권, 그 밖에 이 법에 따라 보호되는 권리의 침해에 관한 소송에서 당사자의 신청에 따라 증거를 수집하기 위하여 필요하다고 인정되는 경우에는 다른 당사자에 대하여 그가 보유하고 있거나 알고 있는 것으로서, ① 침해 행위나 불법 복제물의 생산 및 유통에 관련된 자를 특정할 수 있는 정보, ② 불법 복제물의 생산 및 유통 경로에 관한 정보를 명할 수 있다(제1항).

---

49) 헌법재판소 1991. 4. 1. 89헌마160 결정: "민법 제764조가 사죄광고제도를 포함하는 취지라면 그에 의한 기본권 제한에 있어서 그 선택된 수단이 목적에 적합하지 않을 뿐 아니라 그 정도 또한 과잉하여 비례의 원칙이 정한 한계를 벗어난 것으로 헌법 제37조 제2항에 의하여 정당화 될 수 없어 헌법 제19조 〔양심의 자유〕에 위반되는 동시에 헌법상 보장되는 인격권의 침해에 이르게 된다고 할 것이다. 그렇다면 민법 제764조가 동조 소정의 '명예회복에 적당한 처분'에 사죄광고를 포함시키는 것이라면 동 규정은 헌법에 위반될 수밖에 없다. 바꾸어 말하면 민법 제764조는 동조 소정의 '명예회복에 적당한 처분'에 사죄광고가 포함되지 않는다고 하여야 헌법에 위반되지 않는다."

50) 서울지방법원 1992. 5. 14. 90가합1404 판결(한상진 사건): "위 20분간의 강의내용의 삭제로 말미암아 …… 내용을 정확히 전달하지 못하여 …… 명예를 훼손했다"는 내용의 판결을 받았다고 해당 프로그램 도입부에 방송하도록 명했다.

51) 이에 관해서는, 제7장 제4절 '4. 복제·전송의 중단' 참조.

다만, 다른 당사자나 그 친족, 친족 관계에 있었던 자 및 후견인은 공소 제기되거나 유죄판결을 받을 우려가 있는 경우 또는 영업비밀 보호나 사생활 보호를 위하여 정당한 사유가 있는 경우에는 그 제공을 거부할 수 있다(제2항). 다른 당사자가 정당한 이유 없이 정보 제공 명령에 따르지 아니한 경우에는 법원은 정보에 관한 당사자의 주장을 진실한 것으로 인정할 수 있다(제3항).

민사소송법에는 증거 수집을 위한 여러 규정들이 있다. 그중에는 '문서의 제출의무'(제344조),[52] 직권에 의한 증거조사(제292조)[53] 및 당사자신문(제367조)[54] 규정들이 있다. 이들 규정은 일반 민사 사법 절차에서 적용되는 것으로, 이들 규정을 통해서도 저작권 침해에 관한 정보를 얻을 수는 있으나 그에 특화된 것은 아니다. 이런 점에서 제129조의2는 특별 규정의 성격을 가진다. 한·미 FTA에서 사법당국에게 "침해자에 대한 정보 제공 명령(to order the infringer to provide …… any information)" 권한을 부여하고 있으므로 이를 수용하기 위한 의미도 있다.

5. 비밀유지명령

소송 과정에는 다양한 정보들이 당사자들 간에 오고 간다. 제129조의2에 따라 제공되는 정보도 그중 하나이다. 이러한 정보에는 상품의 제작 방법, 관리 방법, 영업 방법, 소스코드 등 고도의 영업비밀 정보도 있다. 이런 정보가 소송 목적 외에 유출되거나 사용된다면 당사자에게 불측의 심각한 피해를 안길 수 있다.[55]

---

52) 제344조(문서의 제출의무) ① 다음 각 호의 경우에 문서를 가지고 있는 사람은 그 제출을 거부하지 못한다. 1. 당사자가 소송에서 인용한 문서를 가지고 있는 때; 2. 신청자가 문서를 가지고 있는 사람에게 그것을 넘겨 달라고 하거나 보겠다고 요구할 수 있는 사법상의 권리를 가지고 있는 때; 3. 문서가 신청자의 이익을 위하여 작성되었거나, 신청자와 문서를 가지고 있는 사람 사이의 법률관계에 관하여 작성된 것인 때. ……

53) 제292조(직권에 의한 증거조사) 법원은 당사자가 신청한 증거에 의하여 심증을 얻을 수 없거나, 그 밖에 필요하다고 인정한 때에는 직권으로 증거조사를 할 수 있다.

54) 제367조(당사자신문) 법원은 직권으로 또는 당사자의 신청에 따라 당사자 본인을 신문할 수 있다. 이 경우 당사자에게 선서를 하게 하여야 한다.

55) 문화체육관광부(2012), 91; 김현철, 204~205.

한·미 FTA에는 간단한 규정을 두고 있다. 즉, "소송 절차에서 생산되거나 교환된 비밀정보의 보호에 관한 사법 명령의 위반에 대하여, 민사 사법절차의 당사자, 변호인, 전문가 또는 법원의 관할권이 미치는 [그 밖의 사람]에게 제재를 부과할 수 있는 권한"을 사법당국에 부여하도록 하고 있다[제18.10조 제11항 (b)]. 이를 근거로, 2011년 12월 개정법에서는 비밀유지명령 제도를 도입했다.

법원은 저작권, 그 밖에 이 법에 따라 보호되는 권리의 침해에 관한 소송에서 당사자가 가지고 있는 영업비밀을 그 당사자의 신청에 따라, 소송 당사자, 소송대리인, 그 밖에 해당 소송으로 인해 그 비밀을 알게 된 사람 외에는 공개하지 못하도록 명할 수 있다(제129조의3).

비밀유지명령은 법정 요건을 갖추지 못한 경우에는 그 명령 신청인이나 피신청인이 그 취소를 신청할 수 있고, 법원은 취소 결정을 할 수 있다(제129조의4).

비밀유지명령 위반은 저작권법상 가장 중한 범죄에 속한다. 즉, 그 위반한 자에 대해서는 5년 이하의 징역 또는 5000만 원 이하의 벌금에 처한다(제136조 제1항 제2호).

제5절 형사 제재

저작권법 제136조 이하에서는 저작재산권 등 침해죄 등을 포함한 다수의 범죄에 대한 처벌 규정을 두고 있다. 저작권법의 외연이 확장되면서 저작권 보호를 중심으로 한 벌칙 규정이 저작권 환경을 해치는 범죄를 처벌하는 규정으로 넓어지고 있다. 가장 무거운 처벌 규정인 제136조에서부터 가장 가벼운 처벌 규정인 제138조에 이르기까지 26개의 범죄 유형별 처벌 규정을 두고 있다.

형법은 행위규범으로서, 일정한 행위를 해서는 안 된다고 하거나(금지규범) 할 것을 요구한다(명령규범). 행위규범을 위반할 경우 형벌이라는 법률효과를 가져온다. 이러한 행위규범 위반은 범죄가 되고 그에 상응하는 벌칙을 받게 되는 것이다. 앞에서 본 바와 같이, 저작권법상의 범죄는 형법상의 범죄에 관한 일반 원리가 그대로 작용한다. 따라서 저작권법은 일정한 행위를 금지하면서 이러한 금지규범 위반은 범죄를 구성하고 해당 범죄에 대해 벌칙 규정을 두고 있는 것이다.

벌칙 규정에서 신체의 자유를 구속하는 자유형은 1957년 저작권법에도 존재했다.[1] 다른 나라에 비해서 앞선 제도를 마련한 것이다. 법개정를 거치면서 벌칙 규정도 강화되었다. 특히, 1986년 개정법에서는 '권리의 침해죄'를 3년 이하의 징역 또는 300만 원 이하의 벌금으로 하고, 1994년 개정법에서는 300만 원을 3000만 원으로 상향했다. 2006년 개정법에서는 다시 5년 이하의 징역 또는 5000만 원 이하의 벌금으로 강화했다.

---

1) 국회 논의 과정에서 정광현의 주장을 받아들여 저작인격권 침해에 대해서는 "6월 이하의 징역 또는 10만 환 이하의 벌금에 처한다"(제69조)고 하고 부정출판공연에 대해서는 "1년 이하의 징역에 처한다"(제71조 제1항)고 한 것이다. 정광현은 형법상 명예훼손죄, 절도죄 등과 비교해 형평에 맞지 않는다고 주장했다. 최경수, 한국 저작권 법제사 100년, 혜안, 2018, 162.

1. 제136조 제1항

제136조 제1항은 저작권법상 가장 중한 범죄에 대한 처벌 규정이다. 이에는 저작재산권 등 침해와 비밀유지명령 위반에 대한 것이 있다.

가. 저작재산권 등 침해

"저작재산권, 그 밖에 이 법에 따라 보호되는 재산적 권리(제93조에 따른 권리는 제외한다)를 복제, 공연, 공중송신, 전시, 배포, 대여, 2차적저작물 작성의 방법으로 침해한 자"에 대해서는 5년 이하의 징역 또는 5000만 원 이하의 벌금에 처하거나 이를 병과할 수 있다(제1호). 재산적 권리 침해는 전형적인 이용행위에 의해 발생하며, 이러한 이용행위에는 복제, 공연, 공중송신, 전시, 배포, 대여, 2차적저작물 작성 등 일곱 가지가 있다.

제136조 제1항에서는 위 일곱 가지 권리를 일일이 열거하고 있다. 2000년 개정법에서 바뀐 것이다. 종전 규정(1995년 개정법)에서는 침해의 형태를 '복제·공연·방송·전시 등'이라고 했으나, 이것은 죄형법정주의, 특히 유추해석 금지의 원칙에 어긋난 것이었다.[2]

이 규정은 다음과 같이 나눠 설명할 수 있다. 첫째, 저작재산권 등 침해죄는 배타적 권리를 침해하는 경우에 발생한다. 저작자는 위 일곱 가지 이용행위에 대해 배타적인 권리를 가지므로 각각 해당 권리 침해죄가 성립한다. 반면, 실연자와 음반제작자는 한정된 범위에서만 배타적인 권리를 가지므로 그 범위 내에서만 해당 권리 침해죄가 성립한다. 보호대상의 성질상 해당 권리가 없는 경우도 있고 입법 정책상 해당 권리를 부여하지 않는 경우도 있다. 위 규정을 보면 '공중송신'에 대해 모두 침해죄가 성립하는 것으로 오해할 수 있으나 실연자는 공중송신 중 방송(그중 일부)과 전송에 대해서만 배타적인 권리를 가지므로, 그 이외의 행위에 대해서는 해당 권리 침해죄가 성립하지 않는다는 점이다. 음반제작자의 권

---

[2] 대법원 1999. 3. 26. 97도1769 판결: "저작권법 [제136조 제1항에서는] 저작재산권 그 밖의 저작권법에 의하여 보호되는 재산적 권리를 복제·공연·방송·전시 등의 방법으로 침해한 자를 처벌한다고 규정하고 있는바, 저작권법상 저작재산권의 하나로 배포권이 인정되나, 그렇다고 하여 권리침해의 복제행위 외에 '배포'행위까지 위 법조에 의해 반드시 처벌되어야 하는 것은 아니라고 할 것이어서, 위와 같이 처벌규정에 명시적으로 규정되어 있지 아니한 '배포'행위를 복제행위 등과 별도로 처벌하는 것은 유추해석이나 확장해석을 금하는 죄형법정주의의 원칙상 허용되지 않는다."

리에 대해서도 마찬가지로 설명할 수 있다. 음반제작자는 전송에 대해서만 배타적인 권리를 가지므로, 이용자의 전송권 침해만이 범죄를 구성할 뿐이다.

둘째, 권리자가 보상청구권만을 가지는 경우 저작재산권 등 침해죄를 물을 수 없다. 저작권 침해는 배타적인 권리를 침해하는 경우에 발생하는데, 보상청구권은 배타성이 없는 채권적 권리에 지나지 않기 때문이다. 저작자는 제25조(학교교육 목적 등에의 이용)와 제31조(도서관 등에서의 복제 등), 제34조의4(문화시설에 의한 복제 등), 제50조 내지 제52조(법정허락)의 경우 보상청구권을 가진다. 저작인접권자, 배타적발행권자 등도 준용 규정에 의해 보상청구권을 가진다. 또한 실연자와 음반제작자는 각기 제75조와 제82조(상업용 음반의 방송사용에 대한 보상), 제76조와 제83조(디지털음성송신에 대한 보상), 그리고 제76조의2와 제83조의2(상업용 음반의 공연 사용에 대한 보상)에서 보상청구권을 가진다.

셋째, 데이터베이스제작자의 권리를 복제 등의 방법으로 침해하는 경우에는 비록 배타적 권리 침해에 해당하지만 이 규정이 적용되지 않는다(제1호 괄호). 뒤에서 보는 바와 같이 처벌 수준이 낮다.

나. 비밀유지명령 위반

영업비밀의 공개는 당사자들에게 심각한 피해를 줄 수 있다. 저작권법은 이 점을 고려해 비밀유지명령 제도를 도입했다. 이 제도에 따르면 법원은 소송 중 당사자들이 접근한 정보를 공개하지 못하도록 명령할 수 있고, 그 위반자에 대해서는 5년 이하의 징역 또는 5000만 원 이하의 벌금에 처하거나 이를 병과할 수 있다(제2호).

2. 제136조 제2항

저작권법 제136조 제2항에서는 다소 낮은 벌칙을 적용하는 범죄 유형을 다음과 같이 열가지를 나열하면서 이에 대해 3년 이하의 징역 또는 3000만 원 이하의 벌금에 처하거나 이를 병과할 수 있도록 하고 있다:

1. 저작인격권 또는 실연자의 인격권을 침해하여 저작자 또는 실연자의 명예를 훼손한 자

2. 제53조 및 제54조(제90조 및 제98조에 따라 준용되는 경우를 포함한다)에 따른 등록을 거짓으로 한 자

3. 제93조에 따라 보호되는 데이터베이스제작자의 권리를 복제·배포·방송 또는 전송의 방법으로 침해한 자

3의2. 제103조의3 제4항을 위반한 자

3의3. 업으로 또는 영리를 목적으로 제104조의2 제1항 또는 제2항을 위반한 자

3의4. 업으로 또는 영리를 목적으로 제104조의3 제1항을 위반한 자. 다만, 과실로 저작권 또는 이 법에 따라 보호되는 권리 침해를 유발 또는 은닉한다는 사실을 알지 못한 자는 제외한다.

3의5. 제104조의4 제1호 또는 제2호에 해당하는 행위를 한 자

3의6. 제104조의5를 위반한 자

3의7. 제104조의7을 위반한 자

4. 제124조 제1항에 따른 침해행위로 보는 행위를 한 자

가. 인격적 권리의 침해

인격적 권리에는 저작인격권과 실연자의 인격권이 있다. 이러한 인격적 권리를 침해한 것만으로는 인격적 권리의 침해죄가 성립되지 않고 침해와 더불어 저작자나 실연자의 명예를 훼손해야 한다(제1호).[3]

나. 허위 등록

저작권법은 무방식주의를 원칙으로 하고 있기 때문에 저작권 등록이 효력 발생 요건은 아니다. 그렇지만 저작권 등록은 여러 가지 점에서 효용성이 인정되고 있다. 저작권 등록은 공적 장부에 기재하면서 법적 효과(추정력 또는 대항력)가 발생하기 때문에 그 등록 사항(저작자의 성명, 저작물의 제호, 창작 연월일, 공표 연월일 등)은 진실해야 한다. 허위 등록은 등록

---

3) 우리 대법원은 경험칙에 비춰볼 때 저작인격권 침해는 저작자의 명예와 감정에 손상을 입는 정신적 고통을 받았다고 보고 있다. 대법원 1989. 10. 24. 89다카12824 판결. 이 점은 명예훼손을 독자적인 구성요건으로 보고 있는 법규정을 제대로 살폈다고 보기 어렵다. 이에 관해서는 제10장 제3절 '1. 인격적 권리의 침해' 참조.

제도의 취지를 훼손하고 더 나아가 저작권 질서를 해치는 것이다. 제136조 제2항 제2호가 이에 대한 처벌 규정이다.

다. 데이터베이스제작자의 권리 침해

데이터베이스제작자는 저작재산권자나 저작인접권자와 마찬가지로 독점적·배타적인 권리를 가진다. 권리 침해 유형도 저작재산권이나 저작인접권 침해와 다르지 않다. 다만, 데이터베이스제작자는 복제, 배포, 방송 및 전송 네 가지 이용형태에 대해서만 권리를 가지므로 침해 유형은 이 네 가지에 한정된다(제3호). 또한 그 침해에 대한 처벌도 저작재산권이나 저작인접권 침해(5년, 5000만 원)에 비해 가볍다. 데이터베이스제작자의 권리는 2003년 개정법에서 신설된 권리이고, 그 침해 정도가 저작재산권이나 저작인접권의 경우에 비견할 만큼 위중하다고 판단하지 않았기 때문으로 보인다.

라. 복제·전송자에 관한 정보 목적 외 사용

온라인서비스제공자가 가지고 있는 복제·전송자의 정보를 소제기나 고소 목적 이외에 사용하는 것은 금지된다(제103조의3 제4항). 제136조 제2항 제3호의2에서는 그 금지규범 위반에 대해 다소 중한 범죄로 처벌하고 있다.

마. 기술적 보호조치 무력화 금지 위반

기술적 보호조치는 그 자체를 무력화하는 것(제104조의2 제1항)과 무력화 도구를 거래하는 것이 금지된다(제104조의2 제2항). 제136조 제2항 제3호의3이 그 금지규범 위반에 대한 처벌 규정이다.

이 죄는 업으로 또는 영리 목적으로 해야 성립한다. 업으로 한다는 것은 계속적·반복적인 의사를 가지고 금지 행위를 하는 것을 말한다.[4] 1회의 장치 제조나 유통도 계속적·반복적 의사가 있다면 '업으로' 하는 것이다. 영리 목적이라 할 때 장치의 제조, 유통으로 직접적

---

4) 대법원 1999. 6. 11. 98도617 판결: "[비디오 제작을 업으로 하는 자]를 반드시 영리를 목적으로 하는지 여부에 관계없이 계속·반복적으로 비디오물을 제작하고자 하는 자를 의미한다고 해석된다."

인 영리를 얻는 경우뿐만 아니라 간접적인 영리를 얻는 경우를 포함한다.

바. 권리관리정보 보호 위반

권리관리정보를 제거·변경하거나 그런 정보를 배포하거나 그런 정보를 부착한 저작물 등의 원본이나 복제물을 배포하는 등의 행위는 금지된다(제104조의3 제1항). 이를 '업으로' 또는 '영리를 목적으로' 위반하면 처벌을 받는다(제136조 제2항 제3호의4). 다만, 과실로 저작권 또는 이 법에 따라 보호되는 권리 침해를 유발 또는 은닉한다는 사실을 알지 못한 자는 제외된다(제3호의4 단서).

형사책임은 원칙적으로 고의를 요건으로 한다는 점에서, 권리관리정보 보호 위반은 이중의 주관적 요건을 필요로 한다. 즉, ① "권리의 침해를 유발 또는 은닉한다는 사실을 알거나 과실로 알지 못하고"(제104조의3 제1항) ② 고의로 금지 행위를 해야 한다(제136조 제2항 제3호의4 단서 반대해석).

사. 암호화된 방송 신호의 무력화 등의 금지 위반

암호화된 방송 신호를 무력화하는 복호화용 장치 등의 거래와 복호화된 방송 신호 공중송신은 금지된다(제104조의4 제1항 및 제2항). 제136조 제2항 제3호의5는 이런 금지 행위 위반자에 대한 처벌 규정이다.

아. 라벨 위조 등의 금지 위반

라벨을 위조하거나 이를 알면서 배포하는 행위, 허락 범위를 넘어 제작된 라벨을 배포하는 행위 등은 금지된다(제104조의5). 그 금지 행위 위반은 제136조 제2항 제3호의6에 의한 처벌 대상이 된다.

자. 방송 전 신호의 송신 금지 위반

우리 법상 방송 전 신호는 보호된다. 즉, 누구든지 방송 전 신호를 제3자에게 송신해서는 안 된다(제104조의7). 그 금지 행위 위반에 대해서도 3년 이하의 징역 또는 3000만 원 이하의 벌금에 처할 수 있다(제136조 제2항 제3호의7).

차. 침해 간주 행위

제124조 제1항에서 정한 침해 간주 행위에는 ① 수입 시에 대한민국 내에서 만들어졌더라면 저작권 등의 침해로 될 물건을 대한민국 내에서 배포할 목적으로 수입하는 행위, ② 저작권 등을 침해하는 행위에 의하여 만들어진 물건(수입 물건 포함)을 그 사실을 알고 배포할 목적으로 소지하는 행위, ③ 프로그램 저작권을 침해하여 만들어진 프로그램의 복제물(수입 물건 포함)을 그 사실을 알면서 취득한 자가 이를 업무상 이용하는 행위 등 세 가지가 있다. 제136조 제2항 제4호는 이런 침해 간주 행위를 처벌하는 규정이다.

3. 제137조

제137조에서는 제136조에 비해 가벼운 범죄에 관해 규정하고 있다. 이에는 모두 아홉 가지가 있다. 모두 1년 이하의 징역 또는 1000만 원 이하의 벌금에 처한다:

1. 저작자 아닌 자를 저작자로 하여 실명·이명을 표시하여 저작물을 공표한 자
2. 실연자 아닌 자를 실연자로 하여 실명·이명을 표시하여 실연을 공연 또는 공중송신하거나 복제물을 배포한 자
3. 제14조 제2항을 위반한 자
3의2. 제104조의4 제3호에 해당하는 행위를 한 자
3의3. 제104조의6을 위반한 자
4. 제105조 제1항에 따른 허가를 받지 아니하고 저작권신탁관리업을 한 자
5. 제124조 제2항에 따라 침해행위로 보는 행위를 한 자
6. 자신에게 정당한 권리가 없음을 알면서 고의로 제103조 제1항 또는 제3항에 따른 복제·전송의 중단 또는 재개요구를 하여 온라인서비스제공자의 업무를 방해한 자
7. 제55조의5(제90조 및 제98조에 따라 준용되는 경우를 포함한다)를 위반한 자

가. 저작자 성명 사칭·공표

제137조 제1항 제1호에서는 "저작자가 아닌 자를 저작자로 하여 실명이나 이명을 표시하여 저작물을 공표"하는 범죄 유형을 적시하고 있다. 이러한 범죄는 몇 가지로 나뉜다. 첫째, 본인의 저작물에 저명한 인사나 권위 있는 기관의 이름 또는 유사한 명칭을 단독으로 또는 자신의 이름과 함께 넣어 공표하는 것이다. 자신의 저작물의 외관상 가치를 높이려는 의도에서 나온 것이라 할 수 있다.[5] 이 범죄의 대부분은 이러한 유형의 것이다.

둘째, 다른 사람의 저작물에 본인의 이름을 단독으로 또는 공동으로 넣어 공표하는 것이다. 이 경우는 본인이 다른 사람의 권위나 명성에 기대려는 의도를 가지고 있다고 할 수는 없더라도, 자신이 "저작자가 아닌 자"임에도 자신의 이름을 표시하여 공표하는 것이므로 그러한 행위는 제137조 제1항 제1호의 범죄에 해당하는 것이다.[6] 본인이 직접 사칭·공표하는 경우도 있지만 다른 사람에게 본인의 이름을 넣어줄 것을 요구하는 경우도 있을 것이다. 이때 본인은 범죄 간여 내용에 따라 공동정범, 교사범 또는 방조범이 될 것이다.[7]

셋째, 출판사 등이 다른 사람의 저작물에 저명인사의 이름을 사칭하여 공표하는 것이다. 현실적으로도 가끔 나타나는 사례이다.[8]

---

[5] 대법원 1992. 9. 25. 92도569 판결: "이 사건 논문집의 표지에 피고인이 아닌 한국외국어대학교 부설 국제커뮤니케이션연구소라고 표시하여 공표한 행위는 저작권법〔제137조 제1항 제1호〕소정의 죄에 해당한다고 할 것이다."

[6] 이른바 '표지갈이' 사건에서 대법원은 다음과 같이 판단하고 있다: "저작권법 제137조 제1항 제1호는 저작자 아닌 자를 저작자로 하여 실명·이명을 표시하여 저작물을 공표한 자를 형사 처벌한다고 정하고 있다. 이 규정은 자신의 의사에 반하여 타인의 저작물에 저작자로 표시된 저작자 아닌 자의 인격적 권리나 자신의 의사에 반하여 자신의 저작물에 저작자 아닌 자가 저작자로 표시된 데 따른 실제 저작자의 인격적 권리뿐만 아니라 저작자 명의에 관한 사회 일반의 신뢰도 보호하려는 데 그 목적이 있다. 이러한 입법 취지 등을 고려하면, 저작자 아닌 자를 저작자로 표시하여 저작물을 공표한 이상 위 규정에 따른 범죄는 성립하고, 사회통념에 비추어 사회 일반의 신뢰가 손상되지 않는다고 인정되는 특별한 사정이 있는 경우가 아닌 한 그러한 공표에 저작자 아닌 자와 실제 저작자의 동의가 있었다고 하더라도 달리 볼 것은 아니다." 대법원 2021. 7. 15. 2018도144 판결.

[7] 위 판결: "실제 저작자가 저작자 아닌 자를 저작자로 표시하여 저작물을 공표하는 범행에 가담하였다면 저작권법 제137조 제1항 제1호 위반죄의 공범으로 처벌할 수 있다."

[8] 사칭·공표하면서 진정한 저작자의 성명 표시를 생략하는 경우도 있을 것이다. 이에 대해서는 제136조 제2항 제1호(저작인격권 침해죄)에 의한 처벌도 가능하다.

저작자 사칭·공표죄는 주로 사회가 저작자의 이름에 대해 가지는 신뢰를 보호하기 위한 취지에서 나온 것이라고 할 수 있다. 이 범죄를 친고죄로 하지 않은 것도 같은 취지에서 이해할 수 있다. 그렇다면 이른바 대필은 어떻게 보아야 할까. 피해자의 승낙, 즉 권리 주체가 자기의 법익 침해를 허용하는 경우 그것이 개인적 법익 침해에 국한하는 한 위법성이 조각된다.[9] 따라서 대필 계약과 같이, 유명인이 대필 계약으로 다른 사람에게 집필을 위탁하고 그와 같이 집필한 저작물을 유명인의 이름으로 공표하는 것은 피해자의 승낙에 의해 위법성이 조각된다고 본다.

나. 실연자 성명 사칭·공표

제137조 제1항 제2호에서 말하는 '실연자 성명 사칭·공표죄'는 실연자 아닌 자를 실연자로 하여 실명·이명을 표시하여 공연 또는 공중송신하거나 복제물을 배포하는 경우에 해당하는 범죄이다. 저작자의 경우와 마찬가지 설명이 가능하다. 2006년 법에서 실연자에게 인격권이 부여되면서 그에 부응하여 신설된 범죄이다. 이 죄는 저작자 성명 사칭·공표죄와는 달리, 공연이나 공중송신 또는 배포의 방법에 한정한 공표에 대해서만 이 범죄로 처벌할 수 있을 뿐이다. 죄형법정주의에 따라 다른 공표 방법은 처벌할 수 없는 것이다.

이 규정에서 그저 공표라고 하지 않고 이렇게 일일이 해당 행위를 명시한 이유는 알기 어렵다. 공표의 정의 내에 전시라는 개념이 있지만 실연의 전시행위는 존재하지 않기 때문에 공표라는 용어를 사용할 수 없었던 것으로 추측할 뿐이다. 그러나 전시와 같이 존재하지 않는 방법으로 공표할 수 없는 것이라면 굳이 공연이나 공중송신 또는 배포 행위를 일일이 열거할 것이 아니라, 저작자 성명 사칭·공표죄와 마찬가지로, 그저 공표라고 간명하게 하는 것이 좋을 듯하다.

다. 저작자 사후 인격적 이익 침해

저작자의 인격적 법익 침해에는 저작인격권 침해가 있고, 저작자 사후 인격적 이익의 침

---

9) 형법 제24조에서는 "처분할 수 있는 자의 승낙에 의하여 그 법익을 훼손한 행위는 법률에 특별한 규정이 없는 한 벌하지 아니한다"고 하여, 피해자의 승낙을 위법성 조각 사유의 하나로 하고 있다. 장인숙, 298에서 "대작의 경우는 구체적 사례가 지니는 반사회성의 정도에 따라야 하나, 위법성을 인정하기 어려운 경우가 많을 것이다"고 하는 것도 같은 취지의 의견으로 볼 수 있다.

해가 있다. 저작인격권은 저작자에게 전속하는 권리이므로 저작자 사망 후에는 소멸하지만 그 인격적 가치는 사후라고 하여 홀대받을 이유는 없다. 이에 따라 저작권법 제14조 제2항에서는 저작자가 사망했더라도 명예훼손에 이를 정도로 인격적 이익을 해쳐서는 안 되도록 하고 있다. 제137조 제1항 제3호의 '저작자 사후 인격적 이익 침해죄'는 저작권법 제14조 제2항을 위반하는 경우 성립한다.

이 죄를 비친고죄로 하고 있는 것도 특기할 만하다. 사회적 법익 침해에 가깝다고 보는 듯한데,[10] 저작자가 사망했다는 점도 고려한 듯하다.

라. 암호화된 방송 신호의 수신 등 위반

우리 법상 암호화된 방송 신호는 여러 방법으로 보호된다. 제104조의4에서는 암호화된 방송 신호를 허락 없이 수신하여 청취하거나 시청하거나 또는 공중송신하는 것을 금지하고 있고, 제137조 제1항 제3호의2에서는 그 금지 행위를 1년 이하의 징역 또는 1000만 원 이하의 벌금에 처하도록 하고 있다.

마. 영상저작물 녹화 등의 금지 위반

제104조의6에서는 영화상영관에서 영상저작물 등의 녹화하거나 공중송신을 금지하고 있다. 그 위반에 대해서는 제137조 제1항 제3호의3에 따라 1년 이하의 징역 또는 1000만 원 이하의 벌금에 처한다. 미수범도 처벌한다(제137조 제2항).

바. 무허가 신탁관리

신탁관리는 문화체육관광부장관의 허가를 받아야 한다. 허가제는 신탁관리업에 대한 강력한 규제를 의미한다. 신탁관리업은 이용허락 질서의 한 축을 이루는 것이므로 무허가 신탁관리에 대해 제137조 제1항 제4호의 처벌 규정을 둔 것이다.

---

10) 장인숙, 296.

사. 저작인격권 침해 간주 행위

저작권법 제124조 제2항에서는 "저작자의 명예를 훼손하는 방법으로 그 저작물을 이용하는 행위는 저작인격권의 침해로 본다"고 하여 명예훼손적 이용행위를 침해 간주 행위로 하고 있다. 이러한 행위는 제137조 제1항 제5호의 '저작인격권 침해 간주 행위의 죄'를 구성한다. 이 죄에 대해서는 재산적 권리 침해 간주 행위보다 가벼운 처벌을 예정하고 있다.

아. 업무방해

온라인서비스제공자는 저작물 등의 복제나 전송을 방지하거나 중단시켜야 할 일정한 의무를 부담한다. 특히, 권리자가 요구하는 경우 해당 저작물 등의 복제나 전송을 즉시 중단해야 한다. 중단을 요구하는 사람은 자신이 권리자라는 사실을 소명해야 한다(제103조 제1항 내지 제3항). 소명 절차가 간단하고 신속하기 때문에 무권리자에 의한 복제·전송 중단 요구도 얼마든지 발생할 수 있다. 한편, 온라인서비스제공자는 복제·전송자가 자신이 정당한 권리를 가지고 있다고 주장하면서 그 복제·전송의 재개를 요구할 경우 이 또한 간단한 소명 절차를 거쳐 일정 기간이 지나면 재개하여야 한다. 정당한 권한이 없는 이용자가 재개를 요구하는 경우도 생각할 수 있다.

저작권법은 이러한 부작용을 최소화하기 위해 제137조 제1항 제6호에서 처벌 규정을 두고 있다. 즉, "자신에게 정당한 권리가 없음을 알면서 고의로 제103조 제1항 또는 제3항의 규정에 따른 복제·전송의 중단 또는 재개 요구를 하여 온라인서비스제공자의 업무를 방해한 자"를 처벌하도록 하고 있다.

형벌은 1년 이하의 징역 또는 1000만 원 이하의 벌금으로, 형법상의 업무방해죄(5년 이하의 징역 또는 1500만 원 이하의 벌금)보다 가볍다. 이 규정은 형법상 업무방해죄의 구성요건을 갖추지 못한 범죄에 대해서도 적용될 수 있다는 점에서 의의가 있다 하겠다.

자. 비밀유지의무 위반

저작권법 제55조의5에서는 "등록 업무를 수행하는 직에 재직하는 사람과 재직하였던 사람은 직무상 알게 된 비밀을 다른 사람에게 누설하여서는 아니 된다"고 하고 있다. 등록 업무란 저작권, 저작인접권 및 데이터베이스제작자의 권리와 관련한 등록 업무를 말하는 것으로, 이에는 권리 등록, 변동 등록 및 변경 등록이 포함된다.

　제137조 제1항 제7호의 비밀유지의무 위반죄는 이러한 등록 담당자의 비밀유지의무를 위반하는 경우 성립한다. 형법상 공무상 비밀누설죄는 2년 이하의 징역이나 금고 또는 5년 이하의 자격정지에 처하도록 규정하고 있다. 형법상의 유사 범죄에 비해 가벼운 처벌을 예정하고 있다.

4. 제138조

　저작권법 제138조에서는 가장 가벼운 형벌로 다음 다섯 가지를 규정하고 있다. 벌칙은 500만 원 이하의 벌금이다:

1. 제35조 제4항을 위반한 자
2. 제37조(제87조 및 제94조에 따라 준용되는 경우를 포함한다)를 위반하여 출처를 명시하지 아니한 자
3. 제58조 제3항(제63조의2, 제88조 및 제96조에 따라 준용되는 경우를 포함한다)을 위반하여 저작재산권자의 표지를 하지 아니한 자
4. 제58조의2 제2항(제63조의2, 제88조 및 제96조에 따라 준용되는 경우를 포함한다)을 위반하여 저작자에게 알리지 아니한 자
5. 제105조 제1항에 따른 신고를 하지 아니하고 저작권대리중개업을 하거나, 제109조 제2항에 따른 영업의 폐쇄명령을 받고 계속 그 영업을 한 자

가. 초상화 등의 이용

　위탁에 의한 초상화나 초상사진은 위탁자의 동의가 없는 때에는 이를 이용할 수 없다(제34조 제4항). 제138조 제1호는 이러한 동의 없는 이용에 대한 벌칙 규정이다. 초상화나 초상사진에는 그림이나 사진 저작자의 저작권과 위탁자의 인격권 내지 초상권이 존재한다. 전자에 대해서는 저작권으로, 후자에 대해서는 인격권 내지 초상권으로 보호받는다. 누군가

초상화나 초상사진을 이용할 경우 저작자의 저작재산권이나 저작인격권 침해로 인해 처벌
을 받을 수도 있고, 이 규정에 의한 처벌을 받을 수도 있는 것이다.

나. 출처명시 위반

저작재산권 제한 규정에 의해 저작물을 이용하더라도 일정한 경우 출처를 명시해야 한다
(제37조). 저작인접권과 데이터베이스제작자의 권리에 대해 저작재산권 제한 규정을 준용하
는 경우에도 출처 명시 의무가 있다(각 제87조 제1항 및 제94조 제1항). 제138조 제2호는 이
러한 의무 위반에 대한 벌칙 규정이다. 출처 명시 의무는 재산적 권리 제한의 요건은 아니
지만 의무의 실효성 확보를 위해 별도로 제재 규정을 둔 것이다.

다. 저작재산권자 표지 불이행

배타적발행권자는 특약을 하지 않는 한 복제물에 저작재산권자 표지를 해야 한다(제58조
제3항). 제138조 제3호는 이러한 표지 의무 위반에 대한 벌칙 규정이다.

라. 재판 통지 불이행

배타적발행권자는 저작물을 다시 발행 등의 방법으로 다시 이용할 경우 특약이 없는 한
저작자에게 그 사실을 알려 저작물의 내용을 수정하거나 증감할 수 있도록 해야 한다(제58
조의2 제2항). 이 또한 배타적발행권자에게 부과된 의무인데 제138조 제4호는 이 의무 위반
에 대한 벌칙 규정이다.

마. 미신고 대리·중개 등

대리·중개업은 신탁관리업과는 달리 신고만으로 영업을 할 수 있다(제105조 제1항). 신고업
으로서 대리·중개업도 일정한 정도 정부의 규제를 받으며 정부는 그 위반에 대해서 업무를 정
지하거나 영업을 폐쇄할 수도 있다(제109조). 제138조 제5호는 신고를 하지 않고 대리·중개업
을 하거나 대리·중개업자가 폐쇄 명령을 받고도 영업을 계속하는 경우 적용하는 벌칙 규정이다.

5. 몰수

저작권, 그 밖에 이 법에 따라 보호되는 권리를 침해하여 만들어진 복제물과 그 복제물의 제작에 주로 사용된 도구나 재료 중 그 침해자·인쇄자·배포자 또는 공연자의 소유에 속하는 것은 몰수한다(제139조). 몰수는 형법상 형의 종류 중 하나(제41조 제9호)이다. 형법 제48조에 의하면, 범인 외의 자의 소유에 속하지 아니하거나 범죄 후 범인 외의 자가 사정을 알면서 취득한 범죄행위에 제공하였거나 제공하려고 한 물건 또는 범죄행위로 인하여 생겼거나 취득한 물건 또는 그 대가로 취득한 물건은 전부 또는 일부를 몰수할 수 있다. 문서, 도화, 전자기록 등 특수매체기록 또는 유가증권의 일부가 몰수의 대상이 된 경우에는 그 부분을 폐기한다.

저작권법은 침해 복제물과 그 복제물 제작에 주로 사용된 도구나 재료를 몰수 대상으로 하고 있다. 2011년 12월 개정법에서 한·미 FTA를 규정에 따라(제18.10조 제27항 (d)], 도구나 재료도 포함시킨 것이다. 다만, 그 도구나 재료가 침해물 제작에 '주로' 사용되어야만 몰수 대상이 된다.

저작권법상 몰수는 형법상의 몰수와 다소 다르다. 첫째, 형법은 몰수 대상을 한정하지 않으나, 저작권법은 몰수의 대상을 침해자, 인쇄자, 배포자 및 공연자의 소유물에 한정하고 있다. 저작권법 규정이 특별 규정의 성격을 가진다. 둘째, 형법은 "몰수할 수 있다"고 하여 법원의 재량을 인정하지만, 저작권법은 "몰수한다"고 하여 법원의 재량을 인정하지 않는다.

6. 친고죄

가. 의의

친고죄는 고소를 처벌 조건(엄밀히 말하면 소제기 조건)으로 한 범죄이다. 고소는 고소인이 일정한 범죄사실을 수사기관에 신고하여 범인의 처벌을 구하는 의사표시이다. 단순한 범죄사실의 신고는 고소가 아니다. 고소는 제3자가 하는 고발과 구별된다. 고소인은 고소할 때 범죄사실을 특정해야 하며 그 특정의 정도는 고소인의 의사가 구체적으로 어떤 범죄사실을 지정하여 범인의 처벌을 구하고 있는 것인가를 확정할 수만 있으면 되는 것이고, 고소인 자신이 직접 범행의 일시, 장소와 방법 등까지 구체적으로 상세히 지적하여 그 범죄사실을

특정할 필요까지는 없다.11)

친고죄는 반의사불벌죄와 구별된다. 양자는 피해자의 의사가 처벌의 조건이라는 점에서는 같지만, 전자는 고소를 하지 않으면 처벌할 수 없는 반면 후자는 고소와 같은 적극적인 의사표시가 없더라도 처벌을 원하지 않는다는 사실을 확인하는 것으로 처벌을 할 수가 없는 것이다. 재판이 진행 중인 경우에도 제1심 판결선고 전까지 고소를 취소하거나(친고죄) 처벌을 원하는 의사표시를 철회할 수 있고(반의사불벌죄)12) 공소 제기를 하더라도 법원은 공소기각 판결을 한다.13)

형법에서 친고죄를 인정하는 이유는 범죄가 경미하기 때문에, 또는 범죄에 대한 처벌이 오히려 피해자의 이익을 해칠 우려가 있기 때문이다. 저작권법도 같은 취지에서 친고죄를 규정하고 있다.

고소권자는 범죄로 인한 피해자이다. 법정대리인도 독립하여 고소할 수 있다.14) 친고죄에는 고소기간이 존재한다. 범인을 알게 된 날로부터 6개월이 경과하면 고소할 수 없다. 고소할 수 없는 불가항력의 사유가 있는 때에는 그 사유가 없어진 날로부터 기산한다.15) 비친고죄와는 달리 친고죄에 고소기간을 둔 것은 개인의 의사에 의해 소추권 발동이 장기간 불확정 상태에 놓이지 않도록 하기 위한 것이다.

나. 저작권법상 친고죄 원칙

(1) 친고죄 해당 범죄

저작권 침해죄 등은 친고죄가 원칙이므로 저작권법상 대부분의 범죄는 친고죄에 해당한다. 저작권법 제140조에서는 "이 장[벌칙]의 죄에 대한 공소는 고소가 있어야 한다"고 하여 친고죄 원칙을 밝히면서 그 단서에서 친고죄의 예외를 열거하고 있다.

---

11) 대법원 1988. 10. 25. 87도1114 판결; 대법원 1996. 3. 12. 94도2423 판결; 대법원 1999. 3. 26. 97도 1769 판결 참조.

12) 형사소송법 제232조.

13) 형사소송법 제327조 제5호 및 제6호.

14) 형사소송법 제223조 및 제225조.

15) 형사소송법 제230조 제1항.

〈표 19〉 친고죄 해당 범죄

해당 법규정	해당 범죄
제136조 1항 1호/제140조 1호(반대해석)	비영리 및 비상습 저작재산권 등 침해
제136조 1항 2호	비밀유지명령 위반
제136조 2항 1호	인격적 권리의 침해
제136조 2항 3호/제140조 1호(반대해석)	비영리 및 비상습 데이터베이스제작자의 권리 침해
제136조 2항 4호/제140조 2호(반대해석)	비영리 배포 목적 수입 및 배포 목적 소지
제137조 1항 5호	저작인격권 침해 간주 행위
제138조 1호	초상화 등의 이용
제138조 2호	출처명시 위반
제138조 3호	복제권자 표지 불이행
제138조 4호	재판 통지 불이행

친고죄 원칙은 다음과 같은 점에서 설명할 수 있다. 첫째, 저작권의 성격 때문이다. 저작권은 재산적 권리뿐만 아니라 인격적 권리를 포함하고 있기 때문에 그 침해에 대해 저작자의 처벌 의사를 확인할 필요가 있다는 것이다. 게다가 쏟아지는 저작물의 양을 생각한다면 이용자가 모든 저작물에 대해 권리 처리를 쉽게 할 수 있는 제도가 마련되지 않았다는 점도 고려해야 한다. 많은 저작자는 자신의 저작물을 남들이 적극 이용하기를 원하는 경우도 있을 터인데 이들 저작자의 의사를 확인할 수 있는 제도적 장치는 극히 미약한 형편이다.

둘째, 침해의 정도 및 유형 때문이다. 저작권 침해는 침해 정도가 경미한 것도 있고 중대한 것도 있으며 또한 빈도도 일회적인 것도 있고 반복적인 것도 있다. 일회적으로 침해행위를 하는 사례가 조직적이고 반복적인 경우보다 오히려 훨씬 많다.

이런 설명은 점차 설득력이 떨어지고 있다. 2000년대 들어 저작권 침해행위도 조직적이고 반복적으로 이루어지는 경우가 늘어나고 있고, 이로 인해 저작권 생태계가 위태로워진다는 위기감이 커졌다.[16) 입법 정책상 친고죄 원칙을 고수하기는 어려워졌다. 이에 따라

---

16) 국회문화관광위원회 수석전문위원 김문희, 저작권법 전부개정법률안(이광철 의원 대표발의) 및 저작권법 일부개정법률안(우상호 의원 대표발의) 검토보고서, 2005. 11., 63~64: "최근 저작권이 산업화되면서 침해행위가 조직적이고 반복적으로 이루어지는 경우가 늘어나고 있는데, 이처럼 저작권을 영리의 목적으로 반복적으로 침해하는 행위는 그 위법성이 현저하고 저작물 이용질서 및 산업 질서를 위태롭게 할 가능성이 높다는 점에서 이러한 침해행위를 다른 침해행위와는 달리 비친고죄로 규정하여 신속하게 형사 책임을 물을 수 있게 하려는 개정안의 입법취지는 타당한 것으로 사료됨."

2006년 전문 개정 저작권법에서 비친고죄를 확대한 바 있다. 한편, 한·미 FTA에서는 "권리자의 공식적인 고소 없이 직권으로 법적 조치(legal action ex officio)를 개시할 수 있"도록 국내법 규정을 마련하도록 요구하고 있는바[제18.10조 제27항 (f)], 2011년 11월 개정법에서 비친고죄 영역이 추가적으로 넓어졌다.

(2) 비친고죄 해당 범죄

저작권법상 친고죄 원칙을 적용하지 않는 범죄 유형은 개인적 법익 침해보다는 사회적 법익 침해, 즉 사회질서 위반에 대한 제재의 성격이 강한 것들이다. 아래 표에서 보듯이, 허위 등록, 저작자 성명 사칭·공표, 무허가 신탁관리 등이 그러한 범주의 범죄에 해당한다고 하겠다.

비친고죄 영역은 두 차례에 걸쳐 확대되었다. 첫 번째는 2006년 법개정에서, 두 번째는 2011년 12월 법개정에서 이뤄졌다. 2006년 개정법에서는 네 가지 경우를 비친고죄로 확대하거나 신설하였다. 첫째는 '영리를 위하여 상습적으로' 저작재산권 등을 침해하는 경우이다. 이것은 법개정 과정에서 다소 논란이 되었다. 그러나 디지털 기술의 발달로 이제 저작권 침해가 대량으로 빈번하게, 상업적 또는 영리적으로 발생하고 있고, 다른 한편으로는 저작권 침해가 인격적 권리 침해와 격리된 채 재산적 법익 침해의 성격만을 가지는 경우가 증가하고 있다. 2006년 개정법에서 영리·상습 범죄를 비친고죄로 한 것은 이러한 정책적인 고려가 작용한 것이다. 대륙법계를 대표하는 프랑스나 독일도 저작권 침해죄를 비친고죄로 하고 있다.[17)

비친고죄 대상인 "영리·상습적인" 침해행위에는 영리·상습 저작재산권 또는 저작인접권 침해행위(현행 제136조 제1항 제1호)와 영리·상습 데이터베이스제작자의 권리 침해행위(현행

---

17) 당시 비친고죄 확대와 관련하여 국내외 입법 사례를 파악한 바에 따르면, 프랑스는 저작권 침해죄를 비친고죄로 하고 있었고, 독일은 부분적 친고죄를 가지고 있었다. 독일 저작권법은 소추기관이 "형사처벌에 특수한 공공 이익"이 존재하는 경우에 고소권자의 의사를 묻지 않고 공소 제기를 할 수 있도록 규정하고 있었다(제109조). 지금도 같은 제도를 유지하고 있다. 당시 순수한 친고죄이든 부분적 친고죄이든 친고죄가 저작권 침해죄와 분명히 연결되는 선진 입법례를 찾지 못했다. 부분적 친고죄는 당시 우리 법률에서도 발견된 바 있다. 부정경쟁방지법상 '영업비밀누설죄' 등이 그것으로, 이 법 제18조 제1항과 제2항에서 각기 국외영업비밀누설죄와 국내영업비밀누설죄를 규정하면서, 그 제5항에서 "제1항 및 제2항의 죄는 고소가 있어야 공소를 제기할 수 있다. 다만, 국가안전보장 또는 중대한 공공의 이익을 위하여 필요하다고 인정되는 때에는 그러하지 아니한다"고 한 바 있다.

〈표 20〉 2006년 개정법에 의한 비친고죄 해당 범죄

	해당 법규정	해당 범죄
종전	제136조 2항 2호	허위 등록
	제136조 2항 5호 (현행 제136조 2항 3의3)	기술적 보호조치 무력화 금지 위반
	제137조 1호 (현행 제137조 1항 1호)	저작자 성명 사칭·공표
	제137조 3호 (현행 제137조 1항 3호)	저작자 사후 인격적 이익 침해
	제137조 4호 (현행 제137조 1항 4호)	무허가 신탁관리
	제137조 6호 (현행 제137조 1항 6호)	업무방해
	제138조 5호	미신고 대리·중개 등
2006년 개정법에 의한 신설	제136조 1항 (현행 제136조 1항 1호)	영리 및 상습 저작재산권 등 침해
	제136조 2항 3호	영리 및 상습 데이터베이스제작자의 권리 침해
	제136조 2항 4호	영리 배포 목적 수입 또는 영리 배포 목적 소지
	제136조 2항 6호 (현행 제136조 2항 3의4)	권리관리정보 보호 위반
	제137조 2호 (현행 제137조 1항 2호)	실연자 성명 사칭·공표

제136조 제2항 제3호)가 있다.

영리 목적에 대해서는 이미 앞에서 살펴본 바와 크게 다르지 않다고 본다.[18] 상습의 개념은 형법에 존재한다. 상습이란 반복하여 범죄행위를 하는 습벽으로 행위자의 속성을 말하는데, 습벽의 유무는 전과, 범행의 횟수, 수단과 방법, 동기 등 제반 사정을 참작하여 판단한다.[19] 상습의 일반적 개념과는 달리 1회의 범행으로도 상습성이 인정되는 것이 학설과 판례의 태도이다.

둘째는 영리를 목적으로 한 배포 목적 수입죄와 배포 목적 소지죄이다(현행 제136조 제2항 제4호). 영리·상습 저작재산권 침해죄와 같은 이유에서 비친고죄가 되었다 할 수 있다.

---

18) 제5장 제2절 8. '나. 좁은 의미의 비영리 공연·방송' 참조.

19) 대법원 1995. 7. 11. 95도955 판결; 대법원 2005. 10. 28. 2005도5774 판결; 대법원 2011. 9. 8. 2010도 14475 판결.

셋째는 권리관리정보 보호 위반죄이다(현행 제136조 제2항 제3호의4). 이것은 저작권 이용 질서를 훼손하는 사회적 법익 침해 유형에 속하는 것이다. 종전 친고죄에서 비친고죄로 한 것인데 적절한 입법 정책이라 할 수 있다.

넷째는 실연자 성명 사칭·공표죄이다(현행 제137조 제1항 제2호). 이것은 저작자 사칭·공 표죄에 상응하는 것이라 할 수 있는데, 2006년 법개정으로 실연자에게 성명표시권이 인정 되면서 비친고죄로 신설된 것이다.

2011년 12월 개정법 입안 과정에서 여러 논란이 제기되었는바, 그중 하나가 친고죄를 둘 러싼 것이었다.[20] 개정법에서는 정부안대로, 즉 "영리를 목적으로 또는 상습적으로" 저작재 산권 등을 침해하는 행위를 비친고죄 대상으로 하였다. 즉, 영리와 상습 요건을 모두 충족 하는 경우에 한해("영리를 위하여 상습적으로") 비친고죄로 했던 것을 영리성이나 상습성 어 느 하나의 요건을 충족하더라도 비친고죄로 한 것이다. 2011년 12월 개정법에서는 새롭게 도입한 금지 규범에 따라 비친고죄 대상을 확대하기도 했다. 복제·전송자에 관한 정보 목 적 외 사용(제136조 제2항 3호의2), 암호화된 방송 신호의 무력화 등의 금지 위반(제136조 제2항 3호의5), 라벨 위조 등의 금지 위반(제136조 제2항 3호의6), 방송 전 신호의 송신 금지 위반(제136조 제2항 3호의7), 암호화된 방송 신호의 수신 등 위반(제137조 제1항 3호의2), 영 상저작물 녹화 등의 금지 위반(제137조 제1항 3호의3) 등이 그것이다.

---

20) "우선 찬성하는 입장의 논거는 다음과 같음. 첫째, 친고죄 규정은 범죄가 경미하거나 피해자의 명예를 보호할 필요가 있는 경우에 요구되지만, 저작권 침해 행위의 경우 저작물 시장의 유통질서를 파괴하 고 국가 경쟁력을 약화시키는 등 경제범의 성격을 가지므로 친고죄로 분류하는 것은 적절하지 아니 함. 둘째, 친고죄로 규정하는 경우 사법기관의 공소권이 저작권자 개인에 의해 결정되기 때문에 저작 권자가 고소권을 이용하여 피고소인에 대하여 과다한 손해배상합의금을 요구하는 등의 폐단이 발생 함. 셋째, 현행법 체제에서는 저작권 침해가 명백하여도 저작권자가 외국에 거주하거나 신원이 불분 명한 경우에는 형사소추가 불가능하므로, 행정단속 및 법집행의 실효성 확보차원에서 비친고죄의 도 입이 필요하다는 입장임. 한편, 저작권 침해행위를 비친고죄로 변경하는 것을 반대하는 의견은 다음 과 같음. 첫째, 저작권자는 저작권 침해행위에 대하여 형사적 제재 보다는 경제적 손실의 보전 등 직 접적이고 실질적인 보상을 원하므로, 권리자의 의사를 존중하여 형사 처벌 여부를 결정하여야 한다는 의견임. 특히, 사소한 침해 행위에 대하여는 당사자 간 협의를 통한 분쟁해결 가능성을 열어 둘 필요 가 있음. 둘째, 불법 복제가 다량 발생하고 있는 국내 현실을 감안할 때 저작권 침해행위를 비친고죄 로 규정할 경우 형사소추가 폭증하게 되고, 다수의 범죄자로 양산하게 될 우려가 있으므로, 비친고죄 의 확대는 신중하게 접근할 필요가 있음." 문화체육관광방송통신위원회 수석전문위원 최민수, 저작권 법 일부개정법률안(정부 제출) 검토보고서, 2009. 4.

〈표 21〉 현행 비친고죄 해당 범죄

해당 법규정	해당 범죄
제136조 1항 1호	영리 또는 상습 저작재산권 등 침해
제136조 2항 2호	허위 등록
제136조 2항 3호	영리 또는 상습 데이터베이스제작자의 권리 침해
제136조 2항 3호의2	복제·전송자에 관한 정보 목적 외 사용
제136조 2항 3호의3	기술적 보호조치 무력화 금지 위반
제136조 2항 3호의4	권리관리정보 보호 위반
제136조 2항 3호의5	암호화된 방송 신호의 무력화 등의 금지 위반
제136조 2항 3호의6	라벨 위조 등의 금지 위반
제136조 2항 3호의7	방송 전 신호의 송신 금지 위반
제136조 2항 4호	영리 또는 상습 침해 간주 행위
제137조 1항 1호	저작자 성명 사칭·공표
제137조 1항 2호	실연자 성명 사칭·공표
제137조 1항 3호	저작자 사후 인격적 이익 침해
제137조 1항 3호의2	암호화된 방송 신호의 수신 등 위반
제137조 1항 3호의3	영상저작물 녹화 등의 금지 위반
제137조 1항 4호	무허가 신탁관리
제137조 1항 6호	업무방해
제138조 5호	미신고 대리·중개 등

한·미 FTA에 따르면, 최소한 상업적 규모의 고의적인 저작권 또는 저작인접권 침해 (willful copyright or related rights piracy on a commercial scale)에 대해 형사 처벌 규정을 둬야 한다. 상업적 규모의 침해란 중대한 고의적인 저작권 또는 저작인접권의 침해(significant willful copyright or related rights infringements)와 상업적 이익 또는 사적인 금전적 이득을 목적으로 하는 고의적인 침해(willful infringements for purposes of commercial advantage or private financial gain)를 포함한다(제18.10조 제26항). 이런 형사 처벌에 대해서는 직권으로 법적 조치(ex officio legal action)를 할 수 있도록 해야 한다. 우리 법상 "영리를 목적으로 또는 상습적으로"라는 구절은 이런 FTA 의무를 이행한 것이다.

(3) 반의사불벌죄

저작권법은 친고죄를 원칙으로 하고, 해당 범죄의 성격에 따라 예외적으로 ─ 이제는 예외라고 하기 어려울 정도로 – 비친고죄를 인정하고 있다. 그러나 친고죄도 비친고죄도 아닌, 반의사불벌죄로 하고 있는 범죄 유형이 한 가지 있다. 제124조 제1항 제3호에서는 프로그램 저작권을 침해하여 만들어진 프로그램 복제물을 그 사실을 알면서 취득한 자가 업무상 이용하는 행위를 침해 간주 행위로 하고 있고, 제136조 제2항 제4호에서는 이에 대해 3년 이하의 징역이나 3000만 원 이하의 벌금에 처하도록 하고 있다. 그런데 이러한 침해 간주 행위는 영리를 목적으로 한 경우에도 "피해자의 명시적 의사에 반하여 처벌하지 못한다"(제140조 제1호 괄호). 이 범죄는 반의사불벌죄 해당 범죄인 것이다.

　이 규정은 국회 소관위원회에서 논의 도중 추가된 것인데, 국회 심사보고서는 그 이유를 다음과 같이 적고 있다: "컴퓨터프로그램 저작권자의 효율적 권리 보호를 위하여 불법 저작물임을 알면서 업무상 이용하는 행위에 대해서는 저작권자의 명시적인 의사에 반하여 처벌할 수 없도록 하였음."[21] 그러나 이 규정은 몇 가지 문제가 있다고 본다. 첫째, 2006년 개정법에서 친고죄 해당 범죄를 축소한 것은 영리적 저작권 침해를 효과적으로 제어하기 위한 데 목적이 있었다. 일반 저작물이든 프로그램저작물이든 달리 살펴야 할 이유를 찾기 어렵다.[22] 둘째, 친고죄와 반의사불벌죄를 인정하는 이유는 해당 범죄가 경미한 것이거나 피해자의 의사를 특별히 살펴야 할 필요가 있기 때문이다. 친고죄이든 반의사불벌죄이든 같은 목적을 가지고 있는 것이다. 이에 새로 반의사불벌죄를 도입하는 것은 영리 목적을 비친고죄로 하고자 한 2006년 개정법의 입법 의지를 훼손하는 것이다. 셋째, 반의사불벌죄는 형사적 수단을 남용하여 가해자에게 권리자의 과도한 손해배상 요구에 굴복하게 할 우려가 있다. 형사적 수단의 남용은 또한 검찰과 법원의 행정력 낭비를 초래한다. 넷째, 친고죄이든 반의사불벌죄이든 권리자의 의사에 처벌이 좌우됨으로써 그것이 중대한 범죄임에도 불구하고 처벌할 수 없게 되고 이것은 결국 저작권의 강력한 집행을 막는 결과를 초래할 수도 있다.

---

21) 문화체육관광방송통신위원회, 저작권법 일부개정법률안 심사보고서, 2009. 3.
22) 물론 해당 범죄가 프로그램에 한정한 침해 간주 행위이긴 하지만 행위의 영리성이라는 측면에서는 일반 저작권 침해 간주 행위와 달리 볼 것은 아니다.

7. 양벌 규정

법인의 대표자 또는 법인이나 개인의 대리인·사용인 그 밖의 종업원이 그 법인 또는 개인의 업무에 관하여 저작권 침해죄 등을 저지른 때에는 행위자를 벌하는 외에 그 법인 또는 개인에 대하여도 각 해당 벌금형을 과한다(제141조).

형법상 범죄 주체는 자연인이 원칙이다. 범죄는 인간(자연인)의 행위이고 이러한 행위는 인간이 가지는 인격의 외부적 표현이라 할 수 있기 때문이다. 양벌 규정은 법인에게 자유형(징역, 금고, 구류)을 과할 수 없으므로 벌금형을 과한다는 것인데, 벌금형도 엄연히 형벌이므로 이때 법인의 범죄 능력(행위능력, 책임능력)이 문제된다.

법인의 범죄능력에 관해서는 부정설과 긍정설이 대립한다. 부정설은 ① 법인은 자연인과 같은 심신을 갖고 있지 않기 때문에 행위능력이 없다는 것, ② 법인은 기관인 자연인을 통해서 행위하므로 자연인을 처벌하면 된다는 것, ③ 법인은 윤리적 자기결정 능력이 없기 때문에 법인에게 형벌의 전제가 되는 윤리적 책임비난을 가할 수 없다는 것, ④ 법인에게는 형벌의 중심인 자유형을 과할 수 없는 점으로 미루어 자연인만을 범죄주체로 인정해야 한다는 점, ⑤ 법인의 위법행위로 얻은 불법재산의 박탈은 벌금 이외에 다른 비형벌적 수단(예를 들어 과태료)으로 달성할 수 있다고 한다.[23]

반면 긍정설은 ① 법인은 기관을 통해 의사를 형성하고 행위할 수 있고 그 의사는 개인 의사와 구별되므로 법인은 의사능력과 행위능력을 가진다는 것, ② 법인 기관인 자연인의 행위는 구성원 개인의 행위인 동시에 법인의 행위라는 양면성을 가지고 있다는 것, ③ 법인의 반사회적 활동으로부터 사회를 방위할 필요가 있다는 것, ④ 재산형과 자격형은 법인에게도 과할 수 있다는 것, ⑤ 법인의 사회적 활동이 중요한 비중을 차지하고 있는 만큼 법인의 범죄능력을 인정하는 것이 형사정책적으로 필요하다고 한다.[24]

학설 대립에도 불구하고 다수 법률이 양벌 규정을 두고 있다. 법인의 범죄능력 긍정설을 고수하면 양벌 규정은 존재할 수 없고, 부정설에 따르면 양벌 규정은 얼마든지 가능하다. 긍정설은 이미 존재하는 양벌 규정을 이론적으로 정당화하는 데 그친다는 비판에서 자유로울 수 없다.[25] 그럼에도 양벌 규정을 둔 법률이 증가하고 있고, 저작권법은 1986년 전문

23) 배종대, 앞의 책, 161, 169.

24) 위의 책, 162.

개정으로 양벌 규정을 마련했다.

판례는 양벌 규정을 다음과 같이 판단한다. 첫째, 양벌규정에 의한 법인의 처벌은 금지 위반행위자인 종업원의 처벌에 종속하는 것이 아니라 독립하여 그 자신의 종업원에 대한 선임·감독상의 과실로 인하여 처벌되는 것이다. 법인의 범죄능력 긍정설의 입장에서 과실 책임설을 수용한 것이다.[26] 법인은 종업원의 처벌과는 독립하여 처벌되므로 종업원의 행위 가 구성요건에 해당하지 않더라도 그 범죄 성립에는 지장이 없다.[27]

양벌 규정은 2009년 개정된 바 있다. 개정법은 단서를 신설하여, 법인 등이 "그 위반행위 를 방지하기 위하여 해당 업무에 관하여 상당한 주의와 감독을 게을리 하지 아니한 경우에 는" 처벌할 수 없도록 하고 있다. 과실책임설을 성문화한 것이다.[28]

둘째, 종업원은 직접 또는 간접으로 법인의 감독과 통제 아래 그 사업에 종사하는 자를 일컫는 것이므로 법인 스스로 고용한 자뿐만 아니라 타인의 고용인으로 타인으로부터 보수 를 받고 있다 하더라도 객관적 외관상 법인의 업무를 처리하고 법인으로부터 간접적으로 감독 통제를 받는 자를 포함한다.[29]

자율 학습

1. 저작권법은 배타적 권리 침해에 대해 형사 처벌을 '원칙'으로 하고 있다. 고소 남발과 이른바 '합의금 장사'는 저작권법상 형사 정책의 본질을 왜곡한다고 본다. 사회 질서 유지를

---

25) 위의 책, 172.

26) 양벌 규정의 법적 성격에 관하여 과실책임설과 무과실책임설이 대립한다. 전자는 법인의 범죄능력 긍 정설의 논리적 귀결이고, 후자는 부정설의 귀결이라 할 수 있다.

27) "양벌규정에 의한 영업주의 처벌은 금지위반행위자인 종업원의 처벌에 종속하는 것이 아니라 독립하 여 그 자신의 종업원에 대한 선임감독상의 과실로 인하여 처벌되는 것이므로 종업원의 범죄성립이나 처벌이 영업주 처벌의 전제조건이 될 필요는 없다." 대법원 2006. 2. 9. 2005도7793 판결.

28) 2007년 헌법재판소는 영업주의 선임·감독상의 과실 요건을 두지 않은 양벌 규정은 "책임 없는 자에게 형벌을 부과할 수 없다"는 책임주의에 반한다고 하여 위헌 결정을 내렸다. 헌법재판소 2007. 11. 29. 2005헌가10 결정. 그 후 여러 법률에 존재하는 양벌 규정은 일괄 개정되었는데, 저작권법 단서 규정도 그중 하나이다.

29) 대법원 1977. 5. 24. 77도412 판결; 대법원 1987. 11. 10. 87도1213 판결.

위한 최후의 수단(보충성)이라는 형법의 지도 이념에도 맞지 않는다. ① 합의금 장사에 대한 법적 규제 방법은 있는가? ② 권리자 단체와 대량 이용자 간에는 통상 연간 이용허락 계약을 체결한다. 이용 조건, 특히 사용료에 합의하지 못한 상태에서 상대방을 고소하는 사례가 적절하다고 보는가?

2. 국제 규범상 형사 처벌 규정은 1996년 TRIPS협정에 처음 등장한다. 이 협정은 상업적 규모(on a commercial scale)에 한해 처벌을 의무화하고 있다. 이 조건은 한·미 FTA에도 있다. ① 우리 법상 "영리를 목적으로 또는 상습적으로"와 "상업적 규모로" 간에는 어떠한 차이가 있을까? ② 우리 법상 영리성 또는 상습성 대신 상업성을 요건으로 한다고 가정한다면 그 이유와 논리는 어떻게 설명할 수 있을까?

제6절 행정적 규제 및 제재

1. 행정적 규제

저작권법과 제도는 저작권 침해에 대하여 크게 민사적 구제와 형사적 제재를 통해 정의를 실현하고자 한다. 저작권법은 권리자에게 침해행위에 대해 민사적으로 침해정지청구권이나 침해예방청구권 또는 손해배상청구권 등을 통해 권리 구제를 받을 수 있도록 하고 있고, 국가기관으로 하여금 저작권 침해에 대해 형벌로 제재하도록 하고 있다. 그 어느 방법으로든 권리 구제나 법적 제재가 신속하고 효과적이어서 저작권 침해를 억지하는 효과를 발휘한다면 사법 제도가 제대로 작동한다고 말할 수 있다. 저작권 침해에 대한 민사 구제나 형사 제재는 그 어느 것이든 별개의 절차로 진행된다.

저작권 산업이 발전하면서 그 침해의 방법과 형태가 다양해지고 있다. 그런가 하면 저작물은 누구나 만들 수 있고 그만큼 저작물은 도처에, 온라인과 오프라인을 막론하고 널려 있다. 누구든지 안심하고 저작물을 이용할 수 있는 권리 처리 시스템이 마련되어 있는 것도 아니다. 게다가 디지털 기술은 이러한 저작물 창작과 이용 환경에 기름을 부은 형국이다. 이와 같은 상황에서 현행 민사 구제와 형사 제재만으로는 저작권 침해에 효과적으로 대처하기 곤란하다는 점이 줄곧 지적되어왔다. 저작권법은 이에 대응하여 오프라인 단속과 온라인 단속에 대해 대응하는 규정을 마련하고 있다. 하나는 오프라인상의 수거·폐기에 관한 규정이고, 다른 하나는 온라인상의 삭제·중단에 관한 규정이다. 이에 대해서는 앞에서 살펴본 바가 있다.[1]

---

1) 오프라인상의 수거·폐기에 관하여는 제9장 제2절 '2. 불법 복제물의 수거·폐기', 온라인상의 삭제·중단에 관하여는 제9장 제2절 '3. 불법 복제물의 삭제 또는 중단' 참조.

2. 행정적 제재

저작권법에는 저작권 제도를 유지하기 위해 특정 사업자나 단체에 일정한 의무를 부과하는 행정법규도 있다. 행정적 제재에는 여덟 가지 의무가 있고 그 위반에 대해서는 과태료 처분을 한다.

과태료는 행정질서벌의 하나이다. 행정청은 행정법상의 의무 위반에 대하여 행정적 제재를 과할 수 있고(행정벌) 이러한 제재에는 행정형벌과 행정질서벌이 있다. 행정형벌은 형법상 범죄에 대해 과해지는 행정법상의 처벌로서 그 특수성으로 인한 경우를 제외하고는 형법총칙상의 일반 원리가 그대로 작용한다.[2] 반면, 행정질서벌은 형법상의 범죄가 아닌 행정법규 위반 행위에 대한 제재이므로 행정 목적에 장해가 되는 행위를 대상으로 한다. 따라서 형법총칙이 적용되지 않는다.

① 저작권법 제104조에서는 특수한 유형의 온라인서비스제공자에게 저작물 등의 불법적인 전송을 차단하는 기술적인 조치 등 필요한 조치를 하도록 의무를 부과하고 있다. 이러한 의무 위반에 대해서는 3000만 원 이하의 과태료를 부과한다(제142조 제1항).

② 제103조의3에서는 문화체육관광부장관이 온라인서비스제공자에게 복제·전송자의 정보를 제공하도록 명령할 수 있다. 이 명령을 이행하지 않는 서비스제공자에게는 1000만 원 이하의 과태료를 부과한다(제142조 제2항 제1호).

③ 제106조에서는 저작권신탁관리업자에게 관리 저작물 등의 목록을 비치하도록 하고, 이용계약 체결을 위한 필요한 정보를 제공하도록 의무를 부과하고 있다. 이 의무 위반에 대해서는 1000만 원 이하의 과태료를 부과한다(제142조 제2항 제2호).

④ 제106조의2에서는 저작권신탁관리업자에게 이용허락을 거부하지 못하도록 하고 있다. 정당한 이유 없이 이용허락을 거부한 데 대해서는 1000만 원 이하의 과태료를 부과한다(제142조 제2항 제2호의2).

⑤ 제112조 제4항에서는 한국저작권위원회 이외에는 그 명칭을 사용하지 못하도록 하고 있다. 이 의무 위반에 대해서는 1000만 원 이하의 과태료를 부과한다(제142조 제2항 제3호).

⑥ 제122조의2 제5항에서는 한국저작권보호원 이외에는 그 명칭을 사용하지 못하도록

---

2) 형법 제8조에 의하면, "본법 총칙은 타 법령에 정한 죄에 적용한다. 단 그 법령에 특별한 규정이 있는 때에는 예외로 한다."

하고 있다. 이 의무 위반에 대해서는 1000만 원 이하의 과태료를 부과한다(제142조 제2항 제3호의2).

⑦ 제133조의2 제1항, 제2항 및 제4항에서는 각각 문화체육관광부장관에게 불법 복제물 등의 삭제 또는 전송 중단 명령, 불법 복제·전송자에 대한 계정 정지 명령, 불법 복제물 유통 게시판의 서비스 정지 명령 등의 권한을 부여하고 있다. 이 명령을 이행하지 않는 서비스제공자에게는 1000만 원 이하의 과태료를 부과한다(제142조 제2항 제4호).

⑧ 제133조의2 제3항, 제5항 및 제6항에서는 각각 온라인서비스제공자에게 계정 정지 전에 그 사실을 복제·전송자에게 통지해야 하고, 게시판의 서비스 정지 전에 그 사실을 서비스제공자와 게시판에 게시해야 하고, 서비스제공자가 명령을 받은 때에는 그 조치 결과를 문화체육관광부장관에게 통보하도록 하고 있다. 이 명령을 이행하지 않는 서비스제공자에게는 1000만 원 이하의 과태료를 부과한다(제142조 제2항 제5호).

과태료는 문화체육관광부장관이 부과·징수한다(제142조 제3항). 그 절차는 질서위반행위규제법[3]에 따른다. 이러한 과태료 부과는 이의제기를 해제조건으로 하는 행정처분이다. 행정청에 의한 과태료 부과는 실효성 확보를 위한 것이다. 즉, 경미한 과태료에 대해 법원이 처음부터 개입하는 것은 국민에게 번거롭고 또한 법원의 업무를 과중하게 하는 것이다.[4]

---

[3] 종전에는 과태료 제도가 행정상의 의무이행 확보수단으로 광범위하게 활용되었으나 성립 요건이나 부과·징수 절차, 재판 절차 등이 통일되어 있지 않아 법적용의 통일성에 문제가 있었다. 이에 따라 과태료 제도에 관한 일반법으로서 2007년 질서위반행위규제법(법률 제8725호, 2007. 12. 21.)이 제정되었다. 이 법률은 과태료의 성립 요건과 부과·징수 절차, 재판과 집행 절차를 일원화하고 있다. 이에 따르면, 질서위반행위의 성립 요건으로 고의 또는 과실을 규정하고, 행정청이 과태료를 부과하고자 하는 때에는 10일 이상의 기간을 정하여 당사자에게 의견을 제출할 기회를 부여한 후 과태료를 부과·징수하고, 과태료 부과의 제척기간은 질서위반행위가 종료한 날부터 5년으로 하며, 과태료 부과에 대하여 당사자가 이의를 제기하면 이를 법원에 통보하여 재판을 받도록 하고 있다. 또한 행정청은 공공기관에 대한 자료 제공 요청 권한을 부여하고 과태료를 체납하는 경우에는 가산금을 부과하도록 하고 있다.
[4] 김동희, 행정법 I, 제12판, 박영사, 2006, 471.

제11장
경과규정

1. 의의

법률의 제정이나 개정은 새로운 법질서를 만드는 것이다. 새로운 질서는 종전 질서를 변경하는 것이므로 법률마다 일정한 원칙 내지 기준에 따라 신구 법질서 간의 관계를 설정하게 마련이다. 일반적으로, 신법에 의해 구법이나 구법 규정은 일반적으로 효력을 상실하고 신법이 이를 대체하게 된다. 그렇지만, 신법은 시행일 이후의 행위를 지배할 뿐 구법 시행 당시에 일어난 행위에까지 효력이 미치지는 않는다. 이른바 법률 불소급의 원칙이 지배한다.

법률 불소급의 원칙은 구법하에 형성된 법질서를 믿고 신뢰한 당사자를 보호하고, 더 나아가 법적 안정성을 확보하기 위한 것이다. 형법상 불소급 원칙은 엄격하게 지켜지지만[1] 사법상 불소급 원칙은 반드시 그렇지는 않다. 당사자의 권익 보호에 충실하다면 오히려 법률 불소급 원칙에 구애받을 필요가 없기 때문이다.

저작권법은 사인 간의 권리·의무를 정하고 있고, 사인들은 이러한 권리·의무에 입각해 각종 법률행위를 한다. 법률이 개정되면 보호대상이며 권리의 내용, 보호기간 등이 바뀐다. 구법상의 규정에 따라 체결한 계약이 신법에 의해서도 그대로 인정되는지 다툼이 생길 수도 있다. 그렇기 때문에 신법은 구법과의 관계를 분명히 설정해줘야만 한다.

저작권법상 경과규정도 위와 같은 일반 원칙에 따라 신법과 구법과의 관계를 어떻게 설정할 것인지 다루게 된다. 시행일을 정하고, 구법 규정을 개폐하고, 기존 질서나 기득권을 보호하기 위한 규정 등이 경과규정의 내용을 이룬다.

---

1) 형법상 법률 불소급 원칙은 소급효 금지의 원칙이라고도 한다. 헌법 제13조 제1항에서 이를 밝히고 있다. 즉, "모든 국민은 행위 시의 법률에 의하여 범죄를 구성하지 아니하는 행위로 소추되지 아니"한다.

2. 시행일

시행일은 개정 법률의 효력 발생일을 의미한다. 효력이 발생하려면 국회의 의결과 대통령의 공포, 그리고 공포 후 일정 기간이 지나야 한다. 일반적으로 법률안이 국회에서 의결되면 15일 이내에 대통령이 공포하여야 한다(헌법 제53조 제1항). 대통령이 거부권을 행사하지 않으면 비록 공포하지 않더라도 법률안은 법률로서 확정된다(헌법 제53조 제5항). 법률마다 시행일을 따로 정하는 것이 보통이다. 국민에게 새로운 법률을 준수할 수 있도록 하고 행정부로 하여금 법시행을 위한 준비 작업을 할 수 있도록 시간을 줄 필요가 있기 때문이다. 법률에서는 시행일을 특정 일자로 확정하기도 하고 공포 후 일정 기간(6개월 등)이 지나면 효력이 발생한다고 밝히기도 한다. 법률에 특별히 정하지 않으면 공포한 날로부터 20일이 경과함으로써 효력이 발생한다(헌법 제53조 제7항).

시행일과 관련 다소 날짜에 혼선이 생기기도 한다. 시행일을 특정하면(예를 들어, "이 법은 1987년 7월 1일부터 시행한다") 누구나 알 수 있지만, 일정 기간 경과 후 효력을 발생하도록 한다면(예를 들어, "이 법은 공포 후 3개월이 경과한 날로부터 시행한다") 날짜를 특정하는 데 다소 어려움이 있다. 이에 대해 민법은 "기간을 일, 주, 월 또는 연으로 정한 때에는 기간의 초일은 산입하지 아니한다. 그러나 그 기간이 오전 0시로부터 시작하는 때에는 그러하지 아니하다"(제157조)고 하고 있다. 즉, 첫째 날은 기간 계산에 넣지 않는다는 것이다(초일불산입 원칙). 2009년 4월 개정법은 2009년 4월 22일 공포되었고 그로부터 3개월이 경과한 날로부터 시행하도록 했다(부칙 제1조). 민법상의 기간 계산 원칙을 적용하면 이 법의 시행일은 2009년 7월 23일이다. 즉, 기간 계산은 공포일을 제외하고 하여야 하므로 기산점은 2009년 4월 23일이 되고, 그로부터 3개월이 경과한 2009년 7월 23일이 시행일이 되는 것이다.

3. 기존 질서 또는 기득권 보호

신법은 구법하의 제도를 바꾸기도 하고 기존에 존재하는 보호대상이나 권리 주체의 정의를 달리하기도 하고 권리의 내용을 변경하기도 한다. 신법에 의해 구법에 따라 생긴 각종 제도와 권리 등에 변경이 생긴다면 이는 기존 법질서를 신뢰하여 이뤄진 법률관계에 영향을 줄 수 있고, 법적 안정성을 해칠 수도 있다.

저작권법 부칙에서는 신뢰 보호와 법적 안정성을 위한 장치로 '경과조치'라는 규정들을 두고 있다. 경과조치 규정은 본문 규정 못지않게 저작권 질서 확립을 위해 필요불가결한 것이다. 신법과 구법 간의 관계를 잘 보여주는 사례로 1986년 전부개정 저작권법 부칙과 2006년 전부개정 저작권법 부칙이 있다. 이들 개정법은 크게 두 가지 원칙을 반영해 경과조치를 마련하고 있다. 첫째, 이미 종전 법률에 의해 공유영역에 있는 대상(subject matter)에 대한 비보호를 천명한다. 어느 대상이 공유영역에 있다(in the public domain)는 것은 그것이 비보호 대상이라든가, 재산적 권리의 보호기간이 지났다든가, 또는 그 밖의 이유로 재산적 권리가 소멸했다는 것이다.[2] 1986년 개정법 부칙 제2조 제1항이 전형적인 예이다: "이 법 시행 전에 종전의 규정에 의하여 저작권의 전부 또는 일부가 소멸하였거나 보호를 받지 못한 저작물에 대하여는 그 부분에 대하여 이 법을 적용하지 아니한다."

둘째, 법률 불소급 원칙을 선언한다. 이 원칙은 주로 기존 질서나 기득권을 보호하고자 한 목적을 가지고 있는데, 일반 규정으로도 존재하고 개별 규정으로도 존재한다. 일반 규정의 사례로는 2006년 개정법 제2조 제2항을 들 수 있다. 이 조항에서는 "이 법 시행 전에 행한 저작물 등의 이용은 종전의 규정에 따른다"고 하고 있다.[3] 개별적인 사안에 대해 경과조치 규정을 두는 사례는 상당히 많다. 몇 가지 예시를 들어보자:

> 1986년 개정법 부칙 제4조: "이 법 시행전에 종전의 규정에 의하여 발생하거나 양도 그 밖의 방법에 의하여 처분된 저작권…은 이 법에 의하여 발생되거나 양도 그 밖의 방법에 의하여 처분된 것으로 본다."
>
> 2006년 개정법 부칙 제3조: "종전의 규정에 따른 음반제작자는 이 법에 따른 음반제작자로 본다."
>
> 2006년 개정법 부칙 제6조: "이 법 시행 당시 종전의 규정에 따른 법정허락은 이 법에 따른 법정허락으로 본다."

---

[2] 비호보저작물에 관해서는 제2장 제1절 '3. 비보호저작물'; 보호기간에 관해서는 제2장 제5절 '제3관 저작재산권의 보호기간', 제3장 '제6절 저작인접권의 보호기간' 및 제4장 제2절 3. '다. 보호기간'; 재산적 권리의 소멸에 관해서는 제6장 '제3절 재산적 권리의 소멸' 참조.

[3] 형법상 법률 불소급 원칙을 밝힌 사례도 있다. 2009년 4월 개정법 부칙 제7조가 그것인데, 이에 의하면 "이 법 시행 전의 행위에 대한 종전의 컴퓨터프로그램보호법에 따른 벌칙의 적용에 있어서는 종전의 컴퓨터프로그램보호법에 따른다." 2011년 12월 개정법에도 같은 내용의 경과조치 규정(부칙 제7조)이 있다.

2006년 개정법 부칙은 경과조치 규정을 이해하기 좋은 사례이다. 이 개정법은 전부개정이기 때문에 그 실체 규정에 상당한 변화가 있었다. ① 음반제작자의 법적 정의(제2조 제6호), ② 업무상 저작물의 법적 지위(제2조 제31호 및 제9조), ③ 지정단체 요건(제25조 제4항 등), ④ 법정허락 요건(제50조 제1항), ⑤ 등록 사항(제53조 제1항 제1호), ⑥ 음반 보호기간의 기준(제86조 제2항 제2호), ⑦ 미분배 보상금의 처리(제25조 제8항 등), ⑧ 저작권위탁관리업의 요건(제105조 제2항 등) 등이 그러했다. 개정 규정이 종전 규정과 분명히 차이가 있는 경우도 있고 차이를 확인하기 어려운 경우도 있다. 부칙 규정에서는 위 해당 실체 규정에 대해 종전 규정을 적용하도록 분명히 했다. 2006년 개정법상 부칙 규정들(제3조 내지 제9조 및 제11조 내지 제13조)이 이에 해당한다. 이 규정들에는 앞에서 인용한 부칙 제3조와 제6조도 들어 있다.

기존 질서를 변경하는 전형적인 사례로 보호기간이 있다. 1957년 저작권법 제정 이래 여러 차례 보호기간 규정이 개정되었다. 제정법은 보호대상(저작물)마다 다른 보호기간을 두었고, 1986년 개정법은 보호대상의 성격을 바꾸면서 보호기간을 차별하기도 하는가 하면, 그 후 몇 차례에 걸쳐 보호기간을 연장하면서 보호기간 규정 해석이 어려워졌다. 다음 항목에서 별도로 다루기로 한다.

4. 보호기간에 관한 경과조치

보호기간 관련 경과조치에는 크게 세 가지가 있다. 첫째는 구법에 의해 이미 보호기간 만료되어 공유영역에 있는 보호대상을 비보호 상태로 그대로 두는 것이다. 둘째로는 구법에 의해 보호가 되지 않던, 즉 "공유영역에 있는" 보호대상을 '되살리기' 위한(회복하기 위한) 것이다. 이것은 첫째의 예외라고 할 수 있는 것으로, 이른바 소급보호를 위한 경과조치이다. 셋째로는 보호기간 그 자체를 신구법 간에 조정하기 위한 것이다. 신법상 보호기간이 길기 때문에 신법을 적용하는 것이 원칙이지만 구법상 보호기간이 긴 경우가 있다면 예외적으로 구법상의 기간을 적용하기도 한다.

가. 일반 원칙

신법은 구법상 공유영역에 들어간 대상에는 적용하지 않는다. 이런 일반 원칙은 보호기간 만료로 인한 경우에도 물론 적용된다. 저작권법이 개정될 때마다 보호기간, 권리의 내용 등에 변경이 생기면 부칙에 '적용 범위에 관한 경과조치'라는 이름으로 이 원칙이 등장한다. 표현은 대체로 같다. 2011년 12월 개정법 부칙 제3조에 의하면, "이 법 시행 전에 종전의 규정에 따라 저작권, 그 밖에 이 법에 따라 보호되는 권리의 전부 또는 일부가 소멸하였거나 보호를 받지 못한 저작물 등에 대하여는 그 부분에 대하여 이 법을 적용하지 아니한다".[4]

나. 소급보호

(1) 개념 및 의의

소급보호(retroactive protection)란 법 시행일 또는 조약 발효일에 존재하고 있는 것으로, 그때까지는 보호받지 못했던 대상(subject matter)을 보호하는 것이다. 마치 시행일이나 발효일 전에도 보호했다고 가정한다는 의미에서 소급보호인 것이다.[5] 소급보호는 국내법에서 자율적으로 시행할 수도 있고, 조약상의 의무로 이행할 수도 있다.

전자의 사례로 데이터베이스제작자 보호가 있다. 2003년 개정법에서 독창성 없는 데이터베이스를 새로운 보호대상으로 추가했다. 개정법 시행일 이후에 제작된 데이터베이스만 보호할 수도 있었지만, 소급보호의 원리를 적용하여 기왕에 존재하는 데이터베이스도 보호대상에 포함시켰다. 2003년 개정법 부칙 제2항에서는 "이 법 시행 당시 제작을 완료하거나 그 갱신 등을 한 다음 해부터 기산하여 5년이 경과되지 아니한 데이터베이스는 [개정 규정]에 의하여 보호를 받는다"고 한 것이다.[6]

국제 관계 속에서 소급보호를 파악할 수도 있다. 이때 소급보호란 기존 대상(existing subject matter)이 어느 국가에서 보호되고 있다면 다른 국가에서도 보호해야 한다는 것을 의미한다. 이를 풀어보면, 첫째, 소급보호는 외국인 저작물 보호와 밀접하게 연관되어 있다. 둘째, 소급보호는 기존 보호대상(existing subject matter protected)을 상정하고 있다. 기존 보호대상이란

---

4) 이와 같은 규정은 1986년 개정법, 2006년 개정법, 2011년 6월 개정법 부칙에서도 볼 수 있다.

5) 법률이 시행일 이전의 행위에 적용될 수도 있고, 시행일 이전에 이미 존재했던 대상에 적용될 수도 있다. 소급보호는 후자의 경우를 상정한 개념이다.

6) 2011년 12월 개정법에도 소급보호에 관한 규정이 있다. 이에 대해서는 아래 '라. 보호기간 연장에 따른 보호기간 조정' 참조.

어디에선가 보호되고 있다는 의미를 내포하고 있는바, 조약 가입 등으로 조약의 구속을 받게 된 국가는 그 보호대상을 이미 공유영역에 있다 하더라도 이를 되살리거나 회복시켜야 한다.[7]

소급보호 원칙은 1886년 베른협약에 이미 규정되어 있었던 것으로, 국제적 보호를 위한 원칙 중 하나이다. 이 원칙은 베른협약의 구속을 받는 국가들, 특히 새로 가입하는 국가들이나 보호기간을 연장한 국가들을 강제한다. 베른협약 제18조 제1항에서는 "이 협약은 효력 발생 당시에 본국에서 보호기간의 만료에 의하여 아직 공유영역에 놓이지 아니한 모든 저작물에 적용된다"고 하고 있다. 어느 국가든지 이 규정에 의하여 소급보호를 근본적으로 부정할 수 없는 것이다. 이를 나눠 설명하면 다음과 같다. 첫째, 베른협약상 소급보호는 저작물의 '본국'을 중심으로 한 개념이다. 본국은 어느 저작물의 최초 발행 국가나 저작자의 국적 국가로서,[8] 그 저작물이 본국에서 보호되고 있다면 다른 동맹국에서도 보호해야 한다. 둘째, 협약상 소급보호는 보호기간과 관련이 있는 개념이다. "본국에서 보호기간의 만료에 의하여", 즉 보호기간 만료를 원인으로 하여 본국에서 공유영역에 놓이지 않는 한 다른 동맹국에서 보호해야 한다. 본국에서 보호기간 내에 있는 저작물이라면 다른 동맹국에서는 그 저작물을 보호해야 할 의무가 있는 것이다.

1994년 TRIPS협정은 베른협약상 소급보호 원칙을 그대로 수용하고, 더 나아가 베른협약상의 원칙을 실연과 음반에도 준용하도록 하고 있다(제14조 제6항 및 제70조 제2항). 조약 당사국을 중심으로 보면, 베른협약 동맹국은 저작물에 대한 소급보호를, WTO 회원국은 저작물뿐만 아니라 실연과 음반에 대해서도 소급보호를 해야 한다.

이런 연혁과 배경을 이해하고, 우리 저작권법상 외국인 저작물 보호와 소급보호에 관한 규정을 살펴보기로 한다. 1957년 법은 외국인의 저작물 보호를 조약에 별도로 규정하지 않은 경우 "국내에서 처음으로 그 저작물을 발행한 자에 한하여" 보호했다. 우리가 가입한 조약도 없었기 때문에 국내 최초 발행 저작물이 아니면, 외국인의 저작물은 그가 비록 생존해 있다고 하더라도 보호를 받지 못했다. 소급보호 문제가 생길 여지가 없었다.

1986년 개정법도 구법과 내용상으로는 큰 변화가 없었다. 1986년 법 제3조 제1항에서는 "외국인의 저작물은 대한민국이 가입 또는 체결한 조약에 따라 보호된다"고 했기 때문이다.

---

7) 베른협약상의 개념으로 설명하면, '저작물의 본국'에서 살아 있듯이 다른 국가에서도 살려놓는다는 의미에서 '되살린다' 또는 '회복시킨다(restore)'고 표현하는 것이다.

8) 저작물의 본국에 대해서는, 제2장 제2절 '2. 외국인의 저작물 보호: 연결점' 참조.

다만, 대한민국에 상시 거주하는 외국인에 대해서 추가적으로 보호를 확대한 것이 그나마 달라진 내용이었다(제3조 제2항). 최초 발행과 상시 거주 개념은 모두 베른협약에서 나온 것이다.9) 1986년 개정법 시행 이후 사정이 바뀌었다. 우리나라가 조약 체제에 참여하면서, 조약에 따라 외국인 저작물을 실제로 보호하기 시작한 것이다. 우리나라는 1987년 10월 1일 UCC에 가입했고, 1986년 법에서 예정한 대로, "대한민국이 가입 또는 체결한 조약에 따라", 즉 UCC에 따라 외국인의 저작물을 보호하기 시작한 것이다. 그러나 1986년 개정법 제3조 제1항에서 "다만, 당해 조약 발효일 이전에 발행된 외국인의 저작물은 보호하지 아니한다"고 하여 소급보호를 명시적으로 부정했다.10)11)

우리 저작권 역사에서 소급보호는 이른바 '통상법 제301조 협상'에서 제기된 적이 있다. 1985~1986년 한국과 미국 간에 진행된 이 협상에서 양국은 여러 통상 이슈를 가지고 있었다. '지적소유권'이 그중 하나였다. 지적소유권 이슈 중 특히 저작권 소급보호를 두고 양국은 첨예하게 대립했다. 당시 정부가 '슬기롭게' 대처함으로써 1986년 저작권법에 소급보호 규정은 등장하지 않았다.12)

우리나라는 1980년대 중반 이후 국제 무역 체제에 큰 변화를 가져온 우루과이라운드 협상과 그 결과 탄생한 1994년 WTO 체제에 적극 참여하면서 WTO 체제를 이루는 조약 중 하나인 TRIPS협정의 구속을 받게 되었다. 이 협정은 베른협약 실체 규정 준수 의무를 부과하고 있는바, 우리나라는 그 실체 규정 중 하나인 소급보호 규정도 수락하지 않으면 안 되었다. 이를 위해 우리 저작권법이 1995년 개정되면서 소급보호 원칙이 우리 법에 들어오게 된다. 소급보호를 전면으로 부정한 1986년 법 제3조 제1항 단서 규정이 삭제되고, 부칙 제3조에서 이른바 '회복저작물 등'을 위한 '보호기간의 특례'가 마련된 것이다.13) 이 원칙의 등

---

9) 연결점으로서 최초 발행과 상시 거주에 관해서는, 제2장 제2절 '2. 외국인의 저작물 보호: 연결점' 참조.

10) 이 단서는 UCC 제7조에 근거를 두고 있다. 이에 의하면, 이 협약은 체약국에서 이 협약의 효력발생일에 영구히 공유영역에 있는 저작물이나 저작물에 대한 권리에는 적용되지 않는다.

11) 발행 이외의 방법으로 공표된 저작물은 보호받는 것으로 반대해석을 할 수도 있다. 당시 저작권법은 베른협약이 그렇듯이, 발행을 중심으로 한 이용 체계를 염두에 두고 만들어졌다는 점을 이해해야 한다.

12) 최경수(2021), 90~99.

13) 소급보호는 우리나라 등 일부 국가에 대하여 한때 사회적으로 첨예한 문제로 대두되기도 했지만 이제는 중요도가 떨어졌다. 베른협약 소급보호 규정은 재미있는 역사를 담고 있다. 1908년 베를린 개정회의에서 보호기간을 사후 50년으로 연장하면서 소급보호가 논점으로 등장하자 이 개정협약(의정서) 제7조 제2항에서 "보호기간은 국내법과 양립하는 한 적용한다"고 하여, 당시 협상에 참여했던 국가들의

장으로 내국민과 외국인 간의 차별은 사라졌다.

(2) 소급보호의 원칙

1995년 저작권법은 부칙 제3조 '보호기간의 특례'에서 소급보호 원칙을 규정하고 있다. 이에 따르면, "대한민국이 가입 또는 체결한 조약에 따라" "새로이 보호되는 외국인의 저작물 및 음반으로서 이 법 시행 전에 공표된 것(이하 "회복저작물 등"이라 한다)의 저작권과 실연자 및 음반제작자의 권리는 당해 회복저작물 등이 대한민국에서 보호되었더라면 인정되었을 보호기간의 잔여기간 동안 존속한다."[14]

다음과 같이 해석할 수 있다. 첫째, 종전 법률에 의해 공유영역에 있는 것을 되살려 보호대상으로 한다. 그런 의미에서 '새로이' 보호대상에 편입되었다고 할 수 있다. 둘째, 이 보호대상에는 저작물과 음반, 그리고 그 음반에 수록된 실연이 있다. 이들을 통틀어 '회복저작물 등'이라 한다.[15] 회복저작물 등은 외국인의 것으로 그 해당 외국에서 보호기간 내에 있는 저작물 등을 말한다. 셋째, 회복저작물 등은 우리나라에서 보호대상이 아니었으나, 이제 대한민국 저작물과 같은 보호기간을 가진다. 내국민대우 원칙이 보호기간에도 적용되는 것이다.

부칙 제3조를 개별 사안에 대입하면 다음과 같이 된다. 1956년에 사망한 저작자의 저작

입장을 충분히 반영했다. 기존 당사국의 소급보호 문제가 모두 걸러진 뒤, 1948년 브뤼셀 개정회의에서 이 조항은 사라졌다. 새로 가입한 국가들만이 소급보호의 '함정'에 빠지도록 한 것이다.

14) 부칙 제3조의 문맥은 미국의 WTO 시행법을 상당 부분 차용했다. 이 법 제514조에서는 저작권법 제104조 A를 개정하면서 다음과 같은 조항을 두었다: "어느 저작물에 대한 저작권이 이 조에 의하여 회복되는 경우 해당 저작물은 미국에서 공유영역에 들어간 적이 없었더라면 미국에서 부여되었을 저작권의 잔여 보호기간 동안 보호된다."

15) 부칙 제3조에서는 '회복저작물 등'으로 저작물과 음반만을 명시하고 있다. 공표된 음반에 고정된 실연도 보호대상이라고 보는 것이 합리적이다. 이렇게 본다면, 고정되지 않은 실연은 소급보호 대상에서 제외된다. 이것은 TRIPS협정에서 비롯된 것이다. TRIPS협정 제70조 제2항에서는 "…… 기존 저작물에 관한 저작권 의무는 오로지 베른협약(1971년) 제18조에 의하여 결정되며 기존 음반에 대한 음반제작자와 실연자의 권리에 관한 의무는 …… 오로지 베른협약(1971년)에 의하여 결정된다"고 하고 있다. 다시 말해서, 첫째, 저작권 소급보호는 베른협약 제18조만이 적용된다는 것이고, 둘째, 이 규정은 음반상에 존재하는 실연자와 음반제작자의 권리(rights of producers of phonograms and performers in existing phonograms)에도 확대 적용하겠다는 것이다.

물은 1957년 법에 따라 사후 30년간 보호되므로 보호기간이 1957년 1월 1일부터 기산하여 30년, 즉 1986년 말까지이므로 소급보호의 대상에서 제외된다. 그러나 1957년에 사망한 저작자의 저작물 등은 1957년 법에 의하여 1987년 말에 보호기간이 만료하여야 하지만, 1986년 법(1987년 시행)에 의해 보호기간이 추가 20년 연장되었으므로 2007년까지 보호를 받는다. 결국 1957년 이후에 사망한 저작자의 저작물 또는 그 이후에 공표된 저작물 등[16]이 소급보호의 이익을 누린다.

베른협약상 소급보호 원칙을 엄격하게 적용한다면, 즉 외국인 저작물의 "본국에서 보호기간의 만료에 의하여 아직 공유영역에 놓이지 아니한 모든 저작물"에 적용한다면, 1995년 개정법 시행 당시(1996년) 해당 외국에서 보호받고 있던 1946년 이후 사망한 저작자의 저작물도 보호대상이 된다. 우리 법 부칙 규정은 이러한 협약상의 원칙을 엄격히 따르지 않고 있다고 할 수 있다. 이 점을 확인해주는 규정이 있다. 1995년 개정법 부칙 제2조가 그것이다. 이에 의하면, "이 법 시행 전에 종전의 규정에 의한 **보호기간의 만료로** 인하여 저작권 등의 전부 또는 일부가 소멸한 저작물 등에 대하여는 그 전부 또는 일부에 대하여 이 법을 적용하지 아니한다." 우리 법에 의해 보호기간의 만료를 원인으로 공유영역에 놓인 저작물 등에는 소급보호 원칙을 적용할 수 없는 것이다. 이 부칙 규정의 근거는 베른협약에 있다. 협약 제18조 제2항에서는 "보호기간의 만료에 의하여 공유영역에 놓인 경우에, 그 저작물은 새로이 보호되지 아니한다(shall not be protected anew)"고 하고 있다. 협약 동맹국은 보호기간 만료로 인해 공유영역에 있는 저작물은 회복시킬 의무가 없는 것이다.

부칙 제3조는 제2조와 함께 보면, 두 가지 점에서 의의가 있다. 첫째, 저작물의 본국에서 보호기간이 만료하지 않은 저작물을 보호(소급보호)해주는 효과가 있다. 둘째, 우리 법에서 보호기간 만료 이외의 원인으로, 애초에 우리나라에서 보호된 적이 없었던 외국인의 저작물을 회복시켜주는 기능을 한다고 할 수 있다.

(3) 기득권 보호

소급보호의 원칙을 무조건 인정하게 되면 보호 종료를 염두에 두고 기왕에 투입한 투자

---

16) '저작물 등'이란 저작물과 실연, 음반을 포함하는 것이다. 설명의 편의를 위해 저작물 중심으로 다루고 있을 뿐이다.

와 노력을 물거품으로 만들 수 있다. 소급보호 원칙을 시행하기 전에 이미 복제물을 제작했다거나 번역을 완료한 경우 그것은 합법적인 행위이고 이러한 행위로 인해 획득한 기득권(acquired rights)은 보호되어야 한다.[17]

이런 기득권 보호의 근거는 역시 베른협약에 있다. 이 협약 제18조 제3항에 의하면, "각 국가는 자국에 대하여 이 원칙이 적용될 조건을 결정"할 수 있다. 우리 저작권법은 "원칙이 적용될 조건"을 다음 몇 가지로 나눠 규정하고 있다. 첫째, 1995년 개정법 부칙 제4조 제1항에서는 "이 법 시행 전에 회복저작물 등을 이용한 행위는 이 법에서 정한 권리의 침해행위로 보지 아니한다"고 하여 법률 불소급의 원칙을 천명하고 있다. 이 규정은 앞에서 설명한 바와 같이 경과조치의 일반 원칙을 확인해주는 것이다.

둘째, 제2항에서는 "회복저작물 등의 복제물로서 1995년 1월 1일 전에 제작된 것은 1996년 12월 31일까지 이를 계속하여 배포할 수 있다"고 규정하고 있다. 이미 제작된 복제물은 1996년 말까지는 계속하여 배포할 수 있도록 한 것이다. 1997년부터는 이러한 복제행위는 저작자의 허락을 받아야만 가능하다.[18]

셋째, 제3항에서는 "회복저작물 등을 원저작물로 하는 2차적저작물로서 1995년 1월 1일 전에 작성된 것은 이 법 시행 후에도 이를 계속하여 이용할 수 있다. 다만, 그 원저작물의 권리자는 1999년 12월 31일 후의 이용에 대하여 상당한 보상을 청구할 수 있다"고 하고 있다. 1995년 전에 이미 완성된 2차적저작물은 그 후 5년 기간 동안 복제물을 제작, 배포할 수 있도록 하고 그 후에는 상당한 보상을 하도록 했다. 예를 들어 번역물이 1995년 전에 원고의 상태로 있는 경우에는 5년 동안 저작자의 허락이 없이도 계속하여 이용할 수 있다.

---

17) 소급보호에 관해서는, 일반적으로 최경수, "저작권법상 소급보호의 이론적 접근", 계간 저작권, 1991년 여름호, 35~48 및 최경수, "1994년 지적소유권협정", 계간 저작권, 1994년 봄호, 15~22 참조.

18) 그러나 복제물이 1995년 전에 제작될 것을 요건으로 한 것은 1995년 개정법 시행일이 1996년 7월 1일이라는 점에 비추어 납득하기 어렵다. TRIPS협정 제70조 제4항 때문에 1995년 1월 1일(WTO설립협정 발효일)이라는 날짜가 명시된 것으로 보인다. 이 조항에 의하면, "보호대상을 담은 특정 목적물과 관련한 행위가 이 협정에 합치하는 법률 규정에 따라 침해가 되고 그 행위와 관련하여 세계무역기구설립협정 수락일 전에 상당한 투자가 이루어진 경우에, 회원국은 이 협정 적용일 이후 그 행위의 계속적인 실행에 관하여 권리자에게 이용가능한 구제를 제한하는 규정을 둘 수 있다. 다만 이 경우 회원국은 최소한 정당한 보상에 관하여 정하여야 한다". 이용자가 볼 때 협정 규정은 '독소 조항'이라 하겠다. 우루과이라운드 협상 막바지에 끼워 넣은 것으로 추정된다.

〈표 22〉 소급보호와 관련한 경과조치

구분		~1996. 6. 30.	1996. 7. 1.~ 1996. 12. 31.	1997. 1. 1.~ 1999. 12. 31.	2000. 1. 1.~
원저작물의 복제물 (리프린트물)	1995. 1. 1. 전 제작	허락이나 보상 없이 배포 가능		허락을 받아야 배포 가능	
	1995. 1. 1. 이후 제작	허락이나 보상 없이 배포 가능	허락을 받아야 배포 가능		
번역·각색·영화화 등에 의한 2차적저작물	1995. 1. 1 전 작성	허락이나 보상 없이 출판·공연· 상영·방송 등 이용 가능			보상을 전제로 허락 없이 이용 가능
	1995. 1. 1. 이후 작성	허락이나 보상 없이 이용 가능	허락을 받아야 이용 가능		

자료: 문화체육관광부.

(4) 소급보호의 제한적 적용

소급보호는 종전에 우리 법률에서 보호하지 않던 '저작물 등'을 되살리기 위한 것이다. 소급보호를 한다는 것은 저작권법상 부여된 모든 권리를 해당 보호대상에 대해 인정한다는 것이다. 전송권이 2000년과 2005년에 각각 저작자와 실연자·음반제작자에게 부여되었고 그 권리는 해당 소급보호 대상 저작물과 실연·음반에 미쳤다. 그러나 모든 권리가 소급보호의 이익을 받는 것은 아니다. 예외적으로 일부 권리에 대해 소급보호를 부정할 수도 있다. 1994년 개정법은 대여권에 대한 소급보호를 아예 부정한 바 있었고[19] 1995년 개정법에서는 소급보호 규정을 두면서도 1994년 개정법의 내용을 일부 받아들여 대여권에 대한 소급보호를 제한한 바 있다. 1996년 7월 1일(개정법 시행일) 전에 이미 판매용 음반을 취득한 사람에게는 소급보호 규정을 적용하지 않은 것이다.[20]

한편, 2006년 개정법에서는 실연자의 인격권을 신설하면서도 이 권리가 미치는 실연은

---

19) 1994년 저작권법 부칙 제2항: "이 법 시행 전에 발행된 저작물이 수록된 판매용 음반의 대여에 관하여는 종전의 규정에 의한다."

20) 1995년 저작권법 부칙 제3조 제4항: "이 법 시행 전에 회복저작물 등이 고정된 판매용 음반을 취득한 때에는 제43조 제2항, 제65조의2 및 제67조의2의 규정을 적용하지 아니한다." 대여권 소급보호는 1996년 7월 1일 이후 취득한 판매용 음반에 한한다는 것이다. 이것은 TRIPS협정 제70조 제5항에서 "이 협정 적용일 전에 취득한 원본과 복제물"에 대해서는 대여권을 적용하지 않을 수 있다는 규정을 이용한 것이다.

법 시행일 이후의 실연으로 한정함으로써 실연자의 인격권에 대한 소급보호를 부정하고 있다. 2006년 개정법 부칙 제10조에서는 "이 법 시행 전에 행한 실연에 관하여는 이 법 제66조〔실연자의 성명표시권〕및 제67조〔실연자의 동일성유지권〕의 규정을 적용하지 아니한다"고 했다.[21]

다. 1986년 개정법에 의한 보호기간의 조정

1957년 제정법에서는 사후 30년이라는 보호기간을 원칙으로 하면서도 일부 저작물에 대해서는 다른 기준에 따라 보호기간을 달리 정했다. 1986년 개정법은 구법과는 달리, ① 보호대상을 저작물과 저작인접물로 나누고, ② 저작물에 대해서는 사후 50년 원칙을 적용하고 저작인접물에 대해서는 특정 기준 시점 이후 20년 원칙을 적용해 보호기간을 정하도록 했다. 이런 변화를 보호대상에 적용해보면, ① 구법상 저작물이던 실연과 음반이 저작인접물이 되고, 방송이 저작인접물의 하나로 추가되는가 하면,[22] ② 구법상 보호기간이 저작물에 대해서는 늘어나고 실연과 음반에 대해서는 줄어들게 되었다. 보호대상의 성격이 바뀌고 보호대상별 보호기간에 큰 변경이 생긴 것이다. 1986년 법은 이를 해결하기 위해 '적용범위에 관한 경과조치'(부칙 제2조)와 '저작물의 보호기간에 관한 경과조치'(제3조) 규정을 두고 있다.

(1) 저작물 보호기간 종료 및 조정

1957년 법상 보호기간은 원칙적으로 사후 30년 또는 발행·공연 후 30년(제30조 및 제31조 내지 제33조)이므로 1986년 법 시행 당시(1987년) 이미 공유영역에 있는 저작물은 더 이상 보호되지 않는다. 즉, 1986년 법 부칙 제2조 제1항에 의해, "이 법 시행 전에 종전의 규정에 의하여 저작권의 전부 또는 일부가 소멸하였거나 보호를 받지 못한 저작물에 대하여는 그

---

[21] 제한의 근거는 WPPT 제22조에 있다. 이에 의하면, "체약당사자는 이 조약의 자국에 대한 발효 후에 행하여지는 실연에 대하여 이 조약 제5조의 적용을 제한할 수 있다." 체약국이 실연자의 인격적 권리를 제한할 수 있도록 허용하고 있는 것이다.

[22] 방송은 1957년 법에서도 저작물에 포함되지 않았기 때문에 1986년 저작권법 시행일 이후 방송에 대해서만 20년간 저작인접권 보호를 한다.

〈표 23〉 1957년 법과 1986년 법상의 보호기간

	1957년 법	1986년 법
발행·공연 저작물	사후 30년	사후 50년
사후 발행·공연 저작물	발행·공연 후 30년	사후 50년(사망 후 40~50년 사이 공표된 경우 공표 후 10년)
무명·변명 저작물	발행·공연 후 30년	공표 후 50년
단체 저작물	발행·공연 후 30년	공표 후 50년(창작 후 10년 이내 미공표된 경우 창작 후 50년)
사진저작물	발행 후 10년	사후 50년

부분에 대하여 이 법을 적용하지 아니한다."

　이러한 저작물에는 1956년 이전에 사망한 저작자의 저작물이나 1956년 이전에 발행 또는 공연된 저작물이 있다. 사진저작물은 보호기간이 10년이므로(제35조 제1항) 1976년 이전에 발행된 경우 보호기간이 종료했다. 한편, 원저작물 발행일로부터 5년 이내에 번역물을 발행하지 않을 때에는 번역권이 소멸하도록 하였으므로(제34조 제1항) 1981년까지 번역물이 나오지 않은 한 그 원저작물의 번역권은 소멸했다.

　1986년 개정법에 의하더라도 아직 보호기간이 종료하지 않은 저작물이 있다. 1986년 법에서 보호기간이 사후 50년으로 20년 연장되었으므로, 이들 기존 저작물에 대한 보호기간을 구법에 의해 여전히 30년으로 할 것인지, 아니면 연장의 효과를 누리도록 할 것인지 정해줄 필요가 있다. 그에 대한 해답은 1986년 법 부칙 제3조에서 찾을 수 있다:

　제3조(저작물의 보호기간에 관한 경과조치): "이 법 시행 전에 공표된 저작물로서 부칙 제2조 제1항에 해당되지 아니한 저작물의 보호기간은 다음 각 호와 같다.

　1. 종전의 규정에 의한 보호기간이 이 법에 의한 보호기간보다 긴 때에는 종전의 규정에 의한다.

　2. 종전의 규정에 의한 보호기간이 이 법에 의한 보호기간보다 짧은 때에는 이 법에 의한다.

　이에 해당하는 저작물에는 1957년 이후 사망한 저작자의 저작물이나 1957년 이후 발행 또는 공연된 저작물이 있다. 이들 저작물은 이 부칙에 의해 50년(30년과 50년 중 긴 것)간 보호되고, 2007년 말 이후 순차적으로 보호기간이 종료한다. 사진저작물의 보호기간은 1977년 이후 발행된 경우 이 부칙에 의해 2007년 말 이후 순차적으로 종료한다.[23]

　보호기간을 정하는 기준도 신법에 따라, 사망, 공표 또는 창작으로 바뀐다. 보호기간이

신법의 적용을 받는 마당에 이를 정하는 기준도 신법에 의해 정해지는 것이 적절하기 때문이다.

(2) 실연과 음반의 보호기간 조정

실연과 음반은 1957년 법에서 저작물이었으나, 1986년 법에서 저작인접물로 그 성격이 바뀌었다. 신법과 구법은 같은 보호대상에 대해 달리 접근하면서 보호기간에도 차이를 두었다. 보호기간이 오히려 줄어든 것이다. 복잡한 해석을 예고한 셈이다. 관련 경과조치로, 앞에서 저작물의 경우에서 보듯이, 1986년 부칙 제2조 제1항과 제3조가 있다. 저작물의 경우와 다른 것이 하나 있는데, 그것은 부칙 제2조 제2항에 있다. 직접 인용한다:

이 법 시행 전에 종전의 규정에 의하여 공표된 저작물로서 다음 각 호의 1에 해당하는 것은 종전의 규정에 의한다.
1. 종전의 법 제2조의 규정에 의한 연주·가창·연출·음반 또는 녹음필름 ⋯⋯

다음과 같이 해석할 수 있다. 실연과 음반은 1957년 법상 저작물로 보호를 받았고 부칙 제2조 제2항에 의해 ─ 1986년 법상 비록 저작인접물이 되지만 ─ 여전히 1957년 법상 저작물로 보호를 받는다. 여기까지는 문제가 없다. 그렇다면 신법 시행일(1987. 7. 1.) 전에 행해진 실연 또는 고정된 음반의 보호기간은 어떻게 되는가. 이에 관해서는 두 가지 해석이 가능하다. 첫 번째 해석(제1설)은 부칙 제3조가 '저작물의 보호기간에 관한 경과조치' 규정이므로 보호기간은 오로지 이를 문리해석하는 것이다. 실연과 음반의 보호기간은 1957년 법에서 30년이고 1986년 법에서 20년이므로 둘 중 긴 30년을 적용하여, 1957년 사망 또는 발행이나 공연을 기준으로 30년간, 즉 1987년까지만 보호된다는 것이다. 두 번째 해석(제2설)은 1986년 법 부칙 제2조 제2항과 제3조를 함께 고려한 것이다. 즉, 부칙 제2조 제2항에서는 종전에 연주, 가창, 음반 등이 저작물이었고 그 성격을 그대로 인정하고 있다는 점, 더 나아가 저작물은 1986년 법에 의해 보호기간이 50년으로 늘어났으므로 구법상의 실연과 음반은 '저작물'로서 신법상 50년의 보호기간을 적용해야 한다는 것이다. 따라서 실연과 음반의 보호기간은

---

23) 구법상 미술저작물을 촬영한 사진저작물은 미술저작물 보호기간과 같다.

〈표 24〉 1957년 법과 1986년 법상의 보호기간

	1957년 법	1986년 법
실연	사후 또는 발행·공연 후 30년	실연 후 20년
음반	사후 또는 발행·공연 후 30년	고정 후 20년

1957년 사망 또는 공표나 창작을 기준으로 50년 후, 즉 2007년에 종료한다.[24][25]

첫 번째 해석이 간명하지만, 신법과 구법 간의 관계를 일부 놓치고 있다고 본다. ① 신법 부칙 제2조에서는 보호대상의 성격과 관련하여, 비록 실연과 음반이 신법상 저작인접물로 성격이 바뀌지만, "종전의 규정에 의하여 공표된 저작물로서" 실연과 음반은 "종전의 규정에 의한다"고 하여 실연과 음반은 신법상으로도 그 성격은 그대로 유지한다는 것을 분명히 하고 있다. ② 신법 부칙 제2조에 따라 보호대상의 성격을 그대로 두었으므로 그 성격에 맞는 보호기간은 신법상 저작물에 인정된 50년이 되어야 한다. ③ 첫 번째 해석은 1995년 법에서 소급보호 규정이 등장하면서 실제에 적용하기 어려워졌다. 현실에 적용할 경우 조약 위반 가능성이 생긴 것이다. 외국인의 실연이나 음반을 소급보호하는 이유는 조약 의무를 이행하기 위한 것이다. 즉, 외국인의 실연이나 음반이 그 본국에서 보호기간이 종료하지 않았다면 우리나라도 이들 보호대상을 보호해야 함에도 불구하고, 우리 법규정, 특히 부칙 제3조만을 문리해석하게 되면 소급보호 의무를 위반하게 되는 것이다. 우리나라에서 보호받지 못하는 외국인의 실연이나 음반이 존재하기 때문이다. 또한 외국인의 실연이나 음반을 원칙대로 소급보호하고 대한민국 실연이나 음반은 제외한다면 이것은 우리 보호대상을 차별하는 것이다. 그러한 점에서 부칙 제2조 제2항도 함께 고려하는 것이 합리적인 해석이라 할 것이다.[26]

---

24) 판례는 제1설과 제2설로 나뉜다. 같은 사건에서 상급심은 제1설을, 하급심은 제2설을 지지한다. 서울 고등법원 2003. 6. 24. 2002나46562 판결(카라얀 음반 사건) 및 서울지방법원 2002. 7. 5. 2001가합 25783 판결(카라얀 음반 사건) 참조.

25) 제2설을 지지하는 다른 법원 판례도 있다. 수원지방법원 1998. 8. 7. 97카합8305 결정(카라얀 음반 사건): "음반을 저작물의 일종으로 열거하고 음반에 관한 권리도 저작권의 일종으로서 보호한 1957년 법에 의하여 30년간 보호를 받고 1986. 12. 31. 법률 제3916호로 전문 개정된 구저작권법 부칙 제3조 및 1994. 1. 7. 법률 제4717호로 개정된 구저작권법 부칙 제3조[제3항의 오기]에 의하여 종전의 규정에 의한 보호를 받다가 현행법의 시행 당시 종전의 규정에 의한 보호기간이 만료되지 않았음이 역수상 분명하여 현행법에 따라 보호기간이 50년으로 연장되었을 것이므로 ······".

26) 제2설을 따를 경우 1957년부터 1986년 사이에 고정된 음반은 저작물로 소급보호하게 되고, 1987년 이

〈표 25〉 실연과 음반의 보호기간

보호대상	보호기간
1957~1987. 6. 30. 실연·음반[27]	1987~2017(제1설) 2007~2037(제2설)

라. 보호기간 연장에 따른 보호기간 조정

1986년 전부개정 저작권법이 시행된 뒤에 몇 차례 법개정을 통해 보호기간이 연장되었다. 개정법 시행일 이후에 창작되는 저작물, 그리고 그 이후에 행해진 실연, 고정된 음반 및 행해진 방송에 한정해 그 이익을 누리게 한다면 그 연장의 효과가 매우 떨어진다. 기존 보호대상을 염두에 두지 않는 기간 연장은 생각하기 어려운 것이다. 때로는 소급보호의 가능성도 열어봐야 한다. 이 점들을 고려해 보호기간을 연장하는 법개정에서는 '경과조치'가 마련되어 있다. 경과조치에는 역시 '적용범위에 관한 경과조치'가 있고, '보호기간에 관한 경과조치'가 있다. 소급보호를 염두에 둔 '보호기간의 특례'도 있다.

(1) 저작물 보호기간 종료 및 조정

저작물의 보호기간은 1986년 개정법에서 사후 50년을 원칙으로 하였고, 2011년 6월 개정법에서 사후 70년으로 20년을 연장했다. 1986년 법에 따라 1957년 이후 사망한 저작자의 저작물은 2007년 이후 순차적으로 보호기간이 종료했다. 2011년 6월 법은 보호기간에 한해 시행일을 2013년 7월 1일로 했다. 두 가지 경과조치가 필요해졌다. 하나는 이 법 시행 당시, 즉 2013년에 보호되고 있는 저작물에도 연장의 효과가 그대로 미치도록 하는 것이고, 다른 하나는 2013년에 이미 공유영역에 있는 저작물에 대해서는 그렇지 않도록 한 것이다. 근거 규정으로 시행일에 관한 부칙 규정(제1조)과 적용범위에 관한 경과조치(제2조) 규정이 있다.[28]

후에 고정된 음반은 저작인접물로 소급보호하는 결과, 전자 음반의 '저작자'는 다른 저작물의 저작자와 마찬가지로 복제권, 공연권, 공중송신권 등을 배타적으로 행사할 수 있으며, 이것은 현행 저작권법상 실연자와 음반제작자가 가지는 권리보다 훨씬 큰 권리를 행사하게 된다.

27) 공표를 보호기간의 기준으로 하고 있다. 1957년 법은 실연의 경우 실연자의 사망을 기준으로 하고 있기 때문에 해당 실연은 그 사망일로부터 30년간(제1설) 또는 50년간(제2설) 보호된다.

이를 사례에 적용하면, ① 1962년 사망한 저작자의 저작물은 1986년 개정법에 따라 사후 50년간 보호되었고, 2012년 말 보호기간 만료로 공유영역에 들어갔다. ② 1963년 이후 사망한 저작자의 저작물은 2013년 말 이후에 보호기간 만료 예정이었으나 보호기간 연장으로 2033년 말 이후 공유영역에 들어간다.[29]

(2) 저작인접물 보호기간의 종료 및 조정

실연, 음반 및 방송에 대해서는 1986년 개정법에서 각기 실연, 고정 및 방송 후 20년의 보호기간을 두다가, 1994년 개정법에서 50년으로 연장했다. 2011년 12월 개정법에서는 실연과 음반에 대해 추가로 20년을 연장해 보호기간을 70년으로 했다. 이 경우에도 각기 경과 조치로 일정 기간의 보호대상에 대해 공유영역에 들어가도록 하는가 하면, 기존 보호대상에 대해서는 연장의 효과가 미치도록 해야 한다. 이해를 분명히 하기 위해서 관련 규정을 인용한다:

> 1994년 법 부칙 ③(저작인접권의 보호기간에 관한 경과조치) 이 법 시행 전에 발생된 저작인접권의 보호기간은 종전의 규정에 의한다.
> 1995년 법 부칙 제2조(적용범위에 관한 경과조치) 이 법 시행 전에 종전의 규정에 의한 보호기간의 만료로 인하여 저작권 등의 전부 또는 일부가 소멸한 저작물등에 대하여는 그 전부 또는 일부에 대하여 이 법을 적용하지 아니한다.
> 2011년 12월 법 제4조(저작인접권 보호기간의 특례) ② 같은 법 부칙 제3항에 따라 1987년

---

28) 제1조(시행일) 이 법은 대한민국과 유럽연합 및 그 회원국 간의 자유무역협정이 발효하는 날부터 시행한다. 다만, 제39조부터 제42조까지의 개정 규정은 대한민국과 유럽연합 및 그 회원국 간의 자유무역협정이 발효한 후 2년이 되는 날부터 시행한다.; 제2조(적용 범위에 관한 경과조치) 이 법 시행 전에 종전의 규정에 따라 저작권, 그 밖에 이 법에 따라 보호되는 권리의 전부 또는 일부가 소멸하였거나 보호를 받지 못한 저작물 등에 대하여는 그 부분에 대하여 이 법을 적용하지 아니한다.

29) 앞에서 언급한 바와 같이, 사진저작물과 번역권은 1957년 법에 의해 매우 짧은 기간 보호되었다. 1986년 개정법 이후 어떠한 경과조치 규정도 이들 저작물은 회복시키지 않았다. 베른협약 규정과 충돌할 가능성을 배제할 수 없다. 우리 헌법상 외국인의 저작물에 대해서는 조약이 직접 적용될 수 있고, 따라서 해당 저작물은 그 본국에서 보호기간이 종료하지 않았다면 우리 법상 여전히 보호를 받을 가능성이 있다. 이 경우 대한민국 저작물과 차별이 생긴다.

7월 1일부터 1994년 6월 30일 사이에 발생한 저작인접권 중 이 법 시행 전에 종전 법(법률 제4717호 저작권법중개정법률 시행 전의 저작권법을 말한다. 이하 이 조에서 같다)에 따른 보호기간 20년이 경과되어 소멸된 저작인접권은 이 법 시행일부터 회복되어 저작인접권자에게 귀속된다. 이 경우 그 저작인접권은 처음 발생한 때의 다음 해부터 기산하여 50년간 존속하는 것으로 하여 보호되었더라면 인정되었을 보호기간의 잔여기간 동안 존속한다.

다음과 같이 몇 가지 경우로 나눠볼 수 있다. 첫째, 1957년 사망한 저작자의 실연이나 음반 또는 1957년에 발행되거나 공연된 실연이나 음반[30]의 보호기간의 경우이다. 이에 대해서는 앞에서 살펴본 바와 같이, 1987년까지 보호된다고 해석할 수도 있고(제1설), 2007년까지 보호된다고 해석할 수도 있다(제2설). 제2설에 의하면, 앞에서 본 저작물의 경우와 같이, 1962년에 사망한 저작자의 실연이나 음반 또는 발행·공연된 실연이나 음반은 2012년 말까지 보호되고, 1963년 이후에는 사망이나 발행·공연 후 2033년 말 이후 보호기간이 순차적으로 종료한다.

둘째, 1986년 법 시행일(1987. 7. 1.) 이후 행해진 실연, 고정된 음반 및 행해진 방송은 20년간 보호된다. 1987년 7월에 고정된 음반이라면 2007년 말까지 보호된다. 1994년 개정법은 이들 저작인접물을 50년으로 연장하면서 부칙 제3항에서 "이 법 시행 전에 발생된 저작인접권의 보호기간은 종전의 규정에 의한다"고 하여 1987년 7월 1일부터 1994년 6월 30일까지 행해진 실연, 고정된 음반 및 행해진 방송은 2007년부터 2014년까지 20년간 보호받도록 했다. 이들 저작인접물에 대해서도 두 가지 해석이 가능하다. 첫 번째 해석은 1994년 개정법 부칙 제3항을 문리해석해 구법상의 보호기간 20년만을 인정하는 것이고(제3설), 두 번째 해석은 1994년 법 부칙 제3항과 1995년 법 부칙 제2조를 함께 문맥상 연결해 해석하는 것이다(제4설). 제3설은 위 제1설과 유사하고 제4설은 위 제2설과 유사하다. 역시 두 번째 해석이 합리적이라고 본다. ① 1994년 법 뒤에 나온 1995년 법 부칙 제2조에서 "이 법 시행 전에 종전의 규정에 의한 보호기간의 만료로 인하여" 공유영역에 들어가지 않은 보호대상에 대해서 연장의 효과를 부여하도록 하고 있다. ② 앞에서 언급한 바와 같이, 제4설은 소급보호의 취지에 적합하다.[31] ③ 2006년 개정법 부칙에도 이런 해석을 뒷받침하는 규정

---

30) 1957년 법상 실연과 음반은 저작물이었으므로, 그 실연자와 음반제작자는 저작자이다. 실연과 음반의 보호기간을 정하는 기준은 다른 저작물과 마찬가지로 사망 또는 발행이나 공연이다.

이 있다. 즉, 부칙 제2조 제3항에서 "종전의 부칙 규정은 이 법의 시행 후에도 계속하여 적용한다. 다만, [1994년 법] 부칙 제3항에 따른 저작인접권의 보호기간에 관한 경과조치 규정은 제외한다"고 하여 부칙 제3항은 이미 실효했다고 확인하고 있다.

이런 해석상의 논란 여지를 종식시키기 위해 2011년 12월 법 부칙 제4조가 나온다. 제4조 제2항에 의하면, "1987년 7월 1일부터 1994년 6월 30일 사이에 발생한 저작인접권 중 [1994년 법]에 따른 보호기간 20년이 경과되어 소멸된 저작인접권은 이 법 시행일부터 회복되어 저작인접권자에게 귀속된다. 이 경우 그 저작인접권은 처음 발생한 때의 다음 해부터 기산하여 50년간 존속하는 것으로 하여 보호되었더라면 인정되었을 보호기간의 잔여기간 동안 존속한다." 이 부칙 규정은 다음과 같은 점에서 의미가 있다. ① 국회는 이 기간 중에 발생한 저작인접권의 보호기간은 만료되어 해당 저작인접권은 소멸되었다고 보고 있다.[32] ② 소멸됐다고 보기 때문에 이 기간 중에 발생한 저작인접권을 소급보호 형식으로 회복시키고 있다. ③ 입법 취지는 위 제4설과 같이 해당 저작인접권을 보호하고자 한 것이다. ④ 소급보호 대상에 방송도 포함시키고 있다. 한·미 FTA에 의한 소급보호 의무를 넘어 방송도 보호하고 있다.[33][34]

---

31) 위 서울고등법원 판결은 제3설을, 서울지방법원 판결은 제4설을 취한다.

32) 국회문화체육관광방송통신위원회 수석전문위원 류환민, 저작권법 일부개정법률안(한선교 의원 대표 발의안) 검토보고서, 2011. 4. 필자는 국회의 이런 해석에 동의하지 않는다. 부칙 제4조는 확인 규정으로 본다.

33) 부칙 제4조의 위헌 심판 청구에 대한 헌법재판소 결정이 있다. 헌법재판소 2013. 11. 28. 2012헌마770 결정: "소급입법의 태양에는 이미 과거에 완성된 사실·법률관계를 규율의 대상으로 하는 이른바 진정소급효의 입법과 이미 과거에 시작하였으나 아직 완성되지 아니하고 진행과정에 있는 사실·법률관계를 규율의 대상으로 하는 부진정소급효의 입법이 있다. 헌법 제13조 제2항이 금하고 있는 소급입법은 진정소급효를 가지는 법률만을 의미하는 것으로서 부진정소급효의 입법은 원칙적으로 허용된다. 다만 부진정소급효를 가지는 입법에서도 소급효를 요구하는 공익상의 사유와 신뢰보호의 요청 사이의 비교형량 과정에서, 신뢰보호의 관점이 입법자의 형성권에 제한을 가하게 된다. …… 심판대상조항은 이미 종결된 과거의 사실 또는 법률관계에 법률을 사후적으로 적용함으로써 과거를 법적으로 새로이 평가하는 진정소급입법이 아니라, 부진정소급입법에 해당하는 것이다. 따라서 심판대상조항은 헌법 제13조 제2항이 금지하는 소급입법에 해당하지 않고, 종래의 법적 상태의 존속을 신뢰한 청구인에 대한 신뢰보호가 문제될 뿐이다."

34) 2011년 12월 개정법 부칙 제4조가 소급입법의 형식을 취하고 있기 때문에, 1995년 개정법에서와 마찬가지로, '기득권' 보호를 위한 부칙 규정도 등장한다. 부칙 제4조 제4항가 그것으로, 이에 의하면, "제

〈표 26〉 실연·음반 및 방송에 대한 보호기간 종료

보호대상	보호기간 종료
1987. 7. 1.~1994. 6. 30. 실연·음반·방송	2007~2014 종료(제3설) 2057~2064 종료(제4설)36)
1994. 7. 1. 이후 실연·음반	2064년 이후 종료
1994. 7. 1. 이후 방송	2044년 이후 종료

셋째, 1994년 법 시행일(1994. 7. 1.) 이후 실연, 음반 및 방송은 50년간 보호된다. 1994년 7월에 행해진 실연, 고정된 음반 및 행해진 방송이라면 2044년까지 보호된다. 이중 실연과 음반은 2011년 12월 개정법에서 70년으로 연장되었고, 이들 실연과 음반은 2011년 12월 개정법 보호기간 시행일(2013. 8. 1.) 당시 보호되고 있다면 20년간 추가 보호를 받는다. 근거 규정은 2011년 12월 개정법 시행일에 관한 부칙 제1조와 적용범위에 관한 경과조치 규정 제3조이다.35)

2항에 따른 저작인접권이 종전 법에 따라 소멸된 후에 해당 실연·음반·방송을 이용하여 이 법 시행 전에 제작한 복제물은 이 법 시행 후 2년 동안 저작인접권자의 허락 없이 계속 배포할 수 있다."

35) 제1조(시행일) 이 법은 대한민국과 미합중국 간의 자유무역협정 및 대한민국과 미합중국 간의 자유무역협정에 관한 서한교환이 발효되는 날부터 시행한다. 다만, 제64조 제2항 및 제86조의 개정 규정은 2013년 8월 1일부터 시행한다.; …… 제3조(적용 범위에 관한 경과조치) 이 법 시행 전에 종전의 규정에 따라 저작권, 그 밖에 이 법에 따라 보호되는 권리의 전부 또는 일부가 소멸하였거나 보호를 받지 못한 저작물 등에 대하여는 그 부분에 대하여 이 법을 적용하지 아니한다.

36) 2011년 법 제86조 제2항 및 부칙 제1조(시행일)와 제4조(저작인접권 보호기간의 특례)를 적용하면 종료 시점은 제4설과 같다.

❖ 주요 법률 명칭

도서관법(법률 제18547호, 2021. 12. 7., 전부개정)
디자인보호법(법률 제18886호, 2022. 6. 10., 일부개정)
민법(법률 제19069호, 2022. 12. 13., 일부개정)
민사소송법(법률 제18396호, 2021. 8. 17., 일부개정)
민사집행법(법률 제18671호, 2022. 1. 4., 일부개정)
방송법(법률 제18648호, 2021. 12. 28., 일부개정)
상표법(법률 제18548호, 2021. 12. 7., 타법개정)
신탁법(법률 제15022호, 2017. 10. 31., 타법개정)
저작권법(법률 제19597호, 2023. 8. 8., 일부개정)
컴퓨터프로그램보호법(법률 제8852호, 2008. 2. 29., 타법개정; 법률 제9625호에 의해 폐지)
특허법(법률 제19007호, 2022. 10. 18., 일부개정)
형법(법률 제17571호, 2020. 12. 8., 일부개정)
형사소송법(법률 제18862호, 2022. 5. 9., 일부개정)

❖ 주요 외국 저작권법

독일 저작권법: Gesetz über Urheberrecht und verwandte Schutzrechte (Urheberrechtsgesetz vom 9. September 1965 (BGBl. I S. 1273), das zuletzt durch Artikel 25 des Gesetzes vom 23. Juni 2021 (BGBl. I S. 1858) geändert worden ist (https://www.gesetze-im-internet.de/urhg/BJNR0127 30965.html)

미국 저작권법: Copyright Act of 1976, Pub. L. No. 94-553, as of May 2021 (https://www.copyright.gov /title17/)

영국 저작권법: Copyright, Designs and Patents Act 1988, as revised (https://www.legislation.gov.uk/ ukpga/1988/48/contents)

일본 저작권법: 著作權法 (2021.03.30. 更新) (https://www.cric.or.jp/db/domestic/a1_index.html)

프랑스 저작권법: Code de la propriété intellectuelle (version consolidée au 1er janvier 2021) (https:// wipolex.wipo.int/en/text/581981)

EU 프로그램 지침: 컴퓨터프로그램의 법적 보호에 관한 2009년 4월 23일 유럽의회 및 이사회 2009/24/EC 지침(Directive 2009/24/EC of the European Parliament and of the Council of 23 April 2009 on the legal protection of computer programs (Codified version)) 〔이 지침은 컴퓨터프로그램의 법적 보호에 관한 1991년 5월 14일 이사회 지침(Council Directive 91/250/EEC of 14 May 1991 on the legal protection of computer programs)을 개정한 것이다.〕

EU 데이터베이스 지침: 데이터베이스의 법적 보호에 관한 1996년 3월 11일 유럽의회 및 이사회 96/9/EC 지침(Directive 96/9/EC of the European Parliament and of the Council of 11 March 1996 on the legal protection of databases)

EU 전자상거래 지침: 역내시장에서의 정보사회 서비스의 법적 측면에 관한 2000년 6월 8일 유럽의회 및 이사회 2000/31/EC 지침(Directive 2000/31/EC of the European Parliament and of the Council of 8 June 2000 on certain legal aspects of information society services, in particular electronic commerce, in the Internal Market)

EU 정보사회 지침: 정보사회에서의 저작권 및 관련 권리의 조정에 관한 2001년 5월 22일 유럽의회 및 이사회 2001/29/EC 지침(Directive 2001/29/EC of the European Parliament and of the Council of 22 May 2001 on the harmonisation of certain aspects of copyright and related rights in the information society)

EU 집행 지침: 2004년 지적재산권의 집행에 관한 2004년 4월 29일 유럽의회 및 이사회 지침(Directive 2004/48/EC of the European Parliament and of the Council of 29 April 2004 on the enforcement of intellectual property rights)

EU 고아저작물 지침: 고아저작물의 일정한 허용행위에 대한 2012년 10월 25일 유럽의회 및 이사회 지침(Directive 2012/28/EU of the European Parliament and of the Council of 25 October 2012 on certain permitted uses of orphan works)

EU DSM 지침: 디지털 단일시장에서 저작권 및 관련 권리에 관한, 그리고 96/9/EC 지침 및 2001/29/EC 지침을 개정하는, 2019년 4월 17일 유럽의회 및 이사회 (EU) 2019/790 지침[Directive (EU) 2019/790 of the European Parliament and of the Council of 17 April 2019 on copyright and related rights in the Digital Single Market and amending Directives 96/9/EC and 2001/29/EC (Text with EEA relevance)]

❖ 저작권 관련 주요 조약

베른협약: 문학 및 예술 저작물 보호를 위한 베른협약(Berne Convention for the Protection of Literary and Artistic Works)

로마협약: 실연자·음반제작자 및 방송사업자 보호를 위한 국제협약(International Convention for the Protection Performers, Producers of Phonograms and Broadcasting Organisations)

UCC: 세계저작권협약(Universal Copyright Convention)

TRIPS협정: 무역 관련 지적재산권 협정(Agreement on Trade-Related Aspects of Intellectual Property Rights)

WCT: 세계지적재산권기구 저작권조약(WIPO Copyright Treaty)

WPPT: 세계지적재산권기구 실연·음반조약(WIPO Performances and Phonograms Treaty)

베이징조약: 시청각 실연에 관한 베이징 조약(Beijing Treaty on Audiovisual Performances)

마라케시조약: 맹인, 시각 손상인 또는 기타 독서 장애인의 발행 저작물 접근 촉진을 위한 마라케시 조약(Marrakesh Treaty to Facilitate Access to Published Works for Persons Who Are Blind, Visually Impaired, or Otherwise Print Disabled)

❖ 주요 인용 저술 목록(약칭 포함)

김현철:　　　　　　김현철, 한미 FTA 이행을 위한 저작권법 개정 방안 연구, 저작권위원회, 2007.

박성호:　　　　　　박성호, 저작권법, 제2판, 박영사, 2021.

송영식·이상정:　　　송영식·이상정, 저작권법개설, 제9판, 세창출판사, 2015.

오승종:　　　　　　오승종, 저작권법, 제4판, 박영사, 2016.

이해완:　　　　　　이해완, 저작권법, 제3판, 박영사, 2015.

임원선:　　　　　　임원선, 실무자를 위한 저작권법, 한국저작권위원회, 제6판, 2020.

장인숙:　　　　　　장인숙, 저작권법원론, 개정판, 보진재, 1996.

저작권위원회(1997):　저작권심의조정위원회, 멀티미디어 시대의 저작권 대책 최종보고서, 1997.

저작권위원회(2002):　저작권심의조정위원회, 저작권법 전면 개정을 위한 조사연구 보고서(1)(2), 2002.

최경수(2005):　　　최경수, "창작기반 활성화와 저작물 이용환경 개선을 위한 저작권 정책", 국회의원 이광철·윤원호·정청래 주최, 저작권법 전문 개정을 위한 공청회, 2005. 3. 8.

최경수(2017):　　　최경수, 국제지적재산권법, 개정판, 한울, 2017.

최경수(2018):　　　최경수, 기술변화에 대응한 저작권법 체계 개선 연구, 문화체육관광부·한국저작권위원회, 2018 저작권 제도 연구 2, 2018.

최경수(2021):　　　최경수, 1986년 저작권법 전부개정 법제사 연구, 한국저작권위원회, 2021.

허희성:　　　　　　허희성, 신저작권법축조개설(상·하), 명문프리컴, 2011.

황적인 외:　　　　　황적인·정순희·최현호, 저작권법, 법문사, 1988.

문화체육관광부(2009): 문화체육관광부·한국저작권위원회, 개정 저작권법 해설, 2009.

문화체육관광부(2012): 문화체육관광부·한국저작권위원회, 개정 저작권법 해설서, 2012.

문화체육관광부(2020): 문화체육관광부·한국저작권위원회, 개정 저작권법 해설서, 2020.

加戶:　　　　　　　加戶守行, 著作權法逐條講義, 六訂新版, 著作權情報センター, 2013.

半田:　　　　　　　半田正夫, 著作權法概說, 第16版, 法學書院, 2015.

中山:　　　　　　　中山信弘, 著作權法, 第3版, 有斐閣, 2020.

Bentley and Sherman: Lionel Bentley and Brad Sherman, Intellectual Property Law, 3rd ed., Oxford University Press, 2009.

Black's Law Dictionary: Black's Law Dictionary, Ninth Edition, West, 2009.

Chisum et al.:　　　Donald S. Chisum, Tyler T. Ochoa, Shubha Ghosh and Mary LaFrance, Understanding Intellectual Property Law, LexisNexis, 3rd ed., 2015.

Geller (ed.):　　　　Paul Edward Geller (ed.), International Copyright Law and Practice, Matthew Bender, 1992.

Goldstein: Paul Goldstein, Copyright, 2nd ed. (2005 Supplement), Aspen Publishers.

Leaffer: Marshall A. Leaffer, Understanding Copyright Law, 7th ed., Carolina Academic Press, 2019.

Lucas et al.:   André Lucas, Henri-Jacques Lucas, Agnès Lucas-Schloetter et Carine Bernault, Traité de la Propriété Littériaire et Artistique, 5e éd., LexisNexis, 2017.

Nimmer: Melville B. Nimmer and David Nimmer, Nimmer on Copyright, LexisNexis, 2017.

Ricketson and Ginsburg: Sam Ricketson and Jane Ginsburg, International Copyright and Neighbouring Rights: The Berne Convention and Beyond, Vol. I, 2nd ed., Oxford, 2006.

Rüster (ed.):   Bernd Rüster (ed.), World Intellectual Property Guidebook, Matthew Bender, 1991.

Schricker/Loewenheim: Schricker/Loewenheim: Urheberrecht, 6. Auflage, C. H. Beck, 2020.

SOED: Shorter Oxford English Dictionary, Oxford University Press, 2002.

Sterling: J. A. L. Sterling, World Copyright Law, Sweet & Maxwell, 1998.

Vivant et Bruguière: Michel Vivant et Jean-Michel Bruguière, Droit d'auteur et droits voisins, 4e edition, 2019, 23.

WIPO(DC/4):   Basic Proposal for the Substantive Provisions of the Treaty on Certain Questions Concerning the Protection of Literary and Artistic Works to be Considered by the Diplomatic Conference, August 30, 1996, CRNR/DC/4.

WIPO(DC/5):   Basic Proposal for the Substantive Provisions of the Treaty for the Protection of the Rights of Performers and Producers of Phonograms to be Considered by the Diplomatic Conference, August 30, 1996, CRNR/DC/5.

WIPO(Berne):   WIPO, Guide to the Berne Convention for the Protection of Literary and Artistic Works(Paris Act, 1971), 1978.

WIPO(Rome):   WIPO, Guide to the Rome Convention and to the Phonograms Convention, 1981.

❖ 용어 찾아보기

알파벳 ▶

ALAI 52
Baker v. Selden 사건 96, 98
BIRPI 52
© 표시 41, 187
CISAC 641
CONTU 46
DAISY 434
DMCA 590
DRM → 디지털 권리 관리
DVD 지역코드 617
EU DSM 지침 464
EU 데이터베이스 지침 352, 358, 483
EU 정보사회 지침 239, 261, 272, 450, 454, 460
EU 전자상거래 지침 590
EU 프로그램 지침 238, 468, 470, 622
Feist 사건 56, 86, 91
Folsom v. Marsh 사건 460
FTA 41, 65
IFRRO 641
in dubio pro autore 76, 528
IPTV 251, 263
MAI 사건 239
notice and takedown → 통지와 삭제
P2P 47, 263, 417, 591, 606, 608, 697, 704
SACD 640
SACEM 641
TRIPS협정 41
UCC 41, 61, 187, 787
WCT 48
WPPT 54

ㄱ ▶

가처분 733
각본 105, 110, 147
각색 145, 267, 578
간접 침해 272, 696
감독 112, 292, 577
감정 467, 669
강제허락 370, 485
건축저작물 99, 124, 266
검인첩부 562
게시판 592
  - 서비스 정지 680
결합저작물 104, 107, 154
계속적 간행물 278
계정 정지 679
고아저작물 455
고정 83, 137, 234, 289, 293, 299, 317
고정 실연 317, 322, 334
공공의 이익 369, 374
공공저작물 383
공동불법행위 606, 691, 694
공동저작물 104, 107, 154, 220, 278, 515, 529,
     532, 533, 731, 736
공시의 원칙 519, 540, 549, 556
공연권 248, 319
공유 저작물 531
공유영역 97, 273, 783, 788
공정이용 32, 408, 454, 460
공정한 관행 388, 406
공중 231
공중송신권 260

공중전달권 48, 260, 272
공중 671
공통의 오류 716
공표 173, 182
공표권 201
과실 추정 550
과잉금지의 원칙 368
과징금 646
과태료 605, 610, 649, 777
관객 기준 722, 727
관내 전송 425
관련 권리 → 저작인접권
관리 수수료 502, 647, 668
관외 전송 425
교과용 도서 389
교사(敎唆) 606, 692, 696, 703
교육 목적 388
교육기관 393
국왕 저작권 → 공공저작물
국적 68, 171, 296, 299, 300, 355
권리 등록 542
권리 변동 등록 543
권리관리정보 625, 757
권리소진 이론 243, 245, 267
권리의 다발 231
권리질권 518
글자꼴 디자인 119
기능적 저작물 99, 139, 725, 727
기득권 782
기록보존소 → 도서관
기산점 279, 343
기술적 보호조치 615, 756
기술적 실업 325
기술조치 → 기술적 보호조치
기여 침해 272, 599, 605
기증 205, 534

ㄴ

내국민대우 40, 72, 171, 297, 332
내부화면 링크 → 딥 링크
노동 이론 26, 88

ㄷ

단순 도관 594
단순 링크 270
단순 이용허락 524, 527
단체명의저작물 → 업무상 저작물
대리·중개업 650, 764
대여권 245, 318, 338
대위 침해 272, 598, 605
대작 → 대필 계약
대체자료 437, 441
대체적 분쟁 해결 661
대필 계약 222, 760
대한방직 사건 116
대항력 514, 533, 540, 549
데이터베이스 지침 → EU 데이터베이스 지침
데이터베이스의
　- 재이용 → 재이용
　- 추출 → 추출
데이터베이스제작자의
　- 권리 347
　- 권리 제한 481
도구 거래 금지 618
도서관 421, 622
도형저작물 127, 139
독자적인 권리 191, 350
독점적 이용허락 524, 526
독창성 84
동시 재방송 321, 327, 340
동시중계방송권 340, 479

동일성유지권 209, 312
디자인권 77, 114
디지털 의제 54, 626
디지털권리관리 551, 612
디지털음성송신 330, 338
딥 링크 270, 272

ㄹ

라벨 위조 633, 757
로마협약 53
룰메이킹 624
링크 269, 592, 598, 606, 697

ㅁ

말소 등록 544
메뉴 명령 구조 99
메신저 서비스 609
명예 훼손 706
명예회복청구권 748
모니터링 의무 600
모창 313
목적양도 이론 513
몰수 765
무국적자 174
무단 이용 712
무력화 금지 619
무명 저작물 275
무방식주의 41, 186, 538
무보 111
무언극 111
무용저작물 110
문자적 유사성 719
문화시설 454
뮤직박스 334

미분배 보상금 503
미술저작물 112, 203, 214, 241, 266, 444, 579, 724

ㅂ

반복 방송 322, 581
반복 침해 593
반의사불벌죄 766, 771
발행 173, 176, 201, 242, 296, 299
발췌 147
방송 252, 290, 492
방송 신호 629, 757, 761
방송 실연 319, 321, 322
방송 전 신호 632, 757
방송권 252, 320
방송사업자 294, 340, 441
방식 → 무방식주의
방조 272, 606, 692, 696, 703
배타적 이용허락 → 독점적 이용허락
배타적발행권 522, 555
배타적이용권 558
배타적인 권리 229
배포 목적 소지 686
배포 목적 수입 686
배포권 241, 317, 338, 360
번역 163, 267, 465
번역권 234, 793
법정손해배상 550, 735, 745
법정허락 456, 485
베끼기 713
베른협약 40
변경 등록 543
변동 등록 → 권리 변동 등록
변형적 이용 462
병행수입 244

보관된 도서   427
보관된 자료   457
보상금 기준   399, 430, 669
보상청구권   229, 303, 325, 338, 499
보조 실연자   291, 311, 577
보존용 복제   471
보호기간   273, 342, 362, 531, 549, 784
보호지법 원칙   40
복제권   234, 317, 338, 360
복제보상금   421
복제·전송 중단 요청서   602
복제·전송 재개 요청서   603
복제통제 기술조치 → 기술적 보호조치
본국법 원칙   40
부분적 문자적 유사성   719
부수적 복제   452
부수추정   744
부실 등록   550
부정이용   693, 712
분리 가능성   116, 120
불공정한 법률행위   512, 556
불명 저작물   455, 488
불법 복제물 유통 게시판의 서비스 정지 → 게시
　　판 서비스 정지
불법 복제물의
　- 수거·폐기   676
　- 삭제 또는 전송 중단   678
불법 복제·전송자에 대한 계정 정지 → 계정 정지
불법행위   688
불확정성 음악   159
블랙박스 분석   468
비고정 실연   317, 319, 321, 333
비디오게임   624
비례의 원칙   368
비문자적 유사성   719
비밀유지명령   750

비밀유지의무   762
비보호저작물   160
비영리 공연·방송   408
비영리 목적 → 영리 목적
비자발적 허락   370, 485

ㅅ

사실적 저작물   98, 153, 725
사용료 → 저작권 사용료
사용자 인터페이스   98, 100, 727
사적 복제   416, 437, 469
사적 이용 → 사적 복제
사죄광고   748
사진복사   43
사진저작물   131, 204, 266, 449, 793
사칭통용   193
사후 인격적 이익   224, 707, 709, 731
사후 저작물   155, 276
산업재산권   74
3단계 기준   361, 374, 450, 460, 477, 498
상당한 노력   489
상당한 조사   456
상속   195, 198, 229, 508, 517
상습   768
상시 거주   173
상업용 영상저작물   411
상업용 음반   325, 333, 411, 494
상표권   76
상호관리계약   656
상호대차   424
상호주의   40, 174, 328, 335, 355
생방송   321
생실연   252, 311, 319
성대모사   313
성명 사칭·공표   759, 760

성명표시권 206, 310, 472, 562

소급보호 364, 785

소리의 표현 289

소멸 531

소송신탁 527

소진 이론→권리 소진 이론

소환장 604

손해배상청구권 735

손해액

　- 산정 738

　- 인정 743

　- 추정 739

수사 목적 378

수수료→관리 수수료

수업 목적→교육 목적

수업지원기관 394

수입권 244

수정·증감권 201, 563, 567

순차적 간행물 278

시각장애인 433

시사보도 163, 400

시사적인 기사 및 논설 402

시정 권고 681

시청각 실연 312

시험문제 431

신규성 93

신탁 515, 642

신탁관리업 642, 761

실연 287, 296, 788, 794

실연자 291, 309, 578

실연자의

　- 동일성유지권→동일성유지권

　- 보상청구권 325

　- 성명 사칭·공표→성명 사칭·공표

　- 성명표시권→성명표시권

　- 인격권 309, 709

실질적 유사성 148, 240, 360, 718

심미적 오류 716

심의 668

섬네일 217, 699

ㅇ

아이디어 95

아이디어와 표현의 융합→융합 이론

아이디어와 표현의 이분법 96

악극저작물 110

알선 667

암호 연구 621

암호화된 방송 신호→방송 신호

앤여왕법 38

양도 509, 528, 555

양도 등록→권리 변동 등록

양벌 규정 773

어문저작물 105, 723

엄격책임 717

업무방해 762

업무상 저작물 177, 276

엑스트라→보조 실연자

역분석 467, 622

연결점 170, 296, 355

연극저작물 110, 723

연출자 112, 292

영리 목적 246, 318, 408, 418, 436, 441, 501,
　　631, 756, 769

영상저작물 136, 158, 276, 411, 573, 634, 761

영상제작자 578

영상화 579

영화상영관 634, 761

예술성 93, 115, 128

온라인 자료 431

온라인디지털콘텐츠산업발전법(온디콘법) 347

온라인서비스제공자 285, 589, 734
외부적 요인 100, 728
요식성 512, 556
우루과이라운드 53, 787
운용 방법 100, 727
원격교육 397
웹캐스팅 47, 264, 330
위성방송 255, 301, 479, 630, 632
위자료 691, 746
유선방송 45, 253, 479, 632
융합 이론 96, 102, 128, 145, 719
음반 246, 288, 296, 325, 333, 411, 494, 788, 794
음반제작자 293, 338
음반협약 64, 296
음악저작물 106, 579, 724
응용미술저작물 78, 113, 123
의무재송신 479
이마의 땀 56, 88
이명 저작물 275
이용제공 48, 54, 257, 272
이용제공권 48, 51
이용통제 기술조치 → 기술적 보호조치
이용허락 523, 555, 579, 639
이원론 191, 194
2차적저작물 104, 145, 203, 211, 267, 466, 511, 579, 746
2차적저작물 작성권 267, 511
인라인 링크 270
인세 → 저작권 사용료
인용 404
인증 670
인터넷 조약 54
일반 공중 → 공중
일시적 녹음·녹화 441
일시적 복제 237, 271, 449, 460, 469

일신전속성 219, 315
일원론 194
임베디드 링크 → 인라인 링크
임치 673
입법·행정 목적 379

ㅈ

자동보호의 원칙 186, 304
자연적 정의론 26
작은 동전 이론 92
재능과 노동 55
재방송 321, 327, 340, 494, 581, 585
재이용 360
재판 절차 379
재판 통지 563, 764
저작권
 - 등록 538
 - 사용료 521, 563, 644, 668
 - 이원론 → 이원론
 - 일원론 → 일원론
 - 추정 168
 - 표시 41, 187, 562
저작권대리·중개업 → 대리·중개업
저작권신탁관리업 → 신탁관리업
저작권심의조정위원회 → 한국저작권위원회
저작권위원회 → 한국저작권위원회
저작권위탁관리업 637
저작권정보센터 668
저작물성 83, 115
저작물의
 - 독창성 → 독창성
 - 본국 176
 - 이용허락 → 이용허락
 - 제호 → 제호
 - 종류 104

- 창작성 → 창작성
저작인격권의
  - 종류 200
  - 포기 221
  - 행사 220
저작인접권의
  - 기증 → 기증
  - 상속 → 상속
  - 소멸 → 소멸
  - 신탁 → 신탁
  - 양도 → 양도
  - 제한 477
  - 종류 303
  - 추정 295
  - 포기 → 포기
저작자의
  - 성명 사칭·공표 → 성명 사칭·공표
  - 추정 → 저작권 추정
저작재산권의
  - 기증 → 기증
  - 상속 → 상속
  - 소멸 → 소멸
  - 신탁 → 신탁
  - 양도 → 양도
  - 종류 233
  - 포기 → 포기
저작재산권자
  - 불명 → 불명 저작물
  - 표지 562, 764
전송권 257, 338, 360
전시권 266, 444
전자상거래 지침 → EU 전자상거래 지침
전재 금지 403
점자 복제 435
접근 714
접근통제 기술조치 → 기술적 보호조치

정당한 범위 402, 406, 432, 568
정보 제공 명령 749
정보 제공 청구 604
정보경로도구 597
정보사회 47
정보사회 지침 → EU 정보사회 지침
정부 저작물 → 공공저작물
정치적 연설 382
제한과 예외 370
제호 85, 542
조정 468, 661
종범 → 방조
주크박스 334
준물권 227, 305, 555, 730
중복 보호 76, 355
즉시강제 677
즉흥극 111
증명적 유사성 715
지분권 231, 523
지역코드 → DVD 지역코드
지적소유권에 관한 양해록 64
지정단체 501
직무상 저작물 179, 575
직물디자인 77, 114, 118
직접 링크 → 인라인 링크
직접 침해 685
질권 → 권리질권
집중관리단체 486, 643
집합저작물 179
집행문 664

ㅊ

창작 유인론 28
창작성 84
창작자 원칙 167, 177

채권자대위권 525
철회권 200, 567
청문 503, 544, 647
초상권 136, 449, 763
초상사진 136, 449, 763
초상화 449, 763
촬영 대본 578
최소한의 보호 40, 115, 175
최초 공표 173
최초 발행 173, 176, 299
추급권 268
추정력 548
추출 360
추출 기준 721, 728
추출·여과·비교 기준 728
축약 147
출처 명시 472, 764
출판권 572
친고죄 765
침해 간주 행위 451, 686, 707, 758, 762
침해로 보는 행위 → 침해 간주 행위
침해예방청구권 730
침해정지청구권 730

캐릭터 77, 123
캐싱 240, 451, 592, 595
컴퓨터프로그램
 - 규약 144
 - 언어 144
 - 저작물 46, 95, 120, 140, 246, 467, 588, 726
 - 해법 144
컴퓨터프로그램보호법 → 프로그램보호법
케이블 방송 → 유선방송

케이크 이론 307

통상 사용료(상당액) 742
통상적 이용 375, 462, 483
통지와 삭제 601
특별사법경찰권 678
특수한 유형의 온라인서비스제공자 607
특허권 76

판매용 영상저작물 → 상업용 영상저작물
판매용 음반 → 상업용 음반
패러디 405
퍼블리시티권 449
편곡 146
편집음반 294
편집저작물 150, 354, 383, 746
포괄적 비문자적 유사성 720
포기 533
프레이밍 270
프로그램 지침 → EU 프로그램 지침
프로그램보호법 46, 61, 142, 467, 588, 667, 669, 673, 687, 744
프로그램보호위원회 → 한국저작권위원회
프로그램의
 - 역분석 → 역분석
 - 임치 → 임치
프로그램저작물 → 컴퓨터프로그램저작물
필수장면 이론 101, 719

하이퍼링크 → 링크

한국저작권령 58
한국저작권위원회 61, 491, 544, 659
합법적 이익 375, 380, 397, 461, 498
행정 목적 → 입법·행정 목적
허위 등록 551, 755
현저한 유사성 715

호스팅 597
호환성 100, 145, 471, 622, 728
혼성모방 405
회복저작물 788
후원 31
희곡 110

지은이 **최경수**

고려대학교 법과대학 졸업
고려대학교 대학원 졸업(법학석사, 법학박사)
영국 던디대학교 대학원 졸업(법학석사)

한국저작권위원회 연구실장
한국저작권법학회 회장

우루과이라운드 지적재산권 협상 대표
WIPO 외교회의(1996, 2000) 협상 대표
한·미, 한·EU, 한·중 FTA 협상 대표

현재 KDI 국제정책대학원 초빙교수

주요 저서: 국제지적재산권법

이메일: dochocha@gmail.com

한울아카데미 2488

|제2판| **저작권법 개론**

ⓒ 최경수, 2023

지은이 | 최경수   펴낸이 | 김종수   펴낸곳 | 한울엠플러스(주)   편집책임 | 김우영

초판 1쇄 발행 | 2010년 11월 20일
제2판 1쇄 인쇄 | 2023년 11월 3일   제2판 1쇄 발행 | 2023년 12월 4일

주소 | 10881 경기도 파주시 광인사길 153 한울시소빌딩 3층   전화 | 031-955-0655
팩스 | 031-955-0656   홈페이지 | www.hanulmplus.kr   등록 | 제406-2015-000143호

Printed in Korea.
ISBN 978-89-460-7489-7 93360

* 책값은 겉표지에 표시되어 있습니다.